KB068816

국·가·공·인
ADP
Advanced Data Analytics Professional

국·가·공·인
ADsP
Advanced Data Analytics Semi-Professional

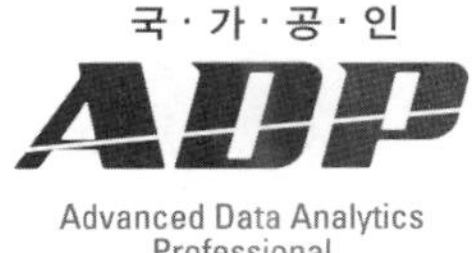

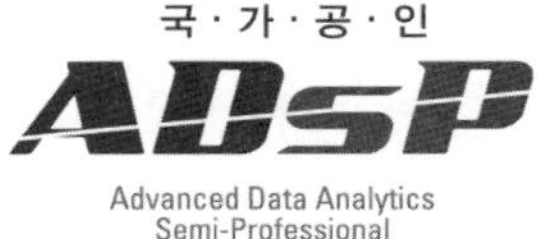

*The Guide for Advanced Data Analytics Professional*

# 데이터 분석 전문가 가이드

개정판

K data 한국데이터산업진흥원 Korea Data Agency

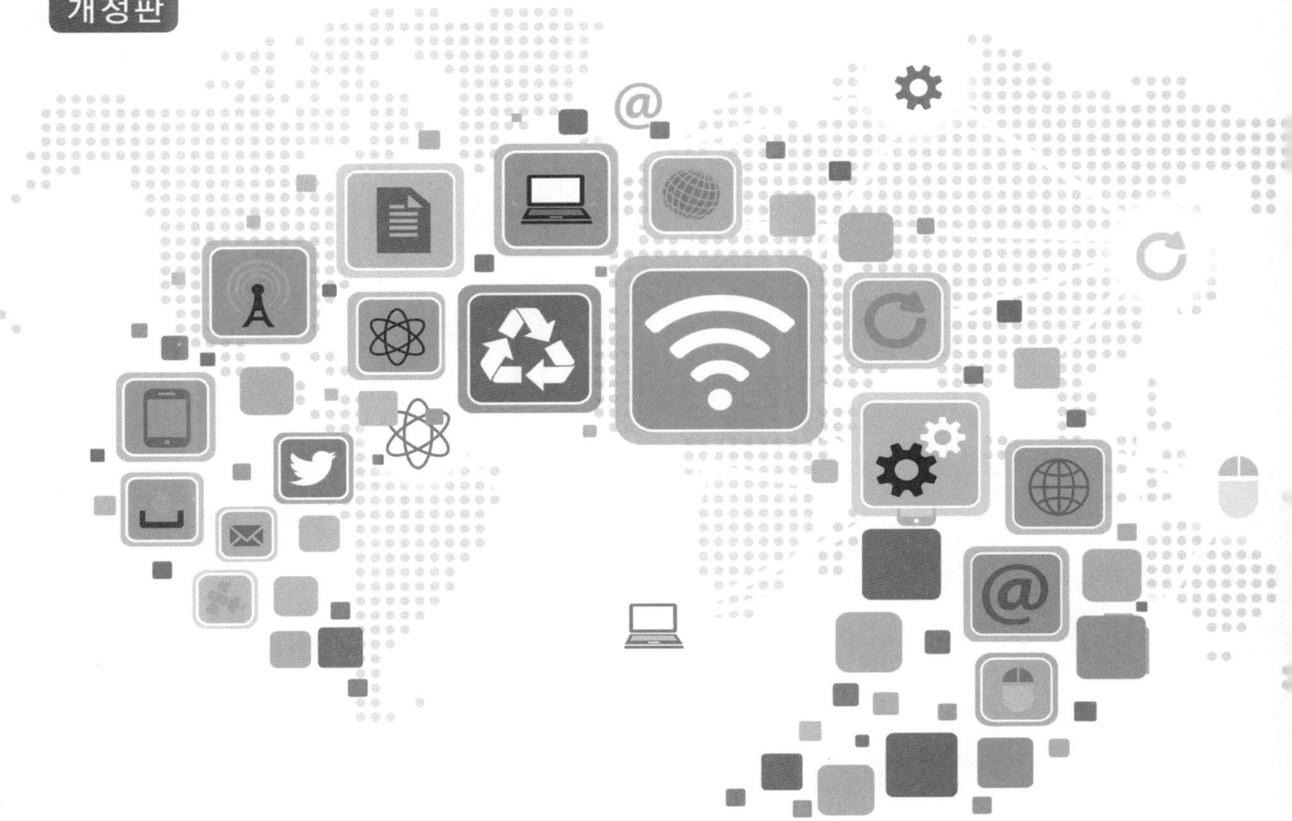

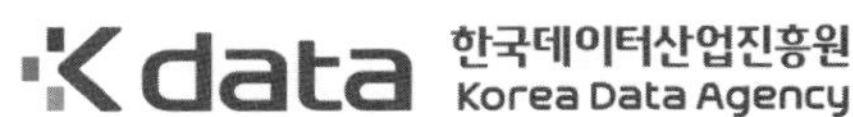

# 목차

# 표 목차

# 그림 목차

ADP
Professional · Semi-Professional

# 데이터 분석 전문가/준전문가 자격검정 안내

데이터 분석 전문가란
데이터 분석 전문가 자격검정의 필요성
데이터 분석 전문가 직무
자격검정 과목 안내
자격검정 응시 안내

※ 데이터분석 자격검정센터 홈페이지: https://www.dataq.or.kr

# 데이터 분석 전문가란

## 1 데이터 분석 전문가란

데이터 분석 전문가란 데이터 이해 및 처리 기술에 대한 기본지식을 바탕으로 데이터 분석 기획, 데이터 분석, 데이터 시각화 업무를 수행하고 이를 통해 프로세스 혁신 및 마케팅 전략 결정 등의 과학적 의사결정을 지원하는 직무를 수행하는 전문가를 말합니다.

## 2 데이터 분석 전문가 자격검정

데이터 분석 전문가 자격검정은 데이터 이해를 바탕으로 데이터 처리 기술 이해, 데이터 분석 기획, 데이터 분석, 데이터 시각화 능력을 평가하며 영문으로는 ADP(Advanced Data Analytics Professional)라 표기한다.

## 3 데이터 분석 준전문가 자격검정

데이터 분석 준전문가 자격검정은 데이터 이해를 바탕으로 데이터 분석 기획, 데이터 분석 능력을 평가하며 영문으로는 ADsP(Advanced Data Analytics semi-Professional)라 표기한다.

# 데이터 분석 전문가 자격검정의 필요성

오늘날 데이터 처리 및 분석을 통한 데이터 활용은 생산성 향상, 고부가가치 및 고용 창출 등 국가 경제적 가치 창출의 핵심동력으로 급부상하고 있다.

특히, 과학적 의사 결정의 토대가 되는 데이터 분석은 기업과 국가의 생산성 향상에 기여하는 혁신 도구로 각광을 받고 있다. 기업체들은 자사의 경영 전략에 데이터 분석을 도입하여 수익 증대를 실현할 수 있으며, 데이터 분석을 공공영역에 도입할 경우에는 높은 사회적·경제적 효과가 발생할 것으로 예상된다. 이러한 데이터 분석의 가능성을 실현하기 위해서는 데이터의 다각적 분석을 통해 조직의 전략방향을 제시하는 우수한 역량을 갖춘 데이터 분석 전문가의 확보가 필수적이다.

미국과 유럽을 비롯한 세계 각국은 데이터 분석 시장 선점을 위해 데이터 분석 전문가 확보와 양성에 집중하고 있는 실정이다. 반면, 국내 상황은 데이터 전문가 인력양성 체계 미흡 등으로 데이터 관련 신규 비즈니스의 고부가가치 창출 등 연계 효과 저하가 우려되며, 사회 전반의 데이터 활용에 필수적인 데이터 분석 능력을 객관적으로 검증, 공공·민간 분야의 실무형 데이터 분석 전문가 양성이 필요한 시점이다.

이에 한국데이터산업진흥원은 전문인력의 실질적 수요자인 사업주를 대변하여 데이터 분석 전문가 자격검정을 실시하고자 한다. 이를 통해 산업 현장에 부응하는 민간자격을 부여하고, 자격취득자에게 직무 수행에 대한 자신감 고취와 함께 보다 나은 직무 수행 기회 제공 및 사회적 지위의 향상은 물론 기업의 국제 경쟁력 제고에도 기여할 것이다.

# 데이터 분석 전문가 직무

| 직무 | 수행 내용 |
| --- | --- |
| 데이터 기획 | 비즈니스 목표 달성을 위해 내부 업무 프로세스를 기반으로 다양한 분석기회를 발굴하여 분석의 목표를 정의하고, 분석대상 도출 및 분석 결과 활용 시나리오를 정의하여 분석과제를 체계화 및 구체화하는 빅데이터 분석과제 정의, 분석로드맵 수립, 성과 관리 등을 수행한다. |
| 데이터 분석 | 분석에 대한 요건을 구체적으로 도출하고, 분석과정을 설계하고, 요건을 실무담당자와 합의 하는 요건정의, 모델링, 검증 및 테스트, 적용 등을 수행한다. |
| 데이터 시각화 | 다양한 데이터들을 대상으로 어떤 요소를 시각화 해야 하는지 정보 구조를 분석하며 어떤 형태의 시각화 모델이 적합한지 시각화에 대한 요건을 정의하고 시나리오를 개발하는 시각화 기획, 모델링, 디자인, 구축, 배포 및 유지보수 등을 수행한다. |

# 자격검정 과목 안내

## 1 과목 개요

| 구분 | 시험과목 | 과목별 세부 항목 | 전문가 | 준전문가 |
|---|---|---|---|---|
| 1과목 | 데이터 이해 | 1. 데이터의 이해<br>2. 데이터의 가치와 미래<br>3. 가치 창조를 위한 데이터 사이언스와 전략 인사이트 | ○ | ○ |
| 2과목 | 데이터 처리 기술 이해 | 1. 데이터 처리 프로세스<br>2. 데이터 처리 기술 | ○ | X |
| 3과목 | 데이터 분석 기획 | 1. 데이터 분석 기획의 이해<br>2. 분석 마스터 플랜 | ○ | ○ |
| 4과목 | 데이터 분석 | 1. R기초와 데이터 마트<br>2. 통계 분석<br>3. 정형 데이터 마이닝 | ○ | ○ |
| | | 4. 비정형 데이터 마이닝 | ○ | X |
| 5과목 | 데이터 시각화 | 1. 시각화 인사이트 프로세스<br>2. 시각화 디자인<br>3. 시각화 구현 | ○ | X |

## 2 출제 문항 수 및 배점

### ○ 데이터 분석 전문가 필기시험

<table>
<tr><th rowspan="2">구분</th><th rowspan="2">과목명</th><th colspan="2">문항 수</th><th colspan="2">배점</th><th>시험시간</th></tr>
<tr><th>객관식</th><th>서술형</th><th>객관식</th><th>서술형</th><th rowspan="7">180분</th></tr>
<tr><td rowspan="6">필기</td><td>1. 데이터 이해</td><td>10</td><td rowspan="5">1</td><td rowspan="5">80<br>(각 1점)</td><td rowspan="5">20</td></tr>
<tr><td>2. 데이터 처리 기술 이해</td><td>10</td></tr>
<tr><td>3. 데이터 분석 기획</td><td>10</td></tr>
<tr><td>4. 데이터 분석</td><td>40</td></tr>
<tr><td>5. 데이터 시각화</td><td>10</td></tr>
<tr><td>계</td><td>80</td><td>1</td><td colspan="2">100</td></tr>
</table>

### ○ 데이터 분석 전문가 실기시험

| 구분 | 과목명 | 배점 | 시험시간 |
|---|---|---|---|
| 실기 | 데이터 분석 실무 | 100 | 240분 |

* 실기시험 : 필기시험 합격자 발표일을 기준으로 2년 내 시행되는 실기시험 응시 가능

### ○ 데이터 분석 준전문가 필기시험

<table>
<tr><th rowspan="2">구분</th><th rowspan="2">과목명</th><th colspan="2">문항 수</th><th colspan="2">배점</th><th>시험시간</th></tr>
<tr><th>객관식</th><th>단답형</th><th>객관식</th><th>단답형</th><th rowspan="5">90분</th></tr>
<tr><td rowspan="4">필기</td><td>1. 데이터 이해</td><td>8</td><td>2</td><td rowspan="3">80<br>(각 2점)</td><td rowspan="3">20<br>(각 2점)</td></tr>
<tr><td>2. 데이터 분석 기획</td><td>8</td><td>2</td></tr>
<tr><td>3. 데이터 분석</td><td>24</td><td>6</td></tr>
<tr><td>계</td><td>40</td><td>10</td><td colspan="2">100</td></tr>
</table>

## 3 합격 기준

<table>
<tr><th>구분</th><th colspan="2">합격기준</th><th>과락기준</th></tr>
<tr><td rowspan="3">전문가</td><td>필기시험 합격</td><td>100점 만점 기준 70점 이상</td><td>과목별 100점 만점 기준 40점 미만</td></tr>
<tr><td>실기시험 합격</td><td colspan="2">100점 만점 기준 75점 이상</td></tr>
<tr><td>최종 합격</td><td colspan="2">응시자격심의 서류 통과자</td></tr>
<tr><td>준전문가</td><td colspan="2">100점 만점 기준 60점 이상</td><td>과목별 100점 만점 기준 40점 미만</td></tr>
</table>

# 자격검정 응시 안내

## 1 응시 자격

| 구분 | 응시자격 | |
|---|---|---|
| 전문가 | 학력/경력기준 | 박사학위를 취득한자 |
| | | 석사학위를 취득하고 해당 분야의 실무경력 1년 이상인자 |
| | | 학사학위를 취득하고 해당 분야의 실무경력 3년 이상인자 |
| | | 전문대학 졸업 후 해당 분야의 실무경력 6년 이상인자 |
| | | 고등학교 졸업 후 해당 분야의 실무경력 9년 이상인자 |
| | 자격보유기준 | 데이터 분석 준전문가 자격을 취득한 자 |
| 준전문가 | 제한 없음 | |

## 2 응시료

| 구분 | 데이터 분석 전문가 | 데이터 분석 준전문가 |
|---|---|---|
| 필기 | 80,000원 | 50,000원 |
| 실기 | 70,000원 | – |

# 3 자격 취득 절차

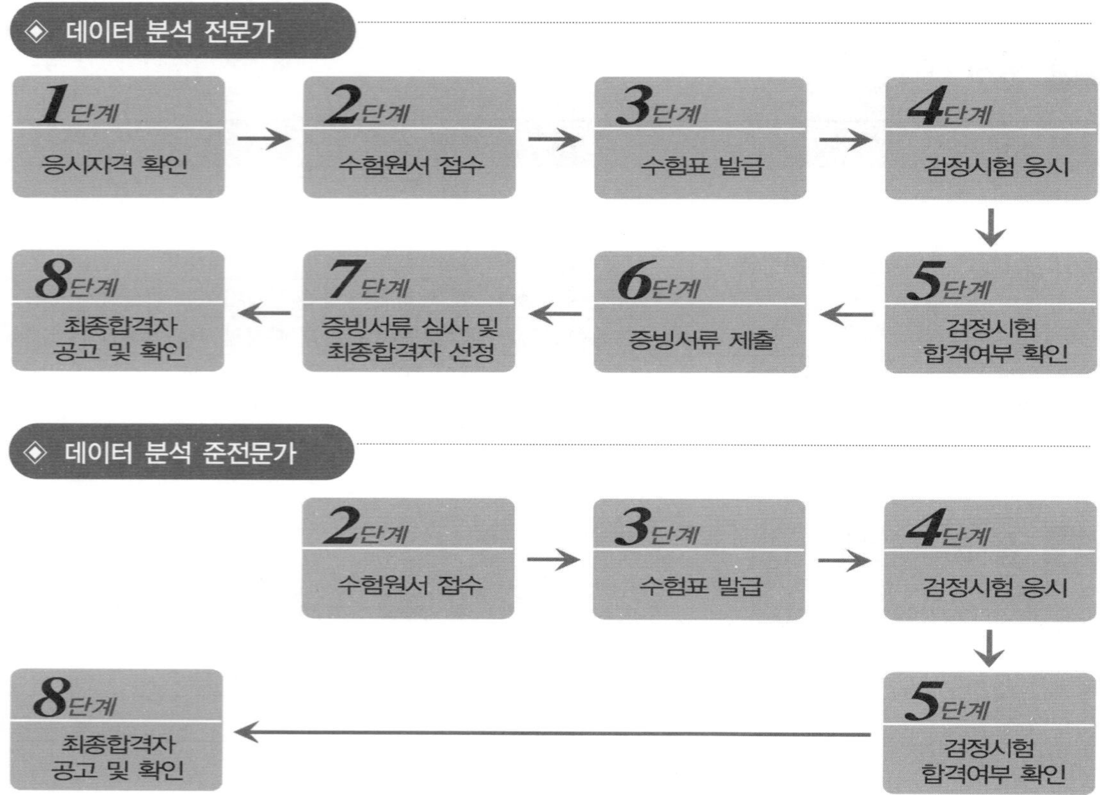


### 1단계, 응시자격 확인

데이터 분석 전문가 응시자격을 확인한다. 데이터 분석 준전문가는 응시자격 제한 요건이 없다.

### 2단계, 수험원서 접수

1) 수험원서의 작성 및 제출

검정센터 홈페이지 [원서접수신청]을 통해 작성·제출하면 된다. 우편 및 전화를 통해서는 수험원서 접수가 불가하다.[www.dataq.or.kr]

2) 검정수수료 납부

신용카드로 결제하거나 계좌이체로 검정수수료를 납부한다.

3) 접수증 확인 및 출력

### 3단계, 수험표 발급

수험표는 검정센터에서 공시한 날짜부터 홈페이지를 통해 확인·출력할 수 있다.

### 4단계, 검정시험 응시

1, 2, 3단계가 완료된 자격검정시험 응시자는 검정센터가 공고하는 날짜 및 장소에서 데이터 분석 전문가/준전문가 자격검정시험을 치르게 된다.

### 5단계, 검정시험 합격 여부 확인

검정센터 홈페이지를 통해 당회차 검정시험에 대한 합격 및 불합격 여부를 확인할 수 있다. 확인결과 데이터 분석 전문가 자격검정시험 합격자는 검정센터에서 합격예정자로 분류되고, 데이터 분석 준전문가 자격검정시험 합격자는 최종합격자로 분류된다.

### 6단계, 증빙서류 제출

증빙서류 제출은 데이터 분석 전문가 자격검정 시험을 통한 합격예정자에 한해 제출하는 것을 원칙으로 한다. 따라서 '5단계, 검정시험 합격 여부 확인'의 결과로 불합격 처리된 응시자는 이 단계 이하로는 해당되지 않는다.

단, 데이터 분석 준전문가 최종합격자는 증빙서류를 제출할 필요가 없다.

### 7단계, 증빙서류 심사 및 최종합격자 선정

접수된 서류는 검정센터에서 서류 누락 및 사실 진위 여부를 판별하며, 이를 통과한 합격예정자는 최종합격자로 분류된다.

단, 데이터 분석 준전문가 최종합격자는 증빙서류 심사를 별도로 하지 않는다.

### 8단계, 최종합격자 공고 및 확인

최종합격자는 검정센터가 공시한 최종합격자 발표일에 검정센터 홈페이지를 통해 발표되며, 데이터 분석 전문가/준전문가 자격증은 '시험결과 〉 자격증 출력' 메뉴를 통해 출력할 수 있다.

**과목 소개**

데이터 분석 전문가란 데이터 이해 및 처리 기술에 대한 기본지식을 바탕으로 데이터 분석 기획, 데이터 분석, 데이터 시각화 업무를 수행하고 이를 통해 프로세스 혁신 및 마케팅 전략 결정 등의 과학적 의사결정을 지원하는 직무를 수행하는 전문가를 말한다.

본 과목에서는 데이터 분석의 기초가 되는 데이터 그리고 데이터베이스의 정의와 특징에 대해 알아보고 빅데이터 이해를 바탕으로 빅데이터의 가치와 영향, 비즈니스 모델, 위기 요인과 통제 방안, 미래의 빅데이터 나아가 Data Science의 의미와 역할에 대해 살펴본다.

# 과목 I
# 데이터 이해

## 과목 구성

본 과목은 데이터 처리 기술 이해, 데이터 분석 기획, 데이터 분석 및 시각화를 위한 기초과목으로 크게 3개의 장으로 구성된다. 1장에서는 데이터와 정보, 데이터베이스의 정의와 특징, 데이터베이스 활용에 대해 살펴본다. 2장에서는 데이터 가치와 미래, 마지막 3장에서는 가치 창조를 위한 데이터 사이언스와 전략 인사이트에 대해 살펴본다.

### 학습목표

- 데이터 정의에 대한 이해
- 데이터베이스 정의와 특징 이해
- 데이터베이스 활용에 대한 이해

# 제1장

# 데이터의 이해

### 장 소개

본 장에서는 데이터의 이해를 바탕으로 데이터와 정보의 관계에 대해 알아본다. 또한 특정한 목적을 위해 수집한 데이터를 여러 사람에 의해 공유되어 사용되기 위해 통합 관리되는 데이터베이스(database)의 정의 및 특징을 알아본다. 나아가 기업내부(인하우스) 및 사회기반구조로서 데이터베이스의 활용에 대해 살펴본다.

# 제1절 데이터와 정보

## 1. 데이터의 정의

'데이터(data)'라는 용어는 1646년 영국 문헌에 처음으로 등장한 것으로 알려져 있다. 라틴어인 dare(주다, to give)의 과거분사형으로서 '주어진 것'이란 의미로 처음 사용되었다고 한다. 1940년대 이후 컴퓨터 시대(Computer Age)가 시작되고 자연과학뿐만 아니라 경영학·통계학 등 다양한 사회과학이 진일보하며 '데이터'의 의미는 과거의 관념적이고 추상적인 개념에서 기술적이고 사실적인 의미로 변화되고 있다.

옥스퍼드 대사전을 살펴보면 '데이터'를 '추론과 추정의 근거를 이루는 사실'(A thing given or granted; something known or assumed as fact, and made the basis of reasoning or calculation; an assumption of premiss from which inferences are drawn', OED, Vol. IV, 264)로 정의하고 있다. 이는 데이터를 단순한 객체로서 가치뿐만 아니라 다른 객체와의 상호관계 속에서 가치를 갖는 것으로 설명한 것이다.

즉, 데이터는 '객관적 사실(fact, raw material)'이라는 존재적 특성을 갖는 동시에 '추론·예측·전망·추정을 위한 근거(basis)'로 기능하는 당위적 특성 또한 갖고 있는 것이다. 예를 들어 수요조사나 실험·검사·측정 등을 통해 데이터를 수집·축적하고 다양한 방법으로 분석하여 간단한 마케팅 리포트에서부터 심도있는 논문, 미래 예측을 위한 경영전략 또는 정책을 수립하는 일련의 가치 창출과정에서 가장 기초를 이루는 것이 데이터이다.

객관적 사실로서의 데이터를 살펴보면 그 형태에 따라 언어·문자 등으로 기술(記述)되는 정성 데이터(Qualitative data)와 수치·기호·도형으로 표시되는 정량 데이터(Quantitative data)로 구분된다.

**[표 Ⅰ-1-1] 데이터 유형**

| 구분 | 형태 | 예 |
|---|---|---|
| 정성적 데이터(qualitative data) | 언어, 문자 등 | 회사 매출이 증가함 |
| 정량적 데이터(quantitative data) | 수치, 도형, 기호 등 | 30(나이), 48.4(kg) |

지역별 온도·풍속·강우량과 같이 수치로 명확하게 표현되는 정량 데이터는 데이터의 양이 크게 증가하더라도 이를 관리하는 시스템(예 : DBMS)에 저장·검색·분석하여 활용(예 : 일기예보)하기가 매우 용이하나, 설문조사의 주관식 응답, 트위터나 페이스북, 블로그 등에 올린 글 등과 같은 정성 데이터의 경우 그 형태와 형식이 정해져 있지 않고 천차만별(이를 비정형(非定型) 데이터라고 함)이기 때문에 이들을 저장·검색·분석하는 데에 상대적으로 많은 비용과 기술적 투자가 수반된다는 점에서 양자는 구분된다.

데이터는 지식경영(Knowledge Management)의 핵심 이슈인 암묵지(暗默知, tacit knowledge)와 형식지(型式知, explicit knowledge)의 상호작용에 있어 중요한 역할을 한다. 암묵지는 '김장김치 담그기', '자전거 타기'와 같이 학습과 체험을 통해 개인에게 습득되어 있지만 겉으로 드러나지 않는 지식을 말하는데, 시행착오와 오랜 경험을 통해 개인에게 습득된 무형의 지식이다. 과학적 발견은 개인적인 암묵적 지식에 기초해 이루어지는 경우가 많기 때문에 사회적으로도 매우 중요하다. 하지만 개인에게 체화되어 있기 때문에 외부에 표출되어 다른 사람에게 공유되기 어렵다는 단점을 갖고 있다. 반면 형식지는 교과서, 매뉴얼, 비디오, DB와 같이 형상화된 지식을 의미하는데, 유형의 대상이 있기 때문에 지식의 전달과 공유가 매우 용이하다. 따라서 조직 차원에서 조직원 개인의 지식을 공유하고 발전시키는 데에 관심을 둔 경영학 분야에서는 암묵지와 형식지의 상호작용에 주목한다. 현장 경험을 통해 개인에게 축적된 내면화된(internalization) 지식을 조직의 지식으로 공통화(socialization)하기 위해서는 개인의 암묵지를 언어나 기호, 숫자 등의 형태로 표출화(externalization)하고, 이를 다시 다른 개인이 본인의 지식에 연결(combination)하여 그 바탕 위에서 새로운 경험을 부가하여 다시 내면화하는 과정이 반복되는 상호 순환작용을 통해 조직의 지식이 증대된다고 보기 때문이다. 이러한 일련의 지식 순환 과정 중 암묵지가 형식지로 변화되는 표출화 단계는 개인에게 내재된 경험을 객관적인 데이터로 문서나 매체에 저장·가공·분석하는 과정이기 때문에 데이터는 후술하는 바와 같이 지식 형성의 중요한 기초를 이룬다.

[표 Ⅰ-1-2] 암묵지와 형식지의 상호작용

| 암묵지 | 형식지 |
|---|---|
| 공통화<br>(Socialization) | 표출화<br>(Externalization) |
| 내면화<br>(Internalizaion) | 연결화<br>(Combination) |

## 2. 데이터와 정보의 관계

지식정보사회가 발전하며 IT와 전혀 무관한 평범한 일상생활을 영위하는 사람일지라도 데이터나 정보, 지식과 같은 용어를 흔하게 접하며 살게 된다. 대부분의 경우는 각각의 의미가 서로 혼용되거나 때로는 같은 의미로 사용되지만 우리는 이해하는 데 큰 문제가 없다.

하지만 앞서 언급한 데이터의 당위적 특성, 즉 '추론·예측·전망·추정을 위한 근거(basis)로의 기능'에 주목하여 이들의 관계를 살펴볼 필요가 있다. 잘 알려진 DIKW 피라미드(Data, Information, Knowledge, Wisdom hierarchy)에서는 데이터, 정보, 지식을 통해 최종적으로 지혜를 얻어내는 과정을 계층구조로 설명하고 있다.

데이터는 개별 데이터 자체로는 의미가 중요하지 않은 객관적인 사실을 말하며, 데이터의 가공·처리와 데이터간 연관관계 속에서 의미가 도출된 것을 정보로 설명한다. 다만 여기서 정보가 내포하는 의미는 유용하지 않을 수도 있다. 지식은 데이터를 통해 도출된 다양한 정보를 구조화하여 유의미한 정보를 분류하고 개인적인 경험을 결합시켜 고유의 지식으로 내재화된 것이며, 이러한 지식의 축적과 아이디어가 결합된 창의적 산물을 지혜로 설명한다.

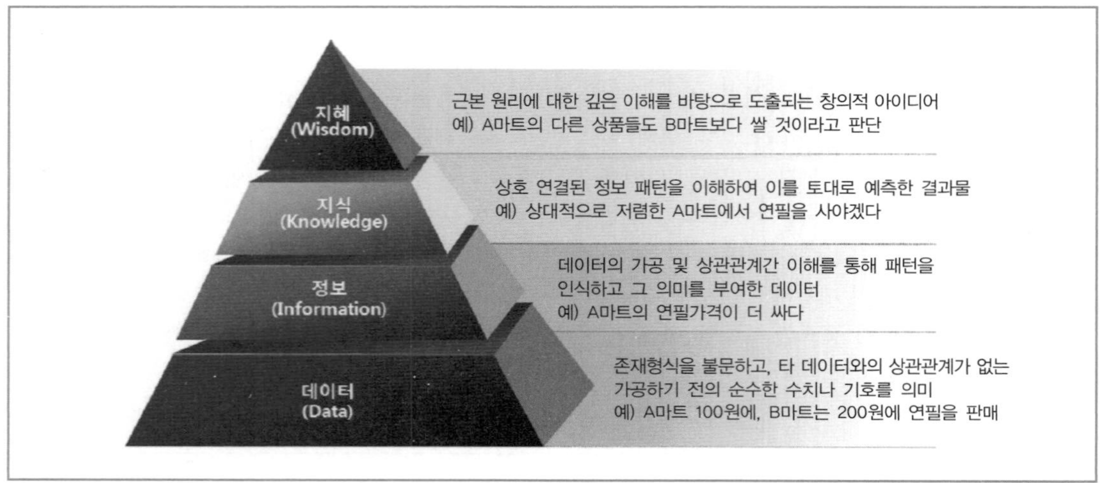


**[그림 Ⅰ-1-1] 지식의 피라미드**

이와 같이 데이터, 정보, 지식은 상호관계 속에서 역할을 수행하며 인간이 사회활동에서 추구하는 가치 창출을 위한 일련의 프로세스로 기능한다.

따라서 데이터의 정확성은 향후 데이터 간의 관계 및 현상의 분석(정보)과 적용(지식), 더 나아가 미래를 예측하고 창의적 산물을 도출(지혜)하는 데 지대한 영향을 미치며, 가치창출에 핵심적인 역할을 수행한다.

다음절에서는 특정한 목적을 위해 수집한 데이터를 여러 사람이 공유할 목적으로 효율적으로 통합 관리되는 정보의 집합인 데이터베이스(database)의 정의와 특징에 대해 알아본다.

# 제2절 데이터베이스 정의와 특징

## 1. 용어의 연역

데이터베이스(database)라는 용어가 처음 등장한 것은 1950년대에 미국 정부가 전 세계에 산재한 자국 군대의 군비 상황을 집중 관리하기 위하여 컴퓨터 기술로 구현한 도서관을 설립하면서 비롯되었다. 이때, 수집된 자료를 일컫는 '데이터(data)의 기지(base)'라는 뜻으로 '데이터베이스(data base)'가 탄생하였다.

데이터베이스라는 용어가 공식적으로 사용된 곳은 1963년 6월 미국 SDC(System Development Corporation)가 개최한 "컴퓨터 중심의 데이터베이스 개발과 관리(Development and Management of a Computer-centered Data Base)"라는 주제의 심포지엄이었다. 이 심포지엄에서 발표된 많은 논문들은 주로 복잡한 데이터 관리 문제를 다루었으며, 특히 자료 파일에서 정보를 쉽게 검색하는 작업에 관련된 주제가 많았다. 데이터베이스란 초기 개념인 '대량의 데이터를 축적하는 기지'라는 의미에 머물렀다. 이후 1965년 2차 심포지엄에서 시스템을 통한 체계적 관리와 저장 등의 의미를 담은 '데이터베이스 시스템'이라는 용어가 등장하게 되었다.

이에 앞서 1963년 GE(General Electronic)의 C. 바크만(Charles Bachman)은 최초의 현대적 의미의 데이터베이스 관리 시스템인 IDS(Integrated Data Store)를 개발하였다. 이를 통해 새롭게 저장 장치에 직접 접근하기 위한 데이터 모델이 제안되었고, 이후 다양한 데이터 모델을 기반으로 한 데이터베이스 관리 시스템이 개발되었다. 이후 1970년대 초반 유럽에서 '데이터베이스(database)'라는 단일어가 일반화되었고, 1970년대 후반에는 미국 주요 신문 등에서 흔히 사용하게 되었다.(Wikipedia)

우리나라에서는 1975년 미국의 CAC(Chemical Abstracts Condensates)가 KORSTIC(한국과학기술정보센터)을 통해 서비스되면서 데이터베이스 이용이 이루어졌다. 이때는 오늘날과 같은 온라인 서비스 형태가 아니라 CAC 데이터베이스를 자기(磁氣) 테이프 형태로 들여와 배치(batch) 방식으로 제공하였다. 이후 KORSTIC이 INSPEC이나 COMPENDEX와 같은 해외 전문 데이터베이스를 확충하여 1980년에는 'TECHNOLINE'이라는 온라인 정보검색 서비스를 개시하여 본격적인 데이터베이스 서비스 시대를 맞이하게 되었다. 아울러 국내의 데이터베이스 관련 기술의 연구·개발은 1980년대 중반부터 시작되어 오늘에 이르고 있다.

## 2. 데이터베이스의 정의

단순한 데이터의 수집·저장을 위해 탄생한 '데이터베이스'는 이후 다양한 정보기술의 발달과 인터넷의 확산 등으로 인한 디지털 시대에 진입하면서 보다 현대적 개념이 적용된 용어로 정의되고 있다.

EU의 「데이터베이스의 법적 보호에 관한 지침」(Directive 96/9/EC)에서는 데이터베이스를 "체계적이거나 조직적으로 정리되고 전자식 또는 기타 수단으로 개별적으로 접근할 수 있는 독립된 저작물, 데이터 또는 기타 소재의 수집물"이라고 규정하고 있다. 국내 '저작권법'에서는 "소재를 체계적으로 배열 또는 구성한 편집물로서 개별적으로 그 소재에 접근하거나 그 소재를 검색할 수 있도록 한 것"이라고 정의하고 있다. 법률적으로 데이터베이스는 기술을 기반으로 한 일종의 저작물로서 인정함을 알 수 있다.

컴퓨터 용어사전 등에서 데이터베이스는 "동시에 복수의 적용 업무를 지원할 수 있도록 복수 이용자의 요구에 대응해서 데이터를 받아들이고 저장, 공급하기 위하여 일정한 구조에 따라서 편성된 데이터의 집합"(정보통신용어사전, TTA), "관련된 레코드의 집합, 소프트웨어로는 데이터베이스관리시스템(DBMS: Database Management System)을 의미한다"(Wikipedia)고 정의하고 있다.

이와 같이 데이터베이스의 개념은 체계적으로 정렬된 데이터 집합을 의미하며, 데이터량과 이용이 늘어나면서 대용량의 데이터를 저장·관리·검색·이용할 수 있는 컴퓨터 기반의 데이터베이스로 진화하게 되었다. 다만 일각에서 데이터베이스가 DBMS와 혼용되고 있는데, DBMS는 이용자가 쉽게 데이터베이스를 구축하고 유지할 수 있도록 하는 소프트웨어로서 데이터베이스와 구분되며, 일반적으로 데이터베이스와 DBMS를 함께 데이터베이스 시스템으로 칭한다.

본 가이드에서는 이와 같은 데이터베이스를 "문자, 기호, 음성, 화상, 영상 등 상호 관련된 다수의 콘텐츠를 정보 처리 및 정보통신 기기에 의하여 체계적으로 수집·축적하여 다양한 용도와 방법으로 이용할 수 있도록 정리한 정보의 집합체"로 정의한다. 여기서 콘텐츠란 다양한 의미전달 매체에 의하여 표현된 데이터, 정보, 지식, 저작물 등의 인식 가능한 모든 자료를 의미한다.

## 3. 데이터베이스의 특징

데이터베이스는 초기에는 있는 그대로의 데이터를 저장하는 장치였다. 즉 일반적인 텍스트나 숫자, 그래프 형태의 데이터를 저장하였으나, 이후 정보기술이 발달하면서 그 범위는 이미지, 동영상 등을 포함한 멀티미디어로 확대되었다. 아울러 단순한 데이터 저장에서 머무르지 않고 정보를 저장하는 지식베이스로 진화하였다. 데이터베이스가 단순한 저장소의 개념이 아니라 첨단 정보기술을 바탕으로 원하는 데이터를 저장·검색할 수 있는 복합체로 이해할 수 있다.

이러한 데이터베이스는 일반적으로 다음과 같은 특징을 지닌다.

첫째, 데이터베이스는 통합된 데이터(integrated data)이다. 이는 데이터베이스에서 동일한 내용의 데이터가 중복되어 있지 않다는 것을 의미한다. 데이터의 중복은 일반적으로 관리상의 복잡한 부작용을 초래한다.

둘째, 데이터베이스는 저장된 데이터(stored data)이다. 이것은 자기 디스크나 자기 테이프 등과 같이 컴퓨터가 접근할 수 있는 저장 매체에 저장되는 것을 의미한다. 데이터베이스는 기본적으로 컴퓨터 기술을 바탕으로 한 것이다.

셋째, 데이터베이스는 공용 데이터(shared data)이다. 이것은 여러 사용자가 서로 다른 목적으로 데이터베이스의 데이터를 공동으로 이용한다는 것을 의미하며, 일반적으로 대용량화되고 구조가 복잡한 것이 보통이다.

넷째, 데이터베이스는 변화되는 데이터이다. 데이터베이스가 저장하는 내용은 곧 데이터베이스의 한 상태를 나타낸다. 다만 이 상태는 새로운 데이터의 삽입, 기존 데이터의 삭제, 갱신으로 항상 변화하면서도 항상 현재의 정확한 데이터를 유지해야 한다.

데이터베이스는 다양한 측면에서 특성을 규정해 볼 수 있다.

우선, 정보의 축적 및 전달 측면에서 대량의 정보를 일정한 형식에 따라 컴퓨터 등의 정보처리기기가 읽고 쓸 수 있도록 하는 기계가독성과 다양한 방법으로 필요한 정보를 검색할 수 있는 검색가능성, 그리고 정보통신망을 통하여 원거리에서도 즉시 온라인으로 이용할 수 있는 원격조작성을 갖는다.

정보 이용 측면에서는 이용자의 정보 요구에 따라 다양한 정보를 신속하게 획득할 수 있고 원하는 정보를 정확하고 경제적으로 찾아낼 수 있다는 특성을 지닌다.

정보 관리 측면에서는 정보를 일정한 질서와 구조에 따라 정리·저장하고 검색·관리할 수 있도록 하여 방대한 양의 정보를 체계적으로 축적하고 새로운 내용 추가나 갱신이 용이하다.

정보기술 발전의 측면에서 데이터베이스는 정보처리, 검색·관리 소프트웨어, 관련 하드웨어, 정보 전송을 위한 네트워크 기술 등의 발전을 견인할 수 있다.

마지막으로 경제·산업적 측면에서 데이터베이스는 다양한 정보를 필요에 따라 신속하게 제공·이용할 수 있는 인프라로서 특성을 가지고 있어 경제, 산업, 사회 활동의 효율성을 제고하고 국민의 편의를 증진하는 수단으로서 의미를 갖는다.

# 제3절 데이터베이스 활용

## 1. 기업내부 데이터베이스

정보통신망 구축이 가속화되면서 1990년대에는 기업내부 데이터베이스(이하 인하우스 DB)는 기업 경영 전반에 관한 인사, 조직, 생산, 영업 활동을 포함한 모든 자료를 연계하여 일관된 체계로 구축, 운영하는 경영 활동의 기반이 되는 전사 시스템으로 확대되었다.

1990년대 중반을 기점으로 이전에는 정보의 '수집'과 이를 조직 내에서 공유하기 위한 경영정보시스템(MIS)과 생산자동화, 통합자동화 등 기업 활동의 영역별로 구축되던 시스템들이 데이터 마이닝 등의 기술이 등장하면서 단순한 정보의 '수집'에서 탈피, '분석'이 중심이 되는 시스템 구축으로 변화하게 되었다. 전자는 단순 자동화에 치우쳐 있던 OLTP(Online Transaction Processing) 시스템으로 볼 수 있고, 후자는 OLAP(Online Analytical Processing) 시스템으로 볼 수 있다. 이를 두고 데이터 웨어하우스 분야의 선구자인 킴벌(Ralph Kimball) 박사는 1995년에 데이터베이스 시장이 'OLTP 시장과 DW 시장으로 양분되고 있다'고 언급하기도 하였다.

2000년에 들어서면서 기업 DB 구축의 화두는 CRM(Consumer Relationship Management, 고객관계관리)와 SCM(Supply Chain Management, 공급망관리)로 바뀌었다. CRM은 고객별 구매이력 데이터베이스를 분석하여 고객에 대한 이해를 돕고 이를 바탕으로 각종 마케팅 전략을 펼치는 것을 말한다. SCM은 기업이 외부 공급업체 또는 제휴업체와 통합된 정보시스템으로 연계하여 시간과 비용을 최적화시키기 위한 것이다. SCM은 일반적으로 자재구매 데이터, 생산·재고 데이터, 유통·판매 데이터, 고객 데이터로 구성된다. 특히 유통·판매 및 고객 데이터가 CRM과 연동되기 때문에 CRM과 SCM은 상호 밀접한 관련을 갖는다.

이와 같은 인하우스 DB의 발전 과정에서 나타난 산업 부문별 변화된 모습을 살펴보면 다음과 같다.

### 가. 제조부분

제조부문은 데이터베이스 기술의 가장 중요한 적용 분야로 2000년을 기점으로 기존에는 부품 테이블이나 재고관리 등의 영역에서의 데이터베이스 활용이 중점을 이루던 것이, 이후에는 부품의 설계, 제조, 유통 전 공정을 포함하는 범위로 확대되었다. 특히 초기에는 기업별 고유 시스템 형태로 구축되다가 이후에는 솔루션 유형으로 발전하게 되었다.

이후 이러한 솔루션의 현장 도입이 적극적으로 이루어졌으며, 특히 제조부문에서는 클라이언트/서버 기반의 내부 정보시스템을 웹환경으로 전환하거나 ERP(Enterprise Resource Planning) 이후에 SCM으로 기능을 확장하는 등 기업내부 인하우스 DB 구축이 이루어졌다. 그러나 이것은 대부분 대기업을 중심으로 이루어졌는데, SCM이 활성화되기 위해서는 결국 중소기업에 대한 투자가 필요하다는 인식이 자리잡게 되었다.

따라서 2000년대 중반 이후에는 중소기업에 대한 인하우스 DB 구축 투자 증가가 이루어졌으며, 이의 대표적인 화두가 실시간 기업(RTE)이었다. 실시간 기업은 기업의 비즈니스 프로세스를 투명하고 민첩하게 유지하여 환경 변화에 따른 적응 속도를 최대화하여 지연시간을 없애는 정보화 전략이다. 이를 통해 대기업-중소기업 간의 협업적 IT화의 비중이 점차 확대되고 있다.

아울러 최근에는 제조부문의 ERP 시스템 도입과 함께 DW, CRM, BI(Business Intelligence) 등의 진보된 정보기술을 적용한 기업내부 인하우스 DB 구축이 주류를 이루고 있다.

### 나. 금융부분

1998년 IMF 외환위기 이후 금융부문은 금융사 간의 합병이나 지주회사 설립 등을 통해 총체적인 부실을 타파하기 위한 노력이 지속되었으며, 이로 인해 금융부문의 업무 프로세스 효율화나 e비즈니스 활성화, 금융권 통합 시스템 구축 등이 크게 확산되었다.

2000년대 초반에는 EAI(Enterprise Applications Integration), ERP, e-CRM 등과 같이 데이터베이스 간의 정보 공유 및 통합이나 고객 정보의 전략적 활용이 주된 테마였다. 특히 고객 정보의 전략적 활용은 후단의 인터넷뱅킹의 경쟁력 강화를 위한 것이었다. 이를 위해 은행·보험·증권사 등은 앞다퉈 업무의 효율화와 고객 관리를 위한 시스템을 구축하기 시작하였다.

2000년대 중반에 이르러서는 금융부문에도 DW를 적극적으로 도입하여 관련 DB 마케팅을 증대시키기 위한 노력이 가시화되었다. 특히 금융부문은 인터넷뱅킹이 정착되고 방카슈랑스가 도입되면서 차세대 거래 정보시스템으로 인한 선도적인 정보화 준거(레퍼런스)로 부상하였다. 따라서 대용량 DW를 위한 최적의 BI 기반 시스템 구축도 급속도로 퍼져나갔다.

최근 금융부문은 차세대 프로젝트와 다운사이징, 그리고 바젤Ⅱ 등의 대형 프로젝트가 마무리되면서 향후에는 EDW(Enterprise Data Warehouse)의 확장이 데이터베이스 시장 확대에 기여할 것으로 예상된다.

### 다. 유통부분

2000년 이후 유통부문도 전반적인 IT 변화 환경에 맞물려 CRM과 SCM 구축이 이뤄졌다. 특히 유통부문이 백화점, 할인점, 전문점, 홈쇼핑 등으로 다양해지면서 특정 지역이나 고객 중심으로 운영되어야만 생존할 수 있게 되었으며, 이를 위해 CRM 구축은 필연적인 상황이 되었다. SCM의 경우, 전자문서 교환이 본격화되면서 유통부문의 주요 기업들이 많은 예산을 투입하여 이를 구축하기 시작하였다. 이외에도 상거래를 위한 각종 인프라 및 KMS(Knowledge Management System)를 위한 별도의 백업시스템도 구축되었다.

이러한 움직임은 2000년대 중반에 접어들면서 체계적인 고객정보의 수집·분석과 상권분석 등으로 심화되었고, 균형성과관리(BSC), 핵심성과지표(KPI), 웹 리포팅 등의 다양한 고객 분석 툴을 통해 기존 데이터베이스와 연계하고 있다. 또한 최근 전자태그(RFID)가 등장하면서 유통부문은 일대 변화가 일어날 조짐이다. 전자태그는 사물과 주변 정보를 접촉 없이도 무선주파수로 전송·처리가 가능한 인식기술로 유비쿼터스의 핵심 기술로 주목받고 있다. 이러한 기술은 특히 대량의 상품을 거래하는 유통부문에 적용되었을 때 그 파급효과가 매우 클 것으로 전망된다. 따라서 유통부문에서는 향후 이를 지원하는 대용량 데이터베이스를 지원하는 플랫폼이 요구되는 상황이다.

## 2. 사회기반구조로서의 데이터베이스

1990년대 사회 각 부문의 정보화가 본격화되면서 데이터베이스 구축이 활발하게 추진되었다. 특히 1990년대 이후 정부부처 중심으로 무역, 통관, 물류, 조세, 국세, 조달 등 사회간접자본(SOC) 차원에서 EDI(Electronic Data Interchange, 전자문서교환) 활용이 본격화되면서 부가가치통신망(VAN)을 통한 정보망이 구축되기 시작하였다. 이에 따라 이들 정보망을 통해 유통되거나 이용되는 정보가 데이터베이스로 구축되었으며, 이렇게 구축된 데이터베이스는 공공 DB로서 활용될 뿐만 아니라 인프라로서 관련 산업에서 유용하게 활용되기 시작하였다. 대표적으로 1995년에 조세전산망이, 1996년에는 조달·국방·물류종합망·의료정보망·산업정보망이 착수되었으며, 이들 정보망은 중공업이나 유통 분야를 중심으로 빠르게 확산되었다.

1990년대 후반부터는 정보기술이 고도로 발전하면서 데이터베이스 활용이 문서교환 등에 국한되었던 EDI, CALS(Commerce At Light Speed) 등에서 벗어나 국가적으로 필요한 기반 시설이라 할 수 있는 지리, 교통부문의 데이터베이스 구축이 본격적으로 시작되었다.

2000년대 들어서면서 지리, 교통부문의 데이터베이스는 보다 고도화되어 현재에 이르렀고, 아울러 의료·교육·행정 등 사회 각 부문으로 공공 DB의 구축·이용이 확대되었다. 특히 인터넷의 보편화로 인해 일반 국민들도 가정에서 손쉽게 생활에 필요한 정보를 습득할 수 있게 되었다. 이로써 데이터베이스는 사회 전반의 기간재로서 자리매김하게 되었다.

### 가. 물류부분

1995년 국가기간전산망사업으로 확정되어 출범한 종합물류정보망은 1998년에 이르러 서비스 개발을 완료하여 상용서비스로 제공되었다. 이 서비스를 한마디로 표현한다면 '실시간 차량추적'이라고 할 수 있다. 이것은 전자지도상에서 운행중인 차량의 위치 및 상태를 실시간으로 파악하여 관제함으로써 운송회사 및 화주 등 서비스 가입자의 합리적인 의사결정을 지원하는 것이다.

종합물류정보망은 크게 CVO서비스(Commercial Vehicle Operation System, 화물운송정보), EDI서비스, 데이터베이스 서비스(물류정보), 부가서비스로 구성되었다. 여기에서 제공되는 데이터베이스 서비스는 기업의 물류활동 지원과 범국민적 물류인식 확산을 위한 것으로 한국통신(현 KT)에서는 이삿짐, 택배 등의 생활 물류정보와 정책, 법령, 물류시설, 장비 등의 기업 물류정보를 제공했다. 한국물류정보통신은 선박운항 스케줄, 항만정보, 물류관련 정책 정보 등의 해양수산 데이터베이스를 개발하여 제공하였다.

종합물류정보망에 해양수산부의 항만운영정보시스템(PORT-MIS), 철도청의 철도운영정보시스템(KROIS), 복합화물터미널망, 항공정보망, 민간기업 물류 VAN(Value Added Network)을 연결하고, 무역자동화망과 통관자동화망 등 유관전산망과도 연계하여 물류흐름에 따라 모든 업무를 신속하게 처리하도록 하였다. 민간기업 물류 VAN은 2000년 이후 활성화되었으며, 대표적으로 2000년대 초반에 구축된 현대택배의 HYDEX(택배정보시스템), 한진의 GIOVAN(물류정보서비스, 물류비즈니스 서비스), 대한통운의 SPAT·CONSIS(화물운송관련 정보서비스·컨테이너운영시스템), 한국복합물류주식회사의 KIFOS(화물입출하, 차량알선, 배송결과, 화물의 이동추적 등) 등을 들 수 있다.

2003년 이후에는 종합물류정보망의 이용 확대와 활성화를 위해 내륙화물기지와 같은 주요 물류거점 시설의 지속적인 정보화를 추진하여 물류정보 공동활용 체계를 확대해 나갔다. 최근에는 인터넷 기반의 데이터베이스 제공에 이어 전자태그를 활용한 사업으로 영역을 확장하고 있다.

## 나. 지리부분

1995년 시작된 국가지리정보체계(NGIS) 구축은 국가지형도와 공통주제도, 지하매설물도를 전산화하여 기본 공간정보 데이터베이스를 구축하고, 관련 기술 개발과 함께 범국가적인 활용을 위한 국가 표준설정과 활용체계를 개발하는 사업이었다.

2000년 1단계 사업이 종료되면서 가장 주목할 만한 성과는 국가 수치지형도의 구축이었다. 국가 수치지형도는 전국을 대상으로 1/1,000(도시지역), 1/5,000(전국)과 1/25,000(일부산악지형)의 축적으로 구축된 데이터이다. 그러나 이때 구축된 데이터는 데이터베이스 형식이 아니라 데이터 포맷인 DXF(Data eXchange Format)로 구축된 것이어서 지형지물의 속성과 위상관계를 표현하지 못하는 한계가 있었다.

따라서 2단계로 제2차 국가지리정보체계 기본 계획(2001~2005)을 통해 수치지형도의 수정·갱신, 국가기준점 정비, 지적도면 전산화 등 기본 지리정보 구축과 함께 이를 기반으로 한 토지종합정보망(LMIS) 및 공공제한 관련 정보, 7대 지하시설물 지리정보 등 다양한 활용체계 사업을 추진하였다.

이러한 바탕에는 2000년 이후에는 GIS, RS(Remote Sensing), GPS(Global Positioning System), ITS(Intelligent Transport System) 기술을 통합하여 새로운 GIS 응용에 활용하는 4S 통합기술, LBS(Location Based Service) 기술, SIM(Spatial Information Management), 공간 DBMS 등 GIS 관련 정보기술의 비약적인 발전으로, 데스크톱 GIS뿐만 아니라 웹 GIS도 실현되었다.

2005년 2단계 국가지리체계 구축 사업이 완료되면서, 건설교통부(현 국토교통부)의 지리정보 유통센터를 중심으로 지방자치단체 등 지리정보 공급기관의 유통용 메타데이터와 지리정보를 저장하는 지리정보통합관리소를 운영하고 이를 통해 공공기관, 민간 기업, 일반 국민 등 다양한 지리정보 수요자에게 정보를 제공하는 지리정보유통망이 가시화되었다. 현재는 유통사업의 체계적 관리·확장과 아울러 전자정부 참여를 통한 대국민 서비스를 강화하기 위해 노력하고 있다.

## 다. 교통부분

일반적으로 교통정보는 동적(실시간) 교통정보와 정적(비실시간) 교통정보로 나눌 수 있다. 실시간 교통정보는 지능형교통시스템(ITS, Intelligent Transport System)이나 방송매체 등에서 교통소통을 목적으로 운전자에게 제공되는 교통정보를 말하며, 비실시간 교통정보는 교통정책 및 계획 수립 등에 필요한 교통분야별 기초자료 및 통계를 제공하는 데이터베이스를 말한다.

국가적으로 수행되고 있는 국가교통 데이터베이스 구축은 교통체계효율화법에 따라 1998년부터 공공근로사업으로 전국지역간 교통량 조사 사업으로부터 시작되었다. 초기에는 전국의 지역간 여객 및 화물 통행실태조사를 통해 지역간 통행량을 데이터베이스로 구축하고, 2000년에는 수도관 정보, 도시 내 육상 교통 조사와 전국 신규도로에 대한 교통시설물 조사가 진행되었다.

이어 2001년에는 5개 광역시별 통행량, 대중교통 이용실태, 교통유발원 단위 및 주요구간 교통량 조사로 보다 세분화하여 질 높은 교통 데이터베이스 서비스가 이루어졌다. 2002년부터는 공공근로사업이 정보화사업으로 전환되면서 '전국 교통 데이터베이스 구축 사업'에서 '국가 교통 데이터베이스 구축 사업'으로 변경하고 본격적인 활용 단계에 돌입하였다.

2003년부터 2007년까지는 2단계 국가 교통 데이터베이스 구축 사업을 통해 데이터베이스의 활용성 및 신뢰성 제고에 역점을 두고 있다. 국가 교통 데이터베이스는 교통조사와 조사분석 중복방지로 각종 예산절감과 사업기간 단축, 신뢰성 제고의 효과를 거두고 있다. 일반 국민에의 교통정보 제공 등 대민서비스도 확대하는 등 SOC로서 역할을 수행하고 있다. 향후에는 민간 제공 확대 등 데이터베이스의 활용성을 극대화하는 방안을 마련할 예정이다.

### 라. 의료부분

1990년대부터 추진된 각종 정보망 구축을 통해 의료정보망이 구축되면서 1996년부터 53개 기관을 대상으로 의료EDI 상용서비스가 제공되기 시작했다. 2002년 의료법 개정을 통해 전자의무기록이 법적 효력을 갖게 되고, 원격 의료와 전자처방전이 허용되면서 의료정보시스템은 점차 본 궤도에 이르게 되었다.

일반적으로 병원정보화로 알려진 의료정보시스템은 크게 처방전달시스템, 임상병리, 전자의무기록, 영상처리시스템(PACS, Picture Archiving and Communications System), 병원의 멀티미디어, 원격의료, 지식정보화로 이루어져 있다. 2005년부터는 국제 의료정보 전송 표준인 HL7의 국내 표준화 작업에 따라 전국적인 진료정보 공유체계 구축 계획이 수립되었다.

2005년 이후에는 유비쿼터스 컴퓨팅 기술의 발달로 의료정보 분야에서도 u헬스(ubiquitous-Heath) 시장이 본격적으로 등장하게 되었다. u헬스의 실현을 위해서는 기존에 구축된 의료정보 데이터베이스가 기반이 되며, 이를 통해 다양한 서비스가 제공될 수 있다.

최근에는 의료서비스에도 고객(환자) 중심의 경영이 도입되면서 환자 중심의 병원, ABC, BSC, 6시그마 등의 경영기법이 주요 병원을 필두로 적극적으로 도입되고 있다.

### 마. 교육부분

주로 전국 학생들의 정보 소양 교육을 위주로 했던 1단계 교육정보화종합계획(1997~2000)은 2단계 사업(2001~2005)에서는 주로 첨단 정보통신기술(ICT)을 활용한 각종 교육정보의 개발 및 보급, 정보 활용 교육, 대학정보화 및 교육행정정보화 위주로 사업을 추진하였다.

대학정보화와 관련해서는 대학도서관 소장자료의 데이터베이스 구축이 활발히 추진되어 서지 및 기사색인을 비롯하여 2003년부터는 원문까지 데이터베이스로 구축하고 있다. 아울러 2000년대 중반에 접어들면서 모바일 환경이 급속히 확대되면서 일부 대학을 중심으로 모바일 캠퍼스 구축 등 ERP에 대한 투자가 확대되었으며, 교육 환경에서도 고객(학생)을 중심으로 한 CRM 등이 본격적으로 도입되고 있다.

2002년 첫 선을 보인 전국교육정보공유체제는 시·도 교육청과 산하기관, 각급 학교가 보유하고 있는 각종 교육자료를 표준화·체계화하여 시·도 교육청 간 교육정보의 공동활용체제이다. 한국교육학술정보원

(KERIS)에서 운영 중인 에듀넷(Edunet)과 16개 시·도 교육청 홈페이지 어느 곳에서나 전국의 교육자료를 원스톱으로 검색할 수 있다.

2003년부터 적용되기 시작한 교육행정정보시스템(NEIS, National Education Information System)은 과거 학교별로 데이터베이스를 구축해 운영하던 학생·교원 관련 교육정보를 각 시·도 교육청 데이터베이스에 담아놓고, 전국의 초·중등학교, 16개 시·도 교육청 및 산하기관, 교육인적자원부를 인터넷으로 연결해 교무, 학사뿐만 아니라 인사, 물품, 회계 등 기타 교육행정 전 업무를 처리하는 시스템이다.

# 장 요약

### 제1절 데이터와 정보

데이터는 현실 세계에서 단순히 관찰하거나 측정하여 수집한 사실이나 값으로 개별 데이터 자체로는 의미가 중요하지 않은 객관적인 사실을 말하며, 데이터의 가공·처리와 데이터간 연관관계 속에서 의미가 도출된 것을 정보로 설명한다. 다만 여기서 정보가 내포하는 의미는 유용하지 않을 수도 있다. 지식은 데이터를 통해 도출된 다양한 정보를 구조화하여 유의미한 정보를 분류하고 개인적인 경험을 결합시켜 고유의 지식으로 내재화된 것이며, 이러한 지식의 축적과 아이디어가 결합된 창의적 산물을 지혜로 설명할 수 있다.

### 제2절 데이터베이스의 정의와 특징

데이터베이스를 "문자, 기호, 음성, 화상, 영상 등 상호 관련된 다수의 콘텐츠를 정보 처리 및 정보통신 기기에 의하여 체계적으로 수집·축적하여 다양한 용도와 방법으로 이용할 수 있도록 정리한 정보의 집합체"로 정의할 수 있다.

### 제3절 데이터베이스 활용

국내의 경우 정보통신망 구축이 가속화되면서 '90년대에는 기업내부 데이터베이스(이하 인하우스 DB)는 기업 경영 전반에 관한 자료를 연계하여 경영 활동의 기반이 되는 전사 시스템으로 확대되었고, 정부부처 중심으로 무역, 통관, 물류, 조세, 국세, 조달 등 사회간접자본(SOC) 차원에서 EDI 활용이 본격화 되면서 구축된 데이터베이스는 공공DB로서 활용될 뿐만 아니라 인프라로서 관련 산업에서 유용하게 활용되기 시작하였다. 최근, 정부에서는 범국가적인 공공데이터 개방(공공부문)과 이용 활성화(민간부문) 전반을 지원하고 있다.

# 연습문제

**문제 1. 데이터에 대한 설명으로 가장 부적절한 것은 무엇인가?**

① 데이터를 단순한 객체로서 가치뿐만 아니라 다른 객체와의 상호관계 속에서 가치를 갖는 것으로 설명할 수 있다.

② 데이터는 그 형태에 따라 언어·문자 등으로 기술되는 정량적 데이터와 수치·기호·도형으로 표시되는 정성적 데이터로 구분된다.

③ 설문조사와 주관식 응답, 트위터나 페이스북, 블로그 등에 올린 글 등과 같은 정성 데이터의 경우 그 형태와 형식이 정해져 있지 않아 비정형 데이터라고도 한다.

④ 지역별 온도·풍속·강량과 같이 수치로 명확하게 표현되는 데이터를 정량 데이터라고 한다.

**문제 2. 다음은 DIKW 피라미드(Data, Information, Knowledge, Wisdom hierarchy)에 대한 설명이다. 가장 적절한 설명은 무엇인가?**

① 지식(Knowledge)은 근본 원리에 대한 깊은 이해를 바탕으로 도출되는 창의적 아이디어로 설명할 수 있다.

② 정보(Information)는 상호 연결된 정보 패턴을 이해하고 이를 토대로 예측한 결과물이라 할 수 있다.

③ 지혜(Wisdom)는 데이터의 가공 및 상관관계간 이해를 통해 패턴을 인식하고 그 의미를 부여한 데이터라고 할 수 있다.

④ 데이터(Data)는 존재형식을 불문하고 타 데이터와의 상관관계가 없는 가공하기 전의 순수한 수치나 기호를 의미한다고 할 수 있다.

**문제 3. 다음은 데이터베이스의 일반적인 특징에 관한 설명이다. 가장 부적절한 것은 무엇인가?**

① 데이터베이스는 통합된 데이터(integrated data)이다.

② 데이터베이스는 저장된 데이터(stored data)이다.

③ 데이터베이스는 공용 데이터(shared data)이다.

④ 데이터베이스는 변화되지 않는 데이터(unchanged data) 이다.

**문제 4. 다음은 데이터베이스의 특성에 관한 설명이다. 가장 부적절한 것을 모두 고르시오.**

① 정보의 축적 및 전달 측면에서 대량의 정보를 일정한 형식에 따라 정보처리기기가 읽고 쓰고 검색할 있도록 하는 기계가독성과 검색가능성, 그리고 정보통신망을 통하여 원거리에서도 즉시 온라인으로 이용할 수 있는 원격조작성을 갖는다.

② 정보 관리 측면에서는 이용자의 정보 요구에 따라 다양한 정보를 신속하게 획득할 수 있고 원하는 정보를 정확하고 경제적으로 찾아낼 수 있다는 특성을 지닌다.

③ 정보 이용 측면에서는 정보를 일정한 질서와 구조에 따라 정리·저장하고 검색·관리할 수 있도록 하여 정보를 체계적으로 축적하고 새로운 내용의 추가나 갱신이 용이하다.

④ 정보기술 발전의 측면에서 정보처리, 검색·관리 소프트웨어, 관련 하드웨어, 정보 전송을 위한 네트워크 기술 등의 발전을 견인할 수 있다.

**학습목표**

- 빅데이터의 정의와 기능, 빅데이터로 인한 변화에 대한 이해
- 빅데이터의 가치와 영향 이해
- 빅데이터 비즈니스 모델 이해
- 빅데이터로 인한 위기 요인과 통제 방안 이해
- 미래의 빅데이터 이해

# 제2장

# 데이터의 가치와 미래

### 장 소개

빅데이터의 개념, 출현 배경, 기능을 알아보고 나아가 빅데이터가 가져오는 본질적인 변화를 이해한다. 빅데이터의 가치 및 기업, 정부, 개인에 미치는 영향을 살펴보고 어떤 비즈니스 모델이 빅데이터에 사용되는지도 알아본다. 빅데이터 활용이 본격화 되면서 나타날 수 있는 위기 요인과 이를 통제하기 위한 방안에는 무엇이 있는지를 이해하고 미래의 빅데이터는 어떤 모습으로 진행될 지 살펴본다.

# 제1절 빅데이터의 이해

## 1. 정의

빅데이터(Big data)는 말 그대로 '큰(big)' 데이터를 의미한다. 단순히 용량만 방대한 것이 아니라 복잡성도 증가해서 기존의 데이터 처리 애플리케이션이나 관리 툴(tool)로는 다루기 어려운 데이터세트의 집합(collection of data sets)을 지칭하기도 한다. 빅데이터 현상은 다양한 영역에서 일어나고 있으며, 빅데이터 정의 또한 다양하다. 먼저 일반적인 빅데이터 정의는 다음과 같다.

"빅데이터는 일반적인 데이터베이스 소프트웨어로 저장, 관리, 분석할 수 있는 범위를 초과하는 규모의 데이터다."(McKinsey, 2011)

이는 활용하는 데이터 규모에 중점을 둔 정의다. 반면 데이터 규모보다 분석 비용 및 기술에 초점을 맞춘 정의도 있다.

"빅데이터는 다양한 종류의 대규모 데이터로부터 저렴한 비용으로 가치를 추출하고 데이터의 초고속 수집·발굴·분석을 지원하도록 고안된 차세대 기술 및 아키텍처다." (IDC, 2011)

빅데이터에 대한 관심이 확산되면서 정의자체가 포괄하는 범위도 확대되기도 한다. 일본의 노무라연구소는 데이터와 데이터 처리, 저장 및 분석 기술에 의미 있는 정보 도출에 필요한 인재나 조직까지도 빅데이터라는 개념에 포함시킬 것을 제안하기도 한다.

빅데이터로 인한 새로운 도전과 기회를 잘 요약한 특징으로 흔히 '3V'를 든다. 이는 가트너그룹(Gartner Group)의 더그래니(Doug Laney)가 정리한 것으로 빅데이터를 세가지 측면, 즉 데이터의 양(Volume), 데이터 유형과 소스 측면의 다양성(Variety), 데이터 수집과 처리 측면에서 속도(Velocity)가 급격히 증가하면서 나타난 현상이라고 본다.

빅데이터 자체의 특징보다는 빅데이터로 인해 나타난 사회·정치·경제·문화적 변화를 포착하기 위해 조금 더 추상적이고 포괄적으로 다루기 위한 것으로는 메이어-쇤베르거와쿠키어의 정의를 들 수 있다.

"빅데이터란 대용량 데이터를 활용해 작은 용량에서는 얻을 수 없었던 새로운 통찰이나 가치를 추출해 내는 일이다. 나아가 이를 활용해 시장, 기업 및 시민과 정부의 관계 등 많은 분야에 변화를 가져오는 일이다." (Mayer-Schönberger&Cukier, 2013)

실제로 다양한 빅데이터 프로젝트가 기업뿐 아니라 정부나 각종 기관에서 진행되고 있다는 점에서 데이터에 대한 기존의 접근 방식으로는 얻을 수 없었던 것들을 크고 다양한 데이터를 결합, 처리함으로써 새롭게 가치를 창출하는 모든 것을 빅데이터로 보는 관점은 매우 유용한 접근 방식이라고 할 수 있다.

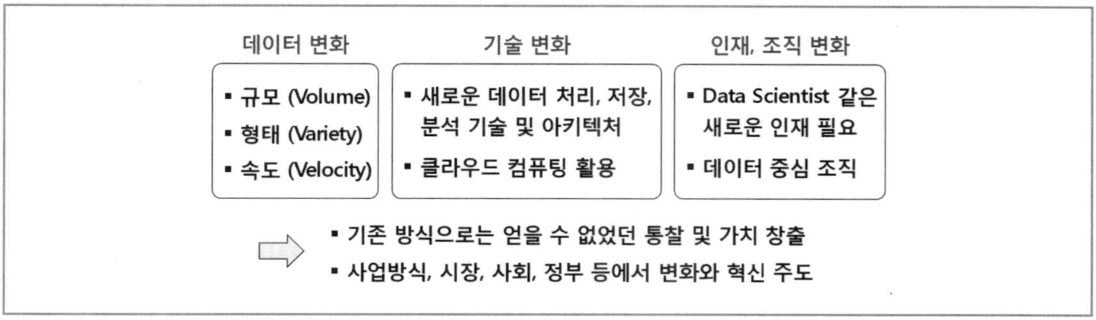

| 데이터 변화 | 기술 변화 | 인재, 조직 변화 |
|---|---|---|
| ▪ 규모 (Volume)<br>▪ 형태 (Variety)<br>▪ 속도 (Velocity) | ▪ 새로운 데이터 처리, 저장, 분석 기술 및 아키텍처<br>▪ 클라우드 컴퓨팅 활용 | ▪ Data Scientist 같은 새로운 인재 필요<br>▪ 데이터 중심 조직 |

▪ 기존 방식으로는 얻을 수 없었던 통찰 및 가치 창출
▪ 사업방식, 시장, 사회, 정부 등에서 변화와 혁신 주도

[그림 Ⅰ-2-1] 빅데이터 정의의 범주 및 효과

빅데이터의 정의를 종합하면 빅데이터를 보는 관점의 범위에 따라 첫째, 3V로 요약되는 데이터 자체의 특성 변화에 초점을 맞춘 좁은 범위의 정의가 있다. 둘째, 데이터 자체뿐 아니라 처리, 분석 기술적 변화까지 포함하는 중간 범위의 정의가 있다. 마지막으로 인재, 조직 변화까지 포함해 빅데이터를 넓은 관점으로 정의하는 방식이 있다. 다만 이러한 정의는 어려운 전문용어를 포함함으로 보다 일반적이고 대중적인 의사소통을 위해서는 '기존의 작은 데이터 처리 분석으로는 얻을 수 없었던 통찰과 가치를 창출하는 새로운 방식'으로 정의하는 것이 유용할 수도 있다.

## 2. 출현 배경

빅데이터 정의 부분에서 살펴본 바와 같이 빅데이터 현상은 없었던 것이 새로 등장한 것이 아니라 기존의 데이터, 처리방식, 다루는 사람과 조직 차원에서 일어나는 '변화'를 가르킨다. 다시 말하면 데이터와 데이터를 다루는 것은 이미 오래 전부터 있었던 것인데 최근 들어 그 데이터와 그 것을 다루는 기술 차원에서 '패러다임 전환(paradigm shift)'이 일어난 것을 빅데이터 현상으로 볼 수 있다.

이러한 대변화는 왜 일어났을까? 빅데이터 출현 배경을 모두 설명하는 것은 불가능에 가까운 일이지만, [그림 Ⅰ-2-2]와 같이 산업계·학계(academic fields)·산학계를 둘러싼 환경 변화 측면에서 그 배경을 논의해 볼 수 있다.

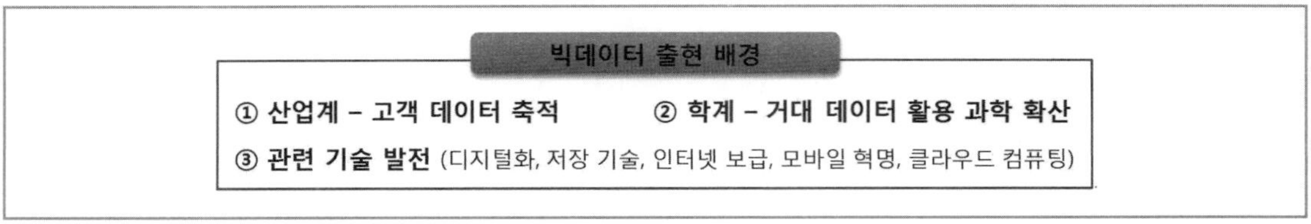

**빅데이터 출현 배경**

① 산업계 – 고객 데이터 축적　　② 학계 – 거대 데이터 활용 과학 확산
③ 관련 기술 발전 (디지털화, 저장 기술, 인터넷 보급, 모바일 혁명, 클라우드 컴퓨팅)

[그림 Ⅰ-2-2] 빅데이터 출현 배경

먼저 산업계에서 일어난 변화를 보면 빅데이터 현상은 양질 전환 법칙으로 설명할 수 있다. 여러 거대 기업들이 온라인과 오프라인을 가리지 않고 사용자 및 소비자 행태 정보를 적극 수집·분석해 경영·경쟁 전략에 활용해온 것은 오래된 이야기다. 미국의 테스코(Tesco)같은 기업은 매달 15억 건 이상의 고객 데이터를 수집하고 있으며 액시엄(Acxiom)은 전세계 5억명, 미국인 96%에 관한 데이터를 150여개 항목에 대해 보관하고 있다고 한다.

정보가 지속적으로 축적되면서 기업들이 보유한 데이터가 '거대한 가치 창출이 가능할 만큼 충분한 규모'에 도달했고, 빅데이터와 같은 질적 변화를 일으킬 기술이 접목됨으로써 거대 가치를 창출할 수 있는 기회를 맞이하고 있다. 매킨지컨설팅의 보고에 따르면 미국의 상장 기업 대부분이 100테라바이트(TB) 이상의 데이터를 보유중이며, 상당수는 1페타바이트(PB) 이상의 데이터를 보유하고 있다고 한다. 이 기업들이 직면한 도전은 '보유 데이터에 숨어 있는 가치를 발굴해 새로운 성장동력원으로 만들어 낼 수 있는 빅데이터 기술 확보'라고 할 수 있다.

둘째, 학계에서도 빅데이터를 다루는 현상들이 늘어나고 있다. 대표적인 사례로 인간 게놈 프로젝트를 들 수 있다. 게놈 프로젝트가 추진되던 초기에는 인간 유전자 정보를 모두 해석하는 데 걸린 시간은 10년이었다. 지금은 기존에 10년 걸려 만들어낸 정보를 일주일이면 만들어 낼 수 있을 만큼 기술이 발전했고, 비용은 약 1/1만 정도밖에 소요되지 않는다. 스위스 제네바의 대형 강입자충돌기(The Large Hadron Collider)는 1억 5000만개의 센서를 통해 매초 4000만번씩 데이터를 수집한다. 그러나 실제로 발생하는 99.999%의 데이터는 저장되지 못하고 오직 0.001%만 보관돼 연구에 활용되고 있다. 나아가 NASA의 기후 시뮬레이션 센터에서는 약 32페타바이트의 기후관찰 정보를 활용해 슈퍼컴퓨터에서 시뮬레이션하고 있다. 이러한 거대 데이터를 다루는 학문 분야가 늘어나면서 필요한 기술 아키텍처 및 통계 도구들도 지속적으로 발전하고 있다.

빅데이터가 출현한 세번째 배경은 기술 발전에 찾을 수 있다. 기술은 다시 여러 측면에서 발전했다. 디지털화의 급진전, 저장 기술의 발전과 가격 하락, 인터넷의 발전과 모바일 시대의 진전에 따른 클라우드 컴퓨팅 보편화 등이 모두 빅데이터 출현과 직간접적 관련이 있다. 아날로그의 디지털로의 전환은 데이터의 생산·유통·저장의 편리성을 획기적으로 개선했다. 아날로그 신호의 유통에는 필연적으로 노이즈 현상이 관여해 복제나 전송 과정에 화면 열화나 원음 왜곡 현상이 수반되지만 0과 1이라는 펄스 신호로 구성된 디지털은 복제나 유통 과정에서 수시로 오리지널 시그널을 복원함으로써 화면 열화나 원음 왜곡 없이 오리지널과 '동일한' 복제품을 만들어낼 수 있다. 디지털 시대의 초기에는 아날로그 신호의 샘플링 비율이 올라가면서 디지털화 비용과 저장 비용이 증가했다. 하지만 압축 기술이 발전하면서 그 비용도 빠르게 감소하기 시작했다. 데이터 저장 비용은 무어의 법칙보다 빠르게 반감하고 있으며, 그러한 추세가 지속될 것으로 보인다.

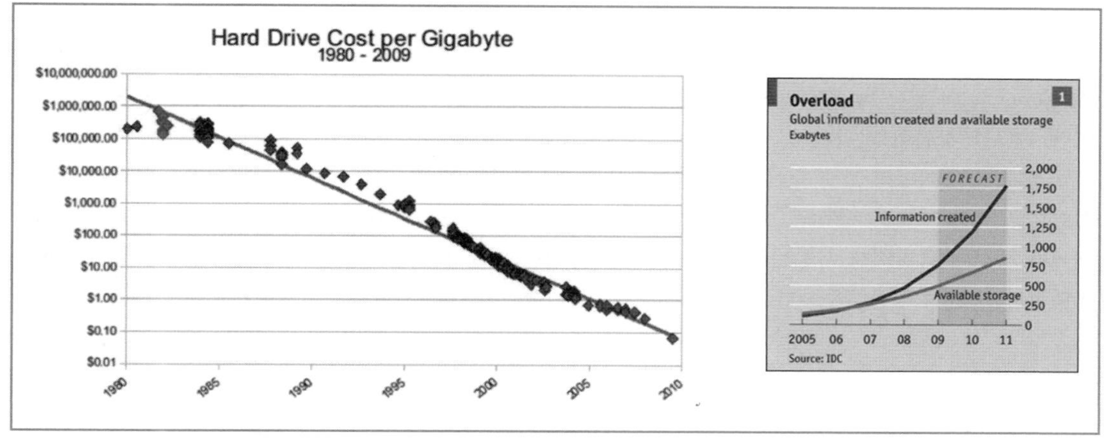


[그림 Ⅰ-2-3] 저장장치 가격의 급격한 하락과 정보 생산량의 폭증

인터넷 발전이 빅데이터에 기여한 측면은 인터넷의 사업모델 측면에서 살펴보면 파악할 수 있다. 초기 인터넷이 출현했을 때, 많은 인터넷 기업은 훗날 닷컴버블이라고 불릴만큼 높은 기업가치를 인정받았다. 그러나 2000년 초기 많은 인터넷 기업이 매출을 올리는데 실패하면서 그 버블은 빠르게 꺼졌다. 이러한 가운데 인터넷에서 돈을 만들어 주는 모델로 각광 받은 것이 바로 광고였다. 인터넷 초창기 광고 모델이 비즈니스 모델로 부상한 데는 인터넷이 무료이고 공개된 공간이었으며 마이크로 결제 시스템이 부재했기 때문에 서비스 제공자들이 사용자들에게 직접 과금할 수 있는 문화나 경제적 인프라 자체가 존재하지 않았기 때문이었다. 따라서 인터넷 기업들은 서비스를 제공하고 사용자의 정보를 기업들에게 제공하는 양면시장 모델, 즉 미디어 시장에서 커온 비즈니스 모델을 반영해 수익원을 만들어 나갔다. 이러한 비즈니스 모델을 채택해성공한 인터넷 기업으로는 야후와 구글을 들 수 있다. 인터넷에서 광고 모델은 아직도 주요한 사업 모델로 활용되고 있다.

서비스 사용자와 광고주를 연결하는 비즈니스에서 가장 중요한 것은 사용자의 특성을 보다 정교하게 파악해 광고주가 도달하고자 하는 정확한 고객군을 만들어 내는 것이다. 이 목표를 위해 활용되기 시작한 것이 바로 사용자 로그(log) 정보였다. 사용자가 인터넷에 접속한 시간과 장소, 검색 기록 등을 결합해 사용자에 대한 프로파일링이 이뤄지기 시작했다. 그 정보가 쌓여감에 따라 사용자의 '아이덴티티'가 점점 뚜렷해졌고, 사용자와 광고를 매칭하는 정확도도 향상됐다.

빅데이터는 모바일 시대가 도래하면서 더 빠르게 진화하고 있다. 그 이유 중 하나로는 스마트 단말 사용자들이 깨어 있는 거의 모든 시간에 SNS로 자신들의 '감정' 데이터를 쏟아 내고 있다는 점을 들 수 있다. 뿐만 아니라 스마트폰에 내장된 GPS, 가속센서, 거리센서 등도 시시각각 값진 사용자의 상황(context) 정보를 양산하고 있다. 이러한 감정 정보와 상황 정보는 각종 서비스 사업자에게 소중한 사업 기회를 제공하면서 빅데이터 생태계를 더욱 풍성하게 만들고 있다.

클라우드 컴퓨팅은 점점 더 많은 정보가 클라우드로 모인다는 점도 중요하지만, 무엇보다 빅데이터의 처리 비용을 획기적으로 낮춘 측면에서 그 중요성을 아무리 강조해도 지나치지 않다. 빅데이터에서 추출하는 정보의 가치가 높다 하더라도 분석 비용이 처리 용량만큼 많이 든다면,빅데이터의 경제적 가치는 낮아질 수밖에 없다. 클라우드 분산 병렬처리 컴퓨팅은 빅데이터와 같은 대용량 데이터 처리 비용을 맵리듀스(MapReduce)와 같은 혁신적 방식을 통해 획기적으로 줄였다. 그 결과 빅데이터 시대로의 이행을 가로 막고 있던 커다란 장벽이 사라졌다.

이렇게 개별 기업의 고객 데이터 축적 및 활용 증가, 인터넷 확산, 저장 기술의 발전과 가격 하락, 모바일 시대의 도래와 스마트 단말의 보급, 클라우드 컴퓨팅 기술 발전, SNS와 사물네트워크 확산 등이 맞물려 데이터 생산이 폭발적으로 증가하면서 빅데이터 시대는 대세가 됐다. [그림 Ⅰ-2-4]는 ICT 발전에 따른 빅데이터 출현 상황을 잘 보여준다.

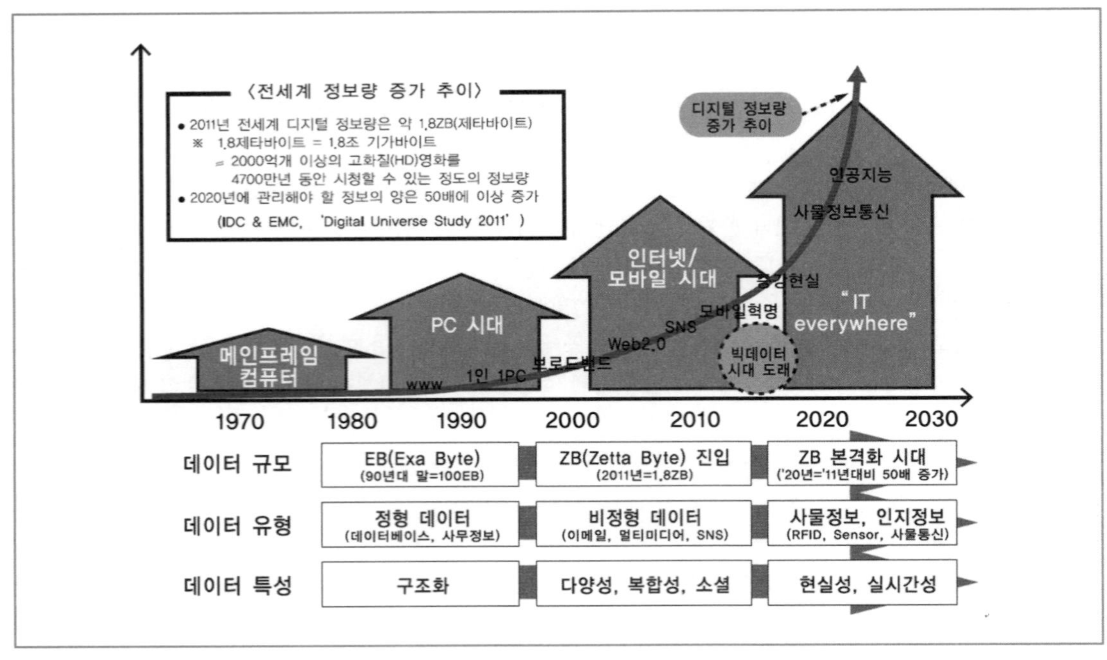


[그림 Ⅰ-2-4] ICT 발전과 빅데이터의 출현

## 3. 빅데이터 기능

빅데이터로 관심이 집중되는 이유는 그것이 가진 무한한 가능성 때문이다. 빅데이터에 거는 기대를 잘 표현한 비유로는 다음과 같은 네가지를 들 수 있다. 첫째 차세대 산업혁명의 석탄이나 철, 둘째 21세기의 원유(oil), 셋째 렌즈, 넷째 플랫폼 역할이다.

**빅데이터의 기능**

**① 산업혁명의 석탄, 철 ② 21세기의 원유 ③ 렌즈 ④ 플랫폼**
**→ 차세대 산업 혁신에 꼭 필요한 요소**

[그림 Ⅰ-2-5] 빅데이터의 기능

먼저 빅데이터는 차세대 산업혁명에서 석탄과 철 역할을 할 것으로 기대되고 있다. 18세기 영국에서 시작된 산업혁명에서 석탄과 철이 했던 역할을 반추해 보면 된다. 증기기관의 발명으로 촉발된 산업혁명에서 석탄은 증기기관을 작동시키는 열 제공 자원이었다. 증기기관은 생산뿐 아니라 철도 시스템 구축을 통해 유통에서도 상상할 수 없던 혁신을 만들어 냈다. 철도는 마차 시스템으로는 운반할 수 없을 만큼의 거대한 물량을 전국으로 실어 날랐으며, 글로벌 유통에도 혁명적 변화를 일으켰다. 이렇게 철은 공장 건축부터 철도를 포함해 각종 인프라에 없어서는 안될 재료로 쓰였다.

빅데이터는 석탄과 철이 산업혁명에서 했던 역할을 차세대 산업혁명에서 해낼 것으로 기대된다. 농업 중심의 1차 산업시대에 증기기관과 철도 도입으로 제조업의 생산성이 획기적으로 증가하며 사회 전체가 2차 산업 시대로 옮겨 갔듯이, 빅데이터 역시 지금의 제조업뿐 아니라 서비스 분야의 생산성을 획기적으로 끌어올려 사회·경제·문화 생활 전반에 혁명적 변화를 가져올 것으로 기대되고 있다.

둘째, 빅데이터는 21세기의 원유에 비유된다. 우리가 살고 있는 사회저변을 떠받치는 에너지원은 원유다. 높은 에너지 밀도를 갖는 원유는 전기를 만드는 것부터 내연기관의 원료로서 각종 동력을 제공하는 에너지원이다. 빅데이터도 원유처럼 각종 비즈니스, 공공기관 대국민 서비스, 경제 성장에 필요한 '정보'를 제공함으로써 산업 전반의 생산성을 한 단계 향상시키고, 기존에 없던 새로운 범주의 산업을 만들어낼 것으로 전망된다.

셋째, 빅데이터는 렌즈 역할을 한다. 현미경이 생물학 발전에 미쳤던 영향만큼이나 데이터가 산업 전반에 영향을 미칠 것으로 기대된다. 현미경이 발달하면서 지금 우리는 각종 식물과 동물의 세포에서 일어나는 수많은 메커니즘을 밝혀내고, 세포핵에 들어 있는 DNA 구조까지 읽어낼 수 있게 됐다. 그 과정에서 얻은 각종 정보는 인류를 수많은 질병으로부터 해방시켰으며 게놈(Genome) 프로젝트 등을 통해 얻어진 유전 정보는 앞으로도 인류의 건강에 크게 공헌할 것으로 보인다.

빅데이터가 제공하는 렌즈 역할의 대표적인 사례로는 구글의 'Ngram Viewer'를 들 수 있다. 미국의 국호는 문법적으로 큰 변화를 겪은 단어다. 미국을 의미하는 'The United States'는 미국의 남북전쟁이 발발하기 전까지는 아메리카 대륙의 주(州)들의 연합이라는 의미로 복수로 취급됐다. 뒤이어 오는 동사 역시 복수였다. 그런데 남북전쟁이 끝나고 연방정부의 역할이 커지고 모두 하나의 나라가 돼야 한다는 연방국가 개념이 강화되면서 단수로 취급되기 시작했다. 이러한 문법적 변화를 추적했던 학자들은 처음에 미국 의회도서관에서 미국 독립 이후의 모든 문서를 뒤지며 그 변화를 추적했지만 수백만권 이상의 책을 다 뒤져 그 변화를 양적인 변화로 보여 주는 것은 쉽지 않았다. 하지만 구글 Ngram Viewer를 이용하면 [그림 Ⅰ-2-6]처럼 'The United States is'가 'The United States are'를 압도해 나가는 변화 과정을 한 눈에 볼 수 있다. 구글이 수천만 권의 책을 디지털화해 빅데이터 서비스를 제공했기 때문에 가능한일이다. 그래프 위에 마우스 커서를 올려 두면 연도별로 얼마나 차이가 나는지도 보여 준다.

[그림 Ⅰ-2-6] 구글의 Ngram Viewer 빅데이터 서비스

넷째, 빅데이터는 플랫폼 역할을 할 것으로 기대된다. 플랫폼이란 다양한 차원에서 활용되는 개념이지만, 비즈니스 측면에서는 일반적으로 '공동 활용의 목적으로 구축된 유무형의 구조물'을 의미한다. 기존에서는 흔히 OS(Operating System)를 플랫폼이라고 했다. 그 이유는 OS 위에서 수많은 소프트웨어가 작동했기 때문이다. 즉 다양한 소프트웨어가 OS를 공동으로 활용했기 때문에 OS가 플랫폼 역할을 한다고 보았다. 최근 들어서는 OS외에도 서비스가 다양한 서드파티 비즈니스에 활용되면서 플랫폼 역할을 한다. 그 대표적인 사례가 페이스북(Facebook)이다. 페이스북은 SNS 서비스로 시작했지만, 2006년 F8 행사를 기점으로 자신들의 소셜그래프(Social Graph) 자산을 외부 개발자들에게 공개하고 서드파티 개발자들이 페이스북 위에서 작동하는 앱(App)을 만들기 시작하면서 플랫폼 역할을 하기에 이르렀다.

이렇듯 다양한 사업자들이 공동으로 사용하는 플랫폼을 빅데이터 형태로 제공할 것으로 예상된다. 각종 사용자 데이터나 M2M 센서 등에서 수집된 데이터를 가공·처리·저장해 두고, 이 데이터에 접근할 수 있도록 API(Application Program Interface)를 공개한다. 그러면 다양한 서드파티 사업자들이 비즈니스에 필요한 정보를 추출해 활용하게 되고, 빅데이터는 그 자체로 플랫폼 역할을 하게 된다.

위의 다양한 비유에 나타나듯이 다가올 미래에 우리가 마주할 변화가 많겠지만 그 중 상당수는 빅데이터가 있어서 가능한 것이거나 빅데이터가 한 부분을 담당하기 때문에 가능한 일이 될 것이다. 따라서 빅데이터는 차세대 산업혁신에서 원재료 역할을 하면서도 그 재료부터 가치를 추출하는 기법까지 아우르는 개념으로 폭넓게 쓰이고, 사람들의 일상 생활의 깊은 부분까지 침투할 것이다.

# 4. 빅데이터가 만들어 내는 본질적인 변화

빅데이터로 인한 근본적인 변화는 다음과 같은 네 가지 측면에서 살펴 볼 수 있다. 사전처리에서 사후처리로, 샘플링에서 전수조사로, 데이터의 질보다 양을 중시하는 시대로, 인과관계보다 상관관계를 중시하는 시대로의 전환이 그것이다. 이러한 변화들은 중요한 철학적 의미를 포함하고 있어서 깊게 생각해볼 필요가 있는 주제다.

**빅데이터가 만들어내는 본질적 변화**

| | |
|---|---|
| ① 사전처리 → 사후처리 | ② 표본조사 → 전수조사 |
| ③ 질 (質) → 양 (量) | ④ 인과관계 → 상관관계 |

[그림 Ⅰ-2-7] 빅데이터가 만들어내는 본질적 변화

### 가. 사전 처리에서 사후 처리 시대로

인류가 정보 증가를 가장 폭발적으로 경험한 시점을 논할 때, 많은 학자가 산업혁명을 든다(James Beniger, Control Revolution). 물론 쿠텐베르그의 인쇄술이 유럽에 도입됐을 때도 인류의 지식 및 정보가 폭발적으로 증가했지만, 그 정보의 양이 관리의 범주를 초월할 정도는 아니었다. 반면 산업혁명 시대가 되면서 사람들이 모여 일을 분할 처리하면서 사람들, 기계들, 사람과 기계 간의 역할을 조정(coordination)하는 일은 커다란 도전이 됐다. 더구나 거대한 공장과 복잡한 조립과정에서 쏟아져 나오는 정보의 양은 사회의 정보 관리 시스템의 한계를 넘어섰다. 정보 관리 시스템의 능력을 넘어서는 정보량을 다루기 위해서 산업혁명 시대에 발전해 온 것이 바로 정보의 사전 처리(pre-processing) 방식이다. 이는 필요한 정보만 수집하고 필요하지 않는 정보를 버림으로써 당시 시스템으로 달성할 수 있는 효율성을 만들어 냈다. 사전 처리의 대표적인 예로는 지금도 사용되고 있는 표준화한 문서 포맷을 들 수 있다. 사전에 정한 포맷으로 인쇄된 문서를 통해 자신들이 원하는 정보만 수집하고, 기타 개개인의 특수한 상황을 반영하는 세세한 정보의 수집을 포기함으로써 정보 관리비용을 줄인다.

이러한 사전 처리 관행은 빅데이터 시대를 맞아 종말을 맞고 있다. 빅데이터 시대에는 이미 가치가 있을 것이라고 정해진 특정한 정보만 모아서 처리하는 것이 아니라, 가능한 한 많은 데이터를 모으고 그 데이터를 다양한 방식으로 조합해 숨은 정보를 찾아낸다. 사용자가 로그 데이터에 관심을 두지 않았을 때, 구글은 이미 로그 데이터를 분석해 광고에 매칭하면서 세계 최고의 인터넷 기업으로 성장했다. 이것을 다른 말로 표현하면, 데이터 마이닝과 같은 방식으로 이해할 수 있고 관료주의 시대의 데이터의 사전 처리와 비교해 사후 처리(post-processing) 방식이라고 부를 수 있다.

### 나. 표본조사에서 전수조사로

빅데이터 시대의 또 다른 변화는 전수조사의 보편화다. 기존에는 새로운 가치나 지식의 발견을 위해 표본조사(sampling)에 의존했다. 데이터 수집 비용, 대용량 데이터 처리 도구, 비용 등이 모두 걸림돌이 됐기 때문이다. 통계학의 발전 자체가 적은 데이터로 보다 풍부한 결과를 확정하려는 목표 하에서 이뤄졌다.

그러나 빅데이터 시대가 되면서 많은 제약이 사라졌다. 데이터 수집 비용은 더 이상 문제가 되지 않을 만큼 폭발적으로 쏟아져 나왔으며, 클라우드 컴퓨팅 기술의 발전에 따라 데이터 처리 비용이 급격히 감소하고 있다. 복잡하고 거대한 데이터를 다룰 수 있는 통계 도구도 속속 나오고 있다.

전수조사의 장점은 샘플링이 주지 못하는 패턴이나 정보를 제공해 준다는 데 있다. 가령 정유사의 배관을 흐르는 기름의 종류와 배관의 부식 관계는 밀접한 관계가 있을 수 있지만, 일정한 시차를 두고 수집한 샘플링 데이터는 그 패턴을 알려 주지 못한다. 신용카드사의 거래 정보도 마찬가지다. 일정한 시차를 두고 수집하는 카드 거래정보는 특정 집단 간 불법거래 패턴에 대해 어떤 정보도 제공하지 못할 수 있다. 이러한 정밀한 데이터는 전수조사를 통해 파악할 수 있으며, 새로운 정유 시스템 구축이나 불법거래 적발로 이어질 수 있다.

샘플링은 기본적으로 분석하고자 하는 바를 정하고, 그에 필요한 정보를 수집하는 것이기 때문에 질문이 바뀌면 데이터를 바뀐 질문에 맞도록 다시 수집해야 한다. 따라서 데이터의 활용성 측면에서 융통성이 매우 떨어진다고 할 수 있다. 그러나 전수조사는 일단 모든 데이터를 모아 두면 바뀐 질문에 따라 다양한 방식으로 데이터를 재가공할 수 있기 때문에 활용의 융통성을 유지할 수 있다. 가령 대통령 선거일에 출구조사를 할 때, 10번째 선거인을 샘플링해 수집한 데이터는 대통령의 당락을 예측하는 데는 유용하지만, 학력에 따라 특정 후보를 지지하는 정도를 분석하는 데는 무용지물이 된다. 그러나 선거인 관련 모든 정보 수집이 가능하고 모든 선거인의 투표 결과를 수집할 수 있다면, 다양한 선거 집단의 특정 후보 투표 성향을 분석할 수 있다. 이것이 바로 전수 조사가 주는 새로운 패턴이나 정보라고 할 수 있다.

### 다. 질보다 양으로

빅데이터라는 말은 늘어난 양의 의미까지 포함하고 있다. 데이터의 질보다 양을 강조하는 것으로볼 수도 있다. 실제로 빅데이터가 만들어 내는 마법의 상당 부분은 엄청난 용량이 질적으로 전환되는 과정에서 나타난다. 이것은 마치 통계학에서 회귀분석을 할 때 새로운 변수가 추가될 때마다 설명력 증가분은 하락하지만, 그 변수의 수가 무한정 증가한다면 모델의 설명력 R2가 100에 수렴하는 것과 유사하다.

빅데이터 성공 사례로 자주 언급되는 구글의 자동번역 시스템 구축 과정은 데이터의 양이 질보다 중요함을 잘 보여준다. 구글은 IBM과 동일한 접근법을 취하며 자동번역 시스템을 개발했다. IBM이 포기한 프로젝트를 구글은 성공적으로 수행했다. 두 회사의 가장 큰 차이는 데이터에 관한 관점에서 비롯됐다. IBM은 의회에서 번역한 것처럼 고도로 정교하게 번역된 말뭉치(corpus)를 중심으로 데이터베이스를 구축했지만, 구글은 번역에 참고할 말뭉치 데이터베이스에 잘 번역된 것 뿐만 아니라 오역이 있는 웹 사이트 정보까지 다 수용했다. 그 결과 IBM이 구축한 데이터베이스 말뭉치는 수백만 건 수준이었지만, 구글의 데이터베이스 말뭉치는 수십억 건에 이르렀다. 번역 품질은 데이터베이스 양에 따라 성패가 결정됐다. 이러한 현상은 데이터가 지속적으로 추가될 때 양질의 정보가 오류 정보보다 많기에 전체적으로 좋은 결과 산출에 긍정적인 영향을 미친다는 추론에 그 바탕을 두고 있다.

빅데이터를 다룰 때, 질보다 양이 중요한 또 다른 이유가 있다. 데이터 수가 증가함에 따라 사소한 몇 개의 오류데이터가 '대세에 영향을 주지 못하는' 경향이 늘어나기 때문이다. 100여 명 정도의 관리에서 한두명은 매우 의미 있는 변화를 만들어 내는 규모일 수 있지만 수천만, 수억의 전체 인구를 다루는 문제에서 한두명은 그렇게 의미 있는 차이를 만들어 내는 수가 아닐 수 있다. 특히 사업 방향만을 결정할 때에, 60%와 61% 간의 차이 구별은 불필요하다. 따라서 활용하는 데이터 규모가 커짐에 따라 사소한 숫자의 오류는 특정 사업에 착수 여부를 결정하는 데에 영향을 미치지 않기 때문에 데이터세트에 포함·분석해도 괜찮을 때가 늘어난다.

기존의 샘플링에 의존하던 시대에는 될 수 있으면 정확하고 모든 조건을 충족시키는 사례만을 데이터세트에 넣어 분석했다. 그러나 모든 조건을 충족하는 데이터세트는 상당부분의 사례를 제외시키는 결과를 낳는다. 가령 30개의 변수를 포함하는 사례를 데이터세트로 삼아 분석할 때, 한두개의 변수에 대한 값을 가지지 않아 제외되는 사례가 상당수 발생하게 된다. 그러나 이렇게 제외되는 사례들일지라도 다른 변수에 대해서는 풍부한 정보를 갖고 있기 때문에 모든 데이터를 활용할 때, 훨씬 더 많은 가치를 추출할 수 있다고 보는 것이 빅데이터 세계의 데이터 관점이다.

## 라. 인과관계에서 상관관계로

기존의 과학적 발견법은 이론(theory)에 기초해서 수집할 변인을 결정하고 엄격한 실험을 통해 잘 정제된 데이터를 얻고 이를 정교한 이론적 틀에 맞춰 분석한 후 변인간의 인과관계(causation)를 찾으려 했다. 그러나 앞 절에서 살펴본 바와 같이 이러한 접근법은 데이터를 얻는데 드는 비용이 매우 비쌌던 시대의 모델이다. 빅데이터 시대에는 데이터 획득 비용이 기하급수적으로 감소하고, 모든 곳에서 데이터가 넘쳐난다. 인터넷 로그 등을 이용하면 특정 사이트를 이용하는 사용자전수에 대한 조사가 가능하므로 굳이 샘플링할 이유가 없다.

이론적 발견법은 인과관계로 특정 현상이 일어나는 이유와 과정을 설명하려 한다. 하지만 이유를 몰라도 괜찮은 경우들도 있다. 가령 독감 확산 경로를 예측해 예방 백신을 효율적으로 공급하려 할 때는 다음 확산 지역을 알아내는 것 자체가 중요할 뿐이다. 구글이 수십억 개의 수학적 모델 분석을 통해 발견한 특정한 45개 키워드가 독감 발생과 매우 높은 상관관계(correlation)가 있다고 했을 때, 독감 확산 경로 예측에는 그 키워드의 검색 빈도 증감을 살펴보는 것 만으로 충분하다. 왜, 어떻게 그러한 키워드가 독감 증상을 대변하고 설명하는지에 대한 관계 설명은 부수적이고 추후에 해도 되는 작업일 수 있다.

비즈니스 상황에서는 인과관계를 모르고 상관관계 분석만으로 충분한 경우가 많다. 가령 특정 지표의 변화가 주가와 밀접한 상관관계가 있다고 밝혀지면 주식 거래인은 신속히 거래해 이익을 성취하면 그만이다. 그 이면의 인과관계를 분석하기 위해 시간을 보내다가 거래 타이밍을 놓쳐 수익 실현 기회를 놓치는 것은 주식 거래 목적에 부합하지 않는 일이다.

인과관계 규명 없이 상관관계로 비즈니스를 성공으로 이끈 사례로는 아비바(Aviva)라는 회사를 들 수 있다. 이 보험회사는 보험 가입자들의 신용 평가보고서와 소비자 마케팅 데이터를 활용해 혈액 및 소변검사

없이 고혈압, 당뇨, 우울증과 같은 질병에 걸릴 확률을 예측한다. 이때 사용하는 변수들은 소득 추정치, 취미, 방문하는 웹사이트, TV 시청 습관 등과 같은 것들이다. 취미나 TV 시청 습관이 고혈압과 어떤 인과관계가 있는지를 설명하기는 쉽지 않지만 적은 비용으로 얻을 수 있는 이러한 변수들을 활용함으로써 이 회사는 병원 샘플 테스트에 소요됐던 일인당 비용 125달러를 5달러 정도의 데이터 구매 비용으로 해결했고 예측 결과도 만족스러웠다고 한다.

이론의 종말이라는 말처럼 인과관계가 완전히 불필요한 것은 아니다. 왜냐하면 변인들간의 인과관계를 많이 알수록 현상에 대한 이해의 폭과 깊이가 깊어지기 때문이다. 그러나 신속한 의사결정을 원하는 비즈니스에서는 실시간 상관관계 분석에서 도출된 인사이트를 바탕으로 수익을 창출할 수 있는 기회가 점점 늘어나고 있다. 자동차 휠에 부착된 센서가 타이어 교체시기를 알려 줄 때, 운전자는 그 인과관계를 분석해 센서 데이터가 의미하는 바를 완전히 이해할 필요가 없다. 안전을 위해 즉시 타이어를 교체하는 것이 더 현명한 의사결정이 될 가능성이 높기 때문이다. 이렇게 상관관계를 통해 특정 현상의 발생 가능성이 포착되고, 그에 상응하는 행동을 하도록 추천되는 일이 점점 늘어날 것이다. 바야흐로 데이터 기반의 상관관계 분석이 주는 인사이트가 인과관계에 의해 미래 예측을 점점 더 압도해 가는 시대가 도래하고 있다.

# 제2절 빅데이터의 가치와 영향

## 1. 빅데이터의 가치

빅데이터 시대에서는 특정 데이터의 가치를 측정하는 것은 쉽지 않다. 그 이유는 데이터의 활용 방식과 가치창출 방식, 분석 기술의 발전 때문이다.

빅데이터의 가치 산정이 어려운 이유

① **데이터 활용 방식:** 재사용, 재조합(mashup), 다목적용 개발

② **새로운 가치 창출** ③ **분석 기술 발전**

**[그림 Ⅰ-2-8] 빅데이터 가치 선정이 어려운 이유**

먼저 데이터 활용 방식을 보자. 재사용이나 재조합, 다목적용 데이터 개발 등이 일반화되면서 특정 데이터를 언제·어디서·누가 활용할지 알 수 없다. 따라서 가치를 산정하는 것도 어려워진다. 데이터 재사용은 지금도 수시로 일어나고 있다. 가령 구글이 1분에 200만번 이상 검색 결과를 낼 때마다 구글은 클라우드에 저장된 웹사이트 정보를 매번 사용한다. 데이터를 한 번 사용하고 버리지 않는다는 것이다. 내 정보는 내게 맞는 서비스 제공을 위해 분석되지만, 데이터 풀을 구성하는 자료로서 다른 사람에게 제공할 서비스를 위해서도 활용된다. 나아가 데이터는 본래의 목적 이외의 부분에서도 활용되면서도 가치를 창출한다. 전기 자동차의 배터리 정보는 매우 중요하다. 이 데이터는 배터리 충전 시간을 알려 주는 것이 주목적이다. 그러나 전기자동차 인프라(Infra)를 구축해야 하는 기관에서 배터리 정보는 충전소 설립의 최적지를 선택하는데 꼭 필요한 데이터가 된다. 데이터 재사용은 1차 목적뿐 아니라 2차·3차적 목적으로 사용될 수도 있다.

데이터의 창의적 조합은 기존에 풀 수 없는 문제를 해결하는데 도움을 준다. 휴대전화의 전자파가 뇌종양을 일으킨다는 주장은 오랫동안 증명되지 못하고 있었다. 이 문제에 답하기 위해 덴마크 암학회는 1987~1995년 사이에 휴대전화를 보유했던 약 36만 명의 데이터와 1990~2007년간 중추신경계에 종양이 발생한 사람 데이터를 결합하고, 나아가 이들의 학력·가처분 소득 정보를 결합해 휴대전화 전자파와 종양 간에는 아무런 관계가 없음을 밝혀냈다.

데이터의 가치측정이 어려운 이유는 데이터가 점점 다용도로 개발되기 때문이기도 하다. 가령 CCTV를 통해 데이터를 수집할 때, 데이터 수집가는 절도범을 구별해낼 뿐만 아니라 고객의 구매 정보도 동시에 얻을 수 있는 곳에 CCTV를 설치한다. 따라서 이 데이터의 가치는 평소에는 상품 진열 방식 결정에 가치를 주지만, 절도사건이 발생하면 추가로 범인 체포정보를 제공하게 된다.

둘째로 빅데이터 시대에는 데이터가'기존에 없던 가치'를 창출함에 따라 그 가치를 측정하기 어렵다. 가령 아마존은 킨들에 쌓이는 전자책 읽기 관련 데이터를 분석해 저자들에게 독자들이 어느 부분을 좋아하고

어느 부분에 대해 비호의적인지, 독자들이 처음부터 끝까지 계속 읽는지 아니면 특정 부분에서 읽기를 그치는지와 같은 독서 패턴을 알려줄 수 있다. 이러한 정보가 저자에게 주는 가치는 이전에 없던 것이므로 어느 정도의 가치가 있는지 측정하기 어렵다. 하지만 해당 작가의 저술 활동에 적지 않은 영향을 미칠 수 있으므로 그 가치가 낮다고 볼 수 없다. 페이스북은 특정인의 행위에 대한 강력한 예측변수를 새롭게 발견해냈다. 바로 친구관계인 사람들의 행동 분석이 그 것이었다. 이러한 소셜 그래프(social graph)라는 새로운 예측변수의 가치를 제대로 평가하는 것도 쉽지 않은 일이다.

셋째, 분석 기술의 발달도 데이터의 가치에 영향을 준다. 예전에는 분석 비용이 높아 분석할 수 없던 빅데이터를 클라우드 분산 컴퓨팅에서 저렴한 비용에 분석하면서 점점 그 활용도가 증가하는 것이 대표적인 사례다. 페이스북, 트위터, 인터넷 댓글 등 기존에는 정형화한 데이터와 함께 분석할 수 없었던 데이터가 텍스트 마이닝 기법 등을 통해 분석 가능해진 것도 좋은 사례다. 따라서 지금은 가치 없는 데이터도 새로운 분석 기법의 등장으로 거대한 가치를 만들어내는 재료가 될 가능성이 있다.

이 밖에도 데이터는 기존 사업자에게 경쟁 우위를 제공하기도 한다. 가령 구글은 현재 보관중인 데이터양 자체가 새롭게 검색 시장에 진입하려는 잠재적 경쟁자에게 진입장벽과 같은 역할을 한다. 과연 구글의 주식에는 이러한 가치가 반영돼 있을까?

데이터 기업들의 주가를 기존 기업들 기준으로 보면 과대 평가돼 있다고 볼 수도 있다. 페이스북은 2011년 자산 가치가 63억달러였지만, 주가 총액은 1,040억달러였다. 어떻게 이러한 차이를 설명할 수 있을까? 가트너는 2009~2011년까지 페이스북이 모은 '좋아요(like)' 수가 2.1조라는 기준에 따라 페이스북의 주가를 분석해 보면, 시장에서 '좋아요' 링크 하나의 가치가 5센트에 이른다는 보고서를 냈지만 그것이 정확한 가치 평가인지는 아무도 모른다.

## 2. 빅데이터의 영향

맥킨지는 빅데이터 보고서(2011)를 통해 빅데이터가 가치를 만들어 내는 방식으로 크게 다섯 가지를 들고 있다. ①투명성 제고로 연구개발 및 관리 효율성 제고 ②시뮬레이션을 통한 수요 포착 및 주요 변수 탐색으로 경쟁력 강화 ③고객 세분화 및 맞춤 서비스 제공 ④알고리즘을 활용한 의사결정 보조 혹은 대체 ⑤비즈니스 모델과 제품, 서비스의 혁신 등이 그것이다.

이러한 빅데이터의 가치 창출 방식이 시장에 있는 플레이어, 즉 기업·정부·소비자에게 미치는 영향은 다양하게 나타난다. 빅데이터에서 추출된 가치는 먼저 기업에게 혁신과 경쟁력, 생산성 향상을 가져다준다. 정부에게는 환경을 탐색·분석한 후, 잠재적 문제점에 대한 대응 방안을 제시할 수 있게 해준다. 정치인이나 가수들이 개인적으로 빅데이터를 활용하는 사례가 나타나고 있다. 나아가 소비자이면서 국민인 일반인들은 기업과 정부가 빅데이터 활용으로 얻은 효용이 전이돼 생활 전반이 스마트하게 변화된다.

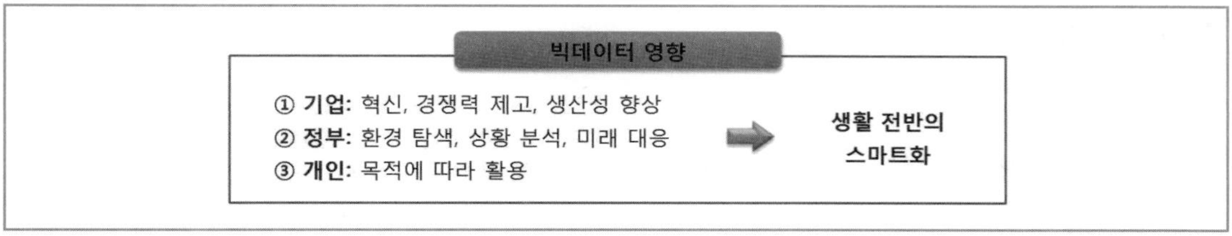

빅데이터 영향

① **기업:** 혁신, 경쟁력 제고, 생산성 향상
② **정부:** 환경 탐색, 상황 분석, 미래 대응
③ **개인:** 목적에 따라 활용

➡ **생활 전반의 스마트화**

[그림 Ⅰ-2-9] 빅데이터 영향

먼저 기업에서는 빅데이터를 활용해 소비자의 행동을 분석하고 시장 변동을 예측해 비즈니스 모델을 혁신하거나 신사업을 발굴할 수 있다. 또 빅데이터를 원가절감, 제품 차별화, 기업활동의 투명성 제고 등에 활용하면 경쟁사보다 강한 경쟁력을 확보하는데 도움이 된다. 나아가 빅데이터를 활용해 기업들의 운용 효율성이 증가하면, 산업 전체의 생산성이 향상되고 국가 전체로서는 GDP가 올라가는 효과를 거둘 수 있다.

정부의 빅데이터 활용 부분은 크게 환경탐색, 상황분석, 미래대응으로 나누어 볼 수 있다. 정부는 기상, 인구이동, 각종 통계, 법제 데이터 등을 수집해 사회 변화를 추정하고 각종 재해 관련 정보를 추출할 수 있다. 이렇게 수집된 데이터를 바탕으로 사회관계망 분석이나 시스템 다이내믹스, 복잡계 이론과 같은 분석 방식을 적용해 미래 의제를 도출할 수도 있다. 이렇게 도출한 미래 의제에 대한 대응 방안 역시 빅데이터를 통해 얻을 수 있다. 미래 사회 도래에 대비한 법제도 및 거버넌스 시스템 정비 방향, 미래 성장 전략, 국가 안보 등에 대한 정보를 빅데이터가 제공할 수 있기 때문이다.

개인은 아직까지 대부분 빅데이터 활용 대상의 위치에 머물러 있지만, 빅데이터를 서비스로 제공하는 기업들이 출현하고 비용이 지속적으로 하락하면서 경제적 여력이 있는 정치인이나 대중 가수 등이 빅데이터를 활용하는 사례가 나타나고 있다.

이렇게 다양한 시장 주체들이 빅데이터를 활용하면서 소비자이면서 국민인 일반인들은 맞춤형 서비스를 저렴한 비용으로 이용하게 되고, 적시에 필요한 정보를 얻음으로써 다양한 형태로 기회비용을 절약할 수 있게 된다. 한마디로 빅데이터의 활용이 확산되면서 사람들의 생활이 점점 스마트해지고 있다.

빅데이터의 가치 환산은 쉽지 않다. 하지만 다양한 시장 주체에게 미치는 영향을 분석한 사례가 전무한 것은 아니다. 맥킨지컨설팅 보고(2011)를 따르면 제조업에 빅데이터가 적용되면 제품개발비는 50%, 운전자본은 7% 절감될 것이라고 한다. 또한 이 보고는 유럽의 공공, 행정 분야에 빅데이터가 적용될 경우 연간 2500 유료에 해당하는 가치가 발생할 것으로 평가하고 있다. 이는 그리스의 GDP보다도 많은 액수다. 개인의 위치정보 역시 적지 않은 시장을 만들어 낼 것으로 전망하고 있다. 개인의 위치정보도 서비스 분야에서 매년 1000억 달러 이상의 매출을 창출할 것으로 전망된다. 하지만 이러한 가치 평가는 현재의 관점에서 계산된 것이고, 새로운 데이터 활용 방식이나 새로운 분석 기술 출현으로 얼마든지 확대될 가능성을 갖고 있다.

# 제3절 비즈니스 모델

## 1. 빅데이터 활용 사례

빅데이터 활용사례는 지금도 셀 수 없을 만큼 많고 앞으로도 끊임 없이 나타날 것이다. 여기서는 기업과 정부, 개인 차원에서 빅데이터를 활용한 대표 사례를 하나씩 소개한다.

먼저 기업 혁신에 빅데이터를 활용한 대표적인 사례로는 구글의 검색을 들 수 있다. 구글은 사용자의 로그 데이터를 활용하면서 기존의 페이지랭크(PageRank) 알고리즘을 혁신했으며, 이후에도 꾸준히 다양한 차원의 신호(signal)를 추가해 검색 결과를 개선하고 있다. 경쟁력 강화에 빅데이터를 활용한 사례로는 월마트(Walmart)를 들 수 있다. 이들은 고객의 구매 패턴을 분석해 상품 진열에 활용한다. 가령 허리케인이 올 때 손전등뿐 아니라 비상음식 구매가 증가한 것을 보고 손전등과 비상음식을 함께 진열해 매출을 증대시킨 것이 예다. 생산성이 향상된 사례로는 의료 부분의 개선을 들 수 있다. 맥킨지는 미국의 의료분야에 빅데이터가 적용될 경우, 연간 약 3300억 달러가 절약될 것으로 평가했으며 이는 스페인의 연간 의료비 지출의 두 배에 해당한다. 실제로 미국에서는 질병의 예후 진단 및 처방에 빅데이터를 활용하기 시작했으며, IBM의 왓슨(Watson)이라는 인공지능 컴퓨터도 병원에서 활용하기 시작했다.

정부 역시 다양한 분야에서 대국민 서비스 개선을 위해 빅데이터를 활용한다. 실시간 교통정보 수집, 기후 정보, 각종 지질 활동, 소방 서비스를 위한 모니터링 등이 모두 환경 탐색에 해당되며, NSA(National Security Agency)가 소셜 미디어, CCTV, 통화기록, 문자 통화 내역 등의 모니터링과 분석 결과를 국가안전 확보 활동에 활용하는 것이 상황분석에 해당된다. 정부는 이 밖에도 미래 의제인 의료와 교육 개선을 위해 빅데이터를 활용해 해결책을 모색하고 있다.

개인 차원의 대표적인 빅데이터 활용사례로서 정치인과 가수를 들 수 있다. 정치인은 선거 승리를 위해 사회관계망 분석을 통해 유세 지역을 선정하고, 해당 지역의 유권자에게 영향을 줄 수 있는 내용을 선정해효과적인 선거 활동을 펼친다. 가수는 팬들의 음악 청취 기록 분석을 통해 실제 공연에서 부를 노래 순서를 짜는데 활용하기도 한다.

위에 제시한 사례들은 극히 일부에 불과하며 빅데이터 가치 부분에서 설명한 것처럼 2차, 3차 목적의 재사용이나 다양한 재조합을 통해 새로운 가치가 창출되고 있기 때문에 앞으로 다수의 신규 비즈니스 모델이나 혁신이 기업과 정부, 개인 차원에서 나타날 것으로 기대된다.

## 2. 빅데이터 활용 기본 테크닉

빅데이터 비즈니스 모델 개발에 활용되는 기본적인 테크닉에는 다음과 같은 일곱 가지가 있다.

**빅데이터 활용 기본 테크닉 7가지**

- **연관 규칙 학습** (Association rule learning)
- **유전 알고리즘** (Genetic algorithms)
- **회귀 분석** (Regression analysis)
- **소셜 네트워크 분석** (Social network analysis)
- **유형 분석** (Classification tree analysis)
- **기계 학습** (Machine learning)
- **감정 분석** (Sentiment analysis)

[그림 Ⅰ-2-10] 빅데이터 활용 기본 테크닉

연관규칙 학습은 '커피를 구매하는 사람이 탄산음료를 더 많이 사는가?'라는 문제에 답하고자 할 때 주로 사용하는 기법이다. 이것은 어떤 변인들 간에 주목할 만한 상관관계가 있는지를 찾아내는 방법이다. 슈퍼마켓 등의 계산대에 있는 데이터를 활용해 개발되기 시작했다. 이러한 기법을 활용하면 상관 관계가 높은 상품을 함께 진열하거나 시스템 로그 데이터를 분석해 침입자나 유해 행위자 색출이 가능하며, 우유 구매자가 기저귀를 더 많이 구매하는지 등을 분석해 낼 수 있다.

유형분석은 '이 사용자는 어떤 특성을 가진 집단에 속하는가?'와 같은 문제를 해결하고자 할 때 사용한다. 통계적 분류는 새로운 사건이 속하게 될 범주를 찾아내는 일이다. 이를 위해서는 기존 자료를 바탕으로 만들어진 훈련용 분류틀이 미리 갖춰져 있어야 한다. 이 기법은 문서를 분류하거나 조직을 그룹으로 나눌 때, 혹은 온라인 수강생들을 특성에 따라 분류할 때 사용할 수 있다.

유전 알고리즘은 '최대의 시청률을 얻으려면 어떤 프로그램을 어떤 시간대에 방송해야 하는가?'와 같은 문제를 해결할 때 사용된다. 즉 최적화가 필요한 문제의 해결책을 자연선택, 돌연변이 등과 같은 메커니즘을 통해 점진적으로 진화(evolve)시켜 나가는 방법이다. 이 기법은 '응급실에서 의사를 어떻게 배치하는 것이 가장 효율적인가?', '연료 효율적인 차를 개발하기 위해 어떻게 원자재와 엔지니어링을 결합해야 하는가?' 등에 대한 답을 찾을 때도 사용된다.

기계 학습은 '기존의 시청 기록을 바탕으로 시청자가 현재 보유한 영화 중에서 어떤 것을 가장 보고 싶어할까?'와 같은 문제를 해결할 때 사용된다. 이를 위해 기계 학습은 데이터를 통해 학습할 수 있는 소프트웨어를 포함하고 있다. 기계 학습은 훈련 데이터로부터 학습한 알려진 특성을 활용해 '예측'하는 일에 초점을 맞춘다. 이 기법은 이메일에 서스팸 메일을 걸러내는데도 사용되며, 사용자의 기호를 학습해 추천서비스를 제공할 때도 사용된다.

회귀 분석은 '구매자의 나이가 구매 차량의 타입에 어떤 영향을 미치는가?'와 같은 질문에 답할 때 사용된다. 분석가는 독립변수를 조작하며, 종속변수가 어떻게 변하는지를 보면 두 변인의 관계를 파악한다. 이 기법은 '사용자의 만족도가 충성도에 어떤 영향을 미치는가?', '이웃들과 그 규모가 집값에 어떤 영향을 미치는가?'

등과 같은 문제 해결을 위해서도 사용된다.

감정 분석은 '새로운 환불 정책에 대한 고객의 평가는 어떤가?'를 알고 싶을 때 활용한다. 이 기법에서는 특정 주제에 대해 말하거나 글을 쓴 사람의 감정을 분석한다. 호텔에서 고객의 코멘트를 받아 서비스를 개선하거나 소셜 미디어에 나타난 의견을 바탕으로 고객이 원하는 것을 찾아 낼 때 이 기법이 활용된다.

마지막으로 소셜 네트워크(사회관계망) 분석은 '특정인과 다른 사람이 몇 촌(degrees of separation) 정도의 관계인가?'를 파악 할 때 사용한다. 이를 통해 오피니언 리더(opinion leader), 즉 영향력 있는 사람을 찾아낼 수 있으며, 고객들 간 소셜 관계를 파악할 수 있다.

분석가는 이러한 기법으로 데이터 분석을 해 흥미로운 상관관계를 발견하거나, 사용자를 특정한 유형으로 분류하고, 보유 자원을 적정하게 할당하거나, 서비스나 상품의 적정 요금을 책정하는데 도움을 받을 수 있다. 나아가 여러기법을 결합해 앞서 살펴보았던 다양한 비즈니스 모델을 개발할 수 있다. 데이터뿐 아니라 분석 테크닉까지 창의적으로 재조합해 활용하면, 기존에 없던 비즈니스 모델 개발이 가능할 수도 있고 새로운 가치도 창출할 수 있게 된다.

# 제4절 위기 요인과 통제 방안

## 1. 위기 요인

빅데이터 시대가 진행되면서 부각되고 있는 어두운 면으로는 사생활 침해, 책임원칙 훼손, 데이터 오용 등을 들 수 있다.

빅데이터 시대의 위기 요인

① 사생활침해 ② 책임 원칙 훼손 ③ 데이터 오용

[그림 Ⅰ-2-11] 빅데이터 시대 위기 요인

먼저 사생활침해는 거의 모든 혁신 기술이 출현할 때마다 끊임 없이 논란이 됐던 사항이었으나, 빅데이터 시대에는 그 어느 때보다 우려사항이 부각되고 있다. 인터넷 등 각종 경로로 정보를 수집하는 구글은 이미 지난 2010년에 서비스 이용자가 1시간 뒤에 어떤 일을 할지 87% 정확도로 예측할 수 있는 데이터와 분석 신뢰도를 확보하고 있다고 했다. 여행 사실을 트위트한 사람의 집을 강도가 노리는 고전적 사례도 발생했다.

사생활침해 문제가 점점 심각해지는 단면은 M2M(Machine to Machine) 시대가 본격화되면서 우리를 둘러싼 정보 수집 센서들의 수가 점점 늘어나고 있다는 점과 개인 정보의 가치가 증가함에 따라 보다 많은 사업자가 개인정보 습득에 보다 많은 자원을 투자하고 있다는 점이다. 스마트 홈이나 스마트 그리드 사업에서 활용되는 스마트 미터는 약 6초마다 데이터를 수집한다. 이렇게 수집한 정보는 특정 가정에서 사용되는 에너지를 바탕으로 손님이 와서 평소보다 많은 에너지를 소비하고 있음을 어렵지 않게 추측할 수 있게 한다. 조지 오웰(George Orwell)이 『1984』에서 다루었던 상황, 즉 빅브라더가 사람들의 일상생활 전반을 감시할 수 있는 기술적 기반이 빅데이터 시대를 통해 구축될 가능성이 있다.

사생활침해 문제는 특정 데이터가 본래 목적 외에 가공처리돼 2차·3차적 목적으로 활용될 가능성이 증가하면서 위험의 성격도 사생활침해를 넘어 사회·경제적 위협으로 변형될 수 있다는 점에서 더 큰 우려를 내포하고 있다. 이러한 상황을 방지하기 위해 익명화(anonymization) 기술이 발전되고 있으나 아직도 충분하지 않다는 의견이 많다. 가령 AOL이 공개한 익명화 검색 기록에서 '뉴욕타임즈'는 번호로된 특정인의 ID가 검색한 내용을 재구성해 어디 사는 누구인가를 찾아낼 수 있었으며, 넷플릭스(Netflix)는 공개된 넷플릭스 영화 평가를 기반으로 IMDB 영화 평가 결과와 매칭해 익명화된 사람이 누구인지가 밝혀지기도 했다.

사생활침해 우려는 정부의 정보 수집에서도 나타나고 있다. 2013년 가장 큰 정치 스캔들 가운데 하나는 미국 NSA(National Security Agency)가 매일 17억개의 이메일, 전화통화, 기타 통신 내용 수집·저장하고 있다는 폭로였다. 세계 여러 나라의 국가 수반들까지 그 대상에 포함돼 있어 충격을 준바 있다. 이러한 행위는 테러 등의 위협으로부터 국민을 보고하기 위한 것이라고 해명했지만 그러한 정보가 오용될 때 국민들이 감당해야 하는 위협의 크기는 간과할 수 없을 만큼 커질 수 있다.

두 번째 위기 요소로는 '책임 원칙의 훼손'을 들 수 있다. 빅데이터 기반 분석과 예측 기술이 발전하면서 정확도가 증가한 만큼, 분석 대상이 되는 사람들은 예측 알고리즘의 희생양이 될 가능성도 올라간다. 미국 경찰관들은 컴퓨터 알고리즘 분석에 따라 특정 지역을 순찰한다. 그 결과 강력 범죄 발생률이 상당수 감소하는 성과를 거둔 것으로 나타났다. 그러나 이러한 알고리즘의 예측을 더 진전시키면 영화 '마이너리티 리포트'에 나오는 것처럼 범죄 예측 프로그램에 의해 범행을 저지르기 전에 체포될 수도 있다.

지금까지 민주주의 국가에서 채택한 형사 처벌은 잠재적 위협이 아닌 명확하게 행동한 결과에 대해 책임을 묻고 있다. 특정인이 빅데이터의 분석 결과에 따라 특정한 행위를 할 가능성이 높다는 이유만으로 처벌받는 것은 행위 결과에 대해서만 책임을 묻는다는 민주주의 사회 원칙을 크게 훼손할 수 있다. 이러한 행위 결과 기반 책임추궁 원칙은 범법 행위뿐 아니라 회사의 직원 해고, 의사의 환자 수술 거절, 배우자의 이혼 소송 제기와 같은 상황에서도 훼손될 수 있다. 어떤 사람이 특정한 사회·경제적 특성을 가진 집단에 속한다는 이유로 자신의 신용도와 무관하게'부당하게' 대출이 거절되는 상황도 알고리즘 예측의 피해 사례가 될 수 있다.

만약 특정 조건을 가진 고등학생이 대학에 진학하려고 하는데 빅데이터 기반의 예측 알고리즘이 그 학생에게 특정 학교에 진학할 기회 자체를 주지 않는다면 이는 사회 정의 문제와도 직결된다. 따라서 빅데이터 시스템에 의해 부당하게 피해를 보는 상황을 최소화할 장치를 마련하는 것이 반드시 필요하다.

셋째, 빅데이터 활용자가 데이터를 과신할 때 큰 문제가 발생할 수 있다. 예를 들어 애플 CEO였던 스티브 잡스(Steve Jobs)는 새로운 제품을 개발할 때 사람들의 의견을 묻지 않는다고 했다. 왜냐하면 사람들이 일반적으로 필요로 하는 것은 현실에 대한 인식에 바탕을 두고 있기 때문이다. 따라서 포드(Ford)가 자동차를 만들려고 했을 때 사람들의 의견을 물었다면 사람들은 더 빠른 말이 필요하다는 대답을 했을 것이라는 비유를 들었다. 마찬가지로 빅데이터는 일어난 일에 대한 데이터에 의존한다. 그것을 바탕으로 미래를 예측하는 것은 적지 않은 정확도를 가질 수 있지만 항상 맞을 수는 없다.

잘못된 지표를 사용하는 것도 빅데이터의 폐해가 될 수 있다. 예를 들어 베트남 전쟁 때, 맥나마라(Robert McNamara)는 적군 사망자 수를 전쟁의 진척 상황을 나타내는 지표로 활용했다. 그 결과 적군 사망자 수는 과장돼 보고되는 경향이 강화됐고, 언론에 공개된 적군 사망자 수는 결과적으로 전쟁상황을 오도하는 결과를 가져왔다. 빅데이터 시대에도 마찬가지다. 주어진 데이터에서 잘못된 인사이트를 얻어 비즈니스에 적용할 직접 손실을 불러올 수 있다. 좀 더 극단적 사례로는 구글이 검색 알고리즘에 잘못된 시그널을 사용할 경우 특정 거래 사이트가 검색 상단에서 밀려나 매출이 급감해 시장에서 퇴출될 가능성마저 있다. EU는 실제로 이러한 상황이 유럽에서 발생하고 있다고 주장하면서 구글에 검색 알고리즘을 공개하라고 요구하고 있다.

## 2. 통제 방안

빅데이터의 위기 요인을 통제할 수 있는 방안으로는 다음과 같은 3가지가 논의 되고 있다.

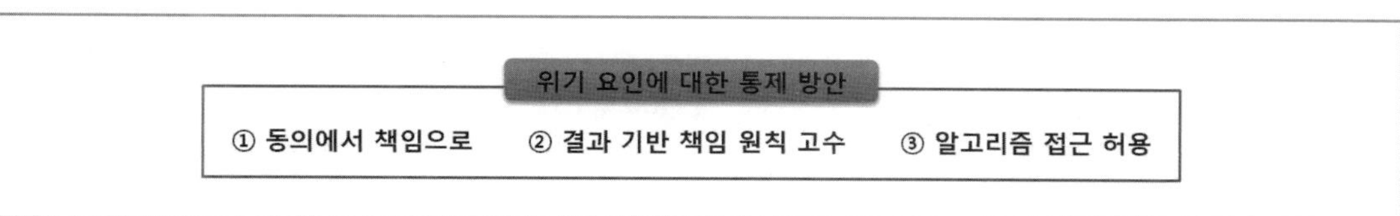


**[그림 Ⅰ-2-12] 위기 요인에 대한 통제 방안**

먼저 개인정보의 가치가 증가하고 기술발전으로 사생활침해 가능성도 함께 증가하자 개인정보 활용에 대한 정부의 가이드라인 제정에 대한 요구도 급증하고 있다. 이에 따라 미국 연방거래위원회(FTC)는 사생활침해와 관련해 '소비자 프라이버시 보호 3대 권고사항'을 다음과 같이 발표했다.

- 기업은 상품 개발 단계에서부터 소비자 프라이버시 보호 방안을 적용(Privacy by Design)
- 기업은 소비자에게 공유 정보 선택 옵션 제공(Simplified Choice for Business and Consumers)
- 소비자에게 수집된 정보 내용 공개 및 접근권 부여(Greater Transparency)

연방거래위원회가 제시한 3대 원칙은 일종의 가이드라인으로서 빅데이터에 의해 사생활침해 문제를 해결하기에는 부족한 측면이 많다. 이러한 관점에서 좀 더 포괄적인 해결책으로 떠 오른 것이 동의제를 책임제로 바꾸는 방안이다.

동의제를 책임제로 전환하자는 아이디어는 빅데이터의 특성과 밀접하게 관련돼 있다. 사용자 정보는 수집된 후 한 번 사용하고 폐기되는 것이 아니라 1차적 목적 외에도 2차·3차적 목적으로 가공·유통·활용된다. 따라서 개인 정보의 활용에 대해 개인이 매번 동의하는 것은 경제적으로도 매우 비효율적이며, 가능하지도 않은 상황도 다수 발생할 수밖에 없다. 따라서 사생활침해 문제를 '개인정보 제공자의 동의'를 통해 해결하기보다 '개인정보 사용자의 책임'으로 해결하자는 것이다. 이 시스템 하에서는 개인정보 사용으로 발생하는 피해에 대해서는 사용자가 책임을 지므로 개인정보 사용 주체가 보다 적극적인 보호 장치를 강구하게 하는 효과가 발생할 것으로 기대된다.

두 번째 책임원칙 훼손 위기 요인에 대한 통제 방안으로는 기존의 책임 원칙을 좀 더 보강하고 강화할 수밖에 없다. 지금까지 민주주의 사회에서는 특정인을 '성향'에 따라 처벌하는 것이 아니라 '행동 결과'를 보고 처벌했다. 빅데이터 시대도 마찬가지다. 특정 기업이 담합할 가능성이 높다고 판단한 예측 알고리즘의 판단을 근거로 해당 기업을 처벌하면 안되고, 실제 담합한 결과에 대해서만 처벌해야 한다.

동일한 맥락에서 특정인이 채용이나 담보대출, 신용카드 발급 여부 결정 등에서 예측 자료에 의해 불이익을 당할 가능성을 최소화하는 장치를 마련하는 것이 빅데이터 시대에 꼭 필요한 일이다.

셋째, 데이터 오용의 위기 요소에 대한 대응책으로 알고리즘에 대한 접근권 제공이 중요한 이슈로 부상한다. 앞에서 구글의 검색 알고리즘의 부당한 적용으로 피해를 봤다는 웹사이트 수는 지금도 꾸준히 증가하고 있으며, 미국 정부와 EU가 지속적으로 검색 알고리즘에 사용되는 시그널과 비중에 대해 공개를 요구하고 있다.

이러한 문제를 해결하기 알고리즘에 대한 접근권을 보장해야 한다는 목소리가 높아지고 있다. 나아가 접근권뿐 아니라 객관적 인증방안을 도입하자는 의견도 제시되고 있으며, 알고리즘이 부당함을 반증할 수 있는 방법을 명시해 공개할 것을 주문하기도 한다. 하지만 설사 알고리즘에 대한 접근권이 제공된다고 해도 수십만 줄로 코딩된 프로그램을 보고 그 내용을 해석해 낼 수 있는 사람은 많지 않다. 따라서 불이익을 당한 사람들을 대변해 피해자를 구제할 수 있는 능력을 가진 전문가가 필요하게 된다. 법률 전문가인 변호인, 금전 거래에 정통한 회계사처럼 컴퓨터와 수학, 나아가 통계학이나 비즈니스에 두루 깊은 지식을 갖춘 '알고리즈미스트(algorithmist)'라는 직업이 그러한 일을 담당하게 될 것이다.

# 제5절 미래의 빅데이터

빅데이터 활용에 필요한 기본적인 3요소는 데이터와 기술, 인력이다. 각 분야에서는 모든 것의 데이터화, 인공지능 기술의 발전, 그리고 알고리즈미스트의 부상을 경험하게 될 것으로 보인다.

**미래의 빅데이터**

- **데이터 : 모든 것의 데이터화 (Datafication)**
- **기 술 : 진화하는 알고리즘, 인공지능 (Artificial Intelligence, AI)**
- **인 력 : 데이터 사이언티스트, 알고리즈미스트 (Algorithmist)**

**[그림 Ⅰ-2-13] 미래의 빅데이터**

먼저 빅데이터의 기본이 되는 데이터부분에서 변화 방향을 살펴볼 필요가 있다. 지금 우리는 초고속 유선 인터넷 시대를 넘어 모바일광대역 네트워크 시대를 살고 있다. 인터넷의 진화는 여기에서 멈추지 않고 수많은 센서들이 인터넷에 연결되는 사물인터넷(Internet of Things, IOT) 시대로 나아가고 있다.

스마트폰 도입 이후 스마트 태블릿 등 단말부분에서 계속되는 혁신은 웨어러블(wearable) 단말 시장으로 확산중이다. 이러한 단말들을 통해 대화 기록, 인터넷 방문 정보, 전자책 독서 기록, 음악 청취 기록 등이 저장되고 있다. CCTV를 통해서는 훨씬 더 많은 정보가 담긴 영상이 기록되고 있으며, 사물인터넷 시대가 되면 훨씬 더 많은 정보가 끊임없이 생산·공유될 것이다.

실제로 IBM, 구글, 아마존과 같은 인터넷 기업뿐 아니라 자동차 제조업, 스마트 홈 사업자들이 데이터 수집을 위한 다양한 기기 관련 특허를 출원 중이다. 이들 기업들은 각종 센서 네트워크를 전방위적으로 구축하고 있다. 구글은 네스트(Nest)와 같은 센서 기업뿐 아니라 보스턴 다이내믹스(Boston Dynamics)와 같은 로봇 회사까지 인수했으며, 자동차는 이제 센서의 집합체로 변신 중이고 각 가정은 각종 센서들이 온도와 전기를 제어하는 시대로 접어들고 있다. 바야흐로 모든 것들이 데이터화(datafication)하는 시대가 도래하고 있다.

모든 것을 데이터화하는 추세가 빅데이터 시대의 피할 수 없는 물결로 밀려오고 있다. 데이터의 가치 부분에서도 언급한 것처럼 특정한 목적 없이 생산된 데이터라도 창의적으로 재활용되면서 가치를 만들어 낼 수 있기 때문이다. 편의점에서 팔린 대통령 후보 이미지가 인쇄된 컵 판매량이 선거 결과를 예측하는데 활용되는 것이 좋은 사례다.

뿐만 아니라 센서로부터 수집되는 데이터는 기존 기업의 비즈니스 모델 자체를 바꾸기도 한다. 나이키(Nike)는 신발 제조사이지만 신발과 의류, 기타 액세서리 등에 각종 센서를 내장한 제품을 출시하고 여기서 수집된 사용자 정보를 분석해 건강관리 서비스를 새로운 상품으로 출시하고 있다. 마찬가지로 체중계를 팔던 회사가 무료로 체중계를 제공하면서 체중계의 기록을 전송 받아 고객의 건강과 관련된 비즈니스 회사로

탈바꿈하는 사례도 나오고 있다. 데이터가 많은 기업들의 핵심 비즈니스 모델을 제조업에서 서비스업으로 전환시키고 있는 것이다.

GSMA 보고서를 따르면 2011년 20억개의 M2M 디바이스 수가 2020년에는 약 120억 개로 6배정도 성장할 것으로 보이며 관련 시장에서 매출도 1,450억 달러에서 9,500억 달러로 성장할 것으로 전망된다. 센서 관련 시장이 이렇게 빠르게 성장하면서 양산되는 데이터도 빠르게 증가하고 매년 생산되는 데이터의 단위도 지금의 제타바이트(zettabyte, $10^{21}$)에서 브론토바이트(brontobyte, $10^{27}$) 시대로 나아갈 것으로 보인다.

두 번째로 기술 분야에서는 빅데이터 분석 알고리즘의 진화가 빠르게 진행될 것이다. 그러한 현상은 구글 검색엔진이 개인 정보를 반영한 이래 Autocomplete, Universal Search, Google Instant, Knowledge Graph로 진화해 온 것에서도 볼 수 있으며, 넷플릭스의 추천 알고리즘이 Cine Match, Dinosaur Planet, Gravity, Pragmatic Chaos로 진화하면서 추천 정확도가 증가한 것에서도 볼 수 있다. 알고리즘은 데이터 양의 증가에 따라 정확도가 증가하는 일반적인 경향이 있다. 그것은 알고리즘을 학습시킬 수 있는 데이터의 양이 증가하면서 알고리즘이 점점 스마트해지는 경향을 의미한다는 점에서 데이터가 알고리즘 성장의 영양분 역할을 한다고 볼 수 있다. 따라서 M2M, IOT의 확산으로 데이터 생산량이 기하급수적으로 증가함에 따라 빅데이터를 다루는 알고리즘의 효율성 역시 기하급수적으로 증가할 것임을 의미한다.

2013년 구글은 빅데이터를 활용해 자기학습이 가능한 인공신경망 개발에 성공했다고 발표했다. 구글X 연구소는 1만 6000개의 CPU 코어와 10억 건 이상의 동영상 데이터를 활용해 인공신경망에게 별도로 '고양이'라는 단어를 학습시키지 않았음에도 불구하고 유튜브(YouTube) 동영상에서 인공신경망이 고양이 이미지를 구분해내도록 하는데 성공한 것이다. 이렇게 스스로 학습이 가능한 인공지능(Artificial Intelligence) 기술은 기존의 데이터 분석법으로 처리가 불가능할 만큼 거대한 규모의 빅데이터 처리에 필수 불가결한 기술로 부상하고 있다. 인공지능 분야에는 패턴인식, 자연어 처리, 자동제어, 기계학습, 자동 추론, 지능 엔진, 시멘틱 웹 등이 포함돼 있다.

이러한 인공지능 기술은 인간의 사고·추론·계획·학습 능력을 담아내고 있는데 빅데이터를 활용해 인간보다 더 빠르고 정확한 판단을 내릴 수 있음을 실제로 보여주기 시작했다. 대표적인 사례는 IBM의 왓슨(Watson) 컴퓨터가 '제퍼디(Jeopardy)' 퀴즈대회 프로그램에 나와 사람을 물리치고 우승한 것을 들 수 있다. 현재 왓슨 시스템은 미국 월가의 금융 거래와 병원에서 활용되기 시작했다.

문제는 '이러한 기계적 판단이 어느 선까지 허용되고 어떤 방법으로 통제될 수 있는가'라는 점이다. 미국 증권 거래의 60% 이상은 컴퓨팅 알고리즘에 의해 수행되고 있는데 2010년 6월 알고리즘들이 서로 간의 거래 내역을 반영해 프로그램된 대로 주식을 거래하며 5분만에 다우지수가 1,000포인트 하락하는 상황이 발생했다. 아마존에서는 책값을 정하는 알고리즘이 상호간에 서로 조금씩 높게 책값을 책정하도록 프로그램돼 있어서 40달러 정도의 책을 천만 달러가 넘도록 가격을 표시하는 일도 벌어졌다. 알고리즘과 기계적 판단이 오류를 발생시킬 수 있을 때 이를 어떻게 해결할지에 대한 고민도 다가올 미래에 필요한 부분으로 부상할 것이다.

끝으로 미래의 빅데이터와 관련해 인력 부분을 살펴보자. 데이터 사이언티스트(scientist)와 알고리즈미스트의 역할이 중요해 질 것으로 전망된다. 데이터 사이언티스트는 빅데이터에 대한 이론적 지식과 숙련된 분석 기술을 바탕으로 통찰력·전달력·협업 능력을 두루 갖춘 전문인력을 의미한다.

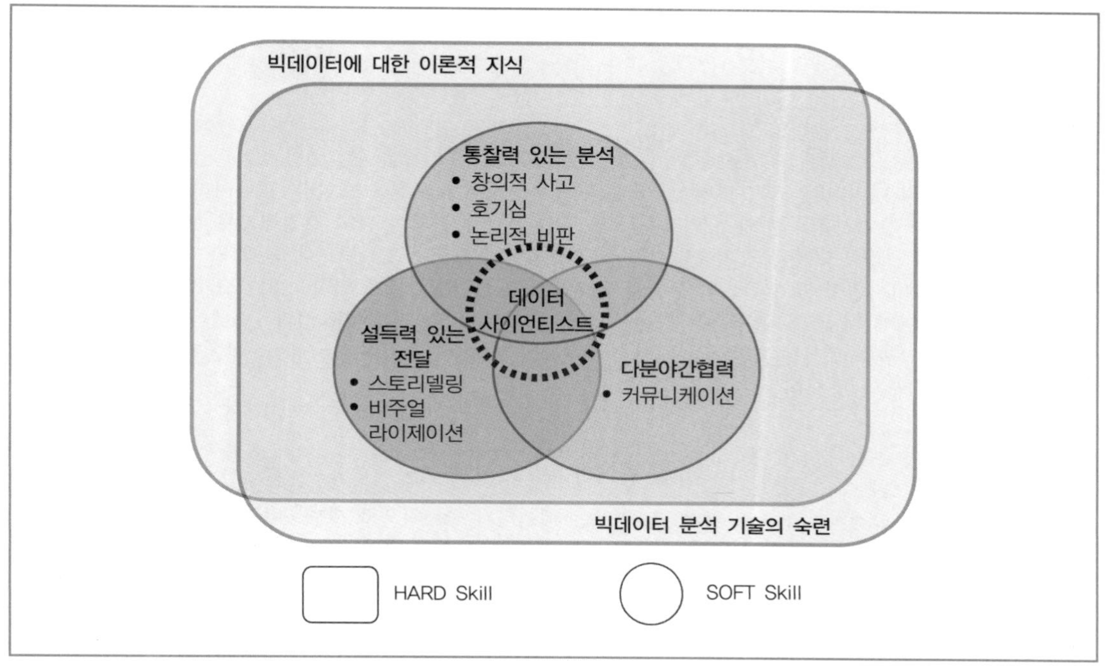


**[그림 Ⅰ-2-14] 데이터 사이언티스트의 역량과 조건**

데이터 사이언티스트는 빅데이터의 다각적 분석을 통해 인사이트를 도출하고 이를 조직의 전략 방향 제시에 활용할 줄 아는 기획자로서 전문가 역할을 할 것으로 기대된다. 역으로 이야기하면 빅데이터가 갖고 있는 가치를 극대화하기 위해 데이터 사이언티스트가 필요하다고 할 수 있다.

이렇게 데이터 사이언티스트가 조직 내부에서 빅데이터의 가치를 실현하기 위해 필요하다면, 알고리즈미스트는 데이터 사이언티스트가 한 일로 인해 부당하게 피해가 발생하는 것을 막기 위해 필요하다. 따라서 알고리즈미스트 역시 컴퓨터, 수학, 통계학뿐 아니라 비즈니스 전반에 대한 이해가 필요하고, 알고리즘 코딩 해석을 통해 빅데이터 알고리즘에 의해 부당하게 피해를 입은 사람들을 구제하는 전문직 종사자로 부상할 것이다.

미래의 빅데이터 현상은 데이터 생산과 이를 다루는 기술, 그리고 인력 부분에서 크게 다른 모습으로 진행될 것이다. 따라서 빅데이터를 통해 기업의 혁신과 경쟁력 확보, 산업의 생산성 제고, 나아가 국가의 글로벌 경쟁력 강화를 도모하고 대국민 서비스를 스마트하게 업그레이드하기 위해서는 지금부터 서둘러 필요한 기반 기술을 확보하고 인력을 양성하는 일이 시급하다. 하지만 빅데이터가 갖고 있는 위험요소도 간과할 수 없다. 사생활침해나 기계적 판단에 의해 피해를 입는 일을 최소화하기 위한 제도적 장치 마련도 지체해서는 안 된다.

# 장 요약

## 제1절 빅데이터의 이해

빅데이터는 기존의 데이터와 규모, 다양성, 처리 속도 측면에서 차이점을 보인다. 빅데이터는 기업들이 축적한 데이터의 양이 증가하고 학계에서 거대 규모를 다루면서 발전되어 왔고 결정적으로 디지털 기술, 저장장치 가격 하락과 클라우드 컴퓨팅 기술의 발전이 결합되면서 경제성도 확보하게 되었다. 이러한 빅데이터는 차세대 혁신에 에너지원이 되고 필요한 부분을 확대해서 볼 수 있는 렌즈 역할을 하기도 하며 장기적으로는 다양한 개발자들에게 사업 기회를 주는 플랫폼 역할을 할 것으로 기대되고 있다. 빅데이터가 확산되면서 나타나는 근본적인 변화로서는 표본조사 대신 전수조사가, 데이터의 질보다는 양이, 이론적 인과관계보다는 단순한 상관관계가 더 중시되는 경향을 들 수 있다.

## 제2절 빅데이터의 가치와 영향

빅데이터의 가치는 산정하기가 쉽지 않다. 그 이유는 데이터가 반복적으로 재사용되고 다양한 데이터가 조합되어 사용되며 하나의 데이터 수집 원가도 사용 상황에 따라 변하기 때문이다. 기업에게 빅데이터는 혁신과 경쟁력 강화, 생산성 향상의 근간이 되고, 정부에게 빅데이터는 환경 탐색과 상황 분석, 그리고 미래 대응 수단을 제공해 주며 소비자이면서 국민인 일반 사용자에게는 생활 전반의 스마트화를 통해 영향을 준다.

## 제3절 비즈니스 모델

빅데이터를 활용한 비즈니스 모델은 이미 다양한 산업과 분야에서 다양한 모델들이 적용되어 매출을 올리고 있다. 그러한 비즈니스 모델들이 가장 흔히 사용하는 기본적 테크닉으로는 ①연관규칙 학습, ②유형분석, ③유전 알고리즘, ④기계학습, ⑤회귀분석, ⑥감정분석, ⑦소셜 네트워크 분석을 들 수 있다.

## 제4절 위기 요인과 통제 방안

빅데이터 시대의 위기 요인으로는 사생활침해, 책임 원칙의 훼손, 데이터 오용 등을 들 수 있다. 따라서 이러한 위기 요인을 통제할 방안을 마련하는 것이 중요하다. 그러한 위기 통제 방안으로 제시되는 것에는 개인정보 사용 동의제도를 사용자 책임제로 전환하는 것, 행동 결과에 기반을 둔 책임 원칙 강화, 알고리즘에 대한 접근 허용 등을 들 수 있다.

## 제5절 미래의 빅데이터

미래의 빅데이터는 데이터, 기술, 인력이라는 세 가지 측면에서 살펴 볼 수 있다. 미래의 데이터는 M2M이나 IOT 등이 확산되면서 모든 곳의 센서에서 발생하게 될 것이다. 그리고 이렇게 생산된 데이터가 활용되면서 다양한 사업자의 비즈니스 모델이 제품판매에서 서비스 판매로 변하게 될 것이다. 기술 측면에서는 알고리즘이 더욱 혁신으로 진화하고 결과적으로 인공지능이 빅데이터를 분석하는 시대로 나아가게 될 것이다. 끝으로 인력 측면에서는 빅데이터의 가치를 실현해 줄 데이터 사이언티스트의 역할이 중요해 질 것이고 그러한 빅데이터가 발생시키는 문제를 중간자 입장에서 중재하며 해결해 주는 알고리즈미스트도 새로운 직업으로 부상하게 될 것이다.

# 연습문제

**문제 1. 다음 중 빅데이터가 기업에게 주는 가치가 아닌 것은 무엇인가?**

① 혁신 수단 제공
② 경쟁력 강화
③ 생산성 제고
④ 환경 탐색

**문제 2. 다음 중 빅데이터가 만들어 내는 변화가 아닌 것은?**

① 데이터의 질 보다 양에 비중을 둠
② 데이터의 사전 처리보다 사후 처리에 비중을 둠
③ 새로운 것에 대한 발견법으로 상관관계보다 인과관계에 비중을 둠
④ 조사 방법으로서 표본조사보다 전수조사에 비중을 둠

**문제 3. 빅데이터 출현 배경 중 거대한 데이터의 분석 비용 문제를 해결해 준 것은 무엇인가?**

① 디지털 기술
② 클라우드 컴퓨팅 기술
③ 하드 드라이브 가격의 하락
④ SNS 확산

**문제 4. 커피를 사는 사람들이 탄산음료도 많이 구매하는 지를 알아보기 위해 사용되는 분석은?**

① 회귀 분석 (regression analysis)
② 기계 학습 (machine learning)
③ 유전 알고리즘 (genetic algorithm)
④ 연관 규칙 학습 (association rule learning)

**문제 5. 구글이 제공하는 Ngram Viewer 서비스는 빅데이터의 역할 중 무엇에 해당되는가?**

① 렌즈 역할
② 차세대 산업 혁명에서 철이나 석탄의 역할
③ 21세기의 원유 역할
④ 플랫폼 역할

**학습목표**

- 빅데이터 분석의 현황과 현단계 과제에 대한 이해
- 전략적 가치 기반 분석에 대한 이해
- 데이터 사이언스의 의미와 역할에 대한 이해
- 데이터 사이언티스트의 요구 역량에 대한 이해
- 전략적 통찰력과 인문학 대두의 배경에 대한 이해
- 데이터 사이언티스트에게 요구되는 인문학적 사고에 대한 이해
- 데이터 사이언스의 미래에 대한 이해

# 제3장

# 가치 창조를 위한 데이터 사이언스와 전략 인사이트

### 장 소개

빅데이터 열풍 속에서 가치 기반 분석과 전략적 통찰력 창출이 가지는 의미와 중요성, 일차적 분석과 가치 기반 분석의 차이, 전략 인사이트 도출을 위한 분석 프레임워크 등을 이해한다. 또한 데이터 사이언티스트에게 요구되는 역량과 인문학적 사고의 필요성에 대해 알아본다.

# 제1절 빅데이터 분석과 전략 인사이트

## 1. 빅데이터 열풍과 회의론

어느 분야든 새로운 흐름이 나타날 때마다 열기와 냉기가 교차한다. 최근의 빅데이터 열풍 또한 예외는 아니다. 여기저기서 빅데이터 '세미나다, 교육이다, 성공사례다' 해 빅데이터가 마치 흥행의 보증수표처럼 떠오른 모습이다. 보고서에 '빅데이터'라는 단어만 붙으면 내용이나 가치와 상관없이 무사통과되기까지 한다. '얼마 전까지 보고서에 '소셜'이라는 단어가 없으면 어딘지 시대 분위기를 반영하지 못했던 것처럼 빅데이터는 마법의 키워드로 떠올랐다. (이지영, 빅데이터 분석, 마법은 없다, 2013, 블로터닷넷. 원문 근거로 내용 강조)

하지만 '빨리 끓어 오른 냄비가 빨리 식는다'고 일종의 거품현상을 우려하는 시선도 없지 않다. 그래서 벌써부터 빅데이터 회의론이 심심찮게 흘러나오기까지 한다. '빅데이터도 시간이 지나면 웹2.0, 소셜 같은 한 때의 유행처럼 잊혀질 것이다'는 지적은 일리 있어 보인다. 자칫 이런 회의론이 갖는 문제는 실제 우리가 빅데이터 분석에서 찾을 수 있는 수많은 가치들을 제대로 발굴해 보기도 전에 그 활용 자체를 사전에 차단해 버릴 수 있다.

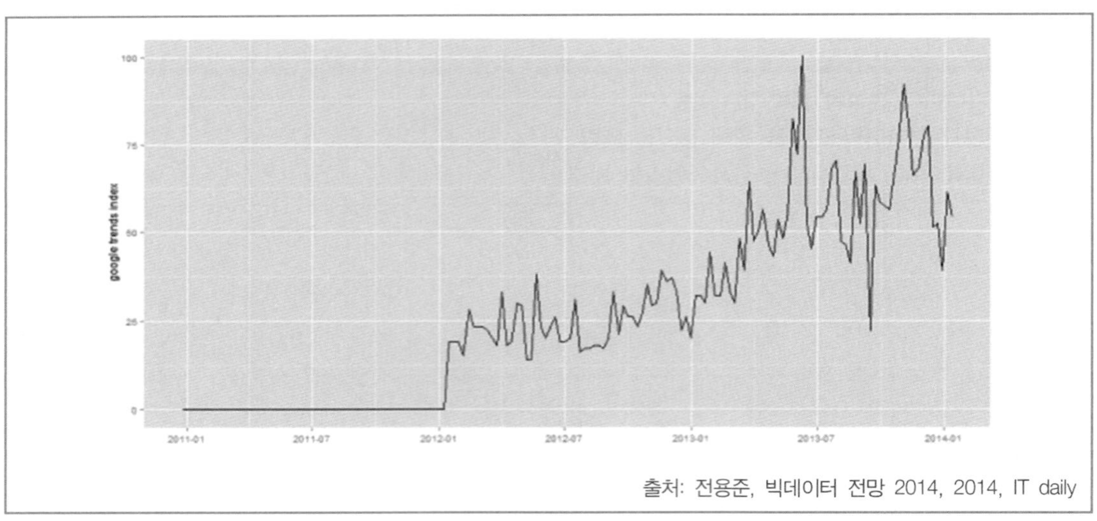


출처: 전용준, 빅데이터 전망 2014, 2014, IT daily

**[그림 Ⅰ-3-1] 빅데이터 검색추이(구글 트렌드, 2014년 1월)**

- [그림 Ⅰ-3-1] 을 살펴보면 '빅데이터' 키워드 검색 건수가 급증하다 2013년 말을 기점으로 주춤해지며 대중의 관심이 식어가고 있다는 주장이 나오고 있다. 가트너는 피크 이후 기대가 실망으로 바뀌고 거품이 빠지는 과정이 찾아온다고 예측한다.

더 큰 문제는 앞으로 이러한 빅데이터 회의론이 만만치 않은 목소리를 낼 수밖에 없는 환경이 이미 펼쳐지고 있다는 점이다. 빅데이터 회의론을 극복하는 것이 말처럼 쉽지 않을 수도 있다. 우선 아직 기억에서 채 지워지지 않은 '고객관계관리(CRM)'를 통해 경험한 부정적 학습효과다. 이렇다 할 투자효과를 거두지 못했던 부정적 학습효과로 인해 빅데이터 분석에 대한 투자를 일단 의심의 눈초리로 바라보는 경우를 흔치 않게 볼 수 있다.

CRM을 비롯한 IT 솔루션은 일종의 공포 마케팅이 잘 통하는 영역이었다. 처음엔 여기 저기서 도입만 하면 마치 모든 문제를 한번에 해소할 것처럼 강조하다가 나중에는 분위기에 합류하지 못하면 위험에 처할지도 모른다는 공포 분위기가 조성된다. 그래서 큰 마음 먹고 거액을 투자해 하드웨어 박스와 솔루션을 도입한다. 하지만 막상 도입하고 보면 상황은 달라진다. 이걸 어떻게 활용하고 어떻게 가치를 뽑아내야 할지 첫 번째 물음부터 다시 해야 하는 사태가 벌어진다. 결국 관련 장비와 솔루션에 수십억 원에서 수백억 원씩 투자해 놓고 방치하는 사태가 벌어진다.

빅데이터 열풍 또한 이와 유사한 패턴과 흐름을 반복하고 있다면, 매우 우려스러운 부분이 아닐 수 없다. 자칫 과거의 잘못된 CRM 투자 패턴이 되풀이 되면 빅데이터 회의론이 더 크게 자리잡을 수 있는 것이다.

다음으로 현재 소개되는 많은 빅데이터 성공사례가 실은 기존의 분석 프로젝트를 포장해 놓은 게 태반이다. 흔히 빅데이터 분석이 제공하는 고객에 대한 인사이트 확보에 관심이 높아 보인다. 세간에서 '빅데이터의 새로운 가치'라고 회자되는 이 부분 또한 엄밀히 말하면 굳이 빅데이터가 필요 없는 경우가 대부분이다. 우수고객 이탈 예측이나 고객 구매패턴 분석을 기초로 다음 구매 제품을 예측한다든지 등이 그 예다. 이런 것들은 우리가 익히 알고 있는 CRM에서 예전부터 해오던 고객분석이었다.

빅데이터 분석의 실체를 파악하고 난 사람은 '일종의 수사적 사기'라고 느낄 수도 있다. 이에 대해 한 관계자는 "국내 빅데이터 업체들이 성과 내기에 급급해 CRM 분석을 빅데이터 분석으로 포장하는 데 열을 올린다"고 지적한다. 이런 과대포장들은 빅데이터 분석 전체의 신뢰성에 의심을 갖게 만들거나 개념적 혼란을 불러일으켜 빅데이터 분석이 자리잡기도 전에 기반을 흔들어 놓을 수 있다.

조금만 자세히 들여다 봐도 앞의 현상들이 모두 하나의 문제에서 기인한다는 사실을 금새 알아차릴 수 있다. 근본적으로 빅데이터 분석도 기존의 분석과 마찬가지로, 데이터에서 가치, 즉 통찰을 끌어내 성과를 창출하는 것이 관건이다. 그런데 바로 이 통찰을 얻는 일이 그렇게 만만하지 않고, 이를 활용해 뚜렷한 성과를 달성하는 일 또 그리 쉽지 않다. 특히 국내 데이터 분석 활용 현실을 고려했을 때 더욱 그러하다. 오죽하면 빅데이터 분석 프로젝트를 추진하려다 내부 데이터도 제대로 분석하지 못하는 현실을 깨닫고, '먼저 내부 데이터를 갖고 연구하자는 결론이 내려지는 경우'가 많다고 할까.[1] 이러한 어려움 때문에 일단 근본적이고 어려운 질문들은 피해나가면 된다는 얄팍한 유혹에 쉽사리 넘어가게 되고, 빅데이터와 관련된 웃지 못 할 부작용들이 생겨나게 된다.

우리의 빅데이터 열풍에 빅데이터만 있고 분석이 없는 것 같다는 소리도 들려온다. 아직 초기이기 때문에 나타나는 현상이겠지만, 근본을 다시 돌아볼 필요가 있다.

1) Brian Cheon, 빅데이터에 대한 기대와 현실, 2013 CIO Korea

## 2. 왜 싸이월드는 페이스북이 되지 못했나?

분석에 기초한 전략적 통찰력이 얼마나 중요한지 싸이월드 사례를 통해 한번 살펴보자. 한때 싸이월드는 세계 최대의 소셜 네트워크 서비스(SNS)라 해도 무방할 정도였다. 2004년, 정확히 싸이월드는 이런 자리에 있었다. 이때 페이스북은 갓 태어나 걸음마도 시작하지 못한 상태였다. 그런데 지금은 어떤가? 페이스북이 세계 최대의 소셜 네트워크 서비스로 자리잡은 반면, 싸이월드는 '아직도 싸이하는 사람이 있어?' 하는 반응이 돌아올 정도로 잊혀진 존재가 돼 버렸다.

출처: 싸이월드, 페이스북 홈페이지

**[그림 Ⅰ-3-2] 싸이월드 vs. 페이스북**

왜 싸이월드는 페이스북이 되지 못한 것일까? 2004년, 싸이월드는 이미 미국시장에 진출해 글로벌 서비스로 도약을 추진하고 있었다. 그런데도 지금의 싸이월드는 글로벌 서비스의 지위는 고사하고 국내에서도 경쟁 서비스들에 밀리고 있는 상황이다. 왜 이런 결과가 나왔을까? 결론부터 말하자면 '데이터 분석 기반 경영 문화의 부재'라고 말할 수 있다. 즉 데이터 분석에 기초해 전략적 통찰을 얻고, 효과적인 의사결정을 내리고, 구체적인 성과를 만들어 내는 체계가 없었기 때문이다.

구글이나 링크드인, 페이스북 같은 성공적인 인터넷 기업들은 대부분 데이터 분석과 함께 시작되고 분석이 내부 의사결정에 결정적 정보를 제공한다.[2] 반면 싸이월드는 직관에 근거해 의사결정을 내리는 회사에 머물고 있었다.

MIT에서 경제학 박사를 받고 전략적 분석을 통해 놀라운 성과를 올린 하라스엔터테인먼트의 회장 러브먼은 다음과 같이 분석 기반 경영이 도입되지 못하는 이유를 적고 있다.

- 기존 관행을 그냥 따를 뿐 중요한 시도를 하지 않는다.
- 경영진의 의사결정은 정확성이나 공정한 분석을 필요로 하지 않으며, 오히려 정반대로 직관적 결정을 귀한 재능으로 칭송한다. 그렇지 못한 CEO는 똑똑하지만 직관력이 떨어지는 것으로 여겨진다.
- 분석적 실험을 갈망하거나 능숙하게 해내는 사람이 거의 없어, 적절한 방법조차 제대로 익히지 못한 사람들에게 분석 업무가 주어진다.
- 사람들은 아이디어 자체보다는 아이디어를 낸 사람이 누구인지 관심을 두는 경향이 있다.[3]

2) Thomas H. Jill Dyche, Big Company and Big Data, 2013, SAS
3) 토마스 데이븐포트·잔느 G. 해리스·로버트 모리슨, 『분석의 기술』, 2011, 21세기북스

싸이월드 방대한 트랜잭션 데이터가 생성되는 인터넷 기업이었음에도 위와 비슷한 상황이었다. 물론 싸이월드는 OLAP과 같은 분석 인프라를 이미 갖추고 있었다. 하지만 중요한 의사결정이 데이터 분석에 기초해 내려지지는 못했다. 웹로그 분석과 같은 일차적인 분석이 이뤄지고 있었지만, 이는 경영진의 직관력을 보조하는 일부로서 활용되거나, '사업 상황 확인을 위한 협소한 문제들에 집중하는 경향'이 있었다. 직관을 토대로 내린 의사결정을 보조하는 수준에서 분석을 활용하고 있었다.

하지만 전략적 분석은 치열한 시장에서 기업 생존을 좌우할 정도로 중요할 수 있다. 놀랍게도 2004년 당시 싸이월드는 비즈니스의 핵심 가치와 관련된 어떤 심도 있는 분석도 수행하지 않고 있었다. 심지어 싸이월드에서 소셜 네트워킹이 갖는 중요성에도 불구하고, 회원들의 소셜 네트워킹 활동 특성과 관련된 분석을 위한 프레임워크나 평가지표조차 제대로 만들어져 있지 않았다. 당연하게 싸이월드는, 트렌드 변화가 사업모델에 미치는 영향 등을 적시에 알아차리거나 제대로 평가할 수 없었다.

하지만 밖에서 보기에는 한창 잘 나가는 것으로 보였던 당시 싸이월드였지만, 데이터에서는 이미 위험 신호를 보내고 있었다. 2005년 초, 필자는 싸이월드의 특정 마케팅용 데이터 분석 프로젝트를 수행하며 짧은 기간 싸이월드의 데이터를 분석할 기회를 가졌다. 당시 프로젝트 목적이 다른 데 있었기 때문에 이에 대해 구체적으로 언급하지는 않았다. 하지만 놀라운 사실은 싸이월드 핵심 고객들의 소셜 네트워킹 활동 데이터는 이미 강력한 경고를 보내고 있었다. 당시 새롭게 분석기준을 잡고 소셜 네트워킹 활동의 핵심지표들을 들여다 보았는데, 핵심지표 상에서 급격한 악화 현상이 나타나고 있었고 오래지 않아 심각한 상황이 벌어질 수도 있는 것으로 보였다.

핵심 고객들이 느끼는 불만족 사항과 추구하고자 하는 핵심 고객가치는 싸이월드의 위기와 대변화를 요구하고 있었다. 동시에 이는 완전히 새로운 기회를 열어주는 것이기도 했다. 하지만 안타깝게도 당시 싸이월드의 의사결정자 누구도 그 심각성을 인지하지 못했다. 매출 및 회원가입 동향 정도의 1차적 분석 결과 이상에 그다지 관심을 기울이지 않는 분위기였다. 물론 당시에 세계 최대의 소셜 네트워크 서비스를 보유한 나라였음에도 소셜 네트워크에 대한 변변한 논문조차 없는 우리의 현실을 감안해 본다면 싸이월드의 이런 분석 활용 수준은 이해할 수 있다.

하지만 그 결과는 너무 참담했다. 분석은 지금의 페이스북과 싸이월드의 운명을 가른 결정적 기준 아니 수단이 됐다. 당시의 소셜 네트워킹 특성 변화에 대한 분석 데이터와 이러한 네트워킹 변화의 원인을 규명하기 위해 추가 수집한 고객조사 데이터는 참으로 많은 통찰을 가져다 줬다. 그 대부분은 현재 링크드인이나 페이스북의 성공 기초가 된 많은 요소들을 이미 지적해 주고 있었다. 그중 대표적인 예를 하나 들자면 링크드인의 '당신이 알 수도 있는 사람들(People You May Know)'과 같은 서비스의 필요성이었다. 새로운 하나의 기능이 새로운 수백만 페이지뷰(page view)를 창출해냈고, 이 기능 때문에 링크드인은 더 높은 단계로 단숨에 도약할 수 있었다. 이 서비스의 개발 배경에 스탠포드대 물리학 박사인 골드만(Goldman)이라는 데이터 사이언티스트와 그의 데이터 분석이 있었다는 것도 유명한 일화다.[4] 아쉽게도 싸이월드는 분석 기반의 경영 문화가 부재한 탓에 내리막길을 걷게 됐다. 빅데이터를 거론하는 지금 우리가 전략적 분석과 통찰력 창출에 눈을 돌려야 하는 이유가 바로 이 때문이다.

---

4) 하버드 비즈니스 리뷰, Data Scientist: The sexist job of the 21st century, 2012

## 3. 빅데이터 분석, 'Big'이 핵심 아니다

지금의 빅데이터 열풍은 우려와 함께 많은 기대를 동시에 받고 있다. 빅데이터에 대한 관심 증대의 긍정적인 결과 가운데 하나는 데이터 분석 기반의 통찰의 중요성에 대한 공감대를 키운 것이다. 이전의 IT가 하지 못했던 방식으로 고위 경영진의 관심을 사로잡은 것이다 . 갑자기 빅데이터 프로젝트에 인력과 자금을 지원하겠다고 하고, 데이터가 회사의 핵심 자산이라는 말을 하는 경영자들도 늘어났다.

그런데 국내외를 막론하고 대부분의 기업은 여전히 빅데이터 프로젝트를 위한 초기 단계의 질문에서 벗어나지 못하고 있다. 데이븐 포트의 다음 지적을 참고할 필요가 있다. "가령, 빅데이터를 가장 효과적으로 소비하는 것은 인간인가, 기계인가? 고객 데이터와 운영 데이터 중 어느 것이 더 중요한가? 새로운 데이터가 과연 새로운 인사이트 도출을 촉진하는가, 아니면 단순히 기존의 가설을 입증할 뿐인가? 빅데이터 프로젝트를 출범시키는 대부분의 대규모 조직은 기존 프로세스의 자동화를 우선 시행한 후 점차적으로 거시적 전략적 가치를 이끌어낼 수 있을 것으로 기대한다. 하지만 그러한 가치는 저마다의 시각에 따라 다를 수 있다."

Nigel Holmes 2012 / from The Human Face of Big Data

**[그림 Ⅰ-3-3] 데이터는 새로운 석유**

많은 기업에서 우선 더 많은 데이터를 보유하는 데에 관심을 쏟는 현상도 발견된다. '빅'한 데이터를 보유하고 있으면 거기서 뭔가 쓸만한 걸 찾아내고 가치를 창출할 수 있을 것이라고 한다. 하지만 더 많은 데이터가 더 많은 가치로 바로 연결된다고 볼 수 없다. 과유불급이라고 많은 정보는 오히려 혼란을 야기할 수 있다. 물론 필요한 정보의 보유는 매우 중요하다. 신약 연구개발에 분석을 적용해 신약의 개발성공 가능성을 높이고 성공적으로 다수의 신약을 확보한 버텍스의 회장인 조슈아 보거 박사는 "남들보다 더 많은 정보를 갖고 있어야 한다. 더 똑똑할 필요도, 더 직관적일 필요도 없다. 더 많은 정보만 있으면 된다"고 말한다.

하지만 이것이 데이터만 갖고 있다고 만사가 해결된다는 의미라고 착각해서는 안 된다. 조슈아 보거 박사의 말도 직관에 기초한 의사결정보다 데이터에 기초한 의사결정이 그만큼 중요하다는 의미에서 데이터 자체의 중요성을 강조한 것이다. 실제로 버텍스가 높은 성과를 올릴 수 있었던 것은 분석 문화가 주요한 의사결정과 경영 자체에 뿌리깊게 자리잡고 있었기 때문에 가능한 것이었다. 버텍스의 최고정보책임자인 스티브 슈미트는 “우리는 혁신을 과감하게 추진하지만, 한편으로는 핵심 사업에 미치는 효과를 철저하게 측정한다. 항상 의미 있는 새로운 분석 평가지표를 찾고, 전략과 기업의 핵심 가치 및 강점에 관심을 집중하지요.”라고 말했다.

빅데이터의 이런 ‘빅’이라는 화두와 관련해서 2012년 뉴밴티지 파트너스에서 대규모 조직들을 대상으로 실시한 설문조사 결과도 동일한 점을 시사하고 있다. 그 주요 내용을 살펴보면 다음과 같다.

“데이터의 양이 아니라 유형의 다양성과 관련이 있다. 설문조사를 통해 현재는 물론 최근 3년간 회사들이 데이터 양 대신 그 다양성에 초점을 맞추고 있음을 알 수 있다. 빅데이터 이니셔티브의 가장 중요한 목표와 이를 통해 얻을 수 있는 잠재적 보상은 다양한 데이터 소스와 신종 소스를 분석할 수 있는 능력이지 대용량 데이터 세트를 관리할 수 있는 능력이 아니다.”

이미 대용량 데이터를 보유하고 있던 거대 조직들의 경우에서 알 수 있듯이, 빅데이터가 가져다 주는 기회는 데이터의 크기에 있다기보다는 음성, 텍스트, 로그, 이미지나 비디오 같은 새롭고 다양한 정보 원천의 활용에 있다. 예컨대 삼성전자처럼 고객 서비스를 강조 하는 회사들은 콜센터의 음성 텍스트 변환 데이터를 분석해 고객 불만사항을 보다 효과적으로 예측하고 대응할 수 있게 됐다. 이러한 새로운 비정형 데이터를 정형 데이터와 결합해 활용함으로써 고객과 비즈니스 운영 상황을 보다 종합적이고 완벽하게 조망할 수 있다.

여기서 알 수 있듯이 데이터는 크기의 이슈가 아니라, 거기에서 어떤 시각과 통찰을 얻을 수 있느냐의 문제다. 무작정 ‘빅’한 데이터를 찾을 것이 아니라, 비즈니스의 핵심에 대해 보다 객관적이고 종합적인 통찰을 줄 수 있는 데이터를 찾는 것이 그 무엇보다 중요하다. 다시 말해 전략과 비즈니스의 핵심 가치에 집중하고 이와 관련된 분석 평가지표를 개발하고 이를 통해 효과적으로 시장과 고객 변화에 대응할 수 있을 때 빅데이터 분석은 가치를 줄 수 있다.

이 기준으로 놓고 볼 때, 대부분의 기업이 빅데이터가 지닌 풍부한 비즈니스 잠재력을 규명하는 초기 프로젝트에서 아직도 탈피하지 못하고 있다. 많은 회사의 의사결정자들이 여전히 빅데이터의 가치에 대해 확신을 갖지도 못한 상태다. 현재에도 그렇지만 앞으로도 빅데이터와 관련된 걸림돌은 ‘비용이 아니라 분석적 방법과 성과에 대한 이해 부족’일 것이다.

## 4. 전략적 통찰이 없는 분석의 함정

빅데이터 회의론의 가장 큰 문제는 빅데이터를 '그저 그런 것'으로 받아들이도록 하여 그 획기적 속성을 제대로 알지 못하게 만든다는 데 있다. 현재로선 분명한 것은 링크드인이나 싸이월드와 같은 인터넷 기업만이 아니라 전통적인 기업들의 흥망성쇠도 보다 정확하고 객관적인 의사결정과 데이터에 기초한 전략적 통찰이 좌우하는 경우가 늘어나고 있다. 빅데이터를 유행으로 보든 그렇지 않든, 데이터 크기를 떠나 전략적 분석이 주는 이점을 빠르고 구체적으로 이해해 받아들이는 것이 중요하다.

싸이월드의 사례에서 보았듯이 파편화되고 일차적인 분석을 넘어 전략적으로 통찰력 있는 분석을 수행하고 또 이를 조직의 실행 프로세스로 옮기는 일은 그렇게 쉬운 일이 아니다. 2014년을 시작한 현재의 한국 경영 문화는 여전히 분석을 국소적인 문제 해결 용도로 사용하는 단계에 머물고 있다. '빅' 데이터는 고사하고 내부의 '스몰' 데이터도 제대로 활용하지 않는 경우가 더 많지 않을까 한다.

데이터 분석에 기초한 전략적 통찰을 갖춘다는 것은 분석에 탁월한 능력을 가진 기업들도 쉽지 않아 하는 부분이다. 이와 관련해 분석이 사업성과에 미치는 효과에 대한 실증 연구를 위해 실시한 데이븐포트의 대규모 설문조사 결과를 한 번 살펴보자.

이 조사는 34개국 18개 산업에 이르는 371개 기업에 재직중인 경영진을 대상으로 이뤄졌다. 조사 결과 '기업이 양질의 데이터 기반을 구축하면 경영자들은 데이터 및 시스템을 활용해 더 나은 의사결정을 내리는 것에 관심의 초점을 옮긴다'는 사실이 드러났다. 더욱 중요한 사실은 분석 활용과 사업성과 사이에 놀랄 만한 상관관계가 발견된다는 점이었다. 이익, 주주수익률, 수익성장 측면에서 성과가 우수한 조사대상의 13%에 이르는 기업들의 대부분은 전략적으로 일상 업무에 분석을 활용하고 있었다. 그리고 경영진의 약 10%가 전략의 핵심 요소로 분석을 언급했다. 이들 기업은 성과가 낮은 기업들에 비해 무려 5배나 더 많이 전략적으로 분석을 활용했으며 분석 지향성이 강할수록 재무성과도 우수했다. 특히 성과가 높은 기업과 성과가 낮은 기업이 일관되게 큰 차이를 보이는 부분은 [표 Ⅰ-3-1] 에서 드러나듯 분석에 대한 태도와 분석의 응용 부분이다.

**[표 Ⅰ-3-1] 분석 지향성의 중요도 조사**

| 성과가 낮은 기업 | | 성과가 높은 기업 |
|---|---|---|
| 23% | 상당한 의사결정 지원/분석 역량을 갖춤 | 65% |
| 8% | 폭넓은 가치 분석적 통찰력을 갖춤 | 36% |
| 33% | 산업 평균 이상의 분석 역량을 갖춤 | 77% |
| 23% | 전체 조직에서 분석을 활용 | 40% |

출처: 토마스 데이븐포트·잔느 G. 해리스·로버트 모리슨, 『분석의 기술』, 2011, 21세기북스

[표 Ⅰ-3-1]은 2006년 성과가 높은 기업과 성과가 낮은 기업의 관련 역량 보유비율 비교로 성과가 높은 기업들은 의사결정을 지원하는 역량이나 실시간 분석 역량을 갖추고 있다고 응답한 비율이 65%였던 반면,

성과가 낮은 기업들은 23%에 불과했다. 성과가 높은 기업의 36%가, 성과가 낮은 기업의 8%가 '가치 분석적 통찰력을 갖추고 있다'고 응답했다. 산업 평균 이상의 분석 역량을 갖췄다고 응답한 비율은 성과가 높은 기업은 77%에 달했으나, 성과가 낮은 기업은 33%에 그쳤다. 그리고 조직 전체적으로 분석을 활용하는 비율은 성과가 높은 기업은 40%였지만, 성과가 낮은 기업은 23%로 나타났다.

여기서 한 가지 특징적인 부분은 성과가 우수한 기업들도 가치 분석적 통찰력을 갖췄다고 대답한 비율이 매우 낮다는 사실이다. 다른 항목의 응답 비율과 비교해 보면 그 차이는 더 확연히 드러난다. 산업 평균 이상의 분석 역량을 갖췄다고 응답한 비율이 77%에 달한 것에 비해, 가치 분석적 통찰력을 갖췄다고 응답한 비율은 그 절반에도 못 미치는 36%에 불과했다. 그만큼 기업의 핵심 가치와 관련해 전략적 통찰력을 가져다주는 데이터 분석을 내재화하는 것이 쉬운 일이 아닌 것이다.

이 때문에 현재 우리 수준에서 빅데이터를 이야기하면서 전략적 통찰을 위한 분석을 논한다는 것이 시기상조라고 느껴질 수도 있을 것이다. 하지만 빅데이터 회의론이 고개를 들기 시작한 지금이야말로 빅데이터와 관련된 호들갑이나 빅데이터 장비 도입을 위한 달콤한 유혹들에 넘어가기 전에 보다 냉정하고 진지한 성찰이 필요한 시기다. 자칫 일차적이고 부분적인 분석을 통해 손쉬운 해결책만 찾다가 전략적 통찰이 없는 분석이 갖는 함정에 빠질 수 있기 때문이다.

이러한 함정이 지니는 위험의 대표적인 사례를 아메리칸항공에서 살펴볼 수 있다. 아메리칸항공은 상당히 일찍부터 분석 역량을 비즈니스에 활용해 경쟁 우위를 확보한 회사였다. 이 회사는 1985년 수익관리, 가격 최적화에 분석 접근법을 적용하기 시작했다. 이를 통해 피플익스프레스 등의 경쟁사들을 시장에서 완전히 내몰 수 있기에 이르렀다. 이러한 수익관리 시스템은 3년 만에 아메리칸항공에 14억 달러에 이르는 수익을 가져왔다. 아메리칸항공은 분석을 활용해 비행경로와 승무원들의 일정을 최적화했다. 12가지 유형의 항공기와 250개의 목적지와 매일 3,400회 비행을 하는 복잡한 허브 앤 스포크(Hub and Spoke, 대도시 공항에 모은 다음 세부 목적지로 운송하는 것) 방식은 사실 분석 시스템의 도움 없이는 운영이 불가능했다.[5)]

하지만 이러한 복잡한 최적화는 오히려 비즈니스에 마이너스가 될 수 있다. 다른 대다수의 항공사들 또한 비슷한 분석 역량과 수익관리 능력을 차츰 갖추게 됐다. 이런 결과로 아메리칸항공의 경쟁우위는 사라지고 다른 대다수 항공사들과 마찬가지로 그다지 수익을 내지 못하는 상태에 빠지고 말았다.

이에 반해 사우스웨스트항공은 매우 단순한 모델을 사용했다. 오직 한 가지 유형의 비행기에, 허브 공항도 없고, 이로 인해 아주 단순한 최적화 모델로 좌석 가격 책정과 운영을 분석한다. 결과적으로 사우스웨스트항공은 36년 연속 흑자를 냈고, 시장가치 측면에서도 다른 미국 항공사들의 시장가치의 합계보다 사우스웨스트항공 한 회사의 시장가치가 더 높다. 아메리칸항공이 분석전략으로 성공을 거두지 못한 이유는 크게 두 가지를 들 수 있다. 우선 다른 항공사들 역시 분석적 접근법을 채택했다는 점이다. 미국 항공산업에서 항공사가 분석적 접근법을 채택하는 데는 아무 어려움이 없다. 자체 역량이 없으면 이를 전문적으로 제공해주는 분석 서비스 업체를 이용하면 된다. 데이터가 필요하다면 협회나 외부 공급업체를 통해 충분히 얻을 수 있다. 따라서 분석을 보다 전략적으로 사용하기 위해 노력하지 않으면 차별화가 어려운 것이다.

두 번째 이유는 더 결정적인 요인이 된다. 분석이 '아무짝에도 쓸모없는 비즈니스 모델을 뒷받침하는 데 활용됐기' 때문이다. 아메리칸항공은 경쟁사들 앞서서 수익관리 분석 기법을 도입했다. 하지만 저가 항공

5) 토마스 데이븐포트·잔느 G. 해리스·로버트 모리슨, 『분석으로 경쟁하라』, 2011, 21세기북스

사들이 전반적으로 더 낮은 가격을 고객에게 제시했기 때문에 이러한 분석 자체가 별 의미가 없었다. 그리고 다양한 기종의 항공기를 보유하고 있던 아메리칸항공은 분석을 활용해 복잡한 비행경로를 최적화했다. 하지만 사우스웨스트항공은 단일 기종만 이용함으로써 비용과 복잡성을 획기적으로 줄였다. 그리고 아메리칸항공은 고객 로열티 프로그램을 도입하고 데이터 분석에 근거해 프로모션을 진행했다. 하지만 정작 중요한 고객서비스에서는 차별화를 하지 못하는 바람에 항공편을 자주 이용하는 핵심 고객들의 충성도를 확보하지 못했다.

이처럼 단순히 분석을 많이 사용하는 것이 곧바로 경쟁우위를 가져다주지는 않는다. 아메리칸항공의 이런 분석 활용 사례들은 데이터 분석이 어디에 포커스를 둬야 하는지 되돌아보게 한다. 자칫 분석이 경쟁의 본질을 제대로 바라보지 못할 때 아무짝에도 쓸모없는 분석 결과들만 잔뜩 쏟아내게 되고 마는 것이다. 소규모로 부서단위에서 진행되는 분석 활동들과는 달리 좀 더 넓은 시야에서의 핵심적인 비즈니스 이슈에 답을 하는 분석은 기업의 경쟁전략을 이끌어나가는 중심이 될 수 있다. 아메리칸항공도 이처럼 전략적 인사이트를 주는 분석을 통해 복잡한 사업 모델을 단순화하는 게 보다 적합한 전략임을 깨달아야 했던 것이다.

## 5. 일차적인 분석 vs. 전략 도출 위한 가치 기반 분석

미국의 대규모 조직 임원들 대상으로 실시한 한 인터뷰 결과를 보면 현단계에서 빅데이터 활성화에 있어 무엇이 핵심일 될지 잘 드러난다. "그들 모두 빅데이터가 새로운 용도, 그리고 장기적으로는 전혀 예상치 못한 용도로 활용될 수 있는 진화적 잠재력을 지니고 있다는 데 동의했다. 그러나 동시에 모든 임원은 빅데이터를 단지 연구용으로만 시험 삼아 도입할 여력이 없다고 바라본다. 즉, 빅데이터는 가치 창출이 가능해야 하고, 그 시점이 빠를수록 더 좋다."[6)]

가트너가 예측하듯이 빅데이터에 대한 대중의 관심이 피크에 이미 도달했고, 이후 기대가 실망으로 바뀌고 거품이 빠지는 과정이 진행될 수 있다. 그래서 더욱더 빅데이터에 주어진 가치 창출이라는 핵심 과제가 시급한지 모른다. 그리고 이 가치는 각 산업의 특성이나 경쟁의 정도, 분석의 목적, 분석을 활용하는 수준에 따라 다양할 수 있다.

각 산업에 따라 우리가 흔히 수행하는 일차적인 분석 활용 사례는 다음 표와 같이 정리해 볼 수 있을 것이다.

**[표 Ⅰ-3-2] 일차적인 분석 애플리케이션 사례**

| 산업 | 분석 애플리케이션 |
|---|---|
| 금융 서비스 | 신용점수 산정, 사기 탐지, 가격 책정, 프로그램 트레이딩, 클레임 분석, 고객 수익성 분석 |
| 소매업 | 판촉, 매대 관리, 수요 예측, 재고 보충, 가격 및 제조 최적화 |
| 제조업 | 공급사슬 최적화, 수요 예측, 재고 보충, 보증서 분석, 맞춤형 상품 개발, 신상품 개발 |
| 운송업 | 일정 관리, 노선 배정, 수익관리 |
| 헬스케어 | 약품 거래, 예비 진단, 질병 관리 |
| 병원 | 가격 책정, 고객 로열티, 수익관리 |
| 에너지 | 트레이딩, 공급, 수요 예측 |
| 커뮤니케이션 | 가격 계획 최적화, 고객 보유, 수요 예측, 생산능력 계획, 네트워크 최적화, 고객 수익성 관리 |
| 서비스 | 콜센터 직원 관리, 서비스·수익 사슬 관리 |
| 정부 | 사기 탐지, 사례관리, 범죄 방지, 수익 최적화 |
| 온라인 | 웹 매트릭스, 사이트 설계, 고객 추천 |
| 모든 사업 | 성과관리 |

출처: 토마스 데이븐포트·잔느 G. 해리스·로버트 모리슨, 『분석의 기술』, 2011, 21세기북스

우선은 이런 일차적인 분석 영역들에서 주기적으로 업계에서 일어나는 일을 조사하고 경쟁사들의 활동을 꼼꼼히 살펴보라. 이런 식의 분석 활용은 중요한 시점에 경고를 해주고, '경쟁에서 뒤쳐지지 않고, 변화하는 고객의 기대를 따라잡기 위해 무엇을 해야 할지 알려준다.'

6) Thomas H. Jill Dyche, Big Company and Big Data, 2013, SAS

그리고 이러한 일차적인 분석을 통해서도 해당 부서나 업무 영역에서는 상당한 효과를 얻을 수 있다. IDC에서 수행한 한 연구 결과를 따르면, 생산 개선을 목적으로 한 분석 프로젝트는 평균 227%, 고객관계관리에 집중할 경우 평균 55%, 예측 기술을 활용한 BI 프로젝트는 평균 145%의 투자수익률을 올린 것으로 나타났다.

하지만 앞서 아메리칸항공의 경우에서 보았듯이 일차적인 분석은 대부분 업계 내부의 문제에만 포커스를 두고 있으며, 주로 부서단위로 관리되기에 전체 비즈니스 성공의 핵심역할을 기대하기 어렵다. 은행이라면 대출 이자와 한도를 결정하는 리스크 관리 부서에서 분석 도구 및 분석적 접근 방법을 활용한다. 제조업체라면 품질관리에 초점을 맞출 가능성이 높다. 이처럼 부서 단위로 분석을 접근하거나 업계로 한정해 바라본다면 성공 가능성 또한 좁아지기 쉽다. 물론 기존 성과를 유지하고 업계 차원의 경쟁력 확보를 위해 필요한 것이 무엇인지 알아낼 수는 있겠지만, 이것이 절대적으로 앞서감을 의미하지 않는다. 자칫 쓸모 없는 분석만 하다 귀중한 자원을 낭비할 수 있다.

최고가 되기 위해서는 더 나아가야 한다. 우선은 이런 일차적인 분석을 통해 점점 분석 경험이 늘어가고 작은 성공을 거두면 분석의 활용 범위를 더 넓고 전략적으로 변화시켜야 한다. 사업 성과를 견인하는 요소들과 차별화를 꾀할 기회에 대해 전략적 인사이트를 주는 가치 기반 분석 단계로 나아가야 한다. 이 단계에 도달하면 앞에서 살펴본 것처럼 분석은 경쟁의 본질에 영향을 미치고 기업의 경쟁전략을 이끌어갈 수도 있다.

전략적 인사이트를 주는 가치 기반 분석을 위해서는 우선 사업과 이에 영향을 미치는 트렌드에 대해 큰 그림을 그려야 한다. 인구통계학적 변화, 경제사회 트렌드, 고객 니즈의 변화 등을 고려하고, 또한 대변화가 어디서 나타날지도 예측해야 한다. 이처럼 큰 그림에서 폭넓게 사업을 바라보지 못한다면 비즈니스 성과와 경쟁력의 핵심인 전략적 이슈를 다룰 수 없다. 그리고 파편적이고 부분적인 분석 정보로는 핵심적인 질문들, 가령 어디서 성과를 올리고 어떤 요인이 성과를 좌우하는지 등을 평가할 수 없다.

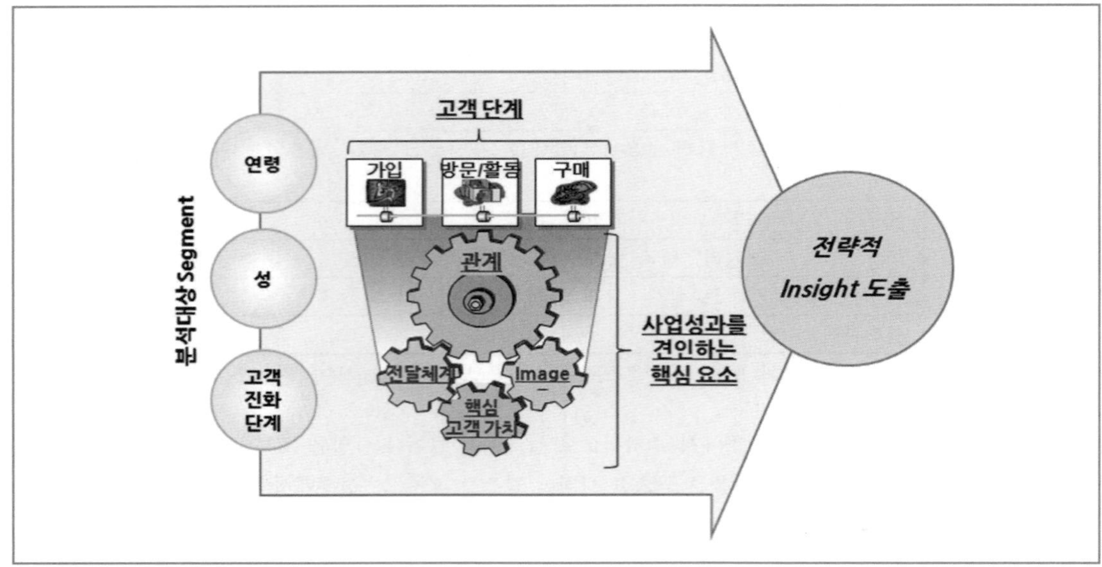


[그림 I-3-4] 싸이월드 전략적 가치기반 분석을 위한 프레임워크 예시

- [그림 Ⅰ-3-4]와 같이 전략적 가치기반 분석을 위해서는 우선 사업성과를 견인하는 핵심 요소를 중심으로 큰 틀에서 분석 프레임워크를 잡아야 한다. 싸이월드는 소셜 네트워크 서비스라는 특성상 이용의 기반이 되는 인적 관계를 중심으로, 관계 기반 위에 추구되는 핵심고객가치, 이러한 가치를 얼마나 잘 전달하고 적절한 이미지를 제공하고 있는지 등이 핵심요소로 도출될 수 있다. 이러한 핵심 요소를 각 세그먼트와 고객 단계별로 분석할 수 있다.

전략적 수준에서의 분석은 여러분의 사업성과를 견인하는 요소들, 차별화를 이룰 수 있는 기회에 대해 중요한 통찰을 줄 것이다. 전략적 분석의 가치 창출 잠재력이 높은 분석 영역들은 산업 특성에 따라, 그리고 기업들이 시장에서 상품과 서비스로 경쟁하는 방식에 따라 달라진다. 물리적 자산을 생산하는 회사들은 공급과 수요 변동, 운영 유연성, 공급사슬과의 접점 문제에 포커스를 두려고 한다. 제약회사들처럼 회사의 가치가 품질, 수량, 지적 자산과 관련된 회사들은 분석적 실험과 의사결정에 집중해야 한다. 그리고 인터넷 사업을 하거나 가치 네트워크에 기반을 둔 회사, 금융기관, 텔레커뮤니케이션 회사들은 분석이 어떻게 고객과 서비스 네트워크를 높일 수 있을지를 검토해야 한다.

앞서 싸이월드의 사례에서 살펴 본 것처럼, 파편화되고 일차적인 분석만으로는 환경변화와 같은 큰 변화에 제대로 대응하거나 고객 환경의 변화를 파악하고 새로운 기회를 포착하기 어렵다. 특히 급변하는 환경에서 분석을 일차적 차원에서 점증적 전술적으로 사용하면 성과는 미미할 수 있다. 전략적 통찰력의 창출에 포커스를 뒀을 때, 분석은 해당 사업에 중요한 기회를 발굴하고, 주요 경영진의 지원을 얻어낼 수 있고 이를 통해 강력한 모멘텀을 만들어 낼 수 있다.

# 제2절 전략 인사이트 도출을 위한 필요 역량

## 1. 데이터 사이언스의 의미와 역할

'데이터 사이언스(Data Science)' 하면 무엇이 떠오르는가? 당장 떠오르는 단어 세 가지를 종이 위에 적어 보기 바란다. 뭐가 떠오르는가? 마이닝, 정보, 코딩, 빅데이터, 아니면 점쟁이? 사실 데이터 사이언스라는 용어는 아직은 우리에게 생소하다. 빅데이터란 용어의 유행에 비해 데이터 사이언스에 대한 대중의 관심은 정말 낮다. 이런 현상이 벌어진 이유는 앞장에서 지적했듯이 우리나라의 데이터 분석 수준과 빅데이터 열풍이 아직 초보 수준에서 벗어나지 못했기 때문일 것이다. 데이터 사이언스에 대한 논의 없이 빅데이터를 상상이나 할 수 있을지 모르겠다. 그런데 그런 일이 실제 벌어지고 있으니 참으로 걱정스런 일이 아닐 수 없다.

데이터 사이언스의 개념은 아직 명확하게 정의돼 있지 않다. 학문적으로 엄밀한 내용과 형식을 갖추고 있는 것도 아니다. 데이터 사이언스에 대해 간단하게 참고할 만한 정리를 살펴보면 다음과 같다.

- 데이터 사이언스란 데이터로부터 의미 있는 정보를 추출해내는 학문이다. 통계학이 정형화된 실험 데이터를 분석 대상으로 하는 것에 비해, 데이터 사이언스는 정형 또는 비정형을 막론하고 인터넷, 휴대전화, 감시용 카메라 등에서 생성되는 숫자와 문자, 영상 정보 등 다양한 유형의 데이터를 대상으로 한다. 또한 데이터 마이닝이 주로 분석에 초점을 두고 있는 개념인데 반해 데이터 사이언스는 분석뿐 아니라 이를 효과적으로 구현하고 전달하는 과정까지를 포함한 포괄적 개념이다. 이러한 관점에서 데이터 사이언스는 데이터 공학(Data Engineering), 수학, 통계학, 컴퓨터공학, 시각화(Visualization), 해커(Hacker)의 사고방식, 해당 분야의 전문 지식을 종합한 학문으로 정의하기도 한다(Wikipidia). 데이터 사이언스가 기존의 통계학과 다른 점은 데이터 사이언스는 총체적(holistic) 접근법을 사용한다는 점이다. (O'Reilly Media, 2012)

데이터 사이언스에 대한 인식을 알아보기 위해 데이터 분석 관련 전문가들을 대상으로 조사한 바에 따르면, 데이터 사이언스의 개념 정의가 어느 수준인지 금새 드러난다. '데이터 사이언스'라 하면 떠오르는 단어 세 가지를 꼽아 보라고 했다. 어느 정도 균질적인 데이터 분석 전문가들을 대상으로 한 조사임에도 불구하고, 놀라운 점은 같은 단어를 꼽는 사람이 거의 없다는 사실이다. 당연한 것이지만, 분석이라는 단어가 그나마 나오는 편이고 데이터 마이닝, 빅데이터, 통계 등이 뒤이어 언급됐다. (정용찬, 『빅데이터』, 2012, 커뮤니케이션북스)

여기서 중요한 사실은 데이터 사이언스와 관련해 전략, 통찰, 창조성, 영감, 인간에 대한 이해 같은 단어들이 거의 언급되지 않았다. 다시 한 번 앞서 설명한 '왜 싸이월드는 페이스북이 되지 못했는가?'라는 질문을 떠올려 보기 바란다. 당시 싸이월드는 이미 상당한 데이터 분석 인프라를 보유하고 있었다. 웹 로그 분석을 하고, 회원수와 매출 트렌드를 실시간으로 추적했다. 그런데 데이터 분석으로 할 수 있는 일이 이런 것뿐일까? 이런 수준의 데이터 분석으로는 경쟁의 본질에 전혀 영향을 미치지 못했다. 이 때문에 많은 조직에서 데이터 분석가들을 바라보는 시선이 그다지 곱지 않다. 다음과 같은 불만이 대표적인 것이다.

마케팅 사업부의 눈에 비친 데이터분석 및 IT부서는 '비즈니스 구상에 관해 설명한 내용과 전혀 관련 없는 결과만을 전달'하는 이들이다. 이들이 수만 가지 말을 하더라도 마케팅 사업부에겐 아무런 영양가가 없기 십상이다.7)

이러다 보니 '데이터 분석으로 어떤 새로운 아이디어를 얻을 수 있을 것 같다'는 말을 듣고 처음엔 관심을 보이던 마케팅 담당자들도, 데이터 분석 부서와 같이 일을 해야 한다는 말을 듣고 나면 대부분 그냥 포기해 버리고 마는 일이 많다.

데이터 분석에서 한 단계 나아가 데이터 사이언스로 거야 하는 이유가 바로 여기에 있다. 데이터 사이언스는 보다 포괄적이고 총체적인 접근법을 사용한다. 데이터 사이언스는 전략적 통찰을 추구하고 비즈니스 핵심 이슈에 답을 하고, 사업의 성과를 견인해 나갈 수 있다. 이것이 단순한 데이터 분석과 데이터 사이언스를 가른다. 데이터 사이언티스트(Data Scientist)의 중요 역량 중 하나인 소통력도 사실 바로 여기에 근거해 길러진다.

데이터 사이언스의 위력을 앞에서 잠깐 언급한 링크드인(LinkedIn)의 사례를 통해 한번 살펴보도록 하자. 소셜 네트워크 서비스 중 비즈니스 네트워킹에 초점을 둔 링크드인은 초창기에 사용자들이 다른 유저들과 활발하게 인맥을 맺지 않는다는 문제에 맞닥뜨려 있었다. 사용자 경험에서 중요한 무엇인가가 빠져 있었던 것이다. 이를 비유적으로 표현해서 "사용자들은 사람들로 가득 찬 컨퍼런스 리셉션에 도착했는데, 그 안에 자신이 아는 사람이 아무도 없는 상황과 비슷했다. 그래서 구석에 홀로 서서 술을 홀짝거리다가, 얼른 자리를 뜨는 상황이었다"고 한다.

출처: 링크드인 홈페이지

[그림 Ⅰ-3-5] 링크드인 서비스 화면

7) Thor Olavsrud, CMO가 싫어하는 빅 데이터 접근법 그리고 해결책, 2013, itworld

하지만 스탠퍼드 물리학 박사 출신인 골드만(Goldman)이라는 데이터 사이언티스트가 이런 상황을 뒤바꿔놓았다. 분석을 통해 링크드인의 이런 문제를 간파한 골드만이 링크드인 페이지에 "당신이 알 수도 있는 사람들(People You May Know)"이라는 배너를 추가한 것이었다. 물론 처음에 많은 경영진들은 골드만의 생각에 찬성하지 않았다. 하지만 링크드인의 공동 설립자인 라이드 호프만(Reid Hoffman)이 골드만을 전폭적으로 지원하면서 그의 아이디어는 실험적으로 실행이 가능해졌다.

'당신이 알 수도 있는 사람들(People You May Know)'이라는 서비스는 서로 알고는 있지만 링크드인 서비스에서 연결돼 있지 않은 사람들을 서로에게 소개해주기 위한 것이었다. 그 원리는 간단한 '삼각관계(Triangle Closing)' 원리를 이용한 것으로 만약 당신이 홍길동과 임꺽정을 알고 있다면, 아마도 홍길동과 임꺽정은 서로 아는 사이일 가능성이 높을 것이라고 생각해서 이 둘을 서로 소개해 주는 것이다.

그런데 이 서비스를 도입한 지 채 며칠이 되지도 않아서 놀라운 일이 벌어지기 시작했다. 링크드인의 클릭율이 폭발적으로 증가했던 것이다. 링크드인의 경영진은 그제야 그 위력을 알아보고 이 서비스를 정식으로 제공했다. 단 하나의 이 서비스가 수백만의 새로운 페이지 뷰를 창출했고, 이 기능 때문에 링크드인은 더 높은 단계로 단숨에 도약할 수 있었다. (하버드 비즈니스 리뷰, Data Scientist: The sexist job of the 21st century, 2012)

이처럼 훌륭한 데이터 사이언티스트는 비즈니스의 성과를 좌우하는 핵심 요소를 정확하게 겨냥할 수 있고, 이럴 때 데이터 사이언스는 엄청난 위력을 발휘할 수 있다.

## 2. 데이터 사이언스의 구성 요소

데이터 사이언스의 갑작스런 등장은 현재 기업들이 예전에는 겪어보지 못한 다양하고도 방대한 데이터와 씨름해야 하는 것에서 기인한다. '빅'데이터의 증가와 함께 이에 관한 기술(Hadoop, 오픈소스 툴, 클라우드 컴퓨팅 등)은 많은 부분 발전을 했다. 하지만 우리의 경우 이러한 빅데이터의 세계에서 의미와 가치를 발견해내는 데이터 사이언스는 여전히 초보적인 단계이고, 전문 지식을 가진 데이터 사이언티스트 또한 태부족이다.

데이터 사이언스는 BI(Businvess Intelligence), BA(Business Analytics) 등과 혼용되기도 하고 상당히 포괄적인 의미를 담고 있다. 데이터 사이언스는 데이터 처리와 관련된 IT 영역들(시스널 프로세싱, 프로그래밍, 데이터 엔지니어링, 데이터 웨어하우징, 고성능 컴퓨팅 등), 분석적 영역들(수학, 확률모델, 머신러닝, 분석학, 패턴 인식과 학습, 불확실성 모델링 등), 그리고 비즈니스 컨설팅의 영역들(커뮤니케이션, 프레젠테이션, 스토리텔링, 시각화 등)을 포괄하고 있다.[8)]

8) 위키피디아

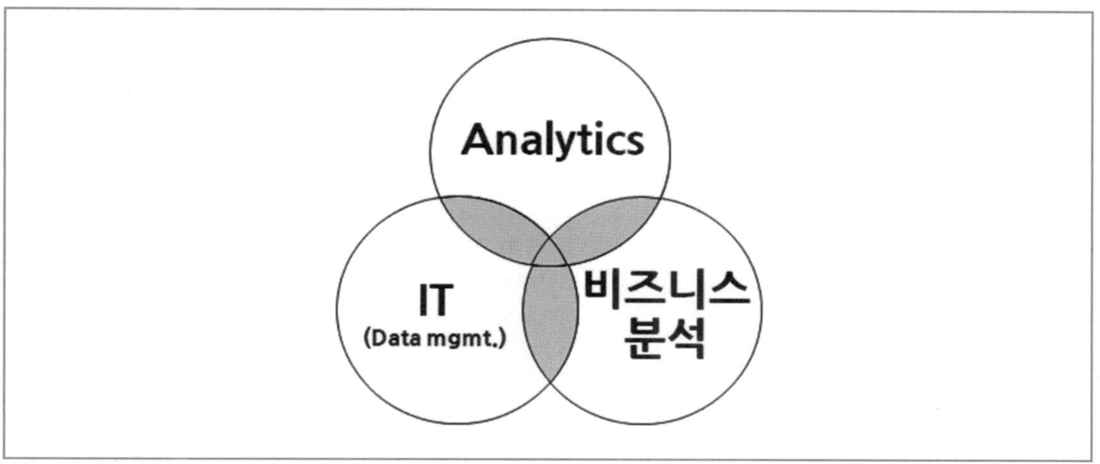


[그림 Ⅰ-3-6] 데이터 사이언스의 핵심 구성요소

데이터 사이언티스트가 하는 일을 살펴보면 데이터 사이언스에 담긴 다양한 요소의 복합성을 짐작할 수 있다. 기본적으로 데이터 사이언티스트들은 빅데이터의 세계에서 의미 있는 발견을 할 수 있도록 훈련된, 호기심을 가진 전문가들이라고 할 수 있다. 이들은 데이터의 홍수 속에서 헤엄을 치고, 데이터 소스를 찾고, 복잡한 대용량 데이터를 구조화하거나 때로는 불완전한 데이터를 서로 연결해 깔끔한 결과를 내놓는다. 이들은 문제의 이면을 파고들고, 질문들을 찾고, 검증 가능한 가설을 세우는 능력과 통계적 지식을 종합적으로 활용해 깔끔한 패턴이나 통찰력 있는 해결책들을 찾는다. 이렇게 인사이트를 발견한 후에는 결과·정보를 시각적으로 보여주는 등 효과적인 '커뮤니케이션'을 통해 비즈니스가 어떠한 방향으로 나아갈 것인지를 제시한다.

하지만 이러한 모든 것을 해낼 수 있는 사람은 매우 드물다. 데이터 사이언티스트들은 데이터 해커, 애널리스트, 커뮤니케이터, 신뢰받는 어드바이저(trusted advisor) 등의 조합이라고도 할 수 있을 것이다. 그래서 많은 데이터 사이언티스트들이 물리학, 사회과학, 생태학이나 시스템 생물학, 컴퓨터공학, 수학, 경제학 등 다양한 백그라운드를 가지고 있다.

그럼 훌륭한 데이터 사이언티스트가 되기 위해서는 어떤 역량을 갖춰야 할까? 세계적인 데이터 사이언스 전문가들이 지적하는 데이터 사이언티스트가 갖춰야 할 역량을 살펴보면 한 가지 특징적인 사실을 발견할 수 있다. [표 Ⅰ-3-3]에서 알 수 있듯이 이들은 기본적인 IT, 데이터 및 통계관련 지식이나 기술 외에 기존에 우리나라의 환경에서는 그다지 중요시 하지 않는 심지어 거의 언급조차 되지 않을 때가 많은 부분을 공통적으로 중요하게 지적하고 있다.

[표 Ⅰ-3-3] 데이터 사이언티스트가 갖춰야 할 역량

| 전문가 | 제시한 역량 |
|---|---|
| DJ Patil<br><br>Greylock Partners社<br>데이터 사이언티스트,<br><br>'Building Data Science Teams'<br>저자 | • 기술적 숙련도(Technical Expertise)<br>몇몇 과학 분야에 대한 전문적 지식<br>• 호기심(Curiosity)<br>내부에 숨겨진 것을 알고자 하는 욕구, 문제 해결을 위해 명확한 가설 집합을 만드는 능력<br>• 스토리텔링(Storytelling)<br>이야기를 전달하고 효과적으로 대화하기 위해 데이터를 활용하는 능력<br>• 영리함(Cleverness)<br>창의적 방식으로 문제를 다르게 보는 능력 |
| Gartner | • 데이터 관리(Data Management)<br>데이터에 대한 이해<br>• 분석 모델링(Analytics Modeling)<br>분석론에 대한 지식<br>• 비즈니스 분석(Business Analysis)<br>비즈니스 요소에 초점<br>• 소프트 스킬(Soft Skill)<br>커뮤니케이션(Communication), 협력(Collaboration), 리더십(Leadership), 창의력(Creativity), 규율(Discipline), 열정(Passion) |
| Sunil Shirguppi<br><br>Linkedln,<br>인터내셔널<br>데이터 서비스 책임자 | • 데이터 자체를 다루기 위한 능력<br>– 데이터 수집력(Data Gathering)<br>– 표준화(Standardization)<br>– 통계(Statistics)<br>– 모델링(Modeling)<br>• 데이터를 분석하여 의미 있는 결과를 도출하고 이를 적용하기 위한 능력<br>– 호기심(Curiosity)<br>– 직관력(Intuition)<br>– 비주얼라이제이션(Visualization)<br>– 커뮤니케이션(Communication) |
| John Rause<br><br>Amazon,<br>수석 엔지니어 | • 수학과 공학능력<br>데이터의 분석 및 이를 위한 솔루션 작동을 위해 필요<br>• 인문학적 소양<br>– 비판적 시각: 가설 수립 및 검증에 필수<br>– 글쓰기 능력 및 대화 능력<br>분석 결과의 전달과 이해, 설득을 위해 필요<br>• 호기심 및 행복<br>통찰력의 발휘 및 일에 대한 만족과 보람도 필요 |

출처: 한국정보화진흥원, 새로운 미래를 여는 빅데이터 시대

가령 이들은 강력한 호기심(intensive curiosity)이야말로 데이터 사이언티스트의 중요한 특징이라고 생각한다. 여기서 호기심이란 문제의 이면을 파고들고, 질문들을 찾고, 검증 가능한 가설을 세우는 능력을 의미한다. 이외에도 스토리텔링, 커뮤니케이션, 창의력, 열정, 직관력, 비판적 시각, 글쓰기 능력, 대화 능력 등을 갖춰야 한다고 지적하고 있다. 이러한 특성들은 우리가 기존의 '데이터 분석가'라고 하면 떠올랐던 이미지와 상당히 거리가 있는 것들이다.

데이터 분석가라고 하면 흔히 두꺼운 안경을 쓴 감독관이 엄격한 표정으로 수학이나 통계적 지식을 늘어놓을 전문가라고 상상하기 쉽다. 기존 생각이 데이터 사이언스를 얼마나 편협하고 한쪽 측면에서만 바라보고 있는지 되돌아보게 한다. 실제 기존의 많은 빅데이터 논의들을 돌아보면 우리의 빅데이터 환경에서 일하는 데이터 사이언티스트들은 주로 데이터 처리나 분석 기술과 관련된 하드 스킬(hard skill)만을 요구 받고 있는 것처럼 보인다. 하지만 이러한 하드 스킬은 훌륭한 데이트 사이언티스트가 갖춰야 하는 능력의 절반에 불과하다. 나머지 절반은 통찰력 있는 분석, 설득력 있는 전달, 협력 등 소프트 스킬(soft skill)이다.

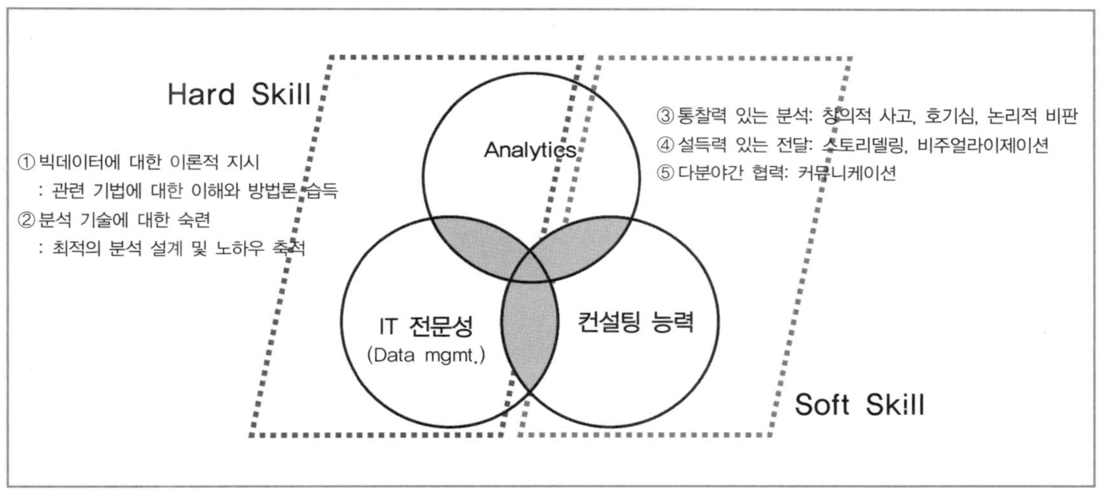


**[그림 Ⅰ-3-7] 데이터 사이언티스트의 요구역량**

실리콘밸리에 있는 인튜잇(Intuit)의 데이터 사이언스 책임자인 조지 루멜리오티스(George Roumeliotis)는 데이터 사이언티스트를 통계적 지식, 분석력 등에 근거해 선발하지 않는다고 한다. 대신 하드 스킬 이외에 사고방식(habits of mind), 비즈니스 이슈에 대한 감각, 고객들에 대한 공감능력을 갖춘 사람을 중시한다고 한다.

## 3. 데이터 사이언스: 과학과 인문의 교차로

세계적인 데이터 사이언스 전문가들이 이구동성으로 지적하는 데이터 사이언티스트가 갖춰야 할 역량들은 모험적인 예술가나 탐험가의 특성에 가까운 것들이다. 최근 빅데이터 논의를 보면 대부분 데이터 사이언스와 분석을 위한 정보기술을 동일시하는 경향이 있는데, 이는 큰 실수를 범하게 할 수 있다. 더 높은 가치를 창출해내고 진정한 차별화를 가져오는 것은 실은 '사고방식(habits of mind), 비즈니스 이슈에 대한 감각, 고객들에 대한 공감능력' 등 전략적 통찰과 관련된 소프트 스킬이기 때문이다.

데이터 사이언스가 수행하는 전략적 통찰을 주는 분석은 단순한 통계나 데이터 처리와 관련된 지식만으로 이루어지지 않는다. 그러면 데이터사이언티스트가 예측적인 질문에 답을 하고, 더 높은 가치를 창출하고, 좋은 결정을 내리기 위한 소프트 스킬을 키우기 위해서는 무엇이 필요한가?

소매가격 분석업체인 프로핏로직의 CEO는 그들이 제공하는 서비스에 대해 다음과 같이 설명한다. "방대한 고객 데이터베이스를 위해 우리가 해낸 작업은 예술이라고밖에는 달리 표현할 수가 없다. 이런 유형의 문제는 표준화한 공식으로는 풀리지 않는다. 우린 하버드대와 MIT 출신 박사들을 직접 채용했다. 고객들이 돈을 지불하면서 조건을 걸었는데, 아무도 해결할 수 없는 매우 특수한 문제들을 풀어야만 한다는 것이었다. 우리의 차별화 포인트는 바로 과학자들이다. 그 어떤 기업도 이런 인력들을 보유하지는 못했을 것이다."

이를 우리에게 익숙한 다른 말로 표현해 보자면 '데이터 사이언스는 과학과 인문의 교차로에 서 있다'고 할 수 있다. 앞서 언급했듯이 통찰력 있는 분석은 직관과 전략, 경영 프레임워크, 경험이 혼합돼야 한다. 그리고 이러한 통찰력 있는 분석을 위해서는 보다 큰 그림을 그릴 줄 알아야 한다. 본인이 속한 회사는 물론이고 전체 업계가 어디로 향하고 있는지, 그리고 앞으로 고객이 무엇을 중시하게 될지에 대한 비전을 갖고 있어야 한다. 사실 이러한 통합적이고 커다란 그림은 컴퓨터보다는 인간의 두뇌가 더 잘 세우는 것들이다. 그래서 세계적인 데이터 사이언스 전문가들이 이구동성으로 데이터 사이언티스트에게 스토리텔링, 커뮤니케이션, 창의력, 열정, 직관력, 비판적 시각, 글쓰기 능력, 대화 능력 등이 필요하다고 강조한다. 그리고 이러한 능력들은 대부분 인문학의 주요 주제들이다.

여기서 잠시 고개를 돌려 최근 우리 사회에 불었던 인문학 열풍을 한번 되돌아보자. 어느 날 갑자기 회사의 대표들이 인문학을 이야기하기 시작했고 여기저기서 인문학 강좌들이 생겨나고 심지어 공중파 방송에서도 인문학 특강을 편성하기에 이르렀다. 어디 가서 인문학 이야기 한마디쯤 할 줄 알아야 '나 제법 잘 나가는 사람'이라는 말할 수 있을 정도다. 재미있는 사실은 이러한 열풍 이전에 '인문학의 죽음'이 공공연히 거론됐다는 점이다. 실용과 응용이 중심이 된 우리 사회와 산업에 인문학은 거의 쓸모없는 존재처럼 보였고 이 때문에 많은 대학들에서 인문학 관련 학과들은 퇴출 수순을 밟고 있었다. 그런데 놀라운 일이 벌어졌다. 거의 다 죽어가는 듯했던 인문학이 갑자기 벌떡 일어나 우리 앞에 나타나는 기적이 일어났다

도대체 왜 이런 일이 벌어진 것일까? 우연의 일치인지 아니면 다른 어떤 이유가 있는 것인지 모르지만 이러한 인문학 열풍은 빅데이터 열풍과 거의 같은 시점에 불기 시작했다. 겉으로 보기에 이러한 인문학 열풍에 불을 지핀 것은 전 애플 CEO인 스티브 잡스의 공이 매우 크다. 잡스는 신제품 발표장에서 항상 아래 사진과 함께 인문학에 대한 이야기를 꺼냈다. 애플이 지향하는 바가 바로 '기술과 인문의 교차로'에 서 있다는 것이다.

출처: venturebeat.com

**[그림 Ⅰ-3-8] 기술과 인문의 교차로**

잘 알려진 것처럼 애플의 신제품 발표회는 신제품의 외관과 기능에 대한 자랑들로만 가득 찬 다른 회사의 경우와는 사뭇 다르다. 인문학을 이야기하는 신기술 회사는 애플 이전엔 없었다. 그리고 애플의 대성공 이면에는 이러한 넓은 시야와 철학이 깊게 작용하고 있는 것 또한 사실이다.

물론 잡스 말고도 미국의 유명 CEO들 또한 인문학을 이야기하고 있다. 페이스북의 창업자 마크 주크버그가 20세의 젊은 나이에 '지구상의 모든 사람을 연결'한다는 상상력으로 페이스북을 개발 할 수 있었던 배경에는 그의 인문학적 통찰력이 자리 잡고 있었다고 평가한다. Google은 2011년 신규 채용자 6,000명 중에서 인문학 전공자를 5,000여명 채용한다고 발표했다. 그리고 미국 역사상 가장 위대한 CEO 가운데 한 명에 꼽히는 앨런 래플리는, '임직원의 창조적 사고가 기업의 경쟁력이기 때문에, 인문학적 소양을 배양하여 창의적 사고를 할 것을 주문'했다.

"뛰어난 분석적 리더들은 언제 직관을 사용해야 할지 알고 있다. 그들은 의사결정에서 예술과 과학을 혼합한다. 가능한 한 분석을 사용하지만 큰 그림도 놓치지 않는다. 사업의 일부 측면들, 예를 들어 사업 모델과 고객가치의 주요 변화 같은 것은 인간의 두뇌를 필요로 한다는 사실을 염두에 둬야 한다."[9]

9) 토마스 데이븐포트·잔느 G. 해리스·로버트 모리슨, 『분석으로 경쟁하라』, 2011, 21세기북스

## 4. 전략적 통찰력과 인문학의 부활

그러면 우리의 현실은 어떤가? 정말 우리는 인문학에 열광하고 있는가? 우리 산업을 이끄는 많은 회사들에서 앞다퉈 인문학 전공자를 채용하고 있나? 우리 현실은 그렇지 않다. 그러면 우리 사회의 인문학 열풍은 잡스에서 비롯된 미국의 열풍에 대한 베끼기이자 한때의 유행에 불과한 것일까? 놀랍게도 인문학 전공자에게 물어보면 이들은 다들 그렇다고 대답한다.

그러나 인문학 열풍이 빅데이터 열풍과 거의 같은 시점에 불기 시작한 것은 우연의 측면도 있지만, 다른 한편에서 보자면 전혀 근거 없는 것이 아니다. 이 둘은 샴쌍둥이처럼 거의 동일한 사회·경제적 배경을 공유하고 있다.

우선 인문학 열풍이 한때의 유행이 아니라 강력한 태풍의 눈일 수밖에 없는 이유를 외부 환경적인 측면에서 살펴보도록 하자. 최근의 사회경제적 환경의 변화는 세가지 정도의 특징적 흐름을 보이는 것으로 요약해 볼 수 있을 것이다. 첫 번째가 단순 세계화에서 복잡한 세계화로의 변화이다. 과거 세계화의 맥락은 단순 세계화하고 부를 수 있는데, 이 때는 컨버전스(convergence)의 동역학이 작용하였던 시기이다. 규모의 경제를 추구하고, 글로벌 효율성이 화두였으며, 표준화 이성화가 주된 키워드였다. 하지만 이러한 세계화의 맥락은 더 이상 유효하지 않게 되었다. 이제는 디버전스(divergence)의 동역학이 작용하는 복잡한 세계화의 단계로 변화된 것이다. 다양성과 각 사회의 정체성과 그 맥락, 관계, 연결성, 창조성 등이 키워드로 대두되게 되었다. 이러한 변화의 원인은 '신흥국은 생산기지 구미일 선진국은 시장'이라는 공식이 이제는 '신흥국이 생산기지이자 시장'이라는 공식으로 바뀌었기 때문이다. 시장 규모만 보아도 구미일의 인구가 9억 7천만명 정도 되는데 비해, 브릭스 국가와 아세안 국가만 합쳐도 벌써 32억 5천만명의 거대 시장인 것이다.

두 번째로는 비즈니스의 중심이 제품생산에서 서비스로 이동되었다. 과거 제품생산 비즈니스는 효용경제에 기초한 것으로 고장이 나지 않는 뛰어난 품질의 제품을 만드는 것이 핵심이었다. 하지만 이제는 체험경제로 맥락이 바뀌었고, 제품에 고장이 나더라도 오히려 얼마나 뛰어난 고객 서비스를 제공해 주느냐가 더 중요하게 되었다. 고객과의 관계 및 커뮤니케이션이 우선시 되며 고객과의 인터페이스가 확대되기 때문에, 인간적 요소들이 복잡한 양상으로 관련되어 이를 얼마나 잘 이해하고 대응하느냐가 비즈니스의 성패를 좌우하게 된 것이다. 많은 일본 기업들이 이런 변화에 제대로 대응하지 못하면서 시장에서 지배적 지위를 내려놓게 되었다.

마지막으로 경제와 산업의 논리가 생산에서 시장창조로 바뀌었다. 과거 단순한 세계화의 시대에는 생산과 관련된 기술이 중심에 놓여 있었다. 기술을 가지고 대규모 투자를 통해 좋은 품질의 제품을 만들면 시장에서 팔리는 건 그다지 걱정하지 않아도 되었다. 공급자 중심의 기술 경쟁이 핵심으로 짧은 역사적 문화적 기반을 특징으로 하기 때문에, 암묵적(관습적) 지식과는 낮은 연관성을 가지고 있었다. 하지만 지금의 핵심은 새로운 현지화 패러다임에 근거한 시장 창조로 이동하였다. 이로 인해 현지 사회나 문화와 관련된 암묵적이고 함축적 지식과 같은 무형 자산이 중요해지게 되는 것이다.[10)]

이처럼 인문학 열풍은 단순히 한때의 근거 없는 유행이 아니라, 그 배경에 우리를 둘러싼 외부환경의 변화라는 거역할 수 없는 흐름, 즉 대세가 되었다. 이어령 박사의 지적처럼 "공급자 중심의 기술 경쟁 하에서

---

10) Ota Masataka, Multinational Corporation and Cross-Cultural Management, 2008, Dobunkan

는 '산출물'만을 중시하지만, 소비자가 어디에서 재미와 편의를 느끼는지 이해하기 위해서는 '창조과정'에 주목하는 인문학적 통찰력이 필요"한 것이다.

그리고 우리의 내부적인 현 상황 또한 인문학 열풍의 근거를 제공해 주는 측면이 있다. 최근 우리 기업들은 '목표 부재의 아노미'에 빠졌다는 말을 자주 한다. '삼성의 보고서에서 '벤치마킹'이라는 단어가 사라졌다'는 말도 나온다. 삼성은 패스트팔로워(fast follower) 전략으로 지금의 성공을 이뤘는데, 이제 그런 전략을 더 이상 사용하기 어려운 단계에 진입한 것이다. 즉 세계 1등을 벤치마킹함으로써 성장하던 과거의 전략이 이제 더 이상 유효하지 않고 스스로 혁신을 통해 끝없이 자신을 극복해야 하는 새로운 도전에 직면했다. 루카치의 『소설의 이론』은 다음과 같은 문장으로 시작한다.

"별이 빛나는 하늘이, 갈 수 있고 또 가야만 하는 길들의 지도였던 시대, 별빛이 그 길들을 훤히 밝혀 주던 시대는 얼마나 행복했던가"[11)]

놀랍게도 『소설의 이론』의 마지막은 "길이 끝나자 여행이 시작됐다"라는 문장으로 끝을 맺고 있다. 소설의 운명과 우리의 운명이 묘하게 오버랩 되는 것처럼 보인다. 우리는 지금 기존 사고의 틀을 벗어나 문제를 바라보고 해결하는 능력, 비즈니스의 핵심 가치를 이해하고 고객과 직원의 내면적 요구를 이해하는 능력 등 인문학에서 배울 수 있는 역량이 점점 더 절실히 요구되는 시대를 맞이하고 있다.

## 5. 데이터 사이언티스트에 요구되는 인문학적 사고의 특성과 역할

인문학적 사고는 어떤 특성을 지니고 있기 때문에, 문제의 이면을 파고들고, 질문들을 찾고, 검증 가능한 가설을 세우는 이런 능력을 키워줄 수 있을까? 많은 인문학의 고전들이 '무슨 비판'이라는 이름으로 등장하는 데서 알 수 있듯이 흔히 비판을 인문학의 정수라고 한다. 여기서 비판이란 다른 사람의 생각을 헐뜯는 것이 아니라 그런 생각을 할 수밖에 없도록 만들었던 것을 들춰내는 일을 의미한다.

우리는 보통 날마다 살고 있는 집의 벽들을 경험하지 않는다. 가만히 한번 생각해 보라. 오늘 아침에 집을 나오면서 자기 집의 벽을 유심히 바라보고 그 벽이 어떤 빛깔이며, 어떤 무늬로 돼는지를 골똘하게 관찰한 사람이 있는가? 아마 없을 것이다. 만약 일상 속에서 그렇게 하고 있다면 참 피곤한 인생이다. 하지만 예술은 바로 이런 익숙한 것들을 일순간 낯설게 만들어 다시 들춰낸다. 익숙한 것들이 낯설게 되는 순간 우리는 일종의 불편한 상태에 놓이게 된다. 예술은 바로 이렇게 익숙하던 것들을 낯설게 만들고, 기존의 상식을 뒤집은 곳에서 출발한다.

이런 관점에서 인문학이란 이미 주어진 지식이나 이를 정리해 주워 담는 것이 아니라, 어떻게 해서 우리가 그 지식으로 세상을 이해한다고 믿는가를 따지는 것, 우리가 어떻게 하다 그런 식으로 생각하게 됐느냐를 집요하게 따지는 것 자체다. 즉 "왜 우리는 여태 이런 식으로 생각했나, 왜 우리는 세상이 그런 것인 줄만 알았나?" 하는 물음을 던지는 것이 인문학의 요체다.[12)]

---

11) Ota 루카치, 소설의 이론, 2007, 문예출판사
12) 서동진, 인문학 열풍을 곱씹어보아야 할 이유, 2014, 서울보증

이처럼 집요하게 따지는 일들은 앞서 살펴보았듯이 통찰력 있는 분석과 그 맥을 같이 한다. 분석에서 문제의 이면을 제대로 파고들지 못한다면 그건 그냥 단순한 정보의 나열에 불과하다. 계속해 질문들을 찾고, 검증 가능한 가설을 세우고, 실험을 거듭하는 것, 즉 집요하게 따지는 것이야말로 통찰력 있는 분석의 요체다. 이런 관점에서 분석이 통상적으로 다루는 질문들을 아래와 같이 6가지로 정리해 보는 것도 도움이 될 것이다.

**[표 Ⅰ-3-4] 분석으로 다룰 수 있는 핵심 문제**

| | 과거 | 현재 | 미래 |
|---|---|---|---|
| **정보** | 무슨일이 일어났는가?<br>리포팅(보고서 작성 등) | 무슨일이 일어나고 있는가?<br>경고 | 무슨일이 일어날 것인가?<br>추출 |
| **통찰력** | 어떻게, 왜 일어났는가?<br>모델링, 실험 설계 | 차선 행동은 무엇인가?<br>권고 | 최악 또는 최선의 상황은 무엇인가?<br>예측, 최적화, 시뮬레이션 |

출처: 토마스 데이븐포트·잔느 G. 해리스·로버트 모리슨, 『분석의 기술』, 2011, 21세기북스

[표 Ⅰ-3-4]는 데이터 사이언티스트가 다룰 수 있는 6가지 핵심 질문들을 간단하게 제시한다. 첫 번째 차원은 단순히 정보를 활용한다고 할 수 있는 정도의 수준이다. 과거 정보들은 무슨 일이 일어났는지 정도를 요약해 주는 보고서 같은 단순한 형태로 정리된다. 현재는 이런 과거 정보들에 '어림규칙'을 적용해 정규적인 패턴이 무엇인지 정도를 파악하는 정도다. 그래서 이에서 벗어나는 경우에 대해 주의나 경고를 할 수 있다. 그리고 이러한 간단한 과거 패턴을 이용해 미래를 예측하기도 한다. 이러한 정보 활용 정도 차원에서는 왜 어떤 일이 발생하고 또 어떻게 발생할지는 알 수 없다.

두 번째는 통찰력을 제시하는 단계다. 이 단계에서는 분석의 여러 도구들을 활용해 더 깊이 파고들어 간다. 이를 통해 사업 성과를 좌우하는 핵심적인 문제에 대해 훨씬 깊이 있고 유용한 대답을 얻을 수 있다. 우선 과거에 대한 통찰력은 통계적 모델링 등을 활용해 어떻게, 왜 그런 일이 발생하는지에 대한 설명을 제공한다. 그리고 현재에 대한 통찰력은 지금 벌어지는 상황에서 더 나은 결과를 얻기 위해 무엇을 해야 하는지에 대해 효과적인 권고를 줄 수 있다. 가령 지금 백화점을 방문하고 있는 충성고객의 만족도를 높이기 위해 어떤 서비스를 추가로 제공해야 할지에 대한 통찰력을 얻을 수 있는 것이다. 그 고객이 백화점 문을 나서기 전에 말이다. 끝으로 미래에 대한 통찰력은 예측, 최적화, 시뮬레이션 등을 통해 최악이나 최선의 상황이 무엇인지 파악하고, 최선의 결과를 끌어내도록 해준다.

최고의 데이터 사이언티스트는 정량 분석이라는 과학과 인문학적 통찰에 근거한 합리적 추론을 탁월하게 조합한다. 앞서 데이터 사이언티스트의 가장 중요한 특징으로 강한 호기심(intensive curiosity)을 꼽은 것도 바로 이 때문이다. 어떻게 왜 그런 일이 일어났는지? 더 나은 결과를 위해 무엇을 해야 하는지? 최악의 상황은 어떻게 일어나고 그 결과는 무엇인지? 최선의 상황을 끌어내기 위해서는 무엇을 해야 하는지? 끊임없이 통찰력을 얻기 위한 질문을 던지는 것이 데이터 사이언티스트의 숙명인 것이다.

## 6. 데이터 분석 모델링에서 인문학적 통찰력의 적용 사례

그러면 인문학적 통찰력이 실제 데이터 분석 모델링에 어떻게 작용하는지 사례를 통해 한번 살펴보도록 하자. 금융업에서의 '신용리스크 모델'은 상당히 오랜 역사를 갖고 있다. 대출금의 회수가 생존과 직결되는 금융업의 속성상, 누가 돈을 떼먹을지 아니면 제대로 갚을지 그 확률을 예측하는 신용리스크 모델은 핵심 업무영역에 속한다. 또 금융업의 특성상 이러한 모델들은 규제의 대상이 되기 때문에 최고 수준의 엄밀성을 갖추고 있다. 미국의 경우 1950년대를 거치면서 이러한 모델이 '신용리스크 스코어 카드' 형태로 본격적으로 활용되기 시작했고, 지금은 신용리스크 모델 없는 금융은 상상하기조차 힘들게 됐다.

우리나라는 2000년대를 전후해서 본격적으로 신용리스크 모델을 활용하기 시작했다. 그 활용 역사는 그다지 길지 않지만 한국인 특유의 민첩함으로 빠르게 관련 지식과 시스템을 구축하고 활용해 왔다. 그래서 지금은 신용 선진국이라 일컬어지는 미국에 비해 그 수준이 결코 낮다고 할 수 없는 단계에 도달해 있다. 아니 세계 최고 수준이라고 해도 과언이 아닐 것이다. 2008년 글로벌 금융위기로 전 세계가 몸살을 앓을 때 우리나라의 금융이 큰 흔들림 없이 굳건하게 버틸 수 있었던 근저에는 바로 이러한 발전된 신용리스크 모델과 리스크 관리 인프라가 있었다.

그런데 바로 이 지점에서 문제가 발생했다. 앞에서 살펴 본 삼성의 경우에서처럼 더 이상 벤치마킹할 대상이 사라진 것이다. 이미 한국의 신용리스크 모델 수준과 관련 서비스 상품의 수준은 세계적인 단계에 도달해 있다. 따라서 현 단계를 진일보시키기 위해 새로운 시도를 해야 하는데, 문제는 더 이상 참고할 만한 대상이 없는 것이다. 이러다 보니 근본적인 질문을 던지지 않을 수 없게 됐다. 현재의 신용리스크 모델에 대해 집요하게 따져 묻지 않고는 한 발짝도 더 나아갈 수 없게 됐다. 그저 미국의 신용리스크 모델을 가져다가 한국에 적용하는 수준에서는 중요하지 않은 질문들이었다. 그 때는 어떻게 하면 미국의 지식을 열심히 주워담을 수 있을 것인가만 고민하면 됐지, 이런 근본적인 질문을 던질 필요가 없었다. '왜 신용리스크 모델은 이런 식으로 신용을 측정하는 것일까?', '왜 우리는 신용을 지금처럼 측정하게 됐나?' 등 심각한 질문이 던져지기 시작했다.

이런 질문의 끝에서 '기존 신용리스크 모델은 인간을 어떤 관점에서 바라보는가?'라는 보다 근원적인 질문에 맞닥뜨리게 됐다. 지난 1990년대만 하더라도 은행에서는 대출을 받으러 온 사람을 지점장실로 안내해 커피 한 잔을 내주고는 이것저것 물어보면서 사람을 관찰했다. 돈을 빌리러 온 사람이 신용을 지킬 수 있을지를 판단하기 위해서였다. 물론 대출 요건과 가이드라인이 있었지만, 인상이나 관상이 상당히 큰 작용을 했다고 한다. 그 때는 '사람을 어떤 관점에서 바라보았을까? 어떤 관점이었기 때문에 인상이나 관상에 근거해 리스크를 판별했을까?' 이 단계를 거쳐 신용리스크 모델이 도입됐고, 대출과 관련된 거의 대부분의 결정이 모델에 따라 자동적으로 이뤄졌다. 그러면 "지금의 신용리스크 모델은 인간을 어떤 관점에서 바라보고 있을까?"

인간을 바라보는 관점은 지구상에 존재하는 사람 수만큼이나 다양하다고도 한다. 이해를 돕기 위해 이를 유형별로 크게 구분한다면, 대략 세 가지 정도의 관점으로 정리해 볼 수 있을 것이다. 첫 번째 관점은 인간을 타고난 성향의 관점에서 바라보는 것이다. 이것은 인간을 변하지 않는 존재로 상정하고 있다. 유전적 요소처럼 원래의 성향이 존재하고 인간은 이것을 기초로 나뉜다고 보는 것이다. 은행 지점장이 대출 신청 고객을 인상이나 관상으로 판단하려고 했던 것이 바로 인간을 이러한 성향적 관점에서 바라보는 예이다. 돈 떼먹을 사람은 타고나는 것이기에 이런 성향을 잘 파악하면 돈을 잃지 않을 거라는 생각이 깔려 있다.

두 번째는 인간을 행동적 관점에서 바라보는 것이다. 타고난 성향을 기준으로 사람을 정확하게 판단이 불가능할 수 있다. 오늘까지 신뢰감을 주던 사람이라도 다음날 전혀 다른 모습을 보이기도 한다. 농담도 잘하고 분위기도 잘 맞춰 주는 유쾌한 성향의 직장 상사가 있었다. 회사의 중요한 계약 건이 걸린 일이 있어서 하루는 이 직장 상사가 밤늦게까지 술을 마시고 귀가했다. 하지만 다음날 아침, 그 아내는 어젯밤 술 마시고 늦게 귀가한 것을 이유로 아침부터 심하게 잔소리를 했다. 평소와 같으면 그냥 넘어갈 수도 있었는데, 자신의 처지를 이해 못한다는 생각에 그 상사는 아내와 크게 말다툼을 하고 식사도 거르고 출근했다.

이때 이 사실을 모르던 김 대리가 그 상사에게 실없는 농담을 던졌다. 평소 농담도 잘 받아주던 상사는 갑자기 화를 내면서 어제 마무리 못한 보고서 얘기를 꺼낸다. 이런 상황을 누구나 한번쯤은 겪어 봤을 것이다. 원래부터 착한 사람과 그렇지 않은 사람이 정해져 있다고 보기는 힘들다. 이 때문에 한 사람의 행동을 지속적으로 관찰해 그 행동을 보고 그 사람을 판단하는 것이 더 정확하다는 관점이 등장했다.

현재의 신용리스크 모델은 인간을 이렇게 행동적 관점에서 바라보고 있다. 대출금을 돌려줄지 안 돌려줄지를 그 사람의 이전의 신용행동을 근거로 판단하는 것이다. 일정 기간의 대출 신청자의 신용 관련 데이터를 확보한 후 이를 통계적으로 분석해 특정 행동 유형을 가진 사람들의 부도 확률을 계산해, 이를 근거로 대출 여부를 결정하는 방식이다.

세 번째는 인간을 상황적 관점에서 바라보는 것이다. 통상 특정 행동을 거듭하는 사람은 그 행동을 앞으로도 반복할 확률이 높다. 하지만 이것도 상황이 비슷한 경우에 한해서 통하는 말이다. 갑작스레 상황이 바뀌면 인간은 전혀 다른 행동을 하기도 한다. 심리학의 여러 실험이 이러한 인간의 가변적 성향을 입증하고 있다. 깨진 유리창 하나를 방치해 두면 그 지점을 중심으로 범죄가 확산되기 시작한다는 '깨진 유리창의 법칙'처럼 주어진 상황이나 맥락에 따라 전혀 다른 행동과 결과가 초래되기도 한다. 따라서 인간을 보다 정확하게 판단하기 위해서는 단순하게 그 사람의 행동만을 관찰해서는 안 되고 그 사람이 놓여 있는 상황과 맥락을 고려해야 한다.

최근의 신용리스크 모델에서 이러한 상황적 관점을 반영하기 위한 시도가 이뤄지고 있다. 특정한 신용행동을 지속하는 사람들도 경제 상황과 같이 주변 맥락이 바뀌면 갑작스레 그 행동 패턴을 바꾸기도 한다. 따라서 모델에 경제 상황의 변화를 반영해, 경제상황 변화에 특별하게 민감한 그룹과 그렇지 않은 그룹을 구별하게 된다.

❑ 성향적 관점

❑ 행동적 관점

❑ 상황적 관점

출처: Zenodot Verlagsgesellschaft mbH

[그림 Ⅰ-3-9] 인간을 바라보는 관점

이러한 세 가지 관점은 다양한 영역에서 응용할 수 있다. 리더십 연구에 이 관점을 적용해 보자. 나폴레옹의 리더십을 연구하면서 처음에는 나폴레옹의 유전적 특성 등 그의 성향에 관심을 두었다. 다시 말해 '나폴레옹이 어떤 행동을 했느냐' 관점에서 그의 리더십을 연구했다. 하지만 요즘엔 고정된 의미의 리더십에서 벗어나, 해당 상황 간의 적합성에 의해 결정되는 것으로 리더십의 유효성을 바라본다.

이러한 인간에 대한 이해는 데이터 사이언티스트가 마케팅 모델을 개발할 때도 중요한 가이드로써 활용할 수 있다. 모델의 예측력을 높이기 위해 '인간을 어떤 관점에서 바라봐야하나', '이를 위해서는 어떤 데이터가 더 필요하며', '어떤 기술을 활용해야 할 것인가'라는 질문에 중요한 가이드를 제공할 수 있다. 가령 여러분이 암보험 판매를 획기적으로 높이기 위한 보험 마케팅 모델을 만들어야 하는 과제를 부여 받았다고 하자. 여러분은 어떻게 모델을 만들 것인가? 우선 인구통계학적 특성과 관련된 데이터를 열심히 분석할 것인가? 그래서 가장 높은 반응율을 보인 집단을 목표 고객으로 설정하는 모델을 만들 것인가? 이때 여러분은 인간을 어떻게 해석하고 있는 것인가?

이제 인간을 상황적 관점에서 바라보는 모델을 개발해 보자. 우선 인간은 주변 상황에 따라 행동이나 반응이 상당히 달라질 수 있다. 따라서 암보험에 대한 구매 니즈가 어떤 상황에서 강하게 생겨나는지를 먼저 생각해 봐야 한다. 만약 여러분 주위에 아주 가까운 지인이 젊은 나이에 암으로 세상을 떠났다고 가정해 보자. 그러면 여러분은 암에 대한 걱정과 공포가 평소에 비해 매우 올라갈 것이다. 비록 슬픈 일이지만 보험은 바로 이런 걱정과 공포에 기초한 상품이다. 따라서 암보험 판매 증진을 목적으로 한 마케팅 스코어의 예측력을 높이기 위해서는 이런 상황적 관심이 필요하다.

이제 효과적인 모델을 개발하기 위해 타깃으로 삼아야 할 데이터가 무엇인지도 자동으로 정해진다. 당연하게도 고객의 상황을 파악할 수 있는 데이터가 필요하다. 이 경우 가까운 주변 인물 중 암 진단을 받았거나 암으로 사망한 경우가 있는지를 알아야 한다. 얼마 전까지만 해도 이런 데이터를 모으려면 상당한 시간과 비용이 필요했다. 하지만 빅데이터 환경은 이러한 제약들을 상당히 해소해 주었다. 트위터나 페이스북과 같은 소셜 네트워크 서비스를 통해 이런 정보를 값싸고도 손쉽게 모을 수 있게 됐다.

타깃으로 삼을 데이터가 정해졌기 때문에, 어떤 기술이 필요한지에 대한 답도 따라 나온다. 다양한 소셜 네트워크의 개인을 특정하고 식별해 내는 기술이 우선 필요하다. 그리고 소셜 네트워크에 올라오는 텍스트의 정보를 분석하는 텍스트 마이닝 기술이나 평판분석, 군집 분석 등의 기술들이 활용될 수 있는 것이다.

인간에 대한 이러한 새로운 해석 관점의 제공 말고도, 인문학은 '고정된 사고방식에서 벗어나 혁신을 생각하고, 진부한 상상의 굴레에서 벗어난 창의성을 토대로 남보다 앞서 새로운 가치를 창출'하고자 하는 데이터 사이언티스트들에게 중요한 가치 창출의 원천이 될 수 있다.

# 제3절 빅데이터 그리고 데이터 사이언스의 미래

## 1. 빅데이터의 시대

전 세계에서 생성된 디지털 정보량이 2011년 기준으로 1.8 제타바이트나 된다는 것은 널리 알려진 이야기다. 이것이 얼마나 정확한지는 알 수 없으나 그만큼 많은 정보가 만들어지고 있다는 것은 사실이다. 1.8 제타바이트가 얼마나 되는 양인지 잘 와 닿질 않아서 숫자로 한 번 적어보고는 깜짝 놀랐다. '1.8ZB = 1,800,000,000,000,000,000,000바이트'다. 0이 몇 개인지 한참을 헤아려야 할 정도다. 이는 대한민국 모든 사람(약 4875만 명, 2010년 기준)이 18만 년 동안 쉬지 않고 1분마다 트위터에 3개의 글을 게시하는 양과 같다고 한다.

디지털 환경의 진전과 더불어 실로 엄청난 '빅' 데이터가 생성되고 있으며, 또 다양한 측면에서 활용되고 있다. 소소하게는 빅데이터를 활용해 직원들과 어떤 워크샵 프로그램을 함께 할지를 고를 수도 있게 됐다. 인터넷에서 간단하게 이용할 수 있도록 공개된 아래와 같은 빅데이터 분석 서비스를 활용하면, 워크샵을 진행하면서 젊은 직원들을 데리고 등산을 가자는 무모한 주장을 다시 생각해보게 될 것이다.

| | 캠핑 | | 등산 | | 낚시 | |
|---|---|---|---|---|---|---|
| 순위 | 감성어 | 문서수 | 감성어 | 문서수 | 감성어 | 문서수 |
| 1 | 좋다 | 19364 | 좋다 | 42128 | 좋다 | 31281 |
| 2 | 즐겁다 | 5135 | 힘들다 | 10186 | 좋아하다 | 6461 |
| 3 | 새롭다 | 4417 | 새롭다 | 4375 | 새롭다 | 4380 |
| 4 | 춥다 | 3255 | 좋아하다 | 3506 | 즐겁다 | 4033 |
| 5 | 아쉽다 | 2084 | 가볍다 | 3452 | 가볍다 | 2101 |
| 6 | 힘들다 | 2001 | 크다 | 2476 | 춥다 | 2081 |
| 7 | 가깝다 | 1862 | 적합하다 | 1706 | 힘들다 | 2075 |
| 8 | 편하다 | 1735 | 춥다 | 1239 | 쉽다 | 1647 |
| | 깨끗하다 | 1687 | 중요하다 | 1238 | 크다 | 1640 |
| | 덥다 | 1588 | 취하다 | 1128 | 작다 | 1256 |
| | 신나다 | 1559 | 필요하다 | 1038 | 유리하다 | 1130 |
| 12 | 불편하다 | 1325 | 넣다 | 979 | 재미있다 | 1043 |
| 13 | 넓다 | 1151 | 쉽다 | 942 | 심하다 | 1034 |
| 14 | 좋아하다 | 1110 | 맞다 | 936 | 유명하다 | 1034 |

여름 캠핑에도 추위 대비는 필요

캠핑에만 있는 감성

"새로운 세상" 일상 탈출, Refresh의 의미

출처: 송영길, '빅데이터 욕망을 읽다'

[그림 Ⅰ-3-10] 캠핑, 등산, 낚시에 대한 빅데이터 분석

그리고 빅데이터를 활용하면 여러분 회사의 상품 광고 모델을 손쉽게 고를 수도 있다. 예전 같으면 제대로 된 광고 모델 선정을 위해 수천만원에서 수억원을 들여서 길게는 몇 개월이 소요되어야 하는 마케팅조사를 실시해야 했었다. 이외에도 선거 결과를 예측해 볼 수도 있고 뜨는 주식을 골라낼 수도 있다. 오바마의 재선

선거운동 사례에서 알 수 있듯이 빅데이터 분석은 선거 결과에 결정적인 영향을 미칠 수도 있다. 오바마는 '비밀동굴팀(the cave)'이라는 데이터 사이언스 팀을 활용하여 중요한 계기마다 선거의 판세를 뒤집을 수 있는 인사이트를 얻었고, 이런 인사이트를 기반으로 접전 지역에서 훌륭하게 상대 후보를 뒤집을 수 있었다. 이외에도 빅데이터는 기업들에게 비용절감, 시간 절약, 매출증대, 고객서비스 향상, 신규 비즈니스 창출, 내부 의사결정 지원 등에 있어 상당한 가치를 발휘하고 있다.

## 2. 빅데이터 회의론을 넘어: 가치 패러다임의 변화

빅데이터의 다양한 활용과 가능성에도 서두에서 언급한 여러 문제들로 인해 대두되는 빅데이터 회의론을 넘어야 하는 과제가 우리를 기다리고 있다. 정말 빅데이터는 한 때의 유행으로 금새 잊혀진 존재가 될 것인가? 아니면 빅데이터와 데이터 사이언스는 거스를 수 없는 대세로 향후 우리 경제와 산업의 원유 같은 존재가 될 것인가? 여러분의 대답은 무엇인가? 대세라고 확신할 수 있는가?

아니면 여러분도 빅데이터가 잠깐의 유행으로 금세 사그라질 그런 위태로운 불꽃이라고 생각하는가? 우리는 정말 그렇게 믿고 행동하고 결정해도 될까? 현실 세계에서 자원은 항상 한정돼 있고, 이 때문에 우리는 선택을 해야 하는 상황에 놓인다. 이처럼 모든 것을 동시에 다 할 수는 없기에 우리에게 전략이 필요하다. 빅데이터가 한 때의 유행이라는 인식을 갖고 있다면, 우리는 이에 근거해 우리 회사의, 우리 산업의, 우리 경제의 전략을 세울 것이다. 그런데 만약 빅데이터와 데이터 사이언스가 제공하는 가치가 성공을 가져오는 유일한 길이자, 대다수 업계에서 성공을 가져온다고 하면, 우리의 이런 전략의 결과는 어떻게 될 것인가?

현재는 나름의 확신에 찬 답을 요청하고 있다. 중요한 선택을 해야 하고, 그 선택에 따라 중요한 행동을 실행해야 하는 시점에 도달했기 때문이다. 우리를 둘러싼 내외부의 환경들이 급변하고 있다. 세상이 빠르게 변할 때일수록 그 변화의 물결을, 그 물결의 무늬를 잘 읽어야 한다. 그리고 우리에게 필요한 것은 예측하지 못했던 전환이나 위기에 빨리 적응할 수 있는 능력이다. 이를 위해서는 좀 더 큰 그림을 그리고 폭넓은 관점에서 세상의 변화를 읽어내는 노력, 즉 현상이나 어떤 일의 표면을 보고 그 뒤에 숨은 뜻과 흐름, 추세를 추측하고 역사적인 사례와 비교해 우리 세상이 어떤 방향으로 가고 있는지 알아내는 작업이 필요하다.

간략하게 이러한 커다란 흐름을 '가치 패러다임'의 측면에서 한번 살펴볼 수 있다. 경제와 산업의 근저에는 다양한 가치 원천이 존재한다. 이 가치는 무작위로 작용하는 것이 아니라, 특정 기간 지배적으로 작용하는 것으로 보인다. 이러한 가치 원천은 일정 기간 패러다임적인 존재로 강력한 힘을 행사하다가 효력이 다하면 다음의 가치 패러다임에게 지배적인 지위를 넘겨준다. 많은 신기술과 신상품, 서비스들은 이러한 가치 패러다임의 작동 원리에 맞아떨어질 때 성공을 거두게 된다. 따라서 가치 패러다임은 부의 원천으로 작용한다고 볼 수 있다.

짧게 지식경제 기간에 국한해서 살펴보자면, 이 시기의 가치 패러다임 변화는 크게 세 단계로 구분해 볼 수 있다. 첫 단계의 가치 패러다임은 '디지털화(digtalization)'이다. 아날로그의 세상을 어떻게 효과적으로 디지털화하는가가 이 시대의 가치를 창출해 내는 원천이었다. 그 대표 주자가 바로 빌 게이츠이다. 도스 운영프로그램을 통해 개인들에게 디지털 세상으로의 창을 열어주는 핵심적인 역할을 하면서 그는 일약 이 시대의 총아로 등장하였다. 이후 워드, 파워포인트와 같은 오피스 프로그램 등을 통해 우리의 일상 깊숙이 디지털화의 도구를 제공함으로써 그 지위를 공고히 하였다. 매직팬으로 커다란 종이에 그려서 진행하던 프레젠테이션은 지금 파워포인트를 사용한 것으로 바뀌었고, 지금 이 글도 그가 만든 워드 프로그램으로 쓰고 있다.

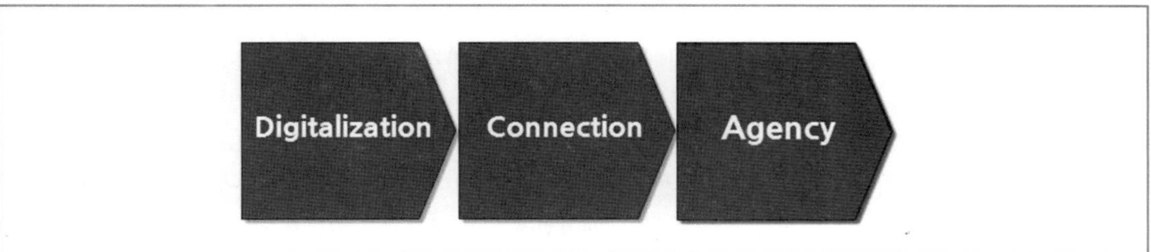


[그림 Ⅰ-3-11] 미래 '가치 패러다임'의 변화

디지털화 다음의 가치 패러다임은 무엇일까? 시대의 총아 빌 게이츠도 가치 패러다임의 변화를 제대로 보지 못했고, 다음 시대의 주인공에게 그 영광을 넘겨줘야만 했다. 그는 퇴임식 공식 연설에서 변화를 읽지 못하는 게 가장 위험한 상황이라며 "소프트웨어의 미래 발전방향을 정확하게 예측하고 조기에 대응하지 못했다. 늦었다는 걸 깨달았을 땐 이미 3~4년간의 격차가 났다"고 말했다. PC 시대를 개척한 대표다운 솔직한 반성이었다.

새로운 시대의 가치 패러다임은 "왜 야후는 구글에 한 방에 훅 가버렸나?", 그런데 "왜 구글은 한국에서 네이버에 맥을 못 추는가?"라는 질문에 답을 줄 수 있다. 이 시대의 가치 패러다임은 빌 게이트가 제대로 보지 못한 '연결(connection)'이란 것이다. 처음 인터넷이 등장했을 때 빌게이츠는 어처구니없게도 이를 비웃었다. 하지만 이것이 오판이었다는 걸 깨달았을 땐 이미 3~4년이 지난 뒤였다. 새로운 시대에서 디지털화된 정보와 대상들은 이제 서로 연결되기 시작했다. 이 연결을 얼마나 효과적이고 효율적으로 제공해 주느냐가 이 시대의 성패를 가름한다. 처음 야후는 도서관에서 사용하는 분류체계로 새로 등장한 인터넷이라는 세계의 웹사이트들을 효과적으로 분류해서 연결해 주었다. 하지만 웹사이트 상의 정보가 폭발적으로 증가하자 야후의 연결 방식은 더 이상 제대로 작동하지 않았다. 사람이 일일이 눈으로 보고 사이트를 분류해서 카테고리 별로 정리해 주다 보니 처리 시간도 느리고, 또 정보를 찾고자 하는 사람들도 이를 찾는 데 애를 먹을 수밖에 없었다. 이때 등장한 것이 스탠포드 대학 박사과정 두 사람이 만든 구글이다. 원리는 매우 간단했다. 학술논문의 평가 방식을 그대로 웹에 적용한 것으로, 학술 논문은 통상 인용이 많을수록 그리고 인용자의 권위가 높을수록 높이 평가 받는데 이런 원리를 웹에 적용한 것이 구글이다. 간단한 원리이지만 강력한 효과를 발휘해서 정보들을 매우 정확하고 손쉽게 검색할 수 있게 되었고, 온갖 컨텐츠로 사람들을 붙들어두는데 정신 팔린 야후를 한방에 뒤안으로 물러나게 만들었다.

하지만 검색 서비스로 세계를 거의 제패한 구글은 왜 한국에서 유독 맥을 못 추는 것일까? 연결은 항상 대상의 상태 등 환경에 좌우된다. 네이버나 구글이 등장할 당시 한국의 인터넷 환경은 한마디로 연결할 대상이 그리 많지 않았다. 연결거리 없으니 아무리 정확도가 높은 검색엔진 기술로도 사람들이 찾는 정보를 연결해 줄 수 없었다. 그래서 네이버는 이 연결거리를 확충하는 데 상당한 노력을 기울였고, 이것이 성공의 기반이 됐다.

이제야 '연결'이라는 가치 패러다임이 주도하고 있다. 그러면 앞으로 올 세상은 어떤 가치 패러다임이 주도할 것인가? 디지털화가 된 대상은 쉽게 연결할 수 있고, 연결이라는 고리가 무한이 증대되면서 새로운 가치 패러다임이 등장할 것이다. 직장에서의 경우를 한 번 떠올려보자. 회사에 입사해 시간이 지나고 점점 지위가 올라갈수록 상대해야 하는 사람은 늘어나고, 처리해야 하는 일이 복잡해지고, 일정은 빠듯해 진다. 임원이 되면 비서가 다양한 지원 업무를 대신해 준다. 임원 못지않게 바쁘고 일이 많은 사람들이 유명 프로선수들일 것이다. 이들은 에이전트에서 밀착 관리를 해준다.

지금도 인터넷에는 사람, 기기 등 상당이 많은 대상이 서로 연결됐지만 '사물인터넷(Internet of Things)'의 성숙과 함께 앞으로는 연결이 더 증가하고 극도로 복잡해질 것이다. 따라서 향후에는 '복잡한 연결을 얼마나 효과적이고 믿을 만하게 관리해주는가'의 이슈인 '에이전시(agency)'가 키워드로 등장할 확률이 매우 높다.

삼성전자가 손목에 차고 다니는 디지털 기기를 내놓고, 구글이 눈에 쓰고 다니는 디지털 기기를 내놓았다. 새로운 이 기기들은 '에이전트 기능을 얼마나 잘 수행하느냐'를 핵심으로 한다. 따라서 새로운 제품을 디지털 시계나 디지털 안경 정도로 생각한다면, 핵심을 놓치는 결과를 초래할 것이다.

출처: www.betanews.net, www.asiae.co.kr

**[그림 Ⅰ-3-12] 구글글래스와 삼성전자의 갤럭시기어**

에이전트 기능을 제대로 수행하기 위해서 반드시 필요한 것이 데이터 사이언스와 관련된 능력이다. 프로선수들의 에이전트처럼 사람이 일일이 관리해줄 수는 없다. 수많은 빅데이터를 빠르고 정확하게 처리해 개인과 기기와 사물들이 맺고 있는 하이퍼 연결을 효과적이고 효율적으로 관리해주기 위한 핵심에 바로 데이터 사이언스가 있다.

빅데이터라는 용어는 잠시의 유행 속에서 떴다 사라질 수 있다. 하지만 IT의 유행론 속에서 꼭 명심해야 할 것이 있다. 빅데이터를 한때의 유행으로 여겨 그 핵심에 놓인 데이터 사이언스의 가치를 제대로 보지 못한다면 정말 치명적인 결과를 초래할 것이다. 지금 우리는 나름의 확신에 찬 답을 해야 한다, 빅데이터와 데이터 사이언스가 제공하는 가치가 도래할 시대에 성공을 가져오는 유일한 길이자, 대다수 업계에서 성공을 가져오는 열쇠가 될 것이라고.

## 3. 데이터 사이언스의 한계와 인문학

끝으로 우리는 데이터 사이언스의 한계 또한 냉철히 직시할 필요가 있다. 스코틀랜드 작가 앤드류 랭이 “통계는 술취한 사람이 가로등을 조명이 아닌 몸을 기대는 지지대로 사용하는 것처럼 종종 다른 용도로 쓰인다.”고 했듯이 숫자들은 그것을 만들어낸 사람들과 마찬가지로 거짓말을 할 수 있다.

분석 과정에서는 가정 등 인간의 해석이 개입되는 단계를 반드시 거치게 된다. 가령 특정 마케팅 모델의 제안에 대한 응답율이 15%라는 분석 결과가 의미하는 바는 사람에 따라 전혀 다른 해석과 결론을 내리는 기초가 되기도 한다. 어떤 사람은 이를 아주 낮은 응답율이라고 해석하고, 이 제안을 폐기할 수 있다. 반면 다른 어떤 사람은 이를 아주 높은 것으로 해석하고 이를 적극 채택하기도 한다.

그리고 아무리 정량적인 분석이라도 명심해야 할 것은 모든 분석은 가정에 근거한다는 사실이다. 샘플의 무작위 선별이나 데이터의 정규분포에 대한 믿음도 기실 모두 하나의 가정일 뿐이다. 아무리 뛰어난 모델도 항상 이러한 가정을 깔고 있고, 이 가정이 변하지 않는 동안에도 실제 외부 요인은 계속해서 변하고 있다. ‘따라서 대다수 모델들은 수집된 데이터의 범위 내에서만 정확할 뿐이다. 모델 범위 바깥에 있는 요인들을 판단하려다가는 큰 곤경에 처할 수 있다.’ 2008년을 전후한 글로벌 금융위기가 바로 이러한 잘못된 분석의 사용이 얼마나 엄청난 결과를 가져올 수 있는 지를 보여주는 사건이다. 월스트리트의 금융공학자들이 만든 주택담보대출증권의 트레이딩 모델은 과거 상황을 너무 많이 포함하였고, 모기지론 모델들은 주택가격에 대한 지나치게 낙관적인 가정에 근거했고, 신용리스크 모델은 신용시장이 계속 유동성을 공급할 것이라는 가정에 근거했다. 이처럼 지나치게 긍정적인 가정들과 모델에 대한 과신은 전세계를 엄청난 혼란으로 몰고 갈 수도 있는 것이다.

데이터 분석은 완벽하지 않다. 하지만 다시 한 번 ‘왜 싸이월드는 페이스북이 되지 못했나?”라는 질문을 되새겨 보기 바란다. 데이터에 근거한 판단이 그래도 편협한 자기정당화, 근거 없는 대안, 정보가 뒷받침되지 않는 직관보다는 낫다. 훌륭한 데이터 사이언티스트는 인문학자들처럼 모델의 능력에 대해 항상 의구심을 가지고, 가정들과 현실의 불일치에 대해 끊임없이 고찰하고, 분석 모델이 예측할 수 없는 위험을 살피기 위해 현실 세계를 쳐다봐야 한다. 큰 그림을 그리고, 경험과 세상에 대한 통찰력과 함께 분석을 활용하는 것을 잊지 말아야 한다.

경영학계 구루인 토머스 데이븐포트가 한 사교 모임에서 항공기 조종사와 분석에 관해 나눈 대화는 시사하는 바가 크다. 그 조종사는 토머스 데이븐포트에게 이렇게 말했다. “오, 그래요. 요즘 항공사에서는 분석을 많이 하죠. 비행술을 비롯해 컴퓨터와 전기신호 제어 등 분석이 필요한 영역이 많습니다. 하지만 저는 여전히 창문 밖을 보는 게 유용하다는 걸 알고 있습니다.”

뛰어난 데이터 사이언티스트는 이 비행사의 충고를 가슴에 새겨야 할 것이다. 어떻게 해서 우리가 그 지식으로 세상을 이해한다고 믿는가를 따지는 것, 우리가 어떻게 하다 그런 식으로 생각하게 됐느냐를 집요하게 따지는 것을 잊지 말아야 한다. 그리고 분석 모델과 데이터의 한계를 되묻기 위해 가끔 창밖을 쳐다보아야 한다. 그럴 수 있을 때, 빅데이터와 데이터 사이언스가 데이터에 묻혀 있는 잠재력을 풀어내고, 새로운 기회를 찾고, 누구도 보지 못한 창조의 밑그림을 그릴 수 있는 힘을 발휘하게 될 것이다.

# 장 요약

| 제1절 빅데이터 분석과 전략 인사이트 |
| --- |
| 빅데이터 열풍 속에서 비즈니스의 핵심에 대해 보다 객관적이고 종합적인 통찰력을 줄 수 있는 데이터를 찾고, 전략과 비즈니스의 핵심 가치에 집중하고, 이와 관련된 분석 평가지표를 개발하여 효과적으로 시장과 고객 변화에 대응해야 한다. |

| 제2절 전략 인사이트 도출을 위해 필요한 역량 |
| --- |
| 데이터 사이언스는 분석 뿐 아니라 이를 효과적으로 구현하고 전달하는 과정까지를 포함한 포괄적인 개념이다. 데이터 사이언티스트는 이를 위해 데이터 처리와 관련된 IT 영역, 분석적 영역, 그리고 비즈니스 컨설팅을 포괄적으로 이해하고 인문학적 사고 과정을 통해 남보다 앞서 새로운 가치를 창출 하게 된다. |

| 제3절 빅데이터 그리고 데이터 사이언스의 미래 |
| --- |
| 디지털 환경의 진전과 더불어 엄청난 데이터가 생성되어 또한 다양한 측면에서 활용되고 있다. 이러한 빅데이터는 미래 가치 패러다임 변화의 핵심으로, 데이터 사이언스는 빅데이터에 묻혀 있는 잠재력을 풀어내고, 새로운 기회를 찾고, 누구도 보지 못한 창조의 밑그림을 그리는 중심이 될 것이다. |

# 연습문제

**문제 1. 데이터 사이언스의 핵심 구성 요소는 무엇인가?**

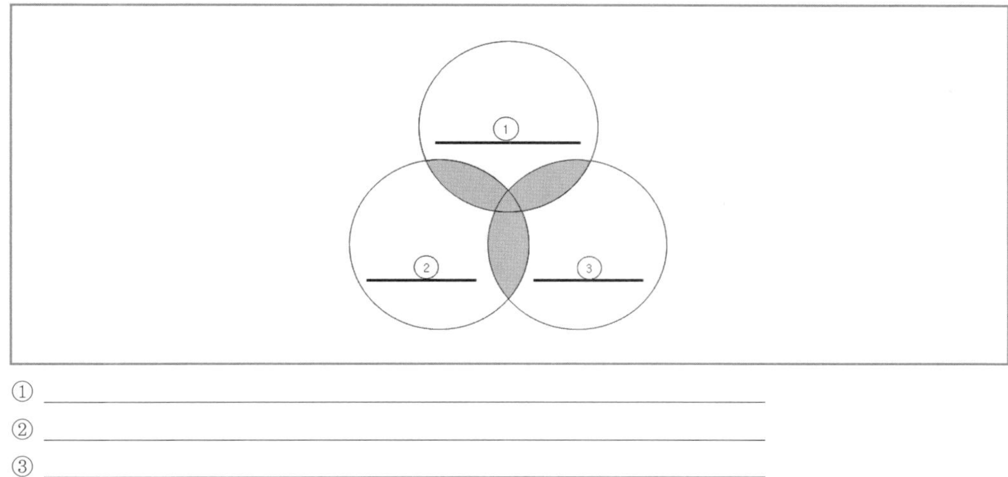


① ______________________________

② ______________________________

③ ______________________________

**문제 2. 데이터 사이언티스트의 요구역량이 무엇인지 기술 하시오.**

Hard Skill

①
②

Analytics

IT 전문성
(Data mgmt.)

컨설팅 능력

Soft Skill

③
④
⑤

① ______________________________

② ______________________________

③ ______________________________

④ ______________________________

⑤ ______________________________

**문제 3. 다음 설명 중 맞는 것은 무엇인가?**

① 빅데이터 과제의 주된 걸림돌은 비용이 아니라 분석적 방법에 대한 이해 부족이다.
② 분석을 다방면에 많이 사용하는 것이 경쟁우위를 가져다 주는 첫번째 요소이다.
③ 빅데이터 분석에서 가치창출은 데이터의 크기에 의해 좌우된다.
④ 성과가 높은 기업들은 대부분 폭넓은 가치 분석적 통찰력을 갖추고 있다.

**문제 4. 전략적 가치기반 분석을 위해 고려해야 할 요소가 아닌 것은 무엇인가?**

① 사업에 영향을 미치는 트렌드에 대해 큰 그림을 그려야 한다.
② 사업 성과를 견인하는 핵심 요소에 집중해야 한다.
③ 기존 성과를 유지하기 위해 필요한 것이 무엇인지에 주의해야 한다.
④ 경쟁의 본질에 영향을 미치는 단계에까지 나아가야 한다.

**문제 5. 다음 설명 중 틀린 것은 무엇인가?**

① 강력한 호기심은 데이터 사이언티스트의 중요한 특징이다.
② 과학적 분석 과정에는 가정과 인간의 해석이 개입하지 않는다.
③ 분석은 미세한 관점에서 접근할 때 큰 효과를 보기 어렵다.
④ 뛰어난 분석적 리더들은 의사결정에서 과학과 직관을 혼합한다.

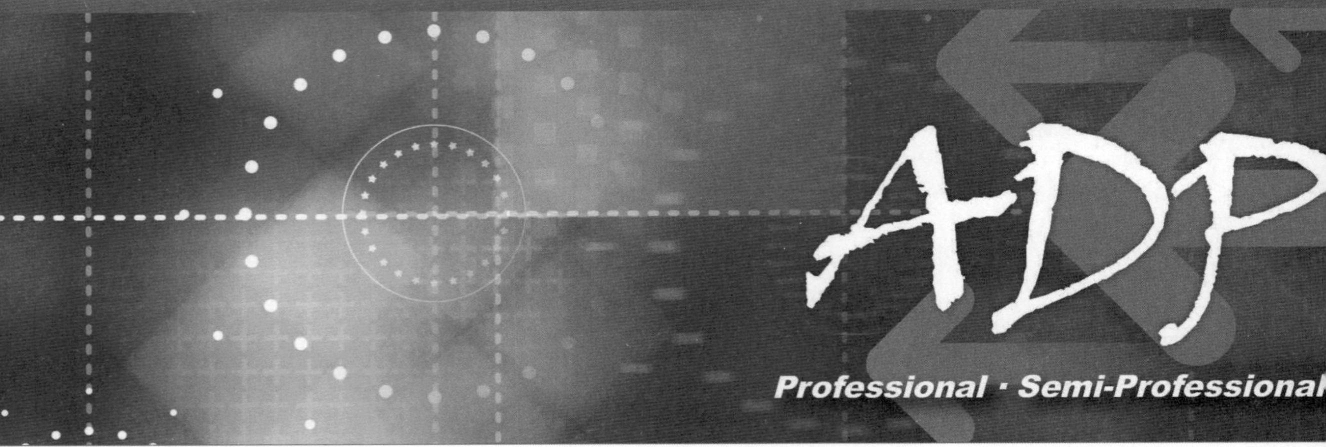


## 과목 소개

본 과목의 1장에서는 데이터 처리 프로세스 과정을 관계형 데이터베이스와 같은 정형 데이터와 로그 데이터와 같은 비 정형 데이터 측면에서 설명한다. 이러한 과정들을 통해서 원천데이터에서 분석에 필요한 데이터를 추출하는 방법, 의미 있는 정보를 만드는 방법들을 설명하였다. 2장에서는 데이터 처리를 위한 분산 파일 스토리지 같은 저장 기술과 하둡과 같은 분산 병렬 처리 기술, 그리고 이러한 플랫폼들을 구동할 수 있는 클라우드 컴퓨팅 인프라 기술에 대해서 설명한다.

# 과목 Ⅱ
# 데이터 처리 기술 이해

## 과목 구성

데이터 통합 및 처리를 위한 ETL, CDC, EAI와 전통적 데이터 연계 및 통합 기법 개요를 살펴본 뒤 대용량 비정형 데이터 처리 기법 및 구조를 파악한다.

**학습목표**

- ETL에 대한 이해
- CDC에 대한 이해
- EAI에 대한 이해
- 데이터 연계 및 통합 기법 개요 이해
- 대용량 비정형 데이터 처리 이해

# 제1장

# 데이터 처리 프로세스

### 장 소개

조직 내 정형 데이터 연계 및 통합을 위한 기술인 ETL, CDC, EAI를 살펴 본 뒤, 빅데이터와의 비교 분석을 통하여 그 개요를 파악한다. 이어 최근 그 중요성이 크게 부각되고 있는 대용량 비정형 데이터 처리에 대하여 살펴봄으로써 타 산업과의 융합을 지향하는 최근 IT 동향 내에서의 비정형 데이터 관리의 중요성에 대하여 이해한다.

# 제1절 ETL(Extraction, Transformation and Load)

## 1. ETL 개요

ETL(Extraction, Transformation and Load)은 데이터 이동과 변환 절차와 관련된 업계 표준 용어다. ETL은 데이터 웨어하우스(DW, Data Warehouse), 운영 데이터 스토어(ODS, Operational Data Store), 데이터 마트(DM, Data Mart)에 대한 데이터 적재 작업의 핵심 구성요소로서, 데이터 통합(Data Integration), 데이터 이동(Data Migration), 마스터 데이터 관리(MDM, Master Data Management)에 걸쳐 폭넓게 활용된다.

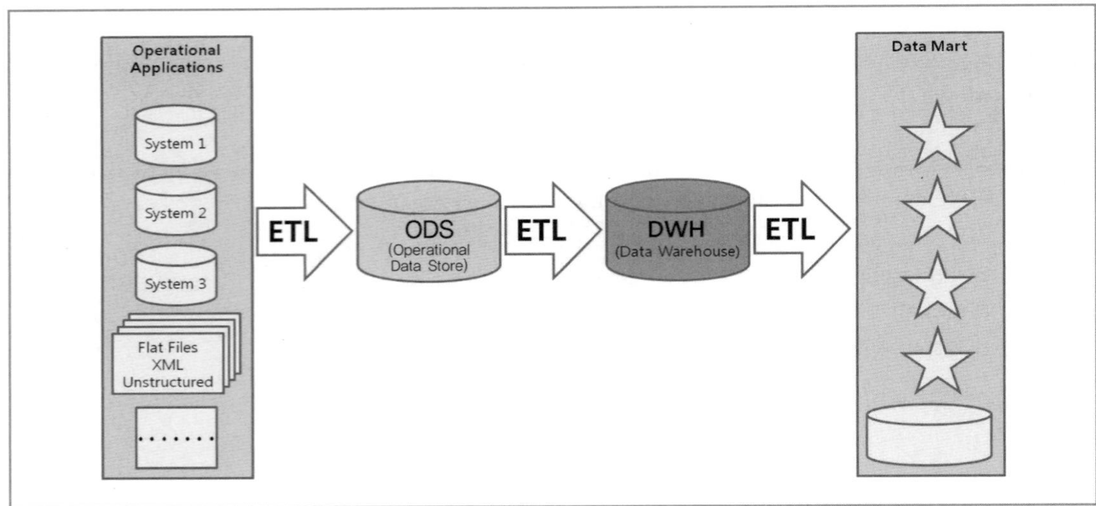


[그림 II-1-1] ETL 개념도

ETL은 데이터 이동과 변환을 주 목적으로 하며, 다음의 3가지 기능으로 구성된다.

- Extraction(추출): 하나 또는 그 이상의 데이터 원천(Source)들로부터 데이터 획득
- Transformation(변형): 데이터 클렌징·형식 변환·표준화, 통합 또는 다수 애플리케이션에 내장된 비즈니스 룰 적용 등
- Loading(적재): 위 변형 단계 처리가 완료된 데이터를 특정 목표 시스템에 적재

ETL 작업 단계에서는 정책 기반의 정기적인 실행 일정을 조정할 수 있는 재사용 가능한 컴포넌트들로 대용량 데이터를 처리하기 위한 MPP(Massive Parallel Processing)를 지원할 수 있다. 또한 다수 시스템들 간 대용량 또는 복잡도가 높은 비즈니스 룰 적용이 필요한 데이터 교환에 활용된다.

ETL 구현을 위한 여러 상용 소프트웨어 도구들이 있으며, 일괄(Batch) ETL과 실시간(Real Time) ETL로 구분된다.

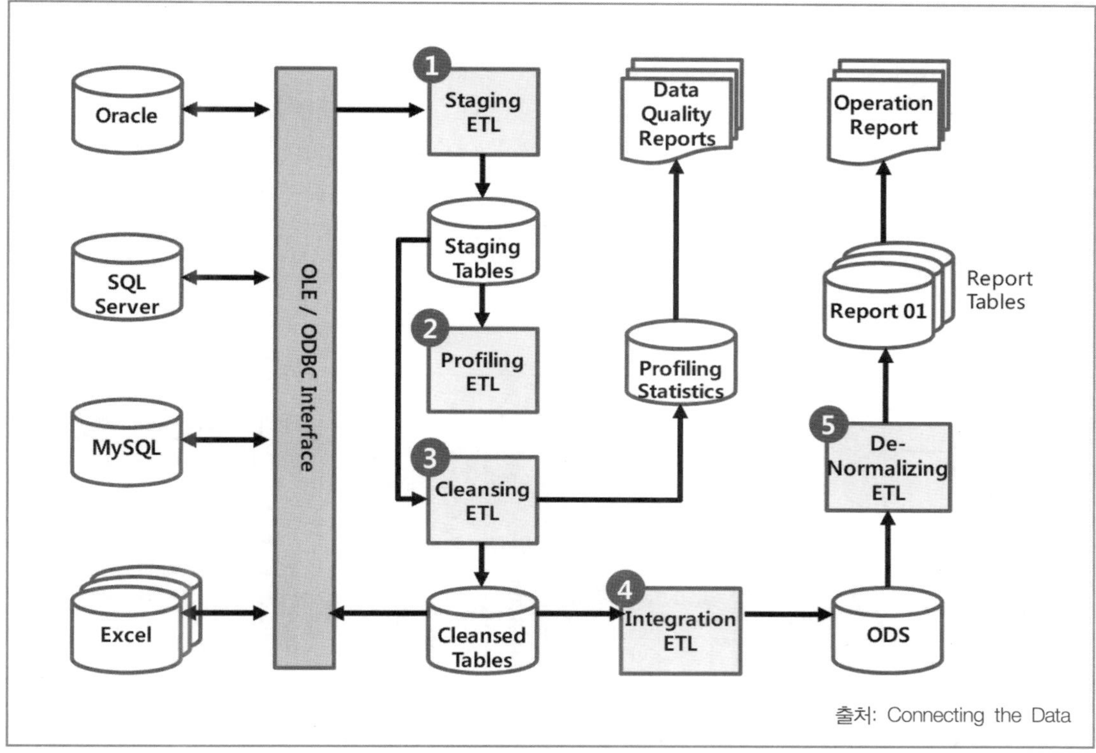


[그림 II-1-2] ODC와 데이터 웨어하우스 개념도

- Step 0 interface: 다양한 이기종 DBMS 및 스프레드시트 등 데이터 원천(Source)으로부터 데이터를 획득하기 위한 인터페이스 메커니즘 구현
- Step 1 Staging ETL: 수립된 일정에 따라 데이터 원천(Source)으로부터 트랜잭션 데이터 획득 작업 수행 후, 획득된 데이터를 스테이징 테이블에 저장
- Step 2 Profiling ETL: 스테이징 테이블에서 데이터 특성을 식별하고 품질을 측정
- Step 3 Cleansing ETL: 다양한 규칙들을 활용해 프로파일링된 데이터 보정 작업
- Step 4 Integration ETL: (이름, 값, 구조) 데이터 충돌을 해소하고, 클렌징된 데이터를 통합
- Step 5 Demoralizing ETL: 운영 보고서 생성, 데이터 웨어하우스 또는 데이터 마트 데이터 적재를 위해 데이터 비정규화 수행

## 2. ODS 구성

ODS(Operational Data Store)는 데이터에 추가 작업을 위해 다양한 데이터 원천(Source)들로부터의 데이터를 추출·통합한 데이터베이스다. ODS 내의 데이터는 향후 비즈니스 지원을 위해 타 정보 시스템으로 이관되거나, 다양한 보고서 생성을 위해 데이터 웨어하우스로 이관된다.

다양한 원천(Source)들로부터 데이터가 구성되기 때문에, ODS를 위한 데이터 통합은 일반적으로 데이터 클렌징·중복 제거·비즈니스 룰 대비 데이터 무결성 점검 등의 작업들을 포함한다. ODS는 일반적으로 실기간(Real Time) 또는 실시간 근접(Near Real time) 트랜잭션 또는 가격 등 원자성(개별성)을 지닌 하위 수준 데이터들을 저장하기 위해 설계된다.

ODS 구성을 위한 일괄 작업 ETL은 [그림 Ⅱ-1-3]과 같은 단계(Layer)로 구성될 수 있다.

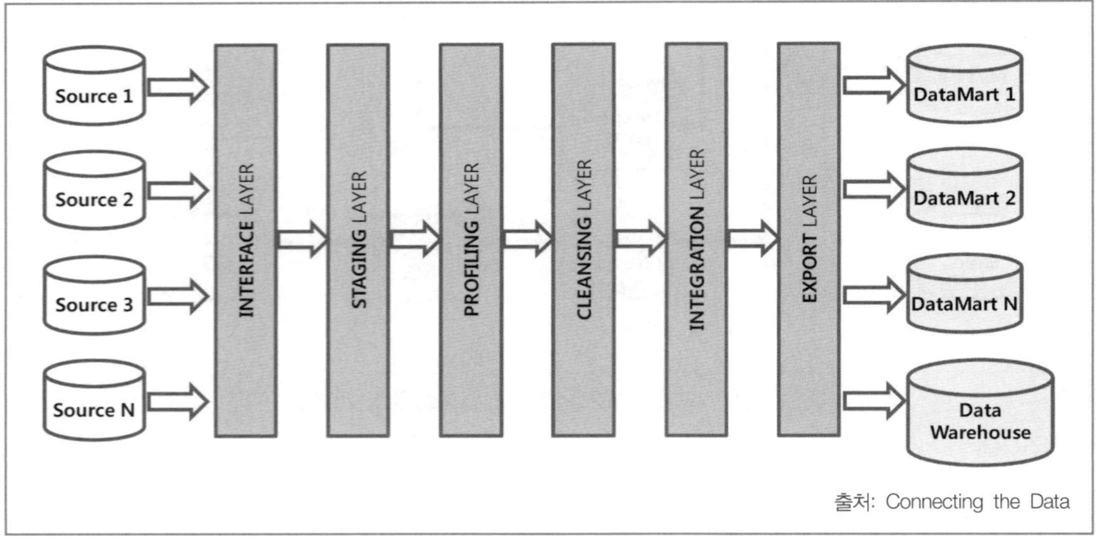


[그림 Ⅱ-1-3] Layered ODC Architecture

ODS를 구성하는 각 단계에 대한 간략한 설명은 다음과 같다.

### 가. 인터페이스 단계

다양한 데이터 원천(Source)으로부터 데이터를 획득하는 단계다. 데이터 원천은 관계형 데이터베이스, 스프레드시트, 플랫 파일, 웹 서비스, 웹 사이트, XML 문서 또는 트랜잭션 데이터를 저장하고 있는 모든 알려진 데이터 저장소(Repository) 등이다. 데이터 원천들로부터 데이터를 획득하기 위한 프로토콜로는

OLEDB(Object Linking and Embedding Database), ODBC(Object Data Base Connectivity), FTP(File Transfer Protocol) 등과 더불어, 데이터 웨어하우스에 대한 실시간(Real Time) 또는 근접 실시간(Near Real Time) OLAP(Online Analytical Processing) 질의를 지원하기 위해 실시간 데이터 복제 인터페이스 기술들이 함께 활용된다.

### 나. 데이터 스테이징 단계

이 단계에서는 작업 일정이 통제되는 프로세스들에 의해 데이터 원천들로부터 트랜잭션 데이터들이 추출되어 하나 또는 그 이상의 스테이징 테이블들에 저장된다. 이 테이블들은 정규화가 배제되며, 테이블 스키마는 데이터 원천의 구조에 의존적이다. 데이터 원천과 스테이징 테이블과의 데이터 매핑은 일대일 또는 일대다로 구성될 수 있다.

데이터가 스테이징 테이블에 적재되는 시점에 적재 타임스탬프, 데이터 값에 대한 체크 섬 등 통제(Control) 정보들이 추가되며, 체크 섬 정보는 신규 데이터 항목의 추가 여부에 따른 데이터 추가 적재 필요성 판단 등에 활용된다.

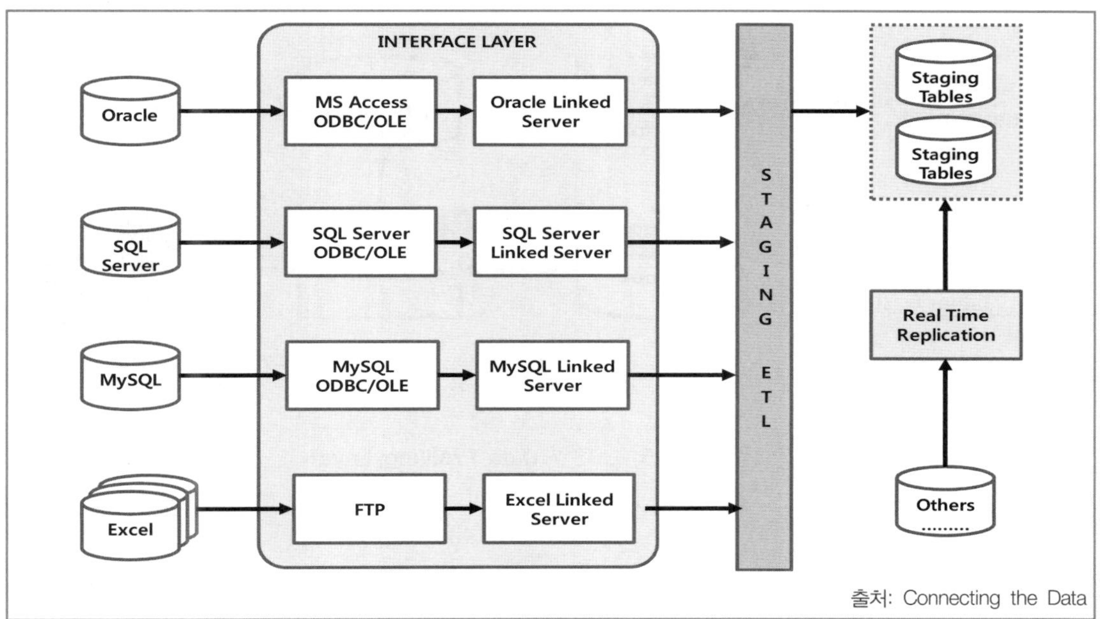


[그림 Ⅱ-1-4] Interfacing & Staging Layer

[그림 Ⅱ-1-4]와 같이 다양한 이기종 데이터 저장소 원천으로부터 데이터를 획득해 스테이징 테이블에 적재하며, 이때 일괄(Batch) 작업 형태의 정기적인 ETL과 실시간(Real Time) 데이터 획득 방식을 혼용해 구성할 수 있다.

### 다. 데이터 프로파일링 단계

이 단계에서는 범위·도메인·유일성 확보 등의 규칙을 기준으로 다음과 같은 절차에 따라 데이터 품질 점검을 한다.

- 선행 자료 또는 조건: 데이터 프로파일링 요건
- Step 1: (스테이징 테이블 내 데이터에 대한) 데이터 프로파일링 수행
- Step 2: 데이터 프로파일링 결과 통계 처리
- Step 3: 데이터 품질 보고서 생성 및 공유

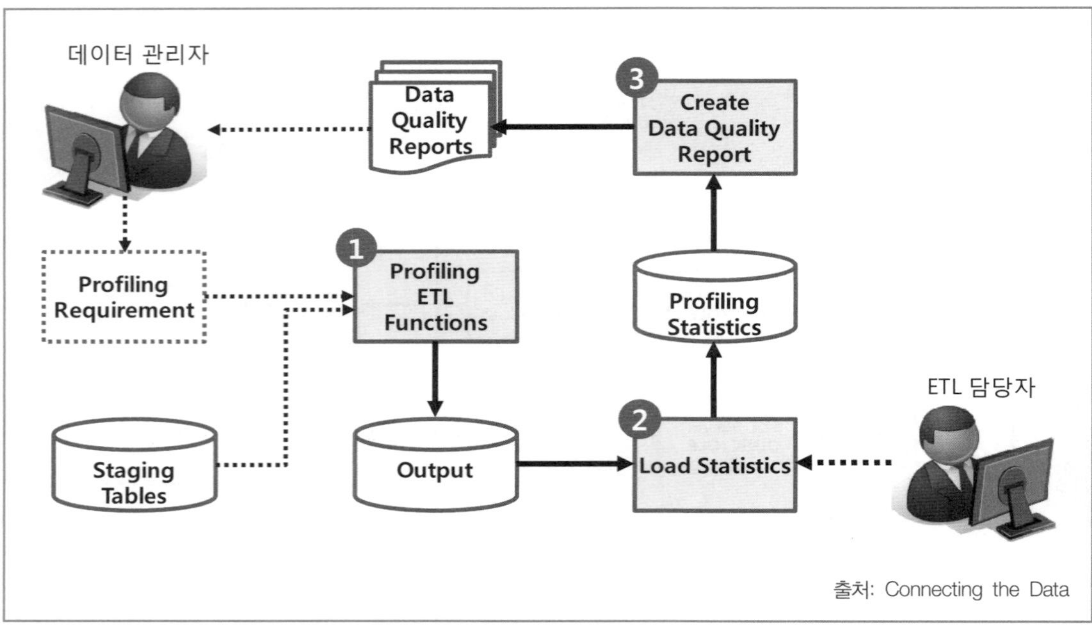


[그림 II-1-5] ODS / Data Profiling Layer

### 라. 데이터 클렌징 단계

이 단계에서는 클렌징 ETL 프로세스(도구)들로 앞 데이터 프로파일링 단계에서 식별된 오류 데이터들을 다음 절차에 따라 수정한다.

- 선행 자료 또는 조건: 데이터 품질 보고서, 데이터 클렌징 요건
- Step 1: 클렌징 스토어드 프로시져 실행(예비 작업)
- Step 2: 클렌징 ETL 도구 실행

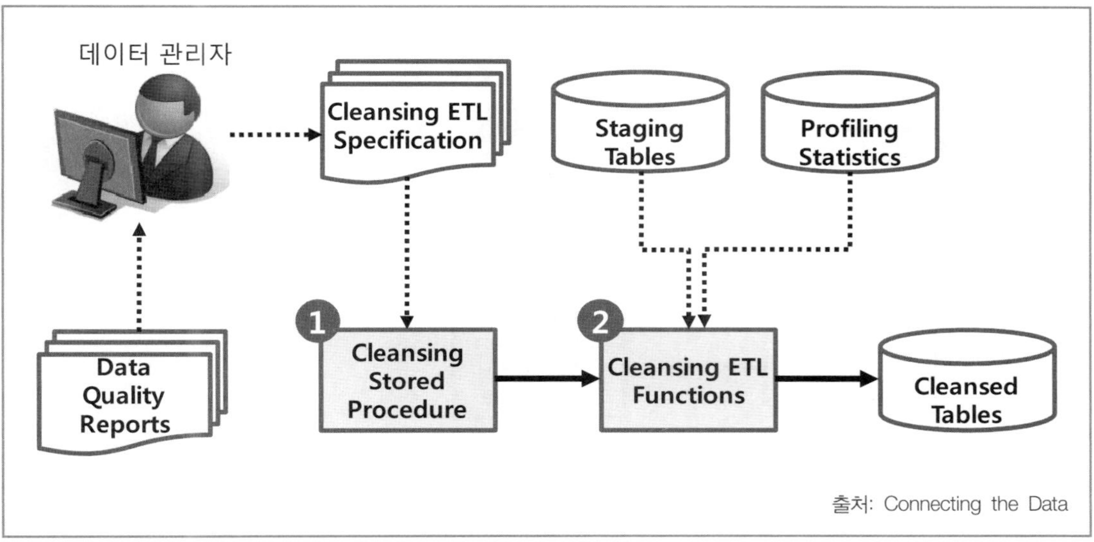


[그림 II-1-6] ODS / Data Cleansing Layer

## 마. 데이터 인크그레이션 단계

이 단계에서는 앞 단계에서 수정 완료한 데이터를 ODS 내의 단일 통합 테이블에 적재하며, 다음의 단계들을 거친다.

- 선행 자료 또는 조건: 데이터 클렌징 테이블, 데이터 충돌 판단 요건
- Step 1. 통합 스토어드 프로시저 실행(예비 작업)
- Step 2. 통합 ETL 도구 실행

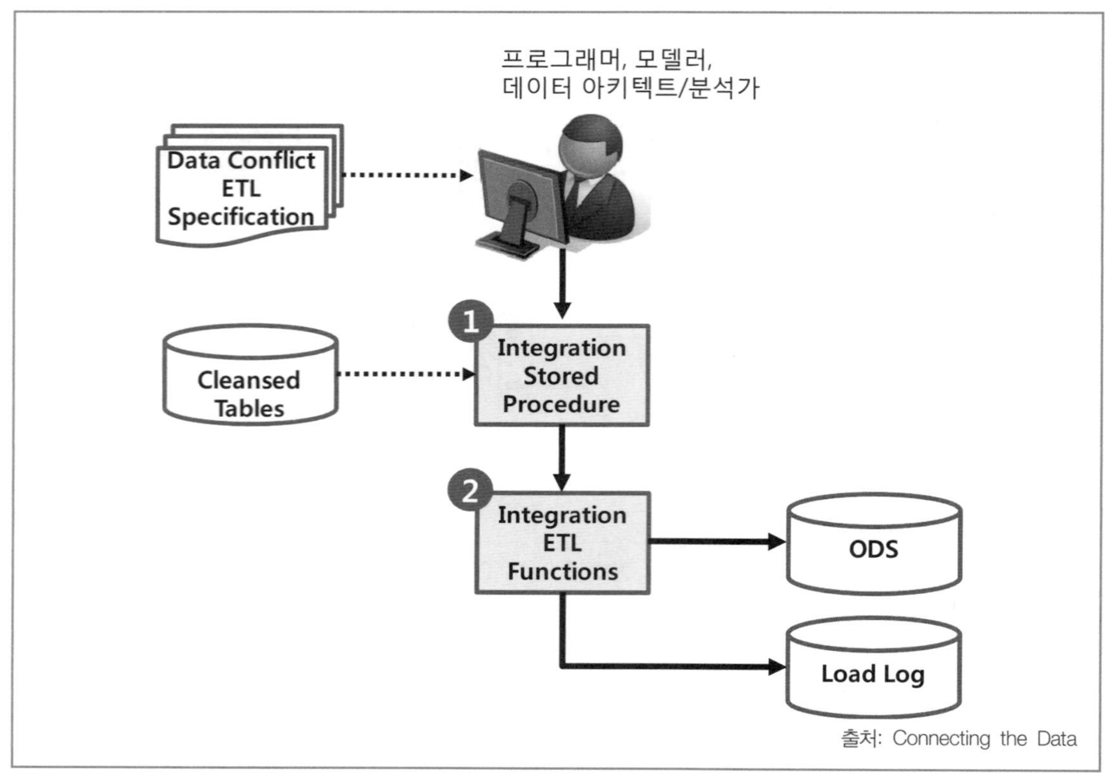


[그림 II-1-7] ODS / Data Integration Layer

## 바. 익스포트 단계

앞 단계에서 통합된 데이터를 익스포트 규칙과 보안 규칙을 반영한 익스포트 ETL 기능을 수행해 익스포트 테이블을 생성한 후, 다양한 전용 DBMS 클라이언트 또는 데이터 마트, 데이터 웨어하우스에 적재한다. 해당 데이터는 OLAP(Online Analytical Processing) 비정형 질의에 활용될 수 있다.

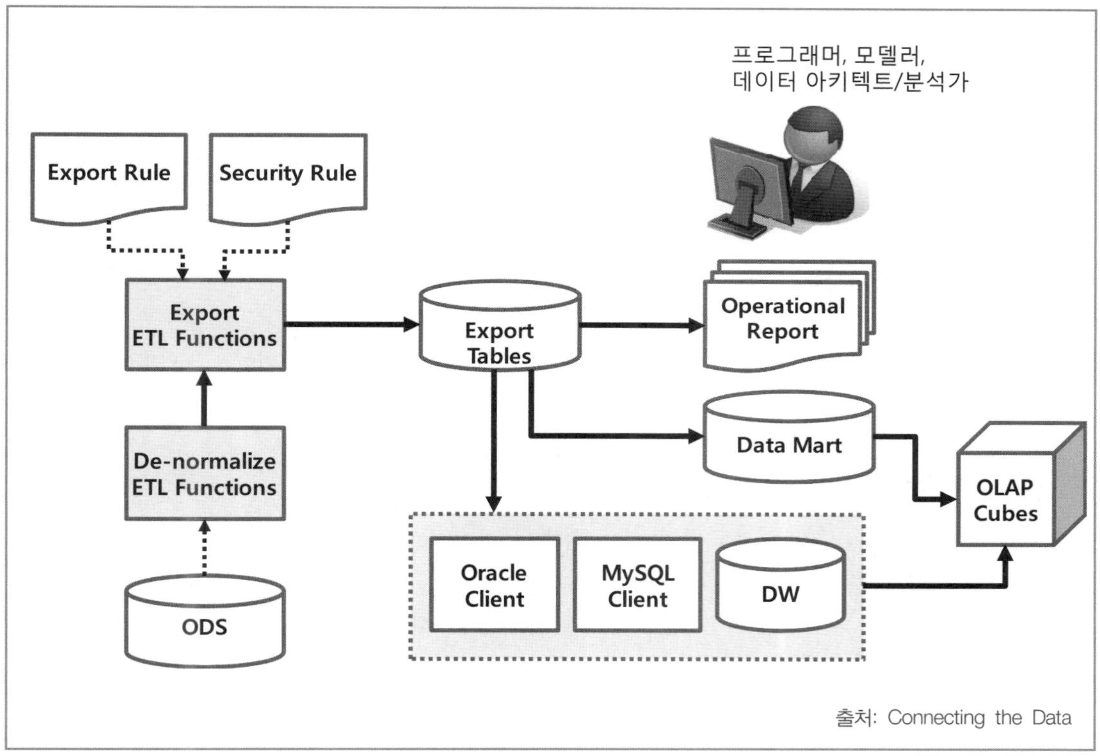


출처: Connecting the Data

[그림 II-1-8] ODS / Export Layer

## 3. 데이터 웨어하우스

ODS를 통해 정제 및 통합된 데이터는 데이터 분석과 보고서 생성을 위해 데이터 웨어하우스에 적재되며, 데이터 웨어하우스는 다음의 특징들을 가진다.

- 주제 중심(Subject Oriented): 데이터 웨어하우스의 데이터는 실 업무 상황의 특정 이벤트나 업무 항목을 기준으로 구조화된다.
- 영속성(Non Volatile): 데이터 웨어하우스의 데이터는 최초 저장 이후에는 읽기 전용(Read Only) 속성을 가지며 삭제되지 않는다.
- 통합성(Integrated): 데이터 웨어하우스의 데이터는 기관·조직이 보유한 대부분의 운영 시스템들에 의해 생성된 데이터들의 통합본이다.
- 시계열성(Time Variant): 운영 시스템들은 최신 데이터를 보유하고 있지만, 데이터 웨어하우스는 시간 순에 의한 이력 데이터를 보유한다.

데이터 웨어하우스의 테이블들은 스타 스키마(Star Schema) 또는 스노우 플래이크 스키마(Snow Flake Schema)로 모델링된다.

### 가. 스타 스키마

- 조인 스키마(join schema)라고도 하며, 데이터 웨어하우스 스키마 중 가장 단순하다. 단일 사실 테이블(Fact Table)을 중심으로 다수의 차원 테이블(Dimensional Table)들로 구성된다.
- 스타 스키마를 활용할 때는 전통적인 관계형 데이터베이스를 통해 다차원 데이터베이스(Multi-Dimensional Database) 기능을 구현할 수 있다.
- 스타 스키마는 이해하기 쉬운 것이 장점이다. 스타 스키마의 사실 테이블(Fact Table)은 보통 제3정규형으로 모델링하며, 차원 테이블(Dimensional Tables)들은 보통 비정규화(de-normalized)된 제2정규형으로 모델링하는 것이 일반적이다. 차원 테이블(Dimensional Table)을 정규화하는 것을 스노우 플래이크 스키마라고 한다.
- 스타 스키마는 스노우 플래이크 스키마에 비해 복잡도가 낮아서 이해하기 쉽고, 쿼리 작성이 용이하고 조인 테이블 개수가 적은 장점을 갖고 있다.
- 반면 스타 스키마는 차원 테이블(Dimensional Tables)들의 비정규화에 따른 데이터 중복으로 해당 테이블에의 데이터 적재 시 상대적으로 많은 시간이 소요된다는 단점이 있다.

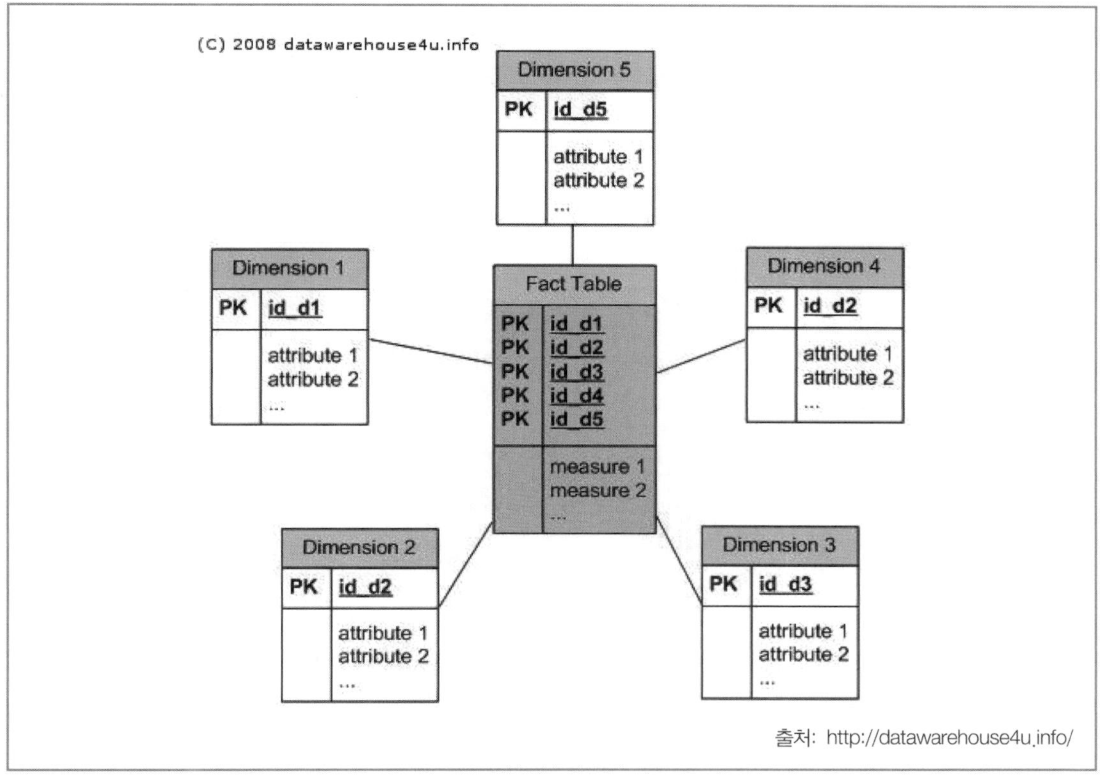


[그림 II-1-9] 스타 스키마 사례

## 나. 스노우 플레이크 스키마

스타 스키마의 차원 테이블을 제3정규형으로 정규화한 형태로, 데이터의 중복이 제거돼 데이터 적재 시 시간이 단축되는 장점이 있다. 하지만 스키마 구조의 복잡성 증가에 따른 조인 테이블 개수 증가와 쿼리 작성 난이도 상승이라는 단점이 있다.

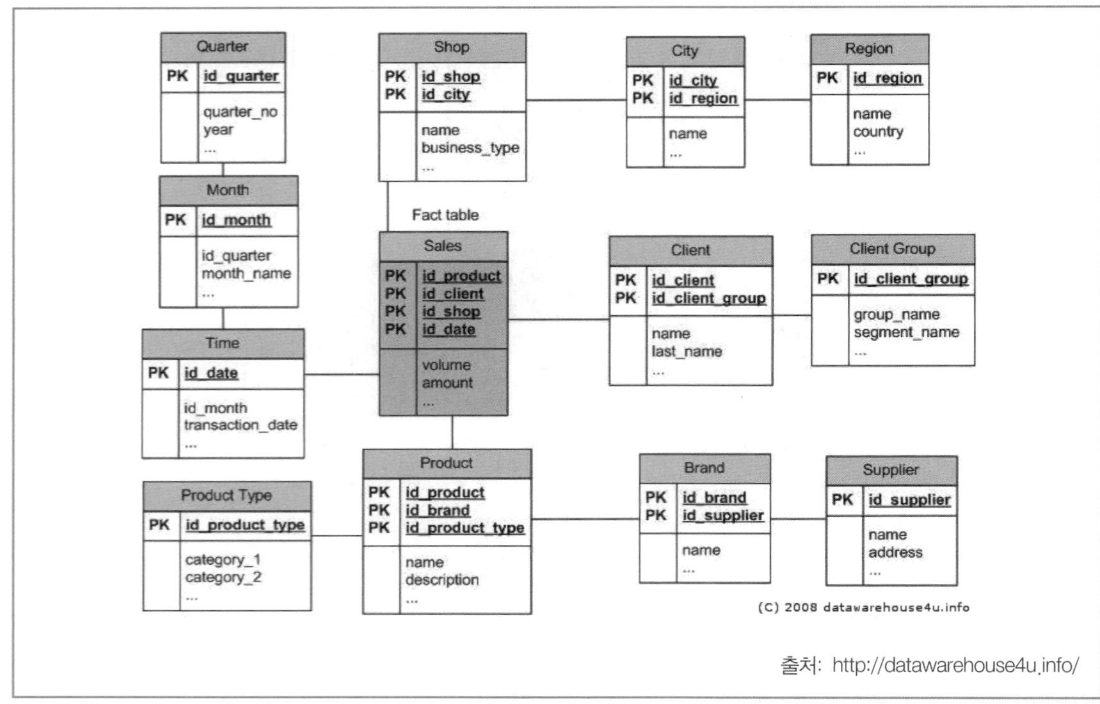


[그림 Ⅱ-1-10] 스노우 플레이크 스키마 사례

# 제2절 CDC(Change Data Capture)

## 1. CDC 개요

CDC(Change Data Capture)는 데이터베이스 내 데이터에 대한 변경을 식별해 필요한 후속 처리(데이터 전송/공유 등)를 자동화하는 기술 또는 설계 기법이자 구조다. CDC는 실시간 또는 근접 실시간 데이터 통합을 기반으로 하는 데이터 웨어하우스 및 기타 데이터 저장소 구축에 폭 넓게 활용된다.

CDC는 스토리지 하드웨어 계층에서부터 애플리케이션 계층에 이르기까지 다양한 계층에서 다양한 기술을 통해 구현될 수 있다. 단일 정보 시스템 내 다수의 CDC 메커니즘이 구현돼 동작될 수 있다. CDC 구현 기법들을 살펴보면 다음과 같다.

### 가. Time Stamp on Rows

변경이 반드시 인지되어야 하는 테이블 내 마지막 변경 시점을 기록하는 타임스탬프 컬럼을 두고, 마지막 변경 타임스탬프 값보다 더 최근의 타임스탬프 값을 갖는 레코드를 변경된 것으로 식별한다.

### 나. Version Numbers on Rows

변경이 반드시 인지되어야 하는 테이블 내 해당 레코드의 버전을 기록하는 컬럼을 두고, 기 식별된 레코드 버전보다 더 높은 버전을 보유한 레코드를 변경된 것으로 식별한다. 레코드들의 최신 버전을 기록·관리하는 '참조 테이블'을 함께 운용하는 것이 일반적이다.

### 다. Status on Rows

타임 스탬프 및 버전 넘버 기법에 대한 보완 용도로 활용되며, 변경 여부를 True/False 불린 값으로 저장하는 컬럼의 상태 값을 기반으로 변경 여부를 판단한다. 더 높은 버전 넘버 또는 더 최근의 갱신 타임스탬프를 보유한 레코드에 대한 변경 여부 판단을 사람이 직접 결정할 수 있도록 유보하는 등의 업무 규칙을 적용할 수 있다.

### 라. Time/Version/Status on Rows

타임스탬프, 버전 넘버, 상태 값의 세 가지 특성을 모두 활용하는 기법으로, '특정 시간대의 버전 넘버 x.xx를 보유했으며 변경 상태 값이 True인 모든 레코드를 추출'하는 등 정교한 쿼리 생성에 활용해 개발 유연성을 제공할 수 있다.

### 마. Triggers on Tables

데이터베이스 트리거를 활용해 사전에 등록(Subscribe)된 다수 대상 시스템(Target)에 변경 데이터를 배포(Publish)하는 형태로 CDC를 구현하는 기법이다. 단 데이터베이스 트리거는 시스템 관리 복잡도를 증가시키며 변경 관리를 어렵게 하며 확장성을 감소시키는 등 전반적 시스템 유지보수성을 저하시키는 특성이 있어 사용에 주의를 요한다.

### 바. Event Programming

데이터 변경 식별 기능을 어플리케이션에 구현하며, 어플리케이션 개발 부담과 복잡도를 증가시키나, 다양한 조건에 의한 CDC 매커니즘을 구현할 수 있는 기법이다.

### 사. Log Scanner on Database

대부분의 데이터베이스 관리 시스템(DBMS)은 데이터베이스의 데이터에 대한 변경 여부와 변경 값 시간 등을 트랜잭션 로그를 기록·관리하는 기능을 제공한다. 이 트랜잭션 로그에 대한 스캐닝 및 변경 내역에 대한 해석을 통해 CDC 매커니즘을 구현한다. 그런데 각 데이터베이스 관리 시스템에 따라 트랜잭션 로그 관리 메커니즘이 상이해 다수의 이기종 데이터베이스를 사용하는 환경에서 적용 시 작업 규모가 증가할 수 있으니 주의가 필요하다.
이외에도 이 기법은 다음과 같은 장점을 갖고 있다.

- 데이터베이스에 대한 영향도 최소화
- 데이터베이스 사용 애플리케이션에 대한 영향도 최소화
- 변경 식별 지연시간 최소화
- 트랜잭션 무결성에 대한 영향도 최소화
- 데이터베이스 스키마 변경 불필요

CDC 구현 시 데이터 원천(Source)에서 변경을 식별하고 대상 시스템(Target)에 변경 데이터를 적재해 주는 '푸시' 방식과 대상 시스템(Target)에서 데이터 원천(Source)을 정기적으로 살펴보아 필요 시 데이터를 다운로드 하는 '풀' 방식으로 구분된다.

# 제3절 EAI(Enterprise Application Integration)

## 1. EAI 개요

EAI(Enterprise Application Integration)는 기업 정보 시스템들의 데이터를 연계·통합하는 소프트웨어 및 정보 시스템 아키텍처 프레임워크로서, 기업 또는 기업 간 복수의 이질적 정보 시스템들의 데이터를 연계함으로써 상호 융화 내지 동기화돼 동작하도록 한다. 즉 EAI는 프론트 오피스 시스템, 기존의 레가시 시스템, 패키지 애플리케이션 등의 형태로 산재된 정보 시스템들을 프로세스 및 메시지 차원에서 통합·관리할 수 있게 한다.

EAI를 통해 다수의 정보 시스템에게 기업 내 주요한 데이터 엔터티들에 대한 폭넓고 통합적인 뷰를 제공할 수 있다. 이를 통해 비즈니스 프로세스를 자동화하고 실시간으로 통합 연계할 수 있다.

기존 단위 업무 위주의 정보 시스템 개발 시, 그때그때의 필요에 따라 정보 시스템들 간 포인트 투 포인트 방식으로 데이터를 연계함으로써 [그림 Ⅱ-1-11]과 같은 데이터 연계의 복잡성이 발생한다. 이러한 방식은 정보 시스템 간 데이터 통합과 연계를 확보하기 어렵게 하고, 기준 마스터 데이터의 통합과 표준화를 불가능하게 한다. 또한 방대하고 복잡한 데이터 연계 경로를 발생시키기 때문에 유지보수성이 극도로 저하된다. 이는 유지보수 및 관리 비용의 상승으로 연결된다.

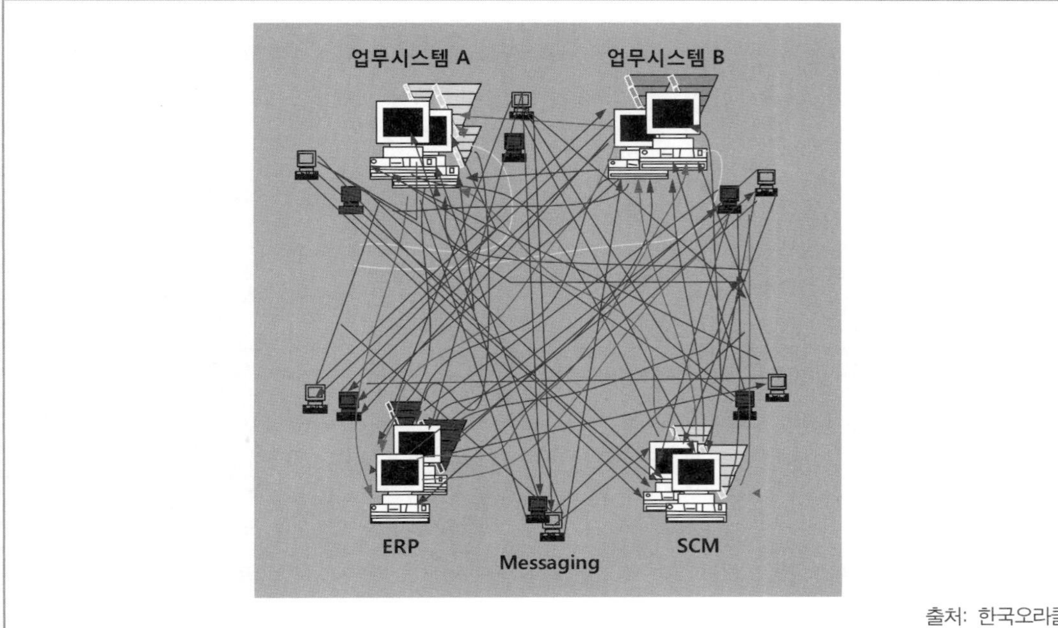


[그림 Ⅱ-1-11] 포인트 투 포인트 데이터 연계 방식의 문제점

[그림 Ⅱ-1-11]과 같이 포인트 투 포인트 방식으로 정보 시스템을 개발하고 데이터 연계 시, N개의 연결 대상 노드들이 존재할 경우 연결은 N(N-1)/2개가 발생한다. 이러한 특성으로 발생하는 복잡성과 유지보수 비용 증가를 극복하기 위해 [그림 Ⅱ-1-12]와 같은 'Hub and Spoke' 방식의 EAI 기반 구조를 적용할 수 있다. 즉 가운데 지점에 허브 역할을 하는 브로커를 두고, 연결 대상 노드들의 데이터 연계 요구를 중계해줌으로써 발생 연결 개수 및 구조를 단순화할 수 있다. 각 연결 대상 노드들은 스포크에 해당한다.

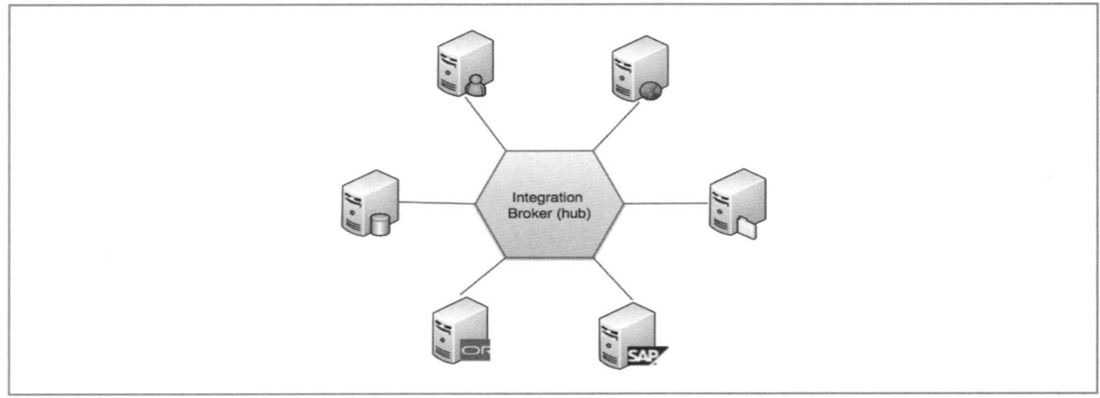


[그림 Ⅱ-1-12] 허브 앤 스포크 아키텍처

EAI 구성 요소로서 각 정보 시스템과 EAI 허브(Engine) 간 연결성을 확보기 위한 어댑터(Adapter)들이 있다. 이 어댑터들을 매개로 연결된 각 정보 시스템들 간의 데이터 연동 경로인 버스(BUS), 데이터 연동 규칙을 통제하는 브로커(Broker), 데이터 형식 변환 등을 담당하는 트랜스포머(Transformer)가 있다.

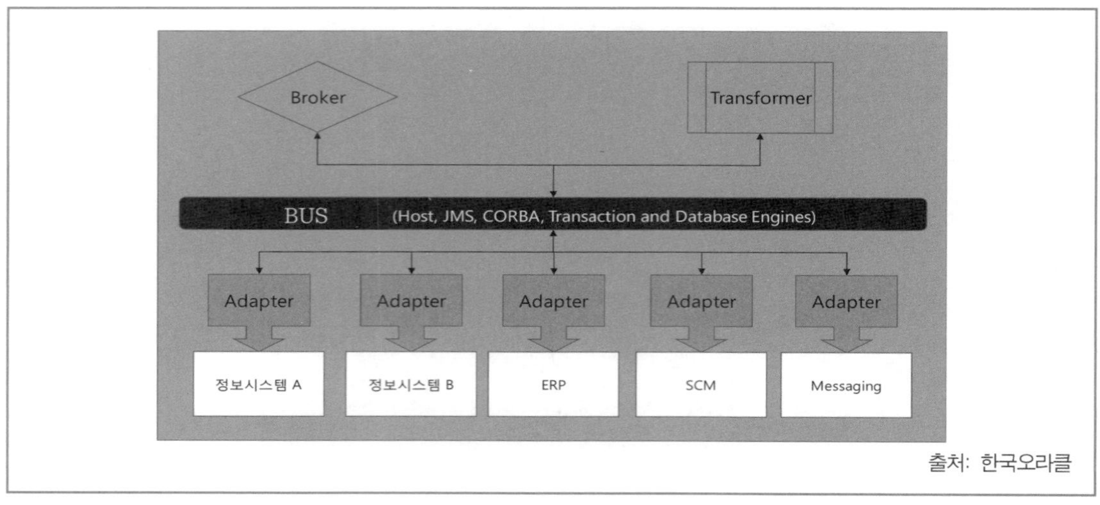


출처: 한국오라클

[그림 Ⅱ-1-13] 포인트 투 포인트 데이터 연계 방식의 문제점

## 2. EAI 구현 유형

### 가. Mediation(intra-communication)

EAI 엔진이 중개자(Broker)로 동작하며, 특정 정보 시스템 내 데이터 신규 생성 또는 갱신·신규 트랜잭션 완료(Commit) 등 유의미한 이벤트 발생을 식별해, 사전 약속된 정보 시스템들에게 그 내용(데이터)을 전달한다. Publish/subscribe Model

### 나. Federation(inter-communication)

EAI 엔진이 외부(고객 또는 파트너) 정보 시스템으로부터의 데이터 요청들을 일괄적으로 수령해 필요한 데이터를 전달한다. Request/reply Model

## 3. EAI 기대 효과

EAI를 활용함으로써 아래와 같은 효과를 거둘 수 있다.

- 향후 정보 시스템 개발 및 유지 보수비용 절감 도모
- 기업 업무 정보 시스템들의 지속적 발전 기반 확보
- 협력사·파트너·고객과의 상호 협력 프로세스 연계 발전 기반 확보
- 웹 서비스 등 인터넷 비즈니스를 위한 기본 토대

또한 본사와 공장이 별도의 정보 시스템을 보유한 상태에서 글로벌하게 지역적으로 분리돼 있고 해당 정보 시스템들 간 데이터 동기화가 필요한 경우나, 그룹 및 지주 회사 계열사들 간 상호 관련 데이터 동기화가 필요한 경우 등 글로벌 경영 환경에 상응하는 데이터 표준화 기반을 제공할 수 있다.

# 제4절 데이터 연계 및 통합 기법 요약

## 1. 데이터 연계 및 통합 유형(동기화 기준)

데이터 연계 및 통합 시 일괄(Batch) 작업 또는 비동기식 근접 실시간(Near Real Time) 또는 동기식 실시간(Real Time) 방식이 혼용·사용될 수 있다. 일괄 작업 시에는 대용량 데이터의 처리가 가능하며, 실시간 통합 시에는 관심 대상 영역 상태에 대한 빠른 파악 및 대응이 가능하다는 장점이 있다.

일괄 작업의 사례로는 ETL 기능을 통해 운영 시스템으로부터 정기적·반복적으로 대량의 데이터를 획득해 ODS를 구성하고, 이후 데이터 웨어하우스나 데이터 마트를 구성한 뒤 OLAP 정형/비정형 질의를 통해 경영 분석을 수행하는 작업을 들 수 있다.

동기식 실시간 데이터 통합의 사례로는 컨테이너 터미널, 공장 등의 생산·운송 장비(시설)에 설치된 각종 센서들로부터 데이터를 실시간으로 획득해 운영 상태를 모니터링하고 필요한 경우 작업을 통제하는 사례를 들 수 있다. 이는 Complex Event Processing이라는 SW 및 데이터 아키텍처를 통해 구현할 수 있다. 요즘 들어 데이터 중복을 허용하는 분산 저장 환경 구성을 통한 높은 확장성을 확보하는 빅데이터 저장 인프라스트럭처의 활용과 병행 설계되는 사례도 등장하고 있다.

[표 Ⅱ-1-1] 데이터 연계 및 통합 아키텍처 비교

| 일괄(Batch) 통합 | 비동기식 실시간 통합 | 동기식 실시간 통합 |
|---|---|---|
| • 비실시간 데이터 통합<br>• 대용량 데이터 대상<br>• 높은 데이터 조작 복잡성<br>• 데이터 추출<br>• 데이터 변형<br>• 데이터 적재<br>• CDC(Change data capture)<br>• 감사 증적<br>• 웹 서비스/SOA<br>• 교차 참조<br>• 데이터 재 처리 허용<br>• 점대점 데이터 연계<br>• 자동화 도구 및 자체 개발 SW 혼용 | • 근접 실시간(Near Real Time) 데이터 통합<br>• 중간 용량 데이터<br>• 중간 데이터 조작 복잡성<br>• 데이터 추출·변형·적재<br>• CDC(Change data capture)<br>• Data pooling and DB Streams<br>• 웹 서비스·SOA<br>• 감사 증적(audit trail)<br>• 교차 참조<br>• 다수 데이터 원천 및 목표 시스템<br>• 데이터 재 처리 허용<br>• 자동화 도구 및 자체 개발 SW 혼용 | • 실시간(Real Time) 데이터 통합<br>• 목표 시스템 데이터 처리 가능 시에만 원천 데이터 획득<br>• 데이터 추출·변형·적재<br>• 웹 서비스·SOA<br>• Single transaction integrations<br>• 단일 트랜잭션 단위 데이터 통합<br>• 데이터 재처리 불가<br>• 단일 또는 다수 데이터 원천<br>• 감사 증적 |

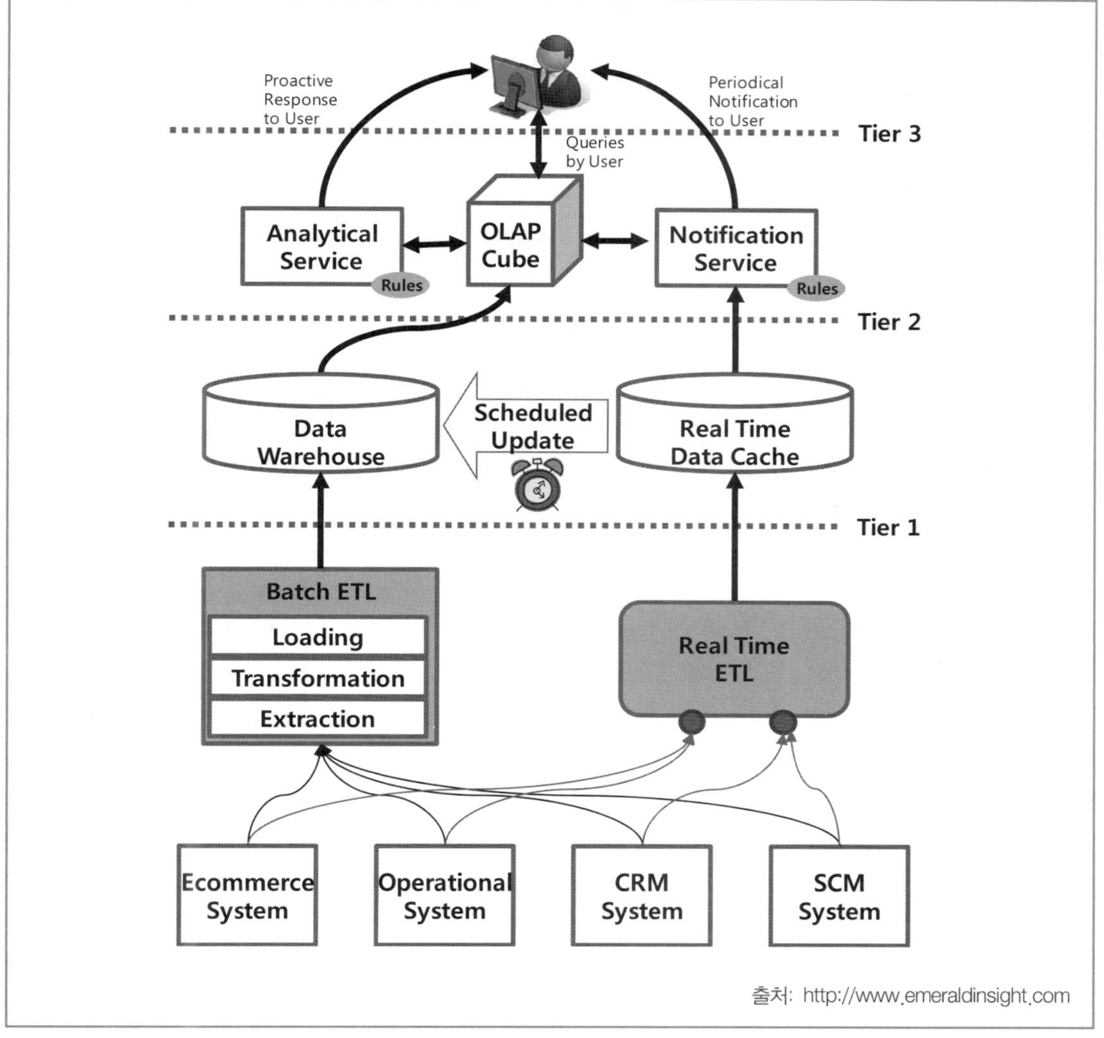


[그림 II-1-14] 데이터 연계 및 통합 아키텍처 종합

전통적인 ETL 기술은 데이터 웨어하우스 구성만을 주목적으로 했으나, 최근 들어 ODS와 BI 플랫폼, MDM 허브, 하둡 클라우드 환경 등 다양한 데이터 통합 메커니즘들을 지원하는 것으로 그 영역을 확장하고 있다. 특별히 최근의 ETL 솔루션들은 빅데이터 환경과 전통적 데이터 환경(RDBMS 기반) 간 빅데이터 추출·변형·적재를 지원하고 있다.

최근 기업 의사 결정 지원을 위해 전자메일, 각종 문서 파일 등에 보관되는 비정형 또는 준정형(semi structured) 데이터의 중요성이 부각 되고 있다. 비정형 또는 준정형 데이터를 정형 데이터로의 변환(transformation)은 빅데이터의 주요한 기술적 특성이다. Map Reduce 등 빅데이터 기술을 활용하지 않을 경우, 정형 데이터로 변환하기 위한 많은 추가 개발이 요청된다. 특히 빅데이터 기술을 이용하지 않고 정형 데이터로 변환하는 접근은 향후 시스템 확장성과 유연성을 확보하기 어렵게 하고, 기업 IT 투자를 중장기적으로 보호할 수 없게 한다. 따라서 기존 ETL 솔루션들도 이에 대응하기 위해 비정형 또는 준정형 데이터의 정형 데이터로의 변형 작업을 표준화하기 위한 시도들을 하고 있다.

**[표 II-1-2] 데이터 처리 기법 비교**

| 구분 | 전통적 데이터 처리 기법 | 빅데이터 처리 기법 | 비고 |
|---|---|---|---|
| 추출 | • 운영 DB(Operational Database)→ ODS<br>• ODS→ 데이터 웨어하우스 | • 빅데이터 환경 → 빅데이터 환경 | 특정 소스에서 타깃 으로 데이터를 옮긴다는 측면은 동일 |
| 변환 | O | O | |
| 로딩 | O | O | |
| 시각화 | X | O | 시각화를 통해 대용량 데이터에서 통찰력(Insight)을 획득하고자 하는 시도는 빅데이터의 고유한 특성임 |
| 분석 | • OLAP<br>• 통계(Statistics)와 데이터 마이닝 기술 | • 통계(Statistics)와 데이터 마이닝 기술 | 각종 통계 도구·기법과 데이터 마이닝의 분석 모델 설계·운영·개선 기법의 적용은 유사함 |
| 리포팅 | 비즈니스 인텔리전스 | 비즈니스 인텔리전스 | |
| 인프라스트럭처 | • SQL<br>• 전통적 RDBS 인스턴스 (HA 포함) | • NoSQL 등<br>• 초대형 분산(Redundant) 데이터 스토리지 | 전통적 데이터 저장 메커니즘 대비 매우 다수의 노드에 중복을 허용하는 방식으로 데이터를 저장하는 것은 빅데이터의 고유한 특성임 |

# 제5절 대용량 비정형 데이터 처리

## 1. 대용량 로그 데이터 수집

비정형 데이터의 폭발적 증가는 오늘날 빅데이터라는 새로운 기술 트렌드와 산업 영역을 만들어 냈다. 이 중에서 로그(log)는 기업에서 발생하는 대표적인 비정형 데이터다. 과거에는 시스템의 문제 상황을 보존, 서비스 접근·사용 로그를 기록하는 용도로 사용됐다. 최근에는 사용자 행태 분석 등 기업의 주요 비즈니스 영역인 마케팅과 영업 전략 등에 필수적인 정보를 생성하는 데에 사용되고 있다. 이러한 비정형 로그는 데이터 용량이 방대하기 때문에 이를 분석하기 위해서는 성능과 확장성의 시스템이 필요하다.

대용량 비정형 데이터 수집 시스템은 다음과 같은 특징을 갖는다.

### 가. 초고속 수집 성능과 확장성

수많은 서비스와 시스템에서 실시간으로 발생하는 대용량 데이터를 놓치지 않고 수집할 수 있어야 한다. 또한 수집 대상 서버가 증가하면, 증가한 서버 수만큼 에이전트의 수를 늘리는 방식으로 손쉽게 확장할 수 있는 구조를 갖는다.

### 나. 데이터 전송 보장 메커니즘

수집한 데이터는 처리 또는 분석을 위한 저장소인 분산 파일시스템이나, 데이터베이스, NoSQL 등에 저장된다. 이때 데이터의 종류에 따라 수집에서 저장소까지의 양 종단점 간에 데이터 전송 안정성 수준을 제어할 수 있다. 수집된 데이터가 여러 단계를 거쳐 저장소에 도착할 수 있는데, 단계별로 전송될 때마다 신호를 주고받아서 단 하나의 이벤트도 유실되지 않게 할 수 있다. 또한 여러 단계의 데이터 전송에서 단지 인접한 단계로만 데이터 전송을 보장하는 방법도 있다. 각 방식은 성능과 안정성이라는 트레이드 오프(Trade-Off)가 존재하므로 비즈니스의 특성을 고려해 선택해야 한다.

### 다. 다양한 수집과 저장 플러그인

비정형 데이터는 기업 내부에서 발생하는 로그나 성능 모니터링 데이터뿐만 아니라, 트위터와 같은 소셜 서비스의 데이터도 있다. 로그나 성능 데이터를 수집할 수 있는 기본 기능뿐만 아니라, 일부 잘 알려진 서비스로부터 몇 가지 설정만으로 데이터를 수집할 수 있도록 내장 플러그인들 제공해야 한다. 데이터 저장소 서비스도 하둡 저장 기능은 기본이며, NoSQL을 포함한 다양한 데이터베이스에 저장하는 플러그인들까지 제공하는 추세다.

### 라. 인터페이스 상속을 통한 애플리케이션 기능 확장

서비스에 적용하는 과정에서 수집 시스템에서 제공하는 기능을 사용하지만, 업무 특성상 일부 기능을 수정해야 하는 경우가 발생할 수 있다. 이때 인터페이스를 확장해 원하는 부분만 비즈니스 용도에 맞게 수정할 수 있어야 한다.

대표적인 오픈소스 데이터 수집 시스템인 Flume-NG를 살펴보자. 플럼(Flume)은 앞서 언급한 비정형 데이터의 주요 특징을 포함하고 있으며, 빅데이터 플랫폼을 구축할 때 수집 시스템으로 많이 활용되고 있다.

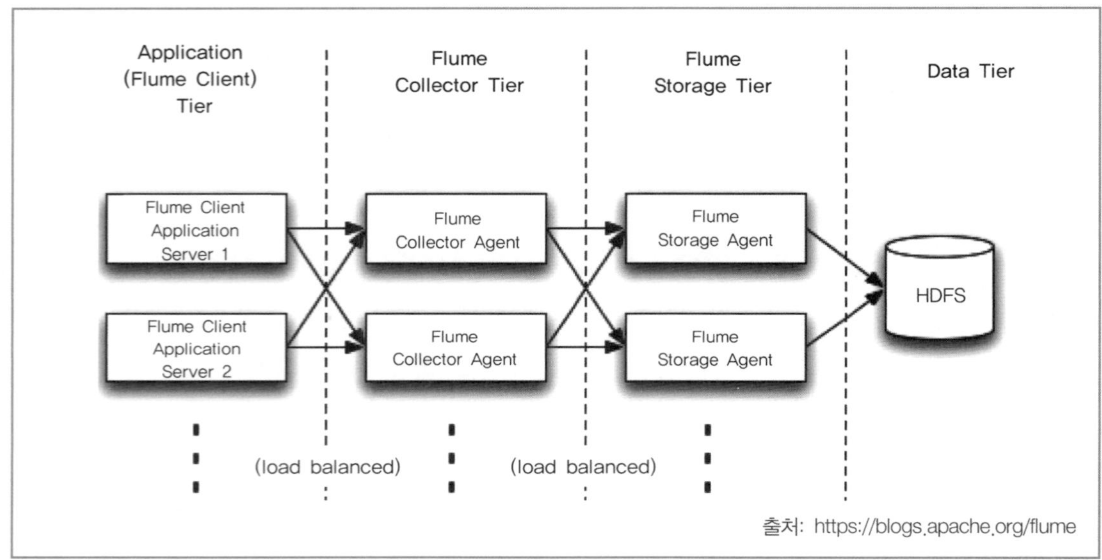


**[그림 II-1-15] 데이터 수집 시스템 Flume-NG 아키텍처**

[그림 II-1-15]처럼 4단계에 걸쳐 플럼을 이용해 데이터를 수집·저장할 수 있다. 첫 번째는 데이터가 발생하는 애플리케이션 단계, 두 번째는 발생한 데이터를 수집하는 단계, 세 번째는 수집한 데이터를 저장하는 단계며, 네 번째는 데이터 저장소 보관이다. 특별히 설정하지 않으면 네 번째 단계에서 사용되는 저장소는 분산 파일 시스템인 하둡이다. 각 플럼 에이전트는 설정을 통해 각 단계에 맞게 동작한다.

## 2. 대규모 분산 병렬 처리

처리할 비정형 데이터의 크기가 수백 MB 정도라면, 다소 시간이 걸리더라도 한 대의 서버에서 처리한 다음에 데이터베이스에 요약 정보를 기록하거나, 데이터베이스에 원천 비정형 데이터를 직접 적재·처리할 수 있을 것이다. 하지만 한 번에 처리해야 할 원천 데이터가 수십 GB에서 수십 TB에 이른다거나 대규모 컴퓨팅과 연산 작업이 필요하다면 하둡을 사용하는 것을 적극적 검토해야 한다.

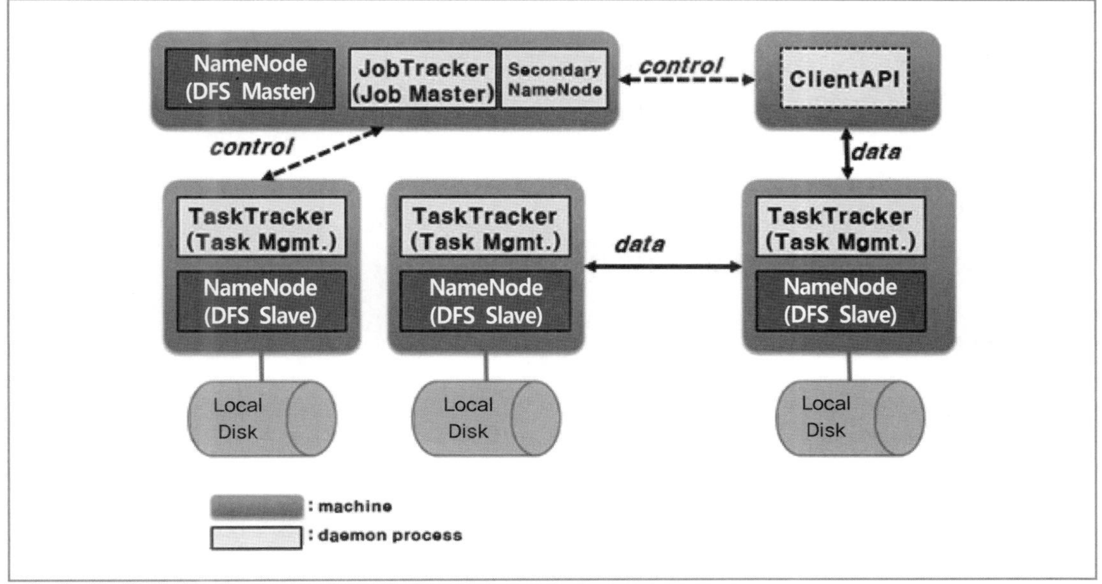


[그림 II-1-16] 하둡 아키텍처

하둡은 대규모 분산 병렬 처리의 업계 표준인 맵리듀스(MapReduce) 시스템과 분산 파일시스템인 HDFS로 구성된 플랫폼 기술이며, 다음과 같은 특징을 갖는다.

### 가. 선형적인 성능과 용량 확장

하둡을 구축함은 여러 대의 서버로 클러스터를 만든다는 의미다. 이론적으로 클러스터의 서버의 대수에 제한이 있는 것은 아니지만 통상적으로 5대 정도가 최소 클러스터 대수라고 할 수 있다. 하둡은 필요 시 서버를 추가하면 연산 기능과 저장 기능이 서버의 대수에 비례해 증가한다. 이는 하둡이 기본적으로 비공유(Shared Nothing) 분산 아키텍처 시스템이기 때문이다. 하둡 이전의 분산 컴퓨팅 시스템의 최대 클러스터링 대수가 100대였던 반면, 하둡은 2만 대의 서버들을 단일 클러스터로 구성할 수 있을 정도로 확장성이 뛰어나며, 선형적인 성능 확장도 가능하다.

### 나. 고장 감내성

데이터는 3중 복제가 돼 서로 다른 물리서버에 저장된다. 따라서 특정 서버에서 장애가 발생하더라도 동일 복제본이 있기에 데이터 유실을 방지할 수 있다. 또한 맵리듀스 작업을 수행하다가 특정 태스크에서 장애가 생기면, 시스템이 자동으로 감지해 장애가 발생한 특정 태스크만 다른 서버에서 재실행을 할 수 있다. 이러한 고장 감내 기능(Fault Tolerance)은 관리자의 개입 없이 시스템 수준에서 자동으로 동작한다.

### 다. 핵심 비즈니스 로직에 집중

맵리듀스는 기본적으로 맵과 리듀스라는 2개의 함수만 구현하면서 동작하는 시스템이다. 알고리즘이나 비즈니스 로직 개발자는 맵리듀스라는 데이터 처리·분석 방식만 이해하고 비즈니스 목적에 맞게 간단한 코드만 작성해주면, 데이터가 크고 작음에 크게 신경쓰지 않아도 된다. 작업을 수행하는 중간에 어떠한 시스템적인 장애 상황이 발생하더라도 자동 복구(failover) 기능이 있기 때문에, 개발자가 크게 걱정하지 않아도 된다. 오직 비즈니스 로직에만 집중할 수 있도록, 시스템 수준에서 발생하는 장애 상황이나 확장성, 성능 등의 이슈는 하둡이 내부적으로 최적화해 처리한다.

### 라. 풍부한 에코시스템 형성

하둡의 맵리듀스와 분산 파일 시스템은 빅데이터 처리와 분석을 위한 기반 시스템 기술이라고 할 수 있다. 비즈니스의 요구 사항을 위해서는 필연적으로 하둡 같은 인프라 시스템에서 동작하는 다양한 응용 기술이 필요하다. 현재 다양한 도메인과 기술 영역에서 하둡의 응용 기술들이 오픈 소스 프로젝트의 형태로 소개되고 있다. 데이터 수집 기술로는 Flume-NG, 데이터 연동 기술로는 Sqoop, 데이터베이스 기술인 NoSQL로는 HBase, 대용량 SQL 질의 기술로 Hive와 Pig, 실시간 SQL 질의 기술로 Impala와 Tajo, 워크플로 관리 기술로 Oozie, Azkaban 등이 있다.

하둡에서 제공하는 대규모 분산 병렬 처리 기술인 맵리듀스는 구글이 처음 고안해 상용화한 기술이다. 외부에 공개하지 않고 구글 내부적으로만 사용하다가 2005년에 오픈소스 프로젝트로 공개한 것이 지금의 하둡이다. 맵리듀스는 당시 업계에서 사용했던 분산 병렬 처리 모델의 알고리즘·로직 개발의 복잡성을 획기적으로 줄였다. 그래서 일부 연구 영역에서만 사용됐던 분산 병렬 처리 기술이 다양한 분야에서 적극 사용되는 계기가 됐다.

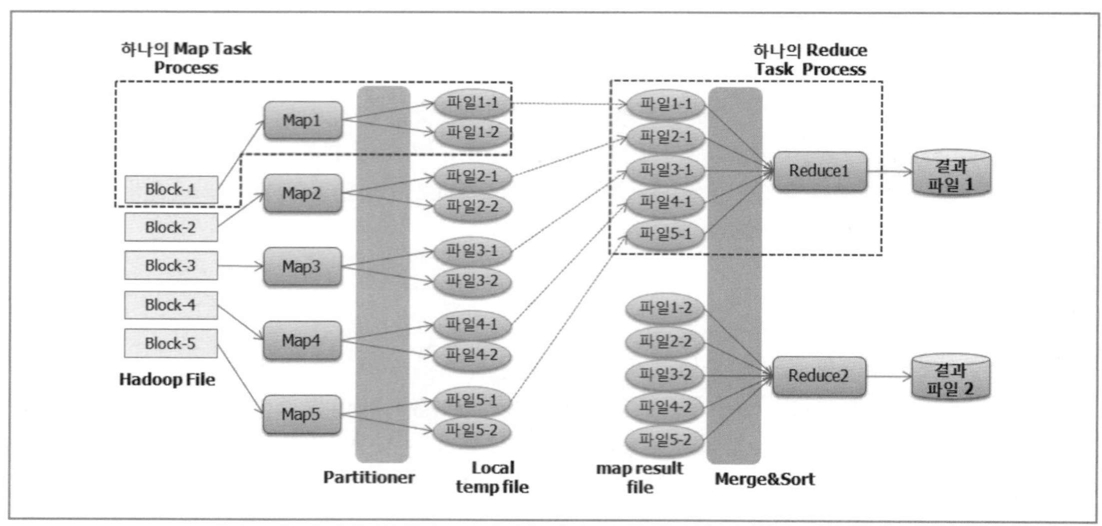


[그림 Ⅱ-1-17] 맵리듀스 처리 흐름

## 3. 데이터 연동

비정형 데이터를 가지고 데이터 분석을 하려면 기업 내의 축적된 데이터와 정보를 연동하는 것이 필요하다. 예를 들면 인구 통계학 정보를 기반으로 분석을 한다면, 기간 계 시스템에 저장 된 사용자 프로파일 정보와 비정형 데이터를 연계하여 분석을 해야 한다. 하지만 기간 계 시스템인 데이터베이스를 대상으로 맵리듀스와 같은 대규모 분산 병렬 처리를 하는 것은 심한 부하를 야기할 수 있다. 이러한 이유로 정형 데이터와 비정형 데이터간의 연계 분석을 위해서, 데이터베이스의 데이터를 하둡으로 복사를 한 후 하둡에서 대규모 분산 병렬 처리를 수행 한다. 그 결과로 생성된 요약된 작은 데이터 셋을 다시 데이터베이스에 기록을 하는 식으로 작업을 수행한다. 이러한 기능을 수행하는 대표적인 오픈 소스 기반의 솔루션으로 스쿱(SQOOP)이 있다.

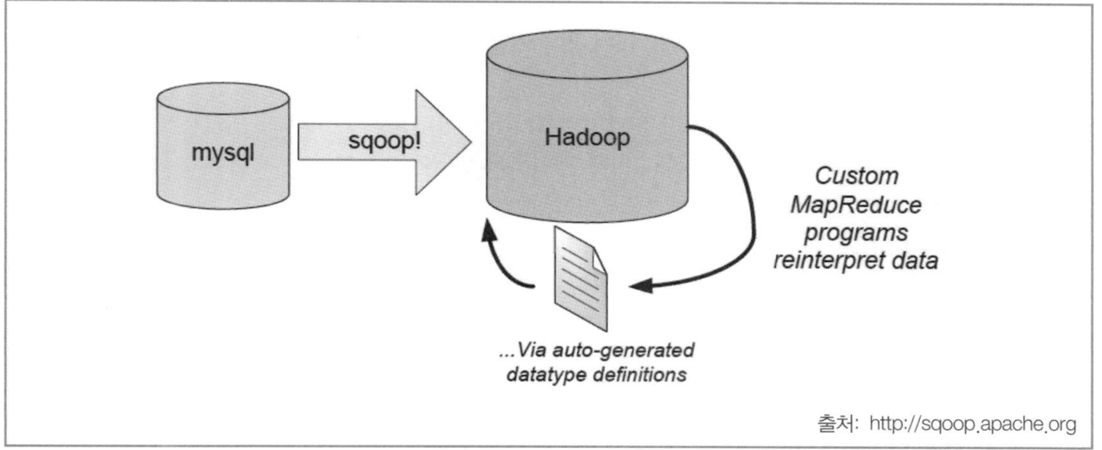


[그림 II-1-18] 스쿱의 기능

하둡과 데이터베이스 연동 솔루션인 스쿱은 오라클, MySQL, PostgreSQL, 사이베이스 등 JDBC 를 지원하는 대부분의 관계형 데이터베이스와의 연동을 지원한다. 또한 에이치베이스(HBase)와 같은 일부 NoSQL 데이터베이스와도 연동이 된다.

스쿱을 이용해서 데이터베이스로부터 하둡으로 데이터를 전송하는 스크립트는 다음과 같다.

- 데이터를 가져올 데이터베이스 접속 정보를 입력한다.
- 가져올 데이터에 대한 SQL을 입력한다.
- 동시에 몇 개의 프로세스를 실행하여 데이터를 가져올지를 지정한다. 프로세스를 많이 지정하면 더 빨리 데이터를 가져오겠지만, 그만큼 데이터베이스에는 부하가 많이 발생할 수 있으니 적절한 개수를 지정해야 한다.
- 데이터베이스의 키 컬럼을 입력한다.

• 데이터베이스로부터 가져온 데이터를 저장할 하둡상의 경로를 지정한다.

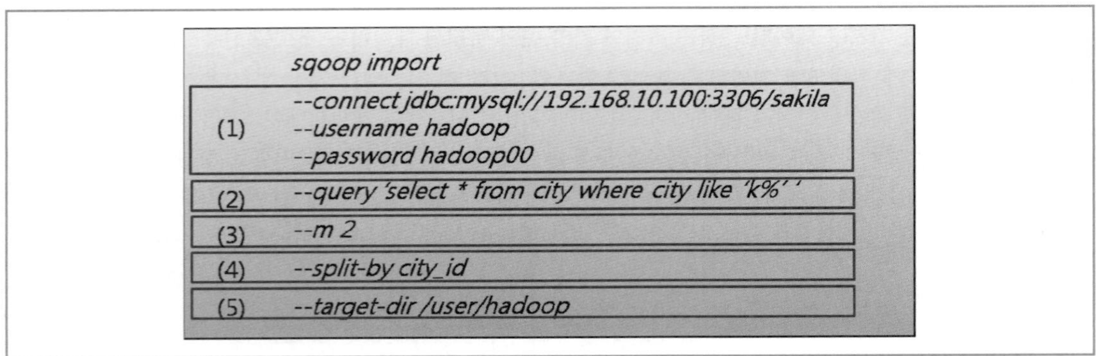


[그림 II-1-19] 스쿱 스크립트

스쿱 스크립트를 실행하여 하둡에 저장된 데이터베이스 데이터를 다른 비정형 데이터와 함께 맵리듀스 작업을 입력데이터로 사용할 수 있다. 하둡 결과 데이터도 마찬가지로 비슷한 스크립트 문법을 이용하여 다시 데이터베이스에 적재할 수 있다.

## 4. 대용량 질의 기술

하둡은 저비용으로 대용량 데이터를 저장하고 빠르게 처리할 수 있는 시스템이며 빅데이터 구현을 위한 핵심적인 플랫폼 기술로 사용 되고 있다. 하지만 이전에 비해 훨씬 단순해졌지만 여전히 코딩이 필요하기 때문에 분석가에게는 어려울 수 있다. 이러한 이유로 나온 것이 하이브(Hive)이다. 하이브는 사용자에게 친숙한 SQL이라는 질의 기술을 이용하여 하둡상의 저장된 데이터를 쉽게 처리하고 분석할 수 있도록 해주는 도구로 널리 사용되고 있다. 이러한 하둡과 하이브는 대용량 데이터를 배치 처리하는데 최적화 되어 있지만, 실제 업무에서는 배치 처리뿐만 아니라, 데이터를 실시간으로 조회하거나 처리해야 하는 일들이 많다. 실시간 처리라는 측면에서 하둡의 제약사항을 극복하기 위한 다양한 시도가 있었으며, 이 중에 최근 주목 받고 있는 것이 SQL on 하둡이라고도 하는 실시간 SQL 질의 분석 기술이다. SQL on 하둡은 빅데이터 기술 분야에서 가장 관심을 많이 받고 있는 기술이라고 할 수 있으며 다음과 같은 기술들이 시장에 나온 상태이다.

• 아파치 드릴(Drill): 하둡 전문 회사인 맵알(MapR)이 주축이 되어 진행하고 있는 프로젝트이다. 드레멜의 아키텍처와 기능을 동일하게 구현한 오픈 소스 버전의 드레멜이다.
• 아파치 스팅거(Stinger): 하둡 전문 회사인 호튼웍스에서 개발을 주도하고 있다. 새로운 엔진이라기 보다는 기존의 하이브 코드를 최대한 이용하여 성능을 개선하는 식으로 개발이 진행되고 있다.

- 샤크(Shark): 인메모리 기반의 대용량 데이터웨어하우징 시스템이며, 하이브와 호환되기 때문에 하이브 SQL 질의와 사용자 정의 함수(User Defined Fuction)를 사용할 수 있다.
- 아파치 타조(Tajo): 고려대 대학원에서 프로젝트가 최초 시작되었으며, 대학원생들은 국내 빅데이터 전문회사인 그루터(Gruter)에 합류하여 개발을 진행하고 있다. 아파치 인큐베이션 프로젝트로 등록되어 있다.
- 임팔라(Impala): 하둡 전문 회사인 클라우데라(Cloudera)에서 개발을 주고하고 있다.
- 호크(HAWQ): EMC에서 분사한 하둡 전문 회사인 피보탈(Pivotal)에서 개발한 프로젝트. 상용과 커뮤니티 2가지 버전을 제공한다.
- 프레스토: 페이스북에서 자체적으로 개발하여 사용하고 있는 하둡 기반의 데이터웨어하징 엔진이다. 올해 내에 대중에게 공개 예정이다.

SQL on 하둡 기술 중의 하나이며, 오픈 프로젝트 중에 가장 먼저 대중에게 공개된 임팔라를 살펴보자. 임팔라는 기본적으로 하이브의 SQL을 지원하지만, 모든 SQL문을 지원하는 것은 아니기 때문에 지원 되는 구문을 확인하는 것이 필요하다. 그리고 현재의 임팔라 버전(1.2)에서는 하이브의 UDF는 지원하지만 아직까지 UDAF는 지원하지 않는다. 임팔라의 주요 구성 요소는 다음과 같다.

- 클라이언트: ODBC, JDBC 클라이언트, 임팔라쉘 같이 임팔라에 접속해서 테이블 관리, 데이터 조회 등의 작업을 수행한다.
- 메타스토어: 임팔라로 분석할 대상 데이터들의 정보를 관리하며, 하이브의 메타데이터를 같이 사용한다.
- 임팔라 데몬: 시스템에서는 ImpalaD 로 표시되며, 클라이언트의 SQL 질의를 받아서 데이터 파일들의 읽기/쓰기 작업을 수행한다. 임팔라 데몬은 내부적으로 질의 실행계획기, 질의 코디네이터, 질의 실행엔진으로 구성된다.
- 스테이트스토어: 임팔라 데몬들의 상태를 체크하고 건강(health)정보를 관리해주는 데몬이다. 임팔라 데몬에 장애가 생겼을 경우, 다른 데몬들에게 이 사실을 알려줘서 이후부터는 장애가 발생한 데몬에게는 질의 요청이 가지 않도록 해준다.
- 스토리지: 분석 할 데이터를 저장하는 현재는 에이치베이스, 하둡분산파일시스템 두 가지를 지원한다.

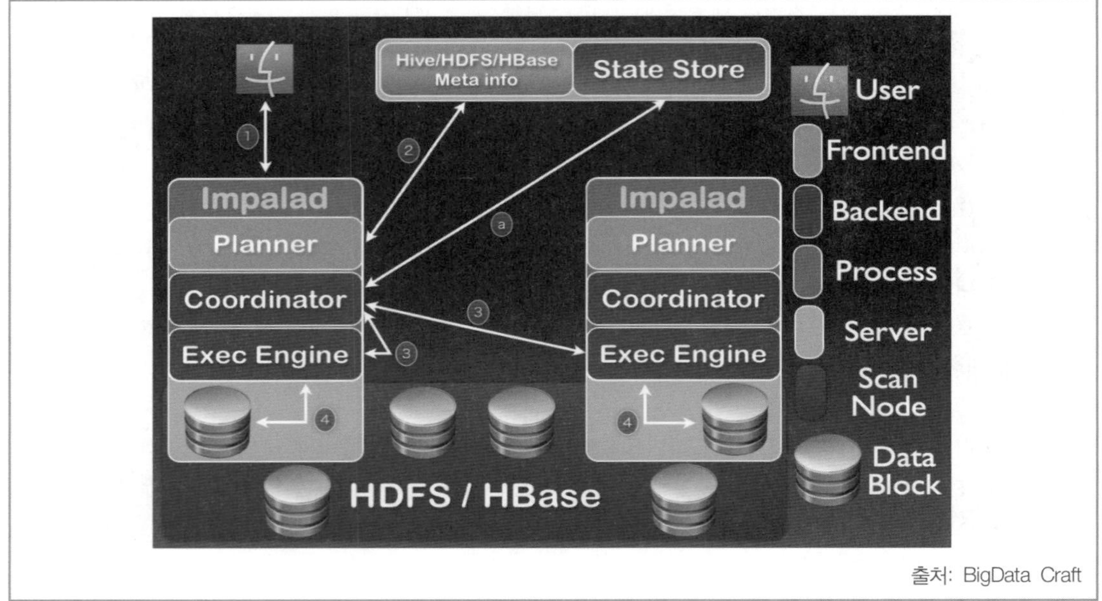


출처: BigData Craft

[그림 II-1-20] 임팔라 아키텍처

기본적으로 모든 노드에 임팔라 데몬이 구동되며, 사용자는 이 데몬들이 구동된 임의의 노드에 JDBC나 ODBC또는 임팔라쉘을 이용하여 질의를 요청할 수 있다. 그러면 사용자의 질의는 데이터의 지역성을 고려해서 노드 전체로 분산되어서 수행된다. 하둡에서 잡트랙커(JobTracker)가 데이터 지역성을 고려해서 태스크를 태스크트랙커(TaskTracker)에게 할당하는 것과 유사한 방식이다. 사용자의 질의 요청을 받은 코디네이터 데몬은 분산되어 수행된 각 임팔라 노드들의 부분 결과들을 취합하여 결과 값을 만들어서 사용자에게 제공한다. 실제 운영 환경에서는 라운드로빈 방식으로 사용자 질의를 분산시켜서 질의에 대해 전 노드들이 코디네이터 역할을 고르게 수행할 수 있도록 해야 한다.

하이브가 하둡에 저장된 다양한 형태의 대용량 비정형 데이터를 효율적으로 처리하는 표준 SQL솔루션으로 사용되고 있지만, 더 빠른 처리가 필요한 비즈니스 요구 사항 때문에 임팔라와 같은 기술이 대두되고 있다. 이러한 기술은 운영 시스템에 적용하기 위해서는 사용자 함수 지원, 데이터 조인 시 메모리 문제 등 여러 가지로 개선해야 할 사항들이 아직 있다. 하지만 중요한 빅데이터 기술 트랜드로 최근에 큰 관심을 받고 있으며, 많은 개발자가 개발과 테스트에 참여하고 있기 때문에 점차적으로 기능과 안정성이 개선 될 것으로 보이며 향후 비정형 빅데이터 처리 및 분석에 중요한 역할을 할 것으로 예상된다.

# 장 요약

## 제1절 ETL(Extraction, Transformation and Load)

ETL은 다양한 운영 정보시스템 내 정형 데이터의 통합을 통한 데이터 웨어하우스 구축과 비정형 OLAP(On-Line Analytic Processing) 질의를 통하여 비즈니스 의사결정을 지원하기 위한 전통적 기법(기술)로서 크게는 추출(Extraction), 변형(Transformation), 적재(Load)로 구성된다.

## 제2절 CDC(Change Data Capture)

CDC는 대용량 데이터 일괄 작업을 통한 정형 데이터 통합을 의도하는 ETL 대비 운영 정보시스템 내 정형 데이터의 변경을 실시간/근접-실시간으로 식별하여 데이터 전송 또는 공유 등의 필요한 후속 처리를 자동화하는 기법이다.

## 제3절 EAI(Enterprise Application Integration)

운영 데이터와 분석을 위한 데이터 웨어하우스가 구분되는 ETL/CDC와는 달리 EAI는 다수 정보 시스템들 간 데이터를 Point-to-Point가 아닌 중앙의 데이터 연계 Hub를 통해 수행하는 데이터 연계/통합 기법(기술)이다.

## 제4절 데이터 연계 및 통합 기법 요약

데이터 연계 및 통합 기법은 데이터 동기화 시점을 기준으로 일괄(Batch) 통합, 비동기식 실시간 통합, 동기식 실시간 통합으로 구분할 수 있으며 각각 그 용도를 달리한다. 또한 전통적 데이터 처리 기법과 빅데이터 분석 기번 간에는 데이터 저장 인프라스트럭처 및 조회 기법 등에서 차이점이 존재한다.

## 제5절 대용량 비정형 데이터 처리

기 정의된 데이터 모델을 보유하며 일반적으로 관계형 데이터베이스에 저장/관리되는 정형 데이터 대비 비정형 데이터는 기 정의된 데이터 모델을 보유하지 않으며 저장 형태 또한 텍스트, 이미지, 비디오, 오디오, 센서 데이터 등 다양한 형태를 지니며 타 산업과의 융합을 지향하는 최근 IT 동행 내에서 이러한 비정형 데이터 처리의 중요성은 갈수록 부각되고 있다.

# 연습문제

**문제 1. 다음 중 ETL 주요 처리 단계로 옳은 것은 무엇인가?**

① Extract-Transformation-Load
② Extract-Transportation-Load
③ Export-Transformation-Load
④ Export-Transportation-Lead

**문제 2. 다음 중 ODS의 Full Spelling으로 옳은 것은 무엇인가?**

① Optical Data Storage
② Optical Data Server
③ Operational Data Store
④ Off-Hand Data Store

**문제 3. 다음 중 데이터 웨어하우스를 위한 데이터 모델링 기법으로 옳은 것은 무엇인가?**

① Flat Schema-Hub Schema
② Flat-Tree Schema
③ Flat-Net Schema
④ Star Schema-Snow Flake Schema

**문제 4. 다음 중 데이터 웨어하우스의 일반적 특징으로 옳은 것은 무엇인가?**

① 주제 중심 / 영속성 / 통합성 / 시계열성
② 비즈니스 이벤트 중심 / 영속성 / 통합성 / 시계열성
③ 주제 중심 / 일시성 / 통합성 / 시계열성
④ 주제 중심 / 영속성 / 중복성 / 시계열성

**문제 5. 다음 중 CDC 기법에 대한 설명으로 옳은 것은 무엇인가?**

① 일괄(Batch) 작업 중심이다.
② 정보시스템과 정보시스템 간 통제 시그널 전송이 주목적이다.
③ 실시간 또는 근접실시간 데이터 통합을 목적으로 한다.
④ 데이터 웨어하우스 구축에는 사용할 수 있으나, ODS 구축에는 사용할 수 없다.

**문제 6. 다음 중 EAI에 대한 설명으로 옳은 것은 무엇인가?**

① Point-to-Point 방식을 기본으로 한다.
② 데이터 연계 시 메시징 기법만을 사용할 수 있다.
③ 데이터 연계 시 웹 서비스 기법만을 사용할 수 있다.
④ Hub and Spoke 방식을 기본으로 한다.

**문제 7. 다음 중 비정형 데이터로 보기 어려운 것은?**

① 텍스트
② 스프레드쉬트
③ 오디오
④ 센서 데이터

**학습목표**

- 분산 데이터 저장 기술에 대한 이해
- 분산 컴퓨팅 기술에 대한 이해
- 클라우드 인프라 기술에 대한 이해

# 제2장

# 데이터 처리 기술

### 장 소개

데이터 처리 기술을 3가지 측면에서 알아본다. 1절에서는 분산 파일 시스템, 공유 스토리지, 데이터베이스와 같은 저장 기술의 종류와 각 기능을 이해한다. 2절에서는 구글과 같은 인터넷 포털에서 사용하는 맵리듀스와 같은 분산 병렬 처리 기술에 대해서 설명한다. 3절은 XEN, VMWare와 같은 서버 가상화를 중심으로 클라우드 인프라 기술들에 대해서 설명한다.

# 제1절 분산 데이터 저장 기술

최근의 데이터를 처리할 수 있는 대규모의 클러스터 시스템 플랫폼을 필요로 한다. 대규모 클러스터 시스템 플랫폼은 네트워크상에 분산된 서버들을 클러스터링함으로써 대용량 저장 공간과 빠른 처리 성능을 제공한다. 분산 데이터 저장 기술은 네트워크상에서 데이터를 저장·조회·관리할 수 있으며, 저장 데이터의 정형화 여부와 데이터 모델에 따라 분산 파일시스템과 클러스터 데이터베이스, Key-Value 저장소 정도로 구분할 수 있다. 분산 파일 시스템과 Key-Value 저장소는 구글(Google)이나 아마존(Amazon) 같은 업체에서 대용량 데이터를 저장하기 위해 GFS나 BigTable, SimpleDB 등을 개발해 사용하면서 유명해졌다. 기존의 아키텍처는 고가의 마스터 서버에서 많은 역할을 수행하는 중앙 집중 방식이었다. 이는 장애 발생 자체를 차단하기 위해 노력한 구조인 반면, GFS 나 BigTable 같은 플랫폼은 저가의 PC급 서버들로 클러스터를 구성해 마스터 서버의 역할을 축소했으며, 장애가 항상 발생할 수 있음을 염두에 두고 디자인됐다. 이러한 아키텍처는 대용량 데이터와 대규모 확장성, 소유 총비용(TCO) 절감을 특징으로 한 오늘날의 클라우드 컴퓨팅 기술로 적합하며, 여러 업체에서 사용 중이거나 적용을 고려하고 있다. 한편 전통적인 DBMS 진영에서도 데이터의 볼륨이 커짐에 따라 분산 기술이 필요하게 됐다. 그렇지 않을 경우 데이터 검색에 많은 시간이 걸리는 등 성능상의 문제가 발생할 수 있다. 이처럼 성능 저하를 막는 동시에 데이터의 가용성을 높이기 위한 솔루션으로서 데이터베이스 자체의 파티셔닝 또는 클러스터링을 이용한 데이터 통합 기술도 있다.

이번 절에서는 분산 데이터 저장 기술을 앞서 언급한 몇 가지로 분류해서 살펴보고자 한다.

## 1. 분산 파일 시스템

웹 2.0의 등장으로 날로 증가하는 블로그, UCC(User Created Contents), IPTV 등과 같은 사용자 중심의 인터넷 서비스와 모든 디지털 기기를 이용하여 언제 어디서나 웹을 통해 서비스를 받을 수 있는 유비쿼터스 컴퓨팅 환경은 대규모 클러스터 시스템 플랫폼의 필요성을 부각시켰다. 대규모 클러스터 시스템 플랫폼은 네트워크상에 분산된 많은 서버들을 클러스터로 구성함으로써 대용량의 저장 공간과 빠른 처리 성능을 제공할 수 있어야 한다. 또한 시스템 확장이 쉽고, 서버 고장과 같은 시스템 장애가 발생하더라도 계속해서 안전하게 서비스를 제공할 수 있는 신뢰성과 가용성을 보장하여야 한다. 하지만 NFS(Network File System)와 같은 기존의 단순한 클라이언트/서버 수준의 분산 파일 시스템으로는 시스템 성능과 확장에 한계가 따른다. 비대칭형(asymmetric) 클러스터 파일 시스템은 성능과 확장성, 가용성 면에서 적합한 분산 파일 시스템 구조로, 최근에 연구와 개발이 활발히 진행되고 있다. 비대칭형 클러스터 파일 시스템에서는 파일 메타데이터를 관리하는 전용 서버를 별도로 둠으로써 메타데이터에 접근하는 경로와 데이터에 접근하는 경로를 분리해, 이를 통하여 파일 입출력 성능을 높이면서 독립적인 확장과 안전한 파일 서비스를 제공한다. 하지만 메타데이터 서버에 부하가 집중될 수 있으며 single-of-failure 지점이 될 수 있는 문제점도 내포하고 있다. 클러스터 파일 시스템은 구글에서 GFS(Google File System)에 대한 논문을 발표하면서 포털이나 검색 서비스 업체에서 많은 관심을 보이기 시작했으며, 최근에는 야후(Yahoo!)에서 적극적으로 지원하여 개발된 아파치(Apache)의 하둡 파일 시스템(Hadoop File System)까지 등장하였다.

## 가. 구글 파일 시스템

구글 파일 시스템(GFS, Google File system)은 구글의 대규모 클러스터 서비스 플랫폼의 기반이 되는 파일 시스템으로 개발되었다. GFS는 다음과 같은 가정을 토대로 설계되었다.

- 저가형 서버로 구성된 환경으로 서버의 고장이 빈번히 발생할 수 있다고 가정한다.
- 대부분의 파일은 대용량이라고 가정한다. 따라서 대용량 파일을 효과적으로 관리할 수 있는 방법이 요구된다.
- 작업 부하는 주로 연속적으로 많은 데이터를 읽는 연산이거나 임의의 영역에서 적은 데이터를 읽는 연산이다.
- 파일에 대한 쓰기 연산은 주로 순차적으로 데이터를 추가하며, 파일에 대한 갱신은 드물게 이루어진다.
- 여러 클라이언트에서 동시에 동일한 파일에 데이터를 추가하는 환경에서 동기화 오버헤드를 최소화할 수 있는 방법이 요구된다.
- 낮은 응답 지연시간보다 높은 처리율이 보다 중요하다.

GFS는 [그림 Ⅱ-2-1]과 같이 클라이언트, 마스터, chunk 서버들로 구성된다.

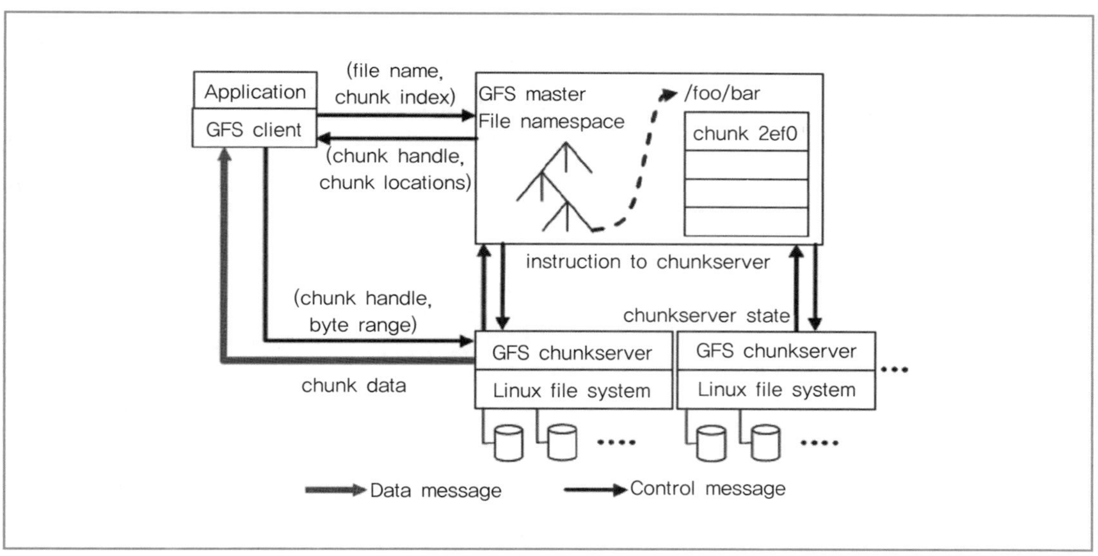


**[그림 Ⅱ-2-1] 파일 시스템 구조**

GFS의 클라이언트는 POSIX(Portable Operating System Interface) 인터페이스를 지원하지 않으며, 파일 시스템 인터페이스와 유사한 자체 인터페이스를 지원한다. 또한 여러 클라이언트에서 원자적인 데이터 추가(atomic append) 연산을 지원하기 위한 인터페이스를 지원한다.

GFS에서 파일은 고정된 크기의 chunk들로 나누어 chunk 서버들에 분산·저장된다. 그리고 각 chunk에 대한 여러 개의 복제본도 chunk 서버에 분산·저장된다. 따라서 클라이언트는 파일에 접근하기 위하여 마스터로부터 해당 파일의 chunk가 저장된 chunk 서버의 위치와 핸들을 먼저 받아 온다.

이어서 직접 chunk 서버로 파일 데이터를 요청한다. GFS의 마스터는 단일 마스터 구조로 파일 시스템 이름 공간과 파일의 chunk 매핑 정보, 각 chunk가 저장된 chunk 서버들의 위치 정보 등 모든 메타데이터를 메모리상에서 관리한다. GFS에서는 기본 chunk의 크기를 64MB로 지정함으로써 파일 메타데이터의 크기를 줄인다. 또한 기존의 트리 구조가 아닌 해시 테이블 구조 등을 사용함으로써 메모리상에서 보다 효율적인 메타데이터 처리를 지원한다. 마스터에서는 주기적으로 하트비트(heartbeat) 메시지를 이용하여 chunk 서버에 저장된 chunk들의 상태를 체크해 상태에 따라 chunk를 재복제하거나 재분산하는 것과 같은 회복 동작을 수행한다.

마스터에 대한 장애 처리와 회복을 위해 파일시스템 이름 공간과 파일의 chunk 매핑 변경 연산을 로깅하고 마스터의 상태를 여러 섀도 마스터에 복제한다.

Chunk 서버는 로컬 디스크에 chunk를 저장·관리하면서 클라이언트로부터의 chunk 입출력 요청을 처리한다. chunk는 마스터에 의해 생성/삭제될 수 있으며, 유일한 식별자에 의해 구별된다. 마스터는 하나의 chunk 서버를 primary로 지정하여 복제본의 갱신 연산을 일관되게 처리할 수 있도록 보장한다.

### 나. 하둡 분산 파일 시스템

하둡(Hadoop)은 아파치(Apache)의 검색엔진 프로젝트인 루씬(Lucene)의 서브 프로젝트로 진행되었지만, 2008년 1월에 아파치의 최상위(Top Level) 프로젝트로 승격되었다. 하둡은 하둡 분산 파일시스템(HDFS)과 MapReduce 구현 등을 포함한다. HDFS는 처음에 아파치 너치(Apache Nutch) 웹 검색 엔진의 파일 시스템으로 개발되었으며, 구글 파일 시스템과 아키텍처와 사상을 그대로 구현한 클로닝(Cloning) 프로젝트라고 할 수 있다.

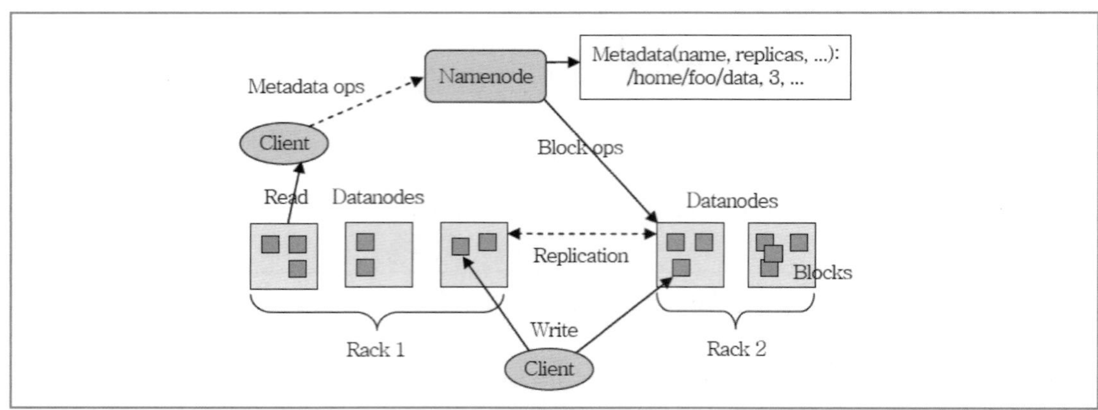


[그림 Ⅱ-2-2] HDFS 구조

HDFS는 [그림 Ⅱ-2-2]에서와 같이 하나의 네임노드(NameNode)와 다수의 데이터노드(DataNode)로 구성된다. 네임노드는 파일 시스템의 이름 공간을 관리하면서 클라이언트로부터의 파일 접근 요청을 처리한다. HDFS에서 파일 데이터는 블록 단위로 나뉘어 여러 데이터노드에 분산·저장된다. 그리고 블록들은 가용성을 보장하기 위하여 다시 복제·저장된다.

따라서 데이터노드는 클라이언트로부터의 데이터 입출력 요청을 처리한다. HDFS에서 파일은 한 번 쓰이면 변경되지 않는다고 가정한다. 따라서 HDFS는 데이터에 대한 스트리밍 접근을 요청하며, 배치 작업에 적합한 응용을 대상으로 한다.

네임노드는 데이터노드들로부터 하트비트(Heartbeat)를 주기적으로 받으면서 데이터노드들의 상태를 체크한다. 또한 하트비트 메시지에 포함된 블록 정보를 가지고 블록의 상태를 체크할 수 있다.

HDFS는 클라이언트, 네임노드, 데이터노드 간의 통신을 위하여 TCP/IP 네트워크상에서 RPC(Remote Procedure Call)를 사용한다.

### 다. 러스터

러스터(Lustre)는 클러스터 파일 시스템(Cluster File Systems Inc.)에서 개발한 객체 기반 클러스터 파일 시스템이다. 러스터는 [그림 Ⅱ-2-3]과 같이 클라이언트 파일 시스템, 메타데이터 서버, 객체 저장 서버들로 구성되며, 이들은 고속 네트워크로 연결된다. 러스터에서는 계층화된 모듈 구조로 TCP/IP, 인피니밴드(Infiniband), 미리넷(Myrinet)과 같은 네트워크를 지원한다. 클라이언트 파일 시스템은 리눅스 VFS (Virtual File System)에서 설치할 수 있는 파일 시스템으로, 메타데이터 서버와 객체 저장 서버들과 통신하면서 클라이언트 응용에 파일 시스템 인터페이스를 제공한다. 메타데이터 서버는 파일 시스템의 이름 공간과 파일에 대한 메타데이터를 관리하며, 객체 저장 서버는 파일데이터를 저장하고 클라이언트로부터의 객체 입출력 요청을 처리한다. 객체는 객체 저장 서버들에 스트라이핑되어 분산·저장된다.

러스터는 유닉스(Unix) 시맨틱을 제공하면서 파일 메타데이터에 대해서는 라이트백 캐시(Write Back Cache)를 지원한다. 이를 위해 클라이언트에서 메타데이터 변경에 대한 갱신 레코드를 생성하고 나중에 메타데이터 서버에 전달한다. 그러면 메타데이터 서버는 전달된 갱신 레코드를 재수행하여 변경된 메타데이터를 반영한다. 더불어 메타데이터 서버에서는 메타데이터를 동시에 접근하는 부하에 따라 클라이언트 캐시에서 라이트백 캐시를 지원하거나 메타데이터 서버에서 메타데이터를 처리하는 방식을 적용한다.

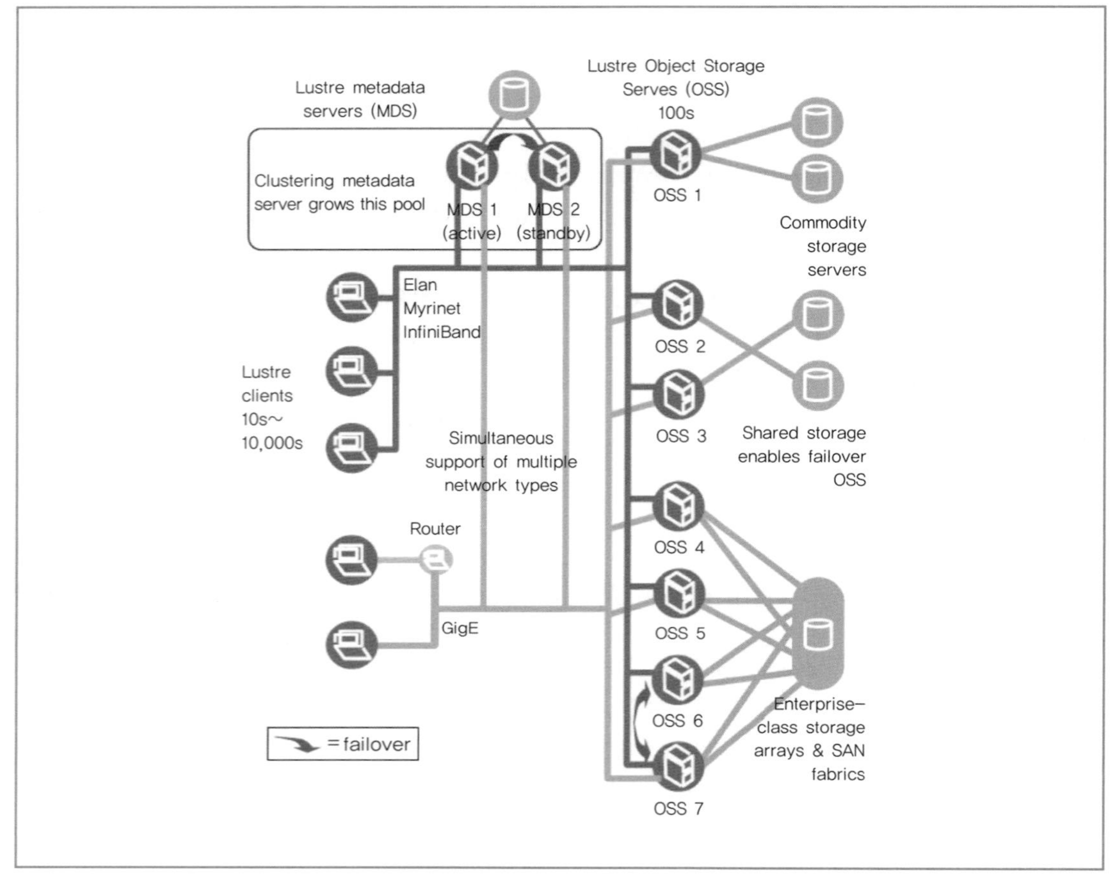


[그림 II-2-3] 러스터 구조

러스터는 메타데이터 서버에서 처리하도록 하는 방식을 사용해 메타데이터에 대한 동시 접근이 적으면 클라이언트 캐시를 이용한 라이트백 캐시를 사용하고, 메타데이터에 대한 동시 접근이 많으면 클라이언트 캐시를 사용함으로써 발생할 수 있는 오버헤드를 줄인다.

러스터는 파일 메타데이터와 파일 데이터에 대한 동시성 제어를 위해 별도의 잠금을 사용한다. 메타데이터에 접근하기 위해서는 메타데이터 서버의 잠금 서버로부터 잠금을 획득해야 한다. 파일 데이터를 접근하기 위해서는 해당 데이터가 저장된 객체 저장 서버의 잠금 서버로부터 잠금을 획득해야 한다.

또한 러스터에서는 클라이언트와 메타데이터 서버 간의 네트워크 트래픽을 최소화하기 위하여 메타데이터에 대한 잠금 요청 시에 메타데이터 접근 의도를 같이 전달하는 인텐트(intent) 기반 잠금 프로토콜을 사용한다. 따라서 메타데이터 서버는 메타데이터 접근 의도에 따라 해당 동작을 수행하고, 잠금을 승인하는 처리를 함께 수행함으로써 클라이언트와 메타데이터 서버 간의 네트워크 트래픽을 줄일 수 있다.

[표 Ⅱ-2-1]은 클러스터 파일 시스템을 비교한 결과다.

**[표 Ⅱ-2-1] 클러스터 파일 시스템 비교**

| 구분 | GFS | 하둡 DFS | 러스터 |
|---|---|---|---|
| Open Source | 지원 | 지원 | 지원 |
| Chunk based | 지원 | 지원 | 지원 안함 |
| Support Replication | 지원 | 지원 | 지원 안함 |
| Multiple metadata server supported | 지원 안함 | 지원 안함 | 지원 안함 |
| Locks used to maintain atomicity | 지원 | 지원 | 지원 |
| Uses a DB for storing metadata | 지원 안함 | 지원 안함 | 지원 안함 |
| Adding nodes without shutting down the system. | 지원 | 지원 | 지원 |
| POSIX support | 지원 안함 | 지원 안함 | 지원 |
| Supports file modification | 지원 안함<br>(append는 지원함) | 지원 안함 | 지원 |

## 2. 데이터베이스 클러스터

데이터를 통합할 때, 성능 향상과 가용성을 높이기 위해 데이터베이스 차원의 파티셔닝 또는 클러스터링을 이용한다. 데이터베이스 파티셔닝을 구현하면 얻을 수 있는 혜택은 다음과 같다.

- 파티션 사이의 병렬 처리를 통한 빠른 데이터 검색 및 처리 성능을 얻을 수 있다.
- 성능의 선형적인 증가 효과를 볼 수 있다.
- 특정 파티션에서 장애가 발생하더라도 서비스가 중단되지 않는 고가용성을 확보할 수 있다.

데이터베이스 파티셔닝은 데이터베이스 시스템을 구성하는 형태에 따라 단일 서버 내의 파티셔닝과 다중 서버 사이의 파티셔닝으로 구분할 수 있다. 리소스 공유 관점에서는 다시 공유 디스크(Shared Disk)와 무공유(Shared Nothing)로 구분할 수 있다.

### ■ 무공유

무공유(Shared Nothing) 클러스터에서 각 데이터베이스 인스턴스는 자신이 관리하는 데이터 파일을 자신의 로컬 디스크에 저장하며, 이 파일들은 노드 간에 공유하지 않는다.

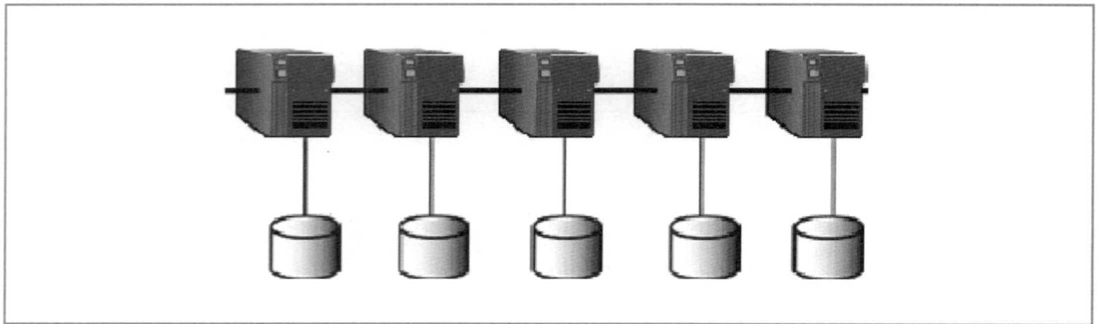

[그림 II-2-4] 데이터베이스 클러스터 1

각 인스턴스나 노드는 완전히 분리된 데이터의 서브 집합에 대한 소유권을 가지고 있으며, 각 데이터는 소유권을 갖고 있는 인스턴스가 처리한다. 한 노드가 데이터 처리 요청을 받으면, 해당 노드는 처리할 데이터를 갖고 있는 노드에 신호를 보내 데이터 처리를 요청한다. 무공유 구조의 장점은 노드 확장에 제한이 없다는 것이다. 단점은 각 노드에 장애가 발생할 경우를 대비해 별도의 폴트톨러런스(fault-tolerance)를 구성해야 한다는 것이다.

Oracle RAC(Real Application Cluster)를 제외한 대부분의 데이터베이스 클러스터가 무공유 방식을 채택하고 있다.

■ **공유 디스크**

공유 디스크(Shared Disk) 클러스터에서 데이터 파일은 논리적으로 모든 데이터베이스 인스턴스 노드들과 공유하며, 각 인스턴스는 모든 데이터에 접근할 수 있다. 데이터를 공유하려면 SAN(Storage Area Network)과 같은 공유 디스크가 반드시 있어야 하며, 모든 노드가 데이터를 수정할 수 있기 때문에 노드 간의 동기화 작업 수행을 위한 별도의 커뮤니케이션 채널이 필요하다.

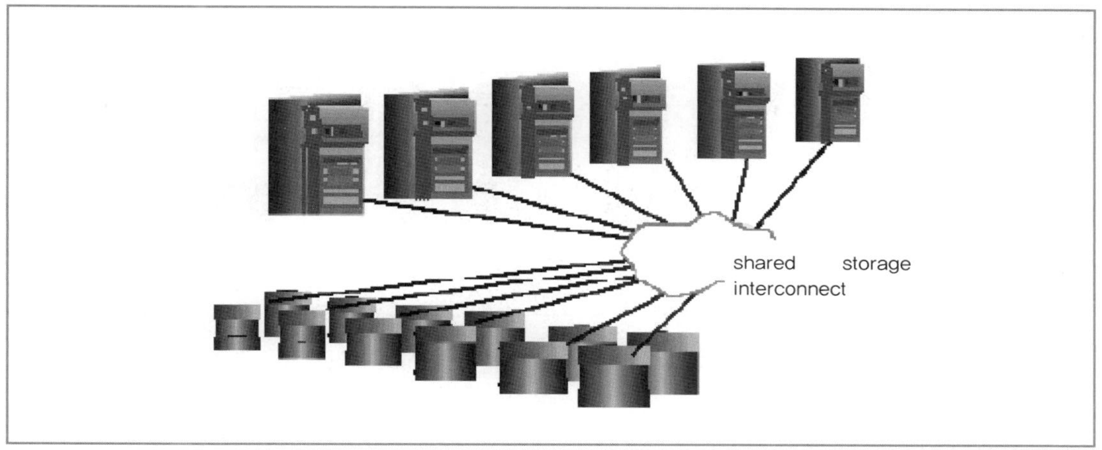


[그림 II-2-5] 데이터베이스 클러스터 2

공유 디스크 방식의 가장 큰 장점은 높은 수준의 폴트톨러런스 제공이다. 클러스터를 구성하는 노드 중 하나의 노드만 살아 있어도 서비스가 가능하기 때문이다. 단점은 클러스터가 커지면 디스크 영역에서 병목현상이 발생하는 문제다. Oracle RAC가 공유 디스크 방식을 이용하고 있다.

## 가. Oracle RAC 데이터베이스 서버

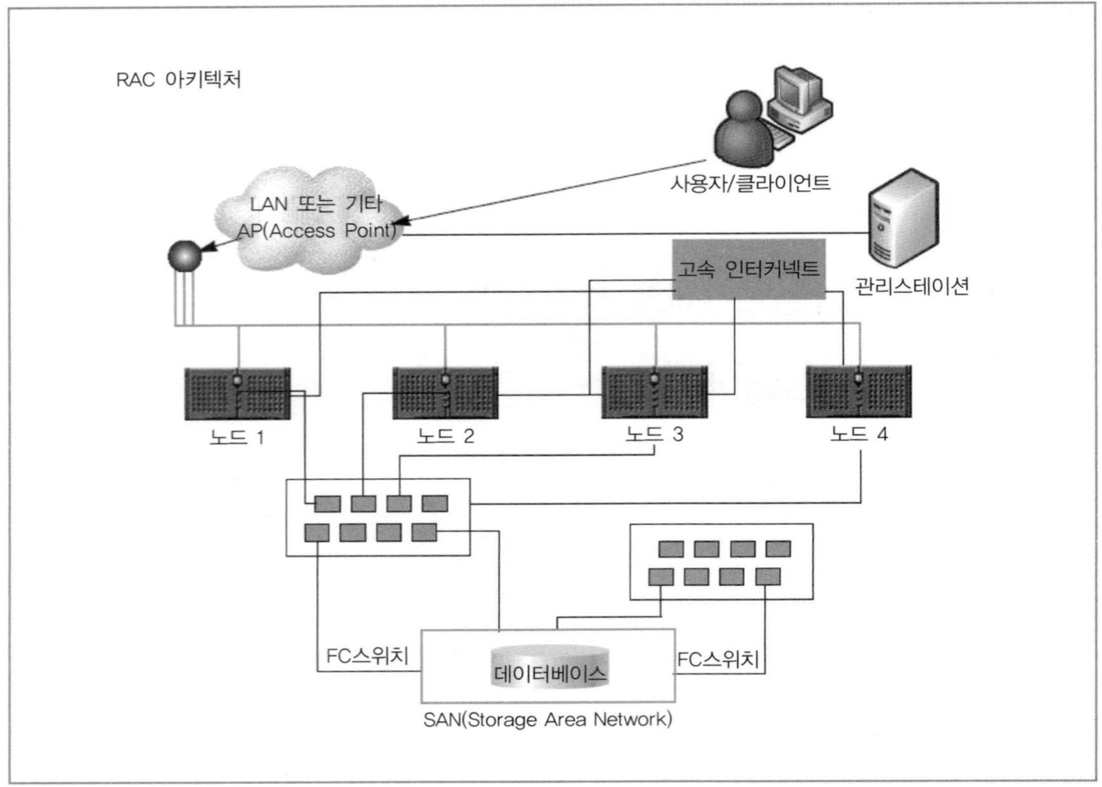


[그림 Ⅱ-2-6] Oracle RAC

[그림 Ⅱ-2-6]은 일반적인 4노드 RAC 구성 모델이다. Oracle RAC 데이터베이스 서버는 클러스터의 모든 노드에서 실행되며, 데이터는 공유 스토리지에 저장된다. 클러스터의 모든 노드는 데이터베이스의 모든 테이블에 동등하게 액세스하며, 특정 노드가 데이터를 '소유'하는 개념이 없다. 따라서 데이터를 파티셔닝할 필요가 없지만, 성능 향상을 위해 빈번하게 파티셔닝된다. 응용 프로그램은 클러스터의 특정 노드가 아니라 RAC 클러스터에 연결하며, RAC는 클러스터의 모든 노드에 로드를 고르게 분산한다.

■ **가용성**

클러스터의 한 노드가 어떤 이유로 장애를 일으키면 Oracle RAC는 나머지 노드에서 계속 실행된다. 장애가 발생한 노드에 연결됐던 모든 응용 프로그램(사용자)은 투명하게 다시 연결되어 클러스터의 나머지 노드에 분산된다.

■ **확장성**

추가 처리 성능이 필요하면 응용 프로그램이나 데이터베이스를 수정할 필요 없이 새 노드를 클러스터에 쉽게 추가할 수 있다. 클러스터의 모든 노드 간에 균형이 유지되도록 로드가 다시 분산된다. Oracle 10g R2 RAC는 클러스터 내에 최대 100개의 노드를 지원한다.

■ **비용 절감**

RAC는 표준화된 소규모(CPU 4개 미만) 저가형 상용 하드웨어의 클러스터에서도 고가의 SMP 시스템만큼 효율적으로 응용 프로그램을 실행함으로써 하드웨어 비용을 절감한다. 예를 들어 4CPU의 16노드 클러스터를 사용하면 동급 성능의 64CPU SMP 시스템에 비해 비용을 크게 절감할 수 있다.

Oracle RAC는 여러 장점을 갖고 있지만 일반적으로 4노드 이상 잘 구성하지 않는다. 도입 비용 때문에 확장성이 중요한 데이터보다는 고가용성을 요구하는 데이터에 많이 사용한다.

(자세한 내용은 http://www.oracle.com/technology/global/kr/products/database/clustering 참조)

### 나. IBM DB2 ICE(Integrated Cluster Environment)

DB2는 CPU·메모리·디스크를 파티션별로 독립적으로 운영하는 무공유 방식의 클러스터링을 지원한다. 애플리케이션은 여러 파티션에 분산된 데이터베이스를 하나의 데이터베이스(Single View Database)로 보게 되고, 데이터가 어느 파티션에 존재하고 있는지 알 필요가 없다. 따라서 데이터와 사용자가 증가하면 애플리케이션의 수정 없이 기존 시스템에 노드를 추가하고 데이터를 재분배함으로써 시스템의 성능과 용량을 일정하게 유지할 수 있다.

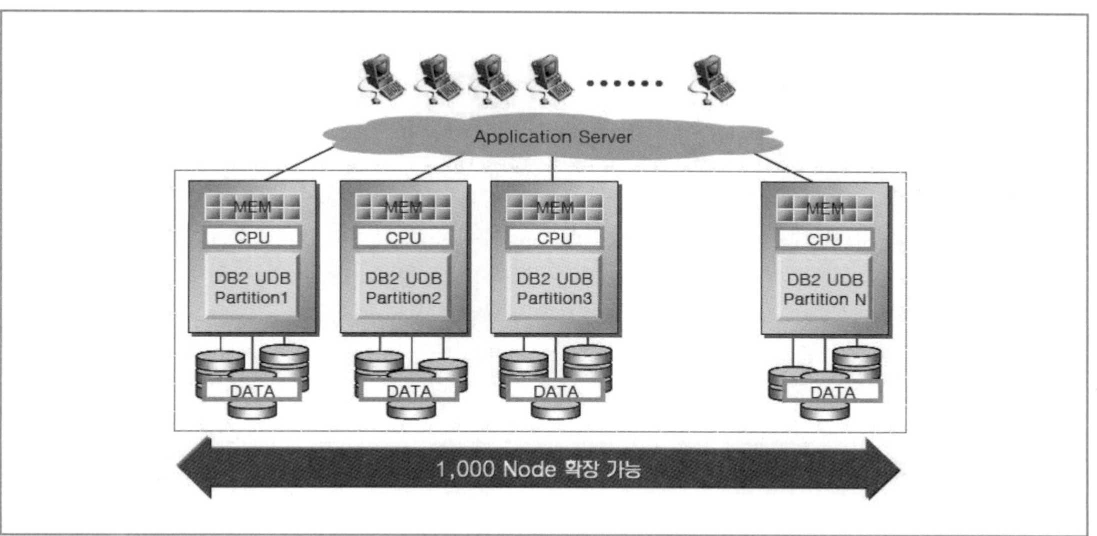


[그림 II-2-7] IBM DB2

하지만 각 노드로 분산되는 파티셔닝을 어떻게 구성하느냐에 따라 성능의 차이가 많이 발생할 수 있으며 하나의 노드에 장애가 발생할 경우, 해당 노드에서 서비스하는 데이터에 대한 별도의 페일오버(failover) 메커니즘이 필요하게 된다. 따라서 DB2를 이용하여 클러스터를 구성할 때에도 가용성을 보장하기 위해 공유 디스크 방식을 이용한다. 공유 디스크에 저장된 데이터 파일에 대해 특정 시점에서는 특정 노드에 의해 서비스 되지만 장애 상황이 발생하게 되면 다른 노드가 해당 데이터에 대한 서비스를 처리하는 방식으로 가용성을 보장한다.
(세부 내용은 http://www.ibm.com/db2 참조)

### 다. 마이크로소프트 SQL Server

SQL Server는 연합(Federated) 데이터베이스 형태로 여러 노드로 확장할 수 있는 기능을 제공한다. 연합 데이터베이스는 디스크 등을 공유하지 않는 독립된 서버에서 실행되는 서로 다른 데이터베이스들 간의 논리적인 결합이며, 네트워크를 이용하여 연결된다.

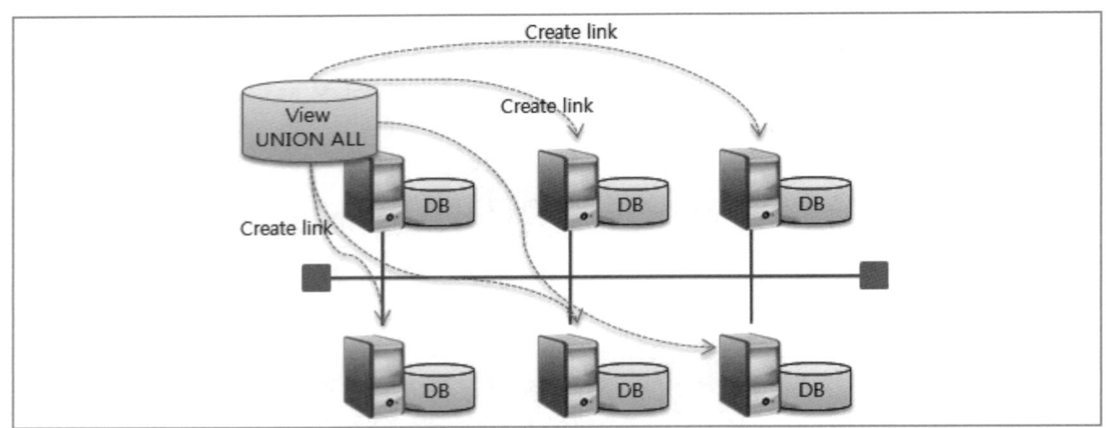


[그림 II-2-8] SQL Server 연합 데이터베이스 아키텍처

데이터는 관련된 서버들로 수평적으로 분할된다. 테이블을 논리적으로 분리해 물리적으로는 분산된 각 노드에 생성하고, 각 노드의 데이터베이스 인스턴스 사이에 링크를 구성한 후 모든 파티션에 대해 UNION ALL을 이용해 논리적인 뷰(VIEW)를 구성하는 방식으로 분산된 환경의 데이터에 대한 싱글 뷰를 제공한다. SQL Server에서는 이런 뷰를 DVP(Distributed Partitioned View)라고 한다.

이런 구성의 가장 큰 문제는 DBA나 개발자가 파티셔닝 정책에 맞게 테이블과 뷰를 생성해야 하고, 전역 시스카(Global schema) 정보가 없기 때문에 질의 수행을 위해 모든 노드를 액세스해야 한다는 점이다. 노드의 개수가 작으면 간단하게 구성할 수 있지만, 노드가 많아지거나 노드의 추가/삭제가 발생하는 경우 파티션을 새로 해야 하는 문제도 따른다. 또한 페일오버에 대해서는 별도로 구성해야 한다. SQL Server에서도 다음과 같은 페일오버 메커니즘을 제공하지만, Active-Active가 아닌 Active-Standby 방법을 사용하고 있다.

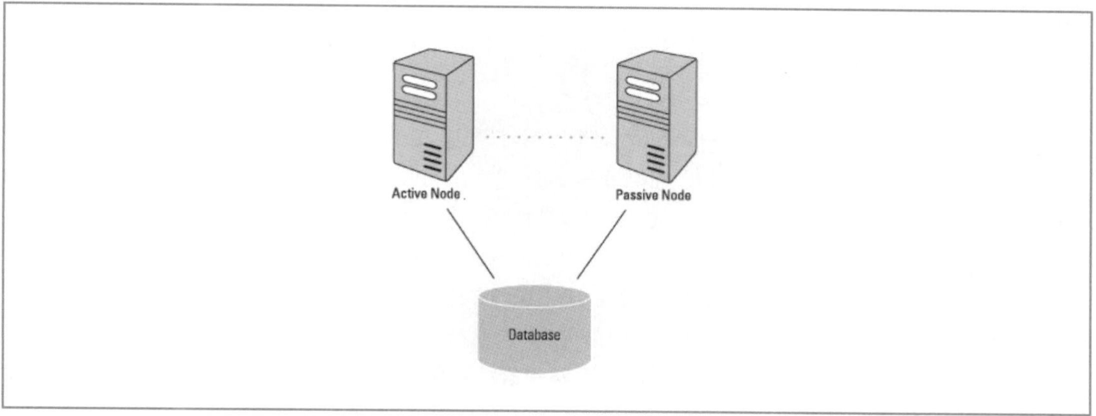


[그림 II-2-9] SQL Server의 Active-Standby 아키텍처

(세부 내용은 http://www.microsoft.com/sqlserver/2008/참조)

### 라. MySQL

MySQL 클러스터는 무공유 구조에서 메모리(최근에는 디스크도 제공) 기반 데이터베이스의 클러스터링을 지원하며, 특정한 하드웨어 및 소프트웨어를 요구하지 않고 병렬 서버구조로 확장이 가능하다.

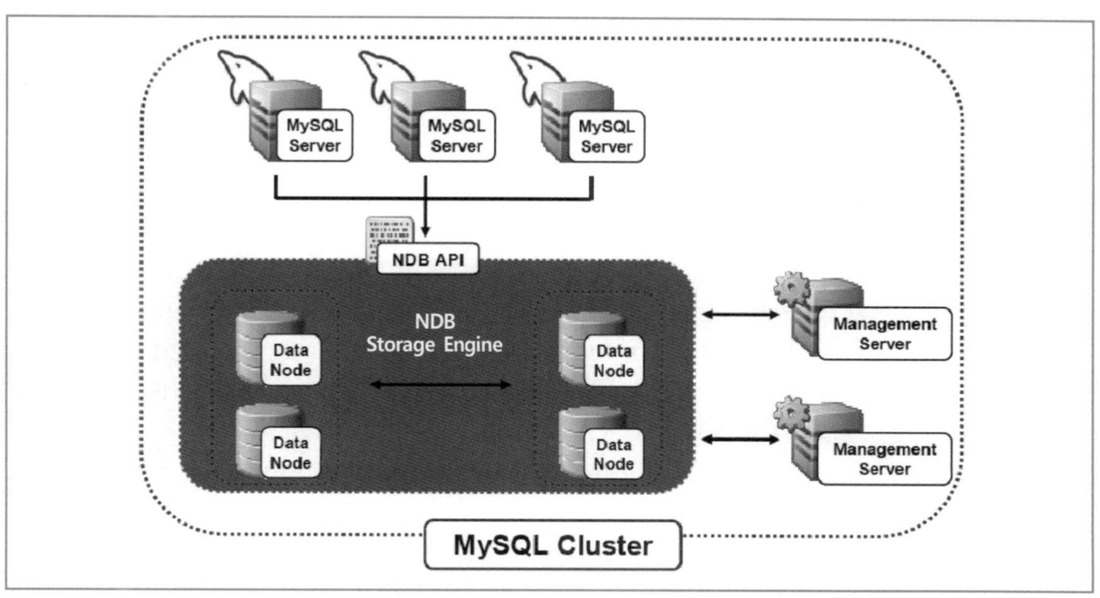


[그림 II-2-10] MySQL 클러스터

MySQL 클러스터는 관리 노드(Management Node), 데이터 노드(NDB Node), MySQL 노드로 구성되며 다음과 같은 역할을 수행한다.

- 관리 노드: 클러스터를 관리하는 노드로 클러스터 시작과 재구성 시에만 관여한다.
- 데이터 노드: 클러스터의 데이터를 저장하는 노드
- MySQL 노드: 클러스터 데이터에 접근을 지원하는 노드

MySQL 클러스터는 데이터의 가용성을 높이기 위해 데이터를 다른 노드에 복제시키며, 특정 노드에 장애가 발생하더라도 지속적인 데이터 서비스가 가능하다. 장애가 났던 노드가 복구되어 클러스터에 투입된 경우에도 기존 데이터와 변경된 데이터에 대한 동기화 작업이 자동으로 수행된다. 데이터는 동기화 방식으로 복제되며, 이런 작업을 위해 일반적으로 데이터 노드 간에는 별도의 네트워크를 구성한다.

MySQL의 최근 버전(5.1.6 이상)에서는 디스크 기반의 클러스터링을 제공한다. 디스크 기반 클러스터링에서는 인덱스가 생성된 칼럼은 기존과 동일하게 메모리에 유지되지만, 인덱스를 생성하지 않은 칼럼은 디스크에 저장된다. 따라서 디스크에 저장된 데이터는 모두 인덱스가 없는 데이터다. 이 경우 디스크에 저장된 데이터와 JOIN 연산을 수행할 경우 성능이 좋지 않기 때문에 애플리케이션 개발 시 주의해야 한다. 또한 디스크 기반이라 하더라도 인덱스로 구성된 칼럼은 메모리에 있기 때문에 데이터의 크기와 메모리 크기를 고려하여 인덱스 생성과 클러스터의 참여하는 장비의 메모리를 산정해야 한다. 다음은 MySQL 클러스터 구성을 할 경우 제한 사항이다.

- 파티셔닝은 LINEAR KEY 파티셔닝만 사용 가능하다.
- 클러스터에 참여하는 노드(SQL 노드, 데이터 노드, 매니저를 포함) 수는 255로 제한한다. 데이터 노드는 최대 48개까지만 가능하다.
- 트랜잭션 수행 중에 롤백을 지원하지 않으므로 작업 수행 중에 문제가 발생하였다면, 전체 트랜잭션 이전으로 롤백해야 한다.
- 하나의 트랜잭션에 많은 데이터를 처리하는 경우 메모리 부족 문제가 발생할 수 있으며, 여러 개의 트랜잭션으로 분리해 처리하는 것이 좋다(예: Delete from … LIMIT…).
- 칼럼명 길이는 31자, 데이터베이스와 테이블명 길이는 122자까지로 제한된다. 데이터베이스 테이블, 시스템 테이블, 블롭(BLOB) 인덱스를 포함한 메타데이터(속성정보)는 2만 320개까지만 가능하다.
- 클러스터에서 생성할 수 있는 테이블 수는 최대 2만 320개다. 한 로우(row)의 최대 크기는 8KB다(BLOB를 포함하지 않은 경우). 테이블의 키는 32개가 최대다.
- 모든 클러스터의 기종은 동일해야 한다. 기종에 따른 비트 저장방식이 다르면 문제가 발생할 수 있다.
- 운영 중에 노드를 추가/삭제할 수 없다.
- 디스크 기반 클러스터인 경우 tablespace의 개수는 2^32(4294967296), tablespace당 데이터 파일의 개수는 2^16(65535), 데이터 파일의 크기는 32GB까지 가능하다.
  (세부 내용은 http://www.mysql.com/products/database/cluster/참조)

## 3. NoSQL

NoSQL은 Key와 Value의 형태로 자료를 저장하고, 빠르게 조회할 수 있는 자료 구조를 제공하는 저장소다. 전통적인 RDBMS의 장점이라고 할 수 있는 복잡한 Join 연산 기능은 지원하지 않지만 대용량 데이터와 대규모 확장성을 제공한다.

### 가. 구글 빅테이블

구글은 대용량의 데이터를 저장하기 위해 빅테이블(BigTable)이라는 분산 데이터 관리 저장소를 개발하였다. 빅테이블은 데이터 서비스가 아닌 구글 내부에서 사용하는 데이터 저장소다. 구글은 AppEngine이라는 플랫폼 서비스를 2008년 오픈했다. AppEngine에서 사용하는 데이터 저장소가 빅테이블이다.

#### ■ 데이터 모델

빅테이블은 multi-dimension sorted hash map을 파티션하여 분산 저장하는 저장소다. 테이블 내의 모든 데이터는 row-key의 사전적 순서로 정렬·저장된다. row는 n개의 column-family를 가질 수 있으며 column-family에는 column-key, value, timestamp의 형태로 데이터를 저장한다. 하나의 row-key, column-family 내에 저장된 데이터는 column-key의 사전적 순서로 정렬돼 있다. 동일한 column-key에 대해 타임스탬프(timestamp)가 다른 여러 버전의 값이 존재할 수 있다. 따라서 BigTable에 저장되는 하나의 데이터(map)의 키 값 또는 정렬 기준은 "rowkey + columnkey + timestamp"가 된다.

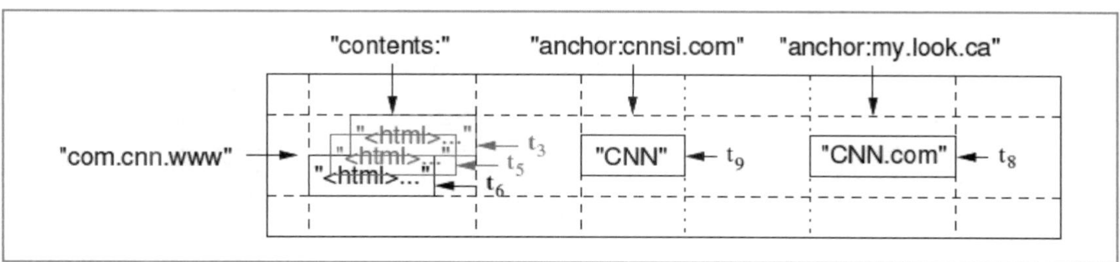


[그림 II-2-11] 빅테이블 데이터 모델의 예

테이블의 파티션은 row-key를 이용하며, 분리된 파티션은 분산된 노드에서 서비스하도록 한다. 분리된 파티션을 Tablet이라 하며, 한 Tablet의 크기는 보통 100~200MB다.

#### ■ 페일오버

특정 노드에 장애가 발생할 경우 빅테이블의 마스터(Master)는 장애가 발생한 노드에서 서비스되던 Tablet을 다른 노드로 재할당시킨다. 재할당 받은 노드는 구글 파일 시스템(GFS)에 저장된 변경 로그 파일,

인덱스 파일, 데이터 파일 등을 이용해 데이터 서비스를 위한 초기화 작업을 수행한 후 데이터 서비스를 한다. 빅테이블은 데이터베이스 클러스터 분류로 나누자면 공유 디스크(Shared Disk) 방식이다. 공유 저장소로 구글에서 개발된 분산 파일시스템을 이용하고 있어 모든 노드가 데이터, 인덱스 파일을 공유하고 있다.

빅테이블의 SPOF(Single Point Of Failure)는 마스터다. 빅테이블은 분산 락(lock) 서비스를 제공하는 Chubby를 이용해 Master를 계속 모니터링하다가 마스터에 장애가 발생하면 가용한 노드에 마스터 역할을 수행하도록 한다. Chubby는 자체적으로 폴트톨러런스 지원 구조이기 때문에 절대로 장애가 발생하지 않는다.

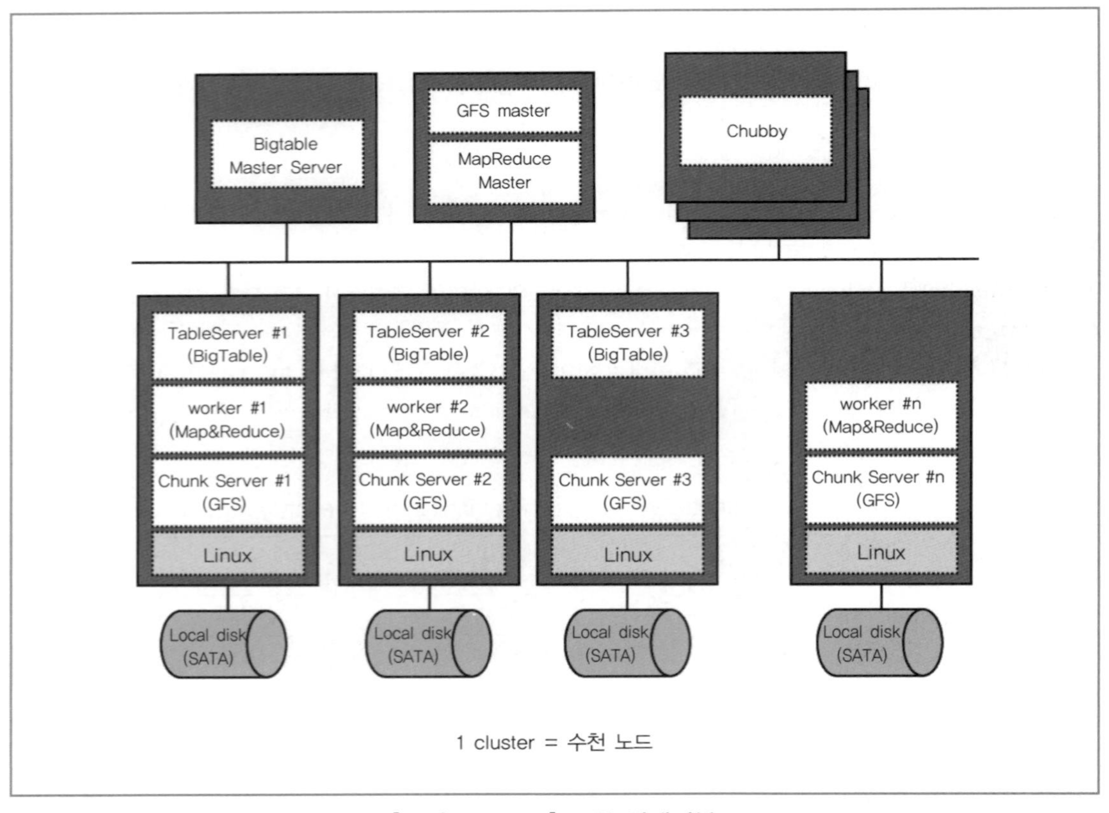


[그림 Ⅱ-2-12] 구글 빅테이블

빅테이블은 [그림 Ⅱ-2-12]에서 보는 것처럼 데이터 저장소를 위해 별도의 클러스터를 구성하기보다는 파일시스템, Map & Reduce 컴퓨팅 클러스터와 동일한 클러스터 위에 구성된다. 실시간 서비스뿐만 아니라 대용량 데이터의 분석 처리에 적합하도록 구성됐다.

■ **AppEngine**

AppEngine은 내에서 운영되 애플리케이션의 데이터 저장소를 제공하며, 내부적으로는 빅테이블을 이용한다. 사용자에게 직접 빅테이블의 API를 공개하지 않고 추상 계층을 두고 있는데, API에 대한 추상화뿐만 아니라 데이터 모델에 대해서도 추상화되어 있다.

사용자 테이블을 생성할 경우 빅테이블의 테이블로 생성되는 것이 아니라 빅테이블의 특정 테이블의 한 영역만을 차지하게 된다. 빅테이블에서는 별도의 사용자 정의 인덱스를 제공하지 않는 반면, AppEngine에서는 사용자가 수행하는 쿼리(query)를 분석하여 자동으로 인덱스(index)를 생성해준다. AppEngine에서 생성한 인덱스도 빅테이블의 특정 테이블 또는 테이블 내의 컬럼(column)으로 저장된다(구글에서는 AppEngine에 대한 자세한 내용을 공개하지 않아서 AppEngine의 API와 빅테이블의 구조 등을 참고해 추론한 내용임).

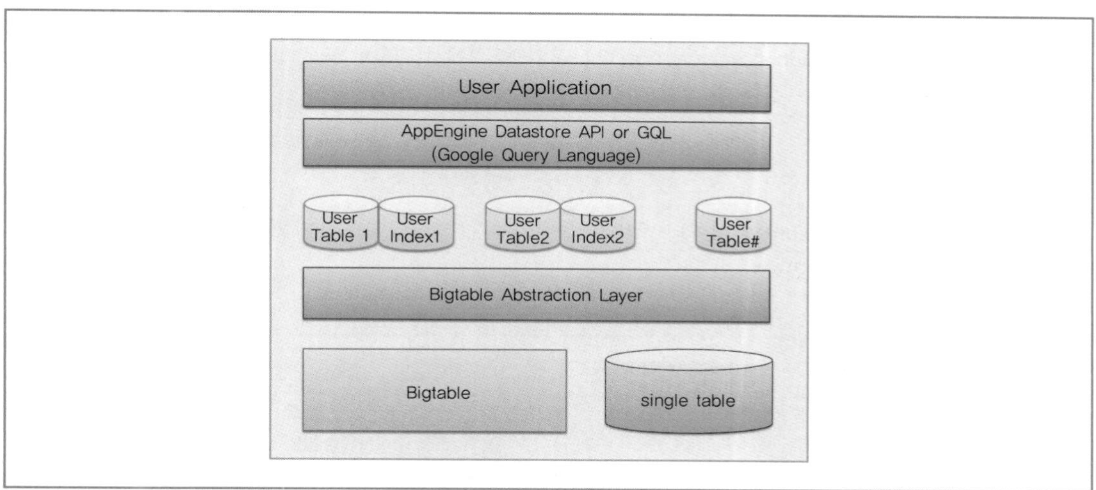


[그림 Ⅱ-2-13] AppEngine과 빅테이블

빅테이블은 Personalized Search, Google Analytics, Crawl, News recommend 등 2006년 기준으로 60개 이상의 프로젝트에서 사용되고 있다. 이들 시스템의 공통된 특징은 수백 테라바이트(Tera Byte)에서 수 페타바이트(Peta Byte) 규모의 데이터를 다루고 있으며, 실시간으로 데이터를 저장하거나 조회하고, 주기적인 배치 작업을 통해 데이터를 분석하고, 분석된 결과를 다시 실시간으로 서비스하는 패턴을 갖고 있다. 다음 표에서 보는 것처럼 2006년 기준으로 구글은 실제 업무에 사용하는 388개의 빅테이블 클러스터를 운영하고 있다.

[표 Ⅱ-2-2] 구글 빅테이블 클러스터 현황

| 서버 수 | 클러스터 수 |
|---|---|
| 0 ~ 19 | 259 |
| 20 ~ 49 | 47 |
| 50 ~ 99 | 20 |
| 100 ~ 499 | 50 |
| 500 | 12 |

출처: "BigTable: A Distributed Storage System for Structured Data."1

빅테이블 자체는 외부에 공개되지 않았으며, 빅테이블과 비슷한 기능을 수행하는 솔루션으로 아파치 오픈소스 프로젝트인 HBase(http://hadoop.apache.org/hbase)와 NHN에서 개발한 Neptune(http://dev.naver.com/rojects/Neptune)이 있다.

### 나. 아마존 SimpleDB

SimpleDB는 아마존(Amazon)의 데이터 서비스 플랫폼이다. SimpleDB는 웹 애플리케이션에서 사용하는 데이터의 실시간 처리를 지원한다.

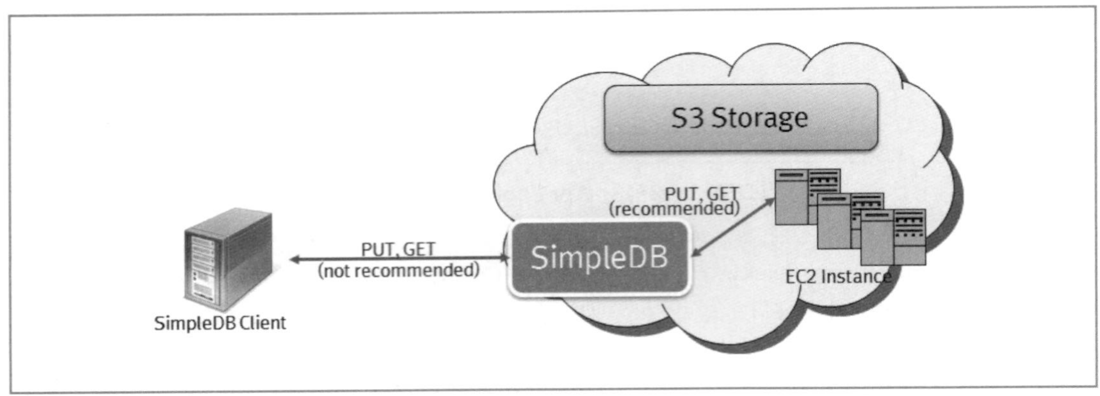


[그림 Ⅱ-2-14] 아마존 SimpleDB에서 웹 서비스

[그림 Ⅱ-2-14]에서와 같이 SimpleDB는 주로 아마존의 다른 플랫폼 서비스와 같이 사용된다. EC2, S3 등과 같은 아마존의 내부 서비스 간 네트워크 트래픽은 무료이고, 외부와의 In/Out 트래픽에는 요금을 부과하는 아마존 서비스의 가격 정책 때문이다. 사용자는 EC2에서 수행되는 웹 서버로 접근하고, 웹 서버에서 SimpleDB의 데이터를 조회해 적절하게 가공한 후 사용자에게 제공하는 형태로 구성된다. 비용을 염두에 두지 않은 경우라면 외부에서 직접 SimpleDB에 접근해 사용하는 것도 가능하다.

SimpleDB는 하나의 데이터에 대해 여러 개의 복제본을 유지하는 방식으로 가용성을 높인다. 이 경우 복제본 간의 consistency를 고려해야 하는데, SimpleDB에서는 'Eventual Consistency' 정책을 취한다. Eventual Consistency는 트랜잭션 종료 후 데이터는 모든 노드에 즉시 반영되지 않고 초 단위로 지연되어 동기화된다.

SimpleDB는 관계형 데이터 모델과 표준 SQL을 지원하지 않으며, 전용 쿼리 언어를 이용하여 데이터를 조회한다. SimpleDB의 데이터 모델은 Domain, Item, Attribute, Value로 구성되며 스키마(schema)가 없는 구조다.

■ **도메인**

관계형 데이터베이스의 테이블과 동일한 개념으로 하나의 도메인(Domain)에는 최대 10GB의 데이터를 저장할 수 있으며, 사용자는 100개의 도메인을 가질 수 있다. 사용자는 최대 1,000GB의 데이터를 SimpleDB에 저장할 수 있다.

■ **Items**

관계형 데이터베이스의 레코드(record)와 동일한 개념인 item은 독립적인 객체를 나타내며, 하나 이상의 Attribute를 가진다. 한 item은 최대 256개의 Attribute를 가질 수 있다.

■ **Attribute**

관계형 데이터베이스의 컬럼(column)과 동일한 개념이지만 사용하기 전에 미리 정의할 필요가 없다. Name, Value 쌍으로 데이터를 저장하고, 저장되는 데이터의 Name이 attribute의 이름이 된다. item의 특정 Attribute(Cell)에는 여러 개의 값을 저장할 수 있다.

[그림 Ⅱ-2-15]는 SimpleDB의 데이터 모델이다.

Attribute(256개)
Value(n개)
Domain
Item
(Row)

| ID | Category | Subcat. | Name | Color | Size | Make | Model |
|---|---|---|---|---|---|---|---|
| Item_01 | Clothes | sweater | Cathair Sweater | Siamese | Small, Medium, Large | | |
| Item_02 | Clothes | Pants | Designer Jeans | Paisley Acid Wash | 30×32, 32×32, 32×34 | | |
| Item_03 | Clothes | Pants | Sweatpants | Blue, Yellow, Pink | Large | | |
| Item_04 | Car Parts | Engine | Turbos | | | Audi | S4 |
| Item_05 | Car Parts | Emissions | 02 Sensor | | | Audi | S4 |
| Item_06 | Motorcycle Parts | Bodywork | Fender Eliminator | Blue | | Yamaha | R1 |
| Item_07 | Motorcycle Parts, Clothing | Clothing | Leather Pants | Black | Small, Medium, Large | | |

**[그림 Ⅱ-2-15] SimpleDB 데이터 모델**

여러 도메인에 걸친 쿼리는 허용되지 않으며, 한 번에 하나의 도메인에 대해서만 쿼리를 수행해야 한다. 이 경우 1+N(mast-slave) 관계의 데이터 모델을 갖는 두 개의 도메인으로부터 데이터를 조회할 경우 쿼리가 여러 번 수행돼야 하는 단점이 있다. 이것은 SimpleDB만의 문제가 아니라 대부분의 데이터 서비스에서 갖는 문제다.

SimpleDB가 어떻게 인덱스를 관리하지에 대한 공식 문서는 없지만, 제공 쿼리를 이용해 추측하면 모든 arrtibute에 대해 bitmap index를 구성하는 것으로 보인다. 이 경우 고르게 분포된 데이터에 대한 "=" 연산에 대해서는 빠른 쿼리를 수행할 수 있지만 "〉", "〈" 연산이나 value에 특정 데이터가 많으면 쿼리 성능이 좋지 않다.

클라이언트는 SOAP 또는 REST 프로토콜을 이용하여 SimpleDB를 이용할 수 있으며, 다음과 같은 API를 제공한다.

- CreateDomain: 도메인을 생성한다.
- DeleteDomain: 도메인을 삭제한다.
- ListDomains: 모든 모메인의 목록을 가져온다.
- PutAttributes: Item을 생성하고 Attribute에 값을 추가한다.

- DeleteAttributes: Attribute 값을 삭제한다.
- GetAttributes: Attribute의 값을 조회한다.
- Query: 쿼리를 이용하여 조건에 맞는 여러 개의 item을 조회한다. 한 번의 쿼리는 최대 5초 이내에 수행되어야(5초가 넘으면 timeout 발생) 하며, 쿼리 결과로 받을 수 있는 최대 item 수는 256개다.

### 다. 마이크로소프트 SSDS

SSDS(SQL Server Data Service)는 마이크로소프트에서 2008년 4월에 베타 서비스를 실시한 데이터 서비스다. 다른 데이터 서비스와 동일하게 SSDS 역시 고가용성을 보장한다.

SSDS의 데이터 모델은 컨테이너, 엔티티로 구성돼 있다. 컨테이너는 테이블과 유사한 개념이지만 하나의 컨테이너에 여러 종류의 엔티티를 저장할 수 있다. 예를 들어 Order entity와 OrderDetail entity를 하나의 컨테이너에 저장할 수 있다. 엔티티는 레코드와 유사한 개념으로, 하나의 엔티티는 여러 개의 property를 가질 수 있으며, property는 name-value 쌍으로 저장된다.

SSDS를 이용하여 애플리케이션을 개발하면 관련된 정보를 하나의 컨테이너에 저장한다. 관계형 데이터베이스에서는 엔티티를 구분하고 엔티티별로 테이블을 생성하는 것이 일반적이다. 예를 들어 CustomerA의 주문 정보(Order)와 주문 상세 정보(OrderDetail)를 저장하기 위해 Order 테이블과 OrderDetail 테이블을 생성한다. 하지만 SSDS에서는 CustomerA라는 Container를 만들고 Order와 OrderDetail entity를 생성한 컨테이너에 모두 저장한다. 즉, CustomerId가 파티셔닝 키가 되고 파티셔닝 대상은 컨테이너가 된다.

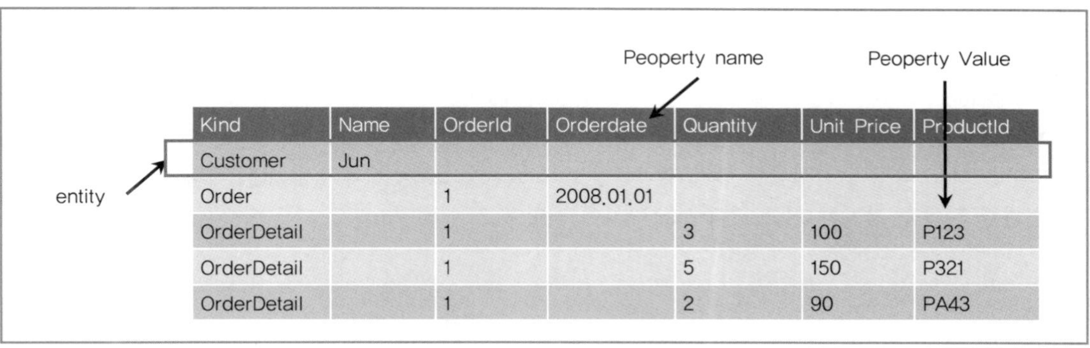


| Kind | Name | OrderId | Orderdate | Quantity | Unit Price | ProductId |
|---|---|---|---|---|---|---|
| Customer | Jun | | | | | |
| Order | | 1 | 2008.01.01 | | | |
| OrderDetail | | 1 | | 3 | 100 | P123 |
| OrderDetail | | 1 | | 5 | 150 | P321 |
| OrderDetail | | 1 | | 2 | 90 | PA43 |

[그림 II-2-16] SSDS 데이터 모델

이런 방식으로 컨테이너를 구성하면, 많은 컨테이너가 생성되는데 이들 컨테이너는 여러 노드에 분산·관리된다. 쿼리는 하나의 컨테이너만을 대상으로 한다.

컨테이너의 생성/삭제, 엔티티의 생성/삭제·조회, 쿼리 등의 API를 제공하고 SOAP/REST 기반의 프로토콜을 지원한다.

# 제2절 분산 컴퓨팅 기술

최근의 컴퓨팅 환경은 저가형 서버들을 클러스터링하고, 그것으로부터 다양한 리소스(CPU, 메모리, 하드디스크, 파일, 프로세스)들을 끌어 모아 표준화한 대규모 고성능 컴퓨팅 플랫폼을 구축하는 일에 많은 노력을 기울이고 있다(HPC, Grid, Cluster Computing). 이러한 컴퓨팅 환경은 대용량 데이터를 다루고 있는 다양한 응용 분야에서도 중요한 역할을 수행하게 되는데, 계산중심의 수학·과학 분야뿐만 아니라 데이터 중심의 텍스트 마이닝과 로그 모델링 같은 정보분석 분야에서도 그 활용도가 높다. 실제 구글의 MapReduce 프로그래밍 방식은 대용량 데이터를 다루는 인터넷 분야에 상당한 영향을 끼치고 있다. 야후는 오픈소스 하둡을 검색 전반에 걸쳐 활용하고 있으며, 아마존은 EC2와 S3를 선보임으로써 차세대 분산 컴퓨팅 기술을 선도하고 있다. 또한 Parallel DBMS 분야에서도 분산된 지역 DB로부터 다차원 데이터를 분석 처리하기 위하여 MapReduce 방식을 적극 도입하고 있다.

본 장에서는 MapReduce에 대한 정의와 역할을 간략하게 다루고, 다양한 MapReduce 구현 사례를 소개하고자 한다.

## 1. MapReduce

MapReduce는 분할정복 방식으로 대용량 데이터를 병렬로 처리할 수 있는 프로그래밍 모델이다. 구글에서 MapReduce 방식의 분산 컴퓨팅 플랫폼을 구현해 성공적으로 적용함으로써 더욱 유명해졌으며, 오픈소스인 Hadoop MapReduce 프레임워크가 동일한 기능을 지원한다.

MapReduce 작업은 특별한 옵션을 주지 않으면 Map Task 하나가 1개의 블록(64MB)을 대상으로 연산을 수행한다. 예를 들어 320MB의 파일을 대상으로 작업을 돌리면 [그림 Ⅱ-2-17]처럼 5개의 Map Task 가 생성되며, Map 과정에서 생산된 중간 결과물들을 Reduce Task들(사용자가 개수 지정)이 받아와서 정렬 및 필터링 작업을 거쳐서 최종 결과물을 만들어 낸다.

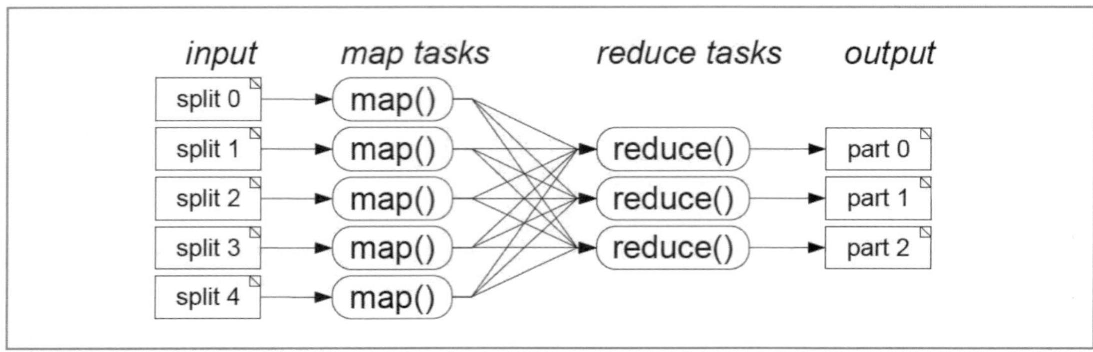


[그림 Ⅱ-2-17] MapReduce 플로

## 가. 구글 MapReduce

구글은 대용량 데이터를 처리하는 수백 가지의 연산 방식들을 개발해 사용하였다. 대부분의 연산 방식들은 직관적이었지만 처리해야 할 데이터가 매우 컸기 때문에 수백 대 혹은 수천 대의 서버들에 분산 처리해야만 원하는 시간 안에 작업을 마칠 수 있었다. 이러한 분산 환경에서는 개발자가 연산의 병렬화, 데이터 분산, 장애 복구 등의 작업들을 직접 처리해야 하기 때문에 그만큼 코드의 복잡성이 증가하여 많은 개발 시간이 소요된다. 개발자들에게는 이러한 병렬화, 장애 복구 등의 복잡성을 추상화시켜서 오직 핵심 기능 구현에만 집중할 수 있도록 해주기 위해서 MapReduce를 만들게 되었다.

### ■ 프로그래밍 모델

MapReduce는 Map과 Reduce 2개의 단계로 나눌 수 있으며 Map에서는 Key와 Value의 쌍들을 입력으로 받는다. 하나의 Key, Value쌍은 사용자가 정의한 Map 함수를 거치면서 다수의 새로운 Key, Value쌍들로 변환되어 로컬 파일 시스템에 임시 저장된다. 저장된 임시 파일들은 프레임워크에 의해 Reduce에게 전송된다. 이 과정에서 자동으로 Shuffling과 group by 정렬을 한 후 Reduce의 입력 레코드로 들어가게 되는데 형식은 Key와 Value의 리스트다. Reduce의 입력 레코드들은 사용자가 정의한 Reduce 함수를 통해 최종 Output으로 산출된다. 사용자 관점에서는 이전에 언급했던 장애 복구와 같은 세세한 이슈들은 신경 쓸 필요 없이 Map과 Reduce 두 함수만 작성하는 것만으로 대규모 병렬 연산 작업을 수행할 수 있다.

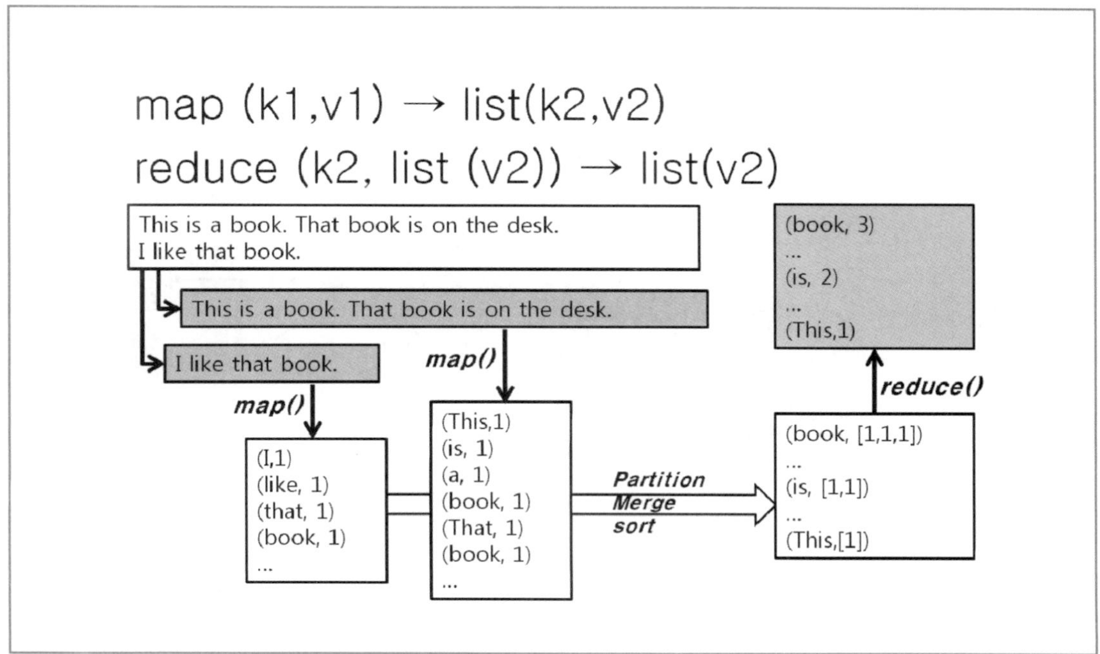


[그림 II-2-18] MapReduce 개념

### ■ 실행 과정

사용자가 MapReduce 프로그램을 작성해 실행하면 마스터는 사용자의 프로그램에서 지정한 입력 데이터 소스를 가지고 스케줄링을 한다. 가령 하나의 큰 파일은 여러 개의 파일 split들로 나뉘며, 각 split들이 Map 프로세스들의 할당 단위가 된다. 보통 split 단위는 블록 사이즈인 64MB 또는 128MB가 되며 split 수만큼 Map Task들이 워커로부터 fork됨과 동시에 실행돼 Output을 로컬 파일 시스템에 저장한다. 이때 Output 값들은 Partitioner라는 Reduce 번호를 할당해 주는 클래스를 통해 어떤 Reduce에게 보내질지 정해진다. 특별히 지정하지 않으면 Key의 해시(Hash) 값을 Reduce의 개수로 Modular 계산한 값이 부여되어 동일한 Key들은 같은 Reduce로 배정된다. Map 단계가 끝나면 원격의 Reduce 워커들이 자기에 할당된 Map의 중간 값들을 네트워크로 가져, 사용자의 Reduce 로직을 실행해 최종 산출물을 얻어 낸다. 보통 Reduce의 개수는 Map의 개수보다 적으며, 실행 흐름에서 알 수 있듯이 Map의 중간 데이터 사이즈에 따라 성능이 좌우된다. 분산 Grep이나 빈도 수 계산 등의 작업은 Map 단계를 거치면서 데이터 사이즈가 크게 줄어들고, 줄어든 크기만큼 Reduce 오버헤드도 줄어듦에 따라 성능상 이점이 많다. 하지만 정렬 같은 작업은 입력 데이터의 사이즈가 줄지 않고 그대로 Reduce로 전해지므로 오버헤드에 따른 수행 성능이 저하된다. 즉 정렬 같은 종류의 작업에는 MapReduce 모델이 적합하지 않다.

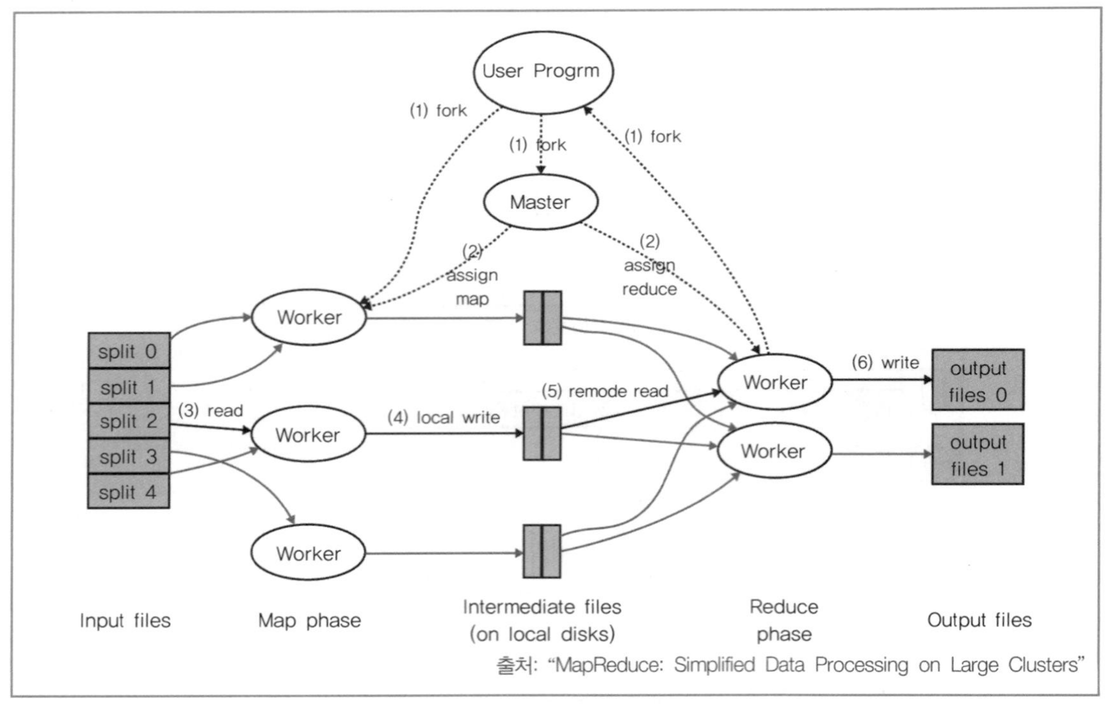


[그림 Ⅱ-2-19] MapReduce 프로세스 흐름

■ **폴트톨러런스**

각 프로세스에서는 Master에게 Task 진행 상태를 주기적으로 보낸다. 마스터는 모든 워커들의 Task 상태 정보를 가지고 있다가 특정 워커의 태스크가 더 이상 진행되지 않거나 상태 정보를 일정한 시간 동안(Heartbeat Timeout) 받지 못하면 Task에 문제가 있다고 결론을 내린다. 이후 장애 복구를 해야 하는데 MapReduce는 Shared Nothing 아키텍처이기 때문에 메커니즘이 간단하다. 특정 Map이나 Reduce Task들이 죽은 경우, 해당 Task가 처리해야 할 데이터 정보만 다른 워커에게 전해 주면 워커는 받은 데이터 정보를 인자로 새로운 Task를 재실행하면 된다.

## 나. Hadoop MapReduce

구글의 MapReduce는 논문으로만 접할 수 있고 실제 구현은 공개되지 않았다. 아파치 오픈소스 프로젝트인 하둡의 MapReduce는 구글에서 발표한 논문을 바탕으로 자바 언어로 구현한 시스템이라고 할 수 있다. 앞서 언급한 분산파일 시스템인 HDFS와 이번에 소개할 Hadoop MapReduce가 하둡의 핵심 구성요소다. 하둡은 아파치 검색엔진 프로젝트인 루씬(Lucene)의 서브 프로젝트로 시작되었다. 야후에서는 전담 팀을 구성해서 하둡을 지원하기 시작했고, 각종 개발자 커뮤니티에서 활발하게 참여하면서 크게 개선됐다. 전 세계적으로 다양한 산업 영역에서 수많은 업체가 실제 서비스에 활용할 정도로 성능과 안정성이 검증된 상태다.

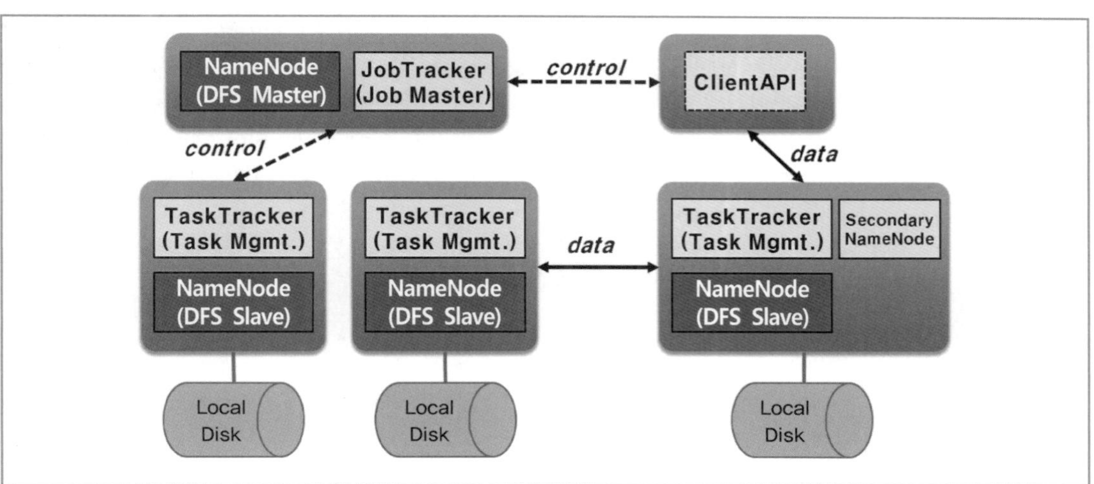


[그림 II-2-20] 하둡 아키텍처

■ **아키텍처**

데몬 관점에서 하둡은 4개의 구성요소를 가지고 있다. 네임노드(NameNode)와 데이터노드(DataNode)는 분산 파일 시스템의 데몬들이다. JobTracker는 MapReduce 시스템의 마스터이고, TaskTracker는 워커 데몬이다. TaskTracker는 JobTracker에게 3초에 한번씩 주기적으로 하트비트(Heartbeat)를 보내 살아 있다는 것을 알린다. 클라이언트에서 하둡 작업을 실행하면, 프로그램 바이너리와 입출력 디렉터리와 같은 환경 정보들이 JobTracker에게 전송된다. JobTracker에서는 작업을 다수의 Task로 쪼갠 후 그 Task들을 어떤 TaskTracker에게 보내면 데이터 지역성을 보장할지도 감안해 내부적으로 스케쥴링해 큐(Queue)에 저장한다. TaskTracker에서 Heartbeat를 보내면 JobTracker는 먼저 해당 TaskTracker에게 할당된 Task가 있는지 큐에서 살펴본다. 이때 Task가 있으면 하트비트의 Reponse 메시지에 Task 정보를 실어서 TaskTracker에게 보낸다. TaskTracker는 Response 메시지의 내용을 분석해 프로세스를 fork해 자기에게 할당된 Task를 처리한다.

■ **하둡의 성능**

MapReduce에서 Sort는 어떠한 작업을 실행하더라도 Map에서 Reduce로 넘어가는 과정에서 항상 발생하는 내부적인 프로세스다. 또한 Sort 작업은 데이터가 커질수록 처리 시간이 선형적으로 증가한다. 클러스터 구성 서버들의 숫자를 늘림으로써 처리 시간을 줄일 수 있는 것은 아니다. 플랫폼 자체적으로 선형 확장성을 갖고 있어야 처리 시간을 줄일 수 있다. 이런 의미에서 Sort는 하둡 같은 분산컴퓨팅 플랫폼의 성능과 확장성을 동시에 측정할 수 있는 좋은 실험이라고 할 수 있다. Hadoop MapReduce는 개발초기인 2006년 이후 최근까지 6배 정도의 성능 향상이 있었다. 2008년에는 Jim Grey Sort Benchmark에서 900대의 클러스터로 1TB의 데이터를 209초로 끝냄으로써 종전 기록(297초)을 88초 정도 앞당겨 우승했다. 2009년에는 4,000대의 클러스터를 구성해서 1TB, 1PB의 데이터를 각각 62초, 16.25시간 만에 끝내서 역시 우승을 차지했다. 다음은 2009년 Sort 테스트에 대한 요약 정보다.

| Bytes | Nodes | Maps | Reduces | Replication | Time |
|---|---|---|---|---|---|
| 500,000,000,000 | 1406 | 8000 | 2600 | 1 | 59초 |
| 1,000,000,000,000 | 1460 | 8000 | 2700 | 1 | 62초 |
| 100,000,000,000,000 | 3452 | 190,000 | 10,000 | 2 | 173분 |
| 1,000,000,000,000,000 | 3658 | 80,000 | 20,000 | 2 | 975분 |

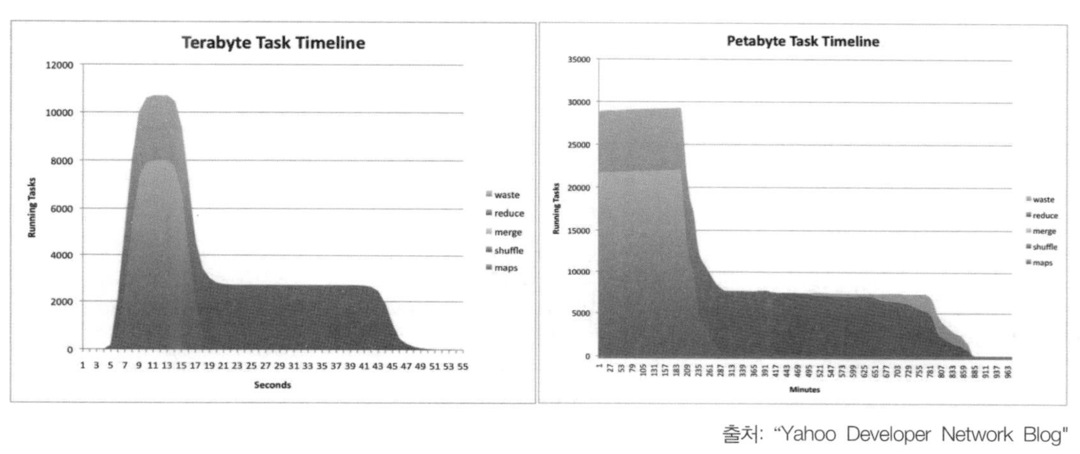


출처: "Yahoo Developer Network Blog"

[그림 II-2-21] Sort 성능 테스트 결과

### ■ 하둡 사용 현황

야후는 하둡 프로젝트의 주요 후원자이자 가장 활발하게 하둡을 사용하고 있다.

야후는 2만대의 서버에 하둡을 설치해 사용하고 있고, 가장 큰 단일 클러스터는 약 4,000대 규모다. 여러 분야의 연구 개발 및 서비스용으로 사용하고 있다. 대표적으로 WebMap이라는 그래프 기반 검색엔진이 있다. WebMap은 알려진 웹 페이지들의 모든 edge 및 링크 정보를 계산해 그 결과를 다양한 검색 애플리케이션에서 사용할 수 있도록 해주는 거대한 그래프라고 할 수 있다. WebMap에서는 주기적으로 100개 이상의 MapReduce 작업들을 체인 형태로 묶어 실행시키는데, 출력 결과만 압축해서 300TB 이상이 나올 정도로 대용량 데이터를 다루고 있다. 국내에서는 NHN과 다음 등 인터넷 포털과 삼성SDS, SK 등의 IT 서비스 회사들에서 대용량 데이터 분석 등 다양한 목적으로 하둡을 사용하고 있다.

## 2. 병렬 쿼리 시스템

구글이나 하둡의 MapReduce는 개발자들에게 구현하려는 알고리즘에만 포커싱할 수 있도록 간단한 프로그래밍 모델을 제공하였다. 비록 간단한 프로그래밍 모델이지만 일부 사용자들에게는 새로운 개념이기 때문에 여전히 쉽지 않다. 또한 직접 코딩하지 않고도 쉽고 빠르게 서비스나 알고리즘을 구현하고 적용해 볼 수 있는 환경에 대한 필요성이 대두되었다. 이러한 요구사항을 반영해서 스크립트나 사용자에게 친숙한 쿼리 인터페이스를 통해 병렬 처리할 수 있는 시스템들이 개발됐다. 구글의 Sawzall, 야후의 Pig 등은 이러한 MapReduce 시스템을 사용자가 쉽게 사용할 수 있도록 새로운 쿼리 언어로 추상화한 시스템들이다.

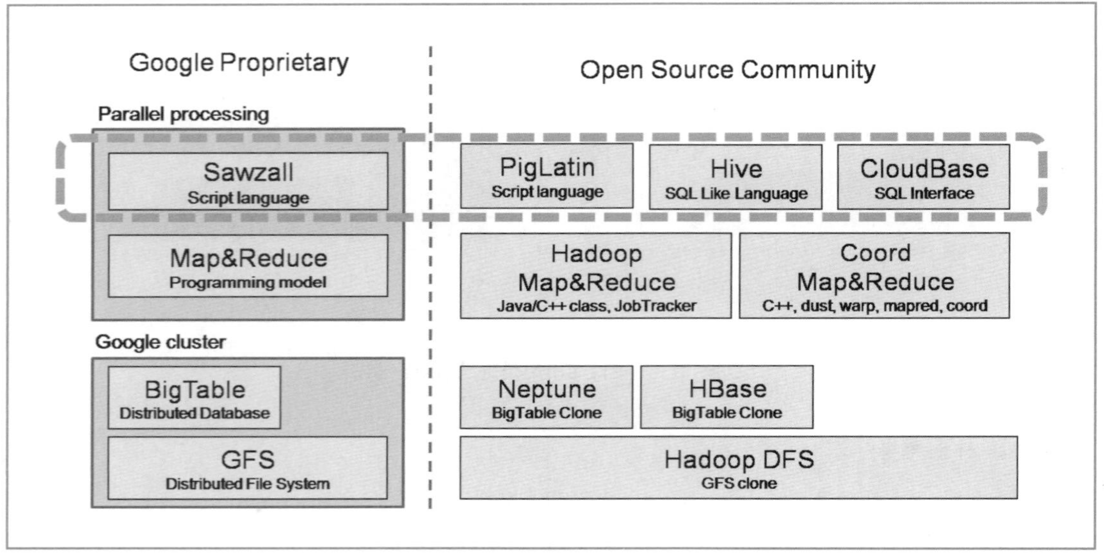


[그림 Ⅱ-2-22] 구글과 하둡의 쿼리 시스템

### 가. 구글 Sawzall

Sawzall은 MapReduce를 추상화한 스크립트 형태의 병렬 프로그래밍 언어다. Sawzall은 사용자가 이해하기 쉬운 인터페이스를 제공하여 MapReduce 개발 생산성을 높였다. 이로써 MapReduce에 대한 이해가 없는 사용자들도 더욱 쉽게 병렬 프로그래밍을 할 수 있게 되었다. 사용현황을 보면 2005년에 1,500개의 제온 CPU로 구성된 클러스터에서 3만 2,580개의 Sawzall 작업들이 실행되었고, 하나의 작업은 보통 220대의 머신 위에서 동작하였다. 개발 후 1년 정도 지난 시점이었지만 활발하게 사용되고 있다. 현재 구글 전체적으로 MapReduce 작업의 약 30%가 Sawzall 작업이다. Sawzall은 MapReduce를 추상화한 최초의 병렬 쿼리 언어이고, 이후에 나온 오픈소스 프로젝트인 Pig나 하이브(Hive)도 개발 배경과 기본적인 개념은 Sawzall과 유사하다.

## 나. 아파치 Pig

Pig는 야후에서 개발해 오픈소스 프로젝트화한 데이터 처리를 위한 고차원 언어다. Hadoop MapReduce 위에서 동작하는 추상화된 병렬 처리 언어이며 현재 아파치 하둡의 서브 프로젝트다. 2007년 개발을 시작한 이후 최근까지 2~10배 정도 성능이 개선되었으며, 네이티브 MapReduce와 비교한 성능은 90% 수준이다. 야후에서는 전체 MapReduce 작업의 약 30%를 Pig를 이용한다.

### ■ 개발 동기

MapReduce는 Map과 Reduce 두 단계로 이루어진 단순한 병렬 모델이다. 실제 대부분의 업무는 한 번의 MapReduce 작업으로 끝나는 것이 아니다. Map의 Output이 또 다른 Map의 Input으로 들어가야 하고, Reduce의 Output이 다른 Map의 Input으로 들어가야 하는 Chaining이 되어야 하고, MapReduce 자체적으로는 지원하기가 어려웠다.

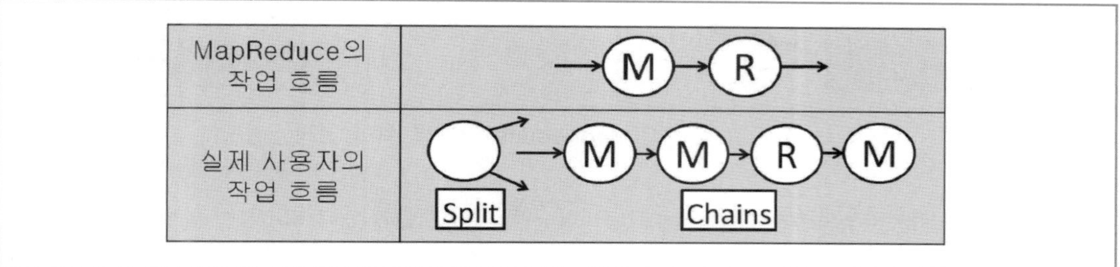


[그림 II-2-23] MapReduce 작업 Chaining

그리고 MapReduce 작업 자체가 단순한 모델이라서 개발자들이 유사한 알고리즘들을 중복 개발하는 경우가 많다. 하지만 코드의 특성상 의미 파악이 어려울 수 있어서 공유는 잘 되지 않는 실정이었다. 이러한 요구 사항을 해결하기 위해 의미적으로는 SQL과 비슷하지만 새로운 언어인 Pig를 정의하게 되었다.

■ **사용 예제**

18~25세 연령대의 사용자가 가장 많이 방문하는 사이트 5개를 찾고자 할 경우 [그림 Ⅱ-2-24]과 같은 과정을 거친다.

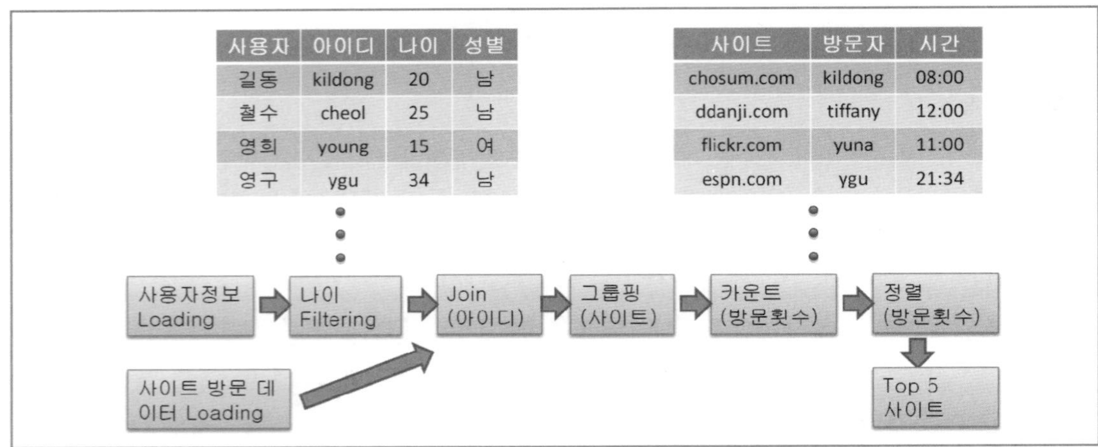


[그림 Ⅱ-2-24] MapReduce 단계별 처리 과정

MapReduce는 기본적으로 무공유(Shared Nothing) 구조이기 때문에 일반 RDB로는 쉽게 해결할 수 있는 Join 연산이 매우 복잡해진다. 위 문제를 해결하기 위해 개발자는 약 400라인에 가까운 코드를 아래처럼 프로그래밍해야 한다.

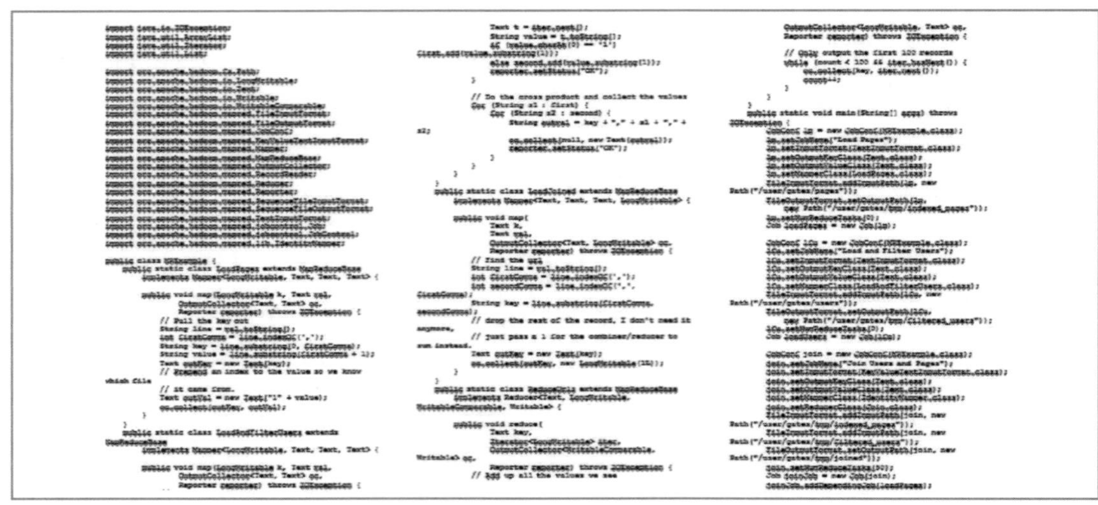

[그림 Ⅱ-2-25] MapReduce 코드

위의 예제를 Pig로 처리하며, 아래 10라인으로 간단하게 해결할 수 있다.

코드 길이는 1/20 이하로 개발 시간도 1/10 이하로 감소하며, 프로그래밍 코드도 더 이해하기 쉽고 직관적이어서 공유하기도 편하다.

```
Users = load 'users' as (name, age);
Fltrd = filter Users by age >= 18 and age <= 25;
Pages = load 'pages' as (user, url);
Jnd = join Fltrd by name, Pages by user;
Grpd = group Jnd by url;
Smmd = foreach Grpd generate group, COUNT(Jnd) as clicks;
Srtd = order Smmd by clicks desc;
Top5 = limit Srtd 5;
store Top5 into 'top5sites';
```

[그림 II-2-26] Pig 코드

■ **사용 현황**

야후 내부의 검색 인프라, 광고 연관성 분석, 사용자 의도 분석, 검색엔진 쿼리 분석, Hoffman's PLSI 등 다양한 분야에서 사용되고 있다.

## 다. 아파치 하이브

하이브는 페이스북(Facebook)에서 개발한 데이터 웨어하우징 인프라다. Pig와 마찬가지로 하둡 플랫폼 위에서 동작하며, 사용자가 쉽게 사용할 수 있도록 SQL 기반의 쿼리 언어와 JDBC를 지원한다. 또한 하둡에서 가장 많이 사용되는 병렬처리 기능인 Hadoop-Streaming을 쿼리 내부에 삽입해 사용할 수 있다. 사용자에게 사용 편의성과 성능을 동시에 지원하려 노력한 시도로 보인다. 현재 아파치 내 하둡 서브 프로젝트로 등록돼 개발되고 있다.

■ **개발 배경**

페이스북은 상용 DBMS 기반의 데이터 웨어하우스 시스템을 운영하고 있었다. 운영 초기에 데이터는 10GB 정도였지만 시간이 지나면서 수백 TB 규모로 늘어났고, 라이선스 등 관리 및 운영비용의 절감의 필요성이 대두되었다. 이에따라 상용 DBMS에서 하둡으로 교체를 결정했으며 교체 과정에서 필요한 기능들, 사용자를 위한 커맨드 라인 인터페이스(CLI), 코딩 없이 애드혹(Ad-hoc) 질의를 할 수 있는 기능, 스키마 정보들의 관리 기능들을 하나씩 구현하면서 지금의 하이브라는 시스템이 만들어졌다.

페이스북에서는 현재 5000대의 서버로 구성된 하이브-하둡 클러스터가 있으며, 이 클러스터에서 수십 PB 이상의 압축된 데이터를 관리하고 있다. 일일 데이터 처리량은 수십 PB 정도이며 동시에 수천 건 이상의 애드혹 분석 쿼리 작업을 수행하고 있다.

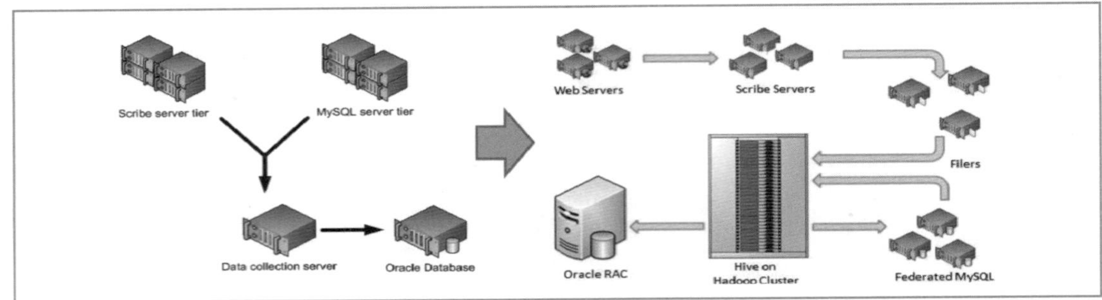


[그림 II-2-27] 하이브 기반 데이터 웨어하우스 구조

■ **하이브 아키텍처**

하이브의 구성요소 중에서 MetaStore는 Raw File들의 콘텐츠를 일종의 테이블의 컬럼처럼 구조화된(Structured) 형태로 관리할 수 있게 해주는 스키마 저장소다. 별도의 DBMS를 설정하지 않으면 Embedded Derby를 기본 데이터베이스로 사용한다. 앞 단에는 커맨드 라인 인터페이스(CLI)가 있는데 사용자는 이 CLI를 통해 Join이나 Group by 같은 SQL 쿼리를 한다. 그러면 파서(Parser)에서 쿼리를 받아 구문 분석을 하고, MetaStore에서 테이블과 파티션 정보를 참조해 Execution Plan을 만들어 낸다. 만들어진 이 Plan을 Execution Engine에 보낸다. Execution Engine은 하둡의 JobTracker와 네임노드와 통신을 담당하는 창구 역할을 하면서 MapReduce 작업을 실행하고 파일을 관리한다. 아래 그림 오른쪽 하단의 SerDe라는 것은 Serializer와 Deserializer의 줄임말이며, 테이블의 로우나 컬럼의 구분자 등 저장 포맷을 정의해주는 컴포넌트다. 하둡의 InputFormat과 OutputFormat에 해당한다고 볼 수 있다.

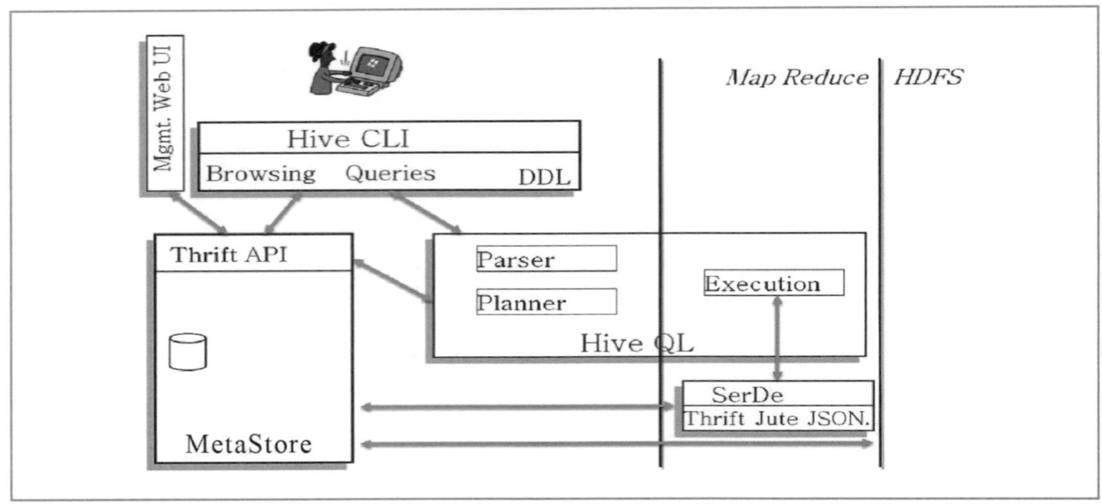


[그림 II-2-28] 하이브 아키텍처

하이브에서는 아래와 같은 언어 모델을 제공한다.

■ **DDL(Data Definition Language)**

- 테이블 생성(Create Table), 삭제(Drop Table), 변경(Rename Table) 명령
- 테이블 스키마 변경(Alter Table, Add Column)
- 테이블 조회(Show Table), 스키마 조회(Describe Table)

■ **DML(Data Manipulation Language)**

- 로컬에서 DFS로 데이터 업로드(LOAD DATA)
- 쿼리 결과를 테이블이나 로컬 파일시스템, DFS에 저장

■ **Query**

- Select, Group by, Sort by, Joins, Union, Sub Queries, Sampling, Transform

# 3. SQL on Hadoop

앞서 설명한 하둡과 하이브는 대용량 데이터를 배치 처리하는 데 최적화 되어 있지만, 실제 업무에서는 배치 처리뿐만 아니라, 데이터를 실시간으로 조회하거나 처리해야 하는 일들이 많다. 실시간 처리라는 측면에서 하둡의 제약사항을 극복하기 위한 다양한 시도가 있었으며, 이 중에 최근 주목 받고 있는 것이 SQL on hadoop이라하는 실시간 SQL 질의 분석 기술이다. 이 기술은 하둡상에 저장된 대용량 데이터를 대화형식의 SQL 질의를 통해서 처리하고 분석하며, 가장 많이 회자되고 있는 기술인 임팔라를 살펴보고자 한다.

## 가. 임팔라 개요

SQL on Hadoop 기술 중 먼저 대중에게 공개된 기술이 임팔라다. 임팔라를 제작한 클라우데라(Cloudera)는 드레멜(Dremel)의 논문 「Interactive Analysis of Web-Scale Datasets」을 읽은 후 하둡 상에서 실시간, 애드혹(ad-hoc) 질의가 가능할 것 같다는 기술적 영감을 얻어서 개발을 시작했다. 이후 2012년 10월에 시험(Proof of Concept) 버전을 공개했으며, 2013년 5월에 정식 버전(1.0)을 배포했다. 임팔라는 분석과 트랜잭션 처리를 모두 지원하는 것을 목표로 만들어진 SQL 질의 엔진이다. 하둡과 Hbase에 저장된 데이터를 대상으로 SQL 질의를 할 수 있다. 고성능을 낼 수 있도록 자바 대신 C++ 언어를 이용하였으며, 맵리듀스를 사용하지 않고 실행 중에 최적화된 코드를 생성해 데이터를 처리한다.

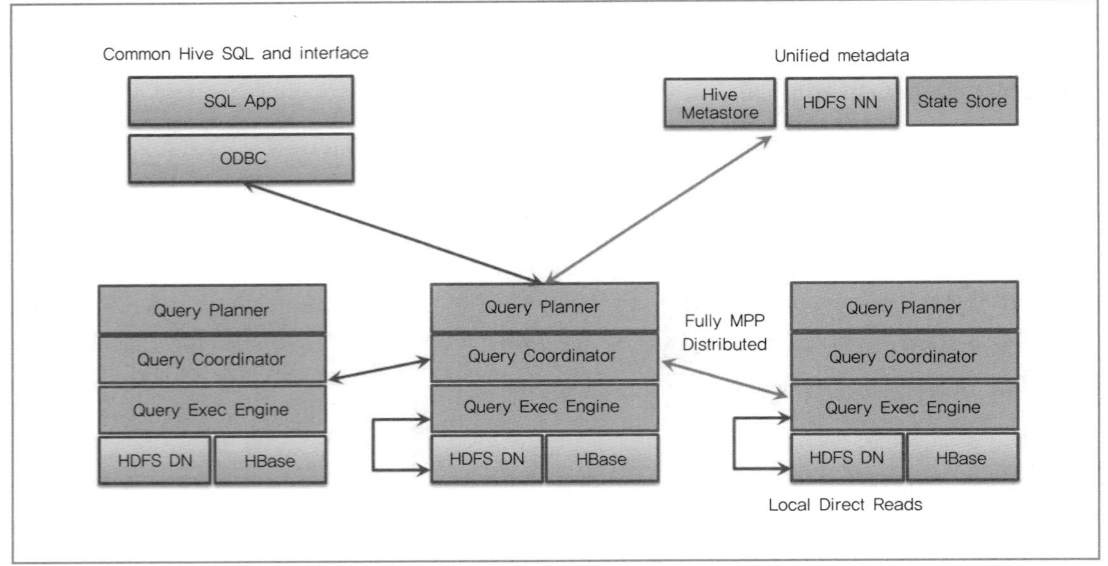


[그림 Ⅱ-2-29] 임팔라 아키텍처

## 나. 임팔라 동작 방식

모든 노드에 임팔라 데몬이 구동되며, 사용자는 이 데몬들이 구동된 임의의 노드에 JDBC나 ODBC 또는 임팔라셸을 이용하여 질의를 요청할 수 있다. 그러면 사용자의 질의는 데이터의 지역성을 고려해서 노드 전체로 분산되어서 수행된다. 하둡에서 잡트랙커(JobTracker)가 데이터 지역성을 고려해서 태스크를 태스크트랙커(TaskTracker)에게 할당하는 것과 유사한 방식이다. 사용자의 질의 요청을 받은 코디네이터 데몬은 분산되어 수행된 각 임팔라 노드들의 부분 결과들을 취합하여 결과 값을 만들어서 사용자에게 제공한다. 실제 운영 환경에서는 라운드로빈 방식으로 사용자 질의를 분산시켜서 전 노드들이 질의에 대해 코디네이터 역할을 고르게 수행할 수 있도록 해야 한다.

## 다. 임팔라의 SQL 구문

임팔라는 기본적으로 하이브의 SQL을 이용한다. 하지만 임팔라가 모든 하이브 SQL문을 지원하는 것은 아니기 때문에 어떤 구문이 지원되는지 확인할 필요가 있다. 현재 버전의 임팔라에서 지원하는 주요 SQL 구문과 기능은 [표 Ⅱ-2-3]과 같다.

[표 II-2-3] 임팔라에서 지원하는 주요 SQL 구문과 기능

| 항목 | 설명 |
|---|---|
| 데이터 정의 언어 (Data Definition Language) | 데이터베이스·테이블 생성: Create Database/Table |
| | 테이블 변경·파티션 추가: Alter Table |
| | 데이터베이스·테이블 삭제: Drop Database/Table |
| | 데이터베이스 테이블 조회: Show Database/Table, Describe Database |
| 데이터 조작 언어 (Data Manipulation Launguage) | 데이터 조회: Select, Where, GroupBy, OrderBy 구문 지원 |
| | 데이터 입력: Insert into/overwrite 구문 지원 |
| | 데이터 변경 구문은 지원 안함 |
| | 데이터 삭제(Delete) 구문은 지원 안하나 테이블 삭제(Drop)시 데이터가 삭제됨 |
| 내장 함수 (Builtin Functions) | 수학함수: 절대값(abs) 반환, 코사인값 반환(acos), 로그값 반환(log) 등의 기능 제공 |
| | 타입 변환: 날짜값 반환(day), 유닉스에 포타임 변환(from_unixtime), 현재 시간 반환(now)등 다수의 함수 제공 |
| | 조건문: if문 제공, case 등 분기 기능 제공 |
| | 문자열 함수: 아스키 코드값 변환(ascii), 문자열 병합(concat), 정규 표현식(regexp) |

## 라. 임팔라의 데이터 모델

임팔라는 하둡 분산 파일 시스템에 데이터를 저장한다. 어떤 저장 포맷을 사용하느냐에 따라 데이터 조회 시 처리 성능이 달라진다. 하둡의 기본 파일 포맷인 텍스트나 시퀀스 파일은 로우 단위의 데이터 저장 방식을 사용한다. 컬럼 단위의 파일 저장 포맷인 RCFile을 사용할 경우, 데이터 처리 과정에서 발생하는 디스크 입출력 양을 현저하게 줄일 수 있다. 로우 단위로 저장 시, 테이블에서 하나의 컬럼을 읽든 전체 테이블을 읽든 동일한 디스크 입출력이 발생한다. 반면 컬럼 단위의 저장 포맷을 사용하면, 읽고자하는 컬럼만큼의 디스크 입출력이 발생하기 때문에 처리 성능을 개선할 수 있다. 물론 전체 컬럼들을 모두 조회하는 질의는 저장 포맷에 의해 성능이 영향을 받지 않는다.

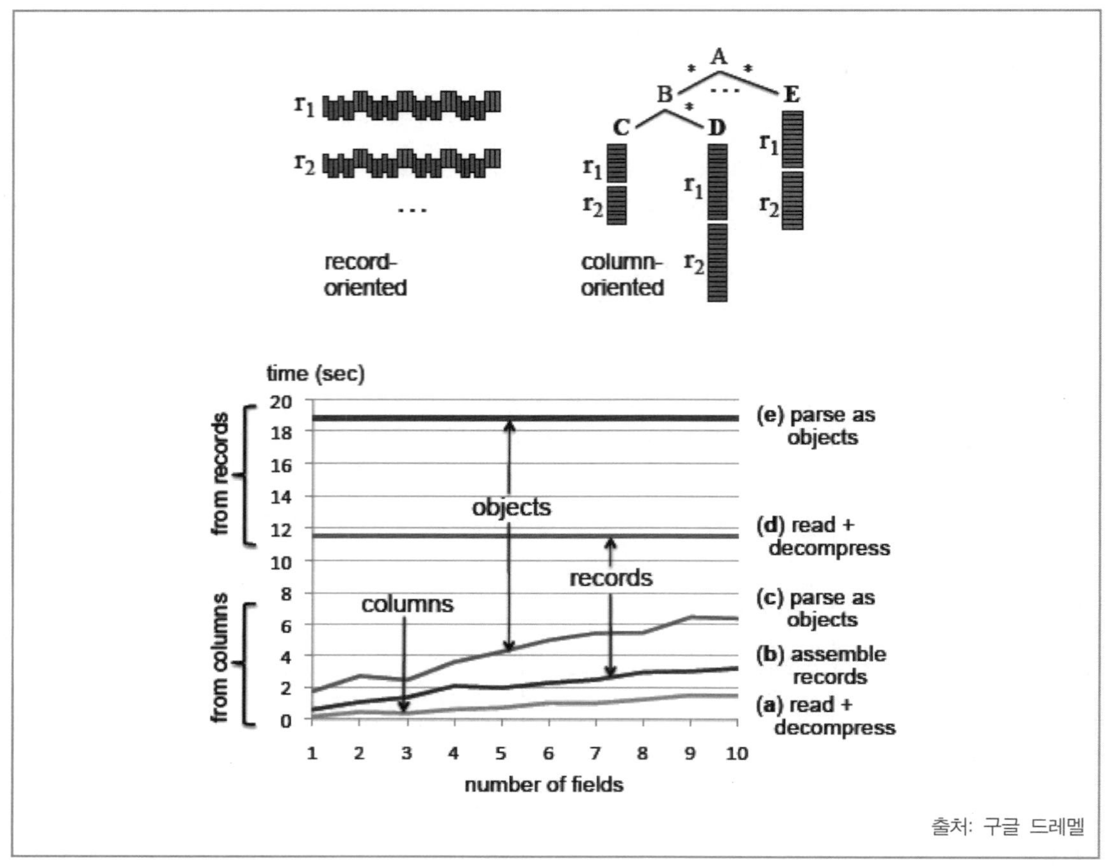


[그림 II-2-30] 저장 방식별 성능 비교

[그림 II-2-30]의 (a), (b), (c)는 컬럼 파일 포맷에서 무작위로 선택된 컬럼의 개수에 따른 처리 시간이며 (d), (e)는 기존의 로우 단위 파일 포맷을 사용해 읽을 때 걸리는 시간이다. 테스트 결과를 따르면, 컬럼 파일 포맷을 사용했을 때 처리 시간이 덜 걸린다. 적은 수의 컬럼을 읽을수록 훨씬 빠른 처리 성능을 보여주고 있다. 반면 기존 방식인 로우 파일 포맷을 사용해 레코드를 읽을 때는 하나의 컬럼에 접근해도 항상 전체를 읽는 것과 같은 처리 시간을 보여주고 있다. 컬럼 파일 포맷을 사용하는 것이 효율적임이 증명된 셈이다. 다만 하둡에 저장된 파일이 처음부터 컬럼 파일 포맷을 사용하지 않았을 경우, 파일 포맷 변경 작업을 해주어야 한다.

# 제3절 클라우드 인프라 기술

클라우드 컴퓨팅은 동적으로 확장할 수 있는 가상화 자원들을 인터넷으로 서비스할 수 있는 기술을 말한다. 이러한 클라우드 서비스들은 SaaS(Software as a Service), PaaS(Platform as a Service), IaaS(Infrastructure as a Service) 등 크게 3가지 유형으로 나뉜다. VMware나 Xen과 같은 서버 가상화 기술은 데이터센터나 기업들에게 인프라스트럭처를 위한 클라우드 서비스의 가능성을 보여주고 있다. 아마존은 S3(Simple Storage Service)와 EC2(Elastic Cloud Computing) 환경을 제공함으로써 플랫폼을 위한 클라우드 서비스를 최초로 실현해왔다. 또한 구글은 AppEngine, Apps, Gears, Gadgets 등을 제공함으로써 명실공히 웹 기반의 다양한 소프트웨어들이 클라우드 서비스로서 어떻게 구체화될 수 있는지를 보여주고 있다.

클라우드 컴퓨팅에서 인프라 기술은 근간이 되는 기술이며, 인프라 기술들 중에서도 가장 기반이 되는 기술이라고 할 수 있는 서버 가상화 기술은 물리적인 서버와 운영체제 사이에 적절한 계층을 추가해 서버를 사용하는 사용자에게 물리적인 자원은 숨기고 논리적인 자원만을 보여주는 기술을 말한다. 서버 가상화는 하나의 서버에서 여러 개의 애플리케이션, 미들웨어, 운영체제들이 서로 영향을 미치지 않으면서 동시에 사용할 수 있도록 해준다. 서버 가상화를 가능하게 하는 기술은 아주 다양하며 메인프레임, 유닉스 서버, x86 서버 등에 따라 서로 다른 기술이나 분류체계가 사용된다. 클라우드 컴퓨팅 환경에서 많이 사용되는 서버가 x86 계열이기 때문에 여기서는 x86 서버 가상화 기술만을 다룬다. x86 계열 서버 군의 가장 큰 특징은 하드웨어, CPU, 운영체제의 공급 업체가 모두 다르다는 것이다. 이런 환경 때문에 가상화 기술도 업체에 따라 제공되는 수준이 아주 다양하다. 인텔, AMD 등과 같은 CPU 제공업체는 하드웨어 차원의 CPU 가상화를 주로 다루며, VMware나 마이크로소프트, 오픈소스 커뮤니티에서는 소프트웨어 기반의 가상화 제품을 내놓고 있다. 따라서 x86 서버의 가상화 기술은 하나의 업체만으로 설명할 수 없으며, 다른 업체와의 협력관계와 기술 조합의 안정성 등을 살펴보아야 한다. [그림 Ⅱ-2-31]은 x86 계열 서버의 가상화 기술에 대한 관계를 나타내는 것이다. 그림에서 Hypervisor 계층에 있는 세부 분류는 최근 솔루션 제공업체에 의해 그 경계가 점점 사라지고 있다.

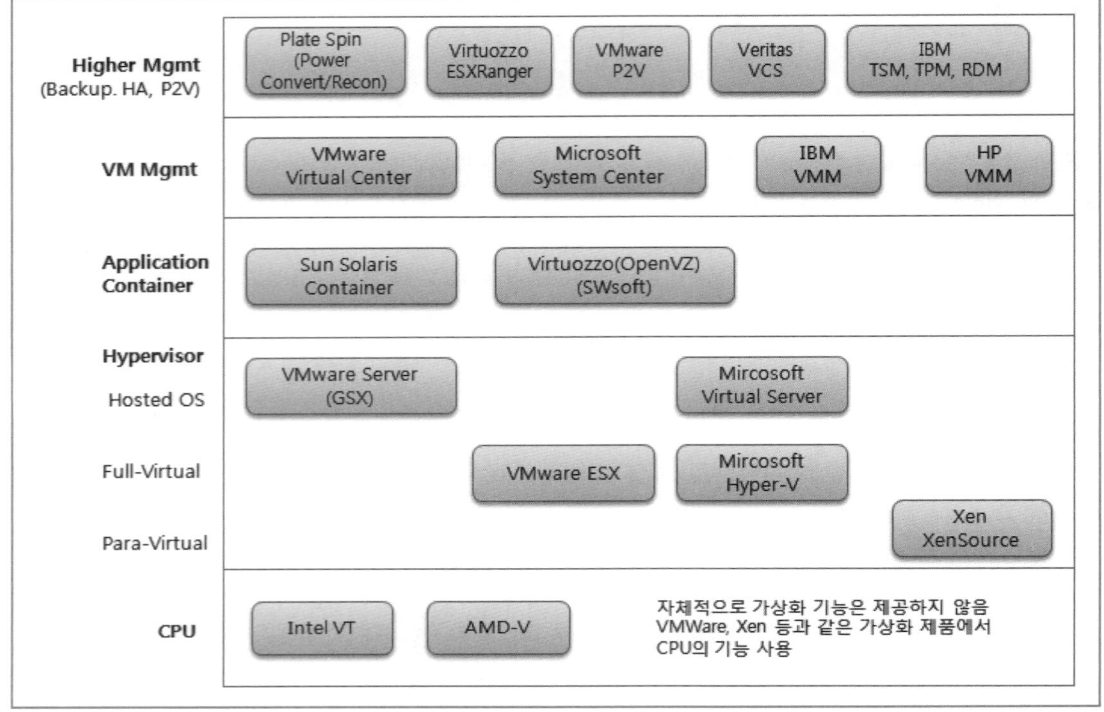


[그림 II-2-31] x86 계열 서버 가상화 기술 레이어

서버 가상화 기술을 이용할 경우 얻을 수 있는 효과는 다음과 같다.

■ **가상머신 사이의 데이터 보호**

하나의 물리적 서버에서 운영중인 서로 다른 가상 머신들 사이의 접속은 정상적인 네트워크 접속만을 허용한다. 가상머신 사이에는 보안적으로 서로 분리돼 데이터를 보호 받을 수 있다.

■ **예측하지 못한 장애로부터 보호**

가상머신에서 수행중인 애플리케이션의 장애가 다른 가상머신에는 전혀 영향을 미치지 않는다. 애플리케이션, 운영체제의 장애로부터 보호 받을 수 있다.

■ **공유 자원에 대한 강제 사용의 거부**

하나의 가상머신은 할당된 자원 이상을 가져가는 것을 차단할 수 있다. 이런 기능을 통해 다른 가상머신에 할당된 자원의 부족 현상을 차단할 수 있다. 예를 들어, 하나의 가상머신의 I/O 병목 현상이 발생해도 다른 가상머신에서 I/O 병목 현상이 발생하지 않는다.

**■ 서버 통합**

서버 가상화를 통해 얻을 수 있는 가장 일반적인 효과이다. 서비스, 데이터, 사용자 등의 증가로 더 많은 컴퓨팅 자원이 필요해졌지만 데이터 센터의 공간, 전원, 냉각장치는 제한적이다. 이런 문제를 해결하기 위해 기존 서버의 용량을 증설하고 가상머신을 추가함으로써 동일한 데이터센터의 물리적 자원(공간, 전원 등)을 이용하면서 더 많은 서버를 운영할 수 있다.

**■ 자원 할당에 대한 증가된 유연성**

수시로 변화하는 각 가상머신의 자원 요구량에 맞추어 전체 시스템 자원을 재배치함으로써 자원 활용도를 극대화할 수 있다.

**■ 테스팅**

다양한 운영체제나 운영환경에서 테스트가 필요한 경우, 새로운 서버를 추가하지 않아도 테스트 환경을 구성할 수 있다. 부하 테스트가 필요한 경우에도 일시적으로 자원을 줄이는 방법으로 부하 상황을 만들 수 있으며, 다수의 부하 생성 역할을 수행하는 노드도 쉽게 추가할 수 있다.

**■ 정확하고 안전한 서버 사이징**

필요한 자원만큼만 가상머신을 할당할 수 있으며, 사이징 예측이 불확실한 서버를 구성할 때에도 일단 확보된 리소스를 이용하여 할당한 후 쉽게 추가로 할당할 수 있다.

**■ 시스템 관리**

마이그레이션 기능을 이용할 경우 운영 중인 가상머신의 중지 없이 가상머신을 다른 물리적인 서버로 이동시킬 수 있다. 이런 기능을 이용하여 다음과 같은 업무를 쉽게 수행할 수 있다.

- 하드웨어 장애: 서버에 물리적으로 구성된 여러 디스크 중 1개의 디스크에 장애가 발생했을 때, 장애 발생 장비에서 운영되던 가상머신을 서비스 중지 없이 다른 장비로 이동한 후 장애가 발생한 장비의 디스크를 교체한 후 다시 서비스에 투입할 수 있다.
- 로드 밸런싱: 특정 가상 서버나 가상 서버가 수행중인 물리적인 서버에 부하가 집중되는 경우 여유 있는 서버로 가상머신을 이동시킨다.
- 업그레이드: 장비의 CPU 추가나 메모리 추가, 디스크 증설 등과 같은 작업이 필요한 경우 다른 장비로 가상머신을 이동시킨 후 업그레이드 작업을 수행할 수 있다.

## 가. CPU 가상화

하이퍼바이저(Hypervisor)는 물리적 서버 위에 존재하는 가상화 레이어를 통해 운영체제가 수행하는데 필요한 하드웨어 환경을 가상으로 만들어 준다. 엄격하게 구분할 경우에는 차이가 있지만, 일반적으로 가상머신(Virtual machine)을 하이퍼바이저라고 할 수 있다. 하이퍼바이저가 서버 가상화 기술의 핵심으로 x86

계열 서버 가상화에서는 소프트웨어 기반으로 하이퍼바이저를 구성한다. 하이퍼바이저를 통해 사용자는 추가 하드웨어 구입 없이 새로운 운영체제의 설치, 애플리케이션의 테스팅 및 업그레이드를 동일한 물리적 서버에서 동시에 수행할 수 있다.

하이퍼바이저는 VMM(Virtual Machine Monitor)이라고도 하며, 다음과 같은 기능을 수행한다.

- 하드웨어 환경 에뮬레이션(Emulates a complete hardware environment)
- 실행환경 격리(Isolate execution in each VM)
- 시스템 자원 할당(Allocates platform resources-processing, memory, I/O, storage)
- 소프트웨어 스택 보존(Encapsulates software stacks including the OS and state information)

하이퍼바이저와 관련된 기술을 분류하는 방법은 여러 가지가 있다. 플랫폼 별로 분류하면 x86 계열에는 VMware, MS Virtual Server, Xen 등이 있으며, 유닉스 계열로는 IBM의 POWER Hypervisor 등이 있고, 메인프레임 계열로는 z/VM과 하드웨어 펌웨어로 분류되는 PR/SM 등이 있다. 이 문서에서는 일반적으로 많이 통용되는 방식인 가상화를 제공하는 하이퍼바이저의 위치와 기능에 따라 분류한다. 가상화를 제공하는 하이퍼바이저가 물리적인 하드웨어 또는 호스트 운영체제와의 관계에서 어디에서 위치하는지에 따라 베어메탈(Bare-metal) 하이퍼바이저와 호스트 기반(Hosted) 하이퍼바이저로 나뉠 수 있다.

베어메탈 하이퍼바이저는 하드웨어와 호스트 운영체제 사이에 위치하며, 호스트 기반 하이퍼바이저는 호스트 운영체제와 게스트 운영체제 사이에 위치한다.

베어메탈 하이퍼바이저는 다시 반가상화(Para Virtualization)과 완전가상화(Full Virtualization)로 구분할 수 있다. 다음 그림은 하이퍼바이저 가상화 기술에 대한 분류를 나타낸다.

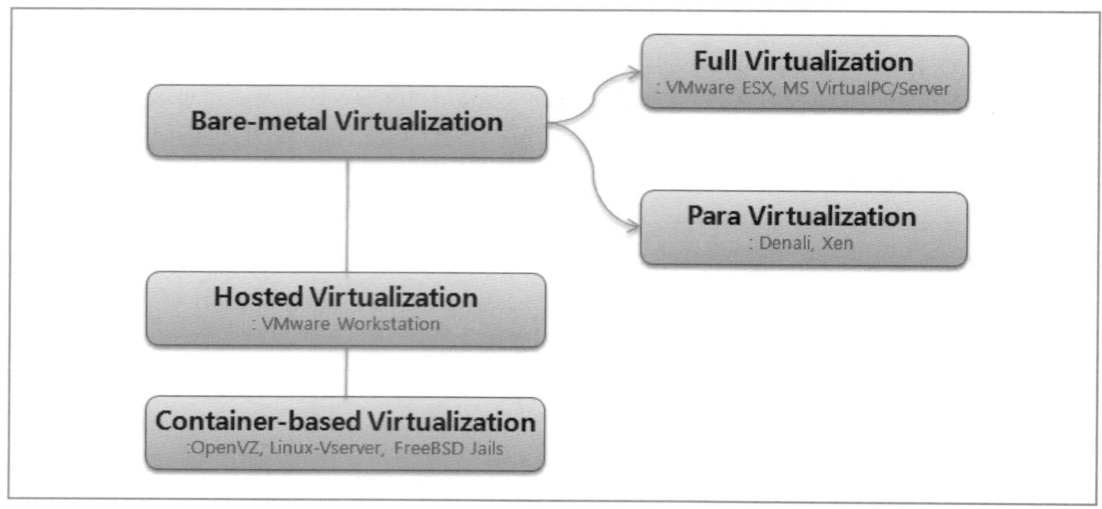


[그림 II-2-32] 하이퍼바이저 기반 서버 가상화 분류

최근에는 하이퍼바이저를 제공하는 소프트웨어 벤더들이 다양한 가상화 기법을 도입하고 있으며, CPU 제조업체에서도 하드웨어에서 가상화 기술을 지원하는 등 새로운 가상화 방법이 계속 나오고 있기 때문에 서버 가상화 기술을 정확하게 분류하기는 힘들다.

x86 계열 운영체제는 자신의 모든 하드웨어에 대한 제어 소유권을 갖고 있다는 가정 아래 하드웨어에 직접 명령을 수행하는 방식으로 디자인돼 있다. x86 아키텍처는 [그림 Ⅱ-2-33]에서처럼 하드웨어에 대한 접근 권한을 관리하기 위해 Ring0, 1, 2, 3 등 4개의 레벨로 구성돼 있다. 일반적으로 사용자 애플리케이션은 Ring 3 레벨로 수행되며, 운영체제의 경우 메모리나 하드웨어에 직접 접근해야 하기 때문에 Ring 0 레벨에서 수행된다.

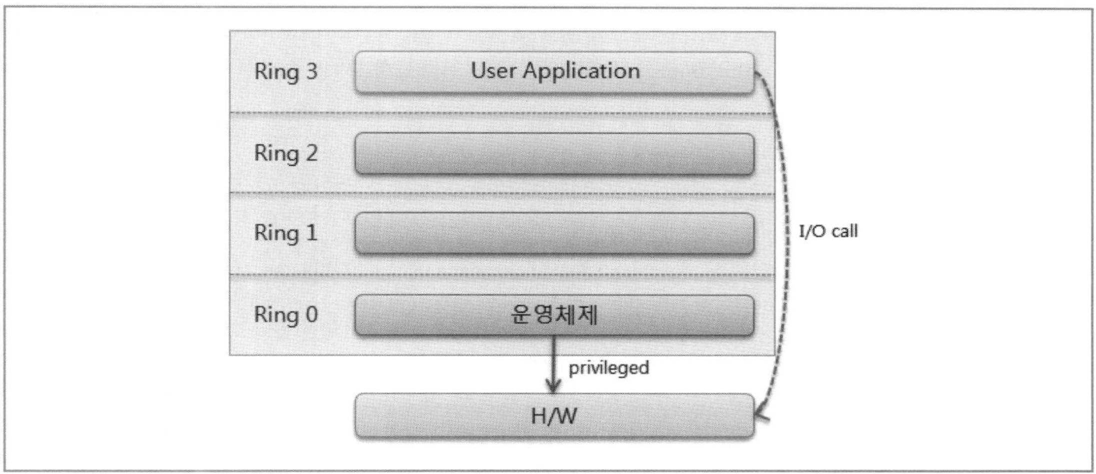


[그림 Ⅱ-2-33] x86 privilege level architecture

가상 머신 내에서도 운영체제가 필요하고 이 운영체제는 Ring 0의 권한을 필요로 하게 된다. 가상머신의 운영체제가 응용 애플리케이션 권한(Ring 3)으로 수행될 경우 x86 아키텍처에서는 복잡한 문제가 발생한다. Ring 3에서 수행된 가상머신 운영체제에서 Ring 0 수준의 명령을 호출하면 가상화를 지원하는 계층에서 이를 Ring 0 수준의 명령어로 다시 변환해 실행해야 하며, 이를 위해 가상화 지원 계층은 반드시 Ring 0 레벨(Intel VT-x, AMD-V에서는 Ring -1)로 수행되어야 한다. x86 아키텍처에서 가상화 기술의 핵심은 가상머신이 요청하는 privileged 명령어를 어떻게, 어떤 계층에서 처리 하느냐이다. 가상화의 용어 중 완전가상화(Full Virtualization), 반가상화(Para Virtualization)라는 용어도 privileged 명령어를 어떻게 처리하느냐를 기준으로 분류한 것이다.

■ **완전가상화**

완전가상화(Full Virtualization)는 CPU뿐만 아니라 메모리, 네트워크 장치 등 모든 자원을 하이퍼바이저가 직접 제어·관리하기 때문에 어떤 운영체제라도 수정하지 않고 설치가 가능한 장점이 있다. 하지만 하이퍼바이저가 자원을 직접 제어하기 때문에 성능에 영향을 미친다. 또한 자원들이 하이퍼바이저에 너무 밀접하게 연관돼 있어 운영중인 게스트 운영체제에 할당된 CPU나 메모리 등의 자원에 대한 동적변경 작업이 단일 서버 내에서는 어렵다. 자원에 대한 동적변경을 하기 위해서는 VMware의 VMotion과 같은 솔루션의 도움을 받아야 한다.

완전가상화는 하이퍼바이저보다 우선순위가 낮은 가상머신에서는 실행되지 않는 privileged 명령어에 대해서 trap을 발생시켜 하이퍼바이저에서 실행하는 방식으로, MS 윈도우와 같은 Guest OS가 하이퍼바이저 상에서 변경되지 않은 상태로 실행될 수 있는 장점이 있으나 Para Virtualization에 비해 속도가 느리다. VMware ESX Server, MS Virtual Server 등의 제품이 완전가상화 기반 솔루션이다.

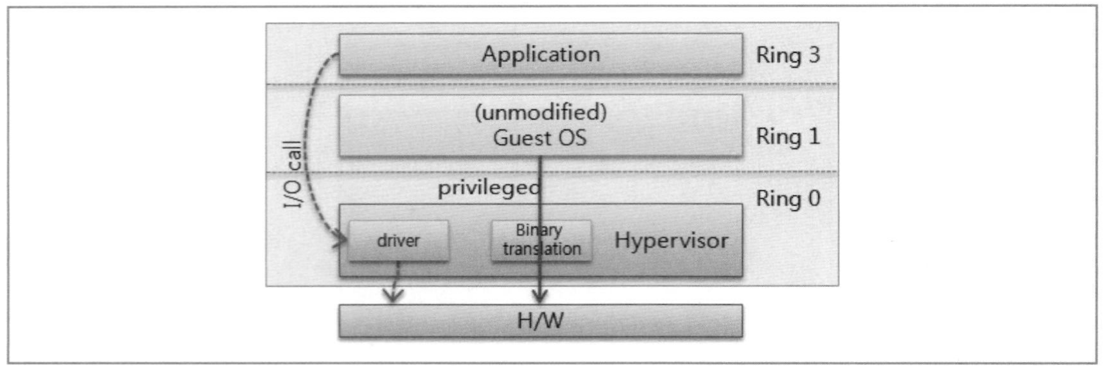


[그림 Ⅱ-2-34] VMware의 완전가상화

초기 Xen에서는 완전가상화를 지원하지 않았지만, 최근 Intel VT, AMD-V 환경에서 완전가상화를 지원하고 있다.

■ **하드웨어 지원 완전가상화**

최근에는 완전가상화 방식에서 Intel VT-x, AMD-V CPU의 하드웨어에서 제공하는 가상화 기능을 이용하고 있다. 가상머신에서 메모리와 CPU 등의 하드웨어에 명령을 내릴 수 있는 반가상화 수준의 성능을 발휘하도록 개선하고 있는 것이다.

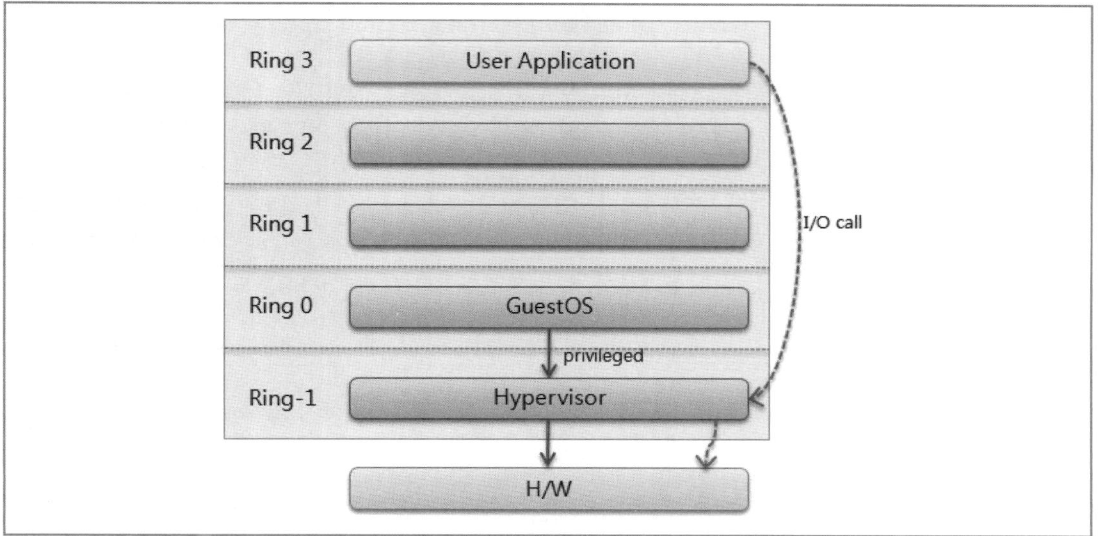


[그림 II-2-35] 하드웨어 지원 가상화

[그림 II-2-35]와 같이 CPU 에 Ring -1 계층이 추가되었으며, 하이퍼바이저는 Ring -1에서 수행되고 가상머신의 운영체제(Guest OS)는 Ring 0에서 수행되어 privileged 명령어에 대해 추가로 변환 과정이 필요 없다. 하이퍼바이저를 거쳐 바로 하드웨어로 명령이 전달돼 빠른 성능을 보장한다. 윈도우 2008 서버의 Hyper-V는 반드시 가상화 지원 CPU만을 사용해야 한다.

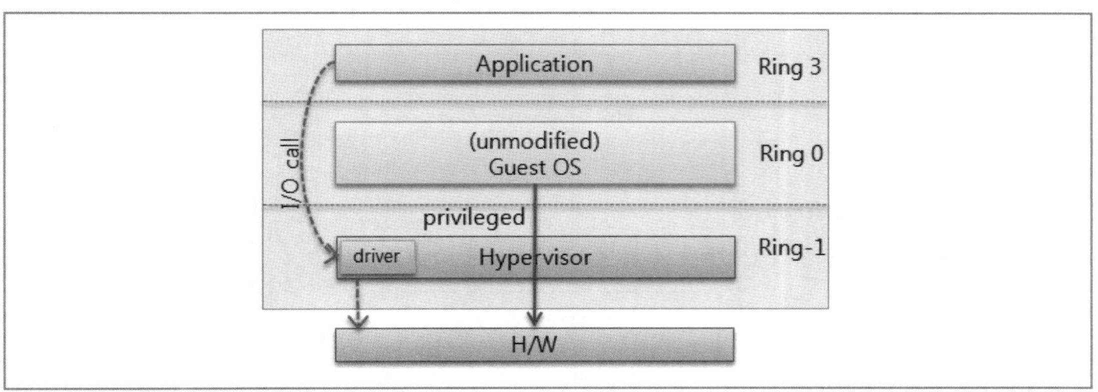


[그림 II-2-36] VMware의 하드웨어 지원 완전가상화

인텔에서는 하드웨어 지원 가상화를 사용할 때, 다음과 같은 점을 주의해야 한다고 밝히고 있다.

"하드웨어 지원 가상화를 사용하는 경우 CPU 사용률이 높아진다. 특히 I/O나 메모리를 많이 사용하는 경우 CPU 사용률이 높아진다. 따라서 서버 통합을 목적으로 하는 경우 비효율적 일수도 있다."

인텔에서는 반가상화와 하드웨어 지원 완전가상화를 모두 사용하는 하이브리드 가상화를 제시하고 있다. Xen을 이용한 하이브리드 가상화의 경우, 반가상화용으로 수정된 운영체제에 하드웨어 지원 완전가상화 모듈을 탑재해 명령어의 종류에 따라 반가상화 또는 완전가상화를 선택·사용하도록 한다.

■ **반가상화**

반가상화(Para Virtualization)는 privileged 명령어를 게스트 운영제에서 hypercall로 하이퍼바이저에 전달하고, 하이퍼바이저는 hypercall에 대해서는 privilege 레벨에 상관없이 하드웨어로 명령을 수행시킨다. Hypercall은 게스트 운영체제에서 요청을 하면 하이퍼바이저에서 바로 하드웨어 명령을 실행하는 call을 말한다. 게스트 운영체제가 hypercall을 요청하기 위해서는 게스트 운영체제의 일부분이 수정 되어야 하며, Xen 기반의 리눅스 운영체제의 경우 20% 정도 커널이 수정되었다고 한다. 수정된 게스트 운영체제는 CPU나 메모리와 같은 자원에 대한 직접적인 제어권을 가짐으로써 자원의 변화와 같은 동적 가상화 환경에 유연하게 적응할 수 있다. 따라서 반가상화 기반에서는 CPU와 메모리 자원의 동적 변경이 서비스의 중단 없이 이루어질 수 있으며, 완전가상화에 비해 성능이 뛰어나다. 반가상화는 privileged 명령어를 직접 호출(hypercall)하므로 속도는 빠르나 커널을 변경해야 하고, 완전가상화는 dynamic binary translation(Xen은 emulation) 모듈과의 통신을 통해 처리하므로 속도는 느리나 커널 변경이 없다. VMware와 같은 상용 솔루션은 완전가상화와 반가상화의 장단점을 보완해 아키텍처, 기능, 성능 등에서 뚜렷한 차이가 없다.

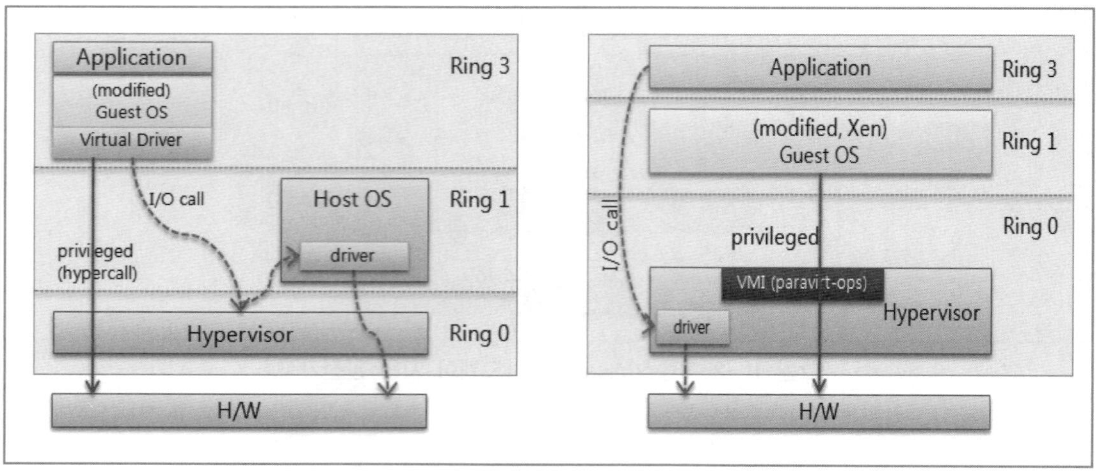


[그림 Ⅱ-2-37] VMware(좌)와 Xen(우)의 반가상화

기존 VMware에서는 반가상화를 지원하지 않았지만 VMI(Virtual Machine Interface)라는 표준 인터페이스를 제시하고, 이 인터페이스를 준수하는 모든 게스트 운영체제를 지원하는 방식으로 반가상화를 지원하고 있다. VMI는 아직 정식 표준으로 채택되지 않았지만 리눅스 진영에서도 도입하려는 움직임이 나타나고 있다.

■ **Monolithic vs. Microkernel**

하드웨어에 대한 드라이버가 어느 계층에 있느냐에 따라 Monolithic 방식과 Microkernel 방식으로 구분할 수 있다. 가상머신이 I/O를 위해 하드웨어에 접근할 때 사용하는 드라이버를 하이퍼바이저 계층에서 모두 갖고 있는 방식을 Monolithic이라고 한다. 각 가상머신에서 드라이버를 갖는 방식을 Microkernel이라고 한다. [그림 Ⅱ-2-37]은 VMware의 경우 하이퍼바이저가 드라이버를 갖고 있으며 모든 I/O 요청은 하이퍼바이저가 수행함을 보여준다. Xen에서 하이퍼바이저는 드라이버가 없으며 호스트 운영체제가 드라이버를 가지고 있고 각 게스트 운영체제는 가상 드라이버를 가지고 있어 I/O 요청을 위해서는 호스트 운영체제를 거쳐야 한다. 게스트와 호스트 운영체제는 서로 격리되어 있기 때문에 하이퍼바이저(또는 VMBus)를 이용해 요청을 주고 받는다.

Monolithic 방식은 성능은 조금 향상될 수 있지만 하이퍼바이저에서 모든 드라이버를 가지고 있어야 하기 때문에 하드웨어가 추가되거나 드라이버가 업데이트 되는 경우 하이퍼바이저가 수정되어야 하고 더 많은 코드를 가지고 있기 때문에 장애가 발생할 가능성도 높다. Microkernel 방식의 경우 속도는 조금 느려지지만 하이퍼바이저 계층이 간단하여 드라이버 업데이트나 하드웨어 추가에 따른 하이퍼바이저 변경이 필요없으며, 장애 발생 확률이 훨씬 낮다.

**[표 Ⅱ-2-4] 하이퍼바이저 기반 가상화 기술비교**

| 구분 | 완전가상화 (CPU 기술 이용 안함) | 완전가상화 (CPU 기술 이용) | 반가상화 |
|---|---|---|---|
| 사용기술 | 바이너리 변환, Direct Execution | Privileged Instruction은 Ring -1로 처리됨 | 수정된 OS 사용 |
| 게스트 OS 변경/호환성 | 게스트 OS 변경 없음, 호환성이 뛰어남 | 게스트 OS 변경이 필요 없음/호환성이 뛰어남 (단 CPU가 지원해야 함) | Hypercall을 가능하도록 게스트 OS 변경함/ 호환성이 안 좋음 |
| 성능 | 좋음 | Fair(점점 Binary Translation 방식의 성능에 근접해 가고 있음) | 특정 경우에 더 좋음 |
| 제품 | VMware, Microsoft, Parallels | VMware, Microsoft, Parallels, Xen | VMware, Xen |
| 게스트 OS가 하이퍼바이저에 독립적인가? | 독립적임 | 독립적임 | Xen Para Virtualization은 Xen 하이퍼바이저에서만 동작, VMI 규격을 따르는 VMI-Linux는 하이퍼바이저에 독립적임 |

■ **호스트 기반 가상화**

호스트 기반 가상화(Host based virtualization)는 완전한 운영체제가 설치되고 가상화를 담당하는 하이퍼바이저가 호스트 운영체제 위에 탑재되는 방식이다. 이 방식은 다른 가상화 환경에 비해 성능은 물론 자원 관리 능력 측면에서도 제약 사항이 많은 편이다. 가장 큰 단점은 단일 운영체제의 취약성에 있다. 예를 들어 호스트 운영체제 레벨에서 보안 이슈가 발생할 경우 전체 게스트 운영체제의 신뢰성에도 문제가 발생할 수 있다. 호스트 기반가상화의 대표 사례로는 VMware Workstation, Microsoft Virtual PC 등이 있다.

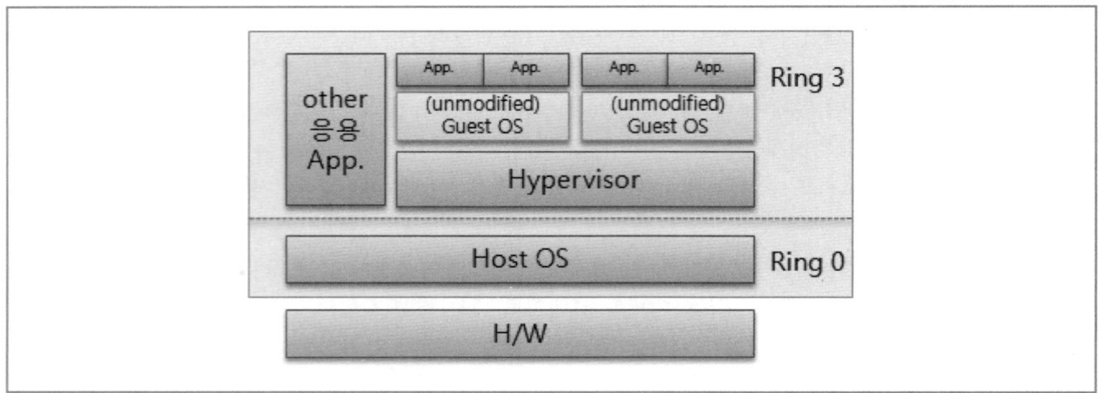


[그림 II-2-38] 호스트 기반 가상화

주로 테스트 환경에서 많이 사용되었으며 최근에는 많이 사용하지 않는다. 하지만 기존 레거시 애플리케이션 중 아주 오래된 하드웨어와 그 하드웨어를 지원하는 특정 운영체제에서만 수행되어야 하는 애플리케이션을 가상화 기반에서 운영하는 경우에 사용할 수 있다.

■ **컨테이너 기반 가상화**

컨테이너 기반 가상화(Container based virtualization)는 호스트 운영체제 위에 가상의 운영체제를 구성하기 위한 운영 환경 계층을 추가하여 운영체제만을 가상화한 방식이다. 운영체제만을 가상화 대상으로 하므로 전체 하드웨어를 대상으로 하는 하이퍼바이저 기반 가상화 방식에 비해 훨씬 적게 가상화한다. 결과적으로 한 대의 서버에서 더 많은 컨테이너를 실행할 수 있다. 컨테이너 기반 가상화 방식에서 가상화를 지원하는 계층을 하이퍼바이저라고 하지 않으며, 가상 운영환경(Virtual server environment)라고 부른다.

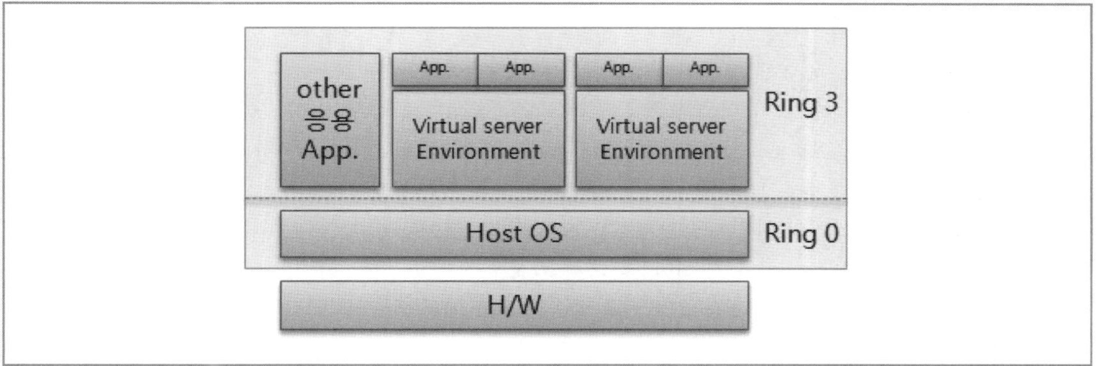


[그림 II-2-39] 컨테이너 기반 가상화

컨테이너 기반 가상화는 가상화 수준이 낮기 때문에 다른 방식에 비해 빠른 성능을 보여주지만, 자원간 격리 수준이 낮아 하나의 가상 운영체제에서 실행되는 애플리케이션의 자원 사용에 따라 다른 가상 운영체제가 영향을 받는 단점이 있다.

또한 호스트 운영체제의 보안 취약성에 의해 모든 가상 운영체제에 문제가 발생할 수 있으며, 호스트 운영체제를 공유하기 때문에 호스트 운영체제의 문제가 전체 가상 운영체제에도 영향을 미치게 된다.

컨테이너 기반 가상화는 오픈소스 진영의 OpenVZ와, OpenVZ를 상용화한 Virtuozzo, Solaris Containers, Linux-VServer 등 여러 솔루션이 있다.

다음 표는 하이퍼바이저 기반 가상화와 컨테이너 기반 가상화의 기술을 비교한 것이다.

[표 II-2-5] 하이퍼바이저 기반 가상화와 컨테이너 기반 가상화 비교

| 구분 | 하이퍼바이저 기반(Full, Para) | 컨테이너 기반 |
|---|---|---|
| 하드웨어 독립성 | 가상머신 내에서 완전 독립 | 호스트 OS 사용 |
| OS 독립성 | 호스트 OS와 완전 독립(리눅스와 윈도우 머신 동시 사용) | 호스트와 게스트 동일 |
| 격리수준 | 높은 격리 수준 | 낮은 격리 수준 |
| 성능 | 높은 오버헤드 발생<br>성능 향상을 위해 HW 가상화 기술 병행 | 오버헤드 거의 없음,<br>HW 자원의 대부분을 활용 |
| 관리 | 가상머신 별로 별도 관리 | 공통 SW 중앙 집중식 관리 |
| 응용분야 | 이기종 통합(윈도우와 리눅스 혼합 환경) | 단일 OS 환경 자원 통합,<br>대규모 호스팅 업체 |
| 대표제품 | VMware ESX, MS Virtual Server<br>Xen(Para Virtualization) | Virtuozzo(상용, OpenVZ-공개)<br>Sun Solaris Container |

## 나. 메모리 가상화

본 문서에서 설명하는 메모리 가상화는 VMware의 기법이다.

운영체제는 메모리를 관리하기 위해 물리주소(Physical Address)와 가상주소(Virtual Address), 이 두 가지를 사용하고 있다. 물리주소는 0부터 시작해서 실제 물리적인 메모리 크기까지를 나타내고, 가상주소는 하나의 프로세스가 가리킬 수 있는 최대 크기를 의미하며 32비트 운영체제에서는 4GB까지 가능하다. 32비트 운영체제에서 수행되는 각각의 사용자 프로세스는 4GB까지 사용가능하며, 프로그램에서의 주소는 물리적인 메모리의 주소 값이 아닌 가상주소 값이다. 따라서 가상주소 값의 위치(VPN, Virtual Page Number)를 실제 물리적인 주소 값 위치(MPN, Machine Page Number)로 매핑 과정이 필요하며 page table을 이용한다. 매핑 연산을 하드웨어적으로 도와주는 것을 TLB(Translation lookaside buffer)라고 한다.

VMware의 하이퍼바이저의 핵심 모듈을 VMKernel이라고 한다. VMkernel은 Service Console, 디바이스 드라이버들의 메모리 영역을 제외한 나머지 전체 메모리 영역을 모두 관리하면서 가상머신에 메모리를 할당한다. 생성되는 가상머신은 자신에게 할당된 메모리들을 연속된 공간의 실제 물리적인 메모리로 인식하게 된다.

VMware는 하이퍼바이저 내에 Shadow Page Table을 별도로 두어 가상 메모리 주소와 물리 메모리 주소의 중간 변환 과정을 가로챈다. 이 테이블은 마치 연속된 빈 공간의 메모리가 실제 존재하는 것처럼 게스트 운영체제에게 매핑해주는 역할을 하며, 동시에 개별적인 모든 가상머신들이 자신만의 메모리 주소 공간을 갖도록 한다.

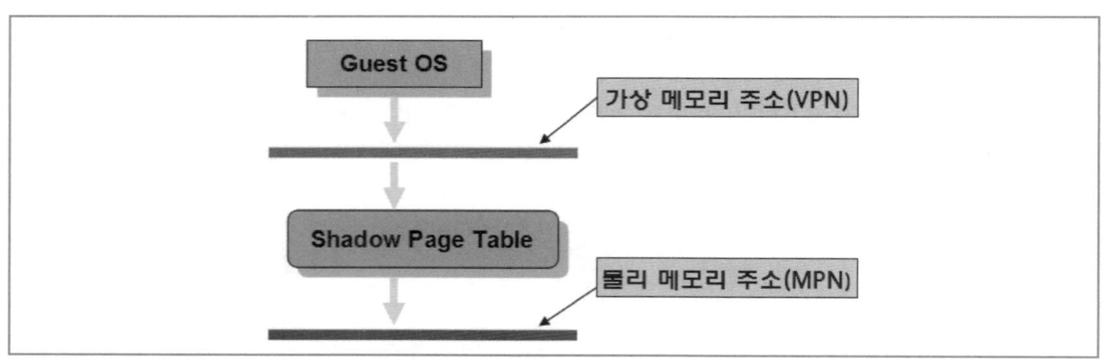


[그림 II-2-40] Shadow Page Table

예를 들어, 여러 개의 가상머신이 동시에 수행중인 경우라면 [그림 II-2-41]과 같은 메모리 사용 상황이 발생할 수 있다. 예제에서는 물리적인 1GB 메모리를 갖고 있는 1대의 물리적인 장비에 2개의 가상머신을 탑재했다. 하이퍼바이저 내에서도 일부 메모리를 사용해야 하기 때문에 하이퍼바이저가 가상머신에 할당할 수 있는 메모리는 768MB이다. 가상머신-A는 Minimum reserved로 256MB가 할당되어 있으며 실제로는 512MB를 사용하고 있다. 가상머신-B는 512MB를 Minimum reserved로 할당되어 있지만 실제로는 256MB를 사용하고 있다.

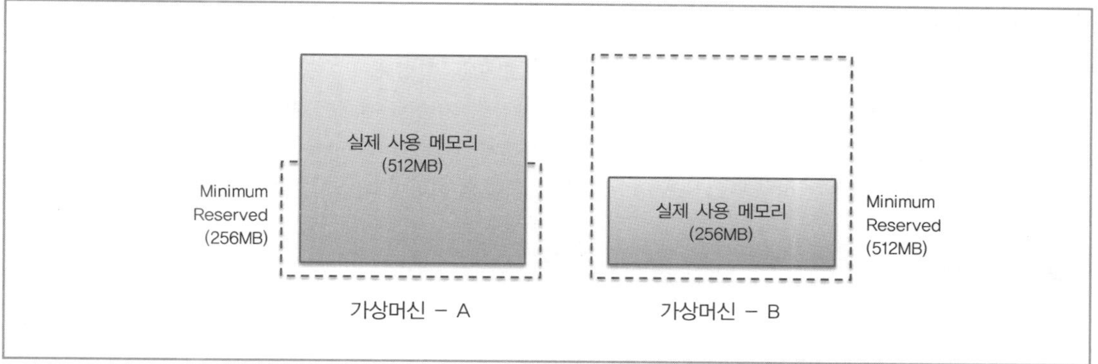


**[그림 II-2-41] 가상머신 메모리 할당**

이 상황에서 가상머신-B의 메모리 사용량이 늘어 256MB 메모리를 더 필요하게 되었다. 가상머신-B의 Minimum reserved는 512MB이기 때문에 하이퍼바이저는 가상머신에 256MB를 할당해야 하지만 물리적으로 남아 있는 메모리가 256MB가 되지 않기 때문에 가상머신-A에서 사용하고 있는 메모리를 반납 받아야 한다. 이런 문제를 해결하기 위해 다음과 같은 몇 가지 방법이 사용된다.

■ **Memory ballooning**

VMKernel은 예약된 메모리보다 더 많은 메모리를 사용하는 가상머신의 메모리 영역을 빈 값으로 강제로 채워 가상머신 운영체제가 자체적으로 swapping하도록 한다. 가상머신 운영체제에서 보이는 물리적인 메모리(실제는 하이퍼바이저에서 제공한 논리적 메모리)가 채워지고 있다는 것을 감지한 가상머신 운영체제는 swap 파일에 메모리 영역을 page out 시키고 메모리를 비우게 된다. 하이퍼바이저는 page out된 메모리 영역을 다른 가상머신에 할당한다.

■ **Transparent page sharing**

하나의 물리적인 머신에 여러 개의 가상머신이 운영되는 경우 각 가상머신에 할당된 메모리 중 동일한 내용을 담고 있는 페이지는 물리적인 메모리 영역에 하나만 존재시키고 모든 가상머신이 공유하도록 한다.

■ **Memory Overcommitment**

2GB 메모리를 가진 물리적 장비에 512MB를 Minimum reserved를 가질 수 있는 가상머신 5개를 수행할 수 있다. 이것은 앞서 설명한 두 가지 기법을 이용하여 가능하지만, 모든 가상머신이 메모리 사용이 많은 업무를 수행하는 경우라면 심각한 성능저하 현상이 발생할 수 있기 때문에 권장하지는 않는다.

## 다. I/O 가상화

하나의 물리적인 장비에 여러 개의 가상머신이 실행되고 있는 상황에서 가장 문제가 되는 것은 I/O에서의 병목현상이다. 따라서 CPU 자원의 파티셔닝만으로는 가상화 기술을 제대로 활용할 수 없으며 I/O 자원의 공유 및 파티셔닝이 필요하다. 또한 하나의 물리적 머신에서 운영되는 가상머신 간에도 통신이 이루어져야 한다. 이를 위해 가상 디스크 어댑터, 가상 이더넷 어댑터, 공유 이더넷 어댑터 등과 같은 기술들이 사용된다.

### ■ 가상 이더넷

가상 이더넷은 대표적인 I/O 가상화 기술의 하나로 가상화 기능 중에서 물리적으로 존재하지 않는 자원을 만들어 내는 에뮬레이션 기능을 이용한다. 가상 이더넷을 이용할 경우 각 가상 머신들 사이에 물리적인 네트워크 어댑터 없이도 메모리 버스를 통해 고속 및 고효율 통신이 가능하다.

또한 가상 이더넷은 가상 LAN 기술을 기반으로 네트워크 파티션도 가능하게 한다. 하나의 서버에 4개의 가상머신을 구성하는 경우 2개의 가상머신을 묶어 가상 LAN으로 구성하면, 각 가상 LAN 사이에는 통신을 할 수 없게 된다. 이처럼 가상 이더넷을 통해 사용자들은 별도의 물리적 어댑터와 케이블을 사용하지 않고도 네트워크의 이중화, 네트워크의 안정적 단절 등의 효과를 얻을 수 있다.

### ■ 공유 이더넷 어댑터

공유 이더넷 어댑터는 여러 개의 가상머신이 물리적인 네트워크 카드를 공유할 수 있게 하며, 공유된 물리적 카드를 통해서 외부 네트워크와 통신이 가능하다. 특히 가상 머신의 개수보다 물리적 어댑터의 개수가 적은 경우에 여러 가상머신들이 물리적 이더넷 어댑터를 공유할 수 있게 해 준다.

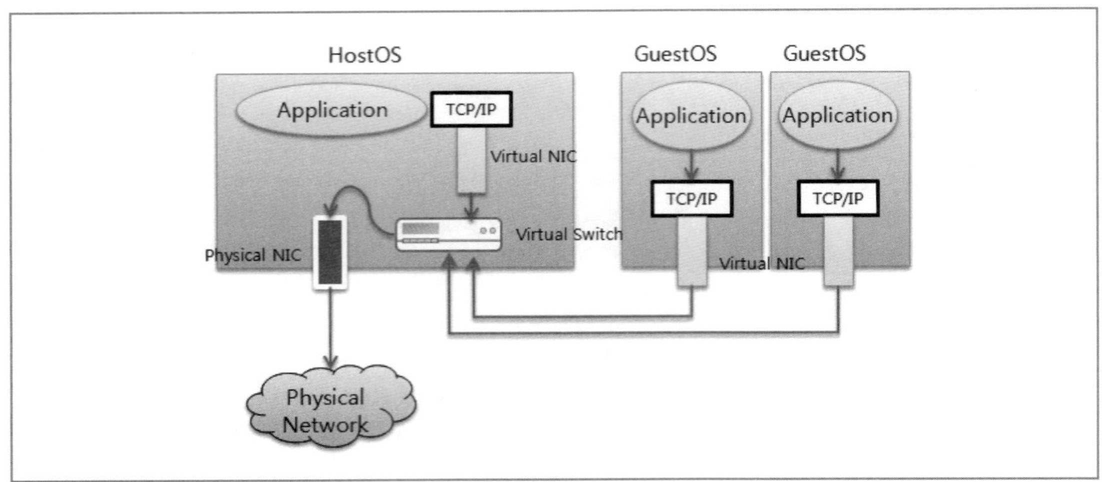


[그림 II-2-42] 가상 이더넷과 공유 이더넷 어댑터

이 경우에도 하나의 자원을 이용하여 여러 가상머신이 공유하기 때문에 발생하는 병목현상은 피할 수 없다. 최근에는 10G 환경에서 네트워크 어댑터 내에서 가상화를 지원하여 어댑터의 메모리 버퍼를 가상머신별도 할당해 주어 마치 하나의 물리적인 어댑터를 가상머신 하나에 할당하는 것과 동일한 효과를 내는 제품도 출시되고 있다.

## ■ 가상 디스크 어댑터

한 대의 서버가 여러 개의 가상머신을 구성할 경우 가장 문제가 되는 부분이 외장 디스크를 사용할 수 있게 해주는 파이버 채널 어댑터(Fiber Channel Adapter)와 같은 I/O 어댑터의 부족이다. 이를 해결하기 위해 가상 디스크 어댑터의 개념이 필요하다.

가상화된 환경에서 가상 디스크를 이용해 가상머신이 디스크 자원을 획득하는 방법에는 두 가지가 있다. 먼저 내장 디스크의 경우에 가상 I/O 레이어가 내장 디스크들을 소유하고 있고, 이 내장 디스크들을 논리적 디스크 드라이브로 나눈다. 논리적으로 나누어진 드라이버는 LUN(Logical Unit Number)으로 각 파티션에 가상 디스크 어댑터를 통해 분배된다. 해당 가상머신은 이렇게 획득한 논리적 디스크 자원을 물리적 자원처럼 인식한다.

두 번째로 외장 디스크의 경우에 먼저 가상 I/O 레이어가 파이버 채널 어댑터를 통해서 외장 디스크의 LUN을 획득한다. 그리고 내장 디스크와는 달리 가상 I/O 레이어가 이 자원을 논리적 디스크 드라이브로 다시 나누지 않고 바로 각 가상머신에 가상 디스크 어댑터를 통해서 분배한다. 이처럼 가상 I/O 레이어를 통해 제공된 논리적 디스크 볼륨은 이를 이용하는 다른 가상머신에게는 SCSI 디스크로 나타난다.

# 장 요약

### 제1절 분산 데이터 저장 기술

최근의 컴퓨팅 환경은 대용량의 데이터를 처리할 수 있는 다수의 서버들로 구성된 클러스터 시스템을 필요로 한다. 구글을 필두로 이러한 변화에 대응하기 위한 대규모 분산 파일 시스템이 개발 되었다. 또한 데이터의 크기가 커짐에 따라 데이터베이스 영역에서도 분산 처리 기술을 적용하게 되었으며, 파티셔닝 또는 클러스터링을 이용한 데이터 통합 기술도 많이 사용되고 있다. 또한 기존 관계형 데이터베이스에서 수용하기 어려운 대용량의 실시간 데이터를 처리하기 위한 새로운 기술인 NoSQL도 생겼다.

### 제2절 분산 컴퓨팅 기술

정보의 양이 기하급수적으로 늘어나면서 대용량 데이터로부터 양질의 정보 및 지식을 추출하고자 하는 요구사항은 점차 늘어나고 있다. 구글의 맵리듀스는 대용량 데이터에 대한 다 차원 데이터 분석을 할 수 있도록 효율적인 프로그래밍 모델을 제시하였고, 야후는 구글의 맵리듀의 오픈소스 버전인 하둡 개발을 주도했다. 하둡은 현재 전세계적으로 다양한 영역에서 활용되고 있으며, 이 후 하둡의 개선점이라고 할 수 있는 개발 생산성과 실시간 처리 능력을 향상시킨 기술인 SQL on 하둡이 등장하게 되었다.

### 제3절 클라우드 인프라 기술

새로운 유형의 다양한 서비스들을 적시에 효율적으로 제공하기 위해서 복잡한 IT 인프라 환경을 통합하고 추상화하여 제공할 수 있는 클라우드 환경이 필요하다. 클라우드 환경의 기반이 되는 기술이 서버 가상화이며, 이는 하나의 서버의 운영 체제 안에, 또 하나의 가상머신을 만들어 마치 서버가 여러 대 있는 것처럼, 시스템을 구축하여 운영할 수 있는 기술이다. 일반적으로 다양한 CPU, 메모리, 입출력 등의 다양한 서버 자원을 하나의 집합으로 통합/추상화 시킨 후 사용자의 요청에 따라 자원을 자유롭게 나누어 사용한다.

# 연습문제

**문제 1. 다음 설명 중 맞는 것은 무엇인가?**

① 하둡 분산 파일시스템은 작은 파일을 저장 관리하는 데 적합하다.
② 구글에서 만든 분산 파일시스템인 GFS는 오픈 소스 프로젝트이다.
③ 데이터를 저장하고 관리하는 데에는 관계형 데이터베이스만 있으면 된다.
④ 하둡 분산 파일시스템을 구성하는 데 중/저가의 서버들이 주로 사용된다.

**문제 2. 다음 데이터베이스 솔루션 중 특성이 다른 것은 무엇인가?**

① 아파치 에이치베이스(HBase)
② 구글 빅테이블(BigTable)
③ MySQL 클러스터
④ 아마존 심플디비(SimpleDB)

**문제 3. 맵리듀스에 대한 설명 중 틀린 것은 무엇인가?**

① 대용량 데이터를 처리하고 분석하는 데 사용되는 기술이다.
② 데이터베이스에 저장된 데이터를 빠르고 처리하는 데 최적화된 기술이다.
③ 맵과 리듀스라고 하는 2개의 함수를 구현해야 한다.
④ 오픈소스 프로젝트로 야후에서 지원한 하둡이 있다.

**문제 4. 하이브에 대한 설명 중 맞는 것은 무엇인가?**

① 관계형 데이터베이스의 데이터를 조회하기 위한 기술이다.
② 모든 표준 ANSI SQL을 지원한다.
③ 직접 코딩하지 않고 맵리듀스 작업을 수행할 수 있다.
④ 아마존에서 개발한 분산 병렬 처리 기술이다.

**문제 5. SQL on 하둡 기술에 대한 설명 중 맞는 것은 무엇인가?**

① 하둡과 하이브에서 처리 가능한 데이터보다 더 큰 데이터를 처리하기 위한 기술이다.
② 데이터 웨어하우징 용도로 사용할 수 있는 데이터 분석 기술이다.
③ 클라우데라에서 개발한 임팔라는 오라클 데이터베이스에 저장된 데이터를 처리할 수 있다.
④ SQL on 하둡 원조 기술은 구글에서 개발한 빅테이블이다.

**문제 6. 가상화에 대한 설명 중 맞는 것은 무엇인가?**

① 전 가상화와 반 가상화로로 나눌 수 있으며, VMWare는 대표적인 오픈소스 솔루션이다.
② 현재 가상화는 CPU 자원만 지원한다.
③ 클라우드 컴퓨팅의 SaaS(Software as a Service)를 구현하기 위한 필수 기술이다.
④ 전 가상화에서는 운영 체제를 수정하지 않은 채 그대로 사용할 수 있다.

## 과목 소개

데이터 분석을 함에 있어서 가장 중요한 요소는 크게 3가지로 구성된다. 첫 번째로, 분석의 근간이 되는 데이터(Data), 분석을 수행하는 분석 모델(Analytics Model), 이를 활용하여 데이터 분석을 수행하고 결과를 전달하는 분석가(Analyst)이다. 이러한 3가지 기본 요소를 잘 활용할 때에 가치(Value) 창출을 달성할 수 있다.

데이터 분석에서의 기획은 이런 요소를 잘 활용하여 가치를 창출할 수 있도록 분석 과제를 발굴하고 목표를 달성하기 위하여 데이터, 분석 모델, IT 솔루션 등의 요건 및 수행계획을 정의하는 과정이라고 정의할 수 있다.

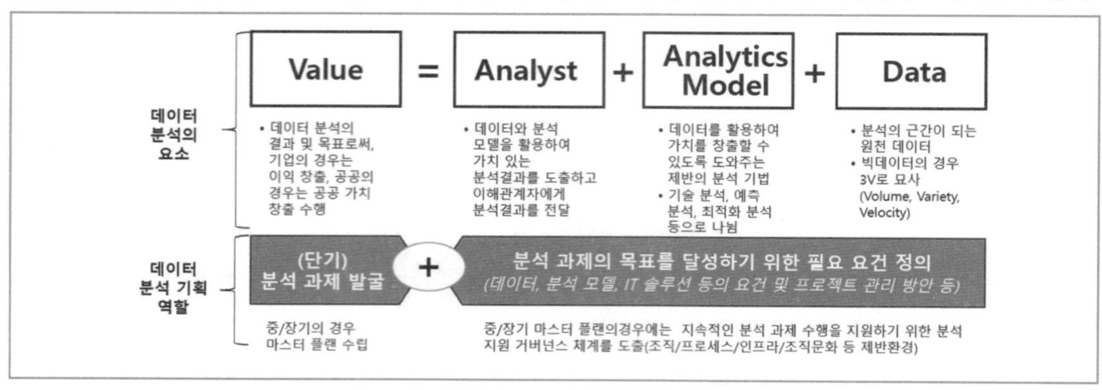


본 장에서는 이러한 기획을 함에 있어서 중요한 요소와 접근하는 방식이 무엇인지를 기획의 관점에서 살펴보고 단기적인 개별 분석 과제의 도출뿐만 아니라 중·장기적 관점에서의 전사적인 마스터 플랜 수립 및 분석 거버넌스 체계에 대해서도 살펴보기로 한다.

# 과목 Ⅲ
# 데이터 분석 기획

## 과목 구성

데이터를 기반으로 한 분석이 잘 이루어지기 위해서는 데이터 분석의 이해관계자들이 분석의 목표 및 과정을 잘 이해하는 공통의 언어를 가지는 것이 "기획"의 측면에서 중요하다. 데이터 분석에 있어서 "기획"이란 무엇인지를 알아보고 체계적으로 수행하는 분석 방법론에 대해서 살펴본다. 다양한 방식으로 과제를 발굴하여 과제를 정의하는 방안과 해당 과제가 프로젝트화 되었을 때의 프로젝트 관리방안을 살펴본 후, 중·장기적 측면에서 분석 마스터 플랜과 분석 거버넌스 체계를 어떻게 수립하는지 이해한다.

**제1장 데이터 분석 기획의 이해**
- 제1절 분석 기획 방향성 도출
- 제2절 분석 방법론
- 제3절 분석 과제 발굴
- 제4절 분석 프로젝트 관리방안

**제2장 분석 마스터 플랜**
- 제1절 분석 마스터 플랜 수립
- 제2절 분석 거버넌스 체계 수립

**학습목표**

- 데이터 분석 기획에 대한 이해
- 데이터 분석 수행 방법론 이해와 이를 활용한 분석 과제 도출
- 데이터 분석 프로젝트의 특성 및 주요 관리 포인트 도출
- 데이터 분석 마스터 플랜에 대한 이해

# 제1장

# 데이터 분석 기획의 이해

### 장 소개

분석 기획에 대한 개념 및 특징을 이해하고 방향성을 도출할 때의 고려사항을 알아본다. 분석 수행을 체계적으로 할 수 있는 방법론에 대해 기존의 방법론을 토대로 살펴본 후, 분석 과제를 도출하는 다양한 방식을 살펴보고 향후 이해관계자들의 소통도구로서 활용되는 과제 정의서 양식을 알아본다. 마지막으로, 해당 분석 과제가 프로젝트화 되었을 때 이를 적절하게 관리할 수 있는 영역별 주요 관리 포인트를 살펴본다.

# 제1절 분석 기획 방향성 도출

분석 기획이란 실제 분석을 수행하기에 앞서 분석을 수행할 과제의 정의 및 의도했던 결과를 도출할 수 있도록 이를 적절하게 관리할 수 있는 방안을 사전에 계획하는 일련의 작업이다. 분석 과제 및 프로젝트를 직접 수행하는 것은 아니지만, 어떠한 목표(What)를 달성하기 위하여(Why) 어떠한 데이터를 가지고 어떤 방식으로(How) 수행할 지에 대한 일련의 계획을 수립하는 작업이기 때문에 성공적인 분석 결과를 도출하기 위한 중요한 사전 작업이다.

## 1. 분석 기획의 특징

데이터 분석, 특히 빅데이터에 대한 분석을 수행하는 데 있어서 주의할 사항은 데이터를 다루는 영역의 특성 때문에, IT 기술 및 분석 기법에 치우치는 경향이다. 분석의 특징은 [그림 Ⅲ-1-1]을 통해서 알 수 있듯이, 수학/통계학적 지식 및 해킹 기술(IT 기술 등) 뿐만 아니라 해당 비즈니스에 대한 이해와 전문성을 포함하여 3가지 영역에 대한 고른 역량과 시각이 요구된다. 다시 말하면, 분석을 기획한다는 것은 해당 문제 영역에 대한 전문성 역량 및 수학/통계학적 지식을 활용한 분석 역량과 분석의 도구인 데이터 및 프로그래밍 기술 역량에 대한 균형잡힌 시각을 가지고 방향성 및 계획을 수립해야 한다는 것을 의미한다.

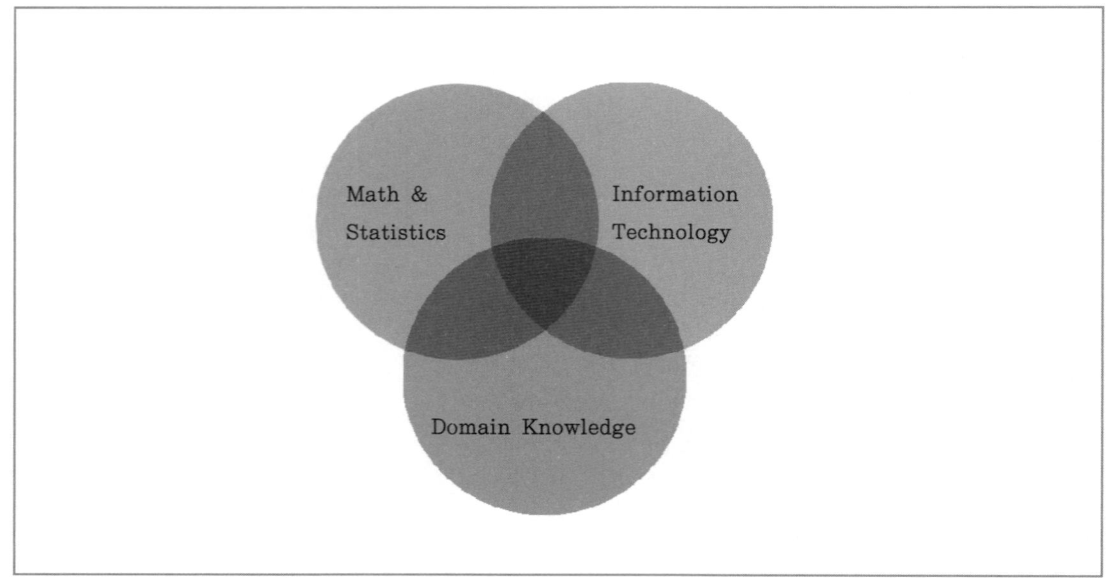


[그림 Ⅲ-1-1] 데이터 사이언스 역량

분석은 분석의 대상(What) 및 분석의 방법(How)에 따라서 [그림 Ⅲ-1-2]과 같이 4가지로 나누어진다. 분석의 대상이 무엇인지를 인지하고 있는 경우(Known), 즉 해결해야 할 문제를 알고 있고 이미 분석의 방법도 알고 있는 경우에는 1)개선을 통한 최적화(Optimization)의 형태로 분석이 수행되고, 방법을 모르는 경우에는 해당 분석 주제에 대한 2)솔루션(Solution)을 찾아내는 방식으로 수행된다. 분석의 대상이 명확하게 무엇인지 모르는 경우(Un-known)에는, 기존 분석 방식을 활용하여 새로운 지식인 3)통찰(Insight)을 도출해냄으로써 문제의 도출 및 해결에 기여하거나, 4)발견(Discovery) 접근법으로 분석의 대상 자체를 새롭게 도출할 수 있다.

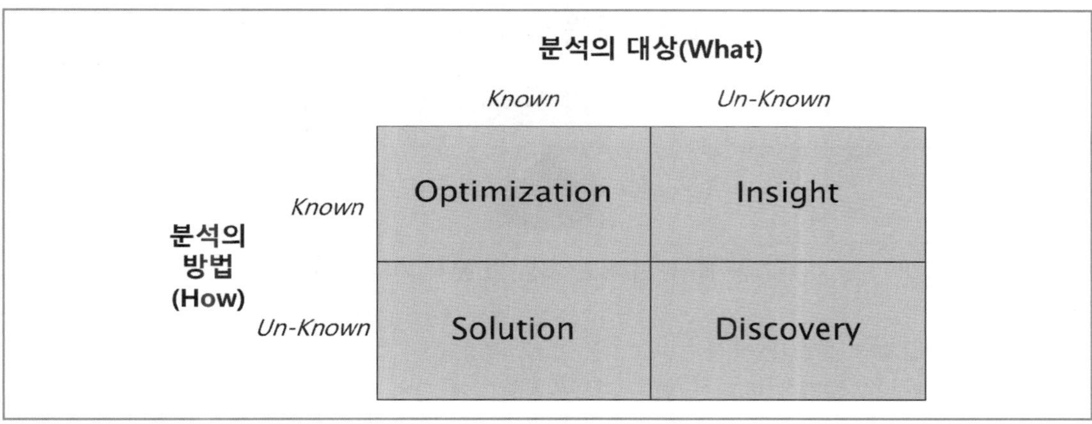


[그림 Ⅲ-1-2] 분석 주제 유형

특정한 분석 주제를 대상으로 진행할 경우에도, 분석 주제 및 기법의 특성상 이러한 4가지의 유형을 넘나들면서 분석을 수행하고 결과를 도출하는 과정을 반복하게 된다. 문제 및 방법을 인지하고 있는 "개선을 통한 최적화" 유형의 분석 주제로 문제를 접근했지만, 새로운 유형의 주제를 "발견"하거나, 새로운 "솔루션"을 도출하게 되는 경우가 자주 발생한다.

또한, 목표 시점 별로는 당면한 과제를 빠르게 해결하는 "과제 중심적인 접근 방식"과 지속적인 분석 내재화를 위한 "장기적인 마스터 플랜 방식"으로 나누어 볼 수 있다. 과제 단위로 진행되는 프로젝트는 문제에 대한 명확한 해결을 위해서 Quick-Win 방식의 데이터 분석을 수행하는 것이 특징이다. 개별 과제의 경우에는 이러한 Quick-Win 방식으로 과제를 수행해도 무방하지만 지속적으로 데이터 분석 문화를 내재화하기 위해서는 전사적이고 장기적인 관점에서 분석과제를 도출하고 해당 과제를 수행하는 것이 바람직하다.

문제 해결(Problem Solving)을 위한 단기적인 접근방식과 분석과제정의(Problem Definition)를 위한 중장기적인 마스터플랜 접근 방식은 융합적으로 적용하는 것이 분석기획에서는 중요하다. 마스터플랜을 수립하고 장기적인 관점에서 접근하는 것이 가장 바람직하지만, 분석의 가치를 증명하고 이해관계자들의 동의를 구하기 위해서는 분석을 통해서 해결할 수 있는 해묵은 과제를 빠르게 해결해서 분석의 가치를 조기 체험함으로써 공감대를 확산시키는 방식도 유용하다.

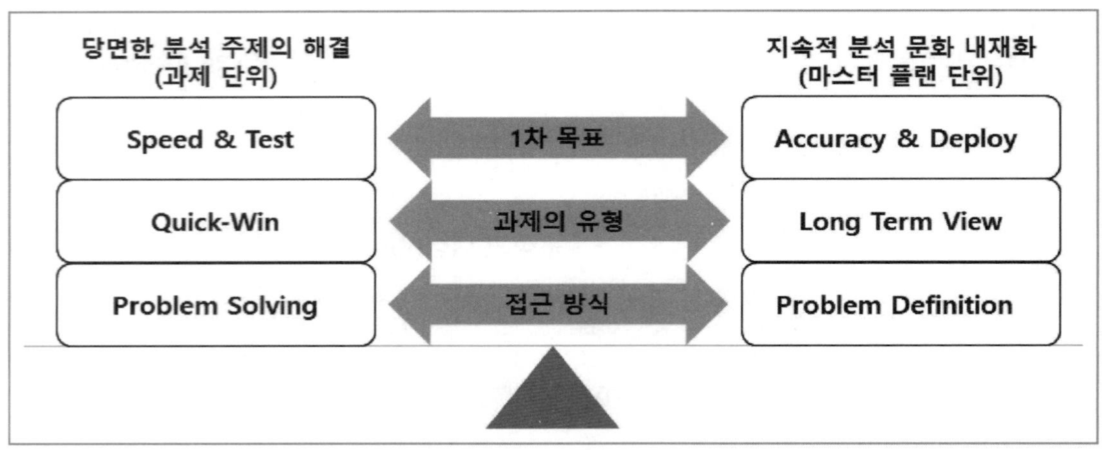


[그림 Ⅲ-1-3] 목표 시점 별 분석 기획 방안

의미있는 분석을 하기 위해서는 분석 기술, IT 및 프로그래밍, 분석 주제에 대한 도메인 전문성, 의사소통이 중요하고 분석 대상 및 방식에 따른 다양한 분석 주제를 과제 단위 혹은 마스터 플랜 단위로 도출할 수 있어야 한다. 분석가는 3가지의 기본 역량에 더하여 프로젝트관리(Project Management) 역량, 리더십(Leadership) 역량 등이 필요하다.

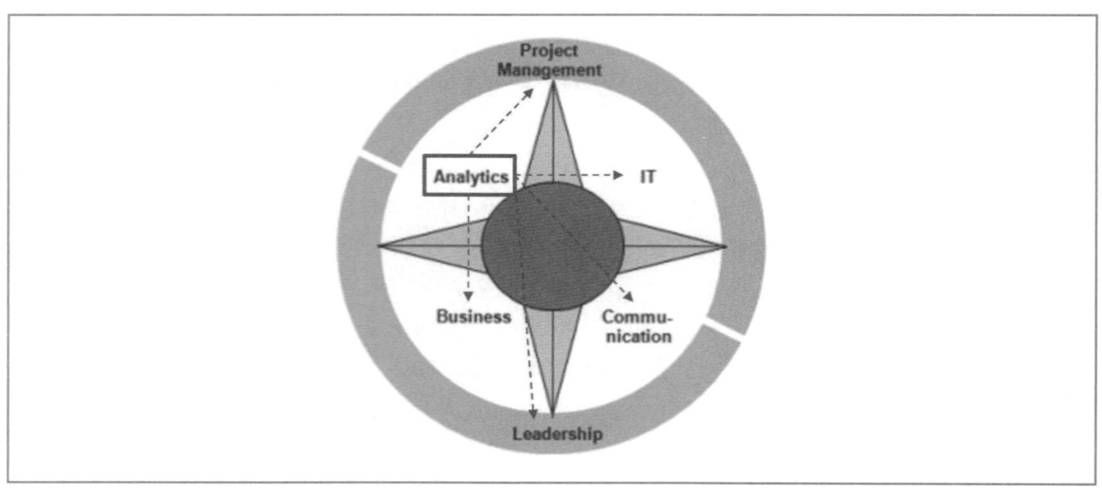


[그림 Ⅲ-1-4] 분석 수행 시 분석가에게 요구되는 영역

## 2. 분석 기획 시 고려사항

분석 기획이 실제 분석을 수행하기에 앞서 어떤 목표(What)를 달성하기 위하여(Why) 어떤 데이터를 가지고 어떤 방식으로(How) 수행할 지에 대한 일련의 계획 수립 과정이라고 할 때, 고려할 사항은 1)가용한 데이터, 2)적절한 유스케이스, 3)분석과제 수행을 위한 장애요소 이다.

첫째, 분석의 기본이 되는 데이터에 대한 고려가 필요하다. 분석을 위한 데이터의 확보가 우선 필수적이며 데이터가 존재하는 경우에도 데이터의 유형에 따라서 적용 가능한 솔루션 및 분석 방법이 다르기 때문에 유형에 대한 분석이 선행적으로 이루어져야 한다. [그림 Ⅲ-1-5]처럼 잘 정제된 DB형태의 정형 데이터(Structured Data), e-Mail, 보고서, 소셜 미디어 데이터 등과 같은 비정형 데이터(Unstructured Data), 센서를 중심으로 스트리밍(Streaming)되는 머신 데이터(Machine Data)와 같은 반정형데이터(Semi-structured Data)의 존재 유무 및 유형을 파악하는 것이 필요하다.

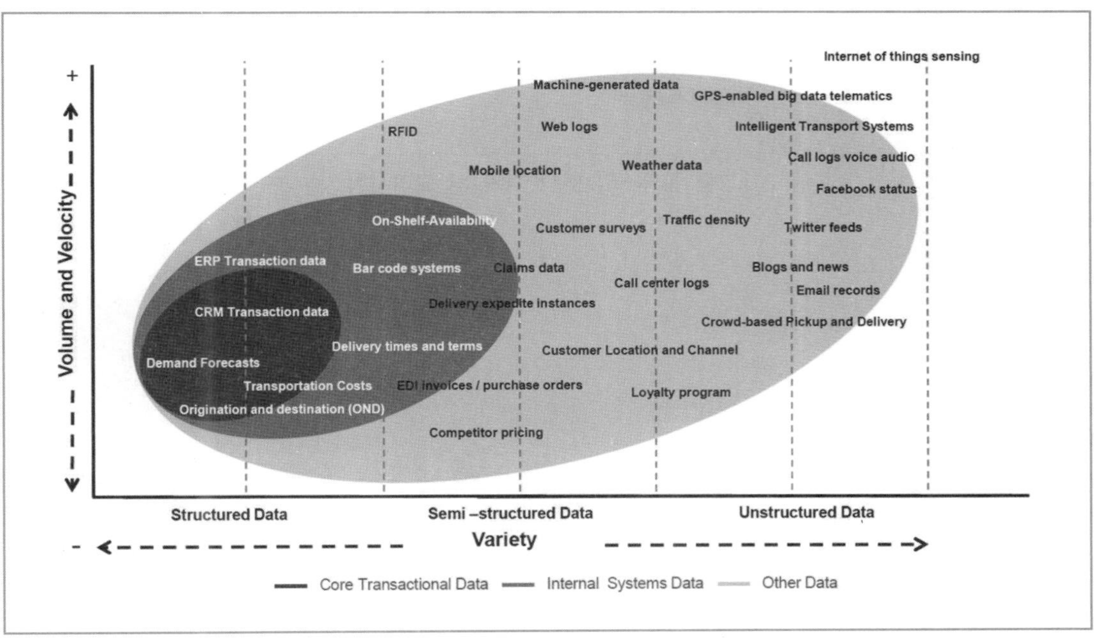


[그림 Ⅲ-1-5] 다양한 데이터 유형

둘째, 분석을 통해서 가치가 창출될 수 있는 적절한 활용 방안과 활용 가능한 유스케이스의 탐색이 필요하다. "바퀴를 재발명하지 마라"는 격언처럼 기존에 잘 구현되어서 활용되고 있는 유사 분석 시나리오 및 솔루션이 있다면 이를 최대한 활용하는 것이 중요하다. 이러한 시나리오를 토대로 소통할 때 분석 결과를 활용할 사용자의 측면에서 공감대를 얻고 원활한 분석 수행에 도움이 될 것이다.

끝으로 분석을 수행함에 있어서 발생하는 장애요소들에 대한 사전 계획 수립이 필요하다. 정확도를 올리기 위해서는 기간과 투입 리소스가 늘어나게 되는데 이것은 비용 상승으로 이어질 수 있으므로 많은 고려가 필요하다. 좋은 분석 결과를 도출하여도 분석가만 이해할 수 있는 형태의 결과가 아닌 사용자가 쉽게 이해하고 활용할 수 있도록 방안을 수립해야 한다. 그리고 분석 수행 시에는 문제없이 실행되던 분석 결과가 실제 환경에서는 성능에 문제가 발생할 수 있으므로 이러한 부분에 대해서도 고려가 필요하다. 또한 일회성 분석으로 그치지 않고 조직의 역량으로 내재화하기 위해서는 충분하고 계속적인 교육 및 활용방안 등의 변화 관리(Change Management)가 고려되어야 한다.

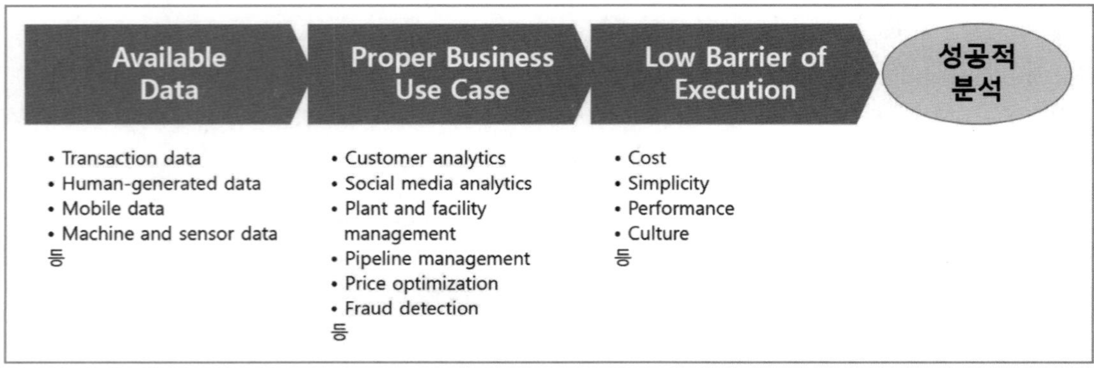


[그림 Ⅲ-1-6] 분석 기획 시 고려사항

# 제2절 분석 방법론

## 1. 분석 방법론 개요

최근 기업 경쟁력을 향상하기 위하여 데이터 분석 및 활용의 중요성이 강조되고 있다. 지금까지 기업들은 일반 수준의 품질목표나 재무성과를 달성하기 위하여 데이터 기반의 의사결정보다는 경험과 감에 의한 판단만으로도 어느 정도 목표를 달성할 수 있었다. 그러나 극한의 글로벌 경쟁 환경에서는 더 이상 경험과 감에 의한 의사결정으로는 한계가 있음을 인식하고 데이터 기반의 의사결정을 위하여 많은 노력을 기울이고 있다. 고정 관념(Stereotype), 편향된 생각(Bias) 프레이밍 효과(Framing Effect: 문제의 표현 방식에 따라 동일한 사건이나 상황임에도 불구하고 개인의 판단이나 선택이 달라질 수 있는 현상) 등은 기업의 합리적 의사결정을 가로막는 장애 요소이다. 데이터 기반의 의사결정을 위해서는 기업 문화의 변화와 업무 프로세스의 개선이 필요하고 이를 촉진시키는 도구로써 데이터 분석을 활용할 수 있다.

데이터 분석을 효과적으로 기업내 정착하기 위해서는 이를 체계화한 절차와 방법이 정리된 데이터 분석 방법론의 수립이 필수적이다. 프로젝트는 한 개인의 역량이나 또는 조직의 우연한 성공에 기인해서는 안되고 일정한 수준의 품질을 갖춘 산출물과 프로젝트의 성공 가능성을 확보하고 제시할 수 있어야 한다. 따라서 방법론은 상세한 절차(Procedures), 방법(Methods), 도구와 기법(Tools & Techniques), 템플릿과 산출물(Templates & Outputs)로 구성되어 어느 정도의 지식만 있으면 활용이 가능해야 한다.

일반적으로 방법론의 생성 과정은 [그림 Ⅲ-1-7]과 같이 개인의 암묵지가 조직의 형식지로 발전하는 형식화 과정을 거치고, 이를 체계화하여 문서화한 최적화된 형식지로 전개됨으로써 방법론이 만들어질 수 있다. 이렇게 만들어진 방법론은 다시 개인에게 전파되고 활용되는 내재화 과정을 거쳐 암묵지로 발전하는 선순환 과정이 진행되면서 조직 내 방법론이 완성될 수 있다.

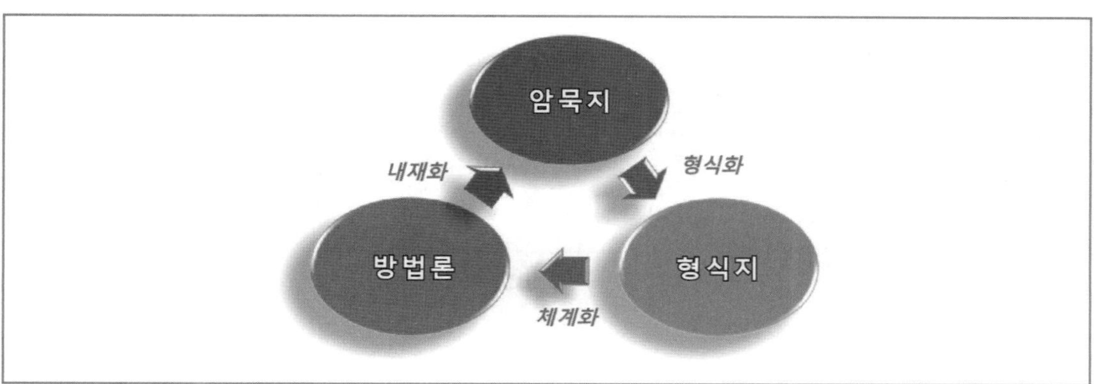


**[그림 Ⅲ-1-7] 방법론 생성과정**

방법론은 적용 업무의 특성에 따라 다양한 모델을 가질 수 있다. 폭포수 모델(Waterfall Model)은 단계를 순차적으로 진행하는 방법으로 이전 단계가 완료되어야 다음 단계로 진행될 수 있으며 하향식(Top Down)으로 진행되지만 문제나 개선사항이 발견되면 전 단계로 돌아가는 피드백(Feedback)과정이 수행되기도 한다.

나선형 모델(Spiral Model)은 반복을 통하여 점증적으로 개발하는 방법으로써 처음 시도하는 프로젝트에 적용이 용이하지만, 반복에 대한 관리 체계를 효과적으로 갖추지 못한 경우 복잡도가 상승하여 프로젝트 진행이 어려울 수 있다. 이 이외에도 프로토타입 모델(Prototype Model) 등 다양한 모델이 있다. 빅데이터 분석에서도 분석과제의 특성과 조직의 역량에 따라 다양한 모델을 기반으로 방법론을 구축할 수 있다.

일반적으로 방법론은 계층적 프로세스 모델(Stepwised Process Model)의 형태로 구성된다. 최상위 계층은 단계(Phase)로서 프로세스 그룹(Process Group)을 통하여 완성된 단계별 산출물이 생성되어야 한다. 각 단계는 기준선(Baseline)으로 설정되어 관리되어야 하며 버전관리(Configuration Management) 등을 통하여 통제가 이루어져야 한다. 각 단계는 여러개의 태스크(Task)로 구성되는데 각 태스크는 단계를 구성하는 단위 활동으로써 물리적 또는 논리적 단위로 품질검토의 항목이 될 수 있다. 마지막 계층은 스텝(Step)으로서 WBS(Work Breakdown Structure)의 워크패키지(Work Package)에 해당되고 입력자료(Input), 처리 및 도구(Process & Tool), 출력자료(Output)로 구성된 단위 프로세스(Unit Process)이다.

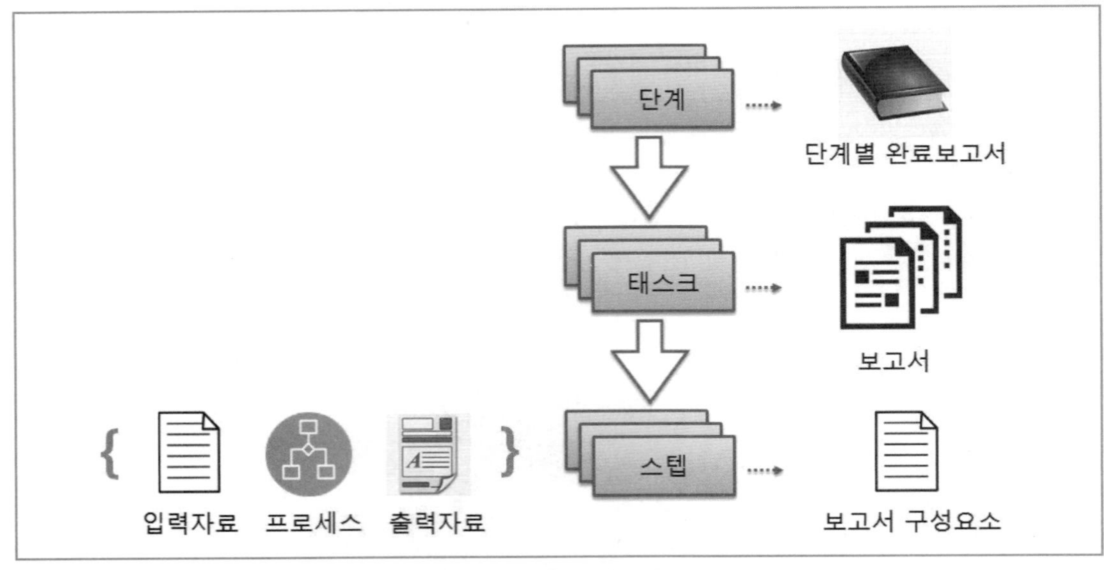


[그림 Ⅲ-1-8] 방법론의 구성

## 2. KDD 분석 방법론

KDD(Knowledge Discovery in Databases)는 1996년 Fayyad가 체계적으로 정리한 데이터 마이닝 프로세스로써 데이터베이스에서 의미 있는 지식을 탐색하는 데이터 마이닝부터, 기계학습, 인공지능, 패턴인식, 데이터 시각화 등에서 응용될 수 있는 구조를 갖고 있다. KDD는 데이터에서 패턴을 찾는 과정을 다음과 같이 9개의 프로세스로 제시하고 있다.

- 분석 대상 비즈니스 도메인의 이해
- 분석 대상 데이터셋 선택과 생성
- 데이터에 포함되어 있는 노이즈(Noise)와 이상값(Outlier) 등을 제거하는 정제작업이나 선처리
- 분석 목적에 맞는 변수를 찾고 필요시 데이터의 차원을 축소하는 데이터 변경
- 분석 목적에 맞는 데이터 마이닝 기법 선택
- 분석 목적에 맞는 데이터 마이닝 알고리즘 선택
- 데이터 마이닝 시행
- 데이터 마이닝 결과에 대한 해석
- 데이터 마이닝에서 발견된 지식 활용

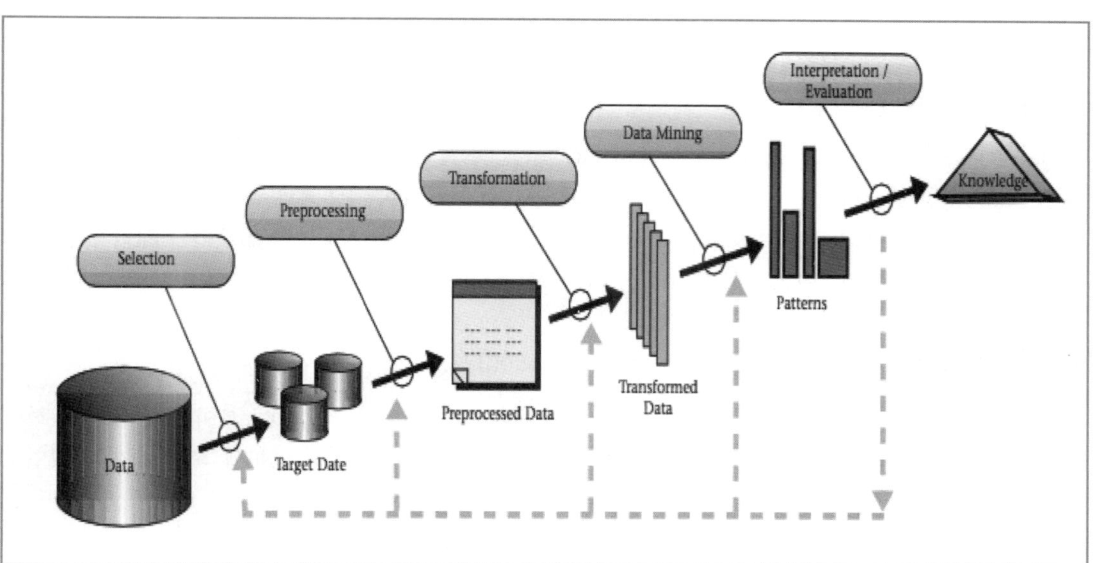


[그림 Ⅲ-1-9] KDD 분석 절차

### 가. 데이터셋 선택(Selection)

데이터셋 선택에 앞서 분석대상의 비즈니스 도메인에 대한 이해와 프로젝트의 목표를 정확하게 설정한다. 데이터셋 선택은 데이터베이스 또는 원시 데이터에서 분석에 필요한 데이터를 선택하고 필요한 경우 추가적으로 데이터셋을 생성할 수 있다. 데이터셋 선택 프로세스를 통하여 데이터 마이닝에 필요한 목표 데이터(Target Data)를 구성하고 다음 단계인 데이터 전처리 프로세스를 통하여 데이터셋 추가가 요구되는 경우이 선택 프로세스를 반복할 수 있다.

### 나. 데이터 전처리(Preprocessing)

데이터셋 선택 프로세스에서 추출된 분석 대상용 데이터셋에 포함되어 있는 잡음(Noise)과 이상값(Outlier), 결측치(Missing Value)를 식별하고 필요시 제거하거나 의미있는 데이터로 처리하는 데이터셋 정제작업을 시행한다. 데이터 전처리 프로세스를 수행하는 과정에서 추가적인 데이터셋이 필요한 경우 데이터셋 선택 프로세스를 반복할 수 있다.

### 다. 데이터 변환(Transformation)

데이터 전처리 프로세스를 통하여 분석용 데이터셋이 편성되면 분석 목적에 맞는 변수를 선택하거나 데이터의 차원을 축소하여 데이터 마이닝을 효율적으로 적용될 수 있도록 데이터셋을 변경하는 프로세스를 수행한다.

### 라. 데이터 마이닝(Data Mining)

데이터 변환 프로세스를 통하여 만들어진 분석용 데이터셋을 이용하여 분석 목적에 맞는 데이터 마이닝 기법을 선택하고 데이터 마이닝 알고리즘을 선택하여 데이터의 패턴을 찾거나 데이터를 분류 또는 예측 등의 마이닝 작업을 시행한다. 데이터 마이닝 프로세스를 수행하는 과정에서 필요에 따라 데이터 전처리, 데이터 변환 프로세스를 병행할 수 있다.

### 마. 데이터 마이닝 결과 평가(Interpretation/Evaluation)

데이터 마이닝 결과에 대한 해석과 평가 그리고 분석 목적과의 일치성을 확인하다. 데이터 마이닝을 통하여 발견된 지식을 업무에 활용하기 위한 방안을 찾고 필요에 따라 데이터셋 선택 프로세스부터 데이터 마이닝 프로세스를 반복하여 수행한다.

## 3. CRISP-DM 분석 방법론

CRISP-DM(Cross Industry Standard Process for Data Mining)은 1996년 유럽연합의 ESPRIT에서 있었던 프로젝트에서 시작되었고 DaimlerChryrler, SPSS, NCR 등이 참여하여 1999년 첫 버전을 발표하였다. CRISP-DM은 계층적 프로세스 모델(Hierarchical Process Model)로써 4개 레벨로 구성되어 있다.

최상위 레벨은 여러 개의 단계(Phases)로 구성되고 각 단계는 일반화 태스크(Generic Tasks)를 포함한다. 일반화 태스크는 데이터 마이닝의 단일 프로세스를 완전하게 수행하는 단위이다. 세 번째 레벨은 세분화 태스크(Specialized Tasks)로 일반화 태스크를 구체적으로 수행하는 레벨이다. 예를 들어 데이터 정제(Data Cleaning)의 일반화 태스크는 범주형 데이터 정제, 연속형 데이터 정제 등으로 구체화된 세분화 태스크가 있다. 마지막 레벨인 프로세스 실행(Process Instances)은 데이터 마이닝을 위한 구체적인 실행을 포함한다.

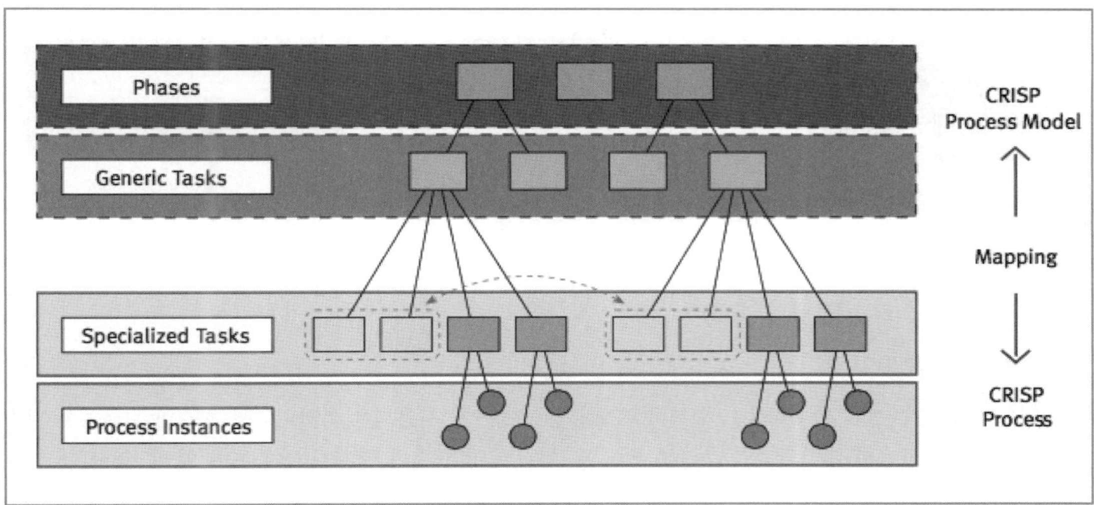


[그림 Ⅲ-1-10] CRISP-DM 4 레벨 구조

CRISP-DM 프로세스는 6단계로 구성되어 있으며, 각 단계는 폭포수 모델(Waterfall Model)처럼 일방향으로 구성되어 있지 않고 단계 간 피드백(Feedback)을 통하여 단계별 완성도를 높이게 되어 있다.

### 가. 업무 이해(Business Understanding)

비즈니스 관점에서 프로젝트의 목적과 요구사항을 이해하기 위한 단계로써 도메인 지식을 데이터 분석을 위한 문제정의로 변경하고 초기 프로젝트 계획을 수립하는 단계이다.

- 업무 목적 파악
- 상황 파악

- 데이터 마이닝 목표 설정
- 프로젝트 계획 수립

## 나. 데이터 이해(Data Understanding)

데이터 이해는 분석을 위한 데이터를 수집하고 데이터 속성을 이해하기 위한 과정으로 구성되고 데이터 품질에 대한 문제점을 식별하고 숨겨져 있는 인사이트를 발견하는 단계이다.

- 초기 데이터 수집
- 데이터 기술 분석
- 데이터 탐색
- 데이터 품질 확인

## 다. 데이터 준비(Data Preparation)

데이터 준비는 분석을 위하여 수집된 데이터에서 분석기법에 적합한 데이터셋을 편성하는 단계로써 많은 시간이 소요될 수 있다.

- 분석용 데이터셋 선택
- 데이터 정제
- 분석용 데이터셋 편성
- 데이터 통합
- 데이터 포맷팅

## 라. 모델링(Modeling)

다양한 모델링 기법과 알고리즘을 선택하고 모델링 과정에서 사용되는 파라미터를 최적화해 나가는 단계이다. 모델링 과정에서 데이터셋이 추가로 필요한 경우 데이터 준비 단계를 반복 수행할 수 있다. 모델링 단계를 통하여 찾아낸 모델은 테스트용 프로세스와 데이터셋으로 평가하여 모델 과적합(Overfitting) 등의 문제를 발견하고 대응 방안을 마련한다.

- 모델링 기법 선택
- 모델 테스트 계획 설계
- 모델 작성
- 모델 평가

## 마. 평가(Evaluation)

모델링 단계에서 얻은 모델이 프로젝트의 목적에 부합하는지를 평가한다. 이 단계의 목적은 데이터 마이닝 결과를 수용할 것인지 최종적으로 판단하는 과정이다.

- 분석결과 평가
- 모델링 과정 평가
- 모델 적용성 평가

## 바. 전개(Deployment)

모델링과 평가 단계를 통하여 완성된 모델은 실 업무에 적용하기 위한 계획을 수립하고 모니터링과 모델의 유지보수 계획을 마련한다. 모델은 적용되는 비즈니스 도메인 특성, 입력되는 데이터의 품질 편차, 운영모델의 평가 기준 등에 따라 생명주기(Life Cycle)가 다양하므로 상세한 전개 계획이 필요하다. 또한 CRSIP-DM의 마지막 단계이므로 프로젝트 종료 관련 프로세스를 수행하여 프로젝트를 완료시킨다.

- 전개 계획 수립
- 모니터링과 유지보수 계획 수립
- 프로젝트 종료보고서 작성
- 프로젝트 리뷰

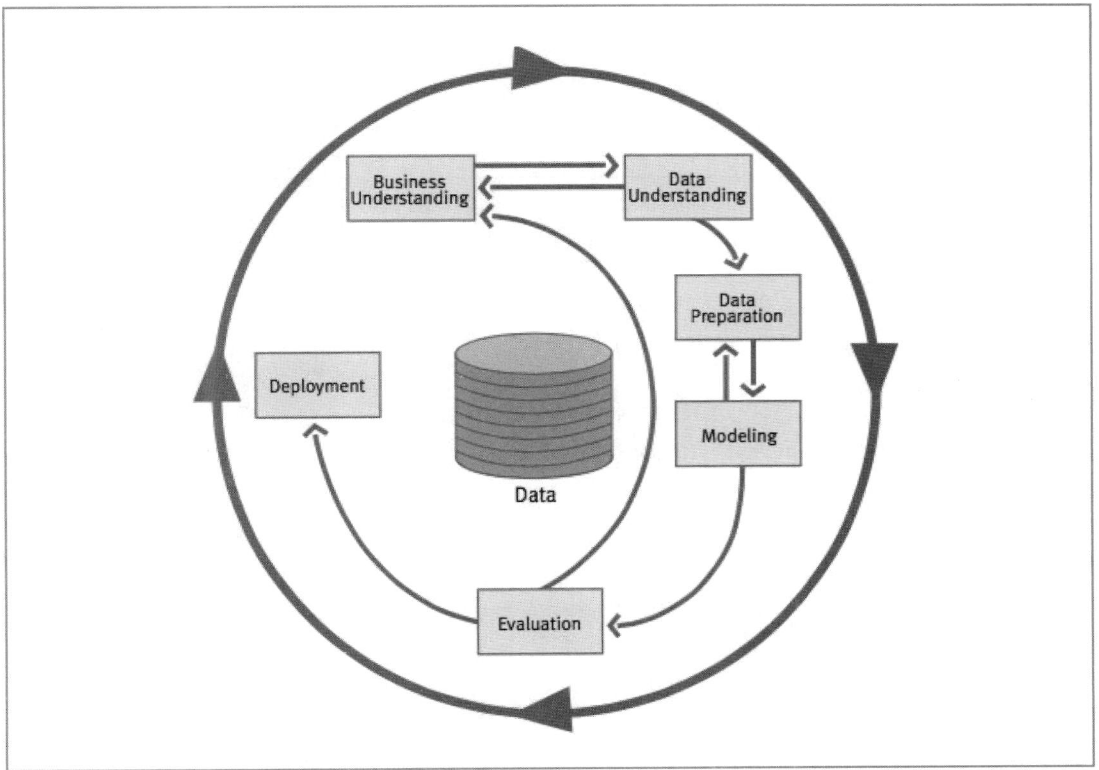


[그림 Ⅲ-1-11] CRISP-DM 프로세스

# 4. 빅데이터 분석 방법론

빅데이터를 분석하기 위한 방법론은 계층적 프로세스 모델(Stepwised Process Model)로써 3계층으로 구성된다. 최상위 계층은 단계(Phase)로서 프로세스 그룹(Process Group)을 통하여 완성된 단계별 산출물이 생성되어야 한다. 각 단계는 기준선(Baseline)으로 설정되어 관리되어야 하며 버전관리(Configuration Management) 등을 통하여 통제가 이루어져야 한다. 각 단계는 여러 개의 태스크(Task)로 구성되는데 각 태스크는 단계를 구성하는 단위 활동으로써 물리적 또는 논리적 단위로 품질검토의 항목이 될 수 있다. 마지막 계층은 스텝(Step)으로서 WBS(Work Breakdown Structure)의 워크패키지(Work Package)에 해당되고 입력자료(Input), 처리 및 도구(Process & Tool), 출력자료(Output)로 구성된 단위 프로세스(Unit Process)이다.

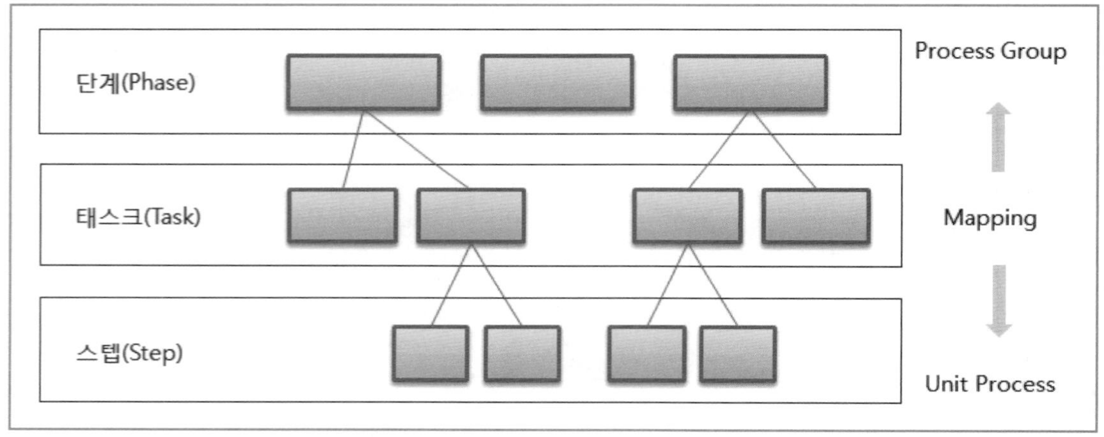


**[그림 Ⅲ-1-12] 빅데이터 분석 방법론 3개층 구조**

빅데이터 분석 방법론은 비즈니스 도메인과 문제점을 인식하고 분석계획 및 프로젝트 수행계획을 수립하는 분석 기획(Planning) 단계와 비즈니스 요구사항과 데이터 분석에 필요한 원천 데이터를 정의하고 준비하는 데이터 준비(Preparing) 단계로 구성된다. 데이터 분석을 위한 원천 데이터가 확보되면 분석용 데이터셋으로 편성하고 다양한 분석 기법과 알고리즘을 이용한 데이터 분석(Analyzing) 단계를 수행한다.

분석 단계를 수행하는 과정에서 추가적인 데이터 확보가 필요한 경우 데이터 준비단계로 피드백(Feedback)하여 두 단계를 반복하여 진행한다. 데이터 분석 단계를 진행하면서 분석 기획에 맞는 모델을 도출하고 이를 운영중인 가동 시스템에 적용하거나 시스템 개발을 위한 사전 검증으로 프로토타입 시스템을 구현하고자 하는 경우 시스템 구현(Developing) 단계를 수행한다. 데이터 분석 및 시스템 구현단계를 수행한 후 프로젝트의 성과를 평가하고 정리(Lesson Learned)하거나 모델의 발전계획을 수립하여 차기 분석 기획으로 전달하는 평가 및 전개(Deploying) 단계를 수행하여 빅데이터 분석 프로젝트를 종료한다.

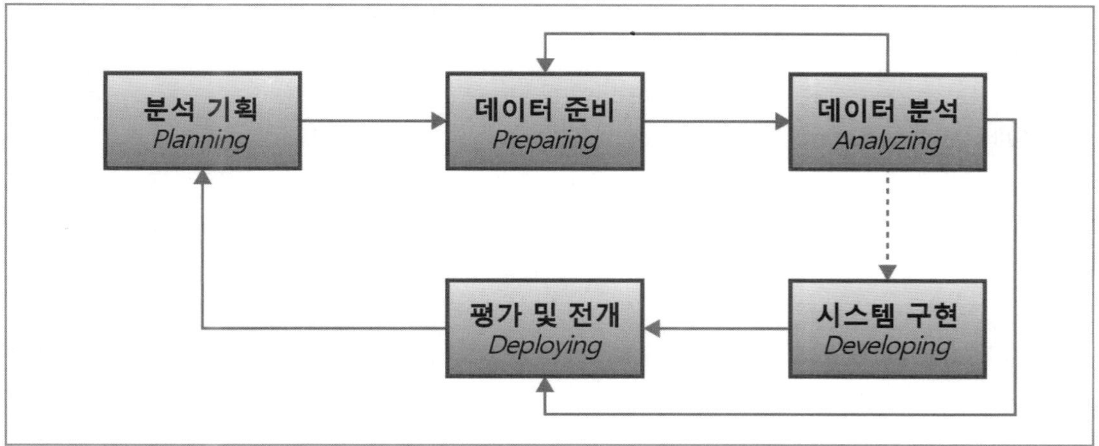


[그림 Ⅲ-1-13] 빅데이터 분석 방법론 참조 모델

### 가. 분석 기획(Planning)

분석 기획 단계는 분석하려는 비즈니스를 이해하고 도메인의 문제점을 파악하여 빅데이터 분석 프로젝트의 범위를 확정하는 단계이다. 또한 프로젝트의 정의 및 수행계획을 구체적이고 상세하게 수립하여 향후 프로젝트 진행의 기준선이 되도록 준비한다.

빅데이터 분석 프로젝트는 단순한 데이터 분석이나 마이닝이 아닌 대용량의 정형·비정형 데이터를 활용해야 하고 분석 및 운영을 위한 인프라 구축을 병행하거나 또는 기존 시스템(Legacy System)과의 많은 인터페이스를 동반하는 등 프로젝트내에 위험(Risk)요소가 많이 있으므로 분석 기획 단계에서 프로젝트의 위험을 사전에 식별하고 대응방안을 수립하는 프로세스도 진행한다.

- 비즈니스 이해 및 범위 설정
- 프로젝트 정의 및 계획 수립
- 프로젝트 위험계획 수립

### 나. 데이터 준비(Preparing)

분석 기획에 근거하여 비즈니스 요구사항을 데이터 차원에서 다시 파악하고 프로젝트별로 필요로 하는 데이터를 정의하여 전사 차원의 데이터 스토어(Data Store)를 준비한다.

데이터 수집 저장은 조직 내·외부에서 정형·비정형 데이터를 수집해야 하는 복잡하고 많은 시간이 소요되므로 작업의 효율성을 위하여 필요시 ETL(Extract Transform Load) 등의 다양한 도구를 사용한다. 또한 분석에 활용되기 위해서는 데이터의 품질확보가 중요하므로 품질통제와 품질보증 프로세스도 수행한다.

- 필요 데이터 정의

- 데이터 스토어 설계
- 데이터 수집 및 정합성 점검

## 다. 데이터 분석(Analyzing)

데이터 준비 단계에서 확보된 정형·비정형 데이터를 이용하여 분석 기획 단계에서 수립된 프로젝트 목표를 달성하기 위하여 데이터 분석 프로세스를 진행한다. 데이터 스토어(Data Store)에서 분석에 필요한 데이터셋을 준비하고 탐색적 분석, 모델링과 모델 평가 태스크를 진행한다.

비정형 텍스트 데이터가 존재할 경우 텍스트 마이닝, 텍스트 분류 등의 분석 기법과 알고리즘을 이용하여 비정형 분석을 실시하고 필요시 정형 데이터와 결합하여 통합 모델링을 수행한다. 분석용 데이터셋을 추출하는 과정에서 분석에 필요한 충분한 데이터를 확보할 수 없을 경우 데이터 준비 단계를 반복하여 수행한다.

- 분석용 데이터 준비
- 텍스트 분석
- 탐색적 분석
- 모델링
- 모델 평가 및 검증
- 모델적용 및 운영방안 수립

## 라. 시스템 구현(Developing)

분석 기획의 의도에 맞는 모델을 데이터 분석 단계를 진행하여 도출하고 이를 운영중인 시스템에 적용하거나 프로토타입(Prototype)을 구현하고자 하는 경우 시스템 구현 단계를 진행한다. 단순한 데이터 분석이나 데이터 마이닝을 통한 분석 보고서를 작성하는 것으로 프로젝트가 종료되는 경우에는 시스템 구현 단계를 수행할 필요가 없고 다음 단계인 평가 및 전개 단계를 수행한다.

시스템 구현 단계는 소프트웨어공학(Software Engineering), 정보공학(Information Engineering), CBD(Component Based Development) 등 일반적으로 사용되는 소프트웨어 개발 생명주기인 SDLC(Software Development Life Cycle)와 기업내 시스템 개발을 위하여 사용하고 있는 방법론을 커스터마이징(Customizing)하여 적용할 수도 있다.

- 설계 및 구현
- 시스템 테스트 및 운영

## 마. 평가 및 전개(Deploying)

평가 및 전개 단계에서는 분석 기획 단계에서 수립된 프로젝트의 목적을 달성했는지의 여부를 평가하고 데이터 분석 단계와 시스템 구현 단계에서 구축된 모델의 발전계획을 수립하는 등 빅데이터 분석 프로젝트의 종료 및 전개 프로세스로 구성된다. 또한 수행된 프로젝트를 객관적이고 정량적으로 평가하여 내부 활용 및 자산화를 추진한다.

프로젝트 수행 중에 발생된 모든 중간 산출물을 정리하고 프로젝트 종료 보고서를 작성하여 의사소통 체계에 따라 보고하고 프로젝트를 종료한다.

- 모델 발전계획 수립
- 프로젝트 평가 및 보고

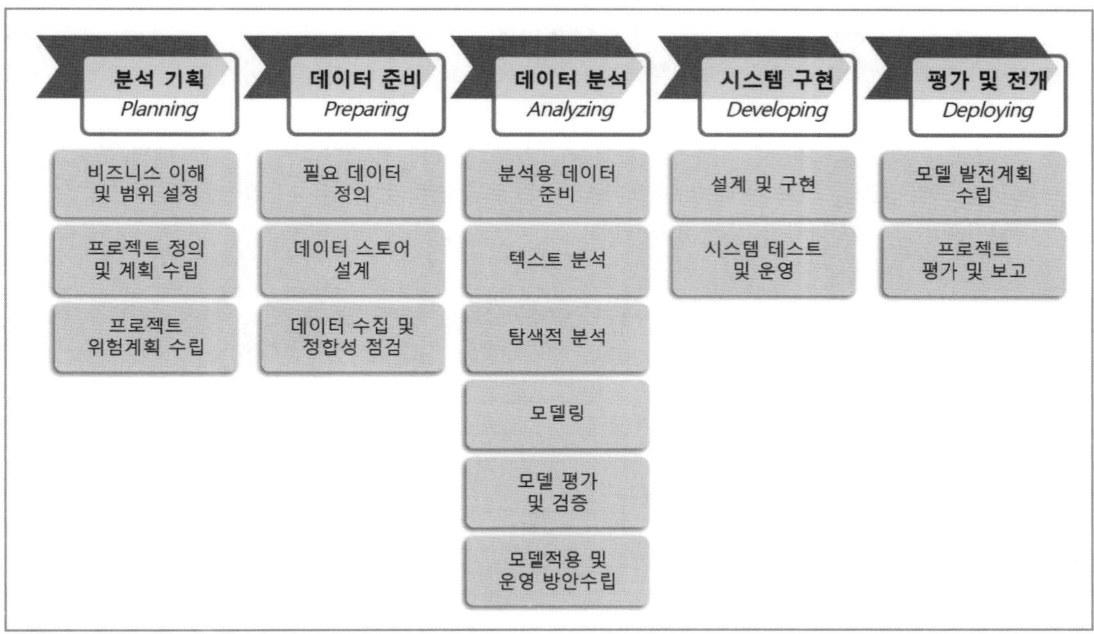


[그림 Ⅲ-1-14] 빅데이터 분석 방법론

## 5. 분석 계획(Planning)

### 가. 비즈니스 이해 및 범위 설정

빅데이터 분석 프로젝트를 진행하기 위해서는 비즈니스에 대한 충분한 이해와 도메인에 대한 문제점을 파악한다. 비즈니스 이해와 문제점 파악을 위해서는 업무 매뉴얼 및 업무 전문가의 도움이 필요하다. 프로젝트의 범위를 명확하게 파악하기 위해서는 구조화된 명세서를 작성한다.

#### 1) 비즈니스 이해

빅데이터 분석 대상인 업무 도메인을 이해하기 위해서는 내부 업무 매뉴얼과 관련자료, 외부의 관련 비즈니스 자료를 조사하고 향후 프로젝트 진행을 위한 방향을 설정한다.

- 입력자료 : 업무 매뉴얼, 업무전문가의 지식, 빅데이터 분석 대상 도메인에 대한 관련 자료
- 프로세스 및 도구 : 자료 수집 및 비즈니스 이해
- 출력자료 : 비즈니스 이해 및 도메인 문제점

#### 2) 프로젝트 범위 설정

빅데이터 분석 프로젝트의 대상인 비즈니스에 대한 이해와 프로젝트 목적에 부합되는 범위(Scope)을 명확하게 설정하고 프로젝트에 참여하는 모든 관계자들(Project Stakehoders)의 이해를 일치시키기 위하여 구조화된 프로젝트 범위 정의서인 SOW(Statement Of Work)를 작성한다.

- 입력자료 : 중장기 계획서, 빅데이터 분석 프로젝트 지시서, 비즈니스 이해 및 도메인 문제점
- 프로세스 및 도구 : 자료 수집 및 비즈니스 이해, 프로젝트 범위 정의서 작성 절차
- 출력자료 : 프로젝트 범위 정의서(SOW)

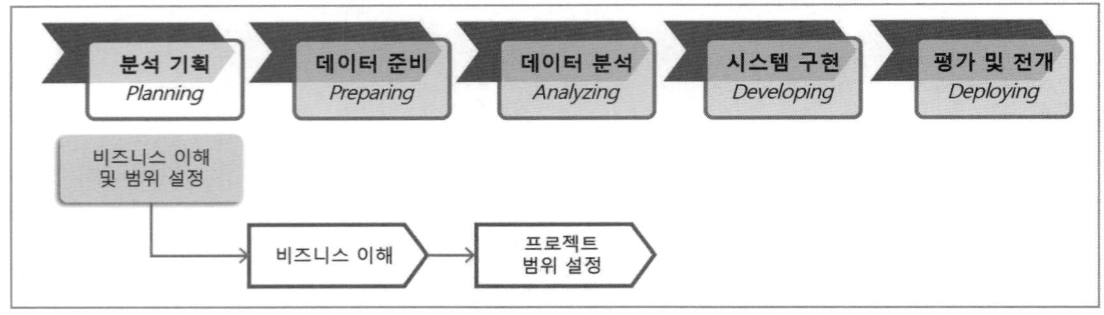


[그림 Ⅲ-1-15] 비즈니스 이해 및 범위 설정 태스크

### 나. 프로젝트 정의 및 계획 수립

빅데이터 분석 프로젝트 추진 목표를 명확하게 정의하고 구체화하기 위하여 모델의 운영 이미지를 설계하고 모델 평가 기준을 설정함으로써 프로젝트 정의를 명확하게 한다.

프로젝트 정의가 명확하게 설정되면 이를 기준으로 프로젝트의 WBS(Work Breakdown Structure)를 만들고 데이터 확보계획, 빅데이터 분석 방법, 일정계획, 예산계획, 품질계획, 인력구성계획, 의사소통계획 등을 포함하는 프로젝트 수행 계획을 작성한다.

#### 1) 데이터 분석 프로젝트 정의

프로젝트의 목표 및 KPI, 목표 수준 등을 구체화하여 상세 프로젝트 정의서를 작성하고 프로젝트의 목표를 명확화 하기 위하여 모델 운영 이미지 및 평가 기준을 설정한다.

- 입력자료 : 프로젝트 범위 정의서, 빅데이터 분석 프로젝트 지시서
- 프로세스 및 도구 : 프로젝트 목표 구체화, 모델 운영 이미지 설계
- 출력자료 : 프로젝트 정의서, 모델 운영 이미지 설계서, 모델 평가 기준

#### 2) 프로젝트 수행 계획 수립

프로젝트 수행 계획서를 작성하는 단계로써 프로젝트의 목적 및 배경, 기대효과, 수행방법, 일정 및 추진조직, 프로젝트 관리방안을 작성한다. WBS는 프로젝트 산출물 위주로 작성되어 프로젝트의 범위를 명확하게 한다.

- 입력자료 : 프로젝트 정의서, 모델 운영 이미지 설계서, 모델 평가 기준
- 프로세스 및 도구 : 프로젝트 수행 계획 작성, WBS 작성 도구, 일정계획 수립 도구
- 출력자료 : 프로젝트 수행 계획서, WBS

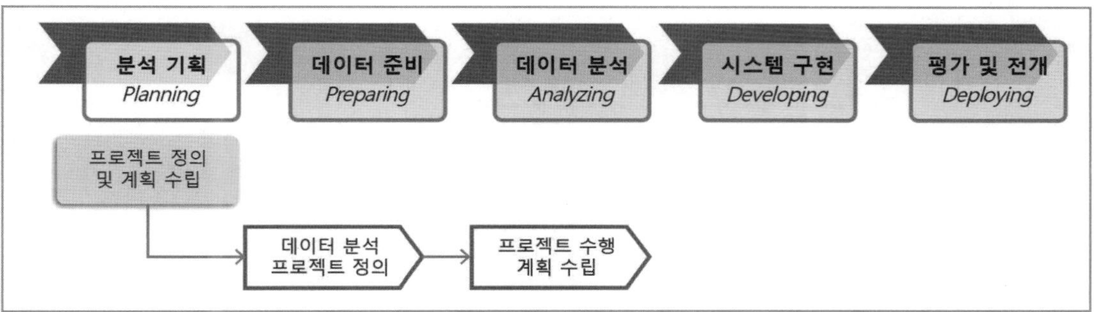


[그림 Ⅲ-1-16] 프로젝트 정의 및 계획 수립 태스크

### 다. 프로젝트 위험계획 수립

빅데이터 분석 프로젝트는 내·외부 시스템간 다양한 인터페이스, 대량의 정형·비정형 데이터 연계, 개인정보보호 등으로 데이터 획득 및 활용에 현실적으로 많은 어려움이 있다. 따라서 계획수립 단계에서 빅데이터 분석 프로젝트를 진행하면서 발생 가능한 모든 위험(Risk)를 발굴하여 사전에 대응 방안을 수립함으로써 프로젝트 진행의 완전성을 높인다.

#### 1) 데이터 분석 위험 식별

선행하여 진행된 프로젝트 산출물과 정리자료(Lesson Learned)를 참조하고 전문가의 판단을 활용하여 빅데이터 분석 프로젝트를 진행하면서 발생 가능한 위험을 식별한다. 식별된 위험은 위험의 영향도와 빈도, 발생가능성 등을 평가하여 위험의 우선순위를 설정한다.

- 입력자료 : 프로젝트 정의서, 프로젝트 수행 계획서, 선행 프로젝트 산출물 및 정리자료
- 프로세스 및 도구 : 위험 식별 절차, 위험영향도 및 발생가능성 분석, 위험 우선순위 판단
- 출력자료 : 식별된 위험 목록

#### 2) 위험 대응 계획 수립

식별된 위험은 상세한 정량적·정성적 분석을 통하여 위험 대응방안을 수립한다. 예상되는 위험에 대한 대응은 회피(Avoid), 전이(Transfer), 완화(Mitigate), 수용(Accept)로 구분하여 위험 관리 계획서를 작성한다.

- 입력자료 : 식별된 위험 목록, 프로젝트 정의서, 프로젝트 수행 계획서
- 프로세스 및 도구 : 위험 정량적 분석, 위험 정성적 분석
- 출력자료 : 위험관리 계획서

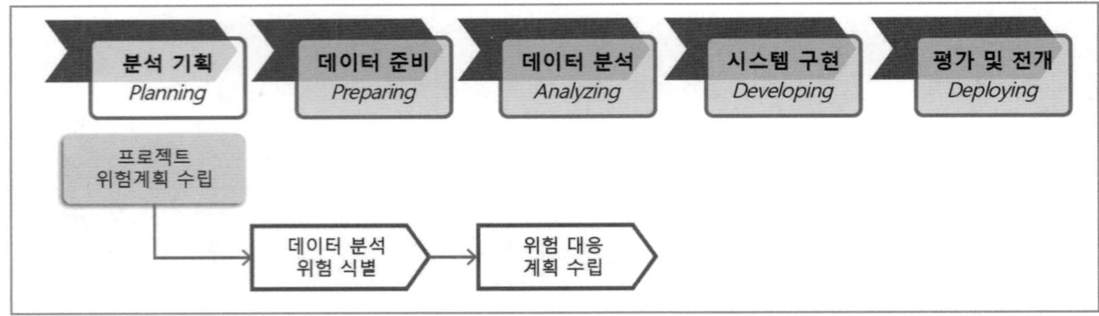


[그림 Ⅲ-1-17] 프로젝트 위험계획 수립 태스크

## 6. 데이터 준비(Preparing)

### 가. 필요 데이터 정의

빅데이터 분석 프로젝트 진행에 필요한 데이터를 정의하는 단계로써 전사 차원에서 필요 데이터를 정의하는 것이 중요하며 정형·비정형·반정형 등의 모든 내·외부 데이터를 포함하고 데이터의 속성, 데이터 오너, 데이터 관련 시스템 담당자 등을 포함하는 데이터 정의서를 작성한다. 데이터 정의서를 이용하여 구체적인 데이터 획득방안을 상세하게 수립함으로써 데이터 획득 과정에서 발생하는 프로젝트 지연을 방지한다.

#### 1) 데이터 정의

시스템, 데이터베이스, 파일, 문서 등의 다양한 내·외부 원천 데이터 소스(Raw Data Source)로부터 분석에 필요한 데이터를 정의한다.

- 입력자료 : 프로젝트 수행 계획서, 시스템 설계서, ERD, 메타데이터 정의서, 문서 자료
- 프로세스 및 도구 : 내·외부 데이터 정의, 정형·비정형·반정형 데이터 정의
- 출력자료 : 데이터 정의서

#### 2) 데이터 획득방안 수립

내·외부의 다양한 데이터 소스로부터 정형·비정형·반정형 데이터를 수집하기 위한 구체적인 방안을 수립한다. 내부 데이터 획득에는 부서간 업무협조와 개인정보보호 및 정보보안과 관련한 문제점을 사전에 점검하고, 외부 데이터의 획득은 시스템간 다양한 인터페이스 및 법적인 문제점을 고려하여 상세한 데이터 획득 계획을 수립한다.

- 입력자료 : 데이터 정의서, 시스템 설계서, ERD, 메타데이터 정의서, 문서 자료, 데이터 구입
- 프로세스 및 도구 : 데이터 획득 방안 수립
- 출력자료 : 데이터 획득 계획서

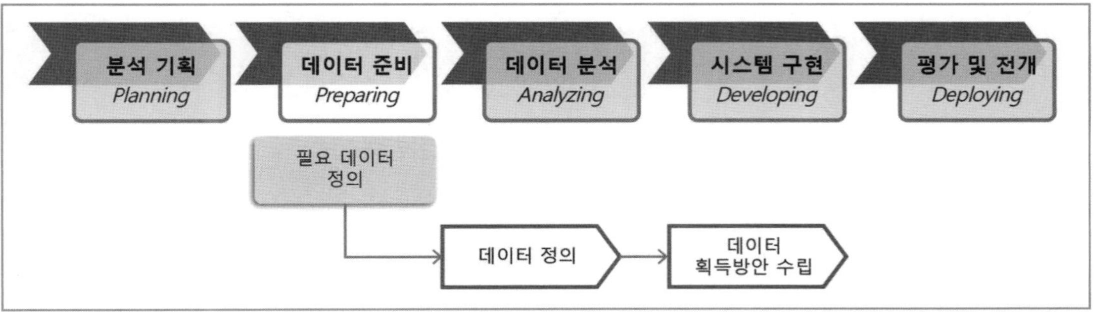


[그림 Ⅲ-1-18] 필요 데이터 정의 태스크

### 나. 데이터 스토어 설계

빅데이터 분석 프로젝트의 목적을 파악하고 필요한 데이터를 정의한 후 데이터 획득방안이 수립되면 데이터를 저장하기 위한 전사 차원의 데이터 스토어(Data Store)를 설계한다. 데이터 스토어는 정형·비정형·반정형 데이터를 모두 저장될 수 있도록 설계한다.

#### 1) 정형 데이터 스토어 설계

정형 데이터는 구조화된 형식으로 데이터베이스나 파일 시스템 등 다양한 데이터 스토어 형태를 가질 수 있으나 일반적으로 관계형 데이터베이스인 RDBMS(Relational Data Base Management System)를 사용하고 데이터의 효율적인 저장과 활용을 위하여 데이터 스토어의 논리적, 물리적 설계를 구분하여 설계한다.

- 입력자료 : 데이터 정의서, 데이터 획득 계획서
- 프로세스 및 도구 : 데이터베이스 논리설계, 데이터베이스 물리설계, 데이터 매핑(Data Mapping)
- 출력자료 : 정형 데이터 스토어 설계서, 데이터 매핑 정의서

#### 2) 비정형 데이터 스토어 설계

하둡, NoSQL 등을 이용하여 비정형 또는 반정형 데이터를 저장하기 위한 논리적, 물리적 데이터 스토어를 설계한다.

- 입력자료 : 데이터 정의서, 데이터 획득 계획서
- 프로세스 및 도구 : 비정형·반정형 데이터 논리설계, 비정형·반정형 데이터 물리설계
- 출력자료 : 비정형 데이터 스토어 설계서, 데이터 매핑 정의서

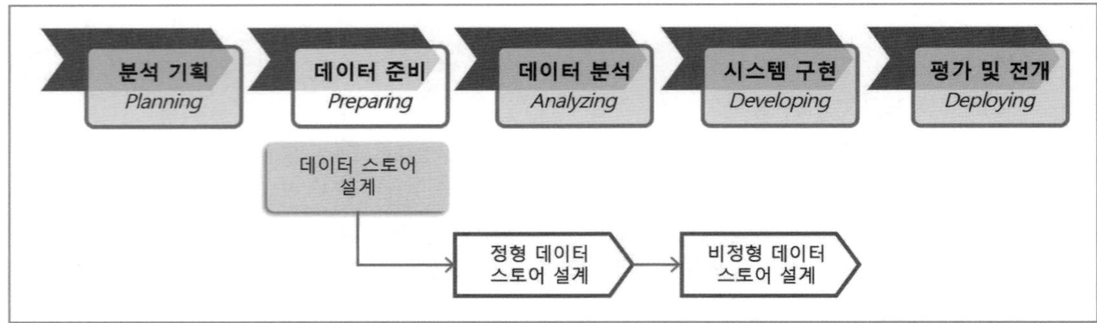


[그림 Ⅲ-1-19] 데이터 스토어 설계 태스크

## 다. 데이터 수집 및 정합성 점검

구축된 데이터 스토어(Data Store)에 크롤링(Crawling), 시스템간 실시간(Real Time 또는 Near Real Time) 처리, 배치(Batch) 처리 등으로 데이터를 수집한다. 또한 데이터베이스간 연동, API(Application Program Interface)를 이용한 개발, ETL(Extract Transform Load) 도구의 활용 등 다양한 방법을 이용하여 데이터 수집 프로세스를 진행한다.

저장된 데이터는 데이터의 품질을 확보하기 위한 정합성 검증을 실시하고 데이터 거버넌스에 근거하여 메타 데이터(Meta Data) 및 데이터 사전(Data Dictionary) 등이 작성되고 적용되고 있는지 주기적으로 확인한다.

### 1) 데이터 수집 및 저장

크롤링 등의 데이터 수집을 위한 ETL 등의 다양한 도구와 API, 스크립트(Script) 프로그램 등을 이용하여 데이터를 수집하고, 수집된 데이터를 설계된 데이터 스토어에 저장한다.

- 입력자료 : 데이터 정의서, 데이터 획득 계획서, 데이터 스토어 설계서
- 프로세스 및 도구 : 데이터 크롤링 도구, ETL 도구, 데이터 수집 스크립트
- 출력자료 : 수집된 분석용 데이터

### 2) 데이터 정합성 점검

데이터 스토어의 품질 점검을 통하여 데이터의 정합성을 확보하고 데이터 품질개선이 필요한 부분에 대하여 보완 작업을 한다.

- 입력자료 : 수집된 분석용 데이터
- 처리 및 도구 : 데이터 품질 확인, 데이터 정합성 점검 리스트
- 출력자료 : 데이터 정합성 점검 보고서

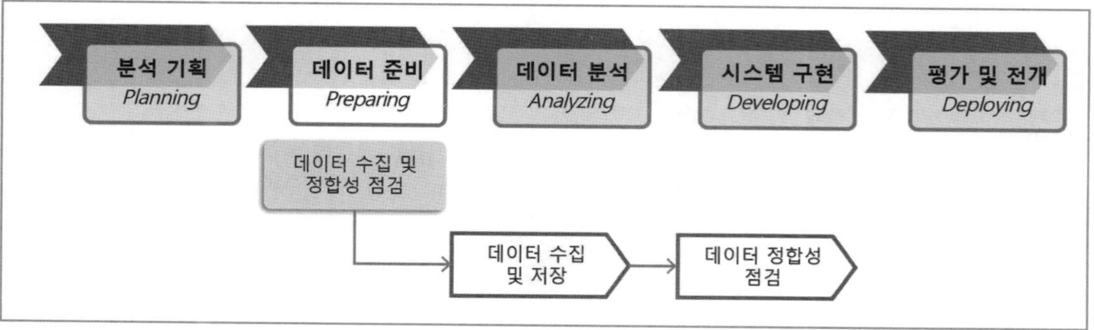


[그림 Ⅲ-1-20] 데이터 수집 및 정합성 점검 태스크

## 7. 데이터 분석(Analyzing)

### 가. 분석용 데이터 준비

분석에 필요한 데이터셋을 준비하기 위하여 프로젝트 목표와 도메인을 이해하고 비즈니스 룰(Business Rule)을 확인한다. 전사 차원으로 구축된 데이터 스토어(Data Store)에서 분석용 데이터셋을 ETL 도구 등을 이용하여 추출하고 데이터베이스나 구조화된 데이터 형태로 편성한다.

#### 1) 비즈니스 룰 확인

분석 계획 단계에서 비즈니스 이해, 도메인 문제점 인식, 프로젝트 정의 등을 이용하여 프로젝트의 목표를 정확하게 인식한다. 이러한 이해를 바탕으로 세부적인 비즈니스 룰을 파악하고 분석에 필요한 데이터의 범위를 확인한다.

- 입력자료 : 프로젝트 정의서, 프로젝트 수행 계획서, 데이터 정의서, 데이터 스토어
- 프로세스 및 도구 : 프로젝트 목표 확인, 비즈니스 룰 확인
- 출력자료 : 비즈니스 룰, 분석에 필요한 데이터 범위

#### 2) 분석용 데이터셋 준비

데이터 스토어로부터 분석에 필요한 정형·비정형 데이터를 추출한다. 필요시 적절한 가공을 통하여 분석도구 입력자료로 사용될 수 있도록 편성한다. 분석을 위하여 추출된 데이터는 데이터베이스나 구조화된 형태로

구성하고 필요시 분석을 위한 작업 공간(Play Ground, Sandbox 등)과 전사 차원의 데이터 스토어로 분리할 수도 있다.

- 입력자료 : 데이터 정의서, 데이터 스토어
- 프로세스 및 도구 : 데이터 선정, 데이터 변환, ETL 도구
- 출력자료 : 분석용 데이터셋

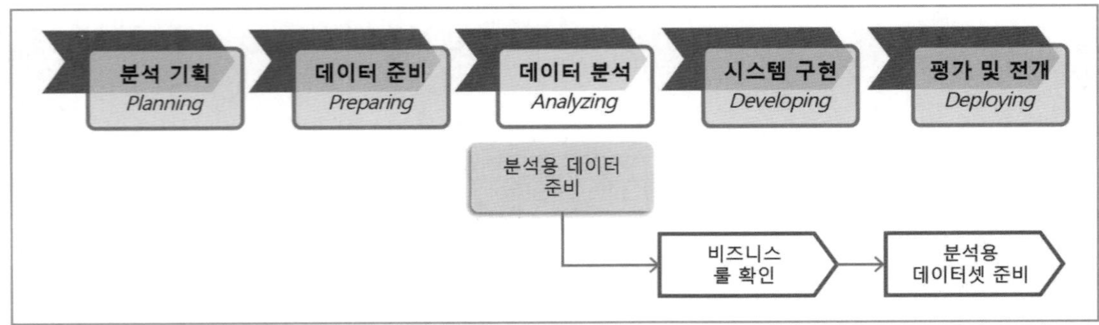


[그림 Ⅲ-1-21] 분석용 데이터 준비 태스크

## 나. 텍스트 분석

웹 페이지 데이터, 로그 데이터, 텍스트 자료 등 비정형·반정형의 텍스트 데이터를 이용하여 어휘/구문 분석(Word Analysis), 감성 분석(Sentimental Analysis), 토픽 분석(Topic Analysis), 오피니언 분석(Opinion Analysis), 소셜 네트워크 분석(Social Network Analysis) 등을 실시하여 텍스트로부터 분석 목적에 맞는 적절한 모델을 구축한다. 텍스트 분석 결과는 모델링 태스크와 연동하여 프로젝트 목적에 부합되는 최종 모델을 구축하기도 한다.

### 1) 텍스트 데이터 확인 및 추출

텍스트 분석에 필요한 비정형 데이터를 전사 차원의 데이터 스토어(Data Store)에서 확인하고 필요한 데이터를 추출한다.

- 입력자료 : 비정형 데이터 스토어
- 프로세스 및 도구 : 분석용 텍스트 데이터 확인, 텍스트 데이터 추출
- 출력자료 : 분석용 텍스트 데이터

### 2) 텍스트 데이터 분석

데이터 스토어에서 추출된 텍스트 데이터를 분석 도구로 적재하여 다양한 기법으로 분석하고 모델을 구축한다. 텍스트 분석을 위해서는 용어 사전(용어 유의어 사전, 불용어 사전 등)을 사전에 확보하거나 업무 도메인에 맞도록 작성해야 한다. 구축된 모델은 텍스트 시각화 도구를 이용하여 모델의 의미 전달을 명확하게 한다.

- 입력자료 : 분석용 텍스트 데이터, 용어사전(용어 유의어 사전, 불용어 사전 등)
- 프로세스 및 도구 : 분류체계 설계, 형태소 분석, 키워드 도출, 토픽 분석, 감성 분석, 오피니언 분석, 네트워크 분석
- 출력자료 : 텍스트 분석 보고서

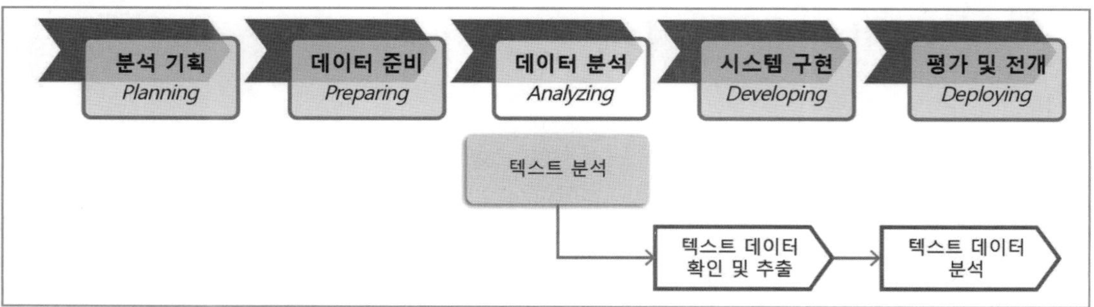


[그림 Ⅲ-1-22] 텍스트 분석 태스크

## 다. 탐색적 분석

분석용 데이터셋에 대한 정합성 검토, 데이터 요약, 데이터 특성을 파악하고 모델링에 필요한 데이터를 편성한다. 탐색적 데이터 분석인 EDA(Exploratory Data Analysis)는 다양한 데이터 시각화(Data Visualization)를 활용하여 데이터의 가독성을 명확히 하고 데이터의 형상 및 분포 등 데이터 특성을 파악하는 태스크이다.

### 1) 탐색적 데이터 분석

다양한 관점 별로 기초 통계량(평균, 분산, 표준편차, 최대값, 최소값 등)을 산출하고 데이터의 분포와 변수간의 관계 등 데이터 자체의 특성(중심성, 분포성, 산포성) 및 데이터의 통계적 특성을 이해하고 모델링을 위한 기초 자료로 활용한다.

- 입력자료 : 분석용 데이터셋
- 프로세스 및 도구 : EDA 도구, 통계 분석, 변수간 연관성 분석, 데이터 분포 확인
- 출력자료 : 데이터 탐색 보고서

### 2) 데이터 시각화

데이터 시각화는 탐색적 데이터 분석을 위한 도구로 활용된다. 그러나 모델의 시스템화를 위한 시각화를 목적으로 활용할 경우 시각화 기획, 시각화 설계, 시각화 구현 등의 별도의 프로세스를 따라 진행되어야 한다.

탐색적 데이터 분석을 진행하면 수행된 데이터 시각화는 모델링 또는 향후 시스템 구현을 위한 사용자 인터페이스 또는 프로토타입(Prototype)으로 활용될 수도 있다.

- 입력자료 : 분석용 데이터셋
- 프로세스 및 도구 : 시각화 도구 및 패키지, 인포그래픽, 시각화 방법론
- 출력자료 : 데이터 시각화 보고서

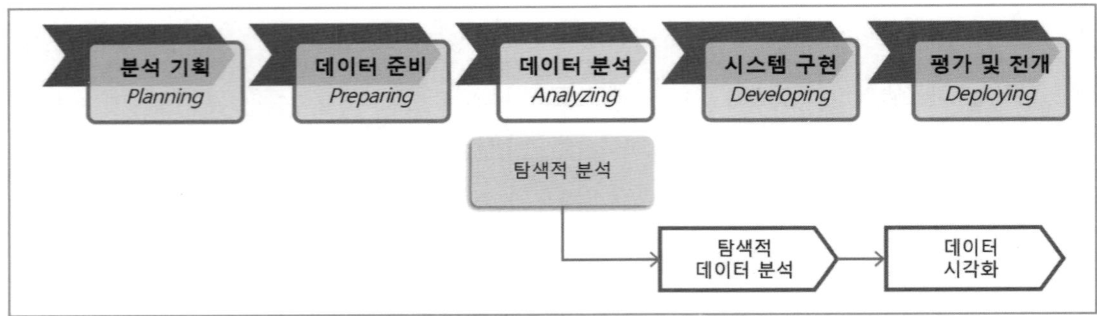


[그림 Ⅲ-1-23] 탐색적 분석 태스크

## 라. 모델링

모델링이란 분석용 데이터를 이용한 가설 설정을 통하여 통계 모델을 만들거나 기계학습(Machine Learning)을 이용한 데이터의 분류, 예측, 군집 등의 기능을 수행하는 모델을 만드는 과정이다. 기계학습은 지도학습(Supervised Learning)과 비지도학습(Unsupervised Learning) 등으로 나뉘어 다양한 알고리즘을 적용할 수 있다. 모델링을 효과적으로 진행하기 위해서는 모델링 전에 데이터셋을 훈련용(Training)과 테스트용(Testing)으로 분할함으로써 모델의 과적합(Overfitting)을 방지하거나 모델의 일반화(Generalization)에 이용된다.

### 1) 데이터 분할

모델의 과적합과 일반화를 위하여 분석용 데이터셋을 모델 개발을 위한 훈련용 데이터와 모델의 검증력을 테스트하기 위한 데이터로 분할한다. 모델에 적용하는 기법에 따라 교차검증(Cross Validation)을 수행하거나 앙상블(Essemble) 기법을 적용할 경우 데이터 분할 또는 검증 횟수, 생성모델 갯수 등을 설정하여 데이터 분할 기법을 응용한다.

- 입력자료 : 분석용 데이터셋
- 처리 및 도구 : 데이터 분할 패키지
- 출력자료 : 훈련용 데이터, 테스트용 데이터

### 2) 데이터 모델링

기계학습 등을 이용한 데이터 모델링은 훈련용 데이터를 활용하여 분류(Classification), 예측(Prediction), 군집(Clustering) 등의 모델을 만들어 가동중인 운영 시스템에 적용한다. 또한 필요시 비정형 데이터 분석결과를 통합적으로 활용하여 프로젝트 목적에 맞는 통합 모델링을 수행한다.

- 입력자료 : 분석용 데이터셋
- 처리 및 도구 : 통계 모델링 기법, 기계학습, 모델 테스트
- 출력자료 : 모델링 결과 보고서

#### 3) 모델 적용 및 운영 방안

모델을 가동중인 운영시스템에 적용하기 위해서는 모델에 대한 상세한 알고리즘 설명서 작성이 필요하다. 알고리즘 설명서는 시스템 구현 단계에서 중요한 입력자료로 활용되므로 필요시 의사코드(Pseudocode) 수준의 상세한 작성이 필요할 수도 있다. 또한 모델의 안정적 운영을 모니터링하는 방안도 수립한다.

- 입력자료 : 모델링 결과 보고서
- 프로세스 및 도구 : 모니터링 방안 수립, 알고리즘 설명서 작성
- 출력자료 : 알고리즘 설명서, 모니터링 방안

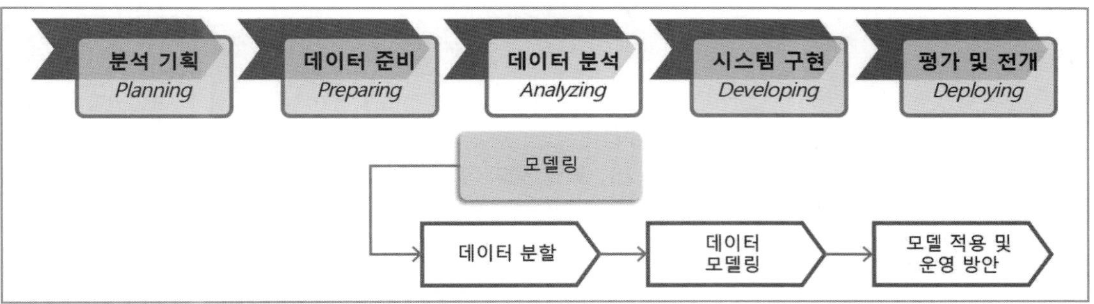


[그림 Ⅲ-1-24] 모델링 태스크

### 마. 모델 평가 및 검증

데이터 분석 목적 및 데이터셋 특성에 따라 모델 평가 방법은 다양한다. 분석 기획 단계에서 작성된 프로젝트 정의서의 평가 기준에 따라 모델의 완성도를 평가한다.

모델 검증은 분석용 데이터셋이 아닌 별도의 데이터셋으로 모델의 객관성과 실무 적용성을 검증해야 한다. 검증 스텝에서 요구되는 성능 목표에 미달하는 경우 모델링 태스크를 반복 하는 등 모델 튜닝 작업을 수행한다.

#### 1) 모델 평가

프로젝트 정의서의 모델 평가 기준에 따라 모델을 객관적으로 평가하고 품질관리 차원에서 모델 평가 프로세스를 진행한다. 모델 평가를 위해서는 모델 결과 보고서 내의 알고리즘을 파악하고 테스트용 데이터나 필요시 모델 검증을 위한 별도의 데이터를 활용할 수도 있다.

- 입력자료 : 모델링 결과 보고서, 평가용 데이터
- 프로세스 및 도구 : 모델 평가, 모델 품질관리, 모델 개선작업
- 출력자료 : 모델 평가 보고서

#### 2) 모델 검증

모델의 실 적용성을 검증하기 위하여 검증용 데이터를 이용해 모델 검증 작업을 실시하고 모델링 검증 보고서를 작성한다. 검증용 데이터는 모델 개발 및 평가에 활용된 훈련용 데이터나 테스트용 데이터가 아닌 실 운영용 데이터를 확보하여 모델의 품질을 최종 검증하는 프로세스이다.

- 입력자료 : 모델링 결과 보고서, 모델 평가 보고서, 검증용 데이터
- 프로세스 및 도구 : 모델 검증
- 출력자료 : 모델 검증 보고서

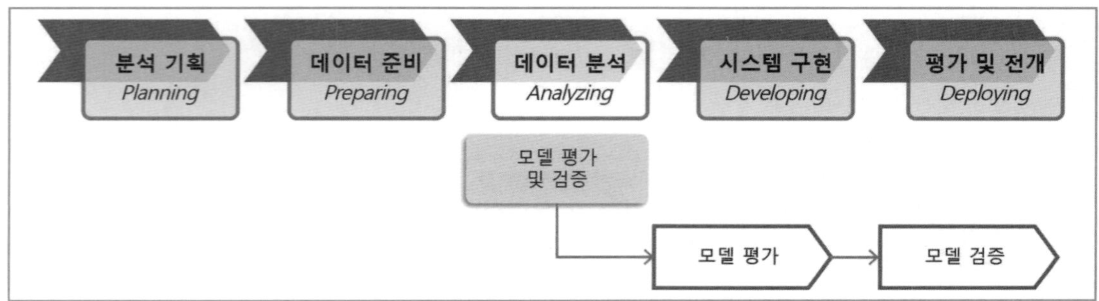


[그림 Ⅲ-1-25] 모델 평가 및 검증 태스크

## 8. 시스템 구현(Developing)

### 가. 설계 및 구현

모델링 결과를 시스템으로 구현하기 위해서는 모델링 태스크에서 작성된 알고리즘 설명서와 데이터 시각화 보고서를 이용하여 시스템 및 데이터 아키텍쳐 설계, 사용자 인터페이스 설계를 진행한다. 가동 중인 시스템에 적용하기 위해서는 운영 시스템에 대한 분석도 수행한다.

시스템 설계서를 바탕으로 BI(Business Intelligence) 패키지를 활용하거나 새롭게 프로그램 코딩을 통하여 시스템을 구축한다.

#### 1) 시스템 분석 및 설계

가동중인 시스템을 분석하고 알고리즘 설명서에 근거하여 응용시스템(Application) 구축 설계 프로세스를 진행한다. 시스템 분석과 설계는 사용중인 정보시스템 개발방법론을 커스터마이징하여 적용할 수 있다.

- 입력자료 : 알고리즘 설명서, 운영중인 시스템 설계서
- 프로세스 및 도구 : 정보시스템 개발방법론
- 출력자료 : 시스템 분석 및 설계서

### 2) 시스템 구현

시스템 분석 및 설계서에 따라 BI 패키지를 활용하거나 새롭게 시스템을 구축하거나 가동중인 운영시스템의 커스터마이징(Customizing) 등을 통하여 설계된 모델을 구현한다.

- 입력자료 : 시스템 분석 및 설계서, 알고리즘 설명서
- 프로세스 및 도구 : 시스템 통합개발도구(IDE), 프로그램 언어, 패키지
- 출력자료 : 구현 시스템

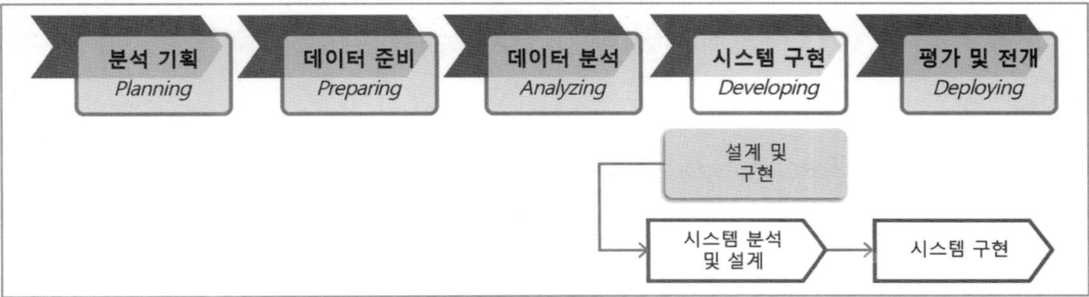


[그림 Ⅲ-1-26] 설계 및 구현 태스크

## 나. 시스템 테스트 및 운영

시스템에 구현된 모델은 테스트를 통하여 가동중인 시스템에 적용하고 효율적인 운영을 위한 프로세스를 진행한다.

### 1) 시스템 테스트

구축된 시스템의 검증(Verification & Validation)을 위하여 단위 테스트, 통합 테스트, 시스템 테스트 등을 실시한다. 시스템 테스트는 품질관리 차원에서 진행함으로써 적용된 시스템의 객관성과 완전성을 확보한다.

- 입력자료 : 구현 시스템, 시스템 테스트 계획서
- 프로세스 및 도구 : 품질관리 활동
- 출력자료 : 시스템 테스트 결과보고서

### 2) 시스템 운영 계획

구현된 시스템을 지속적으로 활용하기 위하여 시스템 운영자, 사용자를 대상으로 필요한 교육을 실시하고 시스템 운영계획을 수립한다.

- 입력자료 : 시스템 분석 및 설계서, 구현 시스템
- 처리 및 도구 : 운영계획 수립, 운영자 및 사용자 교육
- 출력자료 : 운영자 매뉴얼, 사용자 매뉴얼, 시스템 운영 계획서

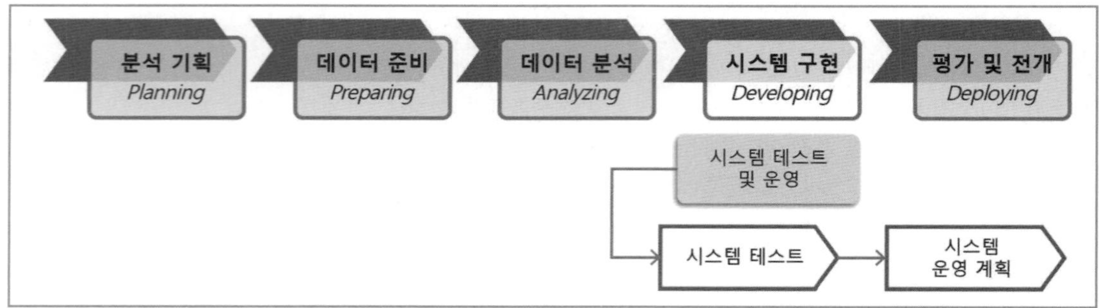


[그림 Ⅲ-1-27] 시스템 테스트 및 운영 태스크

## 9. 평가 및 전개(Deploying)

### 가. 모델 발전 계획 수립

업무 특성 및 운영 데이터의 품질에 따라 모델 성능은 많은 영향을 받게되고 이를 개선하는 노력이 주기적으로 진행되어야 한다. 모델의 생명 주기(Life Cycle)를 설정하고 주기적인 평가를 실시하여 모델을 유지보수하거나 재구축하기 위한 방안을 마련한다. 모델의 이러한 특성을 고려하여 모델 업데이트를 자동화하는 방안을 수립하여 적용할 수도 있다.

#### 1) 모델 발전 계획

개발된 모델의 지속적인 운영과 기능 향상을 위한 발전계획을 상세하게 수립하여 모델의 계속성을 확보해야 한다.

- 입력자료 : 구현 시스템, 프로젝트 산출물
- 프로세스 및 도구 : 모델 발전 계획 수립
- 출력자료 : 모델 발전 계획서

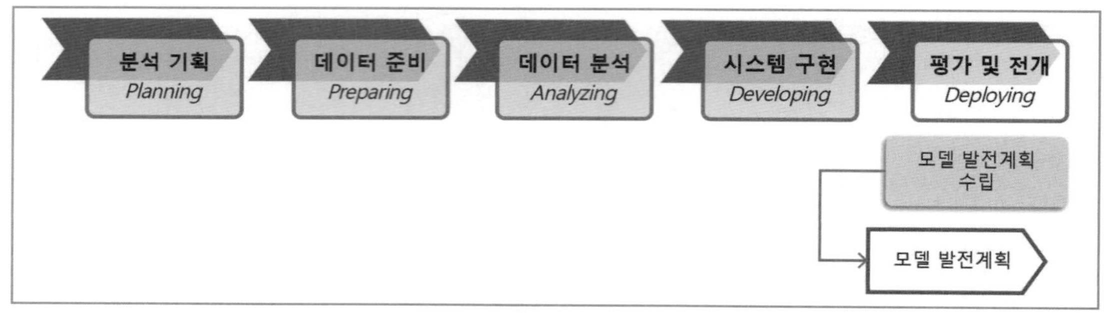


[그림 Ⅲ-1-28] 모델 발전 계획 수립 태스크

## 나. 프로젝트 평가 및 보고

분석 기획 단계에서 설정된 기준에 따라 프로젝트의 성과를 정량적, 정성적으로 평가하고 프로젝트 진행과정에서 산출된 지식, 프로세스, 출력자료를 지식자산화하고 프로젝트 최종 보고서를 작성한 후 의사소통계획에 따라 보고함으로써 프로젝트를 종료한다.

### 1) 프로젝트 성과 평가

프로젝트의 정량적 성과와 정성적 성과로 나누어 성과 평가서를 작성한다.

- 입력자료 : 프로젝트 산출물, 품질관리 산출물, 프로젝트 정의서, 프로젝트 수행 계획서
- 프로세스 및 도구 : 프로젝트 평가 기준, 프로젝트 정량적 평가, 프로젝트 정성적 평가
- 출력자료 : 프로젝트 성과 평가서

### 2) 프로젝트 종료

프로젝트 진행과정의 모든 산출물 및 프로세스를 지식자산화 하고 최종 보고서를 작성하여 의사소통 절차에 따라 보고하고 프로젝트를 종료한다.

- 입력자료 : 프로젝트 산출물, 품질관리 산출물, 프로젝트 정의서, 프로젝트 수행 계획서, 프로젝트 성과 평가서
- 프로세스 및 도구 : 프로젝트 지식자산화 작업, 프로젝트 종료
- 출력자료 : 프로젝트 최종 보고서

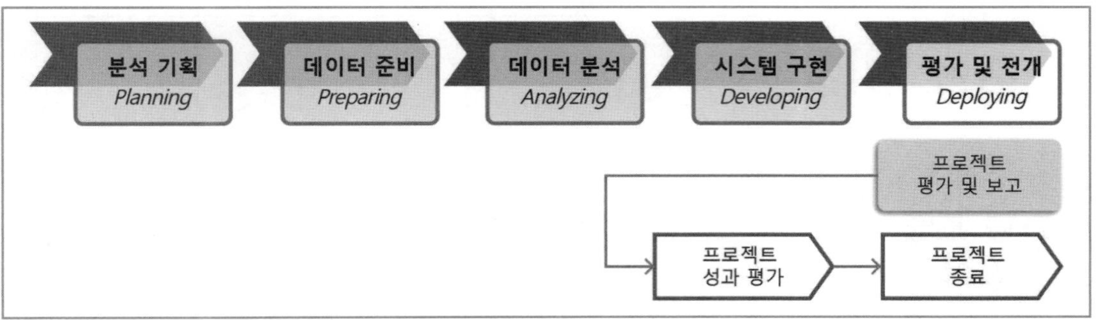


[그림 Ⅲ-1-29] 프로젝트 평가 및 보고 태스크

# 제3절 분석 과제 발굴

분석 과제는 풀어야 할 다양한 문제를 데이터 분석 문제로 변환한 후 이해관계자들이 이해하고 프로젝트로 수행할 수 있는 과제정의서 형태로 도출된다. 분석 과제를 도출하기 위한 방식은 크게 2가지로 나누어진다.

■ **하향식 접근 방식**(Top Down Approach)

문제가 주어지고 이에 대한 해법을 찾기 위하여 각 과정이 체계적으로 단계화되어 수행하는 방식

■ **상향식 접근 방식**(Bottom Up Approach)

문제의 정의 자체가 어려운 경우 데이터를 기반으로 문제의 재정의 및 해결방안을 탐색하고 이를 지속적으로 개선하는 방식

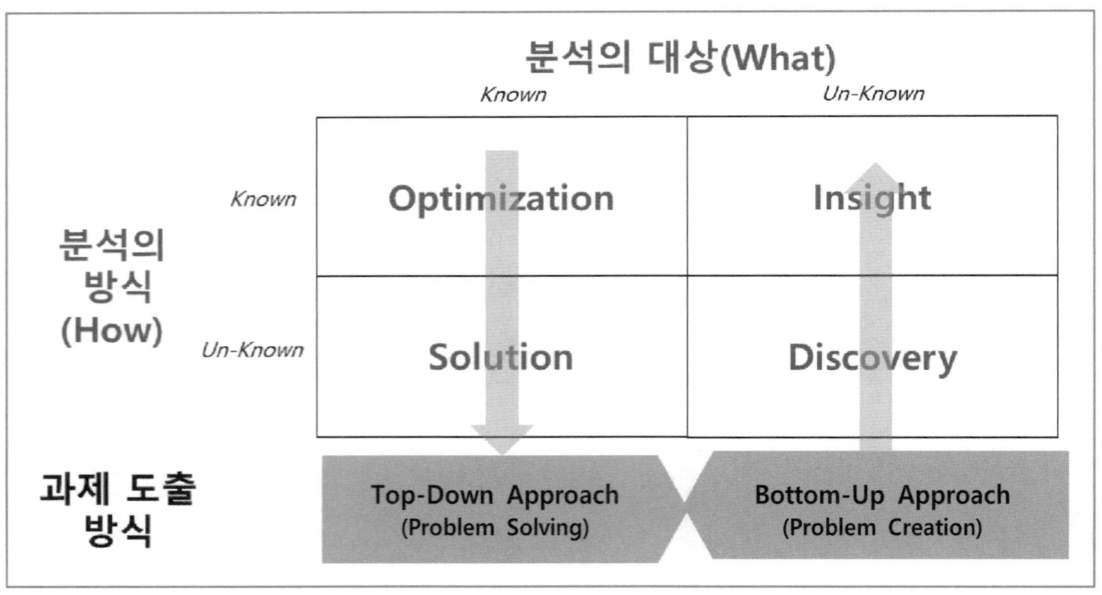


[그림 Ⅲ-1-30] 분석 과제 도출의 두가지 유형

문제가 주어져 있는 상태에서 답을 구하는 하향식 접근 방식이 전통적으로 수행되었던 분석 과제 발굴 방식이다. 그러나 대규모의 다양한 데이터를 생성하고 빠르게 변하는 기업 환경에서는 문제 자체의 변화가 심해 정확하게 문제를 사전에 정의하는 것이 어려워지고 있다. 이에 따라 단순히 주어진 문제를 잘 푸는 것뿐만 아니라 데이터를 활용하여 생각하지 못했던 인사이트(Insight)를 도출하고 시행착오를 통해서 개선해 가는 상향식 접근 방식의 유용성이 점차 증가하고 있는 추세이다.

[그림 Ⅲ-1-31]에 나와 있는 디자인 사고(Design Thinking) 프로세스의 예처럼 새로운 상품을 개발하거나 전략 수립 등 중요한 의사결정을 할 때 가능한 옵션을 도출하는 상향식 접근 방식(Bottom Up Approach)의 발산(Diverge)단계와 도출된 옵션을 분석하고 검증하는 하향식 접근 방식(Top Down Approach)의 수렴(Converge)단계를 반복적으로 수행하는 식으로 상호 보완하는 것이 동적인 환경에서 분석의 가치를 높일 수 있는 최적의 의사결정 방식이 된다.

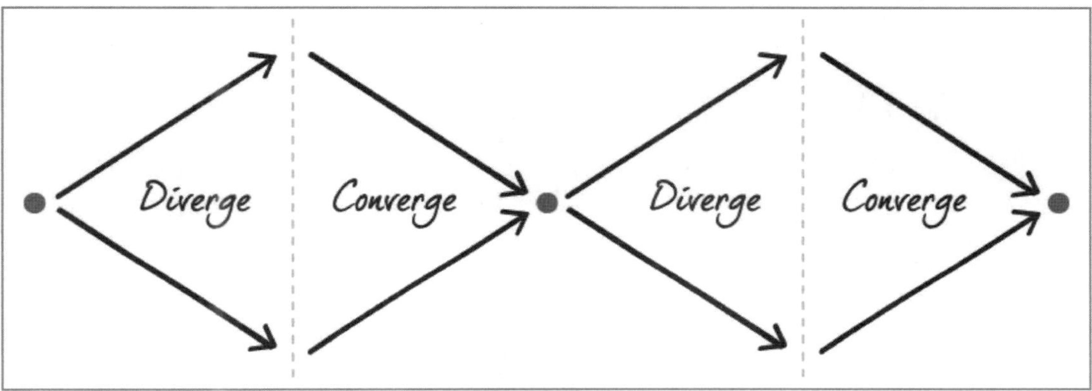


**[그림 Ⅲ-1-31] 디자인 사고 프로세스(IDEO)**

분석 과제 발굴을 두 가지 접근 방식으로 나누었지만 실제 분석 과정에서는 혼용되어 활용되는 경우가 많다. 그런 경우 능동적으로 대처하기 위해서 각 접근 방식의 특징을 잘 이해하고 적절한 절차 및 관리 방안의 활용이 필요하다.

# 1. 하향식 접근법(Top Down Approach)

하향식 분석 접근법은 현황 분석을 통해서 또는 인식된 문제점 혹은 전략으로부터 기회나 문제를 탐색(Problem Discovery)하고 해당 문제를 데이터 문제로 정의(Problem Definition)한 후 해결방안 탐색(Solution Search), 그리고 데이터 분석의 타당성 평가(Feasibility Study)를 거쳐 분석 과제를 도출하는 과정으로 이루어져 진다.

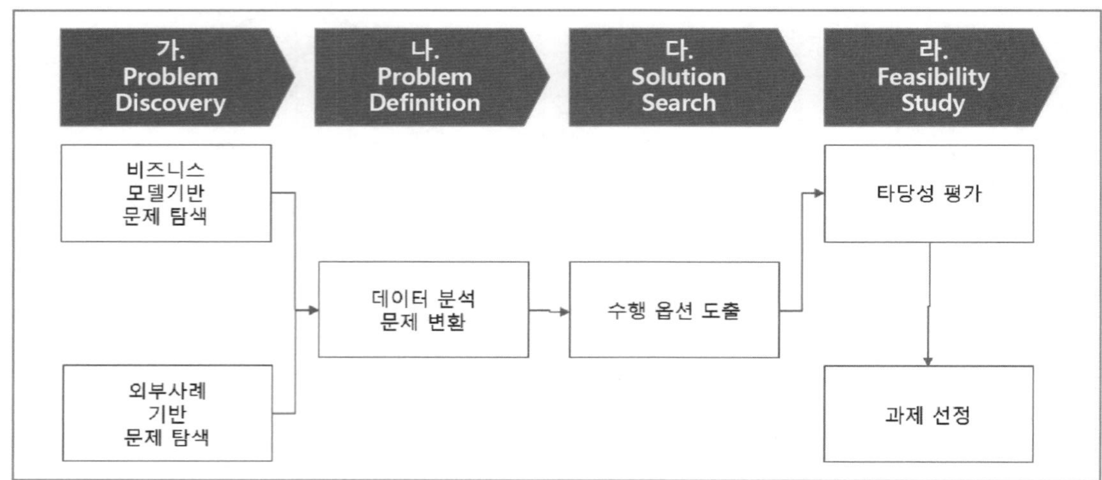


[그림 Ⅲ-1-32] 데이터 분석 기획 단계(하향식 접근법)

## 가. 문제 탐색(Problem Discovery) 단계

개별적으로 인지하고 있는 문제를 단순히 정리하는 것보다 전체적인 관점의 기준 모델을 활용하여 빠짐없이 문제를 도출하고 식별하는 것이 중요하다. 전체적인 관점의 기준 모델로는 기업 내·외부 환경을 포괄하는 비즈니스 모델과 외부 참조모델이 있다. 과제 발굴 단계에서는 현재 데이터를 소유하고 있는지, 이를 해결하기 위한 방안은 무엇인지 등에 대한 세부적인 구현 및 솔루션에 중점을 두는 것이 아니라 문제를 해결함으로써 발생하는 가치에 중점을 두는 것이 중요하다.

### 1) 비즈니스 모델 기반 문제 탐색

과제 발굴을 위한 기본 틀로써 기업 내·외부 환경을 포괄하는 비즈니스 모델이라는 틀(Frame)을 활용하여 가치가 창출될 문제를 누락없이 도출할 수 있다. 비즈니스 모델 관점에서는 해당기업의 사업 모델을 도식화한 비즈니스 모델 캔버스의 9가지 블록을 단순화하여 업무(Operation), 제품(Product), 고객(Customer) 단위로 문제를 발굴하고, 이를 관리하는 두 가지의 영역인 규제와 감사(Audit & Regulation)영역과 지원 인프라(IT & Human Resource) 영역에 대한 기회를 추가로 도출하는 작업을 수행한다.

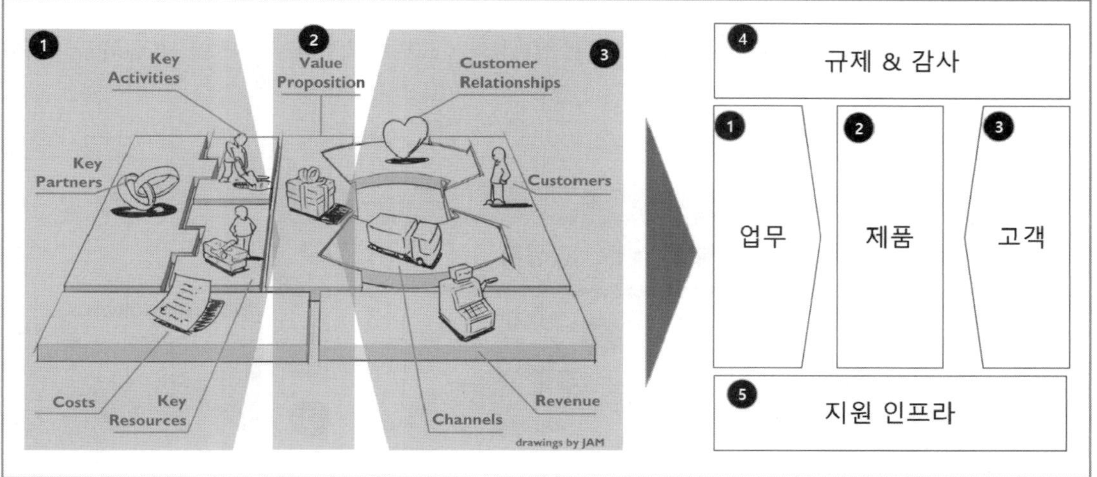


**[그림 Ⅲ-1-33] 비즈니스 모델 캔버스를 활용한 과제 발굴**

❶ 업무(Operation)
제품 및 서비스를 생산하기 위해서 운영하는 내부 프로세스 및 주요 자원(Resource) 관련 주제 도출
예) 생산 공정 최적화, 재고량 최소화 등

❷ 제품(Product)
생산 및 제공하는 제품·서비스를 개선하기 위한 관련 주제 도출
예) 제품의 주요 기능 개선, 서비스 모니터링 지표 도출 등

❸ 고객(Customer)
제품·서비스를 제공받는 사용자 및 고객, 이를 제공하는 채널의 관점에서 관련 주제 도출
예) 고객 Call 대기 시간 최소화, 영업점 위치 최적화 등

❹ 규제와 감사(Regulation & Audit)
제품 생산 및 전달 과정 프로세스 중에서 발생하는 규제 및 보안의 관점에서 주제 도출 예) 제공 서비스 품질의 이상 징후 관리, 새로운 환경 규제 시 예상되는 제품 추출 등

❺ 지원 인프라(IT & Human Resource)
분석을 수행하는 시스템 영역 및 이를 운영·관리하는 인력의 관점에서 주제 도출
예) EDW 최적화, 적정 운영 인력 도출 등

현재의 사업 방식 및 비즈니스에 대한 문제 해결은 최적화 및 단기 과제 형식으로 도출될 가능성이 높기 때문에 새로운 문제의 발굴 및 장기적인 접근을 위해서는 기업이 현재 수행하고 있는 비즈니스뿐만 아니라 환경과 경쟁 구도의 변화 및 역량의 재해석을 통한 “혁신(Innovation)”의 관점에서 분석 기회를 추가 도출하는 것이 요구된다. 즉, 현재 사업을 영위하고 있는 환경, 경쟁자, 보유하고 있는 역량, 제공하고 있는 시장 등을 넘어서 거시적 관점의 요인, 경쟁자의 동향, 시장의 니즈 변화, 역량의 재해석 등 새로운 관점의 접근을

통해 새로운 유형의 분석 기회 및 주제 발굴을 수행해야 한다. 이러한 작업을 수행할 때는 분석가뿐만 아니라 해당 기능을 수행하는 직원 및 관련자에 대한 폭넓은 인터뷰와 워크숍 형태의 아이디어 발굴(Ideation)작업이 필요하다.

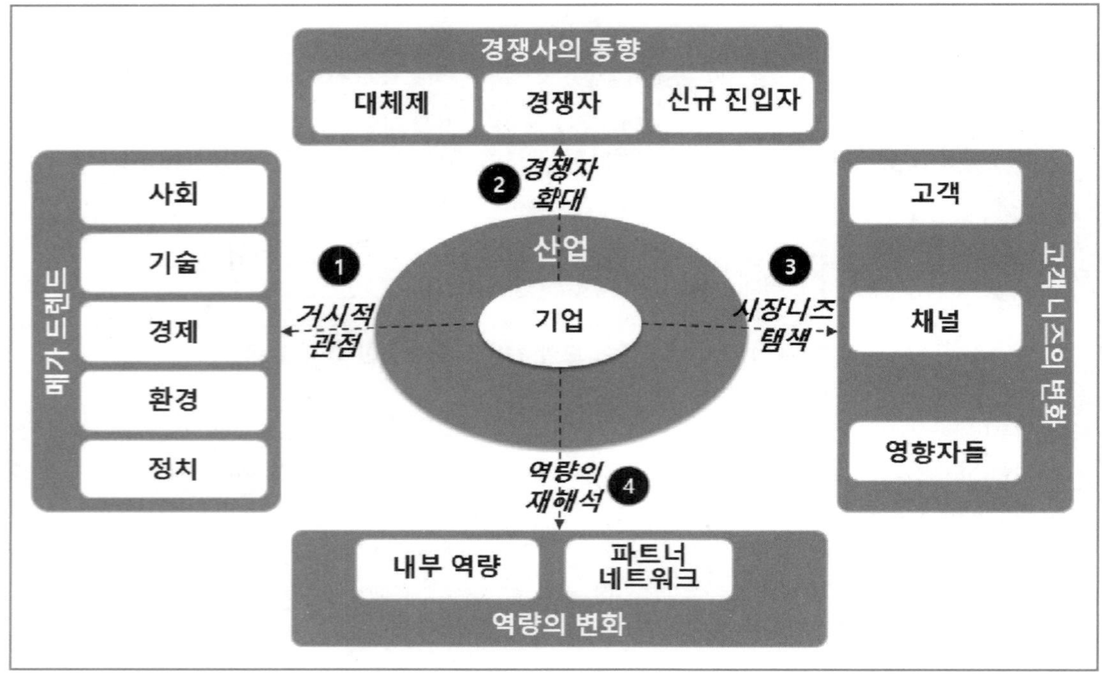


[그림 Ⅲ-1-34] 분석 기회 발굴의 범위 확장

❶ 거시적 관점의 메가 트렌드에서는 현재의 조직 및 해당 산업에 폭넓게 영향을 미치는 사회·경제적 요인을 STEEP로 요약되는 Social(사회), Technological(기술), Economic(경제), Environmental(환경), Political(정치) 영역으로 나누어서 좀 더 폭넓게 기회 탐색을 수행한다.

- 사회(Social) 영역
  비즈니스 모델의 고객(Customer)영역에 존재하는 현재 고객을 확장하여 전체 시장을 대상으로 사회적, 문화적, 구조적 트렌드 변화에 기반한 분석 기회 도출
  예) 노령화, 밀레니얼 세대의 등장, 저출산에 따른 해당 사업 모델의 변화 등
- 기술(Technological) 영역
  과학, 기술, 의학 등 최신 기술의 등장 및 변화에 따른 역량 내재화와 제품·서비스 개발에 대한 분석 기회 도출
  예)나노 기술, IT 융합 기술, 로봇 기술의 고도화에 따른 기존 제품의 Smart화 등

■ 경제(Economic) 영역
산업과 금융 전반의 변동성 및 경제 구조 변화 동향에 따른 시장의 흐름을 파악하고 이에 대한 분석 기회 도출
예)원자재 가격, 환율, 금리 변동에 따른 구매 전략의 변화 등

■ 환경(Environmental) 영역
환경과 관련된 정부, 사회단체, 시민사회의 관심과 규제 동향을 파악하고 이에 대한 분석 기회 도출
예) 탄소 배출 규제 및 거래 시장 등장에 따른 원가 절감 및 정보 가시화 등

■ 정치(Political) 영역
주요 정책방향, 정세, 지정학적 동향 등의 거시적인 흐름을 토대로 한 분석 기회 도출
예) 대북 관계 동향에 따른 원자재 구매 거래선의 다변화 등

❷ 경쟁자 확대 관점에서는 현재 수행하고 있는 사업 영역의 직접 경쟁사 및 제품·서비스뿐만 아니라 대체재와 신규 진입자 등으로 관점을 확대하여 위협이 될 수 있는 상황에 대한 분석 기회 발굴의 폭을 넓혀서 탐색한다.

■ 대체재(Substitute) 영역
융합적인 경쟁 환경에서 현재 생산을 수행하고 있는 제품·서비스의 대체재를 파악하고 이를 고려한 분석 기회 도출
예) 현재 오프라인으로 제공하고 있는 자사의 상품·서비스를 온라인으로 제공하는 것에 대한 탐색 및 잠재적 위협 파악

■ 경쟁자(Competitor) 영역
현재 생산하고 있는 제품·서비스의 주요 경쟁자에 대한 동향을 파악하여 이를 고려한 분석 기회 도출
예) 식별된 주요 경쟁사의 제품·서비스 카탈로그 및 전략을 분석하고 이에 대한 잠재적 위협 파악

■ 신규 진입자(New Entrant) 영역
현재 직접적인 제품·서비스의 경쟁자는 아니지만, 향후 시장에 대해서 파괴적인 역할을 수행할 수 있는 신규 진입자에 대한 동향을 파악하여 이를 고려한 분석 기회 도출
예) 새로운 제품에 대한 크라우드 소싱(Crowd Sourcing) 서비스인 Kickstarter의 유사 제품을 분석하고 자사의 제품에 대한 잠재적 위협 파악

❸ 시장의 니즈 탐색 관점에서는 현재 수행하고 있는 사업에서의 직접 고객 뿐만 아니라 고객과 접촉하는 역할을 수행하는 채널(Channel) 및 고객의 구매와 의사결정에 영향을 미치는 영향자들(Influencer)에 대한 폭넓은 관점을 바탕으로 분석 기회를 탐색한다.

■ 고객(Customer) 영역
고객의 구매 동향 및 고객의 컨텍스트를 더욱 깊게 이해하여 제품·서비스의 개선 필요에 필요한 분석 기회 도출.
예) 철강 기업의 경우 조선 산업과 자동차 산업의 동향 및 주요 거래선의 경영 현황 등을 파악하고 분석 기회 도출 등

■ 채널(Channel) 영역

영업 사원, 직판 대리점, 홈페이지 등의 자체적으로 운영하는 채널뿐만 아니라 최종 고객에게 상품·서비스를 전달하는 것에 경로로 존재하는 가능한 경로를 파악하여 해당 경로에 존재하는 채널별로 분석 기회를 확대하여 탐색

예) 은행의 경우 인터넷전문은행 등 온라인 채널의 등장에 따른 변화에 대한 전략 분석 기회 도출 등

■ 영향자들(Influencer) 영역

기업 의사결정에 영향을 미치는 주주·투자자·협회 및 기타 이해관계자의 주요 관심사항에 대해서 파악하고 분석기회 탐색

예) M&A 시장 확대에 따른 유사 업종의 신규 기업 인수 기회 탐색 등

❹ 역량의 재해석 관점에서는 현재 해당 조직 및 기업이 보유한 역량뿐만 아니라 해당 조직의 비즈니스에 영향을 끼치는 파트너 네트워크를 포함한 활용 가능한 역량을 토대로 폭넓은 분석 기회를 탐색한다.

■ 내부 역량(Competency) 영역

지적 재산권, 기술력 등 기본적인 것뿐만 아니라 중요하면서도 자칫 간과하기 쉬운 지식, 기술, 스킬 등의 노하우와 인프라적인 유형 자산에 대해서 폭넓게 재해석하고 해당 영역에서 분석 기회를 탐색한다.

예) 자사 소유 부동산을 활용한 부가 가치 창출 기회 발굴 등

■ 파트너와 네트워크(Partners & Network)영역

자사가 직접 보유하고 있지는 않지만 밀접한 관계를 유지하고 있는 관계사와 공급사 등의 역량을 활용해 수행할 수 있는 기능을 파악해보고 이에 대한 분석 기회를 추가적으로 도출

예) 수출입·통관 노하우를 활용한 추가 사업기회 탐색 등

#### 2) 외부 참조 모델 기반 문제 탐색

잘 알려진 문제를 푸는 것뿐만 아니라 새로운 문제를 발굴하기 위해서는(문제와 과제를 도출해 내는 기준 모델로서) 유사·동종의 환경에서 기존에 수행한 분석 과제를 살펴보는 것도 주요한 시사점을 도출해 준다. 유사·동종 사례 벤치마킹을 통한 분석기회 발굴은 제공되는 산업별, 업무 서비스별 분석테마 후보 그룹(Pool)을 통해 "Quick & Easy" 방식으로 필요한 분석 기회가 무엇인지에 대한 아이디어를 얻고 기업에 적용할 분석테마 후보 목록을 워크숍 형태의 브레인스토밍(Brain Storming)을 통해 빠르게 도출하는 방법이다.

특히 현재 환경에서는 데이터를 활용하지 않은 업종 및 업무 서비스가 사실상 존재하지 않기 때문에 데이터 분석을 통한 인사이트(Insight)를 도출하고 업무에 활용하는 사례들을 발굴하여 자사의 업종 및 업무 서비스에 적용할 수 있다. 따라서 산업 및 업종을 불문하고 데이터 분석 사례를 기반으로 분석테마 후보 그룹을 미리 정의하고 그 후보 그룹을 통해 해당 기업에서 벤치마킹할 대상인 분석기회를 고려한다면 빠르고 쉽게 분석기회를 도출할 수 있다.

평상시 지속적인 조사와 데이터 분석을 통한 가치 발굴 사례를 정리하여 풀(Pool)로 만들어 둔다면 과제 발굴 및 탐색 시 빠르고 의미 있는 분석 기회 도출이 가능하다. 또한 유사·동종 업계뿐만 아니라 타 업종 및 분야의 데이터 분석 활용 사례 또한 정리해 놓을 경우 새로운 주제 탐색에 도움이 된다.

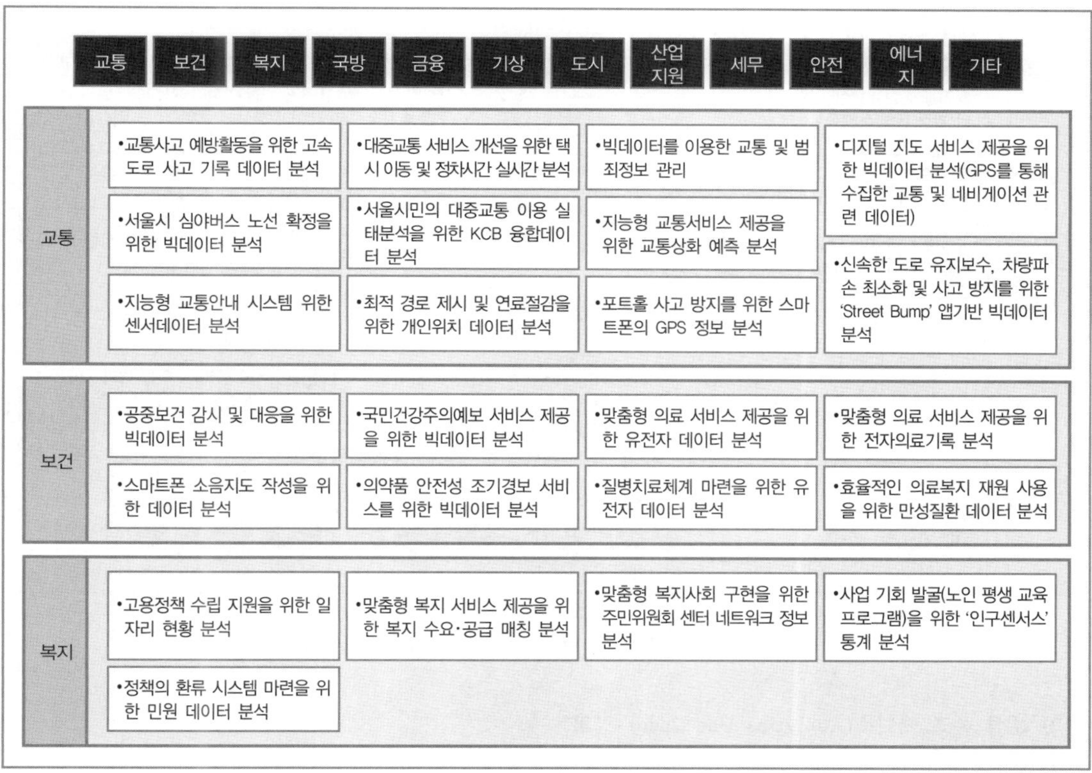


**[그림 Ⅲ-1-35] 공공 부문 분석주제 풀(Pool) 예시**

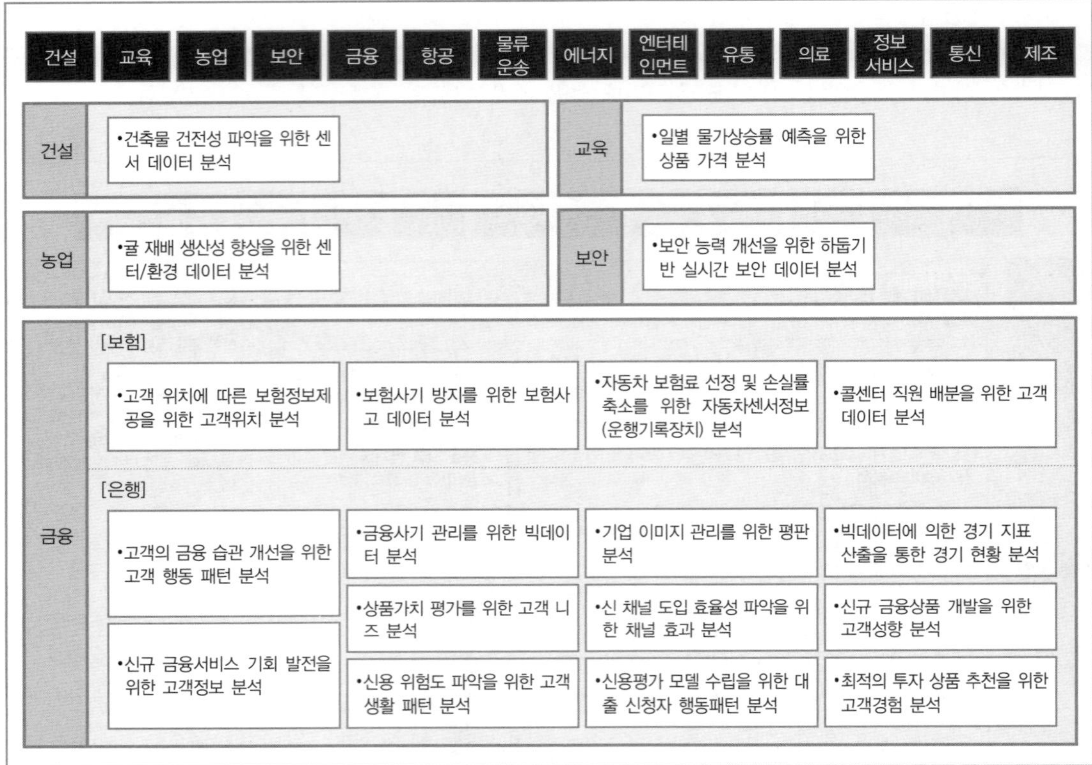


[그림 Ⅲ-1-36] 민간 부문 분석주제 풀(Pool) 예시

### 3) 분석 유즈 케이스(Analytics Use Case) 정의

현재의 비즈니스 모델 및 유사·동종사례 탐색을 통해서 빠짐없이 도출한 분석 기회들을 구체적인 과제로 만들기에 앞서 분석 유즈 케이스로 표기하는 것이 필요하다. 분석 유즈 케이스는 풀어야 할 문제에 대한 상세한 설명 및 해당 문제를 해결했을 때 발생하는 효과를 명시함으로써 향후 데이터 분석 문제로의 전환 및 적합성 평가에 활용하도록 한다.

[표 Ⅲ-1-1] 분석 유즈 케이스 예시

| 업무 | 분석 유즈 케이스 | 설명 | 효과 |
|---|---|---|---|
| 재무 | 자금 시재 예측 | 일별로 예정된 자금 지출과 입금을 추정 | 자금 과부족 현상 예방, 자금 운용 효율화 |
| | 구매 최적화 | 구매 유형과 구매자별로 과거 실적과 구매 조건을 비교·분석하여 구매 방안 도출 | 구매 비용 절감 |
| 고객 | 서비스 수준 유지 | 서비스별로 달성 수준을 측정하고 평가한 뒤 목표 수준을 벗어났으면 경보 발행 | 품질수준 제고, 고객만족 제고 |
| | 고객만족 달성 | 고객 세그먼트별로 만족 수준을 측정하고 이상이 있으면 원인을 분석하여 대책 강구 | 고객만족 제고, 고객유지 향상 |
| 판매 | 파이프라인 최적화 | 파이프라인 단계별로 고객 상태를 파악하고 수주 규모를 예상하고 필요한 고객 기회를 추정하여 영업 촉진 | 목표 매출 달성, 고객반응률 향상 |
| | 영업성과 분석 | 영업 직원별 사용 원가(급여 포함)와 실적을 분석하고 부진한 영업 직원 세그먼트를 식별하여 영업 정책에 반영 | 영업 수율 향상, 영업 직원 생산성 제고 |

### 나. 문제 정의(Problem Definition) 단계

식별된 비즈니스 문제를 데이터의 문제로 변환하여 정의하는 단계이다. 앞서 수행한 문제 탐색의 단계가 무엇을(What) 어떤 목적으로(Why) 수행해야 하는지에 대한 관점이었다면, 본 단계에서는 이를 달성하기 위해서 필요한 데이터 및 기법(How)을 정의하기 위한 데이터 분석의 문제로의 변환을 수행하게 된다. 예를 들어, '고객 이탈의 증대'라는 비즈니스 문제는 '고객의 이탈에 영향을 미치는 요인을 식별하고 이탈 가능성을 예측'하는 데이터 분석 문제로 변환될 수 있다.

데이터 분석 문제의 정의 및 요구사항은 분석을 수행하는 당사자뿐만 아니라 해당 문제가 해결되었을 때 효용을 얻을 수 있는 최종사용자(End User) 관점에서 이루어져야 한다. 데이터 분석 문제가 잘 정의되었을 때 필요한 데이터의 정의 및 기법 발굴이 용이하기 때문에 가능한 정확하게 분석의 관점으로 문제를 재정의할 필요가 있다.

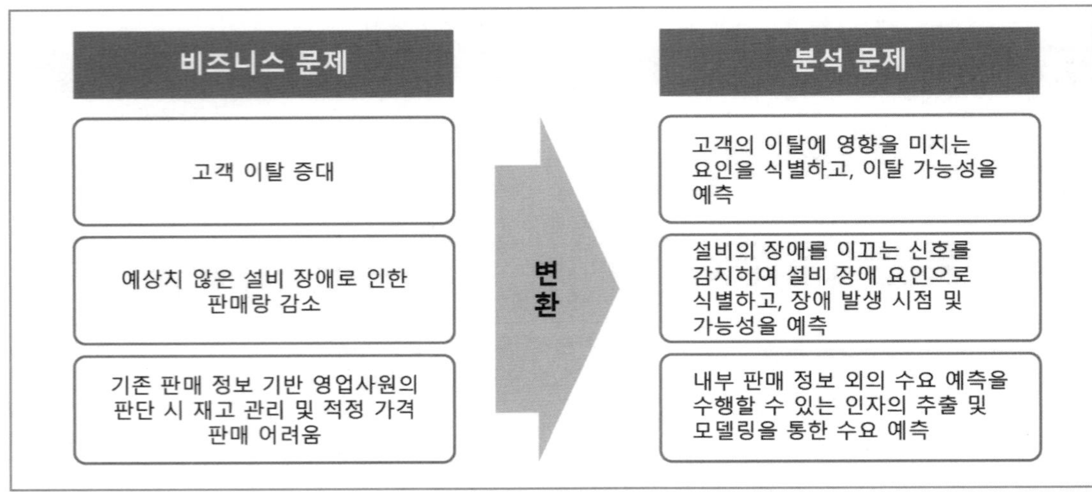


[그림 Ⅲ-1-37] 비즈니스 문제의 분석 문제 변환

### 다. 해결방안 탐색(Solution Search) 단계

이 단계에서는 정의된 데이터 분석 문제를 해결하기 위한 다양한 방안이 모색된다. 동일한 데이터 분석 문제라 해도 어떤 데이터 또는 분석 시스템을 사용할 것인지에 따라서 소요되는 예산 및 활용 가능한 도구(Tool)가 다르기 때문에 다각도로 고려할 필요가 있다. 즉, 기존 정보시스템의 단순한 보완으로 분석이 가능한지, 엑셀 등의 간단한 도구로 분석이 가능한지, 또는 하둡 등 분산병렬처리를 활용한 빅데이터 분석 도구를 통해 보다 체계적이고 심도 있는 방안이 고려되는지 등등 여러 대안이 도출될 수 있다. 또한 분석 역량을 기존에 가지고 있는 지의 여부를 파악하여 보유하고 있지 않은 경우에는 교육이나 전문 인력 채용을 통한 역량을 확보하거나 분석 전문 업체를 활용하여 과제를 해결하는 방안에 대해 사전 검토를 수행한다.

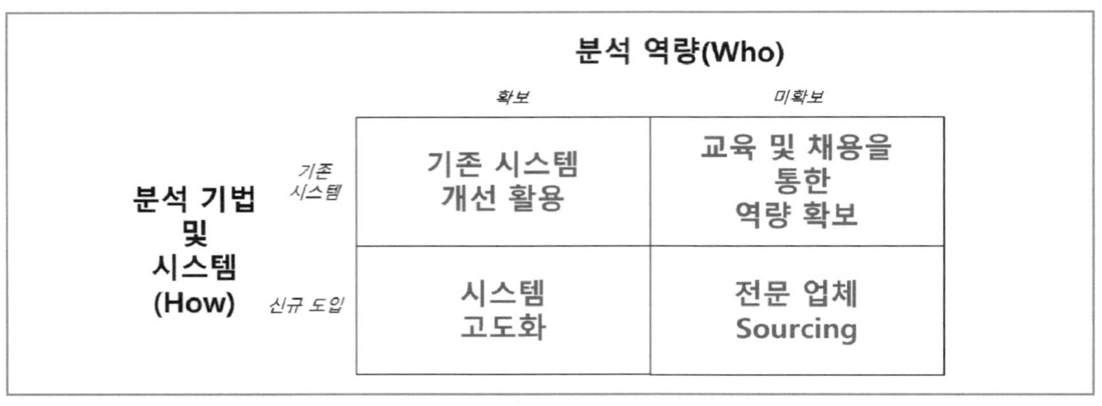


[그림 Ⅲ-1-38] 해결방안 탐색영역

## 라. 타당성 검토(Feasibility Study) 단계

도출된 분석 문제나 가설에 대한 대안을 과제화하기 위해서는 다음과 같은 다각적인 타당성 분석이 수행되어야 한다.

### 1) 경제적 타당성

비용 대비 편익 분석 관점의 접근이 필요하다. 비용 항목은 데이터, 시스템, 인력, 유지보수 등과 같은 분석 비용으로 구성된다. 편익으로는 분석 결과를 적용함으로서 추정되는 실질적 비용 절감, 추가적 매출과 수익 등과 같은 경제적 가치로 산출된다.

### 2) 데이터 및 기술적 타당성

데이터 분석에는 데이터 존재 여부, 분석 시스템 환경, 그리고 분석 역량이 필요하다. 특히, 분석 역량의 경우 [그림 Ⅲ-1-39]처럼 실제 프로젝트 수행 시 걸림돌이 되는 경우가 많기 때문에 기술적 타당성 분석 시 역량 확보 방안을 사전에 수립해야 한다. 이를 효과적으로 평가하기 위해서는 비즈니스 지식과 기술적 지식이 요구되기 때문에 비즈니스 분석가, 데이터 분석가, 시스템 엔지니어 등과의 협업이 수반되어야 한다.

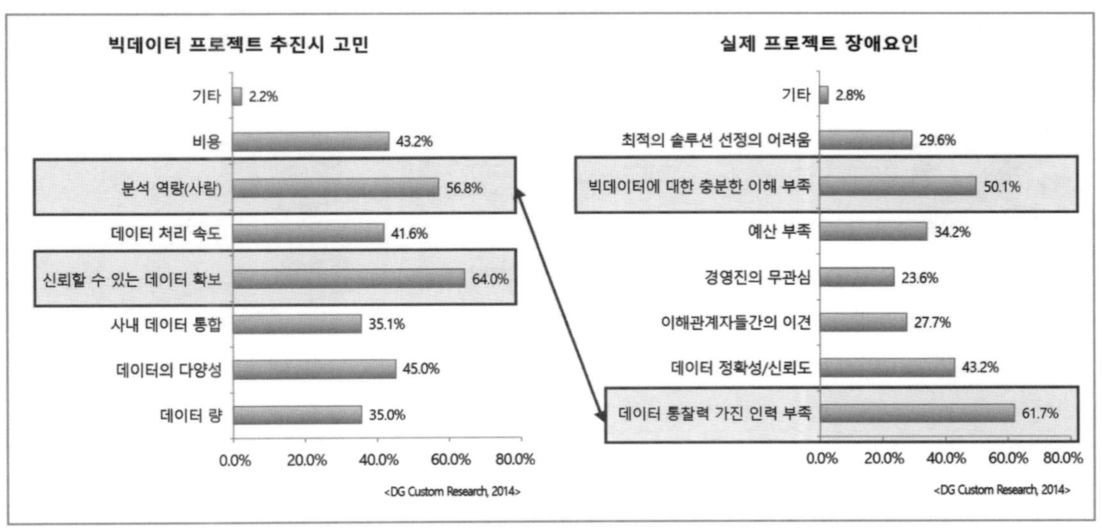


[그림 Ⅲ-1-39] 프로젝트 수행 시 장애 요인 Survey 결과

도출된 여러 대안 중에서 평가 과정을 거쳐 가장 우월한 대안을 선택한다. 도출한 데이터 분석 문제 및 선정된 솔루션 방안을 포함하여 이를 분석과제 정의서의 형태로 명시하는 후속작업을 시행하며 이는 프로젝트 계획의 입력물로 활용된다.

## 2. 상향식 접근법(Bottom Up Approach)

한 의약제조사는 특허기간이 만료된 의약품 약 2천 종류의 데이터를 분석, 상호 결합하여 새로운 의약품을 개발하려고 시도하였다. 의약품 집합으로부터 두 개의 조합을 선택할 수 있는 방법은 백만 개 이상이기 때문에 이 회사는 새로운 결합의 효과성을 검정하기 위하여 다양한 기법을 적용하여 데이터를 분석하였다. 이러한 분석 사례는 절차가 규정된 하향식 문제해결 방식이 아니라 경험적인 과거 데이터를 무작정 결합하여 상향식으로 정보 혹은 지식을 얻고자 하는 새로운 분석 패러다임이라 할 수 있다.

여기에서는 전통적인 하향식 문제 해결 방식과 대비하여 기업에서 보유하고 있는 다양한 원천 데이터로부터 분석을 통하여 통찰력과 지식을 얻는 상향식 접근방법을 기술한다. 상향식 접근방법은 [그림 Ⅲ-1-40]처럼 다양한 원천 데이터를 대상으로 분석을 수행하여 가치 있는 문제를 도출하는 일련의 과정이다.

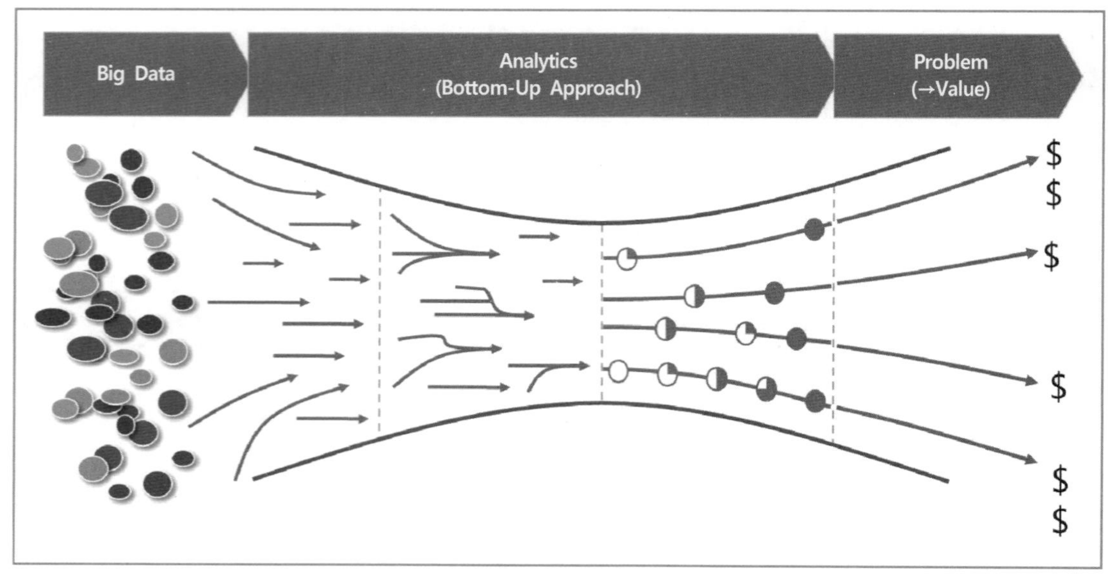


[그림 Ⅲ-1-40] 데이터를 활용한 과제 발굴

■ **기존 하향식 접근법의 한계를 극복하기 위한 분석 방법론**

지금까지 가장 일반적으로 사용되고 있는 문제 해결 방식은 앞서 설명한 것과 같은 하향식의 논리적인 단계별 접근법이다. 기존 접근방법인 논리적인 단계별 접근법은 문제의 구조가 분명하고 문제를 해결하고 해결책을 도출하기 위한 데이터가 분석가 및 의사결정자에게 주어져 있음을 가정하고 있기 때문에 솔루션 도출에는 유효하지만 새로운 문제의 탐색에는 한계가 있다. 따라서 기존의 논리적인 단계별 접근법에 기반한 문제해결 방식은 최근 복잡하고 다양한 환경에서 발생하는 문제에는 적합하지 않을 수 있다.

이를 해결하기 위해서 스탠포드 대학의 d.school(Institute of Design at Stanford)은 디자인 사고(Design Thinking) 접근법을 통해서 전통적인 분석적 사고를 극복하려고 한다. "이미 우리가 알고 있는 것" 즉 분석가의 문제에 대한 분석 접근법의 한계를 극복하기 위해서 현장 관찰과 감정이입, 즉 대상의 관점으로의 전환을 수행한다. 통상적인 관점에서는 분석적으로 사물을 인식하려는 'Why'를 강조하지만, 이는 우리가 알고 있다고 가정하는 것이기 때문에 문제와 맞지 않는 솔루션인 경우 오류가 발생할 소지가 있다. 그렇기 때문에, 답을 미리 내는 것이 아니라 사물을 있는 그대로 인식하는 'What' 관점에서 보아야 한다는 것이다. 객관적으로 존재하는 데이터 그 자체를 관찰하고 실제적으로 행동에 옮김으로써 대상을 좀 더 잘 이해하는 방식으로의 접근을 수행하는 것이다. 이와 같은 점을 고려하여 d.school에서는 첫 단계로 감정이입(Empathize)을 특히 강조하고 있다.

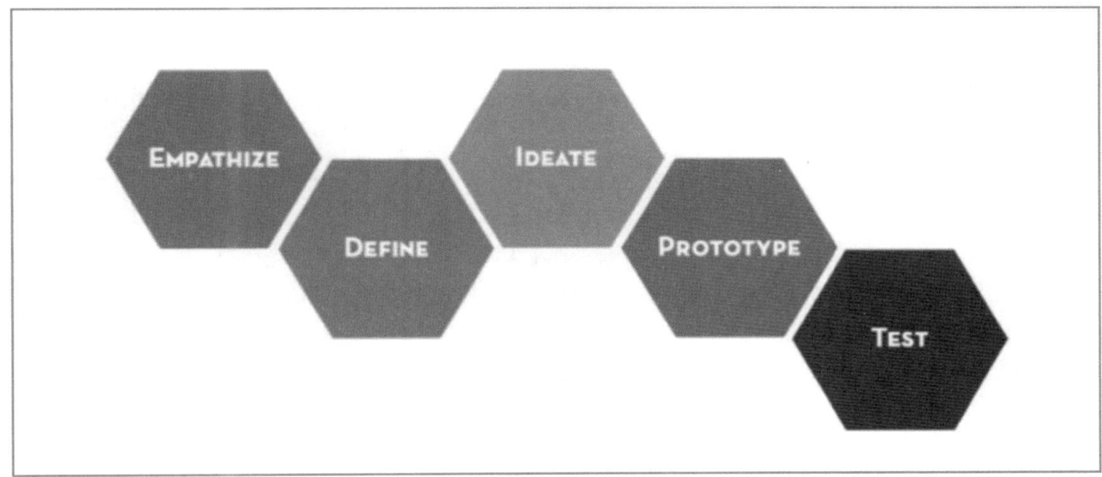


[그림 Ⅲ-1-41] 디자인 사고(Design Thinking) 프로세스

일반적으로 상향식 접근 방식의 데이터 분석은 비지도학습(Unsupervised Learning) 방법에 의해 수행된다. 비지도학습은 데이터 분석의 목적이 명확히 정의된 형태의 특정 필드의 값을 구하는 것이 아니라 데이터 자체의 결합, 연관성, 유사성 등을 중심으로 데이터의 상태를 표현하는 것이다. 데이터 마이닝 기법을 예로 들면, 장바구니 분석, 군집 분석, 기술 통계 및 프로파일링 등이 이에 속한다. 이와는 반대로 명확한 목적 하에 데이터분석을 실시하는 것은 지도학습(Supervised Learning)이라고 하며 분류, 추측, 예측, 최적화를 통해 사용자의 주도 하에 분석을 실시하고 지식을 도출하는 것이 목적이다. 예를 들어서 [그림 Ⅲ-1-42]에서 O와 X를 구분 짓게 하는 분류(Classification)는 지도학습에 해당되고, 인자들 간의 유사성을 바탕으로 수행하는 군집화(Clustering)는 비지도학습에 해당한다. 지도학습의 경우 결과로 도출되는 값에 대해서 사전에 인지하고 어떠한 데이터를  넣었을 때 어떠한 결과가 나올지를 예측하는 것이라면 비지도학습의 경우 목표값을 사전에 정의하지 않고 데이터 자체만을 가지고 그룹들을 도출함으로써 해석이 용이하지는 않지만 새로운 유형의 인사이트를 도출하기에 유용한 방식으로 활용할 수 있다.

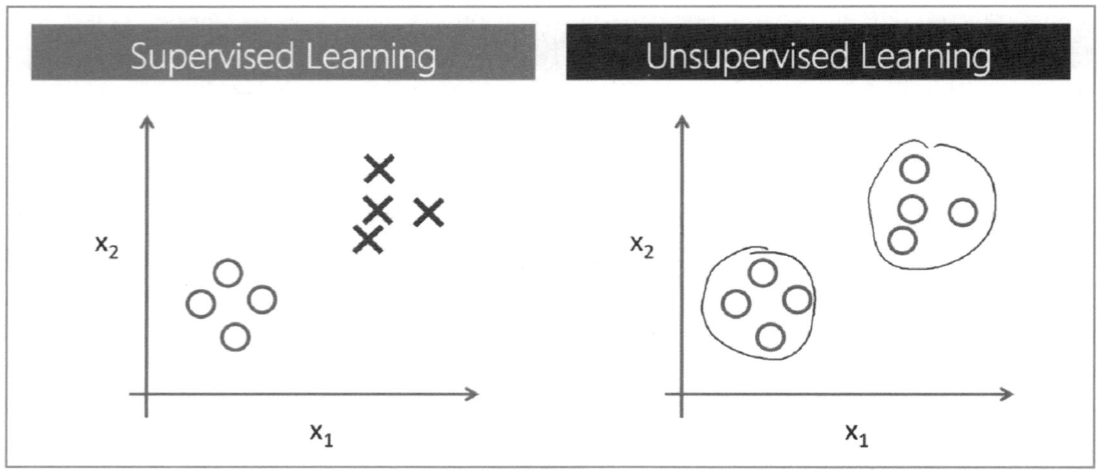


[그림 Ⅲ-1-42] 지도학습(Supervised Learning)과 비지도학습(Unsupervise Learning) 예시

통계적 분석에서는 인과관계 분석을 위해 가설을 설정하고 이를 검정하기 위해 모집단으로부터 표본을 추출하고 그 표본을 이용한 가설검정을 실시하는 방식으로 문제를 해결하였다. 그러나 빅데이터 환경에서는 이와 같은 논리적인 인과관계 분석뿐만 아니라 상관관계 분석 또는 연관 분석을 통하여 다양한 문제 해결에 도움을 받을 수 있다. 즉, 인과관계(Know-why)로부터 상관관계(Know-affinity) 분석으로의 이동이 빅데이터 분석에서의 주요 변화라고 할 수 있다. 다량의 데이터 분석을 통해서 "왜" 그러한 일이 발생하는지 역으로 추적하면서 문제를 도출하거나 재정의 할 수 있는 것이 상향식 접근 방법이다.

■ **시행착오를 통한 문제 해결**

프로토타이핑(Prototyping) 접근법은 사용자가 요구사항이나 데이터를 정확히 규정하기 어렵고 데이터 소스도 명확히 파악하기 어려운 상황에서 일단 분석을 시도해 보고 그 결과를 확인해 가면서 반복적으로 개선해 나가는 방법을 말한다. 하향식 접근방식은 문제가 정형화되어 있고 문제해결을 위한 데이터가 완벽하게 조직에 존재할 경우에 효과적이다. 이에 반하여, 프로토타이핑 방법론은 비록 완전하지는 못하다 해도 신속하게 해결책이나 모형을 제시함으로써 이를 바탕으로 문제를 좀 더 명확하게 인식하고 필요한 데이터를 식별하여 구체화할 수 있게 하는 유용한 상향식 접근 방식이다.

프로토타이핑 접근법의 기본적인 프로세스는 가설의 생성(Hypotheses), 디자인에 대한 실험(Design Experiments), 실제 환경에서의 테스트(Test), 테스트 결과에서의 통찰(Insight) 도출 및 가설 확인으로 구성된다. 학습이라는 목표를 가지고 잘 설계된 프로토타이핑을 지속하는 경우에, 실험이 가지고 있는 불명확성(Uncertainty)은 감소하고 의도했던 결과를 도출할 수 있는 성공 가능성은 높아진다. 한 번의 분석을 통해서 의도했던 결과가 나오기 쉽지 않은 동적인 환경에서 최대한 빨리 결과를 보여주고 해당 내용을 토대로 지속적인 반복을 수행하는 프로토타이핑 방식이 빅데이터 분석 환경에서는 보다 유용하다고 알려져 있다.

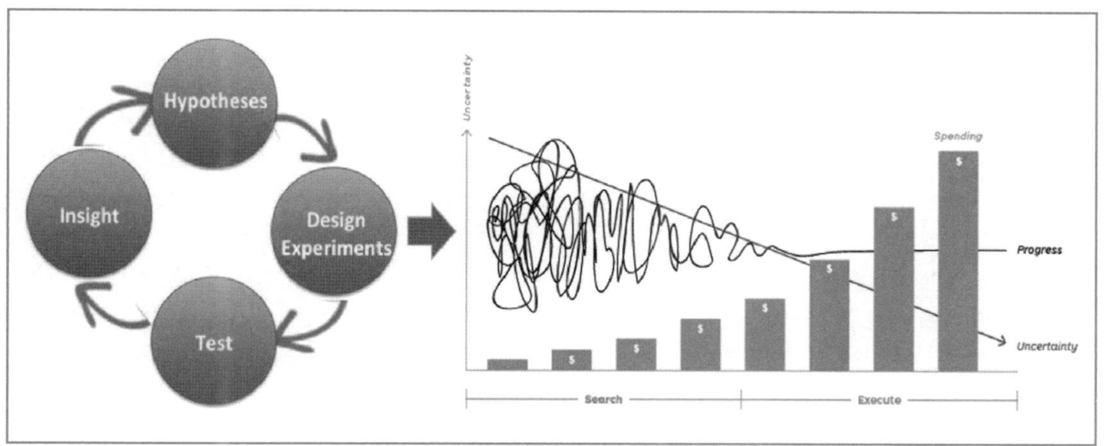


[그림 Ⅲ-1-43] 프로토타이핑을 통한 개선

빅데이터 분석 환경에서 프로토타이핑의 필요성을 상세히 정리하면 다음과 같다.

- 문제에 대한 인식 수준: 문제 정의가 불명확하거나 이전에 접해보지 못한 새로운 문제일 경우 사용자 및 이해관계자는 프로토타입을 이용하여 문제를 이해하고 이를 바탕으로 구체화하는데 도움을 받을 수 있다.

- 필요 데이터 존재 여부의 불확실성: 문제 해결을 위해 필요한 데이터의 집합이 모두 존재하지 않을 경우, 그 데이터의 수집을 어떻게 할 것인지 또는 그 데이터를 다른 데이터로 대체할 것인지 등에 대한 데이터 사용자와 분석가 간의 반복적이고 순환적인 협의 과정이 필요하다. 대체 불가능한 데이터가 존재하는지 사전에 확인한다면 불가능한 프로젝트를 수행하는 리스크를 사전에 방지할 수 있다.

- 데이터의 사용 목적의 가변성: 데이터의 가치는 사전에 정해진 수집목적에 따라 확정되는 것이 아니고 그 가치가 지속적으로 변화할 수 있다. 따라서 조직에서 보유 중인 데이터라 하더라도 기존의 데이터 정의를 재검토하여 데이터의 사용 목적과 범위를 확대할 수 있을 것이다. 예를 들면, 이동통신사에서 수집하는 사용자의 위치추적은 사용자의 호출을 효율적으로 처리하기 위한 원래의 목적으로부터, 사용자들이 특정 시간에 많이 모이는 장소가 어디 인가를 분석하는 정보로 활용이 가능하다.

## 3. 분석과제 정의

다양한 방식을 통해서 도출한 분석과제를 분석과제 정의서 양식을 활용하여 보다 상세하게 정의한다. 분석과제 정의서는 향후 프로젝트 수행계획의 입력물로 사용되기 때문에 프로젝트를 수행하는 이해관계자가 프로젝트의 방향을 설정하고 성공 여부를 판별할 수 있는 주요한 자료로서 명확하게 작성되어야 한다.

분석과제 정의서를 통해 분석별로 필요한 소스 데이터, 분석방법, 데이터 입수 및 분석의 난이도, 분석수행 주기, 분석결과에 대한 검증 오너십, 상세 분석 과정 등을 정의한다. 분석 데이터 소스는 내·외부의 비구조적인 데이터와 소셜 미디어 및 오픈 데이터까지 범위를 확장하여 고려하고 분석방법 또한 상세하게 작성한다.

**[표 Ⅲ-1-2] 분석과제 정의서 예시**

<table>
<tr><th colspan="2">분석명</th><th colspan="2">분석정의</th></tr>
<tr><td colspan="2">해지상담 접촉패턴 분석</td><td colspan="2">기 해지 계약건 발생 고객의 해지 시점<br>상담정보 분석을 통해 해지 고객의 상담<br>특성을 발굴하는 분석</td></tr>
<tr><th>소스 데이터</th><th>데이터 입수 난이도</th><th colspan="2">분석방법</th></tr>
<tr><td rowspan="3">접촉 채널·건수·접촉 평균시간<br>최종 접촉 이후 해지까지 시간<br>상담인력 업무 능숙도</td><td>하</td><td colspan="2" rowspan="3">해지로 이어지는 해지상담의 유의미한 속성을<br>요인분석을 통해 발굴하고, 클러스터링 분석을 통해<br>영향요인을 그룹핑하고, 그룹핑된 요인 그룹이<br>해지에 미치는 영향도를 회귀분석함</td></tr>
<tr><th>데이터 입수 사유</th></tr>
<tr><td>N/A</td></tr>
<tr><th>분석적용 난이도</th><th>분석적용 난이 사유</th><th>분석 주기</th><th>분석결과 검증 Owner</th></tr>
<tr><td>중</td><td>접촉 로그 등의<br>비구조적 데이터<br>분석 필요</td><td>월별 업데이트</td><td>해지방어팀</td></tr>
</table>

# 제4절 분석 프로젝트 관리 방안

과제 형태로 도출된 분석 기회는 프로젝트를 통해서 그 가치를 증명하고 목표를 달성해야 한다. 분석 프로젝트는 다른 프로젝트 유형처럼 범위, 일정, 품질, 리스크, 의사소통 등 영역별 관리가 수행되어야 할 뿐 아니라 다양한 데이터에 기반한 분석 기법을 적용하는 특성 때문에 [그림 Ⅲ-1-44]과 같이 5가지의 주요 속성을 고려하여 추가적인 관리가 필요하다.

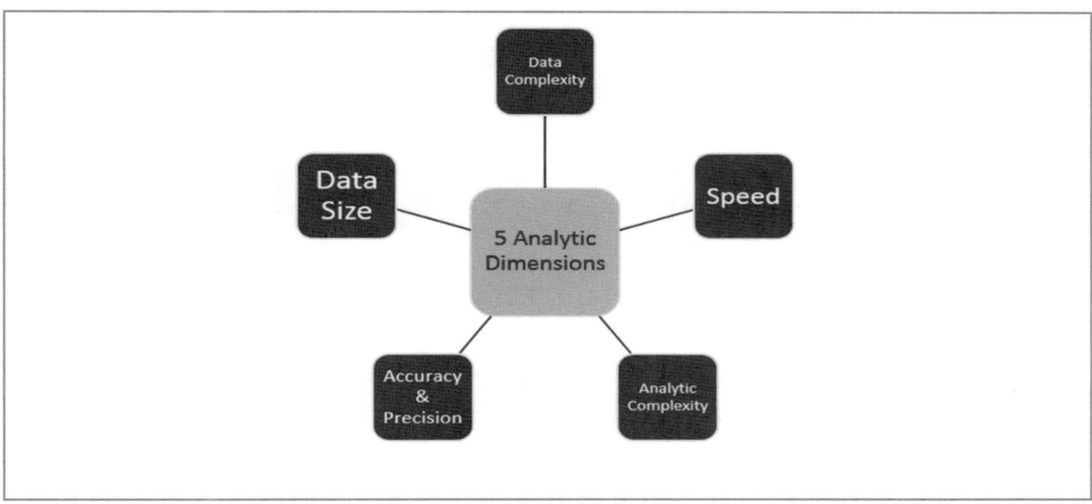


[그림 Ⅲ-1-44] 분석 과제의 주요 5가지 특성주요 관리 영역

■ **Data Size**

분석하고자 하는 데이터의 양을 고려한 관리 방안 수립이 필요하다. 하둡 환경에서의 엄청난 데이터량을 기반으로 분석하는 것과 기존 정형 데이터베이스에 있는 시간당 생성되는 데이터를 분석할 때의 관리 방식은 차이가 날 수 밖에 없다.

■ **Data Complexity**

BI(Business Intelligence) 프로젝트처럼 정형 데이터가 분석 마트로 구성되어 있는 상태에서 분석을 하는 것과 달리 텍스트, 오디오, 비디오 등의 비정형 데이터 및 다양한 시스템에 산재되어 있는 원천 데이터들을 통합해서 분석 프로젝트를 진행할 때는, 초기 데이터의 확보와 통합 뿐 아니라 해당 데이터에 잘 적용될 수 있는 분석 모델의 선정 등에 대한 사전 고려가 필요하다.

■ **Speed**

분석 결과가 도출되었을 때 이를 활용하는 시나리오 측면에서의 속도를 고려해야 한다. 일단위, 주단위 실적의 경우에는 배치(Batch)형태로 작업이 되어도 무방하지만, 실시간으로 사기(Fraud)를 탐지하거나 고객에게 개인화된 상품·서비스를 추천하는 경우에는 분석 모델의 적용 및 계산이 실시간으로 수행되어야 하기 때문에 프로젝트 수행 시 분석모델의 성능 및 속도를 고려한 개발 및 테스트가 수행되어야 한다.

■ **Analytic Complexity**

분석 모델의 정확도와 복잡도는 트레이드오프(Trade off) 관계가 존재한다. 분석 모델이 복잡할수록 정확도는 올라가지만 해석이 어려워지는 단점이 존재하므로 이에 대한 기준점을 사전에 정의해 두어야 한다. 고객의 신용을 평가하는 마케팅 시나리오에서 분석모델을 활용하여 신용 점수가 낮게 나올 때 어떠한 변수에 기인했는지를 모델에서 설명해 줄 수 없으면 영업·마케팅 직원 입장에서는 해당 고객과의 소통이 어려워지는 단점이 존재하므로, 해석이 가능하면서도 정확도를 올릴 수 있는 최적모델을 찾는 방안을 사전에 모색해야 한다.

■ **Accuracy & Precision**

Accuracy는 모델과 실제 값 사이의 차이가 적다는 정확도를 의미하고 Precision은 모델을 지속적으로 반복했을 때의 편차의 수준으로써 일관적으로 동일한 결과를 제시한다는 것을 의미한다. 분석의 활용적인 측면에서는 Accuracy가 중요하며, 안정성 측면에서는 Precision이 중요하다. 그러나 Accuracy와 Precision은 트레이드오프가 되는 경우가 많기 때문에 모델의 해석 및 적용 시 사전에 고려해야 한다.

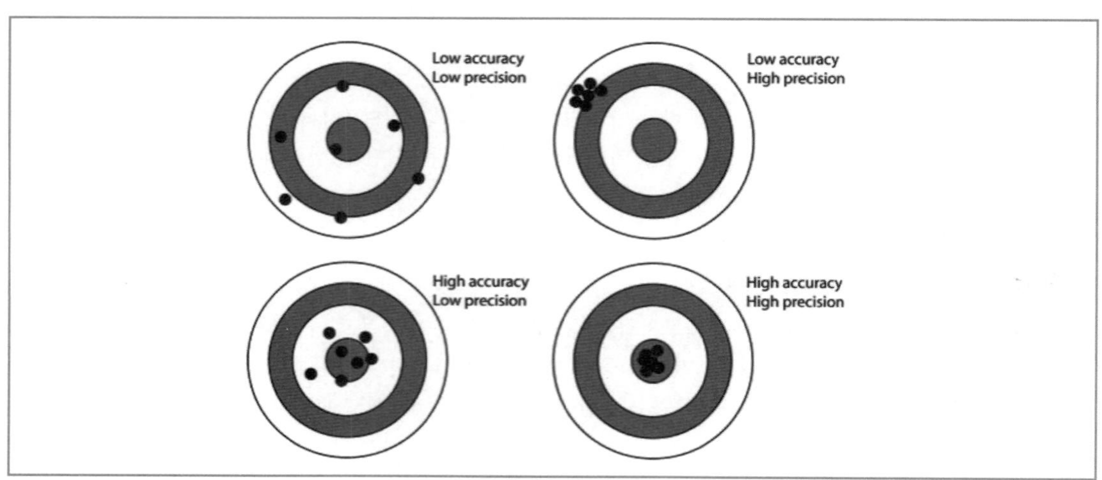


[그림 Ⅲ-1-45] Accuracy와 Precision의 관계

## 1. 분석 프로젝트의 특성

분석가의 목표는 분석의 정확도를 높이는 것이지만 프로젝트의 관점에서는 도출된 분석 과제를 잘 구현하여 원하는 결과를 얻고 사용자가 원활하게 활용할 수 있도록 전체적인 과정을 고려해야 하기 때문에 개별적인 분석 업무 수행뿐만 아니라 전반적인 프로젝트 관리 또한 중요한 일이다.

분석가의 입장에서 본다면, 데이터의 원천을 다루는 데이터 영역과 결과를 활용할 비즈니스 영역의 중간에서 분석 모델을 통한 조율을 수행하는 조정자의 역할이 핵심이 될 것이다. 특히 분석 프로젝트에서는 데이터 영역과 비즈니스 영역의 현황을 이해하고 프로젝트의 목표인 분석의 정확도 달성과 결과에 대한 가치 이해를 전달하는 조정자로써의 분석가의 역할이 중요하다. 조정자로서의 분석가가 해당 프로젝트의 관리자까지 겸임하게 되는 경우가 대부분이므로 프로젝트 관리 방안에 대한 이해와 주요 관리 포인트를 사전에 숙지하는 것이 필수적이다.

또한 분석 프로젝트는 도출된 결과의 재해석을 통한 지속적인 반복 및 정교화가 수행되는 경우가 대부분이므로 프로토타이핑 방식의 어자일(Agile) 프로젝트 관리방식에 대한 고려도 필요하다. 데이터 분석의 지속적인 반복 및 개선을 통하여 의도했던 결과에 더욱 가까워지는 형태로 프로젝트가 진행될 수 있도록 적절한 관리 방안 수립이 사전에 필요하다.

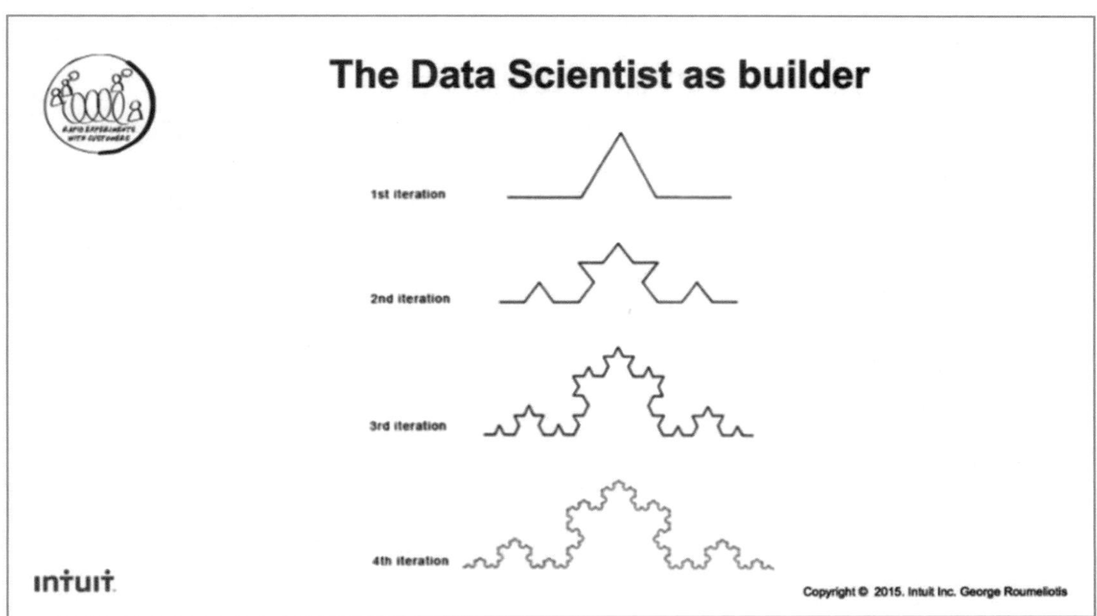


[그림 Ⅲ-1-46] 분석 프로젝트의 반복적 개선 특성

앞서 살펴본 것처럼, 분석 프로젝트는 데이터 영역과 비즈니스 영역에 대한 이해뿐만 아니라 지속적인 반복이 요구되는 분석 프로세스의 특성을 이해한 프로젝트 관리방안을 수립하는 것이 중요하다. 분석과제 정의서를 기반으로 프로젝트를 시작하되 지속적인 개선 및 변경을 염두에 두고 기간 내에 가능한 최선의 결과를 도출할 수 있도록 프로젝트 구성원들과 협업하는 것이 분석 프로젝트의 특징이다.

## 2. 분석 프로젝트 관리방안

분석 프로젝트는 데이터 분석의 특성을 살려 프로젝트관리 지침(Guidence on Project Management, KS A ISO 21500:2013)을 기본 가이드로 활용할 필요가 있다. 프로젝트관리 지침의 프로젝트 관리 체계는 통합(Integration), 이해관계자(Stakeholder), 범위(Scope), 자원(Resource), 시간(Time), 원가(Cost), 리스크(Risk), 품질(Quality), 조달(Procurement), 의사소통(Communication)의 10개의 주제 그룹으로 구성되어 있다.

| 주제그룹 | 개념 및 관련 프로세스 |
|---|---|
| 통 합 | 프로젝트와 관련된 다양한 활동과 프로세스를 도출, 정의, 결합, 단일화, 조정, 통제, 종료에 필요한 프로세스 |
| 이해관계자 | 프로젝트 스폰서, 고객사, 기타 이해관계자를 식별하고 관리하는데 필요한 프로세스 |
| 범 위 | 작업과 인도물을 식별하고 정의하는데 요구되는 프로세스 |
| 자 원 | 인력, 시설, 장비, 자재, 기반 시설, 도구와 같은 적절한 프로젝트 자원을 식별하고 확보하는데 필요한 프로세스 |
| 시 간 | 프로젝트 활동의 일정을 수립하고 일정 통제의 진척상황을 관찰하는데 요구되는 프로세스 |
| 원 가 | 예산 개발과 원가통제의 진척상황을 관찰하는데 요구되는 프로세스를 포함 |
| 리 스 크 | 위험과 기회를 식별하고 관리하는 프로세스 |
| 품 질 | 품질보증과 품질통제를 계획하고 확립하는데 요구되는 프로세스 |
| 조 달 | 계획에 요구된 프로세스를 포함하며 제품 및 서비스 또는 인도물을 인수하고 공급자와의 관계를 관리하는데 요구되는 프로세스 |
| 의 사 소 통 | 프로젝트와 관련된 정보를 계획, 관리, 배포하는데 요구되는 프로세스 |

[그림 Ⅲ-1-47] KS A ISO 21500의 프로젝트 관리 주제 그룹

특히 분석 프로젝트의 경우에는 각각의 관리 영역에서 일반 프로젝트와 다르게 좀 더 유의해야 할 요소가 존재한다. 각 영역에서 분석 프로젝트가 가지게 되는 특성과 고려해야 할 주요 관리 항목은 [표 Ⅲ-1-3]과 같다.

분석가가 분석 프로젝트에서 프로젝트 관리자의 역할을 수행하는 경우가 대부분이기 때문에 프로젝트 관리 영역에 대한 주요한 사항들은 체크포인트 형태로 관리해서 발생할 수 있는 이슈와 리스크를 숙지하고 미연에 방지할 필요가 있다.

**[표 Ⅲ-1-3] 분석 프로젝트 영역별 주요 관리 항목**

| 관리 영역 | 분석 프로젝트의 특성 및 주요 관리 항목 |
|---|---|
| 범위<br>(Scope) | - 분석 기획단계의 프로젝트 범위가 분석을 진행하면서 데이터의 형태와 양 또는 적용되는 모델의 알고리즘에 따라 범위가 빈번하게 변경됨<br>- 분석의 최종 결과물이 분석 보고서 형태인지 시스템인지에 따라서 투입되는 자원 및 범위가 크게 변경되므로 사전에 충분한 고려가 필요함 |
| 시간<br>(Time) | - 데이터 분석 프로젝트는 초기에 의도했던 결과(모델)가 나오기 쉽지 않기 때문에 지속적으로 반복되어 많은 시간이 소요될 수 있음<br>- 분석 결과에 대한 품질이 보장된다는 전제로 Time Boxing 기법으로 일정관리를 진행하는 것이 필요함 |
| 원가<br>(Cost) | - 외부 데이터를 활용한 데이터 분석인 경우 고가의 비용이 소요될 수 있으므로 사전에 충분한 조사가 필요함.<br>- 오픈 소스 도구(Tool) 외에 프로젝트 수행 시 의도했던 결과를 달성하기 위하여 상용 버전의 도구(Tool)가 필요할 수 있음 (예: 가시화를 위한 BI 솔루션, 지리정보 표기를 위한 GIS 솔루션 등) |
| 품질<br>(Quality) | - 분석 프로젝트를 수행한 결과에 대한 품질목표를 사전에 수립하여 확정해야 함<br>- 프로젝트 품질은 품질통제(Quality Control)와 품질보증(Quality Assurance)으로 나누어 수행되어야 함 |
| 통합<br>(Integration) | - 프로젝트관리 프로세스들이 통합적으로 운영될 수 있도록 관리함 |
| 조달<br>(Procurement) | - 프로젝트 목적성에 맞는 외부 소싱을 적절하게 운영할 필요가 있음<br>- PoC(Proof of Concept)형태의 프로젝트는 인프라 구매가 아닌 클라우드 등의 다양한 방안을 검토할 필요가 있음 |
| 자원<br>(Resource) | - 고급 분석 및 빅데이터 아키텍처링을 수행할 수 있는 인력의 공급이 부족하므로 프로젝트 수행 전 전문가 확보 검토 필요 |
| 리스크<br>(Risk) | - 분석에 필요한 데이터 미확보로 분석 프로젝트 진행이 어려울 수 있어 관련 위험을 식별하고 대응방안을 사전에 수립해야 함<br>- 데이터 및 분석 알고리즘의 한계로 품질목표를 달성하기 어려울 수 있어 대응 방안을 수립할 필요가 있음 |
| 의사소통<br>(Communication) | - 전문성이 요구되는 데이터 분석의 결과를 모든 프로젝트 이해관계자(Stakeholders)가 공유할 수 있도록 해야 함<br>- 프로젝트의 원활한 진행을 위한 다양한 의사소통체계 마련 필요 |
| 이해관계자<br>(Stakeholder) | - 데이터 분석 프로젝트는 데이터 전문가, 비즈니스 전문가, 분석 전문가, 시스템 전문가 등 다양한 전문가가 참여하므로 이해관계자의 식별과 관리가 필요함 |

# 장 요약

## 1절 분석 기획 방향성 도출

분석 기획이란 실제 분석을 수행하기에 앞서 분석을 수행할 과제의 정의 및 의도했던 결과를 도출할 수 있도록 이를 적절하게 관리할 수 있는 방안을 사전에 계획하는 일련의 작업이다. 분석 과제 및 프로젝트를 직접 수행하는 것은 아니지만, 어떠한 목표(Why)를 달성하기 위하여 어떠한 데이터(What)를 가지고 어떤 방식으로(How) 수행할 지에 대한 일련의 계획을 수립하는 작업이기 때문에 성공적인 분석 결과를 도출하기 위한 중요한 사전 작업이다.

## 2절 분석 방법론

데이터 분석을 효과적으로 기업내 정착하기 위해서는 이를 체계화한 절차와 방법이 정리된 데이터 분석 방법론의 수립이 필수적이다. 프로젝트는 한 개인의 역량이나 또는 조직의 우연한 성공에 기인해서는 안 되고 일정한 수준의 품질을 갖춘 산출물과 프로젝트의 성공 가능성을 확보하고 제시할 수 있어야 한다. 따라서 방법론은 상세한 절차(Procedures), 방법(Methods), 도구와 기법(Tools & Techniques), 템플릿과 산출물(Templates & Outputs)로 구성되어 어느 정도의 지식만 있으면 활용이 가능해야 한다.

## 3절 분석 과제 발굴

분석 과제는 풀어야 할 다양한 문제를 데이터 분석 문제로 변환한 후 해당 이해관계자들이 이해하고 프로젝트로 수행할 수 있는 과제정의서 형태로 도출된다. 분석 과제를 도출하기 위한 방식은 크게 2가지로 나누어진다.

- 하향식 접근 방식(Top Down Approach)
  문제가 주어지고 이에 대한 해법을 찾기 위하여 각 과정이 체계적으로 단계화되어 수행하는 방식
- 상향식 접근 방식(Bottom Up Approach)
  문제의 정의 자체가 어려운 경우 데이터를 기반으로 문제의 재정의 및 해결방안을 탐색하고 이를 지속적으로 개선하는 방식

## 4절 분석 프로젝트 관리방안

과제 형태로 도출된 분석 기회는 프로젝트를 통해서 그 가치를 증명해야 한다. 분석 프로젝트는 일반적인 IT 프로젝트처럼 범위, 일정, 품질, 이슈/리스크, 의사소통 등 영역별 관리가 수행되어야 할 뿐 아니라 데이터를 다루면서 분석 모델을 생성하는 특성상 Data Size, Data Complexity, Speed, Model Complexity, Accuracy & Precision 등 5가지의 추가적인 중점 관리 영역에 대한 고려가 필요하다.

분석가의 경우 비즈니스 영역과 데이터 영역의 중재자로써 주로 분석 프로젝트의 관리자 역할을 수행하는 경우가 많기 때문에, 분석 프로젝트의 영역별 관리 포인트를 사전에 이해하고 적용하는 것이 프로젝트의 성공 가능성을 높이게 된다.

# 연습문제

**문제 1. 데이터 분석을 통한 가치 발굴에서 필요한 주요 요소가 아닌 것은?**

① Data
② Hadoop
③ Analytic Model
④ Analyst

**문제 2. 다음 문장의 (　　)안을 기입하시오**

| 분석 기획은 단기적으로는 ( ① ) 를 도출하여 프로젝트화 한 후 관리를 수행하여 분석결과를 도출하는 것이고, 중장기적으로는 ( ② )을 수행하여 지속적인 ( ① ) 수행을 지원할 수 있는 거버넌스 체계를 수립하는 것이다. |
|---|

① :
② :

**문제 3. 분석가가 가져야 할 가장 주요한 역량은?**

① 문제에 대한 전문성 역량
② 수학/통계적 지식 등 분석 역량
③ 프로그래밍 등 기술 역량
④ 1), 2), 3)을 포괄하는 역량

**문제 4. 데이터 분석 단계 모델링 태스크중 모델 적용 및 운영방안 스텝의 주요한 산출물은?**

① 알고리즘 설명서
② 모델 검증 보고서
③ 모델 발전 계획서
④ 프로젝트 범위 정의서

**문제 5. 분석 주제 유형 중, 문제를 잘 알고 있으면서 기존에 수행하고 있는 방법이 존재하는 경우에 해당하는 유형은?**

① Optimization
② Solution
③ Discovery
④ Insight

**문제 6. 다음 문장의 (　　)안을 기입하시오**

| 분석 과제를 도출하기 위한 방식은 문제가 주어진 경우 해법을 찾기 위하여 절차적으로 수행하는 ( ① ) 방식과 문제의 정의 자체가 어려운 경우 데이터를 기반으로 탐색하고 이를 지속적으로 개선해나가는 방식인 ( ② )로 분류된다. |
|---|

① :
② :

**문제 7. 비즈니스 모델 캔버스를 활용한 분석 기회 발굴 시에 탐색하는 주요 영역이 아닌 것은?**

① 경쟁자(Competitor)
② 업무(Operation)
③ 제품(Product)
④ 고객(Customer)

**문제 8. "예상치 않은 설비장애로 인한 판매량 감소"라는 비즈니스 문제를 분석 문제로 변환하여 기입하시오.**

**문제 9. 다음 문장의 (　　)안을 기입하시오.**

| 분석 프로젝트는 IT 프로젝트와 달리, 앞서 분석 방법론에서 살펴본 ( ① ) 방식 같은 초기 의도했던 결과에 안정적인 이관을 수행하는 것이 아니라, 도출된 결과의 재해석을 통한 지속적인 반복 및 정교화가 수행되는 경우가 대부분이므로 프로토타이핑 방식의 ( ② )프로젝트 관리방식에 대한 고려도 필요하다 . |
|---|

① :
② :

**문제 10. 분석 프로젝트 수행 시 "Data, Business, 분석 등 다양한 영역의 사람들이 프로젝트에 참여하며, Project Sponsor 및 향후 분석 결과를 활용할 User 등 다양한 사람들의 니즈를 고려해야 한다"라는 관리 포인트에 대한 부분을 고려해야 하는 영역은?**

① 원가(Cost)
② 이해관계자(Stakeholder)
③ 범위(Scope)
④ 품질(Quality)

**학습목표**

- 데이터 분석 마스터플랜 수립의 이해
- 데이터 분석 거버넌스 체계의 이해

# 제2장

# 분석 마스터 플랜

### 장 소개

분석을 수행하기 위한 요구사항을 과제 단위로 도출하고 이를 관리하기 위한 방안을 살펴보았다. 이러한 개별 과제를 잘 수행하는 것도 중요하지만 지속적으로 분석이 주는 가치를 체계적으로 관리하고 분석 역량을 내재화 하려고 하면 단기적인 과제 수행뿐만 아니라 중·장기적 관점의 마스터플랜 수립이 필요하다. 분석 마스터 플랜은 분석 대상이 되는 과제를 도출하고 우선순위를 평가하여 단기적인 세부 이행계획과 중·장기적인 로드맵을 작성해야 한다.

분석 로드맵상의 과제들이 잘 수행되도록 하기 위해서는 분석 거버넌스 체계 수립이 필수적이다. 분석 역량을 높이기 위하여 현재 분석 수준이 어떤지를 살펴보는 분석 성숙도 측정이 필요하다. 또한 분석 거버넌스 체계의 주요 구성 요소인 인프라, 데이터, 조직 및 인력, 관리 프로세스, 교육 및 변화관리에 대한 방안도 살펴본다.

# 제1절 마스터 플랜 수립

## 1. 분석 마스터 플랜 수립 프레임워크

중·장기적 관점의 마스터 플랜 수립 수립을 위해서는 분석 과제를 대상으로 전략적 중요도, 비즈니스 성과 및 ROI, 분석 과제의 실행 용이성 등 다양한 기준을 고려해 적용할 우선순위를 설정할 필요가 있다. 분석 과제의 우선순위뿐 아니라 분석을 업무에 내재화할 것인지, 별도의 분석화면으로 일단 적용할 것인지, 분석 데이터를 내부의 데이터로 한정할 것인지, 외부의 데이터까지 포함할 것인지, 분석기술은 어느 기술요소까지 적용할 것인지 등 분석의 적용 범위 및 방식에 대해서도 종합적으로 고려하여 데이터 분석을 실행하기 위한 로드맵을 수립한다.

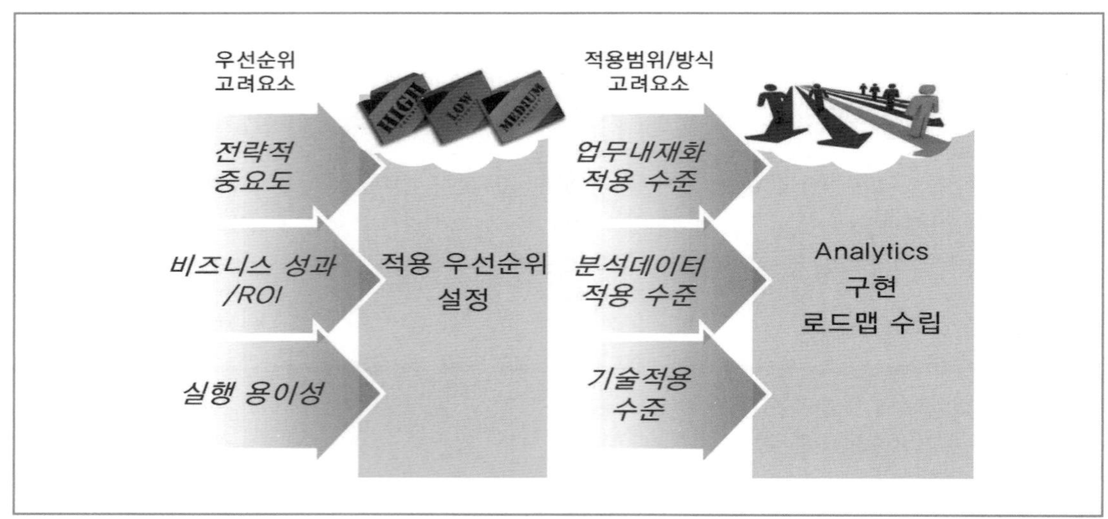


[그림 Ⅲ-2-1] 마스터 플랜 수립 개요

기업 및 공공기관에서는 시스템의 중장기 로드맵을 정의하기 위한 정보전략계획인 ISP(Information Strategy Planning)를 수행한다. ISP는 정보기술 또는 정보시스템을 전략적으로 활용하기 위하여 조직 내·외부 환경을 분석하여 기회나 문제점을 도출하고 사용자의 요구사항을 분석하여 시스템 구축 우선순위를 결정하는 등 중장기 마스터 플랜을 수립하는 절차이다. 분석 마스터 플랜은 일반적인 ISP 방법론을 활용하되 데이터 분석 기획의 특성을 고려하여 수행하고 기업에서 필요한 데이터 분석 과제를 빠짐없이 도출한 후 과제의 우선순위를 결정하고 단기 및 중·장기로 나누어 계획을 수립한다.

## 2. 수행 과제 도출 및 우선순위 평가

우선순위 평가는 정의된 데이터 과제에 대한 실행 순서를 정하는 것으로 업무 영역별로 도출된 분석 과제를 우선순위 평가기준에 따라 평가하고 과제 수행의 선·후행 관계를 고려하여 적용 순위를 조정해 최종 확정한다.

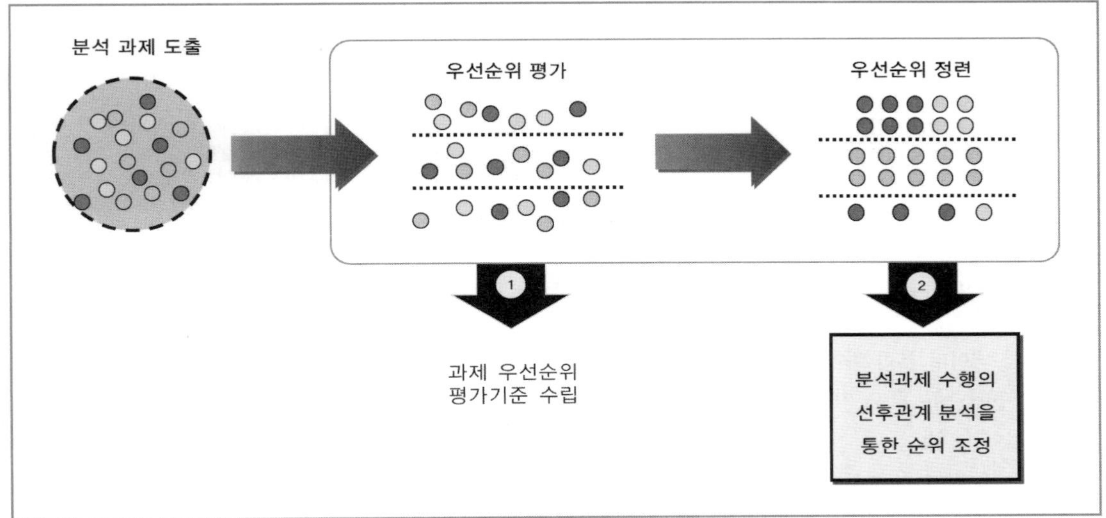


**[그림 Ⅲ-2-2] 우선순위 평가 방법 및 절차**

ISP와 같은 일반적인 IT 프로젝트는 과제의 우선순위 평가를 위해 전략적 중요도, 실행 용이성 등 기업에서 고려하는 중요 가치 기준에 따라 다양한 관점에서의 우선순위 기준을 수립하여 평가한다.

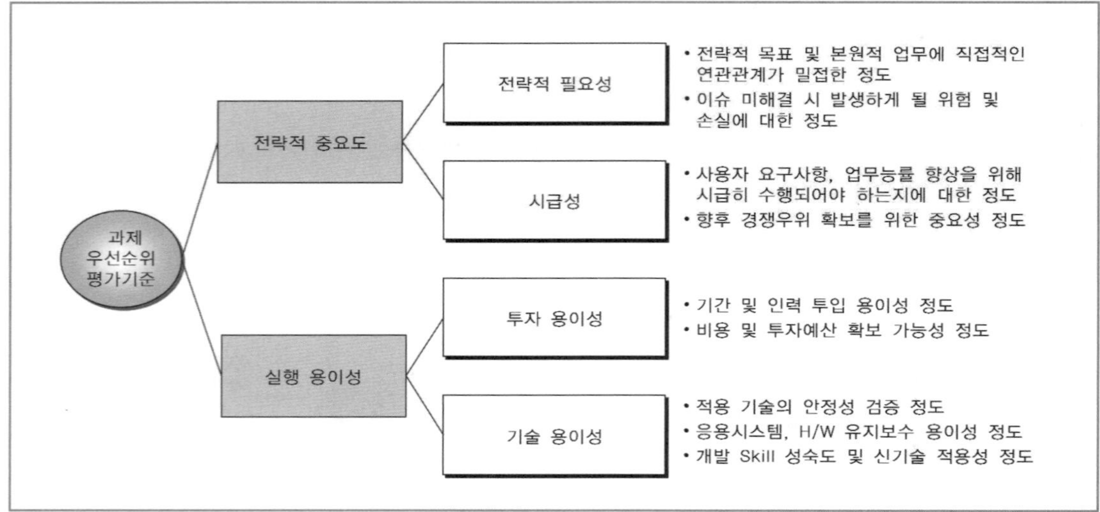


**[그림 Ⅲ-2-3] 일반적인 IT 프로젝트의 우선순위 평가 예시**

그러나 데이터 분석 과제의 우선순위 평가기준은 그 기업이 당면한 상황에 따라 다르고 기존의 IT 프로젝트에서의 우선순위 평가 기준과도 다른 관점에서 살펴볼 필요가 있다.

흔히 빅데이터의 핵심적인 특징을 데이터 크기(Volume), 다양한 데이터 형태(Variety), 데이터의 빠른 생성속도(Velocity)의 3V로 설명할 수 있다. 빅데이터의 대부분이 비정형 데이터로 구성되어 있으며 이러한 비정형 데이터와 기존의 정형 데이터가 결합(Mesh-up)되어 분석됨으로써 새로운 가치(Value)가 창출된다는 점에서 빅데이터를 4V로 정의하기도 한다.

빅데이터의 4V를 ROI 관점으로 살펴보면 크기(Volume), 다양성(Variety), 속도(Velocity) 등 3V는 투자비용(Investment) 측면의 요소라고 볼 수 있다. 크기는 데이터의 규모 및 양을 의미하는데, 이런 대용량 데이터를 저장·처리하고 관리하기 위해서는 새로운 투자가 따라야 한다. 다양성은 데이터의 유형에 따라 정형·반정형·비정형 데이터, 소스에 따라 내부·외부·소셜 데이터 등으로 구분하는 등 다양한 종류와 형태를 갖는다. 이러한 데이터를 입수하는 데 있어서도 투자가 필요하다.

마지막으로 속도는 데이터 생성 속도 또는 데이터 처리 속도를 의미하는데, 이를 위해 데이터를 빠르게 가공·분석하는 기술이 요구된다. 속도에 대한 고려는 현 시스템에 미치는 부하 여부에 따라 기존 아키텍처에 영향을 미치게 될 것이고, 궁극적으로 업무상 변경되거나 새롭게 추가되어 아키텍처의 변형을 일으키고 결과적으로 투자비용을 발생시키는 요소가 된다.

반면 가치는 분석 결과를 활용하거나 실질적인 실행을 통해 얻게 되는 비즈니스 효과(Return) 측면의 요소라고 볼 수 있다. 이는 기업이 데이터 분석을 통해 추구하거나 달성하고자 하는 목표 가치라고 정의할 수 있다.

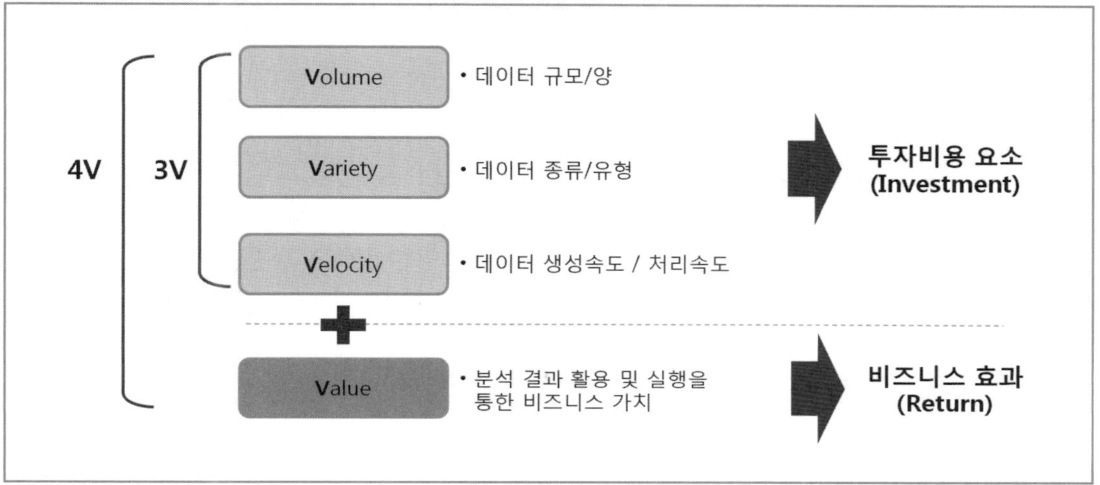


[그림 Ⅲ-2-4] 빅데이터의 특징을 고려한 분석 ROI 요소

ROI 요소를 고려하여 데이터 분석 과제에 대한 우선순위 평가 기준을 정의할 수 있다. 데이터 분석 과제를 추진할 때 우선 고려해야 하는 요소는 전략적 중요도에 따른 시급성이 가장 중요한 기준이다. 데이터를 생성, 저장, 가공, 분석하는 비용과 현재 기업의 분석 수준을 고려한 난이도 역시 적용 우선순위를 선정하는 데 있어 중요한 기준이 될 수 있다.

시급성의 판단 기준은 전략적 중요도가 핵심이며, 이는 현재의 관점에 전략적 가치를 둘 것인지 미래의 중·장기적 관점에 전략적인 가치를 둘 것인지에 적정 시기를 고려하여 시급성 여부를 판단할 수 있다.

난이도는 현 시점에서 과제를 추진하는 것이 비용 측면과 범위 측면에서 바로 적용하기 쉬운(Easy) 것인지 또는 어려운(Difficult) 것인지에 대한 판단 기준이다.

다시 정리하면 과제의 범위를 시범 과제(Pilot 또는 PoC) 형태로 일부 수행할 것인지, 아니면 처음부터 크게 수행할 것인지, 또 데이터 소스는 기업 내부의 데이터부터 우선 활용하고 외부 데이터까지 확대해 나갈 것인지에 대한 난이도를 고려해 볼 수 있다.

난이도는 해당 기업의 현 상황에 따라 조율할 수 있다. 제2절 '분석거버넌스체계 수립'에서 제시하는 분석 준비도 및 성숙도 진단 결과에 따라 해당 기업의 분석 수준을 파악하고 이를 바탕으로 분석 적용 범위 및 방법에 따라 난이도를 조정할 수 있다.

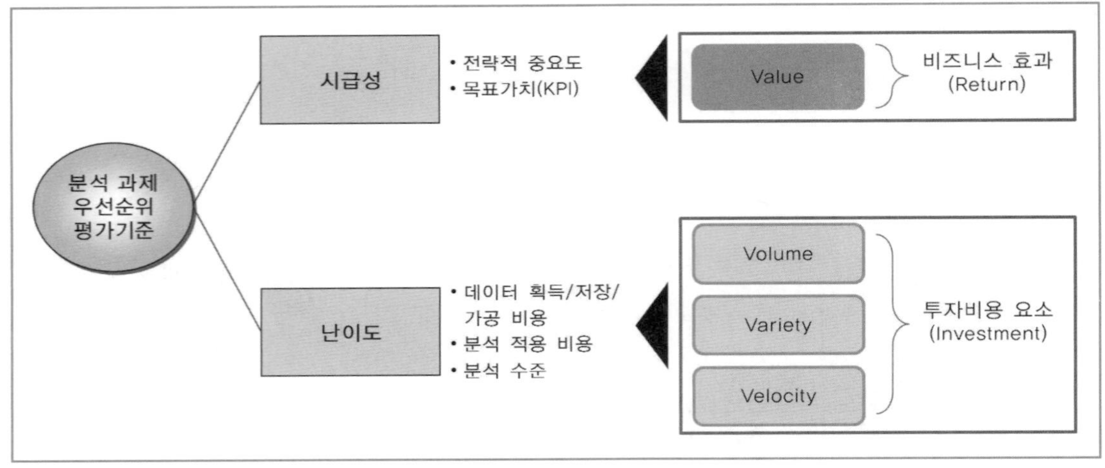


[그림 Ⅲ-2-5] 분석 우선순위 평가기준

[그림 Ⅲ-2-6]은 포트폴리오 사분면(Quadrant) 분석을 통해 과제 우선순위를 선정하는 기법이다. 우선순위 선정 기준을 토대로 난이도 또는 시급성을 고려하여 우선 추진해야 하는 분석 과제와 제한된 자원을 고려하여 단기적 또는 중장기적으로 추진해야 하는 분석 과제 등 4가지 유형으로 구분하여 분석 과제의 우선순위를 결정한다.

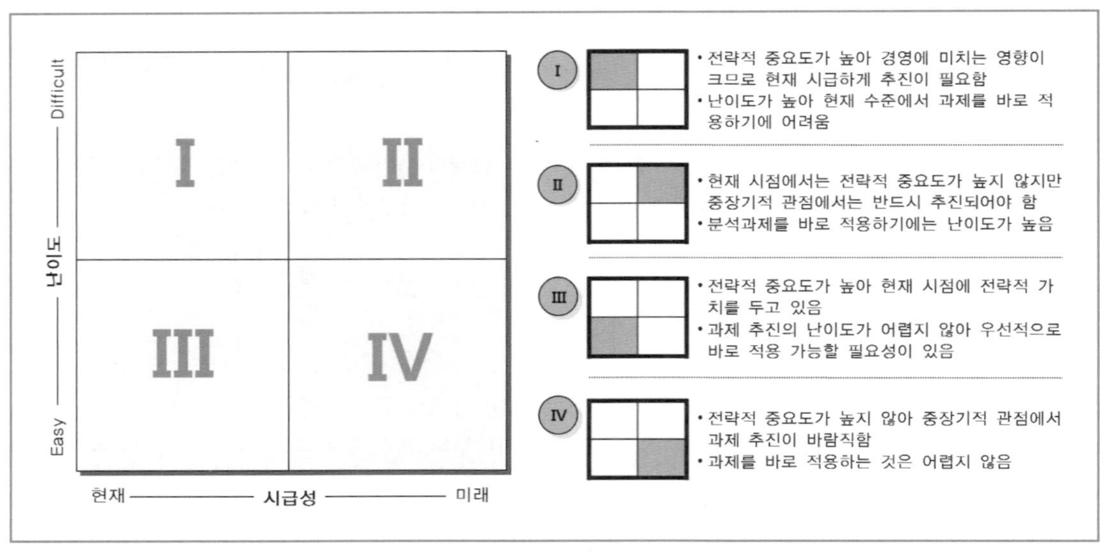


[그림 Ⅲ-2-6] 분석 과제 우선순위 선정 매트릭스

사분면 영역에서 가장 우선적인 분석 과제 적용이 필요한 영역은 3사분면(Ⅲ 영역)이다. 또한 전략적 중요도가 현재 시점에는 상대적으로 낮은 편이지만 중·장기적으로는 경영에 미치는 영향도가 높고 분석 과제를 바로 적용하기 어려워 우선순위가 낮은 영역은 2사분면(Ⅱ 영역)이다. 이런 측면에서 분석 과제의 적용 우선순위 기준을 '시급성'에 둔다면 Ⅲ → Ⅳ → Ⅱ 영역 순이며 우선순위 기준을 '난이도'에 둔다면 Ⅲ → Ⅰ → Ⅱ 영역 순으로 의사결정을 할 수 있다.

여기에서 특히 시급성이 높고 난이도가 높은 1사분면(Ⅰ 영역)은 경영진 또는 실무 담당자의 의사결정에 따라 적용 우선순위를 조정할 수 있다. 예를 들어, [그림 Ⅲ-2-7]의 ⑨번 과제와 같이 1사분면에 위치한 분석과제는 데이터 양, 데이터 특성, 분석 범위 등에 따라 난이도를 조율함으로써 적용 우선순위를 조정할 수 있다. 예를 들어 분석에 필요한 데이터 양이 수 TB 규모라면, 분석 대상이 되는 소스 데이터를 내부 데이터 관점에서 우선 분석할 수 있도록 데이터의 양을 줄여 난이도를 낮출 수 있다. 이를 통해 궁극적으로는 1사분면(Ⅰ 영역)에서 3사분면(Ⅲ 영역)으로 분석 적용의 우선순위를 조정하여 추진할 수 있다.

또한 분석을 위한 기술적 요소에 따라서도 적용 우선순위를 조정할 수 있다. 기본적으로 대용량 데이터 분석은 데이터 저장·처리·분석을 위한 새로운 기술 요소들로 인하여 운영중인 시스템에 영향을 미친다. 이때 기존 시스템에 미치는 영향을 최소화하여 적용하거나 또는 운영중인 시스템과 별도 분리하여 시행함으로써 난이도 조율을 통해 우선순위를 조정할 수 있다. 끝으로 분석 범위에 따라서도 우선순위를 조정할 수 있다. 이 경우에는 분석 과제의 전체 범위를 한 번에 일괄적으로 적용하여 추진할 것인지, 일부 범위로 한정하여 시범과제 형태로 추진하고 평가를 통하여 분석 범위를 확대할 것인지에 대한 의사결정이 필요하다.

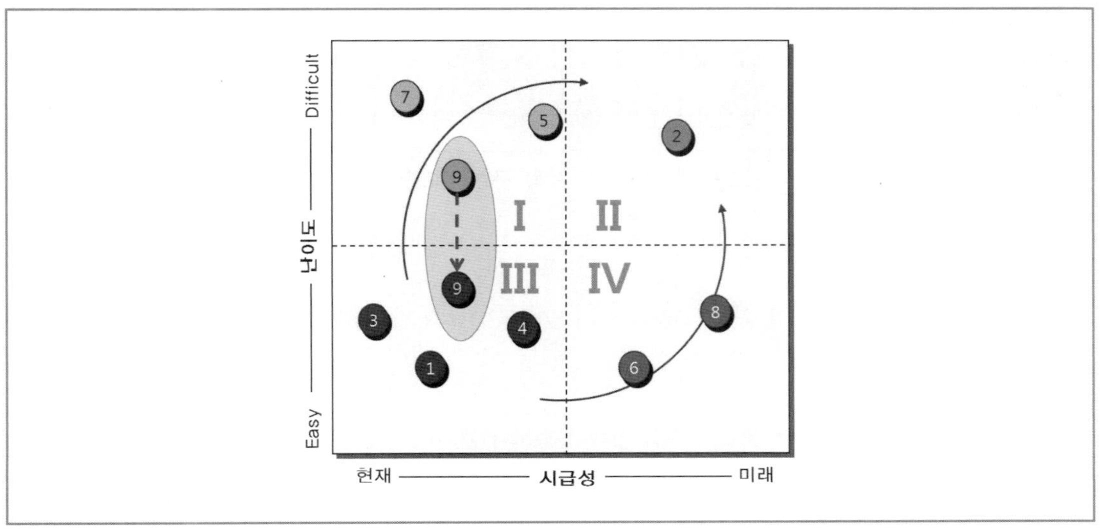


**[그림 Ⅲ-2-7] 분석 과제 우선순위 선정 및 조정 결과**

# 3. 이행계획 수립

## 가. 로드맵 수립

분석 과제에 대한 포트폴리오 사분면(Quadrant) 분석을 통해 결정된 과제의 우선순위를 토대로 분석 과제별 적용범위 및 방식을 고려하여 최종적인 실행 우선순위를 결정한 후 단계적 구현 로드맵을 수립한다. 단계별로 추진하고자 하는 목표를 명확히 정의하고 추진 과제별 선·후행 관계를 고려하여 단계별 추진 내용을 정렬한다.

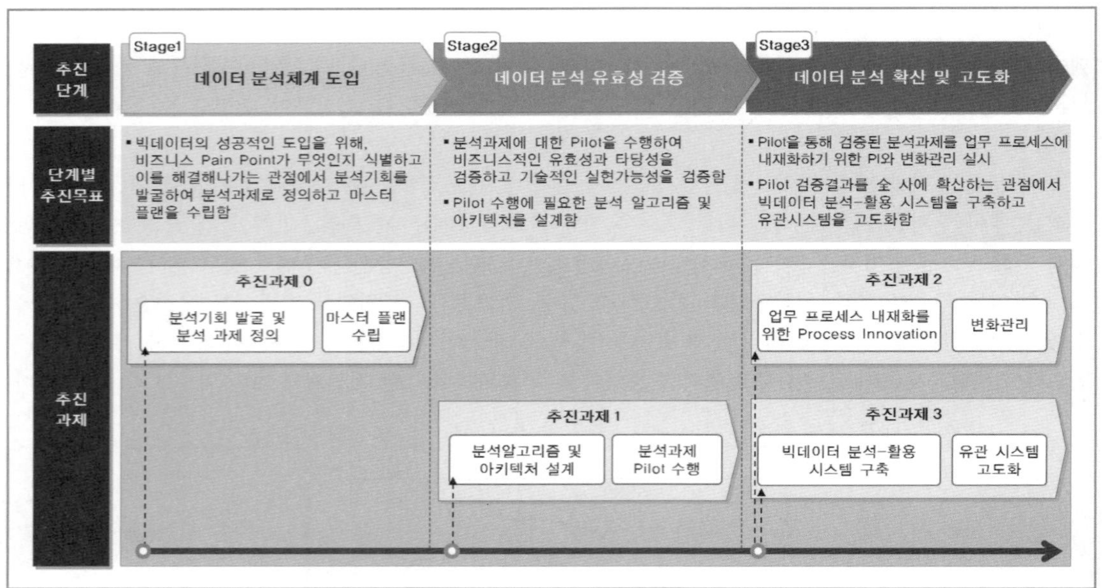


[그림 Ⅲ-2-8] 단계적 구현 로드맵 예시

## 나. 세부 이행계획 수립

데이터 분석 체계는 고전적인 폭포수(Waterfall) 방식도 있으나 반복적인 정련과정을 통하여 프로젝트의 완성도를 높이는 방식을 주로 사용한다.

이러한 반복적인 분석 체계는 모든 단계를 반복하기 보다 데이터 수집 및 확보와 분석 데이터를 준비하는 단계를 순차적으로 진행하고 모델링 단계는 반복적으로 수행하는 혼합형을 많이 적용하며, 이러한 특성을 고려하여 세부적인 일정계획도 수립해야 한다.

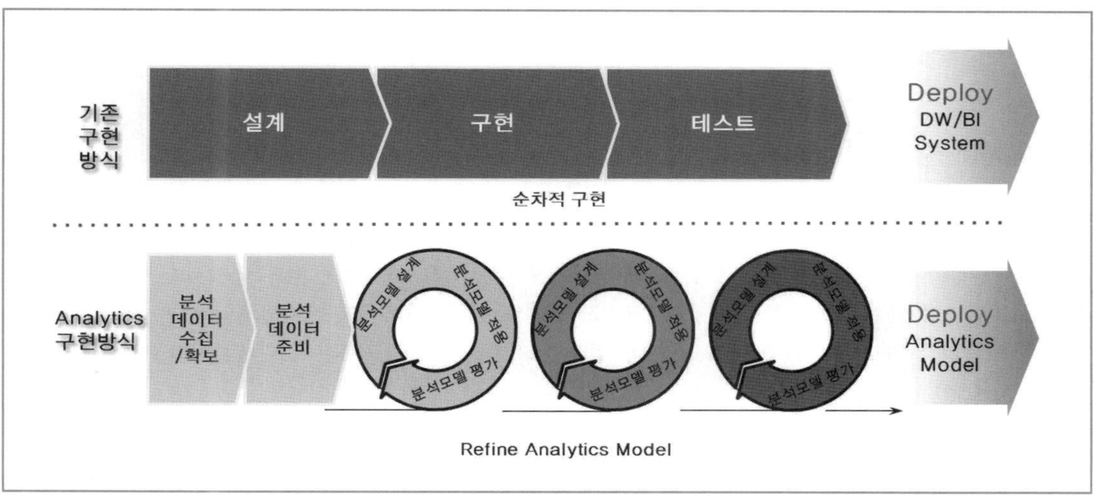


[그림 Ⅲ-2-9] 반복적 정련 특성을 고려한 일정계획 수립

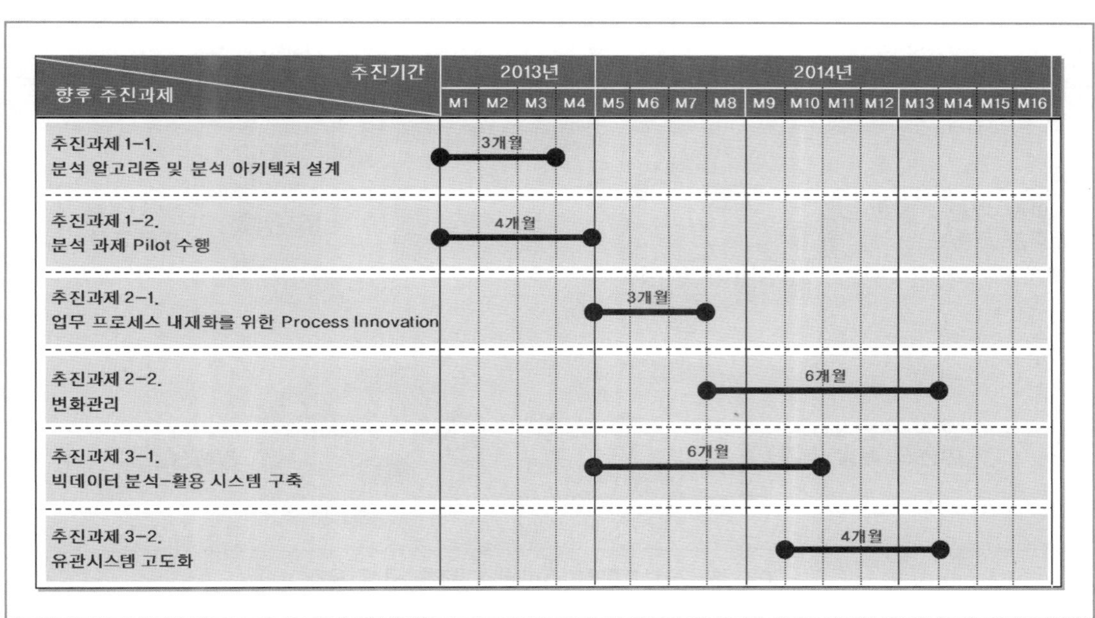


[그림 Ⅲ-2-10] 세부 추진 일정계획 예시

# 제2절 분석 거버넌스 체계 수립

## 1. 거버넌스 체계 개요

기업에서 데이터를 이용한 의사결정이 강조될수록 데이터 분석과 활용을 위한 체계적인 관리가 중요해진다. 이는 단순히 대용량 데이터를 수집·축적하는 것보다는 어떤 목적으로 어떤 데이터를 어떻게 분석에 활용할 것인가가 더욱 중요하기 때문이다. 그리고 조직 내 분석 관리체계를 수립해야 하는 이유는 데이터 분석을 기업의 문화로 정착하고 데이터 분석 업무를 지속적으로 고도화하기 위해서이다.

마스터 플랜 수립 시점에서 데이터 분석의 지속적인 적용과 확산을 위한 거버넌스 체계는 분석 기획 및 관리를 수행하는 조직(Organiztion), 과제 기획 및 운영 프로세스(Process), 분석 관련 시스템(System), 데이터(Data), 분석 관련 교육 및 마인드 육성 체계(Human Resource)로 구성된다.

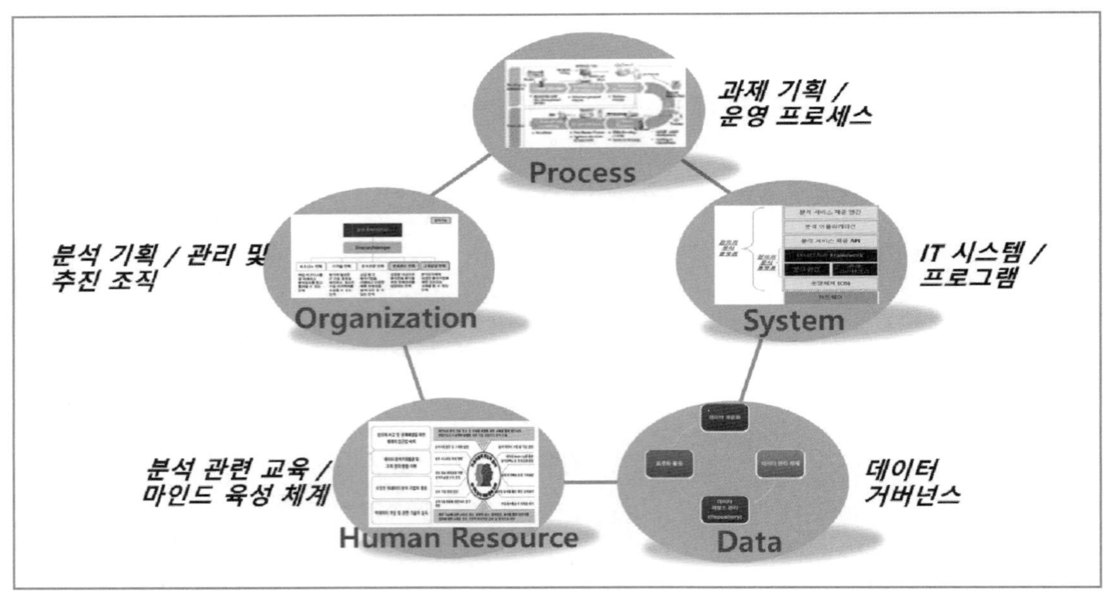


[그림 Ⅲ-2-11] 분석 거버넌스 체계 구성 요소

## 2. 데이터 분석 성숙도 모델 및 수준진단

이미 많은 기업에서 빅데이터는 화두가 되고 있으며 데이터를 어떻게 분석·활용하느냐가 기업의 경쟁력을 좌우하는 궁극적 요소로 인식되고 있다. 이러한 관점에서 기업들은 데이터 분석의 도입 여부와 활용에 대한 명확한 분석 수준을 점검할 필요가 있다. 데이터 분석의 수준 진단을 통해 데이터 분석 기반을 구현하기 위해 무엇을 준비하고 보완해야 하는지 등 분석의 유형 및 분석의 방향성을 결정할 수 있다.

데이터 분석 수준 진단은 [그림 Ⅲ-2-12]의 프레임워크와 같이 6개 영역에서의 분석 준비도와 3개 영역에서의 분석 성숙도를 함께 평가함으로써 수행될 수 있다.

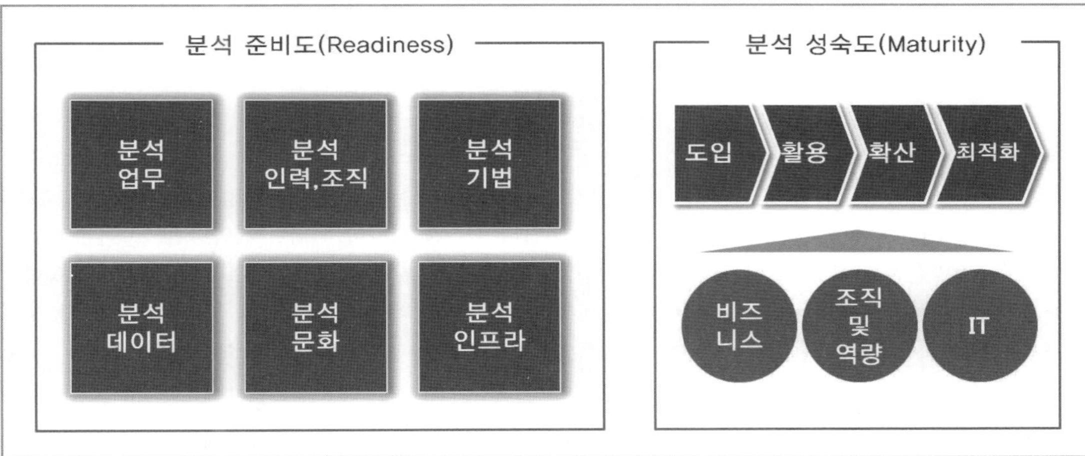


[그림 Ⅲ-2-12] 분석 수준진단 프레임워크

분석을 위한 준비도 및 성숙도를 진단하는 궁극적인 목표는 각 기업이 수행하는 현재의 분석 수준을 명확히 이해하고, 수준진단 결과를 토대로 미래의 목표수준을 정의하는 데 있다.

수준진단을 통해 데이터 분석을 위한 기반 또는 환경이 유사업종 또는 타 경쟁사에 비해 어느 정도 수준이고 데이터를 활용한 분석의 경쟁력 확보를 위해 어떠한 영역에 선택과 집중을 해야 하는지, 어떤 관점을 보완해야하는지 등 개선 방안을 도출할 수 있다.

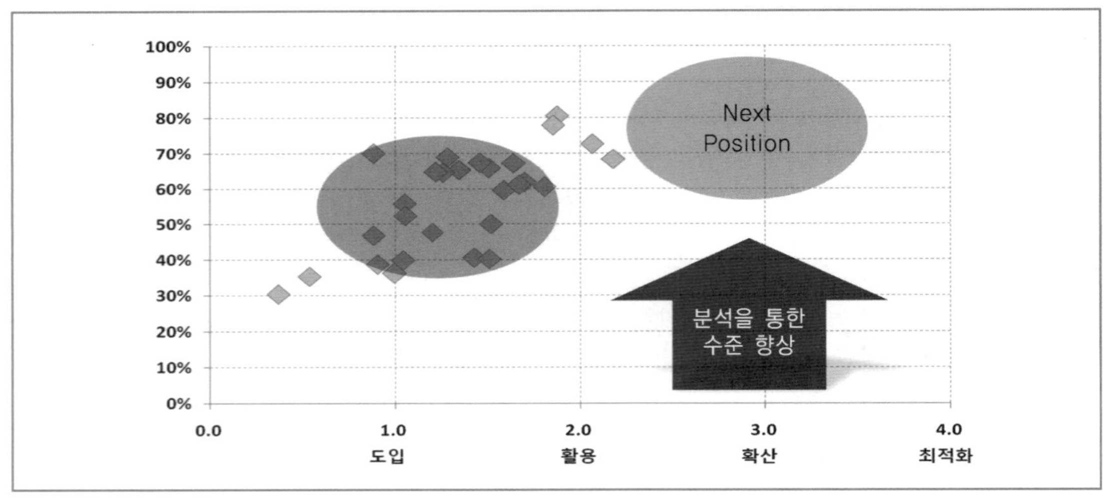


[그림 Ⅲ-2-13] 분석 목표수준 정의

## 가. 분석 준비도

분석 준비도(Readiness)는 기업의 데이터 분석 도입의 수준을 파악하기 위한 진단방법으로서 [그림 Ⅲ-2-14]와 같이 분석업무, 인력 및 조직, 분석 기법, 분석 데이터, 분석 문화, IT 인프라 등 총 6가지 영역을 대상으로 현 수준을 파악한다. 진단 영역별로 세부 항목에 대한 수준을 파악하고, 진단 결과 전체 요건 중 일정 수준 이상 충족하면 분석 업무를 도입하고, 충족하지 못하면 먼저 분석 환경을 조성한다.

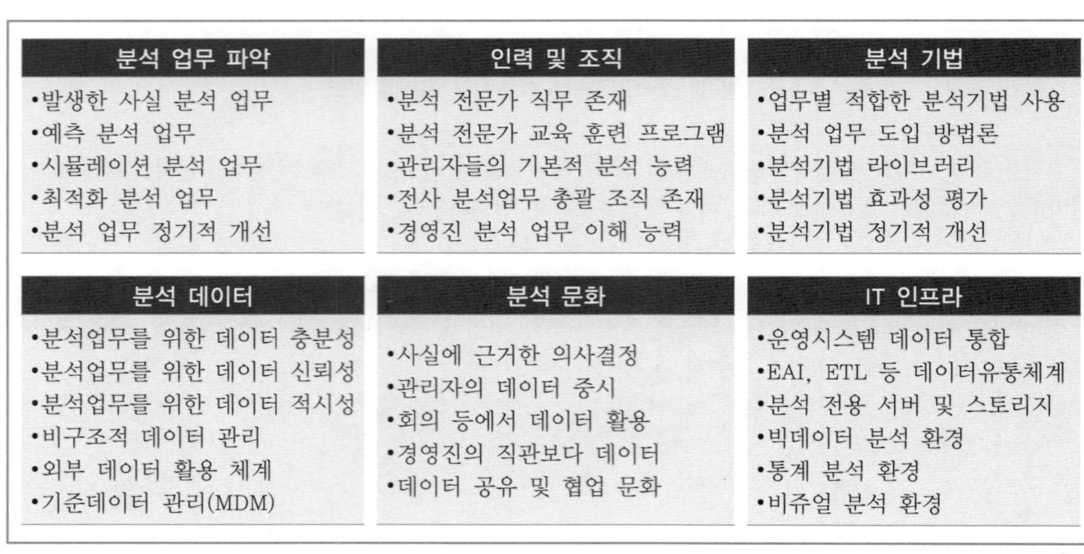


[그림 Ⅲ-2-14] 데이터 분석 준비도 프레임워크

[그림 Ⅲ-2-15]의 예시에서 보는 바와 같이 금융업종을 대상으로 6개 영역에 대한 분석 준비도를 진단해 본 결과, 보험업종의 분석 준비도가 상대적으로 높게 나타난 반면 증권업종의 분석 준비도는 타 금융업종에 비해 상대적으로 낮다. 이를 간략히 요약해 보면, 은행 및 보험업종은 분석업무를 착수하여 일정부분 성과를 기대할 수 있을 것으로 판단되며, 증권업종은 내부적인 분석환경을 조성하는 것이 우선되어야 한다고 볼 수 있다.

또한 진단 영역별로 살펴보면, 금융업 전반으로는 인력·조직, 분석 기법 등에 대한 준비도가 낮게 인식되고 있다. 이에 따라 분석업무 수행을 위한 전문 인력 확보, 분석 역량 향상을 위한 교육 확대 및 변화관리가 필요하다고 볼 수 있다.

이렇듯 기업마다 분석 수행을 위한 현 수준은 어떠한지, 보다 효율적인 분석업무 수행을 위해 요구 또는 개선이 필요한 부문은 어디인지 데이터 분석 준비도를 진단해 보고 명확한 방향을 수립할 필요가 있다.

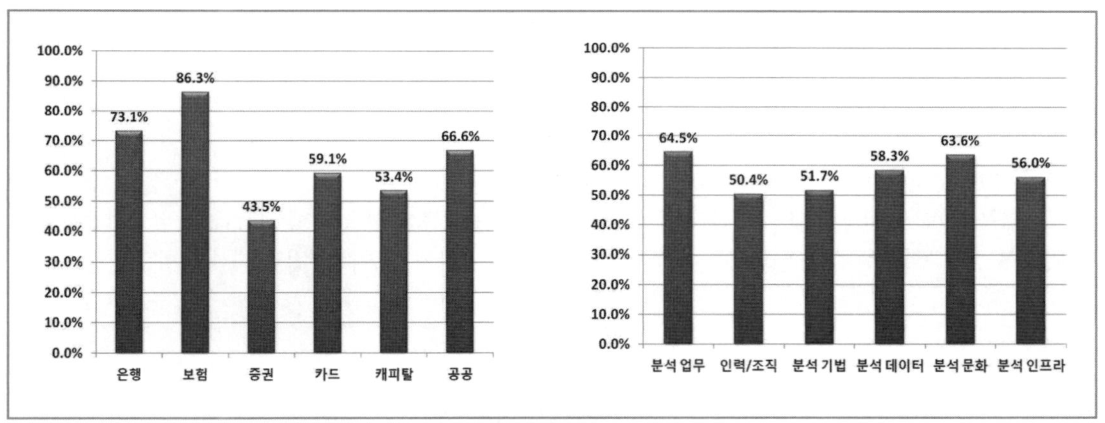


**[그림 Ⅲ-2-15] 금융업종 분석 준비도 진단 예시**

금융업종 전체의 분석 준비도 수준과 해당 기업의 분석 준비도 수준을 비교하여 상대적으로 수준이 낮은 영역을 파악해 볼 수 있다. [그림 Ⅲ-2-16]의 예시는 인력 및 조직, 분석 기법 등 조직의 분석 역량은 미흡한 수준인 반면, 조직의 분석 문화는 상대적으로 높은 수준임을 보여준다.

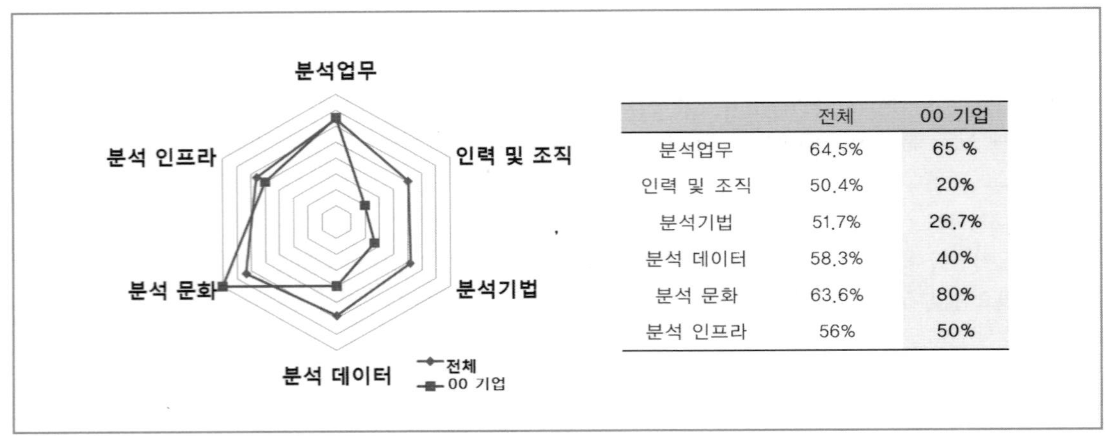


| | 전체 | 00 기업 |
|---|---|---|
| 분석업무 | 64.5% | 65 % |
| 인력 및 조직 | 50.4% | 20% |
| 분석기법 | 51.7% | 26.7% |
| 분석 데이터 | 58.3% | 40% |
| 분석 문화 | 63.6% | 80% |
| 분석 인프라 | 56% | 50% |

[그림 Ⅲ-2-16] 분석 준비도 진단 예시

분석 준비 수준에 대한 6개 진단 영역별로 자세히 살펴보면,

분석업무 준비도는 [그림 Ⅲ-2-17]과 같이 4개 항목을 기준으로 진단을 수행한다. 전체 금융업종 평균과 비교해 볼 때, 분석업무에 대한 요건은 파악하고 있으나 분석업무에 대한 정기적인 개선은 미흡한 수준이다.

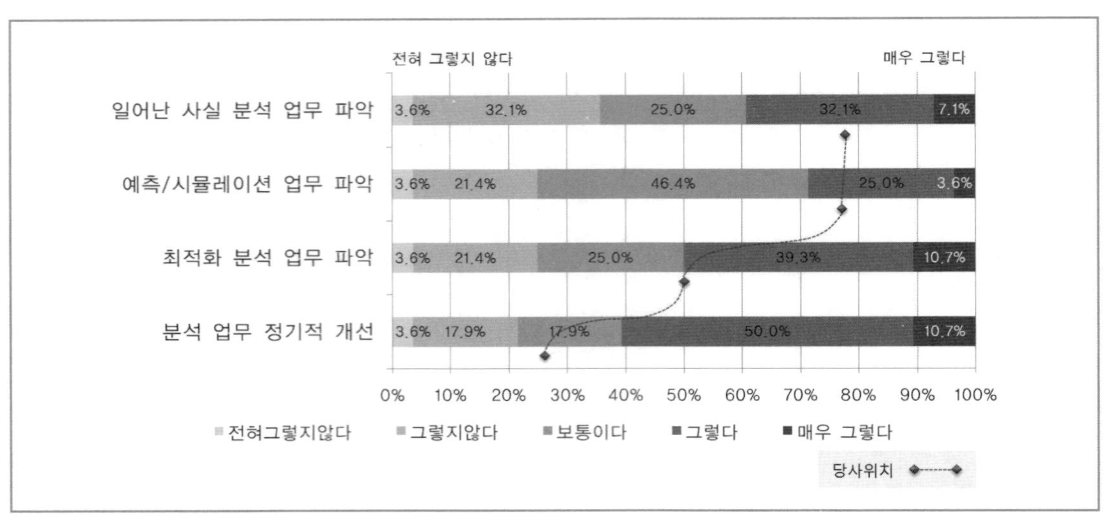


[그림 Ⅲ-2-17] 분석 업무 준비도 진단 결과 예시

인력 및 조직 관점의 분석 준비도는 4개 항목 모두 매우 미흡한 수준으로 나타났다. 이는 향후 분석을 위한 전사 차원의 전문 분석 조직구성이 필요하며, 특히 관리자들의 기본적 분석 역량을 강화하기 위한 다양한 교육 프로그램 운영이 필요하다는 의미이다.

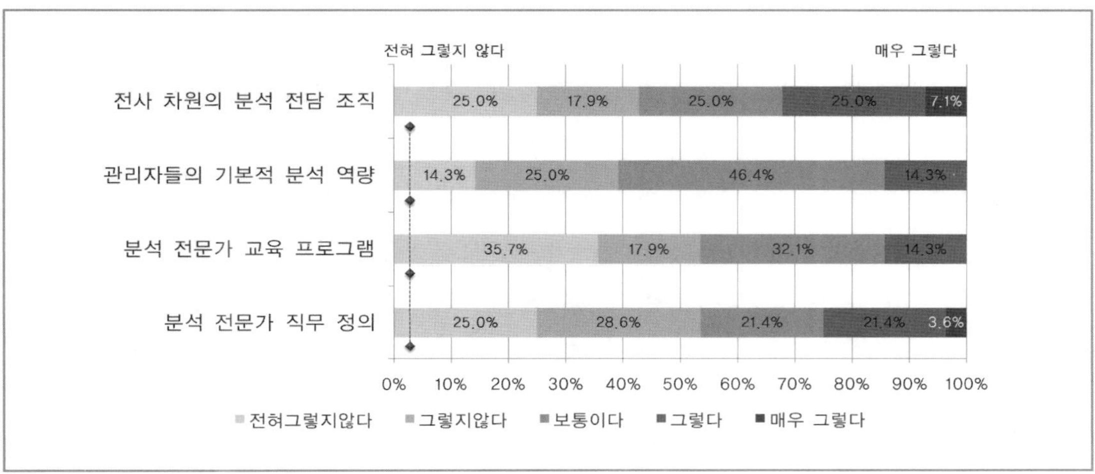


**[그림 Ⅲ-2-18] 인력 및 조직 준비도 진단 결과 예시**

분석 기법 영역의 준비도 수준은 3개 항목을 토대로 파악하였다. 분석 기법을 개선하거나 분석기법 라이브러리 관리체계는 매우 미흡한 수준이지만, 분석 업무별로 특화된 분석기법은 일부 사용하고 있는 것을 알 수 있다.

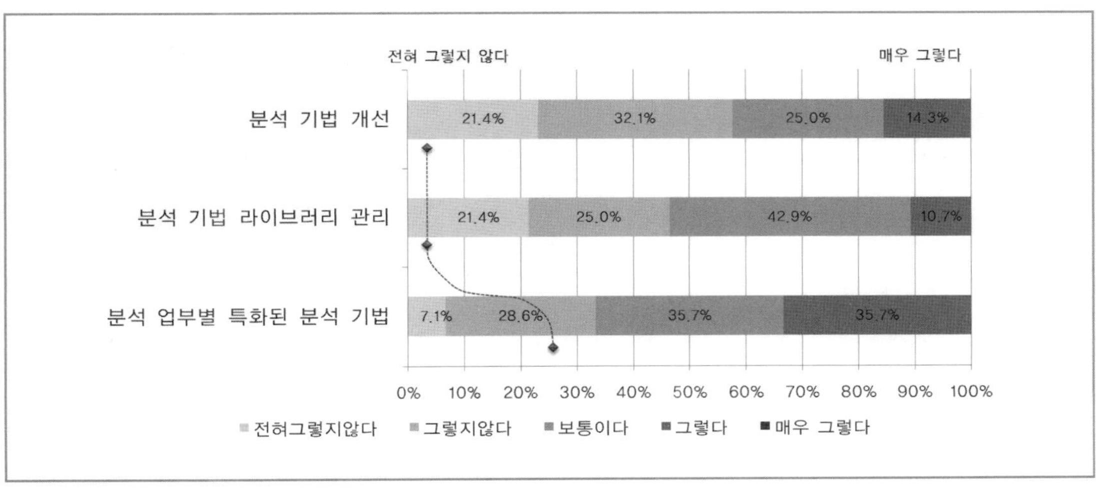


**[그림 Ⅲ-2-19] 분석기법 준비도 진단 결과 예시**

분석 데이터 준비도는 6개 항목을 기준으로 파악한다. 분석을 위한 데이터는 충분한 수준이며, 데이터 품질은 비교적 양호한 수준임을 알 수 있다. 하지만 다양한 외부 데이터의 활용 및 비구조 데이터 관리에 대한 준비는 상대적으로 미흡한 수준임을 알 수 있다.

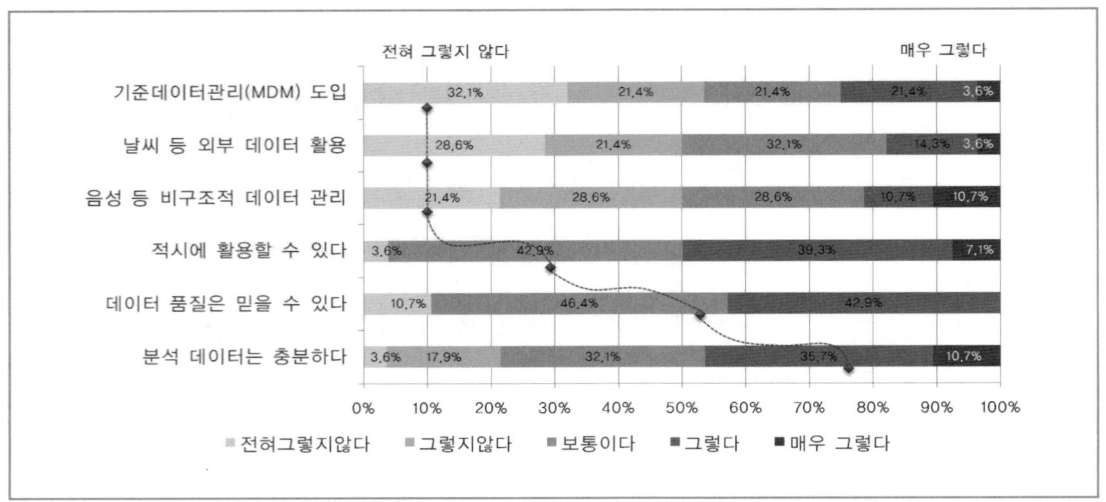


[그림 Ⅲ-2-20] 분석 데이터 준비도 진단 결과 예시

분석 문화에 대한 준비도는 3개 항목을 중심으로 현 수준을 진단한다. 전반적으로 다른 진단 영역에 비해 분석 문화에 대한 준비도는 양호한 편임을 알 수 있다.

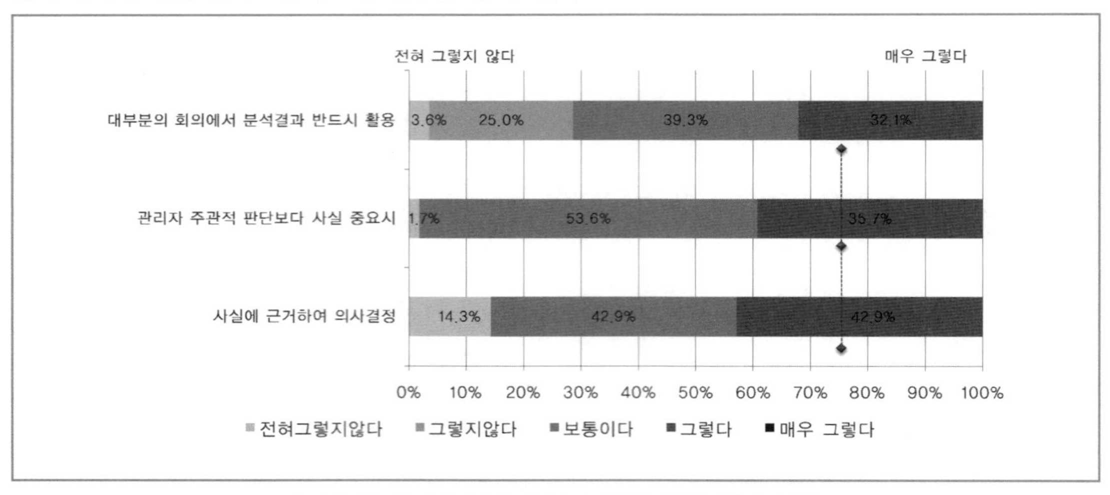


[그림 Ⅲ-2-21] 분석 문화 준비도 진단 결과 예시

분석 인프라에 대한 준비도는 8개 항목을 대상으로 현재 분석 수준을 진단한다. 대규모 데이터 처리환경 및 분석을 위한 하드웨어, 데이터 품질 등은 양호한 수준임을 알 수 있다. 반면 데이터 및 고차원 분석 환경은 상대적으로 미흡한 수준이므로 이 부문에 대한 환경 개선 및 보완이 필요하다.

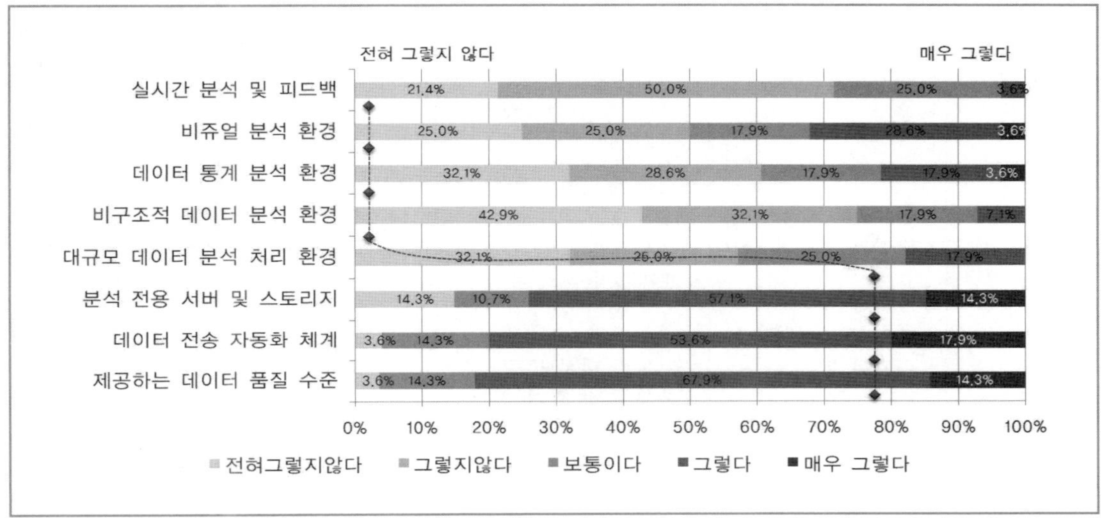


**[그림 Ⅲ-2-22] 분석 인프라 준비도 진단 결과 예시**

## 나. 분석 성숙도 모델

소프트웨어공학에서는 시스템 개발 업무능력과 조직의 성숙도(Maturity)를 파악하기 위해 CMMI(Capability Maturity Model Integration) 모델을 기반으로 조직의 성숙도를 평가한다. 또한 업무 프로세스 자체의 성숙도와 이러한 업무 프로세스 관리와 개선을 위한 조직의 역량을 CMMI에 기반한 업무 프로세스 성숙도 모형으로 평가한다. 이와 같은 맥락에서 빅데이터 시대에는 분석 능력 및 분석 결과 활용에 대한 조직의 성숙도 수준을 평가해 현재 상태를 점검해 볼 필요가 있다.

기업에서 분석 수준은 성숙 단계에 따라 점차 진화하며 산업 및 기업의 특성에 따라 각 성숙 단계의 내용은 약간 상이할 수 있다. 분석 성숙도 진단은 비즈니스 부문, 조직·역량 부문, IT 부문 등 3개 부문을 대상으로 성숙도 수준에 따라 도입단계, 활용단계, 확산단계, 최적화단계로 구분해 살펴볼 수 있다.

**[표 Ⅲ-2-1] 분석 성숙도 모델**

| 단계 | 도입단계 | 활용단계 | 확산단계 | 최적화단계 |
|---|---|---|---|---|
| 설명 | 분석을 시작하여 환경과 시스템을 구축 | 분석 결과를 실제 업무에 적용 | 전사 차원에서 분석을 관리하고 공유 | 분석을 진화시켜서 혁신 및 성과 향상에 기여 |
| 비즈니스 부문 | • 실적분석 및 통계<br>• 정기보고 수행<br>• 운영 데이터 기반 | • 미래 결과 예측<br>• 시뮬레이션<br>• 운영 데이터 기반 | • 전사 성과 실시간 분석<br>• 프로세스 혁신 3.0<br>• 분석규칙 관리<br>• 이벤트 관리 | • 외부 환경분석 활용<br>• 최적화 업무 적용<br>• 실시간 분석<br>• 비즈니스 모델 진화 |
| 조직·역량 부문 | • 일부 부서에서 수행<br>• 담당자 역량에 의존 | • 전문 담당부서에서 수행<br>• 분석기법 도입<br>• 관리자가 분석 수행 | • 전사 모든 부서 수행<br>• 분석 COE 조직 운영<br>• 데이터 사이언티스트 확보 | • 데이터 사이언스 그룹<br>• 경영진 분석 활용<br>• 전략 연계 |
| IT 부문 | • 데이터 웨어하우스<br>• 데이터 마트<br>• ETL/ EAI<br>• OLAP | • 실시간 대시보드<br>• 통계 분석 환경 | • 빅데이터 관리 환경<br>• 시뮬레이션·최적화<br>• 비주얼 분석<br>• 분석 전용 서버 | • 분석 협업환경<br>• 분석 Sandbox<br>• 프로세스 내재화<br>• 빅데이터 분석 |

[그림 Ⅲ-2-23]과 같이 금융업종의 분석 성숙도 수준 진단 결과, 금융업은 전체적으로 도입 단계를 넘어 활용 단계로 진입했음을 알 수 있다. 업종별로는 카드 및 보험업종에 비해 증권업종이 상대적으로 낮은 성숙도를 보이고 있으며, 비즈니스보다 IT 부문에 대한 성숙도 수준이 낮은 것을 알 수 있다.

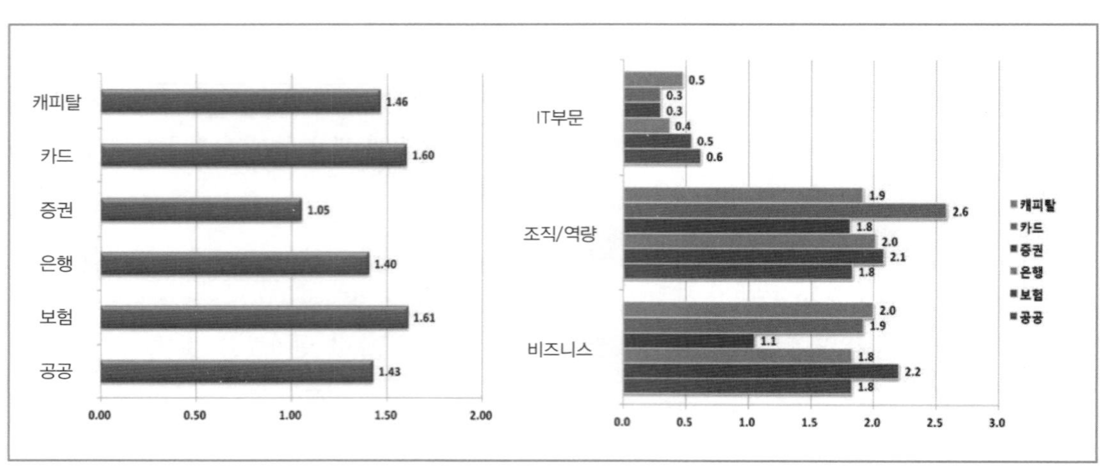


[그림 Ⅲ-2-23] 금융업종 성숙도 진단 결과 예시

[그림 Ⅲ-2-24]는 A 기업의 분석 성숙도를 측정한 결과다. 전반적으로 분석의 성숙도가 낮은 수준으로 도입 단계에 다소 못 미치는 상황이며, 부문별로는 조직 및 역량 부문의 성숙도에 비해 분석 업무에 대한 IT 지원이 미흡해 비즈니스 부문의 성숙도도 낮게 나타나고 있다.

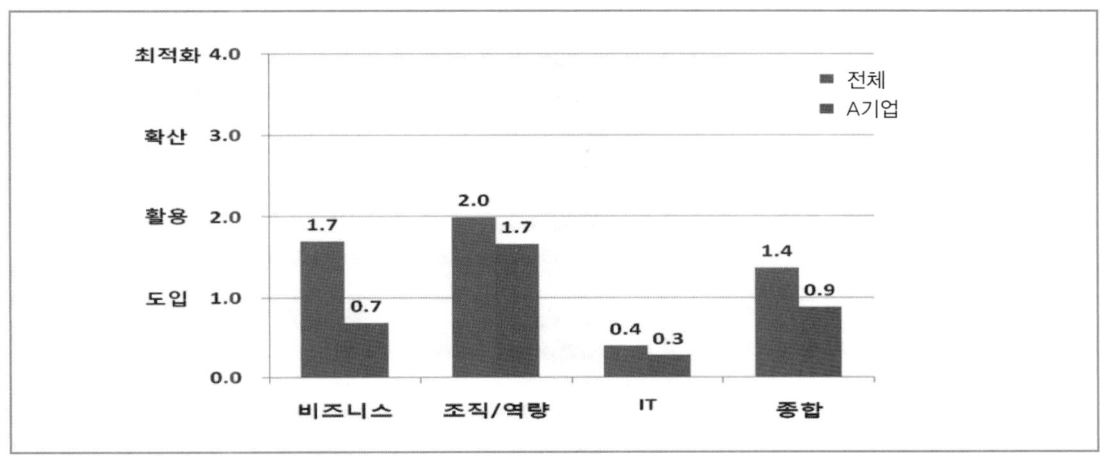


[그림 Ⅲ-2-24] A기업의 분석 성숙도 진단 결과 예시

[그림 Ⅲ-2-25]에서 보는 바와 같이 비즈니스 부문에 대한 성숙도 진단 결과를 살펴보면, 실적 및 통계 업무 중심으로 분석을 활용하고 있으며, 데이터를 정기적으로 추출하여 분석업무에 활용하고 있음을 알 수 있다. 반면 분석 업무의 자동 실행 및 분석 패턴 관리 등은 상대적으로 활용도가 떨어진다.

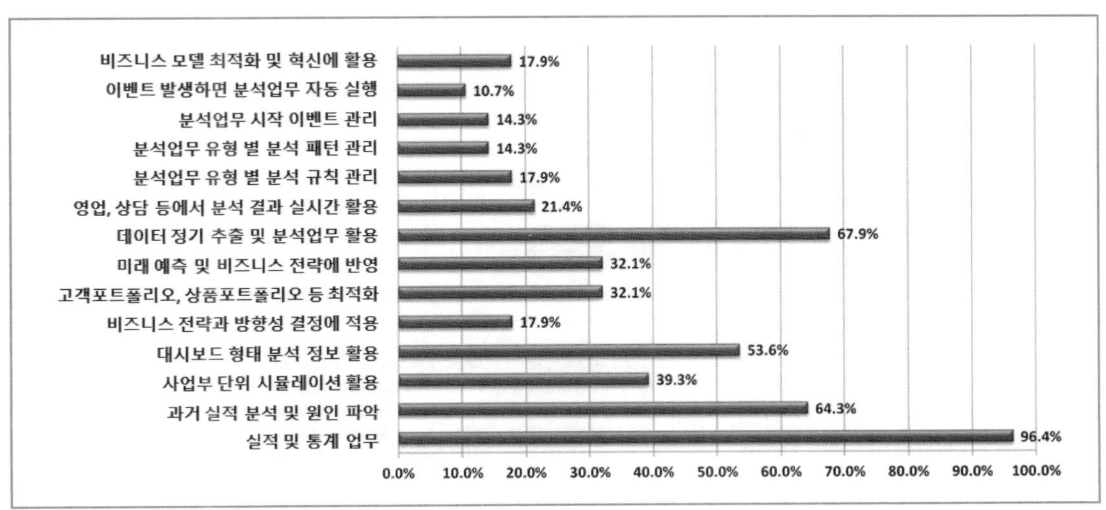


[그림 Ⅲ-2-25] 비즈니스 부문 성숙도 예시

[그림 Ⅲ-2-26]은 조직 및 역량부분에 대한 성숙도 진단 결과다. 조직 내 일부 담당자의 지식과 경험에 의존해 분석하고 있으며, 일부 관리자들의 기본적인 데이터 분석이 가능함을 알 수 있다. 반면 분석 조직의 확보 및 운영, 분석 직무 운영은 상대적으로 미흡한 수준임을 고려할 때, 분석 조직의 구성방안을 고민해 볼 필요가 있다.

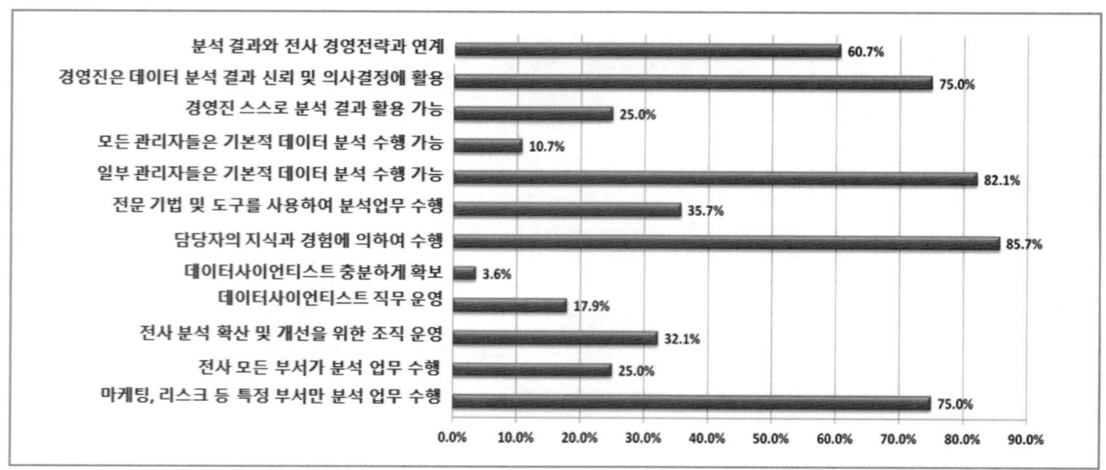


[그림 Ⅲ-2-26] 조직 및 역량 부문 성숙도 예시

IT 인프라 부문에 대한 성숙도는 [그림 Ⅲ-2-27]과 같이 분석을 위한 데이터 웨어하우스, 데이터 마트, OLAP 환경 등 전통적인 분석체계는 갖추어진 것으로 보인다. 하지만 고급분석(Advanced Analytics) 등을 위한 환경은 매우 미흡한 수준임을 알 수 있다. 따라서 보다 효과적인 분석을 위해 고급분석 환경 구현을 위한 추가 개선활동이 요구된다.

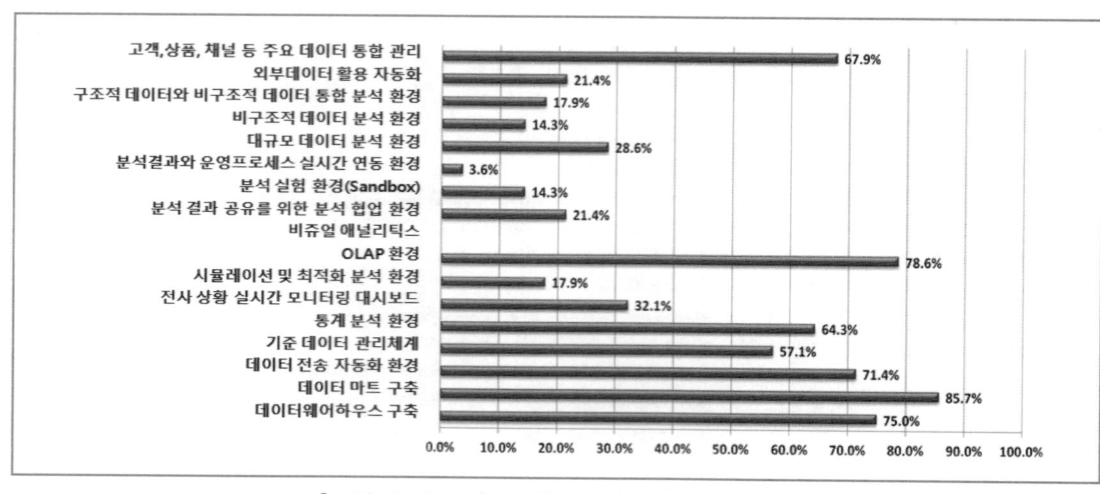


[그림 Ⅲ-2-27] IT 인프라 부문 성숙도 예시

## 다. 분석 수준 진단 결과

해당 기업의 분석 준비도와 성숙도 진단 결과를 토대로 [그림 Ⅲ-2-28]과 같이 기업의 현재 분석 수준을 객관적으로 파악 할 수 있다. 이를 토대로 유관 업종 또는 경쟁사의 분석 수준과 비교하여 분석 경쟁력 확보 및 강화를 위한 목표 수준을 설정할 수 있다.

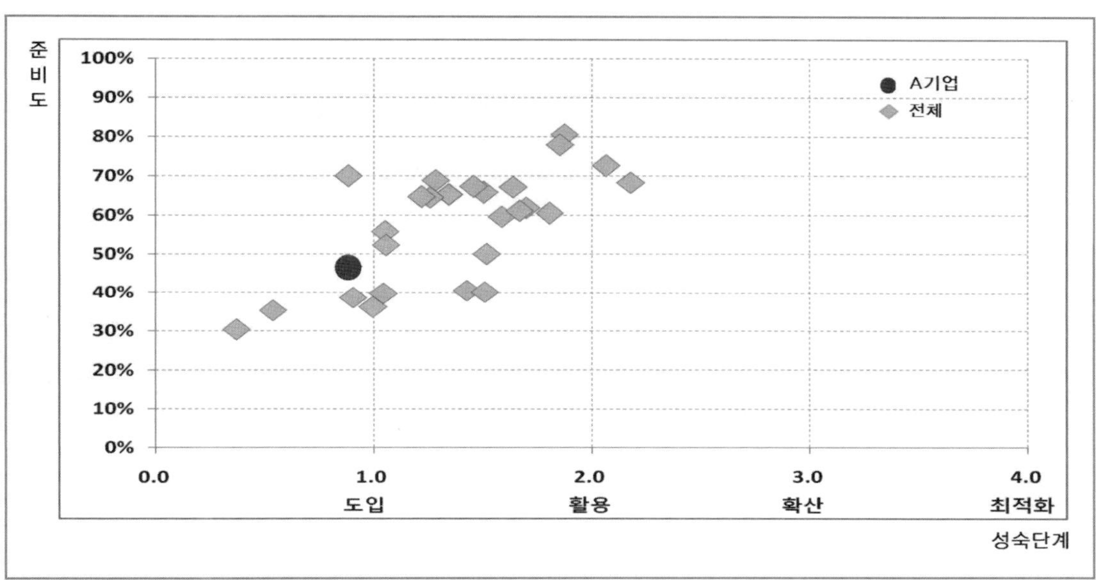


[그림 Ⅲ-2-28] 분석 준비도 및 성숙도 진단 결과

[그림 Ⅲ-2-29]와 같이 분석 관점에서 4가지 유형으로 분석 수준진단 결과를 구분하여 향후 고려해야 하는 데이터 분석 수준에 대한 목표 방향을 정의하고, 유형별 특성에 따라 개선방안을 수립한다.

첫째, '준비형'은 데이터 분석을 위한 낮은 준비도와 낮은 성숙도 수준에 있는 기업들이다. 해당 위치의 기업들은 분석을 위한 데이터, 조직 및 인력, 분석 업무, 분석 기법 등이 적용되지 않음으로 인해 사전 준비가 필요한 유형이라고 할 수 있다.

둘째, '정착형'은 준비도는 낮은 편이지만 조직, 인력, 분석업무, 분석 기법 등을 기업 내부에서 제한적으로 사용하고 있다. 우선적으로 분석의 정착이 필요한 기업이 이 유형에 속한다.

셋째, '도입형'은 기업에서 활용하는 분석업무 및 분석기법 등은 부족한 상태지만, 조직 및 인력 등 준비도가 높은 유형으로 바로 데이터 분석을 바로 도입할 수 있는 기업이 여기에 속한다.

넷째, '확산형'은 데이터 분석을 위해 기업에 필요한 6가지 분석 구성요소를 모두 갖추고 있으며, 현재 부분적으로 도입해 지속적인 확산이 가능한 기업이 이 유형에 속한다.

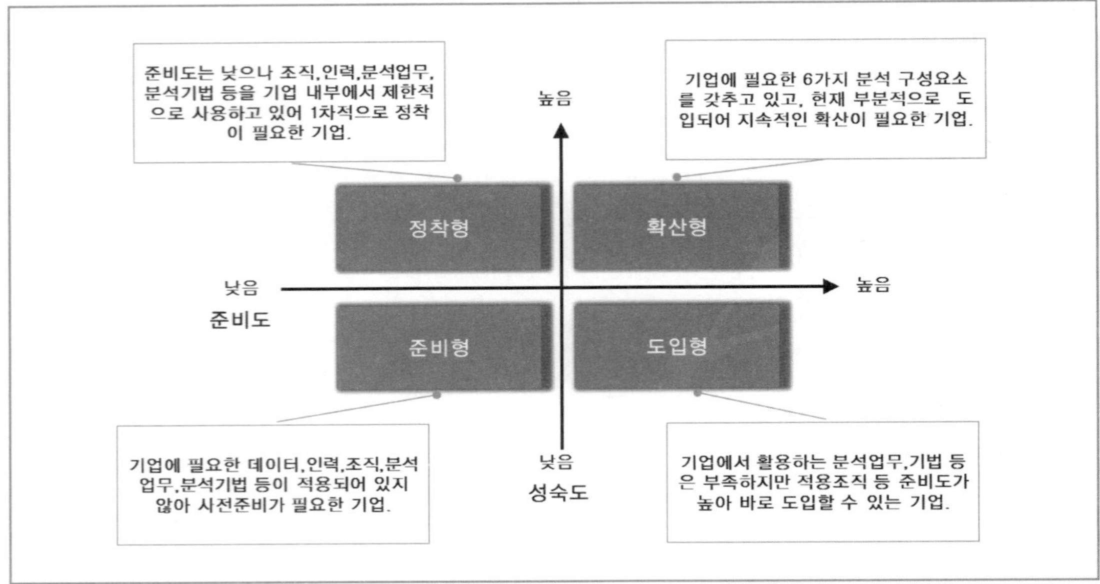


[그림 Ⅲ-2-29] 사분면 분석(Analytics Quadrant)

# 3. 분석 지원 인프라 방안 수립

분석 과제 단위 별로 별도의 분석 시스템을 구축하는 경우, 관리의 복잡도 및 비용의 증대라는 부작용이 나타나게 된다. 따라서 분석 마스터 플랜을 기획하는 단계에서부터 장기적이고 안정적으로 활용할 수 있는 확장성을 고려한 플랫폼 구조를 도입하는 것이 적절하다.

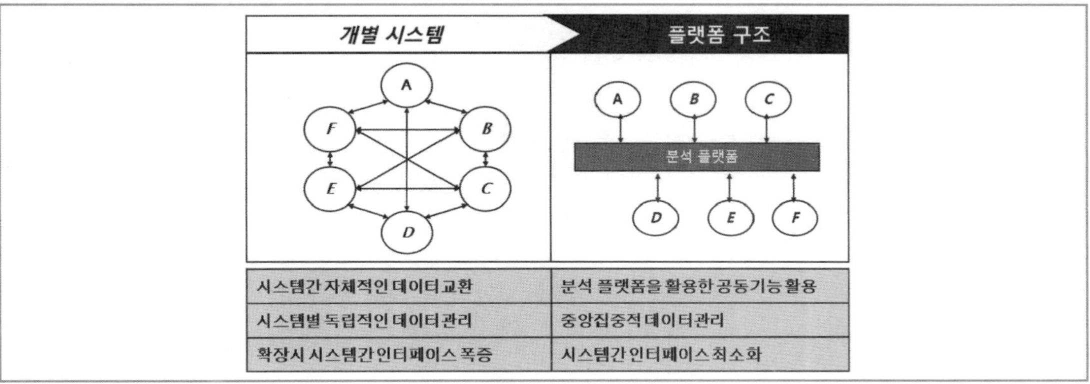


[그림 Ⅲ-2-30] 플랫폼으로써의 인프라 구축

플랫폼이란 단순한 분석 응용프로그램뿐만 아니라 분석 서비스를 위한 응용프로그램이 실행될 수 있는 기초를 이루는 컴퓨터 시스템을 의미하며 일반적으로 하드웨어에 탑재되어 데이터 분석에 필요한 프로그래밍 환경과 실행 및 서비스 환경을 제공하는 역할을 수행한다. 이러한 분석 플랫폼이 구성되어 있는 경우에는 새로운 데이터 분석 니즈가 존재할 경우 개별적인 분석 시스템을 추가하는 방식이 아닌 서비스를 추가적으로 제공하는 방식으로 확장성을 높일 수 있다.

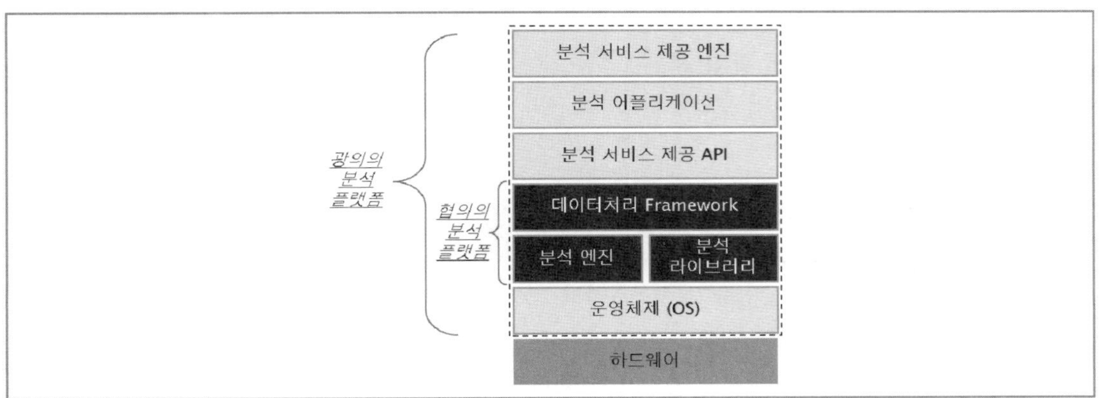


[그림 Ⅲ-2-31] 분석 플랫폼 구성 요소

## 4. 데이터 거버넌스 체계 수립

빅데이터는 데이터의 크기(Volume)로 그 의미의 절대성을 갖는 것은 아니다. 그러나 실시간으로 쏟아지는 엄청난 양의 데이터와 정형화된 데이터를 넘어 비정형·반정형의 데이터는 조직이나 프로젝트 단위의 데이터 관리체계로는 그 해답을 찾을 수 없고 전사 차원의 체계적인 데이터 거버넌스(Data Governance)의 필요성을 부각시키고 있다.

그러나 아직 많은 기업에서 전사 차원의 데이터 관리체계를 갖추지 못하고 시스템별로 데이터를 관리함으로써 데이터 중복 및 비표준에 따른 정합성 오류와 데이터 활용 저하의 문제점을 갖고 있다. 따라서 빅데이터 프로젝트를 효과적으로 추진하거나 지속적인 효과를 얻기 위해서는 데이터 거버넌스 체계 수립이 중요하며 거버넌스가 없는 빅데이터의 적용은 단발성 효과에 그칠 수 있다.

데이터 거버넌스란 전사 차원의 모든 데이터에 대하여 정책 및 지침, 표준화, 운영조직 및 책임 등의 표준화된 관리 체계를 수립하고 운영을 위한 프레임워크(Framework) 및 저장소(Repository)를 구축하는 것을 말한다. 특히 마스터 데이터(Master Data), 메타 데이터(Meta Data), 데이터 사전(Data Dictionary)은 데이터 거버넌스의 중요한 관리 대상이다.

기업은 데이터 거버넌스 체계를 구축함으로써 데이터의 가용성, 유용성, 통합성, 보안성, 안전성을 확보할 수 있으며 이는 빅데이터 프로젝트를 성공으로 이끄는 기반이 된다. 데이터 거버넌스는 독자적으로 수행될 수도 있지만 전사 차원의 IT 거버넌스나 EA(Enterprise Architecture)의 구성요소로써 구축되는 경우도 있다.

빅데이터 거버넌스는 이러한 데이터 거버넌스의 체계에 더하여 빅데이터의 효율적인 관리, 다양한 데이터의 관리체계, 데이터 최적화, 정보보호, 데이터 생명주기 관리, 데이터 카데고리별 관리 책임자(Data Steward) 지정 등을 포함한다.

데이터 거버넌스의 구성요소인 원칙(Principle), 조직(Organization), 프로세스(Process)는 유기적인 조합을 통하여 데이터를 비즈니스 목적에 부합하고 최적의 정보 서비스를 제공할 수 있도록 효과적으로 관리한다.

- 원칙
  - 데이터를 유지 관리하기 위한 지침과 가이드
  - 보안, 품질기준, 변경관리
- 조직
  - 데이터를 관리할 조직의 역할과 책임
  - 데이터 관리자, 데이터베이스 관리자, 데이터 아키텍트(Data Architect)

- 프로세스
  - 데이터 관리를 위한 활동과 체계
  - 작업 절차, 모니터링 활동, 측정 활동

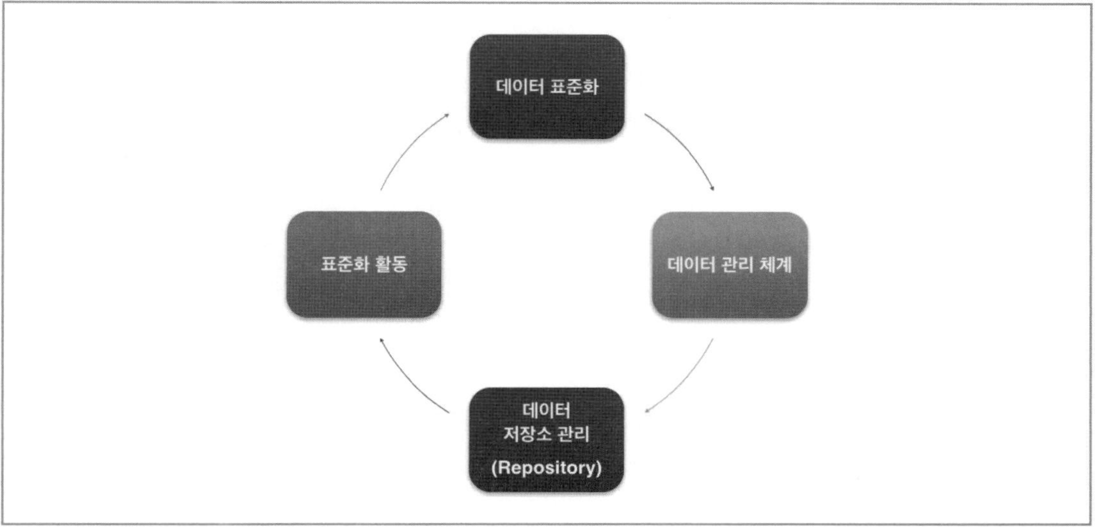


[그림 Ⅲ-2-32] 데이터 거버넌스 체계

## 가. 데이터 표준화

데이터 표준화는 데이터 표준 용어 설정, 명명 규칙(Name Rule) 수립, 메타 데이터(Meta Data) 구축, 데이터 사전(Data Dictionary) 구축 등의 업무로 구성된다. 데이터 표준 용어는 표준 단어 사전, 표준 도메인 사전, 표준 코드 등으로 구성되며 사전 간 상호 검증이 가능하도록 점검 프로세스를 포함해야 한다.

명명 규칙은 필요시 언어별(한글, 영어 등 외국어)로 작성되어 매핑 상태를 유지해야 한다. 메타 데이터와 데이터 사전은 데이터의 데이터 구조 체계를 형성하는 것으로써 데이터 활용을 원활하게 하기 위한 데이터 구조 체계(Data Structure Architecture)나 메타 엔터티 관계 다이어그램(Meta Entity Relationship Diagram)을 제공한다.

## 나. 데이터 관리 체계

데이터 정합성 및 활용의 효율성을 위하여 표준 데이터를 포함한 메타 데이터(Meta Data)와 데이터 사전(Data Dictionary)의 관리 원칙을 수립한다. 수립된 원칙에 근거하여 항목별 상세한 프로세스를 만들고 관리와 운영을 위한 담당자 및 조직별 역할과 책임을 상세하게 준비한다.

빅데이터의 경우 데이터 양의 급증으로 데이터의 생명 주기 관리방안(Data Life Cycle Management)을 수립하지 않으면 데이터 가용성 및 관리비용 증대 문제에 직면하게 될 수도 있다.

### 다. 데이터 저장소 관리(Repository)

메타데이터 및 표준 데이터를 관리하기 위한 전사 차원의 저장소를 구성한다. 저장소는 데이터 관리 체계 지원을 위한 워크플로우(Workflow) 및 관리용 응용소프트웨어(Application)을 지원하고 관리 대상 시스템과의 인터페이스를 통한 통제가 이루어져야 한다. 또한 데이터 구조 변경에 따른 사전 영향 평가도 수행되어야 효율적인 활용이 가능하다.

### 라. 표준화 활동

데이터 거버넌스 체계를 구축한 후 표준 준수 여부를 주기적으로 점검하고 모티터링을 실시한다. 또한 거버넌스의 조직 내 안정적 정착을 위한 계속적인 변화관리 및 주기적인 교육을 진행한다. 지속적인 데이터 표준화 개선 활동을 통하여 실용성을 높여야 한다.

## 5. 데이터 조직 및 인력방안 수립

빅데이터의 등장에 따라 기업의 비즈니스도 많은 변화를 겪고 있다. 이러한 비즈니스 변화를 인식하고 기업의 차별된 경쟁력을 확보하는 수단으로 데이터 과제 발굴, 기술 검토 및 전사 업무 적용 계획 수립 등 데이터를 효과적으로 분석·활용하기 위해 기획, 운영 및 관리를 전담할 수 있는 전문 분석 조직의 필요성이 제기되고 있다.

현재 데이터와 관련된 기술적인 문제들은 어느 정도 발전되었다고 볼 수 있다. 하지만 많은 기업이 실제 분석 전문가나 적절한 조직체계를 갖추고 있지 않아 데이터 분석 및 활용 시 어려움에 봉착하는 경우가 많다. 특히 데이터에 대한 관심과 시각이 넓어지면서 분석 관점에서 컨트롤 타워의 필요성도 제기되고 있다. 이로 인해 최근 국내 기업들에서도 전담 조직으로서 '데이터 과학자(Data Scientist)' 조직이 구성되고 있으며 조직의 장으로서 C레벨 임원을 두는 것을 검토하는 기업도 생겨나기 시작했다.

[그림 Ⅲ-2-33]은 이러한 분석 조직의 목표와 역할, 조직 구성을 설명하고 있다. 데이터 분석 조직은 기업의 경쟁력 확보를 위해 데이터 분석의 가치를 발견하고, 이를 활용하여 비즈니스를 최적화하는 목표를 갖고 구성되어야 한다. 이를 위해 기업의 업무 전반에 걸쳐 다양한 분석 과제를 발굴해 정의하고, 데이터 분석을 통해 의미 있는 인사이트를 찾아 실행하는 역할을 수행할 수 있어야 한다. 다양한 분야의 지식과 경험을 가진 인력과 업무 담당자 등으로 구성된 전사 또는 부서 내 조직으로 구성할 수 있다.

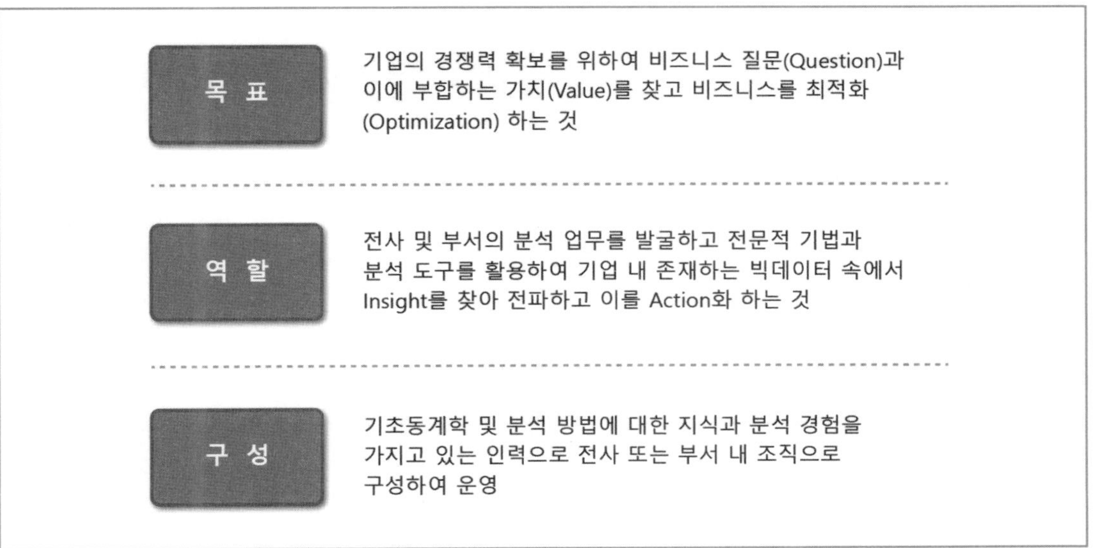


[그림 Ⅲ-2-33] 분석 조직의 개요

분석 전문조직은 [표 Ⅲ-2-2]와 같이 조직구조 및 인력구성을 고려해 기업에 최적화 된 형태로 구성해야 한다.

[표 Ⅲ-2-2] 분석 조직 및 인력 구성 시 고려사항

| 구분 | 주요 고려사항 |
|---|---|
| 조직 구조 | • 비즈니스 질문(Question)을 선제적으로 찾아 낼 수 있는 구조인가?<br>• 분석 전담조직과 타 부서간 유기적인 협조와 지원이 원활한 구조인가?<br>• 효율적인 분석 업무를 수행하기 위한 분석 조직의 내부 조직구조는?<br>• 전사 및 단위부서가 필요 시 접촉하며 지원할 수 있는 구조인가?<br>• 어떤 형태의 조직(중앙집중형, 분산형)으로 구성하는 것이 효율적인가? |
| 인력 구성 | • 비즈니스 및 IT 전문가의 조합으로 구성되어야 하는가?<br>• 어떤 경험과 어떤 스킬을 갖춘 사람으로 구성해야 하는가?<br>• 통계적 기법 및 분석 모델링 전문 인력을 별도로 구성해야 하는가?<br>• 전사 비즈니스를 커버하는 인력이 없다. 그렇다면 ?<br>• 전사 분석업무에 대한 적합한 인력 규모는 어느 정도인가? |

데이터 분석을 위한 조직 구조는 다양한 형태로 살펴볼 수 있는데, 특히 분석업무 수행 주체에 따라 [그림 Ⅲ-2-34]과 같이 3가지 유형의 조직구조로 살펴볼 수 있다.

첫 번째, '집중형 조직 구조'는 조직 내에 별도의 독립적인 분석 전담조직을 구성하고, 회사의 모든 분석 업무를 전담 조직에서 담당한다. 분석 전담조직 내부에서 전사 분석 과제의 전략적인 중요도에 따라 우선순위를 정하여 추진할 수 있다. 한편 일부 현업 부서와 분석 업무가 중복 또는 이원화될 가능성이 있다.

두 번째, '기능 중심의 조직 구조'는 일반적으로 분석을 수행하는 형태이며, 별도로 분석 조직을 구성하지 않고 각 해당 업무부서에서 직접 분석하는 형태다. 이러한 특징으로 인해 전사적 관점에서 핵심 분석이 어려우며, 특정 업무 부서에 국한된 분석을 수행할 가능성이 높거나 일부 중복된 분석 업무를 수행할 수 있는 조직구조다.

세 번째, '분산된 조직구조'는 분석 조직의 인력들을 현업부서에 배치해 분석 업무를 수행하는 형태다. 전사 차원에서 분석 과제의 우선순위를 선정해 수행이 가능하며, 분석 결과를 신속하게 실무에 적용 할 수 있는 장점이 있다.

이렇듯 데이터 분석을 위한 다양한 형태의 분석 조직을 구성하여 운영할 수 있지만, 어떠한 조직구조가 적합한 형태라고 단정 지을 수 없다. 따라서 각 기업이 처한 환경과 특성을 고려하여 적절한 분석조직을 구성해야 한다.

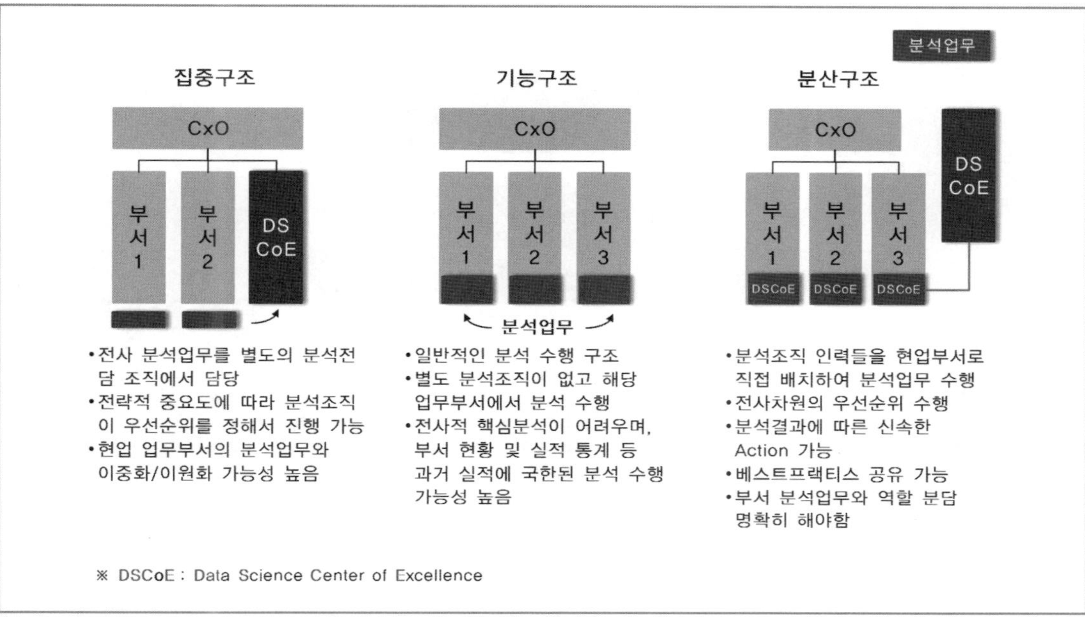


[그림 Ⅲ-2-34] 분석 조직 구조

분석조직이 갖추어져 있다 하더라도 조직 구성원의 분석 역량이 하루아침에 성장하는 것도 아니고, 한 사람이 데이터 분석과 관련된 모든 역량을 다 갖추기는 현실적으로 어렵다. 따라서 전문 역량을 갖춘 각 분야의 인재들을 모아 조직을 구성하는 것이 바람직하다. 분석 조직을 효과적으로 구성하여 운영하기 위해서는 [그림 Ⅲ-2-35]와 같이 비즈니스 이해를 위한 인력, 분석에 필요한 IT 기술을 이해하는 인력, 통계를 이용한 다양한 분석기법을 활용할 수 있는 분석 전문 인력, 조직 내 분석 문화 확산을 위한 변화 관리 인력, 분석 조직뿐 아니라 관련 부서 조직원의 분석 역량 향상을 위한 교육담당 인력 등을 다양하게 구성함으로써 분석 조직의 경쟁력을 극대화할 수 있다.

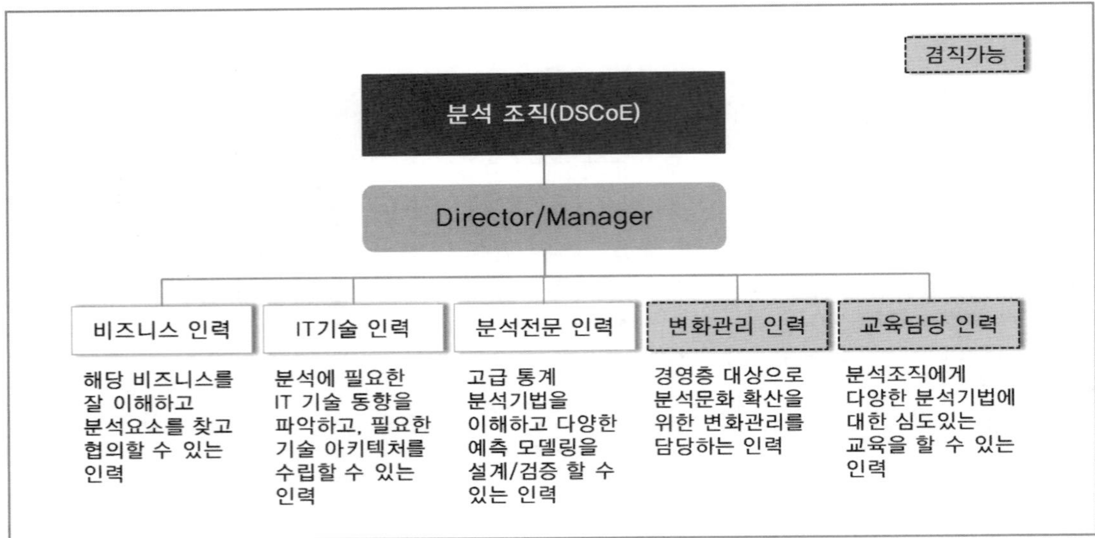


[그림 Ⅲ-2-35] 분석조직의 인력 구성(예시)

## 6. 분석 과제 관리 프로세스 수립

분석 마스터 플랜이 수립되고 초기 데이터 분석 과제가 성공적으로 수행되는 경우, 지속적인 분석 니즈 및 기회가 분석 과제 형태로 도출 될 수 있다. 이런 과정에서 분석 조직이 수행할 주요한 역할 중의 하나가 분석 과제의 기획 및 운영이므로 이를 체계적으로 관리하기 위한 프로세스를 수립해야 한다.

분석 과제 관리 프로세스는 크게 과제 발굴과 과제 수행 및 모니터링으로 나누어진다. 과제 발굴 단계에서는 개별 조직이나 개인이 도출한 분석 아이디어를 발굴하고 이를 과제화하여 분석 과제 풀(Pool)로 관리하면서 분석 프로젝트를 선정하는 작업을 수행한다. 과제 수행 단계에서는 분석을 수행할 팀을 구성하고 분석 과제 실행 시 지속적인 모니터링과 과제 결과를 공유하고 개선하는 절차를 수행한다.

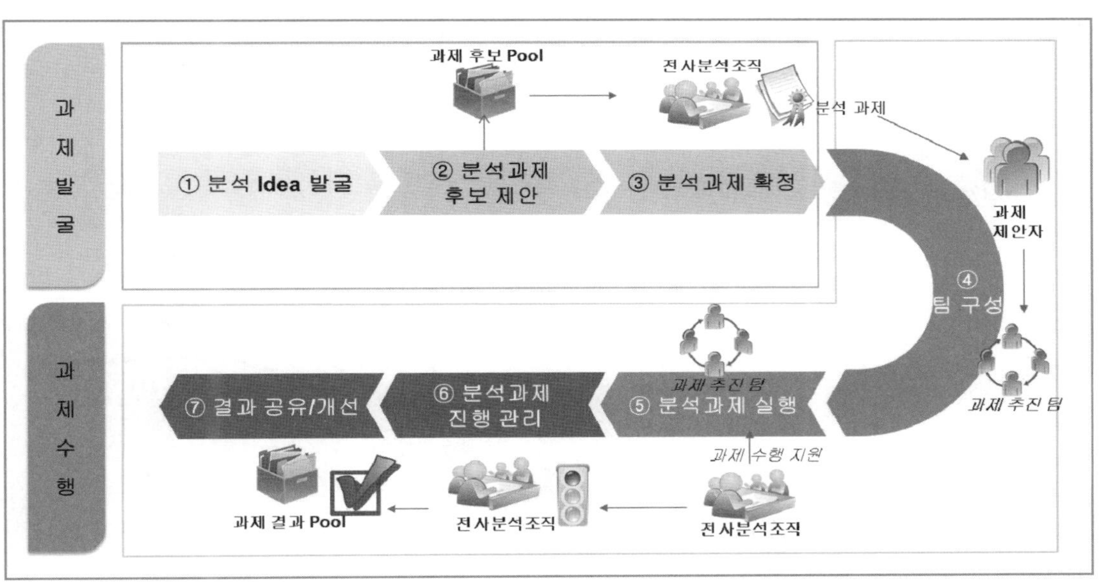


[그림 Ⅲ-2-36] 분석 과제 관리 프로세스

분석 조직이 지속적이고 체계적인 분석 과제 관리 프로세스를 수행함으로써 조직 내 분석 문화 내재화 및 경쟁력을 확보할 수 있다. 그리고 해당 과제를 진행하면서 만들어진 시사점(Lesson Learned)를 포함한 결과물을 풀(Pool)에 잘 축적하고 관리함으로써 향후 유사한 분석 과제 수행 시 시행착오를 최소화하고 프로젝트를 효율적으로 진행할 수 있다.

## 7. 분석 교육 및 변화관리

최근 구성원들에게 데이터 분석 교육을 받도록 독려하는 기업이 늘고 있다. 엔지니어가 입사하면 코드베이스나 개발 문화를 교육시키는 엔지니어 훈련(Engineering Bootcamp) 프로그램을 운영하는 경우이다. 더 나아가 엔지니어뿐만 아니라 마케팅, 기획, 서비스, 관리 등 모든 부서의 구성원을 대상으로 데이터 분석 훈련 프로그램을 운영하기도 한다. 이런 배경에는 모든 구성원들이 직접 데이터를 보고, 분석하고 가설을 검증할 수 있는 능력을 갖춤으로써 데이터 활용을 통한 비즈니스 가치를 전사적으로 확대하기 위해서다.

예전에는 기업 내 데이터 분석가가 담당했던 일을 모든 구성원이 데이터를 분석하고 이를 바로 업무에 활용할 수 있도록 조직 전반에 분석 문화를 정착시키고 변화시키려는 시도로 볼 수 있다. [그림 Ⅲ-2-37]에서 보는 바와 같이 새로운 체계의 도입 시에는 저항 및 기존 행태로 되돌아가는 관성이 존재하기 때문에 분석의 가치를 극대화하고 내재화하는 안정적인 추진기로 접어들기 위해서는 분석에 관련된 교육 및 마인드 육성을 위한 적극적인 변화 관리가 필요하다.

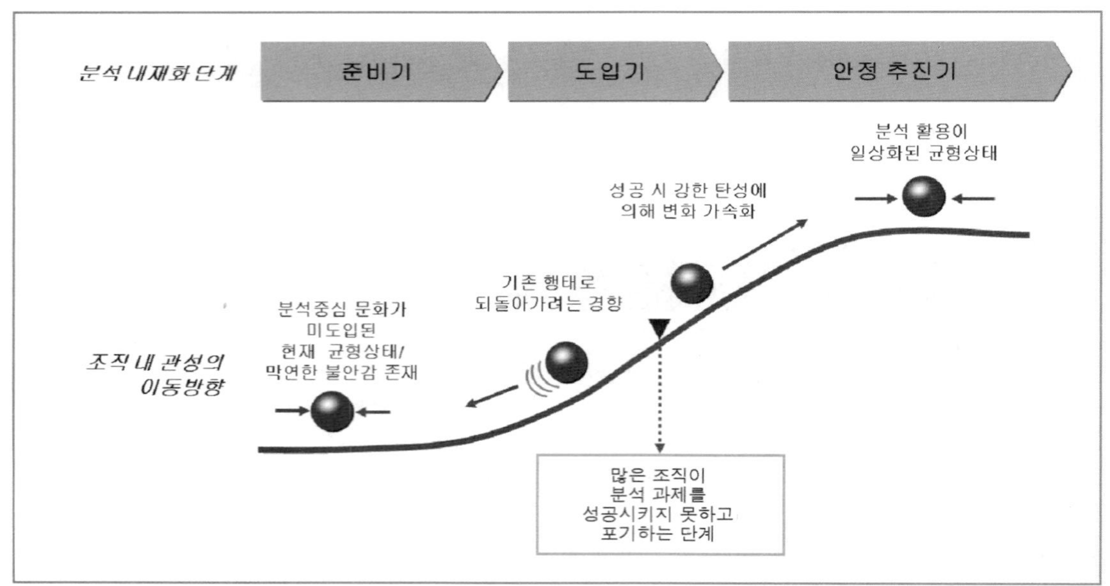


**[그림 Ⅲ-2-37] 분석 도입에 대한 문화적 대응**

빅데이터의 등장은 많은 비즈니스 영역에서 변화를 가져왔다. 이러한 변화에 보다 적극적으로 대응하기 위해서는 기업에 맞는 적합한 분석 업무를 도출하고 가치를 높여줄 수 있도록 분석 조직 및 인력에 대한 지속적인 교육과 훈련을 실시하여야 한다. 또한 경영층이 데이터에 기반 한 의사결정을 할 수 있는 기업 문화를 정착시키려는 변화관리를 지속적으로 계획하고 수행하여야 한다.

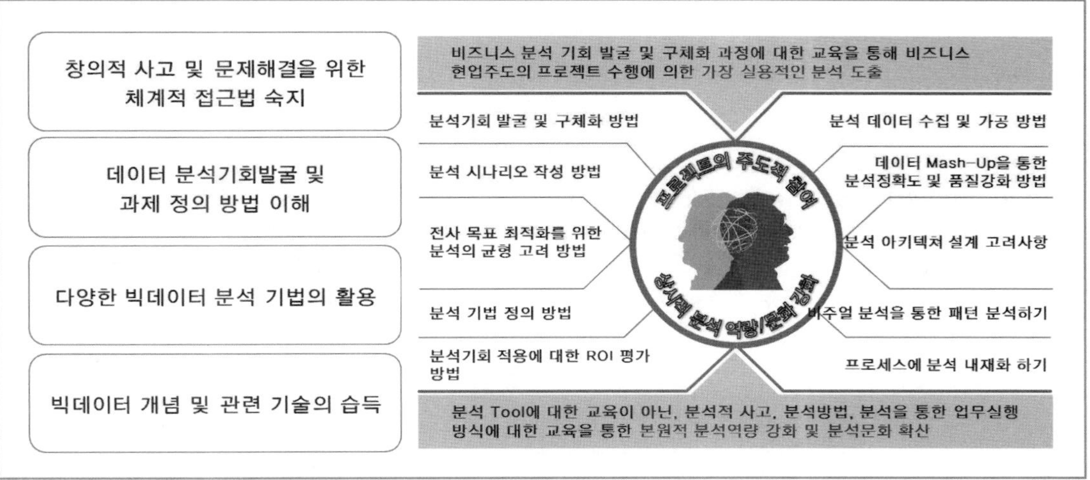


[그림 Ⅲ-2-38] 데이터 분석 방법 및 분석적 사고 교육

분석 교육의 목표는 단순한 툴 교육이 아닌 분석 역량을 확보하고 강화하는 것에 초점을 맞추어 진행되어야 한다. [그림 Ⅲ-2-38]과 같이 분석 기획자에 대한 데이터 분석 큐레이션 교육, 분석 실무자에 대한 데이터 분석 기법 및 도구에 대한 교육, 업무 수행자에 대한 분석기회 발굴 및 시나리오 작성법 등 분석적인 사고를 업무에 적용할 수 있도록 다양한 교육을 통해 조직 구성원 모두에게 분석기반의 업무를 정착시킬 수 있어야 한다. 이를 통해 데이터를 바라보는 관점, 데이터 분석과 활용 등이 기업 문화로 자연스럽게 스며들게 확대되어야 한다.

# 장 요약

## 제1절 마스터 플랜 수립

비즈니스 관점에서 도출된 다양한 분석과제들을 기업에 적용시키기 위해서는 적용 우선순위를 평가해야 한다. 기존의 정보전략계획 수립 시 개선과제에 대한 우선순위 평가 기준과는 차별화 될 필요가 있으며, 이는 빅데이터의 특징이라고 할 수 있는 4V를 고려한 우선순위 평가기준을 적용할 수 있어야 한다. 또한 현재 기업이 당면해 있는 데이터 분석 적용 수준을 고려하여 시급성과 난이도 평가기준에 따라 분석 적용 우선순위를 조정 할 수 있다. 이를 토대로 기업 전사관점에서의 분석 적용에 대한 단계적 로드맵과 추진 일정계획을 수립하는 것이 필요하다.

## 제2절 분석 거버넌스 체계 수립

빅데이터 시대에 진입하면서 각 기업이 데이터를 생성, 수집, 저장, 처리하고 활용하기 위해서는 체계적인 관리가 필수적이다. 기업의 분석 수준 및 목적에 맞게 데이터를 분석하여 적용하는 것이 궁극적으로는 기업의 경쟁력이 될 수 있기 때문이다. 따라서 기업의 입장에서 전사 차원의 분석을 적용하기 위한 실질적인 분석 준비 수준이나 성숙 수준을 객관적으로 파악해 볼 필요가 있다.  지속적이고 체계적인 관리를 수행하기 위해서는 분석 거버넌스 체계 수립이 필요하며, 이는 분석 기획 및 관리를 수행하는 조직(Organiztion), 과제 기획 및 운영 프로세스(Process), 분석 관련 시스템(System), 데이터(Data), 분석 관련 교육 및 마인드 육성 체계(Human Resource)로 구성된다.

# 연습문제

**문제1. 빅데이터의 특징 중 투자비용 측면의 요소가 아닌 것은?**

① 데이터 규모(Volume)
② 데이터 다양성(Variety)
③ 데이터 속도(Velocity)
④ 데이터 가치(Value)

**문제2. 분석 과제의 우선순위 선정 메트릭스에서 일반적으로 데이터 분석과제를 가장 먼저 추진해야 하는 영역은?**

① 시급성 – 현재, 난이도 – Difficult 영역
② 시급성 – 미래, 난이도 – Difficult 영역
③ 시급성 – 현재, 난이도 – Easy 영역
④ 시급성 – 미래, 난이도 – Easy 영역

**문제3. 분석 거버넌스 체계의 주요 구성 요소가 아닌 것은?**

① 시스템
② 데이터
③ 비용
④ 조직

**문제4. 데이터 거버넌스의 구성요소가 아닌 것은?**

① 원칙(Principle)
② 조직(Organization)
③ 프로세스(Process)
④ 활동(Action)

**문제5. 분석 성숙도 모델 중 빅데이터 관리를 위한 환경이 갖추어지고, 전사 차원에서 분석을 관리하고 공유하며, 이를 위해 분석 전문 조직을 운영하는 수준의 성숙단계는?**

① 도입 단계
② 활용 단계
③ 확산 단계
④ 최적화 단계

**문제6. 분석 조직구조의 유형 중 기업 내 별도의 독립적인 전담 조직이 전략적 중요도에  따라 분석 우선순위를 정해서 추진할 수 있는 조직구조는?**

① 집중형 구조
② 기능형 구조
③ 분산형 구조
④ 복합형 구조

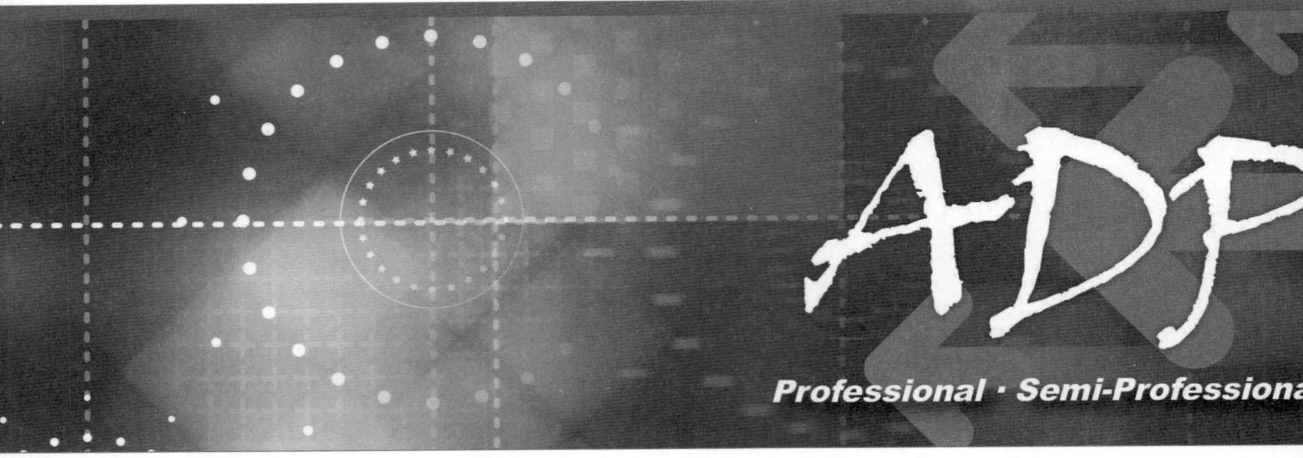


## 과목 소개

요즘의 데이터 분석은 데이터 마이닝, 시뮬레이션, 최적화 등 다양한 '선진 분석기법'을 적용해 표준화한 문제해결 방법론을 토대로 한다. 여기서 데이터 마이닝 등을 일반 분석 또는 조회와 차별화해 특별히 '선진분석기법'이라고 강조한 이유가 있다. 단순히 현상만 보여주는지, 아니면 미래를 예측하고 의사결정에 직접적으로 영향을 주는 통찰을 도출하는지를 기준으로 접근했기 때문이다.

단순 분석 또는 조회를 위해 사용하던 기존의 리포팅(Reporting), OLAP, 통계 분석(Statistic Analysis) 등은 주로 제한된 용량의 데이터를 한 번에 다루는 데 사용된다. 이들은 일반적으로 100개 이하의 변수를 한 번에 다룬다. 그러나 선진 분석기법인 데이터 마이닝, 시뮬레이션, 최적화에서는 수천 개 또는 수만 개의 변수들을 다루고, 수천 건에서 수십억 건에 이르는 데이터를 다룬다. 고객, 상품, 점포와 결합된 변수들을 다양하게 시점별로 만들면 1000개 수준으로 만드는 것은 매우 쉽다. 거기에 텍스트 마이닝이나 소셜 네트워크 분석의 변수를 추가하면 수천 개가 된다.

무엇보다 가장 큰 차이는 '유의미한 변수'를 취급한다는 점이다. 수많은 변수가 미래를 예측하고 의사결정을 하는 데 도움이 되는 정보나 패턴을 보여주지는 않는다. A라는 주제에서는 1·2·3 변수가 의미가 있고, B라는 주제에서는 2·3·5가 의미가 있을 수 있다. 따라서 유의미한 공통 변수들과 주제별 변수들이 따로 존재할 수 있다. 우리는 복잡한 대용량 데이터에서 유의미한 것이 무엇인지를 구분·활용하고, 이를 별도로 관리할 수 있어야 한다.

본 과목에서는 전체적인 접근방법을 프로세스에 따라 설명하면서, 각 분석방법의 특징을 구분해 제시한다. 분석 기법별로 접근하지 않는 이유가 있다. 현장에서 분석 프로젝트를 진행할 때, 다룰 주제가 다르다고 해서 전체 프로세스가 달라지는 것은 아니다. 다만 일반적으로 사용하는 프로세스에서 어느 한 단계의 주제만 달리하는 경우가 많다. 이 경우에는 주제에 따른 분석 방법만 달리해서 접근하게 된다.

주의할 점은 분석에 대한 전체 프로세스도 있지만, 모델링 단계에서 기법별로 고유한 프로세스가 있다는 것이다. 데이터 마이닝과 비교해보면 시뮬레이션이 다르고 최적화도 다르다. 이점은 모델링 단계에서 각 기법의 고유 방법론을 감안해 수행한다.

# 과목 Ⅳ
# 데이터 분석

## 과목 구성

데이터 분석에 대한 가장 중요한 항목을 중심으로 기본적인 이해를 할 수 있도록 데이터 분석에 대한 개념과 함께 실전 프로젝트에서 활용할 수 있는 관점에서 설명한다. 또한, 데이터 분석 프로세스에 따라 설명하고 통계 분석, 데이터 마트, 정형 데이터 마이닝, 비정형 데이터 마이닝, 시뮬레이션 및 최적화에 대한 특징을 구분하여 제시하였다.

**학습목표**

- 분석 환경 이해
- R과 R Studio의 설치 방법 숙지
- R의 기본 사용법 숙지
- 데이터 마트 정의 이해
- reshape 패키지를 이용한 데이터 마트 만드는 법에 대한 이해
- plyr 패키지에 대한 이해
- 결측값 처리 방법에 대한 이해
- 이상값 처리 방법에 대한 이해

제1장

# R 기초와 데이터 마트

### 장 소개

데이터 분석에서 많이 사용하는 무료 소프트웨어인 R 통계패키지를 소개하고 기본적인 명령문들에 대해서 알아보도록 한다. 또한, R 명령문을 사용해서 데이터 모델링을 위한 데이터 마트를 만드는 법을 익히고, 결측값 처리와 이상값 검색을 통한 데이터 정보가 손실되거나 왜곡되는 것을 방지하는 효율적인 방법에 대해서도 소개하도록 한다.

# 제1절 R 기초

R은 오랜 역사를 가진 오픈소스 통계 분석 도구로서 최근 들어 빠른 속도로 확산되고 있다. R의 설치와 작업환경, 변수유형, 기초 문법을 이해하여 통계 분석 및 데이터 마이닝에 활용해보자.

데이터 분석을 위하여 사용하는 다양한 종류의 소프트웨어가 있다. 그러나 이 가이드북에서 효율적인 데이터 분석 설명을 위해서는 특정 소프트웨어를 사용하는 것이 좋다. 많은 분석 소프트웨어 중 상업용 소프트웨어는 비싼 가격으로 인해 현실적인 대안이 되지 않기에 오픈소스 중에서 가장 빠르게 발전·보급되는 R과 개발환경인 R Studio를 선택했다. R 선택 기준은 다음과 같다.

**[표 Ⅳ-1-1] 분석도구 설명**

| | SAS | SPSS | R |
|---|---|---|---|
| 프로그램 비용 | 유료, 고가 | 유료, 고가 | 오픈소스 |
| 설치 용량 | 대용량 | 대용량 | 적음 |
| 다양한 모듈지원 및 비용 | 별도 구매 | 별도 구매 | 오픈소스 |
| 최근 알고리즘 및 기술반영 | 느림 | 다소 느림 | 매우 빠름 |
| 학습자료 입수의 편의성 | 유료 도서 위주 | 유료 도서 위주 | 공개 논문 및 자료 많음 |
| 질의를 위한 공개 커뮤니티 | NA | NA | 매우 활발 |

출처: ECG Analytics, NA: No Answer

## 1. 분석 환경의 이해

### 가. 통계 패키지 R

R은 통계 분석 과정에서 수행되는 복잡한 계산이나 시각화 기법을 쉽게 사용할 수 있도록 설계된 무료 소프트웨어이다. 통계학자나 데이터 분석 전문가들이 주로 사용하며 행렬 계산을 위한 도구로서도 사용될 수 있는데 이 경우 계산 성능 측면에서는 우수한 결과를 보여준다. R은 무료로 사용할 수 있는 오픈 소스 소프트웨어라는 장점과 기본으로 제공되는 기능 외에도 사용자들이 직접 제작한 패키지를 이용하여 무수히 많은 기능들을 사용할 수 있도록 확장되는 점, 상용 소프트웨어나 출력물에 견주어도 뒤쳐지지 않는 정도의 강력한 시각화 요소를 갖추고 있다는 점을 무기로 최근 들어 그 인기가 점차 증가하고 있다.

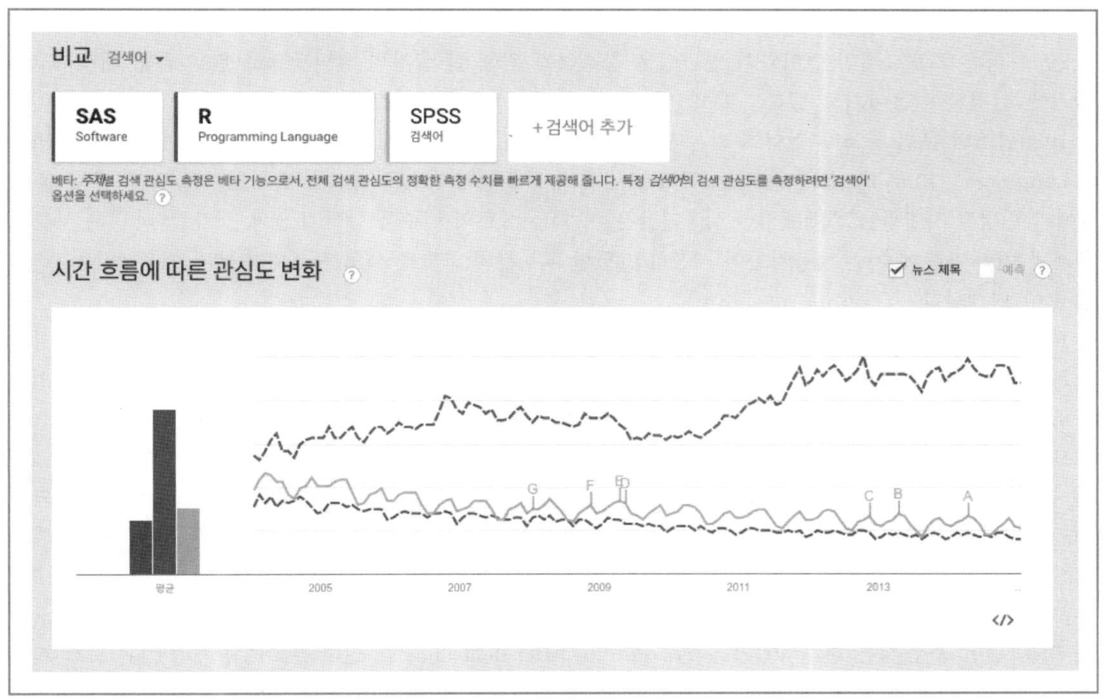


[그림 Ⅳ-1-1] 주요 통계 분석 프로그램별 관심도 변화[13)]

위 그림은 Google Trends 서비스를 이용해 주요 통계 분석 프로그램에 대한 관심도의 변화를 살펴본 그림이다. 그림에서 알 수 있듯이 다른 통계 소프트웨어에 비해서 R에 대한 관심은 점점 높아져가고 있다는 것을 알 수 있다.

## 나. R의 역사

R의 역사를 알기 위해서는 S라는 통계 프로그래밍 언어에 대한 이야기를 할 필요가 있다. 'S'는 1976년 AT&T의 Bell Labs Statistics Group에서 John Chamber, Rick Becker와 Allan Wilks가 "to turn ideas into software, quickly and faithfully." 라는 목표로 자체 개발한 통계 프로그래밍 언어이다. 그 전까지 대부분의 통계 계산은 Fortran의 서브루틴을 통해 수행되었다. 1976년 최초 개발된 무명의 S는 "Statistical Computing System", "Statistical Analysis System" (그러나 이 이름은 지금의 "SAS System"이 이미 사용하고 있었다), "Interactive SCS" 등의 후보를 거쳐 'S'라는 이름으로 불리게 되었다.

13) 구글 Trends,
http://www.google.com/trends/explore#q=%2Fm%2F0210yf8%2C%20%2Fm%2F0212jm%2C%20SPSS&date=1%2F2004%20133m&cmpt=q&tz=

이 'S'라는 이름은 Statistical computing의 머리글자이기도 했지만, 그 당시 같은 기관에서 설계하고 있던 또 다른 프로그래밍 언어와의 연관성을 강조하기 위해 한 글자의 알파벳으로 된 이름을 채택하고자 했기에 선택된 이름이기도 했다. 그 또 다른 프로그래밍 언어가 바로 C언어이다.

1988년 S의 문법 구조나 언어에 많은 변경이 있었으며 객체라는 개념이 도입되기 시작했다. "The New S Language" (Blue Book 출판)라는 책이 출간되어 함수에서 매크로까지 전반적인 기능들에 걸쳐 'New S'에서 변경된 사항들을 소개했지만 사용자들은 이 'New S'로의 이주를 탐탁지 않게 생각했다. 많은 부분에 생겨난 변화 때문에 기존 사용자들이 사용하고 있던 대부분의 코드를 새로 작성해야 했기 때문이다. 그러던 중 R이 탄생한다.

R은 1993년 뉴질랜드 University of Auckland에서 Ross Inaka와 Robert Gentleman에 의해 개발된 소프트웨어인데 'Scheme' 이라는 언어로부터 렉시컬 스코프 (정적 스코프)의 개념을 도입한 또 다른 S 언어 프로그램이었다. 이 'R'이라는 이름은 두 개발자 Ross Inaka와 Robert Gentleman의 머리글자에서 따왔으며 S보다 한 단계 발전되었다는 의미에서 알파벳 S보다 앞선 R을 차용했다는 의미도 포함하고 있다. R이 발표되던 당시에도 S언어를 도입한 프로그램들은 계속 존재했었다. 1988년 TIBCO Software Inc. 에서 출시되어 계속 버전업을 거듭한 S-Plus라는 프로그램이 유명했고 최초의 S 역시도 S3, S4 등의 후속 프로그램이 출시되었지만 이들은 모두 상용 프로그램이었다.

그런데 R이 처음 발표된지 2년째 되던 해인 1995년, R은 자유 소프트웨어 재단(Free Software Foundation)의 GNU 일반 공중 사용 허가서(GPL, GNU Public General License)로 인해 무료로 공개되었다. 또한 기존 프로그램을 사용하기 위해 대부분의 코드를 새로 짜야했던 S의 최신버전과 달리 R은 S와의 중요한 차이점이 있음에도 불구하고 기존 S로 작성했던 대부분의 코드를 실행시킬 수 있었다. 이후로도 R은 대부분의 UNIX계열 플랫폼에 다채롭게 대응하도록 컴파일 되어 Windows는 물론 Linux나 Mac OS를 지원하며 저변을 넓혔다. 그리고 꾸준히 버전업을 거듭하며 S4나 S-Plus를 제치고 현재는 S언어 기반의 프로그램 중 가장 널리 사용되고 있으며 패키지를 통한 확장성 때문에 그 가능성 또한 높게 평가받고 있다. R은 사용자들이 직접 패키지를 계속 만들어서 새로운 기법들을 생성하고 있기 때문에 버전이 계속 갱신되고 있다. 2016년 4월 현재 R의 최신 버전은 3.2.5 버전이며 이후로도 계속 버전을 업그레이드 할 것이다.

## 다. R의 특징

R은 무료 소프트웨어이면서도 고차원적인 계산이 가능하며 통계 분석과 시각화에 최적화 된 환경을 통해 단순한 계산부터 복잡한 통계 기법까지를 폭넓게 다룰 수 있다. R의 가장 강력한 특징들 몇 가지를 살펴보면 다음과 같다.

### 1) 그래픽 처리

R은 상용 소프트웨어에 버금가는 상당한 수준의 그래프와 그림을 그릴 수 있다. 기본적인 그래픽 관련 옵션들이 충실하게 갖춰져 있기 때문에 그림의 용도와 역할에 맞게 적절한 그래프를 언제든지 쉽게 생산할

수 있으며 매우 세부적인 부분까지 사용자가 직접 지정하여 섬세한 작업을 수행할 수도 있다. 또한 출판물로 사용해도 손색이 없을 정도의 고해상도 이미지를 생산함에도 그 처리 시간이 매우 빠르기 때문에 단순히 분석과정에서 뿐만 아니라 보고서 작성이나 발표 자료 작성 시에도 유용하게 사용할 수 있다.

#### 2) 데이터 처리 및 계산 능력

R은 벡터(Vector), 행렬(Matrix), 배열(Array), 데이터 프레임(Data Frame), 리스트(List) 등 다양한 형태의 데이터 구조를 지원하므로 다양한 형태의 분석에 대응하기 좋다. 또한 복잡한 구조 내의 개별 데이터에 접근하는 절차가 간단하므로 큰 데이터를 핸들링 하기도 간편하다.

#### 3) 패키지

R에는 패키지라는 개념이 있어 사용자들이 스스로 개발하는 새로운 함수들을 패키지의 형태로 내려 받아 사용할 수 있다. 일반적으로 패키지는 하나의 목적을 가지고 제작이 되는데 특정 분석 기법을 사용하기 위해 하나의 패키지를 설치하면 해당 분석에 필요한 과정들을 수행할 수 있는 함수가 패키지에 포함되어 있는 형식이다. 이러한 확장성 덕분에 다른 통계 프로그램에 비해 최신 이론이나 기법을 사용해보기가 더 쉽다. 연구자들이 자신의 기법을 패키지화 해서 올리기만 한다면 누구나 해당 패키지를 통해 그 기법을 사용해 볼 수 있기 때문이다. 또한 쉽게 사용할 수 없는 강력한 그래픽 처리를 원하는 경우에도 패키지의 형태를 적용하여 복잡하고 어려운 옵션이 적용된 고급 그래픽 기능들을 이용해 간편하게 처리할 수 있다.

## R 설치 방법

R은 무료로 설치할 수 있는 공개 소프트웨어이다. R 공식 웹페이지인 http://r-project.org 에서 무료로 R을 다운로드 받고 설치할 수 있다.

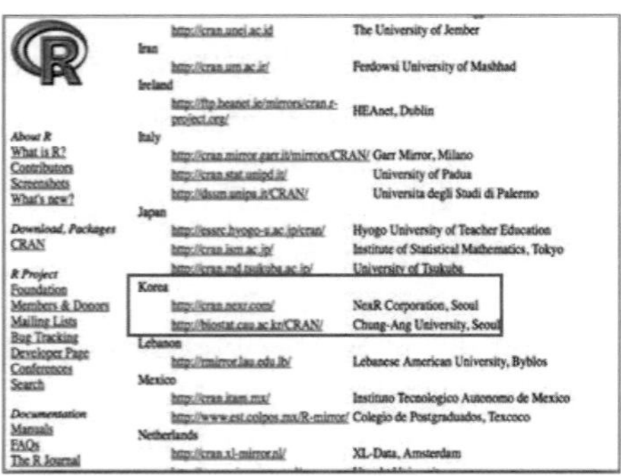


① R 웹페이지의 Download, Packages 메뉴의 CRAN을 선택하여 접속한 후 한국 서버를 기반으로 하는 링크를 선택한다.

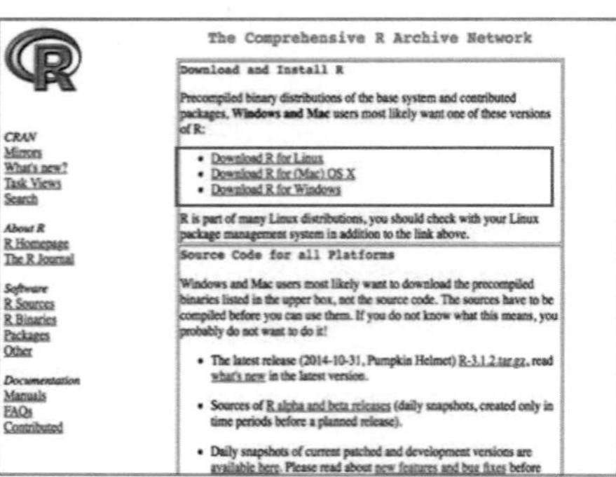


② R은 Windows 외에도 Linux나 Mac OS X등 다양한 운영체제를 지원한다. 자신의 운영 체제에 알맞은 다운로드 링크를 선택한다.

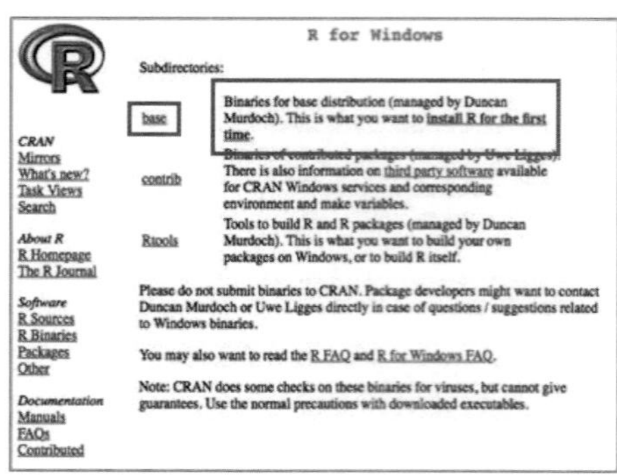


③ R을 처음 설치한다면 R base만 설치하면 된다. 좌측의 base 링크나 우측의 install R for the first time 링크를 선택하여 R을 다운로드 받을 수 있는 페이지로 이동한다.

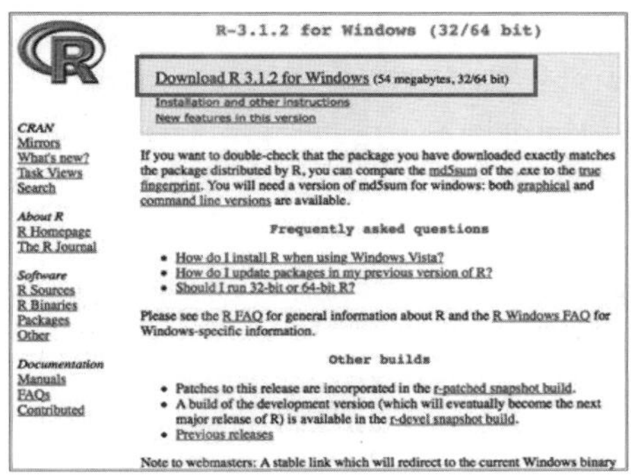


④ 최상단의 링크에서 항상 가장 최신 버전의 R을 다운로드 받을 수 있는 링크를 제공하고 있으므로 이를 선택하여 다운로드를 완료한다. Windows버전 기준으로 다운로드 받은 R-x.x.x-win.exe 파일을 더블 클릭하여 실행하면 R을 설치할 수 있다. 이후의 설치 과정도 Windows 버전 기준으로 설명할 것이지만 다른 운영체제의 경우에도 설치 과정은 이와 유사하다.

⑤ 설치 언어를 선택하고 이후에 나오는 대화상자에서 다음(N)을 선택하여 진행한다.

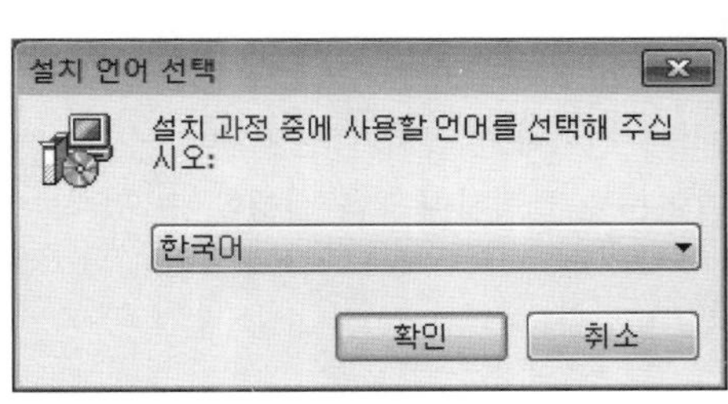


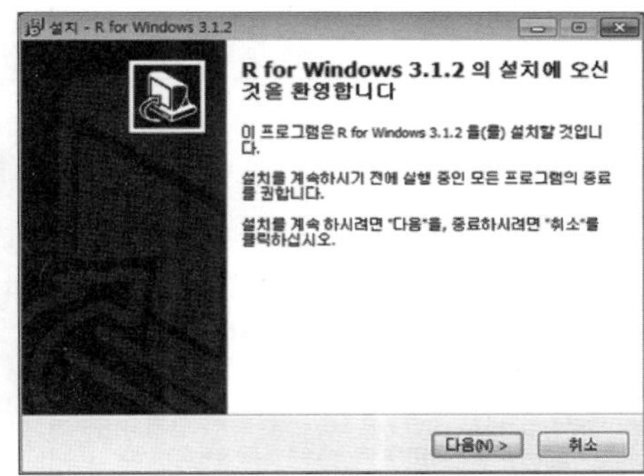


⑥ 약관과 라이선스에 관한 안내문이 나타나면 다음(N)을 선택하고 설치 경로를 설정해준다. 찾아보기(R)를 선택하여 임의의 경로에 설치할 수도 있다. 경로를 설정했다면 다음(N)을 선택한다.

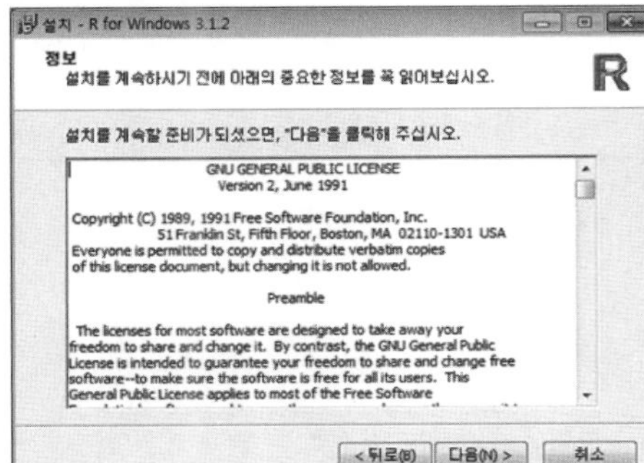


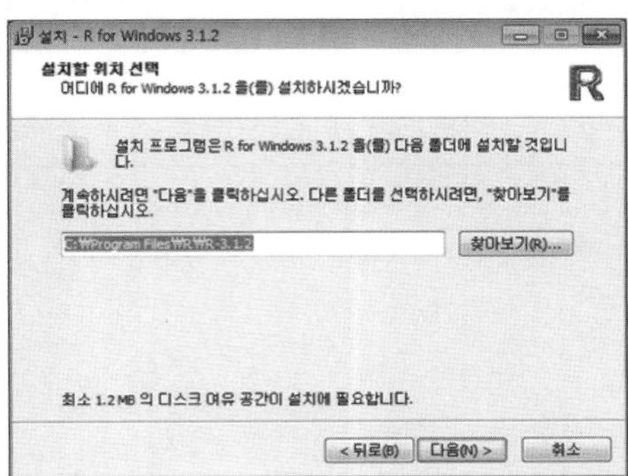

⑦ 운영체제 버전에 맞게 부가 구성요소를 설치할 수 있다. 일반적으로 사용자 편의를 위한 쉬운 설치를 체크 한 후 다음(N)을 선택한다. 그 이후에는 스타트업 조정 여부를 묻는 창이 나타난다. Yes를 선택하면 R에서 기본적으로 사용할 창의 개수나 도움말이 출력되는 형태 등을 설정할 수 있다. 이러한 설정은 설치 이후에도 변경할 수 있지만 특별한 경우가 아니라면 기본값인 No를 선택한 후 다음(N)을 선택한다.

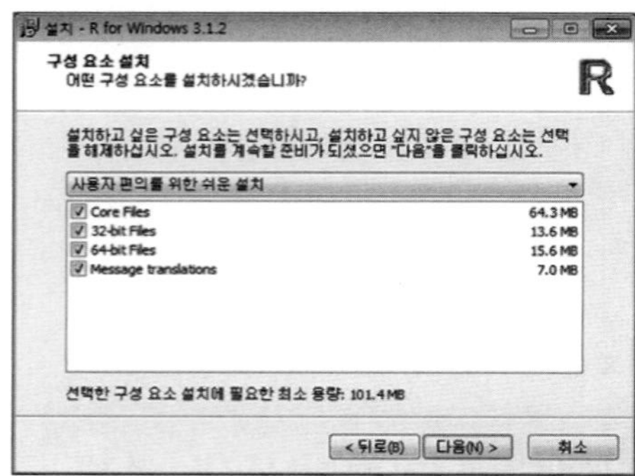


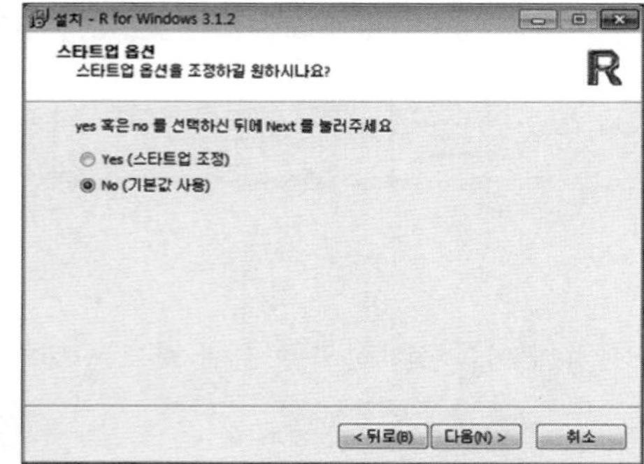


⑧ 시작 메뉴 폴더를 지정한다. 다음(N)을 선택하여 진행하면 설치가 진행된다.
설치가 완료되고 나면 시작메뉴나 바탕화면의 아이콘을 클릭하여 R을 실행할 수 있다.

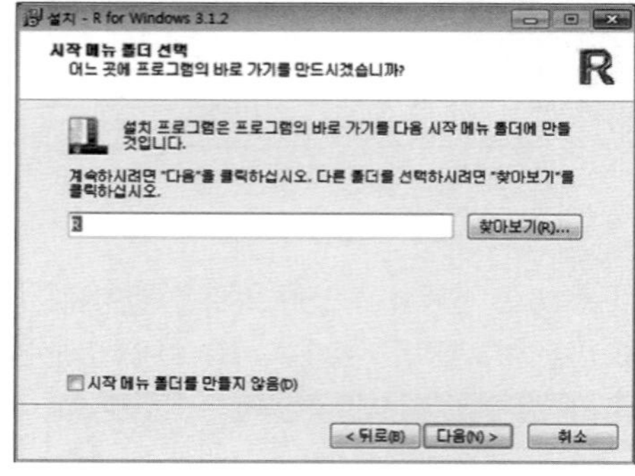

## 라. R Studio

R Studio는 R을 사용하는 통합 개발 환경 (Integrated Development Environment; IDE)중의 하나이다. IDE를 사용하면 R을 조금 더 간편하고 확장된 기능을 가지는 환경에서 실행할 수 있다. 특히 R Studio는 메모리에 저장되어있는 변수의 정보에 바로 접근하여 변수 내에 저장된 값들을 살펴보거나 수정할 수 있으며 특별한 명령어 없이도 변수의 정보에 대해 바로 알 수 있다. 또한 스크립트를 관리하고 문서화하기가 수월해 진다. R이 오픈 소스 프로그램이며 다양한 운영체제를 지원하는 것과 마찬가지로 R Studio 역시 무료로 사용할 수 있고 다양한 운영체제를 지원한다.

### R스튜디오 설치 방법

무료로 사용할 수 있는 R IDE중 대표적인 R Studio는 공식 홈페이지인 http://www.rstudio.com 에서 다운로드 받을 수 있다.

① R Studio 웹 페이지에 접속하면 메인 화면에 보이는 Download RStudio 버튼을 클릭하여 다운로드 웹 페이지로 이동한다.

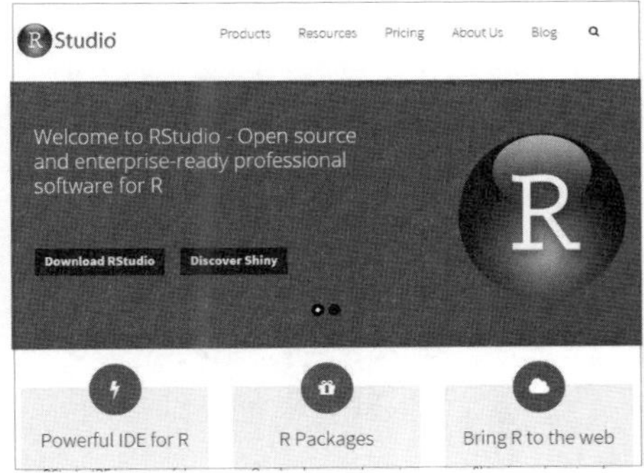


② 설치하고자 하는 환경에 맞게 데스크탑 용 프로그램과 서버용 프로그램이 준비되어 있다. 개인 사용자는 데스크탑 용 프로그램을 설치해 사용하면 되기 때문에 RStudio Desktop버튼을 클릭하여 이동하는 화면에서 Download RStudio버튼을 클릭한다.

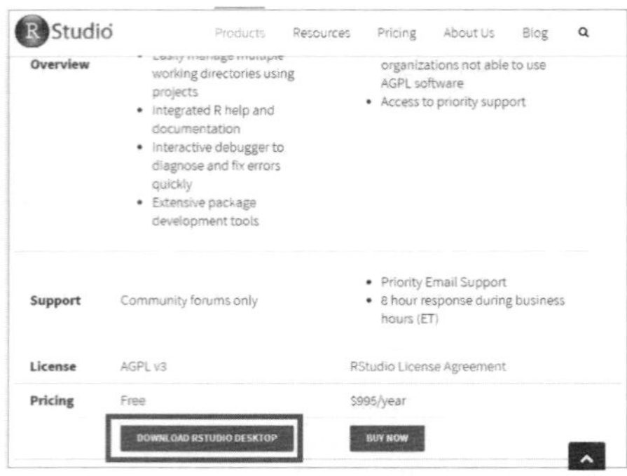


③ RStudio역시 R과 마찬가지로 다양한 운영체제에 대응하는 프로그램들을 제공하고 있다. Windows버전을 기준으로 다운로드 받은 RStudio-x.xx.xxxx.exe파일을 더블 클릭하여 설치를 진행한다.

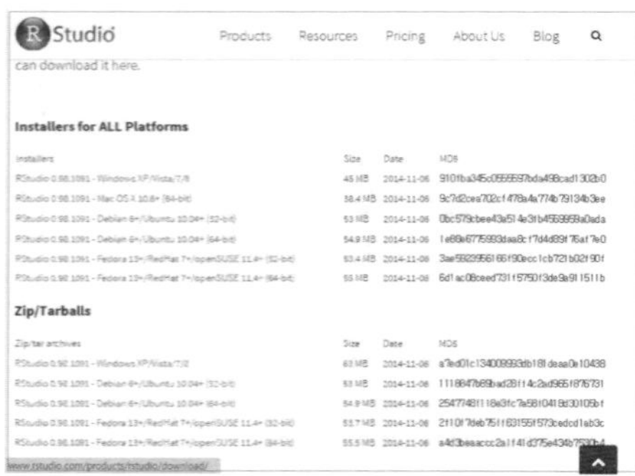


④ 설치 과정은 복잡하지 않다. 다음>을 클릭하여 설치 경로를 지정해주고 다음>을 클릭한다.

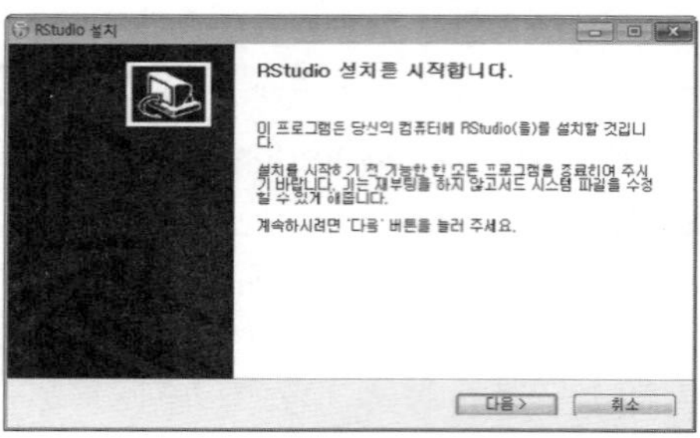


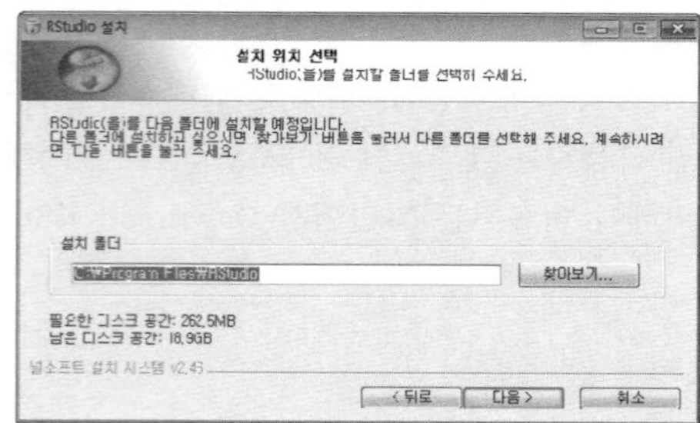

⑤ 시작 메뉴 폴더를 지정해주고 설치를 클릭하면 설치가 진행되며 이후에는 추가적인 설정 없이 설치가 완료된다.

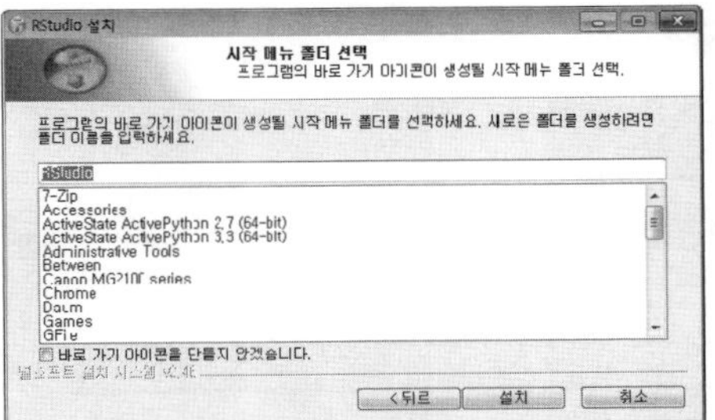


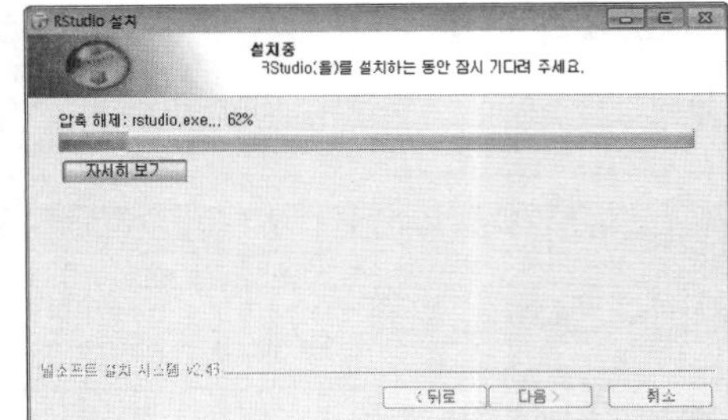


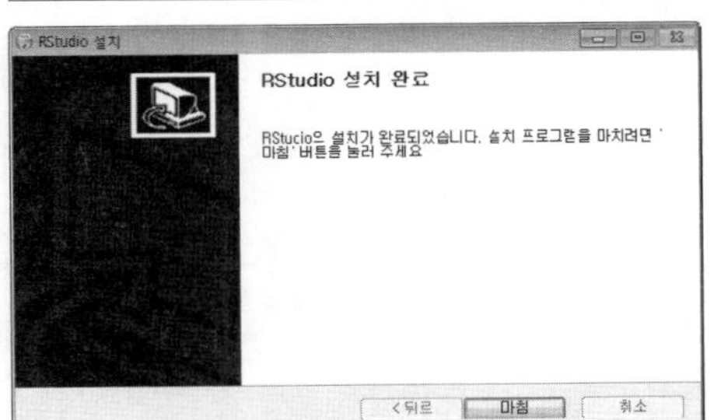

# 2. 기본 사용법

## 가. R과 R Studio의 구성

### 1) R의 구성

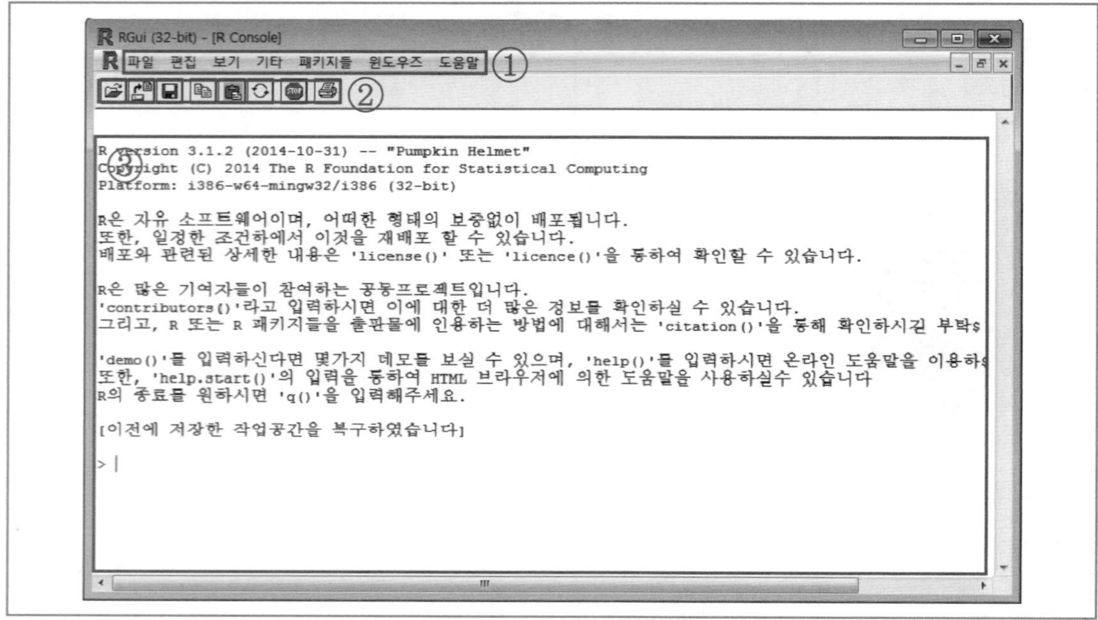


[그림 Ⅳ-1-2] R 구성화면

① 메뉴 바: 메뉴 바에는 R에서 사용할 수 있는 다양한 기본 기능들이 나열되어 있다.

② 단축 아이콘 툴바: 자주 사용하는 기능들의 단축 아이콘이 나열되어있다. 좌측부터 순서대로 스크립트 열기, 작업공간 불러오기, 작업공간 저장하기, 복사, 붙여넣기, 복사 후 붙여넣기, 현재 수행 중인 연산 중단, 인쇄하기 기능이 준비되어 있다.

③ R 콘솔: 콘솔은 R 명령어가 입력되고, 결과가 출력되는 R의 핵심적인 작업공간이다.

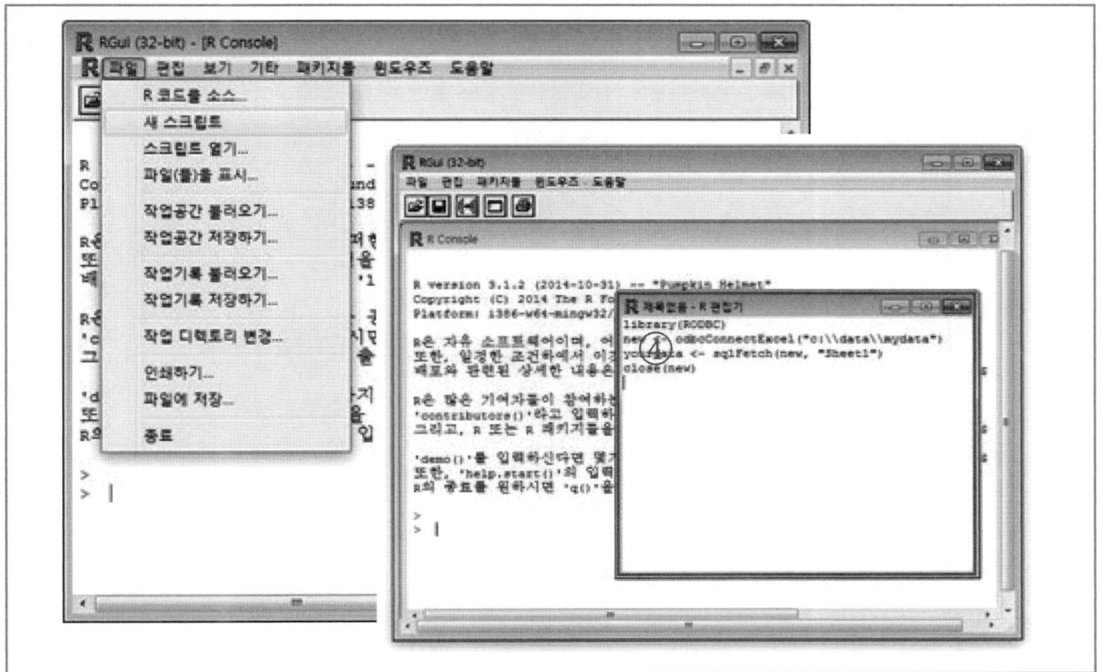

[그림 Ⅳ-1-3] R의 스크립트 창

④ 스크립트 창: 콘솔 창에서는 한 번에 한 줄의 명령어를 입력하고 바로 실행하여야 하기 때문에 긴 프로그래밍 코드를 작성하는 경우 사용하기가 불편하다. 이런 경우 별도로 실행시킬 수 있는 스크립트 창을 열어 여러 줄의 코드를 한 번에 작성하고 한 줄씩 실행시킬 수 있으며 스크립트 창에 입력된 코드를 별도의 스크립트 파일로 저장할 수 있다.

### 2) R Studio의 구성

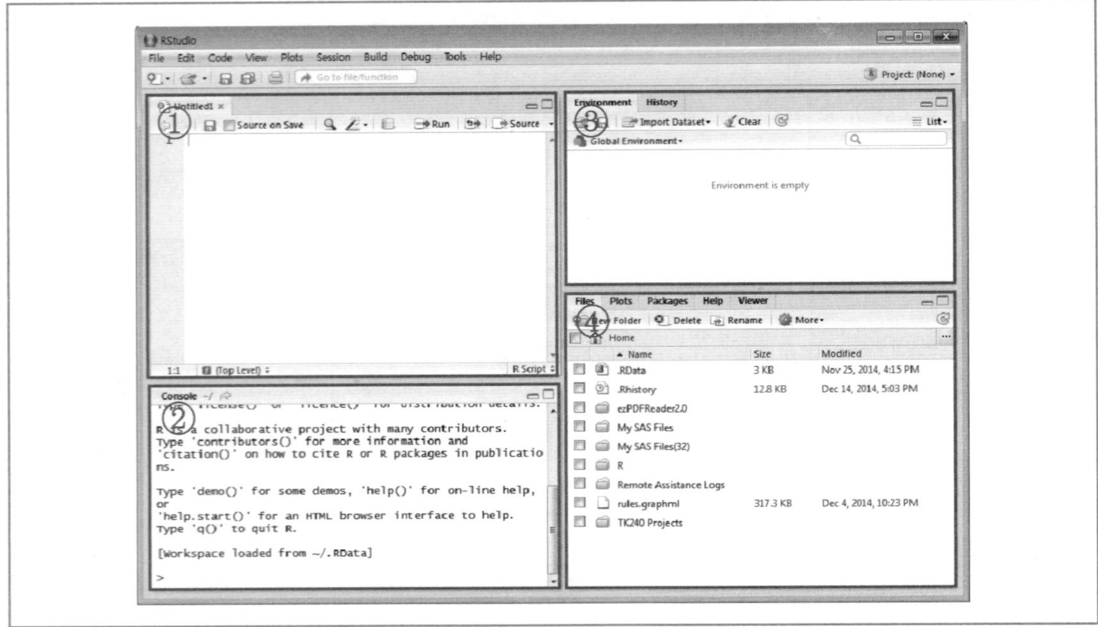


[그림 Ⅳ-1-4] R Studio 구성화면

R Studio는 크게 4개의 영역으로 구분되어 있으며 여러 정보를 동시에 확인할 수 있어 작업이 편리하다.

① 스크립트 창: 기존의 R에서 별도로 열 수 있는 스크립트 창과 동일한 기능을 한다. R에서 작성하여 저장한 스크립트를 불러올 수 있으며 여러 스크립트를 동시에 열어 작업할 수도 있다.

② R 콘솔: 기존의 R에서 볼 수 있었던 콘솔창과 동일하다. R 명령어를 실행한 결과가 콘솔 창에 나타나며 콘솔에 명령어를 입력하여 실행할 수도 있다. 이 경우 한 줄씩의 코드만 입력할 수 있다는 점에 유의하자.

③ 환경 및 히스토리: 탭을 통해 환경 설정과 히스토리를 살펴볼 수 있다. 환경 창에서는 현재 실행중인 R 프로젝트에서 선언된 변수, 함수, 데이터셋 등의 정보를 살펴볼 수 있다. 히스토리 창에서는 현재까지 정상적으로 실행한 명령어들이 나열된다.

④ 현재 문서들이 저장되는 폴더나 R을 이용해 그린 그림들, 불러온 패키지들과 도움말 등을 별도의 한 영역에서 확인할 수 있다.

**팁**

스크립트 창에서 작성된 프로그램 코드는 Run 버튼을 클릭하여 한 번에 전부 실행시킬 수도 있고 키보드로 Ctrl + Enter를 입력하여 작성된 코드들을 한 줄씩 실행시킬 수도 있다. 작성된 프로그램 중 일부만을 실행시키고 싶다면 실행하고자 하는 부분을 드래그한 후 Ctrl + Enter를 입력하여 실행해도 된다.

## 나. R 패키지 설치하기

R은 오픈 소스 프로그램이므로 다양한 개인들이 자신들만의 함수로 여러 기능을 제작하여 누구나 설치할 수 있는 패키지의 형태로 배포하고 있다. 이를 통해 최신 통계 이론을 적용한 패키지를 설치하여 분석을 실시할 수도 있고 각종 복잡한 그래프 설정에 대해 미리 정의해둔 패키지를 설치하면 복잡한 그림들을 손쉽게 그릴 수도 있다. 또한 기본 프로그램인 R(base)에서 지원하지 않는 명령어나 함수를 사용할 수 있으며 유용한 데이터셋이 내장되어 있는 패키지를 이용할 수도 있다.

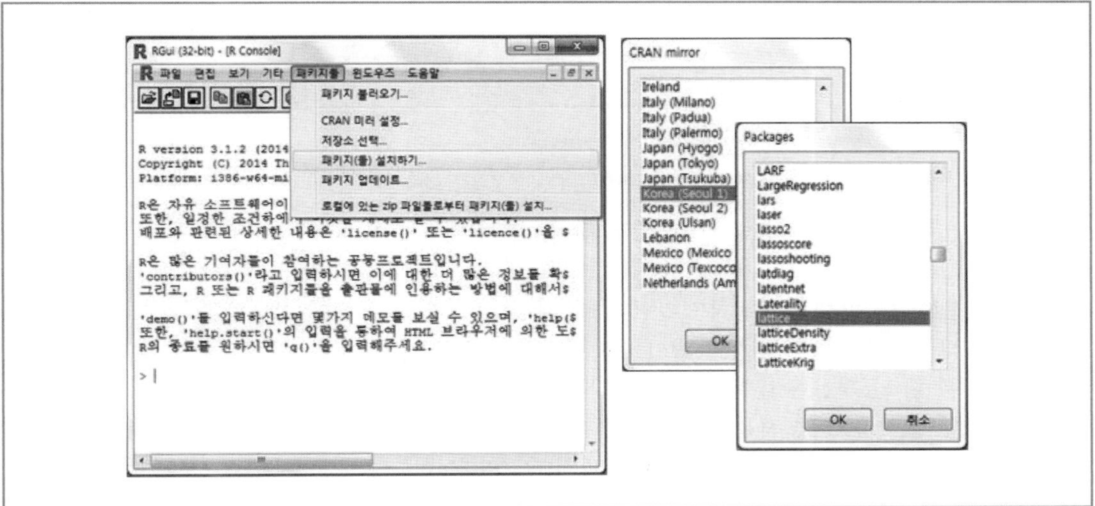


**[그림 Ⅳ-1-5] R 패키지 설치하기**

R 패키지를 설치하기 위해 상단 메뉴바의 패키지툴을 클릭하고 패키지(를) 설치하기…를 클릭한다. CRAN 미러사이트가 설정되어있지 않다면 CRAN 미러사이트를 지정하는 창이 뜬다. 미러사이트가 설정되면 현재 설치할 수 있는 모든 패키지들의 목록이 알파벳순서로 나열된다. 설치하고자 하는 패키지를 찾아 선택하고 OK버튼을 클릭하면 자동적으로 패키지 설치가 진행된다.

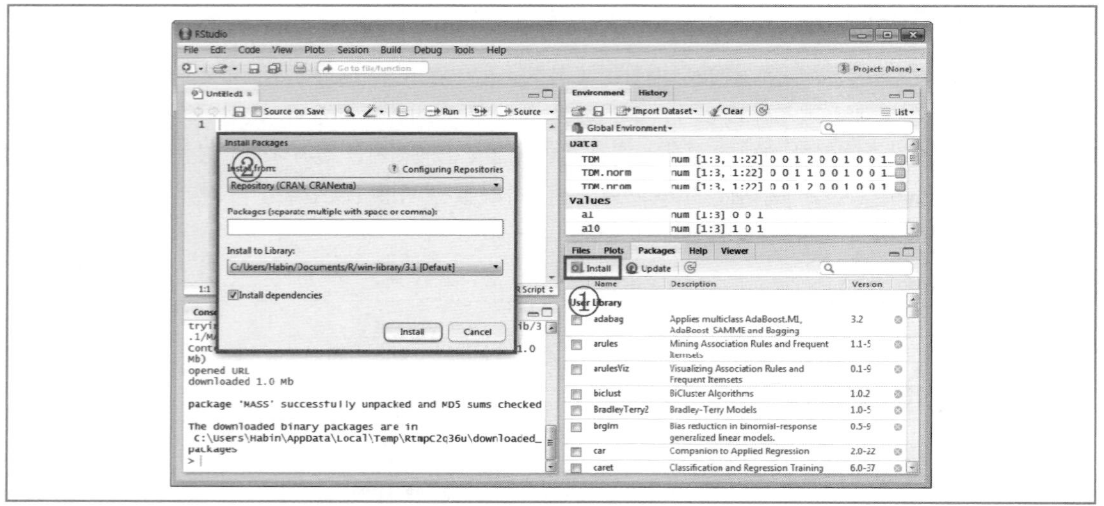

[그림 Ⅳ-1-6] R Studio에서 패키지 설치하기

R Studio를 이용하면 패키지 설치도 간편하게 진행할 수 있다. 우측 하단 인터페이스의 Packages 탭을 클릭한 후 ①의 Install을 클릭하면 ②의 창이 새로 나타난다. 이 창에 패키지 이름을 입력하면 설치가 진행된다. 패키지 이름은 대소문자를 구별한다는 점에 유의하자.

또한 아래와 같은 명령어를 사용해서 패키지를 설치할 수도 있다. 이 경우 명령어를 실행하면 위와 마찬가지로 CRAN 미러사이트를 지정해주는 창이 나오고 선택된 미러사이트에서 패키지를 다운로드 받아 설치한다. 패키지의 이름을 정확하게 알고 있는 경우 이 코드를 직접 실행시키는 방법이 가장 빠르고 간편하게 패키지를 설치할 수 있는 방법이다.

```
> install.packages("패키지 이름")
```

패키지를 설치한 후에는 패키지를 R 콘솔에 불러와야 패키지에 포함된 함수나 데이터셋을 사용할 수 있다. 설치된 패키지는 다음 명령어를 이용하여 R 콘솔로 불러온다.

```
> library(패키지 이름)
```

패키지를 설치하는 명령어와 패키지를 불러오는 명령어에 따옴표 사용 유무가 다르므로 잘 확인하여야 한다. R Studio의 경우 패키지를 설치한 이후 우측 하단의 Package 탭의 목록 중에서 불러오고자 하는 패키지의 이름 앞에 있는 체크박스를 클릭하면 자동적으로 위 코드를 실행시키며 패키지를 불러온다.

## 다. R 도움말 (help)

R의 또 다른 장점은 R의 다양한 함수들과 옵션들에 대해 상세한 도움말이 있다는 점이다. R에 수많은 기능들이 존재하지만 사용자가 이 모든 기능들을 숙지하고 암기하여 사용하기란 쉽지 않다. 그러므로 R의 도움말을 적극 활용하면 R의 다양한 기능들을 손쉽게 활용할 수 있다. 도움말에는 해당 함수에 대한 기본적인 설명과 각 인수들에 대한 설명, 그리고 사용할 수 있는 모든 옵션들의 목록과 다양한 예제가 준비되어 있다. 이 예제를 직접 실행해보거나 도움말에서 제공하는 인수들을 직접 추가해보면서 해당 함수에 대해 더 많은 기능들을 사용해 볼 수 있다.

도움말은 '?' 명령어나 'help' 명령어를 통해 불러올 수 있으며 거의 모든 함수들에 대해 도움말이 준비되어 있으므로 익숙하지 않은 함수가 나타나거나 사용하기에 앞서 도움말을 한번 살펴보는 것이 큰 도움이 될 것이다. 다음 명령어는 R에서 생성하는 그래프의 설정을 변경할 수 있는 함수인 par함수에 대한 도움말이다.

도움말을 새로 불러오는 경우 R에서는 기본 설정되어있는 브라우저를 통해 도움말을 보여주고 R Studio에서는 우측 하단의 Help탭에서 도움말 내용을 보여준다.

```
> ?par
> help( par )
```

par {graphics} R Documentation

Set or Query Graphical Parameters

**Description**

par can be used to set or query graphical parameters. Parameters can be set by specifying them as arguments to par in tag = value form, or by passing them as a list of tagged values.

**Usage**

```
par(..., no.readonly = FALSE)
<highlevel plot> (₩dots, <tag> = <value>)
```

**Arguments**

| | |
|---|---|
| ... | arguments in tag = value form, or a list of tagged values. The tags must come from the names of graphical parameters described in the 'Graphical Parameters' section. |
| no.readonly | logical; if TRUE and there are no other arguments, only parameters are returned which can be set by a subsequent par() call *on the same device*. |

**Details**

[그림 Ⅳ-1-7] R에서 par함수의 도움말

## 라. R 언어와 문법

R 언어는 S 언어와 유사하며 C 언어와도 유사하기 때문에 다른 언어를 통한 프로그래밍에 익숙한 사람이라면 여러 가지 명령어를 직관적으로 적용할 수 있어 쉽게 사용이 가능하다. 그러나 프로그래밍을 처음 접해보는 사람이라면 익숙해지기까지 시간이 필요할 것이다. R을 이용하면 다양한 방식의 코딩을 통해 원하는 작업을 수행할 수 있지만, 프로그래밍을 처음 접하는 독자들을 위해 기본적인 명령어들과 코드에 대해 간단히 소개한다. R을 체계적으로 배우고 싶다면 〈R Cookbook〉[14]등 시중에 출시된 R 소개서를 추천한다. 아래 설명 내용 중 소스코드 맨 앞에 자주 등장하는 '〉'는 R에서 자동적으로 출력되는 기호이므로 실제 R 명령어를 작성할 때는 '〉'를 적지 않도록 하는 점에 유의하자. 또한 코드 중간 '#' 기호 이후에 입력되는 부분은 주석이므로 실제 프로그램 코드에는 영향을 미치지 않는다. 다시 말해 '#' 이후의 주석은 복잡한 코드를 설명하기 위해 입력하는 설명문이며, 실행되지는 않는다.

### 1) R의 데이터 구조

R은 다양한 형태의 데이터 구조를 다룰 수 있다. Transaction, Rules, Logical 등 다양한 형태의 데이터 구조가 존재하지만 그 중에서도 R에서 가장 자주 사용되는 데이터 구조인 벡터, 행렬, 데이터 프레임에 대해 살펴보자.

① 벡터

벡터 데이터 구조는 하나의 스칼라값, 혹은 하나 이상의 스칼라 원소들을 갖는 단순한 형태의 집합을 의미한다. 이 때 벡터 데이터 내에 들어갈 수 있는 원소는 숫자, 문자, 논리 연산자 등이 될 수 있다. 숫자로 이루어진 벡터는 숫자 벡터가 되고 문자로 이루어진 벡터는 문자 벡터가 된다. R에서 다루는 데이터 구조 중 가장 단순한 형태이며 명령어 c를 이용해 선언할 수 있다. 이 때, 'c'는 concentration(연결)을 의미한다.

```
> x = c(1, 10, 24, 40)
> y = c("사과", "바나나", "오렌지")
> z = c(TRUE, FALSE, TRUE)
```

이 경우 x는 숫자형 벡터, y는 문자형 벡터, z는 논리 연산자 벡터가 된다. 논리 연산자 벡터를 숫자형 벡터처럼 사용하는 경우 자동적으로 'TRUE'는 1의 값을 할당받으며 'FALSE'는 0의 값을 할당받는다. R은 대문자와 소문자를 구분하여 인식하기 때문에 논리 연산자를 입력할 때는 반드시 모든 글자를 대문자로 기입하여야 논리 연산자로 인식한다는 점에 유의하자. 등호 '='의 경우 우측의 값을 좌측의 변수에 할당한다는 의미로서 조금 더 직관적인 형태로 '〈-'를 사용할 수도 있다. 다음 코드는 위의 벡터 선언 코드와 완전히 동일한 코드이다.

14) 폴 티터, 『R cookbook』(인사이트,2012)

```
> x <- c(1, 10, 24, 40)
> y <- c("사과", "바나나", "오렌지")
> z <- c(TRUE, FALSE, TRUE)
```

또한 다음과 같이 c 명령어를 이용하여 벡터와 벡터를 결합하여 새로운 벡터를 형성할 수도 있다. 벡터를 결합하여 행렬을 이루도록 하는 방법도 존재하는데, 이에 대해서는 다른 절에서 다루도록 한다. 형식이 같은 벡터를 합치면 합쳐진 벡터의 형식도 이전과 동일한 형식을 따르지만, 합치는 벡터에 문자형 벡터가 포함되면 합쳐지는 벡터는 문자형 벡터가 된다. 아래 코드의 예에서 숫자형 벡터인 x와 문자형 벡터인 y를 xy라는 벡터로 합쳤다. 합쳐진 xy벡터는 x벡터가 가지고 있던 1, 10, 24, 40의 값을 그대로 가지고는 있지만 문자형 벡터로 전환되었기 때문에 이 값들을 숫자가 아닌 문자 데이터로 인식하게 된다.

```
> x <- c(1, 10, 24, 40)
> y <- c("사과", "바나나", "오렌지")
> xy <- c(x, y)
> xy
[1] "1"     "10"     "24"     "40"     "사과"     "바나나"     "오렌지"
```

② 행렬

행렬은 행과 열을 갖는 $m \times n$형태의 직사각형에 데이터를 나열한 데이터 구조이다. 행렬의 선언을 위해 명령어 matrix를 사용한다. matrix 명령어의 첫 번째 인수는 행렬에 들어가는 데이터들을 묶어놓은 벡터가 할당되며 ncol 옵션으로 열(column)의 수를 정하거나 nrow 옵션으로 행(row)의 수를 정해 행렬의 크기를 사용자가 원하는 대로 지정할 수 있다. 기본적으로 값들은 열을 우선 채우는 방향으로 입력된다 (즉, 1행 1열, 2행 1열, 3행 1열 … 1행 2열, 2행 2열, 3행 2열 … 의 순서). 아래 코드를 살펴보면 행렬형 변수 'mx'는 1, 2, 3, 4, 5, 6이라는 여섯 개의 원소를 갖는 행렬이 되며 ncol=2옵션을 통해 2열짜리 (원소가 총 6개이므로 열의 개수가 2개인 것이 정해지면 행의 수도 3개로 자동적으로 정해진다) 행렬이 만들어진다. 결과를 살펴보면 다음과 같다. 3행 2열의 행렬이 만들어졌으며 1, 2, 3, 4, 5, 6의 값이 열을 우선 채우는 방향으로 채워 넣어졌다. 만약 행을 우선 채우는 방향을 원하면, byrow=T 옵션을 추가하면 된다.

```
> mx = matrix(c(1,2,3,4,5,6), ncol=2)
> mx
     [,1] [,2]
[1,]    1    4
[2,]    2    5
[3,]    3    6
```

명령어 rbind와 cbind를 사용해 이미 만들어져있는 벡터를 서로 합쳐 행렬을 만들 수도 있다. rbind의 'r'은 'row'를 의미하는데 기존의 행렬에 행을 추가하는 형태로 데이터를 결합시킨다. cbind의 'c'는 'column'을 의미하는데 기존의 행렬에 열을 추가하는 형태로 데이터를 결합시킨다. 다음 예제 코드를 살펴보자. 우선 rbind 명령어를 이용하여 이미 생성된 3행 2열의 행렬 'mx'에 1행 2열의 r1벡터를 추가하여 4행 2열의 행렬을 생성한다. 또한 cbind 명령어를 이용하여 기존의 행렬 'mx'에 3행 1열의 c1벡터를 추가하여 3행 3열의 행렬을 생성한다.

```
> mx
      [,1] [,2]
[1,]    1    4
[2,]    2    5
[3,]    3    6
> r1=c(10, 10)
> c1=c(20, 20, 20)
> rbind(mx, r1)
      [,1] [,2]
        1    4
        2    5
        3    6
r1     10   10
> cbind(mx, c1)
            c1
[1,]  1  4  20
[2,]  2  5  20
[3,]  3  6  20
```

행렬과 벡터 뿐 아니라 벡터와 벡터 역시 동일한 방법으로 합쳐 새로운 행렬을 형성할 수 있다. 이 때 합쳐지는 벡터들의 행의 수와 열의 수를 잘 파악하여 명령어를 적절하게 사용해야 한다. 또한 rbind와 cbind 명령어는 기본적으로 같은 데이터 타입의 벡터들은 행렬의 형태로 합쳐주지만, 이 명령어들을 이용해 다음에 소개할 데이터 프레임을 서로 합치는 경우에는 그대로 데이터 프레임의 형태로 데이터를 합쳐준다.

③ 데이터 프레임

데이터 프레임은 행렬과 유사한 2차원 목록 데이터 구조이다. 다루기가 쉽고 한 번에 많은 정보를 담을 수 있어 R에서 가장 널리 사용된다. 행렬과는 다르게 각 열이 서로 다른 데이터 타입을 가질 수 있기 때문에 데이터의 크기가 커져도 사용자가 다루기 수월하다. 명령어 data.frame을 이용하면 여러 개의 벡터를 하나의 데이터 프레임으로 합쳐 입력할 수 있다.

```
> income = c(100, 200, 150, 300, 900)
> car = c("kia", "hyundai", "kia", "toyota", "lexus")
> marriage = c(FALSE, FALSE, FALSE, TRUE, TRUE)
> mydat = data.frame(income, car, marriage)
```

위 코드에서 선언되는 income 벡터는 숫자형 벡터이다. car 벡터는 "kia", "hyundai", "toyota", "lexus"의 값을 원소로 갖는 문자형 벡터이며 marriage는 논리 연산자 벡터이다. data.frame 명령어를 이용해 세 벡터를 합쳐 하나의 데이터 프레임인 mydat을 생성했다. 생성된 데이터 프레임인 mydat의 출력 형태는 다음과 같다. 각 행이 하나의 관측치를 의미하고 각 열이 하나의 변수라고 가정하면 데이터 프레임은 분석자에게 상당히 친숙한 형태를 띠고 있음을 알 수 있다.

```
> mydat
        income    car       marriage
    1     100     kia       FALSE
    2     200     hyundai   FALSE
    3     150     kia       FALSE
    4     300     toyota    TRUE
    5     900     lexus     TRUE
```

### 2) 외부 데이터 불러오기

데이터를 저장하는 파일 형식은 다양하다. R은 다양한 형태의 외부 데이터를 불러올 수 있다. 데이터 저장을 위해 주로 많이 사용되는 csv파일, txt파일, 엑셀의 xls/xlsx파일을 R로 불러오는 방법에 대해서 알아보자.

① CSV파일 불러오기

명령어 read.table을 이용하면 csv파일을 R에 데이터 프레임 형태로 불러올 수 있다. csv파일의 구성에 따라 다양한 옵션을 이용하면 데이터가 작성된 형태 그대로 불러올 수 있다. header=T 옵션을 이용하면 csv파일의 첫 줄을 변수명으로 지정할 수 있다. 또한 sep=',' 옵션을 통해 데이터가 쉼표로 구분된 데이터 파일 (즉, csv파일)임을 지정해준다. read.table 명령어를 이용할 때는 파일 경로에 ₩ 대신 ₩₩를 사용함에 유의한다. 혹은 ₩₩ 대신 /을 사용해도 무관하다. 아래 코드를 통해 data1이라는 데이터 프레임이 생성되며 해당 경로의 csv파일을 그대로 불러오게 된다.

```
data1 <- read.table("D:\\DATA\\example.csv", header=T, sep=",")
```

혹은 유사한 명령어인 read.csv를 이용할 수도 있다. 사용법은 read.table과 비슷하지만 sep=","를 통해 구분자를 명시할 필요가 없다.

② txt파일 불러오기

명령어 read.table을 이용하여 txt파일 역시 데이터 프레임의 형태로 불러올 수 있다. 이 경우 sep=','옵션을 사용하지 않으면 csv파일이 아닌 일반 txt파일을 불러올 수 있다. txt파일을 데이터셋의 형태로 불러올 때는 txt파일이 구분자나 형식 등을 잘 지켜서 작성되어 있어야 한다. 아래 코드에서 선언되는 data2라는 데이터 프레임은 해당 경로의 텍스트 파일을 불러온다.

```
data2 <- read.table("D:\\DATA\\example.txt")
```

③ 엑셀 파일 (xls/xlsx) 불러오기

엑셀 파일을 불러오는 방법은 크게 두 가지이다. 첫 번째 방법은 엑셀 파일을 엑셀로 실행시킨 뒤 csv파일 형식으로 저장하여 앞의 csv파일 불러오기 방법으로 불러오는 방법이다. 엑셀을 사용할 수 없거나 이 방법이 번거롭다면 두 번째 방법으로 R에서 지원하는 패키지를 설치하여 엑셀 파일을 직접 불러올 수도 있다. 아래의 방법은 RODBC라는 패키지를 이용해 불러오는 방법이지만 이 외에도 엑셀 파일을 불러올 수 있도록 만들어주는 패키지는 다양하다. 경로에 저장되어있는 mydata.xls 파일을 불러오는 코드는 다음과 같다.

```
> library(RODBC) # 패키지 열기
> new <- odbcConnectExcel("c:\\data\\mydata") # 엑셀파일의 경로입력
> yourdata <- sqlFetch(new, "Sheet1") # 엑셀파일의 워크시트(sheet) 이름 입력
> close(new)
```

library 명령어를 통해 RODBC 패키지를 연다. 이후 odbcConnectExcel 명령어와 sqlFetch 명령어를 이용하여 엑셀 파일의 워크시트를 설정하여 불러올 수 있다. 엑셀 파일의 경로를 입력하는 경우 확장자를 생략하고 작성해야 하는 점에 유의한다. 또한 엑셀 파일의 워크시트 이름은 대소문자를 구분하므로 정확하게 작성해야 한다. R의 패키지와 라이브러리를 설치하는 방법에 대해서는 뒤의 "라. R 패키지 설치하기" 에서 설명할 것이다.

### 3) R의 기초 함수

R에는 다양한 함수들이 존재하며 이 함수들을 적절하게 이용해 자신이 구현하고자 하는 통계적 기법이나 데이터 처리를 진행할 수 있다. 여러 가지 함수들 중 가장 기본이 되는 몇 가지 함수들을 살펴보자. 이러한 기초 함수들은 복잡한 함수나 프로그램을 제작하는데 있어 볼트와 너트처럼 어디에나 사용되므로 잘 익혀둘 필요가 있다.

① 수열 생성하기

복잡한 계산이나 알고리즘의 구현을 위해서는 다양한 형태의 숫자들을 반복적으로 생성해주는 수열 생성 함수들을 알아두어야 한다. rep 함수는 기본적으로 두 개의 인수를 갖는데, 첫 번째 인수를 두 번째 인수만큼 반복하는 숫자 벡터를 생성한다.

```
> rep (1 , 3)
[1] 1   1   1
```

seq 함수 역시 기본적으로 두 개의 인수를 갖는데, 첫 인수부터 두 번째 인수까지 1씩 증가하는 수열의 숫자 벡터를 생성한다.

```
> seq (1 , 3)
[1] 1   2   3
```

seq(1,3)은 간단하게 1:3과 같은 형태로 사용할 수도 있다. a:b 라는 함수는 seq 함수의 첫 번째 인수가 a이고 두 번째 인수가 b인 경우와 같은 결과를 생성한다.

```
> 1:3
[1] 1   2   3
```

seq 함수에 by=n 옵션을 추가하여 1씩 증가하는 수열이 아닌 n씩 증가하는 수열을 생성할 수 있다.

```
> seq (1 , 11, by=2)
[1] 1   3   5   7   9   11
```

seq 함수에 length=m 옵션을 추가하면 전체 수열의 개수가 m개가 되도록 자동적으로 증가하는 수열을 생성할 수 있다.

```
> seq (1 , 11, length=6)
[1] 1   3   5   7   9   11
> seq (1 , 11, length=8)
[1]  1.000000  2.428571  3.857143  5.285714  6.714286  8.142857  9.571429  11.000000
```

rep 함수에 연속 증가하는 seq 함수의 형태를 인수로 사용하여 다음과 같은 수열을 생성할 수 있다. 이 경우 수열 2:5, 즉 2, 3, 4, 5가 3번 반복된다는 것을 알 수 있다.

```
> rep(2:5, 3)
[1] 2   3   4   5   2   3   4   5   2   3   4   5
```

② 기초적인 수치 계산

R에는 행렬 계산을 비롯해 다양한 형태의 수치 계산을 위한 함수와 명령어가 준비되어있다. 간단한 형태의 벡터와 행렬을 생성하여 여러 가지 수치 계산 기능들에 대해 살펴보도록 하자. 아래 코드를 통해 기본적인 사칙연산이 수행되는 원리를 알 수 있을 것이다. 기본적으로 벡터와 벡터의 사칙연산을 수행하는 경우 연산되는 벡터들의 길이가 같아야 한다.

```
> a=1:10
> a
 [1]  1  2  3  4  5  6  7  8  9 10
> a+a
 [1]  2  4  6  8 10 12 14 16 18 20
> a-a
 [1] 0 0 0 0 0 0 0 0 0 0
> a*a
 [1]   1   4   9  16  25  36  49  64  81 100
> a/a
 [1] 1 1 1 1 1 1 1 1 1 1
```

R에서 벡터를 생성할 때는 기본적으로 열벡터가 만들어진다. 아래 코드에서는 3행 1열의 열벡터 행렬을 생성하고, 이 행렬의 전치행렬 t(a), 즉 1행 3열의 행벡터 행렬을 생성한 후 두 행렬에 대해 서로 행렬곱을 실시해 3행 3열의 행렬을 만들어보도록 한다. t 명령어를 통해 주어진 행렬의 전치행렬(transpose matrix)을 구할 수 있고 %*%를 통해 두 행렬 사이의 행렬곱을 실시할 수 있다.

```
> a=c(2,7,3)
> a
[1] 2 7 3
> t(a)
     [,1] [,2] [,3]
[1,]    2    7    3
> A= a%*%t(a)
> A
     [,1] [,2] [,3]
[1,]    4   14    6
[2,]   14   49   21
[3,]    6   21    9
```

행렬 A에 대해서 *를 통해 연산을 실시하면 단순한 스칼라 곱의 결과를 얻을 수 있다. 또한 solve 명령어를 통해 주어진 행렬의 역행렬(inverse matrix)을 계산할 수 있다.

```
> mx=matrix(c(23,41,12,35,67,1,24,7,53), nrow=3)
> mx
     [,1] [,2] [,3]
[1,]   23   35   24
[2,]   41   67    7
[3,]   12    1   53
> 5*mx
     [,1] [,2] [,3]
[1,]  115  175  120
[2,]  205  335   35
[3,]   60    5  265
> solve(mx)
            [,1]        [,2]        [,3]
[1,] -0.35743822  0.18466969  0.13746848
[2,]  0.21069087 -0.09389813 -0.08300555
[3,]  0.07695411 -0.04004034 -0.01069087
```

R에서는 짧은 명령어를 이용해 기초적인 기술통계량들을 간편하게 계산할 수 있다. a라는 벡터를 다음과 같이 생성하고 이 벡터에 대한 기초 통계량들과 통계 계산에서 주로 사용되는 연산들에 대한 계산법을 살펴보자.

```
> a = 1:10
> a
[1]   1  2  3  4  5  6  7  8  9 10
```

mean, var, sd 함수는 각각 입력한 벡터의 평균, 분산, 표준편차를 계산해준다.

```
> mean(a)
[1]  5.5
> var(a)
[1]  9.166667
> sd(a)
[1]  3.02765
```

sum, median, log 함수를 이용해서 각각 입력한 벡터들의 합, 중앙값, 자연로그값을 계산할 수 있다.

```
> sum(a)
[1] 55
> median(a)
[1] 5.5
> log(a)
 [1] 0.0000000 0.6931472 1.0986123 1.3862944 1.6094379 1.7917595 1.9459101
 [8] 2.0794415 2.1972246 2.3025851
```

서로 다른 두 벡터에 대해서는 cov, cor 함수를 사용해 공분산과 상관계수를 구할 수 있다.

```
> b=log(a)
> cov(a,b)
[1] 2.112062
> cor(a,b)
[1] 0.9516624
```

또한 summary 함수를 이용하면 주어진 벡터에 대해 각 사분위수와 최소값, 최대값, 중앙값, 평균을 계산할 수 있다. summary 함수는 숫자 벡터에 사용하면 단순히 사분위수를 계산하는 기능을 하지만 다른 형태의 데이터 타입에도 사용할 수 있다. 이 때 summary 함수는 해당 대상에 대한 정보를 요약해주는 기능을 한다.

```
> summary(a)
          Min.    1st Qu.   Median    Mean    3rd Qu.   Max.
          1.00    3.25      5.50      5.50    7.75      10.00
```

#### 4) R 데이터 핸들링

R은 객체지향의 언어이기 때문에 변수(객체)를 불러오거나 변수 내의 요소들을 참조하는 것이 직관적이고 간단하다. 이를 이용하면 분석 기법을 적용하기 위한 빅데이터도 직관적으로 핸들링 하는 것이 가능하다. 여러 종류의 변수에 대해 기본적인 핸들링 방법을 살펴보자.

① 벡터형 변수

예제로 ‘b’라는 문자형 벡터를 다음과 같이 생성하여 이 벡터에 대해 각 요소들을 핸들링 하는 방법을 살펴본다. 문자형 벡터 b에는 “a”, “b”, “c”, “d”, “e” 다섯 개의 문자 값이 포함되어 있다.

```
> b = c ("a", "b", "c", "d", "e")
> b
[1]  "a"  "b"  "c"  "d"  "e"
```

b[n]과 같이 벡터 뒤에 대괄호 [ ]를 붙여 숫자를 지정해주면 b벡터 내에서 n번째 원소에 해당하는 값을 불러온다. b[-n]과 같이 대괄호 안에 - 를 붙이고 숫자를 지정해주면 n번째 원소에 해당하는 값만을 제외하고 b벡터를 불러온다. 대괄호 안에는 하나의 숫자뿐 아니라 여러 개의 원소를 불러오고자 할 때는 c 명령어를 사용하여 해당 원소값이 있는 위치를 나열해 주면 된다.

```
> b [ 2 ]
[1]  "b"
> b [ -4 ]
[1]  "a"  "b"  "c"  "e"
> b [ c(2, 3) ] # 벡터의 2, 3번째 위치 값을 선택한다.
[1]  "b"  "c"
```

② 행렬/데이터 프레임 형태의 변수

행렬형 변수나 데이터 프레임 형태의 변수에 대해서도 대괄호를 통한 특정 원소/요소의 참조가 가능하다. 먼저 다음과 같이 mydat이라는 데이터 프레임을 생성한다.

```
> income = c(100, 200,   150, 300, 900)
> car = c("kia", "hyundai", "kia", "toyota", "lexus")
> marriage = c(FALSE, FALSE, FALSE, TRUE, TRUE)
> mydat = data.frame(income, car, marriage)
> mydat
          income    car       marriage
     1     100      kia       FALSE
     2     200      hyundai   FALSE
     3     150      kia       FALSE
     4     300      toyota    TRUE
     5     900      lexus     TRUE
```

기본적인 방식은 벡터형 변수를 다룰 때와 동일하다. 그러나 행렬형/데이터 프레임형 변수의 경우 대괄호 안에 [m, n]의 형식으로 두 개의 숫자를 사용하여 불러오고자 하는 자료의 행과 열을 지정해주어야 한다. 아래 예제를 참고하자. 이 경우에도 마찬가지로 [-m , ] 또는 [ , -n]의 형태로 대괄호 안의 숫자에 - 를 붙여 해당 행이나 열만을 제외하고 데이터를 불러올 수도 있지만, [-m, -n]처럼 행과 열을 모두 지정하여 하나의 원소만을 제외할 수는 없다. 또한 대괄호 안에 하나의 숫자뿐 아니라 여러 개의 숫자(숫자형 벡터)도 적용시킬 수 있다.

```
> mydat [3,2] # Data Frame의 3행 2열의 값을 불러온다
[1]   kia
> mydat [ ,2] # Data Frame의 2열의 값을 모두 불러온다
[1]   kia    hyundai    kia    toyota    lexus
> mydat [4, ] # Data Frame의 4행의 값을 모두 불러온다
                income      car       marriage
           4      300       toyota    TRUE
```

### 5) 반복 구문과 조건문

R의 함수 작성에 있어서 특정 조건 하에서 비슷한 작업을 반복하게 하는 구문, 또는 일정한 조건이 만족되면 다른 작업을 수행하도록 만들어주는 구문들을 활용하면 복잡한 계산이나 작업을 용이하게 처리할 수 있는 함수를 만들 수 있다. 다양한 반복 구문과 조건문이 존재하며 상황에 맞게 적절한 구문을 사용하면 프로그램이 작동되는 시간을 줄여 효율적인 프로그래밍이 가능해진다.

① for 반복 구문

for 반복 구문은 괄호 안의 조건 하에서 i값을 하나씩 증가시켜가며 중괄호 { } 안의 구문을 반복실행하도록 한다. 괄호의 조건 (i in 1:9)는 { } 구문 안의 i 변수가 1:9, 즉 (1, 2, 3, 4, 5, 6, 7, 8, 9)의 값을 순서대로 하나씩 가지며 반복된다는 것을 의미한다. 아래 프로그램을 참고해보자.

```
> a = c( ) #아무런 값도 포함되지 않는 a벡터 선언
> for (i in 1:9) {
+ a[ i ] = i * i
+ }
> a
[1]   1   4   9   16   25   36   49   64   81
```

i는 최초 1의 값을 가지고 a[i]=i*i 명령문을 수행한다. 이후 다음 값인 i=2에 대해서 마찬가지로 a[i]=i*i 명령을 수행한다. 이를 i값이 마지막 값인 i=9까지 반복하는 원리이다. 이와 유사하게 for 구문을 활용한 반복 구문 프로그램을 하나 더 살펴보자.

```
> isum=0
> for (i in 1:100) {
+ isum = isum + i
+ }
> cat("1부터 100까지의 합=", isum, "입니다.", "\n")
1부터 100까지의 합= 5050입니다.
```

이 프로그램에서 i는 최초 i=1 부터 i=100까지 i가 1씩 증가하며 100회 반복하여 실행되게 된다. isum=isum+i 명령어에 의해 기존의 isum값과 현재 i값을 더해 새로운 isum값으로 선언하며 100회 반복을 통해 1부터 100까지의 합을 구하는 원리이다.

② while 반복 구문

while 반복 구문 역시 괄호 안의 조건 하에서 중괄호 { } 안의 구문을 반복하도록 한다. for 구문과 다르게 while구문은 괄호 안의 조건이 만족되어있는 동안 중괄호 안의 구문을 반복한다. 따라서 for 구문은 선언과 동시에 몇 회 반복될지 처음부터 정해지는 반면 while구문은 중괄호 안의 구문이 괄호 안의 조건을 만족하지 않을 때까지 반복되므로 몇 회 반복될지 미리 정해지지 않는다. 같은 반복구문이라도 이러한 특징에 맞게 적절한 구문을 사용하여야 한다. 다음 예제를 살펴보자.

```
> x=1
> while ( x<5 ) {
+ x=x+1
+ print( x )
+ }
 [1] 2
 [1] 3
 [1] 4
 [1] 5
```

x에 초기값 1을 지정해주고 x가 5보다 작은 경우 { } 내의 구문을 반복시킨다. 이 예제에서 알 수 있듯이 while구문은 괄호 내의 조건, 즉, x<5가 만족되는 경우에만 반복이 진행되므로 구문을 종료하기 위해서는 중괄호 내의 구문에서 조건에 해당하는 변수, x를 변화시켜야 한다. 이 경우 중괄호 내의 x=x+1에 의해 구문이 반복되며 x값이 1씩 커져 결국 5가 되었을 때 x<5의 조건을 만족하지 못하므로 구문이 종료된 것을 알 수 있다.

③ if~else 조건문

if 조건문은 특정 조건이 만족되는 경우 이후의 구문을 실행하도록 한다. if ~ else 구문을 이용하면 if의 조건이 만족되지 않는 경우 else 이하의 조건을 이용해 또 다른 조건을 부여할 수 있다. 다음 프로그램 코드는 다소 복잡하지만 if ~ else 구문과 앞서 살펴본 데이터 핸들링 참조 기법을 적절하게 사용한 코드이므로 천천히 살펴보자. 이 코드는 StatScore 벡터에서 성분값이 70 이상인 경우만을 남겨 70이상인 값들만의 개수를 구하는 코드이다.

```
> StatScore = c(88, 90, 78, 84, 76, 68, 50, 48, 33, 70, 48, 66, 88, 96, 79, 65, 27, 88, 96,
33, 64, 48, 77, 18, 26, 44, 48, 68, 77, 64, 88, 95, 79, 88, 49, 30, 29, 10, 49, 88)
> over70 = rep(0,40)  #1
> for(i in 1:40) {
+ if ( StatScore[ i ] >= 70 ) over70[ i ] = 1  #2
+ else over70[ i ] = 0 }
> over70
[1] 1  1  1  1  1  0  0  0  0  1  0  0  1  1  1  0  0  1  1  0  0  0  1  0  0  0  0  0
[29] 1  0  1  1  1  1  0  0  0  0  0  1
> sum(over70)
[1] 18
```

위 코드에서는 StatScore라는 숫자 벡터를 생성하였다. #1에서 'rep'명령어를 이용해 0이 40개 채워져있는 over70이라는 숫자 벡터를 생성한다. 이후 for 반복 구문을 통해 i=1부터 i=40까지 i를 1씩 증가시키면서 40회 반복하는데 #2에서 if ~ else 구문을 이용하여 StatScore의 i번째 값이 70이상이면 over70의 i번째 값을 1로, 그렇지 않으면 over70의 i번째 값을 0으로 지정한다. 예컨대 StatScore의 1, 3, 5번째 값이 70 이상이라면 over70의 1, 3, 5번째 값은 1이고 나머지 값은 0이 된다. 이제 over70의 값을 sum 명령어를 통해 모두 합해주면 StatScore벡터 내의 70보다 큰 값의 개수를 구할 수 있다. 물론 이렇게 개수를 구하는 코드는 다른 함수를 이용하여 이보다 더 쉽게 작성할 수도 있다. 이 예제는 if ~ else 구문과 앞에서 살펴보았던 다른 구문들을 활용하기 위한 예제로 참고하자.

### 6) 사용자 정의 함수

function 명령어를 이용하면 기존에 존재하는 함수 외에도 사용자가 직접 복잡한 함수를 구성하여 사용할 수 있다. '함수 이름 = function (x, y, z)'의 형식으로 선언하며 이 때 괄호 안의 x, y, z는 함수 구문에서 인수(argument)로 사용된다. 간단한 사용자 정의 함수 코드를 살펴보자. 이 코드는 입력한 인수 a까지의 합을 계산해주는 함수 addto를 선언한다.

```
> addto = function (a) {
+ isum=0
+ for (i in 1:a) {
+ isum=isum + i
+ }
+ print (isum)
+ }
>addto ( 100 )
[1] 5050
> addto ( 50 )
[1] 1275
```

인수 a를 이용해 i=1부터 i=a까지 반복되는 for 구문을 사용해서 수열을 생성한 후 생성되는 모든 i값을 더하는 원리를 이용해 addto 함수를 선언했다. 이처럼 function 명령어를 이용해 사용자 정의 함수를 선언하는 과정에서는 for 반복 구문, while 반복 구문이나 if ~ else 등의 조건문과 같이 모든 명령어와 함수들을 사용할 수 있다. 이를 이용해 자동으로 그래프를 출력하거나 복잡한 계산을 반복수행하는 함수들을 생성할 수도 있다.

### 7) 기타 유용한 기능들

R에는 이 외에도 많은 기능들이 존재하기 때문에 도움말이나 관련 교재를 참고한다면 분석자가 생각하는 알고리즘을 R로 구현하는 데는 큰 어려움이 없을 것으로 보인다. 마지막 절에서는 아직 소개하지 않은 다양한 기능들 중에서도 특히, 프로그래밍 코드 중간에 사용되어 아주 복잡할 것 같은 프로그래밍을 간단하고 가능하게 해주는 유용한 기능들에 대해 소개하고자 한다. 이러한 기능들을 적재적소에 유용하게 사용하면 고급 프로그래머로서 더 빠르고 효율적으로 작동하는 프로그램을 설계할 수 있을 것이다.

① paste

paste 명령어는 입력받은 문자열들을 하나로 붙여준다. 'sep=' 옵션을 통해 붙이고자 하는 문자열들 사이에 구분자(separator)를 삽입시킬 수 있다. 이 명령어를 이용하면 복잡한 알고리즘을 통해 생산되는 결과물들을 더 알기 쉽고 보기 좋게 출력하도록 할 수 있다.

```
> number=1:10
> alphabet=c("a ", "b", "c")
> paste(number, alphabet)
 [1] "1 a"  "2 b"  "3 c"  "4 a"  "5 b"  "6 c"  "7 a"  "8 b"  "9 c"  "10 a"
> paste(number, alphabet, sep=" to the ")
 [1] "1 to the a"  "2 to the b"  "3 to the c"  "4 to the a"  "5 to the b"
 [6] "6 to the c"  "7 to the a"  "8 to the b"  "9 to the c"  "10 to the a"
```

② substr

paste와 같이 유사한 용도에서 사용할 수 있는 substr은 paste와는 반대로 주어진 문자열에서 특정 문자열을 추출하는 기능을 한다. 이 기능을 사용하여 복잡하거나 길게 출력되는 결과를 간소하게 줄일 수 있고 데이터셋을 일정한 규격으로 정제하는데도 유용하게 사용할 수 있다. 아래 코드는 BigDataAnalysis라는 단어에서 substr을 이용해 1번째 글자부터 4개의 글자를 추출한 결과이다.

```
> substr("BigDataAnalysis",1,4)
[1] "BigD"
```

또한 아래의 코드는 여러 국가명이 입력된 벡터 country에서 국가명에 대해 1번째 글자부터 3개의 글자씩만을 추출한 결과이다.

```
> country=c("Korea", "Japan", "China", "Singapore", "Russia")
> substr(country, 1, 3)
[1] "Kor" "Jap" "Chi" "Sin" "Rus"
```

③ 자료형 데이터 구조 변환

R에서의 객체는 다양한 형태를 가질 수 있다. 예를 들어 문자형 변수, 실수형 변수, 논리 연산자, Factor, 데이터 프레임 등이 있다. 주어진 객체의 데이터 구조를 다른 구조로 바꾸자 할 때 다음과 같은 함수들을 사용해 변환할 수 있다.

- as.data.frame(x): 데이터 프레임 형식으로 변환한다.
- as.list(x): 리스트 형식으로 변환한다.
- as.matrix(x): 행렬 형식으로 변환한다.
- as.vector(x): 벡터 형식으로 변환한다.
- as.factor(x): 팩터(factor) 형식으로 변환한다.

아래 주어진 코드를 참고해보자. 첫 번째 코드는 3.14라는 실수 수치가 저장되는 벡터(스칼라)를 as.integer 함수를 이용해서 강제로 정수형 벡터(스칼라)로 변경하였다. 정수형 벡터는 소수점 이하를 포함할 수 없으므로 입력된 값이 정수로 자동 변환되어 3이 출력된다. 두 번째 코드는 “foo”라는 문자형 데이터가 저장되어야 하는 벡터를 as.numeric 함수를 이용해 수치형 벡터로 강제 변환하였다. "foo"는 숫자형 자료가 아니므로 수치형 벡터에서는 포함할 수 없어 결측치인 ‘NA’가 출력되며 경고문이 발생했다.

```
> as.integer(3.14)
[1] 3
> as.numeric("foo")
[1] NA
경고메세지:
강제형변환에 의해 생성된 NA입니다.
```

논리값인 TRUE와 FALSE를 수치형으로 변환할 때는 FALSE를 0으로, TRUE를 1로 바꾼다. 반대로 수치를 논리값으로 변경할 때는 0인 경우에만 FALSE가 되고 0이 아니라면 TRUE가 된다.

```
> as.character(101)
[1] "101"
> as.numeric(FALSE)
[1] 0
> as.logical(0.45)
[1] TRUE
```

다음과 같이 as.matrix 함수를 이용해 데이터 프레임을 행렬로 변환할 수도 있다. 문자형 데이터만이 저장되는 행렬로 변환되었으므로 데이터 프레임에서 숫자형 값으로 인식되던 변수들도 문자형으로 강제 전환된다. 다음 예제에서 데이터 프레임을 구성하고 있는 세 개의 벡터에서 income열은 숫자형 벡터, car열은 문자형 벡터, marrage열은 논리형 벡터의 형태로 구성되어 있지만, as.matrix 함수를 이용해 행렬로 변환된 이후에는 income열과 marriage열의 데이터들도 모두 문자형 데이터로 변환되었다.

```
> mydat
  income     car marriage
1    100     kia    FALSE
2    200 hyundai    FALSE
3    150     kia    FALSE
4    300  toyota     TRUE
5    900   lexus     TRUE
> as.matrix(mydat)
     income car       marriage
[1,] "100"  "kia"     "FALSE"
[2,] "200"  "hyundai" "FALSE"
[3,] "150"  "kia"     "FALSE"
[4,] "300"  "toyota"  "TRUE"
[5,] "900"  "lexus"   "TRUE"
```

④ 문자열을 날짜로 변환

'2015-01-13'처럼 문자열 표현으로 된 날짜 데이터를 실제 날짜의 의미를 지니는 Date 객체로 변환해보자. Date 객체를 통해 입력된 날짜 데이터는 시계열 분석이나 시간 요소를 포함하고 있는 그림을 그릴 때 유용하게 사용될 수 있다. 앞서 본 다른 변환들과 유사하게 as.Date 라는 함수를 통해 이 기능을 활용할 수 있지만, 그 전에 입력되는 문자열의 형식에 대해 알아야 한다. as.Date는 기본으로 문자열이 yyyy-mm-dd일 거라고 가정한다. 그 외의 다른 형식을 처리하려면 'format=' 옵션을 통해 입력되는 날짜의 형식을 지정해주어야 한다. 예를 들어 날짜가 미국에서 주로 사용하는 mm/dd/yy 형태로 구성되어 있다면 다음과 같이 옵션 'format="%m/%d/%Y"'를 사용해야 한다.

- Sys.Date(): 현재 날짜를 반환한다.
- as.Date(): 날짜 객체로 변환한다.

아래 코드는 문자열을 날짜로 변환하는 과정이다. '2015-01-13'이라는 문자열은 R에서 기본적으로 가정하는 yyyy-mm-dd형식으로 적힌 문자열이므로 별다른 옵션 없이 as.Date 함수만을 이용해서 날짜 형식으로 변환되었다. 그러나 '01/13/2015' 이라는 문자열은 mm/dd/yyyy의 형식으로 적힌 문자열이므로 as.Date 함수만으로는 오류가 발생하였고 "format=%m/%d/%Y"를 적용한 후에야 정상적으로 작동하였다.

```
> as.Date("2015-01-13")
[1] "2015-01-13"
> as.Date("01/13/2015")
다음에 오류가 있습니다charToDate(x) : 문자열이 표준서식을 따르지 않습니다
> as.Date("01/13/2015",format="%m/%d/%Y")
[1] "2015-01-13"
```

⑤ 날짜를 문자열로 변환

문자열을 날짜로 변환하여 사용할 수 있는 것처럼 날짜를 나타내는 Date객체 또한 문자열로 변환하여 사용할 수 있다. 분석의 결과물을 출력할 때 분석이 실시된 날짜를 기입하거나 날짜별로 데이터셋을 관리하는 등 다양한 응용법이 있을 수 있다. format 명령어를 통해 날짜 외에도 다양한 데이터의 포맷을 변경할 수 있다. format이 가진 기능은 아주 다양하지만 이해하기에 그다지 어렵지 않으며 자주 사용되는 기능은 아니기 때문에 이와 관련된 설명은 R 도움말을 통해 각자 살펴보도록 하자.

- format(데이터, 포맷)
- as.character()

아래 코드를 통해 format 명령어와 as.character 함수를 익혀보자. 첫 번째 코드는 이전 절에서 했던 것과 마찬가지로 08/13/2013이라는 문자열을 Date인수로 전환해준다. 두 번째 코드와 세 번째 코드는 현재 날짜를 문자형 변수로 변환하고자 할 때, format과 as.character가 같은 결과가 나옴을 알 수 있다. 마지막 코드는 format의 'format=' 옵션을 통해 yyyy-mm-dd의 형식 대신 mm/dd/yyyy의 형식으로 문자열이 출력되도록 정해주었다.

```
> as.Date("08/13/2013",format="%m/%d/%Y")
[1] "2015-01-13"
> format(Sys.Date())
[1] "2015-01-13"
> as.character(Sys.Date())
[1] "2015-01-13"
> format(Sys.Date(),format="%m/%d/%Y")
[1] "01/13/2015"
```

format의 옵션을 이용하면 Date객체에서 요일이나 날짜만을 간편하게 추출할 수 있다. 다음 코드들을 통해 각 옵션의 역할을 주의 깊게 살펴보자.

```
> format(Sys.Date(),'%a') # '%a'는 요일을 출력한다.
[1] "화"
> format(Sys.Date(),'%b') # '%b'는 월을 출력한다.
[1] "1"
> format(Sys.Date(),'%m') # '%m'은 두자리 숫자로 월을 출력한다.
[1] "01"
> format(Sys.Date(),'%d') # '%d'는 두자리 숫자로 일을 출력한다.
[1] "13"
> format(Sys.Date(),'%y') # '%y'는 두자리 숫자로 연도를 출력한다.
[1] "15"
> format(Sys.Date(),'%Y') # '%Y'는 네자리 숫자로 된 연도를 출력한다.
[1] "2015"
```

## 마. R 그래픽 기능

R은 다른 통계 분석 프로그램들에 비해 그래픽 기능이 다양하고 자유자재로 그림을 그릴 수 있다는 장점이 있다. 다양한 종류의 그래프들을 그릴 수 있으며 이렇게 다양한 그래프에 대해 아주 세세한 부분까지 설정할 수 있다. 또한 전문적으로 그래프 그리기에 특화된 패키지를 설치하여 사용하면 상용 프로그램 수준의 그래프를 그릴 수도 있다. 축을 설정하고 기본적인 선을 긋거나 색을 변경하는 등의 낮은 단계 (Low Level) 그래픽 함수들과 이를 이용하여 하나의 완성된 그래프를 구현할 수 있는 높은 단계 (High Level) 그래픽 함수가 있다. 높은 단계의 그래픽 함수들은 그 사용법이 매우 복잡하여 해당 함수를 지원하는 각각의 패키지에 이에 따른 전문적인 설명이 포함되어 있으므로 이 장에서는 다루지 않고, 간단한 몇 개의 그래픽 함수들을 살펴본다. 일반적으로 명령어를 이용해 그림을 새로 그려내는 경우 R에서는 별도의 창이 생성되어 그림이 나타나고 R Studio에서는 생성되는 모든 그림들을 우측 하단 Plot탭에서 볼 수 있다.

### 1) 산점도 그래프

산점도는 기본이 되는 그래프로서 x변수와 y변수의 값을 한눈에 살펴볼 수 있도록 평면에 점을 찍어 표현한다. 옵션을 통해 3차원 공간상에 점을 찍어볼 수도 있고 기준선을 추가하는 등의 부가적인 기능을 사용할 수 있다.

plot(x, y) 함수는 x에 대한 y의 그래프를 그려준다. plot(y~x)라는 형태로도 마찬가지의 그래프를 그릴 수 있다. 다음 예제 데이터에 대해서 간단한 산점도를 그리는 함수를 살펴보자. 아래 표는 모 대학교에 재학 중인 학생들의 키와 몸무게를 나타낸 표이다.

| 번호 | 1 | 2 | 3 | 4 | 5 | 6 | 7 | 8 | 9 | 10 | 11 | 12 | 13 | 14 | 15 |
|---|---|---|---|---|---|---|---|---|---|---|---|---|---|---|---|
| 키 | 170 | 168 | 174 | 175 | 188 | 165 | 165 | 190 | 173 | 168 | 159 | 170 | 184 | 155 | 165 |
| 몸무게 | 68 | 65 | 74 | 77 | 92 | 63 | 67 | 95 | 72 | 69 | 60 | 69 | 73 | 56 | 55 |

이 자료를 이용해 키(height)에 대한 몸무게(weight)의 산점도를 그려보자.

```
> height = c(170,168,174,175,188,165,165,190,173,168,159,170,184,155,165)
> weight = c(68,65,74,77,92,63,67,95,72,69,60,69,73,56,55)
> plot(height, weight)
```

이 명령문의 결과 그림은 다음과 같다.

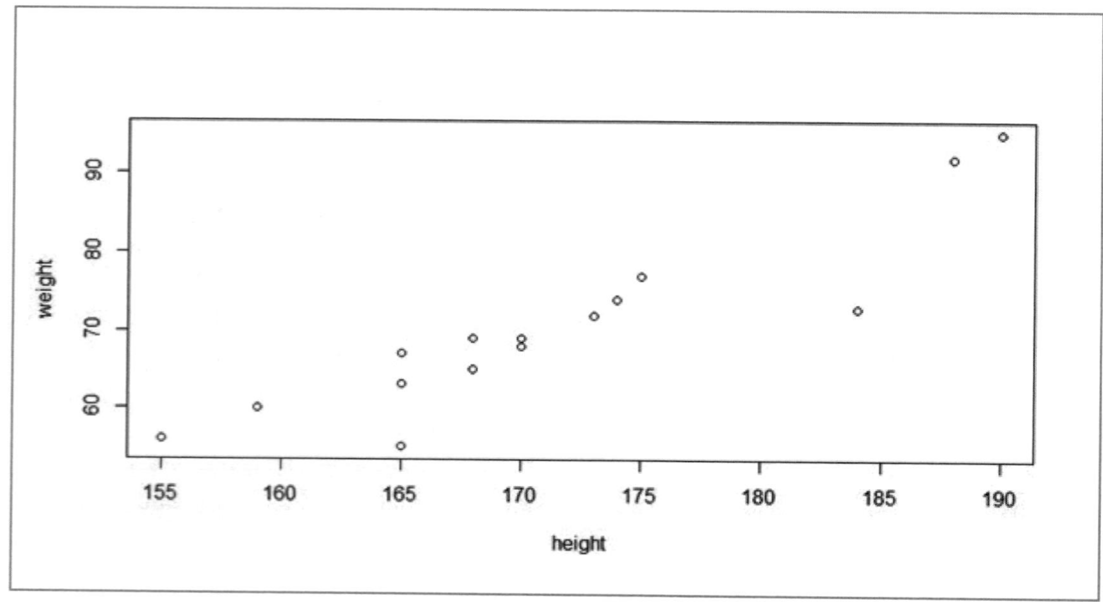


[그림 Ⅳ-1-8] 키와 몸무게의 산점도

#### 2) 산점도 행렬

여러 가지 변수들에 대해서 각각의 산점도를 한눈에 살펴볼 수 있도록 확장된 산점도 행렬이다. 여러 변수들을 한 공간에 표현하기 위해서는 4차원, 5차원의 공간이 도입되어야 하므로 이를 극복하기 위해 도입된 그래프이다. 산점도 행렬은 pairs명령어를 이용해 바로 그릴 수 있으며 아래 코드에서는 좀 더 보기 좋은 그림을 위해 다양한 옵션이 사용되었다. 'main=' 옵션은 그래프의 최상단에 제목을 표기해준다. 'pch=' 옵션은 그래프상에 찍히는 점의 모양을 변경해준다. 'bg=' 옵션을 이용해 iris 데이터의 Species에 따라 서로 다른 색상을 부여했다.

```
> pairs(iris[1:4], main = "Anderson's Iris Data -- 3 species",
+   pch = 21, bg = c("red", "green3", "blue")[unclass(iris$Species)])
```

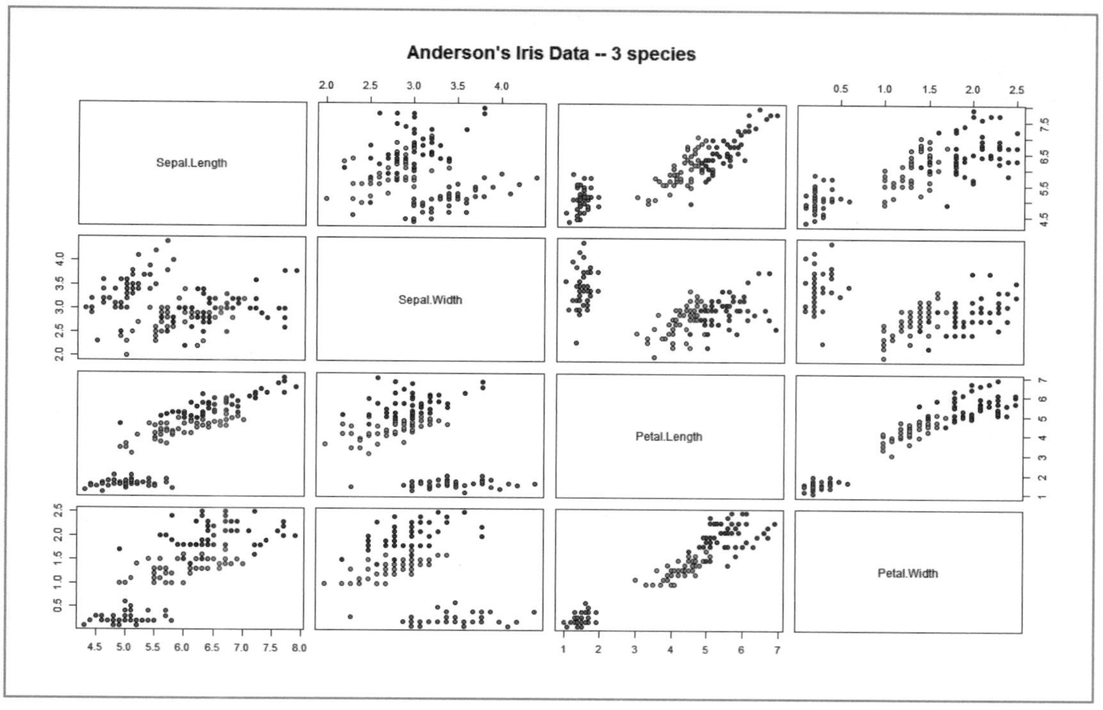


[그림 Ⅳ-1-9] iris데이터에 대한 산점도 행렬

이러한 그래프의 형태는 옵션에 따라 원하는 모양을 다양하게 만들어낼 수 있다. 또한 특정한 패키지를 설치해 이미 준비된 형태의 완성도 높은 그림을 손쉽게 그려낼 수도 있다.

### 3) 히스토그램과 상자그림

탐색적 자료 분석에서 자료의 분포를 손쉽게 확인하는 방법으로 히스토그램을 그려보거나 상자 그림을 그려보는 방법이 있다. 히스토그램과 상자 그림은 간편한 코드를 이용하여 손쉽게 그려볼 수 있다. 그림을 그리는 것 자체는 아주 단순하지만 사용자의 입맛에 맞게 축을 조절하거나 간격을 조절하고 색을 입히는 것은 해당 함수의 옵션을 통해 가능하다. 히스토그램과 상자 그림을 위한 기본적인 코드는 다음과 같다. StatScore벡터에 대해 히스토그램과 상자 그림을 그려보자.

```
> StatScore = c(88, 90, 78, 84, 76, 68, 50, 48, 33, 70, 48, 66, 88, 96, 79, 65, 27, 88, 96,
33, 64, 48, 77, 18, 26, 44, 48, 68, 77, 64, 88, 95, 79, 88, 49, 30, 29, 10, 49, 88)
> hist( StatScore, prob=T )
> boxplot ( StatScore )
```

hist 함수는 히스토그램을 그려주는 함수이며 기본적으로 세로축(Y축)에 도수를 표기한다. prob=T 옵션을 통해 상대도수를 표시하도록 변경할 수 있다. boxplot 함수는 상자 그림을 그려준다. 위의 코드를 실행한 결과 출력되는 히스토그램과 상자그림은 다음과 같다.

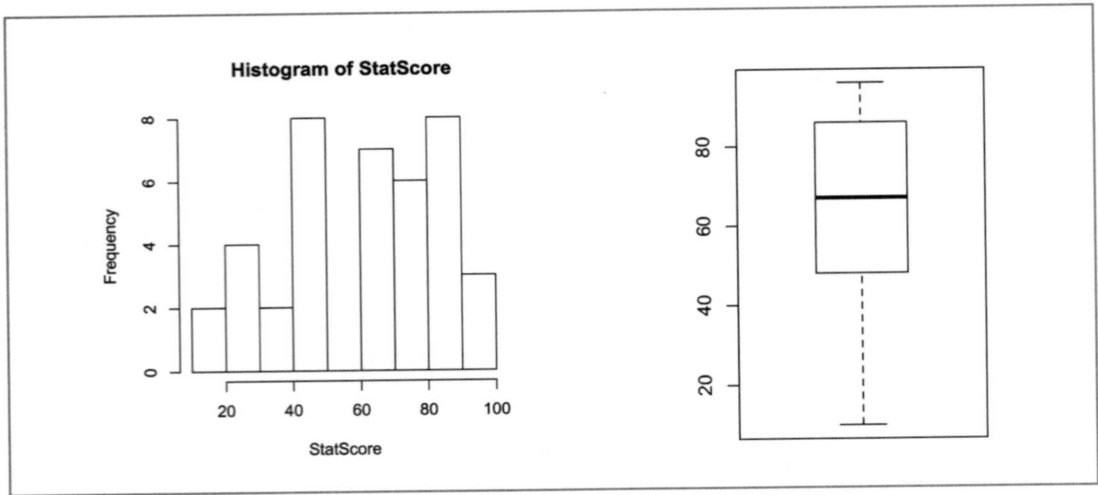


[그림 Ⅳ-1-10] 히스토그램과 상자그림

# 제2절 데이터 마트

데이터 마이닝에서 다양한 분석기법을 적용해 모델을 개발하는 과정을 모델링이라고 한다. 어떤 모델링 기법을 사용하던지 모델 개발을 위해 데이터를 미리 시스템에 체계적으로 준비해 놓으면 모델링이 수월해진다. 어떤 모델링 도구는 데이터베이스에서 직접 값을 가져다 변형할 수 있는 기능도 제공한다. 따라서 모델링을 진행하기 전에 모델링 분석에 앞서 데이터를 수집, 변형하는 과정이 필요하다. 잘 정리된 데이터 마트를 개발해 놓으면 보다 효율적이고 신속한 모델링이 될 수 있다. 데이터 마트란 데이터의 한 부분으로서 특정 사용자가 관심을 갖는 데이터들을 담은 비교적 작은 규모의 데이터 웨어하우스이다. 즉, 일반적인 데이터베이스 형태로 갖고 있는 다양한 정보를 사용자의 요구 항목에 따라 체계적으로 분석하여 기업의 경영 활동을 돕기 위한 시스템을 말한다. 데이터 웨어하우스는 정부 기관 또는 정부 전체의 상세 데이터를 포함하는데 비해, 데이터 마트는 전체적인 데이터 웨어하우스에 있는 일부 데이터를 가지고 특정 사용자를 대상으로 한다. 데이터 웨어하우스와 데이터 마트의 구분은 사용자의 기능 및 제공 범위를 기준으로 한다.[15)]

## 1. R reshape를 활용한 데이터 마트 개발

데이터 마트 개발에 대해 논하기에 앞서 데이터의 reshape에 대해서 간단하게 설명하고자 한다. 어떤 데이터는 여러 계층 또는 수준으로 그룹화를 시킬 수 있거나 다양한 관점에서 살펴볼 필요가 있다. 예를 들면 같은 데이터를 반복 측정한 경우 수집된 데이터를 관측하고자 하는 변수 기준으로 살펴볼 수도 있고 매 회의 반복을 기준으로 살펴볼 수도 있는 것과 같은 원리이다. 이런 방식의 데이터 탐색을 용이하게 수행하기 위해서는 데이터 셋에 대한 일종의 변형이 필요하다. 어떤 변형을 어떻게 수행해야 할 것인지 정확하게 정의 내리긴 어려울지 몰라도 분석에 임하는 사람들이라면 기존의 데이터 셋과는 다른 새로운 무언가가 필요하다고 직관적으로 느낄 것이다. reshape는 이와 같이 데이터 재정렬을 위한 기법의 하나이다. reshape와 비견될 수 있는 개념 중 하나는 밀집화(aggregation)인데 reshape보다는 밀집화가 우리에게 좀 더 친숙하고 쉽게 수행되고 있는 방법이다. 밀집화 기법을 이용하면 복잡한 데이터를 더 단순하고 사용하기 편리한 상태로 축소하거나 재정렬 할 수 있다. 가장 대표적으로 사용되는 밀집화 기법의 하나가 Excel의 Pivot Table 기능이다. 그러나 이런 밀집화 기법을 사용하면 데이터가 간단명료하게 표시되기는 하지만 기존의 데이터가 가지고 있던 더 많은 정보들을 손실하게 된다. 이와 달리 reshape는 데이터 재정렬을 수행하되, 원래 데이터가 가지고 있는 모든 정보들을 그대로 유지한다는 것이 차이점이다. R에는 다양한 방식으로 reshape를 수행할 수 있는 명령어들이 여럿 존재하지만, 적재적소에 올바른 명령어를 사용하기에 어려움이 많았다. 'reshape'패키지는 이러한 문제를 극복한 reshape방법의 하나로서 이 장에서는 데이터 마트 개발에 바로 이 'reshape'패키지를 이용해보고자 한다. 한편, 여기에서 설치한 reshape패키지는 R에 미리 내재되어

15) IT용어사전, 한국정보통신기술협회

있는 명령문 reshape(Reshape Grouped Data)와는 다르다는 것을 유념하길 바란다.

## ■ reshape

reshape패키지는 단지 melt와 cast만을 사용하여 데이터를 재구성하거나 밀집화된 데이터를 유연하게 생성해준다. reshape는 기존 데이터 구조를 column-wise하게 전환하는데, 크게 melt와 cast 단계로 구분된다.

다음과 같이 reshape 패키지를 설치한다.[16)]

```
> install.packages("reshape")
Installing package into 'C:/Users/203-21/Documents/R/win-library/3.0 '
(as 'lib ' is unspecified)
trying URL 'http://cran.rstudio.com/bin/windows/contrib/3.0/reshape_0.8.4.zip'
Content type 'application/zip' length 125706 bytes (122 Kb)
opened URL
downloaded 122 Kb
package 'reshape ' successfully unpacked and MD5 sums checked

The downloaded binary packages are in
          C:\Users\203-21\AppData\Local\Temp\RtmpcFUMT5\downloaded_packages

> library(reshape)
Loading required package: plyr

Attaching package: 'plyr '
```

우선 airquality 데이터를 불러온다.

```
> data(airquality)
```

전체 데이터를 보면 너무 많을 수 있으므로 앞단의 데이터 일부분을 본다.

```
> head(airquality)
  Ozone Solar.R Wind Temp Month Day
1    41     190  7.4   67     5   1
2    36     118  8.0   72     5   2
3    12     149 12.6   74     5   3
4    18     313 11.5   62     5   4
5    NA      NA 14.3   56     5   5
```

16) http://cran.r-project.org/web/packages/reshape/reshape.pdf

```
6    28       NA 14.9    66      5   6
```

보고 싶은 데이터의 개수를 정할 수도 있다.

```
> head(airquality,10)
   Ozone Solar.R Wind Temp Month Day
1     41     190  7.4   67     5   1
2     36     118  8.0   72     5   2
3     12     149 12.6   74     5   3
4     18     313 11.5   62     5   4
5     NA      NA 14.3   56     5   5
6     28      NA 14.9   66     5   6
7     23     299  8.6   65     5   7
8     19      99 13.8   59     5   8
9      8      19 20.1   61     5   9
10    NA     194  8.6   69     5  10
```

airquality의 변수명이 무엇인지 보고자 할 경우, names를 이용해 해당 데이터의 변수들을 나열한다.

```
> names(airquality)
[1] "Ozone"   "Solar.R" "Wind"    "Temp"    "Month"   "Day"
```

변수명에 대문자와 소문자를 섞어 쓰면 실수할 수 있으므로 소문자로 모두 바꿔 변수명의 속성에 다시 저장하고 결과를 확인한다.

```
> names(airquality) = tolower(names(airquality))
> names(airquality)
[1] "ozone"   "solar.r" "wind"    "temp"    "month"   "day"
```

이제 reshape 패키지의 주요 기능인 melt를 이용해 id에 있는 변수를 기준으로 하여 나머지 각 변수를 variable이란 이름의 데이터로 만든다. 원래 변수들의 값을 이 value에 저장해 모든 데이터를 표준형식으로 변환한다. 이후 연산할 것이므로 결측값(missing data)을 제거하는 옵션인 na.rm을 'TRUE'로 설정한다.

```
> aqm = melt(airquality, id=c("month","day"), na.rm=TRUE)
> aqm
    month day variable value
1       5   1    ozone  41.0
2       5   2    ozone  36.0
3       5   3    ozone  12.0
4       5   4    ozone  18.0
5       5   6    ozone  28.0
...

117     5   1  solar.r 190.0
118     5   2  solar.r 118.0
119     5   3  solar.r 149.0
120     5   4  solar.r 313.0
...

263     5   1     wind   7.4
264     5   2     wind   8.0
265     5   3     wind  12.6
266     5   4     wind  11.5
...
564     9  26     temp  70.0
565     9  27     temp  77.0
566     9  28     temp  75.0
567     9  29     temp  76.0
568     9  30     temp  68.0
```

cast를 이용해 엑셀의 피벗팅을 하듯이 자료를 변환한다. melt된 aqm을 이용해 "~"를 y, x축의 dimension과 measure에 해당되는 변수(variable) 값을 표시한다. 여기서 특별히 변수 종류를 선정하지 않았으므로 모든 변수에 대해 분리해 ozone, solar.r과 같이 표시한다. 참고로 엑셀의 피벗은 count할 때 distinct count가 안 된다.

```
a <- cast(aqm, day ~ month ~ variable)
a
, , variable = ozone

    month
day    5  6   7   8  9
```

```
  1    41 NA 135  39 96
  2    36 NA  49   9 78
  3    12 NA  32  16 73
  4    18 NA  NA  78 91
...

, , variable = solar.r

   month
day   5   6   7   8   9
  1 190 286 269  83 167
  2 118 287 248  24 197
  3 149 242 236  77 183
  4 313 186 101  NA 189
  5  NA 220 175  NA  95
...

, , variable = wind

   month
day    5    6    7    8   9
  1  7.4  8.6  4.1  6.9 6.9
  2  8.0  9.7  9.2 13.8 5.1
  3 12.6 16.1  9.2  7.4 2.8
  4 11.5  9.2 10.9  6.9 4.6
  5 14.3  8.6  4.6  7.4 7.4

, , variable = temp

   month
day  5  6  7  8  9
  1 67 78 84 81 91
  2 72 74 85 81 92
  3 74 67 81 82 93
  4 62 84 84 86 93
  5 56 85 83 85 87
...
```

앞 예제와는 달리 y축은 month, x축은 variable인데 ","로 구분한 다음, mean 함수를 적용했다. 이러면 월별 각 변수들의 평균값을 산출하게 된다.

```
b <- cast(aqm, month ~ variable, mean)
b
  month ozone solar.r   wind  temp
1     5 23.62   181.3 11.623 65.55
2     6 29.44   190.2 10.267 79.10
3     7 59.12   216.5  8.942 83.90
4     8 59.96   171.9  8.794 83.97
5     9 31.45   167.4 10.180 76.90
```

y축은 month이지만 모든 변수에 대해 평균을 구하고 "|"를 이용해서 산출물을 분리해 표시한다. 조회용으로는 적합하나 데이터 마트를 만들기에는 좀 불편한 결과를 보여준다.

```
c <- cast(aqm, month ~ . |variable, mean)
c
$ozone
  month (all)
1     5 23.62
2     6 29.44
3     7 59.12
4     8 59.96
5     9 31.45

$solar.r
  month (all)
1     5 181.3
2     6 190.2
3     7 216.5
4     8 171.9
5     9 167.4

$wind
  month (all)
1     5 11.623
2     6 10.267
3     7  8.942
4     8  8.794
```

```
5      9 10.180

$temp
  month (all)
1      5 65.55
2      6 79.10
3      7 83.90
4      8 83.97
5      9 76.90
```

다음 예제를 통해 파악할 기능은 margin 관련 옵션으로, 행과 열에 대해 소계를 산출하는 기능이다.

```
d <- cast(aqm, month ~ variable, mean, margins=c("grand_row", "grand_col"))
d
  month ozone solar.r   wind  temp (all)
1     5 23.62   181.3 11.623 65.55 68.71
2     6 29.44   190.2 10.267 79.10 87.38
3     7 59.12   216.5  8.942 83.90 93.50
4     8 59.96   171.9  8.794 83.97 79.71
5     9 31.45   167.4 10.180 76.90 71.83
6 (all) 42.13   185.9  9.958 77.88 80.06
```

모든 데이터를 처리하지 않고 특정 변수만 처리하고자 하는 경우 서브세트 기능을 이용해 아래 예제처럼 ozone에 대한 변수만을 처리하도록 한다.

```
e <- cast(aqm, day ~ month, mean, subset=variable=="ozone")
e
   day   5   6   7   8   9
1    1  41 NaN 135  39  96
2    2  36 NaN  49   9  78
3    3  12 NaN  32  16  73
4    4  18 NaN NaN  78  91
5    5 NaN NaN  64  35  47
6    6  28 NaN  40  66  32
7    7  23  29  77 122  20
 ...
```

앞서 사용한 함수 외에 min, max를 동시에 표시해주는 range는 min은 "_X1"이라는 변수명으로, max는 "_X2"라는 suffix를 붙여준다. 매우 유용한 함수 중 하나다.

```
f <- cast(aqm, month ~ variable, range)
f
  month ozone_X1 ozone_X2 solar.r_X1 solar.r_X2 wind_X1 wind_X2 temp_X1
1     5        1      115          8        334     5.7    20.1      56
2     6       12       71         31        332     1.7    20.7      65
3     7        7      135          7        314     4.1    14.9      73
4     8        9      168         24        273     2.3    15.5      72
5     9        7       96         14        259     2.8    16.6      63
  temp_X2
1      81
2      93
3      92
4      97
5      93
```

여기에 추가적으로 사용자 정의함수(user defined function)로 원래 데이터나 통계값을 가공한 변수를 정의해 산출할 수 있다. 한번 시도해 보기 바란다.

## 2. sqldf를 이용한 데이터 분석

SQL에 익숙하지 않고 프로그래밍 경험이 없으면, R을 처음 접했을 때 답답할 수 있다. 특히 SAS에서 proc sql로 작업하던 사용자들에게는 더욱 절실한 기능이 R에서는 sqldf로 처리된다. 표준 SQL에서 사용되는 문장이 모두 가능하고, 데이터 이름에 "."같은 특수문자가 들어간 경우 ' '로 묶어주면 테이블처럼 간단히 처리할 수 있다. 먼저 패키지를 설치한다.

```
> install.packages("sqldf")
Installing package into 'C:/Users/203-21/Documents/R/win-library/3.0'
(as 'lib' is unspecified)
trying URL 'http://cran.rstudio.com/bin/windows/contrib/3.0/sqldf_0.4-6.4.zip'
Content type 'application/zip' length 70730 bytes (69 Kb)
opened URL
downloaded 69 Kb

package 'sqldf' successfully unpacked and MD5 sums checked

The downloaded binary packages are in
        C:\Users\203-21\AppData\Local\Temp\RtmpcFUMT5\downloaded_packages
> library(sqldf)
Loading required package: DBI
Loading required package: gsubfn
Loading required package: proto
Loading required namespace: tcltk
Loading required package: chron
Loading required package: RSQLite
Loading required package: RSQLite.extfuns
```

```
data(iris)
```

조회할 내용을 sqldf 함수의 " " 안에 sql로 표현한다.

```
sqldf("select * from iris")
    Sepal_Length Sepal_Width Petal_Length Petal_Width    Species
1            5.1         3.5          1.4         0.2     setosa
2            4.9         3.0          1.4         0.2     setosa
3            4.7         3.2          1.3         0.2     setosa
```

```
4          4.6        3.1         1.5         0.2      setosa
5          5.0        3.6         1.4         0.2      setosa
6          5.4        3.9         1.7         0.4      setosa
7          4.6        3.4         1.4         0.3      setosa
...
```

데이터의 특정 행(row)수만 조회하고자 하는 경우 Oracle의 numrows처럼 limit를 정의하고 행의 개수를 써주면 된다. head와 같은 기능이다.

```
sqldf("select * from iris limit 10")
   Sepal_Length Sepal_Width Petal_Length Petal_Width Species
1           5.1         3.5          1.4         0.2  setosa
2           4.9         3.0          1.4         0.2  setosa
3           4.7         3.2          1.3         0.2  setosa
4           4.6         3.1          1.5         0.2  setosa
5           5.0         3.6          1.4         0.2  setosa
6           5.4         3.9          1.7         0.4  setosa
7           4.6         3.4          1.4         0.3  setosa
8           5.0         3.4          1.5         0.2  setosa
9           4.4         2.9          1.4         0.2  setosa
10          4.9         3.1          1.5         0.1  setosa
```

like 문장을 사용할 때는 ' ' 를 이용하면 된다.

```
sqldf("select count(*) from iris where Species like 'se%' ")
  count(*)
1       50
```

참고로 맥 버전의 R에서 가끔 sqldf가 문제가 있지만, 윈도우 버전에서는 편하게 사용할 수 있다.

## 3. plyr

plyr[17]은 데이터를 분리하고 처리한 다음, 다시 결합하는 등 가장 필수적인 데이터 처리기능을 제공한다. apply 함수와 multi-core 사용 함수를 이용하면 for loop를 사용하지 않고 매우 간단하고 빠르게 처리할 수 있다. plyr은 apply 함수에 기반해 데이터와 출력변수를 동시에 배열로 치환하여 처리하는 패키지이다. 예를 들어 ddply 함수는 데이터 프레임 데이터를 가공해 데이터 프레임으로 돌려준다. 데이터별 plyr 함수들은 아래와 같다.

ply()함수는 앞에 두 개의 문자를 접두사로 가지는데, 첫 번째 문자는 입력하는 데이터 형태를 나타내고, 두 번째 문자는 출력하는 데이터 형태를 나타낸다. 가장 흔하게 쓰이는 데이터 형태에 대한 문자는 다음과 같다.

1. d = 데이터 프레임 (data.frame)
2. a = 배열 (array)
3. l = 리스트 (list)

따라서 ddply는 데이터 프레임을 입력 받아서, 그것을 분리(split)하거나 그 외 어떤 처리를 한 후 데이터 프레임으로 출력하게 한다. 일반적으로 데이터 프레임을 많이 다루기 때문에 ddply를 많이 쓴다. 마찬가지로 ldply는 리스트를 입력받아서 어떤 처리를 한 후에 데이터 프레임으로 출력하게 한다. 이러한 관계를 다음 표로 요약할 수 있다. 여기에서 열(column)은 입력되는 데이터 형태를 말하며, 행(row)는 출력되는 데이터 형태를 말한다.

**입력되는 데이터 형태**

| | 데이터 프레임 (data.frame) | 리스트 (list) | 배열 (array) |
|---|---|---|---|
| 데이터 프레임 (data.frame) | ddply | ldply | adply |
| 리스트 (list) | dlply | llply | alply |
| 배열 (array) | daply | laply | aaply |

먼저 예제를 만들기 위해 난수로 d라는 데이터 프레임을 만든다. year라는 변수에 2012부터 2014년까지의 데이터를 각각 6개씩 만들어 넣고, count라는 변수에 난수를 생성하는 runif함수와 반올림을 통해 정수화 시켜주는 round함수를 이용해 0에서 20사이의 정수 중 9개를 저장한다. set.seed 함수는 R에서 난수를 생성할 때 일정하게 고정시켜주는 역할을 한다. 다시 말해, 값을 고정시켜 난수를 생성할 때마다 같은 값의 난수들을 생성해준다. ()안에 숫자를 변경하면 다른 케이스의 결과가 나오지만, 케이스마다 난수의 값은 같다.

17) http://www.seananderson.ca/courses/11-plyr/plyr-slides.pdf

```
> set.seed(1)
> d = data.frame(year = rep(2012:2014, each = 6), count = round(runif(9, 0, 20)))
> print(d)
   year count
1  2012     5
2  2012     7
3  2012    11
4  2012    18
5  2012     4
6  2012    18
7  2013    19
8  2013    13
9  2013    13
10 2013     5
11 2013     7
12 2013    11
13 2014    18
14 2014     4
15 2014    18
16 2014    19
17 2014    13
18 2014    13
```

#runif(생성할 난수의 개수, 최소값, 최대값)이다.

plyr 라이브러리를 설치하여 올리고, 데이터 프레임에서 데이터 프레임으로 입출력하는 함수인 ddply를 이용해 sd와 mean의 비율인 cv(coefficient of variation, 변동계수)를 구하는 기능이다. 데이터 프레임 d를 인수로 입력받고 count의 mean과 sd를 구해 각각 저장한 다음에 cv를 구한다. 결과를 year별로 리턴하면서 데이터 프레임으로 생성한다.

```
library(plyr)
ddply(d, "year", function(x) {
+   mean.count = mean(x$count)
+   sd.count = sd(x$count)
+   cv = sd.count/mean.count
+   data.frame(cv.count = cv)
+ })
```

```
  year  cv.count
1 2012 0.5985621
2 2013 0.4382254
3 2014 0.3978489
```

좀 더 복잡한 예제로는 transform과 summarise를 동시에 사용하는 경우다. 나머지 함수들은 데이터 유형에 따라 함수명만 다르므로 생략한다. summarise 옵션을 이용하는 경우 count 변수에 명령된 평균이나 합 등을 계산해주고, 새로 생긴 변수만 보여준다. transform 옵션은 summarise 옵션과는 달리 계산에 사용된 변수도 출력해 준다.

```
> ddply(d, "year", summarise, mean.count = mean(count))
  year mean.count
1 2012   10.50000
2 2013   11.33333
3 2014   14.16667
> ddply(d, "year", transform, total.count = sum(count))
   year count total.count
1  2012     5          63
2  2012     7          63
3  2012    11          63
4  2012    18          63
5  2012     4          63
6  2012    18          63
7  2013    19          68
8  2013    13          68
9  2013    13          68
10 2013     5          68
11 2013     7          68
12 2013    11          68
13 2014    18          85
14 2014     4          85
15 2014    18          85
16 2014    19          85
17 2014    13          85
18 2014    13          85
```

그 외 plyr 라이브러리에서는 그림 그리기(plotting)는 d_ply 명령문을 사용할 수 있고, 여러 개의 변수에 따라 데이터를 나눌 수도 있다. 자세한 사항은 plyr 패키지 설명서를 참조하길 바란다.

## 4. 데이터 테이블

데이터 테이블(data.table)[18]은 데이터 프레임과 유사하지만 보다 빠른 그룹화(grouping)와 순서화(ordering), 짧은 문장 지원 측면에서 데이터 프레임보다 매력적이다. 하지만 무조건 빠른 것이 아니므로 특성에 맞게 사용해야 한다. 특히 64비트 환경에서 RAM이 충분히 많을 때는 효율적이다. 우선 전체 내용부터 살펴보고 세부 항목으로 들어가겠다.

패키지를 먼저 설치한다.

```
> install.packages("data.table")
Installing package into ‘C:/Users/203-21/Documents/R/win-library/3.0 ’
(as ‘lib ’ is unspecified)
trying URL 'http://cran.rstudio.com/bin/windows/contrib/3.0/data.table_1.8.10.zip'
Content type 'application/zip' length 1185495 bytes (1.1 Mb)
opened URL
downloaded 1.1 Mb

package ‘data.table ’ successfully unpacked and MD5 sums checked

The downloaded binary packages are in
        C:\Users\203-21\AppData\Local\Temp\RtmpcFUMT5\downloaded_packages
> library(data.table)
data.table 1.8.10  For help type: help("data.table")
```

먼저 data.table() 함수를 이용하여 데이터 프레임을 생성한다.

```
> DT = data.table(x=c("b","b","b","a","a"),v=rnorm(5))
> DT
   x          v
1: b -0.1387870
2: b  0.4176508
3: b  0.9817528
4: a -0.3926954
5: a -1.0396690
```

18) http://cran.r-project.org/web/packages/data.table/vignettes/datatable-intro.pdf

data.table도 data.frame과 같은 방법으로 생성된다. 데이터 프레임과 다른 점은 데이터 테이블은 행 번호가 콜론(:)으로 프린트되어 있어 첫 번째 열과 눈으로 쉽게 분리해서 볼 수 있다. 또한 기존의 데이터 프레임 형식의 객체(데이터)를 데이터 테이블 형식으로 쉽게 변환할 수 있다. 위 프로그램에서 rnorm(5)는 정규분포에서 5개의 난수를 생성해 준다.

```
> data(cars)
> head(cars)
  speed dist
1     4    2
2     4   10
3     7    4
4     7   22
5     8   16
6     9   10
```

우선 데이터 프레임으로 된 데이터를 데이터 테이블 형식으로 불러온다. 데이터 프레임을 데이터 테이블로 전환해 별도 이름으로 저장한다.

```
> CARS <- data.table(cars)
> head(CARS)
   speed dist
1:     4    2
2:     4   10
3:     7    4
4:     7   22
5:     8   16
6:     9   10
```

데이터 테이블과 데이터 프레임의 차이를 살펴보도록 하자. 먼저 여태껏 생성된 데이터 테이블 형식의 데이터 (CARS와 DT)를 살펴보기 위해 tables() 기능을 이용해 크기가 어떠한지, key는 있는지, 용량은 얼마인지 살펴본다.

```
> tables()
     NAME NROW MB COLS       KEY
[1,] CARS   50 1  speed,dist
[2,] DT      5 1  x,v
Total: 2MB
> sapply(CARS,class)
    speed      dist
```

```
"numeric" "numeric"
> DT
   x          v
1: b -0.2534147
2: b  0.3702436
3: b  0.3087801
4: a -0.5270845
5: a -0.6455325
> DT[2,]   # 2번째행 조회
   x         v
1: b 0.3702436
> DT[DT$x=="b",]   # x값이 b인 데이터 조회
   x          v
1: b -0.2534147
2: b  0.3702436
3: b  0.3087801
```

데이터 테이블에 key를 지정해 해당 값으로 표시해 보자.

```
> setkey(DT,x)
> DT
   x          v
1: a -0.5270845
2: a -0.6455325
3: b -0.2534147
4: b  0.3702436
5: b  0.3087801
```

데이터 프레임에서와는 달리 표시 순서가 x에 의해 ordering된 것을 알 수 있다. 더불어 tables()에서 key가 x로 설정됐으며, 전체 용량이 2MB라는 것을 알 수 있다.

```
> tables()
     NAME NROW MB COLS       KEY
[1,] CARS   50 1  speed,dist
[2,] DT      5 1  x,v        x
Total: 2MB
```

"b"가 들어간 모든 데이터를 표시하고 싶은 경우와, 첫 번째 결과, 마지막 결과, 모든 결과를 표시하는 옵션을 보여준다.

```
> DT["b",]  # 검색 조건 다음의 ","는 선택사항이다. DT["b"]와 같은 결과이다.
   x          v
1: b -0.2534147
2: b  0.3702436
3: b  0.3087801
> DT["b",mult="first"]
   x          v
1: b -0.2534147
> DT["b",mult="last"]
   x         v
1: b 0.3087801
```

여기까지는 데이터 테이블과 데이터 프레임에 대해 큰 차이를 알 수 없다. 다음으로 4개의 칼럼으로 이루어진 1000만 건 자료의 데이터 프레임을 만들어 보자.

```
> grpsize <- ceiling(1e7/26^2) # 천만개의 행과 676개 그룹
> tt <- system.time(DF <- data.frame(
+ x=rep(LETTERS, each=26*grpsize),
+ y=rep(letters,each=grpsize),
+ v=runif(grpsize*26^2),
+ stringAsFactors=FALSE)
+ )
> tt
   user  system elapsed
  3.633   0.550   4.215
```

생성하는 데 약 4초 소요됐다.

```
> head(DF,3)   #앞 3줄조회
  x y         v stringAsFactors
1 A a 0.7382298           FALSE
2 A a 0.1396518           FALSE
3 A a 0.4874364           FALSE
> tail(DF,3)   #뒤 3줄 조회
         x y         v stringAsFactors
10000066 Z z 0.1636659           FALSE
10000067 Z z 0.8545958           FALSE
```

```
10000068 Z z 0.8153614           FALSE
> dim(DF)   #행, 열 개수조회
[1] 10000068        4
> 10000068/3.323 # 3,009,349 rows per seconds
[1] 3009349
> tt <- system.time(ans1 <- DF[DF$x=="R" & DF$y=="h",])
> tt # 1.562 secs
   user  system elapsed
  1.484   0.260   1.804
```

x는 R, y는 h를 갖는 데이터 프레임 DF에서 자료를 찾는 데 1.8초가 걸렸음을 보여줬다. 1000만 건에서 특정 조건을 만족하는 데이터를 메모리에서 검색해 빠르게 보여줬지만, 하나하나 모든 자료를 비교해 찾는 벡터 검색 방식이라서 매우 비효율적이다. 기본적으로 R은 이러한 방식으로 개발됐다.

```
> head(ans1,3)
        x y         v stringAsFactors
6642058 R h 0.9867372           FALSE
6642059 R h 0.9443377           FALSE
6642060 R h 0.2369742           FALSE
> dim(ans1)
[1] 14793     4
```

이제 데이터 테이블로 변환하여 똑같은 그룹을 추출해보자.

```
> DT <- data.table(DF)
> setkey(DT,x,y)
> ss <- system.time(ans2<-DT[J("R","h")]) # binary search
> head(ans2,3)
   x y         v stringAsFactors
1: R h 0.9867372           FALSE
2: R h 0.9443377           FALSE
3: R h 0.2369742           FALSE
> dim(ans2)
[1] 14793     4
> identical(ans1$v,ans2$v)
[1] TRUE
> ss # 0.020 secs, it's 78.1 times faster but in document it was 987x faster ???
   user  system elapsed
  0.004   0.000   0.004
```

반면 데이터 테이블에서 동일한 작업을 수행하면, 0.004초가 걸려 약 100배 빠르다. index를 이용한 바이너리 검색(binary search)을 하기 때문이다. 1,440분(1일) 소요될 일이 15분 이내에 완료된다면 동일한 작업을 하루에도 수십 번은 할 수 있다.

그러나 데이터 테이블을 데이터 프레임처럼 사용하면 성능은 비슷해진다. 즉 데이터 테이블을 사용한다고 무조건 빨라지는 것이 아니다.

```
> # bad case for using data.table, # 1.425 secs
> system.time(ans2 <- DF[DF$x=="R" & DF$y=="h",])
   user  system elapsed
  1.479   0.124   1.606
> mapply(identical, ans1,ans2)
              x               y               v stringAsFactors
           TRUE            TRUE            TRUE            TRUE
```

여태까지는 DT[...]안의 첫 번째 인수(argument), 즉 i에 대해서 알아보았다. 이제부터는 두 번째와 세 번째 인수, 즉 j와 by에 대하여 알아보자.

다음은 데이터 테이블에서 summary를 하는 경우다.

```
> DT[,sum(v)]
[1] 5000553
```

이번에는 x를 기준으로 summary를 했다.

```
> DT[,sum(v), by=x]
    x       V1
 1: A 191914.7
 2: B 192291.2
 3: C 192435.3
 4: D 192605.7
 5: E 192586.2
 6: F 192085.9
 7: G 192119.2
 8: H 192102.4
 9: I 192257.9
10: J 192132.4
11: K 192292.5
```

```
12: L 192252.3
13: M 192228.4
14: N 191993.3
15: O 192326.2
16: P 192421.5
17: Q 192596.3
18: R 192716.4
19: S 192320.0
20: T 192520.7
21: U 192471.1
22: V 192294.8
23: W 192241.9
24: X 192252.9
25: Y 192562.0
26: Z 192531.6
    x        V1
> ttt <- system.time(tt <- tapply(DT$v,DT$x,sum));ttt
   user  system elapsed
  3.194   0.267   3.469
> sss <- system.time(ss <- DT[,sum(v),by=x]);sss # 18.5x faster
   user  system elapsed
  0.157   0.029   0.187
```

데이터 테이블에서의 by는 빠르다. tapply와 비교해보자. 데이터 테이블에서의 0.187초는 tapply를 적용했을 때의 3.469초보다 19배나 빠르다.

```
> head(tt)
       A        B        C        D        E        F
191914.7 192291.2 192435.3 192605.7 192586.2 192085.9
> head(ss)
   x       V1
1: A 191914.7
2: B 192291.2
3: C 192435.3
4: D 192605.7
5: E 192586.2
6: F 192085.9
> identical(as.vector(tt),ss$V1)
[1] TRUE
```

summary 또는 grouping을 x와 y변수를 이용하고자 하는 경우 by= "x,y"와 같은 표현방식으로 처리하면 된다.

```
> sss <- system.time(ss <- DT[,sum(v), by="x,y"]);sss;ss
   user  system elapsed
  0.187   0.022   0.209
     x y       V1
  1: A a 7352.143
  2: A b 7349.215
  3: A c 7427.265
  4: A d 7408.512
  5: A e 7395.833
 ---
672: Z v 7398.336
673: Z w 7395.331
674: Z x 7342.316
675: Z y 7404.204
676: Z z 7352.574
```

# 제3절 결측값 처리와 이상값 검색

데이터를 다루다 보면 결측값이나 이상값이 존재한다. 이러한 경우에 효율적인 방법으로 처리하여 데이터의 정보가 손실되거나 왜곡되는 것을 피해야 한다.

## 1. 데이터 탐색

데이터를 본격 분석하기 전에 대략의 데이터의 특성을 파악하고, 데이터에 대한 통찰을 얻기 위해 다각도로 접근하도록 한다.

### 가. 데이터 기초 통계

```
> data(iris)
> head(iris) # 데이터에서 앞 6줄만 보도록 한다.
  Sepal.Length Sepal.Width Petal.Length Petal.Width Species
1          5.1         3.5          1.4         0.2  setosa
2          4.9         3.0          1.4         0.2  setosa
3          4.7         3.2          1.3         0.2  setosa
4          4.6         3.1          1.5         0.2  setosa
5          5.0         3.6          1.4         0.2  setosa
6          5.4         3.9          1.7         0.4  setosa
> head(iris,10) #숫자를 넣어주면 원하는 개수만큼 볼 수 있다.
   Sepal.Length Sepal.Width Petal.Length Petal.Width Species
1          5.1         3.5          1.4         0.2  setosa
2          4.9         3.0          1.4         0.2  setosa
3          4.7         3.2          1.3         0.2  setosa
4          4.6         3.1          1.5         0.2  setosa
5          5.0         3.6          1.4         0.2  setosa
6          5.4         3.9          1.7         0.4  setosa
7          4.6         3.4          1.4         0.3  setosa
8          5.0         3.4          1.5         0.2  setosa
9          4.4         2.9          1.4         0.2  setosa
10         4.9         3.1          1.5         0.1  setosa
> str(iris) #데이터의 구조를 파악하도록 한다.
'data.frame':       150 obs. of  5 variables:
 $ Sepal.Length: num  5.1 4.9 4.7 4.6 5 5.4 4.6 5 4.4 4.9 ...
```

```
 $ Sepal.Width : num  3.5 3 3.2 3.1 3.6 3.9 3.4 3.4 2.9 3.1 ...
 $ Petal.Length: num  1.4 1.4 1.3 1.5 1.4 1.7 1.4 1.5 1.4 1.5 ...
 $ Petal.Width : num  0.2 0.2 0.2 0.2 0.2 0.4 0.3 0.2 0.2 0.1 ...
 $ Species     : Factor w/ 3 levels "setosa","versicolor",..: 1 1 1 1 1 1 1 1 1 1 ...
> summary(iris) #데이터의 기초통계량을 볼 수 있다.
  Sepal.Length    Sepal.Width     Petal.Length    Petal.Width          Species  
 Min.   :4.300   Min.   :2.000   Min.   :1.000   Min.   :0.100   setosa    :50  
 1st Qu.:5.100   1st Qu.:2.800   1st Qu.:1.600   1st Qu.:0.300   versicolor:50  
 Median :5.800   Median :3.000   Median :4.350   Median :1.300   virginica :50  
 Mean   :5.843   Mean   :3.057   Mean   :3.758   Mean   :1.199                  
 3rd Qu.:6.400   3rd Qu.:3.300   3rd Qu.:5.100   3rd Qu.:1.800                  
 Max.   :7.900   Max.   :4.400   Max.   :6.900   Max.   :2.500                  
> cov(iris[,1:4]) # 공분산
             Sepal.Length Sepal.Width Petal.Length Petal.Width
Sepal.Length    0.6856935  -0.0424340    1.2743154   0.5162707
Sepal.Width    -0.0424340   0.1899794   -0.3296564  -0.1216394
Petal.Length    1.2743154  -0.3296564    3.1162779   1.2956094
Petal.Width     0.5162707  -0.1216394    1.2956094   0.5810063
> cor(iris[,1:4]) #상관계수
             Sepal.Length Sepal.Width Petal.Length Petal.Width
Sepal.Length    1.0000000  -0.1175698    0.8717538   0.8179411
Sepal.Width    -0.1175698   1.0000000   -0.4284401  -0.3661259
Petal.Length    0.8717538  -0.4284401    1.0000000   0.9628654
Petal.Width     0.8179411  -0.3661259    0.9628654   1.0000000
```

summary 함수를 통해 연속형 변수의 경우 4분위수, 최소값, 최대값, 중앙값, 평균 등을 출력하고 범주형 변수의 경우 각 범주에 대한 빈도수를 출력하여 데이터의 분포를 파악한다. 연속형 변수의 경우 cov와 cor 함수를 통해 공분산행렬과 상관계수행렬을 출력하여 변수 간의 선형 상관관계의 강도를 확인한다.

## 2. 결측값 처리

결측값(Missing data) 처리를 위해 시간을 많이 쓰는 것은 비효율적이다. 가능하면 결측값은 제외하고 처리하는 게 적합하지만 결측값 자체가 의미가 있는 경우도 있다. 결측값을 어떻게 처리하느냐는 전체 작업속도에 많은 영향을 주기 때문에 이 부분을 자동화 하면 업무 효율성이 매우 향상된다. R에서 결측값 처리 관련 패키지는 Amelia II, Mice, mistools 등 여러 가지가 있는데, 여기서는 Amelia 패키지를 사용했다.

우선 결측값을 확인하는 방법과 제외하는 간단한 방법부터 알아보자. R에서는 결측값을 NA(not available)로 처리한다. 불가능한 값(예를 들면 dividing by zero)은 NaN(not a number)으로 처리된다. 결측값을 입력하는 방법은 NA를 이용하면 되고, is.na를 이용해 결측값인지 여부를 확인할 수 있다.

```
> y <- c(1,2,3,NA)
> is.na(y)
[1] FALSE FALSE FALSE  TRUE
```

특정값을 결측값으로 입력한 경우 이를 변환해 처리하면 된다. '99'를 결측값으로 처리하려면 해당 값이 있는 위치에 NA를 입력하면 된다.

```
mydata[mydata$v1==99,"v1"] <- NA
```

평균 산출 등 데이터 처리에서 결측값으로 인한 문제를 해결하는 방법으로는 해당값을 제외하는 방법이 있다.

```
> x <- c(1,2,NA,3)
> mean(x)
[1] NA
> mean(x, na.rm=T)
[1] 2
```

또한 결측값이 포함된 관측치를 complete.cases() 함수를 이용해 삭제하는데, 결측값이 넓게 분포된 경우 많은 데이터의 삭제에 따른 문제가 발생할 수 있으니 이를 염두에 둬야 된다.

```
mydata[!complete.cases(mydata),]
```

Amelia를 사용하는 방법은 다음과 같다. 먼저 패키지를 설치한다.

```
> install.packages("Amelia")
Installing package into 'C:/Users/203-21/Documents/R/win-library/3.0'
```

```
(as 'lib' is unspecified)
also installing the dependencies 'Rcpp', 'RcppArmadillo'

trying URL 'http://cran.rstudio.com/bin/windows/contrib/3.0/Rcpp_0.10.6.zip'
Content type 'application/zip' length 3437389 bytes (3.3 Mb)
opened URL
downloaded 3.3 Mb

trying URL 'http://cran.rstudio.com/bin/windows/contrib/3.0/RcppArmadillo_0.3.920.1.zip'
Content type 'application/zip' length 1525713 bytes (1.5 Mb)
opened URL
downloaded 1.5 Mb

trying URL 'http://cran.rstudio.com/bin/windows/contrib/3.0/Amelia_1.7.2.zip'
Content type 'application/zip' length 1580954 bytes (1.5 Mb)
opened URL
downloaded 1.5 Mb
package 'Rcpp' successfully unpacked and MD5 sums checked
package 'RcppArmadillo' successfully unpacked and MD5 sums checked
package 'Amelia' successfully unpacked and MD5 sums checked
The downloaded binary packages are in
        C:\Users\203-21\AppData\Local\Temp\RtmpUlplFA\downloaded_packages
> library(Amelia)
Loading required package: foreign
Loading required package: Rcpp
Loading required package: RcppArmadillo
##
## Amelia II: Multiple Imputation
## (Version 1.7.2, built: 2013-04-03)
## Copyright (C) 2005-2013 James Honaker, Gary King and Matthew Blackwell
## Refer to http://gking.harvard.edu/amelia/ for more information
##
```

freetrade는 1980년부터 1993년까지의 무역정책 자유화에 대한 분석 데이터다. 변수는 연도, 국가, 관세율, 정치지수(−10~10으로 자유화된 국가는 10의 값을 갖는다), 총인구, 국민총생산, 총국제준비액, IMF 가입년도, 재무적 공개성, US선호지수로 구성됐다.

```
> data(freetrade)
> head(freetrade)
```

```
  year  country tariff polity      pop   gdp.pc intresmi signed fiveop     usheg
1 1981 SriLanka     NA      6 14988000 461.0236 1.937347      0   12.4 0.2593112
2 1982 SriLanka     NA      5 15189000 473.7634 1.964430      0   12.5 0.2558008
3 1983 SriLanka   41.3      5 15417000 489.2266 1.663936      1   12.3 0.2655022
4 1984 SriLanka     NA      5 15599000 508.1739 2.797462      0   12.3 0.2988009
5 1985 SriLanka   31.0      5 15837000 525.5609 2.259116      0   12.3 0.2952431
6 1986 SriLanka     NA      5 16117000 538.9237 1.832549      0   12.5 0.2886563
> str(freetrade)
'data.frame':       171 obs. of  10 variables:
 $ year    : int  1981 1982 1983 1984 1985 1986 1987 1988 1989 1990 ...
 $ country : chr  "SriLanka" "SriLanka" "SriLanka" "SriLanka" ...
 $ tariff  : num  NA NA 41.3 NA 31 ...
 $ polity  : int  6 5 5 5 5 5 5 5 5 5 ...
 $ pop     : num  14988000 15189000 15417000 15599000 15837000 ...
 $ gdp.pc  : num  461 474 489 508 526 ...
 $ intresmi: num  1.94 1.96 1.66 2.8 2.26 ...
 $ signed  : int  0 0 1 0 0 0 0 1 0 0 ...
 $ fiveop  : num  12.4 12.5 12.3 12.3 12.3 ...
 $ usheg   : num  0.259 0.256 0.266 0.299 0.295 ...
```

일반적인 결측값 처리 방식은 해당 레코드를 모두 삭제하는 것이다. 이때 전체적으로 결측값이 많은 레코드에 걸쳐 분포하면, 너무 많은 자료가 삭제돼 정보를 획득하기 어려워질 수 있다. 이를 방지하는 차원에서 결측값을 해당 변수의 대표값으로 대체하는 경우가 있는데 이 방식 또한 많은 문제점이 있다. 그 대신 변수들 간의 관계를 이용해 imputation을 하는 효율적인 방법이 있다. 이번 예제에서는 이 방식을 소개한다. m은 몇 개의 imputation 데이터세트를 만들지를 결정하는 값이며, ts는 시계열에 대한 정보, cs는 cross-sectional 분석에 포함될 정보다. 따라서 아래 모델에서는 연도와 국가를 고려해 모든 freetrade 정보를 활용한 결측값에 대한 imputation이 이뤄진다.

```
a.out <- amelia(freetrade, m = 5, ts = "year", cs = "country")
hist(a.out$imputations[[3]]$tariff, col="grey", border="white")
save(a.out, file = "imputations.RData")
write.amelia(obj=a.out, file.stem = "outdata")
```

위의 과정을 통해 a.out은 결측값들이 imputation방법에 의해 대체된 5개의 데이터셋을 포함하고 각 데이터셋이 outdata1.csv, outdata2.csv, outdata3.csv, outdata4.csv, outdata5.csv의 이름으로 생성된다.

아래 내용을 보면 결측값을 처리하기 전후의 변화를 알 수 있다.

```
> missmap(a.out)
```

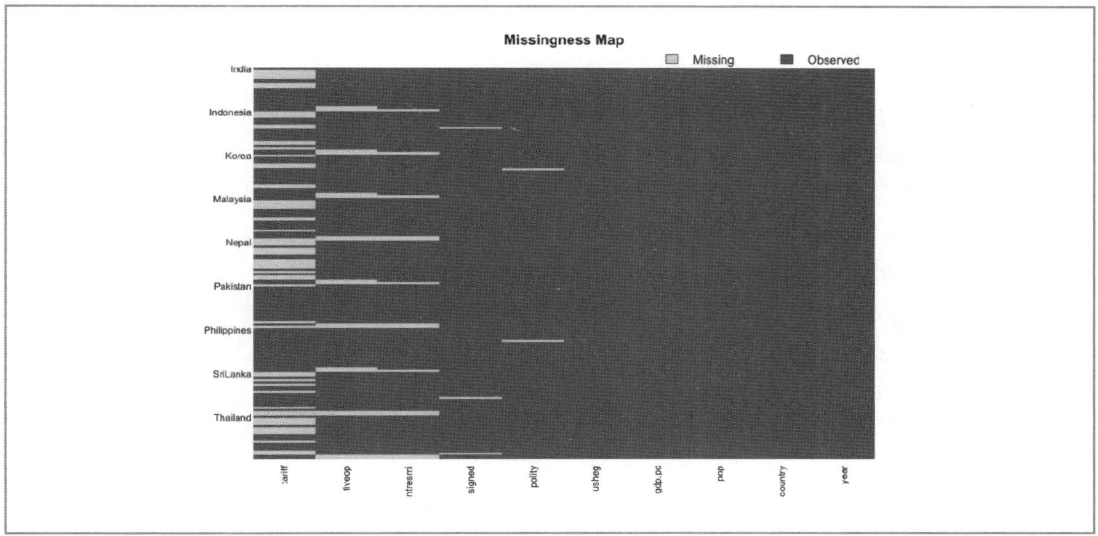


[그림 Ⅳ-1-11] 결측값을 처리하기 전의 그래프

imputation을 하려면 imputation 값을 데이터세트에 쓰면 된다.

```
> freetrade$tariff<-a.out$imputation[[5]]$tariff
> missmap(freetrade)
```

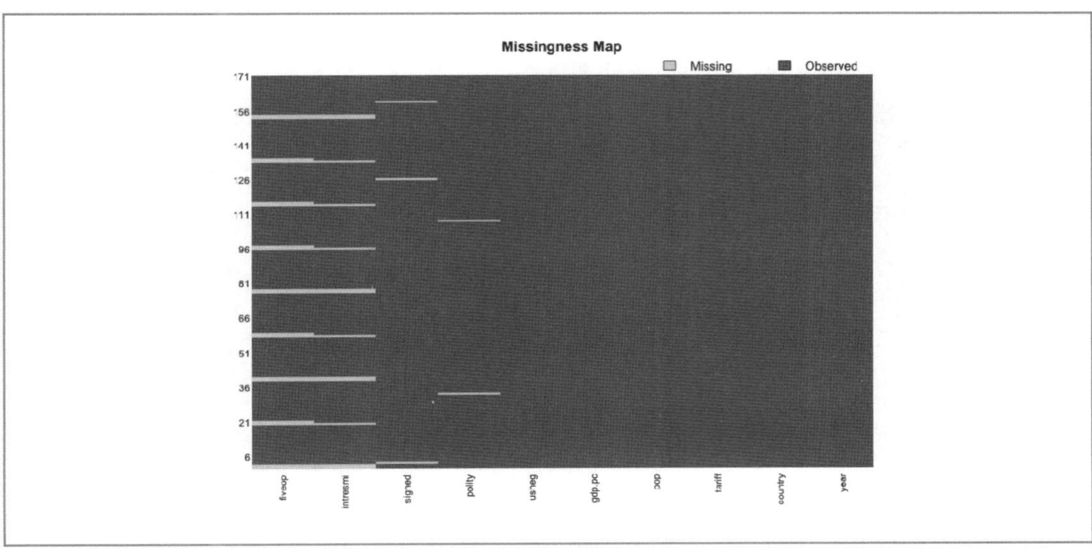


[그림 Ⅳ-1-12] 결측값을 처리한 후 그래프

## 3. 이상값 검색

이상값(Outlier) 검색은 분석에서 전처리를 어떻게 할지를 결정할 때와 부정사용방지 시스템(Fraud Detection System, FDS)에서 규칙을 발견하는 데 사용할 수 있다. 이상값은 의도하지 않게 잘못 입력한 경우(a1), 의도하지 않게 입력됐으나 분석 목적에 부합되지 않아 제거해야 하는 경우(a2), 의도되지 않은 현상이지만 분석에 포함해야 하는 경우(a3)가 있다. 그리고 의도된 이상값(b1)인 경우가 있는데, b1의 경우는 대부분 사기(fraud)이다. 특히 a1, a2는 bad data라고 할 수 있고 a3, b1이 이상값이라고 할 수 있다.

관련 알고리즘으로는 ESD(Extreme Studentized Deviation), MADM 등이 있는데 ESD가 가장 잘 알려져 있다. 평균으로부터 k*표준편차만큼 떨어져 있는 값들을 이상값으로 판단하고 일반적으로 k는 3으로 한다. 그러나 이 방법조차도 이상값으로부터 매우 민감한 단점이 있다.

실전에서 이상값을 찾기 위해 너무 많은 시간을 쓰는 것은 추천하지 않는다. 변수들에 대해 summary 정도로 평균과 중위수 값을 파악해 제 1 사분위수 (Q1)와 제 3 사분위수 (Q3)를 보면 1차 판단을 하고, 좀 더 시간이 된다면 주요 변수(dimension)별로 플롯해보면서 특성을 파악할 수 있다. 단 부정사용방지 프로젝트(fraud detection project)에서는 많은 시간을 여기에 할당해야 한다.

a2 경우의 대표적인 경우로 POS 데이터에서 수작업으로 일정 시간에 일괄적으로 거래정보를 입력하는 경우 시간대별 매출 분석에서는 제외해야 되고, 고객 행동분석에서는 a3에 해당돼 포함해서 분석을 해야 한다. 그러나 이러한 경우의 조합이 다양해져 변수가 많아지면 표준 데이터를 기준으로 작업하지 못하고 경우에 따라 데이터가 달라지므로 의사결정을 해야 한다.

또 다른 대표적인 경우로 불량이나 분실로 발생된 상품을 별도 고객명으로 가상 입력하는 경우이다. 특정 고객이 매우 많은 상품을 구매한 것으로 잘못 처리돼 전체 분석에 영향을 미치는 경우도 있다. 미리 상세하게 담당자에게 문의하지 않으면 알 수 없는 다양한 비즈니스 규칙도 있고, 물어도 고의로 대답을 안 하거나 모르는 경우가 크게 영향을 미칠 수 있다. 결국 일정 기간을 할애해 분석 기준을 수립하고, 해당 기준에 의거해 드러나지 않은 것은 무시하고 진행해야 된다. 그렇지 않으면 분석 데이터와 결과 자체가 모두 엉망이 돼 관리가 불가능해진다.

이상값을 상자그림 (boxplot)으로 식별할 수도 있다. 다음 예제를 보도록 하자.

```
> x=rnorm(100) #표준정규분포를 따르는 난수 100개 생성
> boxplot(x) #여기에서는 이상값이 없음을 알 수 있다.
```

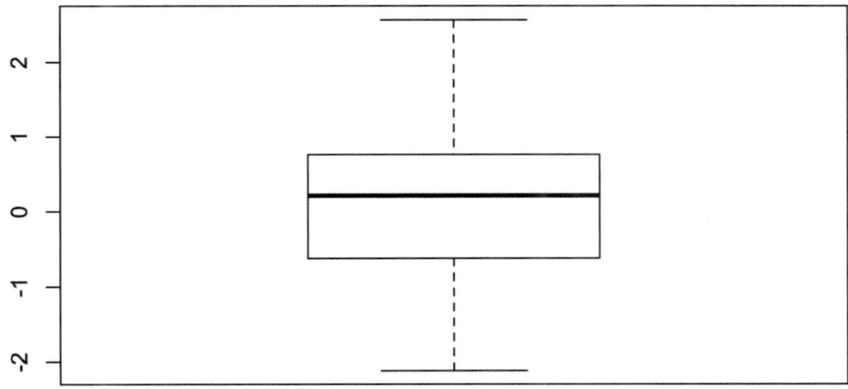


고의적으로 몇 개의 이상값을 넣도록 하자.

```
> x=c(x, 19, 28, 30) # 19, 28, 30은 이상값
> outwith=boxplot(x) #여기에서는 이상값이 있음을 알 수 있다.
```

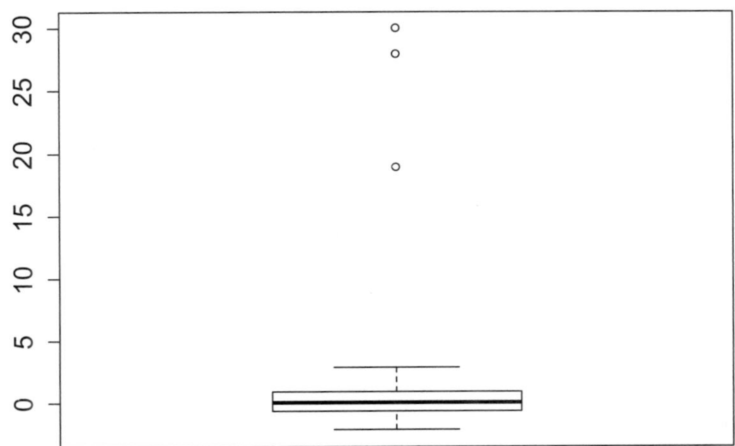


```
> outwith$out # 이상값을 프린트 해 준다.
[1] 19  28  30
```

또 다른 방법은 outliers패키지를 사용하여 이상값일 가능성이 큰 값을 찾아내어 주는 것이다. outliers패키지의 outlier()함수는 평균과 가장 큰 차이가 있는 값을 알려주며, outlier()함수 인수(argument)중에 opposite=TRUE를 사용하면 반대편으로 평균과 가장 큰 값을 알려준다. 다음은 이에 관한 예제이다. 먼저 outliers 패키지를 설치하고 라이브러리를 부른다.

```
> install.packages("outliers")
> library(outliers)
> set.seed(1234)
> y=rnorm(100)
> outlier(y) # 평균과 가장 차이가 많이 나는 값 출력
[1] 2.548991
> outlier(y, opposite=TRUE) # 반대방향으로 가장 차이가 많이 나는 값 출력
[1] -2.345698
> dim(y) = c(20, 5) # 행 20 열 5의 행렬 생성
> outlier(y) # 각 열의 평균과 가장 차이가 많은 값을 각 열별로 출력
[1]  2.415835   1.102298   1.647817   2.548991   2.121117
> outlier(y, opposite=TRUE) # 각 열별로 반대 방향으로 열 평균과 가장 차이가 많은 값 출력
[1] -2.345698   -2.180040   - 1.806031   - 1.390701   - 1.372302
> boxplot(y)
```

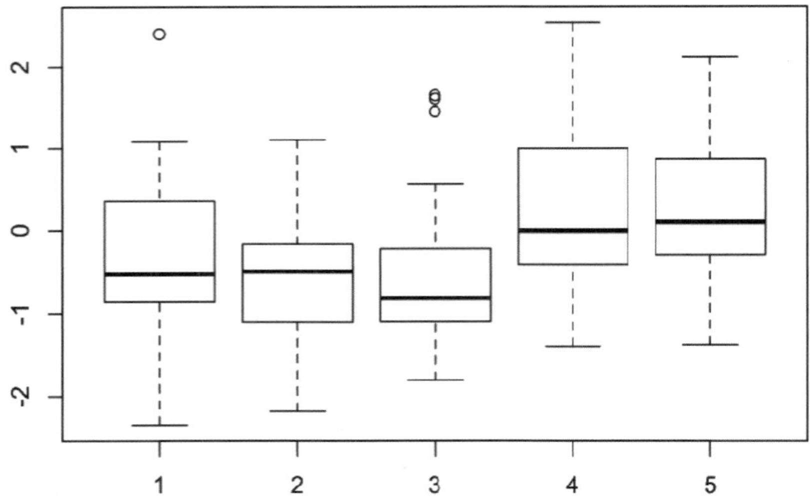

# 장 요약

**제1절 R 기초**

통계 분석을 위해 사용할 수 있는 여러 가지 통계 패키지들 중에서도 R은 무료이면서 강력한 계산능력과 그래픽 처리 능력, 그리고 확장성으로 인해 점점 더 주목받고 있다. R을 더 쉽게 사용할 수 있도록 해주는 IDE R Studio에 대해 알아본다. 또한 기초적인 R의 사용법을 잘 숙지한다면 복잡한 통계 계산과 데이터 처리를 위한 기법들을 처리하기 위한 복합적인 프로그램을 만들 수 있다.

**제2절 데이터 마트**

데이터 마트를 기초정보와 요약변수 및 파생변수를 이용하여 구성한다. 데이터 마트 구축 시에 처음부터 많이 만드는 것보다 일정 규모를 만들어 효용성을 평가하고 점진적으로 늘려가는 방법을 취한다. 이 때 reshape, sqldf, plyr, data table등의 패키지들을 활용하면 효율적으로 구축할 수 있다.

**제3절 결측값 처리와 이상값 검색**

데이터를 다루다 보면 결측값이나 이상값이 존재한다. 이러한 경우에 효율적이면서도 적합하게 결측값을 처리하거나 이상값을 검색하도록 한다.

# 연습문제

**문제 1. 다음 중 서로 다른 성격의 프로그램은?**

① S-Plus

② R

③ C

④ SAS

**문제 2. 다음 중 R의 특징으로 적절하지 않은 것은?**

① 패키지의 사용을 통한 기능 확장

② 서버 프로그램을 이용해 설치하지 않고도 웹에서 사용 가능

③ 강력한 그래픽 기능

④ 복잡한 행렬 계산을 빠르게 수행할 수 있는 능력

**문제 3. R의 통합 개발 환경 중 하나로서 손쉽게 더 확장된 기능을 수행할 수 있도록 하는 프로그램의 이름은?**

① R Studio

② R Student

③ R Stereo

④ R Server

**문제 4. 다음 R의 벡터 생성 코드 중 제대로 작동하지 않는 코드는?**

① w=c(1, 20, 30)

② x=c(False)

③ y=c("44", "66")

④ y=c(FALSE)

## 문제 5. 다음 코드를 통해 생성되는 행렬 z의 크기는?

```
> a=c(10, 20, 30)
> b=c(40, 30, 20)
> x=a%*%t(b)
> y=a*b
> z=cbind(x, y)
```

① 3×3
② 3×4
③ 4×3
④ 4×4

## 문제 6. 다음 Data Frame에서 위치 참조값 가져오기의 결과가 틀린 것은?

```
> income = c(100, 200, 150, 300, 900)
> car = c("kia", "hyundai", "kia", "toyota", "lexus")
> marriage = c(FALSE, FALSE, FALSE, TRUE, TRUE)
> mydat = data.frame(income, car, marriage)
> mydat
  income     car marriage
1    100     kia    FALSE
2    200 hyundai    FALSE
3    150     kia    FALSE
4    300  toyota     TRUE
5    900   lexus     TRUE
```

① mydat[1,2]
[1] kia
② mydat[1:2, 3]
[1] FALSE FALSE
③ mydat[3, ]
income car marriage
3 150 kia FALSE
④ mydat[,2]
[1] 100 200 150 300 900

**문제 7. 다음 반복 구문에 대한 설명 중 옳은 것은?**

① for 구문은 괄호 안의 조건이 만족되어 있는 동안 이후의 구문을 반복한다.
② while 구문은 반복되는 구문 내에서 반복변수 i를 변화시켜 주어야 한다.
③ for 구문이 반복되는 횟수는 실행시키기 전까지는 알 수 없다.
④ while 구문은 for 구문보다 더 빠르게 실행된다.

**문제 8. 다음 if ~ else 조건문에 대한 설명으로 틀린 것은?**

① if 구문 이후의 조건이 만족되는 경우 이후의 코드가 실행된다.
② if 구문의 조건이 만족되지 않는 경우 else 이후의 구문이 실행된다.
③ if 구문 이후에 if 구문을 추가하여 복합적인 조건을 생성할 수 있다.
④ else 이후의 구문이 작성되지 않으면 전체 코드가 작동하지 않는다.

**문제 9. 다음 중 R의 데이터 형식으로 올바르지 않은 것은?**

① Numeric (수치형)
② Character (문자형)
③ Functional (함수형)
④ Logical (논리형)

**문제 10. 다음 코드를 보고 프로그램의 수정할 부분을 지적한 내용이다. 다음 보기 중에서 옳게 설명하는 문항은?**

```
> addto = function (a) {  ------- #1
+ isum=0
+ for (i on 1:a) { ------------ #2
+ isum=isum + i   ----------- #3
+ }
+ print (isum) -------------- #4
+ }
```

① #1 코드에서 함수 선언은 addto(a) = function { 으로 시작해야한다.
② #2 코드에서 (i in 1:a)로 형태로 적어야 한다.
③ #3 코드에서 isum(isum+i)의 형태로 적어야 반복 구문을 통해 누적 합이 구해진다.
④ #4 코드에서 print=print(isum)으로 적지 않으면 결과값을 바로 출력할 수 없다.

**문제 11. 다음 함수들에 대한 설명 중 틀린 것은?**

① paste 함수는 문자열들을 하나로 붙여주지만 'sep=Y' 옵션을 사용하면 문자들을 나누도록 한다.
② paste 함수를 통해 두 벡터의 내용도 하나로 붙일 수 있다.
③ substr("BigDataAnalysis", 3, 7)은 "gData"을 반환한다.
④ substr 함수의 대상으로 벡터를 지정하면 벡터 내의 모든 문자열에 대해 해당 함수를 적용한다.

**문제 12. 다음 자료형 데이터 구조 변환의 결과로 틀린 것은?**

① as.numeric(TRUE) ▶ 1
② as.logical(1.2) ▶ FALSE
③ as.character(TRUE) ▶ "TRUE"
④ as.integer(FALSE) ▶ 0

**문제 13. 데이터 마이닝을 위한 마트 생성을 편리하게 해주는 패키지는?**

① ggplot2
② party
③ mart
④ reshape

**문제 14. R에서 key값이 존재하는 object는?**

① vecter
② list
③ data.table
④ data.frame

**학습목표**

- 모집단과 표본의 개념과 표본추출 방법 이해
- 척도의 종류 이해
- 확률변수의 이해
- 가설검정 과정의 이해
- 상관분석, 회귀분석, 주성분분석, 다차원 척도법의 이해
- 시계열 모형의 이해

# 제2장

# 통계 분석

### 장 소개

데이터 분석에 있어서 통계의 기본 개념을 익힌다면 조금 더 심도있는 분석을 수행 할 수 있다. 이번 장에서는 데이터의 유형 및 상관분석, 시계열, 회귀분석 등 통계에서 사용되는 다양한 이론에 대해 이해한다.

# 제1절 통계학 개론

## 1. 통계 분석 개요

### 가. 통계학의 정의

우리는 일상생활에서 각종 통계를 접하며 살고 있다. 일상적으로 접하는 통계는 매일 발표되는 일기예보와 물가·실업률·GNP 등과 같은 경제통계, 각 정당에 대한 지지도 조사나 가족법 개정에 대한 의식조사와 같은 사회조사 분석통계, 새로운 희귀병 치료제의 임상실험 결과와 같은 실험결과 분석통계 등 다양한 형태를 갖고 있다. 통계학을 한마디로 정의하기는 어렵지만통계학은 자료로부터 유용한 정보를 이끌어 내는 학문이라는 데 대부분의 통계학자들이 동의할 것이다. 유용한 정보를 이끌어 내는 작업에는 자료의 수집과 정리, 그리고 이를 해석하는 방법 등을 모두 포함한다.

### 나. 모집단과 표본

자료로부터 유용한 정보를 이끌어 낼 때 해당 정보에 대한 대상이 있다. 정당에 대한 지지도에 관해 논의한다면 구체적으로 대한민국 전체 국민들의 지지도, 유권자들의 지지도, 또는 서울에 거주하는 유권자의 지지도를 일컫는 것인지를 확실하게 하는 것은 매우 중요하다. 이 때 유용한 정보의 대상이 되는 것을 모집단이라고 한다. 즉, 모집단은 우리가 알고자 하는 전체를 의미한다. 모집단을 구성하는 개체를 추출단위 혹은 원소라고 한다.

모집단에 대해 조사하는 방법에는 총조사(census)와 표본조사로 나뉜다. 총조사는 모집단의 개체 모두를 조사하는 방법으로 많은 비용과 시간이 소요되므로 '인구주택총조사' 등 특별한 경우를 제외하고는 실시되지 않는다. 따라서 일부분만 조사하여 모집단에 대해 추론하는 것이 보통인데, 이러한 조사를 표본조사라고 하고 이 때 조사하는 모집단의 일부분을 표본(sample)이라 한다. 모집단에 대해 알고자 하는 값을 모수(parameter)라고 하고, 모수를 추론하기 위해 구하는 표본의 값들을 통계량(statistic)이라 한다.

모집단은 유한 모집단과 무한 모집단으로 나뉜다. 유한 모집단은 유한 개의 개체로 이루어진 모집단이고, 무한 모집단은 무한 개의 개체로 이루어진 모집단으로 보통 개념적으로 상정된 모집단을 지칭한다.

### 다. 표본추출의 방법

총조사가 아닌 표본조사를 바탕으로 분석한 결과를 사용하거나 이해할 때는 모집단의 정의, 표본의 크기, 조사방법(면접조사, 우편조사, 전화조사, 이메일 조사 등), 조사기간, 표본추출 방법을 명확하게 밝히거나 확인해야 한다. 이러한 사항들에 따라 분석결과의 해석은 큰 차이가 발생할 수 있다. 이 중에서도 표본조사에서 가장 중요한 것은 모집단을 대표할 수 있는 표본 추출이다. 표본을 추출하는 방법에는 여러 가지가 있지만, 가장 대표적인 방법으로는 단순랜덤추출법(simple random sampling), 계통추출법(systematic sampling),

집락추출법(cluster sampling), 층화추출법(stratified sampling) 등이 있다. 실무에서는 이 방법들을 혼합해 사용하고 있다.

- 단순랜덤추출법: N개의 원소로 구성된 모집단에서 n개($n \leq N$)의 표본을 추출할 때 각 원소에 1, 2, 3, … N까지의 번호를 부여한다. 여기서 n개의 번호를 임의로 선택해 그 번호에 해당하는 원소를 표본으로 추출한다.
- 계통추출법: 모집단의 모든 원소들에게 1, 2, 3 …, N의 일련번호를 부여하고 이를 순서대로 나열한 후에 K개($K = N/n$)씩 n개의 구간으로 나눈다. 첫 구간(1, 2, 3, …, K)에서 하나를 임의로 선택한 후에 K개씩 띄어서 표본을 추출한다.
- 집락추출법: 모집단이 몇 개의 집락(cluster)이 결합된 형태로 구성돼 있고, 각 집단에서 원소들에게 일련번호를 부여할 수 있는 경우에 이용된다. 일부 집락을 랜덤으로 선택하고 선택된 각 집락에서 표본을 임의로 선택한다.
- 층화추출법: 상당히 이질적인 원소들로 구성된 모집단에서 각 계층을 고루 대표할 수 있도록 표본을 추출하는 방법이다. 이질적인 모집단의 원소들을 서로 유사한 것끼리 몇 개의 층(stratum)으로 나눈 후, 각 층에서 표본을 랜덤하게 추출한다.

표본조사 이외에 자료를 수집하는 방법으로 실험이 있다. 표본조사가 대상 집단의 일부를 추출해 어떤 현상을 관측 또는 조사해 자료를 수집하는 방법인데 비해, 실험이란 특정 목적 하에서 실험 대상에게 처리를 가한 후에 그 결과를 관측해 자료를 수집하는 방법이다. 새로운 강의방법이 기존의 강의방법에 비해 효과적인지를 확인하기 위해 임의의 2개 학급을 선정해 새로운 강의방법과 기존 강의방법으로 일정기간 강의한 후 시험을 보고 성적을 조사한다. 새로운 암 치료제의 효과를 분석하기 위해 암환자 20명을 임의적으로 10명씩 두 집단으로 나누고, 한 집단에는 새로운 암 치료제를 투여하고 다른 집단에는 아무 효과가 없는 가짜약을 투여한 후에 치료효과를 분석하는 등의 방식으로 실험이 실시되고 있다.

### 라. 자료의 종류

표본조사나 실험을 실시하는 과정에서 추출된 원소들이나 실험 단위로부터 주어진 목적에 적합하도록 관측해 자료를 얻는 것을 측정(measurement)이라고 한다. 측정방법은 크게 명목척도(nominal scale), 순서척도(ordinal scale), 구간척도(interval scale), 비율척도(ratio scale)로 구분할 수 있다. 명목척도와 순서척도로 측정된 자료를 질적 자료(qualitative data)라고 하고, 구간척도와 비율척도로 측정된 자료를 양적 자료(quantitative data)라고 정의한다.

- 명목척도: 측정 대상이 어느 집단에 속하는지 분류할 때 사용되는 척도로, 성별(남, 여) 구분, 출생지(서울특별시, 부산광역시, 경기도 등) 구분 등이 명목척도에 해당된다.
- 순서척도: 측정 대상의 특성이 가지는 서열관계를 관측하는 척도로, 선택사항이 일정한 순서로 돼 있다. 특정 서비스의 선호도를 (아주 좋아한다, 좋아한다, 그저 그렇다, 싫어한다, 아주 싫어한다)로 구분해 묻는 경우에 관측된 자료가 순서척도에 해당된다.

- 구간척도: 측정 대상이 갖고 있는 속성의 양을 측정하는 것으로 측정결과가 숫자로 표현되나 해당 속성이 전혀 없는 상태인 절대적인 원점이 없다. 따라서 두 관측값 사이의 비율은 별 의미가 없게 되는 척도로 온도, 지수 등이 구간척도에 해당된다.
- 비율척도: 절대적 기준인 0값이 존재하고 모든 사칙연산이 가능하며 제일 많은 정보를 가지고 있는 척도이다. 무게, 나이, 연간소득, 제품가격 등 숫자로 관측 되는 일반적인 자료의 특성이 비율척도에 해당된다.

## 2. 통계 분석

통계 분석(statistical analysis)이란 특정한 집단이나 불확실한 현상을 대상으로 자료를 수집해 대상 집단에 대한 정보를 구하고, 적절한 통계 분석 방법을 이용해 의사결정을 하는 과정을 말한다. 이러한 의사결정을 통계학에서는 통계적 추론(statistical inference)이라고 한다. 대상 집단에 대한 정보란 자료를 요약·정리한 결과로 숫자 또는 그림으로 정리된 각종 통계를 의미한다. 또한 통계적 추론이란 수집된 자료를 이용해 대상 집단(모집단)에 대해 의사결정을 하는 것이다. '대상 집단의 특성값(모수)이 무엇일까?'를 추측하는 추정(estimation)과 대상 집단에 대해 특정한 가설을 설정한 후에 그 가설의 채택여부를 결정하는 가설검정(hypothesis test)이 있다. 이 외에도 미래의 불확실성을 해결해 효율적인 의사결정을 하기 위해 수행하는 예측(forecasting)이 있다.

통계적 추론 이외에도 수집된 자료를 정리·요약하기 위해 사용되는 기초적인 통계를 기술통계(descriptive statistic)라고 한다. 기술통계는 평균, 표준편차, 중위수, 최빈값, %와 같이 숫자로 표현하는 방식과 막대그래프, 원그래프, 꺾은선그래프 같이 그림으로 표현하는 방식이 있다. 신문이나 잡지에서 흔히 볼 수 있는 표, 그래프, 차트를 만드는 것은 모두 기술통계에 속한다. 기술통계는 그 자체로도 여러 용도에 쓰일 수 있지만, 대개는 보다 자세한 통계적 분석을 위한 사전단계의 역할을 하게 마련이다.

## 3. 확률 및 확률분포

### 가. 확률의 정의

확률이란 '특정사건이 일어날 가능성의 척도'라고 정의할 수 있다. 통계적 실험을 실시할 때 나타날 수 있는 모든 결과들의 집합을 표본공간(sample space, $\Omega$)이라 하고, 사건(event)이란 표본공간의 부분집합을 말한다. 사건 중에서 오직 한 개의 원소로만 이루어진 사건을 근원사건이라 한다.

표본공간이 유한 개의 원소로 구성이 되어있고 근원사건들이 일어날 가능성이 모두 같다면, 사건 E의 확률을 다음과 같이 나타낼 수 있다. 여기에서 $n(E)$는 집합 E에 있는 원소의 수이다.

$$P(E) = \frac{n(E)}{n(\Omega)}$$

일반적으로 확률은 표본공간의 부분집합에 실수값을 지정한 것으로 다음과 같은 세 가지 조건을 만족한다.

1) 모든 사건 E의 확률값은 0과 1사이에 있다. 즉, $0 \leq P(E) \leq 1$
2) 전체 집합 $\Omega$의 확률은 1이다. 즉, $P(\Omega) = 1$
3) 서로 배반인 사건들 $E_1, E_2, \ldots$ 의 합집합의 확률은 각 사건들의 확률의 합이다. 즉,

$$P(\cup E_n) = \sum_{n=1}^{\infty} P(E_n)$$

위에서 배반 사건이란, 교집합이 공집합인 사건들을 말한다.

### 나. 조건부 확률과 독립사건

사건 A가 일어났다는 가정하의 사건 B의 확률을 조건부 확률(conditional probability)이라 한다. 사건 A가 주어졌을 때 조건부 확률은 $P(B|A)$와 같이 표시하고, 다음과 같이 정의된다.

$$P(B|A) = \frac{P(A \cap B)}{P(A)}$$

위의 확률은 $P(A) > 0$ 일 때만 정의가 된다.
두 사건 A, B가

$$P(A \cap B) = P(A)P(B)$$

를 만족하면, 서로 독립이라고 한다. 두 사건 A, B가 독립이라면, $P(B|A) = P(B)$가 된다. 따라서 사건 B의 확률은 A가 일어났다는 가정 하에서의 B의 조건부확률과 동일하다. 즉, 사건 B의 확률은 사건 A가 일어났는지 여부와 상관없이 동일하다.

### 다. 확률변수와 확률분포

특정 사건에 대해 실수값을 갖는 변수를 정의하면, 특정사건이 일어날 확률은 그 변수가 특정값을 가질 확률로 표현할 수 있다. 이와 같이 특정값이 나타날 가능성이 확률적으로 주어지는 변수를 확률변수(random variable)라고 한다. 수학적으로 표현하면, 확률변수는 정의역(domain)이 표본공간이고 치역(range)이 실수값인 함수다. 확률변수에는 이산형 확률변수(discrete random variable)와 연속형 확률변수(continuous random variable)가 있다.

- 이산형 확률변수: 사건의 확률이 그 사건들이 속한 점들의 확률의 합으로 표현할 수 있는 확률변수를 말한다. 따라서 이산형 확률변수는 확률이 0보다 큰 값을 갖는 점들로 확률을 표현할 수 있다, 즉,

$$P(X=x_i)=p_i \ , \ i=1,\ 2,\ \cdots$$

이와 같이 각 이산점에 있어서 확률의 크기를 표현하는 함수를 확률질량함수(probability mass function)라고 한다.

- 연속형 확률변수: 사건의 확률이 그 사건 위에서 어떤 0보다 큰 값을 갖는 함수의 면적으로 표현될 수 있는 확률변수를 말한다. 이 때, 이 함수 $f(x)$를 확률밀도함수(probability density function)라고 한다. 사건의 확률이 확률밀도함수의 면적으로 표현되므로 한 점에서의 확률은 0이 되고, 0보다 큰 값을 갖는 사건은 구간에서의 확률값이 된다.
- 결합확률분포(joint probability distribution): 두 확률변수 X, Y의 결합확률분포는 이산형인 경우에 다음과 같의 정의한다.

$$P(X=x_i, Y=y_j)=p_{ij} \ , \ i=1,\ 2,\ \cdots,\ n,\ j=1,\ 2,\ \cdots,\ m$$

연속형인 경우에는 $f(x,y)$라고 정의하며, 각각 결합확률질량함수(joint probability mass function)와 결합확률밀도함수(joint probability density function)라고 한다.

통계 분석에서 자료를 수집하고 그 수집된 자료로부터 어떤 정보를 얻고자 하는 경우에는 항상 수집된 자료가 특정한 확률분포를 따른다고 가정한다. 그 분포는 이산형 확률분포와 연속형 확률변수로 구분할 수 있다. 먼저 이산형 확률변수에는 베르누이 확률분포(Bernoulli distribution), 이항분포(binomial distribution), 기하분포(geometric distribution), 다항분포(multinomial distribution), 포아송분포(Poisson distibution) 등이 있다.

연속형 확률변수에는 균일분포(uniform distribution), 정규분포(normal distribution), 지수분포(exponential distribution) 등이 대표적이며, 정규분포로부터 유도된 t-분포(t-distribution), $\chi^2$-분포($\chi^2$ distribution), F-분포(F-distribution) 등이 있다.

### 라. 확률변수의 기댓값과 분산

확률변수 X의 기댓값은 다음과 같이 정의된다. 확률변수 X가 확률질량함수 $f(x)$를 갖는 이산형 확률변수인 경우, 그 기댓값은

$$E(X)=\sum xf(x)$$

와 같이 정의되고, X가 확률밀도함수 $f(x)$를 갖는 연속형 확률변수인 경우에는

$$E(X) = \int xf(x)dx$$

와 같이 정의된다.

확률변수의 흩어진 정도를 나타내는 분산과 표준편차는 X의 기댓값을 $\mu$라 할 때, 다음과 같이 정의된다.

$$Var(X) = E(X-\mu)^2$$
$$sd(X) = \sqrt{Var(X)}$$

### 마. 백분위수

연속형 확률변수 X의 제 q 백분위수 $x_q$는 다음의 식을 만족하는 값으로 정의된다.

$$P(X \leq x_q) = q/100$$

여기서 q는 0과 100 사이의 값이다.

## 4. 추정과 가설검정

### 가. 점추정

통계적 방법론을 통해서 알고자하는 대상은 모집단의 확률분포이다. 모집단의 확률분포의 특징을 표현하는 값들을 모수(parameter)라고 한다. 대표적인 모수의 예는 모집단의 평균, 분산, 표준편차, 백분위수 등이 있다. 모집단에서 추출된 표본을 기반으로 모수들에 대한 통계적 추론을 한다. 통계적 추론은 추정과 가설검정으로 나뉘고, 추정은 다시 점추정과 구간추정으로 나뉜다.

가장 참값이라고 여겨지는 하나의 모수의 값을 택하는 것을 점추정(point estimation)이라고 한다. 즉, 점추정은 '모수가 특정한 값일 것'이라고 추정하는 것이다. 모집단의 평균(모평균) $\mu$를 추정하기 위한 추정량(estimator)은 확률표본의 평균값인 표본평균(sample mean)이 대표적이다.

- 표본평균: $\overline{X} = \frac{1}{n}\sum_{i=1}^{n} X_i$

모집단의 분산(모분산) $\sigma^2$를 추정하기 위한 추정량으로는 표본분산(sample variance)이 대표적이다.

- 표본분산: $S^2 = \frac{1}{n-1}\sum_{i=1}^{n}(X_i - \overline{X})^2$

### 나. 구간추정

점추정은 '모수가 특정한 값일 것'이라고 선언하는 것으로, 사실상 추정이 얼마나 정확한가를 판단하기가 불가능하다. 이러한 점추정의 정확성을 보완하는 방법이 구간추정이다. 구간추정이란 일정한 크기의 신뢰수준(confidence level)으로 모수가 특정한 구간에 있을 것이라고 선언하는 것으로, 구해진 구간을 신뢰구간(confidence interval)이라고 한다. 일반적으로 신뢰수준은 90%, 95%, 99%의 확률을 이용하는 경우가 많다.

신뢰수준 95%의 의미는 한 개의 모집단에서 동일한 방법으로 동일한 자료의 개수의 확률표본을 무한히 많이 추출하여 각 확률표본 마다 신뢰구간을 구하면, 이 무한히 많은 신뢰구간 중에서 95%의 신뢰구간이 미지의 모수를 포함한다는 의미이다. 이는 주어진 한 개의 신뢰구간이 미지의 모수를 포함할 확률이 0.95라는 것과는 다른 의미이다. 주어진 한 개의 신뢰구간은 특정한 숫자들로 표현되고, 모수도 미지의 특정한 값이므로 확률로 해석하기는 어렵다.

모집단의 확률분포를 정규분포라 가정할 때, 95% 신뢰수준 하에서 모평균 $\mu$의 신뢰구간은 ①모분산 $\sigma^2$이 알려져 있는 경우에는 $\left(\overline{X}-1.96\frac{\sigma}{\sqrt{n}}, \overline{X}+1.96\frac{\sigma}{\sqrt{n}}\right)$ 가 되고, ②모분산 $\sigma^2$이 알려져 있지 않은 경우에는 모분산 대신 표본분산을 사용해 $\left(\overline{X}-t_{n-1,0.975}\frac{S}{\sqrt{n}}, \overline{X}+t_{n-1,0.975}\frac{S}{\sqrt{n}}\right)$ 가 된다. 여기서 $t_{n-1,0.975}$는 n-1의 자유도를 가지는 t분포의 97.5 백분위수이다.

### 다. 가설검정

가설검정이란 모집단에 대한 어떤 가설을 설정한 뒤에 표본관찰을 통해 그 가설의 채택여부를 결정하는 분석방법이다. 가설검정에서 가장 기본적인 사항은 검정하고자 하는 모집단의 모수에 대한 가설 설정이다. 가설(hypothesis)은 항상 귀무가설(null hypothesis, $H_0$)과 대립가설(alternative hypothesis, $H_1$) 두 가지로 설정하며, 가설검정이란 표본관찰 또는 실험을 통해 귀무가설($H_0$)과 대립가설($H_1$) 중에서 하나를 선택하는 과정이라고 할 수 있다. 주어진 두 개의 가설 중에서 어떠한 가설을 귀무가설과 대립가설로 정하는 데는 일정한 규칙이 있다. 확실하게 증명하고 싶은 가설, 뚜렷한 증거가 있어야 채택할 수 있는 가설, 혹은 그 결과가 값비싼 가설을 대립가설 $H_1$로 지정한다. 대립가설과 반대의 증거를 찾기 위해 정한 가설을 귀무가설 $H_0$로 지정한다.

검정에 사용되는 통계량을 검정통계량(test statistic, T(X))이라고 하는데, 추정에 사용되는 통계량과 유사하게 모평균에 대한 검정에는 표본평균 $\overline{X}$, 모분산에 대한 검정에는 표본분산 $S^2$로 표현된 통계량이 사용된다. 가설검정은 귀무가설이 옳다는 전제 하에서 관측된 검정통계량의 값보다 더 대립가설을 지지하는 값이 나타날 확률을 구하여 귀무가설 채택여부를 결정한다. 귀무가설이 사실일 때, 관측된 검정통계량의 값보다 더 대립가설을 지지하는 검정통계량이 나올 확률을 p-값(p-value)이라고 한다. 이 값이 미리 주어진 기준값인 유의수준(significance level, $\alpha$)보다 작으면 귀무가설이 나올 가능성이 적다고 판단하여 귀무가설을 기각한다. 유의수준은 보통 0.01, 0.05, 0.1 중 한 개의 값을 사용한다. 기각역(critical region, C)이란 귀무가설을 기각하는 통계량의 영역을 말한다.

가설검정 과정에서는 두 가지 오류가 발생할 수 있다. 첫째는 귀무가설 $H_0$이 옳은데도 $H_0$을 기각하게 되는 오류이고, 이러한 확률의 크기를 제1종 오류(type I error; $\alpha$)의 크기라고 한다. 두 번째는 귀무가설 $H_0$이 옳지 않은데도 $H_0$을 채택하게 되는 오류이고, 이러한 확률의 크기를 제2종 오류(type II error; $\beta$)의 크기라고 한다. 이 두 가지 오류는 서로 상충관계가 있어서 일반적으로 가설검정에서는 제1종 오류 $\alpha$의 크기를 0.1, 0.05, 0.01 등으로 고정시킨 뒤에 제2종 오류 $\beta$가 최소가 되도록 기각역을 설정한다.

**[표 Ⅳ-2-1] 가설검정 결과와 오류**

| 가설검정결과 / 정확한 사실 | $H_0$이 사실이라고 판정 | $H_0$이 사실이 아니라고 판정 |
|---|---|---|
| $H_0$이 사실임 | 옳은 결정 | 제1종 오류 |
| $H_0$이 사실이 아님 | 제2종 오류 | 옳은 결정 |

## 5. 비모수 검정

통계적 추론에서 모집단의 모수에 대한 검정에는 모수적 방법(parametric method)과 비모수적 방법(nonparametric method)이 있다. 모수적 검정방법은 검정하고자 하는 모집단의 분포에 대한 가정을 하고, 그 가정 하에서 검정통계량과 검정통계량의 분포를 유도해 검정을 실시하는 방법이다. 비모수적 검정은 자료가 추출된 모집단의 분포에 대해 아무 제약을 가하지 않고 검정을 실시하는 검정방법으로, 관측된 자료가 특정분포를 따른다고 가정할 수 없는 경우에 이용된다.

비모수 검정과 모수적 검정과의 차이점은 다음 두 가지로 설명할 수 있다. 첫째, 가설의 설정에서 모수적 검정에서는 가정된 분포의 모수(예를 들어 모평균 $\mu$, 모비율 p, 모분산 $\sigma^2$ 등)에 대해 가설을 설정하나, 비모수 검정에서는 가정된 분포가 없으므로 가설은 단지 '분포의 형태가 동일하다' 또는 '분포의 형태가 동일하지 않다'와 같이 분포의 형태에 대해 설정한다. 둘째, 모수적 검정에서는 관측된 자료를 이용해 구한 표본평균 $\overline{X}$, 표본분산 $S^2$ 등을 이용해 검정을 실시하나 비모수 검정에서는 관측값의 절대적인 크기에 의존하지 않는 관측값들의 순위(rank)나 두 관측값 차이의 부호 등을 이용해 검정한다. 대표적인 비모수 검정방법으로는 쌍으로 관측된 표본에 대한 부호검정(sign test), 윌콕슨의 순위합검정(rank sum test), 윌콕슨의 부호순위합검정(signed rank test), 만-위트니의 U검정, 런검정(run test), 스피어만의 순위상관계수 등이 있다.

# 제2절 기초 통계 분석

## 1. 기술 통계

기술통계(Descriptive Statistics)란 자료를 요약하는 기초적 통계를 의미한다. 데이터 분석에 앞서 데이터의 대략적인 통계적 수치를 계산해봄으로써 데이터에 대한 대략적인 이해와 앞으로 분석에 대한 통찰력을 얻기에 유리하다. 따라서 본격적인 데이터 분석에 앞서 데이터의 기술통계를 구해 보아야 한다.

[예제] R에 기본 내장된 iris 데이터를 이용해 기술통계량을 살펴보자.

```
> data(iris)
> head(iris)
  Sepal.Length Sepal.Width Petal.Length Petal.Width Species
1          5.1         3.5          1.4         0.2  setosa
2          4.9         3.0          1.4         0.2  setosa
3          4.7         3.2          1.3         0.2  setosa
4          4.6         3.1          1.5         0.2  setosa
5          5.0         3.6          1.4         0.2  setosa
6          5.4         3.9          1.7         0.4  setosa
```

**팁1**

data는 내장된 데이터 프레임을 워크스페이스안에 로드하여 쓸 수 있게 해주는 함수이다. 데이터 프레임은 R에서 행렬 형태의 자료를 담아두는 자료의 구조이다. head는 데이터를 기본 6줄을 보여주어 데이터가 성공적으로 import되었는지를 살펴 볼 수 있는 함수다. 만약 특정 라인까지 보고 싶다면 head(iris,n)을 사용하여 n에 숫자를 지정해주면 된다.

**팁2**

summary는 데이터의 컬럼에 대한 전반적인 기초 통계량을 보여준다. 아래의 예를 보면 summary는 iris 데이터 프레임의 각 컬럼에 대하여 최소값(Min), 최대값(Max), 25% 백분위수(1st Qu.), 75% 백분위수(3rd Qu.), 중앙값(Median) 그리고 평균(Mean)을 구해준다.

```
> summary(iris)
  Sepal.Length    Sepal.Width     Petal.Length    Petal.Width          Species
 Min.   :4.300   Min.   :2.000   Min.   :1.000   Min.   :0.100   setosa    :50
 1st Qu.:5.100   1st Qu.:2.800   1st Qu.:1.600   1st Qu.:0.300   versicolor:50
 Median :5.800   Median :3.000   Median :4.350   Median :1.300   virginica :50
 Mean   :5.843   Mean   :3.057   Mean   :3.758   Mean   :1.199
 3rd Qu.:6.400   3rd Qu.:3.300   3rd Qu.:5.100   3rd Qu.:1.800
 Max.   :7.900   Max.   :4.400   Max.   :6.900   Max.   :2.500
```

팁3

summary는 데이터의 각 컬럼에 대해 볼 수 있다. 하지만 데이터의 양이 방대하고 컬럼 수가 많은 경우에는 보고자 하는 특정 컬럼의 기초통계량을 보기 힘들 수 있다. 특정 컬럼의 통계량을 구하고자 할 때는, mean(평균), median(중앙값), sd(표준편차), var(분산), quantile(백분위수), min(최소값), max(최대값)와 같은 함수를 데이터 프레임의 컬럼에 적용하여 통계량을 구할 수 있다.

```
> mean(iris$Sepal.Length) #평균
[1] 5.843333
> median(iris$Sepal.Length) #중앙값
[1] 5.8
> sd(iris$Sepal.Length) #표준편차
[1] 0.8280661
> var(iris$Sepal.Length) #분산
[1] 0.6856935
> quantile(iris$Sepal.Length,1/4) #1사분위수
25%
5.1
> quantile(iris$Sepal.Length,3/4) #3사분위수
75%
6.4
> max(iris$Sepal.Length) #최대값
[1] 7.9
> min(iris$Sepal.Length) #최소값
[1] 4.3
```

팁4

데이터의 특정 컬럼을 선택할 때에는 “데이터네임$column명”으로 써주면 된다.

[예제] 다음은 MASS 패키지에 내장된 28가지 종의 동물 뇌의 무게와 몸무게 데이터다. Animals 데이터세트의 컬럼당 기초통계량을 구하시오.

```
> install.packages("MASS")
> library(MASS)
> data(Animals)
> head(Animals)
                     body  brain
Mountain beaver     1.350    8.1
Cow               465.000  423.0
Grey wolf          36.330  119.5
Goat               27.660  115.0
Guinea pig          1.040    5.5
Dipliodocus     11700.000   50.0
```

```
> mean(Animals$body)
[1] 4278.439
> mean(Animals$brain)
[1] 574.5214
> median(Animals$body)
[1] 53.83
> median(Animals$brain)
[1] 137
> sd(Animals$body)
[1] 16480.49
> sd(Animals$brain)
[1] 1334.929
> var(Animals$body)
[1] 271606563
> var(Animals$brain)
[1] 1782036
> quantile(Animals$body)
       0%       25%       50%       75%      100%
    0.023     3.100    53.830   479.000 87000.000
> quantile(Animals$brain)
      0%      25%      50%      75%     100%
   0.400   22.225  137.000  420.000 5712.000
```

# 2. 회귀 분석(Regression Analysis)

## 가. 단순회귀분석과 중회귀분석의 개념

회귀분석이란 하나나 그 이상의 변수들이 또 다른 변수에 미치는 영향에 대해 추론할 수 있는 통계기법이다. 영향을 받는 변수를 종속변수 혹은 반응변수라 하고 보통 y로 표기한다. 영향을 주는 변수를 독립변수 혹은 설명변수라 하고 보통 $x, x_1, x_2$ 등으로 표기한다.

단순선형회귀모형은 회귀모형 중에서 가장 단순한 모형이다. 단순선형회귀모형은 한 개의 독립변수와 하나의 종속변수로 이뤄져 있고, 오차항이 있는 선형관계로 다음과 같이 쓸 수 있다.

$$y_i = \beta_0 + \beta_1 x_i + \epsilon_i, \quad i = 1,2,\cdots,n$$

위의 모형에서 $\beta_0$와 $\beta_1$은 회귀계수라 하고, 특히 $\beta_1$은 독립변수 $x_1$의 회귀계수라고 한다. $\epsilon_i$는 오차항으로 보통의 경우 평균이 0이고 분산이 $\sigma^2$인 정규모형을 따른다고 가정을 한다. 위의 단순선형회귀모형은 독립변수가 n개가 $x_{1,} x_{2,} \ldots, x_n$와 같이 주어지고, 종속변수는 독립변수에 대해 쌍으로 $y_{1,} y_{2,} \cdots, y_n$와 같이 주어진 자료에 적합할 수 있다. 주어진 자료를 가장 잘 설명하는 회귀계수의 추정치는 보통 제곱오차 $\sum_{i=1}^{n}(y_i - (\beta_0 + \beta_1 x_i))^2$를 최소로 하는 값으로 구한다. 이와 같이 구해진 회귀계수의 추정량을 최소제곱추정량(Least Squares Estimator 혹은 LSE)라고 한다.

단순선형회귀모형이 종속변수의 변동을 설명하는데 충분하지 않다면 두 개 이상의 독립변수를 사용하여 종속변수의 변화를 설명하는 다중회귀분석(중회귀분석)을 실시할 수 있다. 식은 다음과 같다.

$$y_i = \beta_0 + \beta_1 x_{1i} + \beta_2 x_{2i} + \beta_3 x_{3i} + \epsilon_i, \; i = 1,2,\cdots,n$$

적합한 모형을 찾은 후에는 모형이 적절한지 확인을 해야 한다. 체크해야 할 사항들은 다음과 같다.

- 모형이 통계적으로 유의미한가?
  F통계량을 확인한다. 유의수준 5% 하에서 F통계량의 p-값이 0.05보다 작으면 추정된 회귀식은 통계적으로 유의하다고 볼 수 있다.

- 회귀계수들이 유의미한가?
  해당 계수의 t통계량과 p-값 또는 이들의 신뢰구간을 확인한다.

- 모형이 얼마나 설명력을 갖는가?
  결정계수를 확인한다. 결정계수는 0에서 1값을 가지며, 높은 값을 가질수록 추정된 회귀식의 설명력이 높다.

■ 모형이 데이터를 잘 적합하고 있는가?
잔차를 그래프로 그리고 회귀진단을 한다.

■ 데이터가 아래의 모형 가정을 만족시키는가?

■ 가정
- 선형성(독립변수의 변화에 따라 종속변수도 일정크기로 변화)
- 독립성(잔차와 독립변수의 값이 관련돼 있지 않음)
- 등분산성(독립변수의 모든 값에 대해 오차들의 분산이 일정)
- 비상관성(관측치들의 잔차들끼리 상관이 없어야 함)
- 정상성(잔차항이 정규분포를 이뤄야 함)

### 나. 회귀분석의 종류

[표 Ⅳ-2-2] 회귀분석의 종류

| 종류 | 모형 | |
|---|---|---|
| 단순회귀 | $Y=\beta_0+\beta_1X+\epsilon$ | 설명변수가 1개이며 반응변수와의 관계가 직선 |
| 다중회귀 | $Y=\beta_0+\beta_1X_1+\beta_2X_2+\cdots+\beta_kX_k+\epsilon$ | 설명변수가 k개이며<br>반응변수와의 관계가 선형<br>(1차 함수) |
| 다항회귀 | k=2이고 2차 함수인 경우<br>$Y=\beta_0+\beta_1X_1+\beta_2X_2+\beta_{11}X_1^2+\beta_{22}X_2^2$<br>$+\beta_{12}X_1X_2+\epsilon$ | 설명변수가 k개이며,<br>반응변수와의 관계가 1차 함수 이상(단 k=1이면 2차 함수 이상) |
| 비선형회귀 | $Y=g(\beta_0+\beta_1X+\cdots+\beta_kX_k)+\epsilon$ | 회귀식의 모양이<br>미지의 모수 $\beta_i$들의 선형관계로 이루어져 있지 않은 모형. 예를 들면 옆의 식에서 $g(t)=e^t$와 같은 비선형 식을 고려할 수 있다. |

[예제] 쌍으로 묶인 관찰들 $(x_1, y_1), (x_2, y_2), \ldots, (x_n, y_n)$인 두 벡터 x와 y를 생성하고, x와 y 사이에 선형 관계가 있다고 가정하고 lm() 함수를 이용해 단순선형회귀분석을 해보자.

```
> set.seed(2)
> x=runif(10,0,11)
> y=2 + 3*x + rnorm(10,0,0.2)
> dfrm=data.frame(x,y)
> dfrm
           x         y
1   2.033705  8.127599
2   7.726114 25.319934
3   6.306590 20.871829
4   1.848571  7.942608
5  10.382233 33.118941
6  10.378225 33.218204
7   1.420749  6.458597
8   9.167937 29.425272
9   5.148204 17.236677
10  6.049821 20.505909
```

```
> lm(y~x, data=dfrm)

Call:
lm(formula = y ~ x, data = dfrm)

Coefficients:
(Intercept)            x
      2.213        2.979
```

dfrm에서 단순회귀분석을 했다. 이 경우 회귀방정식은 $y = 2.213x + 2.979$로 추정된다.

**팁5**

set.seed함수는 난수를 생성할 때 같은 난수가 나오도록 고정시키는 역할을 한다. 이 함수는 정수 인자를 하나 받는다. 어떠한 양수라도 상관은 없으나 동일한 난수를 발생시키려면 같은 숫자를 사용한다.

[예제] 여러 개의 독립변수(u, v, w)와 하나의 반응변수(y)를 생성하고, 이들 간에 선형관계가 있다고 생각하며, 데이터에 다중선형회귀를 실시해보자.

```
> set.seed(2)
> u=runif(10,0,11)
> v=runif(10,11,20)
> w=runif(10,1,30)
> y=3 + 0.1*u + 2*v -3*w + rnorm(10,0,0.1)
> dfrm=data.frame(y,u,v,w)
> dfrm
            y         u        v         w
1  -25.6647952  2.033705 15.97407 20.195064
2   -6.5562326  7.726114 13.15005 12.238937
3  -36.4858791  6.306590 17.84462 25.269786
4   12.4472764  1.848571 12.62738  5.364542
5    0.1638434 10.382233 14.64754 11.070895
6   -3.9124946 10.378225 18.68194 15.174424
7   26.6127780  1.420749 19.78759  5.328159
8   -3.9238295  9.167937 13.03243 11.354815
9  -53.0331805  5.148204 15.00328 28.916677
10  12.4387413  6.049821 11.67481  4.838788
> m<-lm(y~u+v+w)
> m

Call:
lm(formula = y ~ u + v + w)

Coefficients:
(Intercept)            u            v            w
     3.0417       0.1232       1.9890      -2.9978
```

이 경우 회귀식은 $y = 3.0417 + 0.1232u + 1.9890v - 2.9978w$ 로 추정된다.

```
> summary(m)

Call:
lm(formula = y ~ u + v + w)
Residuals:
      Min        1Q    Median        3Q       Max
-0.188562 -0.058632 -0.002013  0.080024  0.143757
```

```
Coefficients:
             Estimate Std. Error  t value Pr(>|t|)
(Intercept)  3.041653   0.264808   11.486 2.62e-05 ***
u            0.123173   0.012841    9.592 7.34e-05 ***
v            1.989017   0.016586  119.923 2.27e-11 ***
w           -2.997816   0.005421 -552.981 2.36e-15 ***
---
Signif. codes:  0 '***' 0.001 '**' 0.01 '*' 0.05 '.' 0.1 ' ' 1

Residual standard error: 0.1303 on 6 degrees of freedom
Multiple R-squared:      1,  Adjusted R-squared:      1
F-statistic: 1.038e+05 on 3 and 6 DF,  p-value: 1.564e-14
```

summary 함수를 통해 결정계수, F통계량, 잔차의 표준오차 등 주요통계량의 정보가 출력됐다. 여기서 F통계량= 1.038e+05이며 p-값이 1.564e-14로 유의수준 5% 하에서 추정된 회귀 모형이 통계적으로 매우 유의함을 볼 수 있다. 결정계수와 수정된 결정계수 모두 1로 이 회귀식이 데이터를 매우 잘 설명하고 있음을 알 수 있다. 또한 회귀계수 u, v, w들의 p-값들도 0.01보다 작으므로 회귀계수의 추정치들이 통계적으로 유의하다.

[예제] 다음은 식이요법 방법을 적용한 닭에 대한 데이터다.

```
install.packages("MASS")
> library(MASS)
> head(ChickWeight)
  weight Time Chick Diet
1     42    0     1    1
2     51    2     1    1
3     59    4     1    1
4     64    6     1    1
5     76    8     1    1
6     93   10     1    1
.
.
(중략)
.
.
573    155   12    50    4
574    175   14    50    4
575    205   16    50    4
```

```
576    234   18    50    4
577    264   20    50    4
578    264   21    50    4
```

여기서 1번 닭에게 식이요법 방법 1을 적용한 데이터만 조회해 chick 변수에 할당한다.

```
> Chick <- ChickWeight[ChickWeight$Diet==1,]
> Chick
    weight Time Chick Diet
1       42    0     1    1
2       51    2     1    1
3       59    4     1    1
.
.
(중략)
.
.
217     98   16    20    1
218    107   18    20    1
219    115   20    20    1
220    117   21    20    1
```

chick 데이터세트에서 1번 닭만 조회한다.

```
> Chick <-ChickWeight[ChickWeight$Chick==1,]
> Chick
   weight Time Chick Diet
1       42    0     1    1
2       51    2     1    1
3       59    4     1    1
4       64    6     1    1
5       76    8     1    1
6       93   10     1    1
7      106   12     1    1
8      125   14     1    1
9      149   16     1    1
10     171   18     1    1
11     199   20     1    1
12     205   21     1    1
```

시간의 경과에 따른 닭들의 몸무게를 단순회귀분석을 해본다.

```
> lm(weight~Time, data=Chick)

Call:
lm(formula = weight ~ Time, data = Chick)

Coefficients:
(Intercept)         Time
     24.465        7.988
```

여기서 회귀 식은 $weight = 7.988\,Time + 24.465$으로 추정된다.

```
> summary(lm(weight~Time, data=Chick))

Call:
lm(formula = weight ~ Time, data = Chick)

Residuals:
     Min       1Q   Median       3Q      Max
-14.3202 -11.3081  -0.3444  11.1162  17.5346

Coefficients:
            Estimate Std. Error t value Pr(>|t|)
(Intercept)  24.4654     6.7279   3.636  0.00456 **
Time          7.9879     0.5236  15.255 2.97e-08 ***
---
Signif. codes:  0 '***' 0.001 '**' 0.01 '*' 0.05 '.' 0.1 ' ' 1

Residual standard error: 12.29 on 10 degrees of freedom
Multiple R-squared:  0.9588,  Adjusted R-squared:  0.9547
F-statistic: 232.7 on 1 and 10 DF,  p-value: 2.974e-08
```

F통계량= 232.7이며 p-값이 2.974e-08로 유의수준 5% 하에서 추정된 회귀 모형이 통계적으로 매우 유의함을 볼 수 있다. 결정계수 또한 0.9588로 매우 높은 값을 보이므로 이 회귀식이 데이터를 96% 정도로 설명하고 있음을 알 수 있다. 또한 회귀계수들의 p-값들도 0.05보다 매우 작으므로 회귀계수의 추정치들이 통계적으로 매우 유의하다. Time에 대한 회귀계수가 7.99 이므로 Time이 1 증가할 때 weight가 7.99 만큼 증가한다고 해석할 수 있다.

[예제] cars 데이터를 이용해 다항회귀분석을 해보자.

$dist = \beta_0 + \beta_1 speed + \beta_2 speed^2 + \epsilon$ 회귀모형을 적합하고 분석하시오.

```
> data(cars)
> head(cars)
  speed dist
1     4    2
2     4   10
3     7    4
4     7   22
5     8   16
```

cars 데이터세트는 dist와 speed 변수로 구성돼 있다. dist가 speed의 변화에 따라 어떻게 변화하는지 알아보자.

```
> speed2 <- cars$speed^2
> cars <- cbind(speed2,cars)
> head(cars)
  speed2 speed dist
1     16     4    2
2     16     4   10
3     49     7    4
4     49     7   22
5     64     8   16
```

또 하나의 설명변수인 $speed^2$를 생성해 원래 데이터인 cars에 cbind했다.

```
> lm(dist~speed+speed2, data=cars)

Call:
lm(formula = dist ~ speed + speed2, data = cars)

Coefficients:
(Intercept)        speed       speed2
    2.47014      0.91329      0.09996
```

다중회귀식은 $dist = 2.47014 + 0.91329speed + 0.09996speed^2$로 추정된다.

```
> summary(lm(dist~speed+speed2, data=cars))

Call:
lm(formula = dist ~ speed + speed2, data = cars)

Residuals:
    Min      1Q  Median      3Q     Max
-28.720  -9.184  -3.188   4.628  45.152

Coefficients:
            Estimate Std. Error t value Pr(>|t|)
(Intercept)  2.47014   14.81716   0.167    0.868
speed        0.91329    2.03422   0.449    0.656
speed2       0.09996    0.06597   1.515    0.136

Residual standard error: 15.18 on 47 degrees of freedom
Multiple R-squared:  0.6673,  Adjusted R-squared:  0.6532
F-statistic: 47.14 on 2 and 47 DF,  p-value: 5.852e-12
```

[예제] 다음과 같은 데이터세트를 적절한 회귀모형에 적합한 회귀 모형을 찾으시오.

**예제 데이터**

| x | y |
|---|---|
| 1 | 5 |
| 2 | 3 |
| 3 | 2 |
| 4 | 3 |
| 5 | 4 |
| 6 | 6 |
| 7 | 10 |
| 8 | 12 |
| 9 | 18 |

```
> x <- c(1,2,3,4,5,6,7,8,9)
> y <- c(5,3,2,3,4,6,10,12,18)
> df1 <- data.frame(x,y)
> df1
  x  y
1 1  5
2 2  3
3 3  2
4 4  3
5 5  4
6 6  6
7 7 10
8 8 12
9 9 18
> plot (df1)
```

데이터세트를 형성했다. 이어서 산점도를 그려보자.

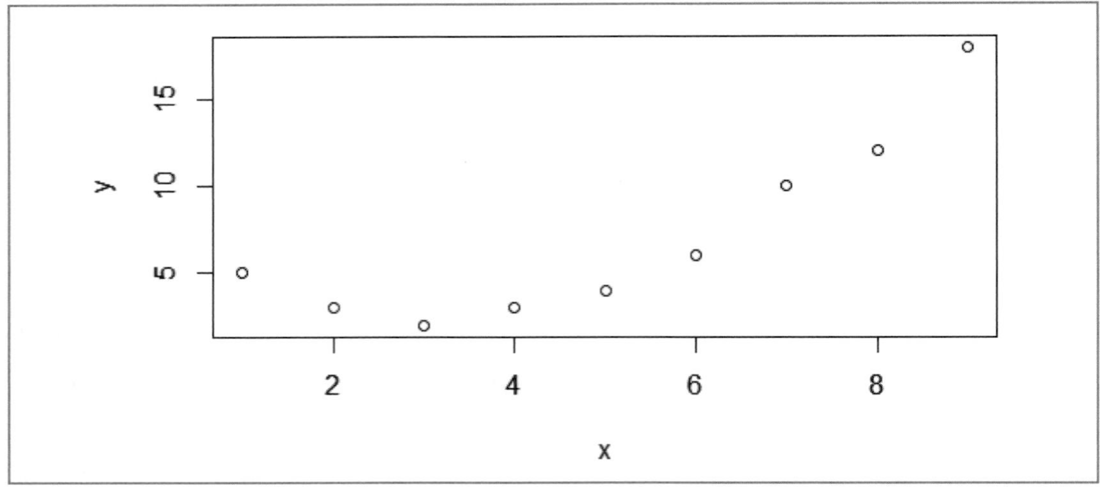


[그림 Ⅳ-2-1] 데이터 산점도

산점도를 봤을 때 2차식이 필요한 것처럼 보인다. 즉 모형은 y=b0+b1$x$+b2$x^2$+e인데 $x^2$을 X2로 놓고 생각해 다항회귀분석을 이용한다.

```
> x2 <- x^2
> x2
[1]  1  4  9 16 25 36 49 64 81
> df2<-cbind(x2,df1)
> df2
  x2 x  y
1  1 1  5
2  4 2  3
3  9 3  2
4 16 4  3
5 25 5  4
6 36 6  6
7 49 7 10
8 64 8 12
9 81 9 18
```

df2라는 새로운 변수를 생성해 df와 x2를 결합했다.
df1과 df2의 다항회귀분석을 해보자.

```
### df1

> lm(y~x,data=df1)

Call:
lm(formula = y ~ x, data = df1)

Coefficients:
(Intercept)            x
     -1.167        1.633

> summary(lm(y~x,data=df1))

Call:
lm(formula = y ~ x, data = df1)
```

```
Residuals:
    Min      1Q  Median      3Q     Max
-3.0000 -2.3667 -0.2667  0.9000  4.5333

Coefficients:
            Estimate Std. Error t value Pr(>|t|)
(Intercept)  -1.1667     2.2296  -0.523  0.61694
x             1.6333     0.3962   4.122  0.00445 **
---
Signif. codes:  0 '***' 0.001 '**' 0.01 '*' 0.05 '.' 0.1 ' ' 1

Residual standard error: 3.069 on 7 degrees of freedom
Multiple R-squared:  0.7083,  Adjusted R-squared:  0.6666
F-statistic: 16.99 on 1 and 7 DF,  p-value: 0.004446
```

df1에서의 F통계량= 16.99이며 p-값이 0.004446으로 유의수준 5% 하에서 추정된 회귀 모형이 통계적으로 유의함을 볼 수 있다. 결정계수는 0.7083으로 추정된 회귀식이 약 71%만큼 데이터를 설명함을 알 수 있다.

```
> plot(lm(y~x,data=df1))
```

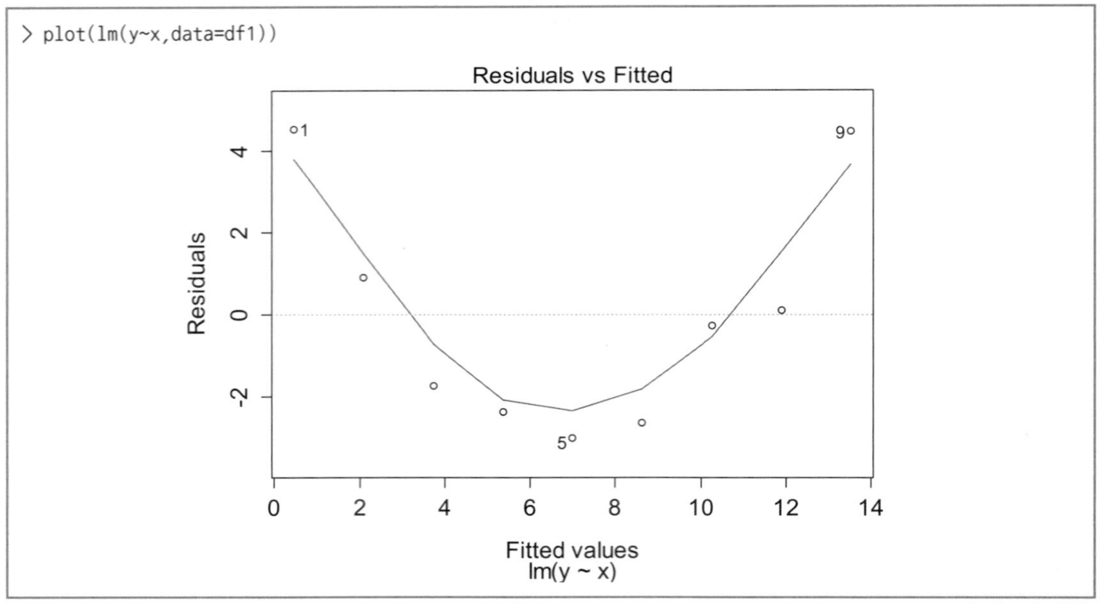


df1을 사용한 회귀식의 잔차도가 뚜렷한 곡선 패턴을 가지기 때문에 오차항은 평균이 0이고 분산이 일정하다는 가정을 만족하지 않는다. $x^2$ 항을 모형에 추가해야 한다는 증거를 보여준다.

```
### df2

> lm(y~x+x2,data=df2)

Call:
lm(formula = y ~ x + x2, data = df2)

Coefficients:
(Intercept)            x           x2
     7.1667      -2.9121       0.4545

> summary(lm(y~x+x2,data=df2))

Call:
lm(formula = y ~ x + x2, data = df2)

Residuals:
    Min      1Q  Median      3Q     Max
-0.9606 -0.1606  0.0303  0.2242  0.9455

Coefficients:
            Estimate Std. Error t value Pr(>|t|)
(Intercept)  7.16667    0.78728   9.103 9.87e-05 ***
x           -2.91212    0.36149  -8.056 0.000196 ***
x2           0.45455    0.03526  12.893 1.34e-05 ***
---
Signif. codes:  0 '***' 0.001 '**' 0.01 '*' 0.05 '.' 0.1 ' ' 1

Residual standard error: 0.6187 on 6 degrees of freedom
Multiple R-squared:  0.9898,  Adjusted R-squared:  0.9864
F-statistic: 292.2 on 2 and 6 DF,  p-value: 1.05e-06
```

df2에서의 F통계량= 292.2이며 p-값이 0.0000105으로 유의수준 5%하에서 추정된 회귀 모형이 통계적으로 매우 유의하다.

수정된 결정계수는 0.9864로 추정된 회귀식이 약 98.6%만큼 데이터를 설명함을 알 수 있다. 이로써 $x^2$을 추가했을 때가 그렇지 않을 때보다 훨씬 회귀식의 추정이 잘됐음을 확인할 수 있다.

최종 회귀식은 $Y = 7.16667 - 2.91212X + 0.45455X^2$으로 추정된다.

```
> plot(lm(y~x+x2,data=df2))
```

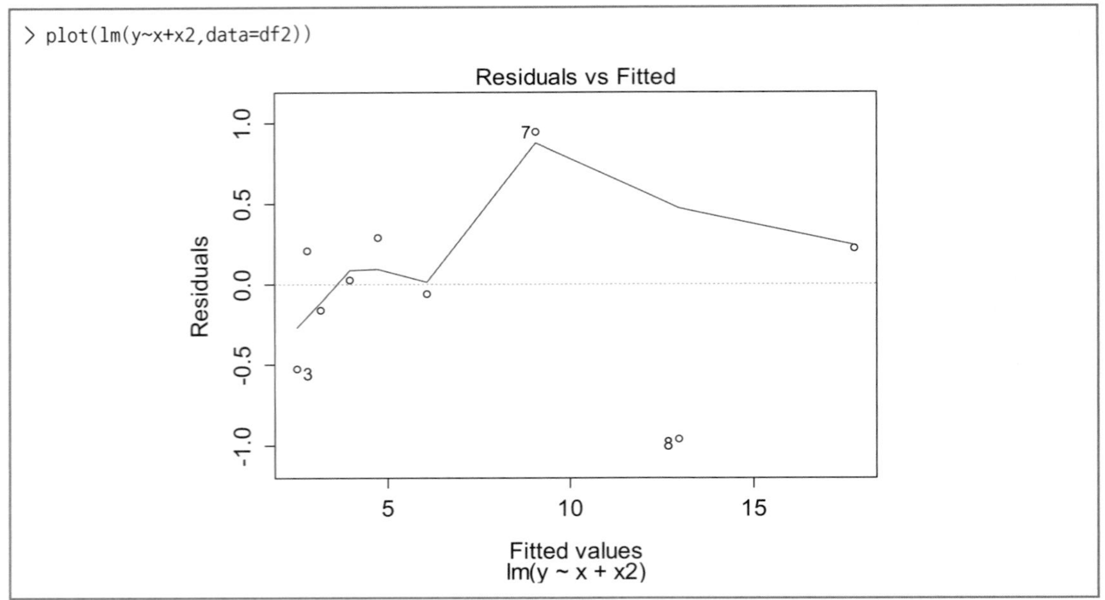


df1을 사용한 회귀식의 잔차도에 비해 다소 안정된 형태의 잔차를 보인다.

## 다. 최적회귀방정식의 선택: 설명변수의 선택

반응변수 y와 이 변수에 영향을 미칠 수 있는 가능한 모든 설명변수 $x_1, x_2, x_3, \cdots,\ x_k$를 갖고 있다고 하자. 여기서 y의 변화를 회귀방정식으로 표현하고 설명하기 위해 필요한 설명변수들을 어떻게 선택해야 할 것인가를 고려해야 한다. 변수를 선택해 회귀모형을 설정해 주는 데는 다음의 두 가지 원칙을 따른다.

- y에 영향을 미칠 수 있는 모든 설명변수 $x$들을 y의 값을 예측하는데 참여시킨다.
- 데이터에 설명변수 $x$들의 수가 많아지면 관리하는데 많은 노력이 요구되므로, 가능한 범위 내에서 적은 수의 설명변수를 포함시켜야 한다.

위의 두 가지 원칙은 서로 이율배반적이므로 타협이 이뤄져야 한다. 즉 상황에 적절한 설명변수를 선택해야 한다. 설명변수를 선택하는 방법에는 형식에 따라 다음의 여러 가지 방법으로 나뉜다.

### ① 모든 가능한 조합의 회귀분석(All possible regression)

모든 가능한 독립변수들의 조합에 대한 회귀모형을 고려해 AIC(Akaike information criterion)나 BIC(Bayesian information criterion)의 기준으로 가장 적합한 회귀모형을 선택한다. AIC는 각 모형에 대해 다음과 같이 정의되고, 가장 작은 값을 갖는 모형을 최적의 모형으로 선택한다.

$$AIC = -2\log L(\hat{\theta}) + 2k$$

여기서 $\hat{\theta}$는 주어진 모형의 모수에 대한 최대가능도 추정량이고, $L(\theta)$는 가능도함수이고, $k$는 모형의 모수의 개수이다. BIC는 주어진 모형에 대해 아래와 같이 정의된다.

$$BIC = -2\log L(\hat{\theta}) + k\log(n)$$

여기서 n는 자료의 개수이다. AIC와 마찬가지로 가장 작은 BIC값을 갖는 모형을 최적의 모형으로 선택한다.

② **단계적 변수선택(Stepwise Variable Selection)**

■ 전진선택법(forward selection)

절편만 있는 상수모형으로부터 시작해 중요하다고 생각되는 설명변수부터 차례로 모형에 추가한다. 추가할 수 있는 후보가 되는 설명변수 중 모형에 추가했을 때 가장 제곱합의 기준으로 가장 설명을 잘하는 변수를 고려하여 그 변수가 유의하면 추가하고 그렇지 않은 경우는 추가를 멈춘다.

■ 후진제거법(backward elimination)

독립변수 후보 모두를 포함한 모형에서 출발해 제곱합의 기준으로 가장 적은 영향을 주는 변수부터 하나씩 제거하면서 더 이상 유의하지 않은 변수가 없을 때까지 설명변수들을 제거하고, 이 때의 모형을 선택한다.

■ 단계별방법(stepwise method)

전진선택법에 의해 변수를 추가하면서 새롭게 추가된 변수에 기인해 기존 변수가 그 중요도가 약화되면 해당변수를 제거하는 등 단계별로 추가 또는 제거되는 변수의 여부를 검토해 더 이상 없을 때 중단한다.

[예제] 다음과 같은 데이터가 있다. Y를 반응변수로 하고, X1, X2, X3, X4를 설명변수로 하는 선형회귀모형을 고려하고, 후진제거법을 이용하여 변수를 선택하시오.

**예제 데이터**

| X1 | X2 | X3 | X4 | Y |
|---|---|---|---|---|
| 7 | 26 | 6 | 60 | 78.5 |
| 1 | 29 | 15 | 52 | 74.3 |
| 11 | 56 | 8 | 20 | 104.3 |
| 11 | 31 | 8 | 47 | 87.6 |
| 7 | 52 | 6 | 33 | 95.9 |
| 11 | 55 | 9 | 22 | 109.2 |
| 3 | 71 | 17 | 6 | 102.7 |
| 1 | 31 | 22 | 44 | 72.5 |
| 2 | 54 | 18 | 22 | 93.1 |
| 21 | 47 | 4 | 26 | 115.9 |
| 1 | 40 | 23 | 34 | 83.8 |
| 11 | 66 | 9 | 12 | 113.3 |
| 10 | 68 | 8 | 12 | 109.4 |

```
> X1 <- c(7,1,11,11,7,11,3,1,2,21,1,11,10)
> X2 <- c(26,29,56,31,52,55,71,31,54,47,40,66,68)
> X3 <- c(6,15,8,8,6,9,17,22,18,4,23,9,8)
> X4 <- c(60,52,20,47,33,22,6,44,22,26,34,12,12)
> Y <- c(78.5,74.3,104.3,87.6,95.9,109.2,102.7,72.5,93.1,115.9,83.8,113.3,109.4)
> df <- data.frame(X1,X2,X3,X4,Y)
> head(df)
  X1 X2 X3 X4     Y
1  7 26  6 60  78.5
2  1 29 15 52  74.3
3 11 56  8 20 104.3
4 11 31  8 47  87.6
5  7 52  6 33  95.9
6 11 55  9 22 109.2
```

데이터세트를 형성했다. 회귀분석을 진행해보자.

```
> a <- lm(Y~X1+X2+X3+X4,data=df)
> a

Call:
lm(formula = Y ~ X1 + X2 + X3 + X4)

Coefficients:
(Intercept)          X1          X2          X3          X4
    62.4054      1.5511      0.5102      0.1019     -0.1441

> summary(a)

Call:
lm(formula = Y ~ X1 + X2 + X3 + X4)

Residuals:
    Min      1Q  Median      3Q     Max
-3.1750 -1.6709  0.2508  1.3783  3.9254
Coefficients:
            Estimate Std. Error t value Pr(>|t|)
(Intercept)  62.4054    70.0710   0.891   0.3991
X1            1.5511     0.7448   2.083   0.0708
X2            0.5102     0.7238   0.705   0.5009
X3            0.1019     0.7547   0.135   0.8959
X4           -0.1441     0.7091  -0.203   0.8441
---
Signif. codes:  0 '***' 0.001 '**' 0.01 '*' 0.05 '.' 0.1 ' ' 1

Residual standard error: 2.446 on 8 degrees of freedom

Multiple R-squared:  0.9824,  Adjusted R-squared:  0.9736

F-statistic: 111.5 on 4 and 8 DF,  p-value: 4.756e-07
```

회귀식은 $Y = 62.4054 + 1.5511X1 + 0.5102X2 + 0.1019X3 - 0.1441X4$로 추정된다. 여기서 F통계량=111.5이며 p-값이 0.00000047564로 유의수준 5% 하에서 추정된 회귀 모형이 통계적으로 매우 유의함을 볼 수 있다. 수정된 결정계수 또한 0.9736으로 매우 높은 값을 보이므로 추정된 회귀식이 데이터를 97%로 적절하게 설명하고 있음을 알 수 있다. 설명변수 X1, X2, X3, X4의 p-value를 보면 X3의 유의 확률이 가장 높아 이들 중 가장 유의하지 않음을 볼 수 있다. 설명변수 X3을 제거하고 다시 회귀분석을 한다.

```
> b <- lm(Y~X1+X2+X4,data=df)
Call:
lm(formula = Y ~ X1 + X2 + X4, data = df)

Coefficients:
(Intercept)          X1           X2           X4
    71.6483      1.4519       0.4161      -0.2365
> summary(b)

Call:
lm(formula = Y ~ X1 + X2 + X4, data = df)

Residuals:
    Min      1Q  Median      3Q     Max
-3.0919 -1.8016  0.2562  1.2818  3.8982

Coefficients:
            Estimate Std. Error t value Pr(>|t|)
(Intercept)  71.6483    14.1424   5.066 0.000675 ***
X1            1.4519     0.1170  12.410 5.78e-07 ***
X2            0.4161     0.1856   2.242 0.051687
X4           -0.2365     0.1733  -1.365 0.205395
---
Signif. codes:  0 '***' 0.001 '**' 0.01 '*' 0.05 '.' 0.1 ' ' 1

Residual standard error: 2.309 on 9 degrees of freedom

Multiple R-squared:  0.9823, Adjusted R-squared:  0.9764

F-statistic: 166.8 on 3 and 9 DF,  p-value: 3.323e-08
```

회귀식은 $Y = 71.6483 + 1.4519X1 + 0.4161X2 - 0.2365X4$로 추정된다.

여기서 F통계량= 166.8이며 p-값이 0.00000003323로 유의수준 5% 하에서 추정된 회귀 모형이 통계적으로 매우 유의함을 볼 수 있다. X3변수를 제거하기 전보다 수정된 결정계수가 0.9764으로 높아졌음을 알 수 있다.

이어서 설명변수 X1, X2, X4 들 중 p-값이 가장 높은 X4를 제거하고 회귀분석을 한다.

```
> c <- lm(Y~X1+X2,data=df)
> c

Call:
lm(formula = Y ~ X1 + X2, data = df)

Coefficients:
(Intercept)           X1           X2
    52.5773       1.4683       0.6623

> summary(c)

Call:
lm(formula = Y ~ X1 + X2, data = df)

Residuals:
   Min     1Q Median     3Q    Max
-2.893 -1.574 -1.302  1.363  4.048

Coefficients:
            Estimate Std. Error t value Pr(>|t|)
(Intercept) 52.57735    2.28617   23.00 5.46e-10 ***
X1           1.46831    0.12130   12.11 2.69e-07 ***
X2           0.66225    0.04585   14.44 5.03e-08 ***
---
Signif. codes:  0 '***' 0.001 '**' 0.01 '*' 0.05 '.' 0.1 ' ' 1

Residual standard error: 2.406 on 10 degrees of freedom
Multiple R-squared:  0.9787, Adjusted R-squared:  0.9744

F-statistic: 229.5 on 2 and 10 DF,  p-value: 4.407e-09
```

F통계량= 229.5이며 p-값이 0.000000004407로 유의수준 5% 하에서 추정된 회귀 모형이 통계적으로 매우 유의함을 볼 수 있다. 설명변수 X1, X2의 p-값이 모두 유의하므로 여기에서 변수제거를 멈춘다. 즉 최종 회귀식은 $Y = 52.57735 + 1.46831X1 + 0.66225X2$로 추정된다.

위의 후진제거법은 수동으로 변수 제거를 진행하였다. 이런 방법은 변수의 수가 많을 때는 번거로울 수가 있다. 아래는 단계별 변수 선택의 방법을 자동으로 수행해주는 명령어에 대한 설명이다.

**팁6**

step(lm(종속변수~설명변수, 데이터세트), scope=list(lower=~1,upper=~설명변수), direction="변수선택방법") 함수로 변수를 쉽게 선택할 수 있다.

각 옵션을 설명하면 다음과 같다.

① lm은 우리가 사용할 분석방법은 회귀분석인 것을 인지시켜준다.

② scope는 분석할 때 고려할 변수의 범위를 정한다. 가장 낮은 단계는 lower에서 1을 입력하면 상수항을 의미하고, 가장 높은 단계를 설정하기 위해서는 설명변수들을 모두 써주면 된다. 밑에서 직접 실습해보면서 이해하도록 한다.

③ direction은 변수 선택방법이다. 선택 가능한 옵션은 forward, backward, both가 있다.

[예제] 위의 예에서 주어진 자료와 선형회귀모형에 대해, 전진선택법을 적용하여 모형을 선택하시오.

```
> step(lm(Y ~1, df), scope=list(lower=~1,upper=~X1+X2+X3+X4), direction="forward")
Start:  AIC=71.44
Y ~ 1

       Df Sum of Sq     RSS    AIC
+ X4    1   1831.90  883.87 58.852
+ X2    1   1809.43  906.34 59.178
+ X1    1   1450.08 1265.69 63.519
+ X3    1    776.36 1939.40 69.067
<none>              2715.76 71.444

Step:  AIC=58.85
Y ~ X4

       Df Sum of Sq    RSS    AIC
+ X1    1    809.10  74.76 28.742
```

```
+ X3    1    708.13 175.74 39.853
<none>              883.87 58.852
+ X2    1     14.99 868.88 60.629

Step:  AIC=28.74
Y ~ X4 + X1

       Df Sum of Sq    RSS    AIC
+ X2    1    26.789 47.973 24.974
+ X3    1    23.926 50.836 25.728
<none>              74.762 28.742

Step:  AIC=24.97
Y ~ X4 + X1 + X2

       Df Sum of Sq    RSS    AIC
<none>              47.973 24.974
+ X3    1   0.10909 47.864 26.944

Call:
lm(formula = Y ~ X4 + X1 + X2, data = df)

Coefficients:
(Intercept)           X4           X1           X2
    71.6483      -0.2365       1.4519       0.4161
```

최종회귀식은 $Y = 71.6483 - 0.2365X4 + 1.4519X1 + 0.4161X2$로 추정된다. 앞의 후진선택법의 결과와 다른 모형이 선택되었다. 보통 변수선택의 기준에 따라 선택된 모형은 차이를 보일 수 있다.

[예제] 위의 자료와 모형에 대해 단계적 방법을 적용하여 모형을 선택하시오.

```
> df
  X1 X2 X3 X4     Y
1  7 26  6 60  78.5
2  1 29 15 52  74.3
3 11 56  8 20 104.3
4 11 31  8 47  87.6
5  7 52  6 33  95.9
6 11 55  9 22 109.2
```

```
7   3 71 17  6 102.7
8   1 31 22 44  72.5
9   2 54 18 22  93.1
10 21 47  4 26 115.9
11  1 40 23 34  83.8
12 11 66  9 12 113.3
13 10 68  8 12 109.4
```

```
> step(lm(Y ~1, df), scope=list(lower=~1,upper=~X1+X2+X3+X4), direction="both")
Start:  AIC=71.44
Y ~ 1

       Df Sum of Sq     RSS    AIC
+ X4    1   1831.90  883.87 58.852
+ X2    1   1809.43  906.34 59.178
+ X1    1   1450.08 1265.69 63.519
+ X3    1    776.36 1939.40 69.067
<none>              2715.76 71.444

Step:  AIC=58.85
Y ~ X4

       Df Sum of Sq     RSS    AIC
+ X1    1    809.10   74.76 28.742
+ X3    1    708.13  175.74 39.853
<none>               883.87 58.852
+ X2    1     14.99  868.88 60.629
- X4    1   1831.90 2715.76 71.444

Step:  AIC=28.74
Y ~ X4 + X1

       Df Sum of Sq     RSS    AIC
+ X2    1     26.79   47.97 24.974
+ X3    1     23.93   50.84 25.728
<none>                74.76 28.742
- X1    1    809.10  883.87 58.852
- X4    1   1190.92 1265.69 63.519
```

```
Step:  AIC=24.97
Y ~ X4 + X1 + X2

       Df Sum of Sq    RSS    AIC
<none>              47.97 24.974
- X4    1      9.93  57.90 25.420
+ X3    1      0.11  47.86 26.944
- X2    1     26.79  74.76 28.742
- X1    1    820.91 868.88 60.629

Call:
lm(formula = Y ~ X4 + X1 + X2, data = df)

Coefficients:
(Intercept)           X4           X1           X2
    71.6483      -0.2365       1.4519       0.4161
```

최종 회귀모형은 $Y = 71.6483 - 0.2365X4 + 1.4519X1 + 0.4161X2$로 추정된다.

[예제] 다음은 MASS 패키지의 hills 데이터다. step 함수를 이용해 전진선택법을 적용하시오. 이때 time은 종속변수다.

```
> library(MASS)
> data(hills)
> head(hills)
                 dist climb   time
Greenmantle       2.5   650 16.083
Carnethy          6.0  2500 48.350
Craig Dunain      6.0   900 33.650
Ben Rha           7.5   800 45.600
Ben Lomond        8.0  3070 62.267
Goatfell          8.0  2866 73.217
```

데이터세트는 2개의 설명변수와 time이라는 종속변수로 구성됐다.

```
> step(lm(time ~1, hills), scope=list(lower=~1,upper=~dist+climb), direction="forward")
Start:  AIC=274.88
time ~ 1

        Df Sum of Sq   RSS    AIC
+ dist   1     71997 13142 211.49
+ climb  1     55205 29934 240.30
<none>               85138 274.88

Step:  AIC=211.49
time ~ dist

        Df Sum of Sq     RSS    AIC
+ climb  1    6249.7  6891.9 190.90
<none>               13141.6 211.49

Step:  AIC=190.9
time ~ dist + climb


Call:
lm(formula = time ~ dist + climb, data = hills)

Coefficients:
(Intercept)         dist        climb
   -8.99204      6.21796      0.01105
```

step 함수 결과 최종회귀식은 dist와 climb 모두 채택된 $time = -8.99204 + 6.21796 dist + 0.01105 climb$로 추정됐다.

[예제] 다음 데이터세트로 step 함수를 이용해 후진제거법, 전진선택법, 단계적 방법을 적용하시오. 이때 Premax 변수를 종속변수로 지정한다.

**예제 데이터**

| 번호 | 나이 | 키 | 체중 | BMP | FEV | RV | FRC | TLC | Pemax |
|---|---|---|---|---|---|---|---|---|---|
| 1 | 7 | 109 | 13.1 | 68 | 32 | 258 | 183 | 137 | 95 |
| 2 | 7 | 112 | 12.9 | 65 | 19 | 449 | 245 | 134 | 85 |
| 3 | 8 | 124 | 14.1 | 64 | 22 | 441 | 268 | 147 | 100 |
| 4 | 8 | 125 | 16.2 | 67 | 41 | 234 | 146 | 124 | 85 |
| 5 | 8 | 127 | 21.5 | 93 | 52 | 202 | 131 | 104 | 95 |
| 6 | 9 | 130 | 17.5 | 68 | 44 | 308 | 155 | 118 | 80 |
| 7 | 11 | 139 | 30.7 | 89 | 28 | 305 | 179 | 119 | 65 |
| 8 | 12 | 150 | 28.4 | 69 | 18 | 369 | 198 | 103 | 110 |
| 9 | 12 | 146 | 25.1 | 67 | 24 | 312 | 194 | 128 | 70 |
| 10 | 13 | 155 | 31.5 | 68 | 23 | 413 | 225 | 136 | 95 |
| 11 | 13 | 156 | 39.9 | 89 | 39 | 206 | 142 | 95 | 110 |
| 12 | 14 | 153 | 42.1 | 90 | 26 | 253 | 191 | 121 | 90 |
| 13 | 14 | 160 | 45.6 | 93 | 45 | 174 | 139 | 108 | 100 |
| 14 | 15 | 158 | 51.2 | 93 | 45 | 158 | 124 | 90 | 80 |
| 15 | 16 | 160 | 35.9 | 66 | 31 | 302 | 133 | 101 | 134 |
| 16 | 17 | 153 | 34.8 | 70 | 29 | 204 | 118 | 120 | 134 |
| 17 | 17 | 174 | 44.7 | 70 | 49 | 187 | 104 | 103 | 165 |
| 18 | 17 | 176 | 60.1 | 92 | 29 | 188 | 129 | 130 | 120 |
| 19 | 17 | 171 | 42.6 | 69 | 38 | 172 | 130 | 103 | 130 |
| 20 | 19 | 156 | 37.2 | 72 | 21 | 216 | 119 | 81 | 85 |
| 21 | 19 | 174 | 54.6 | 86 | 37 | 184 | 118 | 101 | 85 |
| 22 | 20 | 178 | 64 | 86 | 34 | 225 | 148 | 135 | 160 |
| 23 | 23 | 180 | 73.8 | 97 | 57 | 171 | 108 | 98 | 165 |
| 24 | 23 | 175 | 51.1 | 71 | 33 | 224 | 131 | 113 | 95 |
| 25 | 23 | 179 | 71.5 | 95 | 52 | 225 | 127 | 101 | 195 |

출처: 『EXCEL을 이용한 의학데이터의 통계 분석 개정판』, 자유아카데미, 박미라

데이터세트를 csv 파일로 만들어 R에서 읽어온다.

```
> Bio <- read.csv("C:\\Users\\nicole\\Documents\\Bio.csv",header=TRUE)
> Bio
   나이  키 체중 BMP FEV  RV FRC TLC Pemax
1     7 109 13.1  68  32 258 183 137    95
2     7 112 12.9  65  19 449 245 134    85
3     8 124 14.1  64  22 441 268 147   100
4     8 125 16.2  67  41 234 146 124    85
5     8 127 21.5  93  52 202 131 104    95
6     9 130 17.5  68  44 308 155 118    80
7    11 139 30.7  89  28 305 179 119    65
8    12 150 28.4  69  18 369 198 103   110
9    12 146 25.1  67  24 312 194 128    70
10   13 155 31.5  68  23 413 225 136    95
11   13 156 39.9  89  39 206 142  95   110
12   14 153 42.1  90  26 253 191 121    90
13   14 160 45.6  93  45 174 139 108   100
14   15 158 51.2  93  45 158 124  90    80
15   16 160 35.9  66  31 302 133 101   134
16   17 153 34.8  70  29 204 118 120   134
17   17 174 44.7  70  49 187 104 103   165
18   17 176 60.1  92  29 188 129 130   120
19   17 171 42.6  69  38 172 130 103   130
20   19 156 37.2  72  21 216 119  81    85
21   19 174 54.6  86  37 184 118 101    85
22   20 178 64.0  86  34 225 148 135   160
23   23 180 73.8  97  57 171 108  98   165
24   23 175 51.1  71  33 224 131 113    95
25   23 179 71.5  95  52 225 127 101   195
24   23 175 51.1  71  33 224 131 113    95
25   23 179 71.5  95  52 225 127 101   195
```

팁7

R에서 구체적인 디렉터리를 설정해 외부 데이터세트를 읽을 때 '\'를 2번 해줘야 한다.

```
Bio <-read.csv("c:\\users\\nicole\\documents\\bio.csv",header=TRUE)
Bio
```

전진선택법을 해보자.

전진선택법의 최종회귀식은 $Pemax = 124.830 + 1.640$체중 $- 1.005BMP$로 추정된다.

```
> step(lm(Pemax ~1, Bio), scope=list(lower=~1,upper=~나이+키+체중+BMP+RV+FRC+TLC),
direction = "forward")

Start:  AIC=176.46
Pemax ~ 1

       Df Sum of Sq   RSS    AIC
+ 체중  1   10827.2 16006 165.54
+ 나이  1   10098.5 16734 166.66
+ 키    1    9634.6 17198 167.34
+ FRC   1    4670.6 22162 173.68
+ RV    1    2671.8 24161 175.84
<none>              26833 176.46
+ BMP   1    1413.5 25419 177.11
+ TLC   1     885.1 25948 177.62

Step:  AIC=165.55
Pemax ~ 체중

       Df Sum of Sq   RSS    AIC
+ BMP   1   1914.94 14090 164.36
<none>              16006 165.54
+ RV    1    274.55 15731 167.11
+ TLC   1    230.64 15775 167.18
+ 나이  1    216.51 15789 167.21
+ 키    1     36.39 15969 167.49
+ FRC   1     27.34 15978 167.50

Step:  AIC=164.36
Pemax ~ 체중 + BMP

       Df Sum of Sq   RSS    AIC
<none>              14090 164.36
+ 키    1    713.50 13377 165.06
+ 나이  1    681.28 13409 165.12
+ TLC   1     96.61 13994 166.19
```

```
+ FRC   1      44.62 14046 166.28
+ RV    1      18.84 14072 166.33

Call:
lm(formula = Pemax ~ 체중 + BMP, data = Bio)

Coefficients:
(Intercept)         체중          BMP
    124.830        1.640       -1.005
```

후진선택법을 해보자.

```
> step(lm(Pemax ~나이+키+체중+BMP+RV+FRC+TLC,data=Bio),
                                        direction="backward")
Start:  AIC=169.37
Pemax ~ 나이 + 키 + 체중 + BMP + RV + FRC + TLC

       Df Sum of Sq   RSS    AIC
- TLC   1      72.9 11612 167.52
- 키    1     549.2 12089 168.53
- RV    1     827.3 12367 169.10
- 나이  1     833.8 12373 169.11
<none>              11540 169.37
- FRC   1    1251.2 12791 169.94
- BMP   1    1769.5 13309 170.93
- 체중  1    3278.8 14818 173.62

Step:  AIC=167.52
Pemax ~ 나이 + 키 + 체중 + BMP + RV + FRC

       Df Sum of Sq   RSS    AIC
- 키    1     697.8 12310 166.98
- RV    1     756.6 12369 167.10
<none>              11612 167.52
- 나이  1    1074.8 12687 167.74
- FRC   1    1257.0 12870 168.09
- BMP   1    2643.2 14256 170.65
- 체중  1    4431.4 16044 173.60
```

```
Step:  AIC=166.98
Pemax ~ 나이 + 체중 + BMP + RV + FRC

       Df Sum of Sq   RSS    AIC
- RV    1     759.2 13070 166.48
<none>              12310 166.98
- FRC   1    1090.7 13401 167.10
- 나이  1    1263.1 13573 167.43
- BMP   1    1984.6 14295 168.72
- 체중  1    3967.1 16277 171.97

Step:  AIC=166.48
Pemax ~ 나이 + 체중 + BMP + FRC

       Df Sum of Sq   RSS    AIC
- FRC   1     339.8 13409 165.12
- 나이  1     976.4 14046 166.28
<none>              13070 166.48
- BMP   1    2716.5 15786 169.20
- 체중  1    3632.7 16702 170.61

Step:  AIC=165.12
Pemax ~ 나이 + 체중 + BMP

       Df Sum of Sq   RSS    AIC
- 나이  1     681.3 14090 164.36
<none>              13409 165.12
- BMP   1    2379.7 15789 167.21
- 체중  1    3324.7 16734 168.66

Step:  AIC=164.36
Pemax ~ 체중 + BMP

       Df Sum of Sq   RSS    AIC
<none>              14090 164.36
- BMP   1    1914.9 16006 165.54
- 체중  1   11328.6 25419 177.11
```

```
Call:
lm(formula = Pemax ~ 체중 + BMP, data = Bio)

Coefficients:
(Intercept)        체중          BMP
    124.830       1.640       -1.005
```

후진선택법의 최종회귀식도 $Pemax = 124.830 + 1.640$체중$- 1.005BMP$로 추정된다.
마지막으로 단계적 방법을 해보자.

```
> step(lm(Pemax ~1, Bio),
scope=list(lower=~1,upper=~나이+키+체중+BMP+RV+FRC+TLC), direction="both")

Start:  AIC=176.46
Pemax ~ 1

       Df Sum of Sq   RSS    AIC
+ 체중  1   10827.2 16006 165.54
+ 나이  1   10098.5 16734 166.66
+ 키    1    9634.6 17198 167.34
+ FRC   1    4670.6 22162 173.68
+ RV    1    2671.8 24161 175.84
<none>              26833 176.46
+ BMP   1    1413.5 25419 177.11
+ TLC   1     885.1 25948 177.62

Step:  AIC=165.55
Pemax ~ 체중

       Df Sum of Sq   RSS    AIC
+ BMP   1    1914.9 14090 164.36
<none>              16006 165.54
+ RV    1     274.5 15731 167.11
+ TLC   1     230.6 15775 167.18
+ 나이  1     216.5 15789 167.21
+ 키    1      36.4 15969 167.49
+ FRC   1      27.3 15978 167.50
- 체중  1   10827.2 26833 176.46
```

```
Step:  AIC=164.36
Pemax ~ 체중 + BMP

       Df Sum of Sq   RSS    AIC
<none>               14090 164.36
+ 키    1     713.5 13377 165.06
+ 나이  1     681.3 13409 165.12
- BMP   1    1914.9 16006 165.54
+ TLC   1      96.6 13994 166.19
+ FRC   1      44.6 14046 166.28
+ RV    1      18.8 14072 166.33
- 체중  1   11328.6 25419 177.11
```

```
Call:
lm(formula = Pemax ~ 체중 + BMP, data = Bio)

Coefficients:
(Intercept)         체중           BMP
    124.830        1.640        -1.005
```

단계적방법의 최종회귀식 또한 $Pemax = 124.830 + 1.640$체중$- 1.005BMP$로 추정된다.

# 제3절 다변량 분석

## 1. 상관 분석

상관분석(Correlation Analysis)은 데이터 안의 두 변수 간의 관계를 알아보기 위해 한다. 두 변수의 상관관계를 알아보기 위해 상관계수(Correlation coefficient)를 이용한다. 상관계수에는 등간척도 이상으로 측정되는 두 변수들 간의 상관관계를 측정하는 데 쓰이는 피어슨 상관계수(Pearson correlation)와 서열척도인 두 변수들의 상관관계를 측정하는 데 사용하는 스피어만 상관계수(Spearman correlation)가 있다.

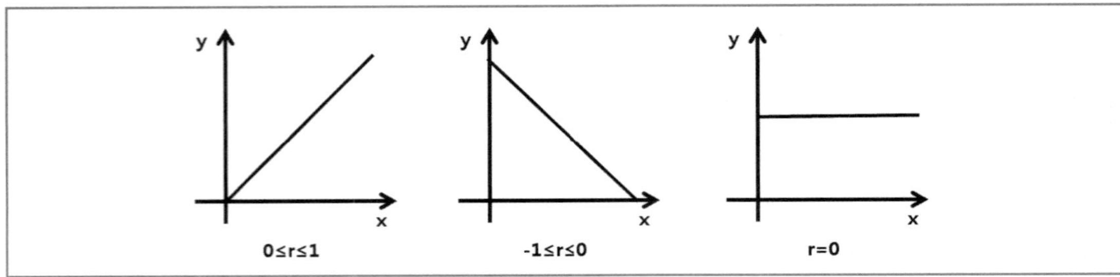


**[그림 Ⅳ-2-2] 상관관계 그래프**

[그림 Ⅳ-2-2]에서 볼 수 있듯이 상관계수가 양수일 때는 x가 증가할 때 y도 증가하는 경향을 보이고 음수일 때는 x가 증가할 때 y가 감소하는 경향을 보인다. 산점도가 직선에 가깝게 분포하면 상관계수의 절대값이 1에 가까워지고 이는 강한 상관관계를 반영한다. 산점도가 직선에서 넓게 퍼져 x와 y의 직선상의 관계가 희미할수록 상관계수는 0에 가까워진다. 상관계수가 0인 경우에는 오른쪽 그래프의 모양처럼 x의 변동에 따라 y의 패턴이 변화가 없다.

### 가. 피어슨의 상관계수

두 확률변수 $X$와 $Y$의 선형관계의 크기를 측정하는 공분산은 아래와 같이 정의된다.

$Cov(X,Y)=E[(X-\mu_X)(Y-\mu_Y)]$여기서 $\mu_X$와 $\mu_Y$는 $X, Y$의 기댓값이다. 공분산의 크기는 $X$와 $Y$의 단위에 따라 영향을 받는데, 단위에 영향을 받지 않고 언제나 -1과 1사이의 값을 갖도록 피어슨의 상관계수는 다음과 같이 정의된다.

$$\rho = Corr(X,Y) = \frac{Cov(X,Y)}{\sqrt{Var(X)\,Var(Y)}}$$

이때 $-1 \le \rho \le 1$이고 $X$와 $Y$가 독립이면 $\rho = 0$이다.

모수인 피어슨의 상관계수를 추정하기 위해 표본상관계수 r을 사용하고, 이를 구하는 공식은 다음과 같다.

$$r = \frac{\sum_{i=1}^{n}(x_i - \overline{x})(y_i - \overline{y})}{\sqrt{\sum_{i=1}^{n}(x_i - \overline{x})^2}\sqrt{\sum_{i=1}^{n}(y_i - \overline{y})^2}}$$

[예제] 다음은 mtcars 데이터를 이용한 상관분석의 예이다.

```
> install.packages("Hmisc")
> library(Hmisc)
> data(mtcars)
> head(mtcars)
                   mpg cyl  disp  hp drat    wt  qsec vs am gear carb
Mazda RX4         21.0   6 160.0 110 3.90 2.620 16.46  0  1    4    4
Mazda RX4 Wag     21.0   6 160.0 110 3.90 2.875 17.02  0  1    4    4
Datsun 710        22.8   4 108.0  93 3.85 2.320 18.61  1  1    4    1
Hornet 4 Drive    21.4   6 258.0 110 3.08 3.215 19.44  1  0    3    1
Hornet Sportabout 18.7   8 360.0 175 3.15 3.440 17.02  0  0    3    2
Valiant           18.1   6 225.0 105 2.76 3.460 20.22  1  0    3    1
```

mtcars 데이터세트의 drat, disp 변수 간의 산점도를 그려보자.

```
> drat <- mtcars$drat
> disp <- mtcars$disp
> plot(drat,disp)
```

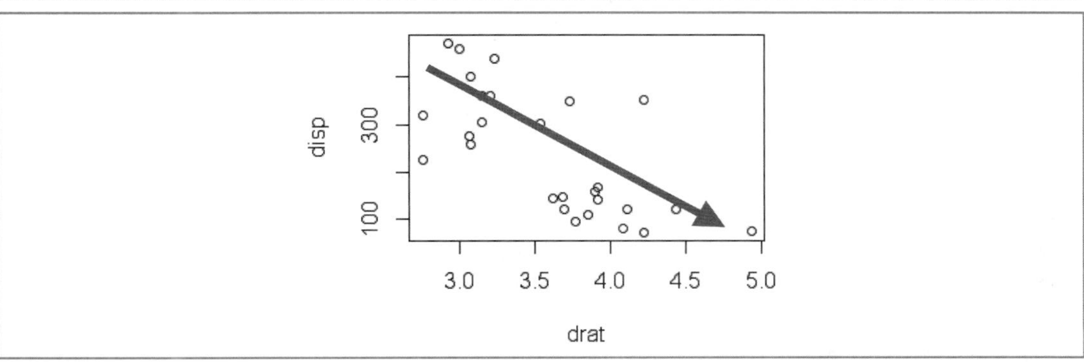


[그림 Ⅳ-2-3] 산점도

[그림 Ⅳ-2-3]의 산점도에 임의로 선을 그어보면 disp 변수와 drat 변수는 서로 음의 직선관계인 것처럼 보인다.

두 변수의 상관계수를 구해보자.

```
> cor(drat,disp)
[1] -0.7102139
```

상관계수를 보면 disp와 drat은 서로 강한 편의 음의 상관성을 가지고 있음을 알 수 있다.

다음은 Hmisc 패키지의 rcorr함수를 이용하여 mtcars 데이터세트를 상관분석한 내용이다. rcorr함수는 모든 변수들 사이의 상관계수와 함께 가설 $H_0 : \rho = 0$에 대한 p-값을 출력한다.

```
> rcorr(as.matrix(mtcars),type="pearson")

       mpg   cyl  disp    hp  drat    wt  qsec    vs    am  gear  carb
mpg   1.00 -0.85 -0.85 -0.78  0.68 -0.87  0.42  0.66  0.60  0.48 -0.55
cyl  -0.85  1.00  0.90  0.83 -0.70  0.78 -0.59 -0.81 -0.52 -0.49  0.53
disp -0.85  0.90  1.00  0.79 -0.71  0.89 -0.43 -0.71 -0.59 -0.56  0.39
hp   -0.78  0.83  0.79  1.00 -0.45  0.66 -0.71 -0.72 -0.24 -0.13  0.75
drat  0.68 -0.70 -0.71 -0.45  1.00 -0.71  0.09  0.44  0.71  0.70 -0.09
wt   -0.87  0.78  0.89  0.66 -0.71  1.00 -0.17 -0.55 -0.69 -0.58  0.43
qsec  0.42 -0.59 -0.43 -0.71  0.09 -0.17  1.00  0.74 -0.23 -0.21 -0.66
vs    0.66 -0.81 -0.71 -0.72  0.44 -0.55  0.74  1.00  0.17  0.21 -0.57
am    0.60 -0.52 -0.59 -0.24  0.71 -0.69 -0.23  0.17  1.00  0.79  0.06
gear  0.48 -0.49 -0.56 -0.13  0.70 -0.58 -0.21  0.21  0.79  1.00  0.27
carb -0.55  0.53  0.39  0.75 -0.09  0.43 -0.66 -0.57  0.06  0.27  1.00

n= 32

P
     mpg    cyl    disp   hp     drat   wt     qsec   vs     am
mpg         0.0000 0.0000 0.0000 0.0000 0.0000 0.0171 0.0000 0.0003
cyl  0.0000        0.0000 0.0000 0.0000 0.0000 0.0004 0.0000 0.0022
disp 0.0000 0.0000        0.0000 0.0000 0.0000 0.0131 0.0000 0.0004
hp   0.0000 0.0000 0.0000        0.0100 0.0000 0.0000 0.0000 0.1798
drat 0.0000 0.0000 0.0000 0.0100        0.0000 0.6196 0.0117 0.0000
wt   0.0000 0.0000 0.0000 0.0000 0.0000        0.3389 0.0010 0.0000
qsec 0.0171 0.0004 0.0131 0.0000 0.6196 0.3389        0.0000 0.2057
vs   0.0000 0.0000 0.0000 0.0000 0.0117 0.0010 0.0000        0.3570
am   0.0003 0.0022 0.0004 0.1798 0.0000 0.0000 0.2057 0.3570
```

```
gear 0.0054 0.0042 0.0010 0.4930 0.0000 0.0005 0.2425 0.2579 0.0000
carb 0.0011 0.0019 0.0253 0.0000 0.6212 0.0146 0.0000 0.0007 0.7545
     gear   carb
mpg  0.0054 0.0011
cyl  0.0042 0.0019
disp 0.0010 0.0253
hp   0.4930 0.0000
drat 0.0000 0.6212
wt   0.0005 0.0146
qsec 0.2425 0.0000
vs   0.2579 0.0007
am   0.0000 0.7545
gear        0.1290
carb 0.1290
```

앞부분에 표시된 상관계수 행렬에서 변수 자신과의 상관계수는 모두 1로 대각항에 표현되고 비대각항에는 다른 변수들과의 상관계수들도 표시됨을 알 수 있다. 아래 부분에 표시된 P 행렬은 각 상관계수의 유의확률을 포함한다. carb와 am의 p-값이 0.7545로 두 변수 사이의 상관계수가 유의하지 않음을 알 수 있다.

공분산을 구해보자.

```
> cov(mtcars)
            mpg         cyl        disp          hp         drat
mpg    36.324103  -9.1723790  -633.09721 -320.732056   2.19506351
cyl    -9.172379   3.1895161   199.66028  101.931452  -0.66836694
disp -633.097208 199.6602823 15360.79983 6721.158669 -47.06401915
hp   -320.732056 101.9314516  6721.15867 4700.866935 -16.45110887
drat    2.195064  -0.6683669   -47.06402  -16.451109   0.28588135
wt     -5.116685   1.3673710   107.68420   44.192661  -0.37272073
qsec    4.509149  -1.8868548   -96.05168  -86.770081   0.08714073
vs      2.017137  -0.7298387   -44.37762  -24.987903   0.11864919
am      1.803931  -0.4657258   -36.56401   -8.320565   0.19015121
gear    2.135685  -0.6491935   -50.80262   -6.358871   0.27598790
carb   -5.363105   1.5201613    79.06875   83.036290  -0.07840726
             wt         qsec           vs          am        gear
mpg   -5.1166847   4.50914919   2.01713710  1.80393145   2.1356855
cyl    1.3673710  -1.88685484  -0.72983871 -0.46572581  -0.6491935
disp 107.6842040 -96.05168145 -44.37762097 -36.56401210 -50.8026210
hp    44.1926613 -86.77008065 -24.98790323 -8.32056452  -6.3588710
drat  -0.3727207   0.08714073   0.11864919  0.19015121   0.2759879
```

```
wt     0.9573790 -0.30548161 -0.27366129 -0.33810484 -0.4210806
qsec  -0.3054816  3.19316613  0.67056452 -0.20495968 -0.2804032
vs    -0.2736613  0.67056452  0.25403226  0.04233871  0.0766129
am    -0.3381048 -0.20495968  0.04233871  0.24899194  0.2923387
gear  -0.4210806 -0.28040323  0.07661290  0.29233871  0.5443548
carb   0.6757903 -1.89411290 -0.46370968  0.04637097  0.3266129
            carb
mpg  -5.36310484
cyl   1.52016129
disp 79.06875000
hp   83.03629032
drat -0.07840726
wt    0.67579032
qsec -1.89411290
vs   -0.46370968
am    0.04637097
gear  0.32661290
carb  2.60887097
```

매트릭스 형식으로 공분산을 구할 수 있다.

### 나. 스피어만 상관계수(Spearman's rank correlation coefficient)

피어슨의 상관계수는 두 변수 간의 선형관계의 크기를 측정하는 값으로 비선형적인 상관관계는 나타내지 못한다. 스피어만 상관계수는 두 변수 간의 비선형적인 관계도 나타낼 수 있는 값으로, 한 변수를 단조 증가 함수로 변환하여 다른 변수를 나타낼 수 있는 정도를 나타낸다. 스피어만의 상관계수는 두 변수를 모두 순위로 변환시킨 후, 두 순위 사이의 피어슨 상관계수로 정의가 된다. 수식은 다음과 같다.

$$\theta = \frac{\sum (r_i - \bar{r})(s_i - \bar{s})}{\sqrt{\sum (r_i - \bar{r})^2}\ \sqrt{\sum (s_i - \bar{s})^2}}, \qquad -1 \le \theta \le 1$$

$r_i$는 $\{x_{1,} x_{2,} \cdots, x_n\}$ 에서 $x_i$의 순위

$s_i$는 $\{y_{1,} y_{2,} \cdots, y_n\}$ 에서 $y_i$의 순위

데이터세트를 이용해 스피어만 상관계수를 해보자.

```
> rcorr(as.matrix(mtcars),type="spearman")
       mpg   cyl  disp    hp  drat    wt  qsec    vs    am  gear  carb
mpg   1.00 -0.91 -0.91 -0.89  0.65 -0.89  0.47  0.71  0.56  0.54 -0.66
cyl  -0.91  1.00  0.93  0.90 -0.68  0.86 -0.57 -0.81 -0.52 -0.56  0.58
disp -0.91  0.93  1.00  0.85 -0.68  0.90 -0.46 -0.72 -0.62 -0.59  0.54
hp   -0.89  0.90  0.85  1.00 -0.52  0.77 -0.67 -0.75 -0.36 -0.33  0.73
drat  0.65 -0.68 -0.68 -0.52  1.00 -0.75  0.09  0.45  0.69  0.74 -0.13
wt   -0.89  0.86  0.90  0.77 -0.75  1.00 -0.23 -0.59 -0.74 -0.68  0.50
qsec  0.47 -0.57 -0.46 -0.67  0.09 -0.23  1.00  0.79 -0.20 -0.15 -0.66
vs    0.71 -0.81 -0.72 -0.75  0.45 -0.59  0.79  1.00  0.17  0.28 -0.63
am    0.56 -0.52 -0.62 -0.36  0.69 -0.74 -0.20  0.17  1.00  0.81 -0.06
gear  0.54 -0.56 -0.59 -0.33  0.74 -0.68 -0.15  0.28  0.81  1.00  0.11
carb -0.66  0.58  0.54  0.73 -0.13  0.50 -0.66 -0.63 -0.06  0.11  1.00

n= 32


P
     mpg    cyl    disp   hp     drat   wt     qsec   vs     am    
mpg         0.0000 0.0000 0.0000 0.0000 0.0000 0.0071 0.0000 0.0008
cyl  0.0000        0.0000 0.0000 0.0000 0.0000 0.0006 0.0000 0.0022
disp 0.0000 0.0000        0.0000 0.0000 0.0000 0.0081 0.0000 0.0001
hp   0.0000 0.0000 0.0000        0.0023 0.0000 0.0000 0.0000 0.0416
drat 0.0000 0.0000 0.0000 0.0023        0.0000 0.6170 0.0102 0.0000
wt   0.0000 0.0000 0.0000 0.0000 0.0000        0.2148 0.0004 0.0000
qsec 0.0071 0.0006 0.0081 0.0000 0.6170 0.2148        0.0000 0.2644
vs   0.0000 0.0000 0.0000 0.0000 0.0102 0.0004 0.0000        0.3570
am   0.0008 0.0022 0.0001 0.0416 0.0000 0.0000 0.2644 0.3570       
gear 0.0013 0.0008 0.0003 0.0639 0.0000 0.0000 0.4182 0.1170 0.0000
carb 0.0000 0.0005 0.0014 0.0000 0.4947 0.0036 0.0000 0.0000 0.7264
     gear   carb  
mpg  0.0013 0.0000
cyl  0.0008 0.0005
disp 0.0003 0.0014
hp   0.0639 0.0000
drat 0.0000 0.4947
wt   0.0000 0.0036
```

```
qsec 0.4182 0.0000
vs   0.1170 0.0000
am   0.0000 0.7264
gear        0.5312
carb 0.5312
```

[예제] 다음은 국어, 수학, 영어, 과학 점수를 데이터 프레임 형식으로 만든 데이터세트다.

```
> korean<-c(85,75,65,78,59,60,90,100,99,91,70)
> math<-c(80,60,75,40,50,64,70,78,90,98,50)
> english<-c(80,70,69,79,80,95,98,97,67,80,59)
> science<-c(90,100,50,80,67,89,60,79,89,80,100)
> test<-data.frame(korean,math,english,science)
> test
   korean math english science
1      85   80      80      90
2      75   60      70     100
3      65   75      69      50
4      78   40      79      80
5      59   50      80      67
6      60   64      95      89
7      90   70      98      60
8     100   78      97      79
9      99   90      67      89
10     91   98      80      80
11     70   50      59     100
```

이 데이터를 이용해 스피어만 상관분석을 해보자.

```
> rcorr(as.matrix(test),type="spearman")
        korean  math english science
korean    1.00  0.65    0.20    0.00
math      0.65  1.00    0.16   -0.09
english   0.20  0.16    1.00   -0.42
science   0.00 -0.09   -0.42    1.00

n= 11

P
        korean math   english science
korean         0.0299 0.5517  1.0000
math    0.0299        0.6462  0.7937
english 0.5517 0.6462         0.1926
science 1.0000 0.7937 0.1926
```

## 2. 다차원 척도법

다차원척도법(Multidimensional Scaling, MDS)은 여러 대상 간의 거리가 주어져 있을 때, 대상들을 동일한 상대적 거리를 가진 실수공간의 점들로 배치시키는 방법을 말한다. 주어진 거리는 추상적인 대상들 간의 거리가 될 수도 있고, 실수공간에서의 거리가 될 수도 있다. 대상들을 2차원이나 3차원 실수공간의 점으로 대응시킬 수 있다면 이 점들을 시각화할 수 있고, 이는 관측치들 간의 전반적 관계에 대한 직관적 이해를 할 수 있게 도와준다. 따라서 다차원척도법은 주로 자료들의 상대적 관계를 이해하는 시각화 방법의 근간으로 주로 사용된다. [그림 Ⅳ-2-5]는 R의 euridist를 샘플 데이터로 이용하는데, 도시 사이의 거리를 매핑한 자료다.

```
> data(eurodist)19)
> eurodist
                Athens Barcelona Brussels Calais Cherbourg Cologne Copenhagen Geneva
Barcelona         3313
Brussels          2963      1318
Calais            3175      1326      204
Cherbourg         3339      1294      583    460
Cologne           2762      1498      206    409       785
Copenhagen        3276      2218      966   1136      1545     760
Geneva            2610       803      677    747       853    1662       1418
Gibraltar         4485      1172     2256   2224      2047    2436       3196   1975
Hamburg           2977      2018      597    714      1115     460        460   1118
Hook of Holland   3030      1490      172    330       731     269        269    895
Lisbon            4532      1305     2084   2052      1827    2290       2971   1936
Lyons             2753       645      690    739       789     714       1458    158
Madrid            3949       636     1558   1550      1347    1764       2498   1439
Marseilles        2865       521     1011   1059      1101    1035       1778    425
Milan             2282      1014      925   1077      1209     911       1537    328
Munich            2179      1365      747    977      1160     583       1104    591
Paris             3000      1033      285    280       340     465       1176    513
Rome               817      1460     1511   1662      1794    1497       2050    995
Stockholm         3927      2868     1616   1786      2196    1403        650   2068
Vienna            1991      1802     1175   1381      1588     937       1455   1019
...
> loc <- cmdscale(eurodist)
> loc
```

```
                 [,1]          [,2]
Athens      2290.274680   1798.80293
Barcelona   -825.382790    546.81148
Brussels      59.183341   -367.08135
Calais       -82.845973   -429.91466
Cherbourg   -352.499435  -290.90843
  ...
> x <- loc[,1]
> y <- loc[,2]
> plot(x,y,type="n", main="eurodist")
> text(x,y,rownames(loc),cex=0.8)
> abline(v=0,h=0)
```

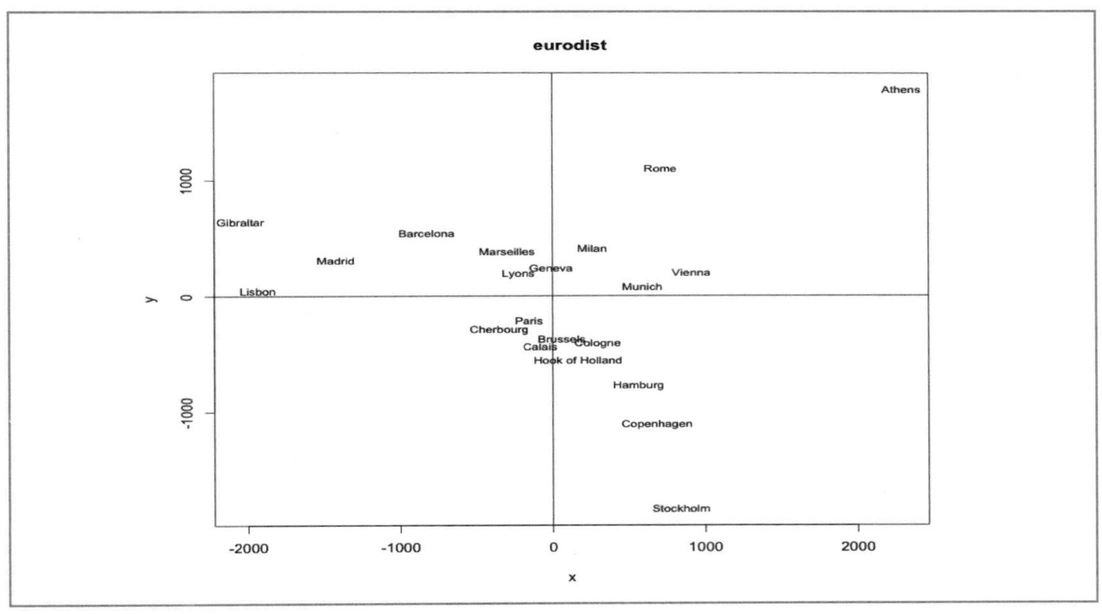


[그림 Ⅳ-2-4] eurodist 데이터 그래프

eurodist는 각 도시 사이의 거리를 포함하는 행렬형태의 자료이다. cmdscale 함수를 사용하여 각 도시의 상대적 위치를 도식화 할 수 있는 X, Y좌표를 계산하고 그래프로 표현한 것이 [그림 Ⅳ-2-5]이다. 이처럼 각 개체에 대한 특정 변수들의 관측치는 없더라도 개체 간의 유사성에 대한 자료를 사용하여 산점도를 그릴 수 있다.

19) http://www.r-bloggers.com/europedata-set-eurodist-%C2%A0%C2%A0%C2%A0%C2%A0%C2%A0%C2%A0%C2%A0%C2%A0%C2%A0%C2%A0%C2%A0%C2%A0%C2%A0%C2%A0%C2%A0%C2%A0-athens-barcelona/

## 3. 주성분 분석

주성분 분석(Principal Component Analysis, PCA)은 상관관계가 있는 고차원 자료를 자료의 변동을 최대한 보존하는 저차원 자료로 변환시키는 방법으로, 자료의 차원을 축약시키는데 주로 사용된다.

$p$차원 변수 $X=(X_1,X_2,\cdots,X_p)^T$가 주어져 있다고 하자. $X$의 선형변환 $a^TX$ 중 $\|a\|=1$이면서 분산이 가장 큰 선형변환 $Y_1=a_1^TX$를 첫 번째 주성분이라 한다. 여기서 $a$는 p차원 벡터이다. 또한, $X$의 선형변환 $a^TX$ 중 $\|a\|=1$이고, 첫 번째 주성분과 상관계수가 0이면서 분산이 가장 큰 선형변환 $Y_2=a_2^TX$를 두 번째 주성분이라 한다. 마찬가지로 세 번째 주성분 $Y_3=a_3^TX$, $\cdots$. p번째 주성분 $Y_p=a_p^TX$ 까지 정의할 수 있다. 정의에 따라 주성분들은 서로 상관관계가 없고, 주성분들의 분산의 합은 $X_i$들의 분산의 합과 같다. $a_i$를 i번째 주성분의 로딩이라고 한다.

주성분들은 차원을 줄여 예측모델을 만들 때도 사용한다. [그림 Ⅳ-2-6]와 같이 희생되는 정보가 가장 적은 방향을 결정한다.

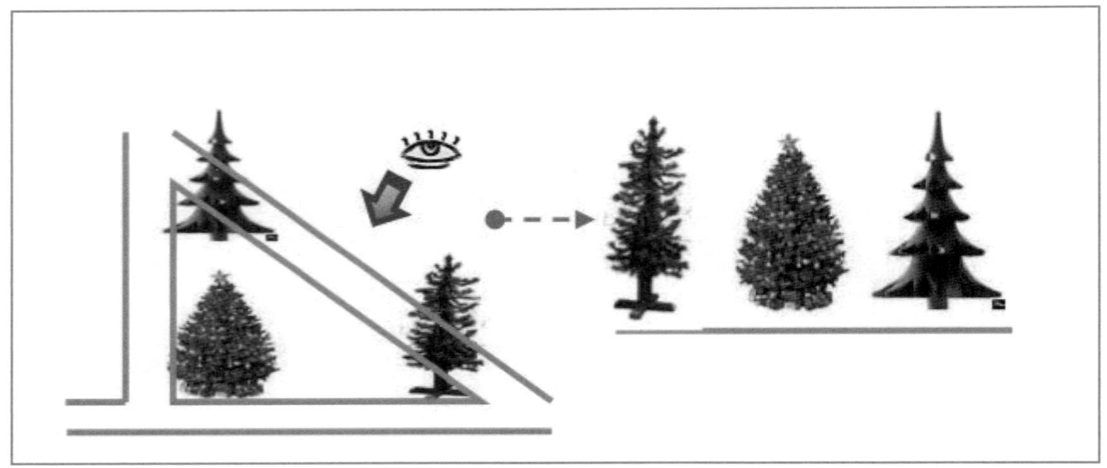

**[그림 Ⅳ-2-5] 주성분 분석 그림**

아래의 예는 USArrests자료의 주성분분석을 보여준다. 이 자료는 미국의 50개 주의 인구 10만명 당 살인, 폭행, 강간으로 인한 체포의 수와 도시 인구의 비율을 포함하고 있다.

```
> library(datasets)[20]
> data(USArrests)
```

```
> summary(USArrests)

 Murder                 Assault               UrbanPop               Rape
 Min.:      0.800       Min.:      45.0       Min.          :32.00   Min.:      7.30
 1st Qu.:   4.075       1st Qu.:   109.0      1st Qu.:      54.50    1st Qu.:   15.07
 Median:    7.250       Median:    159.0      Median:       66.00    Median:    20.10
 Mean:      7.788       Mean:      170.8      Mean:         65.54    Mean:      21.23
 3rd Qu.:   11.250      3rd Qu.:   249.0      3rd Qu.:      77.75    3rd Qu.:   26.18
 Max.:      17.400      Max.:      337.0      Max.:         91.00    Max.:      46.00

> fit <- princomp(USArrests, cor=TRUE)
> summary(fit)
Importance of components:
                         Comp.1      Comp.2      Comp.3      Comp.4
 Standard deviation      1.5748783   0.9948694   0.5971291   0.41644938
 Proportion of Variance  0.6200604   0.2474413   0.0891408   0.04335752
 Cumulative Proportion   0.6200604   0.8675017   0.9566425   1.00000000

> loadings(fit)

Loadings:
              Comp.1    Comp.2    Comp.3    Comp.4
 Murder       -0.536     0.418    -0.341     0.649
 Assault      -0.583     0.188    -0.268    -0.743
 UrbanPop     -0.278    -0.873    -0.378     0.134
 Rape         -0.543    -0.167     0.818
              Comp.1    Comp.2    Comp.3    Comp.4
 SS loadings   1.00      1.00      1.00      1.00
 Proportion Var 0.25     0.25      0.25      0.25
 Cumulative Var 0.25     0.50      0.75      1.00

> plot(fit, type="lines")
```

주성분분석은 R 함수 princomp를 이용하여 수행되었고, 그 결과는 fit이라는 이름으로 저장되었다. cor=TRUE 옵션은 주성분분석을 공분산행렬이 아닌 상관계수 행렬을 사용하여 수행하도록 한다. summary(fit)의 결과는 4개의 주성분의 표준편차, 분산의 비율 등을 보여준다. 예를 들면 첫 번째 주성분 하나가 전체 분산의 약 62%를 설명하고 있다. 두 번째와 세 번째 주성분의 분산은 전체 분산 중 각각 25%와 9%를 설명하고 있다. 따라서 첫 번째와 두 번째 주성분 두 개의 변수만을 이용해 전체 분산의 약 87%를 설명할 수 있음을 알 수 있다. 세 번째 주성분까지 포함시키면 전체 분산의 약 96%까지 설명할 수 있다는 것을 알 수 있다. loadings(fit) 함수는 주성분들의 로딩 벡터들을 보여준다.

---

20) http://www.statmethods.net/advstats/factor.html

이를 통해, 첫 번째와 두 번째 주성분이

$$Y_1 = -0.536Mrder - 0.583Assault - 0.278UrbanPop - 0.543Rape$$
$$Y_2 = 0.418Mrder + 0.188Assault - 0.873UrbanPop - 0.167Rape$$

와 같이 주어지는 것을 알 수 있다.

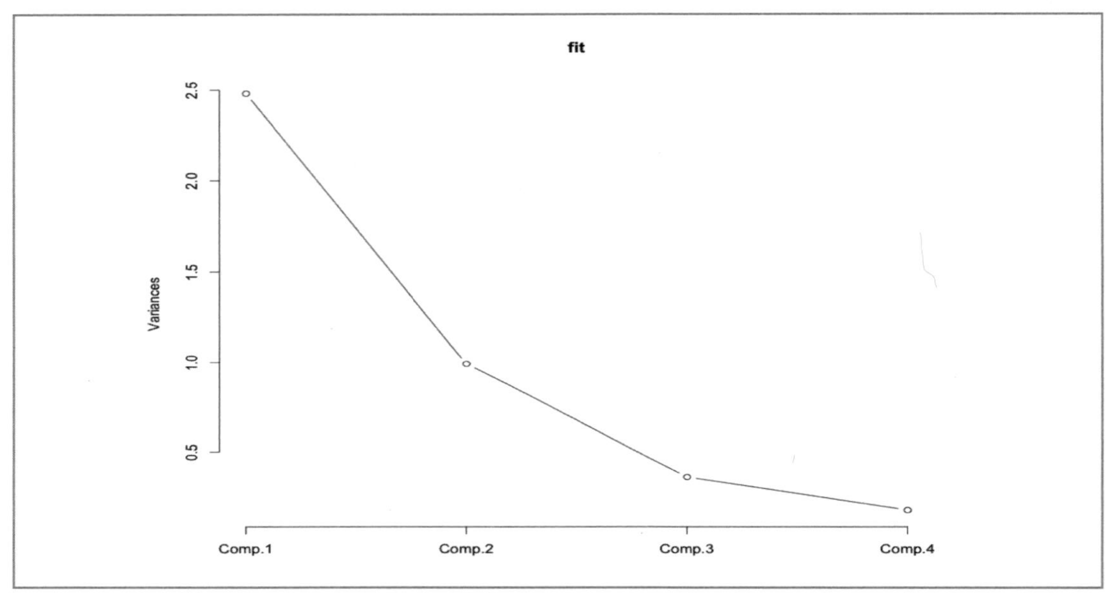


**[그림 Ⅳ-2-6] 주성분 분석 그래프**

plot(fit) 함수는 각 주성분의 분산의 크기를 그림으로 그려준다. 이 그림을 스크리 그림(Scree plot)이라고 한다. 이를 통해서 주성분의 분산의 감소가 급격하게 줄어들어 주성분의 개수를 늘릴 때 얻게되는 정보의 양이 상대적으로 미미한 지점에서 주성분의 개수를 정하는 것이 하나의 방법이다. 그 외에도 주성분들이 설명하는 총 분산의 비율이 70~90% 사이가 되는 주성분의 개수를 선택하는 방법을 사용하기도 한다.

```
>fit$scores
              Comp.1        Comp.2        Comp.3        Comp.4
 Alabama      -0.98556588   1.13339238    -0.44426879   0.156267145
 Alaska       -1.95013775   1.07321326    2.04000333    -0.438583440
 Arizona      -1.76316354   -0.74595678   0.05478082    -0.834652924
 Arkansas     0.14142029    1.11979678    0.11457369    -0.182810896
 ...
> biplot(fit)
```

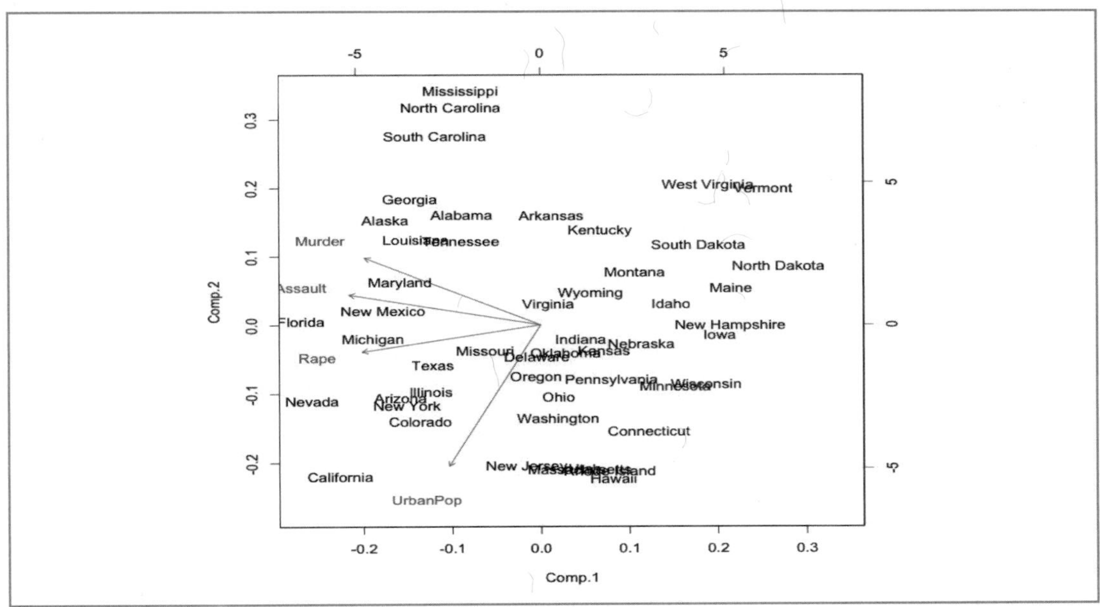


[그림 Ⅳ-2-7] USArrests 그래프

fit$scores는 각 관측치를 주성분들로 표현한 값을 나타낸다. biplot은 관측치들을 첫 번째와 두 번째 주성분의 좌표에 그린 그림이다. 첫 번째 주성분(Comp.1)이 Assault, Murder, Rape와 비슷한 방향을 가지고 UrbanPop과 방향이 수직에 가까운 것으로 보아 첫 번째 주성분이 주로 Assault, Murder, Rape 변수들에 대해 상대적으로 큰 가중치를 적용하여 계산된 것을 알 수 있다. 두 번째 주성분은 UrbanPop와 상대적으로 평행하기 때문에 다른 변수들에 비해 UrbanPop의 영향을 크게 받아 구성된 것으로 보인다.

첫 번째 주성분의 값이 작을수록 세 가지 범죄 발생율이 큰 주이고 두 번째 주성분 값이 작을수록 도심인구 비율이 큰 주라고 해석 할 수 있다.

보다 이해하기 쉽도록 두 가지 예제를 들어보자. 먼저 라면 예제를 들어보면 아래와 같다.[21)]

```
>data
          면  그릇  국물
쇠고기라면  2    4    5
해물라면    1    5    1
얼큰라면    5    3    4
떡라면      2    2    3
```

21) 출처: 『만화로 쉽게 배우는 인자분석』, Shin Tatahashi, 성안당

```
짬뽕라면    3    5    5
만두라면    4    3    2
치즈라면    4    4    3
된장라면    1    2    1
볶음라면    3    3    2
김치라면    5    5    3
>p1 = prcomp(data, scale=TRUE)
>print(p1)
Standard deviations:
[1] 1.2541347 0.9022241 0.7830312

Rotation:
           PC1        PC2         PC3
면    0.5715110 -0.604471  0.5549685
그릇 0.5221161  0.789607  0.3223595
국물 0.6330639 -0.105526 -0.7668731
>summary(p1)
Importance of components:
                            PC1        PC2        PC3
 Standard deviation         1.2541     0.9022     0.7830
 Proportion of Variance     0.5243     0.2713     0.2044
 Cumulative Proportion      0.5243     0.7956     1.0000
```

위의 내용을 보면 PC1이 52%를 설명하고 PC2까지 하면 79%를 설명함을 알 수 있다. 이를 이용해 주성분 값을 산출하면 아래와 같은 좌표의 값을 얻을 수 있고, 그래프로 그릴 수 있다.

```
round(predict(p1), 2)
                 PC1       PC2       PC3
  쇠고기라면     0.71      0.52     -1.37
  해물라면      -0.97      1.89      0.65
  얼큰라면       0.98     -1.29      0.00
  떡라면        -1.05     -0.68     -0.86
  짬뽕라면       1.54      0.79     -0.73
  만두라면      -0.28     -0.74      0.68
  치즈라면       0.60     -0.14      0.43
  된장라면      -2.31     -0.13     -0.18
  볶음라면      -0.66     -0.34      0.31
  김치라면       1.43      0.12      1.08

  biplot(p1)
```

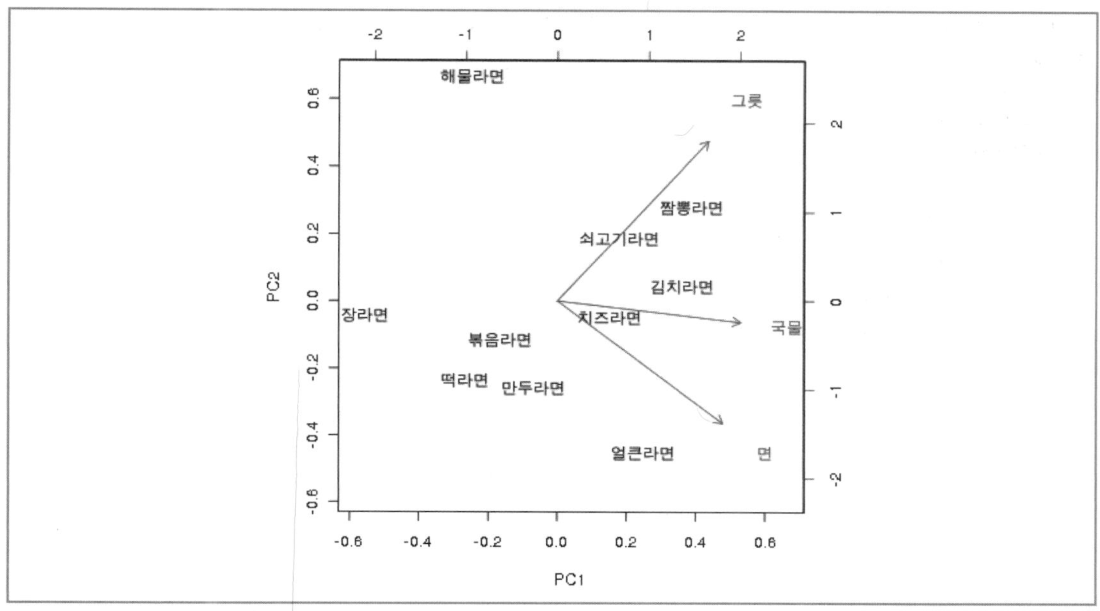


[그림 Ⅳ-2-8] 라면 데이터의 biplot 그래프

또 다른 예제로 새로운 컴퓨터를 구입했을 때 가격, 소프트웨어, 외형, 브랜드에 대한 만족도를 1~7까지의 척도로 점수를 부여한 분석이다.[22]

| Participant | Price | Software | Aesthetics | Brand |
|---|---|---|---|---|
| P1 | 6 | 5 | 3 | 4 |
| P2 | 7 | 3 | 2 | 2 |
| P3 | 6 | 4 | 4 | 5 |
| P4 | 5 | 7 | 1 | 3 |
| P5 | 7 | 7 | 5 | 5 |
| P6 | 6 | 4 | 2 | 3 |
| P7 | 5 | 7 | 2 | 1 |
| P8 | 6 | 5 | 4 | 4 |
| P9 | 3 | 5 | 6 | 7 |
| P10 | 1 | 3 | 7 | 5 |
| P11 | 2 | 6 | 6 | 7 |
| P12 | 5 | 7 | 7 | 6 |
| P13 | 2 | 4 | 5 | 6 |
| P14 | 3 | 5 | 6 | 5 |
| P15 | 1 | 6 | 5 | 5 |
| P16 | 2 | 3 | 7 | 7 |

[그림 Ⅳ-2-9] 컴퓨터 데이터

22) http://yatani.jp/HCIstats/PCA

가격이 저렴한지, 설치된 OS가 원하는 소프트웨어 설치를 잘 지원하는지, 외형이 만족스러운지, OS 브랜드가 마음에 드는지를 입력한 값이다. 데이터를 입력하는 스크립트는 아래와 같다.

```
> Price <- c(6,7,6,5,7,6,5,6,3,1,2,5,2,3,1,2)
> Software <- c(5,3,4,7,7,4,7,5,5,3,6,7,4,5,6,3)
> Aesthetics <- c(3,2,4,1,5,2,2,4,6,7,6,7,5,6,5,7)
> Brand <- c(4,2,5,3,5,3,1,4,7,5,7,6,6,5,5,7)
> data <- data.frame(Price, Software, Aesthetics, Brand)
> pca <- princomp(data, cor=T)
> summary(pca, loadings=T)
Importance of components:
                          Comp.1    Comp.2    Comp.3     Comp.4
Standard deviation     1.5589391 0.9804092 0.6816673 0.37925777
Proportion of Variance 0.6075727 0.2403006 0.1161676 0.03595911
Cumulative Proportion  0.6075727 0.8478733 0.9640409 1.00000000

Loadings:
           Comp.1 Comp.2 Comp.3 Comp.4
Price      -0.523         0.848
Software   -0.177  0.977 -0.120
Aesthetics  0.597  0.134  0.295 -0.734
Brand       0.583  0.167  0.423  0.674
```

위의 결과를 보면 Comp.1이 60%, Comp.2까지 하면 84%를 설명해 줌을 알 수 있다. Comp.1은 Aesthetics와 Brand가 클수록, Price가 낮을수록 높은 값을 가지고 Software의 영향은 적게 받는다. Comp.2는 Software의 영향만을 크게 받는다. Comp.1은 패션 추구형, Comp.2는 기능 추구형을 측정하는 변수로 해석할 수 있다.

```
> biplot(pca)
```

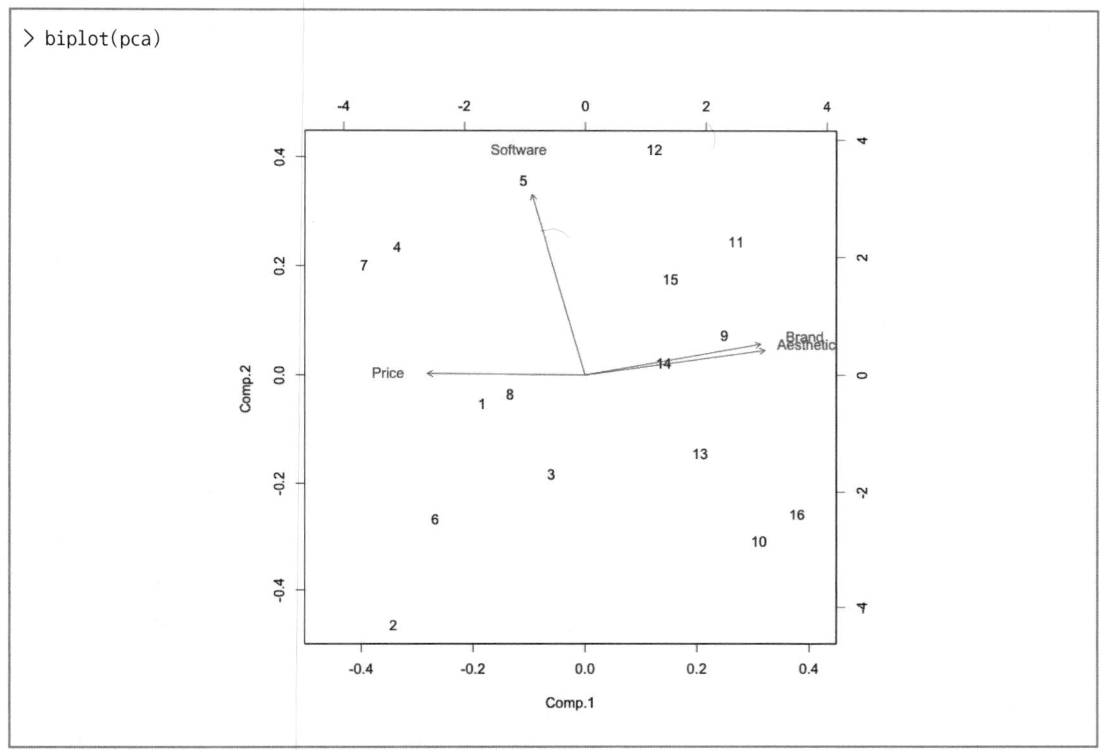


[그림 Ⅳ-2-10] 컴퓨터 데이터 그래프

# 제4절 시계열 예측

## 1. 정상성

시간의 흐름에 따라서 관측된 데이터를 시계열자료(Time-series Data)라고 한다. 시계열분석(Time Series Analysis)을 위해서는 정상성(Stationary)을 만족해야 한다. 정상성은 시점에 상관없이 시계열의 특성이 일정하다는 것을 의미하며, 이를 만족한다는 것은 다음과 같은 것을 말한다.

**정상성**
① 평균이 일정하다.
② 분산이 시점에 의존하지 않는다.
③ 공분산은 단지 시차에만 의존하고 시점 자체에는 의존하지 않는다.

위에서 정의한 정상성 조건을 하나라도 만족하지 못하는 경우의 시계열 자료를 비정상 시계열이라고 부르며, 대부분의 시계열 자료는 비정상 시계열 자료이다. 비정상 시계열 자료는 정상성을 만족하도록 데이터를 정상 시계열 자료로 만든 후에 시계열 분석을 수행한다.

때문에 주어진 시계열 자료가 정상성을 만족하는지 판단하는 과정이 필요하다. 가장 먼저 시계열 자료 그림을 통해서 자료의 이상점(Outlier)과 개입(Intervention)을 살피고, 정상성 만족 여부와 개략적인 추세 유무를 관찰한다. 이상점의 경우 일반적으로 해당 이상값을 제거하고, 개입의 경우 회귀분석을 수행하면 된다. 그리고 추세를 보이는(평균이 일정하지 않은) 경우에는 차분(Difference)을 통해 비정상 시계열을 정상 시계열로 바꾸고, 시간에 따라 분산이 일정하지 않은 경우에는 변환(Transformation)을 통해서 정상 시계열로 바꿀 수 있다.

차분이란 현 시점의 자료값에서 전 시점의 자료값을 빼는 것을 말한다. 일반적인 차분은 현재 시점에서 바로 전 시점의 자료값을 빼는 것을 말하며, 여러 시점 전의 자료를 빼는 것을 계절차분(Seasonal Difference)이라고 한다. 계절성을 갖는 비정상 시계열을 정상 시계열로 바꿀 때 계절차분을 사용한다.

# 2. 시계열 모형

## 가. 자기회귀 모형(AR 모형)

자기회귀모형(Autoregressive model)은 현 시점의 자료가 p 시점 전의 유한개의 과거 자료로 설명될 수 있다는 의미이며 AR(p) 모형이라 한다.

$$Z_t = \phi_1 Z_{t-1} + \phi_2 Z_{t-2} + \cdots + \phi_p Z_{t-p} + a_t$$

$Z_t$ : 현재 시점의 시계열 자료

$Z_{t-1}, Z_{t-2}, \ldots, Z_{t-p}$ : 1~p 시점 이전의 시계열 자료

$\phi_p$ : p 시점이 현재 시점에 어느 정도 영향을 주는지 나타내는 모수

$a_t$ : 백색잡음과정(White noise process, 대표적 정상 시계열), 시계열 분석에서 오차항을 의미한다.

**백색잡음과정 : 대표적 정상 시계열**

백색잡음과정 $a_t$는 독립이고 같은 분포를 따르며 평균이 0이고 분산이 $\sigma_a^2$인 확률변수

$$a_t \sim iid(0, \sigma_a^2)$$

자기회귀모형은 현 시점의 시계열 자료에 몇 번째 전 자료까지 영향을 주는지 알아내는데 있다. 현 시점의 시계열 자료에 과거 1 시점 이전의 자료만 영향을 준다면, 이를 1차 자기회귀모형이라고 하며 AR(1)모형이라 한다.

$$Z_t = \phi Z_{t-1} + a_t$$

현 시점의 시계열 자료에 과거 2시점 전 자료까지 영향을 주는 모형을 2차 자기회귀모형이라고 하며, AR(2)모형은 아래와 같다.

$$Z_t = \phi_1 Z_{t-1} + \phi_2 Z_{t-2} + a_t$$

자기회귀모형인지 판단하기 위한 모형 식별을 위해서 자료에서 자기상관함수(ACF, Auto-Correlation Function)과 부분자기상관함수(PACF, Partial Auto-Correlation Function)을 이용하여 식별한다. 일반적으로 자기회귀모형은 자기상관함수는 시차가 증가함에 따라 점차적으로 감소하고, 부분자기상관함수는 p+1 시차 이후 급격히 감소하여 절단된 형태이며, 이를 AR(p) 모형이라고 판별한다.

[표 Ⅳ-2-3] 자기회귀모형의 자기상관함수, 부분자기상관함수 형태

| ACF | PACF |
| --- | --- |
| 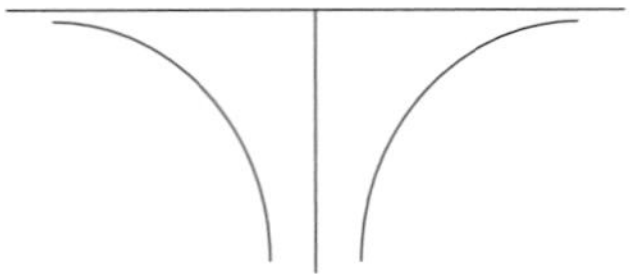 | 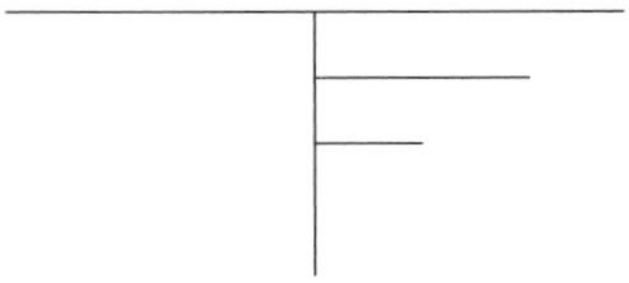 |

### 나. 이동평균모형(MA 모형)

시계열 자료를 모형화 하는데 자기회귀모형 다음으로 많이 쓰이는 모형이 이동평균모형(Moving Average model)이다.

$$Z_t = a_t - \theta_1 a_{t-1} - \theta_2 a_{t-2} - \cdots - \theta_p a_{t-p}$$

이동평균모형은 현 시점의 자료를 유한개의 백색잡음의 선형결합으로 표현되었기 때문에 항상 정상성을 만족한다. 때문에 이동평균모형은 정상성 가정이 필요없다.

1차 이동평균모형, MA(1) 모형은 가장 간단한 이동평균모형으로 같은 시점의 백색잡음과 바로 전 시점의 백색잡음의 결합으로 이루어진 모형이다.

$$Z_t = a_t - \theta_1 a_{t-1}$$

다음으로 2차 이동평균모형인 MA(2) 모형은 아래와 같다.

$$Z_t = a_t - \theta_1 a_{t-1} - \theta_2 a_{t-2}$$

이동평균모형을 판단하기 위한 모형 식별은 자기회귀모형과 마찬가지로 자기상관함수와 부분자기상관함수를 이용하여 식별하게 된다. 이동평균모형은 자기회귀모형과 반대로 자기상관함수는 p+1 시차 이후 절단된 형태가 되고, 이때를 MA(p) 모형이라 볼 수 있다. 그리고 부분자기상관함수는 점차 감소하는 형태를 띄게 된다.

[표 Ⅳ-2-4] 이동평균모형의 자기상관함수, 부분자기상관함수의 형태

| ACF | PACF |
| --- | --- |
| 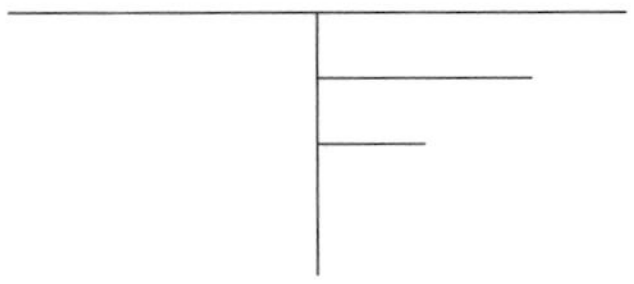  | 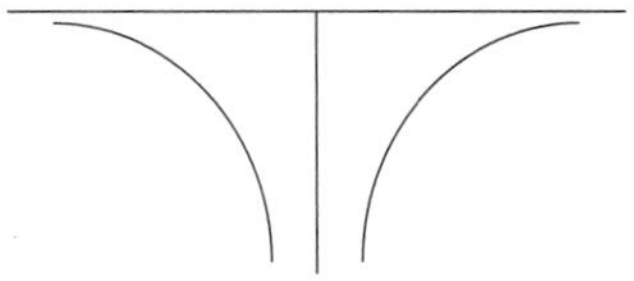  |

## 다. 자기회귀누적이동평균모형(ARIMA 모형)

대부분의 많은 시계열 자료가 자기회귀누적이동평균모형(Autoregressive Integrated Moving Average model)을 따른다. ARIMA 모형은 기본적으로 비정상 시계열 모형이기 때문에 차분이나 변환을 통해 AR 모형이나 MA 모형, ARMA 모형으로 정상화할 수 있다.

ARIMA(p,d,q) 모형은 차수 p,d,q의 값에 따라 모형의 이름이 다르게 된다. 차수 p는 AR 모형과 관련이 있고, q는 MA 모형과 관련이 있는 차수이다. d는 ARIMA에서 ARMA로 정상화할 때 몇 번 차분을 했는지를 의미한다.

d=0이면 ARMA(p,q) 모형이라 부르고, 이 모형은 정상성을 만족한다. p=0이면 IMA(d,q) 모형이라 부르고, 이 모형을 d번 차분하면 MA(q) 모형이 된다. q=0이면 ARI(p,d) 모형이며, 이를 d번 차분한 시계열 모형이 AR(p) 모형을 따르게 된다.

## 라. 분해 시계열

분해 시계열이란 시계열에 영향을 주는 일반적인 요인을 시계열에서 분리해 분석하는 방법을 말하며, 회귀분석적인 방법을 주로 사용하고 있다. 시계열을 구성하는 요소는 다음 4가지로 분류된다.

### 1) 추세요인

자료의 그림을 그렸을 때 그 형태가 오르거나 내리는 추세를 따르는 경우가 있다. 물론 선형적으로 추세가 있는 것 이외에도 이차식의 형태를 취하거나 지수적 형태를 취할 수도 있는데, 이렇게 자료가 어떤 특정한 형태를 취할 때 추세요인(Trend factor)이 있다고 한다.

### 2) 계절요인

요일마다 반복되거나 일년 중 각 월에 의한 변화, 사분기 자료에서 각 분기에 의한 변화 등 고정된 주기에 따라 자료가 변화하는 경우가 있다. 이렇게 고정된 주기에 따라 자료가 변화할 경우 계절요인(Seasonal factor)이 있다고 한다.

### 3) 순환요인

명백한 경제적이나 자연적인 이유가 없이 알려지지 않은 주기를 가지고 변화하는 자료가 있다. 이와 같이 알려지지 않은 주기를 가지고 자료가 변화할 때 순환요인(Cyclical factor)이 있다고 한다.

### 4) 불규칙요인

위 세 가지의 요인으로 설명할 수 없는 회귀분석에서 오차에 해당하는 요인을 불규칙요인(Irregular factor)라고 한다.

분해 시계열 분석법에서는 각 구성요인을 정확하게 분리하는 것이 중요하다. 그러나 각 요인을 정확하게 분리하는 것은 그리 쉽지 않다. 또한 분해 시계열 방법은 이론적인 약점이 있는 것으로도 알려져 있다. 하지만 경제학자들이나 조사통계학자들은 이러한 약점에도 널리 사용하고 있으며, 실제로 경제 분석이나 예측에서 이 방법은 성공적으로 사용되고 있다. 분해식의 일반적 정의는 다음과 같다.

$$Z_t = f(T_t, S_t, C_t, I_t)$$

여기서 $T_t$ : 경향(추세) 요인, $S_t$ : 계절요인,
$C_t$ : 순환요인, $I_t$ : 불규칙요인, $Z_t$ : 시계열 값, $f$ : 미지의 함수

# 3. 실습

## 가. 시계열 자료

### 1) 시계열 자료 불러오기

[예제 1] 다음은 1871년도부터 1970년도까지 아스완 댐에서 측정한 나일강의 연간 유입량에 관한 시계열 데이터다. 이 데이터는 R에 기본적으로 내장되어 있는 Nile 데이터다.

```
> Nile
Time Series:
Start = 1871
End = 1970
Frequency = 1
  [1] 1120 1160  963 1210 1160 1160  813 1230 1370 1140  995  935 1110  994 1020
 [16]  960 1180  799  958 1140 1100 1210 1150 1250 1260 1220 1030 1100  774  840
 [31]  874  694  940  833  701  916  692 1020 1050  969  831  726  456  824  702
 [46] 1120 1100  832  764  821  768  845  864  862  698  845  744  796 1040  759
 [61]  781  865  845  944  984  897  822 1010  771  676  649  846  812  742  801
 [76] 1040  860  874  848  890  744  749  838 1050  918  986  797  923  975  815
 [91] 1020  906  901 1170  912  746  919  718  714  740
```

데이터 자체가 시계열 자료 형식인 'ts' 클래스를 갖기 때문에 따로 설정할 필요는 없다. 다만, 일반 데이터셋을 시계열 자료 형식으로 변환하려면 ts 함수를 사용하면 된다.

[예제 2] 다음 데이터는 1974년부터 1979년까지의 영국 내의 월별 폐질환 사망자에 관한 시계열 자료다. 마찬가지로 이 ldeaths 데이터 또한 R에 기본적으로 내장되어 있는 데이터다. 추가적으로 mdeath는 남성, fdeath는 여성에 관한 폐질환 사망자 자료이다.

```
> ldeaths
      Jan  Feb  Mar  Apr  May  Jun  Jul  Aug  Sep  Oct  Nov  Dec
1974 3035 2552 2704 2554 2014 1655 1721 1524 1596 2074 2199 2512
1975 2933 2889 2938 2497 1870 1726 1607 1545 1396 1787 2076 2837
1976 2787 3891 3179 2011 1636 1580 1489 1300 1356 1653 2013 2823
1977 3102 2294 2385 2444 1748 1554 1498 1361 1346 1564 1640 2293
1978 2815 3137 2679 1969 1870 1633 1529 1366 1357 1570 1535 2491
1979 3084 2605 2573 2143 1693 1504 1461 1354 1333 1492 1781 1915
```

주기는 12개월이다. ldeaths 데이터도 예제 1의 데이터와 마찬가지로 시계열 자료 형식으로 데이터의 클래스가 지정되어 있기 때문에 따로 설정할 필요는 없다.

### 2) 그림 고찰

위에서 불러온 나일강 연간 유입량, 영국 폐질환 사망자 데이터를 plot 함수를 이용하여 그려본 후 살펴본다.

```
> plot(Nile)
```

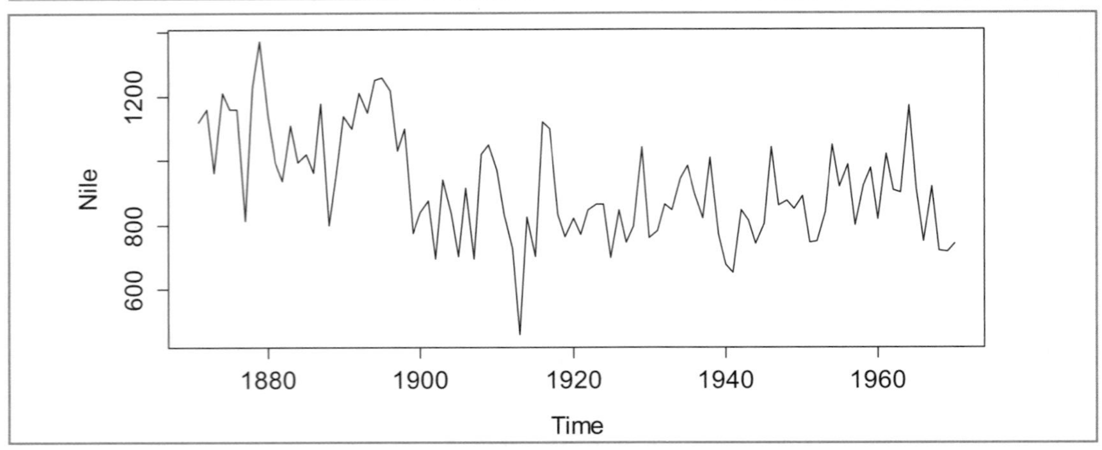


[그림 Ⅳ-2-11] 나일강 연간 유입량 시계열 그림

그림으로 보았을 때 나일강 연간 유입량 데이터는 비계절성을 띄는 데이터다. 그러나 이 시계열 자료는 평균이 변화하는 추세를 보이므로 정상성을 만족하지 못하는 것으로 보인다.

```
> plot(ldeaths)
```

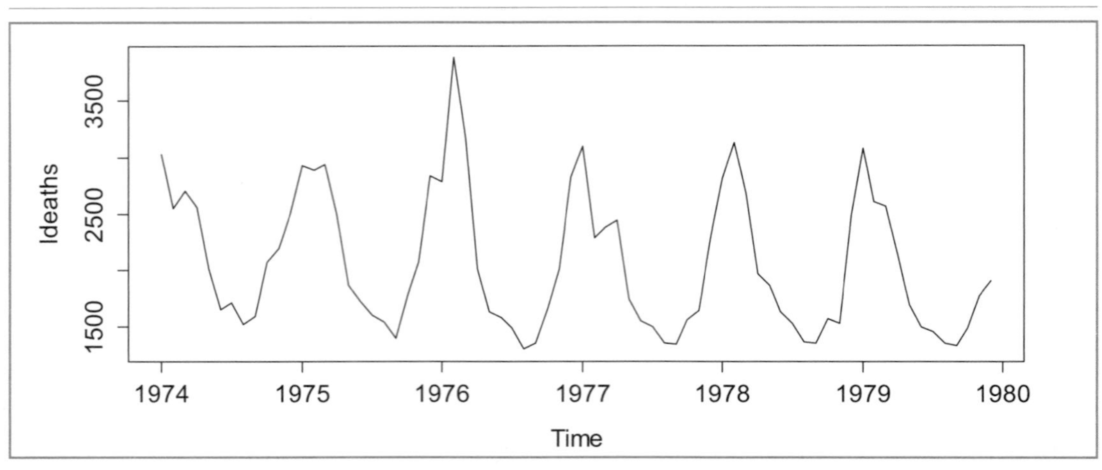


[그림 Ⅳ-2-12] 폐질환 사망자 시계열 그림

위 그림으로 볼 때 영국 내 폐질환 사망자 데이터는 년도 별로 계절성을 띄고 있는 것으로 보인다. 매 년 일정 주기별로 사망자 수가 늘었다 줄었다 하는 경향을 보인다.

### 3) 분해시계열

그림 고찰을 통해서 봤을 때 영국 내 폐질환 사망자 데이터는 계절성을 띄는 시계열 자료인 것으로 보았다. 그림을 자세히 보면 매년 4분기에 사망자수가 급증했다가 2분기에 급격히 감소하는 모습을 보인다. 계절성을 띄는 시계열 자료는 추세요인, 계절요인, 불규칙요인으로 구성된다. R에서 decompose 함수를 사용하면 시계열 자료를 4가지 요인으로 분해할 수 있다.

```
> ldeaths.decompose <- decompose(ldeaths)
> ldeaths.decompose$seasonal
          Jan       Feb       Mar       Apr       May       Jun       Jul       Aug
1974  873.7514  896.3347  687.5431  156.5847 -284.4819 -440.0236 -519.4236 -669.8736
1975  873.7514  896.3347  687.5431  156.5847 -284.4819 -440.0236 -519.4236 -669.8736
1976  873.7514  896.3347  687.5431  156.5847 -284.4819 -440.0236 -519.4236 -669.8736
1977  873.7514  896.3347  687.5431  156.5847 -284.4819 -440.0236 -519.4236 -669.8736
1978  873.7514  896.3347  687.5431  156.5847 -284.4819 -440.0236 -519.4236 -669.8736
1979  873.7514  896.3347  687.5431  156.5847 -284.4819 -440.0236 -519.4236 -669.8736
          Sep       Oct       Nov       Dec
1974 -678.2236 -354.3069 -185.2069  517.3264
1975 -678.2236 -354.3069 -185.2069  517.3264
1976 -678.2236 -354.3069 -185.2069  517.3264
1977 -678.2236 -354.3069 -185.2069  517.3264
1978 -678.2236 -354.3069 -185.2069  517.3264
1979 -678.2236 -354.3069 -185.2069  517.3264
> plot(ldeaths.decompose)
```

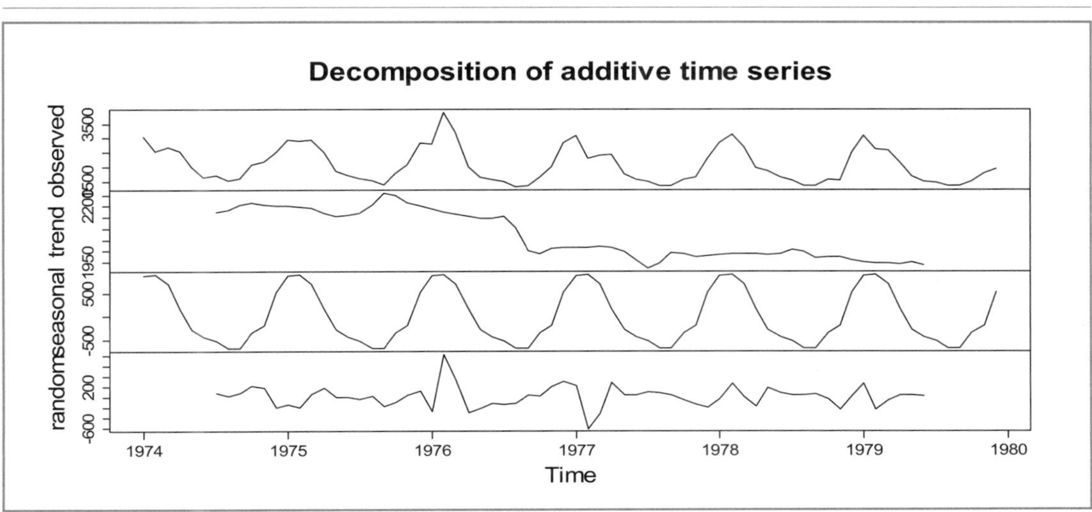


[그림 Ⅳ-2-13] 폐질환 사망자 시계열 분해 그림

위와 같이 추세요인, 계절요인, 불규칙요인으로 분해된 시계열 자료에 대한 그림을 그릴 수 있다.

계절성을 띄는 시계열 자료는 계절요인를 추정해 그 값을 원 시계열자료에서 빼면 적절하게 조정할 수 있다. 즉 원 시계열 자료에서 계절요인을 제거한 후 그림을 그린다.

```
> ldeaths.decompose.adj <- ldeaths - ldeaths.decompose$seasonal
> plot(ldeaths.decompose.adj)
```

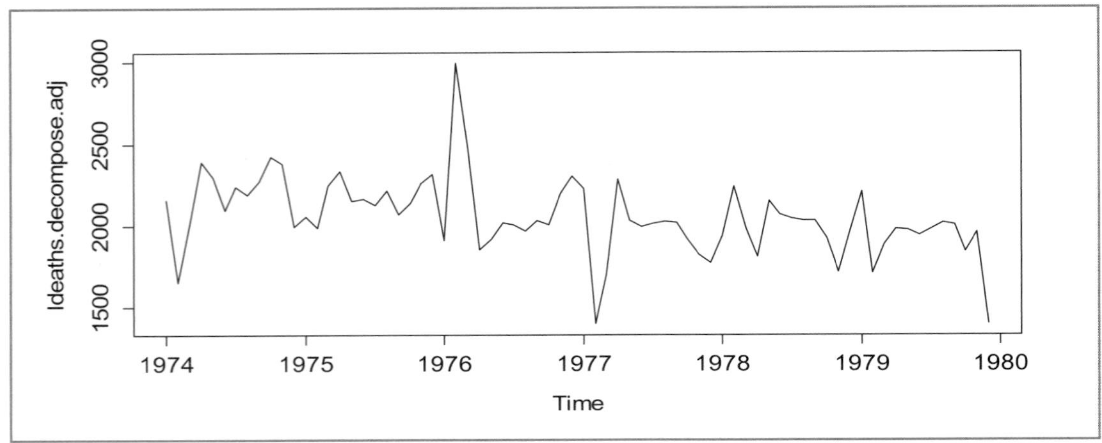


[그림 Ⅳ-2-14] 폐질환 사망자 계절요인 제거 시계열 그림

위와 같이 계절요인이 제거되어 조정된 시계열 자료를 얻게 된 것을 확인할 수 있다.

### 4) ARIMA 모형

#### ① 차분

나일강 연간 유입량 데이터는 그림으로 고찰해보았을 때 시간에 따라 평균이 일정하지 않은 비정상 시계열 자료였다. 따라서 diff 함수를 사용하여 차분을 한다.

```
> Nile.diff1 <- diff(Nile, differences=1)
> plot(Nile.diff1)
```

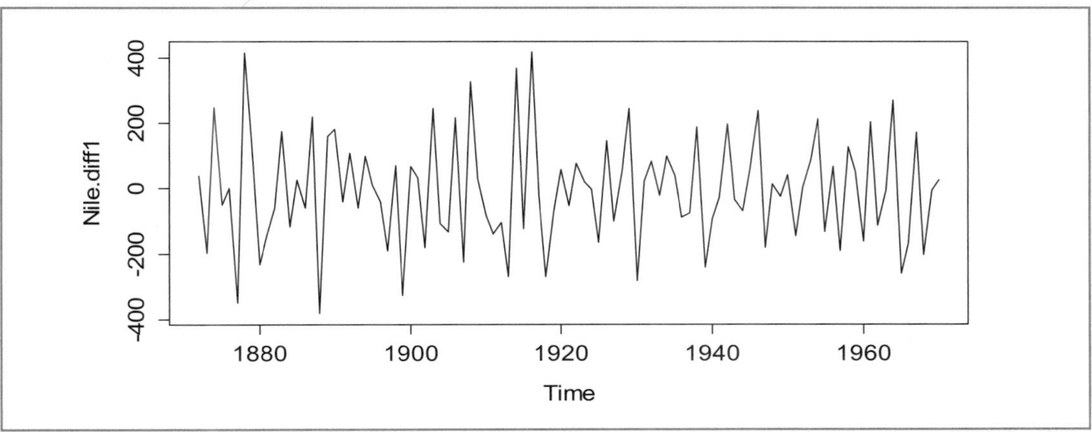


[그림 Ⅳ-2-15] 나일강 유입량 1차 차분 시계열 그림

1번 차분한 결과로는 아직 평균이 일정하지 않아 보인다. 차분을 2번 한 결과는 아래와 같다.

```
Nile.diff2 <- diff(Nile, differences=2)
plot(Nile.diff2)
```

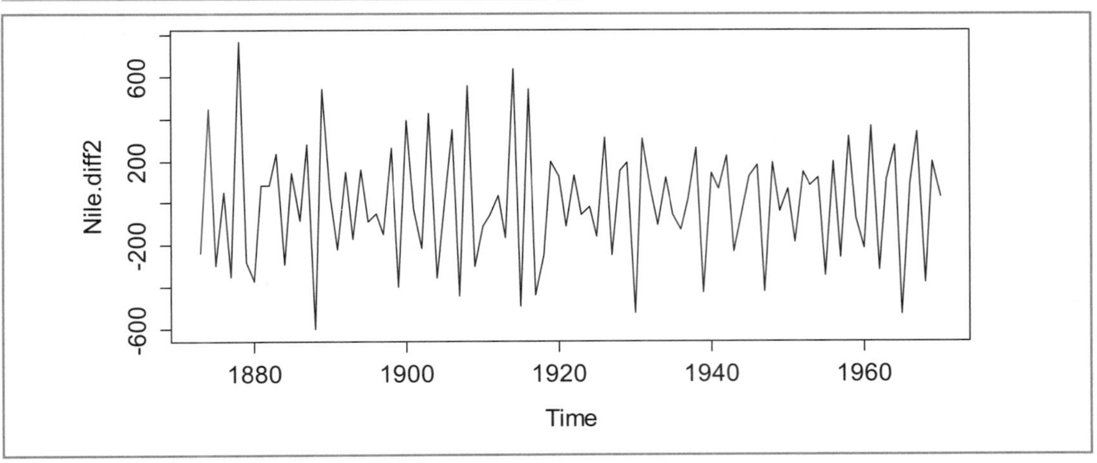


[그림 Ⅳ-2-16] 나일강 유입량 2차 차분 시계열 그림

위 그림은 2번 차분한 결과로 평균과 분산이 시간이 지남에 따라 평균과 분산이 어느 정도 일정한 정상성을 만족하는 것으로 보인다.

② **ARIMA 모델 적합 및 결정**

자기상관함수와 부분자기상관함수를 통해 ARIMA 모형을 적합한 후에 최종 모형을 결정할 수 있다.

자기상관함수를 살펴보기 위해 acf 함수를 사용하여 2차 차분을 한 나일강 연간 유입량 시계열 자료의 자기상관함수 그래프를 그려보면 다음과 같다.

```
> acf(Nile.diff2, lag.max=20)
> acf(Nile.diff2, lag.max=20, plot=FALSE)

Autocorrelations of series 'Nile.diff2 ', by lag

     0      1      2      3      4      5      6      7      8      9     10     11
 1.000 -0.626  0.100  0.067 -0.072  0.017  0.074 -0.192  0.245 -0.079 -0.153  0.183
    12     13     14     15     16     17     18     19     20
-0.106  0.062  0.010 -0.096  0.134 -0.134  0.091 -0.030  0.003
```

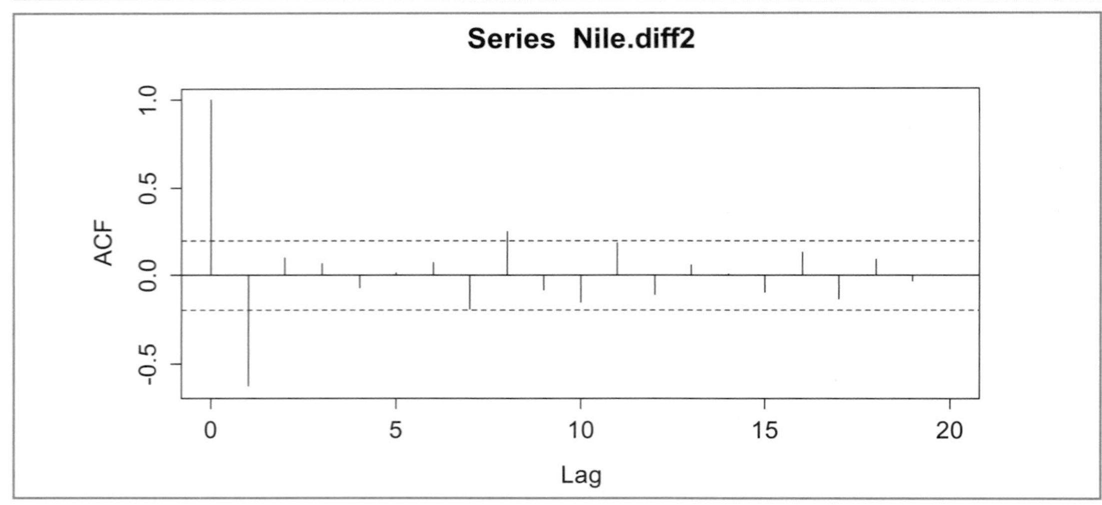


**[그림 Ⅳ-2-17] 나일강 유입량 자기상관함수 그래프**

acf 함수의 lag 개수 20개로 설정했다. lag 개수를 너무 많이 설정하면 자기상관함수 그래프를 보고 모형 식별을 위한 판단히 힘들기 때문에 적절한 값을 선택한다. 위 결과 자기상관함수가 lag=1, 8을 제외하고 모두 신뢰구간 안에 있는 것을 확인할 수 있다.

다음으로 부분자기상관함수 그래프를 그려보면 아래와 같다.

```
> pacf(Nile.diff2, lag.max=20)
> pacf(Nile.diff2, lag.max=20, plot=FALSE)

Partial autocorrelations of series 'Nile.diff2', by lag

     1      2      3      4      5      6      7      8      9     10     11     12
-0.626 -0.481 -0.302 -0.265 -0.273 -0.112 -0.353 -0.213  0.038 -0.120 -0.117 -0.197
    13     14     15     16     17     18     19     20
-0.132 -0.055 -0.109  0.022 -0.184 -0.067 -0.037 -0.024
```

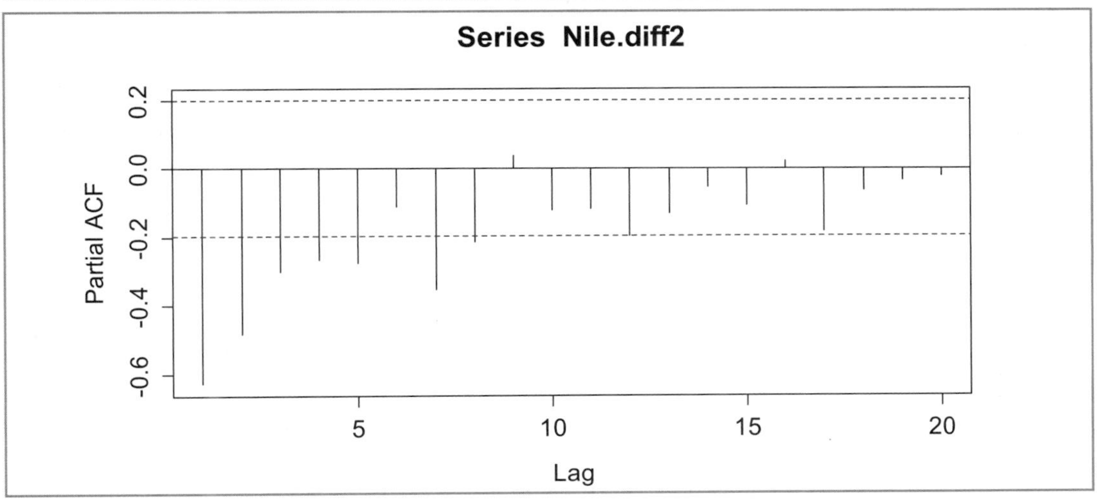


**[그림 Ⅳ-2-18] 나일강 유입량 부분자기상관함수 그래프**

부분자기상관함수가 lag=1~8에서 신뢰구간을 넘어서 음의 값을 가지고, lag=9에서 절단된 것을 볼 수 있다. 이와 같이 자기상관함수와 부분자기상관함수의 그래프를 종합해보면 다음과 같은 ARMA 모형이 존재하게 된다.

- ARMA(8,0) : 부분자기상관함수 그래프에서 lag=9에서 절단되었음
- ARMA(0,1) : 자기상관함수 그래프에서 lag=2에서 절단되었음
- ARMA(p,q) : AR 모형과 MA 모형을 혼합하여 모형을 식별하고 결정해야 함

어떤 모형을 선택해야하느냐 하는 문제는 생각처럼 쉽지 않다. 모수가 많다면 모형을 설명하는 설명력이 커지겠지만, 모형이 복잡하고 이해하기 어렵다. 반대로, 모수가 적은 모형을 선택한다면 모형이 단순하고 이해하기 쉽지만, 모형을 설명하는 설명력이 상대적으로 낮아질 수밖에 없다.

본 예제에서는 forecast 패키지에 있는 auto.arima 함수를 사용하여 적절한 ARIMA 모형을 결정하도록 할 것이다.

```
> auto.arima(Nile)
Series: Nile
ARIMA(1,1,1) with drift

Coefficients:
         ar1      ma1    drift
      0.2707  -0.9054  -2.8827
s.e.  0.1182   0.0579   2.0270

sigma^2 estimated as 19604:  log likelihood=-623.46
AIC=1254.91   AICc=1255.34   BIC=1265.29
```

auto.arima 함수를 사용하여 나일강의 연간 유입량 시계열 자료에 적절한 모형은 ARIMA(1,1,1) 모형으로 결정된 것을 알 수 있다.

### ③ ARIMA 모형을 이용한 예측

시계열 자료에 대해 적절한 ARIMA 모형이 결정되었다면, ARIMA 모형을 통해 미래의 수치 값을 예측할 수 있다. 앞서 나일강 연간 유입량 시계열 자료의 모형은 ARIMA(1,1,1) 모형으로 결정되었다. 이 시계열 자료를 ARIMA(1,1,1) 모형에 적합한다.

```
> Nile.arima <- arima(Nile, order=c(1,1,1))
> Nile.arima
Series: Nile
ARIMA(1,1,1)

Coefficients:
         ar1      ma1
      0.2544  -0.8741
s.e.  0.1194   0.0605

sigma^2 estimated as 19769:  log likelihood=-630.63
AIC=1267.25   AICc=1267.51   BIC=1275.04
```

데이터를 모형에 적합한 후 forecast 패키지의 forecast 함수를 사용하여 미래의 수치 값을 예측한다. h=10은 10개 년도만 예측한다는 의미이다.

```
> Nile.forecasts <- forecast(Nile.arima, h=10)
> Nile.forecasts
     Point Forecast    Lo 80     Hi 80    Lo 95    Hi 95
1971       816.1813 635.9909  996.3717 540.6039 1091.759
1972       835.5596 642.7830 1028.3363 540.7332 1130.386
1973       840.4889 643.5842 1037.3936 539.3492 1141.629
1974       841.7428 642.1115 1041.3741 536.4331 1147.053
1975       842.0617 640.0311 1044.0923 533.0826 1151.041
1976       842.1429 637.8116 1046.4741 529.6452 1154.641
1977       842.1635 635.5748 1048.7522 526.2134 1158.114
1978       842.1687 633.3514 1050.9861 522.8102 1161.527
1979       842.1701 631.1488 1053.1914 519.4408 1164.899
1980       842.1704 628.9682 1055.3727 516.1057 1168.235
```

```
> plot(Nile.forecasts)
```

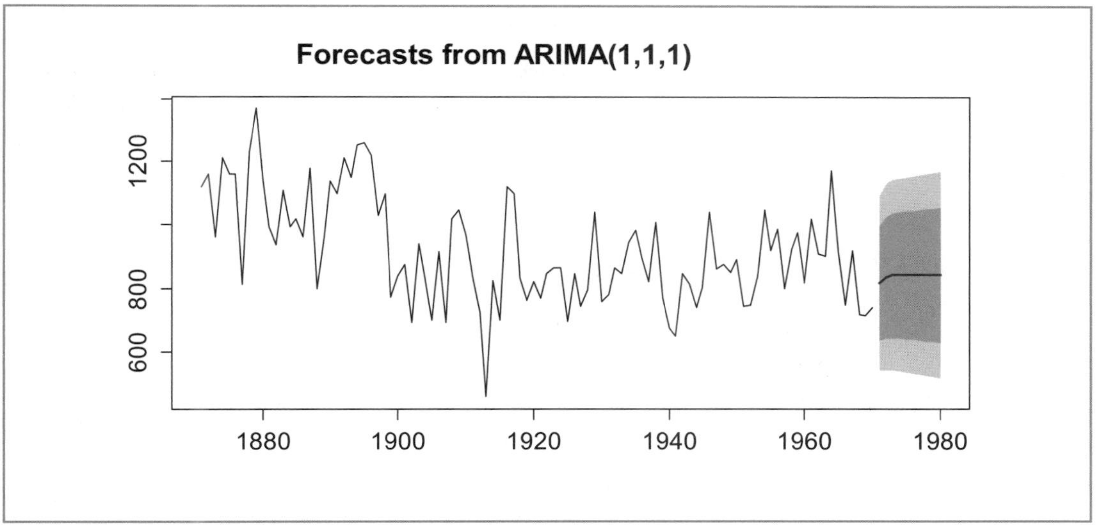


[그림 Ⅳ-2-19] 나일강 유입량 데이터 예측 그래프

# 장 요약

### 제1절 통계학 개론

통계에서 사용되는 집단은 조사하고자 하는 대상 전체를 모수, 조사하고자 하는 대상들 중 일부를 표본이라고 한다. 표본을 추출하는 법에는 단순랜덤추출, 계통추출법, 집락추출법, 층화추출법이 있다. 또한 측정한 자료는 크게 명목척도, 순서척도, 구간척도, 비율척도로 나누어 진다.

### 제2절 기초 통계 분석

기초 통계 중 기술통계에는 데이터의 평균과 분산 등을 나타내 주는 것이다. 그리고 데이터의 인과관계를 나타내고자 할 때에는 공분산, 상관분석 등이 사용된다. 또한 회귀분석은 여러 가지 변수가 나타내는 선형관계를 모형화한 것이다.

### 제3절 다변량 분석

변수가 여러 개 존재하는 데이터에 대한 다변량 분석에 대해 알아본다. 여러 대상간의 관계에 대한 수치 자료를 이용해 유사성을 측정하여 거리의 형태로 시각화하는 것을 다차원 척도법이라 한다. 주성분 분석은 상관관계가 있는 변수들끼리 결합하여 분산을 극대화하는 변수로 만들어 선형 결합해 변수를 축약하는 것이다. 이 과정에서 희생되는 정보를 최소화 한다.

### 제4절 시계열 예측

시계열 예측은 시계열 자료에 대해 시계열 분석 방법을 적용하여 미래의 수치를 예측하는 것이다. 시계열 분석을 위해서는 정상성을 만족해야 한다. 주로 사용되는 시계열 모형에는 자기회귀모형, 이동평균모형이 있다. 또한 시계열에 영향을 주는 일반적인 요인을 분리해 분석하는 분해 시계열이 있다.

# 연습문제

**문제 1. data에 대한 전체적인 기초통계량을 보고자 할 때 쓰이는 함수로 올바른 것은?**

① head
② summary
③ inform
④ str

**문제 2. data에 포함된 변수의 이름과 결과 값의 일부인 첫 6줄을 볼 수 있는 함수는?**

① head
② summary
③ inform
④ str

**문제 3. hi라는 data에서 birth라는 컬럼의 평균을 알고자 할 때 사용하는 명령어는?**

① 〉 mean(hi$birth)
② 〉 mean(birth$hi)
③ 〉 average(hi$birth)
④ 〉 average(birth$hi)

**문제 4. 산점도(scatter plot)를 만들고 확인해 볼 점으로 옳지 않은 것은?**

① 두 변수 사이에 선형관계가 성립여부
② 이상값 존재 유무
③ 집단의 개수
④ 인과관계 유무

**문제 5. 단계적 변수선택의 방법으로 옳지 않은 것은?**

① 전진선택법
② 후진제거법
③ 순차적 방법
④ 단계별 방법

**문제 6. ARIMA 모형에서 차분이나 변환을 통해 나올 수 없는 모형은?**

① ARMA
② AR
③ MA
④ RIM

**문제 7. 분해시계열에서 시계열을 구성하는 요인이 아닌 것은?**

① 계절요인
② 불변요인
③ 추세요인
④ 순환요인

# Exercise

다음 예제 데이터는 『R을 이용한 통계 프로그래밍 기초』를 참고한 1999년 미국 회사의 CEO와 성과 자료다. 이 데이터를 기반으로 다음에 답하시오.

1. 표의 빈칸에 해당하는 기초 통계량을 구하시오.
2. profits에 따른 CEO의 salary에 대한 산점도를 그리고 상관계수를 구하시오.
3. profits에 따른 CEO의 salary에 대한 단순선형회귀식을 구하고 분석하시오.
4. profits과 age, sales에 따른 CEO의 salary의 회귀식을 구하고 분석하시오.
5. profit, age, sales, tenure, assets에 따른 CEO의 salary의 회귀식을 구하고 분석하시오.
6. 후진제거법으로 최적의 회귀식을 찾으시오. 단, salary를 종속변수로 한다.
7. 전진선택법으로 최적의 회귀식을 찾으시오. 단, salary를 종속변수로 한다.
8. 단계적방법으로 최적의 회귀식을 찾으시오. 단, salary를 종속변수로 한다.

변수의 이름과 의미는 다음과 같다.

salary = 1999 salary + bonuses

tenure = number of years as CEO (=0 if less than 6 months)

age= age of CEO

sales = total 1998 sales revenue of firm $i$

profits = 1998 profits for firm $i$

assets = total assets of firm $i$ in 1998

[표 1] 예제 데이터

| firm | salary | tenure | age | sales | profits | assets |
|---|---|---|---|---|---|---|
| 1 | 3030 | 7 | 61 | 161315 | 2956 | 257389 |
| 2 | 6050 | 0 | 51 | 144416 | 22071 | 237545 |
| 3 | 3571 | 11 | 63 | 139208 | 4430 | 49271 |
| 4 | 3300 | 6 | 60 | 100697 | 6370 | 92630 |
| 5 | 0 | 18 | 63 | 100469 | 9296 | 355935 |
| 6 | 9375 | 6 | 57 | 81667 | 6328 | 86100 |
| 7 | 9525 | 15 | 60 | 76431 | 5807 | 668641 |
| 8 | 5000 | 5 | 61 | 57813 | 5372 | 59920 |
| 9 | 999 | 3 | 57 | 56154 | 1120 | 36672 |
| 10 | 3300 | 2 | 60 | 53588 | 6398 | 59550 |
| 11 | 3500 | 16 | 63 | 50777 | 5165 | 617679 |
| 12 | 2493 | 5 | 61 | 47678 | 1704 | 42754 |
| 13 | 1911 | 7 | 58 | 47061 | 2945 | 33673 |
| 14 | 2130 | 4 | 59 | 41322 | 1048 | 37675 |
| 15 | 1185 | 0 | 56 | 37154 | 3780 | 30966 |
| 16 | 5236 | 2 | 60 | 35853 | 1259 | 299804 |
| 17 | 1990 | 4 | 60 | 33674 | 568 | 14166 |
| 18 | 6000 | 32 | 74 | 33296 | 3765 | 19166 |
| 19 | 6229 | 5 | 63 | 32379 | 3782 | 194398 |
| 20 | 1523 | 3 | 56 | 31707 | 578 | 3665875 |
| 기초통계량 | | | | | | |
| 평균 | | | | | | |
| 분산 | | | | | | |
| 표준편차 | | | | | | |
| 중앙값 | | | | | | |
| 최대값 | | | | | | |
| 최소값 | | | | | | |

# 해설

## 1. 표의 빈칸에 해당하는 기초 통계량을 구하시오.

```
> summary(firm)
     salary         tenure          age            sales            profits          assets
 Min.   :   0   Min.   : 0.00   Min.   :51.00   Min.   : 31707   Min.   :  568   Min.   :  14166
 1st Qu.:1970   1st Qu.: 3.00   1st Qu.:57.75   1st Qu.: 36829   1st Qu.: 1593   1st Qu.:  37424
 Median :3300   Median : 5.00   Median :60.00   Median : 52183   Median : 3781   Median :  73010
 Mean   :3817   Mean   : 7.55   Mean   :60.15   Mean   : 68133   Mean   : 4737   Mean   : 342990
 3rd Qu.:5427   3rd Qu.: 8.00   3rd Qu.:61.50   3rd Qu.: 86368   3rd Qu.: 5937   3rd Qu.: 267993
 Max.   :9525   Max.   :32.00   Max.   :74.00   Max.   :161315   Max.   :22071   Max.   :3665875

> var(firm$salary)
[1] 6844228
> sd(firm$salary)
[1] 2616.148
> var(firm$tenure)
[1] 58.57632
> sd(firm$stenure)
[1] NA
> var(firm$age)
[1] 19.50263
> sd(firm$age)
[1] 4.416178
> var(firm$sales)
[1] 1645457074
> sd(firm$sales)
[1] 40564.23
> var(firm$profits)
[1] 22255537
> sd(firm$profits)
[1] 4717.577
> var(firm$assets)
[1] 648644675330
> sd(firm$assets)
[1] 805384.8
```

[표 2] 문제 1의 답

| | salary | tenure | age | sales | profits | assets |
|---|---|---|---|---|---|---|
| 평균 | 3817 | 7.55 | 60.15 | 68133 | 4737 | 342990 |
| 분산 | 6844228 | 58.5763 | 19.5026 | 1645457074 | 22255537 | 648644675330 |
| 표준편차 | 2616.15 | $\sqrt{58.576}$ | 4.4161 | 40564 | 4717.577 | 805384.8 |
| 중앙값 | 3300 | 5 | 60 | 52183 | 3781 | 73010 |
| 최대값 | 9525 | 32 | 74 | 161315 | 22071 | 3665875 |
| 최소값 | 0 | 0 | 51 | 31707 | 568 | 14166 |

## 2. profits에 따른 CEO의 salary에 대한 산점도를 그리고 상관계수를 구하시오.

```
> plot(firm$profits,firm$salary)
```

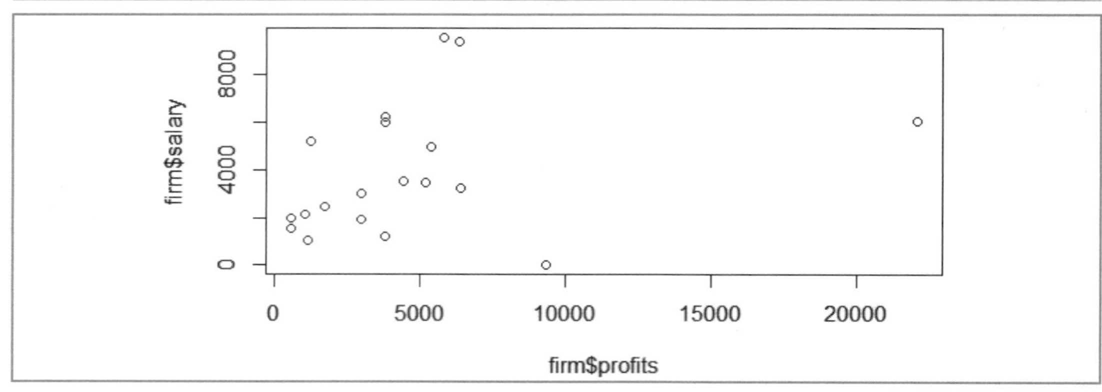


[그림 1] 데이터 산점도

```
> cor(firm$profits,firm$salary)
[1] 0.3019593
```

## 3. profits에 따른 CEO의 salary에 대한 단순 선형 회귀 식을 구하고 분석하시오.

```
> lm(salary~profits,data=firm)

Call:
lm(formula = salary ~ profits, data = firm)

Coefficients:
(Intercept)      profits
  3024.1107       0.1675
```

```
> summary(lm(salary~profits,data=firm))

Call:
lm(formula = salary ~ profits, data = firm)

Residuals:
    Min      1Q  Median      3Q     Max
-4580.7 -1246.4  -730.4  1307.5  5528.5

Coefficients:
             Estimate Std. Error t value Pr(>|t|)
(Intercept) 3024.1107   822.6289   3.676  0.00173 **
profits        0.1675     0.1246   1.344  0.19570
---
Signif. codes:  0 '***' 0.001 '**' 0.01 '*' 0.05 '.' 0.1 ' ' 1

Residual standard error: 2562 on 18 degrees of freedom
Multiple R-squared:  0.09118, Adjusted R-squared:  0.04069
F-statistic: 1.806 on 1 and 18 DF,  p-value: 0.1957
```

추정된 회귀식 : $salary = 3024.1107 + 0.1675 profits$

유의수준 0.05하에서 p-값=0.1957 > 0.05이므로 추정된 회귀식이 통계적으로 유의하지 않다.

### 4. profits과 age, sales에 따른 CEO의 salary의 회귀식을 구하고 분석하시오.

```
> lm(salary~profits+age+sales,data=firm)

Call:
lm(formula = salary ~ profits + age + sales, data = firm)

Coefficients:
(Intercept)      profits          age        sales
 -4.569e+03    2.340e-01    1.274e+02   -5.650e-03

> summary(lm(salary~profits+age+sales,data=firm))

Call:
lm(formula = salary ~ profits + age + sales, data = firm)
```

```
Residuals:
    Min      1Q  Median      3Q     Max 
-5064.4 -1005.6  -762.7   553.4  5663.2 

Coefficients:
              Estimate Std. Error t value Pr(>|t|)
(Intercept) -4.569e+03  9.034e+03  -0.506    0.620
profits      2.340e-01  1.629e-01   1.436    0.170
age          1.274e+02  1.454e+02   0.876    0.394
sales       -5.650e-03  1.823e-02  -0.310    0.761

Residual standard error: 2647 on 16 degrees of freedom
Multiple R-squared:  0.1377,  Adjusted R-squared:  -0.02403 
F-statistic: 0.8514 on 3 and 16 DF,  p-value: 0.4861
```

추정된 회귀식 : $salary = 0.004569 + 0.234 profits + 0.01274 age - 0.0056$

유의수준 0.05하에서 p-값=0.4861 > 0.05이므로 추정된 회귀식이 통계적으로 유의하지 않다.

### 5. profit, age, sales, tenure, assets에 따른 CEO의 salary의 회귀식을 구하고 분석하시오.

```
> lm(salary~profits+age+tenure+assets,data=firm)

Call:
lm(formula = salary ~ profits + age + tenure + assets, data = firm)

Coefficients:
(Intercept)      profits          age       tenure       assets  
 -2.880e+02    1.798e-01    4.954e+01    4.335e+01   -1.561e-04  

> summary(lm(salary~profits+age+tenure+assets,data=firm))

Call:
lm(formula = salary ~ profits + age + tenure + assets, data = firm)

Residuals:
    Min      1Q  Median      3Q     Max 
-5229.1  -887.7  -618.7   693.9  5454.8 
```

```
Coefficients:
              Estimate Std. Error t value Pr(>|t|)
(Intercept) -2.880e+02  2.043e+04  -0.014    0.989
profits      1.798e-01  1.749e-01   1.028    0.320
age          4.954e+01  3.487e+02   0.142    0.889
tenure       4.335e+01  1.834e+02   0.236    0.816
assets      -1.561e-04  8.815e-04  -0.177    0.862

Residual standard error: 2736 on 15 degrees of freedom
Multiple R-squared:  0.1362,  Adjusted R-squared:  -0.09411
F-statistic: 0.5914 on 4 and 15 DF,  p-value: 0.6741
```

### 6. 후진선택법으로 최적의 회귀식을 찾으시오. 단, salary를 종속변수로 한다.

```
> step(lm(salary ~.,data=firm),direction="backward")
Start:  AIC=322.67
salary ~ tenure + age + sales + profits + assets

          Df Sum of Sq       RSS    AIC
- age      1     92281 111583466 320.69
- assets   1    356490 111847674 320.74
- tenure   1    526022 112017206 320.77
- sales    1    833628 112324812 320.82
- profits  1   8617106 120108290 322.16
<none>                 111491184 322.67

Step:  AIC=320.69
salary ~ tenure + sales + profits + assets

          Df Sum of Sq       RSS    AIC
- assets   1    676425 112259890 318.81
- sales    1    892500 112475966 318.85
- tenure   1   4986238 116569704 319.57
- profits  1  10828227 122411692 320.54
<none>                 111583466 320.69

Step:  AIC=318.81
salary ~ tenure + sales + profits
```

```
          Df Sum of Sq       RSS    AIC
- sales    1    754779 113014669 316.95
- tenure   1   5257207 117517097 317.73
- profits  1  11229913 123489803 318.72
<none>                 112259890 318.81

Step:  AIC=316.95
salary ~ tenure + profits

          Df Sum of Sq       RSS    AIC
- tenure   1   5168658 118183328 315.84
<none>                 113014669 316.95
- profits  1  12091946 125106615 316.98

Step:  AIC=315.84
salary ~ profits

          Df Sum of Sq       RSS    AIC
- profits  1  11857005 130040333 315.75
<none>                 118183328 315.84

Step:  AIC=315.75
salary ~ 1

Call:
lm(formula = salary ~ 1, data = firm)

Coefficients:
(Intercept)
       3817
```

추정된 회귀식: $salary = -288 + 0.1798profits + 49.54age + 43.35tenure - 0.0001.56assets$

유의수준 0.05하에서 p-값=0.6741 〉 0.05이므로 추정된 회귀식이 통계적으로 유의하지 않다.

### 7. 전진선택법으로 최적의 회귀식을 찾으시오. 단, salary를 종속변수로 한다.

```
> step(lm(salary ~1, firm), scope=list(lower=~1,upper=~tenure+age+sales+profits+assets),
direction="forward")
Start:  AIC=315.75
salary ~ 1

          Df Sum of Sq       RSS    AIC
<none>                 130040333 315.75
+ profits  1  11857005 118183328 315.84
+ tenure   1   4933717 125106615 316.98
+ assets   1   1886771 128153561 317.46
+ sales    1   1675228 128365105 317.49
+ age      1   1146879 128893453 317.58

Call:
lm(formula = salary ~ 1, data = firm)

Coefficients:
(Intercept)
       3817
```

### 8. 단계적 방법으로 최적의 회귀식을 찾으시오. 단, salary를 종속변수로 한다.

```
> step(lm(salary ~1, firm), scope=list(lower=~1,upper=~tenure+age+sales+profits+assets),
direction="both")
Start:  AIC=315.75
salary ~ 1

          Df Sum of Sq       RSS    AIC
<none>                 130040333 315.75
+ profits  1  11857005 118183328 315.84
+ tenure   1   4933717 125106615 316.98
+ assets   1   1886771 128153561 317.46
+ sales    1   1675228 128365105 317.49
+ age      1   1146879 128893453 317.58

Call:
lm(formula = salary ~ 1, data = firm)

Coefficients:
(Intercept)
       3817
```

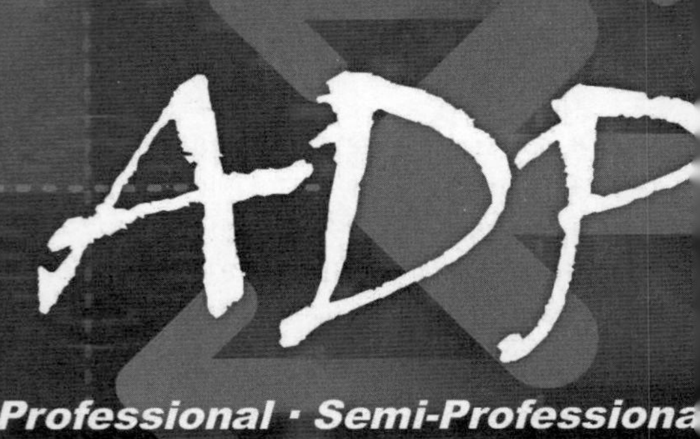
ADP
Professional · Semi-Professiona

# 제3장

# 정형 데이터 마이닝

### 장 소개

이 장에서는 정형데이터에 대한 마이닝 분석기법으로 예측모형과 분류 분석에 대해 다루기로 한다. 정형데이터는 고정된 필드(변수)에 저장된 자료를 의미한다.

# 제1절 데이터 마이닝 개요

데이터 마이닝(data mining)은 흔히 '데이터 베이스에서의 지식발견(knowledge discovery in database)'이라고 불리우며 그 외에 지식추출(knowledge extraction), 정보수확 (information harvesting), 정보고고학(data archeology), 데이터 패턴 프로세싱(data pattern processing) 등으로도 불리운다. 데이터 마이닝이란 용어는 대부분 통계학자들과 데이터베이스 학자들이 MIS분야와 경영분야 등에서 사용하는 용어이다. 관련 용어로 데이터웨어하우징, 의사결정지원시스템, OLAP(On-Line Analytic Processing), 지식경영(knowledge management) 등을 더 살펴보면 이해하는데 도움이 될 것이다.

데이터 마이닝을 한마디로 정의하면, 거대한 양의 데이터 속에서 쉽게 드러나지 않는 유용한 정보를 찾아내는 과정이라고 할 수 있다. 예를 들면, "창문이 많은 집에는 도둑이 많다"라는 말은 당연한 말처럼 들릴 수도 있지만, 누구나 이러한 사실을 보험요율에 적용될 수 있으리라고 생각하지는 않았을 것이다. 실제로 영국의 한 보험회사는 이러한 사실을 이용하여 차별적인 보험요율을 적용함으로써, 보다 효과적인 정책을 수립하게 되었고 이로 인해 기업의 수익증대에 커다란 공헌을 하게 되었다. 창문과 도둑의 관계를 찾아내는 것, 이것이 데이터 마이닝이다.

기업이 보유하고 있는 일일 거래 데이터, 고객 데이터, 상품 데이터 혹은 각종 마케팅 활동에 있어서의 고객 반응 데이터 등과 이외의 기타 외부 데이터를 포함하는 모든 사용 가능한 원천 데이터를 기반으로 감춰진 지식, 기대하지 못했던 경향 또는 새로운 규칙 등을 발견하고 이를 실제 비즈니스 의사결정 등에 유용한 정보로 활용하고자 하는 일련의 작업을 데이터 마이닝이라 할 수 있다.

데이터 마이닝의 대표적인 여섯가지 기능과 각각의 예를 살펴보면 다음과 같다.

## 1. 분류(Classification)

현상을 이해하기 위해 사람들은 계속해서 어떤 사실들을 분류하고, 범주화하고, 등급으로 나눈다. 생물을 문, 종, 속으로 나누는 것이나, 물질을 요소별로 나누는 것, 혹은 사람을 인종별로 나누는 것 등, 존재하는 것들을 다양한 기준으로 분류하고 있다.

분류(classification)는 새롭게 나타난 현상을 검토하여 기존의 분류, 정의된 집합에 배정하는 것을 의미한다. 분류 작업은 잘 정의된 분류기준과 선분류(preclassified)되어진 검증 집합에 의해 완성된다. 완성된 분류 작업을 통해 모형이 구축되면 그 모형을 이용하여 분류되지 않은 다른 현상들을 분류할 수 있을 것이다.

분류 기법으로는 의사결정나무(decision trees), memory-based reasoning 등이 주로 사용되며, link analysis도 유용하게 사용된다.

## 2. 추정(Estimation)

분류가 '예/아니오'와 같이 결과물을 분리하는데 사용된다면, 추정은 '수입, 수준, 신용카드 잔고'등 연속된 변수의 값을 추정하는데 사용한다. 즉 주어진 입력 데이터를 사용하여 알려지지 않은 결과의 값을 추정해 낸다.

추정 작업의 예로써 '부모가 있는 어린이의 수'를 추정하는 것, '가족 구성원의 총 수입' 추정, '고객의 평생 가치' 추정 등을 들 수 있으며, 이때 주로 사용되는 기법은 신경망 모형(neural networks)이다.

## 3. 예측(Prediction)

예측은 미래의 양상을 예측하거나 미래의 값을 추정한다는 것을 제외하면 분류나 추정과 동일한 의미를 갖는다. 앞선 두 기능의 정확성을 알아보고자 할 때, 기존 결과와 비교해 보면 바로 알 수 있지만 예측 작업에 있어서 그 기법의 정확성을 알아보는 단 한 가지 방법은 기다리고 지켜보는 것이다.

연관 분석의 한 기법인 장바구니 분석(market basket analysis) 기법도 예측 작업에 사용될 수 있다. 예를 들어 '어느 아이템(items)이 식료품 가게에서 함께 구매될 수 있는지'와 같은 질문에 답을 찾을 수 있도록, 장바구니 분석 기술을 사용해서 현재의 데이터가 내포하고 있는 경향을 분석하여 미래를 예측할 수 있기 때문이다. 장바구니 분석, memory-based reasoning, 의사결정나무, 신경망 등이 모두 예측에 사용되는 기술들이며, 기술의 사용은 입력 데이터의 성격에 따라 다르게 결정된다.

## 4. 연관 분석(Association Analysis)

연관 분석은 '같이 팔리는 물건'과 같이 아이템의 연관성을 파악하는 분석이다. 이 방법을 사용해서 소매점들은 물건을 배열 계획을 세울 수도 있고, 카탈로그 배열 및 교차 판매, 공격적 판촉행사 등의 마케팅 계획도 세울 수 있다. 연관 분석의 한 기법인 장바구니 분석의 결과는 연관 규칙(association rules)으로 나타난다.

## 5. 군집(Clustering)

군집은 이질적인 모집단을 동질성을 지닌 그룹 별로 세분화하는 것을 의미한다. 군집과 분류와의 차이점을 살펴보면 군집은 선분류 되어있는 기준에 의존하지 않는다. 다시 말하면 미리 정의된 기준이나 예시에 의해서가 아닌, 레코드 자체가 지니고 있는 다른 레코드와의 유사성에 의해 그룹화 되고 이질성에 의해 세분화된다.

군집은 주로 데이터 마이닝이나 모델링의 준비단계로서 사용된다. 예를 들어 군집은 시장 세분화의 첫 단계로서, 판촉 활동에 가장 반응률이 높은 고객들을 선별할 때 사용되기도 하고, 구매습관이 유사한 그룹 별로 사람들을 군집화 한 다음, 각각의 그룹 별로 가장 효과적인 판촉 방법을 계획할 수 있다.

## 6. 기술(Description)

데이터 마이닝의 목적은 사람, 상품에 관한 이해를 증가시키기 위한 것으로 데이터가 가지고 있는 의미를 단순하게 기술하는 것도 의미를 파악하는 것만큼 중요하다. 훌륭한 기술(description)은 데이터가 암시하는 바에 대해 설명(explanation)이 가능해야 하며, 또한 설명에 대한 답을 찾아낼 수 있어야 한다. 예를 들어 미국의 유명한 정치적 설문, '미국 여성들은 남자들보다 민주당을 훨씬 더 많이 지지한다'는 미국 여성들의 데이터가 암시하고 있는 내용 중 하나를 설명한 것이며, 저널리스트, 사회학자, 경제학자들에게 연구의 주제로서 더 큰 의미를 제공할 수 있다. 또한 데이터 마이닝의 장바구니 분석에 의해 나타나는 규칙들도 기술(description)이라 할 수 있다.

앞서 살펴본 데이터 마이닝의 기능을 추진하기 위하여 데이터 마이닝 소프트웨어의 도입 등 적절한 환경을 구축한 후에는 일반적으로 목적 정의, 데이터 준비, 데이터 가공, 데이터 마이닝 기법의 적용, 검증의 5단계를 수행한다. 각 단계별 구체적인 추진 내용은 다음과 같다.

### 가. 목적 정의

데이터 마이닝 도입의 목적을 분명히 하는 단계이다. 데이터 마이닝을 통해 무엇을 왜 하는지 명확한 목적을 설정해야한다. 즉, 데이터 마이닝 추진의 시작은 데이터 마이닝의 목적을 정의하는 단계라고 할 수 있다. 만약 목적의 설정이 명확하지 않다면 모델 개발 단계가 전혀 불필요하게 된다. 데이터 마이닝의 목적은 이해 관계자 모두가 동의하고 이해할 수 있어야 함에 따라 가능하면 1단계부터 전문가가 참여해 목적에 따라 사용할 데이터 마이닝 모델과 필요한 데이터를 정의하는 것이 바람직하다.

### 나. 데이터 준비

고객정보와 거래정보, 상품 마스터 정보 등 데이터 마이닝 수행에 필요한 데이터를 수집하는 단계이다. 이 외에도 웹로그 데이터나 소셜 네트워크 데이터 등도 데이터 마이닝에 활용될 수 있다. 이러한 데이터는 대부분 용량이 크므로 IT부서와의 사전 협의를 통하여 데이터 접근 부하가 심한 과업을 수행해도 문제가 없도록 일정을 조율하고 도움을 요청한다. 가능하다면 필요한 데이터를 다른 서버에 저장하여 운영에 지장이 없도록 한다. 또한 데이터 준비 단계에서는 데이터 정제를 통해 데이터의 품질을 보장하고, 필요하다면 보강 작업을 거쳐 데이터의 양을 충분히 확보해 데이터 마이닝 기법을 적용하는 데에 문제가 없도록 한다.

### 다. 데이터 가공

데이터 마이닝 기법 적용이 가능하도록 수집된 데이터를 가공한다. 이 단계에서는 모델링 목적에 따라 목적 변수를 정의하고 필요한 데이터를 데이터 마이닝 소프트웨어 적용할 수 있도록 적합한 형식으로 가공한다. 예를 들어 분류 모델링(classification modeling)을 위해서는 CRM 데이터 마트 형식으로 데이터를 가공해야 한다. 특히 모델 개발 단계에서 데이터를 읽고 데이터 마이닝 기법의 실행에 많은 부하가 걸리게 됨에 따라 적절한 데이터 가공 및 충분한 CPU와 메모리, 디스크 공간 등 개발 환경의 구축이 선행되어야 한다.

## 라. 데이터 마이닝 기법의 적용

이 단계는 수집된 데이터에 데이터 마이닝 기법을 적용하는 단계이다. 앞선 단계를 거쳐 준비한 데이터와 데이터 마이닝 소프트웨어를 활용하여 목적하는 정보를 추출한다. 이 때 적용할 데이터 마이닝 기법은 1단계인 목적 정의 단계에서 미리 결정하는 것이 바람직하다. 또한 이 단계는 데이터 마이닝 모델을 목적에 맞게 선택하고 소프트웨어를 사용하는 데 필요한 값을 지정하는 단계이기도 하다. 이 단계의 수행에서 단순히 주어진 데이터를 입력하고 소프트웨어의 매뉴얼에 따라 결과를 도출할 수도 있지만 어떤 기법을 활용하고 어떤 값을 입력하느냐 등에 따라 그 성과가 달라짐에 따라 데이터 분석 전문가의 전문성이 필요하다. 지금까지 데이터 마이닝 기법을 프로그램화한 상용 소프트웨어가 많았지만 그 어떤 제품도 데이터 마이닝을 적용하고자 하는 특정 분야만 염두에 두고 최적화된 것은 없다. 따라서 데이터 마이닝을 적용하려는 목적이 무엇이고, 어떤 데이터를 갖고 있고, 산출되는 정보가 무엇인가 등에 따라 적절한 소프트웨어와 기법이 선정되어야만 한다.

## 마. 검증

데이터 마이닝으로 추출한 정보를 검증하는 단계이다. 검증 단계에서는 테스트 마케팅이나 과거 데이터를 활용할 수 있다. 이 때 테스트 마케팅을 하는 것과 모델링의 차이를 잘 구분해야 한다. 예를 들어 휴면고객 재탈환 가능성을 모델링하는 것과 휴면 고객을 대상으로 재탈환 캠페인을 펼쳤을 때 반응할 고객을 모델링하는 것은 전혀 다른 이야기이다. 검증 단계를 거친 후에는 자동화 방안을 IT부서와 협의하여 상시적으로 데이터 마이닝 결과를 업무에 적용할 수 있도록 해야 한다. 더불어 보고서를 작성하여 경영진에게 연간 추가수익과 투자대비성과(ROI) 등으로 기대효과를 알릴 수 있어야 한다.

# 제2절 분류 분석

분류 분석은 반응변수(또는 종속변수)가 알려진 다변량 자료를 이용하여 모형을 구축하고, 이를 통해 새로운 자료에 대한 예측 및 분류를 수행하는 것이 목적이다. 반응변수가 범주형인 경우의 예측모형은 새로운 자료에 대한 분류(classification)가 주목적이며, 반응변수가 연속형인 경우에는 그 값을 예측(prediction)하는 것이 주목적이라 할 수 있다. 따라서 예측과 분류는 유사한 의미로 사용된다. 예측 및 분류 기법은 목표마케팅, 성과예측, 의학진단, 사기검출, 제조 등 다양한 분야에 이용되고 있다.

많이 사용되는 분류 분석 모형으로는 본서에서 다루게 될 로지스틱회귀(logistic regression)모형, 신경망(artificial neural network)모형, 의사결정나무(decision tree)모형, 앙상블(ensemble)모형을 비롯하여 규칙기반(rule-based)분류, 사례기반(case-based)분류, 인접이웃(nearest neighbor)분류모형, 베이즈(bayesian)분류모형, 서포트벡터기계(support vector machine), 유전자 알고리즘(genetic algorithm) 등이 있다.

## 1. 로지스틱 회귀모형

로지스틱회귀(logistic regression) 모형은 반응변수가 범주형인 경우에 적용되는 회귀분석 모형이다. 이 방법은 새로운 설명변수(또는 예측변수)의 값이 주어질 때 반응변수의 각 범주(또는 집단)에 속할 확률이 얼마인지를 추정하여(예측 모형), 추정 확률을 기준치에 따라 분류하는 목적으로 사용될 수도 있다(분류 모형). 이 때, 모형의 적합을 통해 추정된 확률을 사후확률(posterior probability)이라 부르기도 한다.

이항 반응변수 Y에 대해, 다중(multiple) 로지스틱회귀모형의 일반적 형태는 다음과 같다.

$$\log\left(\frac{\pi(x)}{1-\pi(x)}\right) = \alpha + \beta_1 x_1 + \cdots + \beta_k x_k.$$

위 식에서 $\pi(x) = P(Y=1\,|\,x),\ x=(x_1,\cdots,x_k)$을 나타낸다.

로지스틱회귀모형은 오즈(odds)의 관점에서 해석될 수 있다는 장점을 가진다. 예를 들어, $\exp(\beta_1)$의 의미는 나머지 변수($x_2,\cdots,x_k$)가 주어질 때 $x_1$이 한 단위 증가할 때 마다 성공(Y=1)의 오즈가 몇 배 증가하는지를 나타내는 값이다.

위 모형은 다음과 같이 $\pi(x)$에 관한 식으로 다시 표현할 수 있다.

$$\pi(x) = \frac{\exp(\alpha + \beta_1 x_1 + \cdots + \beta_k x_k)}{1 + \exp(\alpha + \beta_1 x_1 + \cdots + \beta_k x_k)}$$

$$= \frac{1}{1 + \exp\{-(\alpha + \beta_1 x_1 + \cdots + \beta_k x_k)\}}$$

위 식에 대한 의미를 두 가지 관점에서 해석할 수 있다.

첫째, 위 식의 형태는 소위 다중로지스틱함수에 해당되며, 그래프의 형태는 설명변수가 한 개($x_1$)인 경우 해당 회귀계수 $\beta_1$의 부호에 따라 S자 모양($\beta_1 > 0$) 또는 역 S자 모양($\beta_1 < 0$)을 가진다.

둘째, 위 식은 표준로지스틱 분포의 누적분포함수(c.d.f.)를 $F(x)$라 할 때

$$\pi(x) = F(\alpha + \beta_1 x_1 + \cdots + \beta_k x_k)$$

과 동일한 표현이며, 그 의미는 표준로지스틱 분포의 누적분포함수로 성공의 확률을 설명(또는 추정)한다는 의미이다.

로지스틱회귀모형과 유사한 프로빗(probit) 모형은 위식에서 $F(\cdot)$ 대신 표준정규분포의 누적함수 $\Phi(\cdot)$로 성공의 확률을 모형화한 것이다. 즉, 프로빗 모형은 다음과 같이 표현된다.

$$\Phi^{-1}(\pi(x)) = \alpha + \beta_1 x_1 + \cdots + \beta_k x_k$$

로지스틱회귀가 분류의 목적으로 사용될 경우에는 $\pi(x)$가 기준값(예를 들어, 1/2)보다 크면 Y=1인 집단으로, 작으면 Y=0인 집단으로 분류하게 된다. 분류기준값의 결정은 사전정보 또는 손실함수를 이용하거나 정분류율(accuracy), 민감도(sensitivity), 특이도(specificity)를 동시에 고려하는 등의 다양한 방법이 사용된다.

다음의 [예제 1]은 예측변수가 1개인 단순 로지스틱회귀모형을 적용한 예이다. R에서 로지스틱회귀모형은 glm() 함수를 이용하여 수행한다.

[예제 1] 반응변수의 범주가 2개인 로지스틱회귀를 적용하기 위해 iris 자료의 일부분만 이용하기로 한다. Species가 setosa와 versicolor인 100개의 자료만을 이용한다.

```
> data(iris)
> a <- subset(iris, Species == "setosa" | Species == "versicolor")
> a$Species <- factor(a$Species )
> str(a)
'data.frame':       100 obs. of  5 variables:
 $ Sepal.Length: num  5.1 4.9 4.7 4.6 5 5.4 4.6 5 4.4 4.9 ...
 $ Sepal.Width : num  3.5 3 3.2 3.1 3.6 3.9 3.4 3.4 2.9 3.1 ...
 $ Petal.Length: num  1.4 1.4 1.3 1.5 1.4 1.7 1.4 1.5 1.4 1.5 ...
 $ Petal.Width : num  0.2 0.2 0.2 0.2 0.2 0.4 0.3 0.2 0.2 0.1 ...
 $ Species     : Factor w/ 2 levels "setosa","versicolor": 1 1 1 1 1 1 1 1 1 1 ...
```

위 결과에서 Species는 Factor형 변수(범주형 변수를 의미)로 setosa는 Y=1, versicolor는 Y=2로 인식하고 있음을 나타낸다. 이 자료에 대해 로지스틱회귀가 적용될 때, 보다 큰 숫자인 versicolor일 때 오즈를 모형화하므로 해석에 유의할 필요가 있다.

glm() 함수를 이용하여 로지스틱 회귀모형을 수행한다. 이때 family= binomial 옵션을 사용한다. summary() 함수를 통해 그 결과를 확인할 수 있다.

```
> b <- glm(Species~Sepal.Length, data=a, family=binomial)
> summary(b)
Call:
glm(formula = Species ~ Sepal.Length, family = binomial, data = a)

Deviance Residuals:
     Min        1Q    Median        3Q       Max
-2.05501  -0.47395  -0.02829   0.39788   2.32915

Coefficients:
             Estimate Std. Error z value Pr(>|z|)
(Intercept)   -27.831      5.434  -5.122 3.02e-07 ***
Sepal.Length    5.140      1.007   5.107 3.28e-07 ***
---
```

```
Signif. codes:  0 '***' 0.001 '**' 0.01 '*' 0.05 '.' 0.1 ' ' 1

(Dispersion parameter for binomial family taken to be 1)

    Null deviance: 138.629  on 99  degrees of freedom
Residual deviance:  64.211  on 98  degrees of freedom
AIC: 68.211

Number of Fisher Scoring iterations: 6
```

회귀계수의 검정에서 p-값이 거의 영(0)이므로 Sepal.Length가 매우 유의한 변수이며, Sepal.Length가 한 단위 증가함에 따라 Versicolor(Y=2)일 오즈가 exp(5.140) ≈ 170배 증가함을 알 수 있다. 위 결과의 마지막 부분에 제시된 Null deviance는 절편만 포함하는 모형($H_0 : \beta = 0$ 하의 모형)의 완전모형(또는 포화모형)으로부터의 이탈도(deviance)를 나타내며 p-값=$P(\chi^2(99) > 138.629) \approx 0.005$ 으로 통계적으로 유의하므로 적합결여를 나타낸다. Residual deviance는 예측변수 Sepal.Length가 추가된 적합 모형의 이탈도를 나타낸다. Null deviance에 비해 자유도 1 기준에 이탈도의 감소가 74.4 정도의 큰 감소를 보이며, p-값=$P(\chi^2(98) > 64.211) \approx 0.997$ 이므로 귀무가설(적합 모형)이 기각되지 않으며 적합값이 관측된 자료를 잘 적합하고 있다고 말할 수 있다.

```
> coef(b)
 (Intercept) Sepal.Length
  -27.831451     5.140336

> exp(coef(b)["Sepal.Length"])
Sepal.Length
    170.7732
```

회귀계수 $\beta$와 오즈의 증가량 $\exp(\beta)$에 대한 신뢰구간은 다음과 같다.

```
> confint(b, parm = "Sepal.Length")
Waiting for profiling to be done...
   2.5 %   97.5 %
3.421613 7.415508

> exp(confint(b, parm = "Sepal.Length"))
Waiting for profiling to be done...
     2.5 %      97.5 %
  30.61878 1661.55385
```

fitted() 함수를 통해 적합 결과를 확인할 수 있다.

```
> fitted(b)[c(1:5, 96:100)]
         1          2          3          4          5         96         97 
0.16579367 0.06637193 0.02479825 0.01498061 0.10623680 0.81282396 0.81282396 
        98         99        100 
0.98268360 0.16579367 0.81282396 
```

predict() 함수를 이용하여 새로운 자료에 대한 예측을 수행한다. 여기서는 편의상 모형구축에 사용된 자료를 다시 사용한다.

```
> predict(b, newdata=a [c(1, 50, 51, 100), ], type="response" )
        1        50        51       100 
0.1657937 0.1062368 0.9997116 0.8128240 
```

cdplot() 함수는 Sepal.Length(연속형 변수)의 변화에 따른 범주형 변수의 조건부 분포를 보여준다. 아래의 그림은 Sepal.Length가 커짐에 따라 versicolor의 확률이 증가함을 보여준다. 이 함수는 로지스틱회귀의 탐색적 분석에 유용하다.

```
> cdplot(Species~Sepal.Length, data=a)
```

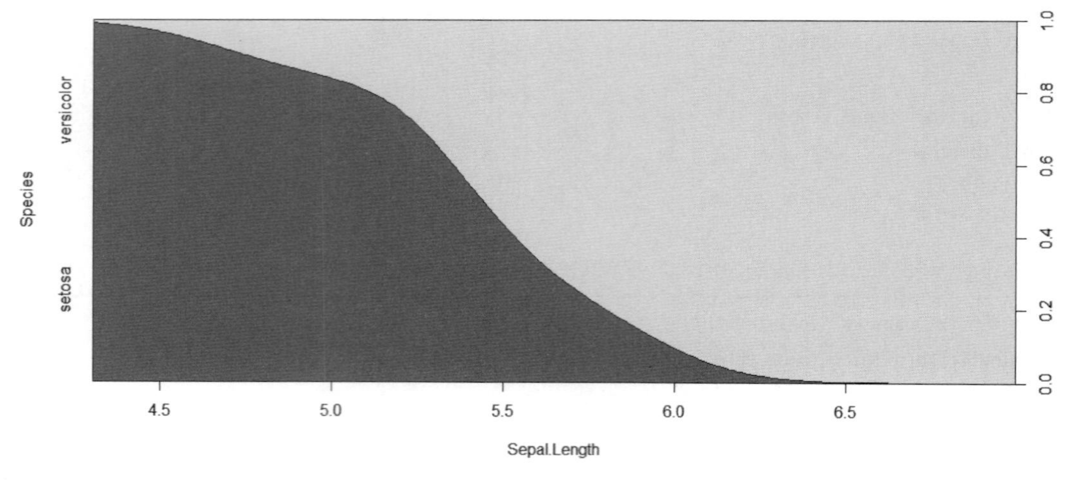

적합된 로지스틱회귀모형의 그래프는 다음과 같다.

```
> plot(a$Sepal.Length, a$Species, xlab="Sepal.Length")
> x=seq(min(a$Sepal.Length), max(a$Sepal.Length), 0.1)
> lines(x, 1+(1/(1+(1/exp(-27.831+5.140*x)))), type="l", col="red")
```

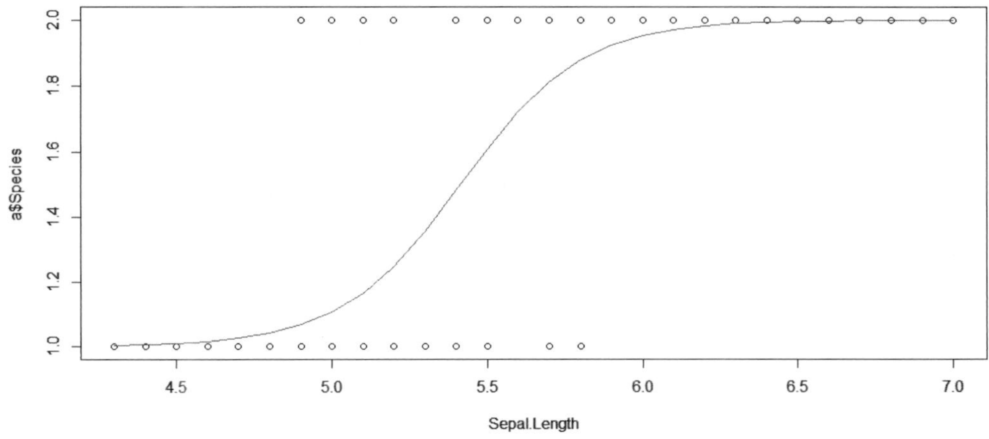


다음의 [예제 2]는 예측변수가 여러 개인 다중 로지스틱회귀모형을 사용하여 분석한 결과이다.

[예제 2] 분석에 사용되는 자료는 1973~1974 년도에 생산된 32종류의 자동차에 대해 11개 변수값을 측정한 자료이다.

```
> attach(mtcars)
> str(mtcars)
'data.frame':     32 obs. of  11 variables:
 $ mpg : num  21 21 22.8 21.4 18.7 18.1 14.3 24.4 22.8 19.2 ...
 $ cyl : num  6 6 4 6 8 6 8 4 4 6 ...
 $ disp: num  160 160 108 258 360 ...
 $ hp  : num  110 110 93 110 175 105 245 62 95 123 ...
 $ drat: num  3.9 3.9 3.85 3.08 3.15 2.76 3.21 3.69 3.92 3.92 ...
 $ wt  : num  2.62 2.88 2.32 3.21 3.44 ...
 $ qsec: num  16.5 17 18.6 19.4 17 ...
 $ vs  : num  0 0 1 1 0 1 0 1 1 1 ...
 $ am  : num  1 1 1 0 0 0 0 0 0 0 ...
 $ gear: num  4 4 4 3 3 3 3 4 4 4 ...
 $ carb: num  4 4 1 1 2 1 4 2 2 4 ...
```

이항 변수 vs(0:flat engine, 1:straight engine)를 반응변수로, mpg(miles/gallon)와 am(Transmission: 0=automatic, 1: manual)을 예측변수로 하는 로지스틱회귀모형을 이용하면 다음과 같다. 아래 glm() 함수의 적용시 family=binomial은 family=binomial(logit)과 동일하다.

```
> glm.vs <- glm(vs~mpg+am, data=mtcars, family=binomial)
> summary(glm.vs)

Call:
glm(formula = vs ~ mpg + am, family = binomial, data = mtcars)

Deviance Residuals:
     Min        1Q    Median        3Q       Max
-2.05888  -0.44544  -0.08765   0.33335   1.68405

Coefficients:
            Estimate Std. Error z value Pr(>|z|)
(Intercept) -12.7051     4.6252  -2.747  0.00602 **
mpg           0.6809     0.2524   2.698  0.00697 **
am           -3.0073     1.5995  -1.880  0.06009 .
---
Signif. codes:  0 '***' 0.001 '**' 0.01 '*' 0.05 '.' 0.1 ' ' 1

(Dispersion parameter for binomial family taken to be 1)

    Null deviance: 43.860  on 31  degrees of freedom
Residual deviance: 20.646  on 29  degrees of freedom
AIC: 26.646

Number of Fisher Scoring iterations: 6
```

다중로지스틱에서 추정된 회귀계수 $\widehat{\beta_1}$에 대한 해석은 다음과 같다. 다른 모든 변수들(여기서는 am)이 주어질 때, mpg 값이 한 단위 증가함에 따라 vs가 1일 오즈가 exp(0.6809) $\approx$ 1.98배(즉, 98%) 증가한다. 마찬가지로, mpg가 주어질 때, 오즈에 대한 am의 효과는 exp(−3.0073) $\approx$ 0.05배 즉, 변속기가 수동인 경우 자동에 비해 vs=1의 오즈가 95%나 감소한다.

예측변수가 여러 개인 모형의 적합시 변수선택법을 적용하기 위해서는 direction= 옵션을 사용한다. direction= 옵션에는 “both", "backward", "forward"가 있으며, 디폴트는 "backward"가 적용된다.

```
> step.vs <- step(glm.vs, direction="backward")
Start:  AIC=26.65
vs ~ mpg + am

       Df Deviance    AIC
<none>      20.646 26.646
- am    1   25.533 29.533
- mpg   1   42.953 46.953
```

아래의 summary() 함수를 수행한 결과는 위의 summary(glm.vs)의 결과와 동일하므로 생략하기로 한다.

```
> summary(step.vs)
```

glm() 함수의 수행결과는 많은 유용한 결과를 제공한다. 예를 들어 glm.vs$coef, glm.vs$fitted, glm.vs$resid, glm.vs$effects 등이 있으며 ls(), str() 함수를 통해 확인할 수 있다.

```
> ls(glm.vs)
> str(glm.vs)
```

아래의 anova() 함수는 모형의 적합(변수가 추가되는) 단계별로 이탈도의 감소량과 유의성 검정 결과를 제시해 준다.

```
> anova(glm.vs, test="Chisq")
Analysis of Deviance Table

Model: binomial, link: logit

Response: vs

Terms added sequentially (first to last)

     Df Deviance Resid. Df Resid. Dev  Pr(>Chi)
NULL                    31     43.860
mpg   1   18.327        30     25.533 1.861e-05 ***
am    1    4.887        29     20.646   0.02706 *
---
Signif. codes:  0 ‘***’ 0.001 ‘**’ 0.01 ‘*’ 0.05 ‘.’ 0.1 ‘ ’ 1
```

위의 결과는 절편항만 포함하는 영(null) 모형에서 mpg와 am 변수가 차례로 모형에 추가됨에 따라 발생하는 이탈도의 감소량을 제시하며, p-값은 각각 $P(\chi^2(1) > 18.327)$과 $P(\chi^2(1) > 4.887)$ 을 계산한 값이다. 그 결과 두 변수가 차례로 추가되면서 생겨나는 이탈도의 감소량이 모두 통계적으로 유의함을 나타낸다.

```
> 1-pchisq(18.327, 1)
[1] 1.860515e-05

> 1-pchisq(4.887, 1)
[1] 0.02705967
```

로지스틱회귀모형은 일반화선형모형(generalized linear model)의 특별한 경우로 로짓(logit) 모형으로도 불린다. 반응변수의 범주가 3개 이상인 경우에는, 범주의 유형(명목형 또는 순서형)에 따라, 다양한 다범주(multi-category) 로짓모형을 적합할 수 있다. 보다 자세한 내용은 Agresti(2007)을 참고하기 바란다.

## 2. 신경망 모형

인공신경망(artificial neural networks, 이하 신경망) 모형은 동물의 뇌신경계를 모방하여 분류(또는 예측)를 위해 만들어진 모형이다. 자연 뉴런(natural neurons)이 시냅스(synapse)를 통하여 신호를 전달받는 과정에서, 신호의 강도가 기준치를 초과할 때 뉴런은 활성화되고, 신경 돌기(axon)를 통해 신호를 방출하듯이, 인공신경망에서 입력(inputs)은 시냅스에 해당하며 개별신호의 강도에 따라 가중(weight)되며, 활성함수(activation function)는 인공신경망의 출력(outputs)을 계산한다. 많은 데이터에 대해 학습(learning 또는 training)을 거쳐, 원하는 결과가 나오도록(오차가 작아지는 방향으로) 가중치가 조정된다. 안정화된 모형에서 가중치는 회귀모형에서처럼 입력변수의 영향으로 해석될 수 있다.

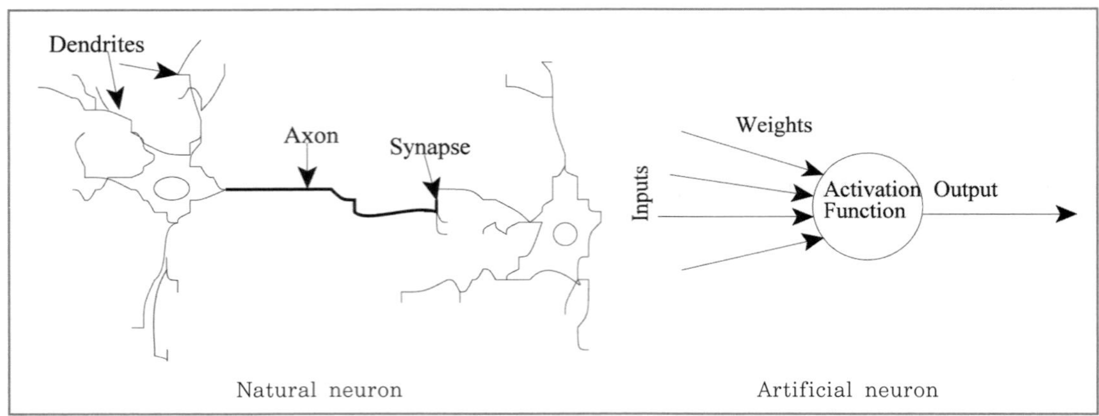


[그림 Ⅳ-3-1] 신경망과 인공신경망

입력층이 (은닉층을 거치지 않고) 직접 출력층에 연결되는 단층신경망(single-layer neural network)의 네트워크 구조는 다음 [그림 Ⅳ-3-2]와 같다 (단층신경망은 퍼셉트론(perceptron)으로 불리기도 한다).

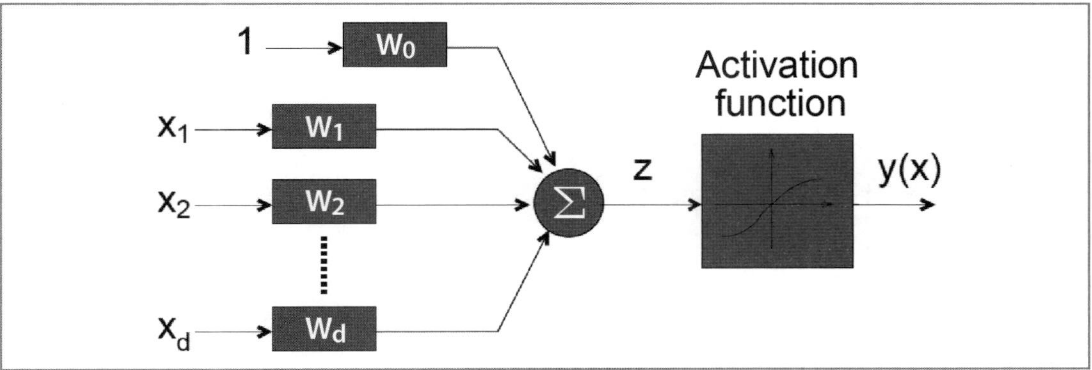


**[그림 Ⅳ-3-2] 단층신경망의 네트워크 구조**

위 그림에서 $d$-차원의 입력벡터 $x=(x_1,x_2,\cdots,x_d)$ 와 스칼라 값 $z$는 다음의 관계

$$z = w'x + w_0$$

$$(\text{또는 } z = w_0 + \sum_{j=1}^{d} w_j x_j)$$

를 가지며, $z$값에 대해 활성함수가 적용되어 $y(x)$가 계산된다. 이 시스템에서 가중치 $w=(w_1,\cdots,w_d)'$는 의사결정 경계(decision boundary)의 방향을 나타내는 모수이며, 편의(bias) $w_0$는 의사결정 경계의 위치(position)를 결정하는 모수이다. 가중치 $w$와 절편 $w_0$는 학습(learning)을 통해 오차제곱합이 최소가 되는 방향으로 갱신(update)된다.

최종의 목표값(target value)은 $y=y(x)$는 $z$에 대해 비선형 활성함수(activation function) $\phi(\cdot)$를 적용하여 구해진다.

$$y = \phi(z)$$

많이 사용되는 활성함수의 예는 다음과 같다.

- 부호(sign) 또는 threshold 함수: 결과는 이진형(-1 또는 1) 이다.

$$y = \begin{cases} -1, & z < 0 \\ 1, & z \geq 0 \end{cases}$$

- 계단(step) 함수: 결과는 이진형(0 또는 1) 이다.

$$y = \begin{cases} 0, & z < 0 \\ 1, & z \geq 0 \end{cases}$$

- 시그모이드(sigmoid) 함수: 결과는 연속형이며, $0 \leq y \leq 1$이다.

$$y = \frac{1}{1+\exp(-z)}$$

- Softmax 함수: 이 함수는 표준화지수(또는 일반화로지스틱) 함수로도 불리며, 출력값 z가 여러 개(L 개)로 주어지고, 목표치가 다범주인 경우 각 범주에 속할 사후 확률을 제공한다.

$$y_i = \frac{\exp(z_j)}{\sum_{i=1}^{L}\exp(z_i)}, \quad j = 1, \cdots, L$$

- tanh 함수: 결과는 연속형이며, $-1 \leq y \leq 1$이다.

$$y = \frac{\exp(z)-\exp(-z)}{\exp(z)+\exp(-z)}$$

- 가우스(Gauss) 함수: 결과는 연속형이며, $0 \leq y \leq 1$이다.

$$y = \exp(-\frac{z^2}{2})$$

아래의 [예제 1]은 R 패키지 {nnet}의 nnet() 함수를 이용하여 신경망 모형을 적합한다.

[예제 1] iris 자료에 대해 신경망 모형을 이용하여 분석한 예제이다. 자료의 수는 150개이며 입력변수의 차원은 4이며, 목표값은 3개의 범주로 출력된다.

```
> library(nnet)
> nn.iris <- nnet(Species~., data=iris, size=2, rang=0.1, decay=5e-4, maxit=200)
# weights:  19
initial  value 164.615923
iter  10 value 75.652589
iter  20 value 7.797320
iter  30 value 6.658160
iter  40 value 6.418824
iter  50 value 6.341045
iter  60 value 6.326322
iter  70 value 6.310672
iter  80 value 6.305114
iter  90 value 6.300082
iter 100 value 6.299349
iter 110 value 6.298717
iter 120 value 6.298573
final  value 6.298517
converged

> summary(nn.iris)
a 4-2-3 network with 19 weights
options were - softmax modelling  decay=5e-04
 b->h1 i1->h1 i2->h1 i3->h1 i4->h1
 -8.80  -0.49  -1.38   1.88   3.77
 b->h2 i1->h2 i2->h2 i3->h2 i4->h2
  0.42   0.63   1.84  -3.13  -1.51
 b->o1 h1->o1 h2->o1
 -3.11  -3.09   9.68
 b->o2 h1->o2 h2->o2
  6.13  -8.57  -8.40
 b->o3 h1->o3 h2->o3
 -3.01  11.66  -1.28
```

위 결과는 연결선의 방향과 가중치를 나타낸다. 다만, 초기값을 별도로 지정하지 않으면 nnet() 함수가 실행될 때 마다 결과가 달라질 것이다. 적합결과를 시각화하면 다음과 같다. 시각화를 위한 plot.nnet() 함수는 아래의 절차에 따라 불러올 수 있다.

```
> library(devtools)
>source_url('https://gist.githubusercontent.com/Peque/41a9e20d6687f2f3108d/raw/85e14f3a292e126f14
54864427e3a189c2fe33f3/nnet_plot_update.r')
> plot.nnet(nn.iris)
```

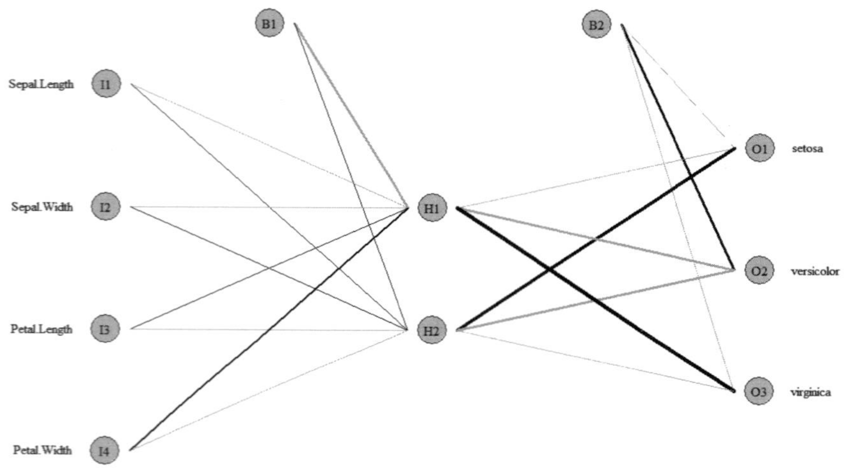


위의 그림에서 선의 굵기는 연결선의 가중치(weight)에 비례한다. 위의 신경망 분석에 대한 시각화 결과는 다음 과정을 통해서도 가능하다(3개의 패키지를 인스톨 후 plot() 함수를 이용). 이 방법은 url로부터 파일을 가져오지 않아도 되므로 위의 방법보다 편리하다.

```
> library(clusterGeneration)
> library(scales)
> library(reshape)
> plot(nn.iris)
```

신경망 모형에 대한 정오분류표(confusion matrix)는 다음과 같다.

```
> table(iris$Species, predict(nn.iris, iris, type = "class"))

             setosa versicolor virginica
  setosa         50          0         0
  versicolor      0         49         1
  virginica       0          1        49
```

분류된 데이터를 실제 값과 비교해보면 setosa는 50개 모두 잘 분류 되었고, versicolor은 50개 중 49개가 잘 분류되었으며 virginica는 50개중 49개가 잘 분류되었다.

다음의 [예제 2]는 패키지 {neuralnet}의 neuralnet() 함수를 통해 신경망 모형을 적용한 예제이다.

[예제 2] 자료 infert는 자연유산과 인공유산 후의 불임에 대한 사례-대조 연구 자료로 8개의 변수와 248개의 관측치를 가지고 있다. 반응변수 case 변수는 (1:사례, 0:대조)를 나타낸다.

```
> data(infert, package="datasets")
> str(infert)
'data.frame':       248 obs. of  8 variables:
 $ education     : Factor w/ 3 levels "0-5yrs","6-11yrs",..: 1 1 1 1 2 2 2 2 2 2 ...
 $ age           : num  26 42 39 34 35 36 23 32 21 28 ...
 $ parity        : num  6 1 6 4 3 4 1 2 1 2 ...
 $ induced       : num  1 1 2 2 1 2 0 0 0 0 ...
 $ case          : num  1 1 1 1 1 1 1 1 1 1 ...
 $ spontaneous   : num  2 0 0 0 1 1 0 0 1 0 ...
 $ stratum       : int  1 2 3 4 5 6 7 8 9 10 ...
 $ pooled.stratum: num  3 1 4 2 32 36 6 22 5 19 ...

> library(neuralnet)
>   net.infert   <-   neuralnet(case~age+parity+induced+spontaneous,   data=infert,   hidden=2,
err.fct="ce", linear.output=FALSE, likelihood=TRUE)
> net.infert
Call: neuralnet(formula = case ~ age + parity + induced + spontaneous,     data = infert, hidden
= 2, err.fct = "ce", linear.output = FALSE,     likelihood = TRUE)

1 repetition was calculated.

       Error         AIC          BIC Reached Threshold Steps
1 125.213891 276.427782 322.1023557    0.009574020885  3926
```

neuralnet() 함수는 다양한 역전파(back-propagation) 알고리즘을 통해 모형을 적합하며, 수행 결과(객체)는 plot() 함수를 통해 다음과 같이 편리하게 시각화 된다.

```
> plot(net.infert)
```

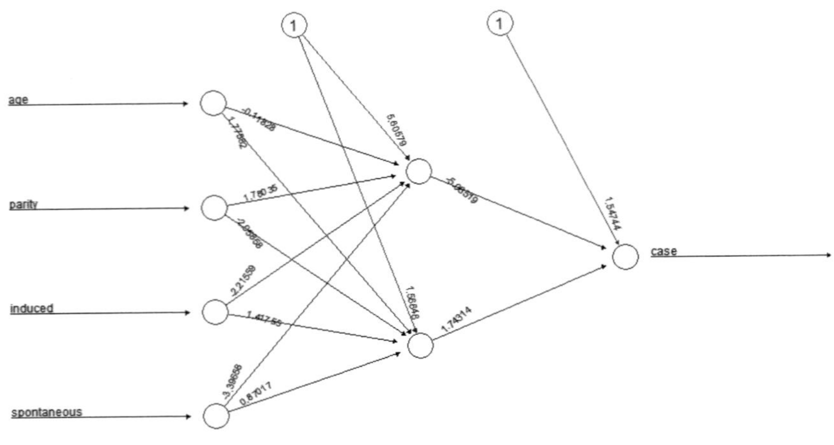


neuralnet() 함수의 수행 결과의 추가적인 정보는 다음 과정을 통해 확인할 수 있다.

```
> names(net.infert)
 [1] "call"              "response"          "covariate"
 [4] "model.list"        "err.fct"           "act.fct"
 [7] "linear.output"     "data"              "net.result"
[10] "weights"           "startweights"      "generalized.weights"
[13] "result.matrix"
```

이 가운데 결과 행렬에 대한 정보는 다음을 통해 확인할 수 있다.

```
> net.infert$result.matrix
```

원 자료와 함께 적합값을 출력하는 절차는 다음과 같다. 전체자료는 $data에 저장되어 있고, 모형 적합에 사용된 자료는 $covariate과 $response를 통해 확인 가능 하며, 적합값은 $net.result에 제공된다.

```
> out <- cbind(net.infert$covariate, net.infert$net.result[[1]])
> dimnames(out) <- list(NULL, c("age", "parity","induced","spontaneous","nn-output"))
> head(out)
```

```
     age parity induced spontaneous    nn-output
[1,]  26      6       1           2 0.1519017520
[2,]  42      1       1           0 0.6204067992
[3,]  39      6       2           0 0.1429523769
[4,]  34      4       2           0 0.1512545864
[5,]  35      3       1           1 0.3514344376
[6,]  36      4       2           1 0.4899127465
```

가중치의 초기값과 적합값은 $startweights와 $weights에 제공되며, 적합값의 출력 결과는 위의 그림과 동일함을 확인할 수 있다.

아래의 $generalized.weights가 제시하는 일반화가중치(generalized weights)는 각 공변량들의 효과를 나타내는 것으로 로지스틱 회귀모형에서의 회귀계수와 유사하게 해석된다(각 공변량이 로그-오즈(log-odds)에 미치는 기여도를 나타냄). 다만, 로지스틱회귀와는 달리 일반화가중치는 다른 모든 공변량에 의존(depend)하므로 각 자료점에서 국소적인 기여도를 나타낸다. 예를 들어, 동일한 변수가 몇몇 관측치에 대해서는 양의 영향을 가지며, 또 다른 관측치에 대해서는 음의 영향을 가지며, 평균적으로는 0에 가까운 영향을 갖는 것이 가능하다. 모든 자료에 대한 일반화가중치의 분포는 특정 공변량의 효과가 선형적인지의 여부를 나타낸다. 즉, 작은 분산은 선형효과를 제시하며, 큰 분산은 관측치 공간상에서 변화가 심하다는 것을 나타내므로 비-선형적인 효과가 있음을 나타낸다(Intrator & Intrator, 2001).

```
> head(net.infert$generalized.weights[[1]])
             [,1]            [,2]           [,3]         [,4]
1 0.0087234026257 -0.131299974532 0.163398375432 0.2504961807
2 0.1488417866165 -2.240286689784 2.787960979568 4.2740545951
3 0.0004292800344 -0.006461292687 0.008040860114 0.0123269570
4 0.0081450933776 -0.122595574103 0.152566043635 0.2338897871
5 0.1073062184042 -1.615115608907 2.009956723690 3.0813432590
6 0.1359187791998 -2.045776517837 2.545899652333 3.9029649939
```

일반화가중치에 대한 시각화를 수행하면 다음과 같다.

```
> par(mfrow=c(2,2))
> gwplot(net.infert, selected.covariate="age", min=-2.5, max=5)
> gwplot(net.infert, selected.covariate="parity", min=-2.5, max=5)
> gwplot(net.infert, selected.covariate="induced", min=-2.5, max=5)
> gwplot(net.infert, selected.covariate="spontaneous", min=-2.5, max=5)
> par(mfrow=c(1,1))
```

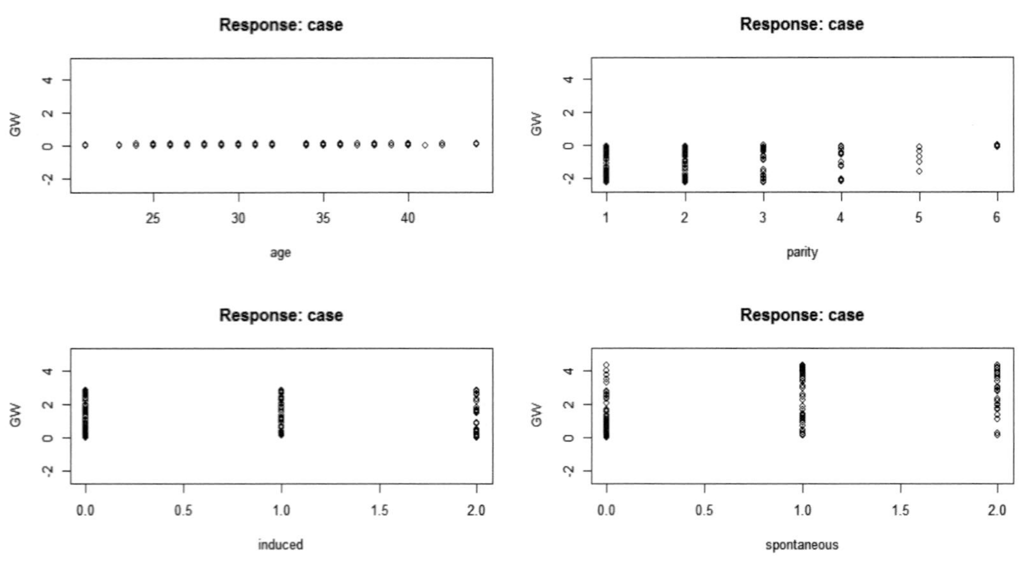


일반화가중치의 분포로부터 공변량 age는 모든 값이 0근처의 값을 가지므로 사례-대조(case-control) 상태에 따른 효과가(결과에 미치는 영향이) 없으며, 적어도 2개의 공변량 induced와 spontaneous는 일반화가중치의 분산이 전반적으로 1보다 크기 때문에 비선형 효과를 가진다고 할 수 있다. 따라서 모형의 단순화를 위해 age와 관련된 뉴런을 제외한 즉, 3개의 입력변수(parity, induced, spontaneous) 만으로 신경망모형을 적합할 수 있다.

compute() 함수는 각 뉴런의 출력값을 계산해 준다. 이를 이용하여 새로운 공변량 조합(또는 결측 조합)에 대한 예측값도 구할 수 있다. 예를 들어, age=22, parity=1, induced≤1, spontaneous≤1을 가지는 결측 공변량 조합에 대한 예측 결과는 다음과 같다.

```
> new.output <- compute(net.infert,
                        covariate=matrix(c(22,1,0,0,
                                           22,1,1,0,
                                           22,1,0,1,
                                           22,1,1,1),
                                      byrow=TRUE, ncol=4))
> new.output$net.result
            [,1]
[1,] 0.1477400869
[2,] 0.1927071407
```

```
[3,] 0.3146652582
[4,] 0.8512751119
```

위 결과(new.output$net.result)는 주어진 공변량 조합에 대한 예측 결과로, 사전 낙태의 수에 따라 예측 확률이 증가함을 보여준다.

신경망모형에서 가중치(weights)들에 대한 신뢰구간은 confidence.interval() 함수를 통해 구할 수 있다. 이에 대한 자세한 내용은 Gunther와 Fritsch(2010)를 참고하기 바란다.

다층(multi-layer) 신경망 또는 다층 퍼셉트론(perceptron)의 네트워크 구조는 다음과 같다. 아래 그림은 2개의 은닉층(hidden layer)을 가지는 다층신경망의 구조이며, 그 목적은 입력벡터 $x$를 출력벡터 $y(x)$로 맵핑(mapping)하는 것이다.

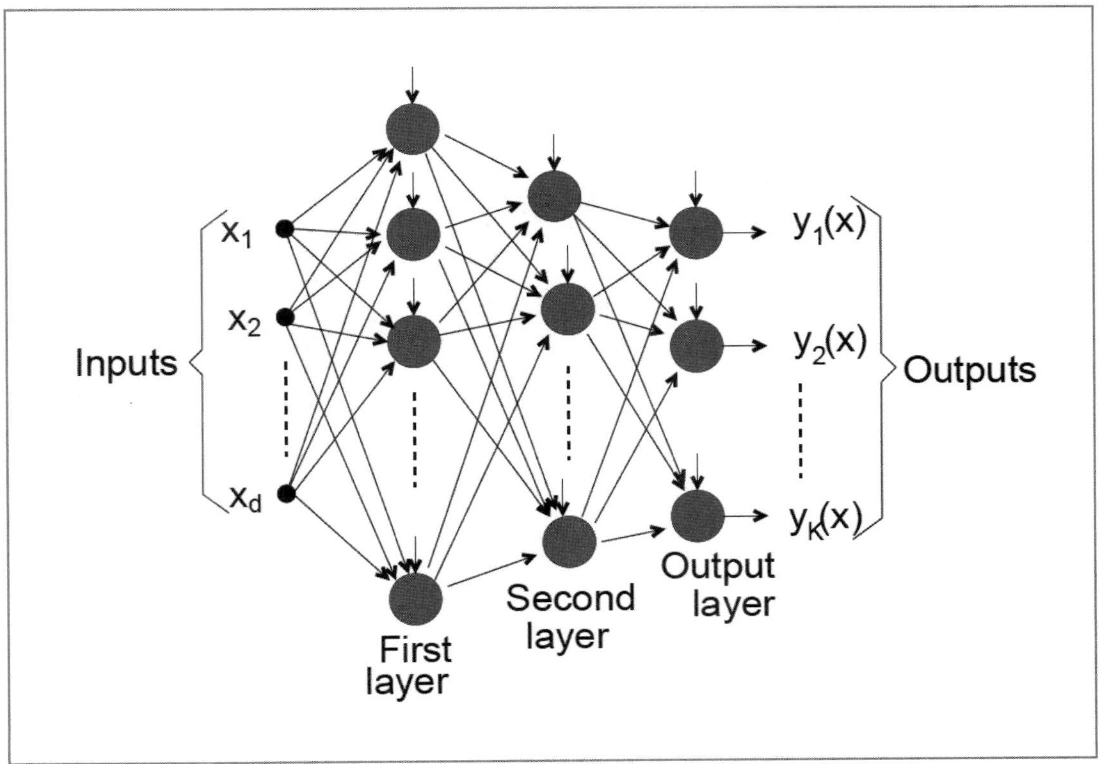


[그림 Ⅳ-3-3] 다층신경망의 네트워크 구조

위 그림에서 입력층(input layer)은 자료벡터 또는 패턴을 받아들이고, 은닉층(hidden layer: 한 개 또는 여러 개)은 이전층(previous layer)으로부터 출력을 받아 가중을 취한 후 비선형의 활성함수(activation function)로 넘긴다. 출력층(output layer)은 최종 은닉층으로 부터 결과를 받아 비선형적으로 결과를 넘겨 목표값(target value)을 제공한다. 다층신경망의 가중치는 학습과정에서 오차의 역전파(back-propagation) 알고리즘을 통해 갱신된다.

신경망 모형은 여러 개의 은닉층(hidden layer)을 가질 수 있다. 단층신경망과 다층신경망(2 or 3 layers)의 네트워크 구조와 의사결정 경계는 다음과 같다. 여기서는 threshold 활성함수가 사용되었다.

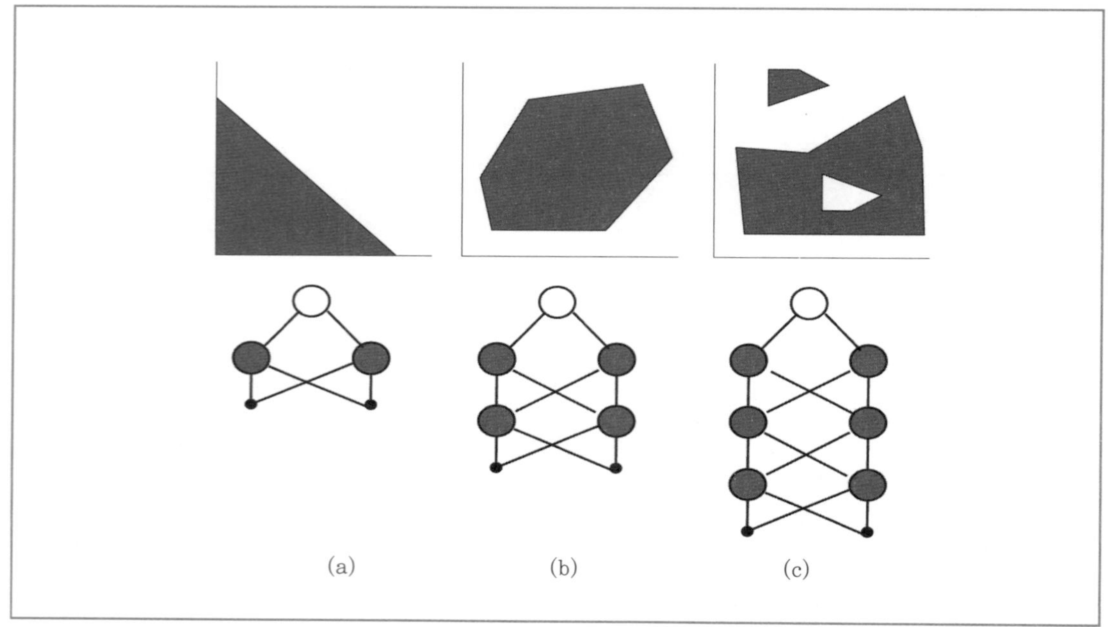


**[그림 Ⅳ-3-4] 단층신경망과 다층신경망의 네트워크 구조와 의사결정 경계**

은닉층의 수는 의사결정 경계를 정하는데 중요하다. 은닉층의 수를 정할 때는 다음의 사항을 고려한다.

- 다층신경망은 단층신경망에 비해 훈련(training)이 어렵다.
- 시그모이드(sigmoid) 활성함수를 가지는 2개 층의 네트워크(1개 은닉층)는 임의의 의사결정 경계를 모형화 할 수 있다.

각 층의 노드 수(또는 units)의 결정은 다음을 고려하여 결정한다.

- 출력층 노드(output units)의 수는 출력 범주의 수로 결정한다.
- 입력(inputs)의 수는 입력 차원의 수로 결정한다.
- 은닉층 노드(hidden units)의 수는 다음을 고려하여 정한다.
  - 너무 적으면 네트워크가 복잡한 의사결정 경계를 만들 수 없다.
  - 너무 많으면 네트워크의 일반화가 어렵다.

다음의 [예제 3]은 R 패키지 {neuralnet}의 neuralnet() 함수를 통해 다층신경망 모형을 적용하여 분석한 예제이다.

[예제 3] 0과 100 사이의 난수를 50개 발생시키고, 제곱근을 취한 값을 결과로 하는 자료를 구축한다. 이 자료를 신경망으로 학습하여 새로운 자료에 대한 예측을 수행한다.

set.seed() 함수를 이용하여 초기값을 지정한 후 아래의 절차를 수행하면 일정한 결과를 얻을 수 있다.

```
> library(neuralnet)
> train.input <-  as.data.frame(runif(50, min=0, max=100))
> train.output <- sqrt(train.input)
> train.data <- cbind(train.input, train.output)
> colnames(train.data) <- c("Input","Output")
> head(train.data)
        Input      Output
1 55.82573598 7.471662196
2 97.54545894 9.876510463
3 69.04914395 8.309581455
4 74.84172906 8.651111435
5 58.61191761 7.655842058
6 95.93060503 9.794417034
```

1개의 은닉층과 10개의 은닉노드를 가지는 신경망모형을 적용한다. threshold= 옵션은 오차함수의 편미분에 대한 값으로 정지규칙(stopping rule)으로 사용된다.

```
> net.sqrt <- neuralnet(Output~Input,train.data, hidden=10, threshold=0.01)
> print(net.sqrt)
Call: neuralnet(formula = Output ~ Input, data = train.data, hidden = 10,     threshold = 0.01)
```

```
1 repetition was calculated.

              Error Reached Threshold Steps
1 0.0008207268678    0.006319500312  2988
```

적합된 신경망모형은 plot() 함수를 통해 다음과 같이 시각화 된다.

```
> plot(net.sqrt)
```

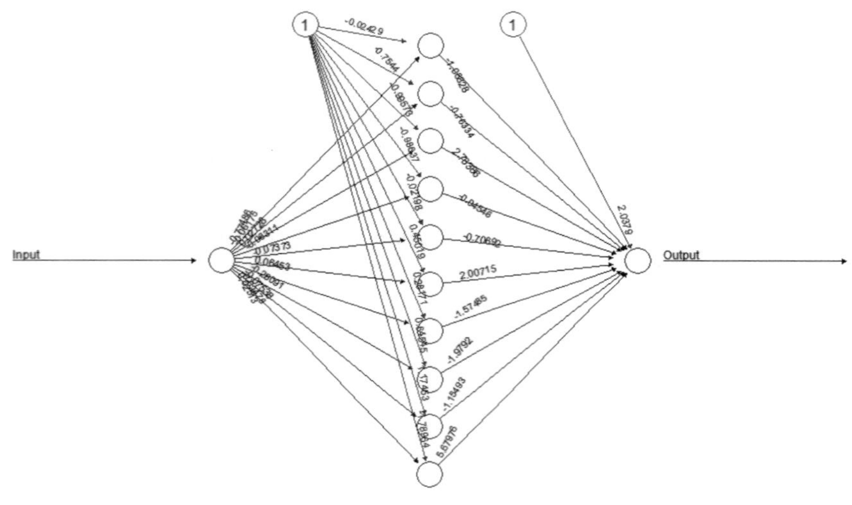


몇 개의 검증용 자료에 대해 구축된 신경망 모형을 적용한다. 1~10 정수값의 제곱을 취하여 검증용 자료(test.data)를 만든 후, 이 자료에 대해 compute() 함수를 통해 신경망 모형(net.sqrt)을 적용하고, 그 결과를 출력한다.

```
> test.data <- as.data.frame((1:10)^2)
> test.out <- compute(net.sqrt, test.data)
> ls(test.out)
[1] "net.result" "neurons"
> print(test.out$net.result)
            [,1]
 [1,] 1.033835841
 [2,] 2.001018917
 [3,] 3.002359799
```

```
 [4,] 3.996234450
 [5,] 4.999236314
 [6,] 6.003807929
 [7,] 6.994699389
 [8,] 7.995124460
 [9,] 9.009047033
[10,] 9.982951660
```

은닉층이 2개인 모형을 적용해 보면 다음과 같다. 각각의 은닉 노드의 수는 10개, 8개로 한다. 이를 위해 neuralnet() 함수의 옵션을 hidden=c(10,8)으로 수정하여 위 과정을 실행한다. 그 결과는 다음과 같다.

```
> net2.sqrt <- neuralnet(Output~Input,train.data, hidden=c(10,8), threshold=0.01)
> plot(net2.sqrt)
```

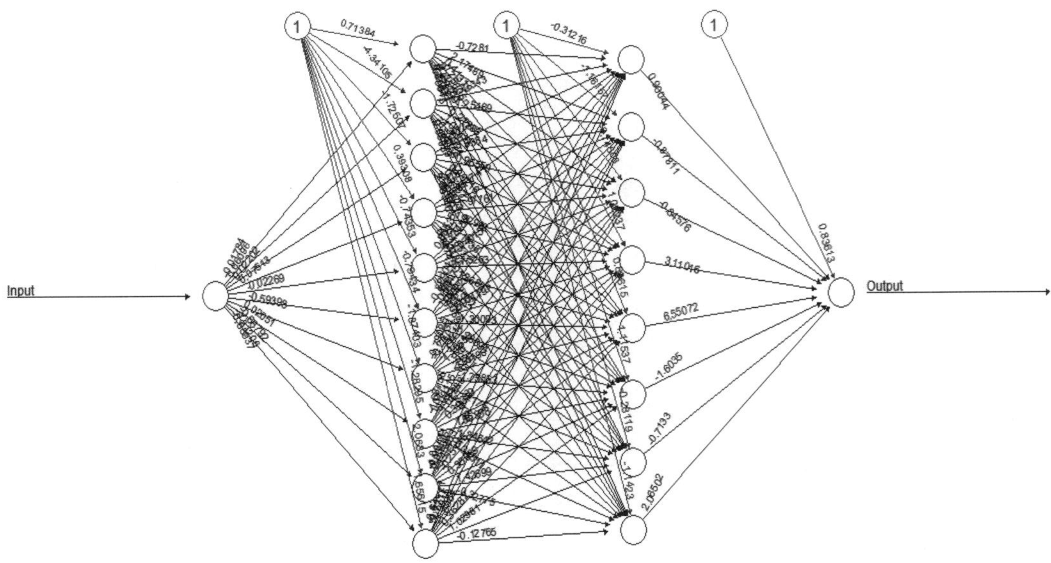


```
> test2.out <- compute(net2.sqrt, test.data)
> print(test2.out$net.result)
            [,1]
 [1,] 1.029998134
 [2,] 1.991761598
 [3,] 3.001090908
 [4,] 4.002236233
 [5,] 4.998659956
```

```
 [6,] 6.002985162
 [7,] 7.003229266
 [8,] 7.994328369
 [9,] 9.005849907
[10,] 9.986495689
```

이상에서 다룬 신경망 모형의 장, 단점을 정리해 보면 다음과 같다. 신경망 모형의 장점은 변수의 수가 많거나 입, 출력 변수 간에 복잡한 비선형 관계가 존재할 때 유용하며, 잡음에 대해서도 민감하게 반응하지 않는다는 점이다. 단점은 결과에 대한 해석이 쉽지 않으며, 은닉층의 수와 은닉노드 수의 결정이 어려우며, 초기값에 따라 전역해가 아닌 지역해로 수렴할 수 있으며, 모형이 복잡하면 훈련과정에 시간이 많이 소요될 수 있다는 점을 들 수 있다.

## 3. 의사결정나무 모형

의사결정나무(decision tree) 또는 나무(tree) 모형은 의사결정 규칙을 나무(tree) 구조로 나타내어 전체 자료를 몇 개의 소집단으로 분류(classification)하거나 예측(prediction)을 수행하는 분석방법이다. 상위 노드로부터 하위노드로 나무 구조를 형성하는 매 단계마다 분류변수와 분류기준값의 선택이 중요하다. 상위 노드에서의 (분류변수, 분류기준값)은 이 기준에 의해 분기되는 하위노드에서 노드(집단) 내에서는 동질성이, 노드(집단) 간에는 이질성이 가장 커지도록 선택된다. 나무 모형의 크기는 과대적합(또는 과소적합) 되지 않도록 합리적 기준에 의해 적당히 조절되어야 한다.

의사결정나무의 구조는 다음과 같다. 맨 위의 마디를 뿌리 마디(root node)라 하며, 이는 분류(또는 예측) 대상이 되는 모든 자료집단을 포함한다. 상위의 마디가 하위 마디로 분기 될 때, 상위 마디를 부모마디(parent node)라 하고, 하위 마디를 자식 마디(child node)라 하며, 더 이상 분기되지 않는 마디를 최종 마디(terminal node)라고 부른다. 가지분할(split)은 나무의 가지를 생성하는 과정을, 가지치기(pruning)는 생성된 가지를 잘라내어 모형을 단순화하는 과정을 말한다.

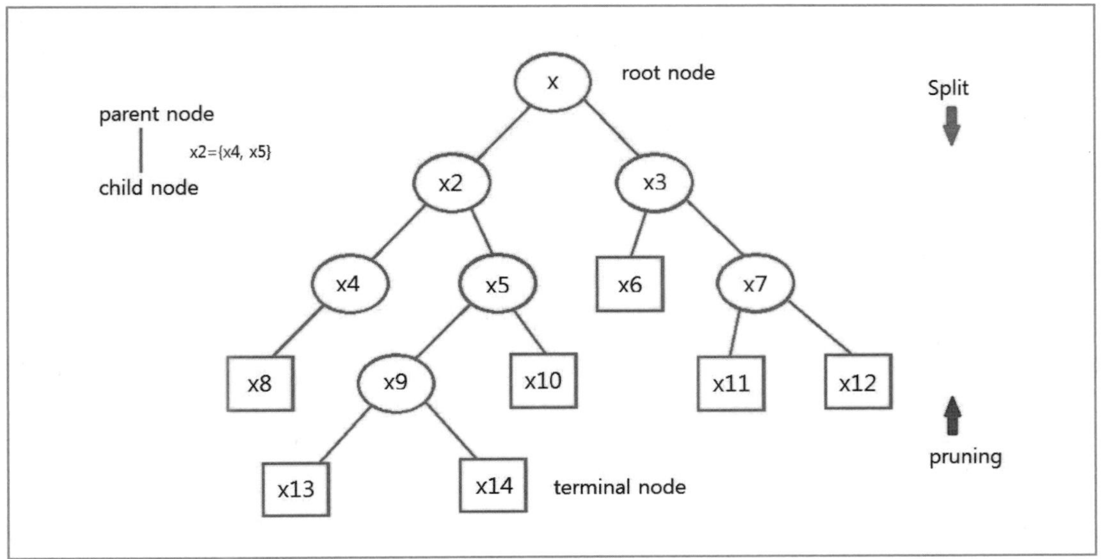


**[그림 Ⅳ-3-5] 의사결정나무의 구조**

의사결정나무는 목표변수가 이산형인 경우의 분류나무(classification tree)와 목표변수가 연속형인 경우의 회귀나무(regression tree)로 구분된다.

목표변수가 이산형인 분류나무의 경우 상위노드에서 가지분할을 수행할 때, 분류(기준)변수와 분류기준값의 선택 방법으로 카이제곱 통계량(Chi-square statistic)의 $p$-값, 지니 지수(Gini index), 엔트로피 지수(entropy index) 등이 사용된다. 선택된 기준에 의해 분할이 일어날 때, 카이제곱통계량의 $p$-값은 그 값이 작을수록 자식 노드내의 불확실성(이질성)이 큼을 나타내며, 자식노드에서의 지니 지수나 엔트로피 지수 역시 그 값이 클수록 자식노드 내의 이질성이 큼을 의미하며, 따라서 이 값들이 가장 작아지는 방향으로 가지분할을 수행하게 된다. 예를 들어, 아래의 그림에서 두 노드(집단)에 대한 지니 지수는 다음과 같이 계산된다. 지니 지수의 값이 클수록 이질적이며 순수도(purity)가 낮다고 할 수 있다.

High diversity, low purity

G=1-(3/8)²-(3/8)²-(1/8)²-(1/8)²=0.69

Low diversity, high purity

G=1-(7/8)²-(1/8)²=0.24

[그림 Ⅳ-3-6] 두 집단에 대한 순수도 계산

불확실성 측정지표(uncertainty measure)인 지니 지수와 엔트로피 지수에 대한 정의는 다음과 같다. 두 지수의 값의 범위는 다르나, 해석은 값의 크기에 따라 유사하다.

- 지니 지수: $G = 1 - \sum_{i}^{c} p_i^2, \quad 0 \leqq G \leqq 1/2$
- 엔트로피 지수: $E = -\sum_{i}^{c} p_i \log_2 p_i, \quad 0 \leqq E \leqq 1$

위 식에서 $c$는 목표변수의 범주의 수이다.

목표변수가 연속형인 회귀나무의 경우에는 분류(기준)변수와 분류기준값의 선택방법으로 $F$-통계량의 $p$-값, 분산의 감소량 등이 사용된다. $F$-통계량은 일원배치법에서의 검정통계량으로 그 값이 클수록 오차의 변동에 비해 처리(treatment)의 변동이 크다는 것을 의미하며, 이는 자식 노드(처리들) 간이 이질적임을 의미하므로 이 값이 커지는($p$-값은 작아지는) 방향으로 가지분할을 수행(자식 노드를 생성)하게 된다. 분산의 감소량(variance reduction)도 이 값이 최대화 되는 방향으로 가지분할을 수행하게 된다.

의사결정나무의 분석과정은 다음과 같다.

단계1. 목표변수와 관계가 있는 설명변수들의 선택
단계2. 분석목적과 자료의 구조에 따라 적절한 분리기준과 정지규칙[23)]을 정하여 의사결정 나무의 생성

단계3. 부적절한 나뭇가지는 제거: 가지치기[24]
단계4. 이익(gain), 위험(risk), 비용(cost) 등을 고려하여 모형평가
단계5. 분류(classification) 및 예측(prediction)

의사결정나무분석을 위한 알고리즘에는 CHAID(Kass, 1980), CART(Breiman et al., 1984), ID3(Quinlan, 1986), C4.5(Quinlan, 1993), C5.0(Quinlan, 1998) 등과 이들의 장점을 결합한 다양한 알고리즘이 있다. 주요 알고리즘과 분류 기준변수의 선택법을 요약하면 다음과 같다.

**[표 Ⅳ-3-1] 알고리즘과 분류 기준변수의 선택법**

| | 이산형 목표변수 | 연속형 목표변수 |
|---|---|---|
| CHAID(다지분할) | 카이제곱 통계량 | ANOVA F-통계량 |
| CART(이진분할) | 지니지수 | 분산감소량 |
| C4.5 | 엔트로피지수 | · |

다음의 [예제 1]은 R 패키지 {rpart}의 rpart() 함수를 이용하여 의사결정나무 분석을 수행한다. rpart는 recursive partitioning and regression tree의 약어이다.

[예제 1] iris 자료를 이용하여 의사결정나무 분석을 수행한다.

```
> library(rpart)
> c <- rpart(Species ~., data=iris)
> c
n= 150

node), split, n, loss, yval, (yprob)
      * denotes terminal node

1) root 150 100 setosa (0.33333333 0.33333333 0.33333333)
2) Petal.Length< 2.45  50   0 setosa (1.00000000 0.00000000 0.00000000) *
3) Petal.Length>=2.45 100  50 versicolor (0.00000000 0.50000000 0.50000000)
6) Petal.Width < 1.75  54   5 versicolor (0.00000000 0.90740741 0.09259259) *
7) Petal.Width >=1.75  46   1 virginica (0.00000000 0.02173913 0.97826087) *
```

23) **정지규칙**이란 더 이상 분리가 일어나지 않고 현재의 마디가 끝마디가 되도록 하는 여러 가지 규칙으로 최대 나무의 깊이, 자식마디의 최소 관측치 수, 카이제곱 통계량, 지니 지수, 엔트로피 지수 등이 있다.

24) **가지치기**란 끝마디가 너무 많으면 모형이 과대 적합된 상태로 현실문제에 적용할 수 있는 적절한 규칙이 나오지 않게 된다. 따라서 분류된 관측치의 비율 또는 MSE(Mean Squared Error) 등을 고려하여 수준의 가지치기 규칙을 제공해야 한다.

적합된 트리모형의 시각화는 plot() 함수를 이용한다.

```
> plot(c, compress=T, margin=0.3)
> text(c, cex=1.5)
```

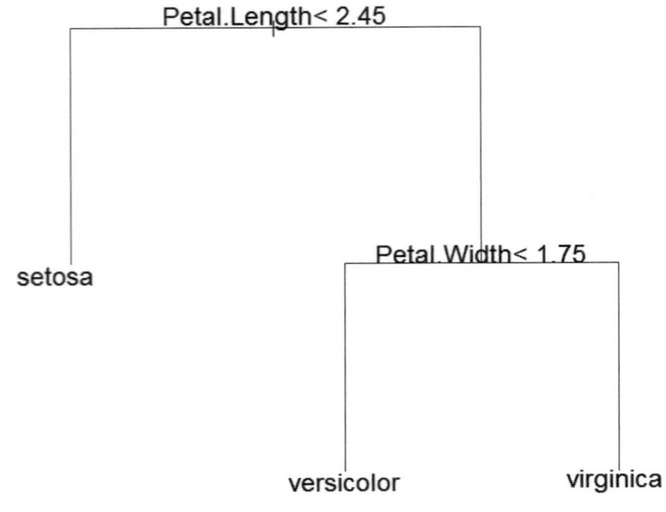


predict() 함수를 이용하여 새로운 자료에 대해 예측을 수행한다. 여기서는 편의상 모형구축에 사용된 자료를 재대입한 결과를 제시한다.

```
> head(predict(c, newdata=iris, type="class"))
     1      2      3      4      5      6
setosa setosa setosa setosa setosa setosa
Levels: setosa versicolor virginica

> tail(predict(c, newdata=iris, type="class"))
      145       146       147       148       149       150
virginica virginica virginica virginica virginica virginica
Levels: setosa versicolor virginica
```

R 패키지 {rpart.plot}을 이용하여 적합된 의사결정나무 모형을 여러 가지 방식으로 시각화 할 수 있다.

```
> library(rpart.plot)
> prp(c, type=4, extra =2)
```

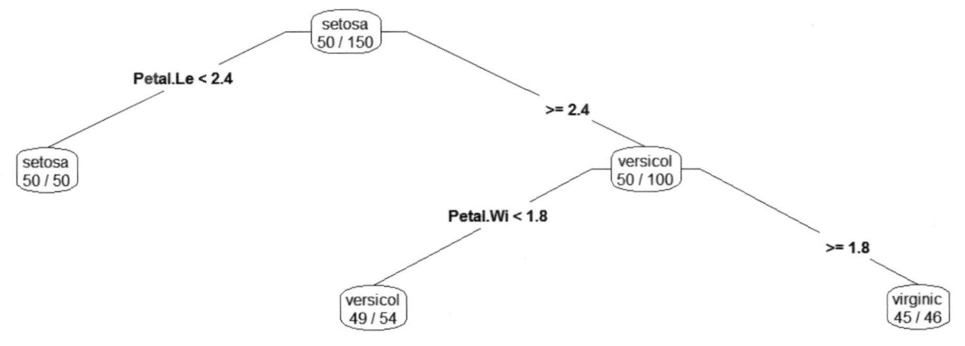


최종 노드(terminal node)에 대한 해석은 다음과 같다. 예를 들어, 두 조건(Petal.Length>=2.4 와 Petal.Width<1.8)을 만족하는 노드에서 49/54는 이 노드에 속하는 해당 개체가 54개이며 이 가운데 versicolor가 49임을 나타낸다. 따라서 이 노드에 해당되는 새로운 자료는 versicolor로 분류된다.

rpart() 수행 결과는 다음의 정보를 제공한다.

```
> ls(c)
 [1] "call"          "control"       "cptable"
 [4] "frame"         "functions"     "method"
 [7] "numresp"       "ordered"       "parms"
[10] "splits"        "terms"         "variable.importance"
[13] "where"         "y"
```

이 가운데 $cptable은 트리의 크기에 따른 비용-복잡도 모수(cost-complexity parameter)를 제공하며, 교차타당성오차(cross-validation error)를 함께 제공한다. 이 값들은 prune() 또는 rpart.control() 함수에서 가지치기(pruning)와 트리의 최대 크기(maximum size)를 조절하기위한 옵션으로 사용된다. 다음은 교차타당성오차를 최소로 하는 트리를 형성하는 과정이다. 여기서는 위의 rpart()를 수행한 결과와 동일한 결과를 얻게 되어 그 결과는 생략한다.

```
> c$cptable
    CP nsplit rel error xerror          xstd
1 0.50      0      1.00   1.18 0.05017303393
2 0.44      1      0.50   0.80 0.06110100927
3 0.01      2      0.06   0.09 0.02908607914

> opt <- which.min(c$cptable[,"xerror"])
> cp <- c$cptable[opt, "CP"]
> prune.c <- prune(c, cp = cp)
> plot(prune.c)
> text(prune.c, use.n=T)
```

R 패키지 {rpart}의 plotcp() 함수를 이용하면 cp값을 그림으로 나타낼 수 있다.

```
> plotcp(c)
```

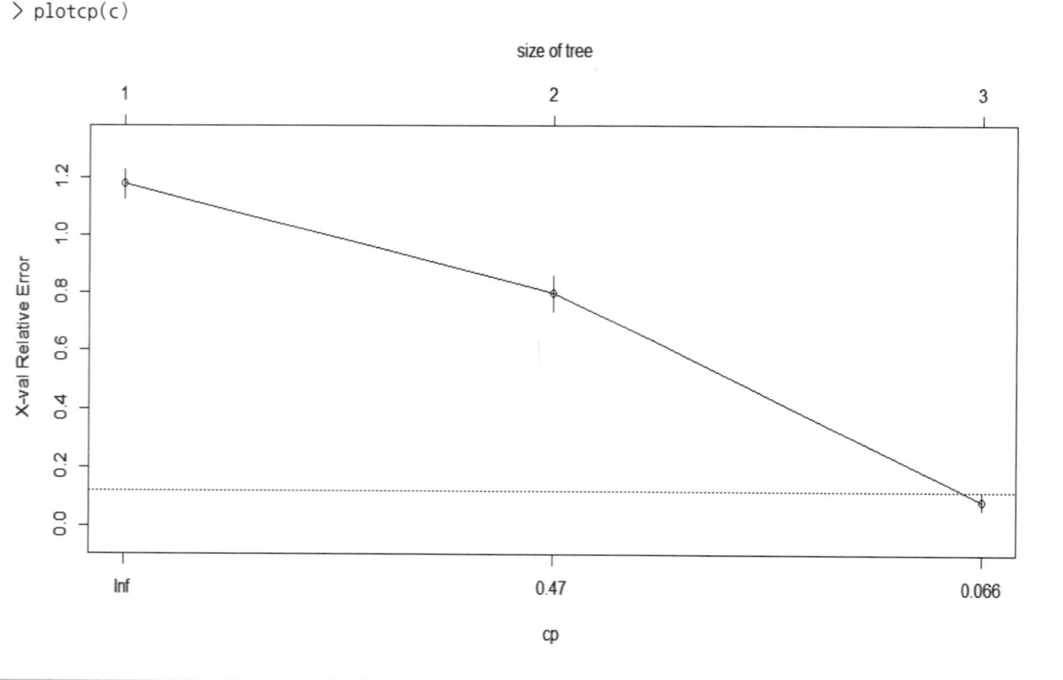

다음의 [예제 2]는 패키지 {party}의 ctree() 함수를 이용하여 의사결정나무모형을 적용한 예제이다.

[예제 2] 분석에 사용된 자료는 146명의 전립선 암 환자의 자료(stagec)이다. 7개의 예측변수를 이용하여 범주형의 반응변수(ploidy)를 예측(또는 분류)한다.

```
> library(party)
> data(stagec)   # stagec는 {rpart}에서 제공함
> str(stagec)
'data.frame':       146 obs. of  8 variables:
 $ pgtime : num  6.1 9.4 5.2 3.2 1.9 4.8 5.8 7.3 3.7 15.9 ...
 $ pgstat : int  0 0 1 1 1 0 0 0 1 0 ...
 $ age    : int  64 62 59 62 64 69 75 71 73 64 ...
 $ eet    : int  2 1 2 2 2 1 2 2 2 2 ...
 $ g2     : num  10.26 NA 9.99 3.57 22.56 ...
 $ grade  : int  2 3 3 2 4 3 2 3 3 3 ...
 $ gleason: int  4 8 7 4 8 7 NA 7 6 7 ...
 $ ploidy : Factor w/ 3 levels "diploid","tetraploid",..: 1 3 1 1 2 1 2 3 1 2 ...
```

다음은 결측값을 제거하는 과정이다.

```
> stagec1<- subset(stagec, !is.na(g2))
> stagec2<- subset(stagec1, !is.na(gleason))
> stagec3<- subset(stagec2, !is.na(eet))
> str(stagec3)
```

결측값이 제거된 134개의 자료를 이용하여 모형에 적용한다. 모형구축을 위한 훈련용 자료(training data)와 모형의 성능을 검증하기 위한 검증용 자료(test data)를 70%와 30%로 구성한다.

```
> set.seed(1234)
> ind <- sample(2, nrow(stagec3), replace=TRUE, prob=c(0.7, 0.3))
```

모형을 만들기 전에 stagec 자료를 복원 추출 방법을 이용하여 두 개의 부분집합 training(70%)과 test(30%)로 만들고, 결과의 재현성을 위해 random seed를 고정하였다.

```
> ind
  [1] 1 1 1 1 2 1 1 1 1 1 1 1 1 2 1 2 1 1 1 1 1 1 1 1 1 2 1 2 2 1 1 1 1 1 1 2 1 1 2 2 1 1 1 1 1 1
1 1 1 2 1 1 2 1 1 1 1 2 1 2 2 1 1 1 1 2 1 1 1
 [70] 1 1 2 1 2 1 1 1 1 1 1 2 1 1 1 1 2 1 1 1 2 1 2 1 1 1 1 1 1 1 2 1 1 1 1 1 1 1 1 1 1 2 1 2 1 1
2 2 1 1 2 2 2 2 2 1 1 1 1 1 1 1 2 1 1 1
> trainData <- stagec3[ind==1,]   # n=102개
> testData <- stagec3[ind==2,]    # n=32개
```

훈련용 자료($n=102$)에 대해 ctree()를 적용한 결과는 다음과 같다.

```
> tree <- ctree(ploidy ~ ., data=trainData)
> tree
> plot(tree)
```

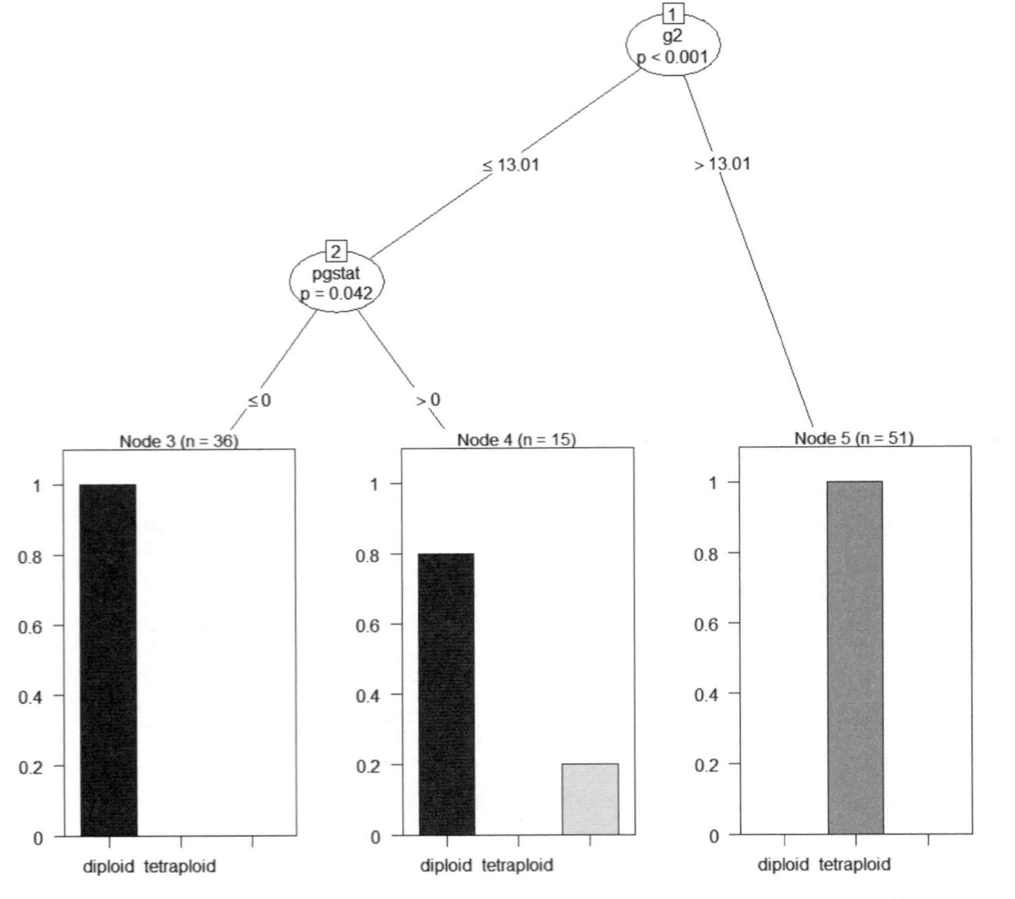


최종노드의 막대그래프(barplot)는 반응변수(ploidy)의 각 범주별 비율을 나타낸다.

predict() 함수를 통해 검증용 자료에 대해 적합모형을 적용하면 다음과 같다.

```
> testPred = predict(tree, newdata=testData)
> table(testPred, testData$ploidy)
testPred      diploid tetraploid aneuploid
  diploid          17          0         1
  tetraploid        0         13         1
  aneuploid         0          0         0
```

다음의 [예제 3]은 ctree() 함수를 이용하여 반응변수가 연속형인 경우 의사결정나무(회귀나무)를 통한 예측을 수행한다.

[예제 3] airquality 자료에 대해 의사결정나무모형을 적합한다. 먼저 반응변수 Ozone이 결측인 자료를 제외한 후 ctree() 함수를 적용한다.

```
> airq <- subset(airquality, !is.na(Ozone))
> head(airq)
  Ozone Solar.R Wind Temp Month Day
1    41     190  7.4   67     5   1
2    36     118  8.0   72     5   2
3    12     149 12.6   74     5   3
4    18     313 11.5   62     5   4
6    28      NA 14.9   66     5   6
7    23     299  8.6   65     5   7

> airct <- ctree(Ozone ~ ., data=airq)
> airct
         Conditional inference tree with 5 terminal nodes

Response:  Ozone
Inputs:  Solar.R, Wind, Temp, Month, Day
Number of observations:  116

1) Temp <= 82; criterion = 1, statistic = 56.086
  2) Wind <= 6.9; criterion = 0.998, statistic = 12.969
    3)*  weights = 10
  2) Wind > 6.9
    4) Temp <= 77; criterion = 0.997, statistic = 11.599
      5)*  weights = 48
```

```
    4) Temp > 77
      6)*  weights = 21
1) Temp > 82
  7) Wind <= 10.3; criterion = 0.997, statistic = 11.712
    8)*  weights = 30
  7) Wind > 10.3
    9)*  weights = 7
```

최종마디(*로 표시된 마디)가 5개인 트리모형을 나타낸다. 이를 시각화하면 다음과 같다.

```
> plot(airct)
```

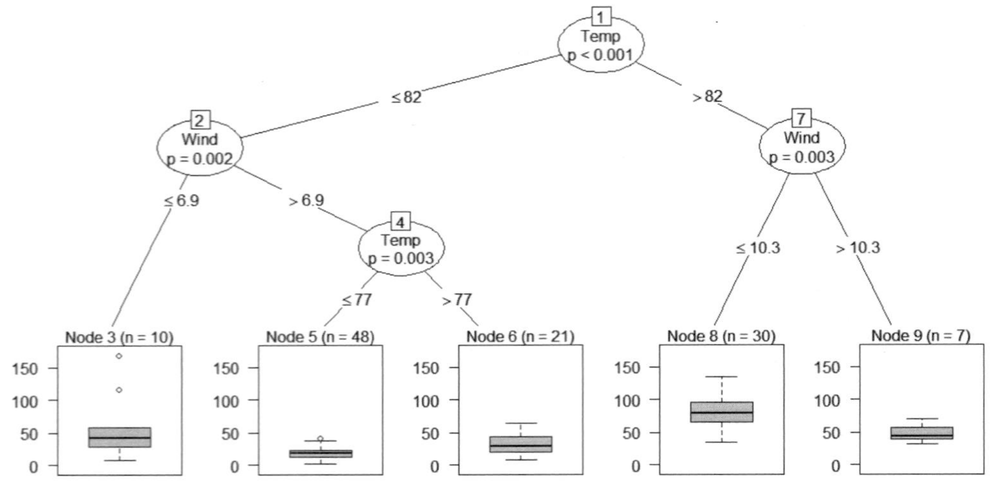


위 모형으로부터 새로운 자료에 대한 예측은 predict() 함수를 이용한다. 연속형 반응변수에 대한 예측값은 최종 마디에 속한 자료들의 평균값이 제공된다. 분석에 사용된 자료를 재대입한 결과는 다음과 같다.

```
> head(predict(airct, data=airq))
        Ozone
[1,] 18.47917
[2,] 18.47917
[3,] 18.47917
[4,] 18.47917
[5,] 18.47917
[6,] 18.47917
```

자료가 속하는 해당 최종마디의 번호를 출력하고 싶을 때는 type="node" 옵션을 사용한다.

```
> predict(airct, data=airq, type="node")    # > where(airct)의 결과와 동일
  [1] 5 5 5 5 5 5 5 5 3 5 5 5 5 5 5 5 5 5 5 5 5 5 5 6 3 5 6 9 9 6 (이하 생략)
```

예측값을 이용하여 평균제곱오차를 구하면 다음과 같다.

```
> mean((airq$Ozone - predict(airct))^2)
[1] 403.6668
```

의사결정나무모형의 장, 단점은 다음과 같다. 장점으로는 그 구조가 단순하여 해석이 용이하고, 유용한 입력변수의 파악과 예측변수간의 상호작용 및 비선형성을 고려하여 분석이 수행되며, 선형성, 정규성, 등분산성 등의 수학적 가정이 불필요한 비모수적 모형이다. 단점으로는 분류기준값의 경계선 근방의 자료값에 대해서는 오차가 클 수 있으며(비연속성), 로지스틱회귀와 같이 각 예측변수의 효과를 파악하기 어려우며, 새로운 자료에 대한 예측이 불안정할 수 있다.

의사결정나무분석은 시장조사, 광고조사, 의학연구, 품질관리 등의 다양한 분야에서 활용되고 있으며, 구체적인 활용 예는 고객 타겟팅, 고객들의 신용점수화, 캠페인 반응분석, 고객행동예측, 고객 세분화 등을 들 수 있다.

## 4. 앙상블 모형

앙상블(ensemble) 모형은 여러 개의 분류모형에 의한 결과를 종합하여 분류의 정확도를 높이는 방법이다. 이는 적절한 표본추출법으로 데이터에서 여러 개의 훈련용 데이터 집합을 만들어 각각의 데이터 집합에서 하나의 분류기를 만들어 앙상블하는 방법이다. 데이터를 조절하는 가장 대표적인 방법에는 배깅(bagging)과 부스팅(boosting)이 있다. 랜덤포레스트(random forest) 방법은 배깅의 개념과 feature(또는 변수)의 임의 선택(random selection)을 결합한 앙상블 기법이다.

### 가. 배깅

배깅(bagging)은 bootstrap aggregating의 준말로 원 데이터 집합으로부터 크기가 같은 표본을 여러 번 단순 임의 복원추출하여 각 표본(이를 붓스트랩 표본이라 함)에 대해 분류기(classifiers)를 생성한 후 그 결과를 앙상블하는 방법이다. 반복추출 방법을 사용하기 때문에 같은 데이터가 한 표본에 여러 번 추출될 수도 있고, 어떤 데이터는 추출되지 않을 수도 있다.

[예제 1] iris 자료에 대해 R 패키지 {adabag}의 bagging() 함수를 통해 분석을 수행한다.

```
> library(adabag)
> data(iris)
> iris.bagging <- bagging(Species~., data=iris, mfinal=10)
> iris.bagging$importance
Petal.Length  Petal.Width Sepal.Length  Sepal.Width
    76.70895     23.29105      0.00000      0.00000
```

R 패키지 {adabag}의 bagging() 함수는 배깅을 이용하여 분류를 수행한다. plot() 함수를 통해 분류 결과를 트리 형태로 나타낼 수 있다.

```
> plot(iris.bagging$trees[[10]])
> text(iris.bagging$trees[[10]])
```

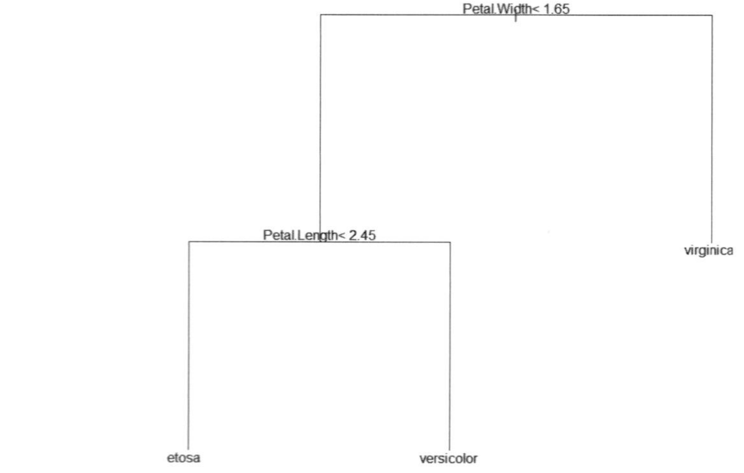


predict() 함수를 통해 새로운 자료에 대한 분류(예측)를 수행 할 수 있다. 여기서는 모형 구축에 사용된 자료를 재사용하여 분류를 수행하였다. 그 결과 setosa는 50개 모두, versicolor는 50개 중 45개, virginica는 50개 중 49개가 제대로 분류되었다.

```
> pred <- predict(iris.bagging, newdata=iris)
> table(pred$class, iris[,5])
              setosa versicolor virginica
  setosa          50          0         0
  versicolor       0         45         1
  virginica        0          5        49
```

## 나. 부스팅

부스팅(boosting)은 배깅의 과정과 유사하나 붓스트랩 표본을 구성하는 재표본(re-sampling) 과정에서 각 자료에 동일한 확률을 부여하는 것이 아니라, 분류가 잘못된 데이터에 더 큰 가중을 주어 표본을 추출한다. 부스팅에서는 붓스트랩 표본을 추출하여 분류기를 만든 후, 그 분류결과를 이용하여 각 데이터가 추출될 확률을 조정한 후, 다음 붓스트랩 표본을 추출하는 과정을 반복한다. 아다부스팅(AdaBoosting: adaptive boosting)은 가장 많이 사용되는 부스팅 알고리즘이다.

[예제 2] iris 자료에 대해 R 패키지 {adabag}의 boosting() 함수를 통해 분석을 수행한다.

```
> library(adabag)
> data(iris)
> boo.adabag <- boosting(Species~., data=iris, boos=TRUE, mfinal=10)
> boo.adabag$importance
Petal.Length  Petal.Width Sepal.Length  Sepal.Width
   61.458478    19.826149     6.216103    12.499270
```

R 패키지 {adabag}의 boosting() 함수는 부스팅을 이용하여 분류를 수행한다. plot() 함수를 통해 분류 결과를 트리 형태로 나타낼 수 있다.

```
> plot(boo.adabag$trees[[10]])
> text(boo.adabag$trees[[10]])
```

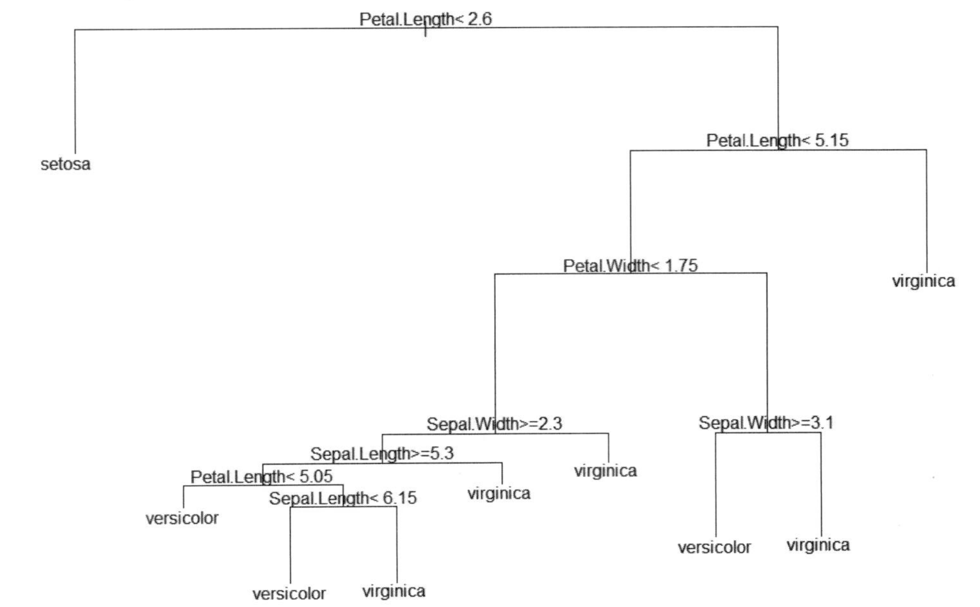

predict() 함수를 통해 새로운 자료에 대한 분류(예측)를 수행 할 수 있다. 여기서는 모형 구축에 사용된 자료를 재사용하여 분류를 수행하였다. 그 결과 setosa, versicolor, virginica 모두 정확히 분류되었음을 알 수 있다.

```
> pred <- predict(boo.adabag, newdata=iris)
> tb <- table(pred$class, iris[,5])
> tb
             setosa versicolor virginica
  setosa         50          0         0
  versicolor      0         50         0
  virginica       0          0        50
```

위의 결과로부터 오분류율을 계산하면 다음과 같이 그 값이 0임을 알 수 있다.

```
> error.rpart <- 1-(sum(diag(tb))/sum(tb))
> error.rpart
[1] 0
```

다음의 [예제 3]은 R 패키지 {ada}의 ada() 함수를 이용하여 아다부스팅을 이용한 분류를 수행한 예제이다.

[예제 3] iris 자료 중 setosa를 제외한 versicolor와 virginica 자료만으로 분석을 수행한다.

```
> library(ada)
> data(iris)
> iris[iris$Species!="setosa", ]->iris    # setosa 50개 자료 제외
> n<-dim(iris)[1]
```

총 100개의 자료를 60개의 훈련용 자료(training data)와 검증용 자료(testing data)로 나누었다.

```
> trind<-sample(1:n, floor(.6*n), FALSE)
> teind<-setdiff(1:n, trind)
> iris[,5]<-as.factor((levels(iris[, 5])[2:3])[as.numeric(iris[, 5])-1])
```

훈련용 데이터를 이용하여 부스팅 방법으로 모형을 구축하고, 검증용 자료에 대해 분류(예측)를 실시하였다. 그 결과 검증용 자료에 대한 정분류율이 100%로 나타났다.

```
> gdis<-ada(Species~., data=iris[trind,], iter=20, nu=1, type="discrete")
> gdis<-addtest(gdis, iris[teind, -5], iris[teind, 5])
> gdis
```

```
Call:
ada(Species ~ ., data = iris[trind, ], iter = 20, nu = 1, type = "discrete")

Loss: exponential Method: discrete   Iteration: 20

Final Confusion Matrix for Data:
            Final Prediction
True value   versicolor virginica
  versicolor         31         0
  virginica           0        29

Train Error: 0

Out-Of-Bag Error:  0  iteration= 20

Additional Estimates of number of iterations:

train.err1 train.kap1 test.errs2 test.kaps2
         9          9          1          1
```

plot(), varplot(), pairs() 함수를 이용하여 부스팅 결과를 시각화 한 결과는 다음과 같다.

아래의 plot() 함수는 오차와 일치도를 나타내는 카파(kappa) 계수를 그려준다. 두 개의 TRUE 옵션은 훈련용, 검증용 자료 모두에 대해 그림을 그려준다.

```
> plot(gdis, TRUE, TRUE)
```

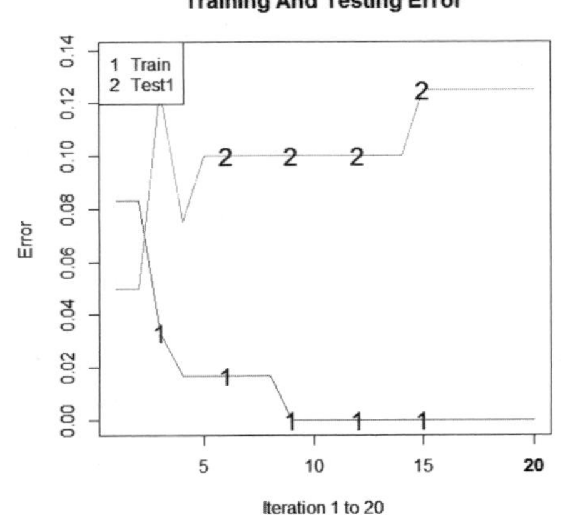


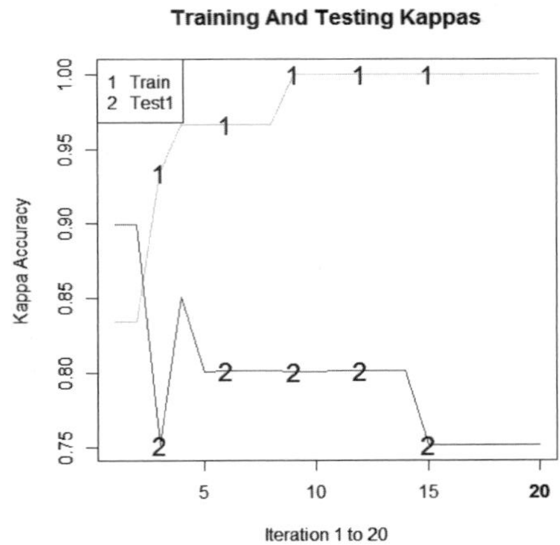

varplot() 함수는 변수의 중요도(importance)를 나타내는 그림을 제공한다. Sepal.Length 변수가 분류에 가장 중요한 변수로 사용되었음을 보여준다.

```
> varplot(gdis)
```

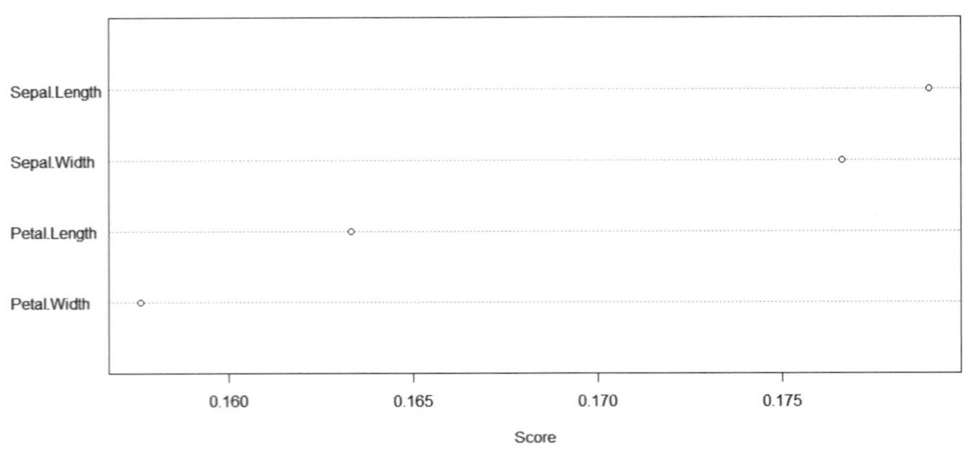


pairs() 함수는 두 예측변수의 조합별로 분류된 결과를 그려준다. maxvar= 옵션을 통해 변수의 수(중요도가 높은 상위 변수의 수)를 지정할 수 있다.

```
> pairs(gdis, iris[trind,-5], maxvar=4)
```

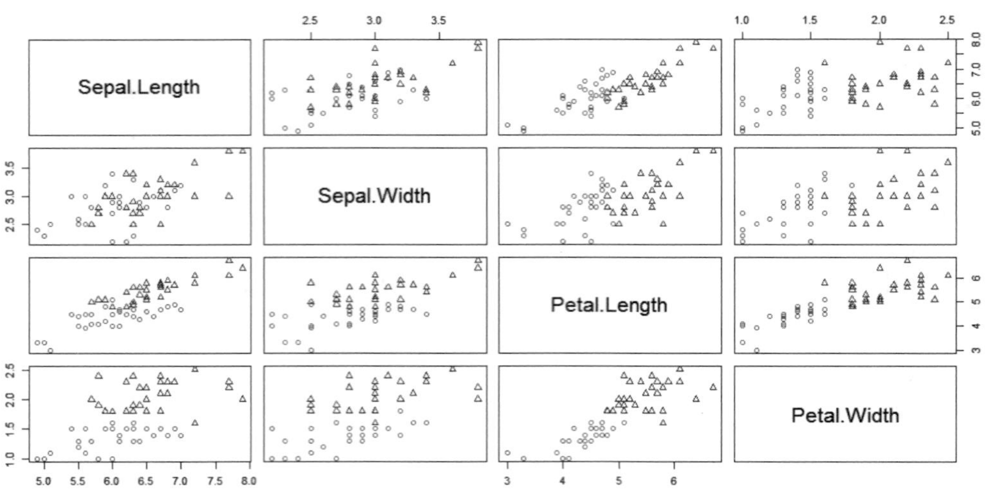

### 다. 랜덤포레스트

랜덤포레스트(random forest)는 배깅에 랜덤 과정을 추가한 방법이다. 원 자료로 부터 붓스트랩 샘플을 추출하고, 각 붓스트랩 샘플에 대해 트리를 형성해 나가는 과정은 배깅과 유사하나, 각 노드마다 모든 예측변수 안에서 최적의 분할(split)을 선택하는 방법 대신 예측변수들을 임의로 추출하고, 추출된 변수 내에서 최적의 분할을 만들어 나가는 방법을 사용한다. 새로운 자료에 대한 예측은 분류(classification)의 경우는 다수결(majority votes)로, 회귀(regression)의 경우에는 평균을 취하는 방법을 사용하며, 이는 다른 앙상블 모형과 동일하다.

[예제 4] 의사결정나무분석에 사용되었던 ploidy자료에 대해 randomForest() 함수를 이용하여 분석을 수행한다.

```
> library(randomForest)
> library(rpart)
> data(stagec)
> stagec3 <- stagec[complete.cases(stagec),]
> set.seed(1234)
> ind <- sample(2, nrow(stagec3), replace=TRUE, prob=c(0.7, 0.3))
> trainData <- stagec3[ind==1,]   # n=102개
> testData <- stagec3[ind==2,]    # n=32개
> rf <- randomForest(ploidy ~ ., data=trainData, ntree=100, proximity=TRUE)
> table(predict(rf), trainData$ploidy)
             diploid tetraploid aneuploid
  diploid         47          0         3
  tetraploid       0         51         0
  aneuploid        1          0         0

> print(rf)
Call:
 randomForest(formula = ploidy ~ ., data = trainData, ntree = 100,      proximity = TRUE)
               Type of random forest: classification
                     Number of trees: 100
No. of variables tried at each split: 2

        OOB estimate of  error rate: 3.92%
Confusion matrix:
           diploid tetraploid aneuploid class.error
diploid         47          0         1  0.02083333
tetraploid       0         51         0  0.00000000
aneuploid        3          0         0  1.00000000
```

위 결과는 정오분류표(confusion matrix)와 함께, 오류율에 대한 OOB(out-of-bag) 추정치를 제공한다. 랜덤포레스트에서는 별도의 검증용 데이터를 사용하지 않더라도 붓스트랩 샘플과정에서 제외된(out-of-bag) 자료를 사용하여 검증을 실시할 수 있다.

아래의 plot() 함수는 트리 수에 따른 종속변수의 범주별 오분류율 나타낸다. 검은색은 전체 오분류율을 나타낸다. 오분류율이 1로 나타난 범주는 aneuploid 범주로 개체수가 매우 작은($n=3$) 범주에서 발생된 결과이다.

```
> plot(rf)
```

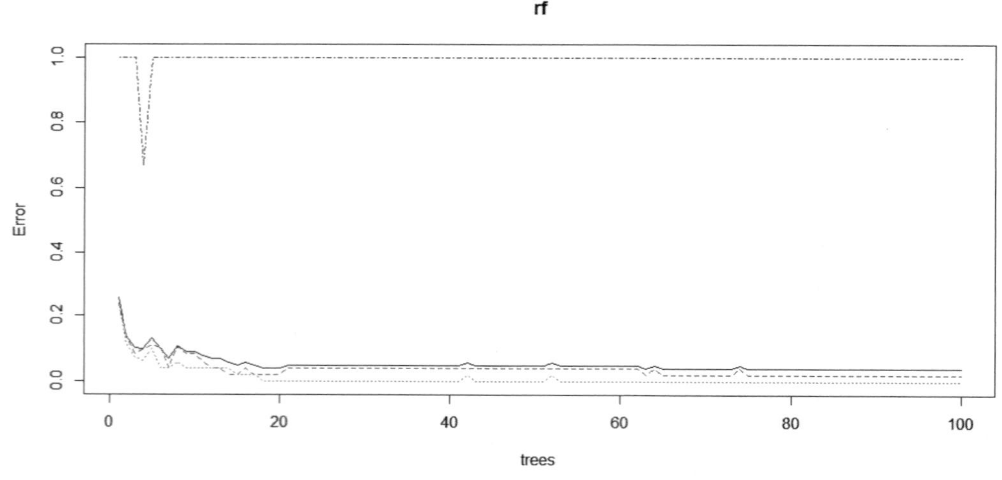


importance()와 varImpPlot()로 변수의 중요성을 알 수 있다.

```
> importance(rf)
        MeanDecreaseGini
pgtime         3.6620387
pgstat         1.9713041
age            3.9007535
eet            0.8592785
g2            39.1422888
grade          0.9361285
gleason        1.6824158

> varImpPlot(rf)
```

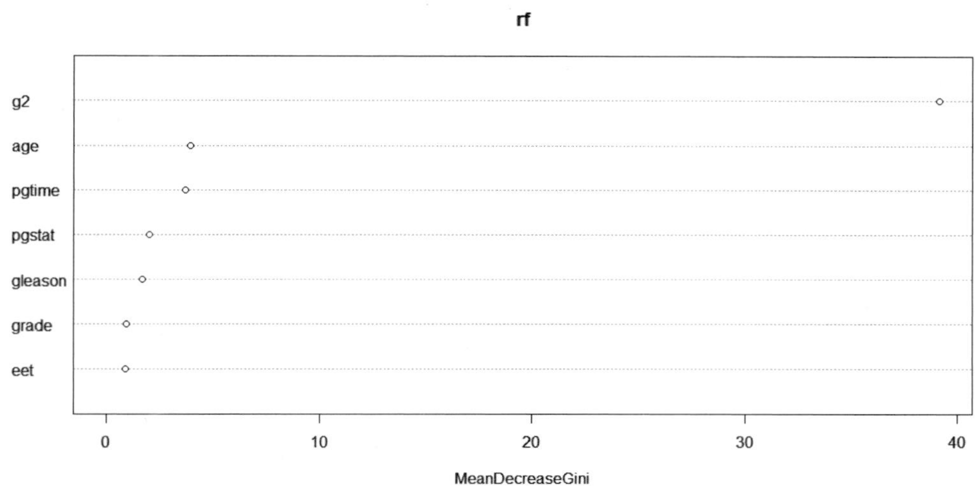


위 그림은 각 변수의 중요도를 나타내는 그림으로, 해당 변수로부터 분할이 일어날 때 불순도(impurity)의 감소가 얼마나 일어나는지를 나타내는 값이다(불순도의 감소가 클수록 순수도가 증가함). 지니 지수(Gini index)는 노드의 불순도를 나타내는 값이다. 회귀의 경우에는 잔차제곱합(residual sum of square)을 통해 측정된다.

다음은 테스트 자료에 대해 예측을 수행한 결과이다.

```
> rf.pred <- predict(rf, newdata=testData)
> table(rf.pred, testData$ploidy)

rf.pred     diploid tetraploid aneuploid
diploid        17          0         1
tetraploid      0         13         1
aneuploid       0          0         0
```

아래의 그림은 훈련용 자료값(총 102개)의 마진을 나타낸다. 마진(margin)은 랜덤포레스트의 분류기(classifiers) 가운데 정분류를 수행한 비율에서 다른 클래스로 분류한 비율의 최대치를 뺀 값을 나타낸다. 즉, 양(positive)의 마진은 정확한 분류를 의미하며, 음(negative)은 그 반대이다.

```
> plot(margin(rf))
```

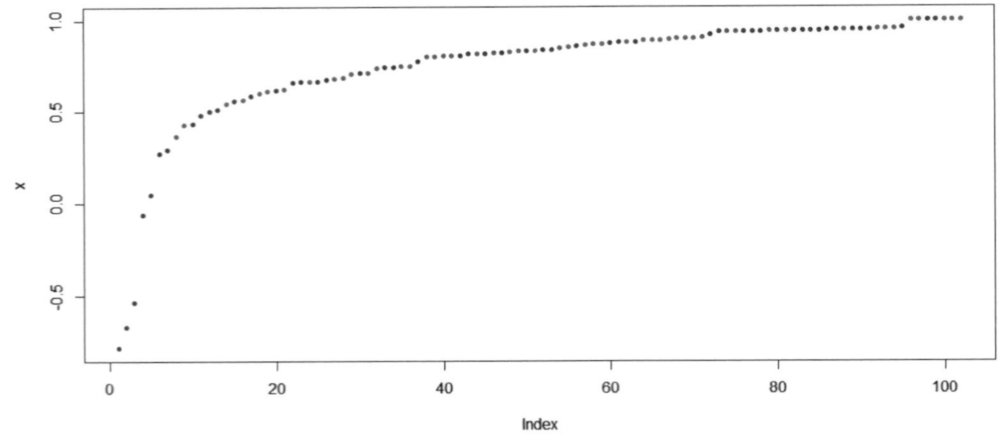


랜덤포레스트는 다음과 같이 R 패키지 {party}의 cforest() 함수를 이용할 수도 있다.

```
> set.seed(1234)
> cf <- cforest(ploidy ~ ., data=trainData)
> cf.pred <- predict(cf, newdata=testData, OOB=TRUE, type="response")
```

## 5. 모형 평가

분류 분석 모형의 평가는 예측 및 분류를 위해 구축된 모형이 임의의 모형(random model)보다 더 우수한 분류 성과를 보이는지와 고려된 서로 다른 모형들 중 어느 것이 가장 우수한 예측 및 분류 성과를 보유하고 있는지 등을 비교 분석하는 과정이다. 앞서 살펴보았듯 분류 분석 모형에는 다양한 알고리즘 및 방법론이 존재할 뿐만 아니라 하나의 방법론에서도 다른 분류 결과를 초래하는 선택사항이 존재한다. 따라서 다양한 분류 분석 모형 중에서 데이터 마이닝의 목적 및 데이터의 특성에 따라 가장 적합한 모형을 선택하기 위해서는 성과 평가의 기준이 필요하다.

모형 평가의 기준은 크게 일반화의 가능성, 효율성, 예측과 분류의 정확성으로 구분된다. 일반화의 가능성은 같은 모집단 내의 다른 데이터에 적용하는 경우에도 안정적인 결과를 제공하는 것을 의미하며 데이터를 확장하여 적용할 수 있는 지에 대한 평가 기준이다. 효율성은 분류 분석 모형이 얼마나 효과적으로 구축되었는지 평가하게 되며 적은 입력변수를 필요로 할수록 효율성이 높다고 할 수 있다. 예측과 분류의 정확성은 구축된 모형의 정확성 측면에서 평가하는 것으로 안정적이고 효율적인 모형을 구축하였다 하더라도 실제 문제에 적용했을 때 정확하지 못한 결과만을 양산한다면 그 모형은 의미를 가질 수 없다.

분류 분석 모형의 평가를 위해서 먼저 전체 자료(raw data)에서 모형 구축을 위한 훈련용 자료(training data)와 모형의 성과를 검증하기 위한 검증용 자료(test data)를 추출한다. 이는 주어진 데이터에서만 높은 성과를 보이는 모형의 과적합화(overfitting) 문제를 해결하기 위한 단계로 잘못된 가설을 가정하게 되는 2종 오류의 발생을 방지할 수 있다. 이 단계를 위하여 사용되는 추출 방법은 대표적으로 홀드아웃 방법(Holdout method), 교차검증(cross-validation), 붓스트랩(bootstrap) 방법 등이 있다.

홀드아웃(hold-out) 방법은 주어진 원천 데이터를 랜덤하게 두 분류로 분리하여 교차 검정을 실시하는 방법으로 하나는 모형의 학습 및 구축을 위한 훈련용 자료로 하나는 성과 평가를 위한 검증용 자료로 사용한다.

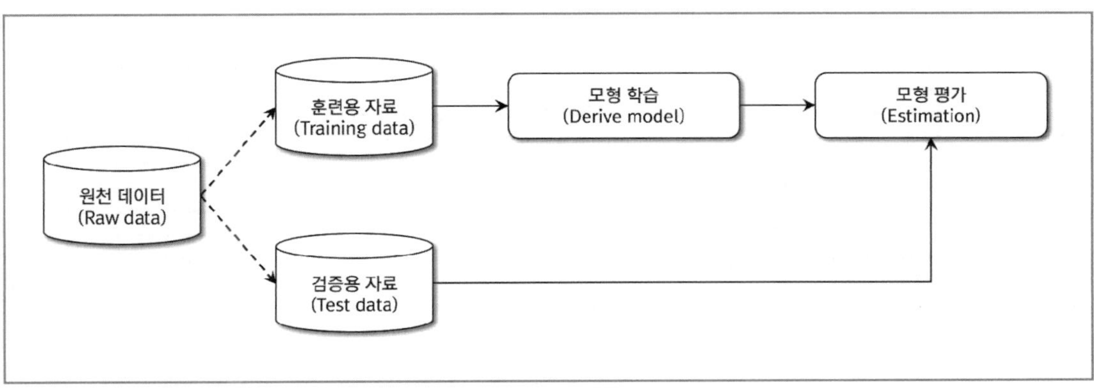


**[그림 Ⅳ-3-7] 홀드아웃 방법**

홀드아웃 방법에서는 일반적으로 전체 데이터 중 70%의 데이터는 훈련용 자료로 사용하고 나머지는 검증용 자료로 사용한다. 검증용 자료의 결과는 분류 분석 모형에는 영향을 미치지 않고 모형의 성과 측정만을 위하여 사용된다.

[예제 1] iris 자료에 대해 sample() 함수를 통해 홀드아웃 방법을 수행한다.

```
> data(iris)
> nrow(iris)
[1] 150
> set.seed(1234)
> idx <- sample(2, nrow(iris), replace=TRUE, prob=c(0.7, 0.3)) # 1: Training data, 2: Test data
> trainData <- iris[idx==1,]
> testData <- iris[idx==2,]
> nrow(trainData)
[1] 112
> nrow(testData)
[1] 38
```

교차검증은 주어진 데이터를 가지고 반복적으로 성과를 측정하여 그 결과를 평균한 것으로 분류 분석 모형을 평가하는 방법이다. 대표적인 기법인 *k*-fold 교차검증은 전체 데이터를 사이즈가 동일한 *k*개의 하부 집합(subset)으로 나누고 *k*번째의 하부집합을 검증용 자료로, 나머지 *k*-1개의 하부집합을 훈련용 자료로 사용한다. 이를 *k*번 반복 측정하고 각각의 반복측정 결과를 평균 낸 값을 최종 평가로 사용한다. 일반적으로 10-fold 교차 검증이 사용되나 하부 집합의 분포에 따라 적절한 *k*의 선정이 필요하다.

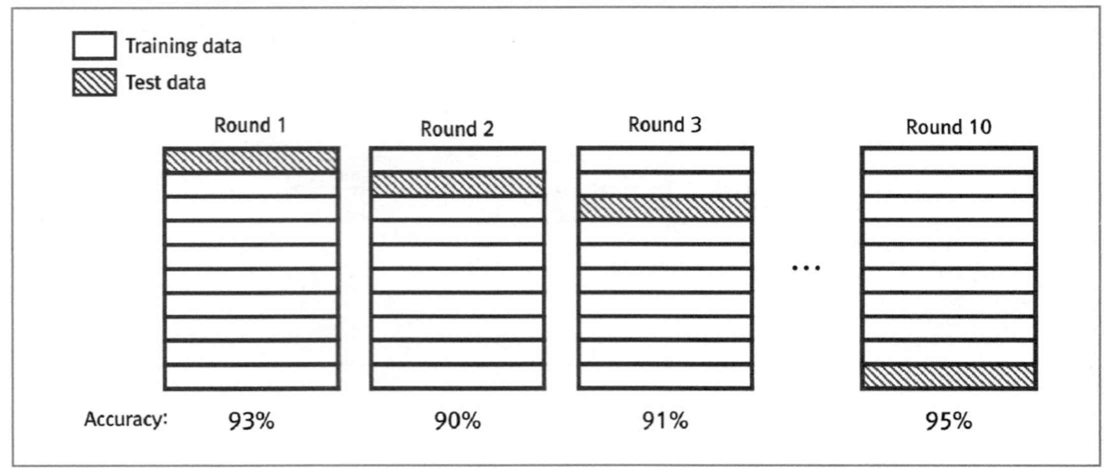


[그림 Ⅳ-3-8] k-fold 교차검증

[예제 2] iris 자료에 대해 sample() 함수를 통해 k개의 하부집합을 구성하여 k번의 반복 측정을 위한 훈련용 자료와 검증용 자료를 추출한다.

```
> data(iris)
> set.seed(1234)
> k=10 #10-fold cross validation
> iris <- iris[sample(nrow(iris)),] #Randomly shuffle the data
> folds <- cut(seq(1,nrow(iris)), breaks=k, labels=FALSE)
> trainData=list(0) # an empty list of length k
> testData=list(0)
> for (i in 1:k) { #Perform 10 fold cross validation
      testIdx <- which(folds==i, arr.ind=TRUE)
      testData[[i]] <- iris[testIdx, ]
      trainData[[i]] <- iris[-testIdx, ]
      }
> head(trainData[[1]])
    Sepal.Length Sepal.Width Petal.Length Petal.Width    Species
114          5.7         2.5          5.0         2.0 virginica
39           4.4         3.0          1.3         0.2    setosa
36           5.0         3.2          1.2         0.2    setosa
25           4.8         3.4          1.9         0.2    setosa
31           4.8         3.1          1.6         0.2    setosa
42           4.5         2.3          1.3         0.3    setosa
> head(testData[[2]])
    Sepal.Length Sepal.Width Petal.Length Petal.Width    Species
114          5.7         2.5          5.0         2.0 virginica
39           4.4         3.0          1.3         0.2    setosa
36           5.0         3.2          1.2         0.2    setosa
25           4.8         3.4          1.9         0.2    setosa
31           4.8         3.1          1.6         0.2    setosa
42           4.5         2.3          1.3         0.3    setosa
```

붓스트랩은 평가를 반복한다는 측면에서 교차검증과 유사하나 훈련용 자료를 반복 재선정한다는 점에서 차이가 있다. 즉 붓스트랩은 관측치를 한번 이상 훈련용 자료로 사용하는 복원 추출법(Sampling with replacement)에 기반한다. 붓스트랩 기법에는 다양한 방법론이 있으나 일반적인 예제로 0.632 붓스트랩을 들 수 있다. 예를 들어 d개의 관측치가 있는 데이터가 있을 때 각 관측치가 훈련용 자료로 선정될 확률은 1/d이며 선정되지 않을 확률은 (1-1/d)이다. 따라서 훈련용 자료의 선정을 d번 반복할 때 하나의 관측치가 선정되지 않을 확률은 (1-1/d)d 이며 d가 크다고 가정할 때의 확률은 e-1=0.368로 수렴하게 된다. 이에 따라 36.8%의 관측치는 훈련용 집합으로 선정되지 않아 검증용 자료로 사용되며 나머지 63.2%의 관측치가 훈련용 자료로 사용된다. 붓스트랩은 전체 데이터의 양이 크지 않은 경우의 모형 평가에 가장 적합하다.

다음 단계로 추출한 훈련용 자료를 사용하여 분류 분석 모형을 학습한 뒤에 검증용 데이터를 사용하여 모형의 분류 및 예측 정확도를 평가한다. 성능이 좋은 모형을 찾기 위한 평가 지표는 목표 변수의 형태에 따라 다르게 고려되어야 한다. 분류 모형 평가를 위해 범주형 변수에 대표적으로 사용되는 방법은 오분류표, ROC(reciever operating characteristic) 그래프, 이익 도표(gain chart)와 향상도 곡선(lift curve) 등이 있다.

### 가. 오분류표(confusion matrix)

대부분의 분류 분석 모형의 예측 결과는 분류 범주로 나타남에 따라 분류 분석 모형의 평가에는 오분류표가 일반적으로 사용된다. 오분류표는 목표 변수의 실제 범주와 모형에 의해 예측된 분류 범주 사이의 관계를 나타내는 표로 다음과 같이 나타낸다.

[표 Ⅳ-3-2] 오분류표

| | | 예측치 | | 합계 |
|---|---|---|---|---|
| | | True | False | |
| 실제값 | True | $TP$ | $FN$ | $P$ |
| | False | $FP$ | $TN$ | $N$ |
| 합계 | | $P'$ | $N'$ | $P+N$ |

오분류표의 각 값이 의미하는 바는 다음과 같다.

- $TP$(True Positives) : 실제값과 예측치 모두 True인 빈도
- $TN$(True Negatives) : 실제값과 예측치 모두 False인 빈도
- $FP$(False Positives) : 실제값은 False이나 True로 예측한 빈도
- $FN$(False Negatives) : 실제값은 True이나 False로 예측한 빈도

오분류표를 활용하여 모형을 평가하는 지표 중 정분류율(accuracy, recognition rate)은 전체 관측치 중 실제값과 예측치가 일치한 정도를 나타낸다. 정분류율은 범주의 분포가 균형을 이룰 때 효과적인 평가지표이다.

$$accuracy = \frac{TP + TN}{P + N}$$

이와는 반대로 모형이 제대로 예측하지 못한 관측치를 평가하는 지표로 오분류율(error rate, misclassification rate)이 사용된다. 오분류율은 전체 관측치 중 실제값과 예측치가 다른 정도를 나타내며 1-$accuracy$ 또는 다음과 같은 식으로 평가된다.

$$error\ \ rate = \frac{FP+FN}{P+N}$$

하지만 대부분의 분류 분석 대상은 소수 집단에 대한 예측 실패의 비용이 다수 집단에 대한 예측 실패의 비용보다 크다. 예를 들어 암환자 분류 모형의 경우 암환자는 소수 집단인데 반해 이를 잘못 예측했을 경우의 비용이 다수 집단인 건강한 환자를 잘못 예측한 경우보다 훨씬 크게 된다. 따라서 이러한 범주 불균형 문제(class imbalance problem)를 가지고 있는 데이터에 대한 분류 분석 모형의 평가지표는 중요한 분류 범주만을 다루어야 한다. 이를 위하여 사용되는 평가지표는 민감도(sensitivity)와 특이도(specificity)가 있다. 민감도는 실제값이 True인 관측치 중 예측치가 적중한 정도를 나타내며 특이도는 실제값이 False인 관측치 중 예측치가 적중한 정도를 나타낸다.

$$sensitivity = \frac{TP}{P}$$

$$specificity = \frac{TN}{N}$$

이러한 지표와 더불어 오분류표를 사용한 분류 분석 모형의 평가에 대표적으로 사용되는 지표는 정확도(precision)와 재현율(recall)이 있다. 정확도는 True로 예측한 관측치 중 실제값이 True인 정도를 나타내는 정확성(exactness) 지표이다. 이와 대조적으로 재현율은 실제값이 Ture인 관측치 중 예측치가 적중한 정도를 나타내는 민감도와 동일한 지표로 모형의 완전성(completeness)을 평가하는 지표이다.

$$Precision = \frac{TP}{TP+FP}$$

$$Recall = \frac{TP}{TP+FN} = \frac{TP}{P}$$

정확도와 재현율은 모형의 평가에 대표적으로 사용되는 지표이긴 하지만 한 지표의 값이 높아지면 다른 지표의 값이 낮아질 가능성이 높은 관계를 지니고 있다. 예를 들어 암환자의 분류 분석 모형에서 대부분의 사람을 암환자로 예측하였다고 가정하면 높은 정확도를 가지게 되지만 재현율은 현저히 낮은 값을 보이게 된다. 따라서 이러한 효과를 보정하여 하나의 지표로 나타낸 것이 *F1*지표(F1 score)와 $F_\beta$지표이다.

$$F1 = \frac{2 \times Precision \times Recall}{Precision + Recall}$$

$$F_\beta = \frac{(1+\beta^2) \times Precision \times Recall}{\beta^2 \times Precision + Recall}$$

F1지표는 정확도와 재현율의 조화평균을 나타내며 정확도와 재현율에 같은 가중치를 부여하여 평균하게 된다. $F_\beta$지표에서 $\beta$는 양수로 $\beta$의 값만큼 재현율에 가중치를 주어 평균하게 된다. 예를 들어 $F_2$는 재현율에 정확도의 2배만큼 가중치를 부여하고 $F_{0.5}$의 경우 정확도에 2배의 가중치를 부여하는 것이다. 다음의 [예제 3]은 오분류표를 통해 신경망 모형, 의사결정나무 모형을 비교 평가한다.

[예제 3] iris 자료에 대해 범주가 2개인 분류 모형을 구축하기 위해 iris 자료의 일부분만 이용하기로 한다. Species가 setosa와 versicolor인 100개의 자료만을 이용하며 70%의 훈련용 자료를 추출한다.

```
> iris <- subset(iris, Species == "setosa" | Species == "versicolor")
> iris$Species <- factor(iris$Species )
> set.seed(1234)
> iris <- iris[sample(nrow(iris)),] #Randomly shuffle the data
> trainData <-iris[1:(nrow(iris)*0.7),]
> testData <- iris[((nrow(iris)*0.7)+1):nrow(iris),]
> nrow(trainData)
[1] 70
```

훈련용 자료를 사용하여 각 모형을 학습한다. 신경망 모형은 R패키지{nnet}의 nnet() 함수를 이용하며 의사결정나무 모형은 {rpart}의 rpart() 함수를 이용하여 모형을 학습한다.

```
> library(nnet)
> library(rpart)
> nn.iris <- nnet(Species~., data=trainData, size=2, rang=0.1, decay=5e-4, maxit=200) # Neural network
# weights:  13
initial  value 48.216812
iter  10 value 2.001766
iter  20 value 0.643066
iter  30 value 0.195128
iter  40 value 0.159478
iter  50 value 0.137077
iter  60 value 0.135057
iter  70 value 0.134706
iter  80 value 0.134484
iter  90 value 0.134458
iter 100 value 0.134434
iter 110 value 0.134432
iter 120 value 0.134430
final  value 0.134430
converged
> dt.iris <- rpart(Species~., data=trainData) # Decision tree
```

다음은 학습된 각 분류 분석 모형을 검증용 자료에 적용시켜 예측값을 도출한다. 이를 위하여 predict() 함수를 사용한다.

```
> nn_pred <- predict(nn.iris, testData, type="class")
> dt_pred <- predict(dt.iris, testData, type="class")
```

각 모형의 오분류표를 도출하기 위하여 R 패키지 {caret}의 confusionMatrix() 함수를 이용한다. R 패키지 {e1071}가 설치되어 있지 않은 경우 에러가 발생하므로 install.packages("e1071") 명령어를 사용하여 설치한다.

```
> library(caret)
> nn_con=confusionMatrix(nn_pred, testData$Species)
> dt_con=confusionMatrix(dt_pred, testData$Species)
> nn_con$table
           Reference
Prediction   setosa versicolor
  setosa         10          0
  versicolor      0         20
> dt_con$table
           Reference
Prediction   setosa versicolor
  setosa          5         10
  versicolor      5         10
```

오분류표를 이용하여 대표적인 지표인 정분류율(accuracy), 정확도(precision), 재현율(recall), F1지표를 계산하고 비교한 결과 신경망 모형이 모든 지표에서 의사결정 모형보다 더 높은 예측 정확도를 보인다.

```
> accuracy <- c(nn_con$overall['Accuracy'], dt_con$overall['Accuracy'])
> precision <- c(nn_con$byClass['Pos Pred Value'], dt_con$byClass['Pos Pred Value'])
> recall <- c(nn_con$byClass['Sensitivity'], dt_con$byClass['Sensitivity'])
> f1 <- 2 * ((precision * recall) / (precision + recall))
> result <- data.frame(rbind(accuracy, precision, recall, f1))
> names(result) <- c("Nueral Network","Decision Tree")
> result
          Nueral Network Decision Tree
accuracy               1     0.5000000
precision              1     0.3333333
recall                 1     0.5000000
f1                     1     0.4000000
```

## 나. ROC 그래프

레이더 이미지 분석의 성과를 측정하기 위해 개발된 ROC(Receiver Operating Characteristic) 그래프는 두 분류 분석 모형을 비교 분석 결과를 가시화할 수 있다는 점에서 유용한 평가 도구이다. ROC 그래프의 x축에는 FP Ratio(1-특이도)를 나타내며 y축에는 민감도를 나타내 이 두 평가 값의 관계로 모형을 평가한다. 모형의 성과를 평가하는 기준은 ROC 그래프의 밑부분 면적(Area Under the ROC Curve, AUC)이 넓을수록 좋은 모형으로 평가한다.

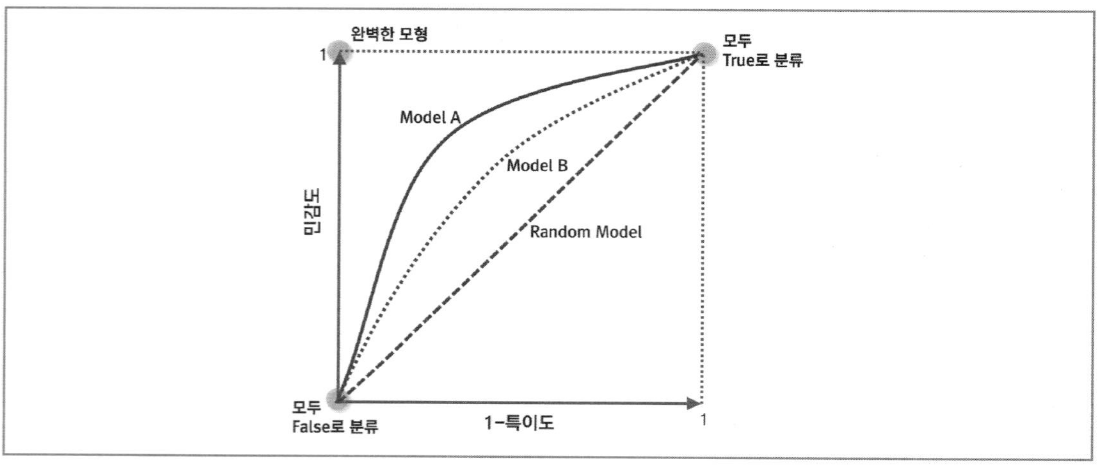


[그림 Ⅳ-3-9] ROC 그래프

그림과 같이 x축(1-특이도), y축(민감도)가 모두 1인 경우는 모두 True로 분류한 경우이며 x축과 y축의 값이 모두 0인 경우는 모두 False로 분류한 경우이다. 이상적으로 완벽히 분류한 모형의 경우 x축은 0, y축은 1의 값을 보여 AUC가 1로 도출된다. 따라서 모형의 AUC가 1에 가까울수록 좋은 모형으로 평가된다. 모형간 비교에서 앞서 언급한 AUC를 사용함에 따라 그림의 경우 Model A가 더 높은 분류 성과를 가지는 것으로 판단된다. [예제 4]는 자연유산과 인공유산 후의 불임에 대한 자료인 infert에 대하여 목표 변수를 분류하는 (1:사례, 0:대조) 의사결정나무 모형과 신경망 모형의 ROC 그래프 분석 결과 예제이다.

[예제 4] infert자료에 대한 분류 분석 모형 평가 비교를 위하여 의사결정나무 모형은 R패키지 {C50}의 C5.0() 함수를 사용하고 신경망 모형은 {neuralnet}의 neuralnet()함수를 사용한다. 모형 학습 및 검증을 위하여 70%의 훈련용 자료와 30%의 검증용 자료로 구분한다.

```
> set.seed(1234)
> infert <- infert[sample(nrow(infert)),] #Randomly shuffle the data
> infert <- infert[,c("age","parity","induced","spontaneous","case")]
> trainData <- infert[1:(nrow(infert)*0.7), ]
> testData <- infert[((nrow(infert)*0.7)+1):nrow(infert), ]
```

각 모형을 학습하고 학습된 모형을 검증용 자료에 적용시켜 예측값을 도출시킨 뒤 ROC 그래프 작성을 위해 각 예측 결과를 검증용 자료에 함께 저장한다.

```
> library(neuralnet) # neural network
> net.infert <- neuralnet(case~age+parity+induced+spontaneous, data=trainData, hidden=3,
err.fct="ce", linear.output=FALSE, likelihood=TRUE)
> n_test <- subset(testData, select=-case)
> nn_pred <- compute(net.infert, n_test)
> testData$net_pred <- nn_pred$net.result
> head(testData)
    age parity induced spontaneous case      net_pred
164  29      1       0           1    0 0.60085711017
199  32      2       2           0    0 0.30853793595
223  28      2       1           0    0 0.30640076235
133  38      3       1           0    0 0.06823728009
40   28      1       0           1    1 0.60080163992
225  27      2       1           0    0 0.30640076176
> library(C50) # decision tree
> trainData$case <- factor(trainData$case)
> dt.infert <- C5.0(case~age+parity+induced+spontaneous, data=trainData)
> testData$dt_pred <- predict(dt.infert, testData, type="prob")[,2]
> head(testData)
    age parity induced spontaneous case      net_pred      dt_pred
164  29      1       0           1    0 0.60085711017 0.6240261275
199  32      2       2           0    0 0.30853793595 0.2015895955
223  28      2       1           0    0 0.30640076235 0.2015895955
133  38      3       1           0    0 0.06823728009 0.2015895955
40   28      1       0           1    1 0.60080163992 0.6240261275
225  27      2       1           0    0 0.30640076176 0.2015895955
```

각 모형의 예측 결과값을 기반으로 ROC 그래프를 작성하기 위해서는 R패키지 {Epi}의 ROC() 함수를 사용한다.

```
> library(Epi)
> neural_ROC <- ROC(form=case~net_pred, data=testData, plot="ROC")
```

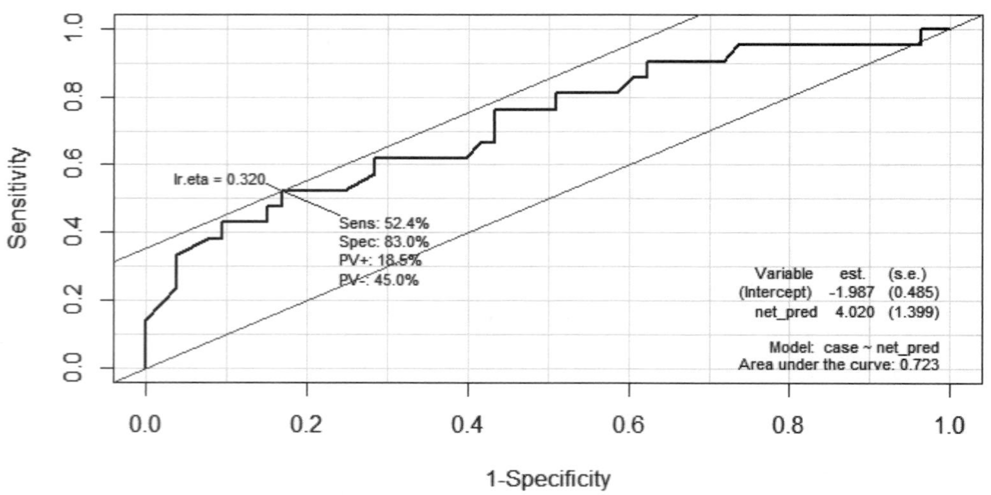


```
> dtree_ROC <- ROC(form=case~dt_pred, data=testData, plot="ROC")
```

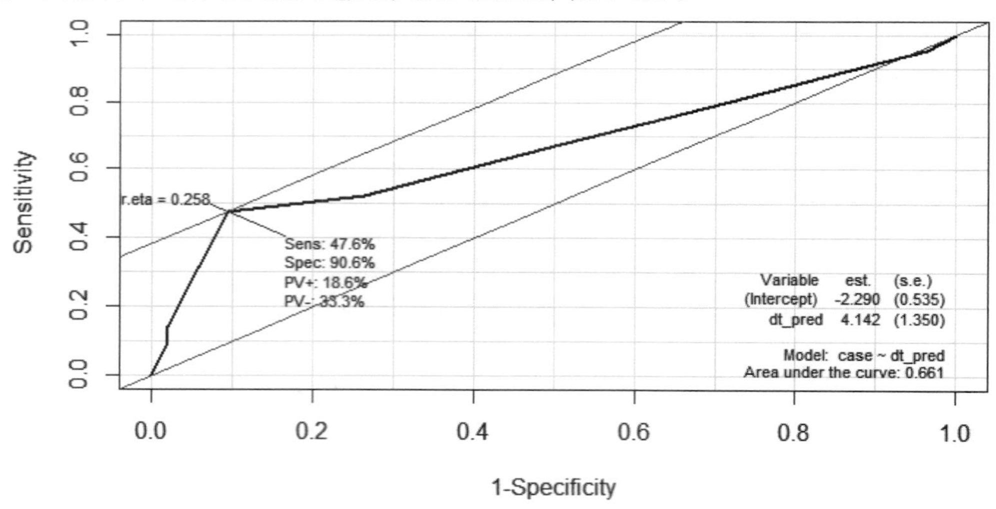


두 분류 분석 모형 간의 평가 결과 신경망 모형의 AUC(0.723)가 의사결정나무의 AUC(0.661)보다 크게 나와 신경망 모형의 분류 분석 모형이 더 높은 성과를 보인다고 할 수 있다.

## 다. 이익도표와 향상도 곡선

이익(gain)은 목표 범주에 속하는 개체들이 각 등급에 얼마나 분포하고 있는지를 나타내는 값으로 해당 등급에 따라 계산된 이익값을 누적으로 연결한 도표가 이익 도표(gain chart)이다. 즉 분류 분석 모형을 사용하여 분류된 관측치가 각 등급별로 얼마나 포함되는지를 나타내는 도표이다. 향상도 곡선(lift curve)은 랜덤 모델과 비교하여 해당 모델의 성과가 얼마나 향상되었는지를 각 등급별로 파악하는 그래프이다. 상위 등급에서의 향상도가 매우 크고 하위 등급으로 갈수록 향상도가 감소하게 되며 일반적으로 이러한 모형의 예측력이 적절함을 의미하지만 등급에 관계없이 향상도에 차이가 없으면 모형의 예측력이 좋지 않음을 나타낸다.

앞서 살펴본 ROC 그래프의 [예제 4]에 이어 신경망 모형과 의사결정나무 모형 간의 향상도 곡선 비교 평가를 위하여 R 패키지 {ROCR}을 사용한다. {Epi} 패키지의 ROC() 함수의 경우 두 그래프를 함께 나타내기 어려운 반면 {ROCR} 패키지는 여러 모형의 ROC 그래프 및 향상도 곡선을 함께 나타낼 수 있다는 장점이 있다.

[예제 5] prediction()함수를 사용하여 ROC 그래프 및 향상도 그래프의 자료를 준비하고 신경망 모형과 의사결정나무 모형의 ROC 그래프를 performance() 함수를 사용하여 비교한다.

```
> library(ROCR)
> n_r <- prediction(testData$net_pred, testData$case)
> d_r <- prediction(testData$dt_pred, testData$case)
> n_p <- performance(n_r, "tpr","fpr") # ROC graph for neural network
> d_p <- performance(d_r, "tpr","fpr") # ROC graph for decision tree
> plot(n_p, col="red") # neural network (Red)
> par(new=TRUE)
> plot(d_p, col="blue") # decision tree (Blue)
> abline(a=0, b=1) # random model graph (Black)
```

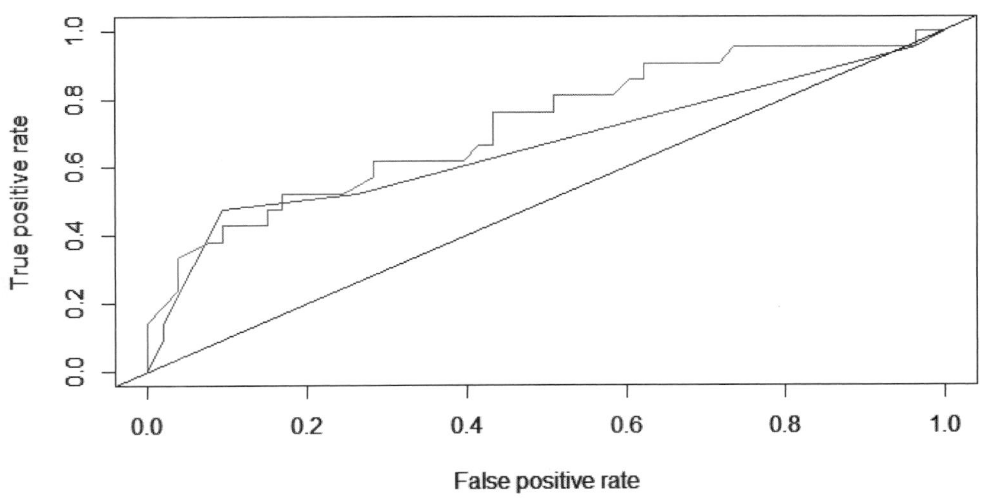

다음은 신경망 모형의 향상도 곡선 예제이다. 결과적으로 신경망 모형의 경우 상위 20%의 집단에 대하여 랜덤 모델과 비교할 때 약 2배의 성과 향상을 보인다.

```
> n_lift <- performance(n_r, "lift", "rpp")
> plot(n_lift, col="red")
> abline(v=0.2) # black line
```

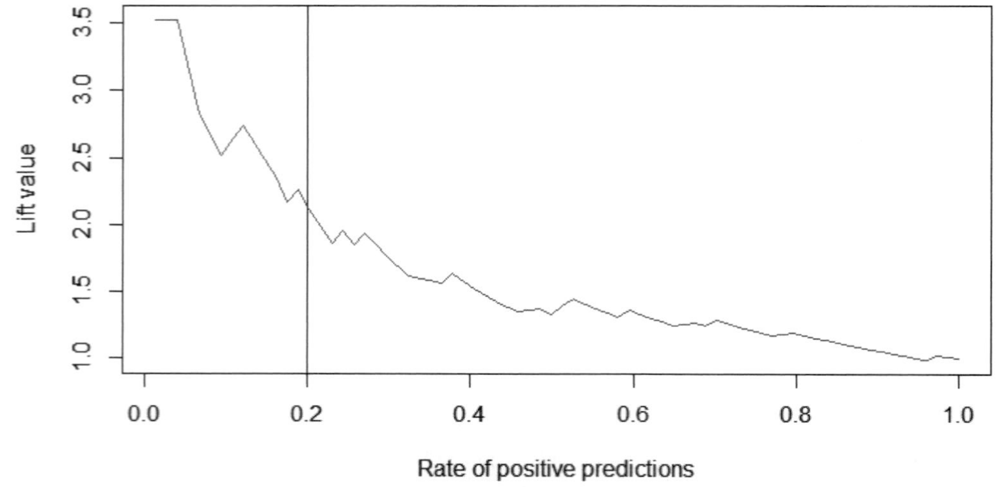

# 제3절 군집 분석

군집 분석(cluster analysis)은 각 개체에 대해 관측된 여러 개의 변수 $(x_1, x_2, \cdots, x_p)$ 값들로부터 $n$개의 개체를 유사한 성격을 가지는 몇 개의 군집으로 집단화하고, 형성된 군집들의 특성을 파악하여 군집들 사이의 관계를 분석하는 다변량분석 기법이다. 군집 분석에 이용되는 다변량 자료는 별도의 반응변수가 요구되지 않으며, 오로지 개체들 간의 유사성(similarity)에만 기초하여 군집을 형성한다. 군집 분석은 이상값탐지에도 사용되며, 심리학, 사회학, 경영학, 생물학 등 다양한 분야에 이용되고 있다.

군집화의 방법에는 계층적군집, 분리(partitioning)군집, 밀도-기반군집, 모형-기반군집, 격자-기반군집, 커널-기반군집, SOM(Self-Organizing Maps) 방법 등이 있다.

## 1. 계층적 군집

계층적군집(hierarchical clustering)은 가장 유사한 개체를 묶어 나가는 과정을 반복하여 원하는 개수의 군집을 형성하는 방법이다. 보통 계통도 또는 덴드로그램(dendrogram)의 형태로 결과가 주어지며 각 개체는 하나의 군집에만 속하게 된다. 개체간의 유사성(또는 거리)에 대한 다양한 정의가 가능하며, 군집간의 연결법(최단연결법, 최장연결법, 평균연결법, 중심연결법, 와드연결법)에 따라 군집의 결과가 달라질 수 있다.

계층적군집을 형성하는 방법에는 작은 군집으로부터 출발하여 군집을 병합해 나가는 병합적(agglomerative) 방법과, 큰 군집으로부터 출발하여 군집을 분리해 나가는 분할적(divisive) 방법이 있다. 다음 그림은 병합적 방법으로 계층적군집을 형성해 나가는 과정을 보여준다. 한 개의 항목으로 시작하여 군집을 형성해 나가는 매 단계 마다 모든 그룹 쌍 간의 거리를 계산하여 가까운 순으로 병합을 수행한다. 이 과정을 한 개 그룹만 남을 때 까지 혹은 종료의 조건이 될 때 까지 반복한다. 여기에서 그룹 혹은 항목간의 상대적 거리가 가까울수록 유사성(similarity)이 높다고 말할 수 있다.

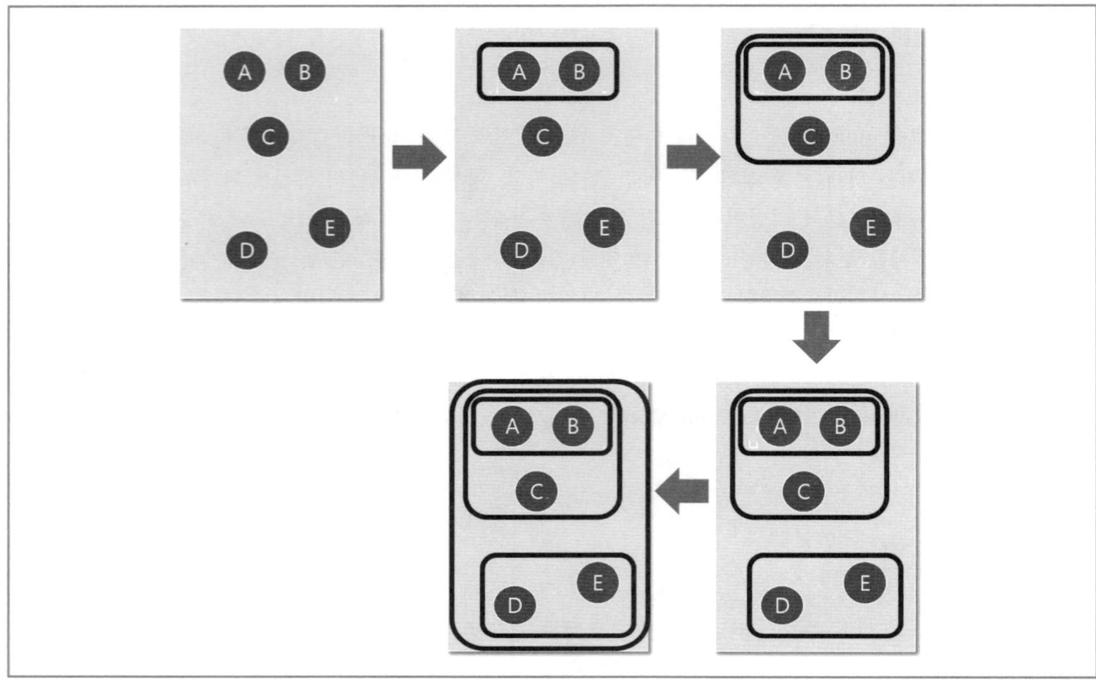


[그림 Ⅳ-3-10] 계층적 군집의 원리

계층적 군집의 결과는 다음과 같이 덴드로그램(dendrogram)의 형태로 표현된다. 이 그림을 통해 군집들 간의 구조적 관계를 쉽게 살펴볼 수 있다. 이 구조를 통해서 항목간의 거리, 군집간의 거리를 알 수 있고 군집 내의 항목 간 유사정도를 파악함으로써 군집의 견고성을 해석할 수 있다.

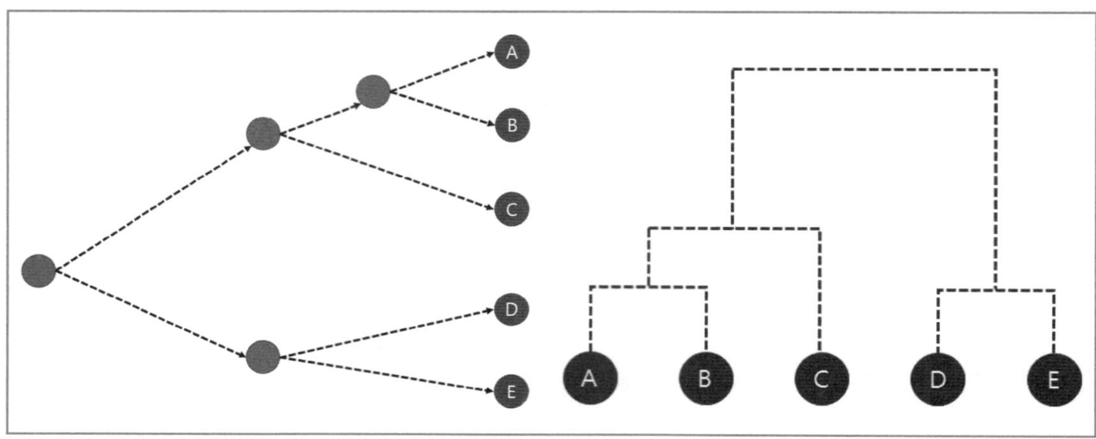


[그림 Ⅳ-3-11] 계층구조 덴드로그램

계층적군집을 수행할 때 두 군집간의 거리를 측정하는 방법에 따라 병합방법이 달라진다. 거리측정(또는 병합) 방법에는 최단연결법, 최장연결법, 중심연결법, 평균연결법, 와드연결법이 있다.

최단연결법 또는 단일연결법(single linkage method)은 두 군집 사이의 거리를 각 군집에서 하나씩 관측 값을 뽑았을 때 나타날 수 있는 거리의 최소값으로 측정한다. 최단거리를 사용할 때 사슬 모양으로 생길 수 있으며, 고립된 군집을 찾는데 중점을 둔 방법이다.

최장연결법 또는 완전연결법(complete linkage method)은 두 군집 사이의 거리를 각 군집에서 하나씩 관측 값을 뽑았을 때 나타날 수 있는 거리의 최대값으로 측정한다. 같은 군집에 속하는 관측치는 알려진 최대 거리보다 짧으며, 군집들의 내부 응집성에 중점을 둔 방법이다.

중심연결법(centroid linkage)은 두 군집의 중심 간의 거리를 측정한다. 두 군집이 결합될 때 새로운 군집의 평균은 가중평균을 통해 구해진다.

평균연결법(average linkage)은 모든 항목에 대한 거리 평균을 구하면서 군집화를 하기 때문에 계산량이 불필요하게 많아질 수 있다.

마지막으로 와드연결법(ward linkage)은 군집간의 거리에 기반하는 다른 연결법과는 달리 군집내의 오차제곱합(error sum of square)에 기초하여 군집을 수행한다. 보통 두 군집이 합해지면 병합된 군집의 오차제곱합은 병합 이전 각 군집의 오차제곱합의 합 보다 커지게 되는데, 그 증가량이 가장 작아지는 방향으로 군집을 형성해 나가는 방법이다. 와드연결법은 크기가 비슷한 군집끼리 병합하는 경향이 있다.

이상에서 언급한 여러 가지 연결법들을 그림으로 나타내면 다음과 같다.

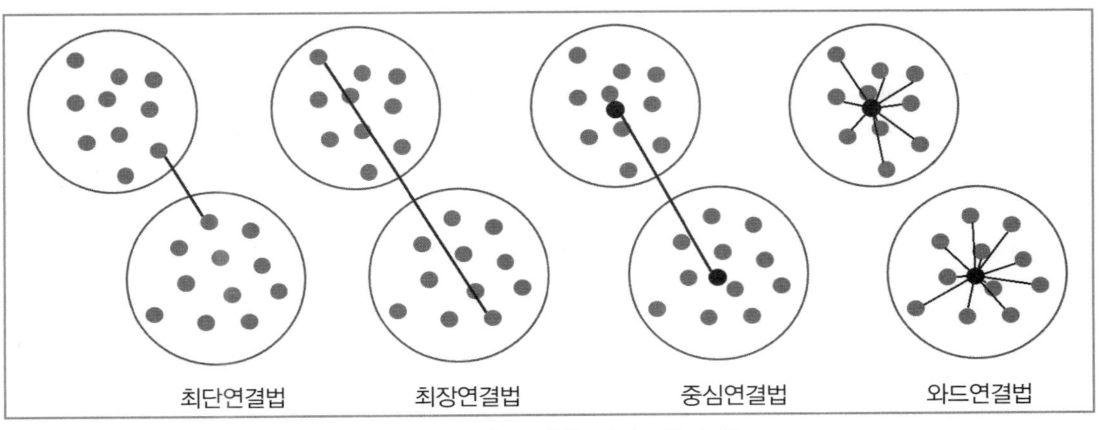


**[그림 Ⅳ-3-12] 다양한 연결법들의 원리**

계층적군집은 두 개체(또는 군집) 간의 거리(또는 비유사성)에 기반하여 군집을 형성해 나가므로 거리에 대한 정의가 필요하다.

모든 변수가 연속형인 경우에는 다음과 같은 다양한 거리가 사용될 수 있다.

- 유클리드(Euclidian) 거리:

$$d(i, j) = \sqrt{\sum_{f=1}^{p}(x_{if} - x_{jf})^2}$$

- 맨하튼(Manhattan) 또는 시가(city-block) 거리:

$$d(i, j) = \sum_{f=1}^{p}|x_{if} - x_{jf}|$$

- 민코우스키(Minkowski) 거리:

$$d(i, j) = \left[\sum_{f=1}^{p}(x_{if} - x_{jf})^m\right]^{1/m}$$

- 표준화(standardized) 거리:

$$d(i, j) = \sqrt{(x_i - x_j)'\, D^{-1}\,(x_i - x_j)}, \quad D = Diag(S_{11}, \cdots, S_{pp})$$ : 표본분산 (대각)행렬

- 마할라노비스(Mahalanobis distance) 거리:

$$d(i, j) = \sqrt{(x_i - x_j)'\, S^{-1}\,(x_i - x_j)}, \quad S = (S_{ij})_{p \times p}$$ : 표본 공분산 행렬

이 가운데 유클리드 거리, 맨하튼 거리, 민코우스키 거리는 수학적 거리로 생각할 수 있으며, 표준화 거리와 마할라노비스 거리는 통계적 거리로 생각할 수 있다. 표준화거리는 변수의 측정단위를 표준화한 거리이며, 마할라노비스 거리는 변수의 표준화와 함께 변수 간의 상관성(분포 형태)을 동시에 고려한 통계적 거리로 생각할 수 있다. 이 외에도 체비세프(Chebychev) 거리, 켄버라(Canberra) 거리가 있으며, 유사성 측도인 코사인(cosine) 거리, 상관계수(correlation coefficient) 등을 이용하여 거리를 정의할 수도 있다.

모든 변수가 명목형인 경우에는 개체 $i$와 $j$간의 거리는 다음과 같이 정의될 수 있다.

$d(i, j)$ = (개체 i와 j에서 다른 값을 가지는 변수의 수)/(총변수의 수)

이 외에도 명목형 자료에 대한 거리에는 유사성 측도인 단순 일치 계수(Simple Matching Coefficient), 자카드(Jaccard) 계수 등을 이용하거나, 순서형 자료의 경우에는 순위 상관 계수(rank correlation coefficient)를 이용하여 거리를 정의할 수 있다. 유사성(similarity)과 거리(distance)는 반대의 개념임에 유의하여 사용하기 바란다.

R에서 계층적군집을 수행할 때, 병합적 방법을 사용하는 함수에는 hclust{stats}와 {cluster} 패키지의 agnes(), mclust() 함수가 있으며, 분할적 방법을 사용하는 함수에는 {cluster} 패키지의 diana(), mona() 함수가 있다.

다음의 [예제 1]은 hclust() 함수를 이용하여 계층적 군집을 수행한다.

[예제 1] USArrests 자료는 미국 50개 주에서 1973년에 발생한 폭행, 살인, 강간 범죄를 주민 100,000명 당 체포된 사람의 통계 자료이다. 주별 전체 인구에 대한 도시의 인구 비율을 함께 제공한다.

dist()는 거리(또는 비유사성)행렬을 제공하는 함수로 method= 옵션을 통해 다양한 방식으로 거리를 정의할 수 있다. dist() 함수의 method= 옵션에는 "euclidean", "maximum", "manhattan", "binary", "minkowski" 등이 있다. hclust() 함수는 계층적 군집 분석을 수행하는 함수로 method= 옵션을 통해 병합(또는 연결) 방법을 지정할 수 있다. hclust() 함수의 method= 옵션에는 "ward", "single", "complete", "average", "centroid" 등이 있다.

```
> data(USArrests)
> str(USArrests)
'data.frame':      50 obs. of  4 variables:
 $ Murder  : num  13.2 10 8.1 8.8 9 7.9 3.3 5.9 15.4 17.4 ...
 $ Assault : int  236 263 294 190 276 204 110 238 335 211 ...
 $ UrbanPop: int  58 48 80 50 91 78 77 72 80 60 ...
 $ Rape    : num  21.2 44.5 31 19.5 40.6 38.7 11.1 15.8 31.9 25.8 ...

> d <- dist(USArrests, method="euclidean")
> fit <- hclust(d, method="ave")
```

계층적군집 분석의 결과는 plot() 함수를 통해 덴드로그램으로 시각화 할 수 있다.

```
> par(mfrow=c(1,2))
> plot(fit)
> plot(fit, hang = -1)
> par(mfrow=c(1,1))
```

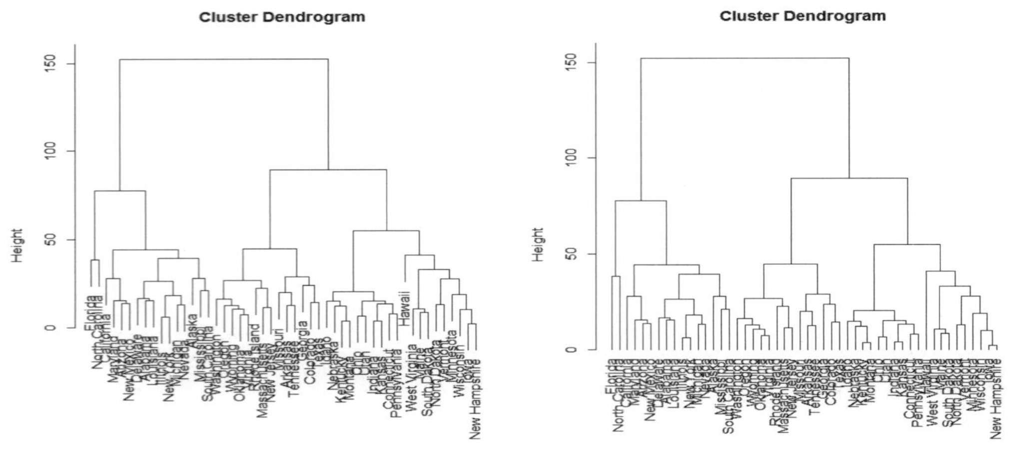


cutree()는 계층적군집의 결과를 이용하여 tree의 높이(h)나 그룹의 수(k)를 옵션으로 지정하여 원하는 수의 그룹으로 나눌 수 있다.

```
> groups <- cutree(fit, k=6)
> groups
      Alabama        Alaska       Arizona      Arkansas    California
            1             1             1             2             1
     Colorado   Connecticut      Delaware       Florida       Georgia
            2             3             1             4             2
       Hawaii         Idaho      Illinois       Indiana          Iowa
            5             3             1             3             5
       Kansas      Kentucky     Louisiana         Maine      Maryland
            3             3             1             5             1
Massachusetts      Michigan     Minnesota   Mississippi      Missouri
            6             1             5             1             2
      Montana      Nebraska        Nevada New Hampshire    New Jersey
            3             3             1             5             6
   New Mexico      New York North Carolina  North Dakota          Ohio
            1             1             4             5             3
```

```
      Oklahoma         Oregon   Pennsylvania   Rhode Island South Carolina
             6              6              3              6              1
  South Dakota      Tennessee          Texas           Utah        Vermont
             5              2              2              3              5
      Virginia     Washington  West Virginia      Wisconsin        Wyoming
             6              6              5              5              6
```

덴드로그램은 plot() 함수와 rect.hclust() 함수를 이용하여 각각의 그룹을 사각형으로 구분지어 나타낼 수 있다. 위에서 cutree() 함수로 나누어진 그룹과 동일하게 표시되었음을 확인 할 수 있다.

```
> plot(fit)
> rect.hclust(fit, k=6, border="red")
```

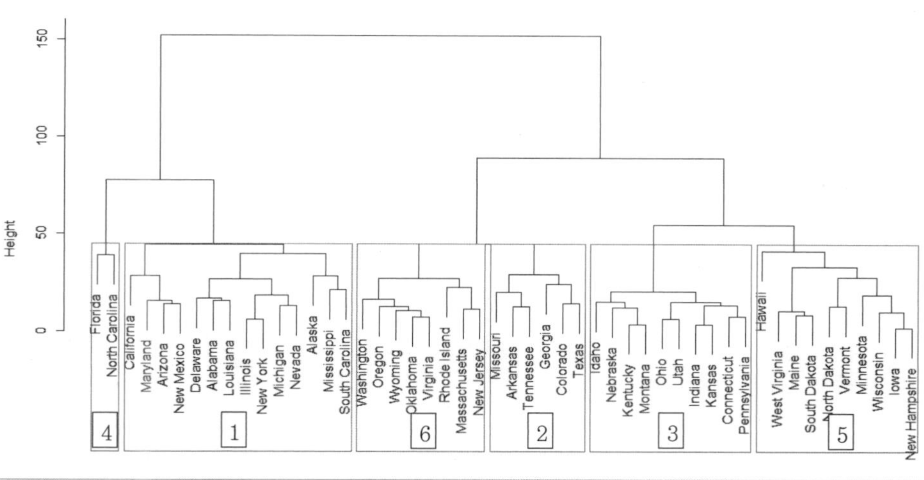

rect.hclust() 함수는 그룹수(k)를 이용하여 그룹을 시각화 할 뿐 아니라, tree의 높이(h)와 위치(which)를 이용하여 그룹의 전체 또는 일부를 나타낼 수 있다.

```
> hca <- hclust(dist(USArrests))
> plot(hca)
> rect.hclust(hca, k = 3, border = "red")
> rect.hclust(hca, h = 50, which = c(2,7), border = 3:4)
```

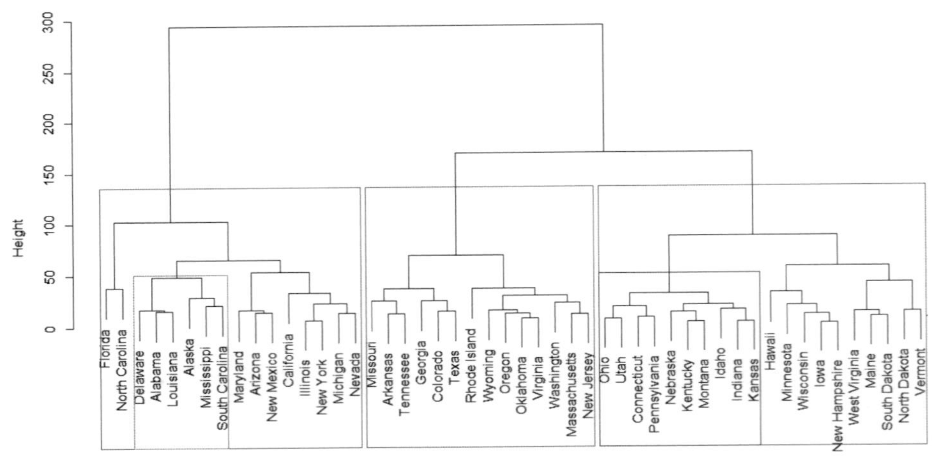


R 패키지 {cluster}의 agnes() 함수는 계층적 군집방법 중 병합적 방법을 이용하여 분석한다. 여기서 metric= 옵션을 통해 “euclidean”, "manhattan" 등의 거리를 지정할 수 있으며, method= 옵션을 통해 병합(또는 연결) 방법을 지정할 수 있다. metric= 옵션을 이용하지 않고 daisy() 함수를 이용하여 거리를 계산할 수도 있다. daisy() 함수는 데이터 관측치 사이의 거리를 계산해 주며, 자료의 형태가 수치형일 필요가 없다는 점에서 앞서 소개한 dist() 함수보다 유연하다. daisy() 함수의 옵션에는 "euclidean", "manhattan", “gower" 등이 있다.

[예제 2] USArrests 자료에 대해 agnes() 함수를 이용하여 계층적군집을 수행한다.

```
> library(cluster)
> agn1 <- agnes(USArrests, metric="manhattan", stand=TRUE)
> agn1
> par(mfrow=c(1,2))
> plot(agn1)
```

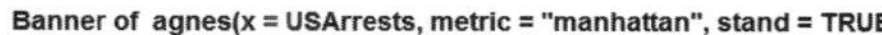


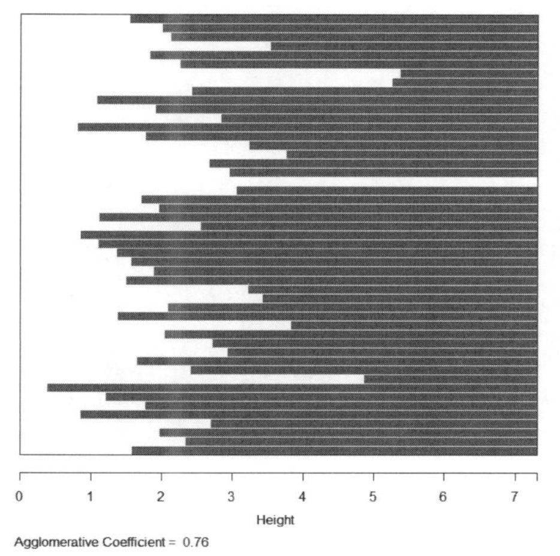


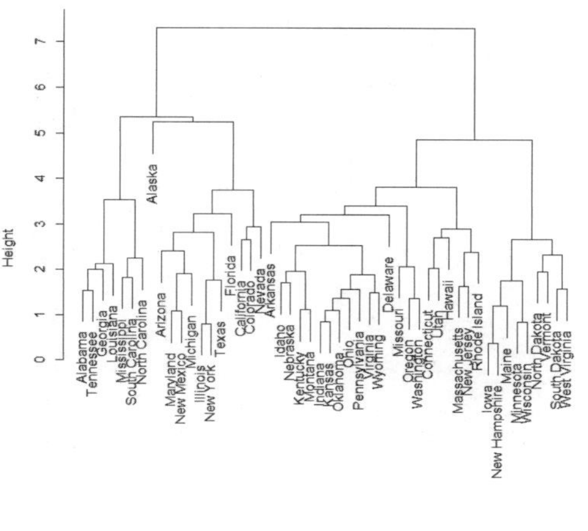


```
> agn2 <- agnes(daisy(USArrests), diss=TRUE, method="complete")
> plot(agn2)
```

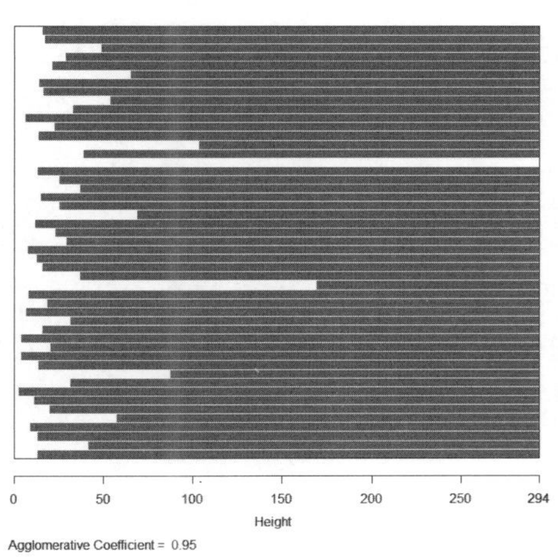


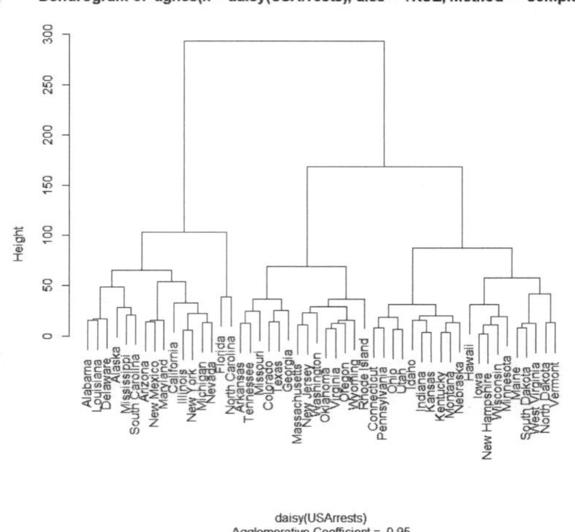


```
> agn3 <- agnes(USArrests, method ="flexible", par.meth=0.6)
> plot(agn3)
> par(mfrow=c(1,1))
```

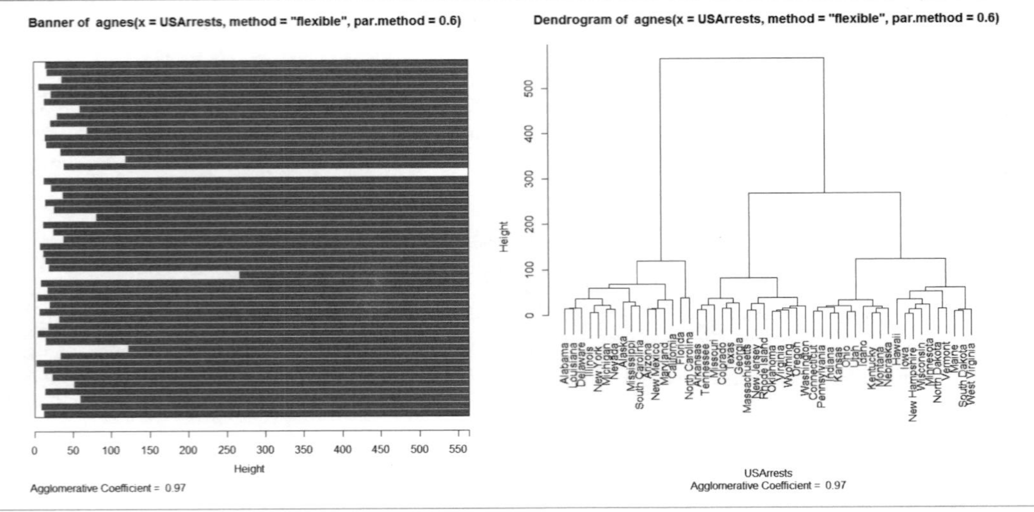


계층적 군집 모형의 특징은 다음과 같다. 계층적군집 방법은 군집을 형성하는 매 단계에서 지역적(local) 최적화를 수행해 나가는 방법을 사용하므로 그 결과가 전역적인(global) 최적해라고 볼 수는 없다. 병합적 방법에서 한번 군집이 형성되면 군집에 속한 개체는 다른 군집으로 이동할 수 없다. 중심연결법, 와드연결법 등에서는 군집의 크기에 가중을 두어 병합을 시도하므로 크기가 큰 군집과의 병합이 유도될 수 있다.

## 2. k-평균 군집

k-평균군집(k-means clustering)은 원하는 군집 수만큼(k개) 초기값을 지정하고, 각 개체(데이터)를 가까운 초기값에 할당하여 군집을 형성한 뒤, 각 군집의 평균을 재계산하여 초기값을 갱신한다. 갱신된 값에 대해 위의 할당과정을 반복하여 k개의 최종군집을 형성한다.

k-평균군집의 절차(알고리즘)는 다음과 같다.

단계1. 초기 (군집의) 중심으로 $k$개의 객체를 임의로 선택한다.
단계2. 각 자료를 가장 가까운 군집 중심에 할당한다.
단계3. 각 군집 내의 자료들의 평균을 계산하여 군집의 중심을 갱신(update)한다.
단계4. 군집 중심의 변화가 거의 없을 때(또는 최대 반복수)까지 단계2와 단계3을 반복한다.

위의 단계2는 자료들의 군집의 중심점(평균)으로부터의 오차제곱합

$$E=\sum_{i=1}^{k}\sum_{x \in C_i}(x-\overline{x}_i), \quad \overline{x}_i=\frac{1}{n}\sum_{x \in C_i}x$$

이 최소가 되도록 각 자료를 할당하는 과정이다.

아래의 그림은 k-평균군집의 절차를 나타낸 것이다.

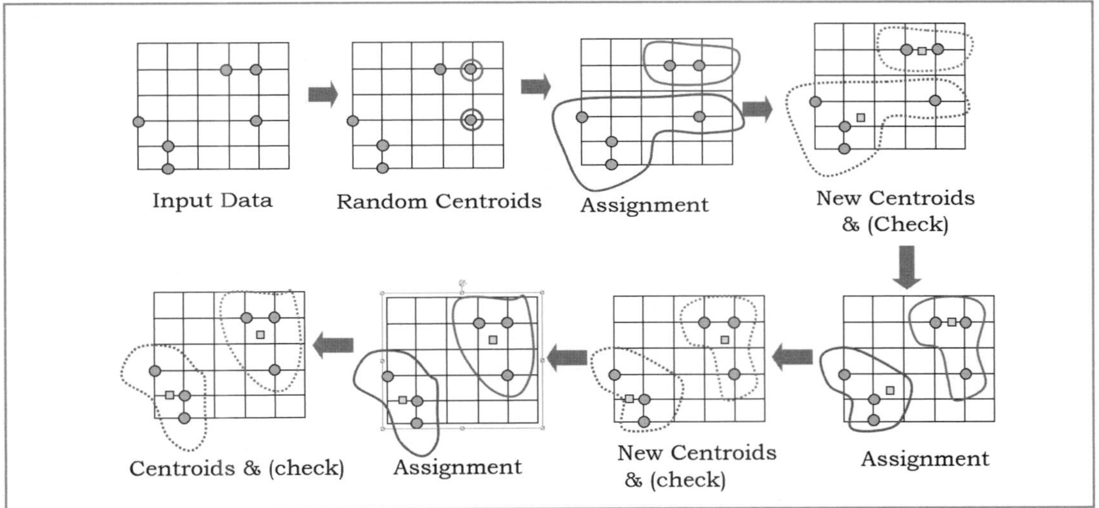


**[그림 Ⅳ-3-13] k-평균 군집의 절차**

k-평균군집에서 군집의 수(k)는 미리 정해 주어야 하며, k-개의 초기 중심값은 임의로 선택될 수 있으나, 자료값 중에서 무작위로 선택하는 것이 보다 편리할 것이다. 다만 초기 중심점들은 서로 멀리 떨어져 있는 것이 바람직하며, 초기값에 따라 군집 결과가 크게 달라질 수 있다. 또한 k-평균군집은 군집의 매 단계마다 군집 중심으로부터의 오차제곱합을 최소화하는 방향으로 군집을 형성해나가는(부분 최적화를 수행하는) 탐욕적(greedy) 알고리즘으로 간주될 수 있으며, 안정된 군집은 보장하나 전체적으로 최적이라는 것은 보장하지 못한다.

k-평균군집은 알고리즘이 단순하며, 빠르게 수행되며 계층적 군집보다 많은 양의 자료를 다룰 수 있으며, 평균 등 거리 계산에 기반하므로 모든 변수가 연속적이어야 한다. 단점으로는 잡음이나 이상값에 영향을 많이 받으며(군집의 중심을 계산하는 과정에서), 볼록한 형태가 아닌(non-convex) 군집(예를 들어, U-형태의 군집)이 존재할 경우에는 성능이 떨어진다.

아래의 그림은 k-평균군집이 이상값 자료에 대해 민감하게 반응하는 과정을 보여준다.

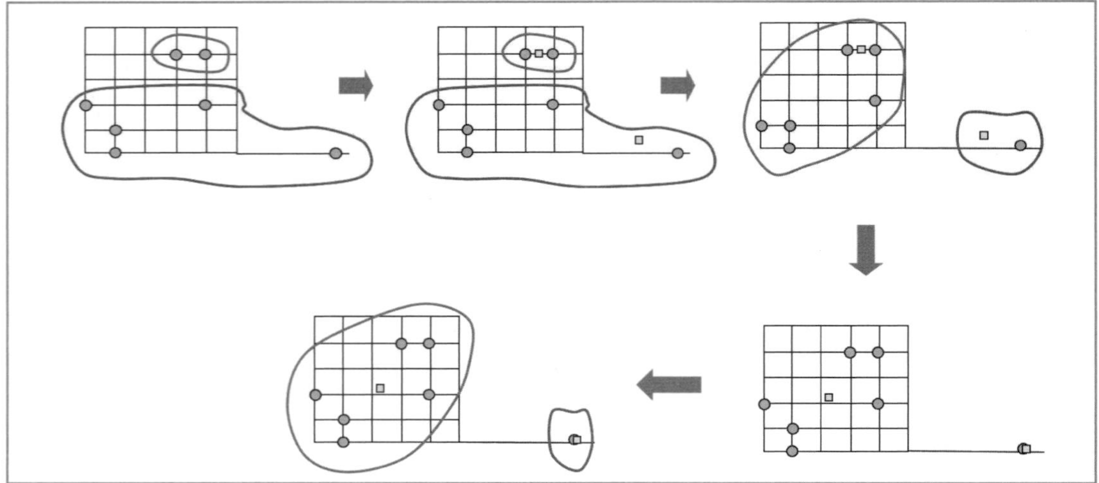

[그림 Ⅳ-3-14] 이상값에 민감하게 반응하는 k-평균 군집

이상값 자료에 민감한 k-평균군집의 단점을 보완하기 위해 군집을 형성하는 매 단계 마다 평균 대신 중앙값을 사용하는 k-중앙값(k-medoids)군집을 사용할 수 있다(R에서 k-중앙값군집은 pam() 함수를 이용한다). k-평균군집을 수행하기 전 탐색적 자료분석을 통해 이상값을 미리 제거하는 것도 좋은 방법이다.

R에서 kmeans() 함수는 k-평균군집을 수행한다. 이 때, 임의로 선택되는 초기값에 따라 결과가 달라지는 것을 없애기 위해서는 set.seed()를 사용한다. 또한 nstart= 옵션은 다중(multiple)의 초기값에 대해 k-평균군집을 수행하고 그 가운데 최적의 결과를 제시해 준다(종종 nstart=25를 추천한다).

계층적 군집과는 달리 k-평균군집은 군집의 수를 미리 정해주어야 한다. 패키지 {Nbclust}를 통해 적절한 군집의 수에 대한 정보를 얻을 수 있다. 군집 수에 따른 집단 내 제곱합(within-groups sum of squares)의 그래프를 그려보는 것도 군집 수를 정하는데 도움이 된다. 이 그래프는 아래의 함수를 이용하여 그릴 수 있다.

```
> wssplot <- function(data, nc=15, seed=1234){
              wss <- (nrow(data)-1)*sum(apply(data,2,var))
              for (i in 2:nc){
                  set.seed(seed)
                  wss[i] <- sum(kmeans(data, centers=i)$withinss)}
               plot(1:nc, wss, type="b", xlab="Number of Clusters",
                    ylab="Within groups sum of squares")}
```

위 함수에서 data는 수치형의 자료이며, nc는 고려할 군집의 최대 수, seed는 난수 발생 초기값이다.

아래의 [예제 1]은 kmeans() 함수를 이용하여 k-평균군집을 수행한다.

[예제 1] 분석에 사용되는 자료 패키지 {rattle}에서 제공하는 178개 이탈리안 와인에 대해 13가지의 화학적 성분을 측정한 자료이다.

```
> data(wine, package="rattle")
> head(wine)
  Type Alcohol Malic  Ash Alcalinity Magnesium Phenols Flavanoids Nonflavanoids
1    1   14.23  1.71 2.43       15.6       127    2.80       3.06          0.28
2    1   13.20  1.78 2.14       11.2       100    2.65       2.76          0.26
3    1   13.16  2.36 2.67       18.6       101    2.80       3.24          0.30
4    1   14.37  1.95 2.50       16.8       113    3.85       3.49          0.24
5    1   13.24  2.59 2.87       21.0       118    2.80       2.69          0.39
6    1   14.20  1.76 2.45       15.2       112    3.27       3.39          0.34
  Proanthocyanins Color  Hue Dilution Proline
1            2.29  5.64 1.04     3.92    1065
2            1.28  4.38 1.05     3.40    1050
3            2.81  5.68 1.03     3.17    1185
4            2.18  7.80 0.86     3.45    1480
5            1.82  4.32 1.04     2.93     735
6            1.97  6.75 1.05     2.85    1450
```

변수의 측정 단위(또는 범위)가 매우 다르므로 군집 분석을 수행하기 전에 scale() 함수를 이용하여 표준화를 수행하고, 적절한 군집 수를 정하기 위해 앞서 소개된 wssplot() 함수를 수행한다.

```
> df <- scale(wine[-1])
> wssplot(df)
```

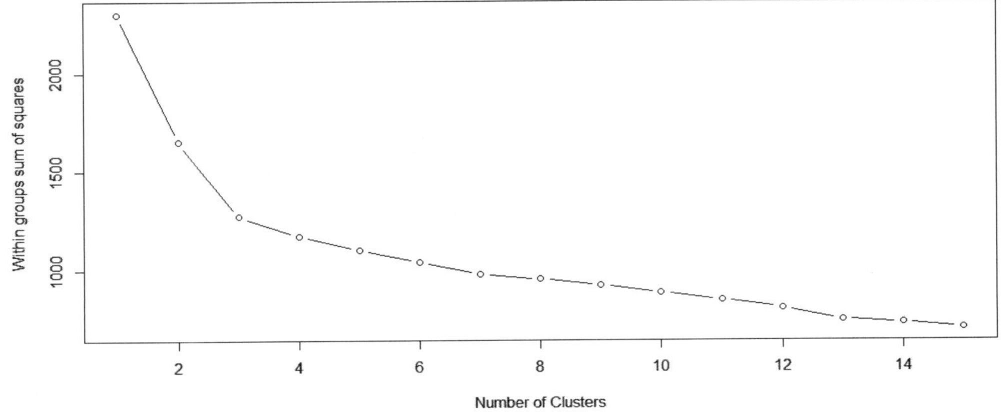

군집수 3에서 오차제곱합이 크게 감소되었음을 확인할 수 있다. 군집수의 결정은 아래와 같이 Nbclust{Nbclust}를 이용할 수도 있다.

```
> library(NbClust)
> set.seed(1234)
> nc <- NbClust(df, min.nc=2, max.nc=15, method="kmeans")
> table(nc$Best.n[1,])

 0  1  2  3 10 12 14 15
 2  1  4 15  1  1  1  1

> barplot(table(nc$Best.n[1,]),
          xlab="Numer of Clusters", ylab="Number of Criteria",
          main="Number of Clusters Chosen by 26 Criteria")
```

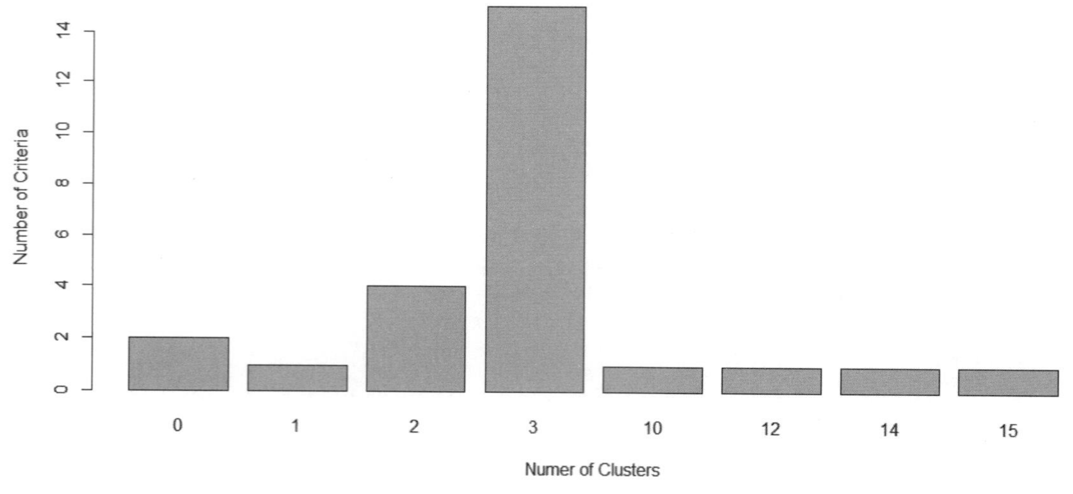


최적의 군집수를 정하기 위해 사용되는 지수(총 30개 중 여기서는 26개의 지수가 계산됨) 가운데 15개의 지수가 3을 최적의 군집수로 투표(majority voting)한 결과를 보여준다.

군집의 수(k)를 3으로 하여 kmeans()를 수행한 결과는 다음과 같다. 각 군집의 크기와 중심값을 보여준다. 군집 결과의 시각화는 plot() 함수를 이용한다.

```
> set.seed(1234)
> fit.km <- kmeans(df, 3, nstart=25)
> fit.km$size
[1] 62 65 51

> fit.km$centers
  Alcohol Malic   Ash Alcalinity Magnesium Phenols Flavanoids Nonflavanoids
1    0.83 -0.30  0.36      -0.61     0.576   0.883      0.975        -0.561
2   -0.92 -0.39 -0.49       0.17    -0.490  -0.076      0.021        -0.033
3    0.16  0.87  0.19       0.52    -0.075  -0.977     -1.212         0.724
  Proanthocyanins Color   Hue Dilution Proline
1           0.579  0.17  0.47     0.78    1.12
2           0.058 -0.90  0.46     0.27   -0.75
3          -0.778  0.94 -1.16    -1.29   -0.41

> plot(df, col=fit.km$cluster)
> points(fit.km$center, col=1:3, pch=8, cex=1.5)
```

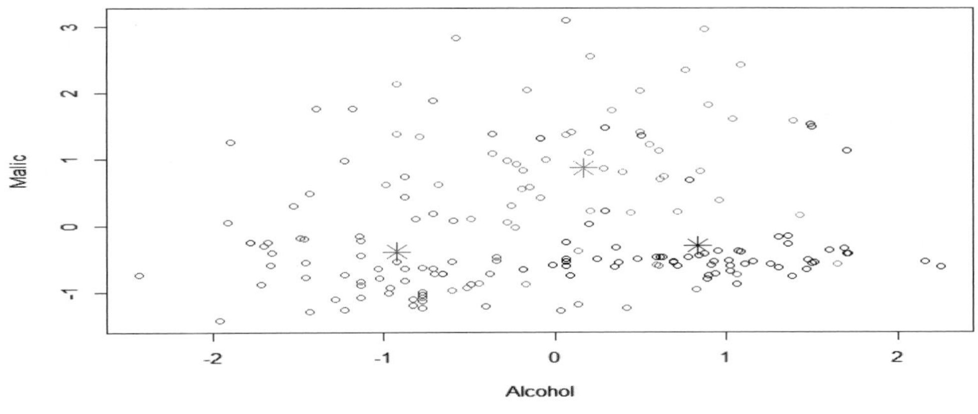

각 군집별로 변수의 요약값을 측정단위의 척도로 나타내면 다음과 같다.

```
> aggregate(wine[-1], by=list(cluster=fit.km$cluster), mean)

  cluster Alcohol Malic Ash Alcalinity Magnesium Phenols Flavanoids
1       1      14   1.8 2.4         17       106     2.8        3.0
2       2      12   1.6 2.2         20        88     2.2        2.0
3       3      13   3.3 2.4         21        97     1.6        0.7
  Nonflavanoids Proanthocyanins Color  Hue Dilution Proline
1          0.29             1.9   5.4 1.07      3.2    1072
2          0.35             1.6   2.9 1.04      2.8     495
3          0.47             1.1   7.3 0.67      1.7     620
```

다음은 k-평균군집의 결과에 대한 정오분류표를 제시한다.

```
> ct.km <- table(wine$Type, fit.km$cluster)
> ct.km
     1  2  3
  1 59  0  0
  2  3 65  3
  3  0  0 48
```

패키지 {flexclust}의 randIndex() 함수를 이용하면 실제 와인의 종류(Type)와 군집간의 일치도(agreement)를 나타내는 수정된 순위 지수(adjusted rank index)를 구할 수 있다. 여기서 수정된의 의미는 우연에 의해 발생되는 경우를 고려한 값이다. 이 지수는 −1(no agreement)과 1(perfect agreement) 사이의 값을 가진다.

```
> library(flexclust)
> randIndex(ct.km)
     ARI
0.897495
```

다음 [예제 2]는 패키지 {flexclust}의 kcca() 함수를 이용하여 k=평균군집을 수행한 예제이다. 패키지 {flexclust}는 다양한 시각화 기능을 제공한다.

[예제 2] Nclus는 {flexclust} 패키지에서 제공하는 데이터로써, 서로 다른 4개의 이변량 정규분포로부터 발생된 난수로 구성된 자료이다.

```
> library(flexclust)
> data("Nclus")
> plot(Nclus)
```

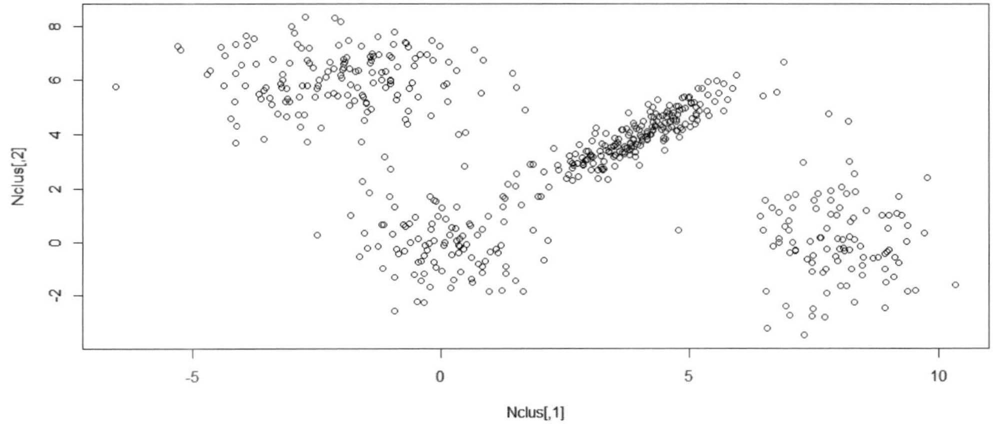


```
> cl <- kcca(Nclus, k=4, family=kccaFamily("kmeans"))
> image(cl)
> points(Nclus)
```

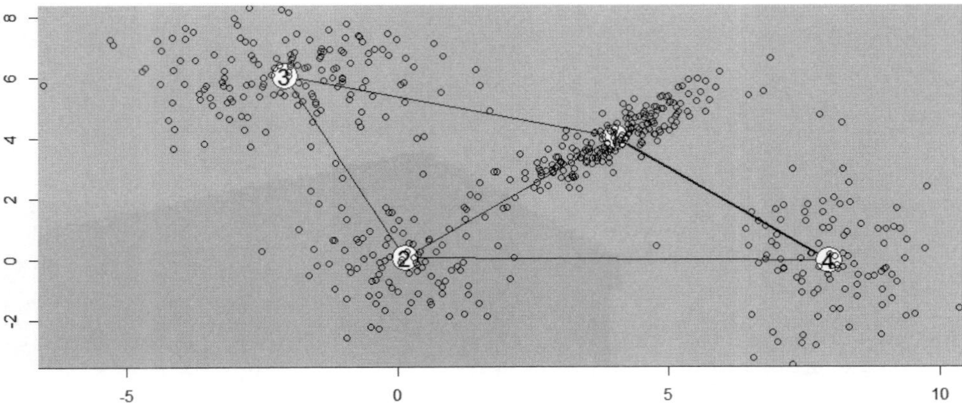

```
> barplot(cl)
```

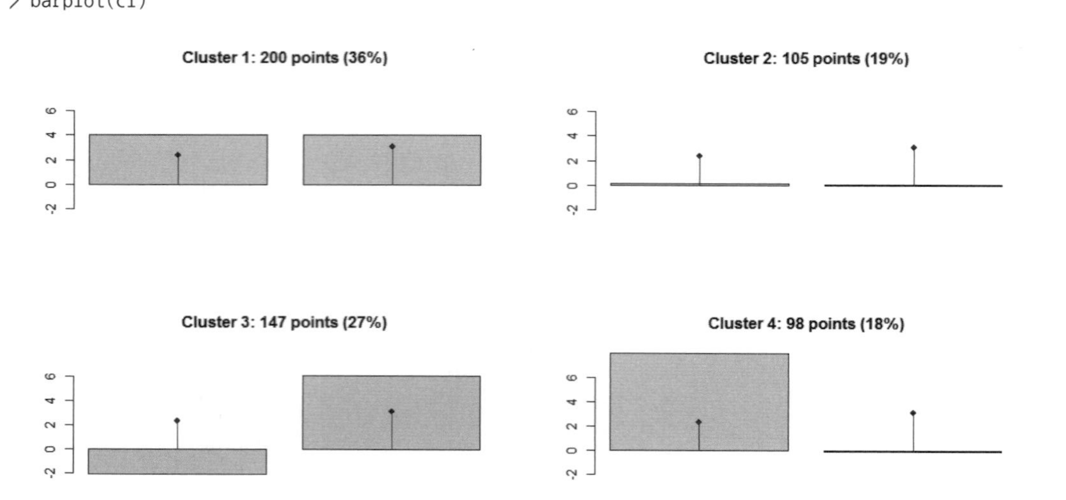


위 그림은 각 군집의 (변수별) 중심이 전체 군집의 중심(상자 안의 막대)으로부터 얼마나 벗어나 있는지를 나타낸다.

아래 그림은 줄무늬를 이용하여 각 군집내의 자료들이 해당 군집의 평균으로부터 얼마나 떨어져 있는지를 나타낸다.

```
> stripes(cl)
```

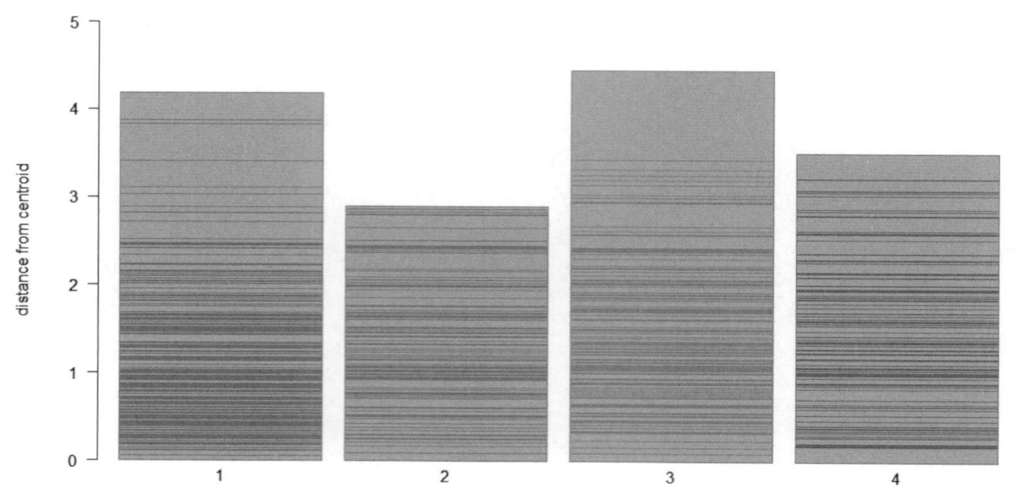

R 패키지 {flexclust}의 kcca() 함수는 k-중심군집(k-centroids clustering)을 수행한다. family= 옵션을 이용하여 “kmeans", "kmedians", "angle", "jaccard" 또는 ”ejaccard" 방법을 이용할 수 있으며, 여기서는 k-means 옵션을 사용하였다. kcca() 함수의 적용 결과는 image{graphics}, barplot{graphics}, barchart{lattice}, stripes{flexclust} 함수 등을 통해 시각화 될 수 있다.

다음 [예제 3]은 패키지 {cclust}의 cclust() 함수를 이용하여 k-평균군집을 수행한 예제이다. cclust()는 convex clustering을 수행하는 함수로 패키지 {flexclust}에도 동일한 이름의 함수가 있으며, 두 함수의 기능은 동일하다.

[예제 3] [예제 2]와 동일한 자료를 사용하여 분석한다.

cclust() 함수에서 method= 옵션에는 "kmeans", "hardcl", "neuralgas"가 있다. 이 가운데 “kmeans"는 MacQueen(1967)의 고전적인 kmeans 알고리즘을 사용하며, ”hardcl"은 hard competitive learning방법을 사용하며, “neuralgas"은 이와 유사한 neural gas 알고리즘(Martinez 등, 1993)을 사용한다.

```
> library(cclust)
> cl.1 <- cclust(Nclus, 4, 20, method="kmeans")
> plot(Nclus, col=cl.1$cluster)
> points(cl.1$center, col = 1:4, pch = 8, cex=1.5)
```

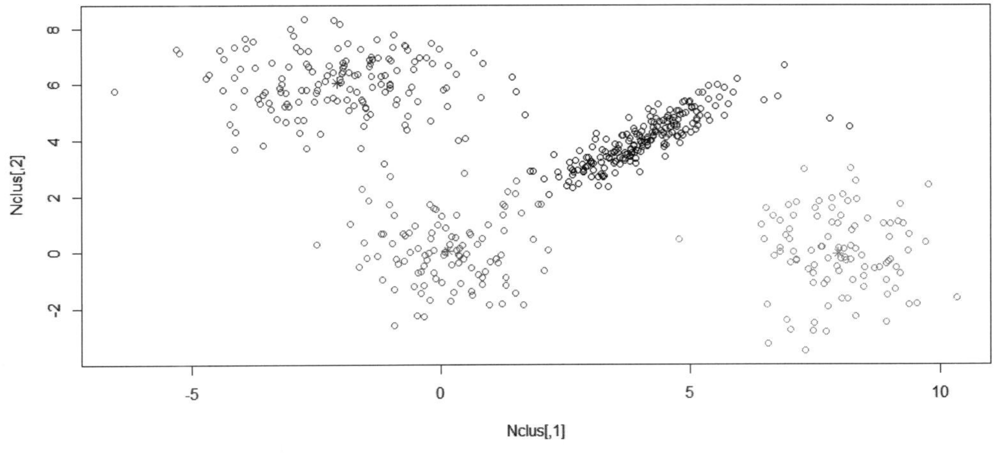

R 패키지 {cluster}의 clusplot() 함수는 2차원의 군집 그래프를 그려주는 함수이다. clusplot을 이용하면 군집의 반경과 관계까지 확인하여 볼 수 있다.

```
> library(cluster)
> clusplot(Nclus, cl.1$cluster)
```

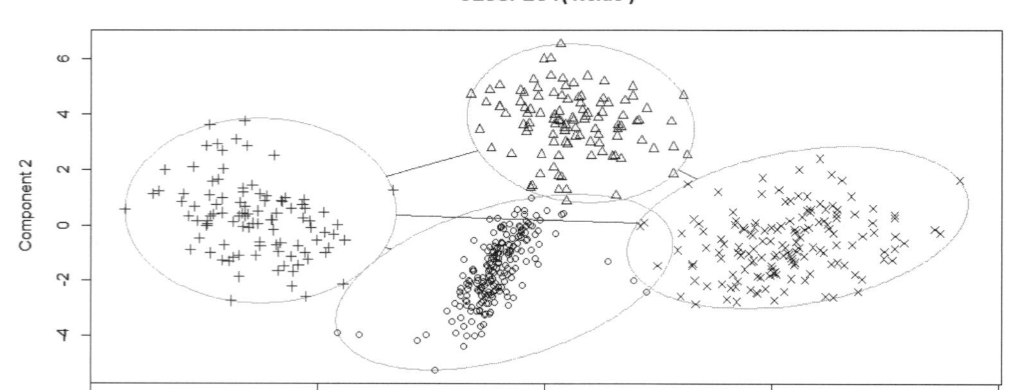


k-평균군집을 수행하는 R 함수에는 kmeans{stats}, kcca{flexclust}, cclust{flexclust}, cclust{cclust}, Kmeans{amap} 등이 있다. Kmeans{amap}은 kmeans{stats}와 그 사용법이 유사하다. k-평균군집과 유사한 k-중앙값군집(k-medoids clusting)은 pam() 함수를 통해 수행할 수 있다. pam은 partitioning around medoids를 의미한다.

## 3. 혼합 분포 군집

혼합분포군집(mixture distribution clustering)은, 모형-기반(model-based)의 군집 방법으로, 데이터가 k개의 모수적 모형(흔히 정규분포 또는 다변량 정규분포를 가정함)의 가중합으로 표현되는 모집단 모형으로부터 나왔다는 가정하에서 모수와 함께 가중치를 자료로부터 추정하는 방법을 사용한다. k개의 각 모형은 군집을 의미하며, 각 데이터는 추정된 k개의 모형 중 어느 모형으로부터 나왔을 확률이 높은지에 따라 군집의 분류가 이루어진다. 흔히 혼합모형에서의 모수와 가중치의 추정(최대가능도추정)에는 EM 알고리즘이 사용된다.

아래의 그림은 혼합분포모형을 통해 설명될 수 있는 데이터의 형태를 나타낸다. 아래 그림의 (a)는 자료의 분포형태가 다봉형의 형태를 띠므로 단일 분포로의 적합은 적절하지 않으며, 대략 3개 정도의 정규분포의 결합을 통해 설명될 수 있을 것으로 생각할 수 있다. (b)의 경우에도 여러 개의 이변량 정규분포의 결합을 통해 설명될 수 있을 것이다. 두 경우 모두 반드시 정규분포로 제한할 필요는 없다.

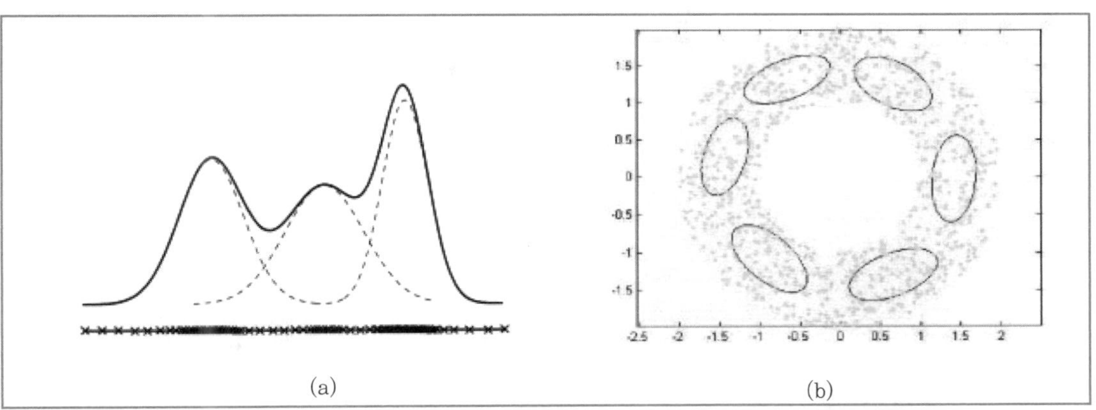


[그림 Ⅳ-3-15] 혼합 분포모형으로 설명할 수 있는 데이터의 형태

실제의 자료분석에서 매우 복잡한 형태의 자료에 대해서도 충분한 개수의 정규분포를 고려하면 모집단 분포를 잘 근사해 낼 수 있다.

일반적으로 $M$개 분포(성분)의 가중합으로 표현되는 혼합모형(mixture model)은 다음과 같이 정의된다.

$$p(x|\theta) = \sum_{i=1}^{M} p(x|C_i, \theta_i) p(C_i)$$

위 식에서 각 요소들은 다음과 같다.

- $p(x \mid C_i, \theta_i)$ : 혼합 모델을 이루는 단일 확률밀도함수
- $\theta_i$ : i번째 분포의 모수 벡터
- $C_i$ : i번째 군집(클래스)
- $p(C_i)$ : i번째 군집이 혼합모형에서 차지하는 중요도 또는 가중치($\alpha_i$)

자료로부터 혼합모형의 모수를 추정하는 문제를 생각해 보면 다음과 같다. 일반적으로 혼합분포에서의 모수 추정은 단일 분포의 경우와는 달리 가능도함수에 기초한 최대가능도추정이 쉽지 않다. 그 이유는 가능도 함수(또는 로그-가능도 함수)의 표현식이 복잡하여 미분을 통한 이론적 전개가 쉽지 않기 때문이다. 따라서 혼합분포에 대한 최대가능도추정을 위해 EM 알고리즘 등을 이용한다.

EM 알고리즘을 설명하면 다음과 같다. 편의상 모집단을 구성하는 각 집단의 분포는 정규분포를 따른다고 가정한다. 먼저, 아래 그림에서와 같이 각 자료가 M개 중 어느 집단(클래스)으로부터 나온 것인지를 안다면 해당 모수의 추정이 어렵지 않을 것이다.

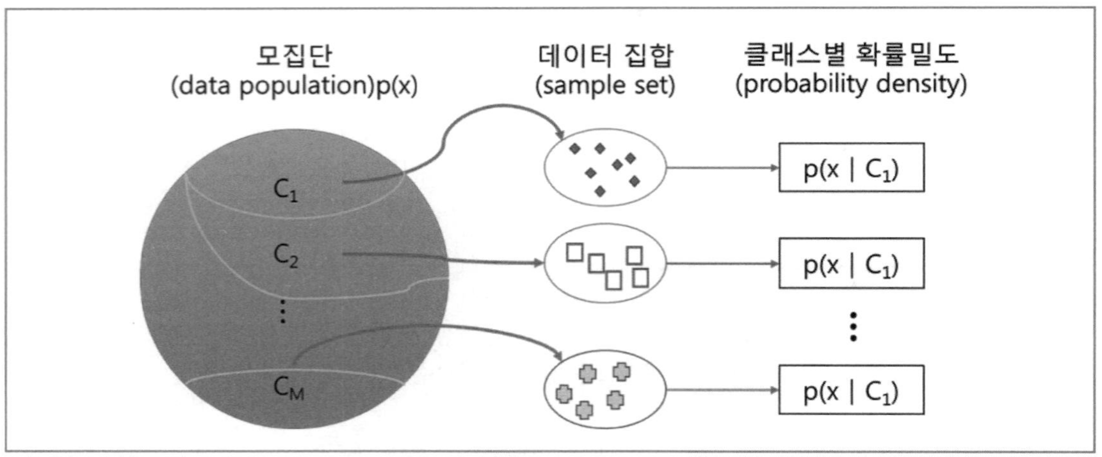


**[그림 Ⅳ-3-16] 모수 추정에 대한 개념**

그러나 각 데이터가 어느 집단으로부터 나온 것인지를 모르므로, 이 정보만을 자료로부터 추정할 수 있다면 최대가능도 추정의 문제는 쉽게 해결될 것이다. 따라서 각 자료가 어느 집단에 속하는지에 대한 정보를 가지는 잠재변수(latent variable)를 도입한다. 잠재변수를 $Z$라 할 때, 모수에 대한 초기값이 주어져 있다면 (즉, 초기 분포를 안다면) 각 자료가 어느 집단으로부터 나올 확률이 높은지에 대해 추정이 가능하다(E-단계). 만약 집단이 2개이고, 모든 자료에 대해 1집단에 속할 확률이 극단적으로 0 또는 1로만 추정되었다면, 이는 각 자료가 어느 집단에 속하는지를 아는 것과 마찬가지이므로 모수에 대한 추정이 쉽게 이루어진다.

즉, 각 자료에 대해 Z의 조건부분포(어느 집단에 속할 지에 대한)로부터 조건부 기댓값을 구할 수 있다. 관측변수 X와 잠재변수 Z를 포함하는 (X, Z)에 대한 로그-가능도함수(이를 보정된(augmented) 로그-가능도함수라 함)에 Z 대신 상수값인 Z의 조건부 기댓값을 대입하면, 로그-가능도함수를 최대로 하는 모수를 쉽게 찾을 수 있다(M-단계). 갱신된 모수 추정치에 대해 위 과정을 반복한다면 수렴하는 값을 얻게 되고, 이는 최대가능도추정치로 사용될 수 있다. 이 과정을 그림으로 나타내면 다음과 같다.

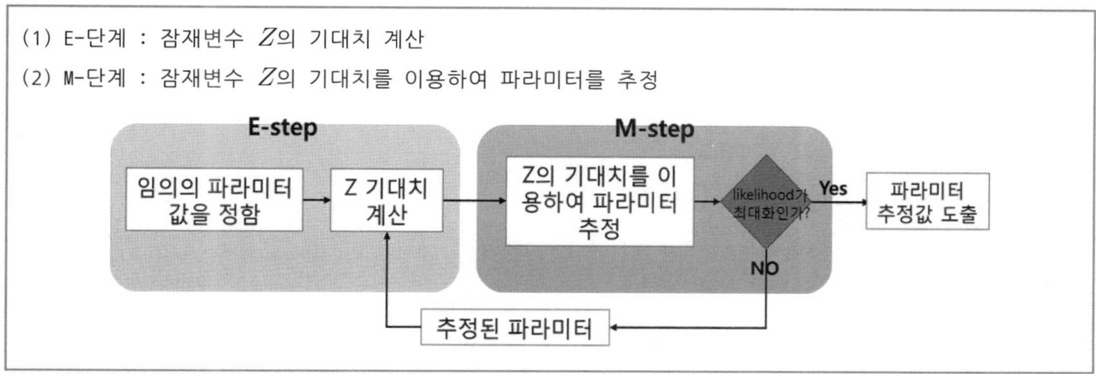


[그림 Ⅳ-3-17] EM알고리즘의 진행 과정

아래의 그림은 EM 알고리즘의 반복수행에 따른 모수의 추정과정을 보여준다. 이 그림에서 $L$은 반복 횟수를 의미한다.

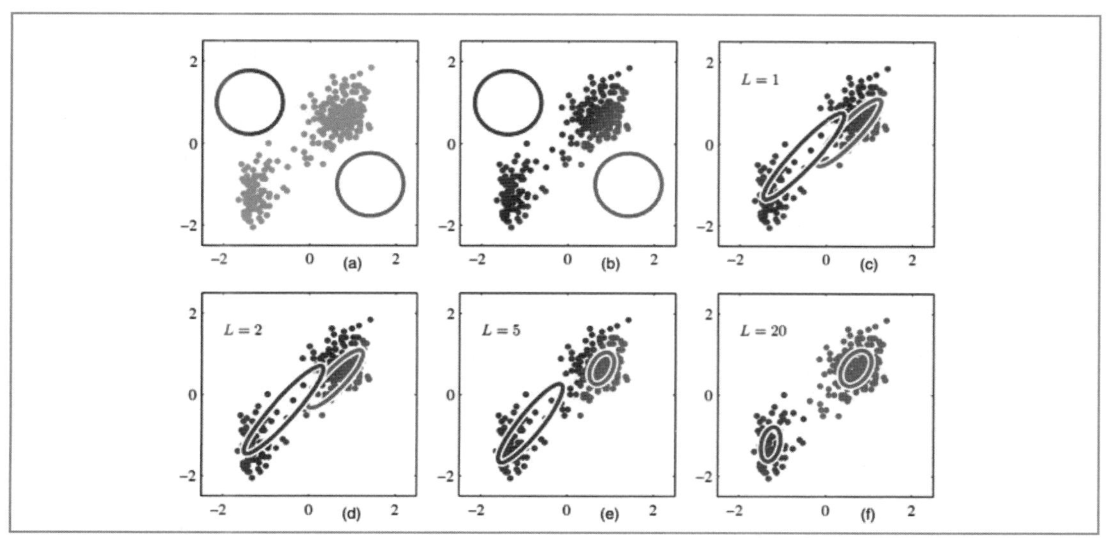


[그림 Ⅳ-3-18] EM알고리즘 진행에 따른 모수 추정 과정

R에서 정규혼합분포의 추정과 군집화는 패키지 {mixtools}, {mclust}, {nor1mix}, {HDclassif}, {EMcluster} 등에서 가능하다.

다음의 [예제 1]는 R 패키지 {mixtools}의 normalmixEM() 함수를 통해 혼합분포군집을 수행한 예제이다.

[예제 1] 미국의 올드페이스풀 간헐천의 분출 간의 시간 자료(faithful)에 대해 정규혼합분포모형을 적합한다.

```
> library(mixtools)
> data(faithful)
> attach(faithful)
```

faithful 자료에 대한 히스토그램은 다음과 같다.

```
> hist(waiting, main="Time between Old Faithful eruptions", xlab="Minutes", ylab="",
cex.main=1.5, cex.lab=1.5, cex.axis=1.4)
```

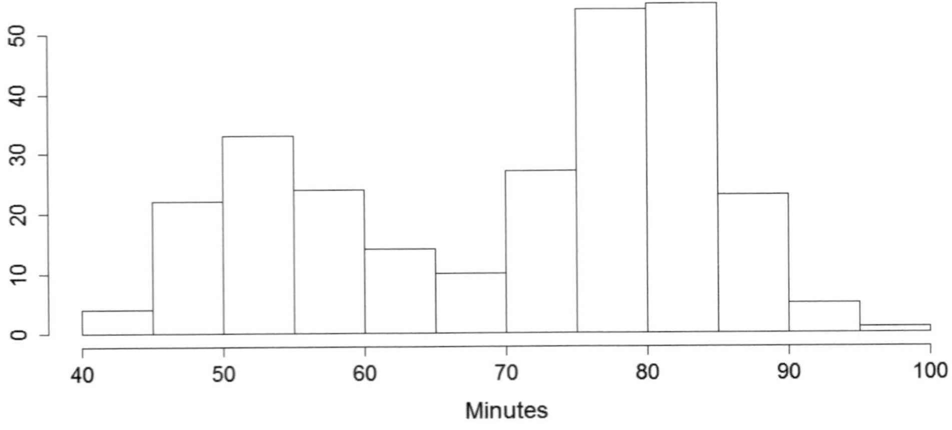


EM 알고리즘을 이용한 정규혼합분포의 추정결과는 다음과 같다.

```
> wait1 <- normalmixEM(waiting, lambda = .5, mu = c(55, 80), sigma = 5)
number of iterations= 9

> summary(wait1)
summary of normalmixEM object:
```

```
        comp 1   comp 2
lambda  0.36085  0.63915
mu     54.61364 80.09031
sigma   5.86909  5.86909
loglik at estimate:  -1034.002
```

추정된 정규혼합분포를 시각화하면 다음과 같다.

```
> plot(wait1, density=TRUE, cex.axis=1.4, cex.lab=1.4, cex.main=1.8,
+ main2="Time between Old Faithful eruptions", xlab2="Minutes")
```

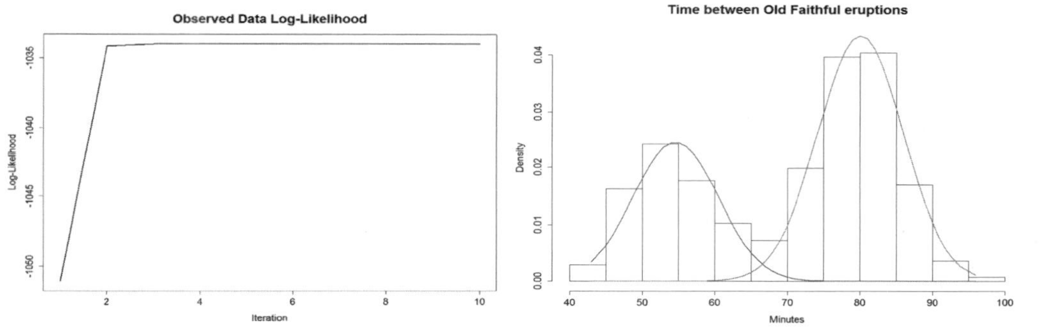


EM 알고리즘을 통해 모수를 추정하는 과정에서 반복횟수 2회 만에 로그-가능도 함수가 최대가 됨을 알 수 있다.

다음의 [예제 2]는 R 패키지 {mclust}의 Mclust() 함수를 통한 혼합분포군집을 수행한 예제이다.

[예제 2] iris 자료에 대해 Mclust() 함수를 통해 군집 분석을 수행하면 다음과 같다. 혼합분포의 모수추정치와 함께, 각 군집별 해당 자료에 대한 요약 결과를 제공한다.

```
> library(mclust)

> mc <- Mclust(iris[,1:4], G = 3)
> summary(mc, parameters = TRUE)
----------------------------------------------------
Gaussian finite mixture model fitted by EM algorithm
----------------------------------------------------

Mclust VEV (ellipsoidal, equal shape) model with 3 components:
```

```
 log.likelihood   n df       BIC       ICL
      -186.0736 150 38 -562.5514 -566.4577

Clustering table:
 1  2  3 
50 45 55 

Mixing probabilities:
        1         2         3 
0.3333333 0.3003844 0.3662823 

Means:
              [,1]     [,2]     [,3]
Sepal.Length 5.006 5.914879 6.546670
Sepal.Width  3.428 2.777504 2.949495
Petal.Length 1.462 4.203758 5.481901
Petal.Width  0.246 1.298819 1.985322

Variances:
[,,1]
             Sepal.Length Sepal.Width Petal.Length Petal.Width
Sepal.Length   0.13322911  0.10940214  0.019196013 0.011587928
Sepal.Width    0.10940214  0.15497824  0.012098300 0.010011682
Petal.Length   0.01919601  0.01209830  0.028276976 0.005819438
Petal.Width    0.01158793  0.01001168  0.005819438 0.010693650
[,,2]
             Sepal.Length Sepal.Width Petal.Length Petal.Width
Sepal.Length   0.22561867  0.07613421   0.14679059  0.04331622
Sepal.Width    0.07613421  0.08020281   0.07370230  0.03435034
Petal.Length   0.14679059  0.07370230   0.16601076  0.04947014
Petal.Width    0.04331622  0.03435034   0.04947014  0.03335458
[,,3]
             Sepal.Length Sepal.Width Petal.Length Petal.Width
Sepal.Length   0.42946303  0.10788462   0.33465810  0.06547643
Sepal.Width    0.10788462  0.11602293   0.08918583  0.06141314
Petal.Length   0.33465810  0.08918583   0.36451484  0.08724485
Petal.Width    0.06547643  0.06141314   0.08724485  0.08671670
```

plot.Mclust() 함수는 다양한 방식으로 군집 결과를 시각화 한다.

```
> plot.Mclust(mc)
Model-based clustering plots:

1: BIC
2: classification
3: uncertainty
4: density

선택: 2
```

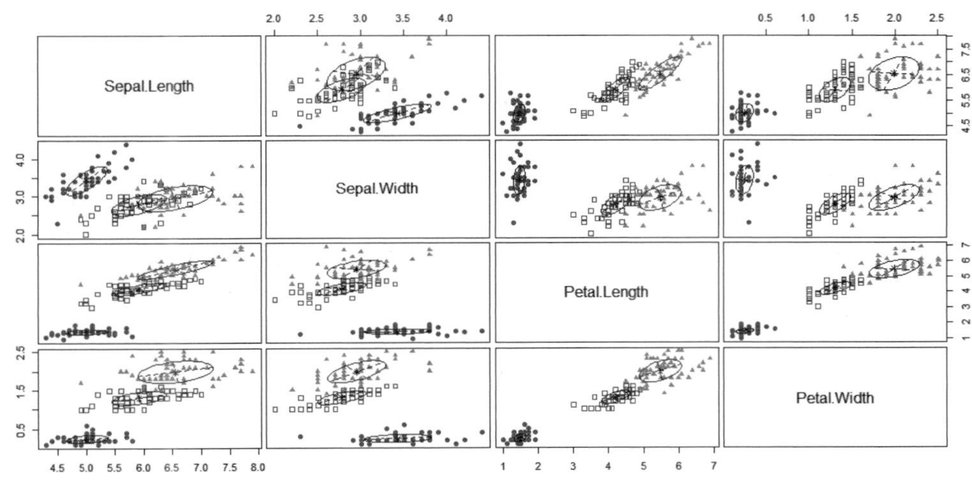


각 개체가 어느 그룹으로 분류되었는지는 다음을 통해 알 수 있다.

```
> str(mc)
> mc$classification
```

새로운 자료에 대한 분류는 predict() 함수를 이용한다.

```
> predict(mc, data= )
```

혼합분포군집모형의 특징은 다음과 같다. 혼합분포군집은 k-평균군집의 절차와 유사하나 확률분포를 도입하여 군집을 수행하는 모형-기반의 군집 방법이다. 군집을 몇 개의 모수로 표현할 수 있으며, 서로 다른 크기나 모양의 군집을 찾을 수 있다. EM 알고리즘을 이용한 모수 추정에서 데이터가 커지면 수렴하는데 시간이 걸릴 수 있으며, 군집의 크기가 너무 작으면 추정의 정도가 떨어지거나 어려울 수 있다. k-평균군집과 마찬가지로 이상값 자료에 민감하므로 사전에 조치가 필요하다.

## 4. SOM(Self-Organizing Maps)

SOM(Self-organizing maps, 자기조직화지도) 알고리즘은 코호넨 (Kohonen, 1990; Kohonen, 1995; Kohonen et al., 1996)에 의해 제시, 개발되었으며 코호넨 맵(Kohonen Maps)이라고도 알려져 있다. SOM은 비지도 신경망(unsupervised neural network)으로 고차원의 데이터를 이해하기 쉬운 저차원의 뉴런(neuron)으로 정렬하여 지도(map)의 형태로 형상화한다. 이러한 형상화는 입력 변수의 위치 관계를 그대로 보존한다는 특징이 있다. 다시 말해 실제 공간의 입력 변수가 가까이 있으면, 지도상에서도 가까운 위치에 있게 된다. 이러한 SOM의 특징으로 인해 입력 변수의 정보와 그들의 관계가 지도상에 그대로 나타난다.

SOM 모델은 [그림 Ⅳ-3-19]와 같이 두 개의 인공신경망 층으로 구성되어 있다. 하나는 입력층(input layer: 입력벡터를 받는 층)이고, 다른 하나는 2차원 격차(grid)로 구성된 경쟁층(competitive layer: 입력 벡터의 특성에 따라 벡터가 한 점으로 클러스터링 되는 층)이다. 입력층은 입력 변수의 개수와 동일하게 뉴런 수가 존재하고 경쟁층은 사용자가 미리 정해놓은 군집의 수만큼 뉴런 수가 존재한다. 입력층의 자료는 학습을 통하여 경쟁층에 정렬되는데, 이를 지도(map)라 부른다. 입력 층에 있는 각각의 뉴런은 경쟁층에 있는 각각의 뉴런들과 연결되어 있으며, 이 때 완전 연결(fully connected)되어 있다.

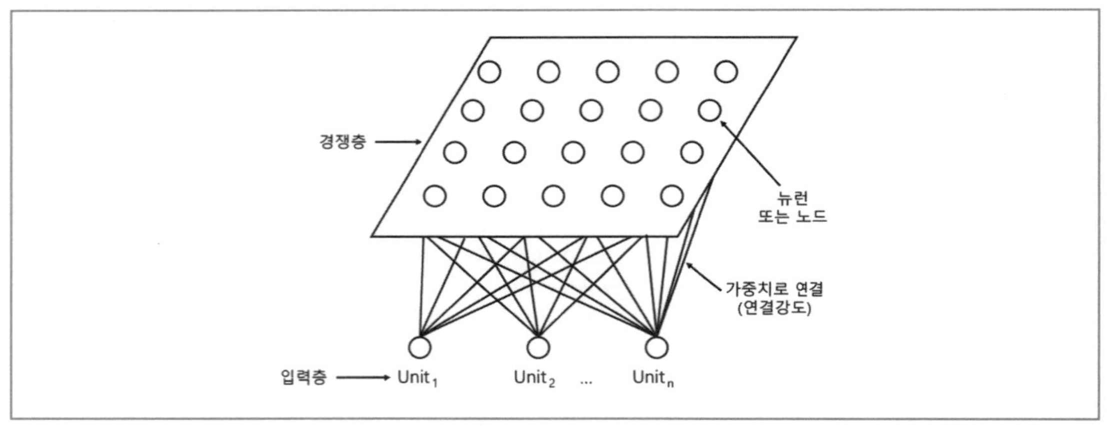


[그림 Ⅳ-3-19] 코호넨 네트워크

각 학습 단계마다 입력층의 데이터 집합으로부터 하나의 표본 벡터(sample vector) x 가 임의로 선택되었을 때, 프로토타입 벡터(prototype vector, 경쟁층의 각각의 뉴런을 의미)와의 거리를 유클리드 거리(euclidean distance) 의해 계산하고 비교한다. 입력 층의 표본 벡터에 가장 가까운 프로토타입 벡터를 선택하여 BMU(Best-Matching Unit)라 명명한다. 그리고 코호넨의 승자 독점의 학습 규칙에 따라 BMU 뿐만 아니라 위상학적 이웃(topological neighbors)에 대한 연결 강도를 조정한다. 이처럼 SOM은 경쟁 학습으로 각각의 뉴런이 입력 백터와 얼마나 가까운가를 계산하여 연결 강도(connection weight)를 반복적으로 재조정하여 학습한다. 이와 같은 과정을 거치면서 연결강도는 입력 패턴과 가장 유사한 경쟁층 뉴런이 승자가 된다. 결국 승자 독식 구조로 인해 경쟁층에는 승자 뉴런만이 나타나며, 승자와 유사한 연결 강도를 갖는 입력 패턴이 동일한 경쟁 뉴런으로 배열된다. 따라서 SOM을 이용한 군집 분석은 역전파(back propagation) 알고리즘 등을 이용하는 인공신경망과 달리 단 하나의 전방 패스(feed-forward flow)를 사용함으로써 수행 속도가 매우 빠르다. 따라서 잠재적으로 실시간 학습처리를 할 수 있는 모델이다.

SOM의 학습알고리즘을 살펴보면 아래와 같다.

---

단계 1: SOM 맵의 노드에 대한 연결강도를 초기화한다.

단계 2: 입력 벡터를 제시한다.

단계 3: 1) 아래 유클리드 거리를 사용하여 입력 벡터와 프로토타입 벡터 사이의 유사도(Similarity)를 계산한다.

// x-me // =mini // x-mi //

x: 샘플 벡터
mi: 프로토타입 벡터, mi = {mi1, ... , mid}, d: 입력 벡터의 차원(dimension)
e: BMU

2) 입력 벡터와 가장 거리가 짧은 프로토입 벡터(BMU)를 탐색한다.

단계 4: BMU와 그 이웃들의 연결강도를 재조정한다.

mi(t+1)=mi(t) +α(t)hei(t)[x-mi(t)]

t: 시간
α(t): 학습률(Learning rate)
hei(t): BMU 중심에 있는 이웃 커널(neighborhood kernel)

$$h_{ei}(t) = \exp(-\frac{||r_e - r_i||^2}{e\sigma^2(t)})$$

rb, ri: SOM의 그리드에서 뉴론 e와 i의 위치

단계 5: 단계 2 로 가서 반복한다.

---

이렇게 SOM 알고리즘은 고차원의 데이터를 저차원의 지도 형태로 형상화하기 때문에 시각적으로 이해하기 쉬울 뿐 아니라 입력 변수의 위치 관계를 그대로 보존하기 때문에 실제 데이터가 유사하면 지도상에 가깝게 표현된다. 이러한 장점으로 인해 SOM 알고리즘을 이용한 다양한 연구가 진행되고 있으며 패턴 발견, 이미지 분석 등에서 뛰어난 성능을 보인다. (Vesanto, 1999)

일반적으로 R에서 SOM 알고리즘을 이용한 군집 분석을 위한 사용코드는 다음과 같다.

```
som(data, grid=somgrid(), rlen = 100, alpha = c(0.05, 0.01), init, toroidal = FALSE, keep.data =
TRUE)
```

인수(Arguments)

| | |
|---|---|
| data | SOM 분석을 수행하기 위한 입력 데이터 |
| grid | 결과를 나타내기 위한 그리드 |
| rlen | 학습횟수 (기본설정(default): 100) |
| alpha | 학습률 (기본설정: 0.05, 0.01에서 정지) |
| radius | 이웃의 초기 반경 |
| init | 자기조직화 형상지도 학습에 의해 얻은 코드북 벡터의 옵션널 매트릭스,<br>생략시 무작위로 선택된 오브젝트가 사용 |
| toroidal | True일 경우, 맵의 엣지가 조인됨 |
| keep.data | 반환데이터 저장 |

값(Value)

| | |
|---|---|
| grid | somegrid 클래스의 오브젝트 |
| changes | 코드벡터로부터 평균편차 (mean average deviation)의 벡터 |
| codes | 코드 벡터 매트릭스 |
| classif | 승자 유니트 |
| toroidal | toroidal 맵 사용 여부 |
| data | 데이터 메트릭스 |

다음 예제는 R 패키지 {kohonen}에서 제공하고 있는 wines 데이터를 이용한 SOM 군집 분석 예제이다.

[예제 1] 군집 분석을 위한 데이터 셋을 구조를 파악한다. 탐색결과 wines 데이터는 13개의 변수, 133개의 레코드로 구성되어 있다.

```
> library(kohonen)

> data("wines")

> str(wines)
 num [1:177, 1:13] 13.2 13.2 14.4 13.2 14.2 ...
 - attr(*, "dimnames")=List of 2
  ..$ : NULL
  ..$ : chr [1:13] "alcohol" "malic acid" "ash" "ash alkalinity" ...

> head(wines)
     alcohol malic acid  ash ash alkalinity magnesium tot. phenols
[1,]   13.20       1.78 2.14           11.2       100         2.65
[2,]   13.16       2.36 2.67           18.6       101         2.80
[3,]   14.37       1.95 2.50           16.8       113         3.85
[4,]   13.24       2.59 2.87           21.0       118         2.80
[5,]   14.20       1.76 2.45           15.2       112         3.27
[6,]   14.39       1.87 2.45           14.6        96         2.50
     flavonoids non-flav. phenols proanth col. int. col. hue OD ratio
[1,]       2.76              0.26    1.28      4.38 1.05     3.40
[2,]       3.24              0.30    2.81      5.68 1.03     3.17
[3,]       3.49              0.24    2.18      7.80 0.86     3.45
[4,]       2.69              0.39    1.82      4.32 1.04     2.93
[5,]       3.39              0.34    1.97      6.75 1.05     2.85
[6,]       2.52              0.30    1.98      5.25 1.02     3.58
     proline
[1,]    1050
[2,]    1185
[3,]    1480
[4,]     735
[5,]    1450
[6,]    1290
```

SOM 군집 분석을 수행하기 위해 R 패키지 {kohonen}을 설치한 후, 적절한 군집을 설정한다. 본 절에서는 5×4 SOM 군집 분석을 수행하였다. 군집 분석 결과는 범례의 크기를 이용하여 해석한다.

```
> library(kohonen)
>
> data("wines")
> wines.sc <- scale(wines)
> set.seed(7)
> wine.som <- som(data = wines.sc,
+ grid = somgrid(5, 4, "hexagonal"),
+ rlen = 100, alpha = c(0.05, 0.01),
+ toroidal = FALSE, keep.data = TRUE)
>
> plot(wine.som, main = "Wine data")
```

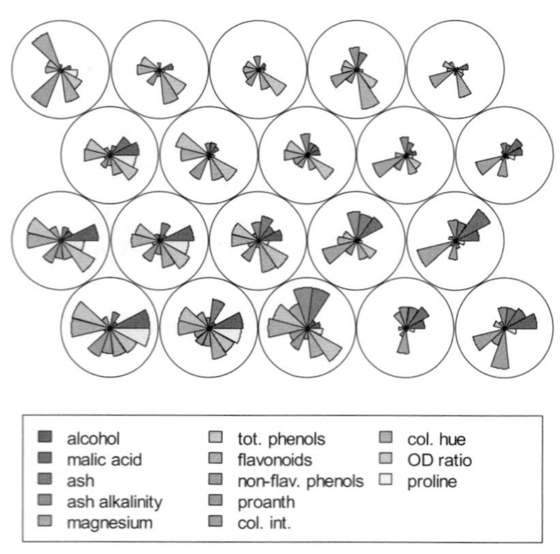

summary() 함수를 이용하여 SOM 군집 분석 결과를 요약 표시할 수 있다.

```
> summary(wine.som)
som map of size 5x4 with a hexagonal topology.
Training data included; dimension is 177 by 13
Mean distance to the closest unit in the map: 3.618365
```

SOM 그리드 형식 및 색상 변경을 위한 plot.kohonen의 SOM 플롯은 다양한 형식을 지원하며, 사용법 및 예제는 다음과 같다.

```
plot.kohonen(x, type = c("changes", "codes", "counts", "mapping", "prediction", "property"),
                        classif, labels=NULL, pchs=NULL, main=NULL, palette.name =
                        heat.colors, ncolors, zlim=NULL, property, heatkey=TRUE, contin, ...)
```

인수(Arguments)

| | |
|---|---|
| x | 코호넨 오브젝트 |
| type | 플롯의 타입 |
| classif | predict.kohonen에 의해 반환된 분류 오브젝트 |
| labels | 타입이 분류(classification)일 때, 플롯에 대한 라벨 |
| pchs | 타입이 분류(classification)일 때, 플롯에 대한 심볼 |
| main | 플롯에 대한 타이틀 |
| palette.name | "코드(code)", "카운트(count)", 예측(prediction)", "속성(property)" 등 프로팅 타입을 위한 유니트의 배경색 |
| ncolors | 컬러의 개수 (기본설정: 20) |
| zlim | 유니트의 배경색의 범위 |
| property | 프로팅 타입의 속성값 |
| heatkey | "카운트(count)", "속성(property)" 등 프로팅 타입에서 프롯의 왼쪽에 히트키 생성 여부 |
| contin | 데이터가 범주형 또는 연속형 여부 |

```
> par(mfrow = c(1, 3))
> plot(wine.som, type = "counts", main = "wine data: counts")
> plot(wine.som, type = "quality", main = "wine data: mapping quality")
> plot(wine.som, type="mapping", labels=wine.classes, col=wine.classes, main="mapping plot")
```

**wine data: counts**

15
10
5

**wine data: mapping quality**

**mapping plot**

```
> par(mfrow = c(1, 3))
>
> colour1 <- tricolor(wine.som$grid)
> plot(wine.som, "mapping", bg = rgb(colour1))
>
> colour2 <- tricolor(wine.som$grid, phi = c(pi/6, 0, -pi/6))
> plot(wine.som, "mapping", bg = rgb(colour2))
>
> colour3 <- tricolor(wine.som$grid, phi = c(pi/6, 0, -pi/6), offset = .5)
> plot(wine.som, "mapping", bg = rgb(colour3))
```

**Mapping plot**

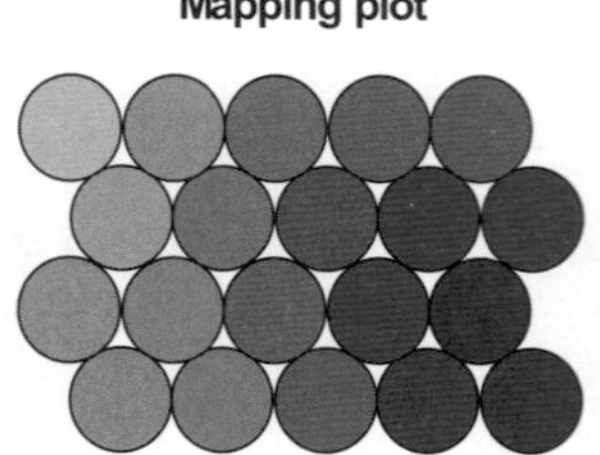

**Mapping plot**

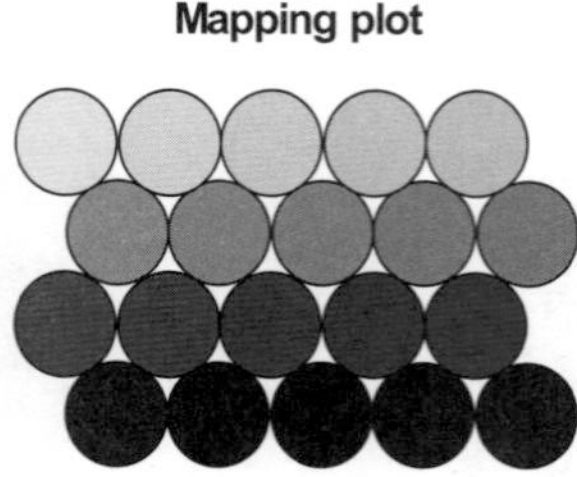

**Mapping plot**

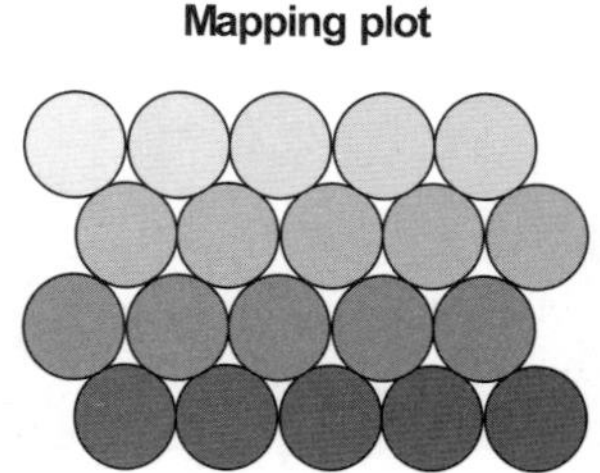

SOM 군집 분석 결과, 유니트 사이의 거리 계산법은 다음과 같다.

```
unit.distances(grid, toroidal)
```

인수(Arguments)

| | |
|---|---|
| grid | somegrid의 오브젝트 |
| toroidal | true일 경우, 맵의 에지는 토폴로지가 토러스의 토폴지가 되기 위해 조인됨. |

```
> par(mfrow = c(1, 2))
>
> dists <- unit.distances(wine.som$grid, toroidal=FALSE)
> plot(wine.som, type="property", property=dists[1,],
+ main="Distances to unit 1", zlim=c(0,6),
+ palette = rainbow, ncolors = 7, contin = TRUE)
>
> dists <- unit.distances(wine.som$grid, toroidal=FALSE)
> plot(wine.som, type="property", property=dists[1,],
+ main="Distances to unit 1", zlim=c(0,2),
+ palette = rainbow, ncolors = 2, contin = TRUE)
```

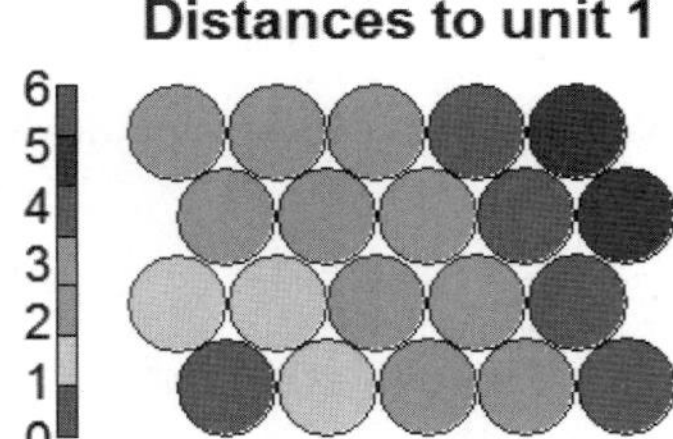


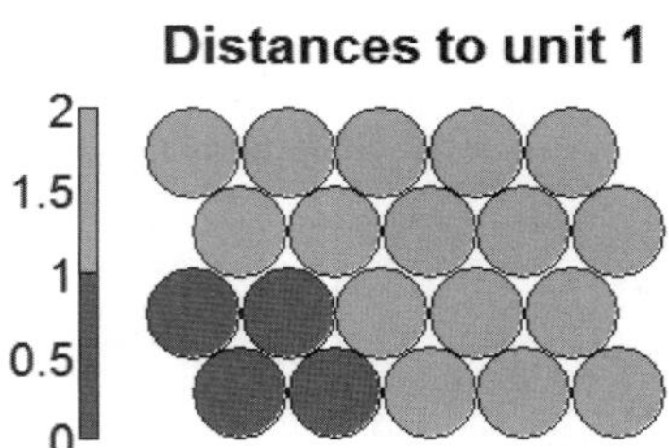

데이터가 학습되는 동안 유사도의 변화는 다음과 같다. 왼쪽 플롯은 100번, 오른쪽 플롯은 500번 학습한 결과이다.

```
> data("wines")
> wines.sc <- scale(wines)
>
> set.seed(7)
>
> wine.som <- som(data = wines.sc,
+ grid = somgrid(5, 4, "hexagonal"),
+ rlen = 100,
+ alpha = c(0.05, 0.01),
+ toroidal = FALSE, keep.data = TRUE)
>
> wine.som_1 <- som(data = wines.sc,
+ grid = somgrid(5, 4, "hexagonal"),
+ rlen = 500,
+ alpha = c(0.05, 0.01),
+ toroidal = FALSE, keep.data = TRUE)
>
> par(mfrow = c(1, 2))
>
> plot(wine.som, type = "changes", main = "Wine data: SOM(Learning no=100")
> plot(wine.som_1, type = "changes", main = "Wine data: SOM(Learning no=500")
```

**Wine data: SOM(Learning no=100**

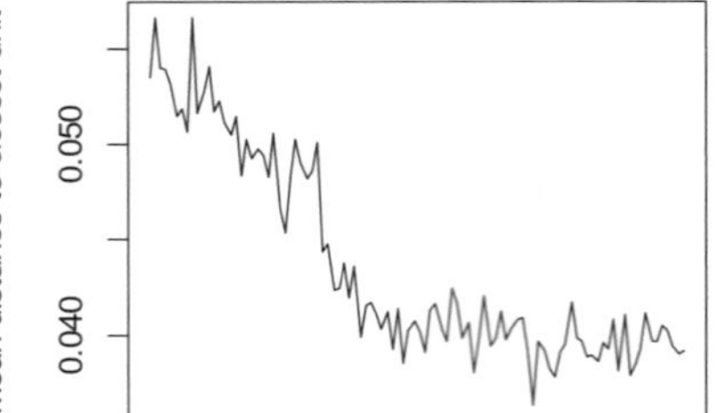


0 20 40 60 80 100

Iteration

**Wine data: SOM(Learning no=500**

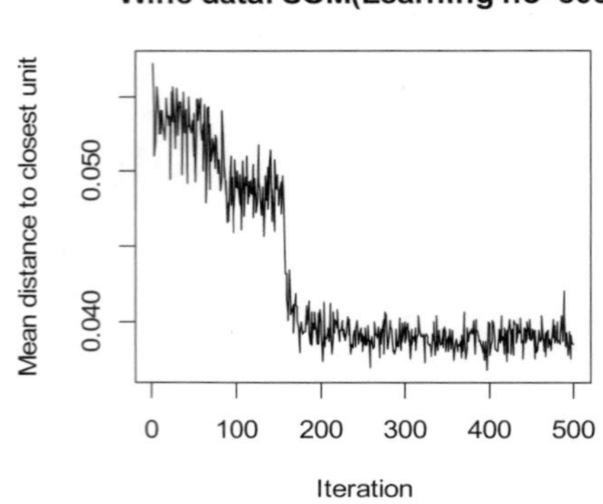

R로 구현된 SOM 그리드를 SPSS Modeler와 유사하게 도식화하기 위해서는 패키지{ggplot2}를 이용하면 된다.

```
> library(ggplot2)
>
> wines.sc=as.data.frame(wines)
> wines.sc$clusterX <- wine.som$grid$pts[wine.som$unit.classif, "x"]
> wines.sc$clusterY <- wine.som$grid$pts[wine.som$unit.classif, "y"]
>
> p <- ggplot(wines.sc, aes(clusterX, clusterY))
> p+geom_jitter(position=position_jitter(width=0.4, height=0.3))
```

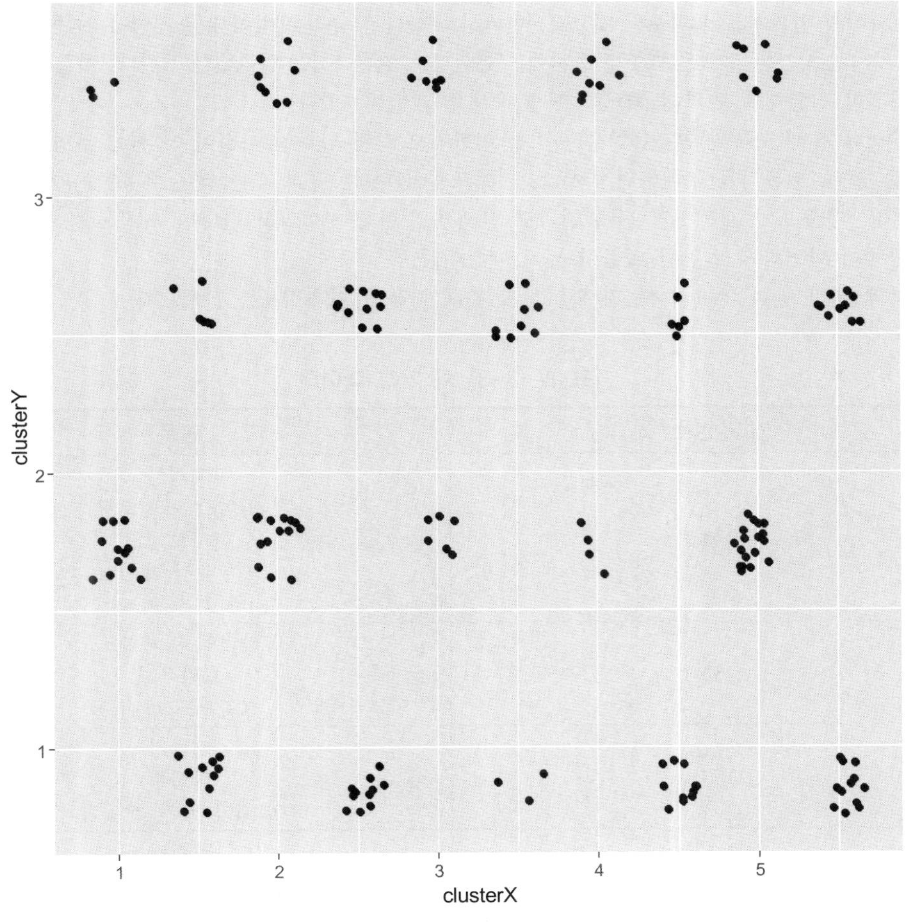

# 제4절 연관 분석

## 1. 연관규칙

### 가. 연관규칙의 개념

연관규칙(association rule)이란 항목들 간의 '조건-결과'식으로 표현되는 유용한 패턴을 말한다. 이러한 패턴, 규칙을 발견해내는 것을 연관 분석(association analysis)라고 하며, 흔히 장바구니분석(market basket analysis)라고도 한다. 연관 분석은 기업의 활동 중에서도 마케팅 분야에서 가장 많이 사용되고 있다.

그리고 이 때 사용하는 데이터의 형태는 소위 장바구니(market basket) 데이터라고 한다. 이 때 특정 고객, 즉 장바구니 하나에 해당하는 정보를 트랜잭션(transaction)이라 한다. 장바구니 데이터에서는 주로 트랜잭션 사이의 연관성을 살펴보는 것으로, 빈번히 나타나는 규칙을 찾아내는 것이다. 예를 들면, 미국의 마트에서 기저귀를 사는 고객은 맥주를 동시에 구매한다는 연관규칙을 알아냈다고 한다. 이를 통해 기저귀와 맥주를 인접한 진열대에 위치해 놓으면 매출 증대를 꾀할 수 있다.

연관 분석을 통해 도출된 연관규칙은 사소한 일반적으로 잘 알려진 사실이 아니라, 분명하고 유용해야 한다. 예를 들어 "컴퓨터를 구매하면 마우스, 키보드를 산다"는 규칙 같은 것은 유용한 규칙이라고 볼 수 없을 것이다. 제품 A와 제품 B가 판촉 결과로 인해 도출된 규칙이라고 한다면 '제품 A를 사면 제품 B를 산다'는 규칙이 당연하게 발견된 확률이 높기 때문이다.

그러면 왜 연관 분석을 고려하는지 알아보기 위해 다음의 거래전표를 살펴보자.

[표 Ⅳ-3-3] 차 거래 데이터

| 거래 번호 | 품목 |
|---|---|
| 1154 | 아메리카노<br>아이스 카페모카<br>허니브래드<br>블루베리 케이크<br>치즈 케이크 |
| 1155 | 카라멜 마끼아또<br>브라우니<br>크림치즈 베이글 |
| 1156 | 아메리카노<br>탄산수<br>크렌베리 치킨 샌드위치 |
| 1157 | 아메리카노<br>카라멜 마끼아또<br>허니브래드 |

위의 표는 어느 카페의 거래 데이터 일부이다. 거래내역이 주어지면 다음과 같이 동시 구매 교차표를 작성할 수 있다. 편의상 구매표의 메뉴들을 문자를 이용해 나타냈다.

**[표 Ⅳ-3-4] 차 거래 데이터 동시 구매 교차표**

| | a | b | c | d | e | f | g | h | i | j |
|---|---|---|---|---|---|---|---|---|---|---|
| a | 3 | 1 | 1 | 1 | 2 | 1 | 1 | 0 | 0 | 1 |
| b | 1 | 2 | 0 | 0 | 1 | 0 | 0 | 1 | 1 | 0 |
| c | 1 | 0 | 1 | 0 | 1 | 1 | 1 | 0 | 0 | 0 |
| d | 1 | 0 | 0 | 1 | 0 | 0 | 0 | 0 | 0 | 1 |
| e | 2 | 1 | 1 | 0 | 2 | 1 | 1 | 0 | 0 | 0 |
| f | 1 | 0 | 1 | 0 | 1 | 1 | 1 | 0 | 0 | 0 |
| g | 1 | 0 | 1 | 0 | 1 | 1 | 1 | 0 | 0 | 0 |
| h | 0 | 1 | 0 | 0 | 0 | 0 | 0 | 1 | 1 | 0 |
| i | 0 | 1 | 0 | 0 | 0 | 0 | 0 | 0 | 1 | 0 |
| 1j0 | 1 | 0 | 0 | 0 | 0 | 0 | 0 | 0 | 0 | 1 |

A: 아메리카노, B: 카라멜 마끼아또, C: 아이스 카페모카,
D: 탄산수, E: 허니브래드, F: 블루베리 케이크,
G: 치즈 케이크, H: 크림치즈 베이글, I: 브라우니, J: 크렌베리 치킨 샌드위치

각각의 거래 번호는 한 고객이 구매한 품목을 나타내고 있다. 이러한 구매 내역이 쌓이다 보면 "어느 고객이 어떤 제품을 같이 구매할까?"에 대한 궁금증이 자연스럽게 생겨난다. 이러한 궁금증을 해결하기 위해 우리는 연관성분석을 실시한다. 분석을 통해 제품 간의 연관성을 파악하면 세트 메뉴를 구성하거나 쿠폰을 발행하는 등의 교차판매(cross selling)를 할 때 훨씬 효과적이다.

위의 데이터를 이용해 분석한 결과 "아메리카노를 마시는 손님 중 10%가 브라우니를 먹는다.", "샌드위치를 먹는 고객의 30%가 탄산수를 함께 마신다."와 같은 결과를 볼 수 있는데, 이는 연관성 규칙의 일반적인 형태인 조건과 반응(if-then)이다. "If-A then B"와 같은 형식으로 표현되는 규칙을 연관규칙이라 하며, 모든 규칙이 유용하지 않을 수 있다.

## 나. 연관규칙의 측정지표

연관규칙을 이용할 수 있는 데이터는 판매시점에서 기록된 거래와 품목에 관한 정보를 담고 있어야 한다. 데이터는 특정 고객들이 누구인지에 대한 구분이나 성별, 나이 등의 인구 통계학적인 자료를 비롯한 기타 정보를 필요로 하지 않는다. 연관 분석을 통해 도출된 연관규칙을 이해하는 것은 어렵지 않은 과정이다. 하지만, 도출된 모든 규칙이 유의미한 것인지 확인해야 한다. 따라서 도출된 연관규칙이 얼마나 유의미한지 평가하기 위한 몇 가지 측정지표는 다음과 같다.

■ 지지도(support): 전체 거래 중에서 품목 A, B가 동시에 포함되는 거래의 비율이다. 전체 거래 중 품목 A와 B를 동시에 포함하는 거래가 어느 정도인지를 나타내주며, 전체 구매 경향을 파악할 수 있다. 그만큼 많고, 같이 판매되고 있다는 뜻으로 연관규칙이 나왔을 때 적용성이 있는지를 판단할 수 있고 불필요한 분석을 대폭 줄일 수 있다.

$$\text{지지도} = P(A \cap B) = \frac{A\text{와 }B\text{가 동시에 포함된 거래수}}{\text{전체 거래수}}$$

간단히 말하면 A→B인 경우, 전체 트랜잭션(POS 데이터에서는 영수증번호로, 카드사에서는 카드전표 1장으로 생각하면 된다. POS 데이터에는 여러 품목이 하나의 POS 트랜잭션에 연결되어 있음)에서 A만 사거나 B만 사거나 A와 B를 같이 구매한 경우, A·B·C를 같이 구매한 경우 등 전체 트랜잭션에서 A 또는 B가 들어간 트랜잭션 개수의 비율을 의미한다. 즉, 얼마나 빈번하게 나타나는 경우인지를 설명하는 상대적인 값이다.

■ 신뢰도(confidence): 품목 A가 포함된 거래 중에서 품목 A, B를 동시에 포함하는 거래일 확률은 어느 정도인가를 나타내주며 연관성의 정도를 파악할 수 있다.

$$\text{신뢰도} = \frac{P(A \cap B)}{P(A)} = \frac{A\text{와 }B\text{가 동시에 포함된 거래수}}{A\text{를 포함하는 거래수}}$$

품목 A를 샀던 고객이 품목 B를 산 비율로 A→B를 표현하여 B→A와는 다른 경우이다. 이 의미는 조건부 확률로 "품목 A를 구매한 사람이 품목 B도 구매하더라."라고 말할 수 있는 확률이다. 앞서 소개했던 카페 거래내역 데이터에서 연관규칙 "아메리카노를 구매하면 허니브래드를 구매한다."의 지지도와 신뢰도는 2/4와 2/3이다.

■ 향상도(lift): 품목 B를 구매한 고객 대비 품목 A를 구매한 후 품목 B를 구매하는 고객에 대한 확률을 의미한다. 연관규칙 A→B는 품목 A와 품목 B의 구매가 서로 관련이 없는 경우에 $P(B|A) = P(B)$이므로 향상도는 1이 된다. 만일 향상도가 1보다 크면 이 규칙은 결과를 예측하는 데 있어서 우수하다는

것을 의미한다. 1보다 작으면 우연적 기회보다 도움이 되지 않음을 의미한다. 즉, 향상도가 1이면 두 품목간에 연관성이 없는 서로 독립적인 관계이고, 1보다 작으면 서로 음의 관계로 향상도가 1보다 작으면 품목 A와 품목 B는 연관성이 없다. 그리고 향상도가 1보다 크면 서로 양의 관계로 품목 B를 구매할 확률보다 품목 A를 구매한 후에 품목 B를 구매할 확률이 더 높다는 것을 의미한다. 즉, 품목 A, B의 연관성이 매우 높음을 의미한다.

$$\text{향상도} = \frac{P(B|A)}{P(B)} = \frac{P(A \cap B)}{P(A)P(B)} = \frac{A\text{와 } B\text{를 포함하는 거래수}}{A\text{를 포함하는 거래수} \times B\text{를 포함하는 거래수}}$$

아래 표는 향상도 값에 대한 설명을 요약한 것이다.

**[표 Ⅳ-3-5] 향상도 값에 따른 관계**

| 향상도 | 의미 |
|---|---|
| 1 | 두 품목이 서로 독립 |
| 1보다 크다 | 두 품목이 서로 양의 상관관계 |
| 1보다 작다 | 두 품목이 서로 음의 상관관계 |

다음은 차 전문 쇼핑몰의 거래내역이다. 이에 대해 연관규칙의 신뢰도와 향상도를 구하는 예제이다.

| 항목 | 거래수 |
|---|---|
| 옥수수차 | 100 |
| 둥글레차 | 100 |
| 율무차 | 50 |
| {옥수수차, 둥글레차} | 500 |
| {옥수수차, 율무차} | 300 |
| {둥글레차, 율무차} | 200 |
| {옥수수차, 둥글레차, 율무차} | 100 |
| 전체 거래 수 | 1450 |

아래 표는 항목이 포함된 거래 건수를 전체 거래수로 나눈 것이다.

| 항목 | 거래수 | 상대도수 |
|---|---|---|
| 옥수수차 | 100+500+300+100=1000 | 69% |
| 둥글레차 | 100+500+200+100=900 | 62% |
| 율무차 | 50+300+200+100=650 | 45% |
| {옥수수차, 둥글레차} | 500+100=600 | 41% |
| {옥수수차, 율무차} | 300+100=400 | 28% |
| {둥글레차, 율무차} | 200+100=300 | 21% |
| {옥수수차, 둥글레차, 율무차} | 100 | 7% |
| 전체 거래 수 | 1450 | |

여기서 옥수수차 거래수 1000은 {옥수수차:100}+{옥수수차, 둥글레차:500}+{옥수수차, 율무차:300}+{옥수수차, 둥글레차, 율무차:100}=1000으로부터 나온 결과이다.

지지도를 구해보면 다음과 같다.

| 항목 | $P(A \cap B)$ | $P(A)$ | $P(B)$ |
|---|---|---|---|
| 옥수수차 → 둥글레차 | 41% | 69% | 62% |
| 둥글레차 → 옥수수차 | 41% | 62% | 69% |
| 율무차 → 둥글레차 | 21% | 45% | 62% |
| 둥글레차 → 율무차 | 21% | 62% | 45% |
| 옥수수차 → 율무차 | 28% | 69% | 45% |
| 율무차 → 옥수수차 | 28% | 45% | 69% |
| {둥글레차, 율무차} → 옥수수차 | 7% | 21% | 69% |
| {옥수수차, 율무차} → 둥글레차 | 7% | 28% | 62% |
| {옥수수차, 둥글레차} → 율무차 | 7% | 41% | 45% |

신뢰도와 향상도를 구하면 다음과 같다.

| 항목 | 신뢰도 | 향상도 |
|---|---|---|
| | $P(A \cap B)/P(A)$ | $P(A \cap B)/(P(A) \times P(B))$ |
| 옥수수차 → 둥글레차 | 59.42% | 0.96 |
| 둥글레차 → 옥수수차 | 66.13% | 0.96 |
| 율무차 → 둥글레차 | 46.67% | 0.75 |
| 둥글레차 → 율무차 | 33.87% | 0.75 |
| 옥수수차 → 율무차 | 40.58% | 0.90 |
| 율무차 → 옥수수차 | 62.22% | 0.90 |
| {둥글레차, 율무차} → 옥수수차 | 33.33% | 0.48 |
| {옥수수차, 율무차} → 둥글레차 | 25.00% | 0.40 |
| {옥수수차, 둥글레차} → 율무차 | 17.07% | 0.8 |

만약 규칙 'A→B'가 의미가 있다면 전체 거래에서 품목 B를 포함한 거래의 비율보다는 품목 A가 구매된 거래 내에서 품목 B를 포함한 거래의 비율이 더 클 것이다. 위 표에서 향상도가 1을 초과하는 값이 없으므로 규칙이 음의 상관관계임을 알 수 있다.

이러한 용어가 중요한 것은 연관 분석을 수행할 때 모든 경우의 수를 분석하는 것은 매우 불필요한 일이므로 최소 지지도를 정해 규칙을 도출한다. 처음에는 5% 정도로 임의 설정해 산출해 보고 계산 속도와 의미가 현실적인지, 규칙은 충분히 도출되었는지에 따라 지지도를 조절하여 다양한 시도를 해보아야 한다. 지지도를 높은 값에서 낮은 값으로 10%, 5%, 1%, 0.1%와 같이 낮추어가며 실행해야 효율적이다.

### 다. 연관 분석 절차

최소 지지도를 갖는 연관규칙을 찾는 대표적인 방법인 Apriori(Agrawal, R. and R. Srikant, 1994) 알고리즘이 있다. 최소 지지도보다 큰 집합만을 대상으로 높은 지지도를 갖는 품목 집합을 찾는 것이다. Apriori 알고리즘의 분석 절차는 다음과 같다.

① 최소 지지도를 설정한다.
② 개별 품목 중에서 최소 지지도를 넘는 모든 품목을 찾는다.
③ 2에서 찾은 개별 품목만을 이용하여 최소 지지도를 넘는 2가지 품목 집합을 찾는다.
④ 위의 두 절차에서 찾은 품목 집합을 결합하여 최소 지지도를 넘는 3가지 품목 집합을 찾는다.
⑤ 반복적으로 수행해 최소 지지도가 넘는 빈발품목 집합을 찾는다.

### 라. 연관 분석의 장점

1) 탐색적인 기법: 조건 반응(if-then)으로 표현되는 연관 분석의 결과를 이해하기 쉽다.
2) 강력한 비목적성 분석기법: 분석 방향이나 목적이 특별하게 없는 경우 목적변수가 없으므로 유용하다.
3) 사용이 편리한 분석 데이터의 형태: 거래 내용에 대한 데이터를 변환 없이 그 자체로 이용할 수 있는 간단한 자료구조를 갖는 분석방법이다.
4) 계산의 용이성: 분석을 위한 계산이 상당히 간단하다.

### 마. 연관규칙의 단점

1) 상당한 수의 계산과정: 품목수가 증가하면 분석에 필요한 계산은 기하급수적으로 늘어난다.
2) 적절한 품목의 결정: 너무 세분화된 품목을 가지고 연관규칙을 찾으려고 하면 의미 없는 분석 결과가 나올 수도 있다.
3) 품목의 비율차이: 상대적으로 거래량이 적은 품목은 당연히 포함된 거래수가 적을 것이고, 규칙 발견 시 제외되기 쉽다.

### 바. 순차패턴

연관규칙의 발견은 어떠한 고객의 시간에 따른 구매 정보를 활용하여 이루어지기도 한다. 발견된 순차패턴이 연관규칙 A→B는 "품목 A를 구매하면 추후에 품목 B도 구매한다."고 해석할 수 있다. 예를 들어 "새 컴퓨터를 구입한 사람들 중 25%는 그 다음 달에 레이저 프린터를 구입할 것이다."와 같은 규칙을 찾아낼 수 있다.

이처럼 순차적 패턴의 발견은 구매 순서가 고려되어 상품 간의 연관성이 측정되고, 유용한 연관규칙을 찾는 기법이다. 그러므로 이러한 규칙 발견을 위해서는 데이터에 각각의 고객으로부터 발생한 구매시점에 대한 정보가 있어야 한다.

## 2. 실습[25)]

연관 분석을 실습하기 위해 사용할 데이터는 arules 패키지 내에 있는 Adult 데이터이다. Adult 데이터는 여러 변수들을 통해서 연소득이 large(>5만 달러)인지 small인지 예측하기 위한 트랜잭션(transactions) 형태의 미국 센서스 데이터다.

25) RDataMinig의 예제 코드 참조 : http://www.rdatamining.com/examples/association-rules

데이터는 아래와 같다. data 함수를 사용하면 R에 내장되어 있는 데이터를 작업공간으로 불러올 수 있다.

```
> library(arules)
> data(Adult)
> Adult
transactions in sparse format with
 48842 transactions (rows) and
 115 items (columns)
```

더불어 as 함수를 사용하면 트랜잭션 데이터를 원하는 형태의 데이터 형식으로 강제변환 할 수 있다. 예를 들어, as(Adult, 'data.frame')이라고 하면 트랜잭션의 형태를 데이터 프레임 형식으로 변환하여 살펴볼 수 있다.

```
> rules <- apriori(Adult)

Parameter specification:
 confidence minval smax arem  aval originalSupport support minlen maxlen target
        0.8    0.1    1 none FALSE            TRUE     0.1      1     10  rules
   ext
 FALSE

Algorithmic control:
 filter tree heap memopt load sort verbose
    0.1 TRUE TRUE  FALSE TRUE    2    TRUE

apriori - find association rules with the apriori algorithm
version 4.21 (2004.05.09)        (c) 1996-2004   Christian Borgelt
set item appearances ...[0 item(s)] done [0.00s].
set transactions ...[115 item(s), 48842 transaction(s)] done [0.03s].
sorting and recoding items ... [31 item(s)] done [0.01s].
creating transaction tree ... done [0.03s].
checking subsets of size 1 2 3 4 5 6 7 8 9 done [0.09s].
writing ... [6137 rule(s)] done [0.00s].
creating S4 object  ... done [0.01s].
```

연관 분석을 위해서는 arules 패키지를 사용한다. arules 패키지의 apriori 함수를 사용하면 연관규칙을 발굴해낼 수 있다.

inspect 함수를 사용하면 apriori 함수를 통해 발굴된 규칙을 보여준다. 아래 결과는 발굴된 규칙 중에 일부만 본 것이다. 결과를 보면 lhs(left hand side)에 해당하는 항목이 없는 경우 rhs(right hand side) 결과가 나타나는 무의미한 결과가 나타난다. 이를 방지하기 위해 지지도, 신뢰도를 조정하여 규칙을 발굴해야 한다.

```
> inspect(head(rules))
  lhs                          rhs                              support confidence     lift
1 {}                        => {race=White}                   0.8550428  0.8550428 1.000000
2 {}                        => {native-country=United-States} 0.8974243  0.8974243 1.000000
3 {}                        => {capital-gain=None}            0.9173867  0.9173867 1.000000
4 {}                        => {capital-loss=None}            0.9532779  0.9532779 1.000000
5 {relationship=Unmarried} => {capital-loss=None}             0.1019819  0.9719024 1.019537
6 {occupation=Sales}        => {race=White}                   0.1005282  0.8920785 1.043314
```

지지도와 신뢰도의 값을 지정하여 좀 더 유의미한 결과가 나올 수 있도록 한다. 그리고 rhs를 income 변수에 대해서 small인지 large인지 대한 규칙만 나올 수 있도록 하여 income 변수에 대한 연관 규칙만 출력한다.

```
> adult.rules <- apriori(Adult, parameter=list(support=0.1, confidence=0.6),
+                        appearance = list(rhs=c('income=small', 'income=large'),
+                                          default='lhs'),
+                        control=list(verbose=F))
> adult.rules.sorted <- sort(adult.rules, by='lift')
> inspect(head(adult.rules.sorted))
  lhs                                  rhs              support confidence     lift
1 {age=Young,
   workclass=Private,
   capital-loss=None}               => {income=small} 0.1005282  0.6633342 1.310622
2 {age=Young,
   workclass=Private}               => {income=small} 0.1025961  0.6630938 1.310147
3 {age=Young,
   marital-status=Never-married,
   capital-gain=None,
   capital-loss=None}               => {income=small} 0.1060563  0.6616426 1.307279
4 {age=Young,
   marital-status=Never-married,
   capital-gain=None}               => {income=small} 0.1084517  0.6609683 1.305947
5 {relationship=Own-child,
   capital-loss=None}               => {income=small} 0.1000983  0.6604972 1.305016
6 {relationship=Own-child}         => {income=small} 0.1023914  0.6596755 1.303393
```

결과를 보면 규칙이 rhs는 income 변수에 관한 규칙만 발굴된 것을 볼 수 있다. 예를 들어, 첫 번째 규칙을 보면 연령대가 젊고 자영업이면서 자본 손실이 없는 사람은 연 소득이 5000만 달러 이하인 것으로 나타났다.

발굴한 연관규칙은 시각화하는 패키지로 arulesViz가 있는데, 이 패키지를 사용하여 도출된 규칙을 그림으로 나타낼 수 있다.

```
> library(arulesViz)
> plot(adult.rules.sorted, method="scatterplot")
```

아래의 그림은 도출된 연관 규칙의 지지도, 신뢰도, 향상도간의 산점도로 나타내고 있다.

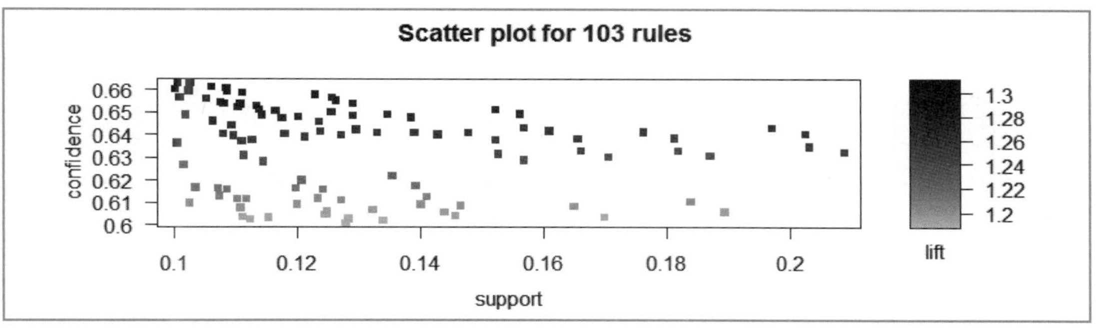


[그림 Ⅳ-3-20] 연관규칙 산점도

```
> plot(adult.rules.sorted, method='graph', control=list(type='items', alpha=0.5))
```

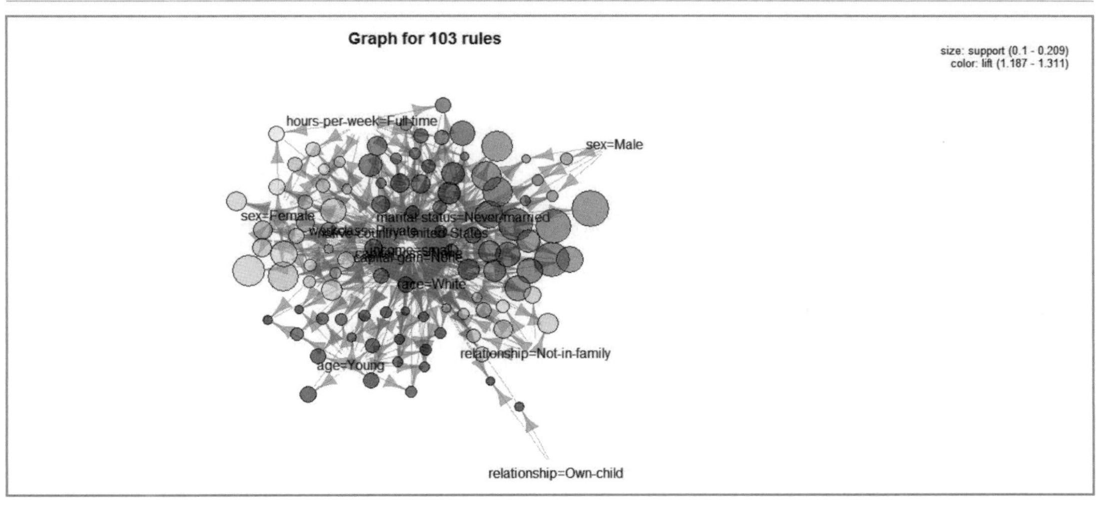


[그림 Ⅳ-3-21] 연관규칙 관계도

# 장 요약

### 제1절 데이터 마이닝 개요

데이터 마이닝은 대용량 데이터 내에서 의미 있는 패턴을 찾아 집단을 분류하고 예측하며, 유사집단으로 묶거나 동시 또는 순차적으로 발생하는 의미 있는 연관관계를 도출한다.

### 제2절 분류 분석

분류 분석은 타겟이 되는 값을 기준으로 입력데이터를 통해 학습함으로써 새로운 데이터에 대해 실제로 어떤 그룹에 속해있는지 분류하는 기법이다.

### 제3절 군집 분석

군집 분석은 각 개체에 대해 관측된 여러 개의 변수 $(x_1, x_2, \cdots, x_p)$ 값들로부터 $n$개의 개체를 유사한 성격을 가지는 몇 개의 군집으로 집단화하고, 형성된 군집들의 특성을 파악하여 군집들 사이의 관계를 분석하는 다변량분석 기법이다.

### 제4절 연관 분석

연관 분석은 흔히 장바구니분석이라고도 불린다. 연관 분석을 통해 유용한 규칙이나 패턴과 같은 연관규칙을 발굴하여 품목간의 관계나 연관성을 찾아내는 분석방법이다.

# 연습문제

**문제 1. 로지스틱회귀모형에 대한 설명으로 옳은 것은?**

① 모수 추정을 위해 초기값을 설정해 주어야 한다.
② 예측변수는 모두 연속형이어야 한다.
③ 연속형 반응변수에 대해서도 적용할 수 있다.
④ 분류의 목적으로 사용될 수 있다.

**문제 2. 의사결정나무분석에서 분류 기준변수의 선택에 사용되는 기준이 아닌 것은?**

① 일반화 분산
② 엔트로피 지수
③ $F$-검정통계량의 $p$-값
④ 지니 지수

**문제 3. 역전파 알고리즘을 이용하여 모수를 추정하는 예측모형은?**

① 인공신경망모형
② 로지스틱회귀모형
③ 혼합분포모형
④ 랜덤포레스트 모형

**문제 4. 여러 분류기들의 결과를 종합하여 예측의 성능을 높이는 방법이 아닌 것은?**

① 베깅
② 부스팅
③ 다층신경망
④ 랜덤포레스트

**문제 5. 모형 평가에 앞서 과적합화 문제를 해결하기 위해 사용되는 방법이 아닌 것은?**

① 붓스트랩
② 이익도표
③ 홀드아웃
④ 교차검증

**문제 6. 오분류표를 통해 계산할 수 있는 평가지표가 아닌 것은?**

① 정분류율
② 특이도
③ 향상도
④ 재현율

**문제 7. 다음의 R 함수 중 고객세분화의 목적으로 사용될 수 없는 함수는?**

① agnes()
② nnet()
③ kmeans()
④ hclust()

**문제 8. EM 알고리즘에 대한 설명으로 틀린 것은?**

① 최대가능도추정을 위한 수치적 방법이다.
② 초기값의 설정이 필요하다.
③ 잠재변수의 도입이 요구된다.
④ 정규분포에 대한 모수추정기법이다.

**문제 9. 해킹을 당하는 컴퓨터를 발견할 때 사용되는 데이터 마이닝 기법은?**

① 혼합분포군집
② 인공신경망분석
③ 로지스틱회귀분석
④ 앙상블모형

**문제 10. 지도학습(supervised learning) 기법이 아닌 것은?**

① 계층적군집
② 의사결정나무
③ 신경망
④ 서포트벡터기계

**문제 11. 고차원의 데이터를 이해하기 쉬운 저차원의 뉴런으로 정렬하여 지도의 형태로 형상화하는 군집 분석 방법은?**

① 의사결정나무
② 신경망
③ 자기조직화지도
④ 서포트벡터기계

**문제 12. 연관성 분석의 규칙이 얼마나 유의미한지 평가하기 위한 측정지표가 아닌 것은?**

① 지지도
② 오분류표
③ 신뢰도
④ 향상도

ADP

Professional · Semi-Professiona

제4장

# 비정형 데이터 마이닝

## 장 소개

최근 다양한 분야에서 생성되는 데이터의 대부분은 정돈되지 않은 비정형 데이터의 형태로 되어 있다. 많은 기업들이 이러한 비정형 데이터를 보유하게 되면서, 이를 이용한 분석에 대한 관심도 점점 증가하고 있는 추세이다. 이번 장에서는 비정형 데이터의 분석을 위한 이론 및 실습에 대해 다루었다.

# 제1절 텍스트 마이닝

1980년대에 이미 부상한 바 있지만 당시만 해도 노동집약적 수동적인 방법이었던 텍스트 마이닝(text mining) 기법이 최근 10여 년 사이 급속히 발전했다. 텍스트 마이닝은 텍스트(text)를 이용한 데이터 마이닝(data mining)이라고도 말할 수 있는데, 텍스트를 사용하여 패턴이나 관계를 추출하고 그 안에서 의미 있는 정보나 가치를 발굴하여 해석하는 일련의 과정을 통칭한다. 즉, 텍스트 마이닝은 다양한 포맷(웹 콘텐츠나 PDF, 마이크로소프트 오피스 파일, 오라클 오픈오피스 파일, XML, 텍스트 파일 등)의 문서로부터 데이터를 획득해 이를 문서별 단어의 매트릭스로 만들어 추가 분석이나 데이터 마이닝 기법을 적용해 통찰(insight)을 얻거나 의사결정을 지원하는 방법이라고 할 수 있다.

최근 많은 기업들은 트위터에서 자사 브랜드를 언급한 내용이나 자사 트위터 계정에서 고객들과 주고받은 문장을 API로 읽어 들여 분석하고 있다. 사용자별·시간별로 어떠한 내용을 언급하는지, 긍정적·부정적인 말을 하고 있는지, 시간의 흐름에 따라 키워드의 변화가 어떻게 되는지, 캠페인 진행 전후에 고객들의 키워드에 변화가 있는지, 프로모션 후 구전효과가 있었는지, 주로 어떤 집단의 고객들이 반응을 보이는지를 체크한다. 이를 통해 기업의 평판 관리와 마케팅 활동을 실시간 관리할 수 있게 된다. 또한 경쟁사 브랜드에 대한 반응 모니터링을 통해 경쟁 전략도 수립할 수 있다. 이러한 활용이 바로 텍스트 마이닝의 예이다.

좀 더 다양한 예를 알아보자. 정치·환경·의료 등 다양한 분야와 제조·설비·영업 등 다양한 업무 영역과 관련된 내용을 지원할 수 있고, 공장에서 작업자들이나 설비 유지보수원들이 작성한 정보를 통해 설비 고장을 예측할 수 있다. 물건을 구매하기 전 기 구매자가 남긴 상품평을 분석하여 제품의 성능이나 불만사항 등을 미리 접할 수도 있다. 또한 뉴스 기사나 연설문의 주제를 발굴하여 시간에 따른 주제의 흐름을 볼 수 있고, 더 나아가 특정 분야의 전문가를 알아내는 데 활용할 수도 있다.

## 1. 텍스트 마이닝의 기능

텍스트 마이닝은 크게 아래의 4가지와 같은 기능을 가진다.

- 문서 요약(summarization)
- 문서 분류(classification)
- 문서 군집(clustering)
- 특성 추출(feature extraction)

텍스트 분석을 위해 문서를 자유자재로 이용하기 위해서는 해당 언어에 대한 깊이 있는 이해와 문화나 관습에 대한 이해도 필요하다. 즉 한국어를 모국어로 사용하는 분석가이더라도 영문 분석을 주로 수행하던 사람은 영문 분석의 성과가 더 좋을 수 있다. 또한 미국과 영국 모두 영어를 사용하지만 문화나 관습의 차이가 텍스트 데이터에 반영되기 때문에 한쪽에서 좋은 결과를 보였던 분석 기법이 다른 쪽에서도 좋은 결과를 보인다는 보장이 없다. 따라서 언어 및 국가별로 다른 접근 방식의 분석을 수행해야 한다. 바로 이러한 부분이 텍스트 마이닝의 어려운 점 중 하나이다.

## 2. 텍스트 마이닝의 기본 프로세스

텍스트 마이닝의 프로세스는 데이터의 내용에 따라 약간 상이할 수 있으나, 기본적으로 아래의 과정에 따라 진행된다. 우선 R에서 텍스트 마이닝을 수행하는데 필요한 패키지인 {tm}을 설치한다.

```
> install.packages("tm")
Installing package into ‘C:/Users/USER/Documents/R/win-library/3.1 ’
(as ‘lib ’ is unspecified)
trying URL 'http://cran.rstudio.com/bin/windows/contrib/3.1/tm_0.6.zip'
Content type 'application/zip' length 697694 bytes (681 Kb)
opened URL
downloaded 681 Kb

package ‘tm ’ successfully unpacked and MD5 sums checked

The downloaded binary packages are in
        C:\Users\USER\AppData\Local\Temp\RtmpuGe94x\downloaded_packages
> library(tm)
```

### 가. 데이터 수집

트위터와 같은 SNS에 기재된 글이나 뉴스 기사, 연설문, 각종 리뷰와 댓글과 같이 분석에 사용 가능한 텍스트 데이터를 수집하는 것을 의미한다.

실습에서는 트위터 데이터를 예제로 사용할 것이므로 트위터 데이터를 가져올 수 있는 환경을 만들어야 한다. 우선 트위터에서 자료를 가져오는 방식에는 크게 두 가지가 있다. 첫 번째는 웹페이지에서 HTML을 데이터로 가져와서 파싱(parsing)하는 방식이며, 두 번째는 API를 이용해 가져오는 방식이다. API를 이용해 자료를 가져 오면 편리하지만, 지난 2013년 3월경부터 이 방법에 다소 제약이 발생했다. 반드시 인증을 거쳐 접근하도록 했기 때문이다. 이는 무분별한 API 사용에 따른 제약을 강화하기 위한 차원으로 보인다.

한 번에 가져올 수 있는 데이터의 크기도 1,500건으로 제한되며, 쿼리(query)를 이용해 지속적으로 자료를 가져올 때 일정시간 안에 많은 정보를 가져오면 블로킹된다. 하루에 가져오는 건수뿐만 아니라 몇 시간 내에 가져올 수 있는 양도 제한된다. 특히 IP에서도 제약이 있어 교육장 같은 여러 사람이 동시에 작업을 하는 경우 한번에 1,500건을 가져오지 못하고 100건으로 제한되는 현상도 발생한다.

아래의 내용은 한국데이터진흥원의 '빅데이터 아카데미' 분석과정 1기에서 정리한 내용을 활용했다. 여기서 유의할 점은 작업과정 중 인증을 위해 화면에 나온 URL을 웹페이지로 불러야 되는 경우 R Studio에서는 자르기/붙여넣기(cut & paste)가 안되므로 R 콘솔 창에서 작업하는 것이 적합하다.

우선 트위터에 접속해 애플리케이션(application)을 생성해야 한다. Name은 임의로 해도 되지만, 중복을 방지하기 위해 본인 ID에 문자를 추가하는 방식으로 한다. 웹사이트는 www.dbguide.net으로 한다든지 임의로 정해도 되지만, 만약 최종적으로 인증절차를 완료했음에도 인증관련 웹페이지 입력과 passcode를 입력하는 화면으로 넘어가지 않고 입력한 웹사이트로 되돌아가는 현상이 발생한다면, 웹사이트 URL의 index.html 등을 모두 포함한 full URL을 입력하도록 한다. 이때 Callback URL은 입력하지 않는다.

다음은 트위터에서 자료를 가져오는 과정이다.

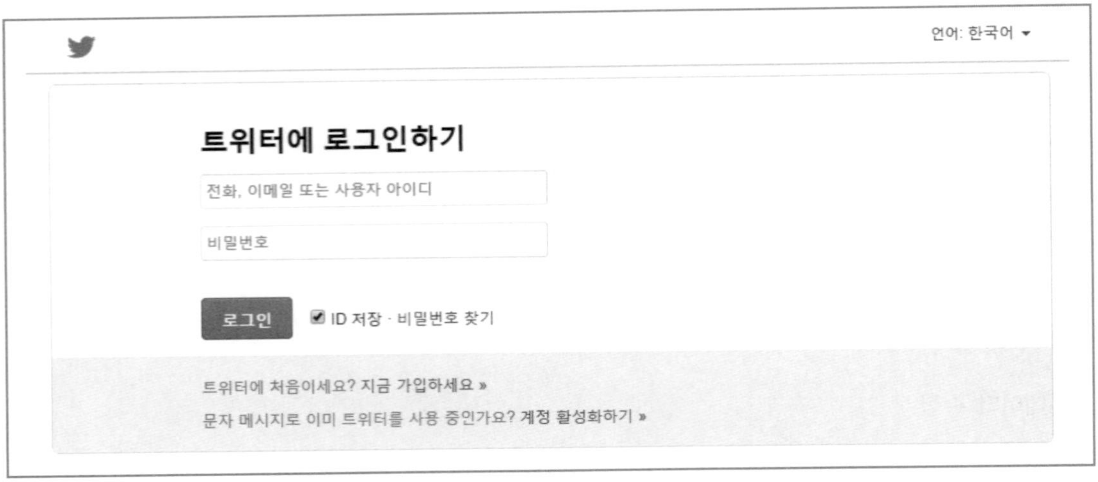

언어: 한국어
트위터에 로그인하기
전화, 이메일 또는 사용자 아이디
비밀번호
로그인
ID 저장 · 비밀번호 찾기
트위터에 처음이세요? 지금 가입하세요 »
문자 메시지로 이미 트위터를 사용 중인가요? 계정 활성화하기 »

**[그림 Ⅳ-4-1] 데이터 수집을 위해 트위터 로그인하기**

먼저 https://dev.twitter.com/apps로 들어간다. 트위터 계정이 없으면 반드시 계정을 만들고 이메일 인증을 받아야한다. 계정을 만든 후에 로그인한다.

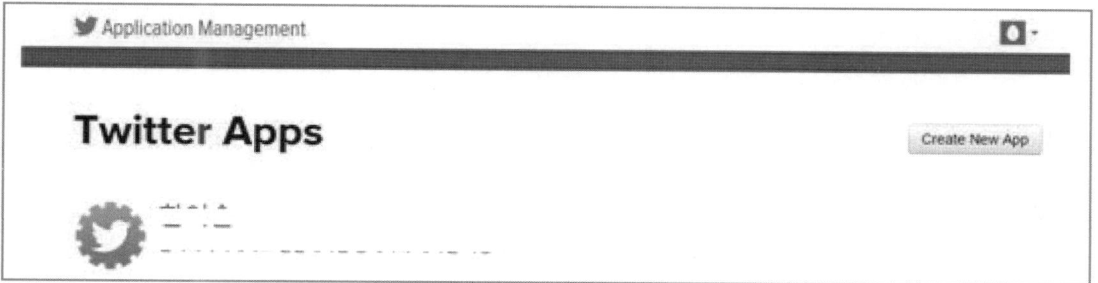


[그림 Ⅳ-4-2] 트위터에서 새로운 애플리케이션 만들기 1

[그림 Ⅳ-4-2]와 같이 'Create New App' 혹은 'Create a new application'을 클릭한다.

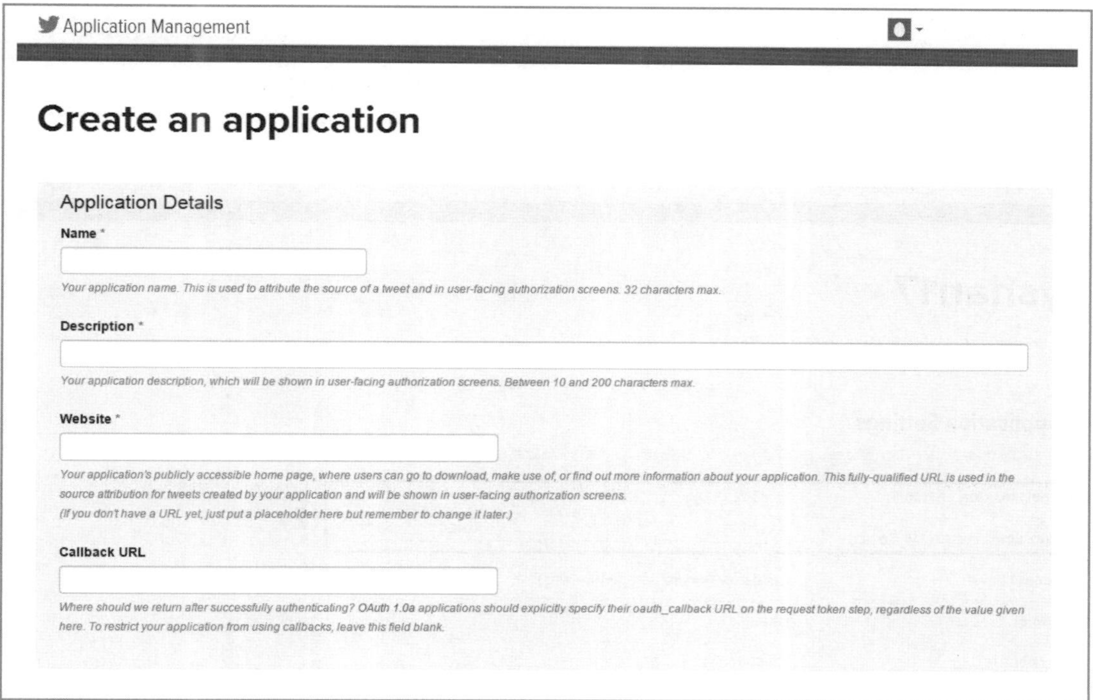


[그림 Ⅳ-4-3] 트위터에서 새로운 애플리케이션 만들기 2

새로운 애플리케이션을 생성한다. Name과 Description은 원하는 것으로 입력하면 되지만, Website는 반드시 http://로 시작하는 주소를 입력해야 한다. Callback URL은 절대 입력하지 않도록 한다.

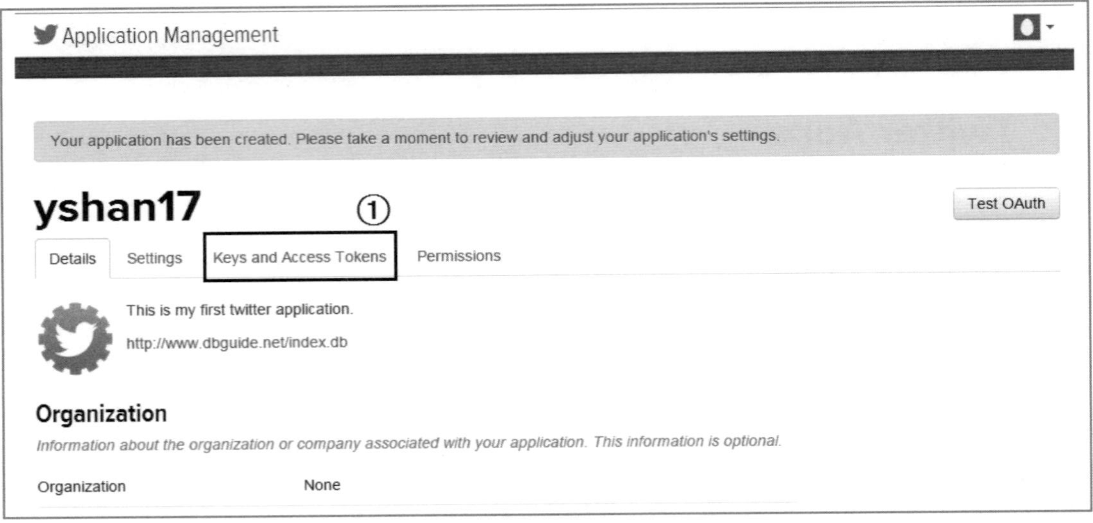


[그림 Ⅳ-4-4] 데이터 수집을 위한 트위터 인증키 받기 1

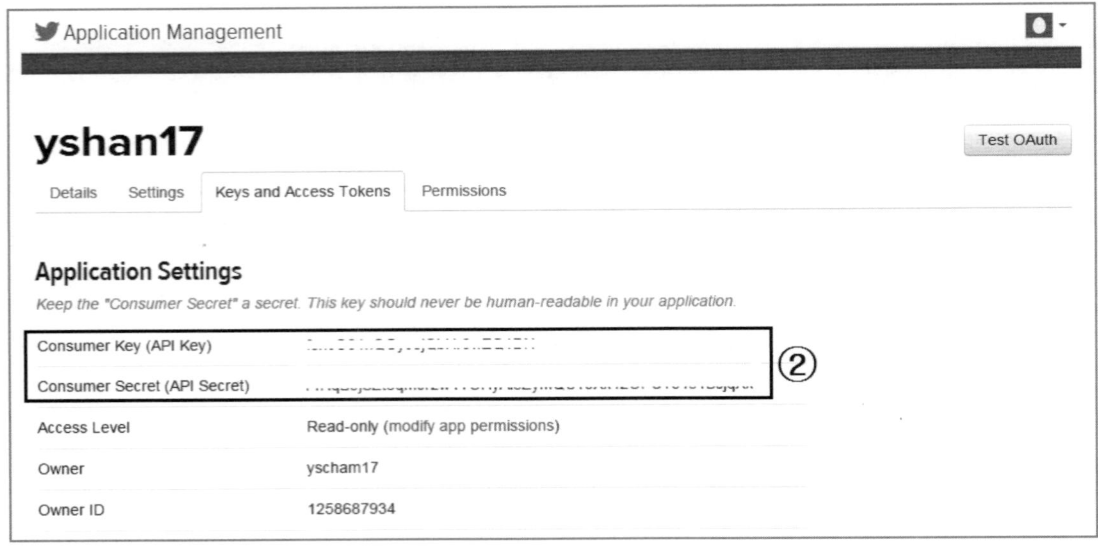


[그림 Ⅳ-4-5] 데이터 수집을 위한 트위터 인증키 받기 2

애플리케이션을 만들고 나면 [그림 Ⅳ-4-4]와 같은 화면이 뜬다. 여기서 ①의 'Keys and Access Tokens' 탭을 클릭하면 [그림 Ⅳ-4-5]와 같이 화면이 나오는 것을 볼 수 있다. 여기에 있는 ②번 상자 안에 있는 'Consumer Key(API Key)'와 'Consumer Secret(API Secret)'을 기억해둔다.

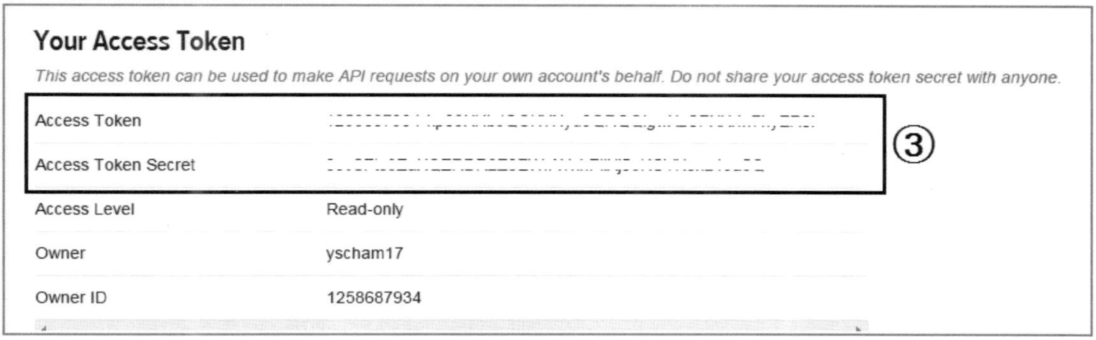

**Your Access Token**

*This access token can be used to make API requests on your own account's behalf. Do not share your access token secret with anyone.*

| | | |
|---|---|---|
| Access Token | | ③ |
| Access Token Secret | | |
| Access Level | Read-only | |
| Owner | yscham17 | |
| Owner ID | 1258687934 | |

[그림 Ⅳ-4-6] 트위터에서 데이터 수집을 위한 인증 받기 3

그리고 스크롤을 아래로 좀 더 내려보면, [그림 Ⅳ-4-6]과 같은 화면이 보인다. 여기에 있는 ③번 상자 안의 'Access Token'와 'Access Token Secret'도 역시 기억해둔다.

그 다음 R에서 트위터 데이터를 수집하기 위해 필요한 {twitteR} 패키지를 설치한다.

```
> install.packages("twitteR")
Installing package into 'C:/Users/USER/Documents/R/win-library/3.1 '
(as 'lib ' is unspecified)
trying URL 'http://cran.rstudio.com/bin/windows/contrib/3.1/twitteR_1.1.7.zip'
Content type 'application/zip' length 316062 bytes (308 Kb)
opened URL
downloaded 308 Kb

package 'twitteR ' successfully unpacked and MD5 sums checked

The downloaded binary packages are in
        C:\Users\USER\AppData\Local\Temp\RtmpMVVqTY\downloaded_packages
> library(twitteR)
필요한 패키지를 로딩중입니다: ROAuth
필요한 패키지를 로딩중입니다: RCurl
필요한 패키지를 로딩중입니다: bitops
필요한 패키지를 로딩중입니다: digest
필요한 패키지를 로딩중입니다: rjson
```

```
1
2 ########## R에서 트위터 데이터 사용을 위한 기본 setting ######################################
3 # 1. twitter 계정 만들기
4 # 2. twitter에 접속한 후 application 생성하기
5 # 3. consumer key, consumer secret, access token, access token secret 입력하기
6
7 api_key <- "______________________________"
8 api_secret <- "______________________________"
9 access_token <- "______________________________"
10 access_token_secret <- "______________________________"
11
12 library(twitteR)
13 setup_twitter_oauth(api_key,api_secret,access_token,access_token_secret)
```

④

**[그림 Ⅳ-4-7] 트위터에서 데이터 수집을 위한 인증 받기 4**

마지막으로 R에서 [그림 Ⅳ-4-7]의 ④번 상자에는 [그림 Ⅳ-4-5]와 [그림 Ⅳ-4-6]의 ②번, ③번 상자의 값을 입력한 뒤 프로그램을 실행한다. 13번째 줄까지 모두 실행하면 R에서 트위터 데이터를 사용하기 위한 인증이 완료된다.

[예제 1] 다음 데이터는 R에서 수집한 트위터 메시지로, 2014년 1월 1일 이후의 메시지 중 bigdata라는 단어가 등장한 트위터 메시지이다. (이 때 트위터 메시지의 언어는 영어로 설정해준다.)

```
> keyword <- 'bigdata'
> bigdata.tw <- searchTwitter(keyword, since='2014-01-01',n=1000, lang='en')
```

키워드를 설정하고 2014년 1월 1일 이후에 키워드가 나타난 영문 트위터 메시지를 최대 1000개 가져와 bigdata.tw에 저장한다. 가져오는 메시지를 최대 1,000개로 지정했지만, 실제로는 1,000개를 가져오지 못할 때도 있다. 이는 접속한 계정이나 IP 주소를 기준으로 일정시간 사용량에 따라 자동으로 제한되기 때문에 사용하는 상황에 따라 가져오는 개수는 유동적이다.

다음은 상위 3개의 메시지 내용을 본 것이다.

```
> bigdata.tw[1:3]
[[1]]
[1] "zizo_db: Do you know the big ways to use #bigdata?http://t.co/XqYRNaNTH9 @allvoices"

[[2]]
[1] "ardentisys: What are the solutions to biggest challenges faced in retail today? http://t.co/eYnUZ8kSDc #online #retail #BigData #mobile #ecommerce #tech"

[[3]]
[1] "bobehayes: #BigData and Bacteria: Mapping the New York Subway's #DNA http://t.co/IetkXLbFAY http://t.co/oJ93kdenae"
```

다음과 같이 해당 트위터 내용을 이용해 스크린 네임 정보를 가져온다. 즉, 해당 메시지를 작성한 사람의 이름을 볼 수 있다.

```
> tweet <- bigdata.tw[[1]]
> tweet$getScreenName()
[1] "zizo_db"
```

이어서 해당 트위터 내용으로 메시지의 텍스트를 가져온다.

```
> tweet$getText()
[1] "Do you know the big ways to use #bigdata?http://t.co/XqYRNaNTH9 @allvoices"
```

list 형태로 되어있는 bigdata.tw을 data frame 형태로 변환하여 bigdata.df에 저장하고, 다음과 같이 텍스트만 추출해 bigdata.text에 저장한다.

```
> class(bigdata.tw)
[1] "list"
> bigdata.df <- twListToDF(bigdata.tw)
> class(bigdata.df)
[1] "data.frame"
> bigdata.text <- bigdata.df$text
```

**팁1**

list 형태에서 data frame 형태로 변환하는 것은 plyr를 사용해서도 가능하다. {plyr}은 Hadley 교수가 공개한 패키지로 R 사용자들로부터 가장 사랑받는 패키지 가운데 하나다. plyr은 데이터를 분리(splitting), 적용(applying), 조합(combining)할 때 사용하는 패키지이다. 즉, 아래의 코드로도 같은 결과를 도출할 수 있다.

```
> install.packages('plyr')
Installing package into 'C:/Users/USER/Documents/R/win-library/3.1'
(as 'lib' is unspecified)
trying URL 'http://cran.rstudio.com/bin/windows/contrib/3.1/plyr_1.8.1.zip'
Content type 'application/zip' length 1149846 bytes (1.1 Mb)
opened URL
downloaded 1.1 Mb
package 'plyr' successfully unpacked and MD5 sums checked
The downloaded binary packages are in
        C:\Users\USER\AppData\Local\Temp\RtmpoX7ibb\downloaded_packages
```

```
> library(plyr)

다음의 패키지를 부착합니다: 'plyr'

The following object is masked from 'package:twitteR':

    id

> bigdata.text <- laply(bigdata.tw, function(i) i$getText() )
```

다음은 텍스트 내용 중 위에서 3개만을 보여주는 명령이다. 끝에서 n개를 가져오려면 tail 명령을 이용하면 되고, n을 입력하지 않았을 때의 기본값은 6으로 설정되어 있다.

```
> head(bigdata.text,3)
[1] "Do you know the big ways to use #bigdata?http://t.co/XqYRNaNTH9 @allvoices"
[2] "What are the solutions to biggest challenges faced in retail today? http://t.co/eYnUZ8kSDc #online #retail #BigData #mobile #ecommerce #tech"
[3] "#BigData and Bacteria: Mapping the New York Subway's #DNA  http://t.co/IetkXLbFAY http://t.co/oJ93kdenae"
```

위와 같이 bigdata라는 단어가 포함된 트위터 메시지가 정상적으로 저장되었음을 알 수 있다.

## 나. 데이터 전처리 및 가공

데이터 전처리 및 가공은 수집된 데이터에 문장부호나 의미 없는 숫자와 단어, URL 등과 같이 분석을 하는데 있어 유의하게 사용되지 않는 부분을 제거하거나 변형하여 분석에 용이하게 텍스트를 가공하는 과정을 의미한다.

### 1) Corpus[26) 생성

Corpus는 데이터 마이닝의 절차 중 데이터의 정제, 통합, 선택, 변환의 과정을 거친 구조화된 단계로서 더 이상 추가적인 절차 없이 데이터 마이닝 알고리즘 실험에서 활용될 수 있는 상태를 의미한다.

텍스트 마이닝 패키지인 {tm}에서 문서를 관리하는 기본 구조를 Corpus라 부르며, 이는 텍스트 문서들의 집합을 의미한다. Corpus는 VCorpus(short for Volatile Corpus)로 메모리에서만 유지되는 Corpus와 PCorpus(Permanent Corpus)로 R 외부의 DB나 파일로 관리되는 것이 있으며, 이들 Corpus는 저장장소를

26) http://cran.r-project.org/web/packages/tm/vignettes/tm.pdf

표시하는 DirSource, VectorSource 또는 DataframeSource처럼 디렉토리, 각 벡터값 또는 CSV 파일 같은 데이터 프레임을 통해 읽어 들여 생성된다.

[예제 2] 사용할 데이터는 아래 [그림 Ⅳ-4-8]에서 보이는 경로에 있는 텍스트 파일이다. 읽어 들일 문서의 경로가 시스템 폴더의 tm/texts/txt 디렉토리에서 가져옴을 정의하고 불러온다.

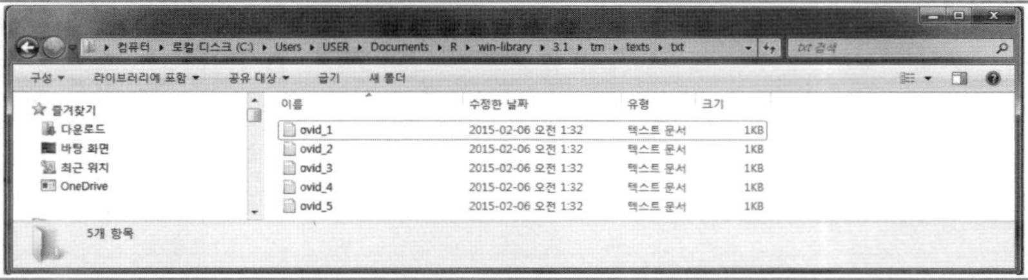

[그림 Ⅳ-4-8] DirSource로 불러올 파일

```
> txt <- system.file('texts','txt', package='tm')
> txt
[1] "C:/Users/USER/Documents/R/win-library/3.1/tm/texts/txt"
```

해당 txt 디렉토리에서 파일을 불러오기 위해 DirSource를 사용한다. 사용할 언어는 라틴어로 설정한다.

```
> ovid <- Corpus(DirSource(txt), readerControl=list(language='lat'))
> ovid
<<VCorpus (documents: 5, metadata (corpus/indexed): 0/0)>>
```

5개의 문서가 모두 읽어졌음을 확인할 수 있고, 개별 문서는 “[[]]”로 인덱스를 입력하여 조회한다. 즉, ovid의 1번째를 조회하기 위해 ovid[[1]]를 실행한다.

```
> ovid[[1]]
<<PlainTextDocument (metadata: 7)>>
    Si quis in hoc artem populo non novit amandi,
         hoc legat et lecto carmine doctus amet.
    arte citae veloque rates remoque moventur,
         arte leves currus: arte regendus amor.

    curribus Automedon lentisque erat aptus habenis,
         Tiphys in Haemonia puppe magister erat:
    me Venus artificem tenero praefecit Amori;
         Tiphys et Automedon dicar Amoris ego.
```

```
ille quidem ferus est et qui mihi saepe repugnet:

     sed puer est, aetas mollis et apta regi.
Phillyrides puerum cithara perfecit Achillem,
     atque animos placida contudit arte feros.
qui totiens socios, totiens exterruit hostes,
     creditur annosum pertimuisse senem.
```

읽어 들일 reader의 종류를 확인해 보면 텍스트 파일 이외에도 Word, PDF, CSV 등의 다양한 문서형식으로 읽어 들일 수 있음을 확인할 수 있다.

```
> getReaders()
[1] "readDOC"              "readPDF"              "readPlain"                  "readRCV1"
[5] "readRCV1asPlain"      "readReut21578XML"     "readReut21578XMLasPlain" "readTabular"
[9] "readXML"
```

이처럼 디렉토리에서 데이터를 불러올 수도 있고, 앞선 트위터 예제에서의 작성한 bigdata.text를 사용하여 Corpus 형태로 변환하여 사용할 수 있다. 현재 만들어진 object인 bigdata.text는 트위터 메시지에서 text 부분만 추출해놓은 벡터 형태를 띄고 있으므로 VectorSource를 사용하면 된다.[27]

```
> my.corpus <- Corpus(VectorSource(bigdata.text))
> my.corpus
<<VCorpus (documents: 1000, metadata (corpus/indexed): 0/0)>>
> my.corpus[[1]]
<<PlainTextDocument (metadata: 7)>>
Do you know the big ways to use #bigdata?http://t.co/XqYRNaNTH9 @allvoices
```

VectorSource를 통해 Corpus를 생성하면 읽어진 1000개의 문서가 my.corpus에 저장된 것을 알 수 있다. 그리고 역시 "[[]]" 인덱스를 사용하여 개별 문서를 조회하는 것도 가능하다.

문서내용을 보는 방법은 inspect() 함수를 통해서 array를 지정해서 선택해 볼 수 있다.

```
> inspect(my.corpus[1:2])
<<VCorpus (documents: 2, metadata (corpus/indexed): 0/0)>>
```

27) http://cran.r-project.org/web/packages/tm/tm.pdf

```
[[1]]
<<PlainTextDocument (metadata: 7)>>
Do you know the big ways to use #bigdata?http://t.co/XqYRNaNTH9 @allvoices

[[2]]
<<PlainTextDocument (metadata: 7)>>
What are the solutions to biggest challenges faced in retail today? http://t.co/eYnUZ8kSDc
#online #retail #BigData #mobile #ecommerce #tech
```

### 2) tm_map() 함수의 적용

{tm} 패키지 내에는 Corpus의 형식을 가지는 데이터들의 변형(Transformation)을 위한 tm_map()이라는 함수가 있다. 이 함수를 사용하면 Corpus 형식의 데이터에 일반적인 함수를 적용해서 전처리 등의 가공을 할 수 있다.

**팁2**

tm 패키지가 v0.6으로 업데이트 되면서, 이전 버전과는 다른 점이 있으니 주의하여야 한다.
먼저 아래의 명령을 실행해보면,

```
> getTransformations()
[1] "removeNumbers"   "removePunctuation"   "removeWords"   "stemDocument"   "stripWhitespace"
```

위와 같은 5개의 함수를 볼 수 있다. 이 함수들은 {tm} 패키지 내의 기본 Transformation이라고 지정된 함수들이다. 따라서 이 5개의 함수를 제외한 함수들(예를 들면 tolower나 stemCompletion, gsub 등)을 tm_map()함수 내에서 그냥 사용하게 되면 여러 가지 오류가 나타날 수 있다.
따라서 아래와 같이 기본 Transformation()함수와는 약간의 차이를 두고 사용하여야 한다.

```
> my.corpus <- tm_map(my.corpus, stripWhitespace)  # 기본 Transformation함수이므로 OK
> my.corpus <- tm_map(my.corpus, content_transformer(tolower))  # content_transformer()안에서
만 OK!
```

혹은

```
> my.corpus <- tm_map(my.corpus, stripWhitespace)    # 기본 Transformation함수이므로 OK
> my.corpus <- tm_map(my.corpus, tolower)            # 우선 그냥 작성하고,
my.corpus <- tm_map(my.corpus, PlainTextDocument)   # 이 명령을 실행
```

이와 같이 작성되어야 한다.

먼저 빈 공간(white space)을 제거한다.

```
> my.corpus <- tm_map(my.corpus, stripWhitespace)
> inspect(my.corpus[1:2])
<<VCorpus (documents: 2, metadata (corpus/indexed): 0/0)>>

[[1]]
<<PlainTextDocument (metadata: 7)>>
Do you know the big ways to use #bigdata?http://t.co/XqYRNaNTH9 @allvoices

[[2]]
<<PlainTextDocument (metadata: 7)>>
What are the solutions to biggest challenges faced in retail today? http://t.co/eYnUZ8kSDc
#online #retail #BigData #mobile #ecommerce #tech
```

이 예제에서는 달라진 것이 눈에 보이지 않지만, 대부분의 경우 중간에 빈 공간이 있으면 "\n"으로 변경되어서 분석할 때 걸림돌이 될 수 있으므로 반드시 처리하고 진행하여야 한다.

그 다음은 특정 패턴을 가지는 단어를 제거하거나 다른 단어로 대체해 준다. 특히 예제와 같은 트위터 데이터에서 이 과정은 반드시 필요하다. 트위터 메시지의 특성 상 태그를 하여 생기는 @뒤의 개별 ID라던가 http로 시작되는 링크는 분석 전 반드시 제거해야 하는 대상이기 때문이다. 따라서 gsub을 사용하여 @뒤에 띄어쓰기 없이 붙어있는 단어를 제거하라는 아래와 같은 명령을 실행한다.

```
> my.corpus <- tm_map(my.corpus, content_transformer(gsub), pattern='@\\S*', replacement='')
# @로 시작되는 re-twitter ID 제거
> inspect(my.corpus[1:2])
<<VCorpus (documents: 2, metadata (corpus/indexed): 0/0)>>

[[1]]
<<PlainTextDocument (metadata: 7)>>
Do you know the big ways to use #bigdata?http://t.co/XqYRNaNTH9

[[2]]
<<PlainTextDocument (metadata: 7)>>
What are the solutions to biggest challenges faced in retail today? http://t.co/eYnUZ8kSDc
#online #retail #BigData #mobile #ecommerce #tech
```

위 부분을 실행하기 전의 결과와 비교했을 때, 태그가 되어 @로 연결된 ID 부분이 모두 제거된 것을 확인할 수 있다.

```
> my.corpus <- tm_map(my.corpus, content_transformer(gsub), pattern='http\\S*', replacement='')
# http로 시작되는 URL 제거
> inspect(my.corpus[1:2])
<<VCorpus (documents: 2, metadata (corpus/indexed): 0/0)>>

[[1]]
<<PlainTextDocument (metadata: 7)>>
Do you know the big ways to use #bigdata?

[[2]]
<<PlainTextDocument (metadata: 7)>>
What are the solutions to biggest challenges faced in retail today?  #online #retail #BigData
#mobile #ecommerce #tech
```

같은 방법이지만 패턴을 다르게 하여 http로 시작되는 부분을 제거하였다. 결과를 보면, http로 시작되었던 불필요한 URL이 모두 제거된 것을 확인할 수 있다.

그리고 문장 부호 및 구두점을 제거한다.

```
> my.corpus <- tm_map(my.corpus, removePunctuation)
> inspect(my.corpus[1:2])
<<VCorpus (documents: 2, metadata (corpus/indexed): 0/0)>>

[[1]]
<<PlainTextDocument (metadata: 7)>>
Do you know the big ways to use bigdata

[[2]]
<<PlainTextDocument (metadata: 7)>>
What are the solutions to biggest challenges faced in retail today  online retail BigData mobile
ecommerce tech
```

#, …, ?, !, ~, @, $, &, %, 마침표(.), 쉼표(,)등의 문장 부호가 깨끗하게 제거된 것을 확인할 수 있다.

대문자를 소문자로 변경해 사전에 있는 내용과 비교할 수 있도록 표준화 한다. 한글이나 특수문자가 있는 경우 오류를 발생시키므로, 한글이나 특수문자를 미리 처리한 후 진행하여야 한다.

```
> my.corpus <- tm_map(my.corpus, content_transformer(tolower))
> inspect(my.corpus[1:2])
<<VCorpus (documents: 2, metadata (corpus/indexed): 0/0)>>

[[1]]
<<PlainTextDocument (metadata: 7)>>
do you know the big ways to use bigdata

[[2]]
<<PlainTextDocument (metadata: 7)>>
what are the solutions to biggest challenges faced in retail today  online retail bigdata mobile
ecommerce tech
```

그 다음 과정은 특정 단어를 제거하는 것이다. {tm} 패키지에는 stop word라는 것이 있다. 한글에서는 조사에 해당되며 띄어쓰기 등을 통해 확인할 수 있다. 영어의 경우 기본적으로 아래와 같이 174개의 제외어(stop word)를 가지고 있다.

```
> stopwords('en')
  [1] "i"          "me"         "my"         "myself"     "we"         "our"        "ours"
  [8] "ourselves"  "you"        "your"       "yours"      "yourself"   "yourselves" "he"
 [15] "him"        "his"        "himself"    "she"        "her"        "hers"       "herself"
 [22] "it"         "its"        "itself"     "they"       "them"       "their"      "theirs"
 [29] "themselves" "what"       "which"      "who"        "whom"       "this"       "that"
 [36] "these"      "those"      "am"         "is"         "are"        "was"        "were"
 [43] "be"         "been"       "being"      "have"       "has"        "had"        "having"
 ⋮
[127] "between"    "into"       "through"    "during"     "before"     "after"      "above"
[134] "below"      "to"         "from"       "up"         "down"       "in"         "out"
[141] "on"         "off"        "over"       "under"      "again"      "further"    "then"
[148] "once"       "here"       "there"      "when"       "where"      "why"        "how"
[155] "all"        "any"        "both"       "each"       "few"        "more"       "most"
[162] "other"      "some"       "such"       "no"         "nor"        "not"        "only"
[169] "own"        "same"       "so"         "than"       "too"        "very"
```

{tm} 패키지 내의 stop word는 영어 이외에도 프랑스어, 독일어, 이탈리아어, 스페인어 등 현재까지 총 13개의 언어를 지원하고 있다. (아쉽게도 한국어에 대한 제외어(stop word)는 {tm}에서 지원되지 않는다.)

```
> my.corpus <- tm_map(my.corpus, removeWords, stopwords('en ' )
```

위와 같은 명령을 실행하면, 영어의 기본 제외어(stop word)에 해당되는 174개의 단어들은 제거된다.

만약 기본적인 제외어(stop word) 이외에 분석에 있어 의미가 없다고 생각되는 단어가 있다면 제외어(stop word)와 함께 벡터를 만들어 함께 제거할 수 있다. 그 방법은 다음과 같이 실행한다.

```
> mystopword <- c(stopwords('en'),'rt', 'via','even')
> my.corpus <- tm_map(my.corpus, removeWords, mystopword)
> inspect(my.corpus[1:2])
<<VCorpus (documents: 2, metadata (corpus/indexed): 0/0)>>

[[1]]
<<PlainTextDocument (metadata: 7)>>
know big ways use bigdata

[[2]]
<<PlainTextDocument (metadata: 7)>>
solutions biggest challenges faced retail today online retail bigdata mobile ecommerce tech
```

트위터 메시지에서 RT라는 단어는 Re-Twitter의 줄임말로, 등장하는 빈도가 꽤 높은 단어이지만 분석에 있어서는 의미가 없으므로 제거하였다. 이외에도 via나 even과 같이 의미 없는 단어들을 함께 제거하였다. 결과를 보면 do, you, on, the, to와 같은 제외어(stop word)들과 함께 mystopword에 저장된 모든 단어가 제거된 것을 확인할 수 있다.

## 다. 자연어 처리

텍스트 마이닝 시 자연어 처리는 기본적으로 형태소 분석을 하는 과정을 포함하고 있다. 위의 예제인 영문의 경우 제외어(stop word)를 처리하는 과정에서 접속사, 대명사 등을 제거해주고, 공통 어간을 가지는 단어를 묶기 위해 스테밍(stemming) 하여 처리한다. 하지만 한글의 경우 {tm} 패키지 내에서는 제외어(stop word)가 작성되어 있지 않으므로 다른 패키지를 사용하여 자연어 처리를 해야 한다.

### 1) Stemming

먼저 {tm} 패키지에서 스테밍(stemming)을 하고자 할 때 사용하는 함수에는 stemDocument와 stemCompletion이 있다. 각각은 문서를 스테밍(stemming)하고, 스테밍(stemming)된 단어를 완성시키기 위한 과정을 나타낸다.[28)]

**팁3**

〈stemDocument와 stemCompletion 제대로 알기〉

```
> test <- stemDocument(c('updated', 'update','updating'))
> test
[1] "updat" "updat" "updat"
```

stemDocument는 위처럼, 앞 어간을 제외한 나머지 부분을 잘려나가게 한다. updated, update, updating은 서로 다르지만 사실 모두 updat-라는 어간을 가지므로 위와 같이 도출된다.

```
> test <- stemCompletion(test, dictionary=c('updated','update','updating'))
> test
   updat     updat     updat
"update" "update" "update"
```

stemCompletion은 stemming된 단어와 완성을 위한 dictionary를 함께 넣으면 가장 기본적인 어휘로 완성시켜주는 역할을 한다. 따라서 updat로 stemming되었던 단어들이 dictionary로 넣은 updated, update, updating 중 가장 기본 어휘인 update로 완성된 것을 알 수 있다. 가장 중요한 것은 stemCompletion을 할 때는 단어의 완성을 위해 반드시 dictionary가 필요하다는 점이다.

스테밍(stemming)을 하기에 앞서, stemCompletion에서 사용될 dictionary를 위해 현재의 Corpus파일을 dict.corpus에 저장한다.

```
> dict.corpus <- my.corpus
```

그 후에 단어들의 stem부분에 해당되는 어간을 추출하기 위해 stemDocument를 실행한다.

```
> my.corpus <- tm_map(my.corpus, stemDocument)
> inspect(my.corpus1[1:2])
<<VCorpus (documents: 2, metadata (corpus/indexed): 0/0)>>

[[1]]
<<PlainTextDocument (metadata: 7)>>
know big way use bigdata

[[2]]
<<PlainTextDocument (metadata: 7)>>
solut  biggest challeng face retail today onlin retail bigdata mobil ecommerc tech
```

28) http://cran.r-project.org/web/packages/tm/tm.pdf

나온 결과를 stemDocument하기 전과 비교하면, solutions가 solut로, challenges가 challeng로, faced가 face로 어간이 추출된 것을 확인할 수 있다.

stemCompletion을 할 때는 잘못하면 모든 값이 NA가 되어버리는 경우가 있어 이를 방지하기 위해 completion을 위해 간단하게 제작된 함수를 실행한다. [29]

```
> stemCompletion_mod <- function(x,dict) {
+   PlainTextDocument(stripWhitespace(paste(stemCompletion(unlist(strsplit(as.character(x)," ")),
dictionary = + dict, type='first'), sep = "", collapse = " ")))
+ }
> my.corpus <- lapply(my.corpus, stemCompletion_mod, dict=dict.corpus)
> my.corpus <- Corpus(VectorSource(my.corpus)) # first
```

lapply를 통해 모든 트위터 메시지에 stemCompletion_mod를 적용하였고, 반환된 list를 다시 Corpus로 변환한다.

```
> inspect(my.corpus[1:2])
<<VCorpus (documents: 2, metadata (corpus/indexed): 0/0)>>

[[1]]
<<PlainTextDocument (metadata: 7)>>
know big ways use bigdata

[[2]]
<<PlainTextDocument (metadata: 7)>>
solutions biggest challenges faced retail today online retail bigdata mobile ecommerce tech
```

stemCompletion을 할 때, type을 first로 지정해주어 등장하는 첫 번째 어휘로 어간이 같은 모든 단어를 사용하도록 설정한다. 따라서 앞 3개의 메시지로는 스테밍(stemming)이 제대로 된 것을 확인하기는 어렵다. 하지만 확인해보면 스테밍(stemming)을 하기 전 2번째 메시지에 challenges라는 단어와 13번째 메시지에 challenge라는 단어가 있었는데, stemming 후 먼저 등장한 challenges로 관련된 모든 단어가 대체되어 13번째 역시 challenges로 변경되었음을 알 수 있었다.

29) http://stackoverflow.com/questions/25206049/stemcompletion-is-not-working

### 2) 한글 처리

한글 텍스트 마이닝 패키지는 전희원 씨가 개발한 KoNLP[30]가 대표적이며 예제는 전희원 씨의 홈페이지(http://freesearch.pe.kr)를 참조하였다. KoNLP 사용 시 {rJava} 패키지 등을 추가 설치해줘야 하는데, 이는 이미 설치된 패키지에 영향을 줄 수 있으므로 상황에 맞게 추가 패키지들을 설치하도록 한다.[31]

{KoNLP} 패키지를 사용하기 위해서는 반드시 설치해야 하는 프로그램이 있는데 바로 JRE(Java Runtime Environment)이다. 자바 런타임 환경(JRE)는 시스템 종류가 64비트인지 32비트인지에 따라 설치할 파일이 다르므로 컴퓨터의 운영체제를 먼저 확인해야 한다. 확인 후 오라클 자바 다운로드 홈페이지(http://www.oracle.com/technetwork/java/javase/downloads/index.html)에 접속하여 해당 시스템에 맞는 JRE 파일을 다운로드하여 사용하면 된다.

이제 본격적으로 {KoNLP} 패키지를 사용해보자.

```
> install.packages('KoNLP')
Installing package into 'C:/Users/USER/Documents/R/win-library/3.1 '
(as 'lib ' is unspecified)
trying URL 'http://cran.rstudio.com/bin/windows/contrib/3.1/KoNLP_0.76.9.zip'
Content type 'application/zip' length 467386 bytes (456 Kb)
opened URL
downloaded 456 Kb

package 'KoNLP ' successfully unpacked and MD5 sums checked

The downloaded binary packages are in
        C:\Users\USER\AppData\Local\Temp\RtmpoX7ibb\downloaded_packages
> library(rJava)
> library(KoNLP)
> extractNoun('연습을 해보고자 한다. 명사가 잘 추출되는지 보자. 빨간색으로 글씨를 쓰고 있다.')
[1] "연습"    "명사"    "추출"    "빨간색" "글씨"
```

"연습을 해보고자 한다. 명사가 잘 추출되는지 보자. 빨간색으로 글씨를 쓰고 있다."라는 문장에서 명사를 추출했다. 일단 여기까지 잘 되면 한글 텍스트 마이닝에 대한 기본적인 것은 문제가 없다.

하지만 한글을 처리하는 데 처리 속도가 문제가 있을 때는 다음과 같은 명령을 실행한다.

30) http://cran.r-project.org/web/packages/KoNLP/KoNLP.pdf
31) http://freesearch.pe.kr

```
> sapply('연습을 해보고자 한다. 명사가 잘 추출되는지 보자. 빨간색으로 글씨를 쓰고 있다.',
extractNoun)
[1,] "연습"
[2,] "명사"
[3,] "추출"
[4,] "빨간색"
[5,] "글씨"
```

이처럼 한글로 되어있는 텍스트 데이터를 사용하여 텍스트 마이닝을 하고 싶을 때는 자연어 처리 부분에서 KoNLP 패키지를 이용하여 단어를 추출하고 이를 Corpus로 만들어 분석하는 순서로 진행한다.

## 라. TDM 구축

앞선 과정을 통해 읽어 들인 문서의 빈 공간(white space)를 제거하고, 대문자를 소문자로 변환, 문장부호 제거, 제외어(stop word) 처리, 스테밍(stemming)등의 과정을 수행하였다. 이렇게 전처리된 데이터에서 각 문서와 단어 간의 사용 여부를 이용해 만들어진 matrix가 바로 TDM(Term-Document Matrix)이다. TDM을 보면 등장한 각 단어의 빈도수를 쉽게 알 수 있다.[32)]

### 1) 모든 단어

TermDocumentMatrix() 함수를 실행하면 행은 각 단어를 나타내고, 열은 트위터 메시지를 나타내는 매트릭스가 생성된다. 함수를 실행할 때, dictionary 부분을 작성하지 않으면 분리된 모든 단어가 Term으로써 TDM을 만드는데 사용된다.

```
> my.TDM <- TermDocumentMatrix(my.corpus)
> dim(my.TDM)
[1] 1514 1000
```

dim 함수로 보니, 만들어진 TDM은 1,000개의 트위터 메시지에서 총 1,514개의 단어가 추출되어 1,514개의 행과 1,000개의 열을 가지는 형태임을 확인할 수 있다.

32) http://cran.r-project.org/web/packages/tm/tm.pdf

```
> inspect(my.TDM[55:60,1:10])
<<TermDocumentMatrix (terms: 6, documents: 10)>>
Non-/sparse entries: 1/59
Sparsity           : 98%
Maximal term length: 32
Weighting          : term frequency (tf)

                                 Docs
Terms                             1 2 3 4 5 6 7 8 9 10
  analysis                        0 0 0 0 0 0 0 0 0  0
  analyst                         0 0 0 0 0 0 0 0 0  0
  analytics                       0 0 0 0 0 0 0 1 0  0
  analyticshipbusinessintelligence 0 0 0 0 0 0 0 0 0  0
  analyzing                       0 0 0 0 0 0 0 0 0  0
  anaqualityconf                  0 0 0 0 0 0 0 0 0  0
```

생성된 TDM에서 처음 10개 메시지의 55번째에서 60번째 단어의 분포를 확인한다. 여기서 'analytics'가 8번째 메시지에서 1번 사용됐음을 확인할 수 있다. 대부분의 단어들이 모든 문서에서 이용되지 않기 때문에 조회한 내용의 10개 문서와 6개 단어에서는 1개 단어가 1번 사용됐고 나머지 59개는 0으로 표시된다. 그래서 sparsity가 58/59로 약 98.31%에 해당된다.

#### 2) 단어 사전(dictionary)

단어 사전(dictionary)은 복수의 문자들의 집합으로 텍스트 마이닝에서 분석에 사용하고자 하는 단어들의 집합이다. 여기에 단어를 추가할 수 있는데 분석하고자 하는 단어들을 별도 사전으로 정의해서 해당 단어들에 대해서만 결과를 산출해서 보려고 할 때 사용한다.

분석에 사용하고자 하는 단어들을 별도 데이터 프레임인 myDict에 저장한다.

```
> myDict <- c('bigdata', 'data', 'analyst', 'cloud', 'company','privacy', 'analytics',
'business', 'hadoop', 'datascience')
```

해당 dictionary를 적용한 TDM을 만든다.

```
> my.TDM <- TermDocumentMatrix(my.corpus, control=list(dictionary=myDict))
```

```
> inspect(my.TDM[, 60:70])
<<TermDocumentMatrix (terms: 10, documents: 11)>>
Non-/sparse entries: 17/93
Sparsity           : 85%
Maximal term length: 11
Weighting          : term frequency (tf)

             Docs
Terms         60 61 62 63 64 65 66 67 68 69 70
  analyst      0  0  0  0  0  0  0  0  0  0  0
  analytics    0  0  0  0  0  0  0  0  0  0  1
  bigdata      1  1  1  1  2  1  1  1  1  0  1
  business     1  0  0  0  0  0  0  0  0  0  0
  cloud        0  1  0  0  0  0  0  0  0  0  0
  company      0  0  0  0  0  0  0  0  0  0  0
  data         0  1  0  0  1  0  0  0  0  0  0
  datascience  0  0  0  0  0  1  0  0  0  0  0
  hadoop       0  1  0  0  0  0  0  0  0  0  0
  privacy      0  0  0  0  0  0  0  0  0  0  0
```

만들어진 TDM을 보니, dictionary의 단어들에 대해서만 구축된 것을 확인하였다.

## 마. 분석 및 시각화

### 1) Association

작성된 TDM에서 특정 단어와의 연관성에 따라 단어를 조회할 수 있다. findAssocs 함수를 통해 my.TDM에서 warehouse라는 단어와의 연관성이 0.5 이상인 단어들만 표시한다.

```
> findAssocs(my.TDM, 'warehouse', 0.5)
          warehouse
sentence       0.93
etl            0.86
lake           0.86
becoming       0.68
hadoop         0.67
one            0.65
```

warehouse와 관련있는 단어로는 ETL(Extraction, Transformation, Loading)이나 hadoop과 같은 단어가 도출되어, 같이 사용될 확률로써 계산이 된다. 이를 통해 무슨 내용이 연관되어 함께 언급되는지를 알 수 있다.

이렇게 작성된 my.TDM은 {arules} 패키지의 apriori() 함수를 이용해 연관 분석(association analysis)을 하기 위해 단일 처리형(transaction)으로 변환한다. 참고로 연관 분석은 어떤 사건이 동시에 일어나는지를 알아보는 것이다.

```
> transaction_m <- as(terms.m, "transactions")
> rules.all <- apriori(transaction_m, parameter=list(supp=0.01, conf=0.5))
```

연관 분석을 수행하는 대표적인 알고리즘으로는 apriori와 FP(Frequent Pattern)-성장이 있다. apriori 알고리즘에서 연관 분석을 수행하기 위해 빈발 아이템 집합과 연관 규칙이라고 하는 두 가지 형태로 관계를 표현한다. 아이템의 빈발 정도를 측정하기 위해 지지도(support)의 개념을 연관 규칙 관계의 강도를 축정하기 위해 신뢰도(confindence) 개념을 사용한다. 즉 지지도와 신뢰도를 각각 20%, 10%로 설정하면 전체 데이터 중에서 특정 단어의 출현 빈도가 20% 이상이고 그 단어가 출현했을 때 다른 어떠한 단어가 출현할 확률이 10% 이상인 규칙을 도출한다는 의미이다. 또한 데이터에 따라 해당 옵션 값이 너무 작으면 결과가 도출되지 않을 수도 있으므로 apriori 알고리즘을 실행할 때 지지도와 신뢰도를 높은 수준부터 적절히 조절하면서 분석하여야 한다.

```
> inspect(rules.all)
```

도출된 규칙은 inspect 명령어를 통해 볼 수 있다.

### 2) 워드 클라우드

문서에 포함되는 단어의 사용 빈도를 효과적으로 보여주기 위해 워드 클라우드(word cloud)를 이용한다. 이번에는 워드 클라우드를 만드는 방법을 알아보자. 먼저 필요한 패키지를 설치하고 라이브러리를 로드한다.

```
> install.packages('wordcloud')
Installing package into ‘C:/Users/USER/Documents/R/win-library/3.1’
(as ‘lib’ is unspecified)
trying URL 'http://cran.rstudio.com/bin/windows/contrib/3.1/wordcloud_2.5.zip'
Content type 'application/zip' length 466690 bytes (455 Kb)
opened URL
downloaded 455 Kb

package ‘wordcloud’ successfully unpacked and MD5 sums checked
```

```
The downloaded binary packages are in
        C:\Users\USER\AppData\Local\Temp\RtmpoX7ibb\downloaded_packages
> library(wordcloud)
필요한 패키지를 로딩중입니다: RColorBrewer
```

워드 클라우드를 만들기 위해서는 문서에서 나타난 각 단어들의 빈도수에 대한 정보가 필요하기 때문에 위에서 작성한 my.TDM이라는 Term-Document Matrix를 이용한다.

my.TDM은 TermDocumentMatrix 클래스를 가지므로 매트릭스 형태로 변환한다.

```
> my.TDM.m <- as.matrix(my.TDM)
```

Term-Document Matrix에서 각각의 행과 열은 단어와 트위터 메시지 하나를 나타낸다. 따라서 Term-Document Matrix에서 행을 기준으로 모든 열의 값을 합하여 각 단어에 대한 빈도수를 계산한다.

빈도가 가장 높은 상위 15개의 단어를 조회한 결과이다.

```
> term.freq <- sort(rowSums(my.TDM.m), decreasing=T)
> head(term.freq, 15)
bigdata    data    big   analytics     amp     iot     use     new    cloud    business
hadoop
 939      345     226   149          106     100     78      68      51        49          47
datascience  technology    mobile     tech
    46          44           43          42
```

각 단어에 대한 빈도수를 내림차순으로 정렬하여 보면, bigdata라는 단어를 keyword로 뽑은 만큼 가장 많이 등장한 것을 알 수 있고 data, big, analytics순으로 많이 나타난 것을 확인할 수 있다.

```
> wordcloud(words=names(term.freq), freq=term.freq, min.freq=15, random.order=F,
+ colors=brewer.pal(8,'Dark2'))
```

**팁4**

wordcloud 함수에서 쓰인 brewer.pal은 R의 색상 파레트 함수이다. 파레트 색상에 대한 자세한 정보는 Cookbook for R[33]에서 자세히 볼 수 있다.
이를 사용하면 wordcloud의 색상을 자유롭게 변경할 수 있다.

33) http://www.cookbook-r.com/Graphs/Colors_(ggplot2)/

[그림 Ⅳ-4-9]와 같이 워드 클라우드를 그려보면 가장 빈도수가 높은 단어인 bigdata가 가장 중심에 나타나있다. 그 다음으로 data, big, analytics의 순서로 빈도수가 높게 나타난 것을 워드 클라우드에서 한눈에 확인할 수 있다.

**[그림 Ⅳ-4-9] bigdata라는 단어가 사용된 트위터 메시지의 워드 클라우드**

### 3) 감성분석

감성분석(sentiment analysis)은 흔히 오피니언 마이닝 등으로 언급하는 내용이다. 문장에서 사용된 단어의 긍정·부정 여부에 따라 얼마나 긍정적인 단어가 많은지를 보고 특정 소스를 부여해 어떤 색을 띠고 있는 문장인지를 평가한다. 이를 이용해 브랜드에 대해 긍정적인 추이가 증가하는지, 감소하는지를 분석할 수 있다. 각 문장이 긍정인지 부정인지는 주체에 따라 다르게 해석할 수 있다. 자사의 브랜드가 애플(Apple)이고 경쟁사가 삼성(Samsung)이라면 문맥(context)에서 긍정·부정 여부가 달라질 수 있다. 복잡한 문장을 분석할 때 개별 문장이나 문서에 대해서는 오류가 발생할 수 있다. 그러나 개별 문장의 분석에서 오류가 생기더라도 수많은 문서나 데이터를 가공하면 그 추이를 파악하는 데는 큰 무리가 없다. 따라서 감성분석에 대해 부정적일 필요는 없다.

호텔에 대한 설문 결과와 트위터 데이터의 감성분석 결과를 비교한 Jeffrey Breen의 슬라이드 내용[34]을 예제로 사용하고자 한다.

34) http://www.slideshare.net/jeffreybreen/r-by-example-mining-twitter-for

다음과 같이 @hilton을 언급한 최대 1500개의 메시지를 가져와 hilton.tweet에 저장한다. 앞서 언급했듯이 최대 1,500개의 메시지를 가져오도록 했지만, 대부분의 경우 1,500개를 가져오지 못한다.

```
> hilton.tweets <- searchTwitter('@hilton', n=1500)
Warning message:
In doRppAPICall("search/tweets", n, params = params, retryOnRateLimit = retryOnRateLimit,  :
  1500 tweets were requested but the API can only return 72
> length(hilton.tweets)
[1] 72
> hilton.tweets[1:2]
[[1]]
[1] "LinkedInExpert: I am SOOOO freaking impressed with the @Hilton at the Tech Center in Denver! GREAT and QUALITY food and super prices! #UWCColorado"

[[2]]
[1] "HiltonSchiphol: RT @bastiaanbongers: Trainee Dinner @Hilton Amsterdam Airport Schiphol! #hiltoncareers http://t.co/qlNlFMMrcf"
```

위에서 수행한 과정을 통해 분석을 위한 트위터 데이터를 수집했다. 이렇게 수집한 각 트위터 메시지를 사용하여 감성분석을 해보자. 여기서는 아주 간단한 방법으로 긍·부정을 판별한다. 긍정 또는 부정의 의미를 갖고 있는 영어 단어들을 해당 트위터 메시지와 비교하여, 트위터 메시지가 얼마나 많은 긍정·부정 단어를 포함하고 있는지를 계산하는 것이 그 방법이다.

우선 영어 긍정/부정 단어 파일을 읽어와 저장한다. 웹에서 직접 가져올 수도 있다. 단어 파일에서 제공하지 않는 단어는 c 함수를 사용해 별도로 추가한다.

```
> pos.word=scan("../Desktop/positive-words.txt", what='character', comment.char=';')
Read 2006 items
> neg.word=scan("../Desktop/negative-words.txt", what='character', comment.char=';')
Read 4783 items
> pos.word <- c(pos.word, 'upgrade')
> neg.word <- c(neg.word, 'wtf','wait', 'waiting', 'epicfail','mechanical')
```

pos.word로 불러온 단어 외에 upgrade라는 긍정적인 성향을 띄는 단어를 c 함수를 사용하여 추가해주었다. 마찬가지로 neg.word에는 호텔에 관련된 내용에서는 부정적 단어의 가능성이 높은 wait과 같은 단어들을 추가해주었다.

트위터 메시지를 부여할 변수와 긍정단어, 부정단어들을 할당하고 progress를 표시할지 여부를 결정한다.

```
score.sentiment <- function(sentences, pos.words, neg.words, .progress='none')
{
  require(plyr)
  require(stringr)

  # we got a vector of sentences. plyr will handle a list or a vector as an "l" for us
  # we want a simple array of scores back, so we use "l" + "a" + "ply" = laply:
  scores <- laply(sentences, function(sentence, pos.words, neg.words) {
```

문장부호, 특수기호, 숫자 문자열을 빈칸으로 대체한다.

```
    # clean up sentences with R's regex-driven global substitute, gsub():
    sentence <- gsub('[[:punct:]]', '', sentence)
    sentence <- gsub('[[:cntrl:]]', '', sentence)
    sentence <- gsub('\\d+', '', sentence)
```

대문자를 소문자로 변환하여 사전의 단어와 비교가 쉽게 한다.

```
    # and convert to lower case:
    sentence <- tolower(sentence)
```

다음과 같이 문장을 단어 리스트로 변환한다. 문장을 split하는 기준이 되는 패턴을 '\\s+'로 하면서 띄어쓰기 혹은 띄어쓰기 이상의 빈칸으로 정의한다.

```
    # split into words. str_split is in the stringr package
    word.list <- str_split(sentence, '\\s+')
    words <- unlist(word.list)
```

단어 리스트로 변환한 문장을 pos.words와 neg.words에 저장한 긍·부정 단어 사전과 비교하면서 문장에서 긍·부정 단어가 나타날 때마다 해당 위치를 1로 세팅해 pos.matches, neg.matches에 저장한다.

```
    # compare our words to the dictionaries of positive & negative terms
    pos.matches <- match(words, pos.words)
    neg.matches <- match(words, neg.words)
```

이어서 긍정과 부정 단어의 합을 차감해 점수를 산출한다.

```
    # match() returns the position of the matched term or NA
    pos.matches <- !is.na(pos.matches)
    neg.matches <- !is.na(neg.matches)
    # and conveniently enough, TRUE/FALSE will be treated as 1/0 by sum():
    score <- sum(pos.matches) - sum(neg.matches)
```

점수와 문장을 데이터 프레임 형태로 반환한다.

```
    return(score)
  }, pos.words, neg.words, .progress=.progress )
  scores.df <- data.frame(score=scores, text=sentences)
  return(scores.df)}
```

다음의 내용은 별도의 샘플로서, sample에 저장된 문장을 감성분석한 것이다. 단어들이 붙어있는 것들은 구분하지 못해 0점으로 처리하고, 단어가 명확히 구분된 3번째 값은 긍정 단어인 'wonderful'이 있으므로 1점이, 4번째 값은 부정 단어인 'hate'가 있으므로 -1점이 부여된다.

```
> sample <- c('Iloveyou', 'Ihateyou', 'What a wonderful day!', 'I hate you')
> result <- score.sentiment(sample, pos.word, neg.word)
> result$score
[1]  0  0  1 -1
```

# 제2절 사회연결망 분석

이번 절에서는 R에서 {igraph} 패키지를 이용해 사회연결망 분석(SNA, social network analysis)을 수행한다. 소셜 네트워크 데이터를 다루는 R 패키지는 매우 많다. 그러나 모든 패키지를 다룰 필요는 없을 것이다. 일단 데이터를 입수해 소셜 네트워크 그래프로 그려보고, 속성으로 그래프에 변화를 주어 의미 있는 통찰을 얻음으로써 이론을 대신하려 한다. 미국 스탠포드대학 사이트에 있는 자료[35]를 토대로 소개한다. 이 자료는 교육 과정에서 예제로 쓰기에는 너무 방대한 분량이라 다루지 않았다.

## 1. 사회연결망 분석 정의

### 가. SNA 정의

사회연결망 분석(social network analysis)은 개인과 집단들 간의 관계를 노드와 링크로서 모델링해 그것의 위상구조와 확산 및 진화과정을 계량적으로 분석하는 방법론이다. 사회연결망은 개인의 인간관계가 인터넷으로 확대된 사람 사이의 네트워크이다. 사회연결망은 사회과학뿐만 아니라 경영학·응용과학 등 다양한 분야에서 응용되고 있다.

사회연결망에 대해 사회 심리학자, 인류학자, 사회학자, 수학자, 의학자, 경제학자들이 공동연구를 하고 있다. 사회연결망에 대한 개념은 Jacob Mareno가 처음으로 『sociometry』에 발표했다. 하지만 사회연결망(social network)이란 용어는 Barnes(1954)가 처음으로 내놓았다. 기존의 사회연결망에 대한 관심이 주로 그룹 간 또는 그룹 안의 개인에 집중한 반면, Barnes는 독립 네트워크 사이에 관계에 대해 집중했다. 최근에는 이에 기초한 사회연결망에 관한 다양한 연구가 활발히 이뤄지고 있다. 사회연결망 분석방법에는 집합론적인 방법, 그래프 이론에 의한 방법, 행렬을 이용한 방법 등이 있다. 이 절에서는 주로 행렬을 이용하는 방법에 대해 소개한다. 그러나 행렬을 이용한 방법을 구체적으로 들어가기ㅇ 앞서 먼저 언급한 세 가지 분석방법에서 연결망을 어떻게 표현하고 있는지 비교해 보자.[36]

35) http://web.stanford.edu/~messing/Affiliation%20Data.html

36) Francesco Matino & Andrea Spoto, *"Social Network Analysis: A brief theoretical review and further perspectives in the study of Information Technology"*, PsychNology Journal, 2006 Volume 4, Number 1, pp. 53 – 86

### 1) 집합론적 방법

이것은 객체들의 집합에서 각 객체들 간의 관계를 다음과 같이 관계 쌍(pairs of elements)으로 표현한다.

[표 Ⅳ-4-1] 집합 $X=\{X_1\}$상의 관계 쌍 A, B

$$A=\{(X_1, X_2),\ (X_2, X_1),\ (X_4, X_2),\ (X_3, X_1),\ (X_3, X_4),\ (X_4, X_3)\}$$
$$B=\{(X_1, X_2),\ (X_2, X_1),\ (X_3, X_4),\ (X_4, X_3)\}$$

### 2) 그래프 이론을 이용한 방법

여기서 객체는 점으로 표현된다. 두 객체 간의 연결망은 두 점을 연결하는 선으로 표현된다. 이 때 점을 꼭짓점 또는 노드(Node)라고 한다.

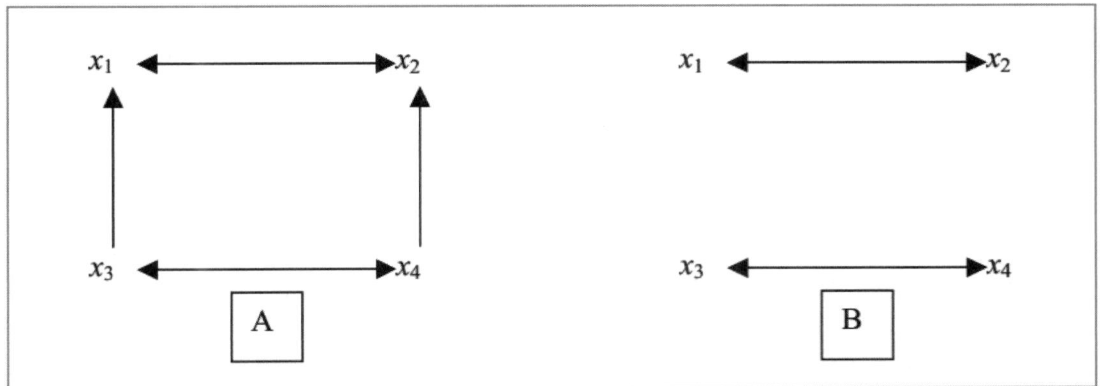


[그림 Ⅳ-4-10] 집합 $X=\{X_1\}$상의 A와 B의 관계 그래프[37)]

### 3) 행렬을 이용한 방법

각 객체를 행렬의 행과 열에 대칭적으로 배치하고, i번째 객체와 j번째 객체가 연결망으로 연결되어 있으면 행렬의 (i, j)번째 칸에 1을 넣고, 연결망이 없으면 0을 넣는다.

---

37) 그림출처 : Francesco Matino & Andrea Spoto, "*Social Network Analysis: A brief theoretical review and further perspectives in the study of Information Technology*", PsychNology Journal, 2006 Volume 4, Number 1, pp. 62

**A**

| | $x_1$ | $x_2$ | $x_3$ | $x_4$ |
|---|---|---|---|---|
| $x_1$ | 0 | 1 | 0 | 0 |
| $x_2$ | 1 | 0 | 0 | 0 |
| $x_3$ | 1 | 0 | 0 | 1 |
| $x_4$ | 0 | 1 | 1 | 0 |

**B**

| | $x_1$ | $x_2$ | $x_3$ | $x_4$ |
|---|---|---|---|---|
| $x_1$ | 0 | 1 | 0 | 0 |
| $x_2$ | 1 | 0 | 0 | 0 |
| $x_3$ | 0 | 0 | 0 | 1 |
| $x_4$ | 0 | 0 | 1 | 0 |

[그림 Ⅳ-4-11] 집합 $X=\{X_1, X_2, X_3, X_4\}$상의 A와 B의 Boolean 행렬[38]

사회연결망 분석에서는 보통 분석하고자 하는 데이터를 행렬로 표현한다. 행과 열이 만나는 셀에 특정 값을 입력해 행과 열 사이의 관계를 나타낸다. 여기서 행과 열에 같은 개체가 배열되는 것을 원모드 매트릭스(One-Mode Matrix)라 하며, 다른 개체가 배열되는 것은 2원모드 매트릭스(Two-Mode Matrix)라 한다. [그림 Ⅳ-4-11]의 경우 행과 열에 같은 개체가 배열되었기 때문에 1원모드 매트릭스(One-Mode Matrix)라 할 수 있다. 또한 관계를 표현하는 기본적인 방법은 개체와 개체간의 관계가 존재하면 1, 존재하지 않으면 0으로 입력한다. 예를 들어 고객-상품에 대한 임의의 행렬 P가 있다고 하자. 행렬 P에서 고객(i)이 상품(j)을 구매하면 $P_{ij}=1$, 구매하지 않으면 $P_{ij}=0$으로 표시한다. 고객-상품 행렬 P에서 상품을 구매한 사람들 사이에 직접적인 상호작용의 관계가 없더라도, 관계를 인위적으로 설정해 고객과 고객 또는 상품과 상품 사이의 관계를 나타낸 네트워크를 준 연결망 (quasi network)이라 한다. 고객 네트워크를 도출할 때, 고객들이 서로 동일상품을 1개 이상 구매했다면 그 고객들은 직접적인 상호작용이 있다고 표현한다. 이것은 기존의 자료를 재활용할 수 있다는 장점과 자료획득의 난점, 비용문제 등으로 사회과학분야에서 가장 많이 활용된다.

사회연결망 분석은 여러 개의 기법들로 구성되어 있고, 국내의 사회연결망 연구에서 많이 활용되고 있는 기법은 중심성(Centrality), 밀도(Density), 중심화(Centralization) 등이다.[39] 이 중, 중심성(Centrality)을 측정하는 방법에는 대표적으로 4가지가 있다.

① 연결정도 중심성(degree centrality)

한 노드(node)에 직접적으로 연결된 노드들의 합으로 얻어진다. 한 노드에 얼마나 많은 노드들이 관계를

38) 그림출처 : Francesco Matino & Andrea Spoto, "*Social Network Analysis: A brief theoretical review and further perspectives in the study of Information Technology*", PsychNology Journal, 2006 Volume 4, Number 1, pp. 62

39) 김상국, "사회 연결망분석(SNA)과 산업공학", 대한산업공학회, ie 매거진 제18권 제1호, 2011.3, 24 - 32

맺고 있는지를 기준으로, 그 노드가 중심에 위치하는 정도를 계량화한 것이다. 연결정도 중심성은 한 노드의 중심성을 측정하는 방법이다. 연결된 노드의 수가 많을수록 연결정도 중심성이 높아진다.

② 근접 중심성(closeness centrality)

각 노드 간의 거리를 근거로 중심성을 측정하는 방법으로, 연결정도 중심성과는 달리 간접적으로 연결된 모든 노드 간의 거리를 합산해 중심성을 측정한다. 예를 들어 사람 A가 소속 집단의 모든 사람과 만난다고 가정하자. A는 집단 내의 모든 사람을 직접적으로 알지 못한다. 하지만 A가 아는 사람을 통해 간접적으로 모든 사람을 아는 것은 가능하다. 이때 가장 짧은 경로로 모든 사람을 알게 되는 것이 근접 중심성이다. 근접 중심성은 한 노드로부터 다른 노드에 도달하기까지 필요한 최소 단계의 합으로 정의한다. 근접 중심성이 높을수록 네트워크의 중앙에 위치하게 된다.

③ 매개 중심성(betweenness centrality)

네트워크 내에서 한 노드가 담당하는 매개자 혹은 중재자 역할의 정도로 중심성을 측정하는 방법이다. 예를 들어 A, B, C 세 사람이 있다고 하자. 이 중 A와 B는 C를 통해서만 관계를 맺을 수 있다면, C는 잠재적으로 다른 사람들 사이를 통제할 수 있는 '브로커(broker)' 역할을 한다. 이 경우 C는 매개 중심성이 높다고 할 수 있다. 즉, 한 노드가 연결망 내의 다른 노드들 사이의 최다 경로 위에 위치하면 할수록 그 노드의 매개 중심성이 높다. 매개 중심성은 각 네트워크 간 비교를 위해 상대적 매개 중심성이 사용된다.

④ 위세 중심성(eigenvector centrality)

연결된 노드의 중요성에 가중치를 둬 노드의 중심성을 측정하는 방법이다. 여기서는 위세가 높은 사람들과 관계가 많을수록 자신의 위세 또한 높아진다. 예를 들면 영향력이 높은 사람과의 단 하나의 연결이 그렇지 않은 다른 여러 사람들과 관계를 맺는 경우보다 자신의 영향력(위세)을 키울 수 있다. 위세 중심성의 일반적인 형태는 보나시치(Bonacich) 권력지수로 불리며, 자신의 연결정도 중심성(Degree centrality)으로부터 발생하는 영향력과 자신과 연결된 타인의 영향력을 합해 위세 중심성을 결정한다.

## 나. SNA 적용

소셜 네트워크는 노드(node) 또는 점(vertex), 에지(edge) 또는 링크(link)로 구성된 그래프다. 노드는 고객, 에지는 고객과 고객 간의 관계로 표시할 수 있다. 에지에 방향성이 있는지 없는지에 따라 방향(directed) 그래프와 무방향(undirected) 그래프로 구분할 수 있다. 만약 통신사 데이터라면, A고객이 B고객에게 전화를 했고, B가 C에게 문자를 보내고, C가 A에게 전화를 하는 등의 행태를 노드와 에지로 구성하면 하나의 그래프를 구성할 수 있는 것이다. 통신사에서 한 달 간 통화 데이터가 수억 건에 달하고 문자와 애플리케이션을 이용한 데이터 통신까지 생각하면 엄청난 규모의 네트워크가 구성될 수 있다.

사회연결망 분석에 대한 이론은 오랜 역사를 가진 분야로, IT의 발전에 따라 최근 각광 받고 있다. 주로 통신 및 온라인 소셜 미디어 등에서 관심을 갖고 있고, 게임 및 유통업체에서도 관심이 높다. 일반인이 흔히 접할 수 있는 소셜 네트워크 분석은 페이스북(Facebook)에서 친구들의 관계를 그래프로 보여주는 것처럼 쉽게 접할 수 있고, 일부 소셜 미디어 검색 및 관리 기능을 갖고 있는 솔루션이나 웹 페이지에서도 이러한 기능을 보여주고 있다.

그러나 가장 필요로 하는 통신사에서는 데이터 처리 속도 같은 기술적인 문제로 어려움을 겪는 것을 볼 때 활용상에 어려움이 존재하는 것을 알 수 있다. 소규모 네트워크를 대상으로 소셜 네트워크 분석을 수행하기는 쉽지만, 실제 기업 수준 애플리케이션에서 소셜 네트워크 분석을 수행하는 데에는 많은 어려움이 있는 것이다.

예를 들어 수억 명에 달하는 페이스북 이용자의 연결 그래프를 그리거나, 방대한 트위터 데이터에서 특정 메시지가 무작위로 전파(리트윗)되는 경로를 추적하는 작업은 단일 머신에서 R을 이용해 수행하기엔 거의 불가능하다. 만약 이동통신사의 통화상세기록 데이터를 분석하여 앞서 설명한 중심성 분석을 한다고 가정해 보자. CDR(Call Data Record 또는 Call Detail Record) 데이터는 수천만 고객을 노드로 가지며, 1일 기준으로 수억 건의 통화가 발생하기 때문에 엄청난 수의 에지를 갖는 그래프가 그려진다. 따라서 R에서 이러한 규모의 데이터를 분석하려면 분산처리 프레임워크가 반드시 필요하다. 분산 처리 기술인 하둡(Hadoop) MapReduce를 활용하거나 하둡 기반의 그래프 프로세싱 프레임워크인 Giraph로 대용량 소셜 데이터를 R에서 처리 가능한 수준까지 정제한 후 분석 및 시각화를 수행할 수 있다. R과 하둡을 연동하는 RHadoop, RHIPE 같은 기술을 활용해 분석하는 방법도 있다.

### 다. SNA 단계

사회연결망 분석은 그래프를 생성하는 단계와 이 그래프를 목적에 따라 가공해 분석하는 단계, 커뮤니티를 탐지하고 각 객체 또는 노드의 롤을 정의해 어떠한 롤로 영향력을 보다 효율적으로 줄 수 있는지를 정의하는 단계, 이를 데이터화하여 다른 데이터 마이닝 기법과 연계하는 단계로 구분할 수 있다. 특히 데이터화는 소셜 네트워크 분석의 결과로 얻어진 커뮤니티의 프로파일을 해당 그룹 구성원의 연령·성별·고객등급·평균거래기간·휴명기간 같은 고객 프로파일 평균값으로 산출해, 각 그룹에 속한 개별 고객 속성에 그룹 넘버와 롤을 결합해 속성을 추가하는 업무이다. 이런 데이터는 고객 중심으로 클러스터링이나 분류(Classification)의 input variable로 활용할 수 있다.

## 2. R을 이용한 SNA의 활용

소셜 네트워크는 네크워크를 구성하여, 몇 개의 집단으로 구성되는지, 집단 간의 특징은 무엇이고 해당 집단에서 영향력 있는 고객은 누구인지, 시간의 흐름과 고객 상태의 변화에 따라 다음에 누가 영향을 받을지를 기반으로 churn/acquisition prediction, fraud detection, product recommendation 등에 활용할 수 있다.

### 가. 단어 간 연관성을 이용한 사회연결망 분석

대표적인 소셜 네트워크 서비스 중 하나인 트위터 데이터를 사용해 사회연결망 분석을 수행해보자. 아래에서 사용하는 데이터는 '제1절 텍스트 마이닝'의 예제에서 생성한 my.TDM.m을 사용한다.

my.TDM.m을 다시 간략히 설명하면, bigdata라는 단어가 등장한 1,000개의 트위터 메시지를 수집하여 작성한 것으로, 메시지에서 등장한 단어와 그 단어의 빈도수를 저장한 Term-Document Matrix형태의 데이터를 매트릭스 형태로 변환한 것이다.

```
> dim(my.TDM.m)
[1] 1514 1000
```

dim() 함수를 통해 보면 my.TDM.m 매트릭스는 총 1,514개의 단어를 가지고 있기 때문에, 이 데이터를 그대로 사용하여 네트워크 그래프를 그릴 경우 너무 많은 노드와 에지로 인한 속도 저하와 함께 의미를 찾는데 어려움이 있을 수 있다.

따라서 각 단어들의 빈도수를 계산하여 빈도수가 20 이상인 단어들로 이루어진 데이터만 추출하여 my.Term에 저장한 후 사용한다.

```
> term.freq <- sort(rowSums(my.TDM.m), decreasing=T)
> my.Term <- my.TDM.m[rownames(my.TDM.m) %in% names(term.freq[term.freq > 20]),]
> my.Term[1:10,995:1000]
             Docs
Terms          995 996 997 998 999 1000
  algorithms     0   0   0   0   0    0
  analytics      0   0   2   0   2    1
  androiddev     0   0   0   0   0    0
  appstore       0   0   0   0   0    0
  big            1   1   0   0   1    0
  bigdata        1   0   2   1   1    1
  business       0   0   0   0   0    0
  byodnews       0   0   0   0   0    0
  can            0   0   1   0   0    0
  cloud          0   0   0   0   0    0
```

my.Term의 일부 모습을 살펴보니, 997번째 트위터 메시지는 analytics와 bigdata라는 단어가 2번 등장하였고 can은 1번 등장하였다.

그 다음 문서에서 해당 단어가 사용된 횟수를 기준으로 사용 여부를 판단하여 1번 이상이면 1, 아니면 0값으로 변환한다.

```
> my.Term[my.Term >= 1] <- 1
> my.Term[1:10,995:1000]
              Docs
Terms          995 996 997 998 999 1000
  algorithms     0   0   0   0   0    0
  analytics      0   0   1   0   1    1
  androiddev     0   0   0   0   0    0
  appstore       0   0   0   0   0    0
  big            1   1   0   0   1    0
  bigdata        1   0   1   1   1    1
  business       0   0   0   0   0    0
  byodnews       0   0   0   0   0    0
  can            0   0   1   0   0    0
  cloud          0   0   0   0   0    0
```

변환한 결과를 살펴보면, 997번째 메시지에서 2번 등장했던 analytics과 bigdata가 1번 이상으로 간주되어 1로 변환된 것을 확인할 수 있다.

이제 각 단어들을 행과 열에 대칭으로 배치하기 위해, transpose를 위한 함수를 사용해 변환한다.

```
> termMatrix <- my.Term %*% t(my.Term)
> termMatrix[1:5, 1:5]
              Terms
Terms          algorithms analytics androiddev appstore big
  algorithms           22         0         22       22   0
  analytics             0       137          0        0  44
  androiddev           22         0         22       22   0
  appstore             22         0         22       22   0
  big                   0        44          0        0 199
```

행렬의 곱을 계산하는 %*% 연산자를 활용하여, 각 행과 열에 단어들이 대칭적으로 변환된 것을 확인할 수 있다. 변환된 매트릭스(matrix)를 보면, 한 단어가 다른 단어와 얼마만큼 함께 사용되었는지를 알 수 있다.

다음과 같이 네트워크 그래프를 그리기 위한 {igraph} 패키지를 설치하고 로드한다.

```
> install.packages("igraph")
Installing package into 'C:/Users/USER/Documents/R/win-library/3.1 '
(as 'lib '  is unspecified)
trying URL 'http://cran.rstudio.com/bin/windows/contrib/3.1/igraph_0.7.1.zip'
Content type 'application/zip' length 7368442 bytes (7.0 Mb)
opened URL
downloaded 7.0 Mb

package 'igraph '  successfully unpacked and MD5 sums checked

The downloaded binary packages are in
          C:\Users\USER\AppData\Local\Temp\RtmpCyw3gW\downloaded_packages
> library(igraph)
```

이제 termMatrix 데이터를 이용해 그래프를 생성한다. 여기서 그래프의 방향성은 단어의 연관성과 상관이 없으므로 undirected로 변환하도록 조건을 주어 실행한다.

```
> g <- graph.adjacency(termMatrix, weight=T, mode='undirected')
> g <- simplify(g)
```

단순화를 하기 위한 코드도 함께 실행하였다. simplify() 함수는 loop나 multiple edge를 제거해서 단순하게 해준다.

그리고 소셜 네트워크에서 해당 노드(node) 또는 점(vertex)이 몇 개의 노드와 연결되어 있는지를 나타내는 값인 연결정도(degree)를 생성한다. 통신사의 CDR데이터에서는 나와 통화 또는 문자 등을 주고받은 유일무이(unique)한 전화번호 수라고 생각할 수 있다. (네트워크 그래프를 위한 코드에서 V() 함수는 점(vertex), 즉, 각 노드에 대한 것을 나타낸다. E() 함수는 에지(edge)에 대한 함수이다.)

```
> V(g)$label <- V(g)$name
> head(V(g)$label, 5)
[1] "algorithms" "analytics"  "androiddev" "appstore"   "big"
> V(g)$degree <- degree(g)
> head(V(g)$degree,5)
[1] 11 38 11 11 38
```

위 결과를 해석해보면, algorithms, androiddev, appstore과 연결된 노드가 11개, analytics, big과 연결된 노드가 38개인 것을 알 수 있다. 여기서 각 노드들은 각각의 단어를 의미한다.

그래프를 그리기 위해 노드 또는 점의 위치를 결정하는 단순한 함수를 실행한다. 즉, 의미 있게 각 노드를 배치해주는 함수이다.

```
> layout1 <- layout.fruchterman.reingold(g)
```

이러한 레이아웃도 없이 그냥 플로팅하면 매번 무작위로 그래프를 보여준다. 얼핏 보면 의미 있어 보일지 몰라도 의미 없는 내용이다.

```
> plot(g)
```

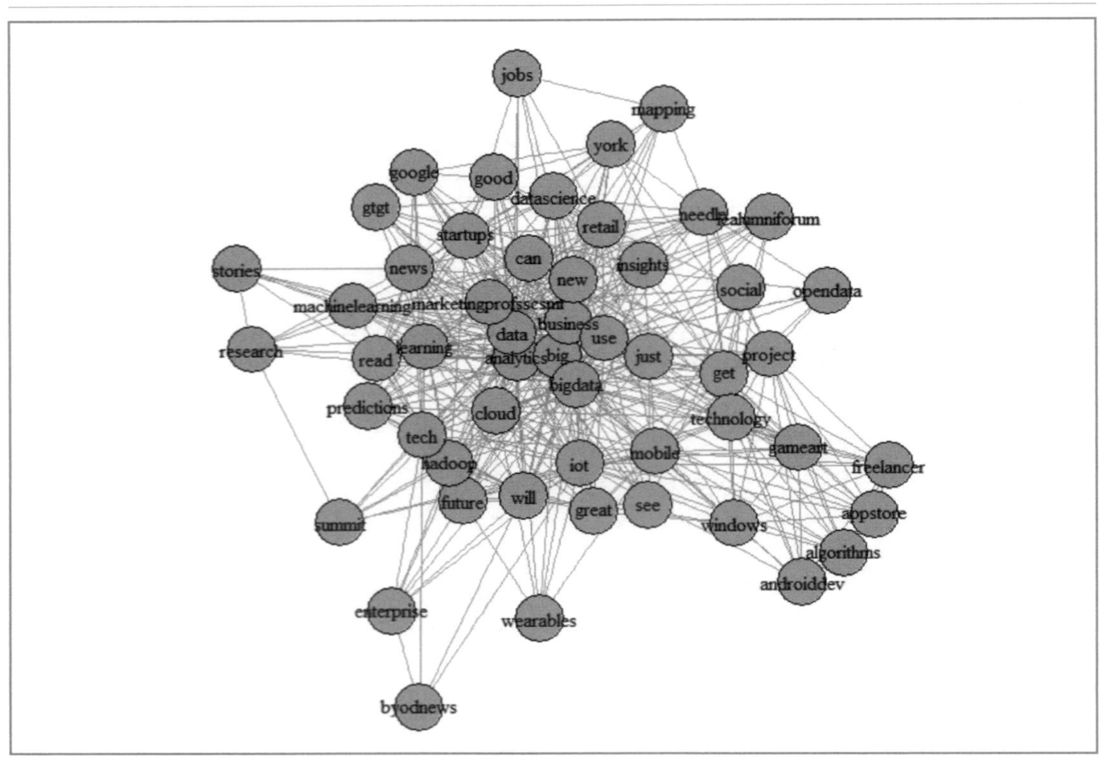


**[그림 Ⅳ-4-12] bigdata라는 단어가 사용된 트위터 메시지의 SNA 그래프 1**

[그림 Ⅳ-4-12]는 위와 같은 레이아웃을 적용해 드로잉한 것이다. 오른쪽 아래를 보면 freelancer와 appstore, androiddev, algorithms이 함께 나타나므로 관련이 높은 집단임을 알 수 있다. 소셜 네트워크 그래프에서 이러한 집단을 커뮤니티(community)라고 하며, 각 노드는 커뮤니티에서 역할(role)이 정의된다.

예를 들어 자신의 커뮤니티와 다른 커뮤니티에 모두 연결이 많은 것은 유력자(influencer), 여러 노드와 연결된 것은 리더 지위(leader position), 커뮤니티와 커뮤니티를 연결하는 데 사용되는 노드는 브릿지(bridge) 역할을 하는 노드이다. 커뮤니티 끝단에 있는 노드로서 다양한 노드와 연결되지 않은 것은 passive

하다고 정의한다. 만약 단어가 아니라 고객으로 생각한다면, 유력자(influencer)와 지역 리더(local leader), 브릿지(bridge) 순으로 소셜 마케팅을 해야 효율적일 것이다.

점(vertex) 또는 노드의 라벨(label)크기와 색상, 그리고 프레임 색상을 차별화한 경우이다.

```
> V(g)$label.cex <- 2.2 * V(g)$degree / max(V(g)$degree) + 0.2
> V(g)$label.color <- rgb(0, 0, 0.2, 0.8)
> V(g)$frame.color <- NA
```

연결하는 링크 또는 에지의 굵기와 색상을 차별화한 경우이다. 이들은 목적별로 다르게 활용할 수 있다.

```
> egam <- (log(E(g)$weight)+0.4) / max(log(E(g)$weight)+0.4)
> E(g)$width <- egam
> E(g)$color <- rgb(0.5, 0.5, 0, egam)
```

plot을 그려본다.

```
> plot(g, layout=layout1)
```

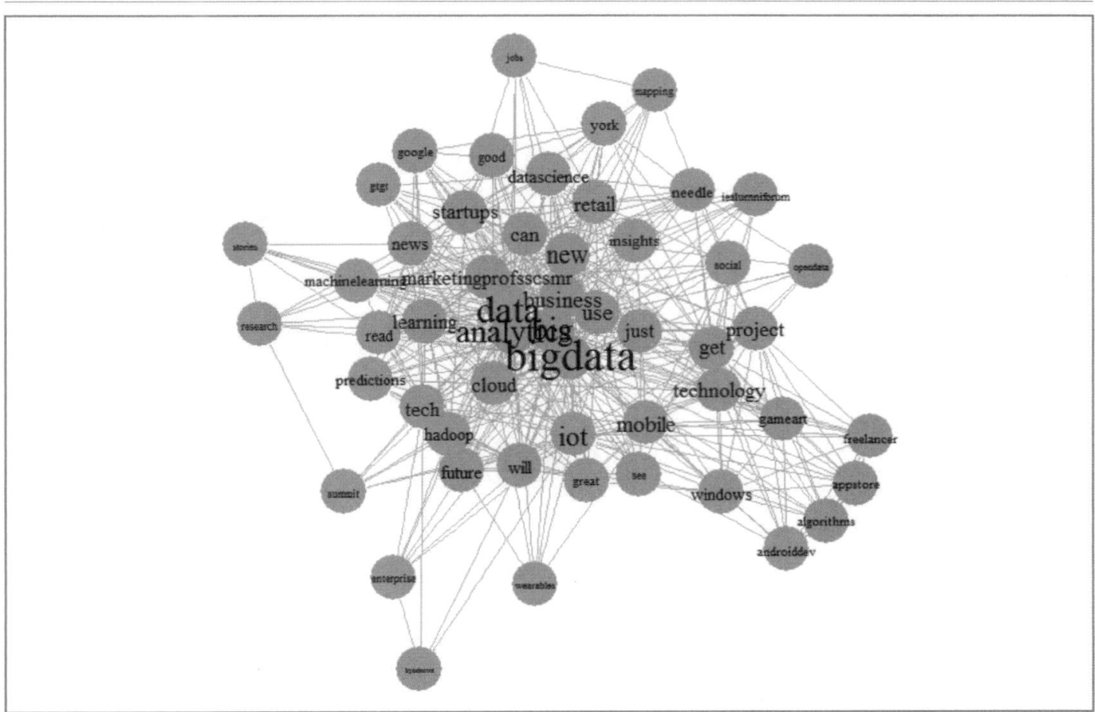


[그림 Ⅳ-4-13] bigdata라는 단어가 사용된 트위터 메시지의 SNA 그래프 2

## 나. 트위터 검색을 통한 사용자 간 소셜 네트워크

이번 예제는 트위터 검색을 통해 사용자 간 소셜 네트워크를 그려보는 내용이다.[40] 사용할 데이터는 bigdata를 키워드로 하여 검색한 트위터 데이터로, 앞서 수집한 1,000개를 100개로 줄여 저장한 뒤 사용한다.

```
> length(bigdata.tw)
[1] 1000
> length(bigdata.tw) <- 100
```

수집한 결과에서 사용자 이름을 가져온다. 이 때 인터넷 접속이 필요하다.

```
> tw.names <- sapply(bigdata.tw, function(i) i$getScreenName())
> head(tw.names)
[1] "zizo_db"       "ardentisys"    "bobehayes"     "softwareguru1" "dave_lunny"    "SeanMLawrence"
```

사용자에 따른 트위터 빈도수를 계산하고 열 이름을 지정한다.

```
> tw.names <- as.data.frame(table(tw.names))
> colnames(tw.names) <- c('user','tweets')
> head(tw.names, 3)
          user tweets
1       A1Mhigh      1
2 ABES_SOFTWARE      1
3       aletiam      1
```

노드를 추가한다.

```
> g <- graph.empty(directed=T)
> g <- add.vertices(g, nrow(tw.names), name=as.character(tw.names$user), tweets=tw.names$tweets)
```

40) http://www.babelgraph.org/wp/?p=120

다음은 특정 사용자의 팔로어들을 가져오는 스크립트[41]다.

```
> V(g)$followers <- 0
> for(usr in V(g)) {
+   tuser <- getUser(V(g)$name[usr+1])
+   print(paste('Getting info on', screenName(tuser)))
+   V(g)$followers[usr+1] <- followersCount(tuser)
+   followers.list <- getUser(V(g)$name[usr+1])$getFollowers()
+   for(tflwr in followers.list){
+     if(screenName(tflwr) %in% V(g)$name)
+       g <- add.edges(g, c(as.vector(V(g)[name == screenName(tflwr)]), usr))
+   }
+   print('Sleeping 10 min...')
+   Sys.sleep(600)
+ }
[1] "Getting info on ABES_SOFTWARE"
[1] "Sleeping 10 min..."
```

충분히 시간을 두면 정상 종료된다.

네트워크 그래프를 그리기 위해 레이아웃을 지정하고, 노드와 에지의 색상, 크기 등을 알맞게 지정한다.

```
> g$layout <- layout.fruchterman.reingold(g)
> V(g)$size <- log(V(g)$followers) * 1.8
> V(g)$label <- V(g)$name
> V(g)$label.cex <- 0.6
> tcolors <- rev(heat.colors(max(V(g)$tweets)))
> V(g)$color <- tcolors[V(g)$tweets]
> E(g)$arrow.size <- 0.3
> E(g)$curved <- FALSE
> E(g)$color <- 'blue'
> plot(g)
```

41) http://www.babelgraph.org/wp/?p=120

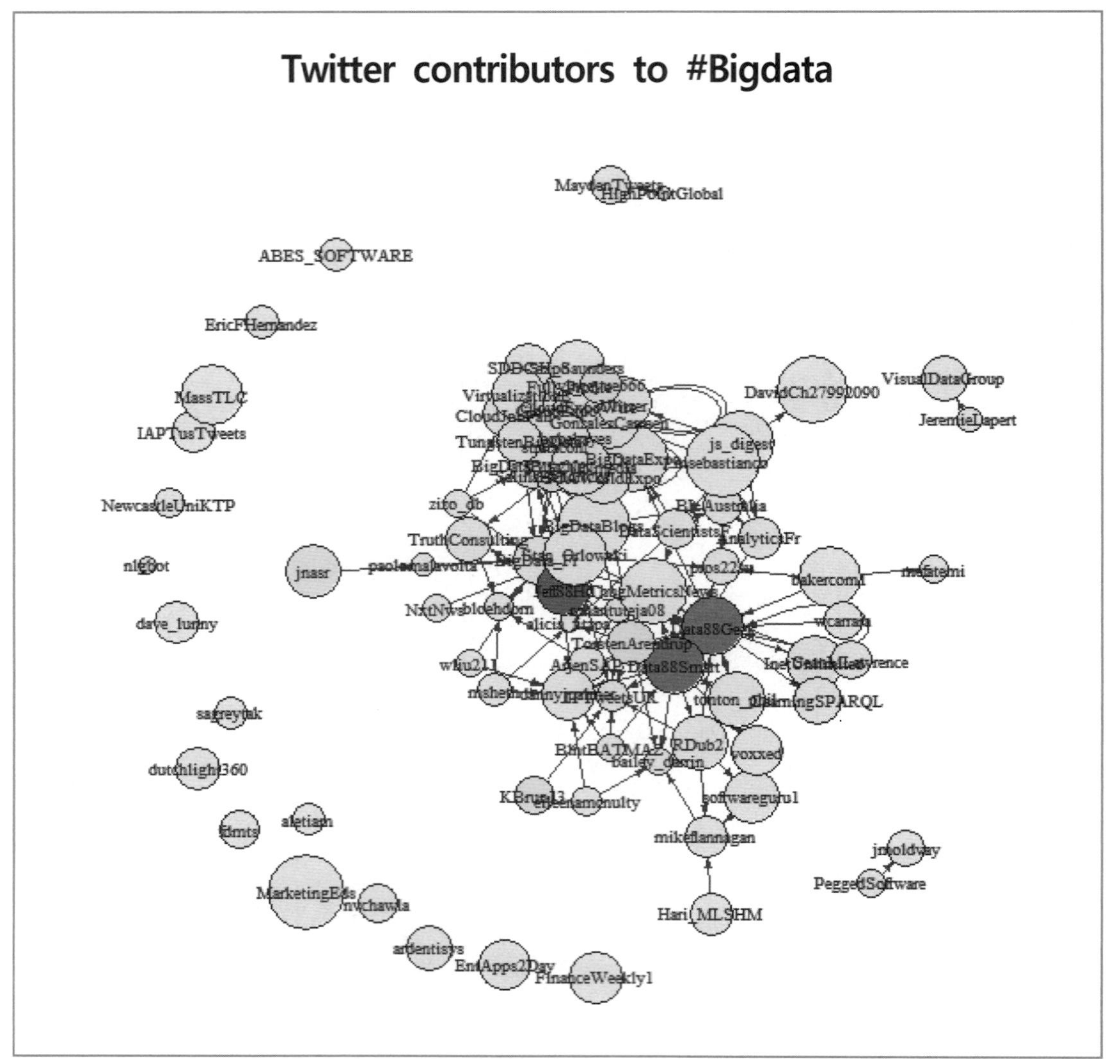


[그림 Ⅳ-4-14] 트위터 데이터를 이용한 SNA 그래프

[그림 Ⅳ-4-14]를 보면, 키워드와 관련된 특정 내용에 대한 사용자집단이 어떻게 연결되어 있고, 각 집단의 특성이 무엇인지, 누가 유력자(influencer)인지를 추가적으로 분석할 수 있다.

# 장 요약

## 제1절 텍스트 마이닝

텍스트 마이닝은 다양한 문서형태의 비정형 데이터를 가져와 문서의 단어별 행렬을 만들어 추가적인 분석이나 데이터 마이닝 기법을 적용하여 의사결정을 지원해주는 방법이다.

## 제2절 사회연결망 분석

사회연결망 분석은 개인적인 인간관계가 확산되어 형성된 사람들 사이에 네트워크를 분석하는 것이다. 일반적으로 분석하고자 하는 데이터를 행렬로 표기한다. 사회연결망 분석은 단어 간 연관성을 이용한 소셜 네트워크 분석이나 트위터 검색을 통한 사용자 간 소셜 네트워크 등에 활용할 수 있다.

# 연습문제

**문제 1. 텍스트 마이닝(text mining)에 대한 설명으로 옳지 않은 것은?**

① 특정 집단에 대한 반응을 알 수 있다.
② sales lead에 대한 정보를 획득할 수 있다.
③ 타 브랜드에 대한 모니터링을 통해 경쟁전략을 수립할 수 있다.
④ 다양한 언어에 같은 방법을 적용할 수 있다.

**문제 2. 텍스트 마이닝(text mining)의 어려운 점으로 바른 것은?**

① 해당 언어에 대한 폭넓은 이해와 지식이 필요하다.
② keyword가 명확하지 않다.
③ insight를 어디 힘든 경우가 많다.
④ 활용하는데 한계가 많다.

**문제 3. 감성 분석(sentiment analysis)에 대한 설명으로 맞지 않은 것을 고르시오.**

① 문장에서 사용된 긍정과 부정의 점수를 매긴다.
② 브랜드 평판의 추이를 분석할 수 있다.
③ 긍정 단어사전과 부정단어 사전이 필요하다.
④ 긍정사전과 부정사전은 모든 분야에서 공통으로 사용할 수 있다.

**문제 4. 자신의 커뮤니티와 다른 커뮤니티에 모두 연결이 높은 사람을 무엇이라 부르는가?**

① queen
② influencer
③ leader
④ boss

**문제 5. 소셜 네트워크의 활용방안으로 옳지 않은 것은?**

① 네트워크가 몇 개의 집단으로 구성되는지 알 수 있다.
② 영향력 있는 고객을 알 수 있다.
③ 시간에 흐름에 따른 변화를 알 수 있다.
④ 고객이 다음번에 이탈할지 알 수 있다.

# Exercise

## 1.

박근혜 대통령의 '2015 신년구상 기자회견'의 연설문[42]으로 워드 클라우드를 그려보려고 한다. 데이터는 청와대 홈페이지에 접속하여 수집할 수 있다. (반드시 연설문을 'UTF-8'형태의 텍스트 파일(.txt)로 저장한 뒤 진행한다.)

우선 워드 클라우드를 그리기 위해 필요한 몇 가지 패키지(KoNLP[43], wordcloud)를 로드한다.

```
> library(KoNLP)        # 한국어 단어 추출
> library(wordcloud)     # 워드 클라우드 생성
```

readLines 함수를 이용하여 연설문이 저장된 파일 경로를 입력하고 불러온다. 이 때 파일 경로는 텍스트 파일명과 그 확장자까지 모두 작성되어야 하고, 인코딩을 'UTF-8'로 지정한다.

```
> park.text <- readLines('../Desktop/example1/2015_president_park.txt', encoding='UTF-8')
> head(park.text, 3)
[1] " 존경하는 국민 여러분, 2015년 희망찬 새해가 밝았습니다. 국민 여러분 가정 모두에 행복과 평안
이 가득하기를 기원합니다."
[2]                                                                                    ""

[3] "지난 한 해를 돌이켜보면 국내외적으로 많은 어려움들이 있었지만, 모든 것을 극복하고 청양의
새해를 맞이하였습니다."
```

readLines 함수를 사용하므로, 하나의 연설문이 여러 줄의 데이터로 읽어온 것을 확인할 수 있다.

따라서 다음과 같은 명령을 실행하여 여러 줄의 데이터를 하나의 데이터로 묶어 준다.

```
> park <- paste(park.text, collapse=' ')
```

저장된 연설문 데이터에서 단어를 추출하기 위한 코드를 실행한다. 추출된 단어에서 유니크한 것만 뽑아 다시 저장한다.

```
> tran <- Map(extractNoun, park)
> tran <- unique(tran)
```

42) http://www1.president.go.kr/president/speech.php?srh%5Bview_mode%5D=detail&srh%5Bseq%5D=9134
43) http://freesearch.pe.kr/

2글자에서 4글자 사이의 한글 단어만 선택한다.

```
> tran <- sapply(tran, function(x){
+   Filter(function(y) {
+     nchar(y) <= 4 && nchar(y) > 1 && is.hangul(y)
+   }, x)
+ })
> head(tran, 2)
      [,1]
[1,] "국민"
[2,] "여러분"
```

워드 클라우드를 그리기 위한 형태를 만들기 위해 다음과 같은 코드를 실행한다.

```
> tran.table <- as.data.frame(table(tran))
> head(tran.table, 3)
    tran Freq
1   가격    1
2 가능성    1
3   가득    1
```

결과를 보면 추출된 단어는 tran에, 그 명사의 빈도수는 Freq에 저장된 tran.table이 생성되었다.

마지막으로 추출된 단어에서 빈도수가 3 이상인 단어들만 사용하여 워드 클라우드를 그린다.

```
> wordcloud(words=tran.table$tran, freq=tran.table$Freq, min.freq=3, random.order=F,
colors=brewer.pal(5, 'Dark2'))
```

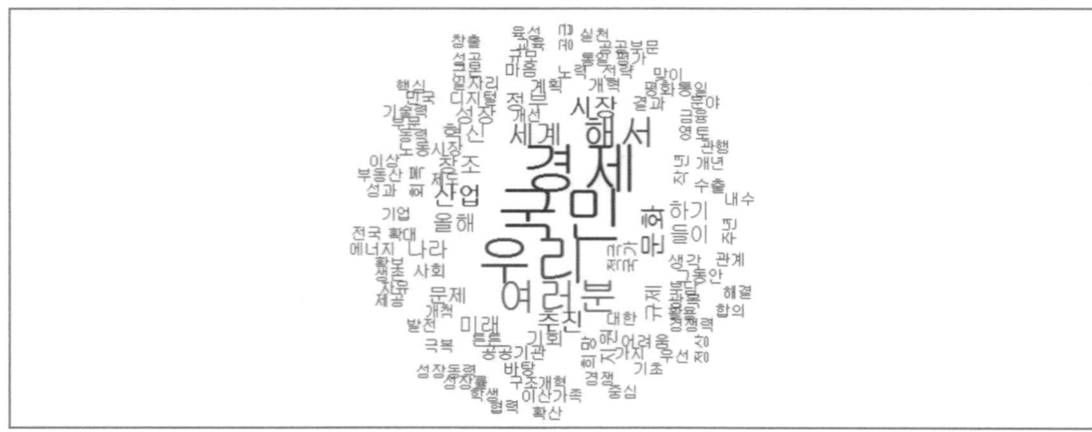


**[그림 1] 대통령 연설문으로 그린 워드 클라우드**

# 2.

미국의 인기 드라마 그레이 아나토미(Grey's Anatomy)에 등장했던 여러 주인공들 간의 연인 관계 데이터로 사회연결망 분석(SNA)[44]를 해보고자 한다. 데이터는 http://www.babelgraph.org/data/ga_edgelist.csv 에서 입수할 수 있다.

먼저 필요한 패키지를 로드하고 기본 그래프를 그린다.

```
> library(igraph)
> ga.data <- read.csv('./ga_edgelist.csv', header=T)
> g <- graph.data.frame(ga.data, directed=F)
> g$layout <- layout.fruchterman.reingold(g)
> plot(g)
```

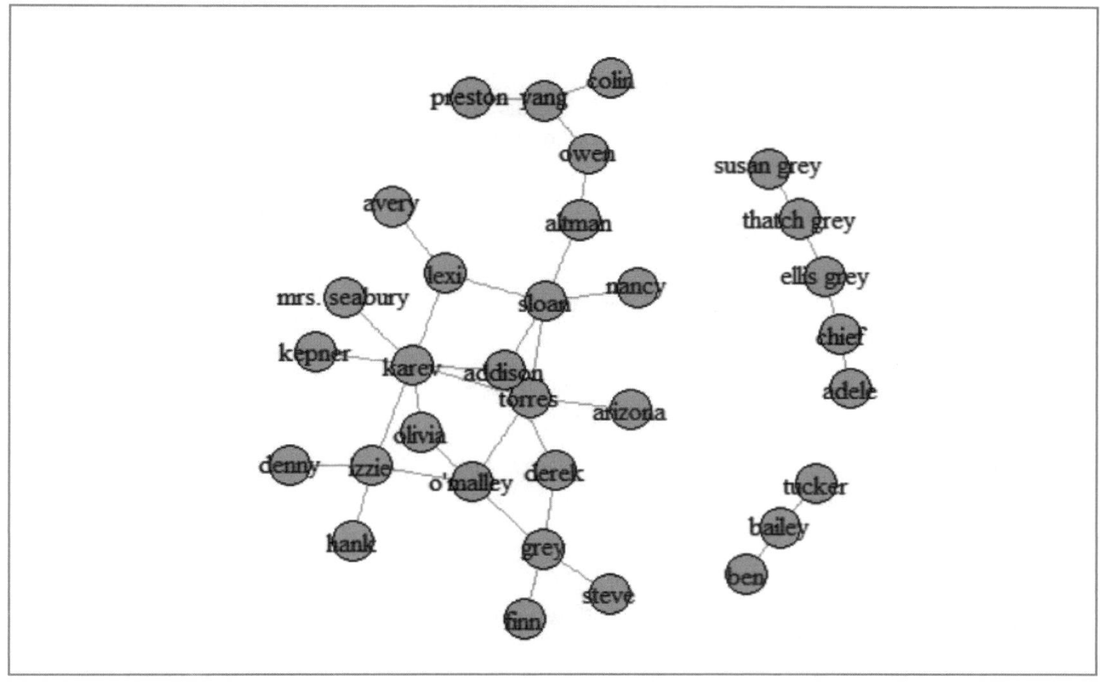


[그림 1] ga.data를 이용한 SNA 그래프 1

44) http://www.babelgraph.org/wp/?p=1

노드의 라벨을 모두 지우고 노드의 크기를 연결정도(degree)값에 2를 곱하여 지정한다.

```
> V(g)$label <- NA
> V(g)$size <- degree(g) * 2
> plot(g)
```

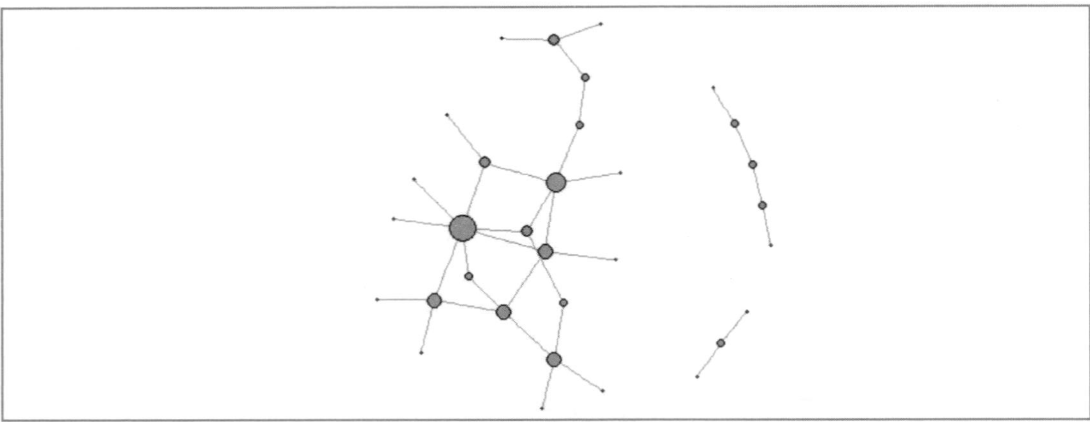

[그림 2] ga.data를 이용한 SNA 그래프 2

closeness를 계산하고 closeness에 따라 노드의 색상을 달리하도록 설정한다.

```
> clo <- closeness(g)
> clo.score <- round( (clo - min(clo)) * length(clo) / max(clo) ) + 1
> clo.colors <- rev(heat.colors(max(clo.score)))
> V(g)$color <- clo.colors[ clo.score ]
> plot(g)
```

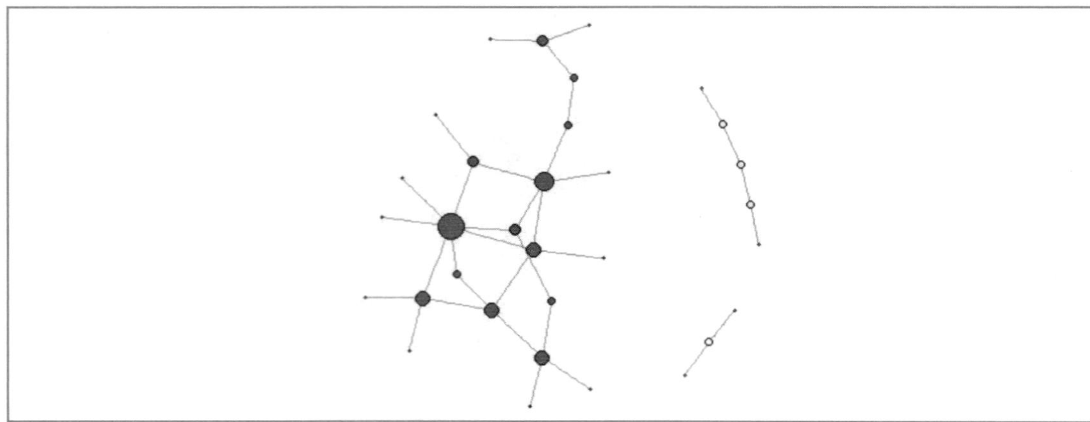

[그림 3] ga.data를 이용한 SNA 그래프 3

betweenness를 계산하고 betweenness에 따라 노드의 색상을 달리하도록 설정한다.

```
> btw <- betweenness(g)
> btw.score <- round(btw) + 1
> btw.colors <- rev(heat.colors(max(btw.score)))
> V(g)$color <- btw.colors[ btw.score ]
> plot(g)
```

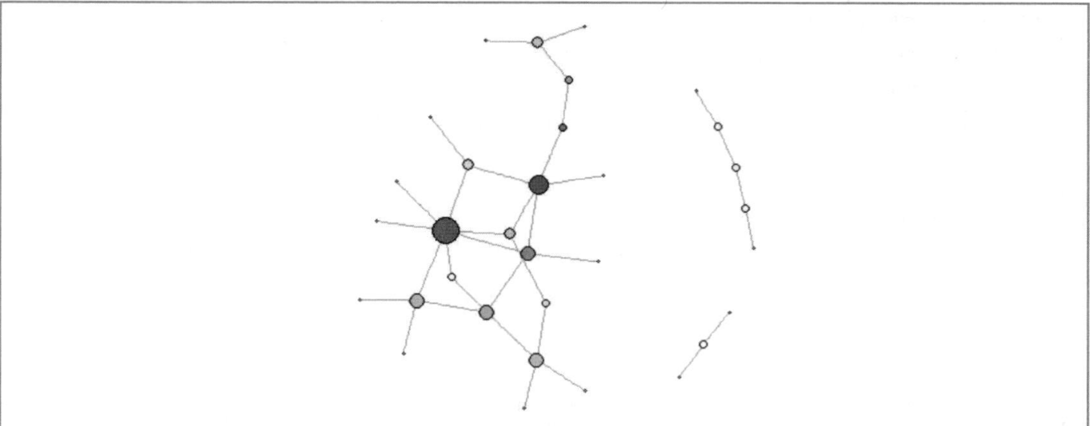

[그림 4] ga.data를 이용한 SNA 그래프 4

# 3.

다음은 페이스북(Facebook)에서 나와 친구들의 정보를 가져와 관계를 나타내는 방법이다. facebook app을 불러오기 위해서는 반드시 R studio가 아닌 R GUI 환경에서 진행해야 한다.

먼저 필요한 패키지 Rfacebook과 Rook을 설치한다.

```
> install.packages('Rfacebook')
Installing package into 'C:/Users/USER/Documents/R/win-library/3.1'
(as 'lib' is unspecified)
trying URL 'http://cran.rstudio.com/bin/windows/contrib/3.1/Rfacebook_0.5.zip'
Content type 'application/zip' length 61984 bytes (60 Kb)
opened URL
downloaded 60 Kb

package 'Rfacebook' successfully unpacked and MD5 sums checked

The downloaded binary packages are in
        C:\Users\USER\AppData\Local\Temp\RtmpUdIe5e\downloaded_packages
> library(Rfacebook)
필요한 패키지를 로딩중입니다: httr
필요한 패키지를 로딩중입니다: rjson
필요한 패키지를 로딩중입니다: httpuv
> install.packages('Rook')
Installing package into 'C:/Users/USER/Documents/R/win-library/3.1'
(as 'lib' is unspecified)
trying URL 'http://cran.rstudio.com/bin/windows/contrib/3.1/Rook_1.1-1.zip'
Content type 'application/zip' length 278588 bytes (272 Kb)
opened URL
downloaded 272 Kb

package 'Rook' successfully unpacked and MD5 sums checked

The downloaded binary packages are in
        C:\Users\USER\AppData\Local\Temp\RtmpUdIe5e\downloaded_packages
> library(Rook)
```

https://developers.facebook.com/apps로 들어가, ①번에 해당되는 'Register as a Developer'를 클릭한다.

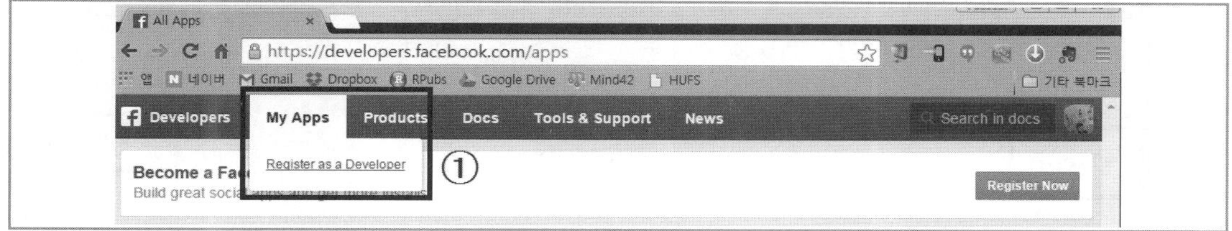


[그림 1] 페이스북 데이터 수집을 위한 인증하기 1

Facebook Platform Policy와 Facebook 개인정보취급방침에 대해 동의하고 가입한 후, ②번 상자의 'My Apps-Add a New App'을 클릭한다.

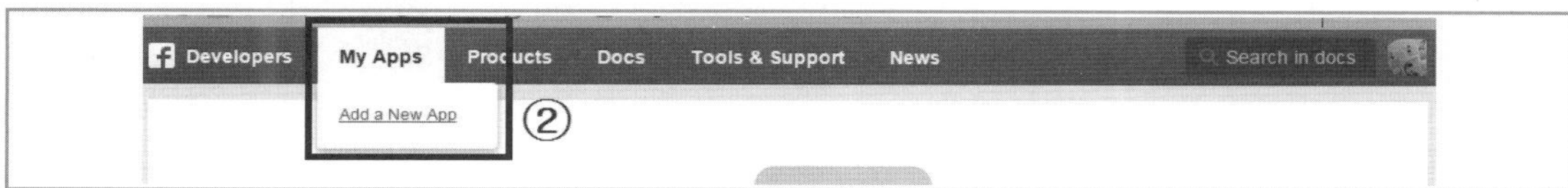


[그림 2] 페이스북 데이터 수집을 위한 인증하기 2

다음과 같은 화면이 나오면 ③번 상자의 Website를 클릭한다.

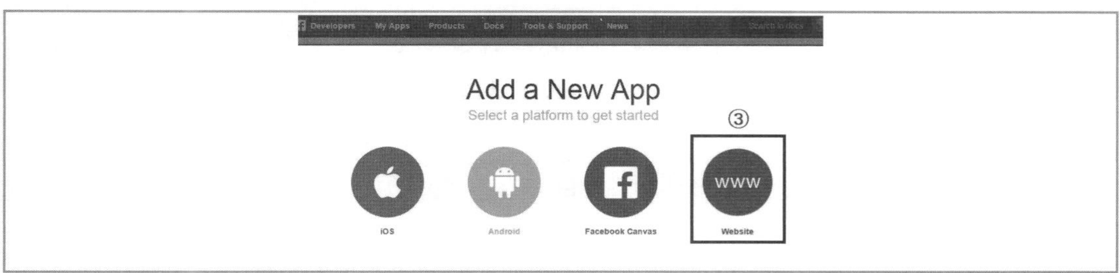


[그림 3] 페이스북 데이터 수집을 위한 인증하기 3

Choose an existing app or type the name of your new app부분에 새로 생성할 App의 이름을 작성하고 ④번의 'Create New Facebook App ID'를 클릭한다.

[그림 4] 페이스북 데이터 수집을 위한 인증하기 4

'My Apps-Settings'에 가서 App Secret을 보기 위해 ⑤의 show버튼을 클릭한다.

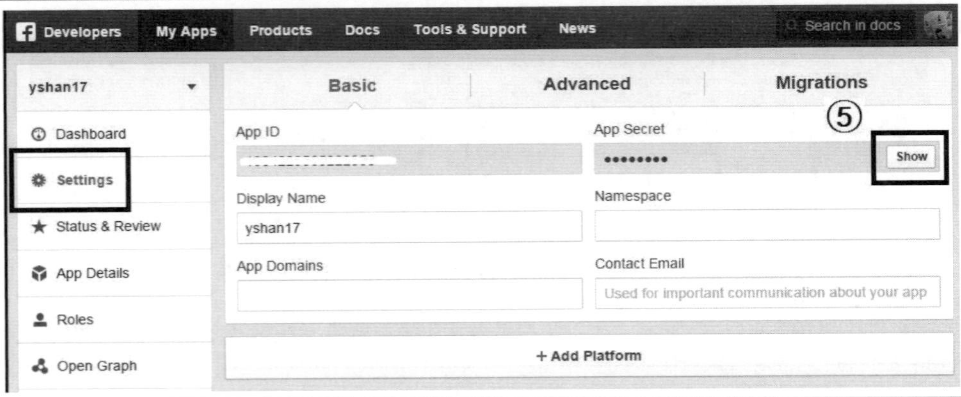

Developers My Apps Products Docs Tools & Support News Search in docs
yshan17
Dashboard
Settings
Status & Review
App Details
Roles
Open Graph
Basic Advanced Migrations
⑤
App ID
App Secret
••••••••
Show
Display Name
yshan17
Namespace
App Domains
Contact Email
Used for important communication about your app
+ Add Platform

**[그림 5] 페이스북 데이터 수집을 위한 인증하기 5**

보안 확인을 위해 비밀번호를 다시 입력한 후 제출한다.

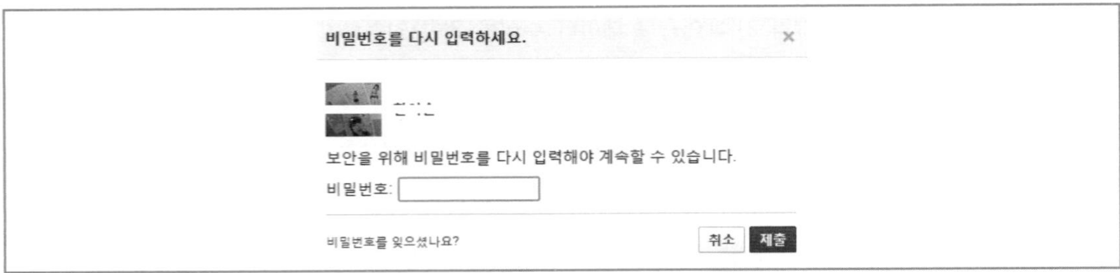


**[그림 6] 페이스북 데이터 수집을 위한 인증하기 6**

위의 과정을 진행하면 [그림 5]의 App Secret값이 나타나게 된다. 이 값을 사용하여 R 스크립트 창에서 다음과 같은 코드를 실행한다. 물론 app_id와 app_secret 부분에는 본인 App의 ID와 Secret값을 넣으면 된다.

```
> fb_oauth <- fbOAuth(app_id="_______________", app_secret="_______________")
Copy and paste into Site URL on Facebook App Settings: http://localhost:1410/
 When done, press any key to continue...
```

위의 R 코드의 실행 결과를 보면, URL주소와 함께 Facebook App Setting에서 Site URL을 붙여 넣으라는 메시지가 뜨게 된다.

이를 사용하여 Facebook App Setting에 들어가서 ⑥번 박스의 'Add Platform'을 클릭한다.

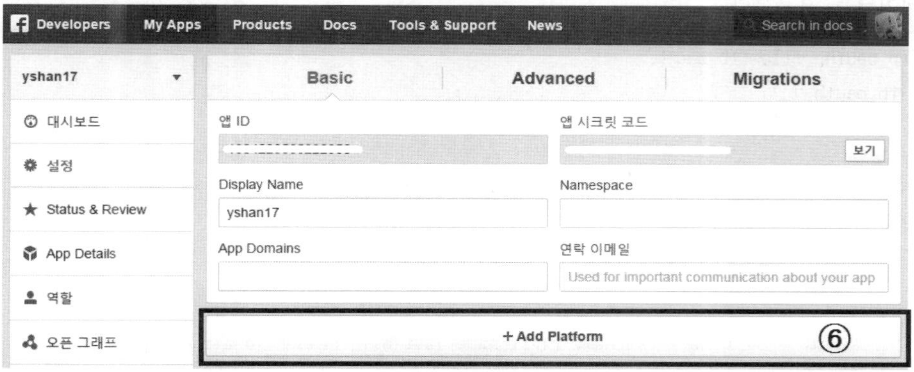

[그림 7] 페이스북 데이터 수집을 위한 인증하기 7

플랫폼(platform)을 선택하라는 화면이 나오면, Website를 선택하고, [그림 8]에서 Site URL에 R 메시지에서 복사한 URL주소를 넣은 후 저장한다.

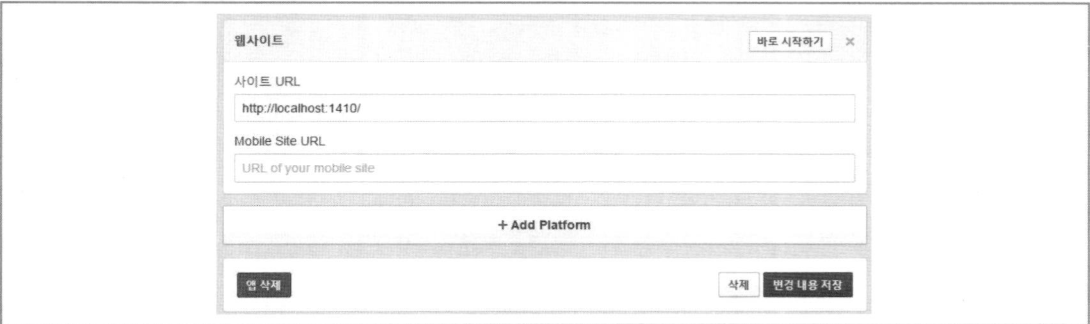


[그림 8] 페이스북 데이터 수집을 위한 인증하기 8

'Authentication complete. Please close this page and return to R.'이라는 창이 보이면 R 스크립트 창으로 돌아와서 아무 키나 누른다. 그러면 아래와 같이 인증이 완료되었다는 메시지가 추가로 나타난다.

```
> fb_oauth <- fbOAuth(app_id="________________", app_secret="________________")
Copy and paste into Site URL on Facebook App Settings: http://localhost:1410/
  When done, press any key to continue...
Waiting for authentication in browser...
Press Esc/Ctrl + C to abort
Authentication complete.
Authentication successful.
```

이제 페이스북에서 내 정보를 비롯한 다양한 정보를 가져올 수 있게 되었다.
먼저 데이터를 저장한다.

```
> save(fb_oauth, file='fb_oauth')
> load('fb_oauth')
```

getUser 함수를 통해 내 정보를 가져오도록 한다. token은 위에서 만든 fb_oauth를 이용한다. 이 명령어를 통해 만든 데이터에서 내 페이스북 정보를 확인할 수 있다.

```
> me <- getUsers('me', token=fb_oauth)
> me
                id          name username first_name last_name gender locale category likes picture
1 801466369920998 [                      user 정보                       ] ko_KR       NA    NA      NA
```

getFriends 함수를 이용하면 내 친구의 이름과 id가 나온다.

```
> my_friends <- getFriends(token=fb_oauth)
> head(my_friends, n=5)
      name          id
1     Kim           1
2     Jeong         5
3     최            7
4     Do            1
5     P             1
```

위에서 만든 친구목록으로 다양한 정보를 끌어와 보았다.

```
> my_friends_info <- getUsers(my_friends$id, token=fb_oauth, private_info=TRUE)
> colnames(my_friends_info)
 [1] "id"           "name"                 " username"    "first_name"
 [5] "last_name"    "gender"               " locale"      "category"
 [9] "likes"        "picture"              " birthday"    "location"
[13] "hometown"     "realtionship_status"
```

table 형식으로 친구들이 어떤 상태인지도 볼 수 있다.

```
> table(my_friends_info$relationship_status)
In a relationship    In an open relationship    It's complicated    Married    Single
       19                   5                          2               1         30
```

또한 getNetwork 함수로 내 친구들끼리의 관계도 알아볼 수 있다. 이 자료를 가지고 SNA 그래프를 그릴 수도 있다.

```
> g.data <- getNetwork(token=fb_oauth, format='edgelist', verbose=T)
> library(igraph)
> g.data <- as.data.frame(g.data)
> g <- graph.data.frame(g.data)
> g$layout <- layout.fruchterman.reingold(g)
> # plot(g) # plot 생략
```

## 과목 소개

데이터 시각화는 그 자체가 목적이 아니며 결국 데이터로부터 유용한 정보와 인사이트를 얻어내기 위한 과정이다. 1장에서는 데이터 시각화의 대상이자 얻고자 하는 궁극적인 목표인 정보, 통찰의 개념을 정리하고, 그것을 통찰을 얻기 위해 시각화 데이터 분석 기법을 적용하는 전체 프로세스와 각 프로세스별 구체적인 방법론과 현실적인 고려사항들을 설명한다. 2장에서는 데이터 시각화가 무엇이고 어떻게 이뤄지는지를 알아보고, 이를 위한 시각화 방법을 소개한다. 3장에서는 시각화 구현 방법을 알아보고, 각 방법에 해당하는 시각화 도구, 특징, 선택 시 고려할 사항을 소개한다.

# 과목 V

# 데이터 시각화

## 과목 구성

데이터 시각화를 통해 통찰을 얻어내는 전체 프로세스를 이해하고, 이 프로세스에서 구체적으로 활용되는 디자인 기반의 시각화 기법들과 고려사항을 이해한다. 그리고, 이것을 실제로 구현하기 위한 방법을 R과 D3.js 기반으로 이해한다.

## 학습목표

- 데이터, 정보, 인사이트의 의미 및 상관관계에 대한 이해
- 인사이트를 추출하기 위한 데이터 명세화와 구성원리에 대한 이해
- 시각화를 활용한 관계의 탐색과 분석 방법에 대한 이해
- 인사이트의 활용을 통해 확장하는 방법과 현실적인 고려사항들에 대한 이해

# 제1장

# 시각화 인사이트 프로세스

## 장 소개

데이터 시각화는 그 자체가 목적이 아니며 결국 데이터로부터 유용한 정보와 인사이트를 얻어내기 위한 과정이다. 1절에서는 이 과정을 체계적으로 절차화한 시각화 인사이트 프로세스 및 통찰을 바라보는 관점에 대해 소개한다. 2절에서는 관계로 이어지는 데이터들의 본질을 이해하는 방법과 다양한 시각화 기법 및 탐색 방법을 통해 구체적으로 관계를 파악하는 방법에 대해 설명한다. 3절에서는 탐색을 통해 제한한 범위 안에서 구체적인 수치 분석을 해야 하는 경우의 고려사항과 이 때 활용할 수 있는 시각화 기법을 소개한다. 4절에서는 찾아낸 통찰을 활용할 때 이용할 수 있는 시각화 기법과 고려 사항들을 설명하고, 활용을 통해서 통찰을 보다 발전시키고 확장시킴으로써 시각화 인사이트 프로세스의 순환구조를 만드는 것을 설명한다.

# 제1절 시각화 인사이트 프로세스의 의미

## 1. 인사이트란 무엇인가?

요즘 인사이트(insight, 통찰)라는 단어를 어렵지 않게 접할 수 있다. 이러한 흐름을 '간접적'으로 확인해보기 위해, 한국에서 정보 검색과 유통의 상당 부분을 차지하고 있는 '네이버' 에서 이 단어의 검색 추이 그래프[45]를 살펴보면 [그림 V-1-1]과 같다.

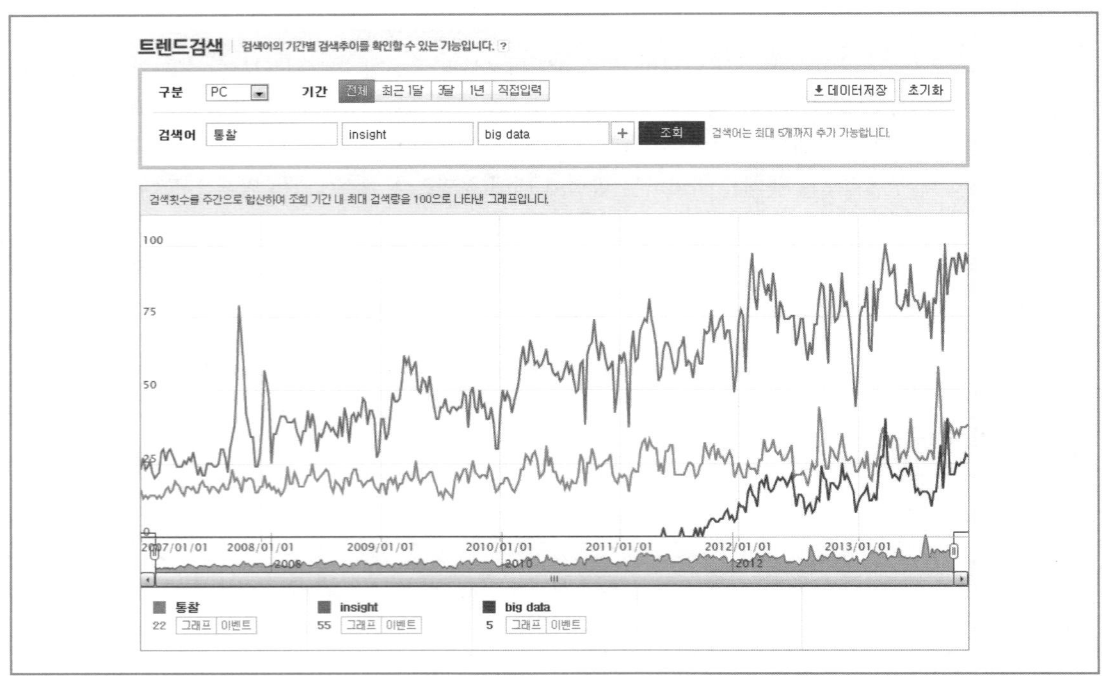


**[그림 V-1-1] 세 단어에 대한 네이버 트렌드검색 결과 그래프**

2007년 1월 1일 이후로 '통찰'과 'insight'의 검색량이 지속적으로 증가하고 있다. 'big data'도 분석 대상에 넣었는데, 2011년 이후로 증가 추세를 보여주지만 이 흐름 때문에 통찰이나 insight라는 단어의 검색 및 이용 빈도가 늘어났다고 단정지을 수는 없다. 그 이전부터 'insight'라는 단어의 검색 수요는 계속 증가 추세에 있었다. 한편 'big data'를 같은 그래프에 제시하지 않았다. 이 단어의 검색이 최근에 워낙 많기에 동시에 살펴보면 나머지 그래프들이 바닥에 깔려서 추세가 잘 보이지 않아서다.

45) http://trend.naver.com에서 손쉽게 원하는 키워드에 대한 검색 추이 그래프를 볼 수 있다.

세계 최대의 검색엔진인 구글(Google)에서 검색해보면 어떨까? 한국이 아닌 다른 나라 또는 대륙별 'insight' 검색 수요가 얼마나 될까? 이러한 흐름은 특정 국가뿐 아니라 문화권별로 특이점이 있을까? 앞서 살펴본 바와 연결지어 충분히 생각해 볼 수 있는 화두이며, 구글 트렌드(Google Trend)[46]에서 어느 정도 확인해 볼 수 있다.

## 가. '인사이트'의 사전적 정의

여기까지 추세를 알아보고 의문을 제기한 것은 '인사이트에 대한 인사이트'를 만들어가는 과정이었다. 이번에는 통찰과 insight의 사전적인 의미를 알아보자. 통찰(통할 洞, 살필 察)을 '다음 사전'[47]에서 검색해 보면 다음과 같다.

- 예리한 관찰력으로 사물을 환히 꿰뚫어 봄.
- [심리] 새로운 사태에 직면했을 때, 과거의 경험에 의존하지 않고 과제와 관련시켜 전체 상황을 다시 파악함으로써 과제를 해결하는 것. 문제 해결이나 학습의 한 원리이다.

'insight'를 위키피디아(Wikipedia)[48]에서 찾아보면 다음과 같다.

**Insight** is the understanding of a specific cause and effect in a specific context. The term insight can have several related meanings:

- a piece of information
- the act or result of understanding the inner nature of things or of seeing intuitively in Greek called noesis

(etc.)

'통찰'과 'insight'에서 일치하는 부분은 '정보, 인과관계, 본질, 이해' 등이다. 이 단어들에 대해 좀 더 깊게 알아보아야 추상적인 개념인 통찰을 최대한 구체적이고 가시적으로 소화할 수 있다.

## 나. 데이터, 정보, 지식, 지혜, 관계

시각화의 정의와 관련해 데이비드 맥캔들레스(David McCandless)는 [그림 Ⅴ-1-2]의 시각 이해의 계층도(Hierarchy Of Visual Understanding)를 통해 데이터(data), 정보(information), 지식(knowledge), 지혜(wisdom) 사이의 계층적 관계를 시각적으로 표현했다.

46) http://www.google.com/trends/ 참고로 과거 Google Insight라는 서비스가 Trends에 통합됨.
47) http://dic.daum.net/word/view.do?wordid=kkw000271458&q=통찰
48) http://en.wikipedia.org/wiki/Insight

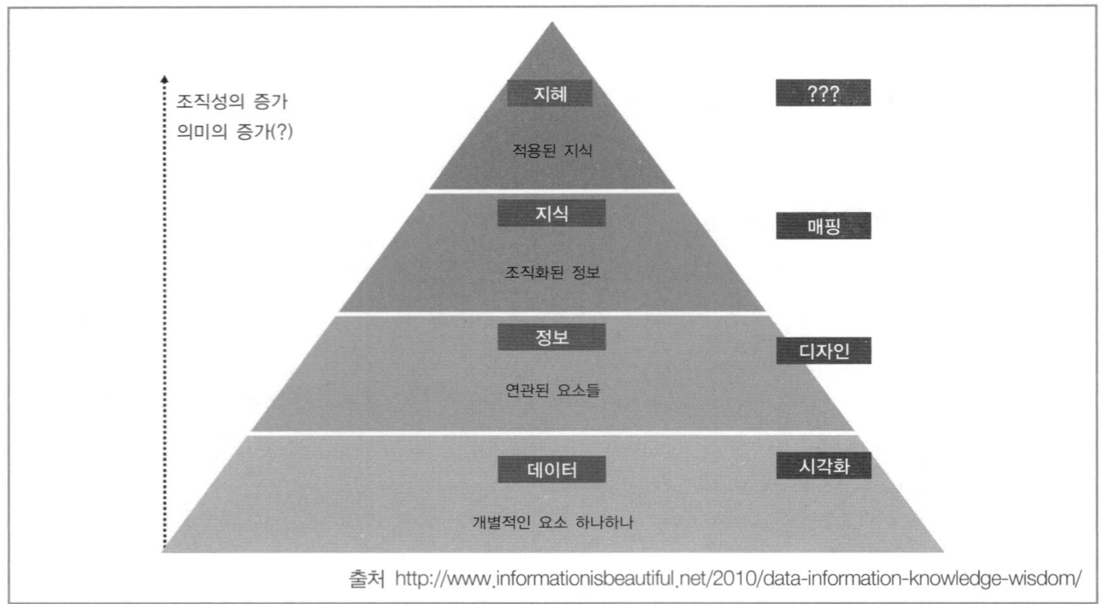


**[그림 V-1-2] 맥캔들레스가 그린 시각적 이해의 위계도(간략화 번역 버전)**

각각 분리된 자료인 데이터는 데이터 간의 연결고리를 찾아서 관계(상관관계, 인과관계)가 생성될 때 정보가 된다. 다양한 정보가 보다 상위 개념에서 관계를 맺고 조직화되었을 때 지식이 된다. 이때 정보들을 잇는 관계는 데이터들을 연결시킬 때의 관계와는 달리 상위 개념의 연결고리인 경우가 많다. 특히 이 정보들이 인간의 삶과 어떤 형태로 연결고리를 맺고 있는지가 중요하다. 지식의 단계에서는 인류가 그동안 축적해온 총체적인 정보가 조직적으로 재구성돼 새로운 의미가 도출된다. 지혜는 지식들이 개인의 경험·사고·감정 체계와 결합되고 관계를 맺을 때 구조화돼 나타난다. 따라서 지혜는 개인화한 지식으로 볼 수 있다. 누군가의 지혜를 이해하고 습득하려면 정보들의 결합만으로는 부족하며, 그 사람과 정보들 사이의 관계와 그 배경에 대해 이해할 필요가 있다.

설명만으로는 역시 추상적이니 구체적으로 와 닿는 사례를 통해 데이터, 정보, 지식, 지혜와 이들을 구성하는 '관계'에 대해 살펴보자.

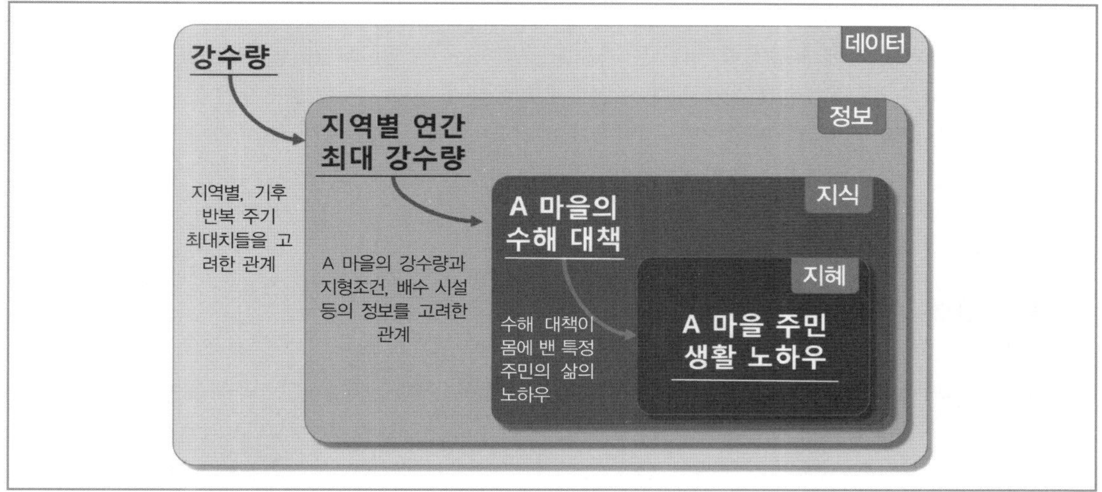


**[그림 V-1-3] 강수량 데이터가 지혜로 발전하는 단계**

개별 강수량은 숫자 데이터일 뿐이지만, 공간과 시간이라는 관계를 고려해 강수량을 재구성하면 지역별 연간 최대 강수량이라는 정보가 형성된다. 이 정보가 'A 마을'이라는 특정 지역의 다른 성격의 정보와 결합되면, 그 마을의 수해(水害) 대책 매뉴얼과 같은 지식이 형성된다. 이 지식은 A 마을 주민 모두에게 적용되지만, 주민별로 생활 방식과 가치관이 다르기 때문에 수해 스트레스를 지혜롭게 해소하는 주민도 있고, 수해로 인한 농경지 피해 최소화 노하우를 내놓을 주민도 나올 수 있다.

데이터, 정보, 지식, 지혜라는 개념을 도식화하면 [그림 V-1-4]와 같다.

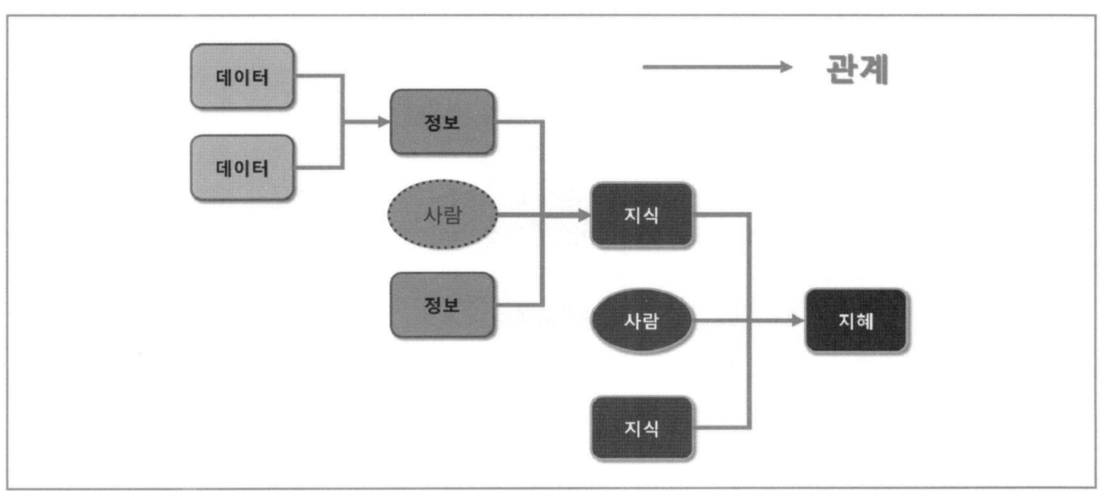


**[그림 V-1-4] 데이터, 정보, 지식, 지혜, 사람 사이의 관계**

상위 개념으로 발전하기 위해 필요한 것은 결국 '관계'이며, 이 관계들이 연결해주는 것이 무엇인지 눈여겨 보아야 한다. 특히 지식에서 등장한 '사람'은 지혜를 구축하는 데 있어서 빼 놓을 수 없는 요소가 된다.

지혜(wisdom)의 사전적 의미를 찾아보면 당연하게도 통찰과 상당부분 맞닿아 있음을 알 수 있다. 결국 통찰 또는 인사이트는 '데이터·정보·지식·사람을 이해하고, 그들 사이의 관계를 파악해 지혜를 도출하는 일련의 과정과 그 결과물'이라고 말할 수 있다.

## 2. 시각화와 인사이트

통찰력은 집에서건 직장에서건 일상생활에서 접하는 수많은 문제를 해결하고, 쉽게 찾아내지 못한 값진 기회들을 발굴하는 데에 크게 기여할 수 있는 힘이다. '통찰'이라는 개념이 추상적으로 와닿기 때문에 어떻게 하면 통찰력을 기를 수 있을지 궁금해도 답을 찾기 쉽지 않을 수도 있다.

하지만 통찰, 즉 인사이트는 결코 추상적인 것만은 아니어서 상당 부분 구체화할 수 있다. 인사이트는 결코 무(無)에서 시작되지 않으며, 눈에 보이거나 손에 잡히는 구체적인 것에서 시작된다. 앞서 살펴본 시각화의 정의와 인사이트의 정의 사이의 상관관계에서도 드러나듯, 통찰의 과정에서 핵심 역할을 하는 것이 바로 시각화다.

### 가. 삼찰: 관찰, 성찰, 통찰

인사이트 확보의 핵심은 대상(데이터, 정보, 지식)들 사이에 숨어 있는 관계를 찾아 그 관계를 매개로 융합된 상위 개념을 발견하는 것이다. 이 과정에서 '사람'은 중요한 기준이 된다. 따라서 살펴봐야 할 대상은 사람을 경계로 했을 때의 외부요소인 환경(세계)과 내부요소인 자신으로 나뉜다.

즉, 외부 세계의 온갖 대상과 그 대상들 사이의 상호 작용을 주의 깊게 살펴보면서 의미 있는 관계를 찾아내는 '관찰(觀察)'이 인사이트 도출의 한 축이다. 간과하기 쉬운 또 하나의 축은 자신의 내면 세계를 깊이 살펴보는 '성찰(省察)'이다. 사람에 대한 이해는 자신을 제외한 타인을 관찰하는 것만으로는 충분하지 않다. 자신의 사고와 행동에 대해 살펴보고 의문을 제기하며 해결해 가는 과정이 필요하다.

마지막으로 사람의 외부에 대해 살펴보는 관찰과 내부에 대해 살펴보는 성찰을 기반으로, 내부와 외부 요인들 간의 관계를 통(洞, 通)해 살펴보는 통찰(洞察)의 과정이 필요하다. 관찰, 성찰, 통찰의 삼찰을 바탕으로 대상(인간, 외부환경)과 대상들 사이의 숨겨진 관계를 찾아냄으로써 우리가 바라는 인사이트(통찰)[49]를 얻어낼 수 있다. 이 구조를 도식화면 [그림 Ⅴ-1-5]와 같다.

49) 이 장에서 '통찰'은 두 가지 의미로 혼용하고 있다. 이 문장에서 말하는 통찰은 과정을 통해 얻어낸 결과물의 개념이며, 삼찰에서 통찰은 연결된 것들을 관통해 살펴보는 행위와 과정을 의미한다.

[그림 Ⅴ-1-5] 관찰, 성찰, 통찰의 상관관계

### 나. 통찰 과정과 시각화

통찰은 결국 살펴보고 이해하는 과정에서 만들어진다. 수없이 많은 문자나 그런 문자들 속에 아주 가끔 등장하는 숫자들처럼, 보이지만 여간해서는 잘 보이지 않는 것들을 눈에 확 띄게 만드는 것도 필요하다. 한편 사람의 마음이나 관념적인 개념과 같이 원래 눈에 보이지 않는 추상적인 개념들을 보이게 만드는 것도 종종 필요하다. 이러한 것들이 바로 시각화이며, 통찰을 하고 활용하는 전체 과정에서 시각화는 핵심 역할을 한다.

본 장의 제목인 '시각화 인사이트 프로세스'는 시각화를 통해 통찰을 추출하는 전체 과정을 의미한다. 이 과정은 앞서 통찰의 의미를 살펴보면서 명시적으로 이야기하지는 않았지만, 사실은 이미 정리돼 있다. [그림 Ⅴ-1-4]를 보면, 통찰의 과정을 다음과 같이 정의할 수 있다.

■ **1단계: 탐색**

분석할 구체적인 대상과 방법과 검증할 명제가 처음부터 주어진 경우도 있지만, 큰 틀에서의 목표와 살펴볼 수 있는 대상들만 주어지는 경우가 많다. 심지어 어떤 경우는 특정한 목표도 없이 제시된 자료(데이터, 정보, 지식)만을 토대로 의미 있는 결론을 이끌어내야 한다. 대부분의 경우에서 통찰은 탐색부터 시작된다.

탐색은 사용할 수 있는 자료를 확인하고, 그 자료가 각각 어떤 의미를 지니는지 살펴보며, 자료들 간에 어떤 관계들이 있고 어떤 관계들이 가능한지 최초로 살펴보는 단계다. 탐색의 대상이 되는 자료는 데이터, 정보, 지식, 심지어 지혜까지 포함할 수 있지만, 이 책에서는 가장 밑바닥의 데이터부터 시작하는 것을 전제로 한다. 데이터에서 정보를 도출하는 과정이나 정보에서 지식을 도출하는 과정 모두 통찰이며, 궁극적으로 지혜(통찰)를 도출하는 과정 전체를 포괄한다.

탐색 단계에서 가장 중요한 것은 모든 가능성을 열어두는 것이다. 특정한 방향 중심으로 탐색하면 의도한 관계를 파악할 수 있을지는 모르지만, 숨은 다른 관계들을 놓칠 수 있다. 탐색 단계에서는 주어진 데이터의 기본적인 설정에 따라 이미 결정된 관계를 찾아내야 할 뿐만 아니라, 앞 장에서 살펴본 다양한 시각화 기법을 이용해 데이터를 다양한 방법으로 조작함으로써 잘 보이지 않던 관계를 찾아내야 한다.

탐색 과정에서 찾아낸 1차 관계들은 다음 단계에서 구체적인 분석 대상이 된다. 탐색 과정에서 찾아낸 관계의 양상에 따라 분석할 관계의 범위와 우선 순위를 결정하게 된다. 통찰 과정 전체에 대한 목표가 명확하게 주어진 경우에도 탐색에서 찾아낸 의미에 따라 목표를 적절히 조정할 필요가 있다.

■ **2단계: 분석**

분석은 탐색을 통해 찾아낸 관계들을 보다 구체적으로 살펴보면서 관계의 형태를 명확하게 규명하고, 그 형태가 지니는 의미를 찾아내는 과정이다. 예를 하나 들어보자. 사망률에 큰 변화가 없을 때, 출산이 증가하면 인구가 증가하는 관계를 탐색 과정에서 찾아냈다고 가정하자. 출산이 1% 늘어남에 따라 1년에 인구가 몇 명이나 증가하는지에 대한 구체적인 관계를 찾거나, 출산과 인구 증가 관계를 보다 잘 설명하는 다른 요인을 찾아내는 등의 작업이 바로 분석이다.

분석에서 가장 중요한 사항은 분석의 방향성이나 검증해야 할 명제, 또는 찾아내야 할 모델링(함수)이나 지표의 개요가 명확해야 한다는 것이다. 이 방향성이 처음부터 주어져 있지 않다면, 탐색 과정에서 찾아내야 한다. 방향성이 없는 상황에서 분석을 통해 도출된 의미는 대부분 큰 가치를 갖기 어려우며, 활용하는 데에도 무리가 따른다.

데이터는 탐색 과정을 거치면서도 정보에 해당하는 관계들이 상당 부분 나오지만, 분석을 통해 보다 구체적이고 실용적인 정보를 도출해낼 수 있다. 분석 단계에서는 정성적 기법 외에도 수치분석과 같은 정량적 기법을 많이 사용한다. 많은 수치분석 기법들은 그래프를 통해 가시화되었을 때 결과를 더 쉽게 이해할 수 있다. 가시화한 결과를 토대로 분석에 사용된 조건들을 조정해 더 정밀한 결과를 도출할 수 있다. 탐색에 사용되는 시각화 도구들은 관계의 개괄적인 패턴을 찾는 데에 도움을 주고, 분석에 사용되는 시각화 도구들은 관계를 구체적으로 모델링하고 조정하는 데에 도움을 준다.

■ **3단계: 활용**

탐색과 분석 과정을 거쳐 도출한 인사이트는 목표가 처음부터 설정된 경우라면 그에 맞게 활용된다. 구체적인 목표가 없던 경우에도 인사이트를 찾아낸 것에서 끝내지 말고 활용해야 한다. 실제로 활용함으로써 그 통찰이 얼마나 의미가 있고 그 가치를 인정받을 수 있는 지 검증할 수 있으며, 부족하거나 부적절한 부분들에 대해 다시 탐색과 분석 과정을 거쳐서 보완할 수 있기 때문이다.

인사이트 활용은 인사이트를 이용하는 대상에 따라 내부 활용과 외부 활용으로 구분된다. 찾아낸 특정한 원리나 모델을 서비스나 제품의 구동원리에 직접 반영하는 것이 전자의 예라면, 도출한 통찰을 다른 사람에게 설명하거나 설득하는 경우가 후자의 예다. 결국 활용은 개인 영역과 사회 체계 안에서 다른 사람들과 상호작용하는 영역 모두를 포괄한다고 할 수 있다.

인사이트의 외부 활용은 주로 다른 사람들과의 소통과 상호작용이 상당 부분 수반되는 경우가 많기 때문에 시각화 도구가 유용하다. 통찰을 도출하는 데에 사용한 시각화 도구들이 탐색과 분석의 효과 및 효율성에 집중돼 있다면, 그것을 전달하는 시각화 도구들은 수용자의 이해와 행동의 동기 부여에 집중된다. 수용자 입장에서는 통찰의 도출 과정에서 사용된 다양한 도구보다 메시지가 얼마나 쉽고 타당한지에 관심을 갖기에 메시지의 스토리텔링이 매우 중요하다. 스토리텔링에 최적화된 시각화 도구로서 인포그래픽(infographic)이 있다.

탐색·분석·활용은 하나의 완결된 인사이트 프로세스이지만, 활용 과정에서 받은 피드백을 통해 새로운 탐색이 시작될 수 있다. 이 탐색의 시작 지점은 연관된 다른 영역의 데이터일 수도 있고, 현재 살펴본 영역의 상위 레벨 정보나 지식일 수도 있다. 이러한 선순환 구조가 반복되면서 연결된 관계들이 수평적으로나 수직적으로 늘어나고 탄탄해질 때, 통찰의 활용 범위가 더욱 확대되고 깊어진다.

지금까지 설명한 인사이트 프로세스를 도식화하면 [그림 V-1-6]과 같다.

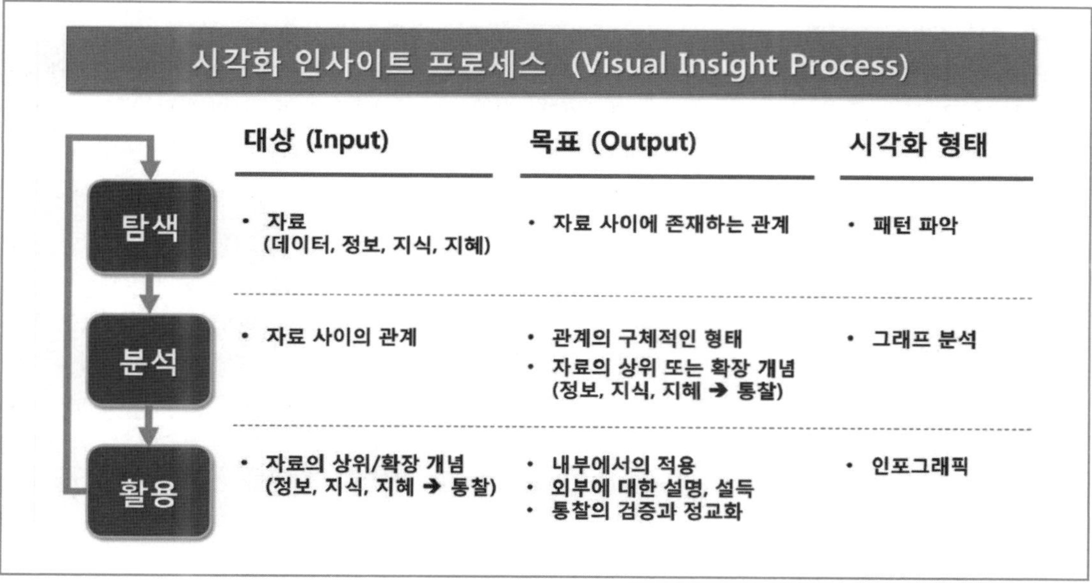


[그림 V-1-6] 시각화 인사이트 프로세스의 전체 개요

## 3. 예시 설정: 당일 할인 숙박권 판매 서비스의 최적화

2절부터 탐색·분석·활용이라는 인사이트 프로세스를 각각 살펴보고 이 과정에서 시각화가 어떤 역할을 할 수 있는지 설명한다. 이해를 돕기 위해 가상의 사례 하나를 설정해 해당 사례에 대해 시각화 인사이트 프로세스를 적용하는 형태로 진행한다.

판매 여부와 상관없이 기본 운영비가 소요되기 때문에 당일에 팔지 못하면 싸게 파느니만 못한 제품군들을 소위 '땡처리' 상품이라고 한다. 항공기 탑승권, 호텔 숙박권, 레저 시설 이용권, 영화 관람권 같은 상품들이 대표적인 사례다. 이러한 상품들은 마감(사용일)이 임박한 시기나 당일에 큰 폭으로 할인돼 나오는데, 이 중에서 숙박 상품을 모바일로 판매하는 서비스 운영을 맡게 되었다고 가정한다.

조직에서 성과를 내기 위해서는 기존의 데이터로부터 의미 있는 통찰을 도출해 활용해야 한다. 이 사례에서는 이미 운영중인 서비스를 맡게 된 상황을 전제하지만, 만약 사업 아이템으로 처음부터 기획·설계·구축하는 경우라면 목적에 맞게 데이터 구축도 가능하다. 이에 대해서는 뒤에서 따로 설명하기로 한다.

### 가. 서비스 개요

당일 땡처리 호텔 숙박권을 모바일 기기에서 조회하고 구입하는 애플리케이션 또는 모바일 웹서비스다. 이용자는 자신의 위치를 기반으로 하거나 특정 지역의 상품 목록을 실시간으로 조회할 수 있으며, 원하는 상품을 선택해 세부 정보를 확인한 다음, 모바일 기기에서 즉시 결제할 수 있다. 숙박 후에는 구입 상품에 대한 간단한 리뷰와 평점을 남기도록 해, 나중에 비슷한 상품을 구입하는 사람들이 참고할 수 있는 서비스다.

회원가입 및 로그인을 기반으로 하면 다양하고 체계적인 개인화가 가능하지만, 서비스 오픈 초기에는 진입장벽을 낮추기 위해 가입 절차가 없이 바로 조회와 결제가 가능하도록 한다.

### 나. 본 시각화 인사이트 프로세스의 목표

기본적으로 쇼핑몰 비즈니스이기 때문에 어떤 상품을 소싱하고 어떻게 전시하느냐에 따라서 매출 규모가 크게 달라진다. 특히 모바일 디바이스의 특성상 작은 화면에서 상품 목록을 보여주어야 하기 때문에 어떤 순서와 형태로 상품을 보여주느냐가 매출에 대한 핵심 통찰이다.

구체적으로 설정된 모델이나 과거의 분석 사례가 전혀 없다는 전제 아래 앞의 통찰 획득을 목표로 인사이트 프로세스를 전개한다. 또한, 사용할 수 있는 데이터를 모두 활용해 다양한 관점에서 관계를 살펴보는 것을 두 번째 목표로 한다. 즉, 도출된 결과를 이용해 온라인 상품목록 화면 최적화 외에 상품 소개 전략, 서비스 전략, 관련 당사자 설득 등을 모두 세부 목표로 설정할 수 있다고 전제한다.

# 제2절 탐색(1단계)

## 1. 사용 가능한 데이터 확인

탐색 단계에서 가장 먼저 해야 할 작업은 어떤 데이터[50]를 사용할 수 있는지 확인하는 것이다. 단순히 사용 가능 데이터의 목록을 나열하는 것이 아니라 각 데이터가 구체적으로 어떤 형태를 띠고 있는지를 명세화해야 한다. 탐색 후 단계에서 데이터들 간 관계를 파악하기 위해서는 데이터 자체의 성격을 정확하게 알고 있어야 하기 때문이다.

### 가. 데이터 명세화: 차원과 측정값

모든 데이터는 기본적으로 하나 이상의 측정값(measure)과 하나 이상의 차원(dimension)을 가진다. 차원은 값이 측정된 기준을 의미한다. 국가별 남성의 평균 수명 데이터는 실수 형태의 평균 나이를 값으로 가지며, 성별과 국가라는 두 개의 차원을 가진다. 성별은 남자라는 값 하나로 고정돼 있으며, 국가 차원은 전 세계의 국가명들을 해당 차원의 구분값으로 가진 데이터다. '네이버에서 2012년 한 해에 검색된 모든 단어'라는 데이터는 중복제거 작업을 거친 수많은 단어를 측정값으로 가지며, 네이버와 2012년으로 값이 고정된 '검색 서비스'와 '연도'라는 두 가지 차원을 갖는다.

하나의 차원만 갖고 있으면 1차원(one dimensional) 데이터라고 하고, 두 개 이상의 차원을 갖고 있으면 다차원(multi dimensional) 데이터라고 한다. 앞서 네이버 검색 결과 데이터의 사례와 같이 하나의 차원이 하나의 값으로 고정된 경우에는 차원이라고 하지 않는 경우도 있다. 예를 들어 국내 2대 검색 포털(네이버, 다음)에서 최근 3년간(2011, 2012, 2013) 검색된 단어로 조건을 수정하면 2차원 데이터라고 지칭하게 된다.

측정값을 분류할 수 있는 모든 것이 차원이 될 수 있다. 성별이나 국가와 같이 기준 값이 명확히 구분되고 한정되는 차원도 있는 반면, 특정 시간대에 매초 기록한 측정값 같은 연속적인 데이터로 구성된 차원도 있다. 이런 연속 데이터 차원은 추후 탐색과 분석의 편의를 위해 구간 형태로 재구성되기도 한다. 시간·일·연 단위로 묶는 것이 좋은 예다.

차원과 측정값의 구분은 데이터의 성격에 따라 정해진 것이 아니라 분석 형태에 따라 달라질 수 있음을 명심해야 한다. 즉 동일한 데이터 항목이더라도 차원이 될 수 있고 측정값이 될 수도 있다.

한편 데이터를 명세화할 때는 어떤 단위나 형태로 표현되는지와 표현해야 하는지에 대해 항상 주의를 기울여야 한다. 같은 단위 및 형태를 갖는 데이터 항목은 어떤 식으로든 연결지어 고민해볼 여지가 있기 때문이다. 데이터의 형태는 크게 다음과 같이 구분될 수 있다.

---

50) 데이터만이 아니라 정보, 지식, 지혜 등 모든 범주의 자료를 사용할 수 있다. 단, 본 장의 내용은 밑바닥 데이터에서부터의 인사이트 프로세스를 전제하므로 데이터로 표현한다.

① 정수형: -2, -1, 0, 1, 2, 3과 같이 0과 양/음의 비연속 수치
② 실수형: 3.14와 같이 소수점을 포함하는 정수가 아닌 연속형 수치
③ 문자형: 하나의 문자 또는 문자들의 집합인 문자열
④ 날짜형: 연·월·일(YYYY-MM-DD)과 같은 형태

위 기본 형태를 토대로 해 분석의 편의에 따라 만들어낸 고유한 분류 기준의 형태도 고려할 수 있다. 예를 들어 성별은 기본적으로 문자형이지만, 남자와 여자의 두 가지 고정된 분류값만 가지며 다른 값이 추가되지 않는 데이터다.

### 사례 적용 1

당일 할인 숙박권 판매 서비스에서는 어떤 데이터들이 존재하게 될까? 서비스에서 상품 조회 데이터와 결제 데이터와 같은 기본 데이터를 우선 떠올릴 수 있지만, 아주 많은 데이터들로 구성될 수 있다. 우선 이 중 기본적인 일부분을 테이블로 정리해보면 [표 Ⅴ-1-1]과 같다.

[표 Ⅴ-1-1] 서비스 데이터의 일부

| 구분 | 항목명 | 데이터형 | 설명 |
|---|---|---|---|
| 상품 전시 데이터 | 전시일 | 날짜형<br>YYYY-MM-DD | 해당 상품을 이용자들이 조회할 수 있게 전시한 날짜. 날짜의 기준은 자정. 즉, 당일 0시부터 익일 0시 이전까지. 만약 동일 상품이 2일 이상에 걸쳐 전시되었을 경우 각 날짜별 데이터 집합 모두를 저장 |
| | 전시 위치 | 정수형 | 서비스 화면에서 상품이 전시된 위치. 첫 목록 화면의 최상단이 0, 아래로 내려갈수록 1씩 증가 |
| | 전시 상품 코드 | 문자형 | 전시된 상품의 고유 코드명 |
| 상품 조회 데이터 | 조회 시각 | 날짜형+시간형<br>YYYY-MM-DD<br>hh:mm:ss | 이용자가 전시 상품의 상세 화면을 살펴본 시각 |
| | 조회 상품 코드 | 문자형 | 조회된 상품의 고유 코드명 |
| 상품 결제 데이터 | 결제 시각 | 날짜형+시간형 | 이용자가 상품을 결제한 시각 |
| | 결제 금액 | 정수형 | 상품의 결제 금액 |
| | 결제 상품 코드 | 문자형 | 결제 상품의 고유 코드명 |

위와 같은 명세서에서 어떤 것이 차원이고 어떤 것이 측정값일까? 모든 항목이 데이터를 바라보는 관점에 따라서 측정값도 될 수 있고 차원도 될 수 있다. 예를 들어 상품 코드(종류)에 따른 결제 금액을 볼 때는 코드가 차원이고 금액이 측정값이지만, 결제 금액을 구간화해 결제 금액 크기별 상품 코드의 종류나 개수 분포를 살펴보는 경우에는 금액이 차원이고, 코드의 개수 또는 코드명들 그 자체[51)]가 측정값이다.

### 나. 데이터 구성 원리 1: 이벤트 기록으로서 접근

앞에서 살펴본 데이터는 소위 원 데이터(raw data, log data)에 가까운 형태를 띠고 있다. 각종 보고서나 분석 자료의 데이터는 이 원본 데이터를 가공한 것인 경우가 훨씬 많다. 과연 무슨 차이가 있을까?

이 질문에 대한 답을 찾는 것은 탐색과 분석에 있어서 매우 중요한 시사점을 제공한다. 답을 찾기 위해 가장 먼저 해야 할 일은 데이터가 어떻게 생성되는지를 논리적으로 이해하는 것이다.

원본 데이터, 로그 데이터는 특정 이벤트(event)가 발생했을 때 생성된다. 이 이벤트는 반품과 같은 물리적인 실제 사건일 수도 있고, 강설량이 10cm를 넘기면 무조건 경보 울리기와 같이 어떤 조건을 만족했을 때 생성하는 인위적인 사건일 수도 있다.

온라인 서비스는 '순간 동시 접속자 수'나 '일일 액티브 이용자 수'가 활성화 정도를 가늠하는 중요한 데이터다. 전자는 특정 시점의 서비스 이용자 수를 의미하며, 후자는 하루 기준으로 반복 접속을 제외한, 한 번 이상 서비스를 이용한 모든 이용자 수를 의미한다.

이 데이터는 로그 데이터가 아니다. 로그 데이터를 한 번 더 정제한 데이터다. 그렇다면 이 데이터는 어떻게 생성된 것일까? 이 데이터에서 핵심이 되는 이벤트는 결국 '접속'이다. 거의 모든 온라인 서비스는 이용자가 서비스를 이용하기 시작(접속, login)할 때 로그인 이벤트를 생성하는데, 이때 로그인한 이용자의 ID, 로그인 시각과 같은 최소한의 기본적인 정보들과 더불어 로그인한 기기의 종류 등 타 부가정보들을 데이터베이스에 기록한다.[52] 보통 다음 [표 Ⅴ-1-2]와 같은 형태의 테이블로 구성이 된다.

**[표 Ⅴ-1-2] 서비스 접속 로그 데이터 테이블 사례**

| Login_ID | Login_Time | Channel |
|---|---|---|
| honggildong | 2013-12-01 14:23:12 | android |
| choonhyang | 2013-12-01 14:30:43 | chrome |
| honggildong | 2013-12-01 23:11:10 | ios |
| honggildong | 2013-12-02 11:31:09 | chrome |

이렇게 이벤트에 따라 생성된 원본 데이터를 토대로 동시 접속자 수와 일일 액티브 이용자수라는 정제된 데이터를 추출하게 된다. 동시 접속자 수는 동시의 기준을 초, 분, 시간 중 어디로 두느냐에 따라 달라지데, 대개는 시간을 기준으로 한다. 위 사례에서 12월 1일 14시~15시 기준에는 honggildong과 choonnhayng이라는 두 명의 이용가 접속해 있기 때문에 해당 시간대의 동시 접속자 수는 2라는 데이터로 저장된다. 12월 1일의 일일 액티브 이용자수는 몇 명일까? 12월 1일에 접속 로그는 모두 3건이지만, 이 중 2건은 honggildong이 두 번 접속했기 때문에 발생한 것이다. 따라서 중복을 제거하면 일일 액티브 이용자수는 2다.

---

51) 어떤 결제 금액 구간에 속한 상품 코드(고유 상품명)들의 패턴을 살펴봐야 하는 분석이 필요한 경우

52) 만약 이런 접속 로그 데이터를 제대로 기록하지 않는 온라인 서비스라면 서비스의 운영 및 발전 전략 등의 여러 관점에서 상당히 문제가 있는 경우다.

데이터로부터 통찰을 끌어내기 위해서는 데이터가 어떤 원리로 생성·구성되었는지를 항상 염두에 두고 있어야 한다. 이 구성 원리를 통해 궁극적으로 알아내고자 하는 것은 자료의 '태생적 연결고리' 탐색이다.

우리가 계속 살펴봐야 할 '관계'는 시각화 도구를 활용해 찾아낼 수도 있다. 이렇게 찾아낸 관계는 주로 상관관계에 기반한 여러 가지 분포 형태이며, 상당 부분 인과관계를 추론할 수도 있다. 하지만 시각화 도구를 통해 도출한 인과관계는 사실은 상관관계일 수도 있고, 확정적인 인과관계로 주장하기 어려운 경우도 있다[53]. 그런데 이 '태생적 연결고리'는 인과관계 자체를 의미하며, 이것을 이미 찾아서 준비해두었다면 시각화 도구로 다른 관계를 찾아내는 작업을 굉장히 쉽고 체계적으로 할 수 있다.

## 다. 데이터 구성 원리 2: 객체지향 관점에서의 접근

주어진 데이터의 겉으로 드러난 형태에 집중하다보면 그 밑에 숨은 관계를 놓치게 된다. 시각화를 통해 숨은 관계를 찾아낼 수 있지만, 어떤 식으로 시각화해 볼지에 대한 근본적인 부분은 역시 데이터의 구성과 생성 배경에 대해 고민함으로써 답을 찾아갈 수 있다.

앞서 이벤트 로그의 예를 통해 로우(raw) 데이터의 본질을 살펴보고, 한 번 정제된 데이터가 어떤 이벤트 로그를 통해 발생됐는지를 이해했다. 만약 이벤트 로그가 제대로 남아 있지 않거나 이벤트 로그만으로는 뭔가 부족한 느낌이 든다면 어떻게 할 것인가? 없는 데이터로 통찰을 뽑아낼 수 없다. 하지만 살펴보아야 하는 대략적인 범위가 주어진다면 그것을 만들어낼 수 있는 데이터의 구조 자체를 설계·생성해 이를 토대로 통찰을 뽑아볼 수 있다. 이때 도움이 되는 것이 객체지향(Object Oriented)[54] 관점이다.

객체지향론에서는 기본적으로 대상을 객체화하는데, 모든 객체들은 행위와 고유 속성값을 갖게 된다. 어느 학생의 시험 데이터를 가정해 보자. 시험을 객체로 보았을 때 시험은 어떤 행위와 속성을 지닐까? 현실세계가 어떻게 돌아가는지를 육하원칙[55] 관점에서 상식적으로 스토리를 생각해보면, 현실 세계에서 나오 데이터의 구조를 파악할 수 있다.

시험 A라는 대상(What, Object)을 뜯어보면, 시험을 보는 주체(학생)가 있고, 시험을 본 시기(연도, 학기, 중간고사, 기말고사)가 있으며, 시험을 본 장소(학교, 학교 소재지, 시험장)가 있다. 대상에 직접적으로 속해 있는 속성(과목) 항목도 존재한다. 각 항목에 대해 값이 정해지면 '홍길동이 서울에 있는 의협중학교에서 2013년 1학기 중간고사로 치른 수학시험'이라는 하나의 고유 객체가 생성된다. 이 시험은 학년별 평균 성적을 내거나 총점 기준 상위 10명의 학생을 뽑는 등의 여러 가지 행위(객체지향론에서는 흔히 method라고 함)를 적용할 수 있다.

어떤 학교의 해당 학생이 속한 학년 평균 성적 및 그 학생의 석차와 같은 데이터의 이면에는 객체지향 관점에서 보았을 때 위와 같은 구조가 들어 있다. 각 속성값의 조합으로 결정되는 시험 A가 오브젝트(Object)라면, 시험이라는 기본적인 구조 자체가 클래스(Class)가 된다.

---

53) A가 발생하면 무조건 B가 발생하는 관계는 인과관계이지만, A가 발생하는 것과 B가 발생하는 것이 별개인데, 몇 가지 다른 요인에 의해 상당히 비슷하게 나타나는 관계는 상관관계다.

54) 객체지향론은 OOP(Object Oriented Programming, 객체지향 프로그래밍)을 통해 상당히 대중화되었다. 본문에서는 OOP 기본 개념인 object, class, encapsulation, inheritance, polymorphism 중에서 인사이트 프로세스에 직접적으로 연결해 적용할 수 있는 object, class, method에 대해서만 언급한다.

55) 육하원칙(5W1H): 누가(Who), 언제(When), 어디서(Where), 무엇을(What), 어떻게(How), 왜(Why)

학년별 평균 성적이나 총점 기준 상위 10명의 학생 명단과 같은 데이터는 시험이라는 클래스의 행위(Method)를 통해 도출됐다고 볼 수 있다. 이 결과값을 보고 클래스의 구조 전체를 파악하는 것이 바로 객체지향 관점에서 데이터 구성 원리 이해의 핵심이다.

해당 시험 제도를 직접 만들어내고 운영하지 않는 상황에서 결과값만 보고 구조 전체를 완벽하게 파악하는 것은 불가능하다. 하지만 대략적인 구조는 파악해 볼 수 있다. 특히 현업에서 자신이 맡은 서비스에 대한 통찰을 끌어내야 하는 상황이라면 해당 서비스의 개발 및 운영과 관련된 여러 사람을 통해 구조 전체를 완벽하게 파악하고, 그 구조가 제대로 이벤트 로그 데이터로 기록되고 있는지를 검증해 보완할 수 있다.

시각화 인사이트 프로세스를 시작하는 단계에서는 주어진 일차원 또는 다차원 데이터를 시각화 도구들을 이용해 살펴보고 관계를 찾아내는 것부터 연습해야 하지만, 보다 깊고 다양한 통찰을 도출하기 위해서는 주어진 데이터의 구성을 밝혀내고 그에 따라 추가 자료를 찾거나 인사이트 프로세스의 목표 및 방향을 조정하는 것이 반드시 필요하다.

### 사례 적용 2

앞 본문에서 다음과 같은 서비스 로그 데이터의 일부를 살펴보았다.

[표 V-1-3] 서비스 로그 데이터의 일부

| 구분 | 항목명 | 데이터형 | 설명 |
|---|---|---|---|
| 상품 전시 데이터 | 전시일 | 날짜형<br>YYYY-MM-DD | 해당 상품을 이용자들이 조회할 수 있게 전시한 날짜. 날짜의 기준은 자정. 즉, 당일 0시부터 익일 0시 이전까지. 만약 동일 상품이 2일 이상에 걸쳐 전시되었을 경우 날짜별 데이터 집합 모두를 저장 |
| | 전시 위치 | 정수형 | 서비스 화면에서 상품이 전시된 위치. 첫 목록 화면의 최상단이 0, 아래로 내려갈수록 1씩 증가 |
| | 전시 상품 코드 | 문자형 | 전시된 상품의 고유 코드명 |
| 상품 조회 데이터 | 조회 시각 | 날짜형+시간형<br>YYYY-MM-DD<br>hh:mm:ss | 이용자가 전시 상품을 상세 화면으로 살펴본 시각 |
| | 조회 상품 코드 | 문자형 | 조회된 상품의 고유 코드명 |
| 상품 결제 데이터 | 결제 시각 | 날짜형+시간형 | 이용자가 상품을 결제한 시각 |
| | 결제 금액 | 정수형 | 상품의 결제 금액 |
| | 결제 상품 코드 | 문자형 | 결제 상품의 고유 코드명 |

이제 이벤트 로그와 객체지향 관점의 데이터 구성 원리를 이용해 [표 V-1-3]에서 드러나지 않았지만 중요한 구조를 확인·정리해 보자. 우선 육하원칙에 의거해 스토리텔링을 정리해 본다.

본 서비스를 통해 개별 상품들은 정해진 시간에 첫 화면의 정해진 위치에 전시되는데(method), 화면이 무한대로 크지 않기 때문에 모든 상품이 노출되는 것은 아니며, 이용자의 스크롤에 따라 이용자 눈에 보이는 상품도 있고 그렇지 않은 상품도 있다. 목록 화면에서는 상품의 대표 이미지와 정가, 할인율, 할인가를 표시한다.

이용자가 목록에서 한 상품을 선택하면 상품 상세 화면으로 이동한다. 이 화면에서는 호텔 시설에 대한 여러 사진, 호텔과 객실 설명, 다른 이용자의 추천 글, 이용 후 평점을 볼 수 있고 결제 버튼이 있다.

한편 본 서비스는 모바일 기기에서 사용되는 것을 전제로 하며 땡처리 상품을 즉시 판매하기 때문에 이용자가 언제, 어디서, 즉 어떤 맥락에서 서비스에 접속해 상품을 살펴보고 결제하는지가 중요하다. 또한 할인이 최대의 메리트이기 때문에 가격 정보를 어떤 식으로 보여주는지가 중요하다. 서비스 초기에는 이용자 편의를 위해 회원가입 및 로그인하지 않아도 이용할 수 있게 할 예정이므로, 초기 단계에는 이용자의 성향에 맞는 상품을 추천할 수 없다.

[표 V-1-3]은 이 스토리텔링을 충분히 소화하지 못하고 있다. 무엇보다도 데이터 구분에서 상품에 대한 액션(method)인 전시, 조회, 예약은 있는데 정작 상품 자체에 대해서는 알 수 없는 데이터 구조다. 일정 부분을 보완해 [표 V-1-4]로 정리했다. 음영처리한 부분이 추가된 것이다.

**[표 V-1-4] 보완된 서비스 로그 데이터 테이블**

| 구분 | 항목명 | 데이터형 | 설명 |
|---|---|---|---|
| 상품 데이터 | 상품 코드 | 문자형 | 개별 상품의 고유 식별 코드 |
| | 생성일 | 날짜형 YYYY-MM-DD | 상품이 구성된 날짜. 한 번 만들어진 상품은 상황에 따라 전시하거나 내림으로써 여러 차례에 걸쳐 전시될 수 있음 |
| | 호텔 명 | 문자형 | 호텔의 명칭 |
| | 호텔 지역 (도·시) | 문자형 | 호텔이 위치한 지역 구분. 서울특별시, 강원도 등의 도·시 단위 |
| | 호텔 지역 (구·군) | 문자형 | 호텔이 위치한 지역 구분. 강남구, 양양군 등 구·군 단위 |
| | 호텔 등급 | 문자형 | 특1·특2·1·2·3 등의 등급 |
| | 방 구성 | 문자형 | (킹베드, 퀸베드) + (싱글, 더블, 트윈)의 조합으로 된 방 구성 데이터 |
| | 정가 | 정수형 | 정상 가격 |
| | 할인가 | 정수형 | 할인 판매하는 가격 |
| 상품전시 데이터 | 전시일 | 날짜형 YYYY-MM-DD | 해당 상품을 이용자들이 조회할 수 있게 전시한 날짜. 날짜의 기준은 자정. 즉, 당일 0시부터 익일 0시 이전까지. 만약 동일 상품이 2일 이상에 걸쳐 전시되었을 경우 각 날짜별 데이터 집합 모두를 저장 |
| | 전시 위치 | 정수형 | 서비스 화면에서 상품이 전시된 위치. 첫 목록 화면의 최상단이 0, 아래로 내려갈수록 1씩 증가 |
| | 전시 상품 코드 | 문자형 | 전시된 상품의 고유 코드명 |

| 구분 | 항목명 | 데이터형 | 설명 |
|---|---|---|---|
| 상품조회 데이터 | 조회 시각 | 날짜형+시간형<br>YYYY-MM-DD<br>hh:mm:ss | 이용자가 전시된 해당 상품의 상품 상세 화면을 살펴본 시각 |
| | 조회 정렬조건 | 문자형 | 기본 전시 상태, 가격 또는 인기도 기준 정렬 등 현재 상품이 조회된 조건값 |
| | 조회 실행지점 | 문자형 | 조회한 시점의 실시간 모바일 기기 위치 정보값. 위도와 경도 쌍으로 기록됨 |
| | 사진조회 횟수 | 정수형 | 상세 설명 화면에서 추가 조작을 통해 제공된 호텔 관련 사진들을 본 전체 횟수 |
| | 조회 상품 코드 | 문자형 | 조회된 상품의 고유 코드명 |
| 상품결제 데이터 | 결제 시각 | 날짜형+시간형 | 이용자가 상품을 결제한 시각 |
| | 결제실행지점 | 문자형 | 결제를 실행한 시점의 실시간 모바일 위치 정보값. 위도와 경도 쌍으로 기록됨 |
| | 결제 금액 | 정수형 | 상품이 결제된 금액 |
| | 결제 상품 코드 | 문자형 | 결제된 상품의 고유 코드명 |
| 상품리뷰 데이터 | 리뷰 시각 | 날짜형+시간형 | 이용자가 상품을 리뷰한 시각 |
| | 리뷰 실행 지점 | 문자형 | 리뷰 실행 시점의 실시간 모바일 기기 위치 정보값. 위도와 경도 쌍으로 기록됨 |
| | 리뷰 종류 | 문자형 | 댓글과 평점 중에서 하나 |
| | 댓글 내용 | 문자형 | 댓글 전체 텍스트. 만약 종류가 평점인 경우는 null |
| | 평점 | 정수형 | 매긴 평점. 1~5점 사이의 정수형. 만약 종류가 댓글이면 0 |
| | 리뷰 상품 코드 | 문자형 | 리뷰된 상품의 고유 코드명 |

'상품'이라는 클래스는 호텔 등급 등과 같은 구체적인 속성값을 가지며, 이 속성값들을 통해 상품이 결정되고, 각 상품 코드는 하나의 완결된 오브젝트를 구분하는 대표값이다. 상품 클래스는 전시·조회·결제·리뷰라는 행위(method)를 가지며 각 행위는 다시 그에 따른 속성값들을 가진다.

이제부터 [표 Ⅴ-1-4] 데이터를 토대로 인사이트 프로세스를 진행한다.

## 2. 연결 고리의 확인

주어진 데이터를 확인했으면 그 데이터들 사이의 관계를 본격적으로 살펴보아야 한다. 어떤 데이터를 갖고 있는지 또는 어떤 데이터를 확보할 것인지에 따라 추가할 작업이 있는데 '연결 고리의 확인'이 바로 그것이다.

만약 사용할 수 있는 데이터가 하나만 있으면 연결 고리라고 할 만한 것이 없으므로 바로 데이터 안에서 관계를 살펴보면 된다. 하지만 [표 V-1-4]와 같이 여러 개의 데이터를 활용할 수 있을 때에는 데이터 간의 연결 고리를 확인함으로써 살펴볼 관계의 범위와 방향을 정하고 확장할 수 있다.

연결 고리는 시각화 도구로 살펴보는 패턴에서 찾아내는 것이 아니라, 데이터의 태생을 정리한 명세서에서 직접 확인한다. 앞에서 자세하게 데이터 확인 작업을 설명한 이유도 바로 이것 때문이다.

데이터 확인 작업을 대폭 생략하고 주어진 데이터에서 바로 드러나는 관계들만 살펴볼 수도 있지만, 이렇게 하면 통찰의 질과 양이 현격하게 떨어질 수밖에 없음을 다시 한번 강조한다. 특히 주어진 데이터가 부족하거나 아예 주어진 데이터가 없어서 살펴볼 데이터를 정의해야 하거나, 심지어 서비스나 사업을 새로 설계하는 경우에는 반드시 데이터 구성 원리에 입각해 데이터 자체에 대해 고민한 다음에 연결고리를 확인해야 한다.

### 가. 공통 요소 찾기

부모와 자식 관계를 나타내는 것은 무엇이 있을까? 아버지와 자식은 일반적으로 성(姓)이 같다. 성이 같다고 반드시 부모 자식 관계가 성립하는 것은 아니지만 관계를 대변하는 특성 가운데 하나다. 한편 유전자 검사를 통해 추출한 유전자 배열의 일치는 부모 자식 관계를 인과적으로 나타내는 강한 공통 요소다.

학교 친구라는 관계를 도출하거나 검증하기 위해서는 같은 학교 중에서도 우선 같은 반 학생들부터 살펴볼 필요가 있다. '미래중학교 3학년 2반'과 같이 반이라는 측정값을 기준으로 공통값을 가진 학생들에 대해 대화 빈도나 대화 내용 같은 다른 값을 살펴보는 것이 효과적이다.

공통 요소는 어떻게 찾을까? 서로 다른 데이터의 명세서에 있는 항목들 중에서 공통으로 들어 있는 항목이 바로 공통요소다. 비교적 간단한 작업이지만 주의해야 할 점이 있다. 데이터의 항목명이라는 기준 대신에, 해당 항목의 정의와 데이터형을 보고 찾아야 함이 바로 그것이다. 이름은 달라도 같은 데이터형으로 돼 있고, 데이터가 기록된 규칙이 같다면 명확하게 공통 요소다.

### 나. 공통 요소로 변환하기

데이터형이 다른데 공통 요소로 만들어낼 수 있는 경우가 있다. 한 데이터에서는 행정구역에 따른 시·도 구분이라는 텍스트형 '지역 구분' 항목이 있다고 하자. 또 다른 데이터에서는 위도·경도라는 두 항목으로 해당 위치의 구체적인 좌표값이 기록돼 있다고 하자. 사실 이 두 항목은 '위치'라는 공통점을 가진 자료이며, 위도와 경도 값을 이용해 지역으로 변환할 수 있기 때문에 연결 고리가 된다. 초 단위로 된 데이터형은 손쉽게 시간 단위, 날짜 단위, 분기 및 연 단위 등으로 전환할 수 있다.

계층 관계를 갖는 데이터나 어떤 기준으로 묶인 데이터의 대부분은 형태를 변환해 공통의 연결 고리를 찾아낼 수 있다. 한편 더 자세한 자료를 덜 자세하면서 묶인 자료로 변환하는 것은 가능하지만, 그 반대로는 불가능하다는 것에 주의할 필요가 있다. 변환 작업의 성격에 따라 작업에 사용되는 도구와 방식이 달라지는데, 대표적인 것을 소개하면 다음과 같다.

#### 1) 시간 데이터의 변환

마이크로소프트 엑셀이나 '구글 드라이브 스프레드시트' 같은 표 계산 도구에서 제공하는 date, year, month 등의 시간·날짜 관련 함수를 이용하는 것이 가장 효율적이다. 날짜나 시간으로 보이는 데이터가 사실은 문자열로 지정된 경우도 있다. 이때는 문자열을 해당 데이터형으로 바꾸어 주는 함수로 변환해주면 된다.

#### 2) 공간 데이터의 변환

공간 데이터는 보통 다음과 같은 3가지 형태의 데이터형으로 표현된다. ①주소 ②주소를 세부적으로 구분한 계층형 행정구역(시·도, 구·군, 동·리 등) ③가장 구체적인 좌표값이 그것이다. 좌표값은 경도와 위도로 구성되는 경위도 좌표계를 떠올릴 수 있지만, 데이터에 따라서 경위도 좌표계가 아닌 다른 기준의 좌표계로 구성된 경우들도 있기 때문에 조심해서 처리해야 한다.

주소를 행정구역으로 묶어 변환하는 것은 스프레드시트의 문자열 처리 함수를 이용해 필요한 부분을 뜯어내면 되므로 쉽게 할 수 있다. 보통 서울시 양천구 신월1동 123-45라는 주소는 공백문자를 기준으로 분할할 수 있다. 따라서 엑셀에서 기본 제공하는 '텍스트 나누기' 등을 사용하면 바로 분할할 수 있다. 이 기능이 없다고 하더라도 다른 스프레드시트에서도 기본으로 제공하는 다음 문자열 함수[56]를 이용하면 쉽게 분리할 수 있다.

[표 V-1-5] 스프레드시트에서 기본으로 제공하는 문자열 처리 함수들

| 함수명 | 함수 사용 형태 | 함수 기능 설명 |
|---|---|---|
| split | split(문자열, 구분자) | 문자열을 구분 문자(공백이나 쉼표 등) 기준으로 뜯어서 제공 |
| find | find(찾는 문자, 문자열) | 문자열에서 찾는 문자가 맨 왼쪽으로부터 몇 번째에 있는지 숫자값 제공 |
| left | left(문자열, 개수) | 문자열의 맨 왼쪽부터 정해진 개수만큼의 문자열 제공 |
| mid | mid(문자열, 시작 위치, 개수) | 문자열의 시작 위치에서부터 정해진 개수만큼의 문자열 제공 |
| split | split(문자열, 구분자) | 문자열을 구분 문자(공백이나 쉼표 등) 기준으로 뜯어서 제공 |

56) 스프레드시트에 따라 함수 이용방법이 약간씩 다를 수 있으므로 해당 도움말을 참고해 적용해야 한다.

가장 어려운 문제는 좌표계를 행정구역으로 묶어서 변환하는 것이다. 특히 [그림 V-1-7]의 코로플레스 지도(Coropleth Map)와 같은 시각화 도구를 이용할 때, 미국이나 유럽 등과 같은 지역에 대해서는 주나 도시 명칭에 따라 세부적인 구분이 나뉘어 있기 때문에 행정구역을 그대로 쓰면 되지만, 한국의 경우 정확하게 나뉘어 있지 않은 도구들도 많기 때문에 좌표계를 이용해 접근해야 한다.

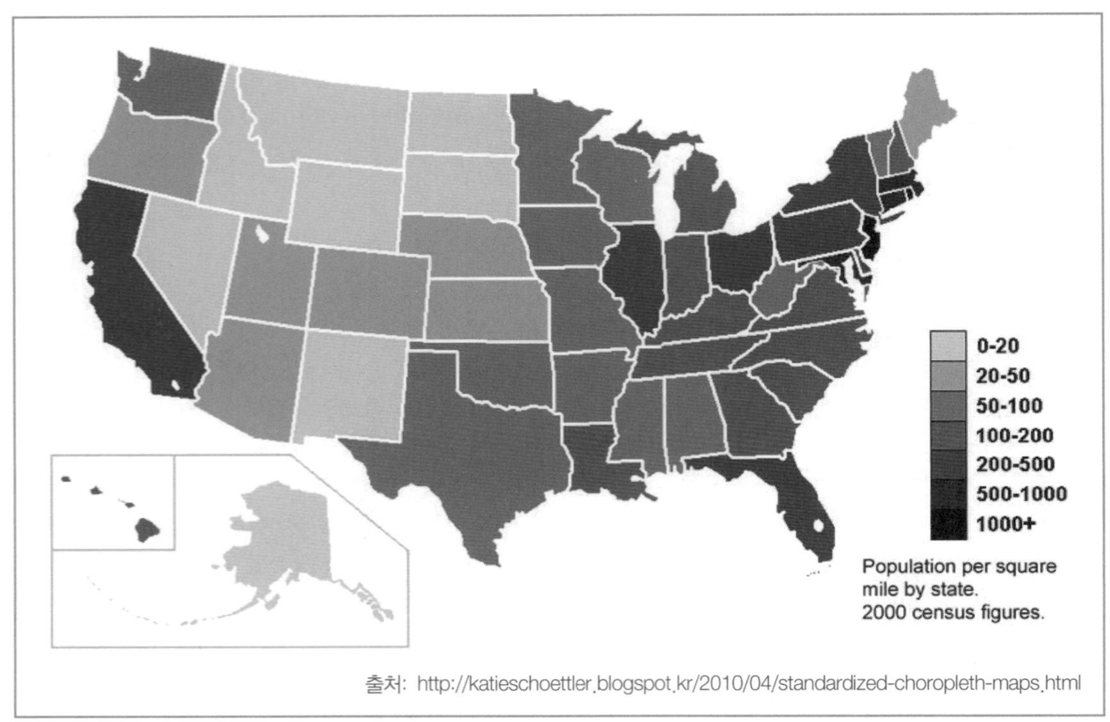


출처: http://katieschoettler.blogspot.kr/2010/04/standardized-choropleth-maps.html

**[그림 V-1-7] 미국 인구밀도 코로플레스 지도**

좌표계[57]를 주소 및 행정구역으로 변환해주거나 그 반대로 변환해 주는 것을 지오코딩(geocoding)이라고 한다. 한국쪽을 살펴보는 데이터라면 '비즈GIS'가 무료로 제공하는 웹 GIS 분석 도구인 X-Ray Map[58]을 이용하면 편리하다. 이 도구의 '추가 및 심볼 메뉴'에서 Geocoding tool을 이용하면 된다.

57) 좌표계에는 경위도 좌표계 외에도 직각 좌표계가 있다. 한국을 다루는 좌표계는 다시 기준에 따라 TM, UTM, KATECH 등 여러 좌표계가 있어서 호환성을 고려해 변환한 후 이용해야 한다. 분석 대상 데이터의 상황에 따라 적절하게 조작할 필요가 있다. 일부 geocoding 서비스는 이것을 자동으로 처리해 주기도 한다.

58) 비즈GIS의 무료 웹 GIS 분석도구 X-Ray Map: http://www.biz-gis.com/XRayMap/

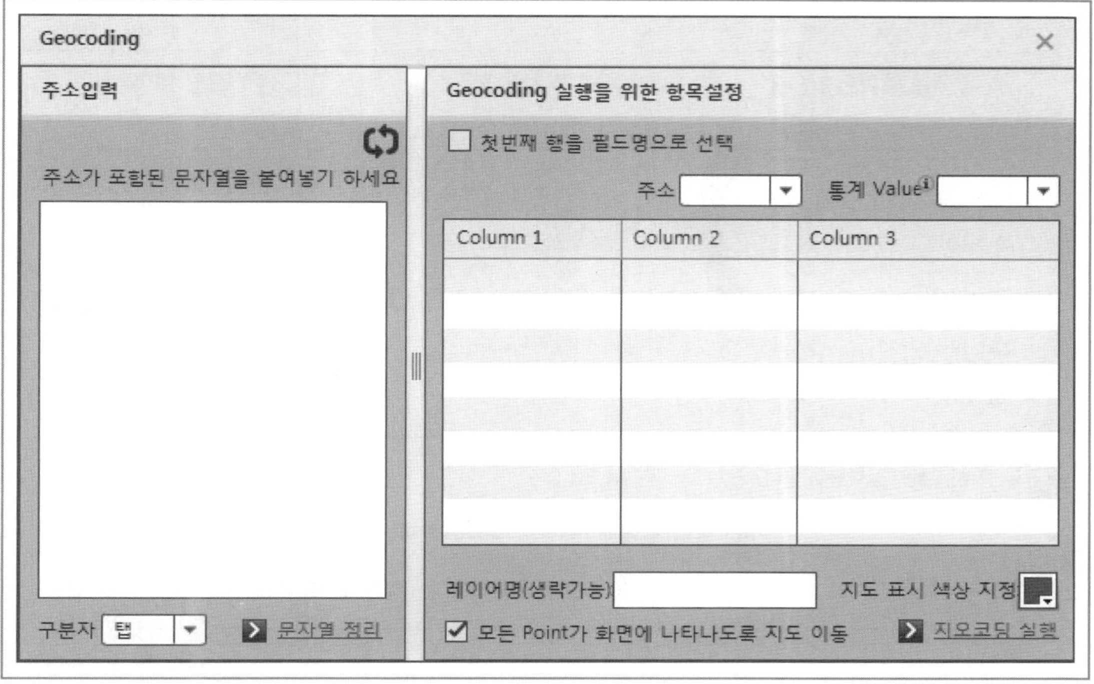


[그림 V-1-8] X-Ray Map 서비스의 Geocoding tool 화면

### 3) 일정한 규칙을 가진 분류형 데이터의 변환

제품 A·B·C는 제품군1로 분류하고, 제품 D·E는 제품군2로 분류한다고 하자. 어떤 데이터는 제품 수준에서 기록돼 있고, 다른 데이터는 제품군 수준에서 기록돼 있다면 제품군이라는 공통 요소로 변환해 연결고리를 만들어내야 한다.

어느 편집기에나 있는 '바꾸기(replace)'로 바꾸는 것도 하나의 방법이지만, 전체를 일괄적으로 바꾸지 않고 원하는 영역만 바꾸는 경우도 많다. 따라서 스프레드시트에서 제공하는 lookup, vlookup 함수를 이용해 변환하면 된다. 보통 [그림 V-1-9]와 같은 형태로 이용된다.

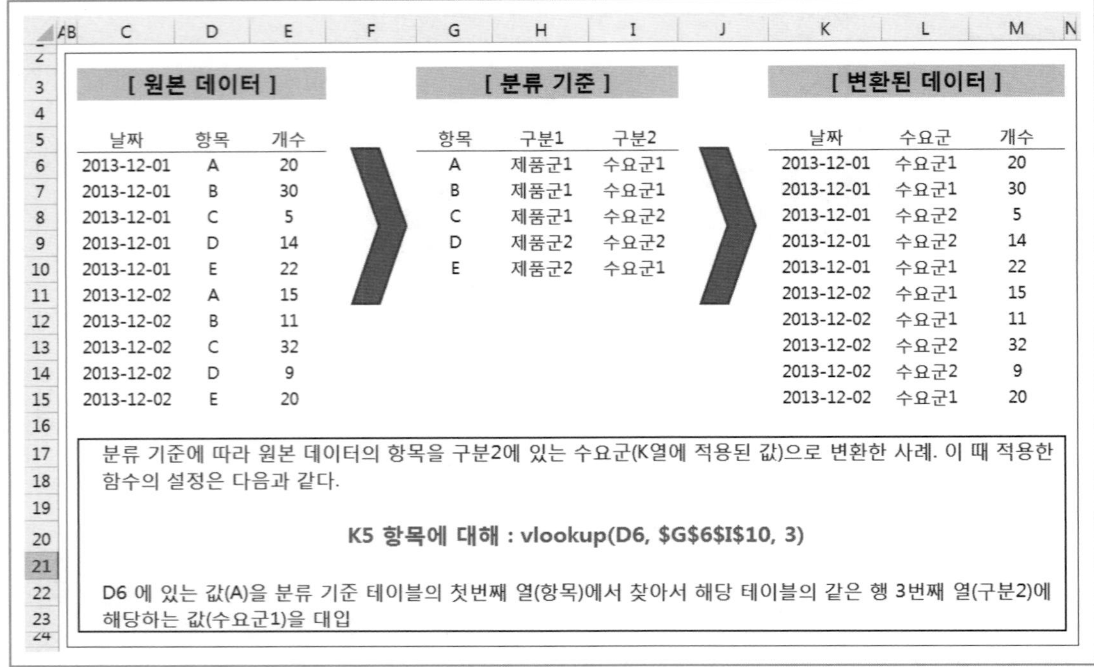

[ 원본 데이터 ]

| 날짜 | 항목 | 개수 |
|---|---|---|
| 2013-12-01 | A | 20 |
| 2013-12-01 | B | 30 |
| 2013-12-01 | C | 5 |
| 2013-12-01 | D | 14 |
| 2013-12-01 | E | 22 |
| 2013-12-02 | A | 15 |
| 2013-12-02 | B | 11 |
| 2013-12-02 | C | 32 |
| 2013-12-02 | D | 9 |
| 2013-12-02 | E | 20 |

[ 분류 기준 ]

| 항목 | 구분1 | 구분2 |
|---|---|---|
| A | 제품군1 | 수요군1 |
| B | 제품군1 | 수요군1 |
| C | 제품군1 | 수요군2 |
| D | 제품군2 | 수요군2 |
| E | 제품군2 | 수요군1 |

[ 변환된 데이터 ]

| 날짜 | 수요군 | 개수 |
|---|---|---|
| 2013-12-01 | 수요군1 | 20 |
| 2013-12-01 | 수요군1 | 30 |
| 2013-12-01 | 수요군2 | 5 |
| 2013-12-01 | 수요군2 | 14 |
| 2013-12-01 | 수요군1 | 22 |
| 2013-12-02 | 수요군1 | 15 |
| 2013-12-02 | 수요군1 | 11 |
| 2013-12-02 | 수요군2 | 32 |
| 2013-12-02 | 수요군2 | 9 |
| 2013-12-02 | 수요군1 | 20 |

분류 기준에 따라 원본 데이터의 항목을 구분2에 있는 수요군(K열에 적용된 값)으로 변환한 사례. 이 때 적용한 함수의 설정은 다음과 같다.

**K5 항목에 대해 : vlookup(D6, $G$6$I$10, 3)**

D6 에 있는 값(A)을 분류 기준 테이블의 첫번째 열(항목)에서 찾아서 해당 테이블의 같은 행 3번째 열(구분2)에 해당하는 값(수요군1)을 대입

[그림 V-1-9] vlookup 함수를 이용한 데이터 묶음 변환

데이터를 변환해 공통 요소를 만드는 것은 데이터의 태생적인 연결고리를 찾아내는 것만이 아니라, 탐색에서 다룰 '나누고 묶으면서 계층 구조로 살펴보는 것'에도 마찬가지로 적용되는 인사이트 프로세스다.

### 사례 적용 3

[표 V-1-4] 데이터 명세서에 있는 데이터에서 연결 고리를 찾아보자. 우선 항목명이나 데이터형과 정의 자체가 동일한 것을 찾아보면, 상품코드가 있다. 상품코드를 통해 개별 상품에 대한 상품 스펙, 전시 현황, 조회 현황, 판매 현황, 리뷰 현황과 같은 모든 관점의 데이터로 연결된다.

구분된 모든 데이터 집합에는 공통적으로 날짜형 또는 시간형 데이터가 있는 것을 바로 볼 수 있다. 공통 요소 변환을 통해 시간형 데이터를 손쉽게 날짜형으로 묶어, 날짜라는 공통의 연결고리를 만들어낼 수 있다. 이 연결고리 덕분에 특정 제품이 생성·전시·조회·판매·리뷰되는 전체 라이프사이클 패턴을 분석할 수 있다.

마지막 연결고리는 공간 정보다. 상품 데이터에는 호텔 지역, 상품 조회, 결제, 리뷰 데이터에는 각각 해당 액션이 발생한 실제 지역 정보가 기록된다. 그런데 상품 데이터의 지역 정보는 도·시, 구·군 단위로 기록돼 있지만, 다른 데이터의 지점 정보는 모바일 서비스에서 액션을 취한 지점의 경위도 좌표계로 기록돼 있다. Geocoding tool을 통해 경위도 좌표계를 행정 지역 구분으로 묶어 연결고리를 만들어내면 된다. 한편 전시 데이터의 '위치'는 항목 이름만으로는 공간 정보인 것처럼 보이지만, 설명을 보면 앞서 언급한 공간 정보와 상관없음에 주의하자.

찾아낸 연결고리들을 정리하면 다음 [표 Ⅴ-1-6]과 같다.

**[표 Ⅴ-1-6] 서비스 로그 데이터 테이블에서 찾아내 변환한 공통 요소**

| 연결고리 | 설명 |
|---|---|
| 상품코드 | 상품 속성 및 상품과 관련된 모든 액션들을 살펴보는 연결고리 |
| 날짜 | 상품의 생성, 전시, 조회, 판매, 리뷰라는 전체 서비스 사이클을 살펴볼 수 있는 연결고리 |
| 장소 | 상품(호텔)이 위치하는 행정관리상의 지역 및 조회·판매·리뷰되는 지역에 대한 연결고리. 모두 도·시, 구·군 단위로 값이 지정됨 |

인사이트 프로세스를 적용할 대상이 되는 데이터에 따라서 연결 고리는 다양한 형태로 나타나지만, 현실 세계의 거의 모든 데이터는 앞서 설명한 데이터 구성 원리에 의해 시간과 공간 관점의 연결고리를 기본으로 갖고 있음을 명심해야 한다. 주어진 데이터에 이 부분이 빠져 있다면 무조건 보완해 활용할 수 있도록 준비해야 한다.

### 다. 탐색 범위의 설정

본격적으로 탐색을 하기 위해서는 현재 갖고 있는 데이터를 어떤 조합의 차원과 측정값으로 설정할 수 있는지 고민해 봐야 한다. 아직 명세화돼 있지 않은 데이터라면 명세화를 통해 사용 가능한 차원과 측정값을 찾아내고, 여러 개의 데이터 명세를 갖고 있다면 연결고리를 확인함으로써 명세서들을 포괄해 탐색할 수 있는 차원과 측정값의 조합을 정리해 본다.

앞서 소개했지만 데이터를 구성하는 차원과 측정값은 고정된 것이 아니라 관점에 따라 차원이 측정값이 될 수도 있고, 측정값이 차원이 될 수도 있다. 이 차원과 측정값의 조합 하나하나가 결국 통찰을 추출하는 각각의 관점이며, 살펴보려는 전체 조합의 종류가 곧 탐색 범위가 된다.

탐색 단계에서는 모든 가능성을 열어두고 다양한 각도로 자료 안에 숨은 관계들을 찾아내기 위해 노력하는 것이 바람직하다. 하지만 데이터를 구성하는 항목이 많을수록 가능한 차원과 측정값 조합의 수가 기하급수적으로 늘어나기 때문에 모든 가능성을 열어둔다는 것은 사실 쉬운 일이 아니다. 따라서 어느 정도 선에서 탐색 범위를 설정할 수밖에 없으며, 우선 순위 설정과도 비슷하다. 탐색 범위를 설정할 때는 다음 사항들을 고려하는 것이 바람직하다.

- 여러 개의 데이터를 갖고 있으면 개별 데이터 안에서 먼저 탐색한 다음에, 데이터 간의 연결 고리를 이용해 전체 데이터 집합 안에서의 탐색 범위를 설정하는 쪽이 낫다. 한 번에 모든 것들을 연결해버리면 무리가 따른다.
- 처음에는 측정값에 하나의 차원만 연결해 탐색하고, 단계적으로 연결된 차원을 늘려가며 살펴본다.
- 같은 데이터 안에서 차원과 측정값을 서로 맞바꾸면 다른 통찰을 찾아낼 가능성이 있다.
- 연결할 수 있다고 해서 모든 조합을 살펴보는 것은 비효율적일 수 있다. 어떤 통찰을 얻어내기 위해 비주얼 인사이트 프로세스를 적용하는 것인지 다시 살펴보고 목표에 관련됐을 법한 조합을 만들어 본다.

- 연결 고리를 통해 서로 다른 데이터 집합이 연결돼 적용 가능한 차원과 측정값의 종류가 확장된다고 해도, 상식적으로 의미나 연계성이 없는 조합은 가급적 배제한다. 미국의 연도별 독수리 감소율과 한국의 연도별 출산율 데이터가 있다고 할 때, 연도를 기준으로 연결해 미국 독수리 감소율과 한국 출산율의 상관관계 등을 보는 것은 별다른 의미가 없다.

### 사례 적용 4

[표 V-1-4]의 서비스 로그 데이터 테이블과 [표 V-1-6]의 공통 요소 테이블을 토대로 당일 할인 숙박권 판매 서비스 최적화를 위해 살펴봐야 할 탐색 범위를 차원과 측정값 조합으로 몇 가지를 추출해 보자.

우선 각 구분 데이터 안에 있는 차원과 측정값으로 고려해볼 수 있는 탐색들을 고민해 보고, 각 데이터들 간의 연결고리를 이용해 서로 다른 데이터들 사이에서 의미있게 고민해 볼 수 있는 탐색들을 뽑아낸다. 이 과정에서 비현실적인 가정이나 상황에 토대를 둔 탐색은 배제한다. 가능한 탐색들 중 일부를 정리해보면 [표 V-1-7]과 같다.

**[표 V-1-7] 당일 할인 숙박권 판매 서비스 최적화 인사이트 도출을 위한 탐색 범위 설정**

| 구분 | 차원 | 측정값 | 살펴보려는 탐색의 세부 설명 |
|---|---|---|---|
| 상품 특성 | 호텔 지역, 호텔 등급, 전시일 | 할인가 | 전시 날짜별, 지역별, 등급별 호텔의 할인 가격 분포. 날짜는 일·월·분기로 살펴볼 수 있게 함 |
| | 호텔 지역, 호텔 등급 | 방구성 | 지역과 등급에 따라 방구성 종류가 어떤 패턴을 띠는지 방구성 종류들의 개수를 측정값으로 파악 |
| | 호텔 지역, 호텔 등급 | 상품코드 | 지역별·등급별로 어떤 호텔들이 어떤 밀집도로 분포하는지 상품코드의 개수로 살펴봄. 이때 지역은 도·시 및 구·군 단위로 계층을 나누어 살펴볼 수 있게 함 |
| 상품 조회 | 조회 시각, 호텔 지역, 방구성 | 조회 상품코드 | 특정 기간에 상품 조회가 발생한 모든 건에 대해 어떤 지역의 어떤 방구성의 상품들이 많이 조회됐는지 살펴봄 |
| | 조회 실행 지점, 호텔 지역 | 조회 상품코드 | 이용자들이 일반적으로 현재 위치에서 근처의 상품들에 대한 관심이 높은지를 탐색 |
| | 호텔 등급, 방구성, 조회 정렬조건 | 조회 상품코드 | 전 기간의 전체 조회 건에 대해 정렬 조건에 따라 실제 조회까지 이뤄진 상품은 어떤 등급과 방구성 특성을 지니는지 파악 |
| 상품 결제 | 결제 시각, 조회 시각 | 결제 상품코드 | 각각의 결제 건에 대해 조회 후 얼마나 빠른 시간 내에 결제가 이뤄지는지, 시간 딜레이 간격에 따른 전체 결제건 분포를 살펴봄 |
| | 호텔 지역, 호텔 등급, 결제 금액, 결제 시각 | 결제 상품코드 | 지역별·등급별로 일정 기간 내에 결제된 건수에 대해 언제 얼마의 금액대 상품들이 결제되는지에 대한 전체 패턴을 살펴봄 |

| 구분 | 차원 | 측정값 | 살펴보려는 탐색의 세부 설명 |
|---|---|---|---|
| | 호텔 등급, 방구성 | 결제 상품코드 | 호텔 등급별 방구성에 따라 매출 규모를 봄으로써 인기 등급별 방구성을 파악. 또한 가격을 추가로 넣어 봄으로써 방구성은 별다른 의미가 없고 가격 중심으로 의사결정을 하는가를 살펴봄 |
| 상품 리뷰 | 리뷰 시각, 리뷰 실행지점, 결제시각, 호텔 지역 | 리뷰 상품코드 | 상품을 이용한 고객들이 이용 후 언제 어디서 리뷰를 하는지에 대한 전체적인 패턴을 파악. 호텔 지역과 결제 시각을 같이 살펴봄으로써 리뷰 액션의 즉시성에 대해 탐색 |
| | 호텔 지역, 호텔명 | 평점 | 개별 호텔 및 호텔들의 지역들 집합 기준으로 평점 분포를 탐색 |
| | 호텔 지역, 호텔명 | 댓글 내용 | 개별 호텔 및 호텔들의 지역들 집합 기준으로 댓글들이 어떤 키워드와 감성 중심으로 분포되는지 파악 |
| | 할인가 | 평점, 댓글 내용 | 상품의 가격과 리뷰의 정성적인 내용 및 정량적인 평점이 어떤 관계가 있는지 탐색 |

## 3. 관계의 탐색

관계의 근간을 이루는 태생적인 연결고리들을 찾아내고 탐색 범위를 설정하였으니, 이제 본격적으로 관계를 탐색할 차례다. 시각화 인사이트 프로세스에서 탐색 및 분석의 대상이 되는 관계는 크게 상관관계와 인과관계로 나뉘며, 이 관계들의 일부분은 앞서 태생적 연결 고리를 통해 살짝 살펴볼 수 있었다.

예를 들어 사례에서 다루고 있는 호텔 당일 예약 서비스의 어떤 상품 매출이 어느 기간에 특정 지역에서 유독 높다고 했을 때, 그 원인을 살펴보기 위해서는 상품코드와 지역의 연결 고리를 통해 전시 현황이나 리뷰 현황, 상품 속성들을 볼 필요가 있다. 그 지역의 상품을 집중적으로 전시했기 때문에 필연적으로 그런 매출 구도가 나오는 인과관계가 있을 수도 있고, 그 지역 상품들의 리뷰 평점이 다른 지역들보다 유의미하게 높다고 했을 때는 상관관계가 존재할 가능성이 높다.

인과관계는 상관관계 중에서도 명확하게 원인과 결과의 시간적 선후관계가 있는 관계로 볼 수 있으며, 인과관계가 있는데 상관관계가 없을 수는 없다. 따라서 우선은 상관관계를 살펴보는 것에서 탐색을 시작해야 한다. 데이터 상황과 목적에 따라 적절한 시각화 도구를 이용함으로써 효과적인 탐색이 가능하다.

### 가. 이상값 처리

이상값(Outlier)은 다른 관측값들과 동떨어진 값을 의미한다. 이상값은 크게 다음 세 가지 경우에 발생할 수 있다. 첫째, 데이터를 측정할 때 여러 가지 이유로 오류가 발생해 다른 값들과 큰 차이가 나는 오차가 들어간 경우다. 둘째, 측정에는 문제가 없었으나 데이터가 기록·관리되는 과정에서 문제가 생겨서 이상한 값이 들어가는 경우다. 셋째, 측정이나 기록의 오류가 아니라 뭔가 의미있는 이유가 있기 때문에 발생한 경우다.

제대로 된 탐색을 하거나 탐색된 관계들을 토대로 구체적인 분석을 하려면 원본 데이터에 존재할 수도 있는 오류 사항들을 최대한 제거해야 한다. 이상값이 발생하는 경우 가운데 첫 번째와 두 번째에 해당하는 이야기다. 한편 눈에 띄는 이상한 부분에서 힌트를 얻어 그것에 대해 중점 탐색하고 분석하면 소중한 인사이트를 얻을 가능성이 높다. 이상값이 발생한 경우 세 번째에 해당한다.

이처럼 이상값은 제거의 대상 또는 구체적으로 파고들어가야 할 대상이라는 두 가지 관점에서 주의깊게 처리해야 한다.

두 번째 발생 원인으로 인한 이상값은 데이터의 태생적인 부분을 고려하고, 원본 데이터를 처리해 제공한 곳과 소통하면서 확인할 수 있다. 예를 들어, 정수형 데이터가 있어야 할 곳에 문자형이나 다른 형태의 데이터가 있다면 분명히 기록·관리 과정의 오류이기에 제대로 된 값으로 보완해 대체하거나 제거하면 된다.

첫 번째와 세 번째 발생 원인으로 이한 이상값을 구분하는 것이 좀 까다로운데, 구조적으로 불가능한 범위의 값이 기록됐다면 일단은 제거의 대상으로 보는 것이 맞다. 예를 들어 절대로 0이나 10,000 이상의 값이 나올 수 없는 상황에서 그런 값이 나온다면 만일을 위해 한 번 더 상황을 확인해 본 다음에 제거하면 된다. 모든 데이터의 측정값마다 이런 식으로 처음부터 전부 확인하는 것은 쉽지 않기 때문에, 보통은 시각화 도구를 이용해 전체 패턴을 살펴보고 그 패턴에서의 이상값을 확인한 다음에 그 이상값이 나온 측정값의 구조를 살펴보고 제거하거나 구체적으로 고려하는 형태로 처리하면 된다.

이상값을 확인하는 가장 좋은 방법 역시 시각화이며, 그 중에서도 [그림 V-1-10]의 산포도(Scatter Plot)와 같은 관계 시각화 도구들을 사용하면 좋다.

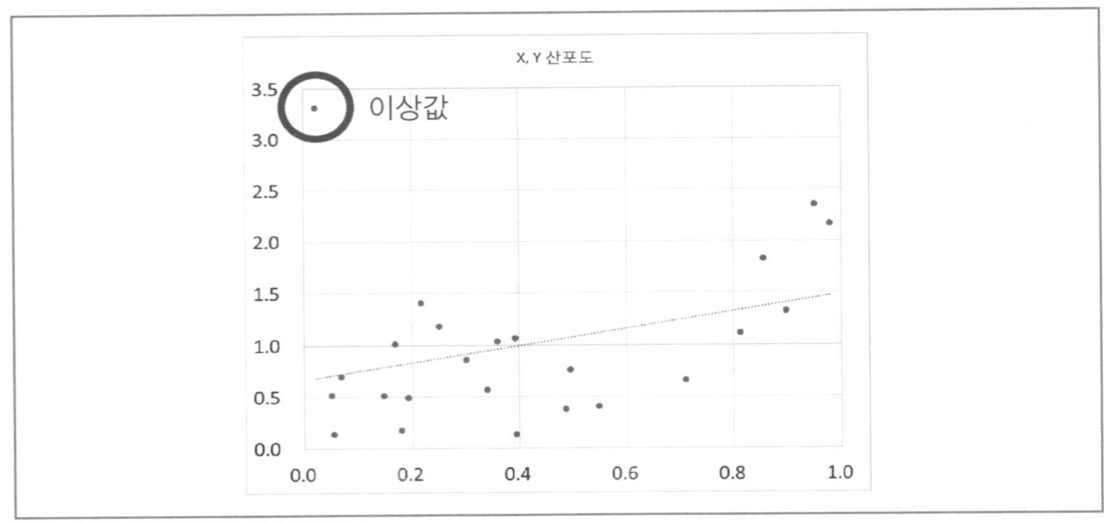


**[그림 V-1-10] 산포도를 이용한 이상값 찾기**

개별 시각화 도구에 대한 구체적인 내용은 2장의 시각화 방법에서 다루며, 본 장에서는 관계 탐색을 할 때 핵심 고려 사항들을 계속 살펴본다.

### 나. 차원과 측정값 유형에 따른 관계 파악 시각화

관계 탐색을 잘 하려면 측정값을 바라보는 적절한 관점을 설정해야 한다. 적절한 관점 설정은 적절한 시각화 도구의 선택도 포함한다. 이를 위해서는 데이터 명세화에서 살펴본 차원과 측정값이 어떤 유형으로 돼 있는지를 살펴보아야 한다.

예를 들어 나이와 성별에 따른 평균 체중이라는 데이터가 있다고 했을 때, 차원은 나이·성별 두 개이고 측정값은 평균 체중이다. 나이는 정수형, 체중은 실수형으로서 연속 값이며, 성별은 남자와 여자 두 개의 구분값으로만 구성된다. 이런 경우에 어떤 시각화 도구를 이용하는 것이 관계 파악에 효과적인지 체계적으로 살펴보자.

시각화는 일단 눈으로 볼 수 있어야 하기 때문에 1차원 선형, 2차원 평면, 3차원 공간에서 표현돼야 한다. 1차원으로 표현해 유용하게 활용되는 시각화 기법은 별로 없다. 보통은 2차원 평면에 표현하며 3차원도 종종 활용된다. 2차원으로 표현하는 시각화는 두 개의 차원만 사용할 수 있고, 3차원 시각화는 세 개의 차원이 있는 데이터에만 적용할 수 있을까? 평면 및 공간을 구성하는 좌표 축에는 항상 차원을 대입하면 되는 것일까? 그렇지는 않다.

앞 데이터의 예를 보면 차원이 연속형(나이)과 구분형(성별) 데이터 두 종류로 구성된 연속형(체중) 측정값이다. 표현해야 할 값이 3개이다 보니 우선은 3차원 공간을 설정해 x 축에는 성별 구분, y 축에는 나이, z 축에는 체중을 기입한 [그림 V-1-11]과 같은 3차원 그래프를 손쉽게 생각해 볼 수 있다.

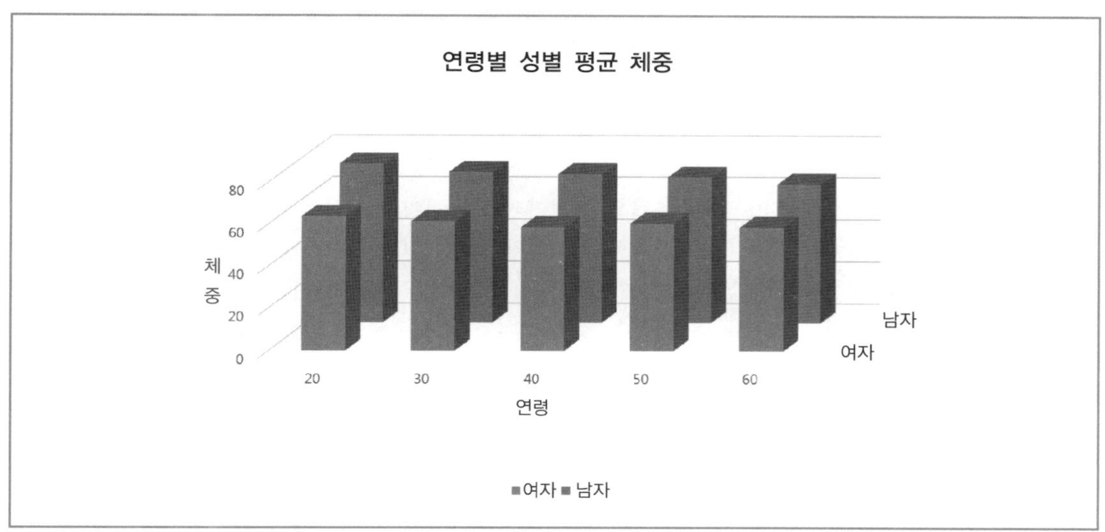


[그림 V-1-11] 차원 2개로 된 측정값 데이터를 시각화한 그래프의 예

3차원으로 된 시각화는 멋있어 보일지는 몰라도 실제 3차원에서 구현된 것이 아니라 2차원 평면 상에서 3차원으로 보여준 것이기에 원근감으로 인한 인지적 오차가 생기는 문제점도 있고, 가려서 잘 보이지 않는 부분이 생길 수도 있다. 게다가 위 사례에서는 y 축을 2개의 구분값만 갖는 성별로 설정해 활용하고 있는데, 연속값이나 많은 구분값을 처리할 수 있는 축의 속성을 고려할 때 효율적이고 효과적으로 탐색할 수 있는 형태가 아니다. 이 경우 2차원 평면 상에서 x 축에는 연령, y 축에는 체중을 설정하고 남녀 구분은 서로 다른 색깔로 처리해 2개의 선으로 표시하는 것이 훨씬 직관적이고 눈에 잘 보이는 시각화가 된다.

차원과 측정값의 개수는 탐색에 사용할 시각화 도구의 축 형태를 결정하는 중요한 요인이지만, 다음과 같은 사항들을 고려해야 한다.

- 차원은 반드시 평면과 공간을 구성하는 축으로만 표현되는 것은 아니다.
- 2차원 평면에서는 x, y 축 외에 이 평면상에 그려지는 도형의 면적도 연속값으로 된 차원을 처리할 수 있는 도구가 된다. 3차원에서는 표현한 입체의 부피나 단면의 면적을 연속값을 처리할 수 있는 도구로 사용할 수 있다.
- 색상은 구분값으로 된 차원을 처리하는 유용한 방법이다.
- 색상을 RGB[59] 값으로 나눠 처리하면, 연속값으로 된 차원을 색상 그라데이션(gradation) 변화로 표현할 수도 있다.

[그림 V-1-7]과 같이 2차원 평면 지도상에 연속 수치값을 색상 단계로 표시하는 코로플래스맵이 연속값으로 된 차원을 다시 단계별로 구분지어 색상으로 표현한 대표적인 예다. 2장 시각화 방법에서 다룰 트리맵(Tree Map)은 면적을 이용해 차원을 표현한 시각화 도구의 사례다.

시각화를 이용해 관계를 파악할 때 차원의 개수나 데이터의 연속 여부 외에 고려할 요소가 더 있는데, 시간 데이터와 공간 데이터의 시각화 탐색이 바로 그것이다. 이 두 데이터는 제2절 내용 중 연결 고리의 확인에서 본 것처럼 많은 데이터에서 기본적으로 연결되는 차원이기 때문에 제대로 탐색해봐야 한다.

시간 데이터에서의 관계 탐색은 결국 시간에 따른 패턴의 변화를 살펴보는 것이다. 시간이라는 개념 안에는 일, 주, 월, 분기, 연, 계절과 같이 반복되는 주기의 개념이 들어있기 때문에 주기에 따라 반복되는 패턴과 반복되지 않고 계속 변화하는 패턴을 분리해내는 것이 핵심이다. 시계열 분석과 같이 통계적인 분석 기법을 통해 이런 요인을 분리해 내기도 하지만,

두 가지 시각화 도구를 통해 패턴 및 패턴의 변화를 살펴보는 것이 효과적인 경우가 많다.

첫째는 굉장히 단순하지만 효과적인 방법인데, x 축에 시간을 설정해 평면이나 공간상에 데이터를 뿌려놓고 어떤 모양으로 전개되는지 왼쪽에서부터 오른쪽으로 훑으면서 보는 것이다.

두 번째는 시간이라는 개념에 좀 더 들어맞고 직관적인 방법으로서 모션 차트(Motion Chart)를 이용하는 것이다. 모션 차트는 시간이 흐름에 따라 시간 외의 다른 차원에 있는 측정값들이 어떻게 변화하는지를 움직임을 통해 보여주는 동적인 시각화 도구다.

---

59) 3원색인 Red, Green, Blue 세 가지 요소 값의 조화로 색상을 표현한 코드. 각 요소는 0~255 사이의 정수값을 지니며, 검정색은(0, 0, 0)로, 흰색은(255, 255, 255)로 표현된다.

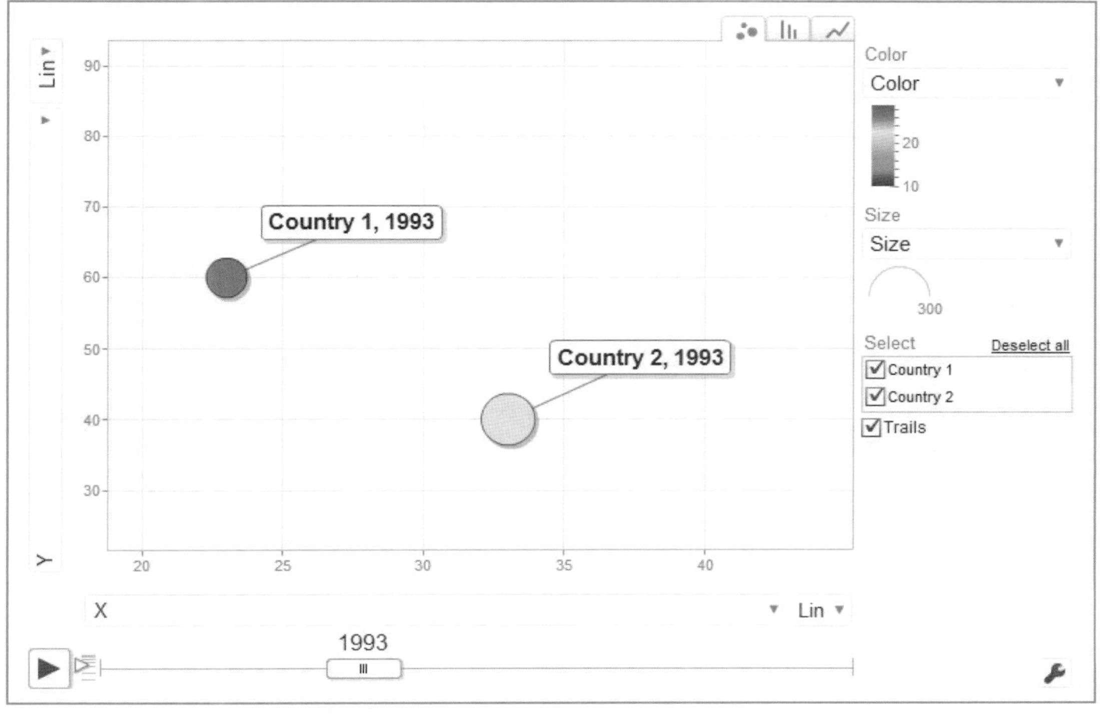


[그림 V-1-12] 구글 스프레드시트에서 제공하는 모션 차트 사례

[그림 V-1-12]는 구글 스프레드시트에서 제공하는 모션 차트의 사례다. 연도, X, Y, 나라 4가지 차원으로 구성돼 있고, 측정값이 하나 있다. 이때 연속값인 X, Y를 2차원 좌표계의 평면으로 구성하고, 나라는 두 가지 구분값만 지니고 있으니 간단하게 색상으로 구분하고, 시간 차원을 별도의 축, 그림의 아래에 드러난 슬라이드바로 설정한 다음에 연속값인 측정값을 원의 면적으로 처리하면 된다.

좌하단의 재생 버튼을 누르면, 시간 흐름에 따라 두 나라의 X, Y 차원상에서의 위치 변화 및 그 때의 값을 면적이 다른 원의 움직임으로 확인할 수 있다. 슬라이드바를 직접 이동하면서 특정 시간대의 패턴을 볼 수도 있으며, 시간 흐름에 따라 어떻게 패턴이 변화하는지 눈으로 바로 확인할 수 있다.

공간, 위치 데이터에서의 관계 탐색은 해당 위치를 표시하는 실제 지도를 활용하는 것이 가장 직관적이고 효과적이다. Arc GIS 같은 유료화된 전문 지리정보 분석도구 외에도 제2절의 '공통 요소로 변환하기'에서 소개한 X-Ray Map 같은 무료 도구를 이용해 손쉽게 코로플레스맵을 만들어 실제 지역의 데이터 관계를 살펴볼 수 있다. 엑셀 2013에서 무료로 추가 설치할 수 있는 파워맵(Power Map)과 같은 도구도 손쉽게 사용할 수 있는 공간 데이터 시각화 도구다. 파워맵은 시간의 흐름에 따라 지도 상의 데이터가 어떻게 변화하는지 시각적으로 볼 수 있는 모션 차트까지 결합해 제공한다.

현재까지는 수치화할 수 있는 정형 데이터가 측정값인 경우를 중심으로 관계를 탐색하는 방법에 대해 살펴보았는데, 텍스트와 같은 비정형 데이터 측정값에서 관계를 탐색해야 하는 경우도 상당히 많다.

거대한 덩어리의 텍스트만 주어졌다고 하면, 일단 그 문장들 안에 어떤 의미를 지니는 단어들이 어떤 빈도로 분포하는지를 살펴보는 것이 기본적으로 해볼 수 있는 탐색이다. 이것을 시각화해 표현한 결과물을 워들(Wordle)이라고 한다.

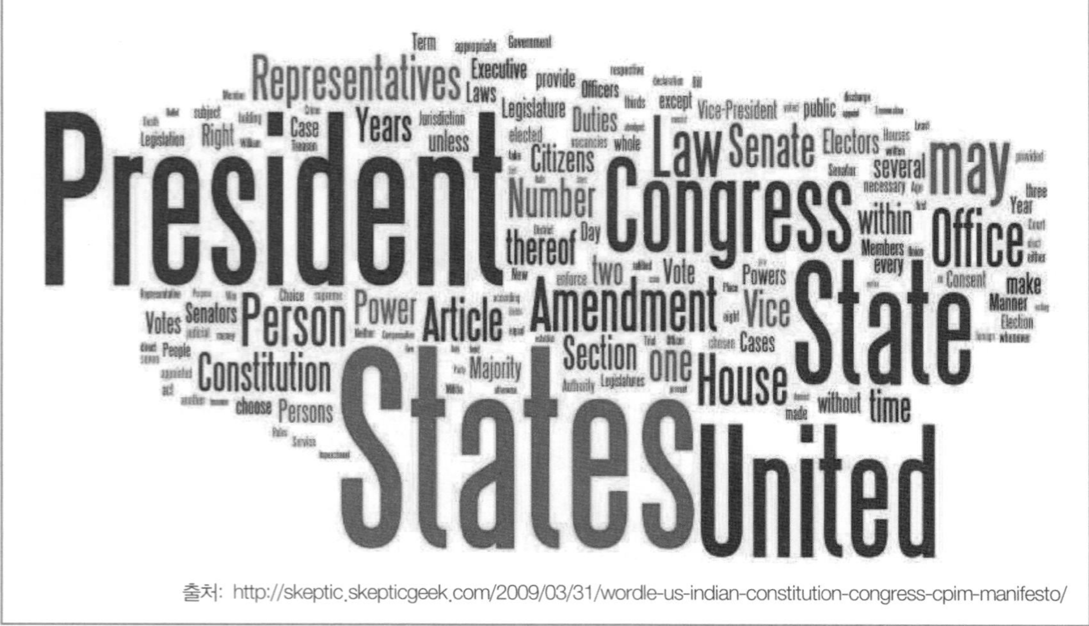


출처: http://skeptic.skepticgeek.com/2009/03/31/wordle-us-indian-constitution-congress-cpim-manifesto/

**[그림 V-1-13] 미국 헌법에 있는 단어들을 워들로 표현**

[그림 V-1-13]과 같은 워들을 만들어내려면 주어진 텍스트 데이터에서 의미를 갖는 형태소 단위를 추출한 다음, 그것들의 빈도를 계산해 빈도에 따라 색상이나 크기를 결정하고 시각적으로 서로 겹치지 않게 적절히 배치하는 작업을 거쳐야 한다. 간단하게 설명했지만, 직접하려면 꽤 손이 많이 가는 작업이다. 특히 형태소 단위를 추출하는 것은 NLP(Natural Language Processing, 자연어처리) 관점에서 접근해야 하는 부분이라 언어에 따라 다르게 처리해야 한다. 하지만 이런 NLP 모듈을 장착해 원본 텍스트만 입력하면 자동으로 워들을 만들어주는 시각화 도구들이 많이 있으며, 영문 워들은 http://www.wordle.net/에서 손쉽게 만들어 볼 수 있다.

어떤 텍스트가 어떤 빈도로 나타나는지에 대한 패턴을 탐색했다면, 그 다음에는 그 텍스트들을 의미, 품사, 긍정/부정 구분 등으로 묶어서 살펴볼 필요가 있다. 텍스트 측정값이 연동된 차원에 따라 여러 가지를 복합적으로 살펴보아야 한다. 시간의 흐름에 따라 고객 집단별 상품에 대한 댓글 반응이 어떻게 변화하는지를 보면서, 특정한 패턴이 나타난 시점에 과연 무슨 상황이 있었는지를 역추적할 수도 있다.

## 다. 잘라보고 달리보기

살펴볼 데이터의 형태를 둘 이상의 차원(Dimension)과 측정값(Measure)의 구조로 잡았다는 것은 이미 그 데이터에 대해 여러 가지 관점으로 살펴볼 준비가 됐다는 뜻이다.

연령별·성별 평균 체중 데이터는 연령과 성별이라는 2개의 차원과 체중이라는 측정값의 구조로 된 데이터다. 먼저 전체 데이터에 대해 패턴을 탐색한 다음에는 이것을 일정 기준에 따라 쪼개 일부분만 봐야 한다. 20세 이상 40세 미만의 남자들의 체중은 전체 패턴에서 어떻게 다른지를 보는 것이다. 이렇게 하는 이유는 전체 모수에 대해 패턴을 탐색하다 보면 그 안에 묻혀 있어서 의미를 가진 부분 패턴이 잘 보이지 않기 때문이다. 이런 형태로 부분의 패턴을 탐색하는 것을 잘라보기(Slice)라고 한다.

앞에서 잘라낸다는 표현을 썼는데, 어떤 기준으로 잘라내느냐에 따라 단면의 모양이 다르게 나타나는 것이 데이터의 탐색에서도 마찬가지로 적용된다. 성별이라는 차원을 기준으로 잘라낸 데이터의 단면은 성별이 남자 또는 여자로 고정되기 때문에 연령과 체중 관계를 볼 수 있는 단면이 된다. 한편 20~40세라는 나이 구간을 기준으로 잘라낸 데이터의 단면은 해당 나이 구간에 대해 성별과 체중의 관계를 보여준다. 여러 차원이 있는 경우, 차원들을 기준으로 잘라내 서로 다른 관점의 단면들을 살펴보는 것을 달리보기(Dice)라고 한다.

Count of 숙소코드 열 레이블

| 행 레이블 | 특1급 | 특2급 | 1급 | 2급 | 3급 | 게스트하우스 | 레지던스 | 부띠크 | 총합계 |
|---|---|---|---|---|---|---|---|---|---|
| 서울특별시 | 12 | 27 | 19 | 2 | 2 | 1 | 28 | 5 | 96 |
| 강원도 | 2 | 3 | 3 | | | | | | 8 |
| 제주도 | 11 | 2 | 1 | 1 | | | | | 15 |
| 부산광역시 | | | 3 | 1 | | | | | 4 |
| 전라북도 | 1 | | 1 | | | | | | 2 |
| 경기도 | 1 | 2 | 3 | 1 | | | 1 | | 8 |
| 인천광역시 | 1 | 3 | | 1 | | | | | 5 |
| 경상북도 | | | 1 | | | | | | 1 |
| 전라남도 | 1 | | 3 | | | | | | 4 |
| 충청북도 | | | 2 | | | | | | 2 |
| 울산광역시 | 1 | | | | | | | | 1 |
| 대구광역시 | 1 | | | | | | | | 1 |
| 총합계 | 31 | 37 | 36 | 6 | 2 | 1 | 29 | 5 | 147 |

피벗 테이블 필드
보고서에 추가할 필드 선택:
☑ 숙소코드
☐ 숙소이름
☐ 주소
☑ 숙소등급
☑ 시도
아래 영역 사이에 필드를 끌어 놓으십시오.
필터 / 열: 숙소등급
행: 시도 / Σ 값: Count of 숙...
☐ 나중에 레이아웃 업데이... 업데이트

상품 패턴 분석용 피벗 테이블
(현재 설정 : 지역과 등급에 따른 일부 호텔 상품 분포)

[그림 V-1-14] 엑셀의 기본 피벗 테이블 기능

슬라이스/다이스를 가장 손쉽게 할 수 있는 분석 도구는 엑셀의 피벗(pivot) 기능 또는 무료로 사용할 수 있는 구글 스프레드시트의 피벗 테이블 리포트(Pivot Table Report)다.

OLAP(Online Analytical Process)은 기업에서 쓰는 BI(Business Intelligence) 도구로서, 실시간으로 기업의 다차원 데이터에 접근해 슬라이스/다이스를 하며 분석하고 리포팅하는 도구다. 피벗 테이블을 이용한 분석은 OLAP을 간략화해 오프라인의 스프레드시트 파일에서 하는 것과 비슷하다고 볼 수 있다.

피벗 테이블 분석은 [그림 V-1-14]와 같은 형태의 인터페이스를 통해 차원을 행 및 열에 배치해 측정값을 바라보는 관점을 만든 다음, 이렇게 구성된 테이블 형태의 각 칸에 측정값을 배치하면서 진행한다.

피벗 테이블 분석에서의 슬라이스/다이스는 결국 행과 열에 어떤 차원을 배치하느냐이며, 데이터를 탐색하는 관점을 화면상에서 손쉽게 변경하고 현재 테이블을 활용한 그래프, 즉 시각화 도구도 바로 적용할 수 있기 때문에 강력한 탐색 도구로 사용할 수 있다.

근래에 출시된 엑셀 2013에서는 파워뷰(Power View) 기능을 제공하는데, 기존에 피벗 테이블과 기본 그래프 도구로 시각화 탐색을 적용하는 것에 비해 훨씬 강화되고 확장된 기능들을 손쉽게 적용할 수 있다.

### 라. 내려다보고 올려다보기

'데이터의 구성원리 및 공통 요소 변환'에서 살펴본 것처럼 많은 데이터는 계층형 구조이며, 계층형 구조가 없다고 하더라도 데이터의 형태에 따라 묶는 작업을 통해 해당 구조를 만들어낼 수 있다. 이런 형태의 데이터를 탐색하는 접근 방법 중 하나가 바로 내려다보기(Drill down)와 올려다보기(Reverse drill down)[60]다. 내려다보기는 현재 바라보는 관점에서 하위 계층으로 기준을 세분화해 보는 것이고, 올려다보기는 그 반대로 현재보다 상위 계층의 관점에서 보는 것을 의미한다.

드릴다운은 슬라이스와 개념적으로 혼동되기가 쉬운데, 슬라이스는 어떤 차원을 기준으로 살펴보느냐에 대한 것이지만, 드릴다운은 계층구조를 형성하는 하나의 차원 안에서 세부적인 하위 차원으로 분할해보는 것이다. 드릴다운은 슬라이스의 한 형태라고 볼 수도 있다.

예를 들어 시각 데이터는 데이터 변환을 통해 일·주·월·분기·연 단위의 상위 계층으로 올라가볼 수 있다. 위치 데이터도 경위도 좌표계에서 구·군 단위, 시·도 단위, 국가·대륙과 같은 식으로 계층적으로 묶어볼 수 있다. 이런 데이터를 대상으로 탐색할 때는 하위 계층에서 패턴을 살펴본 후 상위 계층의 패턴을 살펴보고, 그 차이점을 토대로 다시 하위 계층을 보는 것과 같이 수시로 드릴다운과 리버스 드릴다운이 필요하다.

계층형 구조를 지닌 데이터에서 내려다보기와 올려다보기를 하는 효과적인 도구는 피벗 테이블 및 이 테이블을 기반으로 하는 그래프들을 꼽을 수 있다. 트리맵(tree map)이나 하이퍼볼릭 트리(hyperbolic tree) 같이 계층형 트리 구조를 기반으로 한 시각화 도구가 유용하다. 이런 시각화 도구들 중 인터랙티브 요소를 갖춘 것들은 상위 계층과 하위 계층 사이의 전환을 시각화 결과물에서 직관적으로 조작할 수 있는 기능을 제공하므로 보다 효과적인 탐색이 가능하다.

내려다보기와 올려다보기는 결국 어떤 대상을 살펴볼 때 미시적으로 보느냐 거시적으로 보느냐와 일맥상통한다.

---

60) 내려다보기인 drill down의 반대말에 대해서는 여러 가지 견해가 있는데, 언어적으로는 모순돼 보이지만 drill up이라는 표현도 현업에서 종종 쓰인다. 한편, reverse drill down이라는 표현도 사용되며, 줌인(zoom in, 확대해 일부 영역을 집중적으로 보기), 줌아웃(zoom out, 축소해 전체 영역을 보기)으로 부르기도 한다.

## 마. 척도의 조정

시각화 도구를 이용해 패턴을 탐색할 때 조심해야 할 것들 중 하나는 척도(scale) 조정이다. 축척에 따라 같은 지도라도 완전히 다른 형태로 보이는 것처럼, 정량적인 데이터를 평면이나 공간에 뿌려 놓을 때도 척도를 어떻게 설정하느냐에 따라 다른 모습이 나타나기 때문이다.

데이터의 최소값과 최대값의 범위보다 표현하는 그래프 축의 범위가 훨씬 넓으면 패턴이 제대로 나타나지 않게 된다. 또는 같은 좌표평면에 어느 한 계열의 데이터를 시각적으로 표현했을 때는 무리가 없더라도, 다른 계열의 데이터를 함께 표현했을 때는 두 계열의 측정값 범위가 너무 달라서 동일한 평면에서는 둘 중 어느 하나의 패턴이 제대로 나타날 수 없는 경우가 종종 있다.

인사이트 프로세스의 탐색 단계의 핵심은 개별 값보다는 전체적인 패턴을 살펴보면서 가능한 관계들을 살펴보는 것이다. 따라서 위와 같이 척도 문제가 발생하는 경우에는 실제 값을 변형해 같은 공간에 표시해도 각각의 패턴이 명확하게 보이게끔 조정할 필요가 있다.

이 작업을 직접 하려면 계열별로 최대값을 100으로 설정한 다음, 동일 계열 내의 다른 값들을 이 비율에 맞춰 변환함으로써, 동일한 공간에서 각각의 패턴 변화를 비교해 볼 수 있게 해야 한다. 번거로울 수도 있는 이 작업을 자동으로 손쉽게 해주는 시각화 도구가 바로 스파크라인 차트(Sparkline Chart)다.

| Company 1 | Company 2 | Company 3 |
|---|---|---|
| 11 | 78 | 40 |
| 9 | 76 | 40 |
| 9 | 77 | 41 |
| 9 | 79 | 40 |
| 8 | 81 | 40 |
| 8 | 79 | 40 |
| 8 | 81 | 41 |
| 8 | 86 | 42 |
| 8 | 88 | 45 |
| 9 | 84 | 43 |
| 9 | 86 | 45 |
| 10 | 90 | 49 |
| 11 | 92 | 50 |

구글 스프레드시트에서의
스파크라인 차트(**Sparkline Chart**)

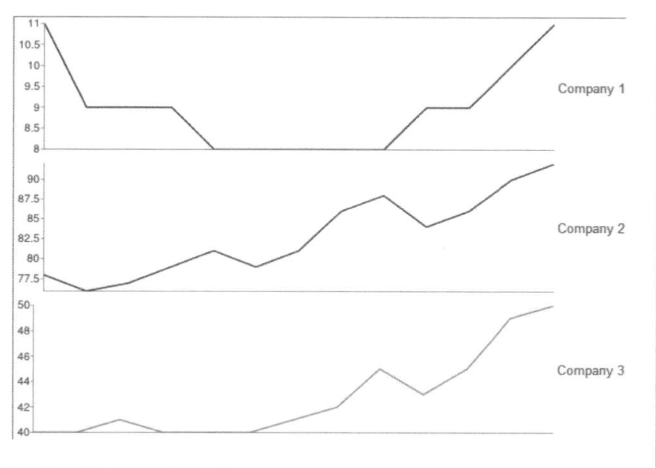


**[그림 V-1-15] 계열별로 다른 범위의 측정값을 스파크라인 차트로 표현해 패턴 비교**

[그림 V-1-15]처럼 세 가지 계열 데이터의 패턴을 절대값을 기준으로 한 척도에서 비교해보려면 Company 2의 측정값 범위와 Company 1의 범위가 너무 차이가 나서 Company 1의 패턴은 제대로 보이지 않게 된다. 하지만 스파크라인 차트 도구를 이용하면 바로 상대적 척도에서의 그래프가 생성돼 패턴을 비교할 수 있으며, 도구에 따라 다르지만 구글 스프레드시트는 축에 원래 절대값이 표시되므로 유용하게 참고할 수 있다.

### 사례 적용 5

[그림 V-1-16]은 호텔 상품 데이터에서 주소를 지오코딩 처리한 다음에 지역별로도 나누어 놓고 X-Ray Map을 이용해 지역별 분포 밀도에 따라 코로플레스 맵으로 탐색해본 결과다.

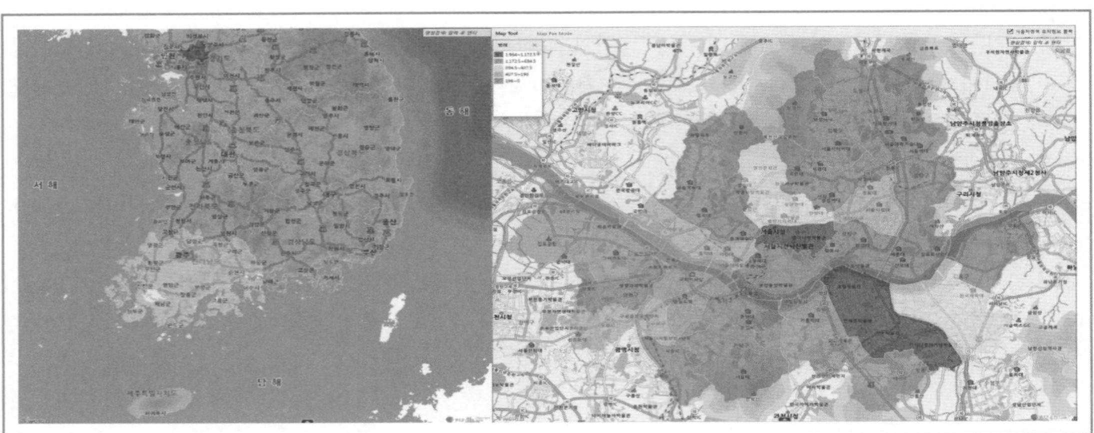

**[그림 V-1-16] 지역별 호텔 상품 분포를 나타낸 코로플레스 지도**

[그림 V-1-16]의 좌측은 시·도 단위로 구분한 다음에 시도 전체를 볼 수 있는 척도(지도의 축척)로 조정해 코로플레스맵과 히트맵(Heatmap, 밀도에 따라 다른 색깔로 표시)을 동시에 표현한 것이다. 일단 서울에 상당수의 호텔이 몰려 있으며, 제주도를 제외한 다른 도 단위 지역은 더 자세하게 구분해 보는 것이 크게 의미 없음이 직관적으로 나타난다.

[그림 V-1-16]의 우측은 척도를 조정하고 지역을 서울로 한정한(잘라내기) 다음, 구 단위로 내려다보기한 코로플레스맵이다. 서울에서도 강서구와 영등포구, 도심의 중구, 서초·강남·송파 강남 3구에 몰려 있음을 확인할 수 있다.

# 제3절 분석(2단계)

## 1. 분석 대상의 구체화

분석은 탐색을 통해 1차적으로 찾아낸 관계들을 좀 더 구체적이고 수치적으로 살펴보면서 의미 있는 관계를 수치적인 모델이나 특정 값으로 표현해 내는 과정이다. 굳이 분석 단계를 거치지 않고 탐색에서 발견한 관계만으로도 통찰이 나오기도 하지만, 분석 단계를 거쳐야만 통찰이 도출되는 경우도 있다.

### 가. 2차 탐색

탐색을 통해 찾아낸 관계들을 살펴보는 과정에서 어떤 패턴이 좀 더 중요하고 더 제대로 뜯어봐야 하는지 우선순위를 결정해야 한다. 통찰을 얻기 위해 처음부터 설정한 목표에서 우선순위의 기준을 잡아볼 수도 있고, 탐색 과정에서 찾아낸 단서들을 기반으로 우선순위를 조정해 볼 수도 있다.

이렇게 우선순위가 결정돼 좀 더 자세하게 살펴볼 대상들이 결정되면 해당 대상에 대해 다시 한 번 집중적으로 탐색할 필요도 있다. 2절에서 설명한 잘라보기, 달리보기, 내려다보기, 올려다보기 방법들로 충분히 살펴보지 못한 것들을 다시 보고, 차원과 측정값들의 조합을 적절하게 바꿔가면서 관찰했는지 한번 더 점검하는 것이 2차 탐색의 목적이다.

### 나. 분석 목표에 따른 분석 기법

2차 탐색 과정을 거치면서 시각화 도구로 발견한 세부 패턴들로도 인사이트 프로세스의 적절한 결과물이 나올 수 있지만, 패턴 자체를 확률적으로 검증하거나 패턴을 구성하는 핵심 함수의 모델 도출과 같은 경우에는 패턴을 눈으로 살펴보는 것만으로는 충분하지 않기 때문에 분석이 필요하다. 이 분석 기법들은 주로 통계 분석의 영역에 해당하는 것으로서 각 분석 기법에 대한 구체적인 설명은 이 교재의 목적과 범위를 벗어나기 때문에 생략한다.

하지만 분석을 통해 어떤 것들을 살펴볼 수 있고, 어떠한 통계적 분석 기법들이 존재하는지는 [표 V-1-8]과 같이 정리해볼 필요가 있다. 이것을 염두에 두고 2차 탐색을 함으로써 어떠한 부분들에 대해 분석이 필요한지 결정할 수 있다.

[표 V-1-8] 분석 목표에 따른 적합한 통계적 분석 기법

| 분석 목표 | 설명 | 통계적 분석 기법 |
| --- | --- | --- |
| 평균에 대한 검정과 추정[61) | 평균값에 대한 모델링 | T검정 |
| 비율에 대한 검정과 추정 | 비율에 대한 모델링 | 직접확률계산법, F분포법 |
| 분할표의 검정 | 각각 2개 이상의 분류값을 지닌 2개 이상의 차원이 있고 그 결과로 하나의 측정값이 있을 때, 분류 조합에 따라 측정값에 유효한 차이가 발생하는지를 검정 | 카이제곱 검정, Fisher의 직접확률 검정, 맥네마의 검정, 잔차 분석 |
| 변수들 간의 상관관계의 강도 추출 | 독립적으로 움직이는 두 변수들 사이의 관계(상관관계)의 강도를 상관계수로 나타내어 표시함 | 상관분석 |
| 변수들 간의 선형/비선형 인과관계의 형태와 강도 추출 | 종속적으로 움직이는 두 개 이상의 변수들 사이의 관계(인과관계)의 강도를 결정 계수로 나타내고, 각 변수의 계수를 추정해 모델화함. 변수들은 연속적인 값일 수도 있고 분류값일 수도 있음 | 회귀분석, 다중회귀분석, 로지스틱회귀분석, 판별분석 |
| 어떤 결과에 영향을 미치는 요인들 사이의 관계와 핵심 요인의 선별 | 어떤 측정값에 변화 요인이 되는 값들이 세 개의 차원이라고 할 때, 각 차원들 중에 어떤 것이 측정값에 가장 큰 영향을 미치는지, 각 차원은 다른 차원의 영향력과 어느 정도 겹치는지 분석 | 요인분석, 주성분 분석 |
| 대상들을 여러 기준값들에 따라 분류하고, 다차원 공간에 배치 | 측정값과 차원들이 있을 때 차원들의 값을 기준으로 측정값들 사이의 거리를 계산해 적절하게 그룹을 짓고, 이 거리가 의미 있는 차원들로 축을 구성한 다차원 공간에 측정값들을 배치 | 군집 분석, 다차원척도법(MDS) |
| 차원값들의 패턴이 비슷한 측정값과 그렇지 않은 측정값을 분류 | 예를 들어, 설문 항목에 대한 답변들의 패턴에 따라 비슷한 답변을 한 응답자와 그렇지 않은 응답자를 분류 | 대응분석 |
| 시간의 흐름에 따라 변하는 데이터를 분석할 수 있는 모델의 도출 | 시계열 데이터에 영향을 주는 요인을 추세요인, 계절요인, 순환요인, 불규칙요인으로 분해해서 시계열 데이터를 가장 잘 설명할 수 있는 모델을 만들고, 이 모델을 통해 미래에 대해서도 예측 | 시계열분석 |

차원이 너무 많거나 불연속 데이터의 가지 수가 너무 많거나 하면 눈으로 패턴을 찾아내기에는 무리인 경우들이 있다. 적절하게 잘라내어 각 부분을 살펴보는 접근법을 시도해 볼 수도 있지만, 항상 그렇게 할 수 있는 것은 아니다. 이런 경우에도 통계적 분석법을 유용하게 사용할 수 있다. 통계적 분석 기법의 결과물은 모델을 구성하는 구체적인 계수나, 설명력을 설명하는 설명계수, 그래프, 걸러진 변수 등이다. 즉 통계적 분석을 통해 얻어낸 결과들의 일부는 다시 시각화 도구를 거쳐서 패턴을 살펴보는 것이 가능하며, 결국 시각적 도구와 통계적 도구는 상보적인 관계인 셈이다.

61) 검정은 'a 는 어떤 값이다'라는 명제를 확률적으로 검사하는 데 반해, 추정은 'a는 어떤 값의 구간 사이에 있다'라는 명제를 확률적으로 검사하는 것이다.

한편 통계적 분석에서는 데이터가 전체 모수 데이터인지 아니면 모수 데이터의 일부분인 표본 데이터인지에 따라서 분석 모델의 가정이 달라지기 때문에 다른 기법이나 다른 분석식을 사용해야 한다. 분석 대상은 대규모인데, 그 데이터를 전부 구할 수가 없어서 일부분에 대해서만 설문조사 등을 통해 표본 데이터를 구하는 경우가 과거에는 많았다. 하지만 요즘에는 원본 모수 데이터 자체를 쉽게 구할 수 있기에, 적용해야 하는 통계적 분석 기법도 표본을 대상으로 하는 것이 아니라, 모수를 대상으로 하는 경우가 많다는 점에 주의해야 한다.

## 2. 분석과 시각화 도구

시각적 기법을 이용해 탐색한 다음에 수치적으로 파고들 필요가 있을 때에는 통계적 기법을 이용한 분석을 진행하는데, 이 분석 과정에서도 그래프와 같은 시각화 도구는 매우 유용하다. 인과관계를 살펴보는 대표적인 기법인 회귀분석에서 적합한 함수식을 찾아보는 데에 보조도구로서 사용되기도 한다. 전체 형태의 추세를 보고 미래 내지는 축상의 다음 측정값에 대한 예측을 할 때에도 추세선 그래프를 통해 현실적인 부분을 가늠해 볼 수 있다.

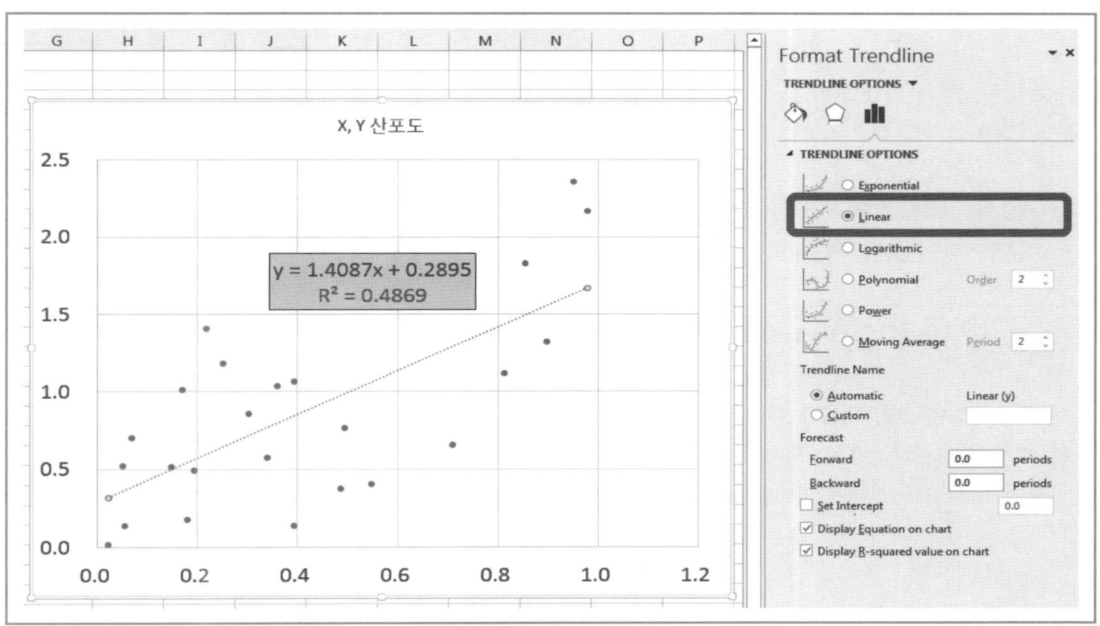


[그림 V-1-17] 엑셀에서 선형 회귀분석 결과와 추세선

엑셀과 같은 스프레드시트에서는 [그림 V-1-17]과 같은 회귀분석을 제공한다. 그림에서는 x, y로 구성된 데이터에 대해 1차함수인 선형회귀분석을 지정했고, 그에 따른 모델의 함수식과 이 모델의 설명력을 의미하는 결정계수 $R^2$ 값62), 그리고 해당 모델을 그래프로 표현한 추세선이 원본 데이터와 함께 좌표평면에 표현됐다.

그림의 오른쪽 패널에서 선형(linear)이 아닌 다른 형태의 함수들을 적용하면서 곧바로 어떤 모양의 추세식이 적용되는지와 그 때의 함수식과 결정계수 값을 살펴볼 수 있다. [그림 V-1-18]은 3차원 함수를 적용한 경우다. 결정계수가 0.4869에서 0.7283으로 크게 상승한 것을 볼 수 있다. 추세선의 모양을 보아도, 일직선보다 더욱 패턴을 잘 설명하고 있음을 알 수 있다.

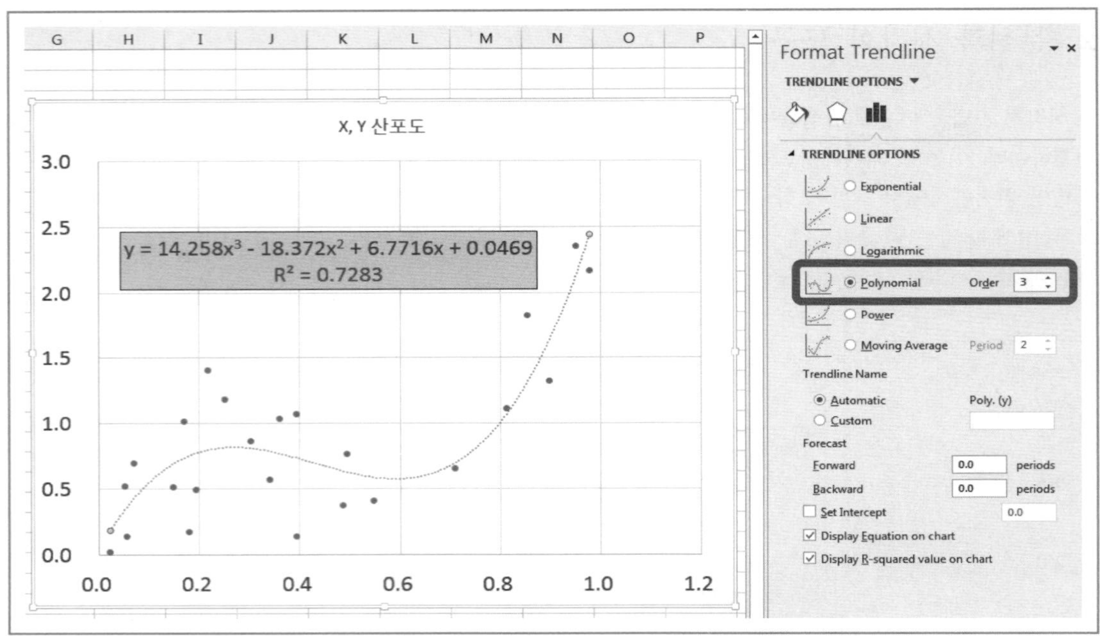


[그림 V-1-18] 선형함수 대신 3차원 함수를 적용한 회귀분석 결과

한편 추세선이 있기 때문에 데이터의 범위(위 예시에서는 0 〈 x 〈 1.0)를 벗어난 범위에 대해 어떤 식으로 값이 배치될지 시각적으로 예측해볼 수 있다. 물론 함수식이 있기 때문에 정확하게 어느 위치에 존재할 것인지에 대해서도 살펴볼 수 있다. X = 1.1에 대한 예측한 것이 [그림 V-1-19]다.

62) 보통 학문적인 목적에서는 이 결정계수 값이 0.6 이상, 마케팅 분석과 같은 현실 세계의 데이터를 활용한 실무 목적에서는 0.4 이상일 때 추출한 모델이 의미가 있는 것으로 본다.

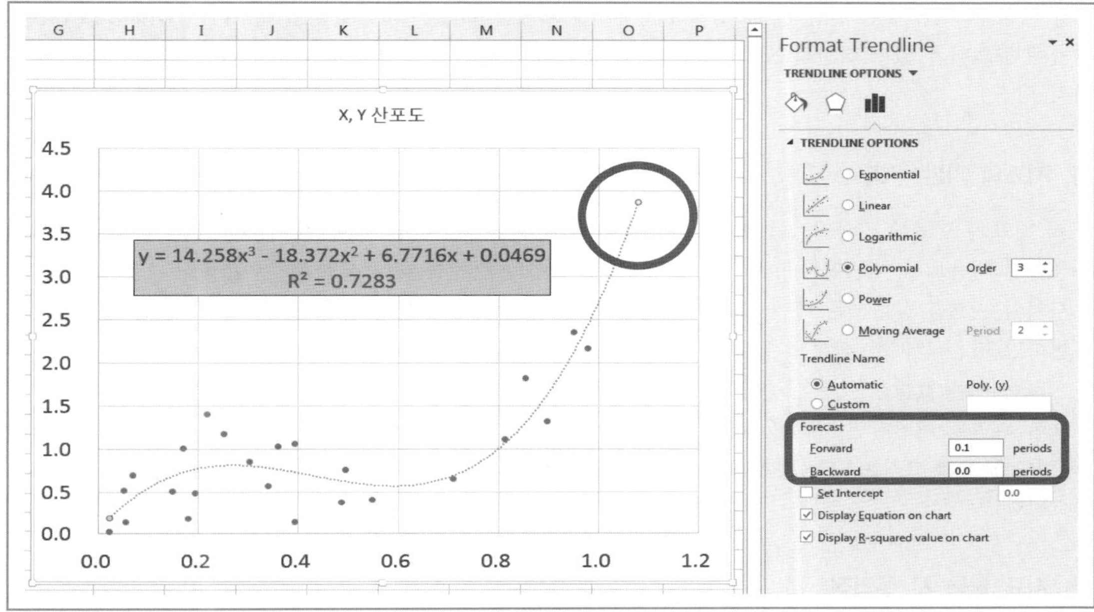


[그림 V-1-19] 추정한 함수식을 기반으로 예측한 결과

만약 그래프를 통해 시각적으로 확인해보지 않고 함수식과 함수식을 통해 도출된 예측값만으로 데이터를 보면 현실적인 가정 및 조건 등을 놓칠 수 있다. 예측된 추정 결과값이 절대로 어느 값 이상은 나올 수 없다든가, 현재 보유 데이터에 대해서만 적절한 추세선의 모양이 나오지만 어느 범위의 예측값에 대해서는 그래프로 보니 추세선 자체에 문제가 있는 것으로 나온다든가 하는 판단은 수치만 보고는 쉽게 내리기 어렵다.

이처럼 통계적 분석 기법과 시각적 분석 기법은 서로 분리되지 않고 밀접하게 관련을 맺고 상보적으로 도움이 되는 관계이기 때문에 분석 단계의 인사이트 프로세스에서도 염두에 두고 잘 활용할 필요가 있다.

## 3. 지표 설정과 분석

탐색 과정을 거쳐 분석 단계에서 여러 가지 관계들을 수치 기반으로 보다 보면 지표(indicator)를 만들어야 할 필요가 있다. 지표는 어떤 현상의 강도를 평가하는 기준이 되는 숫자를 의미한다. 기업에서는 업무성과 평가 및 목표 설정 등의 활동에 KPI(Key Performance Indicator, 핵심성과지표)라는 개념을 자주 활용하는데, 목표 달성을 위한 세부적인 행동 결과물의 추진 정도나 수준을 측정하고 평가하는 것으로서 지표의 한 사례다.

하지만 이런 사례 외에도 지표는 우리 일상생활에서 사실 굉장히 많이 접하게 되는 개념이다. 예를 들어 아침에 출근할 때 꼬박꼬박 체크하는 '오늘의 강수확률' 같은 것도 지표다. 강수확률은 그 자체로 어딘가에서 바로 가져올 수 있는 숫자가 아니며, 다양한 데이터를 분석함으로써 도출되는 결과값이다. 각 기상 요인에 대한 분석들의 결과값은 일반적인 이용자 관점에서는 이해할 수 있는 대상도 아닐 뿐더러 관심대상도 아니다. 그들에게 의미가 있고 직관적으로 이해되는 계산·변환·가공된 수치를 지표로 만들어 제공하는 것이 훨씬 가치 있다.

### 가. 지표의 기본 구조

이 지표는 추출한 인사이트를 커뮤니케이션에 활용하는 단계에서도 유용한 개념이지만, 분석할 때에도 유용하게 사용되는 개념이다. 예를 들어 A, B, C 사이의 관계를 하나 도출했고, 이것을 기반으로 D, E, F 사이의 관계를 살펴보는 데에 활용해야 한다고 하자. 앞서 도출한 관계를 무언가 하나의 지표로 축약해 표현하면 다른 관계를 살펴보기 위한 기준으로 삼기가 훨씬 편해진다.

지표는 기존 값들을 어떤 함수식에 적용한 결과값이다. 앞의 예에서 A, B, C 요인의 영향력의 전체 곱이 중요한 의미를 지닌다면, 새로운 지표 X 는 X = A × B × C라는 함수식으로 도출될 수 있다. 만약 A와 B의 차이를 C의 크기로 나눈 것이 의미 있는 지표라면, 이 지표는 X = abs(A, B)[63] / C와 같은 함수식으로 도출된다.

### 나. 지표 활용 시 주의점

지표는 원본 데이터에 추가되는 새로운 데이터이지만 지표를 구성하는 다른 원본 데이터에서 비롯된 것이기 때문에 그들과 강력한 인과관계를 맺고 있는 특수한 성격의 데이터다. 따라서 다음과 같은 점들을 주의해야 한다.

- 지표의 단위를 잘 살펴보아야 한다. 앞의 예에서 X = A × B × C 의 관계에서 나온 지표 X는 A, B, C 각각의 단위를 모두 곱한 단위를 갖는다. 만약 A, B, C가 모두 길이인 미터(m) 단위라면 X는 부피인 $m^3$를 단위로 갖는 셈이다. 만약 X = abs(A, B) / C였다면 X의 단위는 없다. 왜냐하면 abs(A, B)의 단위는 여전히 m이지만, 이것을 m이 단위인 C로 나누었기 때문이다. 지표 단위는 지표가 현실적으로 어떤 의미를 지니는지 명확하게 보여주며, 결국 단위를 해석하면 지표가 무슨 의미인지 알 수 있게 된다.
- 지표를 시각화 도구에 적용할 때에도 역시 지표의 단위가 시각화 도구의 표현 공간 상에 다른 데이터들과 함께 적절하게 표현될 수 있는지 체크해야 하며, 척도와 관련된 문제는 없는지도 살펴보아야 한다.
- 지표를 통계적 분석 도구로 분석해볼 때에는 같이 적용하는 다른 변수들이 이 지표와 어떤 관계에 있는지 반드시 검토한 다음에 적용해야 한다. 지표를 만들어 낸 변수들과 지표가 통계적 모델을 만드는 데에 같이 들어간다면 모델의 설명력이 과대 평가될 수 있다. 이런 경우 요인분석(factor analysis)을 해보면 이 지표가 지표를 만든 다른 요인들과 상당 부분 설명력이 겹친다는 것을 확인할 수 있다.

63) abs(a, b)는 보통 두 값 a, b 사이의 차이, 즉 큰 값에서 작은 값을 뺀 두 값 사이의 거리를 도출하는 함수를 의미하며, 항상 양의 값을 가진다.

### 사례 적용 6

사례 적용 4에서 만들어낸 탐색범위인 [표 V-1-7]을 토대로 탐색과 분석을 거치다 보면, 상품 구매 패턴이 상품의 할인가에 철저하게 연동돼 움직이기 보다는 무언가 다른 요인이 있는 패턴으로 보일 수 있다.

과연 무엇이 당일 할인 숙박권의 구매 동기가 될까? 같은 10만 원 최저 할인가 상품들이더라도 원래 정상가가 더 높은 고급 상품은 할인폭도 더 크기 때문에 상대적으로 더 구매 동기를 자극하지 않을까?

이런 의문을 해소하기 위해 '할인율'이라는 지표를 만들어 볼 수 있다. 즉 할인가를 정상가로 나눈 값을 백분율화한 새로운 지표다. 지표를 구성하는 할인가, 정상가는 단위가 '원'이지만 새로 만든 지표인 할인율의 단위는 없다. '원'을 '원'으로 나누었기 때문이다. 할인율을 새로운 지표로 생성한 다음에 차원이나 측정값에 넣어 여러 가지 탐색과 분석을 다시 해보며 유의미한 패턴을 찾아내면 된다.

# 제4절 활용(3단계)

## 1. 내부에서 적용

찾아낸 통찰은 여러 가지 형태로 활용해 볼 수 있으며, 활용하는 과정에서 그와 연결된 새로운 통찰을 찾아내거나 기존 통찰의 부족한 점을 보완할 수 있다. 이 때문에 활용 과정이 빠져 있는 통찰은 사실상 검증이 안 된 불완전한 통찰이라고 볼 수 있다.

통찰은 어떤 식으로든 내부적으로 적용해 볼 수 있다. 내부에 적용한다는 의미는 개인이 되었건 조직이 되었건 얻어낸 통찰을 실행으로 옮기는 것이다. 통찰에 대한 필요성을 고려해 보면 다음과 같은 적용들이 가능하다.

- 기존 문제 해결 방식이나 설명 모델의 수정
- 새로운 문제 해결 방식의 도입
- 새롭게 발견한 가능성에 대한 구체적인 탐색과 발전

통찰의 성격에 따라 위 세 가지 적용 방법들의 구체적인 형태가 결정된다. 어떤 원리를 설명하는 모델의 설명력을 훨씬 강화하는 새로운 변인을 추가하거나 관련된 상수값을 보정할 수도 있고, 그동안 놓쳤던 서비스 개선 요소나 신규 수익을 창출하는 모델을 발견해 실행에 옮겨볼 수도 있다. 어떤 상황이 되면 어떤 결과가 도출될 확률이 높기 때문에 미리 준비해야 한다는 패턴이 도출됐다고 하자. 이것을 통해 그 상황이 발생하는지 여부를 모니터링하는 조기 경보 체계를 구축할 수도 있다.

통찰은 보통 형체는 없지만, 그렇기 때문에 통찰을 도출한 시점부터 더욱 시각화할 필요가 있다. 수학적 모델이든, 비즈니스 모델이든 모든 관계는 도식화해 그림으로 표현할 수 있다. 실행 과정 내내 시각화한 결과물을 항상 확인할 수 있도록 배치할 경우, 구체적으로 나아갈 방향에 대한 강한 동기부여가 된다. 가훈·교훈을 걸어두거나 시간표나 조직도 같은 것을 벽에 붙여놓는 것과 마찬가지다. 이것이 바로 시각화의 힘이다.

자료로부터 뽑아낸 통찰을 활용해 실행에 옮길 때는 그 자료가 실행과 관련된 현실적인 여건을 충분히 반영했는지 다시 한 번 검토해야 한다. 데이터를 살펴보는 과정에서 가장 흔히 저지르는 실수는 데이터에 매몰되는 것이다. 데이터는 현실 세계의 반영이지만, 현실 세계를 하나의 관점으로 잘라낸 단면과 같은 결과물이기 때문에 현실의 다양한 여건을 충분히 반영하려면 다양한 각도의 데이터가 필요하다. 하지만 이런 데이터를 모두 구하는 것은 쉬운 일은 아니다. 따라서 데이터를 살펴보는 과정에 수시로 데이터의 원천인 실세계를 돌아보면서 반영이 덜 된 부분들이 무엇인지, 비현실적인 전제가 무엇인지 체크해야 한다. 관계의 탐색에서도 데이터를 잘라보고, 달리보고, 내려다보고, 올려다보는 것이 중요했지만 이 같은 기법을 데이터와 현실 세계 사이에서도 적용해야 한다.

## 2. 외부에 대한 설명·설득과 시각화 도구

통찰을 내부에 적용하는 과정의 상당 부분은 외부와의 커뮤니케이션을 필요로 한다. 개인의 생활 방식을 바꾸는 통찰이나 개인 연구에 적용하는 통찰이라면 굳이 다른 사람과의 대화가 필요가 없지만, 혼자서 만들어 낸 것이라도 다른 사람들에게 알려야 할 상황들이 많다. 게다가 대부분의 일은 혼자가 아니라 여럿이 만들어 가기 때문에, 발견한 통찰을 관련된 사람들에게 설명하거나 설득하는 과정은 항상 필요하다.

우선 설명을 짚어보자. 설명은 잘 모르는 것에 대한 이해를 돕는 커뮤니케이션 기법이다. 처음 접해보는 생소한 개념, 사실, 정보를 쉽게 받아들이기 위해서 일단 쉽고 간결하게 정리해야 한다. 찾아낸 통찰을 간략히 정리해 명제 형태로 전달하면 간결할 수는 있지만, 전달받는 입장에서는 그 문장이 의미하는 것을 머리 속에 떠올리기 위해 쉽지 않은 과정을 필요로 할 수도 있다. 그러기에 설명에 있어서도 시각화한 그림이나 그래프를 활용하면 효과적이다.

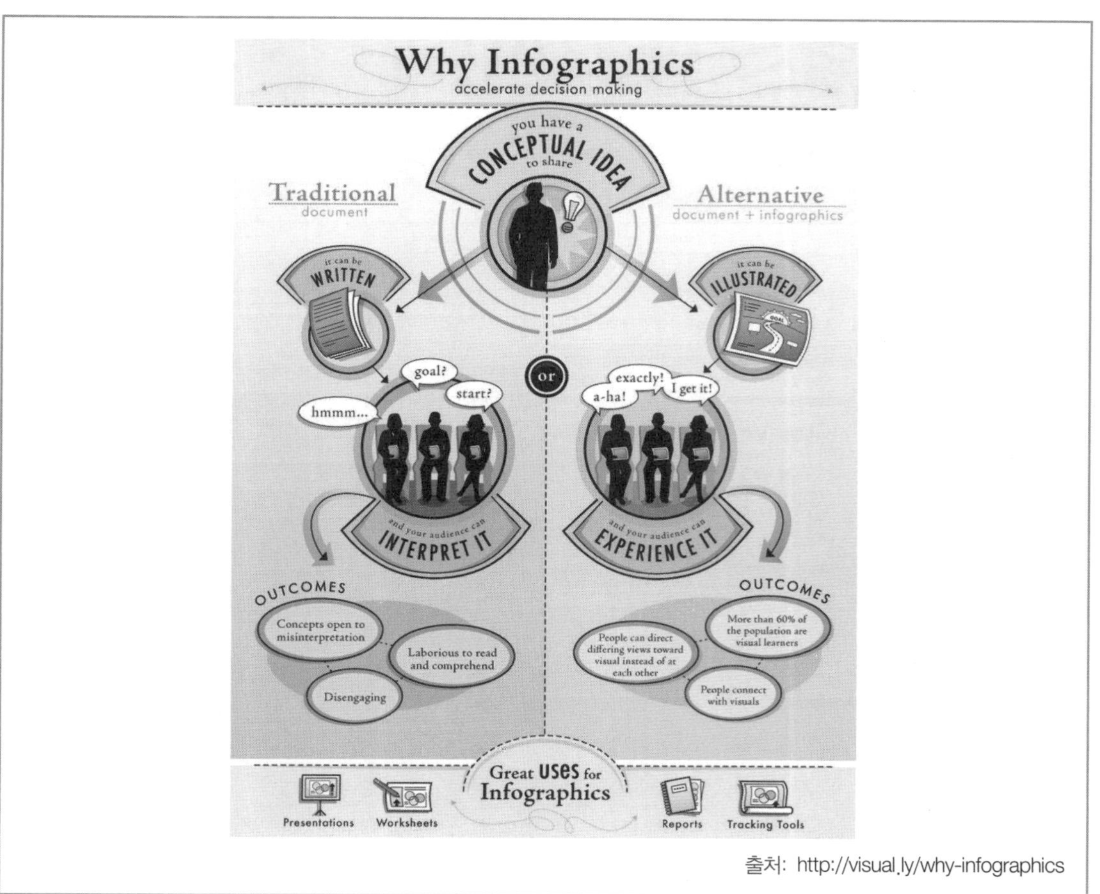


출처: http://visual.ly/why-infographics

[그림 V-1-20] 추상적인 콘셉트를 시각화해 직관적으로 보여주는 인포그래픽

앞에서 비정형 데이터인 텍스트 데이터를 탐색하는 방법으로 [그림 V-1-13]과 같은 워들을 살펴보았다. 미국 헌법에 많이 등장한 단어들에 가중치를 부여해 시각적으로 표현한 것을 만약 [그림 V-1-21]과 같이 변형해 전달하면 어떨까? 이 두 그림의 차이는 무엇일까?

출처: http://spencespace.blogspot.kr/2012_05_01_archive.html

**[그림 V-1-21] 미국 헌법을 워들로 표현한 인포그래픽**

[그림 V-1-21]에서는 워들을 미국 지도 디자인틀에 맞춰넣었다. '미국'이라는 메시지를 감성적으로 강화하는 효과적인 디자인이다. 확실히 [그림 V-1-13]과 달리 무엇에 대해 이야기하고자 하는 것인지 명확하다. 물론 제목을 통해 설명할 수도 있지만, 결과물 전체를 아우르는 디자인으로 마감하는 것과는 느낌의 생생함에서 완전히 다르다.

어떤 통찰을 설명하는 그림을 만들어내려면 그 자체가 부담스러운 일이 될 수도 있지만, 시각화 인사이트 프로세스는 그 과정에서 여러 가지 시각적인 결과물이 부수적으로 생산되기 때문에 추후 이 프로세스를 통해 도출된 통찰을 설명할 때, 해당 시각화 자료를 바로 이용할 수 있다. 한편 설명하려는 것과 그것을 도와주는 시각적인 도구가 유기적인 연결고리를 갖지 않고 겉도는 경우도 종종 있다. 시각화 인사이트 프로세스는 이러한 문제점이 없는 결과물들을 생산하므로 설명에 적용할 때에도 적극적으로 사용할 수 있다.

설득을 하는 경우는 설명에 비해 좀 더 강력한 상호작용이 필요하다. 설명은 정보를 이해하기 쉽게 전달하면 그만이지만, 설득은 정보의 전달뿐만 아니라 자신의 의도를 상대방이 공감하고 그에 따라 행동하도록 해야 하기 때문이다. 따라서 설득은 설명에 비해 좀 더 강한 인과관계와 감성적 요소를 갖고 있어야 한다. 그렇게 하려면 상대방의 이성과 감성에 적절하게 호소해야만 한다.

시각화 인사이트 프로세스를 거치면서 만들어낸 통찰과 시각화 자료들은 결국 관계를 찾아내는 데에 집중됐기 때문에 이성적인 부분에 호소하는 것에 활용하는 데 적절하다. 하지만, 감성적인 측면에 호소하는 것은 또 다른 문제다. 이때에는 사람의 마음을 움직이는 디자인(design)이 시각화 도구로서 중요한 역할을 한다. 2장에서 구체적으로 설명할 정보 디자인이나 인포그래픽과 같은 개념과 도구를 활용하는 것이 효과적이다.

인간은 자신이 직접 어떤 대상을 조작하면서 이해하는 과정을 거칠 때 대상에 친밀감을 느끼고 보다 더 몰입해 잘 이해하는 특성을 갖고 있다. 설명이나 설득을 할 때에도 일방적인 메시지 전달이 아니라 직접 조작하면서 메시지를 받아들이는 인터랙티브 인포그래픽과 정보 디자인을 시각화 도구로 이용하면 효과를 높일 수 있다.

출처: http://www.onehourpersecond.com/

**[그림 V-1-22] 유튜브의 '1초에 1시간' 캠페인 사이트**

[그림 V-1-22]와 같은 간단한 조작이 들어가는 모션 인포그래픽 외에 수용자 측면에서 보다 구체적인 조작을 통해 전달된 정보와 통찰의 구조를 이해하게 만드는 인터랙티브 인포그래픽도 점점 많이 보급되고 있다.

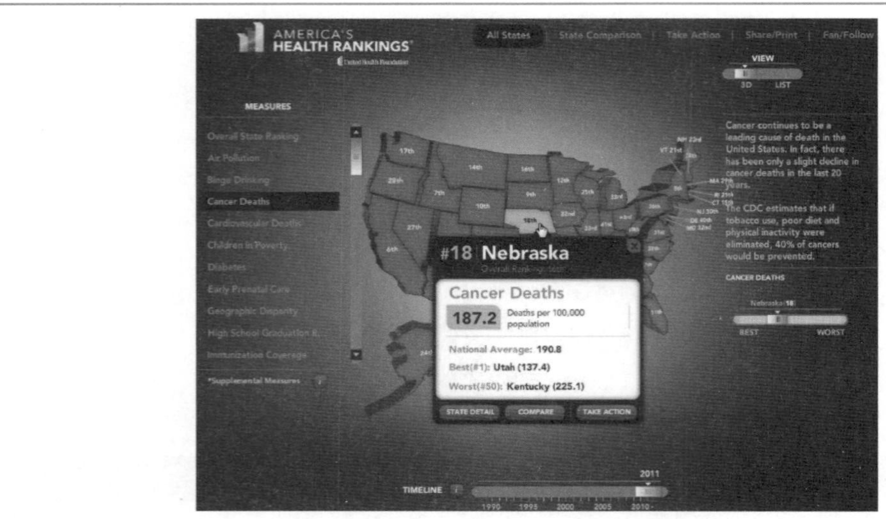


출처: http://statehealthstats.americashealthrankings.org/

[그림 V-1-23] 미국의 건강 지표 사이트

[그림 V-1-23]은 미국의 주별로 암 사망률, 공기 오염도, 당뇨병 환자, 실업률, 고지방율 등 수십 가지의 다양한 건강 관련 지표들을 인터랙티브하게 볼 수 있는 인포그래픽이다. 통계 조회 시스템을 인포그래픽화한 것인데, 보려는 지표를 왼쪽 목록에서 선택하고 주를 선택하면 그에 대한 구체적인 설명을 볼 수 있다.

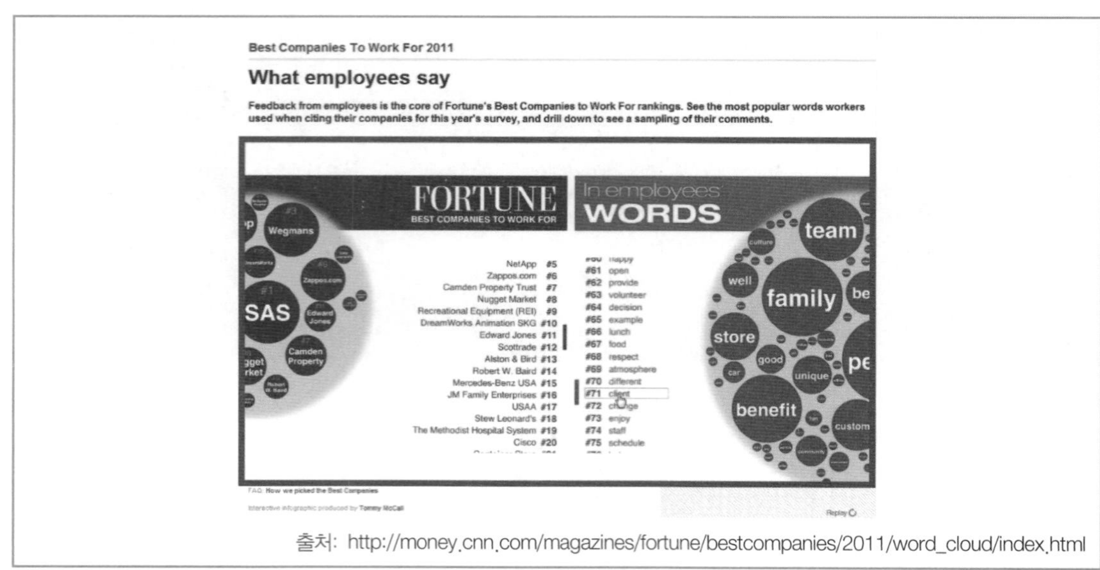


출처: http://money.cnn.com/magazines/fortune/bestcompanies/2011/word_cloud/index.html

[그림 V-1-24] What employees say

[그림 V-1-24]는 'CNN Money'에서 사용된 인터랙티브 인포그래픽으로서, 해당 회사 직원들의 피드백을 통해 「포춘」이 선정한 일하기 좋은 기업 25개와 각 기업 직원들의 피드백에 들어 있던 핵심 단어들을 보여주고 있다. 회사의 원을 클릭하면 그 회사의 핵심 키워드를 볼 수 있고, 키워드 원을 클릭하면 해당 키워드가 나온 구체적 문장 집합들도 볼 수 있다

이러한 인터랙티브 인포그래픽들은 앞에서 관계를 탐색할 때 활용했던 잘라보고 달리보기와 내려다보고 올려다보기와 같은 조작을 통해, 메시지 생산자가 정해 놓은 범위 안에서 메시지 수용자가 정보를 구체적으로 이해할 수 있게 한다. 생산자가 원천 데이터를 탐색할 때에는 여러 가지 가능성을 열어두고 살펴보지만, 어떤 통찰을 추출해 낸 다음에는 그것을 효과적으로 전달할 수 있는 범위와 시각으로 제한해 수용자가 탐색할 수 있게 하는 것이다.

이처럼 시각화 도구는 시각화 인사이트 프로세스 전반에 걸쳐서 일관성과 통일성을 갖고 활용될 수 있으며, 그렇기 때문에 더더욱 탐색 단계에서부터 시각화를 염두에 두는 것이 효과적이다.

## 3. 인사이트의 발전과 확장

인사이트는 꼬리에 꼬리를 무는 것과 같다. 작고한 애플(Apple)의 전 CEO 스티브 잡스(Steve Jobs)가 스탠포드대학의 졸업축하 연설에서 'Connect the dots'라고 말한 것과 일맥상통한다. 통찰은 혼자서 골방에 앉아 면벽수행을 한다고 새롭게 창조해 얻어낼 수 있는 것이 아니다. 이미 존재하는 다양한 자료와 정보를 접하고 그들 사이의 관계를 살펴보는 과정에서 튀어나온다.

시각화 인사이트 프로세스를 통해 얻어낸 통찰 역시 내부에서 적용하고 외부와 소통해 피드백을 받는 과정을 거치면서, 새로운 통찰을 얻어낼 수 있는 기회를 발견하거나 기존의 추출 과정에서 놓치고 있었거나 잘못 적용했던 것들을 체크할 수 있다. 무엇이든지 경험이 가장 중요한 자산이다. 도출한 인사이트를 활용함으로써 더욱 발전시키고 확장할 수 있는 방법들을 살펴보자.

### 가. 탑다운 vs. 보텀업

새로운 대상에 대해 처음으로 무언가를 살펴볼 때에는 아무 것도 모르는 것을 전제로 하고 밑바닥에서부터 다양한 가능성들을 찾아보는 보텀업(bottom up) 방식을 택하는 것이 적절하다. 보텀업 방식으로 탐색해 몇 가지 의미 있는 것들을 파악해 낸 이후에는, 그것을 적용하는 과정에서 추가로 얻어낸 정보들을 토대로 탑다운(Top Down) 방식으로 검증하고자 하는 명제들을 명확하게 검증해 가는 것이 효과적이다.

예를 들어 유방암에 관련된 데이터들을 다양하게 탐색하다가 30대 여성의 유방암 발병률과 어떤 음식 섭취량 사이에 비례하는 상관관계 및 분석을 통해 그 관계의 구체적인 모델을 발견했다고 하자. 나이와 음식이라는 요소로 범위가 좁혀졌기 때문에 이를 토대로 음식의 구성 성분이나 조리 과정과 같이 음식에 집중해 파고 들어가는 보텀업 방식의 연구를 이어서 해볼 만하다. 명확하게 살펴볼 관점이 정해졌기 때문에 조리 방식을 다르게 바꿔보거나 해당 음식에 들어간 재료를 하나씩 변경해 보거나 하면서 결과를 살펴보면 된다. A 음식이 상관관계가 있다는 것조차 모르는 상황에서는 처음부터 이렇게 탑다운 방식으로 접근할 수는 없다.

### 나. 2차 잘라보기·달리보기, 내려다보기·올려다보기

인사이트를 적용하면서 중점적으로 체크해야 할 것은 기존에 통찰을 도출한 데이터의 현실성 및 분석에서 활용한 모델들의 적정성이다. 탐색과 분석 과정에서도 데이터에 함몰되는 위험을 피하기 위해 수시로 현실적인 요인들을 체크하고 데이터를 보는 범위와 각도를 다양하게 변화를 줄 필요가 있으며, 그 방법으로 잘라보기·달리보기와 내려다보기·올려다보기를 소개했다.

얻어낸 통찰을 실세계에서 활용한 뒤에는 기존의 인사이트 프로세스에서 살펴본 차원들에 대해 추가적인 정보를 얻어낼 수 있으며, 기존에는 눈치채지 못했던 차원 간의 관계나 제대로 이해하지 못했던 것들을 알게 될 가능성이 있다. 다시 한 번 잘라보기·달리보기와 내려다보기·올려다보기를 해야 한다. 시도해보지 않았던 차원들 간의 조합이나 특정 차원을 특정 값으로 고정해 살펴보면서 인사이트를 고도화하고 확장할 수 있다.

### 다. 실시간 vs. 비실시간

보통은 일정 기간 누적된 기존의 데이터를 살펴보면서 인사이트를 도출하는 경우가 많다. 그런데 도출된 결과를 적용한 다음에 그것이 어떤 효과를 가져왔는지를 검증하기 위해서는 적용 후 데이터를 다시 뽑아내어 적용 전의 데이터와 비교해야 한다. 서비스를 운영하거나 마케팅 캠페인 같이 시간을 두고 지속적으로 액션을 취하며 그 결과에 따라 다음 액션을 조정하는 경우에도 이러한 데이터 비교와 통찰 추출을 반복적으로 해야 한다. 이 반복 주기에 따라 실시간으로 탐색하고 분석할 수 있는 환경을 구축하는 것이 나은지, 아니면 비실시간이라도 주기적으로 새로운 데이터를 축적해 살펴볼 수 있는 환경을 구축하는 것이 나은지를 결정하고 진행하는 작업이 필요하다.

데이터가 크면 클수록 실시간으로 살펴보는 것은 어려워진다. 이동통신사가 확보하고 있는 고객들의 통신망 사용 데이터같이 정말 빅데이터(Big Data)라고 할 만한 대용량 데이터는 일반적인 접근방법으로는 특정 조건 하에 몇 명이 망에 접속했는지 살펴보는 것과 같은 단순한 탐색을 하는 데에만도 몇 일에서 몇 주가 소요되기도 한다. 이런 상황이면 실시간으로 무얼 해보겠다는 방향 자체가 무의미하다. 빅데이터 분석에서 좋은 성능을 낼 수 있는 하둡(Hadoop) 기반의 솔루션으로 데이터 처리 환경을 재구축했다고 하더라도 기존의 일반적인 관계형 데이터베이스에서 하던 것처럼 다양한 탐색 도구와 고차원적인 분석 함수를 마음대로 적용할 수 있는 회사는 구글 등 전 세계에서 손에 꼽을 수 있는 정도다.

결국 데이터가 많을수록 실시간으로 처리할 수 있는 탐색과 분석의 수준은 낮으며, 데이터가 그렇게 많지 않더라도 데이터에 접속한 상태에서 현재의 실시간 데이터를 마음대로 슬라이스·다이스하고 드릴다운과 리버스드릴다운을 할 수 있는 구조를 갖추는 것은 꽤 리소스가 투입되는 일이다. 앞에서 잠시 소개한 OLAP 접근방법을 토대로 Tableau와 같이 뛰어난 데이터 시각화 도구들이 점점 늘어나고 있기 때문에 접근성이 개선되고 있으나, 정말 실시간으로 처리해야 하는 이슈인지에 대해서는 정확하게 비용 분석을 해보아야 한다.

변화의 경향을 주기적으로 살펴보는 것이라면, 굳이 실시간으로 처리하는 환경을 구축할 필요는 없다. 필요한 상황에 따라 작게는 일 단위, 크게는 월 단위로 처리해도 문제가 안 되는 경우들이 많다. 정말 실시간으로 처리해야 하는 것은 주로 긴급한 위기상황을 처리하기 위한 모니터링 및 경보 시스템의 경우이며, 이럴 때는 이어서 설명할 지표 운영에 중점을 두어야 한다. 이런 류의 시스템에서도 시각화가 굉장히 유용한데, 단적인 예가 [그림 V-1-25]와 같은 고속도로의 사고 및 정체 현황 표시판이다. 또한 큰 규모의 시스템을 운영하는 기업들은 현재 시스템 리소스 상황이나 실시간으로 체크해야 할 요소들을 대형 모니터에 뿌려서 확인하곤 하는데 문제가 발생한 요소들을 눈에 띄는 색깔로 크게 표시하는 것이 일반적이다.

**[그림 V-1-25] 도로 정체현황 표시판**

## 라. 지표의 운영

제3절 분석에서 살펴본 것처럼 지표(indicator)는 관계를 하나의 수치로 표현해 분석에 활용할 수 있는 형태로 전환한 것이다. 관계는 보통 여러 차원과 측정값 사이의 패턴을 말해주기 때문에 지표를 활용한다는 것은 여러 가지 관계를 다 살펴보는 부담을 덜어준다. 몇 가지 지표만 집중해 봐도 다양한 관계들을 통해 나타나는 전체적인 흐름을 알 수 있다.

이러한 장점 때문에 현장에서 통찰을 적용할 때에는 매번 여러 관계들을 다 살펴볼 필요 없이 지표 몇 개만 집중해서 지켜보고, 이런 지표들로 구성된 보고서를 공유하는 경우가 많다. 인사이트 프로세스에서 추출한 지표 중심으로 운영할 경우 문제점도 발생할 수 있다. 환산된 값을 중심으로 보다 보니 정작 어떤 변화요인이 발생해 지표 흐름에 영향을 미쳤는지 찾아내기가 어려워진다.

또한 지표를 운영하는 사람이 해당 지표와 관련된 인사이트 프로세스를 직접 실행한 사람이라면 괴리감이 적겠지만, 조직의 상황에 따라 철저하게 분리 운영되는 경우도 있기 때문에, 운영자 관점에서는 지표의 변동이 어떤 의미를 갖는지 잘 이해가 안되고 느낌이 안 오는 경우들이 있다.

따라서 지표를 운영할 때에는 이러한 지표의 장점과 단점에 대해 명확하게 이해하고 방향을 조정할 수 있는 사람이 전체적으로 지표를 운영하면서 인사이트의 발전과 확장 효율성을 높일 수 있는 방향으로 끌고 가는 것이 바람직하다.

### 마. 추가 데이터에 대한 필요성

뽑아낸 인사이트를 활용하다 보면 추가 데이터에 대한 욕구가 생긴다. 제2절에서 설명한 데이터의 구성원리에 따라 프로세스 초기부터 추가 데이터가 필요할 수 있지만, 보통은 기존에는 살펴볼 생각도 하지 못했던 관계들이 어떤 데이터를 통해 파악될 수 있을 것 같은 느낌이 들 때가 있다. 이때가 바로 추가 데이터가 필요한 시점이다.

자신이 직접 데이터를 생산·축적할 수 있는 상황이라면 그렇게 하면 되지만, 조직이 클수록 업무가 세분화되면서 통찰·추출 담당자와 데이터 운영 담당자는 보통 서로 다른 사람일 수 있다. 그런데 데이터를 운영하는 사람의 입장에서는 관리할 데이터가 추가되는 것이 항상 바람직하지만은 않을 수 있다. 결국 설득의 이슈가 발생한다.

기존의 인사이트를 발전·확장시키는 새로운 인사이트 프로세스에 추가 데이터를 반영할 계획이라면 일단 그 데이터가 정말로 필요한지(어떤 부가가치를 제공하는지), 어떻게 사용할 것인지를 명확하게 짚어보아야 한다. 데이터를 추가할 담당자를 설득하는 데에도 필요한 내용이지만, 이 질문에 대해 자신도 충분히 납득할 만한 답이 있어야 한다. 그렇지 않으면 설사 데이터가 주어졌다고 하더라도 작업할 자신조차 제대로 쓰지 못하는 상황에 처할 수 있기 때문이다.

### 바. 시각화의 오류

시각화는 관계를 찾아내는 데에 큰 도움을 주는 효과적인 도구이지만, 사용 시각화 도구의 장단점과 적용 구조를 제대로 이해하지 못하고 쓰면 치명적인 독이 될 수도 있다. 척도에 대해 충분히 이해하지 못한 채로 데이터를 평면이나 공간에 펼쳐 놓으면 의미 있는 패턴을 놓칠 수도 있다. 값을 어떻게 묶느냐에 따라 같은 시각화 도구에서도 완전히 다른 모양의 패턴이 나올 수도 있다. 여러 가지 형태로 묶어보지 않고 한 가지만 했을 때, 엉뚱한 답을 도출할 위험이 존재한다.

한편 사람의 시각이 물리적인 자극에 대해 있는 그대로 정확하게 받아들이지 못하는 경우가 있다. 눈의 착각(Optical Illusions)이 대표적인 사례다. 탐색이나 분석 도구 중에서 눈의 착각에 빠질 위험이 큰 것들이 있는데, 일단 3차원 공간에서 무언가를 표시할 경우에는 원근감 때문에 잘못된 해석을 할 수 있다. 크기나 색상이 다양하게 나타내는 요소들이 중첩적으로 들어가는 경우 의도하지 않게 잘못 해석할 수 있다.

인포그래픽과 같은 시각화 도구로 대상자를 설명·설득하는 경우에는 여러 가지 디자인 요소가 결합되기 때문에 시각화 오류가 발생할 여지가 크다. 심지어 전달 메시지를 강조하기 위해 의도적으로 오류를 유도하는 경우도 있다. 이는 오류를 피해야 할 대상으로 보는 것과는 완전히 반대의 상황인데, 단순히 옳다 그르다의 문제로 판단할 수 없기 때문에 여러 관점에서 신중하게 고려해야 한다.

## 사. 사람의 문제

제4절에서는 통찰을 활용하면서 발전·확장시키는 데에 있어서 현실적으로 발생하는 여러 문제와 고려해야 할 사항들에 대해 살펴보았다. 제2·3절에서는 거대한 데이터와 자료 속에서 통찰을 어떻게 추출할 수 있는지 단계적으로 접근방법을 소개했다. 이 내용을 토대로 시각화 인사이트 프로세스를 적용해 보는 연습을 하다 보면 데이터를 어떤 식으로 대하고 어떻게 인사이트를 도출할 수 있을지에 대한 '감'이 잡힐 수 있다.

하지만 이런 작업을 하는 주체 자체가 기계가 아닌 사람이기 때문에 결국은 세부적인 방식과 도출된 결과물의 질과 방향 등에 있어서 개인차가 발생할 수밖에 없는 것이 통찰의 영역이다. 사람에 따라 볼 수 있는 것과 보고 싶은 것도 다르고 오차에 대한 내성도 다르기 때문이다. 통찰을 실제로 활용하고 운영하는 과정에서 고려해야 하는 여러 요소 중에서 사람에 대한 요소가 많은 이유도 이 때문이다.

글로벌 시장 전문 분석 기관인 가트너(Gartner)를 따르면 2015년 말까지 세계적으로 전체 산업에서 빅데이터 관련 인력 수요는 440만 명에 이를 전망이지만, 이 수요의 33% 정도에 해당하는 인력만 채워질 것이라고 한다. 이 수요를 채우는 인력은 데이터 시각화 전문 예술가와 디자이너 외에 데이터를 관리·분석하는 영역의 비즈니스 전문가와 기존의 전통적인 접근 방식과는 다른 시각을 활용해 빅데이터로부터 가치를 추출할 수 있는 전문가라고 한다.[64)]

데이터 분석과 시각화, 해당 비즈니스 영역에 대한 전문성이 핵심 요소이지만, 특히 눈여겨보아야 할 것은 '전통적인 접근방식과는 다른 시각'이다. 새로운 가치와 통찰은 서로 다른 것들을 연결하는 것에서 태어난다는 것을 주목해야 한다. 결국은 사람의 문제다.

64) "Gartner Reveals Top Predictions for IT Organizations and Users for 2013 and Beyond", Gartner, 2012/10/24, http://www.gartner.com/newsroom/id/2211115, 2013/12/19 - 접속일

## 사례 적용 7

당일 할인 숙박권 판매 서비스를 계속 운영하다보니 한 번 구매한 이용자의 두 번째 구매 이후부터의 구매 패턴과 최초 구매 이용자의 구매 패턴에서 꽤 차이가 난다는 느낌이 들었다. 이것은 이용자들의 댓글들을 보다가 몇몇 이용자들에 대해 직접 결제내역을 확인하면서 얻은, 아직은 충분히 검증되지 않은 인사이트였다.

자, 이런 경우는 어떻게 해야 할까? 당연히 이 가정을 증명할 수 있는 데이터를 구성해 패턴 차이를 비교해 보아야 한다. 우선, 두 번 이상 구매한 고객과 최초 구매 고객 집단을 분리해야 한다. 그런데 기존의 구조에서는 회원제를 전제로 한 분석 서비스가 아니었다. 이것이 첫 번째 난관이다. 일단 상품 결제 시 입력해야 하는 이름과 전화번호, 이메일 주소의 조합을 토대로 최대한 개별 이용자를 구분하는 작업을 한다. 이 구분값을 토대로 결제 내역 데이터에서 두 번 이상 결제한 고객과 그렇지 않은 고객을 별도의 필드에 값을 매겨서 집단을 나눈다. 이왕이면 더 자세한 분석을 할 수 있도록 고객별 구매 횟수를 기록해 둔다.

이제 구매 횟수를 하나의 차원으로 설정하고 다른 차원에는 호텔등급, 지역, 시간 등등 여러 가지 가능한 조합들을 넣어 보고, 측정값에는 호텔 이름을 두어 이용한 호텔 개수를 비교해 보든가, 건별 결제금액을 두어 평균 결제금액의 분포를 비교해 보든가 하면 된다. 총 결제금액은 이용 횟수가 늘어날수록 커지기 때문에 조심해 살펴봐야 한다.

이렇게 비주얼 인사이트 프로세스를 또 거치고 나니 분명히 상품 구매 횟수에 따라 로열티가 형성되고 로열티에 따라 어떻게 다른 구매 패턴이 나타나는지를 인사이트로 찾아냈다고 하자. 그렇다면 이제는 그 인사이트를 매출 확대를 위해 활용할 차례다.

먼저 회원가입 베이스로 서비스 구조 및 로그 데이터 구조를 업그레이드해야 한다. 그 다음에는 찾아낸 패턴을 이용해 회원에 따라 상품 배치 개선, 이벤트 진행, 기타 제공할 차별적인 요소에 대해 전략적인 의사결정을 해야 한다. 당연히 이 과정을 진행하는 데에도 반복적인 인사이트 프로세스가 필요하다.

이런 과정들을 거치면서 당일할인 숙박권 판매 서비스에 대한 포괄적인 인사이트를 쌓게 될 것이다. 이것이 시각화 인사이트 프로세스의 힘이다.

# 장 요약

### 제1절 시각화 인사이트 프로세스의 의미

인사이트(통찰)는 '데이터, 정보, 지식, 사람을 이해하고, 그들 사이의 관계를 파악해 지혜를 도출하는 일련의 과정과 그 결과물'이다. 인사이트는 무에서 창조되거나 추상적인 것만이 아니며 구체적이고 실체를 갖고 있는 현상들에 기반을 두기 때문에 시각화의 도움을 받아 도출할 수 있다. 이 도출 절차가 시각화 인사이트 프로세스이며, 탐색, 분석, 활용의 순환 구조를 갖는다.

### 제2절 탐색(1단계)

탐색 단계에서 가장 먼저 해야 할 것은 차원, 측정값 기반의 데이터 명세화와 데이터 구성원리의 이해를 통해 사용 가능한 데이터를 정확하게 이해하는 것이다. 이후 데이터 안에서의 연결 고리를 찾고 탐색 범위를 설정해야 한다. 이렇게 준비가 되면, 여러 가지 시각화 기법들과 잘라보고 달리보기, 내려다보고, 올려다보기, 척도 조정 등의 기법을 통해 데이터 안에서의 관계를 찾아낸다.

### 제3절 분석(2단계)

분석은 탐색을 통해 1차적으로 찾아낸 관계들을 좀 더 구체적이고 수치적으로 살펴보면서 의미 있는 관계를 수치적인 모델이나 특정 값으로 표현해 내는 과정이다. 관계 탐색만으로도 인사이트를 추출할 수 있지만 2차 탐색 및 지표의 생성과 활용을 기반으로 수치 분석을 할 필요도 생긴다. 분석 목표에 따라 적절한 통계적 기법들을 활용해야 하며, 이들 상당수도 인터랙티브 그래프와 같은 시각화 도구를 통해 보다 쉽게 활용할 수 있다.

### 제4절 활용(3단계)

찾아낸 통찰은 여러 가지 형태로 활용해 볼 수 있으며, 활용하는 과정에서 그와 연결된 새로운 통찰을 찾아내거나 기존 통찰의 부족한 점을 보완할 수 있다. 통찰을 활용하는 과정에서 설명 및 설득을 하는 상황이 종종 발생하는데, 이때도 인포그래픽과 같은 시각화 도구를 이용하는 것이 효과적이다. 인사이트를 발전시키고 확장하기 위해서는 여러 가지 현실적인 부분들을 고려해야 하는데, 특히 새로운 가치와 통찰은 서로 다른 것들을 연결하는 것에서 태어난다는 것을 주목해야 한다. 결국은 사람의 문제다

# 연습문제

**문제 1. 시각적 이해의 위계 구도 상에서 인간의 경험이 본격적으로 개입되는 단계는 무엇인가?**

① 데이터
② 정보
③ 지식
④ 지혜

**문제 2. 시각화 인사이트 프로세스에 대한 다음 설명 중 틀린 것 두 개는 무엇인가?**

① 통찰을 얻기 위해 살펴봐야 할 대상은 외부와 내부(사람)의 두 가지다.
② 지혜는 개인화된 지식이다.
③ 분석 단계에서는 그래프를 이용하지 않고 수치분석 기법을 사용한다.
④ 통찰의 활용에는 프레젠테이션도 포함된다.

**문제 3. 다음 데이터 예시 중 간편한 조작으로 계층형 구조를 만들 수 없는 것은 무엇인가?**

① 경위도 데이터
② YYYY-MM-DD
③ 행정구역 데이터
④ 일반 텍스트 데이터

**문제 4. 데이터를 명세화하기 위한 개념과 관계가 없는 것은 무엇인가?**

① 데이터형
② 로그 데이터
③ 클래스
④ 메소드

**문제 5. 공간 데이터의 처리와 직접적인 관계가 없는 것 두 개는 무엇인가?**

① 코로플레스 지도
② 지오코딩
③ 워들
④ vlookup 함수

**문제 6. 시간에 따른 다차원 데이터의 변화를 직관적으로 살펴볼 수 있는 기법은 무엇인가?**

① 트리맵
② 모션차트
③ 산포도
④ 피벗테이블

**문제 7. 결과에 영향을 미치는 요인들 사이의 관계와 핵심 요인을 선별하는 통계적 분석기법 두 개는 무엇인가?**

① 요인분석
② 상관분석
③ 판별분석
④ 주성분 분석

**문제 8. 분석 및 지표에 대한 다음 설명 중 맞는 것 두 개는 무엇인가?**

① 빅데이터 분석에서는 표본 데이터에 기반한 분석 모델링이 중요하다.
② 결정 계수는 모델의 설명력을 의미한다.
③ 원본 데이터에서 여러 지표를 잘 추출하여 모델에 많이 반영할수록 설명력이 유의미하게 커진다.
④ 지표간의 설명력에 대한 효과는 요인분석을 통해서 확인해볼 수 있다.

**문제 9. 통찰을 활용하는 다음 방법들 중 다른 세 개와 성격이 다른 하나는 무엇인가?**

① 조기 경보 체계의 구축
② 설명력을 강화하는 변인의 추가
③ 설명과 설득을 위한 스토리텔링 콘텐츠 제작
④ 기존 모델에 대한 전면적인 재검토

**문제 10. 인사이트의 발전과 확장에 대한 다음 설명들 중 틀린 것은 무엇인가?**

① 범위와 관점이 잘 정해지지 않았을 때에는 보텀업 방식의 접근이 탑다운보다 낫다.
② 인사이트는 결국은 사람의 문제로 귀결된다.
③ 지표의 단점은 지표만 보다보면 지표의 변화에 영향을 미치는 요인을 쉽게 찾을 수 없다는 것이다.
④ 빅데이터 환경에서는 실시간으로 복잡한 분석을 하는 것이 바람직하다.

**학습목표**

- 데이터 시각화 개념에 대한 이해
- 데이터 시각화 프로세스 이해
- 데이터 시각화 방법 이해
- 데이터 시각화 활용 방법 이해

# 제2장

# 시각화 디자인

### 장 소개

데이터의 시각화가 무엇이고 어떻게 이뤄지는지를 알아보고, 이를 위한 시각화 방법을 배우는 것을 목표로 한다. 시각화가 데이터에서 어떻게 적용될 수 있는가를 파악하기 위해 데이터 시각화와 정보 디자인 관점에서 시각화 분야의 이론을 습득한다. 이 과정을 통해 정보 디자인 프로세스를 이해한다. 다양한 시각화 사례를 통해 시각화 방법을 구체적으로 이해해 빅데이터 시각화에 어떻게 응용할 수 있는지를 학습할 수 있다.

# 제1절 시각화의 정의

## 1. 데이터 시각화의 중요성

현대 사회에서 정보는 곧 권력이다. 수많은 정보가 범람하는 현재, 이 정보 중에서 필요한 자료를 효율적으로 찾아내어 정리하는 방식은 필수가 됐다. 오늘날 서류나 문서에 도표와 그래프를 삽입하는 것은 아주 자연스러운 일이며, 복잡한 자료를 얼마나 쉬운 방식으로 보여줄까를 놓고 사람들은 고민한다. 또한 디지털의 확산으로 규모를 가늠할 수 없을 정도로 많은 정보가 생산되는 '빅데이터(Big Data)' 환경이 도래하며 엄청나게 쌓여가는 데이터 홍수 속에서 어떻게 우리 삶과 사회, 인류에게 의미 있는 정보와 가치들을 얻어내 미래 사회로 갈 것인가가 새로운 화두가 되고 있다. 빅데이터의 가장 큰 특징은 텍스트와 이미지가 비정형성을 갖고 있음이다. 또한 규모뿐만 아니라, 빠르게 전파되기 때문에 중요한 패턴을 찾기가 쉽지 않은 특징을 갖고 있다. 아울러 유용한 정보의 증가만큼 불필요한 정보도 급증하고 있어 방대한 데이터 속에서 의미를 찾아내고 분석하는 일이 중요해졌다. 구글의 수석 경제학자인 할 배리언(Hal Varian)이 '앞으로 10년 간 가장 중요한 능력은 데이터를 얻는 능력, 처리하는 능력, 가치를 뽑아내는 능력, 시각화하는 능력, 전달하는 능력이 될 것'이라고 말한 것도 이와 맥락을 같이 한다. 따라서 각종 분야에서의 방대하고 복잡한 정보량을 의미하는 빅데이터는 기존의 단순 선형적 구조의 방식으로는 설명하기가 힘들다.

이를 해결하기 위한 한 방법으로 최근 주목받는 것이 '데이터 시각화(Data Visualization)'다. 데이터 시각화는 말 그대로 매우 광범위하게 분산된 방대한 양의 자료를 분석해 한눈에 볼 수 있도록 도표나 차트 등으로 정리하는 것을 말한다. 빅데이터를 잘 처리해 기업에게 필요한 정보를 얼마나 신속하게 얻어내느냐는 이제 기업의 핵심 경쟁력 중 하나로 손꼽히고 있다. 방대한 빅데이터 안에서 통찰력을 얻으려면 시각화한 서비스가 필요하다. 따라서 시각화는 곧바로 통찰력을 부여할 수 있는 수단인 동시에 빅데이터 경쟁력을 좌우하는 요소가 될 수 있다. 빅데이터를 바탕으로 한 시각화는 빠른 의사 결정을 내릴 수 있게 해주는 수단이다. 즉, 정보화 시대에 얼마나 민감하게 필요한 정보를 얻어내고 이를 적절하게 활용하느냐가 기업의 사활을 결정할 만큼 중요한 이슈가 됐다. 데이터 시각화는 중요한 빅데이터 활용을 위한 전처리 단계라고 볼 수 있다.

데이터 시각화는 보통 두 가지 목적을 갖고 있다. 데이터 분석과 의사소통이 그것이다. 우리의 삶과 생활을 둘러싼 방대한 양의 자료에는 중요한 스토리가 존재한다. 데이터 시각화는 이러한 스토리를 발견하고 이해하는 데 강력한 도구로서 역할을 한다. 데이터 시각화를 통해 자료로부터 얻은 스토리를 이해하고, 이를 다른 사람과 공유함으로써 그 스토리를 함께 발전시켜 나갈 수 있다.

데이터를 시각화함으로써 얻을 수 있는 효과는 다양하다. 가장 중요한 효과는 자료로부터 정보를 습득하는 시간 절감이다. 이에 따라 즉각적인 상황 판단이 가능하다. 이러한 관점에서, 시시각각 변하는 기업환경에 대응해 기업 경영자들이 중요한 의사결정을 할 때 데이터 시각화 기법은 매우 매력적인 도구로 작용하게 된다. 이외에도 데이터 시각화는 자료를 습득하는 사람들의 흥미를 유발하고 정보의 빠른 확산을 도운다. 데이터를 시각화하면 자료를 기억하기도 쉽다. 기억효과는 인간의 두뇌와 밀접하게 연관된 것으로 알려졌다.

인간의 두뇌는 좌우측으로 나뉘어 있고 이 둘은 기능면에서 중요한 차이점을 지닌다. 좌뇌가 언어를 관장한다면 우뇌는 이미지를 관장한다. 데이터를 시각화함으로써 이러한 두 가지 상반되는 좌뇌와 우뇌의 기능을 통합할 수 있고, 이에 따라 두뇌의 역량을 최대로 발휘하고 기억능력을 향상시킬 수 있다.

그럼에도 아직 국내에서는 빅데이터의 시각화의 방향이 '데이터 시각화'보다는 '인포그래픽'으로 총칭되는 경향이 있다. 따라서 본 절에서는 '시각 이해의 위계'를 통해 보다 양자를 명확하게 정의할 필요가 있다. 이해라는 관점에서의 데이터, 정보, 지식, 지혜의 위계(位階)를 파악함으로써 '데이터 시각화'와 '인포그래픽스'의 차이점을 보다 명확하게 살펴보고, 나아가 빅데이터를 시각화하는 효과적인 방안을 제시하고자 한다.

## 2. 시각 이해와 시각화

[그림 V-2-1]은 시각화의 대가 데이비드 맥캔들레스(David McCandless)가 1990년 스테판 투씰(G. Stephen Tuthill)이 3M사에서 개발한 '데이터 위계 모델(Data Hierarchy Model)'을 기초로 그린 '시각 이해의 위계(Hierarchy Of Visual Understanding)'다. 데이터에서 정보로, 지식으로, 지혜로 계층을 이루는 구조에서 데이터는 '시각화(Visualization)'를, 정보는 '디자인(Design)'을, 지식은 '매핑(Mapping)'을, 지혜는 '정의되지 않은 것'으로 각각 표시하고 있다. '정보를 전달해 이해시킨다'는 측면에서 각각의 이해를 구축하고 있는 요소를 살펴보면 다음과 같다.

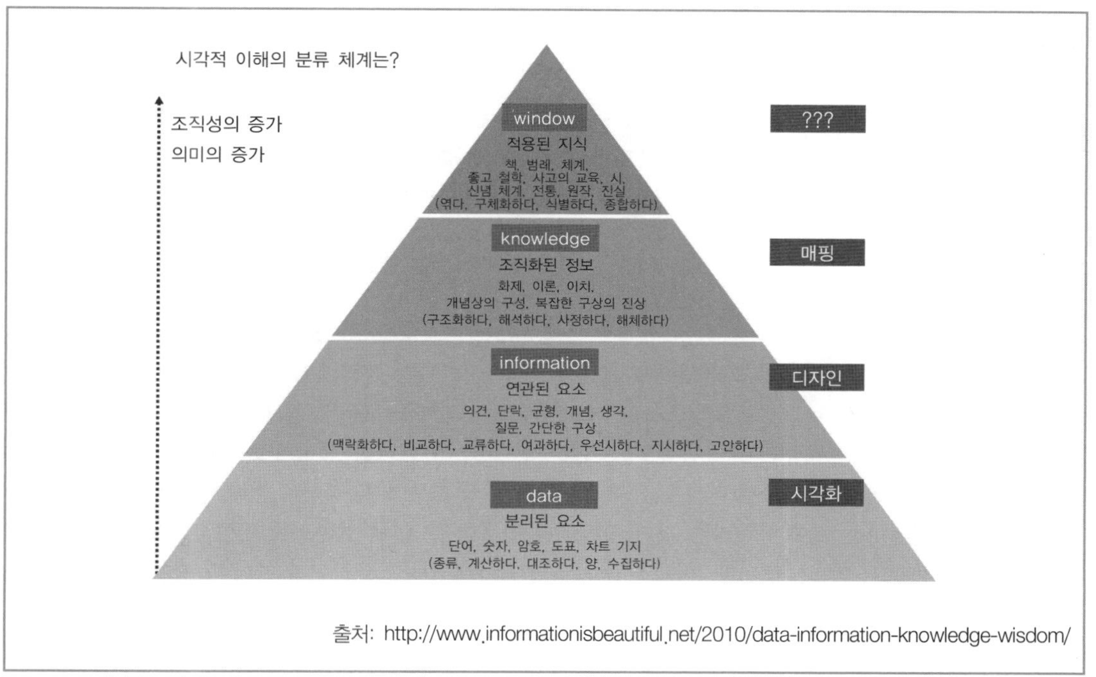


출처: http://www.informationisbeautiful.net/2010/data-information-knowledge-wisdom/

**[그림 V-2-1] 맥캔들레스가 그린 시각적 이해의 위계**

## 가. 데이터

'데이터(data)'의 사전적 의미는 재료 또는 자료, 논거를 뜻하는 데이텀의 복수형으로 일반적으로 결론을 내리는 데 근거가 되는 사실이나 참고 자료이며, 정보와 혼용하기도 하고 미디어에 저장된 형태를 일컫는다. 넓은 의미로는 데이터는 연구나 조사·발견·수집의 결과인 일종의 기초 자료로서, 정보를 만들기 위한 원자재와 같은 것이라고 정의할 수 있다. 데이터는 정보 자체가 아니므로 정보로서의 가치가 부족하며, 데이터를 만들어 낸 생산자에게는 유용할 수 있으나 사용자에게 의미를 전달하기에는 적절하지 않을 수 있다. 또한 가공되지 않고 의미를 갖지 않은 상태의 개체로서, 데이터 디자인이라는 표현을 쓰지 않는 것에서 알 수 있듯이 데이터가 분석의 대상이 될 수도 있어도 그 자체가 우리가 디자인하려는 대상은 아니다. 예를 들어 효율적인 정보 전달에서는 데이터를 직접 보여 주지 않는데, 그 이유는 불완전하고 비연속적이며 완전한 메시지가 아니므로 정보 전달 측면에서 가치가 없기 때문이다.

## 나. 정보

정보(information)는 데이터와 달리 그 자체만으로 의미가 있다. 따라서 정보는 생산자와 사용자의 관점에 따라 다르게 전달될 수 있으며, 나름대로의 형태와 형식을 갖고 있다. 또한 정보는 서로 다른 데이터 간의 관계와 일정한 패턴을 가시화시킴으로써 정보를 보는 사람에게 데이터가 내포하는 의미를 전달한다. 데이터가 정보로서 가치를 갖기 위해서는 조직화(organized)되고 변형(transformed)돼야 하며, 의미를 전달하기 위한 형태로 표현돼야 한다. 데이터와 정보를 더 명확하게 구분하려면 정보 생산과 활용 과정에서 전체적인 맥락(global context)을 고려해야만 한다. 콘텍스트가 없으면 정보가 존재할 수 없기 때문이다. 따라서 콘텍스트는 데이터의 환경과 관계될 뿐 아니라 그것이 어디에서 왔는지, 왜 소통돼야 하는지, 어떻게 배열되는지, 이해하는 사람의 태도와 환경이 무엇인지를 설명하는 중요한 요소가 된다. 정보는 사용의 주체나 상황에 따라 의미와 가치가 다르기 때문에 정보가 생산되고 사용되는 콘텍스트가 중요하다. 하지만 정보는 생산자와 소비자의 두 영역에 모두 포함되면서도 자기 조직화(Self Organized)되지 않은 일반적인 의미만을 내재하고 있다.

## 다. 지식

정보가 다른 영역의 데이터들로부터 조직화해 발생했다면 지식(knowledge)은 다른 영역의 정보가 자기 조직화해 획득할 수 있는 것이라고 설명할 수 있다. 지식은 또 특정 영역에서 경험을 통해 정보를 통합한 형태라고 할 수 있다. 지식이 국소 맥락(Local Context)의 영역에 속하는 것을 보아도 알 수 있다. 따라서 지식은 인간이 생활을 영위하면서 인위적으로 습득하는 고도의 논리적 상식이자, 정보의 상위 개념이며 모든 경험의 산물이다. 경험을 통해 다른 관점과 방법으로 해석 가능하며, 경험을 통해 형성된 지식은 특정한 세부 사항만을 설명하는 것이 아니라 다양한 상황에서 적용할 수 있게 일반화한 것이다. 스토리는 지식을 전달하는 데 가장 효과적인 방법이다. 따라서 정보의 조직화에서도 스토리텔링 개념이 중요하게 적용된다. 좋은 스토리는 섬세하게 묘사되는 풍부한 세부성과 경험을 제공하는 서사성이 있고 다양한 해석을 허락한다. 상대를 보면서 이야기하는 스토리는 듣는 사람의 흥미와 경험에 따라 변화하고 정보를 더욱 개인적 수준으로 만들게 된다.

### 라. 지혜

지혜는 고차원 방법으로 우리가 사용하기에 충분하고도 이상적인 패턴을 이해하는 정보의 최종 단계라 볼 수 있다. 정보가 특정 영역에서의 경험에 의해 촉진돼 자기맥락을 갖게 될 때 지식이 되며, 이런 지식은 자기 내면화가 돼서 개인적 맥락(Personal Context) 안에 포함될 때 지혜가 된다. 지혜는 자기 내면화한 지식으로 명시적인 언어로 상대방에게 전달하기 어렵다. 지혜는 어떤 의미에서는 메타지식(meta-knowledge)이라고 할 수 있으며, 경험을 통해 얻게 되는 과정 속에서 만들어진다. 따라서 지혜는 개인적 이해의 수준에 따라 결정되는 것으로 도달하기 어려운 단계이며, 정보와 지식의 개인화에 의해 생성되며, 인위적으로 전달하거나 공유할 수 있는 것이 아니다. 지혜는 다른 단계들보다 훨씬 추상적이고 철학적인 단계에 속한다.

이해의 편의를 위해 나단 쉐드로프(Nathan Shedroff)가 제시한 정보 인터랙션 디자인(Information Interaction Design: A Unified Field Theory of Design)을 살펴보면, 종합적으로 데이터·정보·지식·지혜의 관계에 대해 명확하게 개념을 설명하고 있다[그림 Ⅴ-2-2 참고].

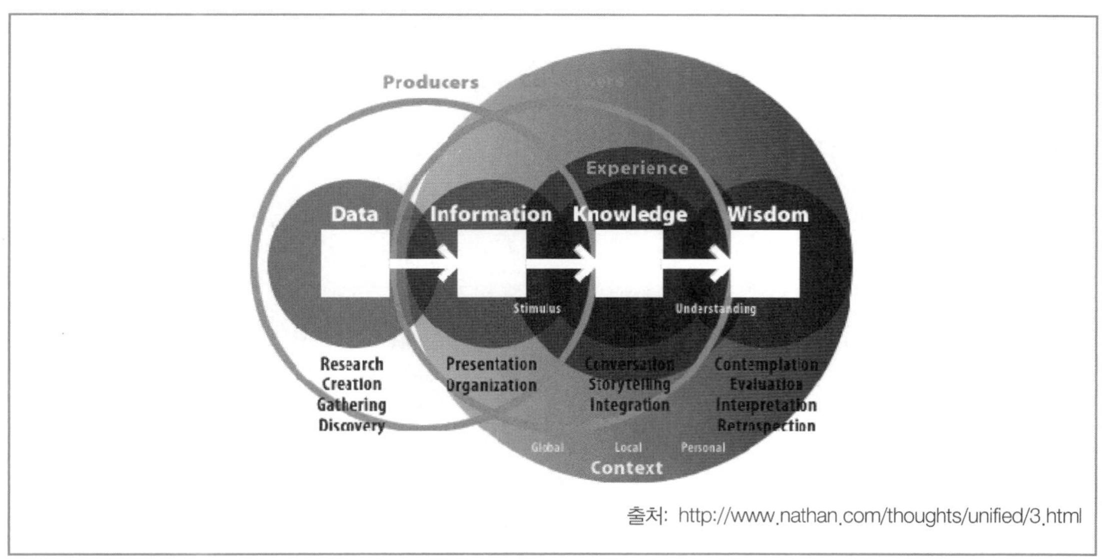


**[그림 Ⅴ-2-2] 정보 인터랙션 디자인**

[그림 Ⅴ-2-2]에서는 데이터, 정보, 지식, 지혜의 단계에 따라 이들을 표현하는 방법을 다르게 설명하고 있다. 공급자(Producers)는 데이터와 정보의 단계에 속하고, 수용자(Consumers)는 정보와 지식의 단계에 속하는 것을 볼 수 있다. 또한 정보는 글로벌 콘텍스트에 있지만, 지식은 로컬 콘텍스트에 있는 것을 볼 수 있다. 지식으로 갈수록 경험에 기반한 스토리텔링이 중요해짐을 알 수 있다. 이러한 맥락에서 시각화의 방법도 각 단계에 따라 다르게 나타난다. 이후 설명하는 데이터 시각화, 정보 시각화, 정보 디자인, 인포그래픽스는 이러한 이해의 스펙트럼 안에 존재하는 각 요소들을 반영해 전달하는 것으로 이해하면 된다.

# 3. 시각화 분류와 구분

앞서 살펴본 '시각 이해의 계층'에서는 데이터, 정보, 지식, 지혜라는 계층별 시각화가 어느 정도 차이가 있음을 보여주었다. 다음에서는 이러한 차이에 기반해 데이터 시각화, 정보 시각화, 정보 디자인, 인포그래픽을 구분하고, 구체적으로 정의하고자 한다.

## 가. 데이터 시각화

우리가 일상에서 접하는 대부분은 정보가 아니고 데이터에 불과하므로 이를 가치 있게 하려면 데이터에 의미를 부여하고 조직화하고 변화시켜 제시해야 한다. 데이터 시각화(data visualization)란 데이터의 시각적 표현의 연구영역을 말하며, 이는 도식적 형태 안에 추상적으로 표현된, 속성(attributes)이나 변수(variables)를 가진 단위를 포함한 정보를 말한다. 데이터 시각화의 주요 목적은 그래픽 의미를 이용해 명확하고 효과적으로 정보를 커뮤니케이션하기 위함이다. 주로 원 데이터(raw data)를 갖고 아이디어를 효과적으로 전달하기 위해 퍼져 있거나 복잡한 데이터세트(data set)보다는 좀 더 직접적인 관점을 제공한다. 데이터 시각화에서는 미적 형태와 기능성 두 가지를 모두 가져가는 것으로, 대개 데이터들의 연결과 그룹핑을 표현하는 데 초점을 둔다. 데이터 시각화의 두 가지 관점은 통계적 그래픽(statistical graphics), 주제 지도학(thematic cartography)이다. 이러한 데이터 시각화 범위로는 마인드맵, 뉴스 표현, 데이터 표현, 관계들의 표현, 웹 사이트들의 표현, 기사와 리소스들, 툴과 서비스 등이 있다.

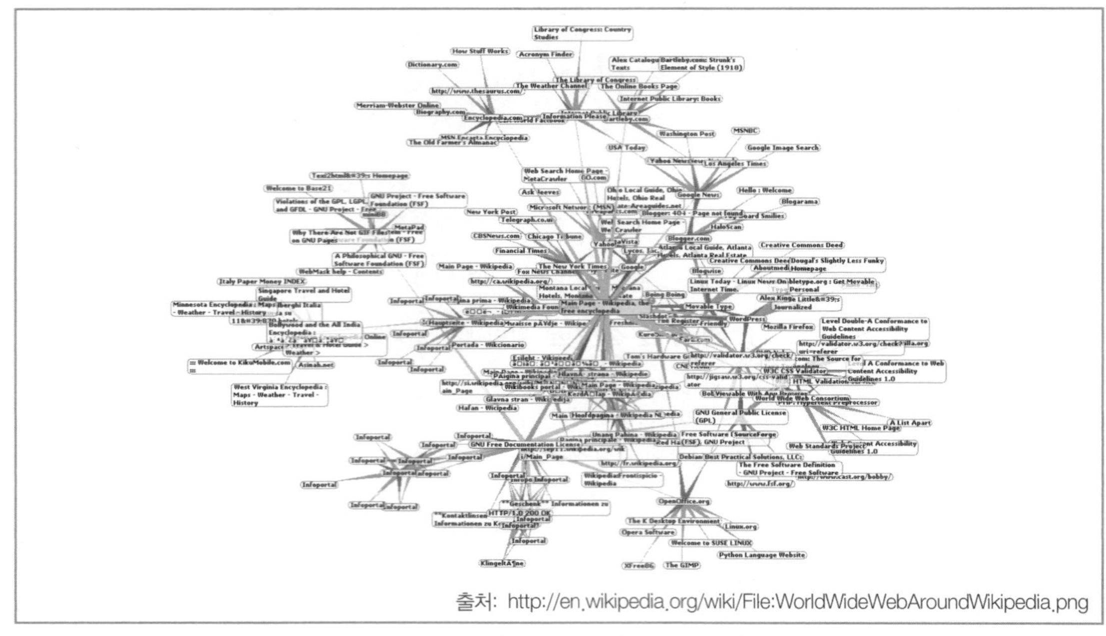


출처: http://en.wikipedia.org/wiki/File:WorldWideWebAroundWikipedia.png

[그림 V-2-3] 인터넷의 부분으로서 위키피디아의 데이터 시각화

## 나. 정보 시각화

정보 시각화(information visualization)란 소프트웨어 시스템, 라이브러리, 서지 데이터베이스에서 코드의 라인들과 파일 같은 비수치 정보, 인터넷의 네트워크 관계 등 큰 범위의 집합에 대한 시각적 표현방법의 간학문 연구영역이라 할 수 있다. 정보 시각화는 보통 대규모 비수량 정보를 시각적으로 표현하는 것이다. 방대한 양의 정보를 한 번에 사용자가 보고, 탐험하고, 이해하도록 시각적 표현방법과 인터랙션 기술을 이용해 추상적 정보를 직관적으로 전달하기 위한 접근방법 창조에 초점을 맞추고 있다. HCI(Human-Computer Interaction), 컴퓨터공학, 그래픽, 시각디자인, 심리학, 비즈니스 방법론 등의 연구영역으로부터 발전했으며, 과학적 연구·디지털 라이브러리·데이터 마이닝·금융 데이터 분석·시장조사·제품생산 컨트롤·약품개발 등에 적용되고 있다. 정보 시각화 분야는 데이터 시각화 분야보다 한 단계 더 정보 형태로 가공 과정을 거치며, 분기도·수지도·히트맵 등의 다양한 그래프를 통해 표현된다.

[그림 V-2-4]의 트리맵은 정보 시각화의 대표적인 사례로서 하버드-MIT 경제 복잡성의 전망대(The Observatory of Economic Complexity)가 개발했다. 이 프로젝트의 목표는 시각화를 도울 수 있는 새로운 툴을 개발하는 것과 거시경제 개발 의사결정과 관련된 상품의 공간과 같은 데이터의 거대한 양을 느낄 수 있도록 만드는 것이었다.

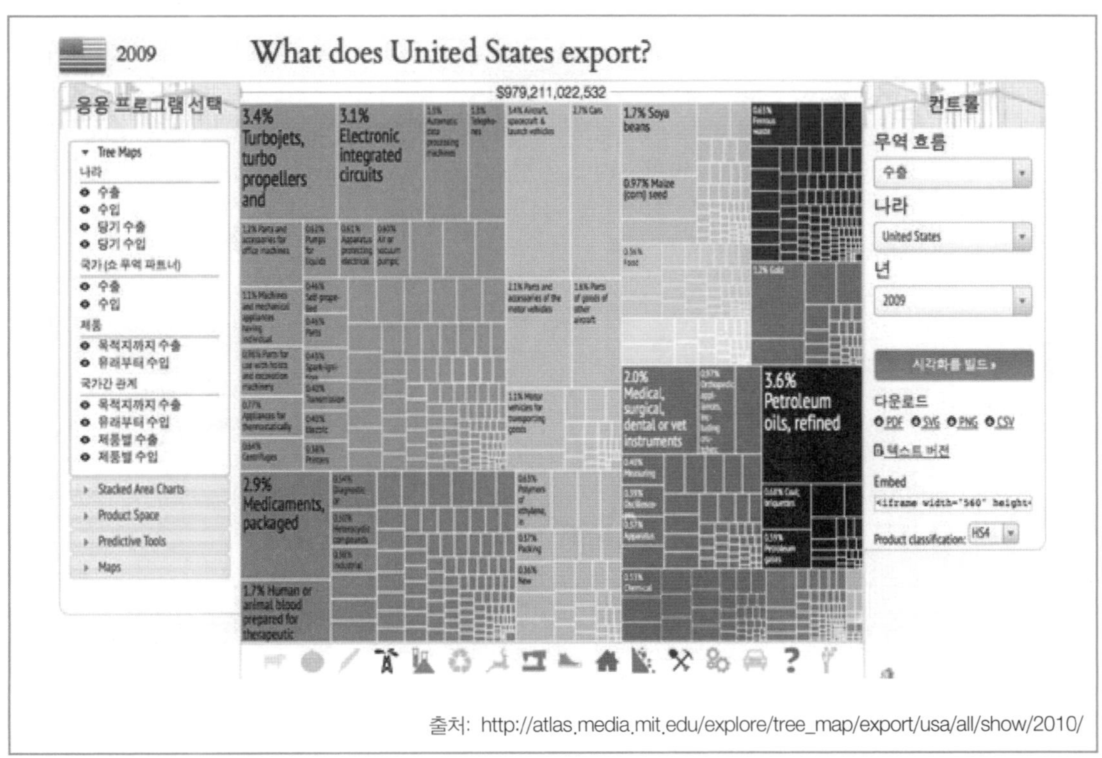


출처: http://atlas.media.mit.edu/explore/tree_map/export/usa/all/show/2010/

[그림 V-2-4] 트리맵: 경제 복잡성의 전망대

## 다. 정보 디자인

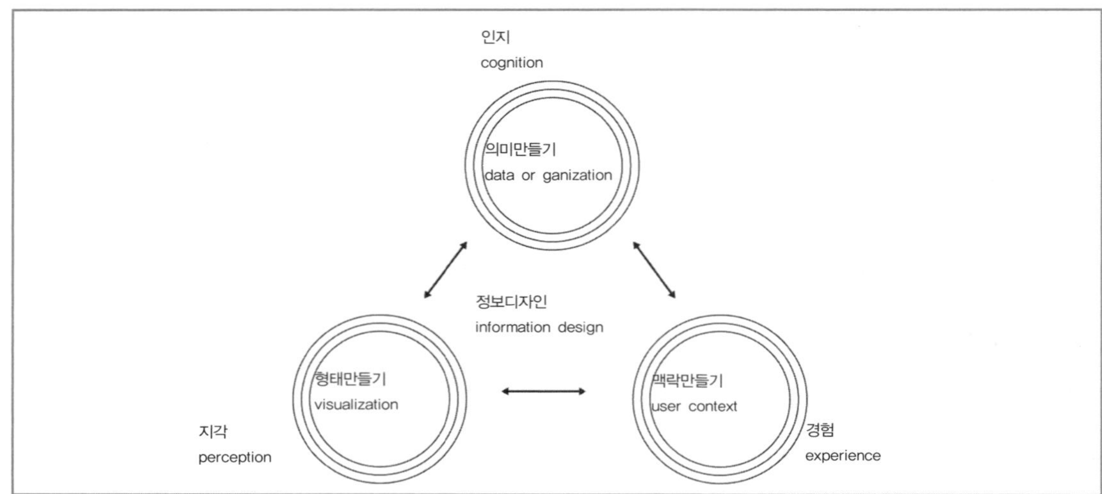


**[그림 V-2-5] 정보 디자인의 개념도**

정보 디자인(information design)은 사람이 사용할 수 있는 효과적인 정보와 복잡하고 구조적이지 않은 기술 데이터를 시각적으로 표현하는 방법으로, 보는 사람들이 좀 더 명확하게 의미를 이해할 수 있게 한다. 광범위한 의미로는 앞서 말한 데이터 시각화, 정보 시각화도 정보 디자인의 범위에 속하며, 정보·데이터 또는 지식 등 그래픽 정보 표현방법이 많이 적용되는 인포그래픽(information graphics, infographics) 역시 정보 디자인의 한 유형으로 볼 수 있다.

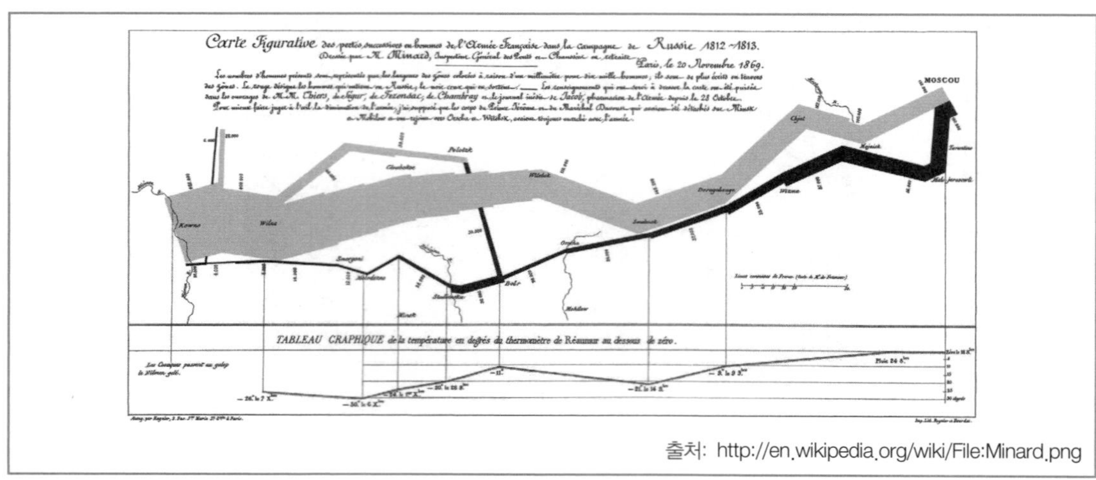


출처: http://en.wikipedia.org/wiki/File:Minard.png

**[그림 V-2-6] 나폴레옹 행군의 1861년 다이어그램**

[그림 V-2-6]은 지금까지 디자인된 정보그래픽 중에서 역사적으로 가장 의미 있는 것이다. 1861년 프랑스 공학자인 샤를 미나르(Charles Minard)가 제작한 이 다이어그램은, 1812년 나폴레옹군이 러시아제국 원정에서 완패하고 모스크바를 거쳐 프랑스로 복귀하는 과정에서 이동경로별로 그들이 겪은 추위, 병사들의 감소수를 한눈에 알아 볼 수 있게 만든 그래프다.

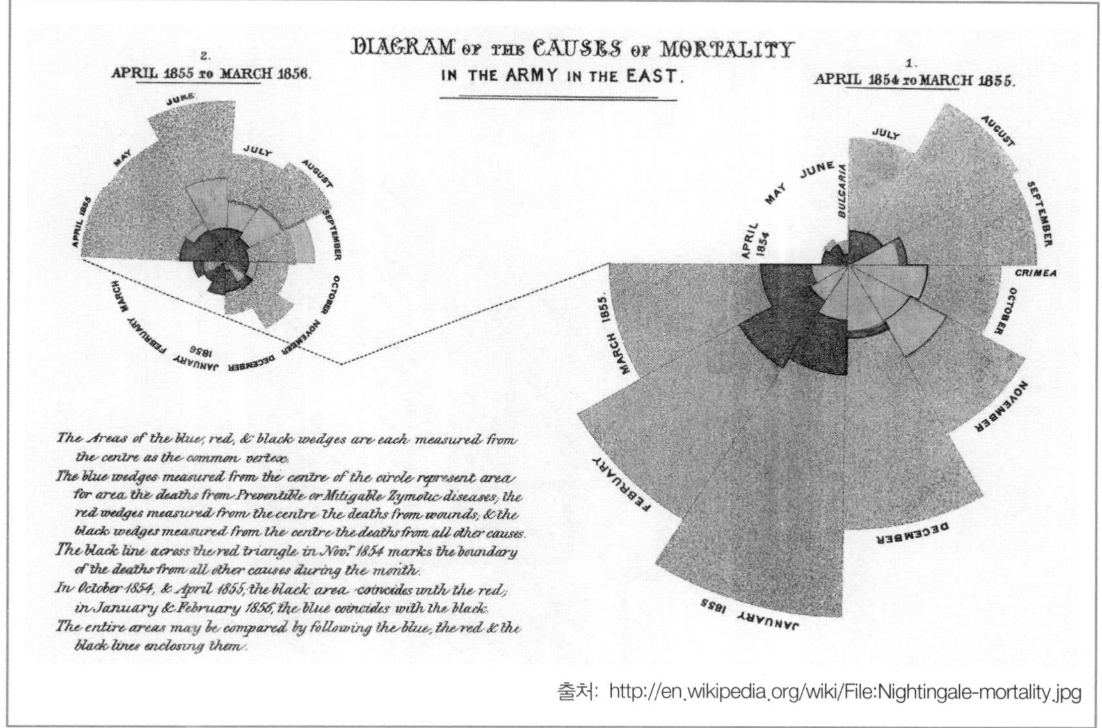


출처: http://en.wikipedia.org/wiki/File:Nightingale-mortality.jpg

**[그림 V-2-7] 나이팅게일의 폴라 지역 다이어그램**

[그림 V-2-7]의 다이어그램은 나이팅게일의 폴라그래프로, 18세기에 전쟁중인 영국의 간호사로 있던 나이팅게일이 전쟁터에서 사망하는 병사보다 열악한 위생환경 때문에 사망하는 병사가 더 많다는 사실을 깨닫고 이 폴라그래프를 고안해 정부를 설득하는 데 활용했다. 조각처럼 쪼개진 하나하나들은 각 월을 뜻하고, 초록빛으로 칠해진 부분은 예방할 수 있는 콜레라나 장티푸스같은 전염병으로 사망한 환자의 수, 중앙의 붉은색은 부분외상으로 사망한 사람의 수, 그 밖에 다른 원인으로 사망한 환자의 수는 검은색으로 표시해서 열악한 위생환경에 의한 전염병 사망자가 많다는 것을 보여주려고 했다.

## 라. 인포그래픽

정보디자인에서 메시지를 전달하고자 하는 측면에서 분석해 보면 대개 정보사용의 목적과 관점에 따라서 두 가지로 나누어 볼 수 있는데, 하나는 객관적인 정보를 전달하기 위해 '정보형 메시지'를 전달하기 위한 것이고, 다른 하나는 주장하는 바를 알리기 위한 '설득형 메시지'를 전달하는데 목적을 두는 것이라 볼 수 있다. [그림 V-2-8]은 대표적인 인포그래픽의 사례로 사이니지 시스템의 일종인 지하철 노선도이다. 실제 지형 지도를 왜곡하더라도 사람들이 보기 쉽도록 개념적으로 지하철 지도를 구현한 것이다. 이것은 '정보형 메시지'를 전달하기 위한 것으로 볼 수 있다.

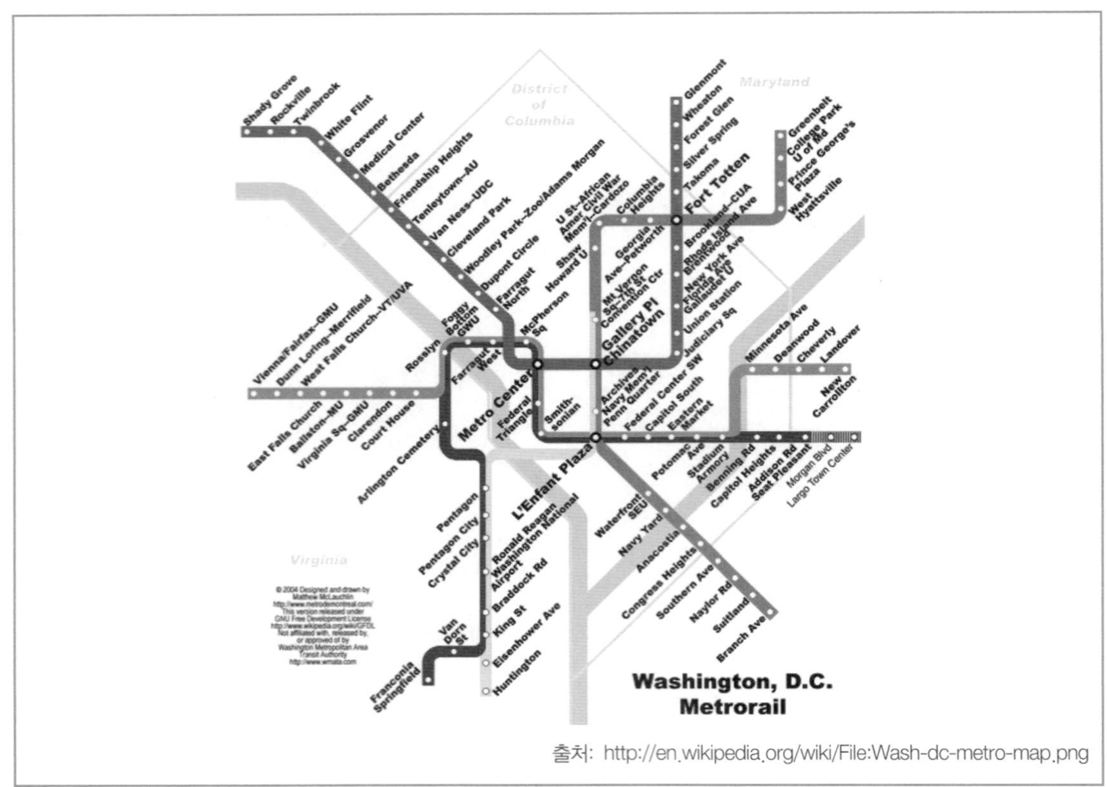

출처: http://en.wikipedia.org/wiki/File:Wash-dc-metro-map.png

[그림 V-2-8] 워싱턴 지하철 지도

[그림 V-2-9]는 인포그래픽의 대표적 사례로 가레스 홀트(Gareth Holt)가 디자인한 '사회 체제 묘사(Picturing social order)'를 꼽을 수 있다. 메시지 전달 측면에서 볼 때 이 인포그래픽에서는 정보를 전달하는데, 주력하기 보다는 시각적으로 강렬하게 주장하는 바를 전달하기 위한 설득적 메시지를 보내는데 주력하였다고 볼 수 있다. 각 사회 계층을 암시하는 옷을 가로로 재단하고 상하 계층별로 다시 연결해 한 벌의 셔츠로 표현한 이 그래픽은, 사회 계층별 분포 데이터를 극단적으로 함축해 시각화한 예다.

출처: http://flowingdata.com/2010/12/09/picturing-social-order/

**[그림 V-2-9] 순위: 1516년부터 2009년까지 사회 순서 가시화**

인포그래픽은 데이터 시각화와는 확연히 구별될 정도로 원데이터를 취급하지 않는다. 대신에 실용적으로 전달하기 위해 다양한 차트, 다이어그램, 일러스트레이션이 적극 사용된다. 인포그래픽의 그래픽들은 사인, 맵, 저널리즘, 테크니컬 라이팅, 교육과 같은 복잡한 정보를 빨리 명확하게 표현하기 위해 발전해 온 분야다.

## 4. 빅데이터 시각화 영역

위에 분석된 각 시각화 방법을 정보 디자인의 주요 목적인 메시지 전달 관점에서 종합해 보면 비슷한, 같은 범주 안의 많은 양의 데이터에 의미를 부여해 효율적으로 전달하기 위한 부분은 데이터 시각화라 할 수 있고, 정보 시각화는 큰 범주에 해당하는 정보를 시각화하는 것으로 볼 수 있다.

또한 정보 디자인은 인포그래픽을 포함해 데이터의 디테일을 나타내기보다는 그래픽을 적극적으로 이용해 시각 스토리텔링 형식의 설득형 메시지를 전달하는 것에 초점을 두고 있다.

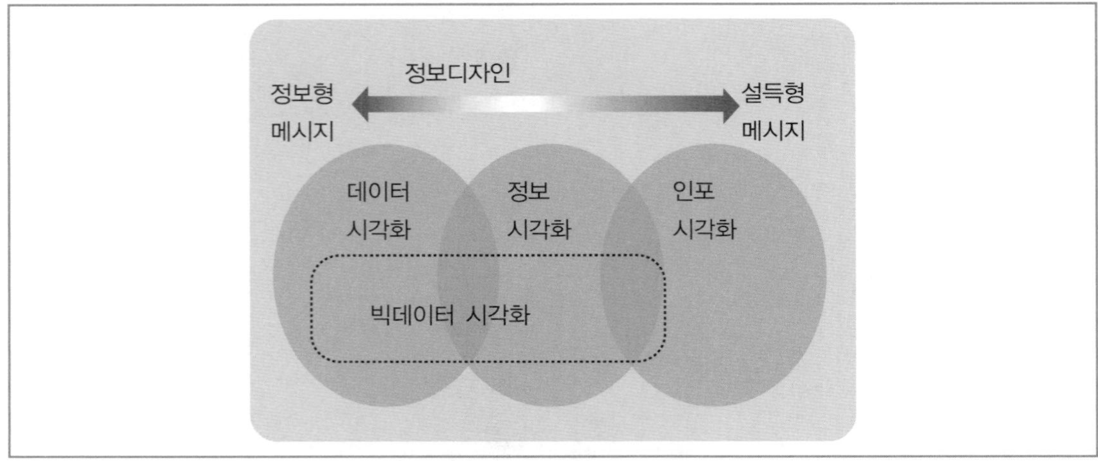


**[그림 V-2-10] 정보 디자인에서 빅데이터 시각화의 영역**

[그림 V-2-10]에서와 같이 시각화를 통해 정보형 메시지를 전달할 것인지, 설득형 메시지를 전달할 것인지에 따라 시각화 표현 범주가 달라지는 것을 볼 수 있다. 빅데이터 시각화는 데이터를 기반으로 객관적 표현에 더 초점을 맞추는 경우가 많으므로 데이터를 직접적으로 전달하는 기능성에 초점을 맞춘 정보형 메시지를 전달하기 위한 데이터 시각화 작업을 하는 경향이 강하다. 반면 데이터 자체보다는 데이터를 기초로 해석된 의미의 설득형 메시지를 전달하기 위한 경우에는 인포그래픽에 해당하는 결과물이 도출됨을 알 수 있다.

에드워드 터프티(Edward Tufte)는 정보 디자인에서 정보 자체의 전달성을 중시하는 정보 디자인 연구의 기초를 제시하고 있다. 정보 디자인에서 양적 정보 디자인은 데이터 시각화나 정보 시각화와 겹치면서 데이터를 객관적으로 어떤 것과 비교해 원인과 결과의 인과관계를 왜곡 없이 전달하는 데에 초점을 두고 있다. 상대적으로 인포그래픽은 양적 정보 디자인에 초점을 맞추기보다는 다양한 정보를 종합해 정보 디자인 의도에 따라 그래픽으로 전달하려는 경향이 강하다. 데이터 시각화나 인포그래픽 양자 모두 정보를 표현하는 수단에 의해 정보 메시지의 전달이 불확실해지면 안 되지만, 특히 양적 정보 디자인을 다루는 빅데이터 시각화에서는 정보의 내용과 환경이 매우 복잡하므로 표현도 다차원적이어야 한다. 어떤 식으로 데이터를 해석하는가에 대한 통계적 차원의 시각화 방법 및 이에 따른 시각 표현이 병행돼야 한다.

# 제 2 절 시각화 프로세스

## 1. 정보 디자인 프로세스

일반적으로 인포그래픽으로 통칭되는 정보 디자인은 일반 디자인 작업과 유사한 프로세스를 갖고 있다. '203인포그래픽연구소'에서 배포한 [그림 V-2-11] '인포그래픽은 어떤 과정을 통해서 만들어 지는가?'는 디자이너, 에디터, 데이터 분석가가 함께 인포그래픽 작업을 할 때의 작업 프로세스에 대해 시각화한 작업이다. 이 그림을 기준으로 프로세스를 보면, 10단계로 나누어 디자이너와 에디터, 데이터 분석가들이 단계별 역할이 달라짐을 볼 수 있다.

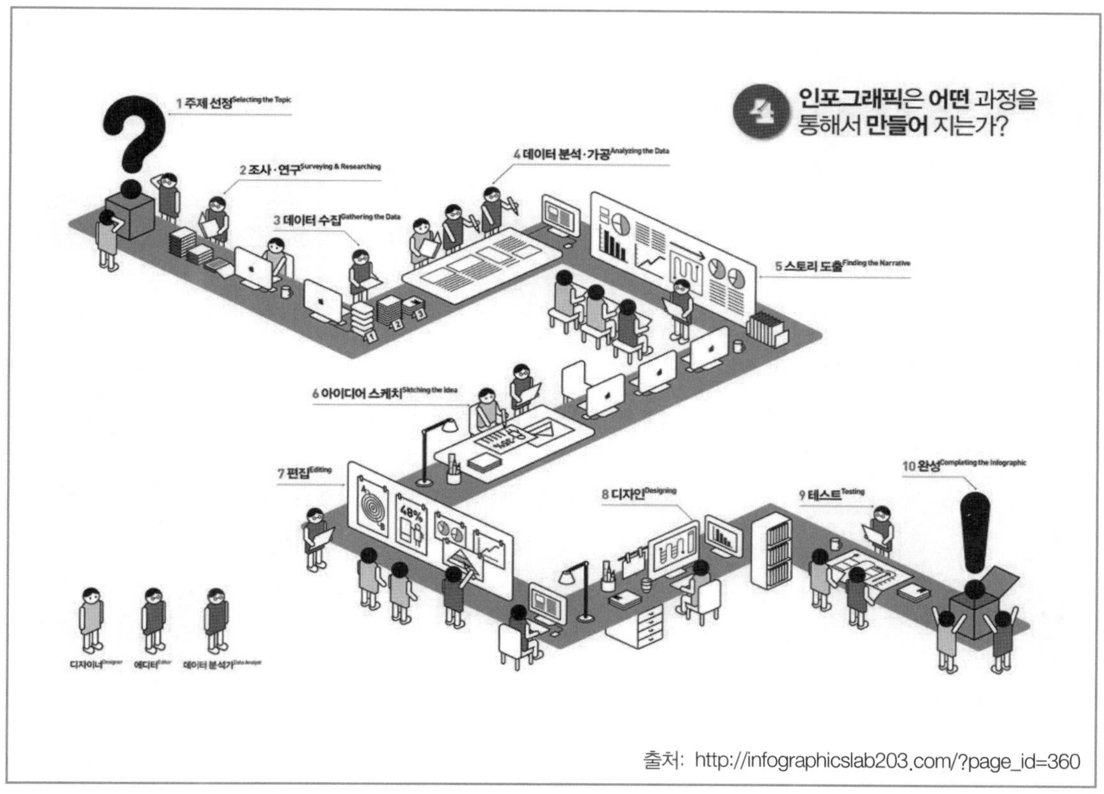


출처: http://infographicslab203.com/?page_id=360

[그림 V-2-11] 인포그래픽은 어떤 과정을 통해서 만들어 지는가?

위 내용을 보다 구체적으로 이해할 수 있는 「패스트컴퍼니(Fast Company)」 잡지에 소개된 '어메징한 인포그래픽 디자인의 10단계' 기사를 토대로 인포그래픽스 제작 프로세스에 대해 설명한다. 이 프로세스는 데이터 마이닝 및 시각화 툴을 이용하는 경우 등 빅데이터 시각화 과정과 부분적으로 다를 수 있으나 시각화가 어떠한 프로세스를 거쳐 완성되는가에 대한 인사이트를 얻는 데 도움이 된다.

### 가. 1단계: 데이터 수집

데이터 자체를 수집하는 단계로 초기 데이터, 복잡한 데이터로부터 시작한다. 엑셀 스프레드시트, PDF, 링크들과 같은 리소스들을 정보 제공자로부터 받아 데이터 수집 과정에서 스토리를 시작할 수 있는 단서들을 찾아낸다. 이 단서들로부터 새로운 리소스에 대한 추가 리서치를 진행하게 된다. 스토리의 큰 그림은 따로 떨어진 차트 안에서가 아닌 흩어져 있는 다양한 리소스들로부터 발견되는 경향이 있다. 빅데이터에서는 정보 제공자가 있다기 보다는 빅데이터 풀에 접근할 수 있는 사람으로부터 시작된다고 볼 수 있다. 시각화 전문가가 로우 데이터를 직접 수집하기는 어려우며, 빅데이터의 풀을 탐험하는 과정이라고 볼 수 있다.

### 나. 2단계: 모든 것을 읽기

데이터를 읽을 때, 중요하게 표시된 사실들만 읽고 나머지를 훑어보는 식으로 지나치는 경향이 있는데 이는 나중에 시간을 더 소모하게 되는 결과를 초래한다. 리서치의 에코시스템 안에서 정보의 작은 조각들을 큰 그림으로 짜 맞추는 것이 필요하다. 제대로 된 인포그래픽을 만들려면 중요한 정보들이 빠지지 않았는지, 스토리를 펼치는 데 필요한 근거들을 확인하는 등의 노력을 해야 한다.

### 다. 3단계: 내러티브 찾기

지루한 데이터에서 시작해 지루한 인포그래픽이 되는 것은 위대한 스토리가 빠졌기 때문이다. 인포그래픽은 복잡한 데이터세트를 단순 명료화하고, 프로세스를 설명하고, 트렌드를 창조하고, 논란의 어떤 부분을 보조하는 특별한 의도와 함께 시작된다. 데이터를 친숙하게 만들기 위해 아래의 질문을 스스로 던져 보아야 한다.

- 제공하고자 하는 정보를 담은 스토리를 만들어 내는 것이 가능한가?
- 이 주제에 관심이 가는가?
- 주목할 만한 사실 또는 가치를 말하고 있는가?

### 라. 4단계: 문제의 정의

데이터로부터 이야기를 끌어 낼 때, 이야기가 내포한 결과에 대한 현실성을 검토해 보아야 한다. 정보 디자인을 위해서는 좀 더 정확한 내러티브와 표현을 위한 탐험을 해야 한다. 컬러, 타이포그래피 등의 좀 더 주관적 관점에서 디테일을 만들어가야 한다. 정보 디자인을 보는 수용자에게 정보의 진실을 알아가는 경험을 하게 해야 한다. 이 과정에서 불거지는 논쟁에서 이기기 위해서는 진실을 담은 데이터가 필요하다.

예를 들면, 빨간색 차가 사고율이 높은 것은 차의 색상이 빨강이라서가 아니라 빨간색을 선호하는 사람이 공격적 성향이 높기 때문인데, 이런 식으로 문제의 핵심을 어떻게 정의하느냐가 중요하다.

### 마. 5단계: 계층구조 만들기

대부분의 리서치에는 그 이야기의 중심이 존재한다. 그 부분을 찾았다면, 프로젝트를 정리하고 인포그래픽의 개별 자료들을 정리한다. 중요한 것은 주인공으로 만들고 나머지는 보조적인 요소로 배열한다. 이 요소들이 리서치 단계에서 콘셉트 보드(또는 무드 보드, mood board) 역할을 한다. 이 단계에서 최종 결과물이 나타나기 시작한다.

### 바. 6단계: 와이어프레임 그리기

데이터가 손질되고, 가장 흥미로운 사실들이 선택되며, 계층구조가 결정되어 와이어프레임이 창조된다. 중요한 정보에 대해 이해 가능한 시각표현 방법을 만들어내고, 이렇게 만들어진 시각 표현은 보는 사람에게 정보의 계층구조를 이해하도록 만든다. 시각화의 최종 결과물에 가까운 구조를 만들어내는 것이 가능한 정보의 와이어프레임을 제작한다.

### 사. 7단계: 포맷 선택하기

정보 표현의 방법은 많다. 가장 좋은 접근 방법은 전통적인 차트와 그래프(바 그래프, 선 그래프, 파이차트 등)를 이용하는 것이다. 프로세스를 설명하기 위한 다이어그램, 흐름도(flow chart) 등이 필요하다. 간단한 숫자들을 나열해 보여주는 정도도 충분하다. 충분한 예산이 있다면 데이터 시각화를 위한 가능성을 보여주는 인터랙션(interaction)을 넣어보는 것도 좋다. 어떠한 경우라도 방법에 대한 결정은, 이러한 포맷들의 복합이거나 아니면 한 가지 종류의 포맷이거나를 불문하고, 그것이 갖고 있는 데이터에 의해 선택돼야 한다.

### 아. 8단계: 시각 접근 방법 결정하기

직관적이고 가장 효과적인(look & feel) 인포그래픽을 결정하기 위해서는 두 가지의 시각적 접근방법이 필요하다. 하나는 데이비드 맥캔들레스(David McCandless)나 니콜라스 펠톤(Nicholas Feltron)처럼 초기 데이터의 아름다움을 만들어내는 방법으로, 이러한 형태는 차트나 그래프 형태를 띠며 시각적으로 흥미롭게 만든다. 컬러나 타이포그래피를 사용하고 각 조각들을 연결한 구조들은 추상화 같은 느낌을 준다.

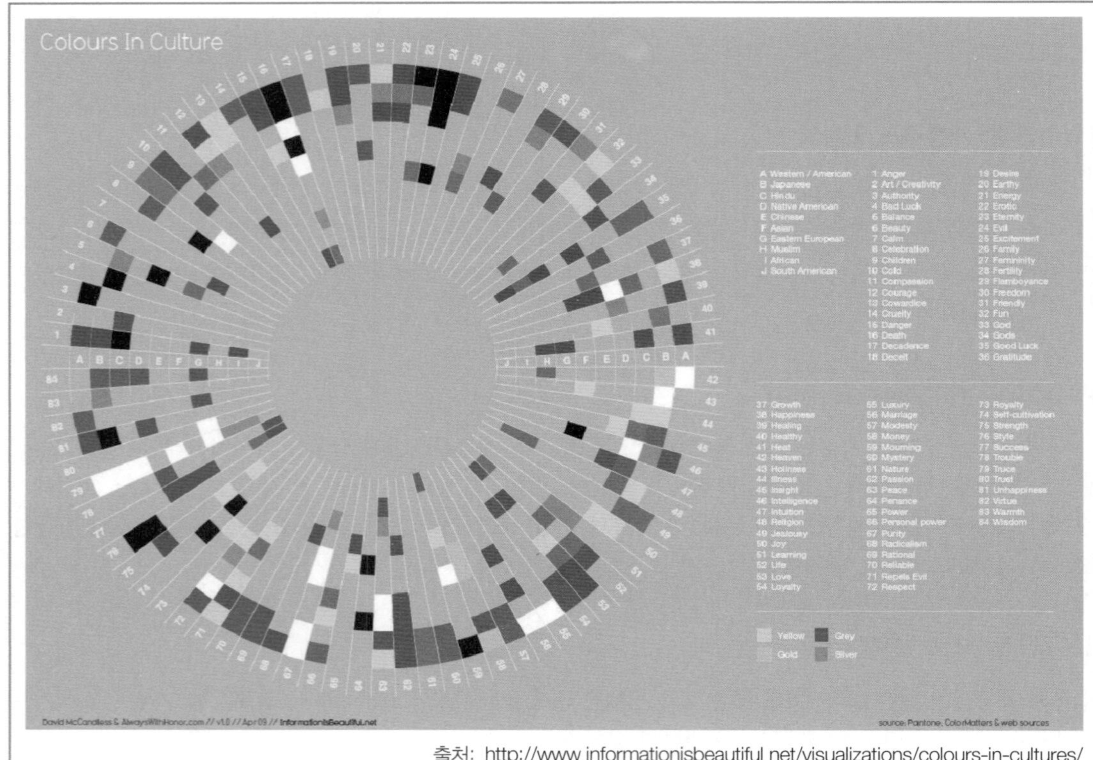


출처: http://www.informationisbeautiful.net/visualizations/colours-in-cultures/

**[그림 V-2-12] 맥캔들레스의 문화에 따른 색상**

[그림 V-2-12]와 같이 맥캔들레스는 색상의 의미를 문화권별로 구분한 색상환을 만들어냈다. 원형 바깥의 숫자들은 오른쪽 범례에 있는 단어들의 의미를 보여주고, 원 안은 바깥부터 서구권·동양권·이슬람권 등으로 구분된 순서로 색상을 나열하고 있다.

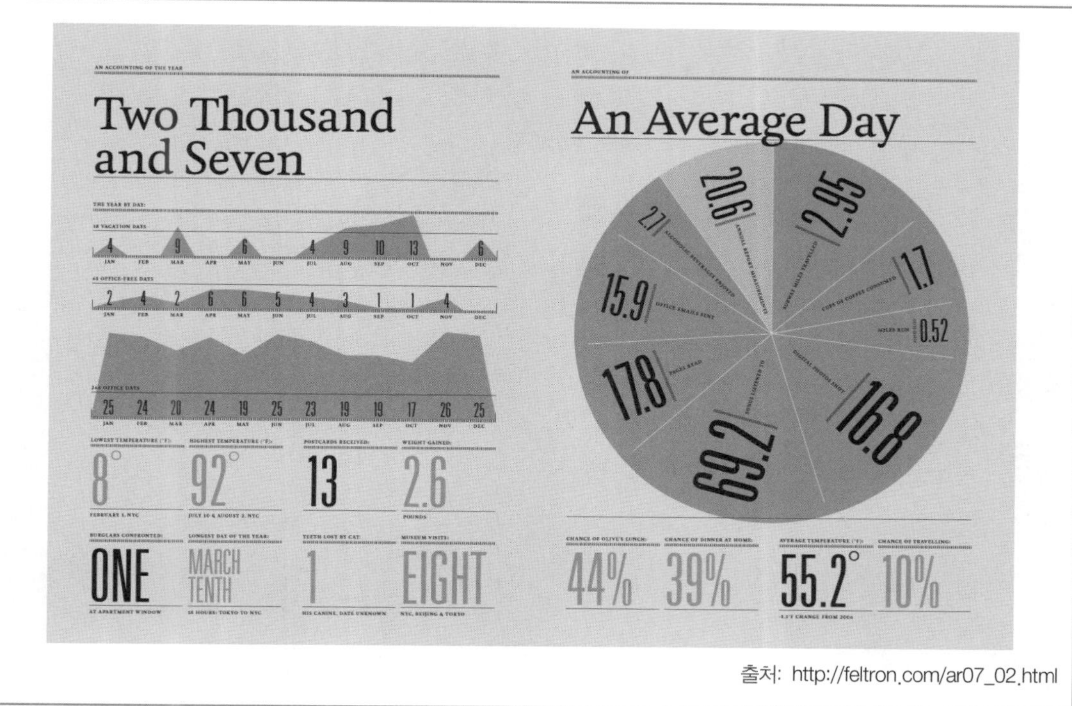


출처: http://feltron.com/ar07_02.html

**[그림 V-2-13] 펠톤 2007년 연차 보고서**(The Feltron 2007 Annual Report)

니콜라스 펠톤은 최근 매년 자신의 삶의 모든 정량적 측면을 문서화하고 2000 조각의 한정판으로 주문하는 개인 연차 보고서(Annual Report)를 인쇄해 발표해오고 있다. [그림 V-1-13]은 2007년 그가 살았던 한 해의 데이터를 수치화해 시각적으로 표현한 것이다.

다른 하나는 피터 온토트(Peter Orntoft)나 스코트 스토웰(Scott Stowell)처럼 일러스트레이션이나 메타포를 이용하는 방법이다. 어떤 시각적인 접근 방법이 목적에 맞는지를 결정해야 한다.

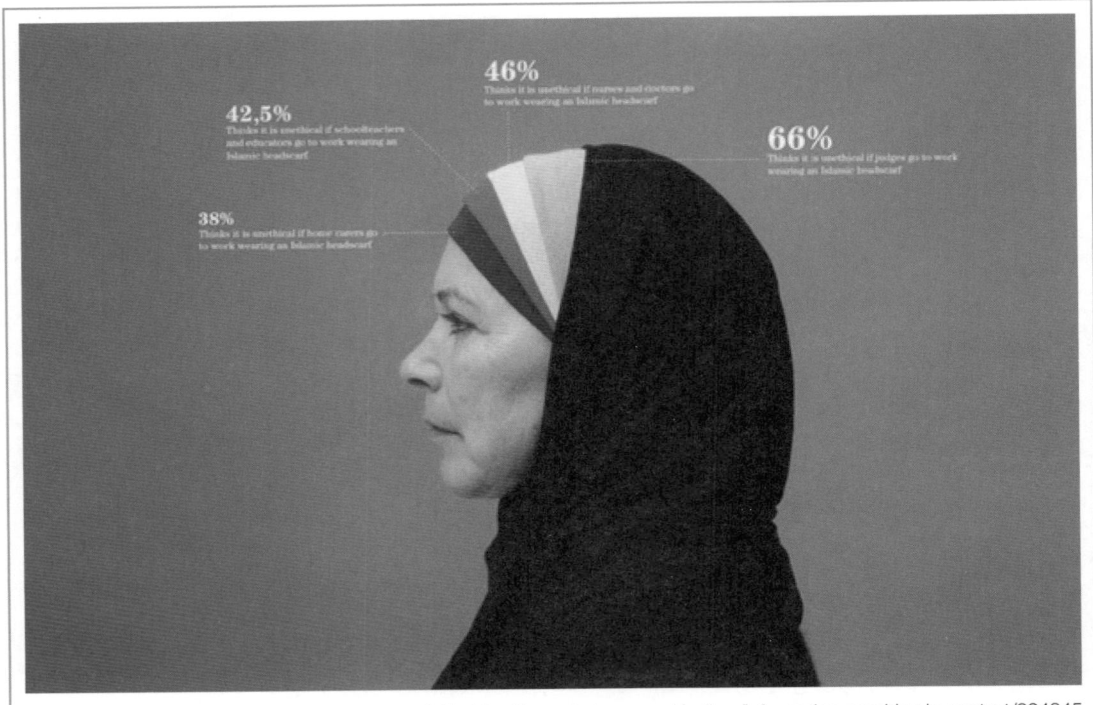


출처: http://www.behance.net/gallery/Information-graphics-in-context/924345

**[그림 V-2-14] 피터 온토트의 콘텍스트에서 인포메이션 그래픽**

피터는 사진을 이용한 시각화를 한다. 그의 시각화 방법은 은유적인 측면을 콘텍스트에 담아 정보를 극명하게 보여준다. [그림 V-2-14]는 덴마크 공공직업에서 종교 복장을 입는 것에 대한 덴마크 사람들의 윤리의식을 조사한 것이다.

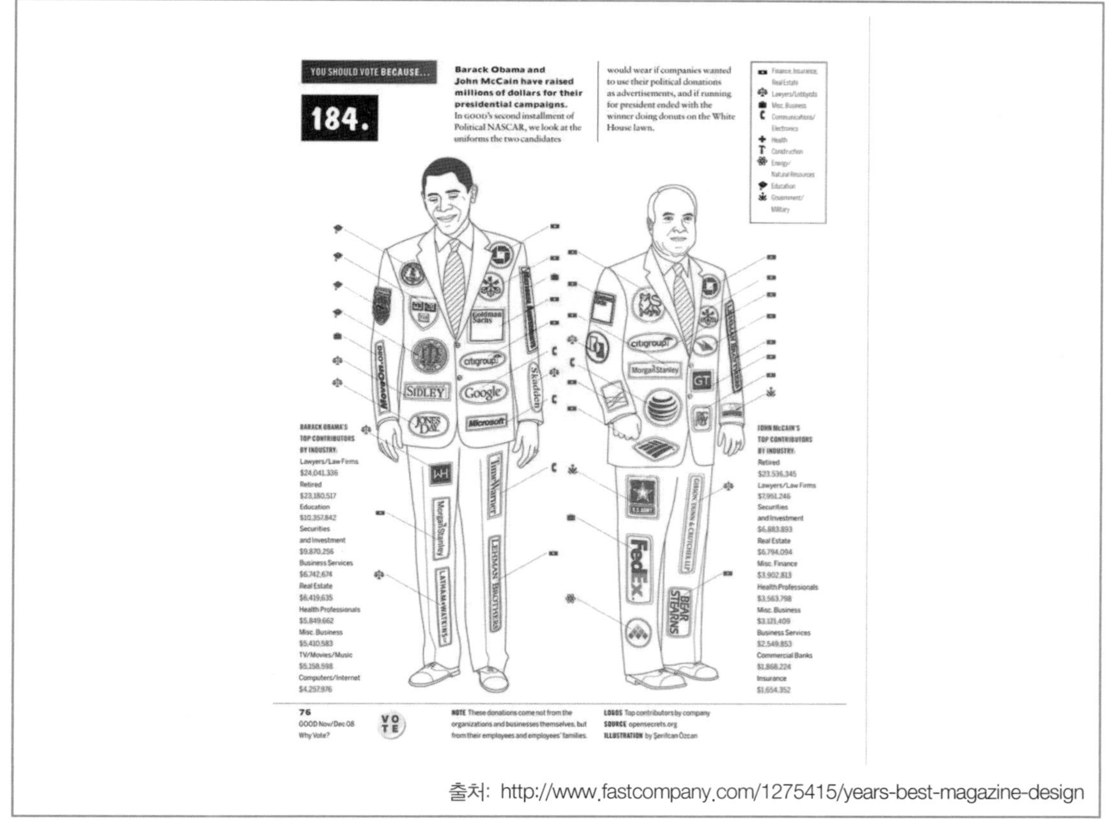

YOU SHOULD VOTE BECAUSE...

184.

**Barack Obama and John McCain have raised millions of dollars for their presidential campaigns.** In GOOD's second installment of Political NASCAR, we look at the uniforms the two candidates would wear if companies wanted to use their political donations as advertisements, and if running for president ended with the winner doing donuts on the White House lawn.

Finance, Insurance, Real Estate
Lawyers/Lobbyists
Misc. Business
Communications/Electronics
Health
Construction
Energy/Natural Resources
Education
Government/Military

BARACK OBAMA'S TOP CONTRIBUTORS BY INDUSTRY:
Lawyers/Law Firms $24,041,336
Retired $23,180,517
Education $10,357,842
Securities and Investment $9,870,256
Business Services $6,742,674
Real Estate $6,419,635
Health Professionals $5,849,662
Misc. Business $5,410,583
TV/Movies/Music $5,158,598
Computers/Internet $4,257,976

JOHN McCAIN'S TOP CONTRIBUTORS BY INDUSTRY:
Retired $23,536,345
Lawyers/Law Firms $7,951,246
Securities and Investment $6,883,893
Real Estate $6,794,094
Misc. Finance $3,902,813
Health Professionals $3,563,798
Misc. Business $3,121,409
Business Services $2,549,853
Commercial Banks $1,868,224
Insurance $1,654,352

76
GOOD Nov/Dec 08
Why Vote?

VOTE

NOTE These donations come not from the organizations and businesses themselves, but from their employees and employees' families.

LOGOS Top contributors by company
SOURCE opensecrets.org
ILLUSTRATION by Şerifcan Özcan



출처: http://www.fastcompany.com/1275415/years-best-magazine-design

**[그림 V-2-15] 스콧 스토웰의 굿 잡지를 위한 일러스트**

[그림 V-2-15]는 오바마와 존 매케인이 각각 어느 기업으로부터 정치 후원금을 받고 있는지를 표현하기 위해 기업 상표를 두 후보의 옷에 붙여 만든 일러스트다.

하이퍼 액트는 어느 한 전략에 머무르지 않는다. 종종 우리는 하이브리드(hybrid)를 만든다. 차트와 그래프를 일러스트와 함께 보여주거나 전통적인 데이터 표현과 시각적인 표현을 함께 사용하기도 한다. 사용 가능한 정보, 매체, 클라이언트, 브랜드, 주제는 궁극적인 해결방법을 결정하는 요소들이다.

## 자. 9단계: 정제와 테스트

인포그래픽에서 시각적 형태와 모양이 갖춰지면 정제 과정이 필요하다. 최종 완성된 결과물의 디자인이 원래 의도와 목적에 맞게 데이터와 비주얼 스토리텔링이 잘 됐는지 확인한다. 만든 데이터를 전에 본적이 없는 사람에게 쉽게 이해되는지를 알아보는 테스트가 필요하다. 디자인을 평가하고 가능하면 작업물을 간단명료하게 개발하고, 반복 테스트하는 과정이 계속된다. 그리고 이 과정은 전달하려는 정보를 모든 사람이 편안하게 볼 수 있다고 판단될 때 마무리한다.

### 차. 10단계: 세상에 선보이기

완성된 인포그래픽은 온라인을 통해 대중에게 다가간다. 인쇄된 일러스트레이션이라도 다시 온라인에서 공유되는 경우가 많다. 데이터는 다른 많은 사람에게 각기 다른 방법으로 읽히는 특이한 성향이 있다. 모든 사실 조사와 전문적 상상이 스토리의 모든 관점을 드러내는 것은 아니다. 실제 외부에 공개했을 때 온라인 토론 등을 통해 내 주장이 새로운 방식으로 해석되는 것도 볼 수 있다. 이러한 현상으로 인해 프로젝트는 결코 끝난다고 볼 수 없다. 새로운 데이터가 나타나고, 이로 인해 프로젝트는 프로세스 안에서 지속될 것이다.

이상과 같이 정보 디자인 10단계를 볼 때 설득형 메시지를 전달하기 위한 인포그래픽에 초점이 맞춰져 있음을 알 수 있다. 빅데이터의 시각화는 정보 수요자의 눈높이에 맞춘 가장 효과적인 메시지 전달 방법으로 향후 데이터 분석가가 일부 또는 전부의 시각화 업무까지도 수행할 것으로 전망된다. 이러한 관점에서 빅데이터 시각화 프로세스를 좀 더 구체적으로 알아볼 필요가 있다.

## 2. 빅데이터 시각화 프로세스

우선 빅데이터 시각화를 위한 다양한 시각화 방법을 살펴보면, 정보 디자인 교과서에서는 정보 시각화 프로세스를 조직화한 데이터(organized data), 시각적 매핑(visual mapping), 시각적 형태(visual form), 전달 방식(representation)이라는 4단계로 제시하고 있다. 마티아스 샤피로(Matthias Shapiro)는 질문 만들어내기, 데이터 수집하기, 시각적 표현 적용하기라는 3개의 핵심단계를 제시했다. '질문 만들어내기'에서는 정해진 데이터를 갖고 분석하기보다는 시각화에 적당한 주제를 선별하는 데에 우선을 두고 있다. 선정된 질문에 해당하는 데이터를 수집하고 시각화를 진행하게 되는데, 이는 빅데이터 시각화처럼 어느 정도의 정해진 범주를 갖고 시작하는 것이 아니라, 시각화를 다루는 사람에 의해 좌우된다고 할 수 있다. 따라서 빅데이터 시각화에서는 주어진 범위의 데이터에서 어떻게 데이터들을 먼저 갖고 질문을 만들어 낼 것인가의 순서가 바뀌어 나타날 수 있다. 샤피로가 일반적인 시각화에 대해 4단계로 제시했다면, 프로세싱(Processing)[65]을 개발하고 다수의 데이터 시각화 작업을 수행한 벤 프라이(Ben Fry)의 7단계를 살펴볼 필요가 있다. 벤 프라이는 빅데이터라 불릴 수 있는 거대한 데이터세트를 갖고 주로 작업했으며, 이러한 데이터를 '프로세싱'을 통해 프로그래밍으로 시각화하는 작업을 해왔다. 벤 프라이의 시각화 방법론은 일반적인 샤피로의 방법론보다는 빅데이터 시각화에 좀 더 적합하다고 볼 수 있다. 벤 프라이의 시각화 방법론에서는 정보 시각화를 만드는 데 필요한 정보 획득(acquire), 분해(prase), 선별(filter), 마이닝(mine), 표현(represent), 정제(refine), 상호작용(interact)이라는 7단계를 제시한다.

---

65) 프로세싱은 오픈소스 프로그래밍 언어이자 통합개발환경(IDE)으로, MIT미디어연구소에서 케이지 리아스(Casey Reas)와 벤 프라이가 시작했다. 미디어 아트 교육에 널리 사용되고 있으며, 2008년에 1.0 버전이 공개됐다.

[표 V-2-1] 벤 프라이의 시각화 방법론

| 단계 | 단계설명 | 관련분야 |
|---|---|---|
| 1단계: 획득 | 파일, 디스크 혹은 네트워크에서 정보를 수집하는 과정 | 컴퓨터공학 |
| 2단계: 분해 | 정보의 의미를 바탕으로 이를 구조적으로 카테고리화하는 과정 | 컴퓨터공학 |
| 3단계: 선별 | 1·2과정을 바탕으로 의미 있는 정보와 의미 없는 정보를 구분해 필요 없는 정보를 제거하는 과정 | 수학, 통계학, 컴퓨터공학 (데이터 마이닝) |
| 4단계: 마이닝 | 3단계 과정의 데이터를 분석해 정보 추출 알고리즘을 도출해 내는 과정 | 수학, 통계학, 컴퓨터공학 (데이터 마이닝) |
| 5단계: 표현 | 4단계 과정을 통해 얻은 정보를 효율적으로 표현할 수 있는 방법에 대해 연구하는 과정 | 그래픽 디자인 |
| 6단계: 정제 | 5단계에서 도출한 규칙을 바탕으로 정보를 시작적으로 정제하는 과정 | 그래픽 디자인 |
| 7단계: 상호작용 | 앞 단계에서 얻은 정보를 다양한 시각에서 시뮬레이션할 수 있는 방법을 반영하는 과정 | 정보 시각화, HCI |

[표 V-2-1]과 같이 벤 프라이는 이미 공개된 거대한 데이터 풀에서 자신이 원하는 데이터를 직접 획득해 상호작용까지의 모든 단계를 아우르는 '프로세싱(http://www.processing.org)' 및 다양한 프로그래밍을 이용한 작업을 했다. 이 때문에 벤 프라이의 7단계에서는 데이터를 모으고 분석하는 단계가 샤피로의 4단계보다 더 세분화됐다. 특히 표현 및 정제 단계에서는 그래픽 능력을 요구한다. 이것이 직접적인 시각표현 단계에 해당된다. 또한 빅데이터의 특성상 한꺼번에 보여 줄 수 없기 때문에 마지막 단계에서는 상호작용을 통해 수용자가 시각화 데이터를 탐험하고 효율적으로 판단하도록 한다. 그러나 대부분의 경우에 그렇듯 7단계로 세분화하기는 힘들며, 이를 일반적인 빅데이터 시각화 과정에 맞추어 [표 V-2-2]와 같이 빅데이터 시각화 프로세스로 제공되기도 한다.

[표 V-2-2] 빅데이터 시각화 프로세스

| 단계 | 단계 설명 |
|---|---|
| 1단계: 정보 구조화 | 데이터를 수집하고 정제하는 과정으로 데이터세트를 만들기 위한 분석 도구 필요 |
| 2단계: 정보 시각화 | 주로 분석 도구에서 제공하는 그래프나 분석 도구의 특성에 따른 시각화 |
| 3단계: 정보 시각표현 | 시각화의 의도를 강화해 전달하기 위해 분석 도구에서 만든 결과물에 별도 그래픽 요소를 추가해 완성 |

1단계 정보 구조화 단계에서는 질문을 먼저 만들어내거나 전달하려는 목표를 먼저 설정하고 시작할 수도 있지만, 빅데이터에서 제공하는 데이터를 갖고 밑작업을 하면서 시각화의 목표가 될 만한 것들을 발견하고 설정하기도 한다. 여기서는 수집 및 탐색하기, 분류하기, 배열하기, 재배열하기라는 4단계로 나누어, 시각화를 위한 정보 구조화 단계에 초점을 맞춰 설명한다.

사실 빅데이터의 시각 표현에 있어서 많은 데이터를 수작업으로 조직화하거나 분류하기 보다는 [표 V-2-3]과 같은 다양한 시각화 툴을 사용해 개발하는 경우가 대부분이다. 또한 아예 데이터를 갖고 인공지능의 한 분야인 기계학습 알고리즘(Machine Learning Algorithm)을 접목해 데이터를 파악하고 이를 통해 사람이 파악할 수 없었던 결과들을 자동으로 시각 추출하는 방법도 활발히 연구되고 있다. 예를 들면 정보 구조화 단계에서 파이썬 등으로 데이터를 정제하고 타블로 같은 프로그램으로 데이터 분석과 동시에 필요한 그래프를 그려낼 수도 있다. 그러나 정보를 시각적으로 보여주기 위한 구조화 방법이 미리 학습돼야 이러한 시각화 툴을 보다 효과적으로 이용할 수 있다. 통계적 접근에서 데이터 수집과 마이닝 과정 후에 시각화가 바로 이뤄지는 것과 시각화에 목표를 맞추고 정보 구조화에 접근하는 것은 다르다고 말할 수 있다.

2단계 정보 시각화 단계에서는 시각화 툴을 이용해 시각화에 필요한 그래프나 시각화의 기본 틀을 잡을 수 있다. 일반적으로 많이 사용하는 시각화 툴은 [표 V-2-3]과 같이 기초 수준부터 전문가 수준에 이르기까지 다양하다.

**[표 V-2-3] 시각화 도구 구분**

| 수준·종류 구분 | 시각화 도구 |
|---|---|
| 기초 수준 | EXCEL, CVS/JSON, Google chart API, Flot, Raphael, D3(Data-Driven Documents), Visual.ly |
| 인터랙티브 GUI 컨트롤 | Crossfilter, Tangle |
| 매핑 | Modest Maps, Leaflet, Polymaps, OpenLayers, Kartograph, CartoDB |
| 전문가 | Processing, NodeBo, R, Weka, Gephi |

그러나 빅데이터에서는 전문가 수준의 툴을 이용해 다양한 데이터를 시각화하는 것이 필요하다. 특히 빅데이터에서의 '데이터 시각화 툴'은 일반적으로 자신의 데이터를 분석하기 위한 플랫폼을 의미한다. SAS와 같은 데이터 마이닝 도구들은 시각화까지 함께 제공한다. 또한 최근 하둡(Hadoop) 기반의 빅데이터 분석을 지원하는 타블로(Tableau) 같은 툴은 시각 분석을 돕는 도구로서 지원된다. 전문 시각화 툴 중에 프로세싱(Processing)은 인터랙티브 버전을 구현하는 데 적합하지만, 데이터 마이닝 부분은 포함하고 있지 않으므로 다른 통계 프로그램을 함께 사용해야 한다. 이에 비해 최근에 가장 널리 쓰이고 있는 오픈소스 R은 통계적으로 필요한 기능뿐 아니라, 결과물을 벡터에서 애니메이션까지 다양한 형태로 표현하는 기능을 포괄 지원한다.

정보 시각화 단계에서는 시각화 툴에서 제공하는 다양한 그래프를 어떤 이유로, 왜 쓰는지, 어떻게 표현해야 하는지에 대해 설명하고자 한다. 각각의 그래프에 대한 가이드와 예제를 통해 시각화 툴에서 제공하는 그래프를 효율적으로 이용하게 하는 데 목표를 두고 있다.

3단계인 정보 시각표현에서는 최종적으로 시각적인 완성을 하는 단계로, 시각화 툴로 선택한 그래프를 시각적으로 더 다듬거나 시각 표현을 극대화하는 방안을 실험하면서 완성하게 된다. 세부적인 데이터를 시각화하기 위한 그래픽의 7요소, 전체적인 시각화를 완성하기 위한 그래픽 디자인의 기본 원리, 인터랙션 디자인을 통해 방대한 양의 데이터 시각화를 탐험할 수 있게 하는 다양한 방법을 습득할 필요가 있다.

빅데이터 시각화의 경향 중에 큰 흐름은 대부분 인터랙티브 버전으로 구현된다는 것이다. 이에 따라 프로그래밍이 이뤄지면서 정교한 인터랙션이 구현되는 결과물을 만들어 내거나, 2단계부터 인터랙티브 버전의 툴을 선택해 시각화 방향을 정하고 3단계의 시각표현을 적용해 제공되는 툴 안에서 최적화하는 형태로 완성하게 된다.

이와 같은 3단계로 진행되는 빅데이터 시각화의 세부적인 내용은 제3절 시각화 방법에서 익힐 수 있다.

# 제3절 시각화 방법

앞서 언급한 바와 같이 빅데이터 시각화는 정보 구조화, 정보 시각화, 정보 시각표현의 3단계로 진행된다. 정보의 구조화를 위해서는 정보를 분류, 조직화, 재배열하는 기본원리를 익히고, 정보 시각화를 위해서는 각종 툴에서 일반적으로 제공하는 그래프 스타일의 원리와 쓰임새를 아는 것이 중요하다. 최종 완성을 위해서는 정보 시각표현에 해당하는 기초 조형과 그리드, 타이포그래피, 색상 등의 원리를 이해해 그래픽적 완성도를 높이는 것이 중요하다.

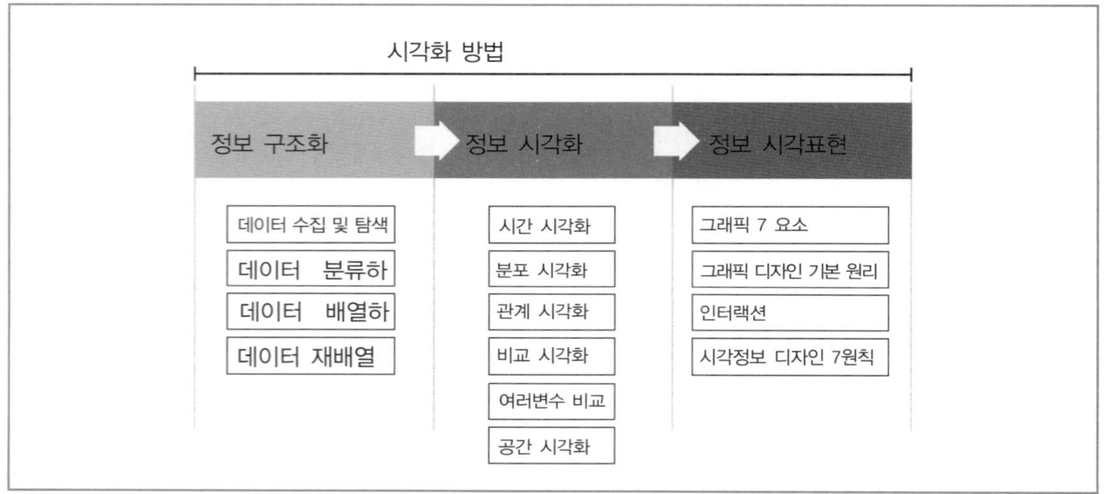


[그림 V-2-16] 시각화 방법

## 1. 정보 구조화

앞서 기술한 바와 같이 양적 데이터를 다루는 빅데이터의 정보 디자인의 성패는 빅데이터에서 다루는 데이터를 어떻게 통합했는지, 데이터 고유의 특성이 훼손되지 않으면서 비교되는 통계 품질이 어떠한지, 의도한 정보 디자인을 위한 통계 데이터의 도출이 적절하게 됐는지에 의해 좌우된다고 할 수 있다. 따라서 이러한 데이터를 수집·정제하는 과정이 적절히 배분되지 않는다면 빅데이터 시각화에서는 제대로 된 결과물을 도출하기 어렵다.

정보의 조직화는 데이터를 수집하는 과정을 거쳐 혼돈의 상태로 존재하는 데이터를 분류(Classifying)하고 배열(arranging)하고 조직화(Organizing)해 질서를 부여하는 작업을 의미한다. 정보의 조직화는 [그림 V-2-17]과 같은 과정을 거치면서 일어난다.

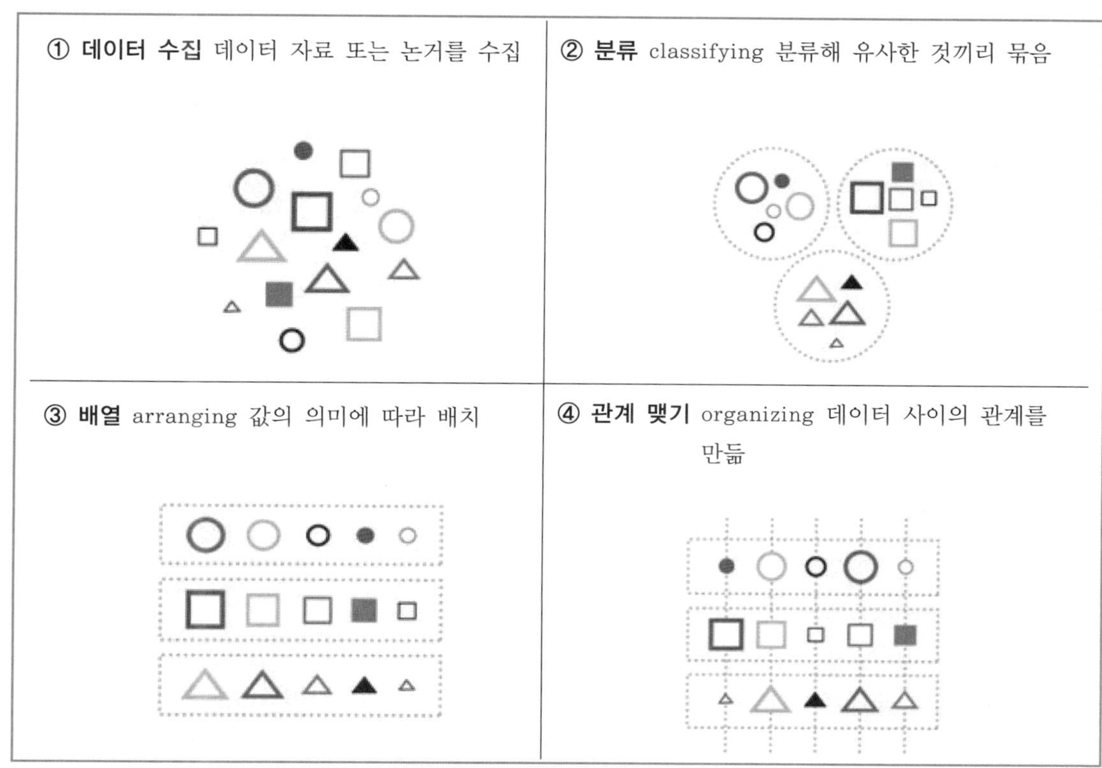


[그림 V-2-17] 정보의 조직화 과정

정보를 이해하기 쉽도록 조직화해 배치할 때, 정보의 가치와 유용성은 더욱 증대된다. 또한 정보를 어떻게 조직하느냐에 따라 정보를 대하는 관점과 정보가 전하는 이야기도 달라진다.

빅데이터는 대부분 복잡 다양한 데이터로 구성됐다. 따라서 원 데이터(raw data)의 구문을 분석·정리하고, 집단으로 묶거나 변환해 패턴을 식별하거나 특정 정보를 추출하려 할 것이다. 이 과정은 데이터 멍잉(Data munging) 과정으로 알려져 있으며, 이 말은 보통 흥미로운 패턴이 나타날 때까지 데이터를 '갖고 노는' 임시변통의 시도들을 뜻한다. 이 데이터 멍잉 또한 정보의 조직화에 해당한다.

## 가. 데이터 수집 및 탐색

대부분의 경우 이미 빅데이터의 풀에 접근성을 갖고 시작하지만, 그렇지 않은 경우 아예 빅데이터를 분류하기 전에 다양한 경로를 통해 데이터를 모으는 것이 필요하기도 하다. 이렇게 수집된 원 데이터를 바탕으로 데이터 멍잉 작업을 통해 필요한 데이터를 추출하고, 활용하는 절차를 거쳐야 한다. 원 데이터에는 불필요한 정보가 많이 들어 있기 때문에 유의미한 데이터를 선정하고 무의미한 데이터를 걸러내는 '데이터 에디팅' 과정이 수행된다.

## 나. 데이터 분류

이렇게 모은 데이터는 일정한 형식으로 정리·분류를 해야 한다. 우선 갖고 있는 데이터를 형식으로 정리하는 것이 필요한데, 이를 위해서는 많은 시간이 필요하다. 그만큼 깔끔하게 데이터를 정리해야 효율적인 시각화 작업을 해낼 수 있다. 데이터를 하나의 깔끔한 형식으로 정리하기 위해서는 다양한 데이터 형식을 알고, 다양한 형식을 다룰 수 있는 여러 도구를 갖춰야 하며, 약간의 프로그래밍 기술도 알아야 한다.

### ① 구분 텍스트

구분 텍스트란 데이터의 줄바꿈으로 행을, 구분자로 열을 구분하는 텍스트 데이터를 말한다. CSV(comma separated values) 파일이라면 쉼표로, TSV(tab seperated values)라면 탭으로 구분한다. 구분자는 공백(space), 세미콜론(;), 콜론(:), 슬래시(/) 어떤 것이라도 가능하다. 그 중에서 쉼표와 탭 구분자가 가장 보편적으로 쓰인다.

### ② JSON

자바스크립트 객체 형식(Javascript Object Notation)으로 표현된 데이터를 한 함수에서 다른 함수로, 또는 비동기식 애플리케이션은 웹 클라이언트 측에서 서버 측 프로그램으로 쉽게 전달할 수 있는 스트링으로 변형할 수 있다. 자바스크립트(JavaScript)에 의해 쉽게 인터프리팅되고, JSON은 name/value의 단순 데이터세트보다 복잡한 구조로 표현한다. 예를 들어 단순한 키와 값 리스트 대신, 배열과 복합 객체들을 나타낼 수 있다.

### ③ XML

확장마크업 언어(eXtensible Markup Language)는 마크업 언어의 일종으로, 문서를 사람과 기계 모두가 읽을 수 있는 형식으로 부호화하는 규칙의 집합을 정의하며, 수많은 종류의 데이터를 기술하는 데 적용할 수 있다. XML은 주로 다른 시스템, 특히 인터넷에 연결된 시스템끼리 데이터를 쉽게 주고받을 수 있도록 HTML의 한계를 극복할 목적으로 만들어졌다. XML은 구조적 데이터를 설명한다. 구조적 데이터의 예로서 스프레드시트, 프로그램 구성 파일 및 네트워크 프로토콜에 일반적으로 포함되는 정보를 들 수 있다.

데이터 형식화 부분은 시각화 과정에서 무척 중요한 단계다. 데이터 그래픽이 흥미로운 이유는 기본적으로 데이터 그래픽이 담고 있는 데이터 때문이다. 어떤 식으로 그래픽을 입히더라도 결국 바탕이 되는 재료는 데이터이기 때문이다. 위와 같은 과정을 거쳐 의미 있고 사용 가능한 데이터를 준비를 했다면, 이제 데이터를 묶을 차례다.

데이터나 정보를 분류하고 묶어 서로 다른 성격의 정보와 구분함으로써 정보의 조직화를 돕고, 사용자가 취급해야 할 정보의 양을 줄일 수 있다. 데이터를 분류할 때 가장 중요한 점은 분류 기준과 근거를 어디에 두느냐는 것이다. 정보의 분류 기준은 정보 사용의 목적과 관점에 따라 결정된다. 정보를 분류할 때 그 기준들의 가중치가 동등해야 하고, 분류 결과가 논리적이고 명확해야 한다.

모아진 데이터의 데이터세트를 구성하는 데 있어서 통찰을 얻고자 하는 노력을 해야 한다. 이 통찰은 곧 사용자·관찰자에게 흥미롭고 새로운 이야기를 들려주는 방법을 찾고자 하는 것이다. 이러한 이야기를 찾아내기 위해 데이터를 정리하고 선별하게 된다.

### 다. 배열

리처드 솔 워먼(Richard Saul Wurman)의 저서인『정보 욕구(Information Anxiety)』에서는 정보의 조직화를 위한 래치(LATCH) 방법이 제시되고 있다. 위치(Location), 알파벳(Alphabet), 시간(Time), 카테고리(Category), 위계(Hierarchy)가 정보를 정리 또는 조직화하는 기준이 된다.

[그림 V-2-18]은 강아지의 모든 종을 크기로 표시해 한군데에 모은 것이다. 수많은 강아지들을 래치방법으로 정리한 예다.

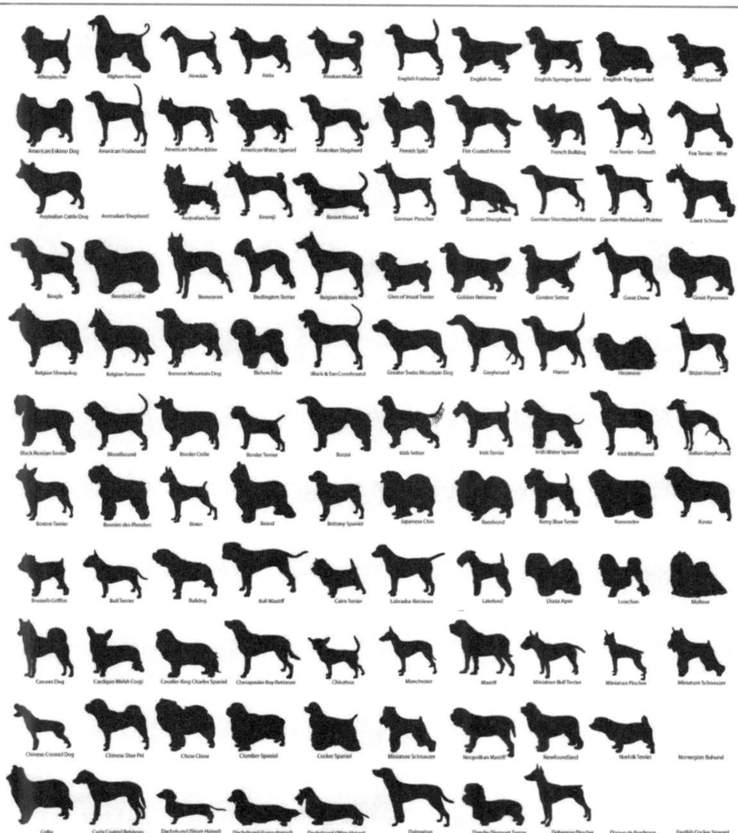

출처: http://parsonsdesign4.files.wordpress.com/2012/03/all-breeds-for-web.jpg

[그림 V-2-18] 강아지의 조직화(Organizing dogs)

① **위치**

여기서 강아지들을 나라별로 분류했다. 강아지들을 지도 위에 맵핑할 수 있도록 분류했다. 정보를 공간적인 위치에 배열하는 방법이다. 지리적인 것만이 아니라 공간적으로 구분하는 것 모두를 포괄한다.

다양한 출처나 장소에 기반을 둔 정보를 조사하고 비교할 때 일반적인 선택 방법이다. 위치(Location)에 따른 정보 디자인의 가장 보편적인 예로는 지도가 있다. 일반적인 지도뿐 아니라 건물의 안내도, 학문 영역의 범위를 표현하는 것 등도 여기에 해당된다. 지도는 정보 디자인에서 매우 유효한 표현 수단이라 할 수 있다.

② **알파벳**

위 강아지 분류는 강아지 종에 따라서 알파벳(Alphabet) 순서로 정리한 것이다. 사전, 전화번호부, 인명부와 같이 방대한 정보를 조직화할 때 알파벳 또는 가나다 순으로 정렬하는 방법이 흔히 사용된다. 1차로 정보를 분류하고 하위 분류에서 가나다순으로 조직화하면 효과적이다. 인명이나 사물의 이름 등을 정리할 때에는 '카테고리'나 '위치'와 같은 다른 기준을 사용하는 예도 있으나 데이터의 속성이 다양한 경우에는 알파벳(또는 가나다 순)이 아니면 불특정 다수의 사람에게는 이해가 어려울 수도 있어 알파벳(또는 가나다) 순 정렬은 매우 보편적이라 할 수 있다.

③ **시간**

위의 강아지 종은 연도별 시간 순서에 따라서 분류한 것이다. 일정 기간에 일어난 사건을 조직화하는 최적의 원리는 시간(Time)으로 정보를 배열하는 것이다. 시간은 정보의 변화를 발견하고 비교할 때 쉽게 이해된다. 예를 들면 역사 연표 또는 TV 방송 편성표 등이 있다. TV 방송 자체가 시간에 따라 방영되는 방송의 내용, 형태가 다른 것도 여기에 기인하고 있다. 개인 스케쥴 표나 달력도 여기에 해당된다.

### ④ 카테고리

Short-haired

Song-hoired

위의 강아지 종의 분류는 털이 짧은 강아지와 털이 긴 강아지로 나눈 것이다. 종류, 분류를 의미하는 카테고리(Category)는 정보의 속성에 따라 분류할 때 적합하다. 카테고리를 통한 조직화는 중요도나 주제가 서로 유사한 정보에 적합하며, 수치 표시와는 달리 색상 등으로 표현을 달리해 고유의 특성을 부여할 수 있다. 상점 또는 슈퍼마켓에서 상품 분류, 도서관의 서적분류 등이 여기에 해당한다.

### ⑤ 가중치

위 예제에서는 강아지 종을 무게라는 가중치(Hierarchy)에 따라 분류했다. 물량의 변화(적음에서 많음), 질량의 변화(가벼움에서 무거움), 고도의 변화(낮음에서 높음), 가격의 변화(싼 것에서 비싼 것으로) 등 정보의 변화에 따라 데이터의 값이나 중요도의 순서로 정보를 조직화했다. 카테고리에 의한 조직화와 달리 가중치는 단위나 수치로 표현할 수 있다.

이러한 방법을 응용한 예제로 [그림 Ⅴ-2-19]는 미국에서 가장 인기 있는 강아지 15종을 분류한 것이다. 좌측에 인기 순으로 강아지를 순위대로 나열하고 오른쪽에는 각 강아지의 자세한 정보를 제공한다. 상단의 X 축에 나열된 항목은 건강상 문제를 체크할 수 있는 항목이 나열돼 있다.

A CLOSER LOOK AT THE
# 15 MOST POPULAR DOGS IN THE U.S.
ProbioticSmart.com

| Breed | Profile | JOINTS | EYE PROBLEMS | DIGESTIVE | SKIN | HEART | OTHER | BREED SPECIFIC |
|---|---|---|---|---|---|---|---|---|
| 1 Labrador Retriever | **Height:** 21-28 inches<br>**Weight:** 50-80 lbs.<br>**Temperament:** Friendly<br>**Activity Level:** High<br>**Life Span:** 10-12 years<br>**Intelligence:** Very smart | Hip and elbow dysplasia | Progressive retinal atrophy<br>Cataracts | Bloat | No issues | Heart disease | Diabetes | Tendency to become overweight |
| 2 German Shepherd | **Height:** 21-26 inches<br>**Weight:** 50-88 lbs.<br>**Temperament:** Friendly and protective<br>**Activity Level:** High<br>**Life Span:** 7-10 years<br>**Intelligence:** Very smart | Hip and elbow dysplasia | Cataracts | Bloat | No issues | No issues | Epilepsy | Panosteitis (aka Pano) |
| 3 Yorkshire Terrier | **Height:** 6-7 inches<br>**Weight:** 5-8 lbs.<br>**Temperament:** Spirited with even disposition<br>**Activity Level:** Active<br>**Life Span:** 13-16 years<br>**Intelligence:** Smart | Patellar luxation (dislocation of kneecap) | Progressive retinal atrophy<br>Retinal dysplasia | No issues | No issues | No issues | Early tooth decay<br>Portosystemic shunt<br>Hypothyroidism<br>Tracheal collapse | No issues |
| 4 Golden Retriever | **Height:** 20-24 inches<br>**Weight:** 55-80 lbs.<br>**Temperament:** Friendly and gentle<br>**Activity Level:** High<br>**Life Span:** 10-12 years<br>**Intelligence:** Easily trained | Hip and elbow dysplasia | Progressive retinal atrophy | No issues | Skin allergies | Heart disease | Epilepsy<br>Hypothyroidism | Pigmentary uveitis |
| 5 Beagle | **Height:** 13-16 inches<br>**Weight:** 20-25 lbs.<br>**Temperament:** Friendly<br>**Activity Level:** High<br>**Life Span:** 12-15 years<br>**Intelligence:** Smart | No issues | Retinal dysplasia<br>Microphthalmia<br>Cataracts<br>Glaucoma<br>Cherry eye | No issues | Skin allergies | Enlarged heart | Intervertebral disk disease | No issues |
| 6 Boxer | **Height:** 21-26 inches<br>**Weight:** 50-70 lbs.<br>**Temperament:** Very friendly and social<br>**Activity Level:** High<br>**Life Span:** 10-14 years<br>**Intelligence:** Very smart | Hip dysplasia | Cherry eye<br>Progressive retinal atrophy | Bloat | Skin allergies<br>Benign skin tumors | Heart disease | Intervertebral disk disease<br>Hypothyroidism | Boxer cardiomyopathy disease |
| 7 Bulldog | **Height:** 12-16 inches<br>**Weight:** 48-56 lbs.<br>**Temperament:** Friendly and protective<br>**Activity Level:** Moderate<br>**Life Span:** 7-9 years<br>**Intelligence:** Moderate | Hip and elbow dysplasia<br>Patellar luxation (dislocation of kneecap) | Cherry eye | Bloat | Skin allergies | Enlarged heart<br>Valve defects | No issues | Cleft palate |
| 8 Dachshund | **Height:** 5-12 inches<br>**Weight:** 6-12 lbs.<br>**Temperament:** Loyal<br>**Activity Level:** moderate<br>**Life Span:** 12-15 years<br>**Intelligence:** Clever | No issues | Progressive retinal atrophy | No issues | No issues | No issues | Teeth and gum problems<br>Seizures<br>Intervertebral disk disease | Hereditary epilepsy |
| 9 Poodle | **Height:** 11-24 inches<br>**Weight:** 7-70 lbs.<br>**Temperament:** Friendly<br>**Activity Level:** High<br>**Life Span:** 12-15 years<br>**Intelligence:** Very smart | Hip dysplasia<br>Patellar luxation (dislocation of kneecap) | Progressive retinal atrophy | Bloat | Sensitive skin | No issues | Hypothyroidism | Sebaceous adenitis |
| 10 Shih Tzu | **Height:** 9-11 inches<br>**Weight:** 9-16 lbs.<br>**Temperament:** Friendly<br>**Activity Level:** Moderate<br>**Life Span:** 14-16 years<br>**Intelligence:** Moderate | Patellar luxation (dislocation of kneecap) | Cherry eye | No issues | No issues | No issues | Intervertebral disk disease<br>Hypothyroidism | No issues |
| 11 Miniature Schnauzer | **Height:** 12-14 inches<br>**Weight:** 10-15 lbs.<br>**Temperament:** Friendly<br>**Activity Level:** Moderate<br>**Life Span:** 14-16 years<br>**Intelligence:** Smart | No issues | Progressive retinal atrophy<br>Cataracts | No issues | Skin allergies | Heart malformation | Seizures<br>Hypothyroidism | Boxer cardiomyopathy disease |
| 12 Chihuahua | **Height:** 6-9 inches<br>**Weight:** 2-6 lbs.<br>**Temperament:** Strong-willed<br>**Activity Level:** Moderate<br>**Life Span:** 14-17 years<br>**Intelligence:** Moderate | Patellar luxation (dislocation of kneecap) | Progressive retinal atrophy | No issues | Sensitive skin | Valve defects | Kidneys stones | Fluid build-up in the brain |
| 13 Rottweiler | **Height:** 22-27 inches<br>**Weight:** 85-130 lbs.<br>**Temperament:** Friendly and protective<br>**Activity Level:** Moderate<br>**Life Span:** 10-12 years<br>**Intelligence:** Smart | Hip and elbow dysplasia | Cataracts | Bloat | No issues | Heart disease | No issues | Tendency to become overweight |
| 14 Pomeranian | **Height:** 7-12 inches<br>**Weight:** 3-7 lbs.<br>**Temperament:** Friendly<br>**Activity Level:** Moderate<br>**Life Span:** 14-16 years<br>**Intelligence:** Smart | Patellar luxation (dislocation of kneecap) | Cataracts | Bloat | No issues | Congenital heart defects | Tracheal collapse | No issues |
| 15 Doberman Pinscher | **Height:** 24-28 inches<br>**Weight:** 66-80 lbs.<br>**Temperament:** Friendly and protective<br>**Activity Level:** High<br>**Life Span:** 11-13 years<br>**Intelligence:** Very smart | Hip and elbow dysplasia | No issues | Bloat | Skin allergies | Cardiomyopathy<br>Heart disease | Intervertebral disk disease<br>Hypothyroidism | Peripheral neuropathy (Dancing Doberman disease) |

SOURCE: American Kennel Club

출처: http://parsonsdesign4.files.wordpress.com/2012/03/dog-breed-report-card.png

[그림 V-2-19] 미국에서 가장 인기있는 강아지 종 분류

## 라. 관계맺기(재배열)

데이터 재배열(data rearrangement)은 데이터에 의미를 부여하는 가장 기본적인 과정으로, 정보의 시각화와 밀접한 관계가 있다. 정보의 조직화가 데이터를 분류하는 것이라면, 재배열은 분류된 데이터를 정보 수용자가 인식하기 쉽게 패턴을 만드는 일에 속한다.

로버트 스펜서(Robert Spence)는 『정보 시각화(Information Visulization)』라는 저서에서 재배열에 대해 설명하고 있다. 1, 2, 3 등으로 표시 된 밀, 쌀, 콩 등의 열 가지 곡물에 A, B, C 등으로 표시된 일곱 가지의 비료를 사용했을 때 각 곡물에 효과가 있는지를 알아보는 실험의 결과로 설명하고 있다. 비료 효과가 나타나면 검은색으로, 그렇지 않으면 흰색으로 표시했다.

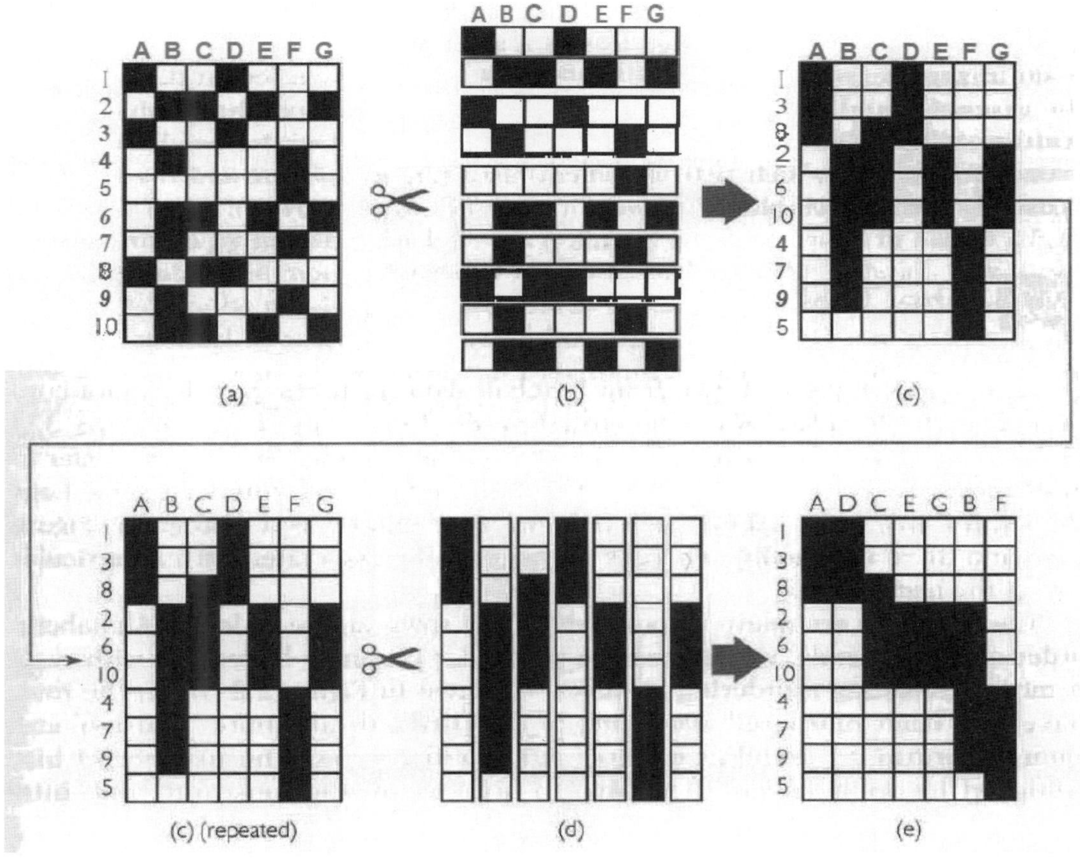


곡물과 비료를 함께 실험한 결과는 (a)와 같다. 여기서의 나열은 단순히 어떤 곡물이 어떤 비료를 썼는가를 보여주고 있는 단순 참조에 지나지 않는다. 이것만으로는 어떤 비료가 어떤 곡물에 효과가 있었는지 즉각적으로 알아채기 힘들다.

이것을 (b)처럼 비료를 기준으로 가로로 한 줄씩 잘라 내 (c)처럼 특정 곡물과 연관되는 비료들끼리 나열할 수 있다. 여기서 처음 특정 곡물이 특정 비료에만 효과가 있는 패턴을 감지하게 된다.

이것을 다시 반복해 곡물을 중심으로 세로로 (c)처럼 잘라내어 (d)처럼 관련이 있는 곡물끼리 다시 나열한다면 (e)처럼 어떤 비료가 어떤 곡물에 효과가 있는지를 시각적 패턴으로 분명화할 수 있다.

## 2. 정보 시각화

대용량 데이터나 빅데이터를 막론하고 정보 시각화 방법은 분석과 함께 제공되는 시각화 도구(Tool)에 의해 결정되는 경향이 강하다. 그리고 대부분의 시각화 도구에서는 다양한 차트와 그래프를 지원하고 있다. 이러한 차트와 그래프를 분석의 내용을 반영하기 위해 어떤 방식으로 써야 하는지 그 쓰임새를 익히고, 적절한 데이터와 정보 시각화를 하기 위한 수단으로 사용해야 한다.

에드워드 터프티(Edward Tufte)가 2004년 「테크니컬 커뮤니케이션 쿼터리」의 인터뷰에서 언급한 내용은 다음과 같다. "효과적인 분석 디자인은 생각하는 작업을 보는 작업으로 변화시켜야 한다. 사고의 목적이 인과관계를 이해하는 것이라면, 디자인의 목적은 인과관계를 보여주는 것이 된다. 사고의 목적이 어떤 질문에 대한 답을 찾고 정보끼리 비교하는 것이라면, 디자인의 목적은 비교한 내용을 보여주는 것이다. 중요한 것은 분석 디자인을 좌우하는 기준은 그래픽이 사용자가 쓰기에 편리하고 판독하기 쉬운지 혹은 심리학자나 인테리어 전문가의 눈에 어떻게 보이느냐가 아니라는 것이다. 분석 디자인의 구조는 이 디자인이 증거에 대한 분석적 사고를 얼마나 효율적으로 보조하느냐로 결정해야 한다." 토프티는 명료한 그래프를 그리는 것이 중요하다는 점을 강조하고 있다. 그래서 그는 종종 정보 디자인을 분석 디자인이라고 칭하기도 한다.

시각화 도구에 한정한 그래프로만 구현하다보면, 분석적 사고를 효율적으로 보여주기보다는 단지 멋져 보이는 그래프를 선호하기 쉽다. 만드는 그래프가 어떠한 효율적인 분석 내용을 전달할 것인가가 고려돼 그에 따른 그래프를 선택하는 것이 매우 중요하다. 따라서 먼저 분석 내용을 전달하기 위한 그래프를 손으로 스케치 해보고, 그 뒤에 시각화 도구에서 제공하는 그래프 중에서 선택하는 것이 좋다. 이러한 이유로 오픈 프로젝트 R 등은 다양한 라이브러리가 존재하기 때문에 유연한 결과를 만들어내기에 매우 적절하다.

본 정보 시각화 방법에서 소개한 그래프의 설명은 네이선 야우(Nathan Yau)의 『비쥬얼라이즈 디스(Visualize This)』에서 제시된 차트와 그래프의 쓰임새를 바탕으로 정리한 것이다.

**[표 V-2-4] 정보 시각화 방법**

| 시간 시각화 | 분포 시각화 | 관계 시각화 | 비교 시각화 | 공간 시각화 |
|---|---|---|---|---|
| 막대그래프<br>누적 막대그래프<br>점그래프 | 파이차트<br>도우넛차트<br>트리맵<br>누적연속그래프 | 스캐터 플롯<br>버블차트<br>히스토그램 | 히트맵<br>체르노프 페이스<br>스타차트<br>평행 좌표계<br>다차원 척도법 | 지도 매핑 |

## 가. 시간 시각화

시간에 따른 데이터는 변화를 표현하며, 시계열 데이터의 가장 특징적인 요소는 트렌드(trend), 즉 경향성으로 장기간에 걸쳐 진행되는 변화 또는 트렌드를 추적하는 데 주로 사용된다. 시간의 전후 관계를 감안하면 값의 의미를 더 분명하게 이해할 수 있다. 시간 데이터는 분절형과 연속형으로 나눌 수 있다. 분절형은 데이터의 특정 시점 또는 특정 시간 구간 값으로 나타내며, 기온 변화 같은 데이터는 연속형이다.

### ① 막대그래프

막대에서 육안으로 보아도 식별할 수 있을 정도로 값들이 뚜렷한 차이를 보이는 경우에는 간단히 막대그래프를 사용하면 된다. 막대그래프는 다양한 데이터 유형에 적용해볼 수 있지만, 여기서는 시간에 관한 데이터에 적용하는 방법을 알아본다. 시간축(가로)은 시간 순서대로 정렬된 시간의 특징 시점을 나타낸다. 값축(세로)은 그래프의 크기 범위를 나타낸다. 수치를 길이로 표현해 절대값을 갖는 동일한 폭의 막대를 동일한 간격으로 배치함으로써 여러 값의 상대적인 차이를 한눈에 알아볼 수 있다.

하지만 막대 값들의 차이가 미미하거나 표시할 값(막대)의 수가 많은 경우에는 막대들을 비교하기가 쉽지 않다. 이 경우 시각적 차이를 강조하기 위해 막대에 다양한 색상을 적용할 수 있는데, 이때 색상은 특정 상태나 범위 따위를 나타낸다. 막대를 색상으로 표시하는 것은 대부분의 막대가 서로 다른 범위나 상태에 있는 경우에 가장 효과적이다. 모든 막대가 동일한 범위나 상태에 있는 경우에는 색상이 불필요하고, 색상의 일관성을 유지하거나 아예 색상을 사용하지 않는 것이 오히려 시각적으로 도움이 된다.

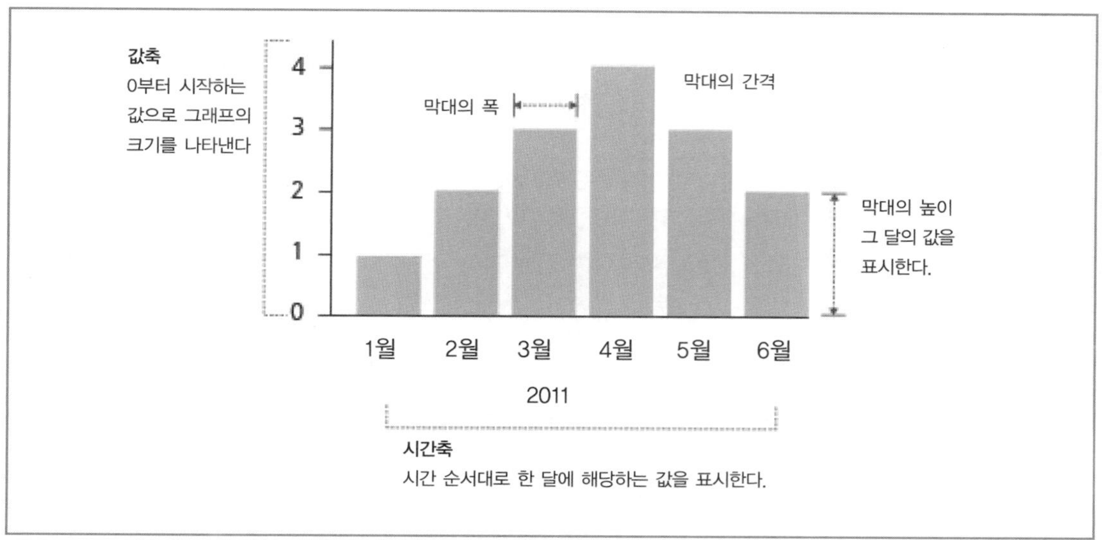


[그림 V-2-20] 막대그래프

### ② 누적 막대그래프

누적 막대그래프의 구성은 일반적인 막대그래프와 거의 비슷하다. 단 하나의 차이점이라면 한 구간에 해당하는 막대가 누적된다는 점뿐이다. 한 구간이 몇 개의 세부 항목으로 나뉘면서도 전체의 합이 의미가 있을 때 누적 막대그래프를 쓴다. 한 구간의 각 세부항목은 질감과 또는 색상으로 구분·표시된다.

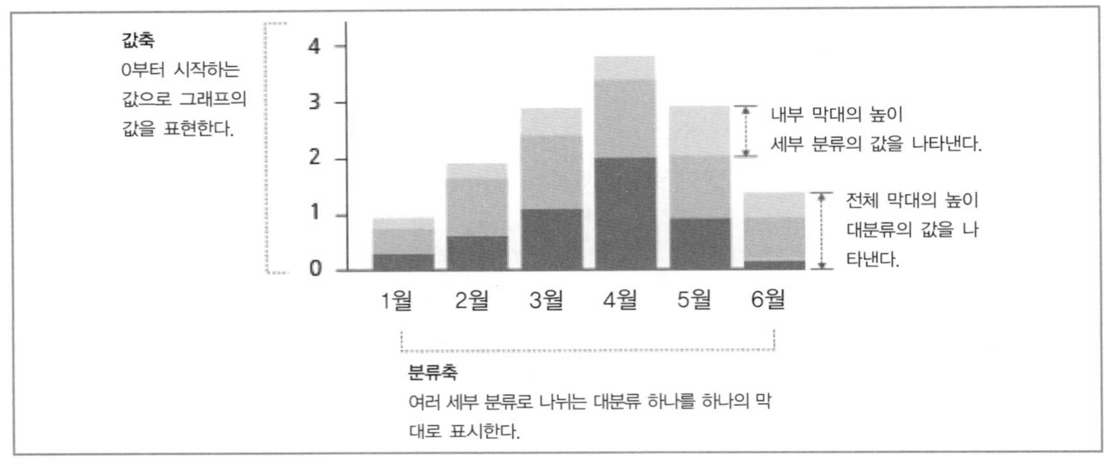


[그림 V-2-21] 누적 막대그래프

[그림 V-2-22] 는 빅데이터의 대표적인 사례로 일컫는 '단어들의 바차트(Bar Chart for Words)'로 IBM에서 온라인에서 어떻게 사람들이 협력하는가를 분석한 내용을 시각화한 것이다. 그래프에서 나타내는 내용은 단일 소프트웨어 봇(single software bot)이 모은 엄청난 양의 단어와 이미지를 갖고 있는 위키피디아(http://www.wikipedia.org) 편집역사를 시각화한 것이다.

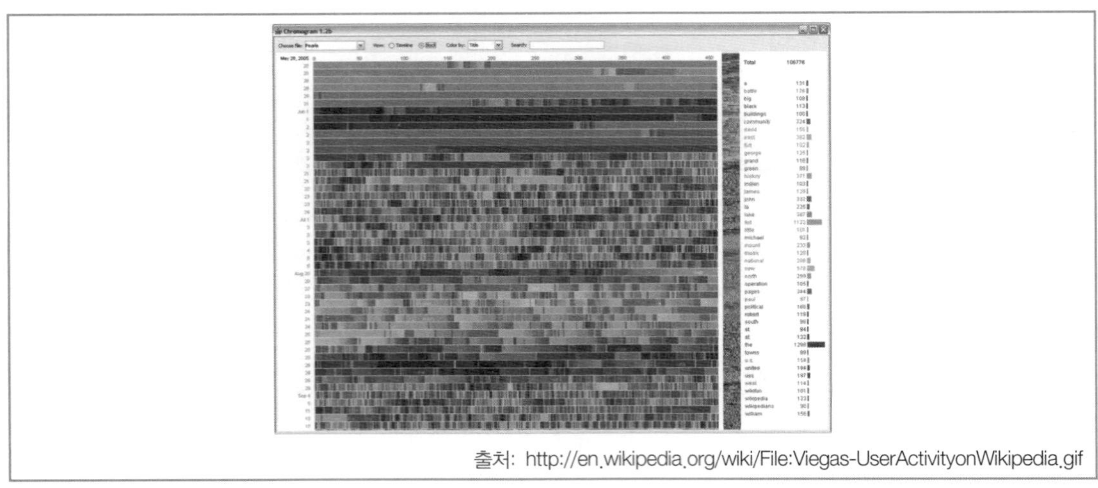

출처: http://en.wikipedia.org/wiki/File:Viegas-UserActivityonWikipedia.gif

[그림 V-2-22] 그림 단어들의 바차트

### ③ 점그래프

점그래프는 면적을 표시할 필요가 없기 때문에 더 적은 공간에 그릴 수 있고, 한 점에서 다음 점으로 변하는 점의 집중 정도와 배치에 따라 흐름을 파악하기 쉽다. 일반적으로 두 변수의 연관 관계를 보여줄 때 많이 쓰인다. 아래 그림은 시간 데이터를 점 그래프로 그릴 때의 구조를 보여준다.

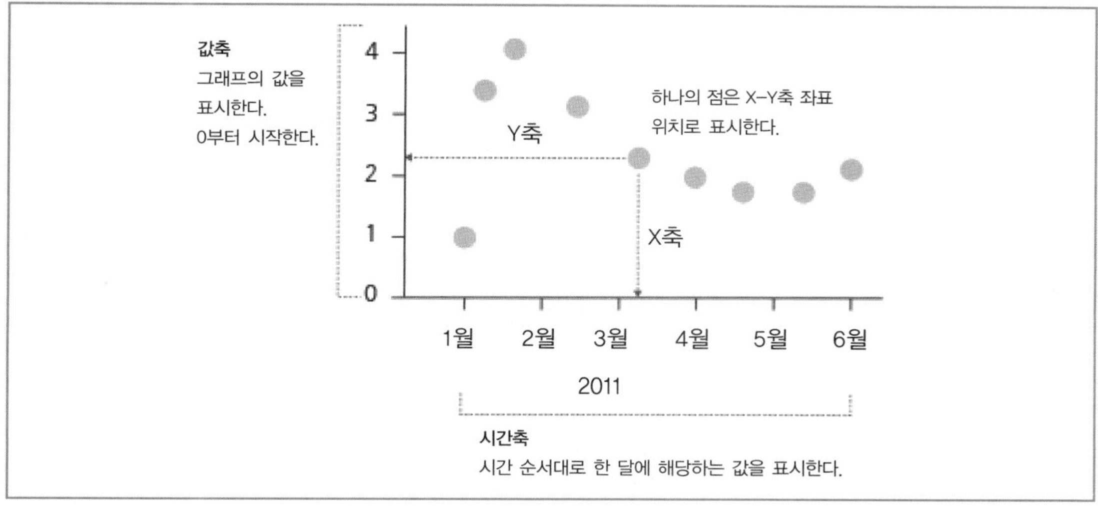


[그림 V-2-23] 점그래프

### ④ 연속형 데이터: 연결된 점·선그래프

연속 시계열그래프는 점그래프와 거의 같은데, 점 사이를 선으로 연결한다는 점만 다르다. 선으로 표현되는 연속적인 데이터의 끊임없이 변화하는 현상의 추이를 볼 수 있으며, 변수의 변화를 명확히 표시할 필요가 있거나 트렌딩 또는 변화율 정보가 중요한 경우 선그래프를 사용할 수 있다. 선의 기울기가 급할수록 변화가 크다는 것을 의미한다. 많은 경우 데이터 포인트를 점으로 표기하지 않기도 한다. 단 데이터 포인트가 존재한다는 이유만으로 선그래프를 선택해서는 안 된다는 점에 유의해야 한다. 이 경우에는 사용하는 데이터 포인트의 수에 따라 가장 적합한 시각 자료를 결정하라. 예를 들어 표시할 데이터 포인트가 10개이면, 이 10개의 포인트를 파악하는 가장 쉬운 방법은 단순히 표를 사용해 이들을 특정 순서로 열거하는 것일 수 있다.

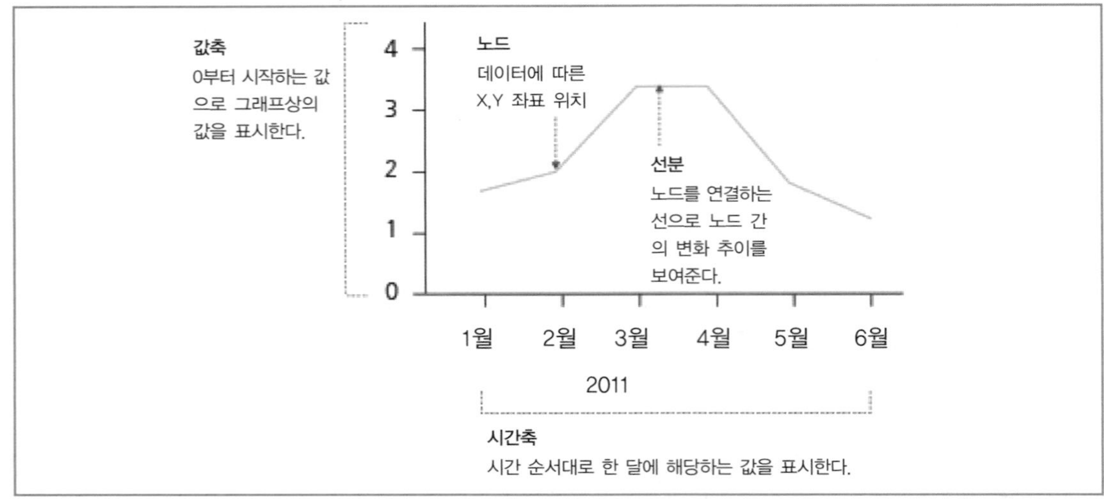


**[그림 V-2-24] 연속 시계열그래프**

## 나. 분포 시각화

분포 데이터의 일반적인 특성은 최대(maximum), 최소(minimum), 전체 분포(overall distribution)로 나뉜다. 최대와 최소는 글자 그대로 순서 정렬에서 양 끝을 취하면 최대와 최소다. 분포 그래픽에서 가장 주목해야 할 것은 분포 정도다. 분포 데이터는 가 부분을 전부 합치면 1 또는 100%가 된다. 분포 데이터의 시각화는 이러한 데이터 특성에 맞게 전체의 관점에서 부분 간의 관계를 보여줘야 한다.

### 1) 원그래프

원그래프(pie chart)는 일상 속 어디서나 비즈니스 프레젠테이션부터 유머 웹사이트까지 거의 모든 곳에서 찾아볼 수 있다. 공식적인 최초의 파이 차트는 윌리엄 플레이페어(william playfair)가 만들었고 부분과 전체, 부분과 부분 간의 비율을 알아보는 데 사용되는 방법이다. 하지만 육안으로 면적을 가늠하고 시각(visual angles)을 비교해야 하므로 어떤 경우에는 그래프를 해석하기가 쉽지 않다. 원그래프를 분석에 사용할 때 발생할 수 있는 문제점은 크기가 비슷하지만, 서로 인접해 있지 않은 파이의 조각들을 제대로 비교하기가 매우 어렵다는 것이다. 이러한 여러 가지 이유 때문에 원그래프는 데이터 분석에는 거의 사용하지 않는다. 그래도 굳이 사용해야 한다면, 최대한 구성요소를 제한하고 내용을 설명하기 위한 텍스트와 퍼센티지를 포함시키는 것이 좋다. 또 추가 정보를 제공하면 사용자가 각 그래프 조각의 의미와 가치를 놓고 혼동하는 상황을 막을 수 있다. 원그래프는 분포의 정도를 총합 100%로 나타내서 부분간의 관계를 보여주며, 면적으로 값을 보여 주며, 수치를 각도로 표시한다.

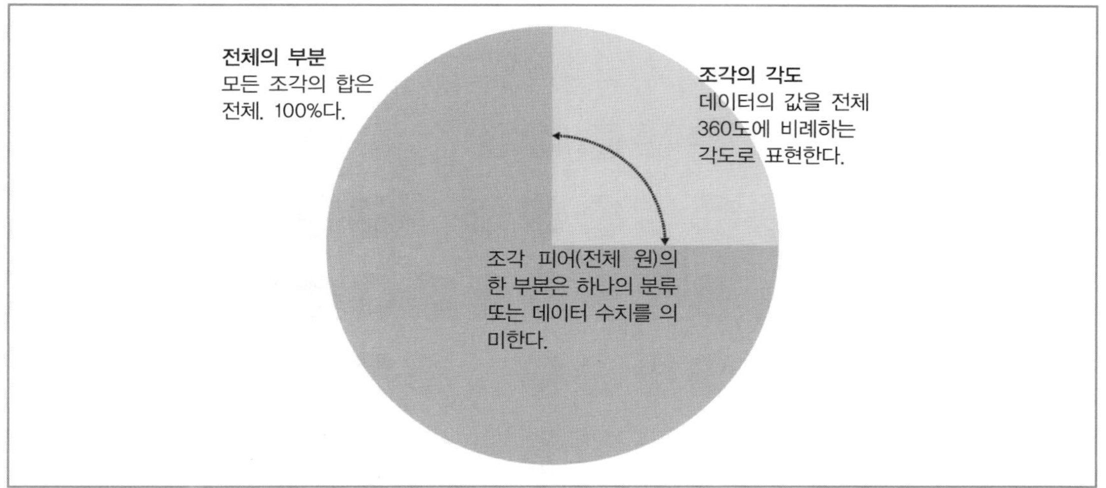


**[그림 V-2-25] 원그래프**

[그림 V-2-26]은 아서 벅스톤(Arthur Buxton)의 '10명의 아티스트, 10년(Ten Artists, Ten Years)'이라는 작업으로 모네·르누아르·드가·세잔 등 10명의 인상파와 신인상파 화가들이 1895년부터 1904년까지 10년 동안 사용한 색상을 분석해 색상 사용이 어떻게 변화해왔는지를 보여주고 있다. 각 화가의 대표작에서 가장 많은 면적을 차지하는 5개의 색을 추출해 만든 이 시각화는 원그래프이며, 파이썬(Python)으로 색을 추출해 개발했다.

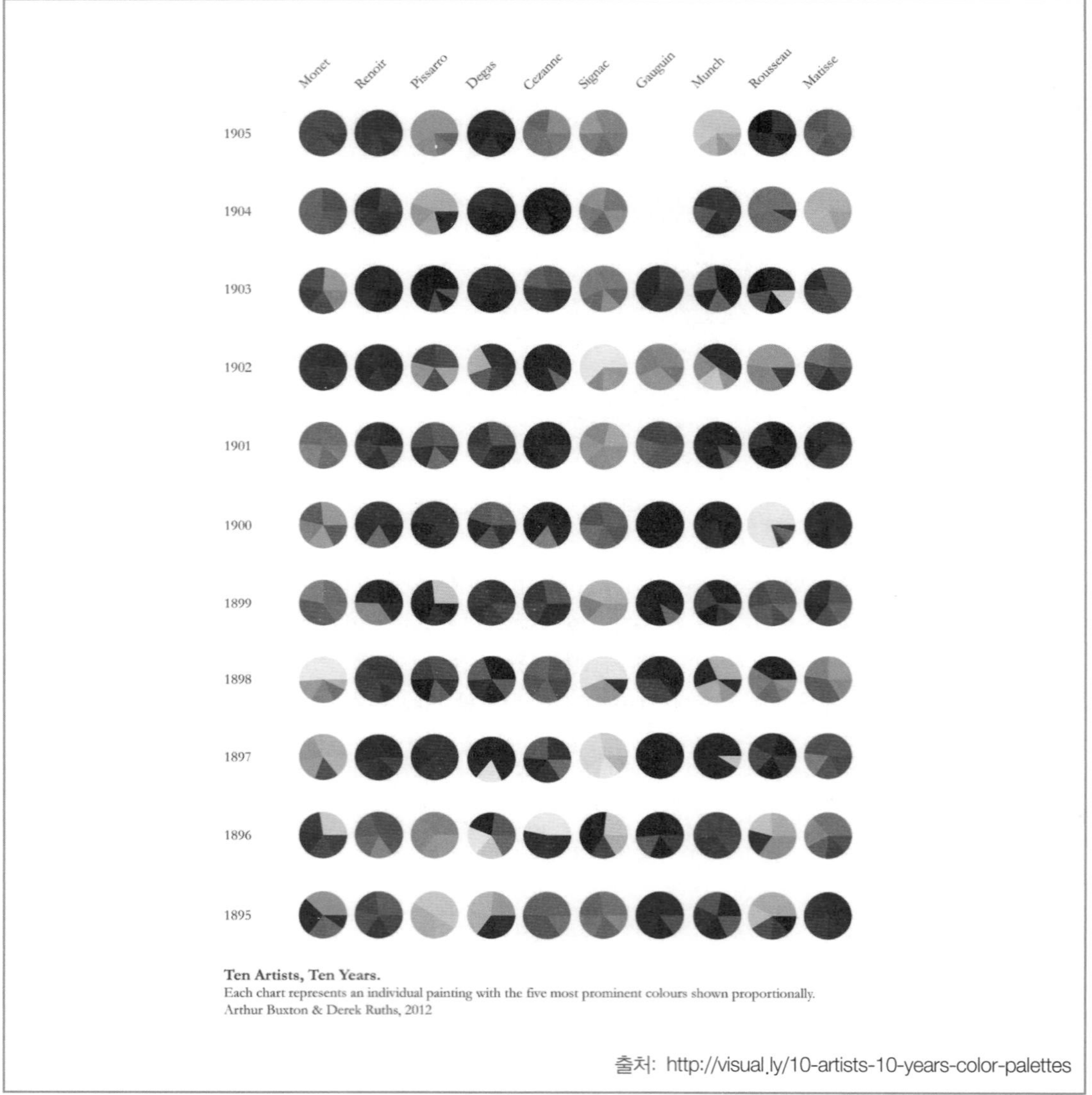


출처: http://visual.ly/10-artists-10-years-color-palettes

[그림 Ⅴ-2-26] 그림 10명의 아티스트, 10년

#### 2) 도넛차트

도넛차트(donut chart)는 원그래프와 마찬가지로 수치를 각도로 표시한다. 그러나 원그래프와 달리 중심부를 잘라내 도넛 모양으로 보인다는 점이 다르다. 중심의 구멍 때문에 조각에 해당하는 수치는 조각의 면적이 아닌 길이로 표시한다.

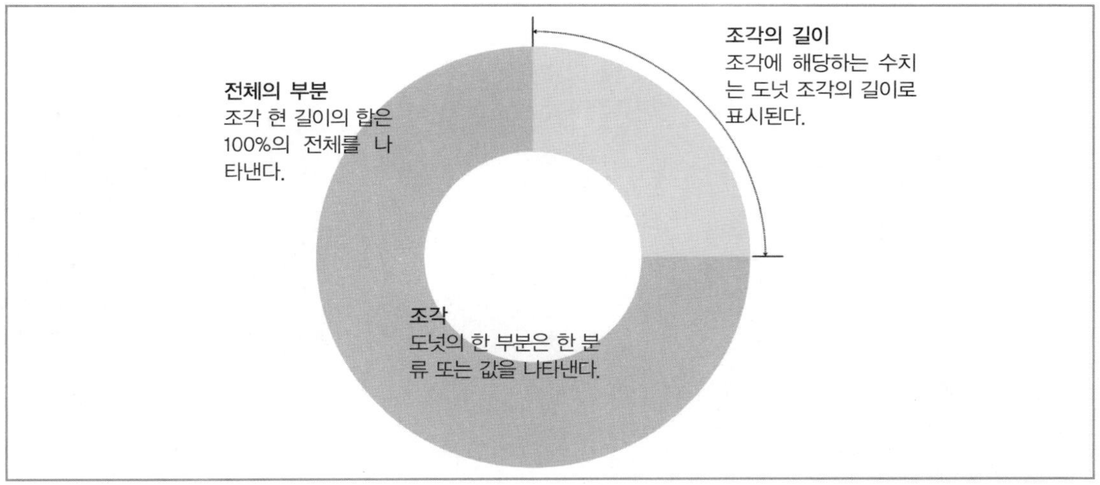


[그림 Ⅴ-2-27] 도넛차트

### 3) 트리맵

트리맵은 영역 기반의 시각화로, 각 사각형의 크기가 수치를 나타낸다. 한 사각형을 포함하고 있는 바깥의 영역은 그 사각형이 포함된 대 분류를, 내부의 사각형은 내부적인 세부 분류를 의미한다. 트리맵은 단순 분류별 분포 시각화에도 쓸 수 있지만, 위계 구조가 있는 데이터나 트리 구조의 데이터를 표시할 때 활용된다.

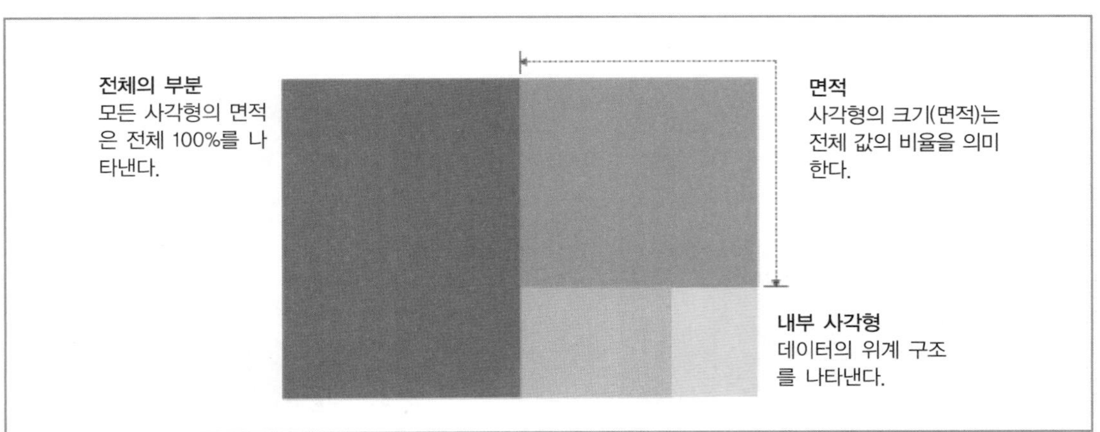


[그림 Ⅴ-2-28] 트리맵

마르코스 웨스캄피(Marcos Weskampi)가 개발한 뉴스맵(Newsmap)은 트리맵을 이용한 대표적인 사례다. 구글 뉴스를 실시간으로 14개 지역, 7개의 카테고리로 볼 수 있다. 뉴스 내용이 있는 내부 사각형을 선택하면 뉴스에 대한 간략한 내용을 이미지와 텍스트로 노출하고 있다.

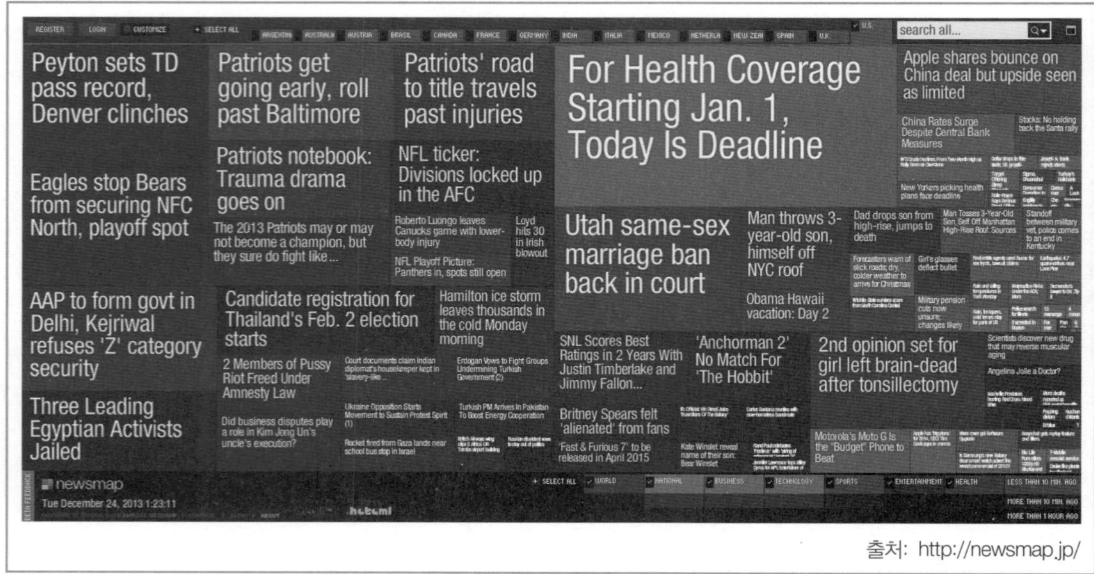


[그림 V-2-29] 뉴스맵

④ **누적 연속그래프**

몇 개의 시계열 그래프를 차곡차곡 쌓아 올려 그려 빈 공간을 채워간다. 이렇게 만든 결과가 누적 연속그래프로, 가로축은 시간을 나타내며 세로축은 데이터 값을 나타낸다. 이러한 누적 연속그래프에서 한 시점의 세로 단면을 가져오면 그 시점의 분포를 볼 수 있다. 시간에 따라 연속적인 누적 막대그래프라고 볼 수도 있다.

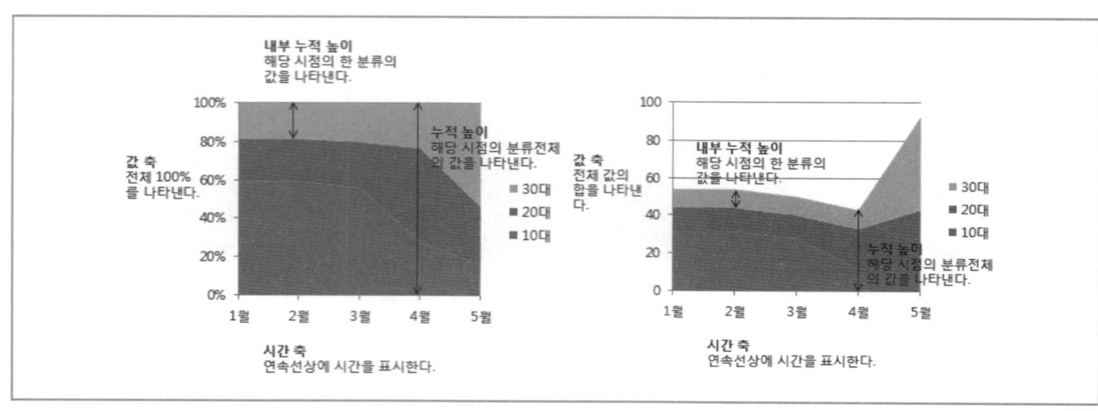


[그림 V-2-30] 누적 연속그래프의 예

네임보이저(Name Voyager)는 누적 연속그래프를 이용한 100년이 넘는 아기 이름 데이터베이스를 웹에 공개하고 있다. 네임보이저를 이용하면 어느 시기에 어떤 아기 이름이 얼마나 선택됐는지를 알 수 있다. 자신이 찾고자 하는 이름을 입력하면 이 이름을 시기별로 얼마나 많은 사람들이 선택했는가를 알 수 있다.

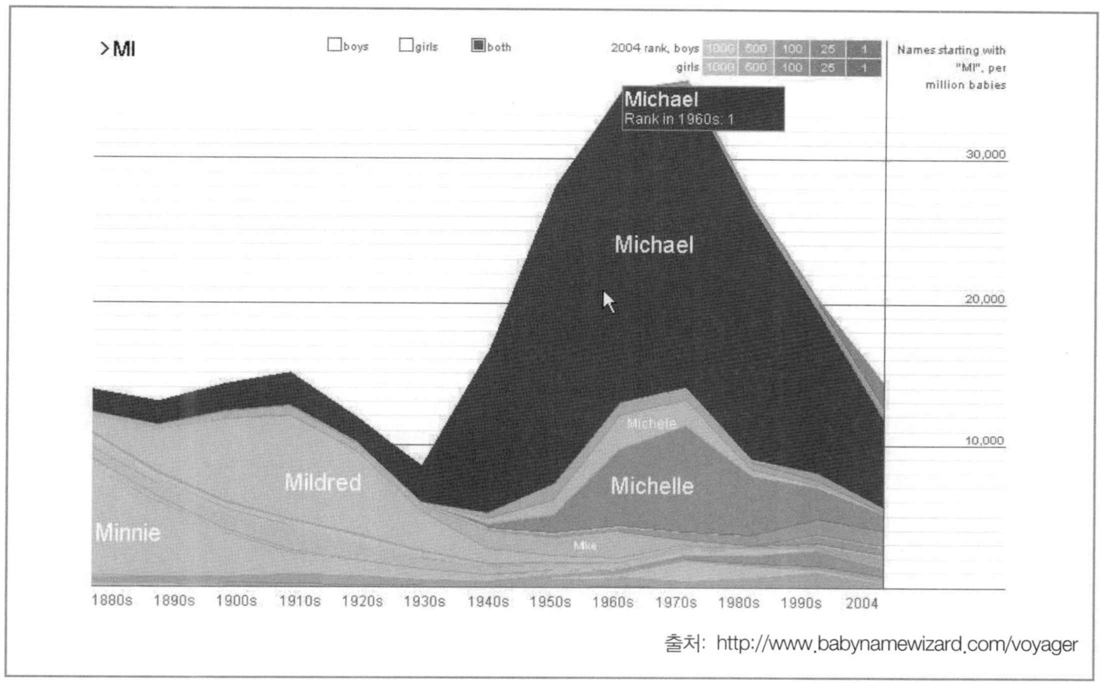

출처: http://www.babynamewizard.com/voyager

[그림 V-2-31] 네임보이저

## 다. 관계 시각화

상관관계를 알면 한 수치의 변화를 통해 다른 수치의 변화를 예측할 수 있다. 이럴 때 스캐터 플롯과 멀티플 스캐터 플롯이 사용된다. 스캐터 플롯은 시간적인 변화를 알아보는 데 도움이 되지만 두 변수의 관계를 알아볼 때도 활용된다.

### ① 산점도

스캐터 플롯 또는 산점도(또는 XY그래프)는 두 데이터 항목의 공통 변이를 나타내는 2차원 도표다. 산점도에서 각 마커(점, 사각형, 플러스 기호 등)는 관측치를, 마커의 위치는 각 관측에 대한 값을 나타낸다. 가로축과 세로축의 변수값에 대응하는 점을 좌표에 배치하면 그 상관관계를 확인할 수 있다. 점들이 오른쪽 위로 올라가는 추세를 보인다면 양의 상관관계, 점이 오른쪽 아래로 떨어지는 추세라면 음의 상관관계가 있는 것이다. 만약 점의 배치에 패턴이 보이지 않는다면 두 변수는 상관관계가 없다. 2개의 수치가 양적인 상관관계가 있다면, 점의 배치는 오른쪽으로 갈수록 위로 이동하는 추세를 보인다. 예를 들어, '수익'은 종종 '매출'과 관련이 있으며, 이때 매출이 증가하면 수익도 따라서 증가하는 관계(양의 상관관계)가 있을 수 있다. 산점도는 데이터에서 바로 이런 관계를 시각화하는 데 적합한 방법이다. 산점도를 이용해 모든 데이터 포인트를 표시한 후에는 데이터 포인트들의 관련성 여부를 시각적으로 판단할 수 있다. 데이터가 얼마나 분포됐는지 또는 데이터 포인트들이 얼마나 밀접한 관련이 있는지 이해하는 데 도움을 주며, 데이터의 분포에 존재하는 패턴을 신속하게 식별할 수 있게 해준다. 산점도는 데이터 포인트가 많을 때 특히 유용한 반면, 데이터 포인트의 수가 적은 경우에는 오히려 막대그래프나 일반 표가 정보를 제대로 표시하는 데 효과적일 수 있다.

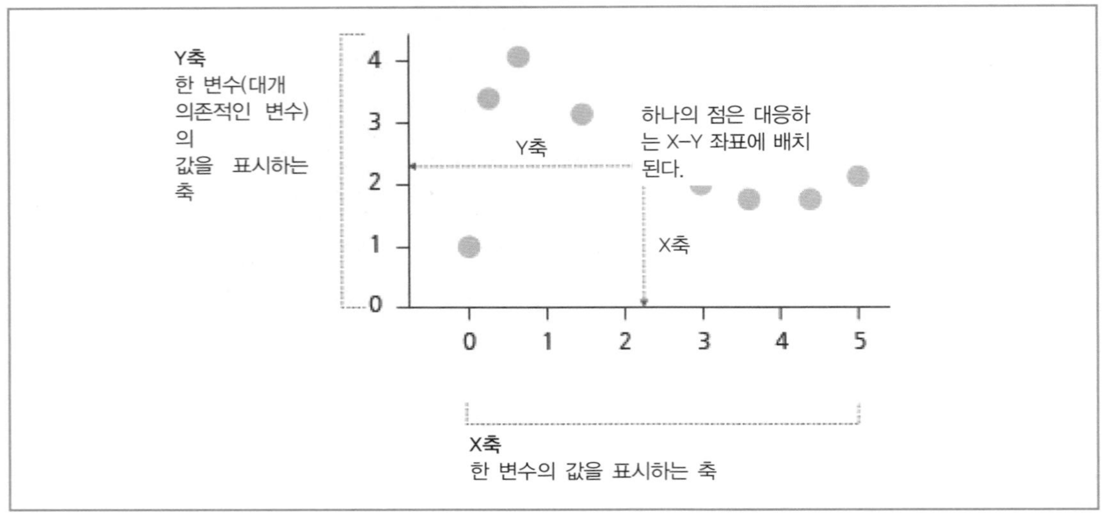


[그림 V-2-32] 산점도

② **버블차트**

버블차트는 세 가지 요소의 상관관계를 표현할 수 있는 방법으로, 가로축의 변수와 세로축의 변수, 버블의 크기로 변수를 나타낸다. 세 번째 변수의 데이터는 버블 면적으로 표현된다. 버블차트는 수십 또는 수백 개의 값을 갖거나 값들이 몇 자릿수씩 차이가 나는 데이터세트에 특히 유용하다. 특정 값들을 다양한 크기의 버블로 시각적으로 표현하고자 할 때도 이 방식을 사용할 수 있다. 하지만 종종 버블차트를 보는 사람들은 원의 면적을 보는 것이 아니라, 원의 지름을 갖고 판단하는 경향이 있다. 애니메이션 버블 그래프는 장기간에 걸쳐 점진적으로 변화하는 데이터를 표시하는 데 적합한 방법으로, 한스 로슬링(Hans Rosling)의 갭 마인더(Gap Minder)가 대표적인 사례다.

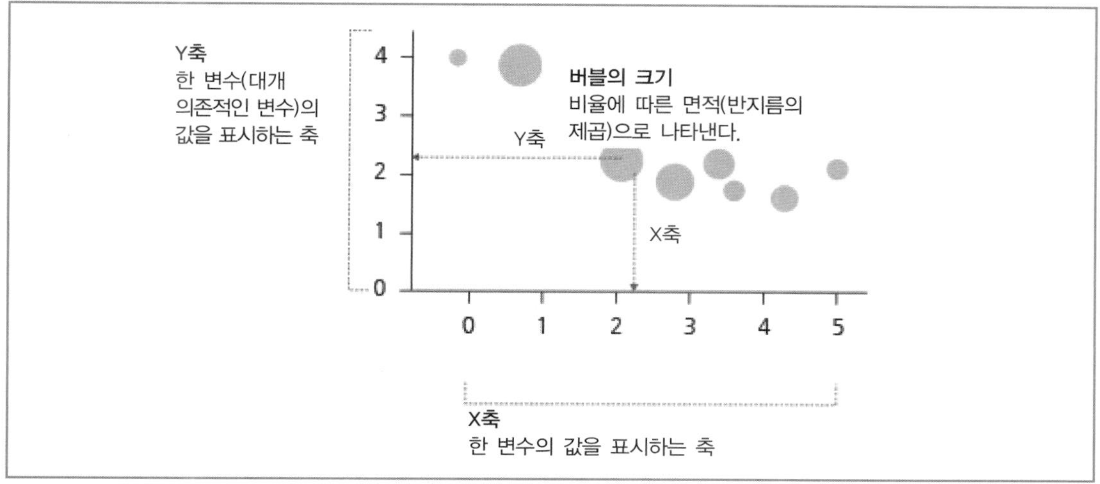


**[그림 V-2-33] 버블차트**

아래 차트는 한스 로슬링의 갭 마인더로 유엔의 데이터를 바탕으로 한 인구 예측, 부의 이동 등에 관한 연구논문과 통계정보를 공유하는 버블차트의 대표적인 예다. 갭 마인더의 버블차트는 두 가지 수의 변수(생활기대 값과 1인당 GDP)를 위해 자료를 표시한, 산점도로 보여주고 있다. 이 그래프는 각각의 변수를 위한 하나의, 적합한 수의 척도와 함께 축의 한 쌍을 포함하고 있다. 각 국가를 위해 짝지은 자료는 흩뿌려진 도면 위의 점과 같이 위치가 결정된다.

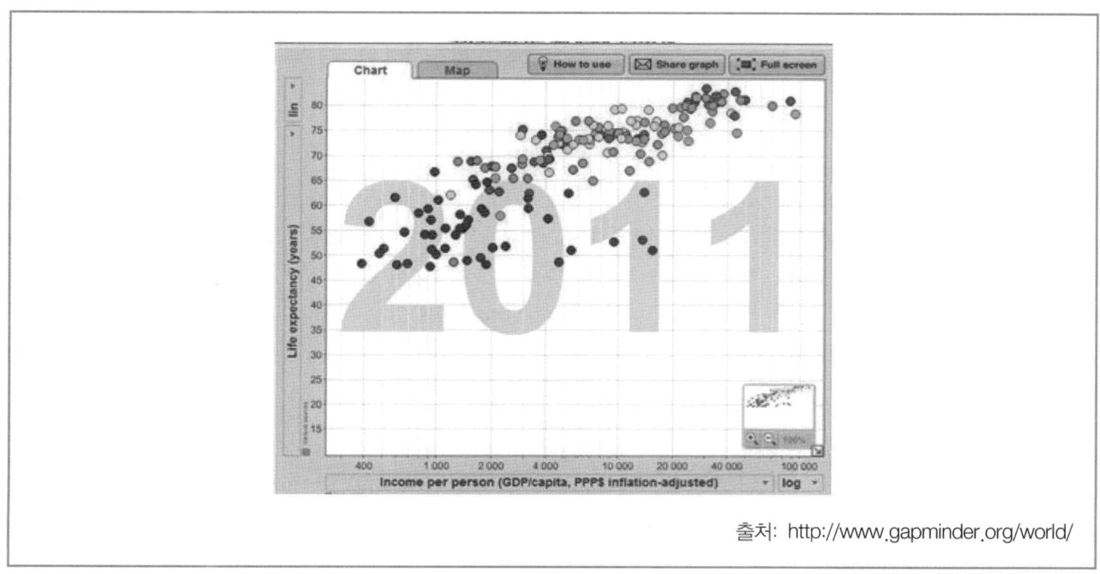


출처: http://www.gapminder.org/world/

**[그림 V-2-34] 한스 로슬링의 갭 마인더**

### ③ 히스토그램

히스토그램(분포 그래프)이 왼쪽으로 치우친 모양이라면, 데이터가 전체 범위에서 수치가 낮은 쪽에 몰려 있음을, 오른쪽에 치우쳐 있다면 높은 쪽에 몰려 있음을 의미한다. 수평선으로 그려진다면 균일한 분포라는 뜻이고, 평균값을 중심으로 양옆이 줄어든다면 점진적인 감소 모양을 보이는 종 곡선이라고 할 수 있다. 히스토그램의 구조를 보면 막대의 높이는 빈도를 나타내고 폭은 의미가 거의 없다. 가로축과 세로축은 연속적이다.

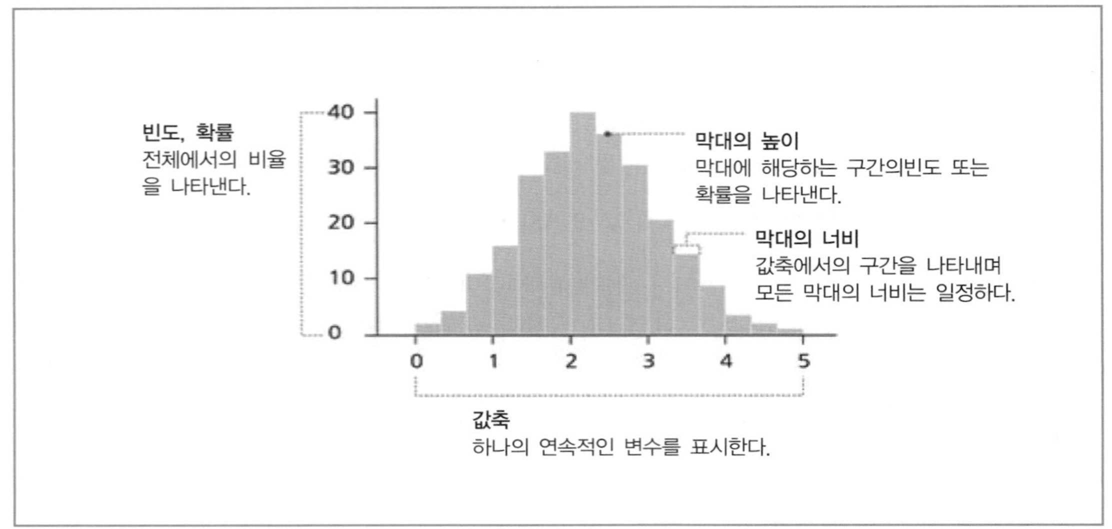


[그림 V-2-35] 히스토그램

## 라. 비교 시각화

여러 개의 변수를 다뤄야 할 때 마주하는 첫 번째 난관은 시작점을 찾는 것이다 자신에게 있는 데이터를 끊임없이 생각하다 보면 너무 많은 변수와 세부 분류에 압도되곤 한다. 때로는 모든 데이터를 한번 훑어본 다음 흥미로운 점을 짚고 다른 점을 찾아가는 과정이 더 도움이 된다.

### ① 히트맵

히트맵(heat map)은 시각화 기법에서 가장 많이 유용하게 쓰이는 그래프 중 하나다. 여러 가지 변수를 비교해 볼 수 있다. 한 칸의 색상으로 데이터 값을 표현한다. 히트맵을 읽는 방법은 표를 읽는 방법과 같다. 하나의 대상에 해당하는 한 행을 왼쪽에서 오른쪽으로 보면서 모든 변수를 파악할 수도 있고, 하나의 변수에 대응하는 한 열을 위에서 아래로 읽을 수도 있다. 그러나 데이터가 지나치게 많을 경우엔 더 혼란스러울 수 있으니 적당한 색상을 선택하고 약간의 정렬 과정을 거쳐야 한다.

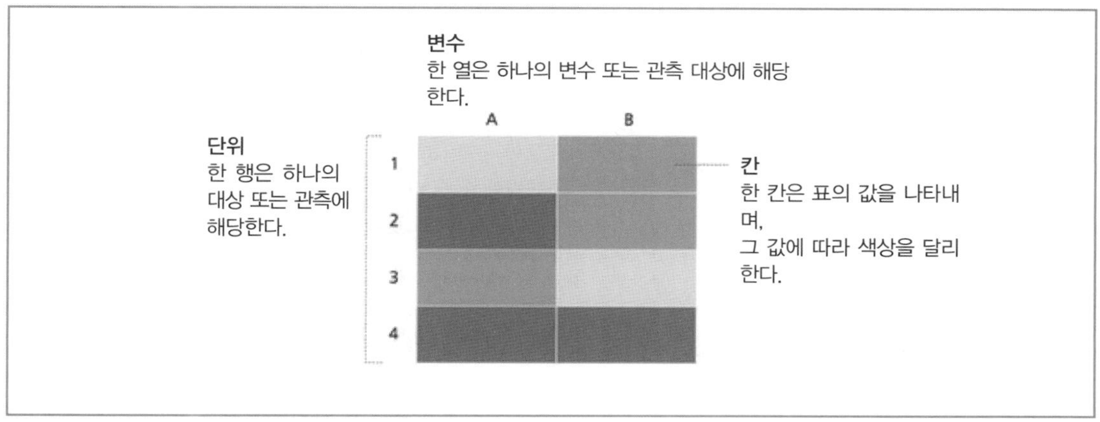


[그림 V-2-36] 히트맵

[그림 V-2-37]은 마켓프로핏(MarketProphit)에서 제공하는 감정(Sentiment) 히트맵으로, 향후 주식시장에 대한 전망을 사회적 주식 지수로 보여준다. 트위터에서 많이 이야기되는 주식이 블록에 나타나며, 해당 주식에 대해 어떠한 감정으로 이야기하는지가 색상으로 나타난다. 붉은 색은 부정적 감정을, 녹색은 긍정적 감정을 나타낸다. 이로서 금융에 대해 소셜 네트워크상의 감성을 분석하고 시각화해 보여줌으로써 향후 주식의 전반적 흐름을 조망해 볼 수 있다.

출처: http://www.marketprophit.com/heat-maps/

[그림 V-2-37] 마켓프로핏: 감정 히트맵

② **체르노프 페이스**

체르노프 페이스(Chernoff face)는 데이터를 사람의 얼굴 이미지로 표현하는 방법이다. 얼굴의 가로 너비, 세로 높이, 눈, 코, 입, 귀 등 각 부위를 변수로 대체해 데이터의 속성을 쉽게 파악할 수 있도록 만들어졌다.

데이터의 개별적인 부분에 집중해 그리는 것이 가능하다는 장점이 있으나, 체르노프 페이스는 엄밀한 의미의 데이터 그래픽에는 포함되지 않으며, 보통 사람들에게 혼란을 줄 우려도 있다. 체르노프 페이스의 유용성은 상황에 따라 다르며, 유용성보다는 전문가의 흥미가 주 목적이다.

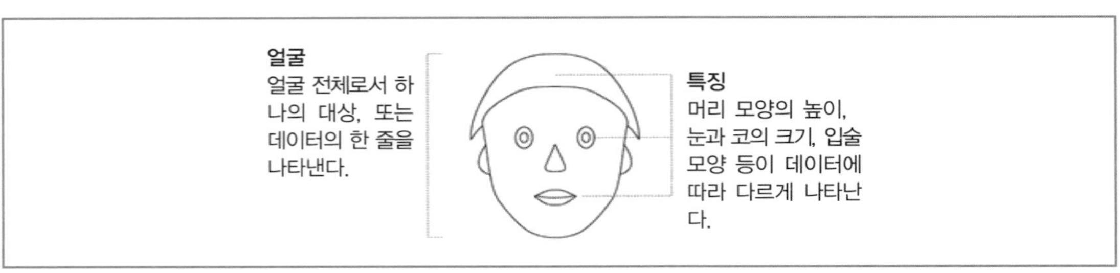


[그림 V-2-38] 체르노프 페이스

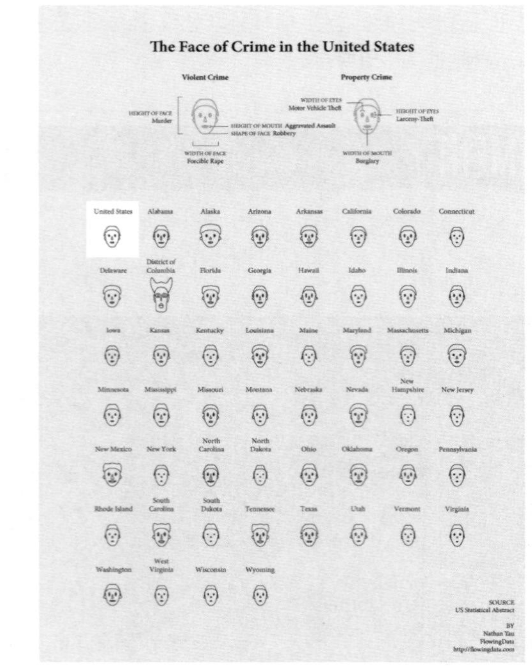


출처: http://flowingdata.com/2010/08/31/how-to-visualize-data-with-cartoonish-faces/crime-chernoff-faces-by-state-edited-2/

[그림 V-2-39] 나단 야우의 '미국 범죄의 얼굴'(Crime-Chernoff-Faces-by-state-edited)

### ③ 스타차트

모양 때문에 거미줄 차트 또는 방사형 차트라고도 하는 스타 차트는 차트 중앙에서 외부 링까지 이어지는 몇 개의 축을, 그리고 전체 공간에서 하나의 변수마다 축 위의 중앙으로부터의 거리로 수치를 나타낸다. 각 변수를 라인 위에 표시한 지점을 연결해 연결선을 그린다. 그 결과는 별 모양의 도형으로 나타난다. 중점은 축이 나타내는 값의 최솟값을, 가장 먼 끝은 최댓값을 나타낸다.

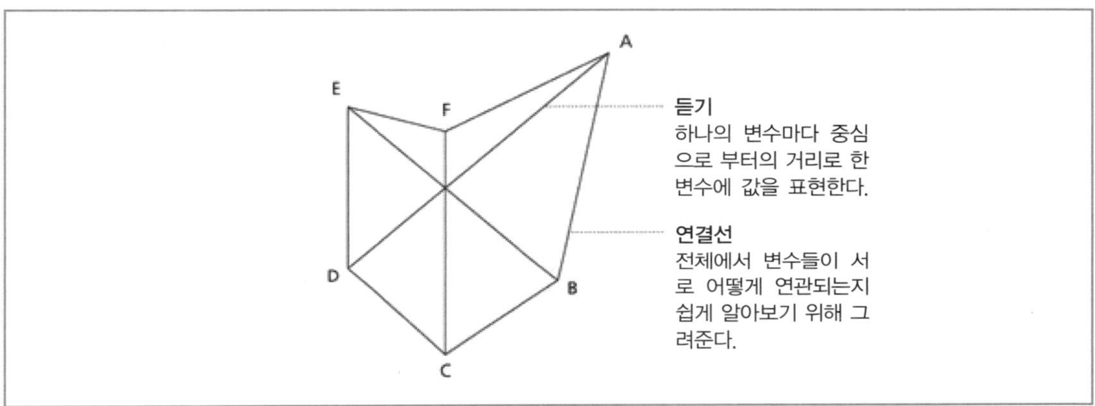


**[그림 V-2-40] 스타 차트**

[그림 V-2-41]은 미국 서부지역 MBA 농구 선수들의 강점을 방사형 차트로 표현한 것이다. 각 색상코드는 선수들이 속한 구단을 의미하며, 각 축은 농구선수들의 기록이다.

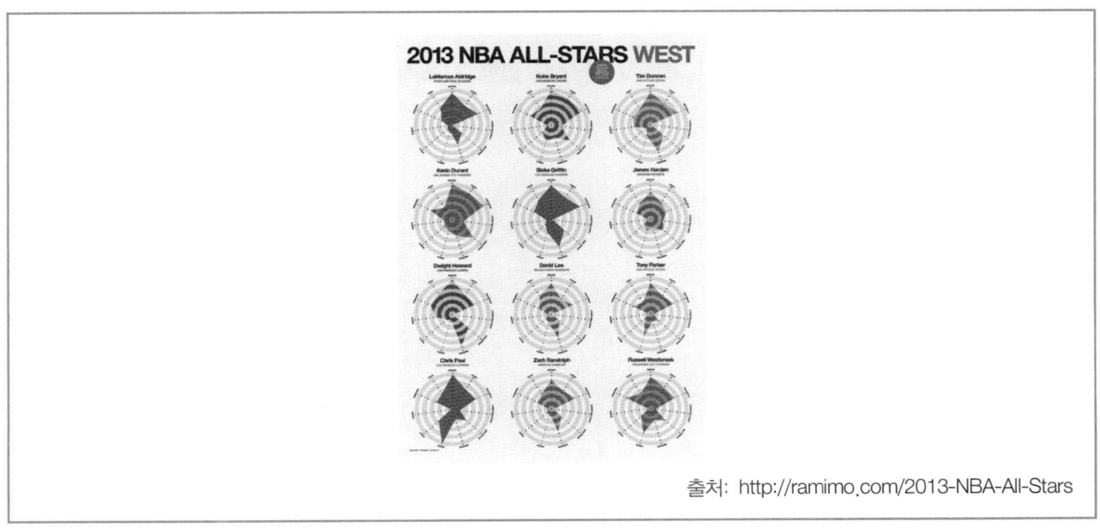


출처: http://ramimo.com/2013-NBA-All-Stars

**[그림 V-2-41] 2013 NBA 올스타 서부지역**

### ④ 평행 좌표계

평행 좌표계는 여러 축을 평행으로 배치해 만든다. 한 축에서 윗부분은 변수 값 범위의 최댓값을, 아래는 변수 값 범위의 최솟값을 나타낸다. 하나의 측정 대상은 변수 값에 따라 위아래로 이어지는 연결선으로 그려진다. 평행 좌표계 그래프는 대상이 많은 데이터에서 집단적인 경향성을 쉽게 알아볼 수 있게 해준다.

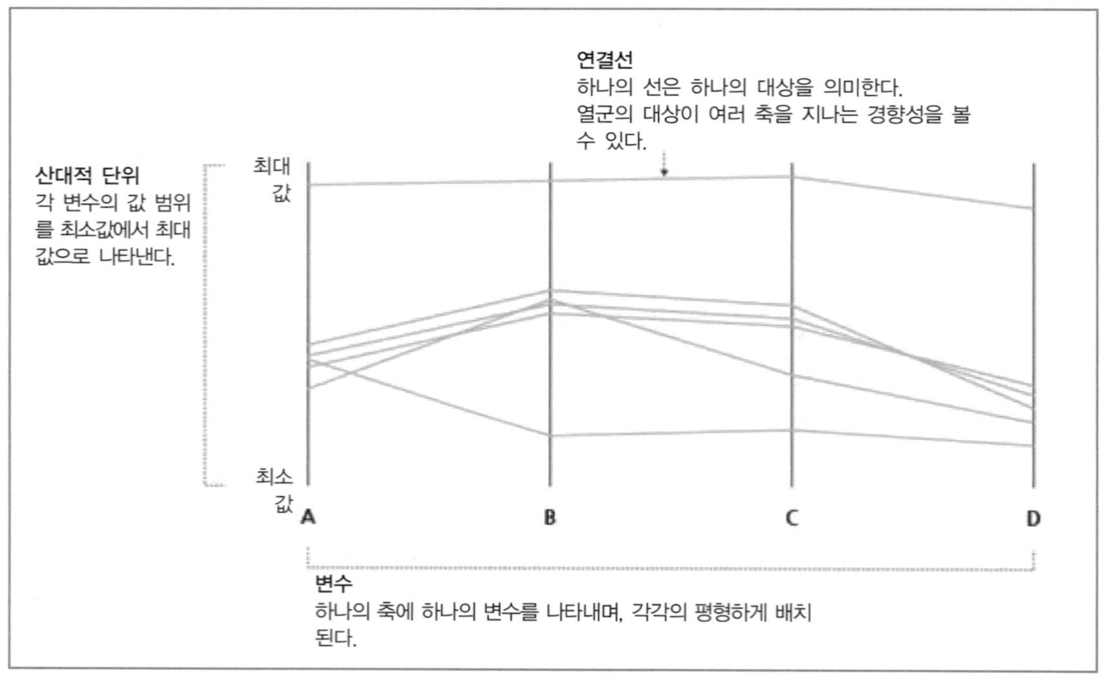


[그림 V-2-42] 평행 좌표계

[그림 V-2-43] 평행좌표계는 카이 창(Kai Chang)이 만든 것으로 USDA의 영양소 데이터베이스를 시각화했다. 각 식품 100g당 들어있는 영양성분을 비교해볼 수 있다. 이와 같은 평행좌표계는 카이 창이 개발해 배포하는 D3.js의 평행좌표계인 Parallel Coordinates(0.2.2)를 이용해 직접 구현해볼 수 있다(http://syntagmatic.github.io/parallel-coordinates/).

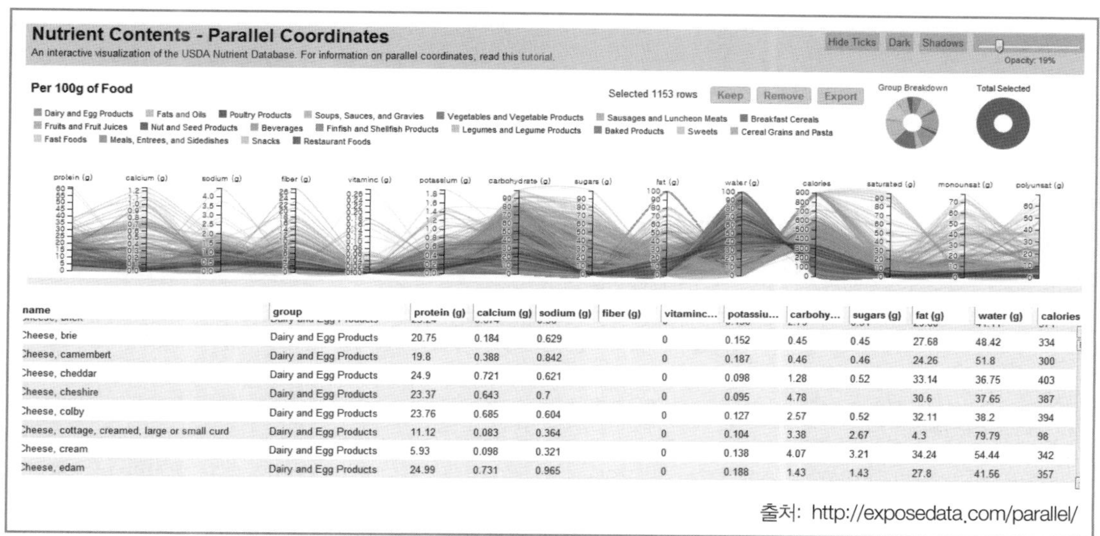


| name | group | protein (g) | calcium (g) | sodium (g) | fiber (g) | vitaminc... | potassiu... | carbohy... | sugars (g) | fat (g) | water (g) | calories |
|---|---|---|---|---|---|---|---|---|---|---|---|---|
| Cheese, brie | Dairy and Egg Products | 20.75 | 0.184 | 0.629 | | 0 | 0.152 | 0.45 | 0.45 | 27.68 | 48.42 | 334 |
| Cheese, camembert | Dairy and Egg Products | 19.8 | 0.388 | 0.842 | | 0 | 0.187 | 0.46 | 0.46 | 24.26 | 51.8 | 300 |
| Cheese, cheddar | Dairy and Egg Products | 24.9 | 0.721 | 0.621 | | 0 | 0.098 | 1.28 | 0.52 | 33.14 | 36.75 | 403 |
| Cheese, cheshire | Dairy and Egg Products | 23.37 | 0.643 | 0.7 | | 0 | 0.095 | 4.78 | | 30.6 | 37.65 | 387 |
| Cheese, colby | Dairy and Egg Products | 23.76 | 0.685 | 0.604 | | 0 | 0.127 | 2.57 | 0.52 | 32.11 | 38.2 | 394 |
| Cheese, cottage, creamed, large or small curd | Dairy and Egg Products | 11.12 | 0.083 | 0.364 | | 0 | 0.104 | 3.38 | 2.67 | 4.3 | 79.79 | 98 |
| Cheese, cream | Dairy and Egg Products | 5.93 | 0.098 | 0.321 | | 0 | 0.138 | 4.07 | 3.21 | 34.24 | 54.44 | 342 |
| Cheese, edam | Dairy and Egg Products | 24.99 | 0.731 | 0.965 | | 0 | 0.188 | 1.43 | 1.43 | 27.8 | 41.56 | 357 |

출처: http://exposedata.com/parallel/

**[그림 V-2-43] 카이 창의 영양소 콘텐츠 - 평행좌표계**

### ⑤ 다차원척도법

다차원척도법(Multidimensional Scaling, MDS)은 지리학에서 시작된 것으로 데이터세트상의 개별 데이터 간의 유사도를 바탕으로 시각화한다. 표현하고자 하는 객체 간 간격이 발생하는, 즉 거리행렬(distance matrix)을 포함하는 데이터의 시각화에 유용하다. 예를 들면 지도 위에서 A와 B라는 지역의 거리를 잴 수 있고, 이와 같이 A에서 C, B에서 C의 사이를 잴 수 있다. 그렇다면 그 잰 거리만 갖고 A와 B의 위치를 알아낼 수 있을까 하는 분석에서 시작된 것이 다차원척도법이다. 다차원척도법은 대상 간의 유사성(또는 선호도) 측도에 의거해 대상을 다차원 공간 속에 배치시키는 방법이다. 유사성이 작은 대상끼리는 멀리, 유사성이 큰 대상끼리는 가까이 위치시킨다. (이와 같은 방법으로 다른 자동차 간의 관계를 사람들이 어떻게 인식하는지를 다른 자동차 제조업체와 모델 간의 유사성 등급을 나타내는 응답자의 데이터가 있는 경우, 소비자의 인식을 설명하는 차원을 구분하는 데 다차원척도법을 사용할 수 있다.) 예를 들어 한 차량의 가격과 크기가 2차원 공간을 정의하며, 이 결과에 응답자들이 보고한 유사성이 나타난다. 따라서 [그림 V-2-44]와 같이 모든 변수를 비교해 비슷한 대상을 그래프에 가깝게 배치한다.

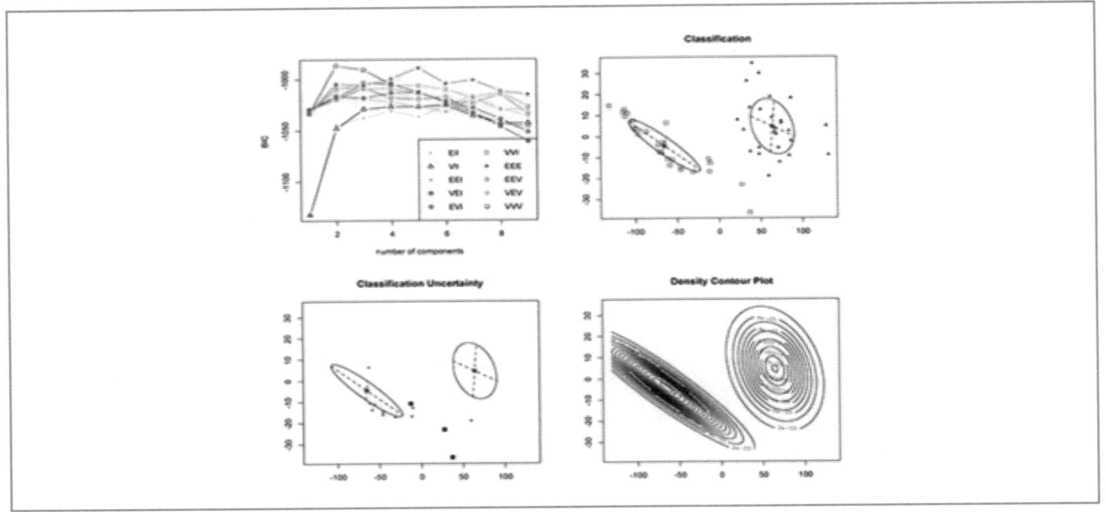


[그림 V-2-44] 다차원척도법의 결과

## 마. 공간 시각화

지도를 읽는 방법은 통계 그래픽을 읽는 방법과 매우 비슷하다. 지도의 한 위치를 다른 위치와 비교해보는 것은 그래픽의 한 클러스터 영역과 나머지의 비교와 같다. 지도를 만들 때 위치를 정확하게 배치해야 하며, 색상 구분도 정확해야 하고, 라벨이 위치를 가려서는 안 되며, 정확한 투시 방법을 선택해야 한다. 하나의 지도는 시간상의 한 지점, 한 순간의 현실만을 반영하고 있지만, 여러 장의 지도를 통해 시간의 여러 단면을 표현할 수 있다. 인터랙티브 지도에서 특히 호황을 누리고 있는 특정 지역은 독자들이 집중해서 어떻게 변화해가고 있는지 알기 쉽다.

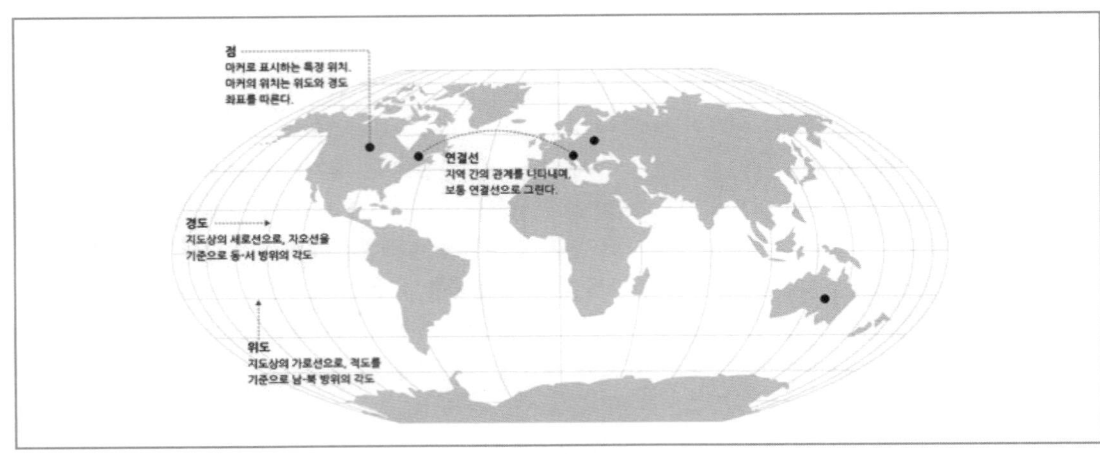


[그림 V-2-45] 매핑 포인트 프레임워크

위도와 경도의 위치 값을 이용해 지도 위에 정확한 매핑 포인트를 표시해야 한다. 구글 차트의 지오차트(Geo Chart)는 이 값을 모르고 지명만 알아도 시각화 작업을 가능하게 한다. 지오차트에서 영역 모드와 마커 모드를 갖고 나라별, 대륙별 또는 지역의 지도를 쉽게 그려볼 수 있다. 영역 모드는 국가, 지방 또는 국가와 같은 전체 지역을 채색하는 것이고, 마커 모드의 마크는 사용자가 지정한 값에 따라 조정되는 것으로 버블 차트를 사용해 영역을 지정할 수 있다(https://developers.google.com/chart/interactive/docs/gallery/geochart).

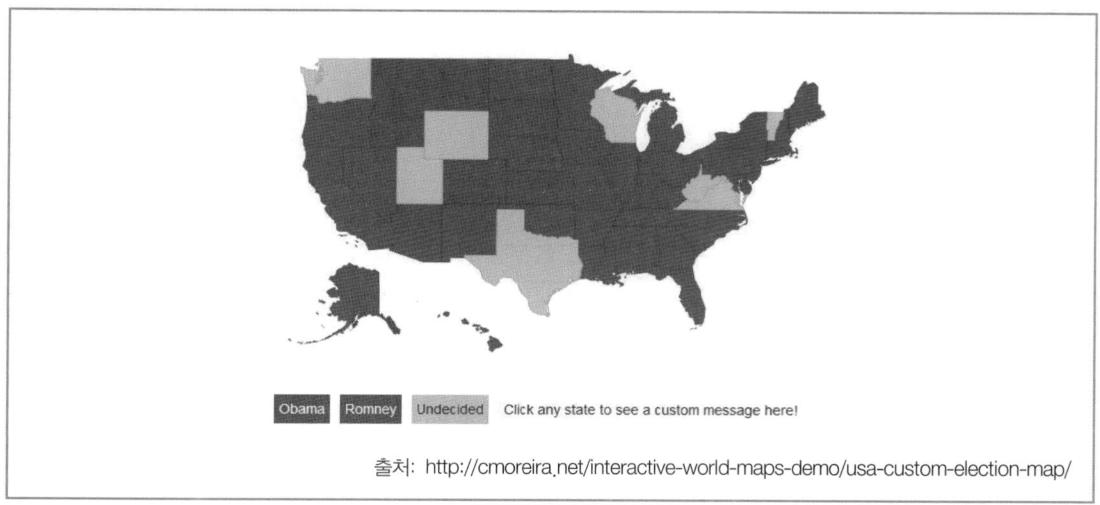


출처: http://cmoreira.net/interactive-world-maps-demo/usa-custom-election-map/

**[그림 V-2-46] 인터랙티브 미국 선거 지도**

위에서 나열한 선택할 수 있는 그래프의 유형에는 여러 가지가 있으며, 그래프 유형의 선택은 시각화해야 하는 범주와 측도(또는 차원)의 수에 좌우된다. 그러므로 다양한 유형의 시각 자료를 적용해 보고 이를 대상자에게 테스트해 정보가 정확하게 전달되는지를 지속적으로 확인할 필요가 있다. 또한 그래프를 그릴 때는 최소한의 것으로 표현하는 것이 최대한의 것을 전달하는 힘을 갖는 경우가 대부분이다. 에드워드 터프티(Edward Tufte)가 저술한 『The Visual Display of Quantitative Information』에서는 데이터 링크를 더 이상 지울 수 없는(non-erasable) 그래픽의 핵심이며, 숫자의 변화를 비중복(non-redundant)적으로 표현하는 잉크라고 소개하고 있다. 따라서 데이터링크가 아닌 것과 중복되는 데이터링크를 제거해 데이터링크 비율을 올리는 것이 데이터를 그래픽 디자인으로 올바르게 표현하는 방법이라고 주장하고 있다. 아래의 그래프를 단순화 하는 단계는 그대로의 데이터가 더 보기에 낫다는 관점에서 단계별로 그래프를 단순화해 표현하는 방법을 설명하고 있다(출처 : http://darkhorseanalytics.com/blog/data-looks-better-naked/).

① **배경을 지워라**

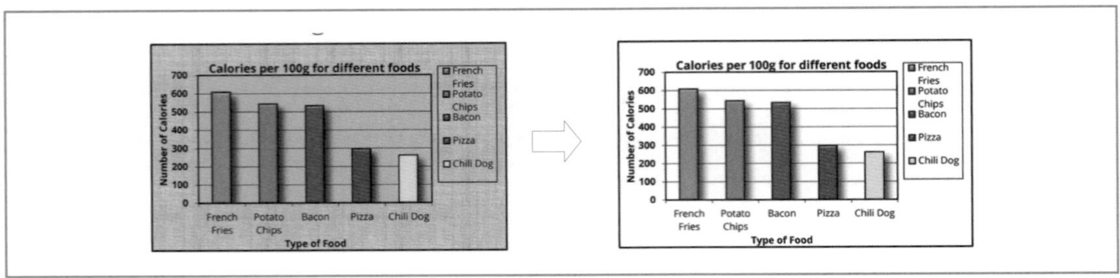


배경에 들어간 질감으로 된 배경은 그래프를 눈에 띄게 할 수는 있지만 시각적으로 데이터를 강조하는데 오히려 방해가 되고 있다.

② **범례를 지워라**

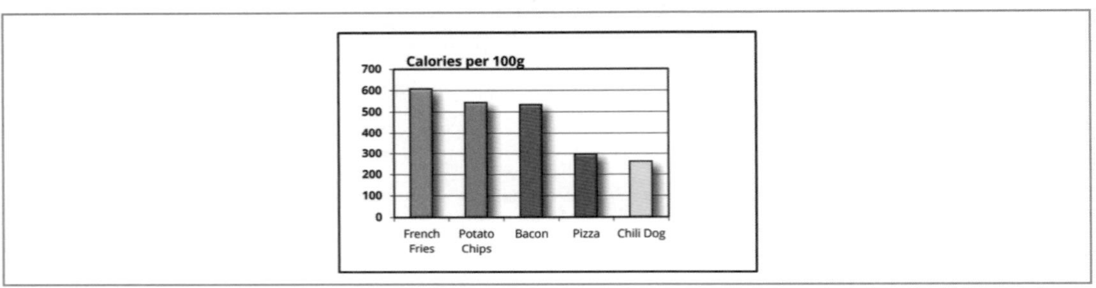


그래프에 범례가 포함돼 있다면 굳이 범례를 추가할 필요가 없다. 또한 범례를 보고 그래프를 보려면, 보는 사람이 직접 색상과 글씨를 매칭해야 하기 때문에 해석에 방해가 된다.

③ **테두리를 지워라**

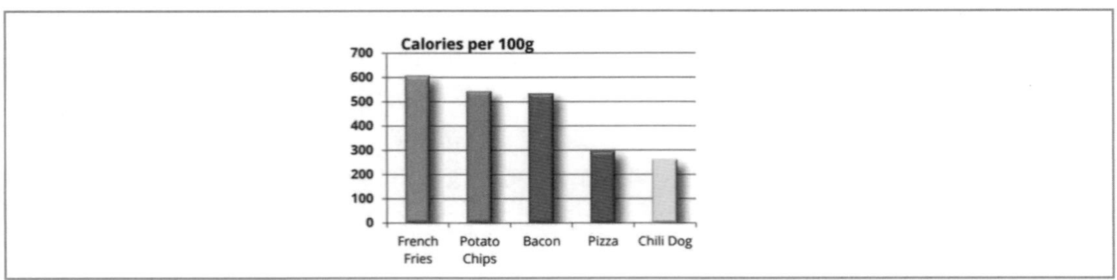


배경이 흰색인 문서에서 테두리는 답답한 느낌을 주며, 디자인에 방해가 된다.

④ **색깔을 지워라**

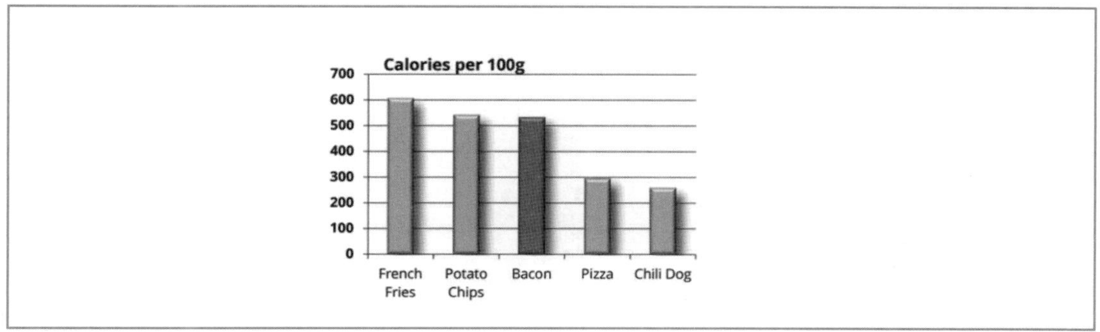


다양한 색은 보는 사람에게 핵심이 무엇인지 파악하기 어렵게 만든다.

⑤ **특수효과를 지워라**

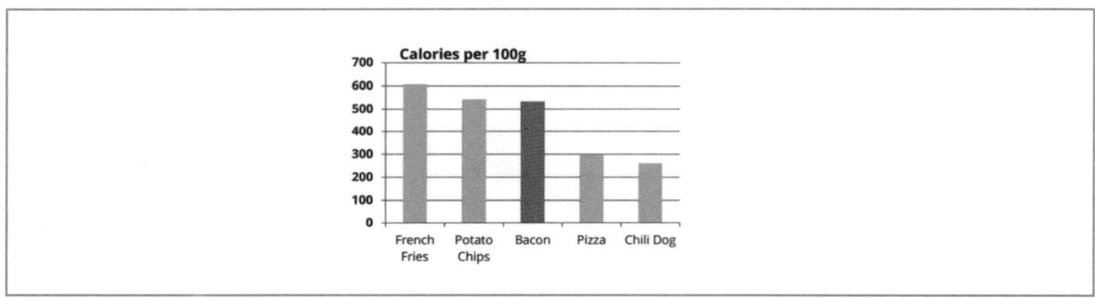


그림자 효과와 볼록 효과와 같은 특수 효과는 전체적인 디자인의 통일성을 맞추기 어렵게 한다. 또한 특수 효과는 데이터의 핵심을 전달하는 데 방해가 된다.

⑥ **굵은 글씨를 지워라**

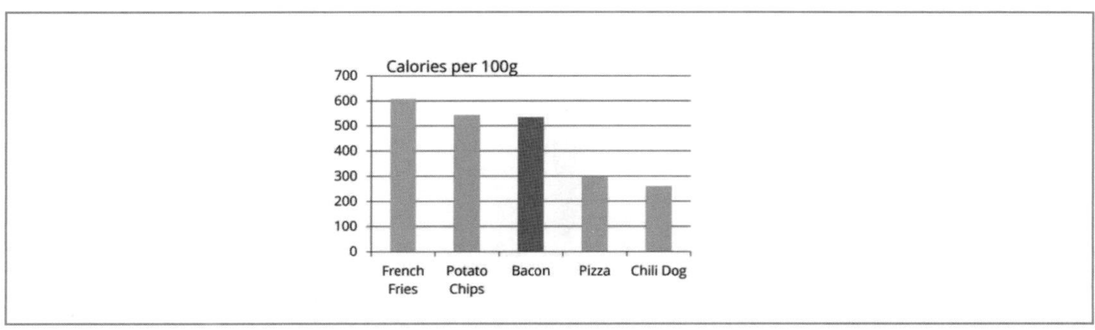


굵은 글씨는 보는 사람의 눈을 끄는 효과가 있지만, 오히려 핵심에 집중 못하게 하고 시선을 분산시킨다.

### ⑦ 라벨을 흐리게 처리해라

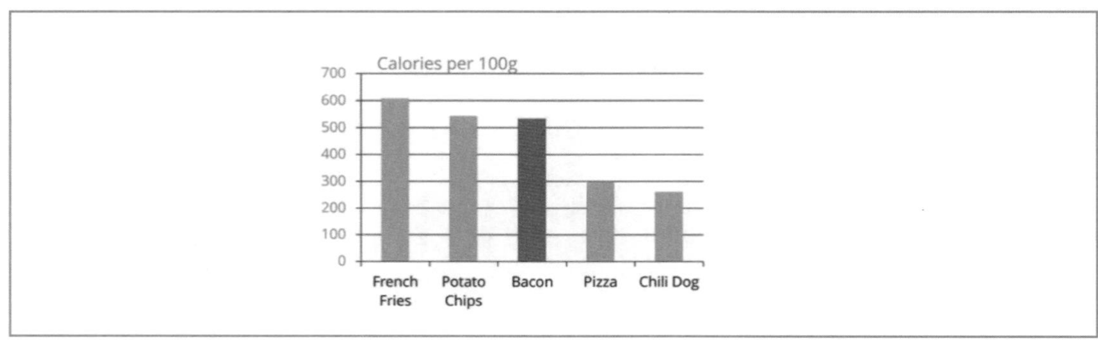


흐릿하게 처리된 라벨은 처음 그래프를 보는 사람이 데이터의 핵심에 집중하는 데 도움을 준다.

### ⑧ 보조선을 흐리게 처리하든지 아예 지워라

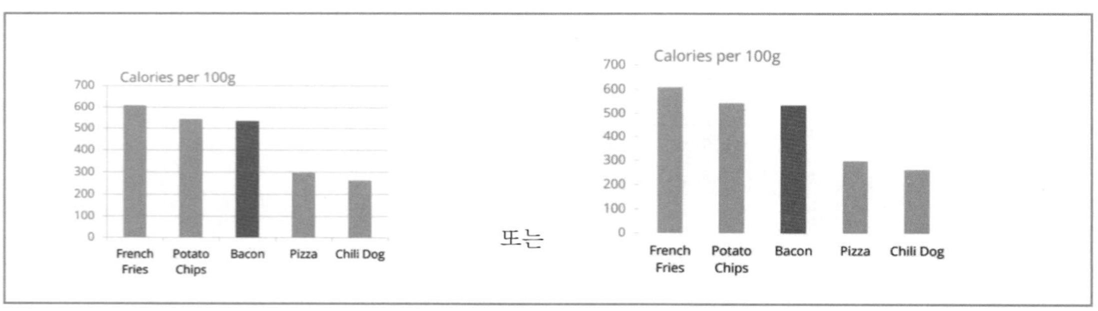


진하게 그려진 보조선은 데이터를 표현하는 부분과 겹치기 때문에 흐릿하게 처리하거나 없애는 편이 깔끔하다.

### ⑨ 라벨을 직접 표시하라

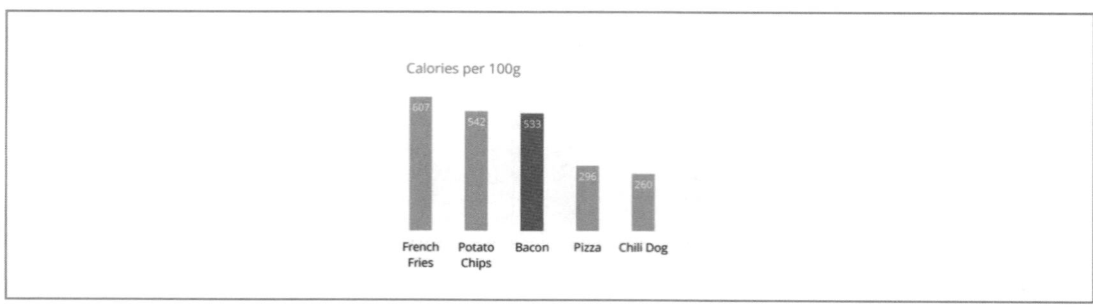


보조선을 없앤 대신에 라벨을 데이터에 직접 표현하면 보는 사람이 즉각적으로 그래프를 해석할 수 있다.

결과로 나온 그래프와 처음 그래프를 함께 놓고 비교해 보면 어떤 그래프가 더 보기 쉬운지 쉽게 구별할 수 있다. 시각화 툴에서 제공하는 그래프를 이용하더라도 토프티가 주장하는 바와 같이 단순하고 명료하게 원하는 데이터만 전달하는 측면에 주력한다면 효율적인 정보 시각화가 가능하다.

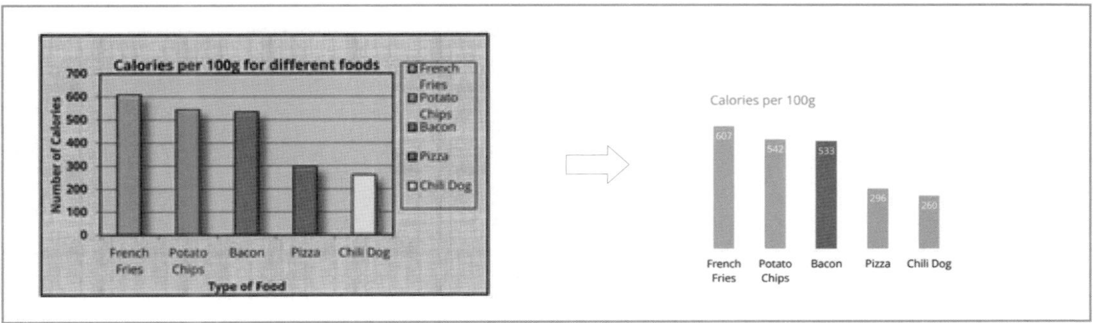


## 3. 정보 시각표현

앞서 다양한 그래프로 그리는 정보 시각화는 시각화 도구에 의존해 그리는 단계라 하면, 정보 시각 표현 단계에서는 그래픽적으로 디자인을 완성시키는 단계로 이해하면 된다. 정보 시각 표현에 사용되는 정보 디자인의 그래픽 요소는 정보의 내용을 시각적 형식으로 전환해 전달 과정에서 사용자의 감각을 자극한다. 이때 사용자의 지각 시스템을 작동시켜 정보가 쉽게 이해되도록 시각적 안내 역할을 한다.

### 가. 정보표현을 위한 그래픽 요소

시각 정보를 보기 위해 뇌는 패턴을 감지하고 이를 해석한 뒤에 학습하게 된다. 시간을 단축하기 위해 뇌는 먼저 비슷한 물체, 즉 크기와 색깔이 똑같은 사각형들과 조금 달라 보이는 사각형 하나를 구분한다. 그런 다음에야 나머지를 자세히 탐색한다. 비슷한 것과 다른 것을 골라내는 단박에 구별하는 이 능력은 정보 표현을 위한 그래픽 작업에 원칙을 부여한다. 패턴이라는 뜻을 갖고 있는 게슈탈트(gestalt) 이론은 뇌가 색깔과 형태의 조각들을 하나의 집합체로 본다는 것으로, 정보 디자인의 시각 인지론에 근간을 이룬다. 이 게슈탈트 이론에 근거해 프랑스 지도 제작자인 자크 베르탱(Jacques Bertin)은 정보 표현을 위한 그래픽 요소들의 분석과 정의를 통해 정보의 시각화 방법을 제시했다. 1969년 그가 저술한 『기호 그래픽』에서 정리한 이론은 오늘날 정보 시각화와 그 요인들이 무엇인지를 폭넓게 제시한 첫 번째 사례로 꼽힌다. 그래픽 요소가 수치적(양적), 질적 데이터 간의 차이, 순서, 비율의 관계를 시각적으로 전환할 수 있는 가장 효율적인 표현의 수단이며, 사용자가 이를 통해 정보를 시각적으로 지각하고 이해하게 하는 절대적인 역할을 한다고 했다. 자크 베르탱의 그래픽 7요소는 데이터나 정보들을 시각적으로 표현하는 데 있어서 쓸 수 있는 방법으로, 다음 예제의 네모 블록은 시각화한 작은 모듈들을 의미한다.

① **위치**

위치(Position)에 변화를 줌으로써 하나의 요소를 강조할 수 있다. [그림 V-2-47]에서는 같은 요소를 나열하면서 Y 좌표 값에 변화를 줌으로써 강조를 했다. 특정 요소의 상대적인 위치를 확인해 주변의 여타 요소와 관계를 비교할 수 있다. 크기와 마찬가지로 수치로 표현할 수 있다. 정보의 상하구조를 효과적으로 전달할 수 있다. 가장 중요한 정보나 자주 쓰이는 기능은 좌측 상단에 배치한다.

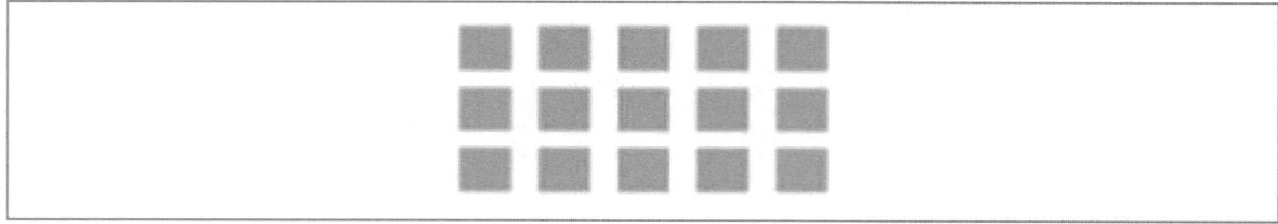

**[그림 V-2-47] 위치**

② **크기**

같은 크기(Size)를 갖고 있는 요소들이라면 하나만 작게 만들면 상대적으로 그것이 강조돼 보인다. 따라서 크기가 크고 적은가의 문제가 아니라 같이 있는 것들 간의 관계에 따라 결정된다. 클수록 사람들의 시선을 끈다. 크기는 수치로 표현할 수 있고, 순서로 구분할 수도 있다. 따라서 양과 중요도를 인지할 수 있다.

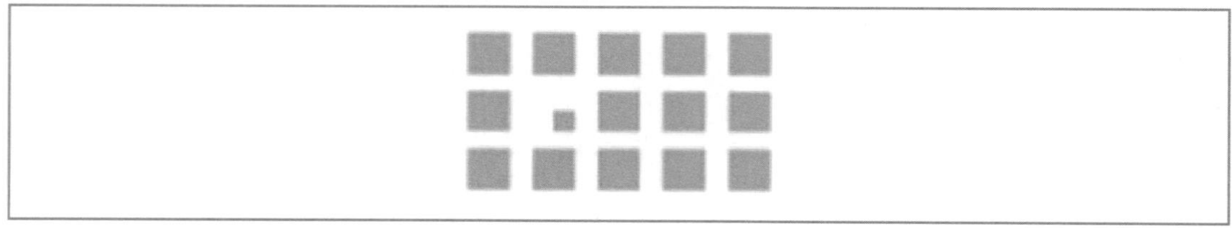

**[그림 V-2-48] 크기**

③ **모양**

같은 모양(Shape) 중에 하나만 다른 모양을 취한다면 이것이 도드라진다. 중요한 것은 비슷한 형태가 아닌 전혀 다른 형태로 바꾸어야만 강조돼 보인다. 사람들은 외곽선을 보고 대상을 인식한다. 하지만 형태를 구분하는 능력은 색상이나 크기를 인지하는 능력보다 고도의 기술이다. 형태만으로는 큰 대비 효과를 기대할 수 없다.

**[그림 V-2-49] 모양**

④ **색**

같은 색(Color)이라면 다른 색을 쓴 것이 잘 보인다. 대개의 경우 강조를 위해 보색을 쓰는 경우가 많다. 인쇄물의 보색과 스크린상의 보색이 다름을 인지하고 선정하는 것이 중요하다. 문화적 환경에 따라 다른 의미를 지닌다. 크기나 명암과 달리 수치로 표현하기 힘들다. 본질적으로 정량적인 속성이 아니기 때문이다. 순서를 매기기에는 적합하지 않다. 정보를 전달할 때 색상에만 의존해서는 안 된다.

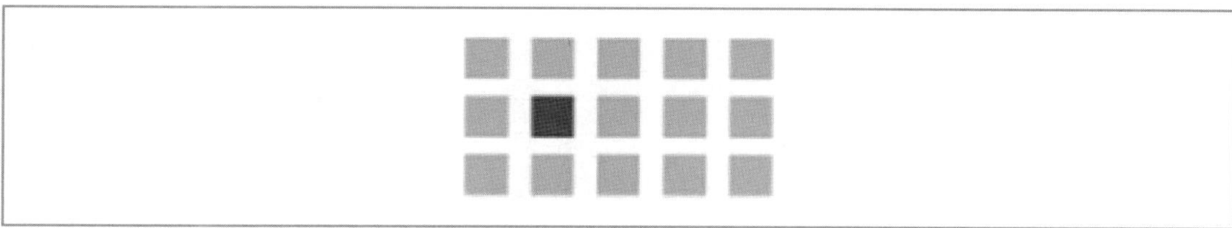

[그림 V-2-50] 색

⑤ **명도**

하나만 명도(Value)가 유난히 높거나 낮다면 이것 또한 비교돼 잘 보일 수 있다. 명도가 높고 낮음은 색상보다 더 명시성에 영향을 준다.

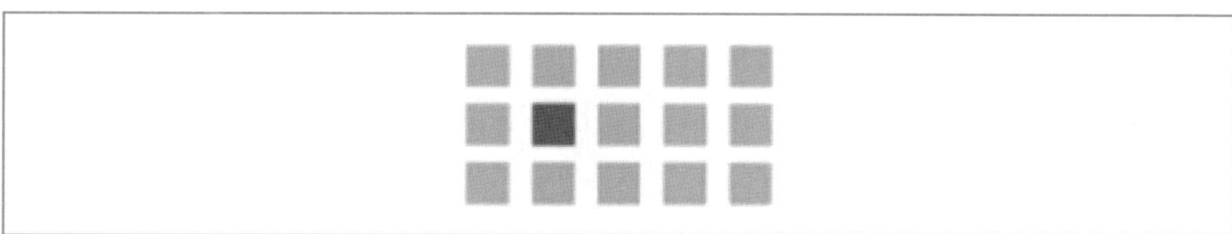

[그림 V-2-51] 명도

⑥ **기울기**

같은 것들 중 하나의 기울기(Orientation)에 변화를 주어 시선을 유도할 수 있다. 시선은 반복에서 벗어나 변화를 감지해 강조한다고 느낀다.

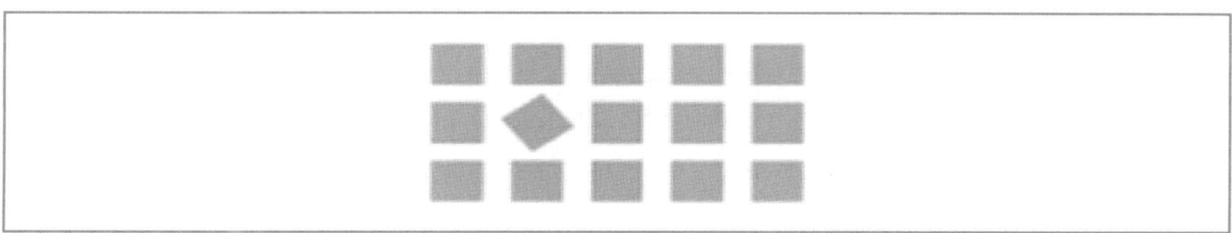

[그림 V-2-52] 기울기

⑦ **질감**

같은 색상과 형태일지라도 질감(Texture)을 다르게 주면 강조하게 만들 수 있다. 질감을 지나치게 많이 쓰면 좋지 않은 결과를 가져올 수 있으므로 신중하게 선택할 필요가 있다.

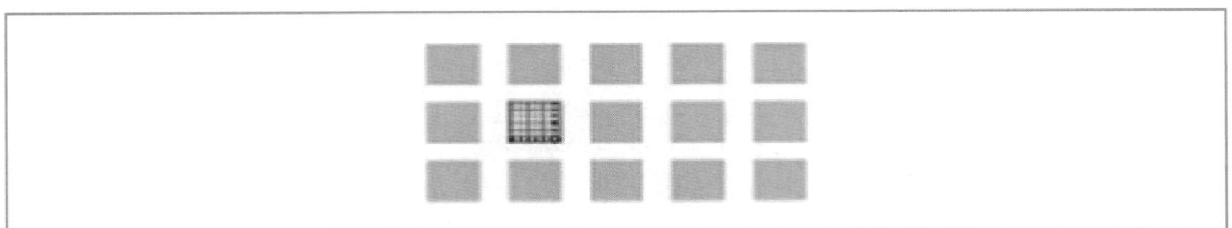

[그림 V-2-53] 질감

## 나. 시각화를 위한 그래픽 디자인 기본 원리

데이터와 정보 모듈의 디자인을 포함해 전체적인 질적 향상을 위해서는 이것들을 그래픽 디자인 기본 원리를 바탕으로 완성하는 것이 중요하다. 데이터 시각화의 애니메이션이나 인터랙션 부분에서는 종종 생략되는 경우도 있으나, 대부분의 경우에는 타이포그래피, 그리드, 색상, 아이소타이프는 시각화 결과물의 질적인 부분을 크게 좌우한다. 시각화 작업이 끝난 뒤에 전문 그래픽 디자이너의 도움을 받는 것도 한 방법이다.

① **타이포그래피**

정보 디자인에 있어서는 3가지보다는 2가지의 서체 또는 1가지의 서체에 크기나 스타일의 변화를 주어 쓰는 것이 중요하다. 가급적이면 영문과 한글 각각 한 가지 서체를 쓰거나 한글서체를 한 가지 정하고 이를 변형해 쓰는 것이 효과적이다. 또한 서체 저작권 문제가 민감하므로 웹이나 인쇄용으로 퍼블리싱하는 경우 공개 폰트를 쓰는 것이 바람직하다. 또한 한글서체와 영문서체를 비슷한 느낌으로 주는 것이 좋다. 가령 한글서체로 나눔고딕과 느낌이 비슷한 영문서체로 Futura를 선택하고 중심폰트는 10pt 레귤러로 선택하고, 제목은 여기에 각각 볼드만, 보조 설명은 8pt, 타이틀은 볼드와 48pt로 설정하는 식으로 진행하면 무난한 서체 디자인 결과를 볼 수 있다.

아래 그림의 먼터번드(Munterbund)는 책에 있는 에세이들에서 텍스트 유사성을 그래픽 시각화의 결과로 보여준다. 에세이의 매력과 정보를 나타내는 그래픽과 타이포그래픽의 표현을 형태를 찾는데 초점을 두고 작업 됐다. 미리 정의된 규칙에 따라서 그래픽을 자동으로 생성하는 시스템을 개발해 적용했다. [그림 V-2-54]를 보면 한 가지 서체만을 이용해 크기의 변화를 준 것을 볼 수 있다. 범계를 같은 크기로 하고, 콘텐츠는 가중치에 따라서 크기를 변화해 표현하고 있다.

• 서체

서체는 글의 형태를 총칭하는 말로 얼굴에 해당하며, 타이포그래피에서 가장 어려운 일이 서체를 선택하는 것이다. 서체는 돌기가 있는 세리프 서체와 돌기가 없는 산세리프 서체로 구분한다. 세리프 서체는 가독성이 높아 본문용으로, 산세리프 서체는 주목성이 높아 제목용 서체로 주로 사용한다. 동일한 서체 안에서 색상, 크기, 무게, 스타일 등의 변화를 주는 것이 효과적이다.

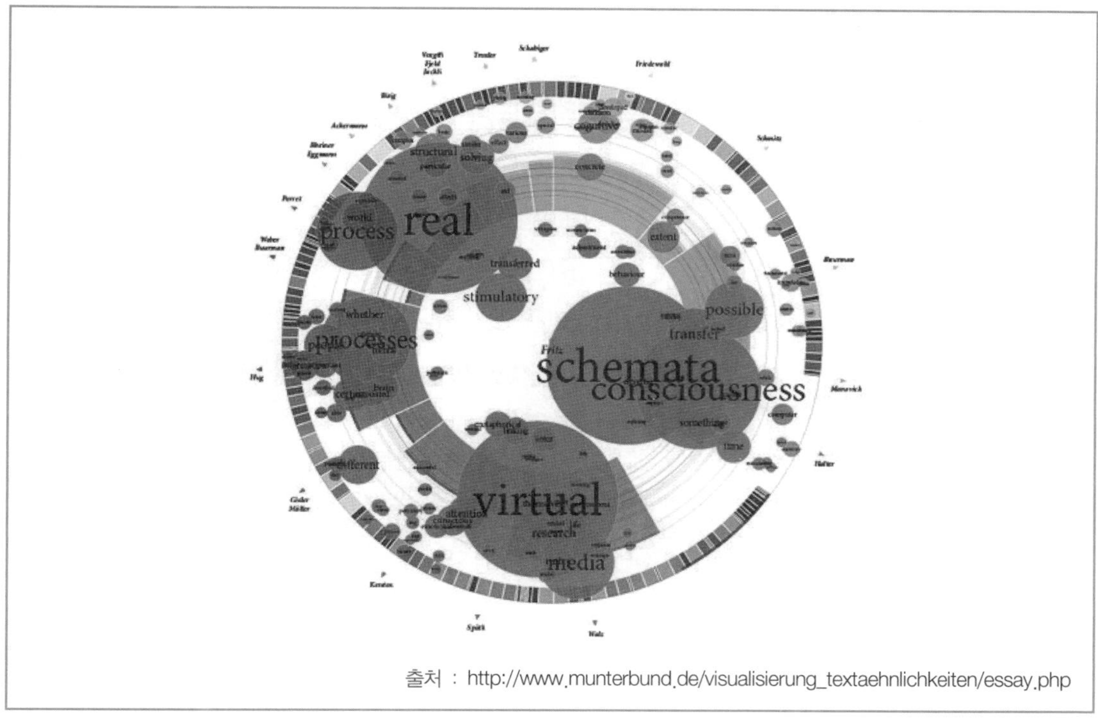


출처 : http://www.munterbund.de/visualisierung_textaehnlichkeiten/essay.php

[그림 V-2-54] 먼터번드

SD 산돌고딕 Neo

Franklin Gothic

SM 신신명조

Times New Roman

[그림 V-2-55] 서체

• 무게

글자의 무게는 글자를 구성하는 획의 두께를 의미한다. 무게감에는 물리적 무게감과 심리적 무게감이 있는데, 시각적 정보 표현에서는 심리적 무게감에 따라 정보의 위계 표현이 가능해진다. 아래의 그림에서와 같이 굵은 서체는 무거워 보이기 때문에 가는 서체와 함께 사용하면 위계 표현이 가능하다.

SD 산돌고딕 Neo
SD 산돌고딕 Neo
SD 산돌고딕 Neo
SD 산돌고딕 Neo
SD 산돌고딕 Neo
SD 산돌고딕 Neo
**SD 산돌고딕 Neo**
**SD 산돌고딕 Neo**
**SD 산돌고딕 Neo**

[그림 V-2-56] 무게

• 크기

글자 크기는 실제 글자의 크기가 아니라 글자가 배치되는 금속 활자판의 높이를 의미한다. 따라서 같은 크기라 해도 서체에 따라 실제 글자의 크기가 달라진다. 글자 크기는 정보의 중요성 및 위계 관계를 보여줄 수 있다. 글자 크기는 어느 요소를 강조하거나 그 반대의 경우에도 사용한다.

SD 산돌고딕 Neo
SD 산돌고딕 Neo
SD 산돌고딕 Neo
SD 산돌고딕 Neo
SD 산돌고딕 Neo

[그림 V-2-57] 크기

• 스타일

서체는 가로 세로의 비율, 각도에 따라 그 스타일이 달라진다. 이탤릭체와 같이 기울이거나 장체, 평체처럼 글자의 폭을 좁히거나 넓히기도 한다. 이는 정보의 차별화나 강조 등을 위해 선택적으로 사용하는 것이 좋다.

Helvetica Neue

*Helvetica Neue*

Helvetica Neue

Helvetica Neue

[그림 V-2-58] 스타일

• 색채

명도, 채도, 색상의 색채 속성을 활용해 정보를 카테고리 화해 분류할 수 있으며, 정보의 중요도나 종속의 관계를 나타내는 위계적 정보의 표현이 가능하다. 글자의 색은 글자가 놓이는 바탕색에 크게 영향을 받으며, 컴퓨터 모니터와 같이 빛으로 글자를 표현하는 경우 청색은 후퇴돼 보이기 때문에 글자를 청색으로 사용하는 것은 자제해야 한다.

SD 산돌고딕 Neo

SD 산돌고딕 Neo

SD 산돌고딕 Neo

SD 산돌고딕 Neo

SD 산돌고딕 Neo

[그림 V-2-59] 색채

- 간격(글자 사이, 낱말 사이, 글줄 사이)

이 요소들은 가독성에 큰 영향을 미친다. 읽어야 할 다음 글자가 다른 글자보다 근접해 있어야 하며 이 때문에 글자 사이보다 낱말 사이가, 낱말 사이보다 글줄 사이가 넓어야 한다.

| 글자 사이=낱말 사이=글줄 사이 | 글자 사이<낱말 사이=글줄 사이 | 글자 사이<낱말 사이<글줄 사이 |
|---|---|---|
| 정보디자인은사용자를<br>배려하여사용환경에적합한<br>구조와형태가필요하다. | 정보디자인은 사용자를<br>배려하여 사용환경에 적합한<br>구조와 형태가 필요하다. | 정보디자인은 사용자를<br>배려하여 사용환경에 적합한<br>구조와 형태가 필요하다. |

[그림 V-2-60] 간격

② **색상**

전문가가 아니더라도 색상 팔레트나 색상 팔레트 생성기 등을 이용하면 수준 높은 정보 디자인 결과물을 만들어 낼 수 있다. 색상을 효과적으로 쓰기 위해서는 몇 가지 기본적인 색채학 원칙을 알고 지키는 것이 중요하다. 대부분 많이 저지르는 실수 중 하나가 여러 색상을 함께 쓸 때 채도를 달리하면서 균형을 깨는 것이다. 색상을 쓸 때, 두 가지 색을 쓰는 경우 보색을 이용하고 명도와 채도를 같게 하면 된다. 또한 시각화 결과물을 컴퓨터 모니터에서 제공한다면 가산혼합 보색을 이용해야 한다. 가장 중요한 것은 색채학 원칙에 따라 색상을 미리 정하고 이것을 팔레트로 만들어서 그 안에서 색상들을 쓰는 계획적인 접근을 해야 한다는 점이다. 보색을 추출하거나 유사색을 과학적으로 추출하기 위해 컬러 스킴(colorschem edesigner.com)을 사용하면 스크린에서 구현하기에 적절한 보색 및 배색 색상 팔레트를 추출해 낼 수 있다. 또한 어도비의 쿨러(Adobe Kular)도 색상 팔레트 외에 공유된 단어와 관련된 배색 팔레트를 가져다 쓸 수 있다.

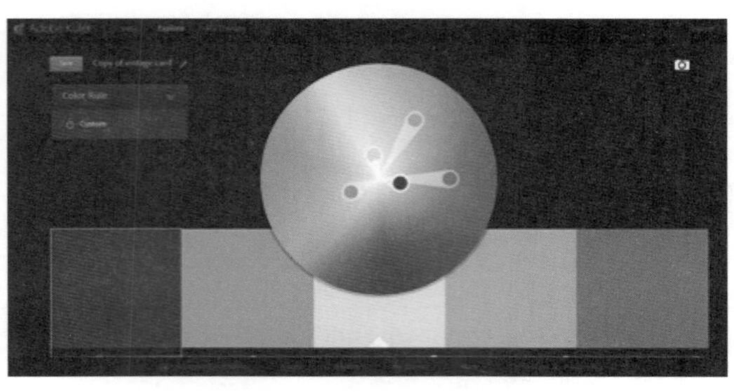

[그림 V-2-61] 어도비 쿨러

아래의 데이비드 맥캔들레스(David Mccandless)의 비타민과 같은 의학 보조제를 시각화한 스네이크 오일(Snake Oil) 프로젝트를 보면, 색상을 효과적으로 사용하고 있음을 볼 수 있다. 풍선경주(Balloon Race)라 불리는 이 버블차트에서는 위쪽으로 갈수록 보충제에 대한 효과가 입증된 것으로 볼 수 있다. 증명된 의학적 근거가 있는 상단 버블은 파란색을, 그렇지 않은 것은 초록색에서 노란색까지의 그라데이션으로 표현하고 있다. 또한 풍선의 크기는 구글 검색어 기준 인기도에 비례한다. 색상과 크기를 통해 즉각적으로 효과와 선호하는 보충제의 인기를 동시에 파악할 수 있다.

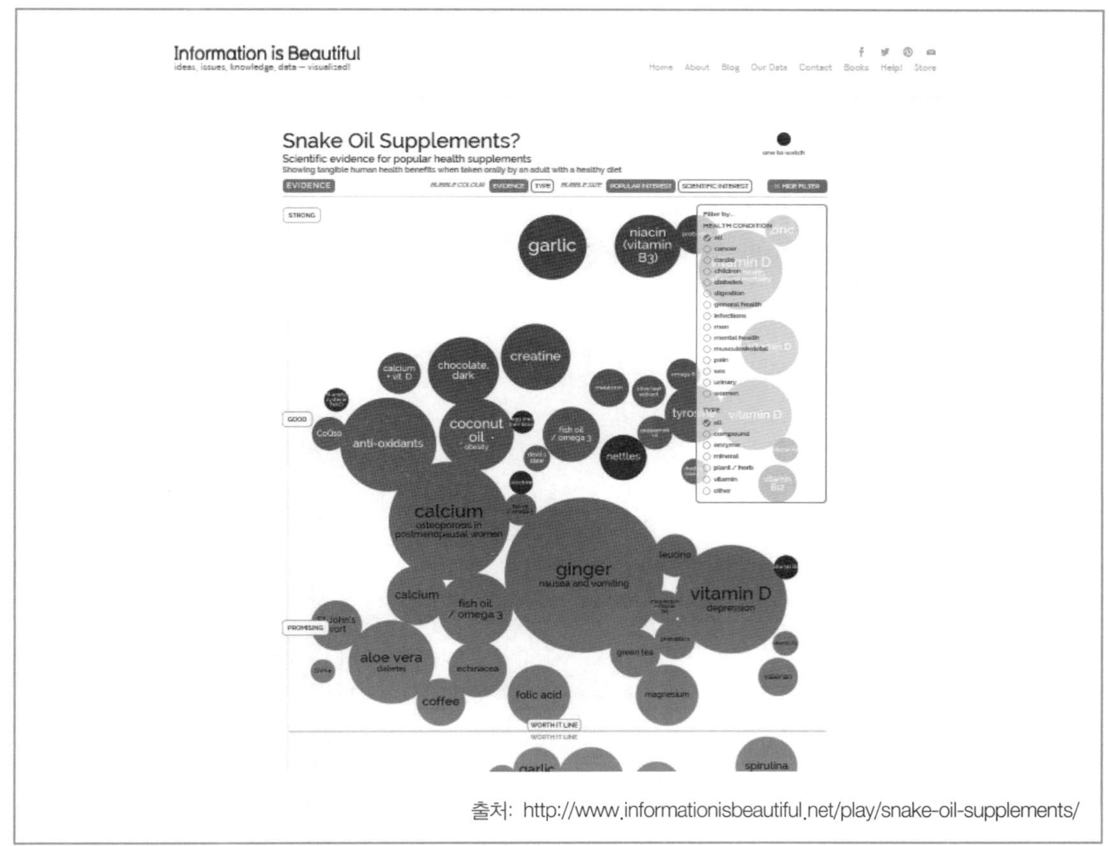


출처: http://www.informationisbeautiful.net/play/snake-oil-supplements/

[그림 V-2-62] 스네이크 오일

- 구분표현

색상은 정보를 구분하고 묶는 데 사용할 수 있다. 특정 카테고리의 정보를 구분하기 위해 누구나 구별할 수 있는 몇 가지 색상을 사용한다. 이는 시각적 대상물 구별에 색을 이용하는 것이 편리한 방법이고 쉽게 인지될 수 있기 때문이다. 색은 인간의 인지를 고려할 때 사용 숫자를 제한할 필요가 있다. 이것은 인간이 가진 단기 메모리와 깊은 관련이 있다. 인간의 단기 기억력은 장기 기억력과 달리, 시간이 조금만 흘러도 올바로 기억하지 못한다. 1956년 조지 밀러는 실험을 통해 인간의 단기 메모리에서 처리할 수 있는 적합한 정보의 수는 5개에서 9개임을 밝혔다. 또한 보통 사람이 분명하게 구분할 수 있는 색상은 대략 8가지다. 이러한 색상은 자연에서 주로 접할 수 있는 색이기 때문에 구별하기 쉬워 자연스럽게 받아들인다.

• 순서 표현

순서나 위계가 필요한 정보는 색의 단계로 표현할 수 있다. 검은색에서 하얀색으로 이어지는 명암 단계나, 스펙트럼에서 빨간색으로부터 녹색으로 이어지는 단계, 노란색에서 파란색으로의 단계를 이용해 분명하게 구분하면 위계를 명확히 할 수 있다. 순서와 위계는 색의 채도 단계로도 표현할 수 있다. 섬세한 순서와 상태를 표현하는 데는 무채색의 단계가 정보를 더 명확하게 전달하며, 명도와 채도의 복합 개념이라 할 수 있는 톤은 선형적 단계를 표현하므로 평면에서 정보의 순서와 위계를 표현하는 데 활용할 수 있다.

출처: http://wel.cs.manchester.ac.uk/studies/saswat/ticker.php

**[그림 V-2-63] 웹 페이지 영역에서 마우스 클릭 수를 적외선 열지도로 표현한 예시**

- 비율 표현

비율을 색으로 정확하게 표현할 수는 없지만, 시각적으로 구별할 정도로 표현할 수는 있다. 비율의 연속은 0을 중심으로 0을 중립적인 명도로 표시하고 위, 아래의 수치들은 상반되는 두 가지 색을 사용한다. 예를 들어 회색을 기준으로 0이라 했을 때, 빨간색이 늘어나면 부정적 수치가 증가하는 것이고, 녹색이 늘어나면 긍정적 수치가 늘어나는 것이다.

- 색채 사용과 인지

색을 통해 정보를 이해할 때 인간의 지각과 인지 작용이 관여한다. 지각된 색채 정보들이 서로 충돌 없이 인지될 때 정보의 해석이 빠르고 수행 결과도 최적화된다. 아래의 그림은 색의 잘못된 사용으로 사람이 인지할 때 혼란을 준다. 금지를 상징하는 붉은색과 허용을 상징하는 녹색이 반대의 의미로 사용돼 기존의 지식이나 관습과 충돌하기 때문이다. 이러한 현상은 정보 전달의 효율을 낮춘다.

[그림 V-2-64] 색체 사용과 인지의 예

### ② 그리드

현대 디자인에서 가장 중요한 원리 중 하나가 그리드를 이용하는 것이다. 단지 데이터만 제시하는 등의 단순 시각화를 할 때는 적게 적용되지만 디자인 안에 여러 요소를 복합적으로 배치할 때는 반드시 그리드를 계획하고 지켜야 시각적으로 우수한 디자인으로 완성된다. 인쇄 디자인뿐 아니라, 모션 인포그래픽과 인터랙션 정보 디자인에서도 그리드는 중요한 요소다. 그리드를 이용해 블록 레이아웃을 잡고 그 위에 요소를 효율적으로 올려놓아 전체적인 조화 추구가 중요하다.

니콜라스 펠톤은 자신의 데이터를 이용해 2005년 첫 번째 개인 연차 보고서를 발표한 이래 매년 발표해 오고 있다. 펠톤의 연감을 보면 타이포그래피와 그리드를 이용해 정보 디자인의 완성도를 끌어올림을 알 수 있다. 이 연감에서는 위치 정보뿐 아니라, 함께 지낸 사람들, 식사한 음식점들, 관람한 영화들, 읽은 책들이나 자신이 매년 알아낸 여러 가지 것들을 모두 기록했다. [그림 V-2-65]를 보면 좌측 페이지와 우측 페이지에 각각 4단 그리드를 구성하고 좌에서 우를 가로지르는 숫자들의 위치도 그리드에 맞추어 같은 위치에 구성한 것을 볼 수 있다. 이렇게 구성하면 복잡한 데이터라도 정돈된 느낌을 줘 가독성이 올라간다.

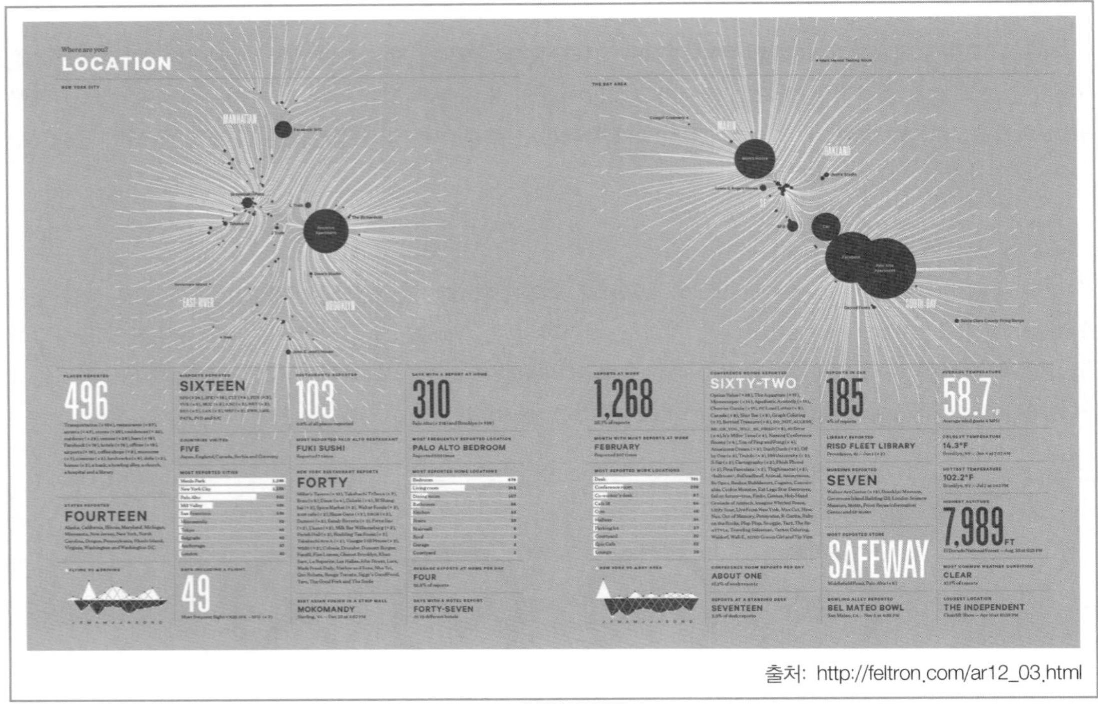


출처: http://feltron.com/ar12_03.html

[그림 V-2-65] 니콜라스 펠톤의 2012 연차 보고서

- 하나의 화면을 읽는 방식

디자인 요소를 레이아웃 안에 배치할 때 사람의 눈이 움직이는 방향을 생각해야 한다. 사람의 눈은 이미지나 본문을 훑어볼 때 한 화면의 특정 영역에서 다른 부분보다 더 뜨겁고 활발한 움직임이 드러난다. 아래의 그림에서 보듯이 인간의 눈은 습관적으로 상단 왼쪽의 입구를 본 다음 하단 오른쪽 귀퉁이로 훑어 내려간다. 여기에서 색의 농도는 가장 강하게 주목하는 초점이 어디인지를 보여준다. 이것을 참고로 주요 디자인 요소를 더 두드러지거나 아니면 눈에 덜 띄게 배치할 수 있다.

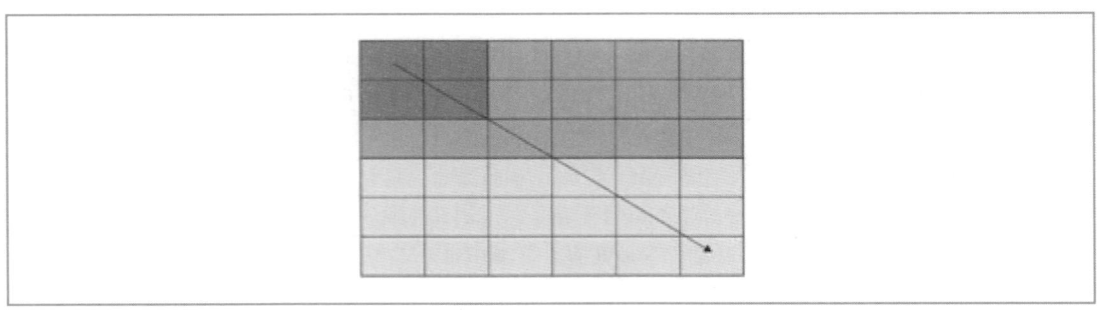

[그림 V-2-66] 사람이 화면을 읽는 방식

- 정보의 역피라미드

정보의 역피라미드는 가장 중요하고 강력한 정보가 맨 위로 가고 이차 정보가 뒤따르며 더 일반적인 정보는 마지막에 온다는 뜻이다. 보는 사람이 화면의 모든 텍스트를 읽지 않을 것이므로 가장 중요한 정보가 앞장서고 그 다음 중요한 것이 뒤따라야 한다. 이러한 이유로 디자인 구조는 그리드 상단을 효과적으로 이용하고 극대화할 필요가 있다.

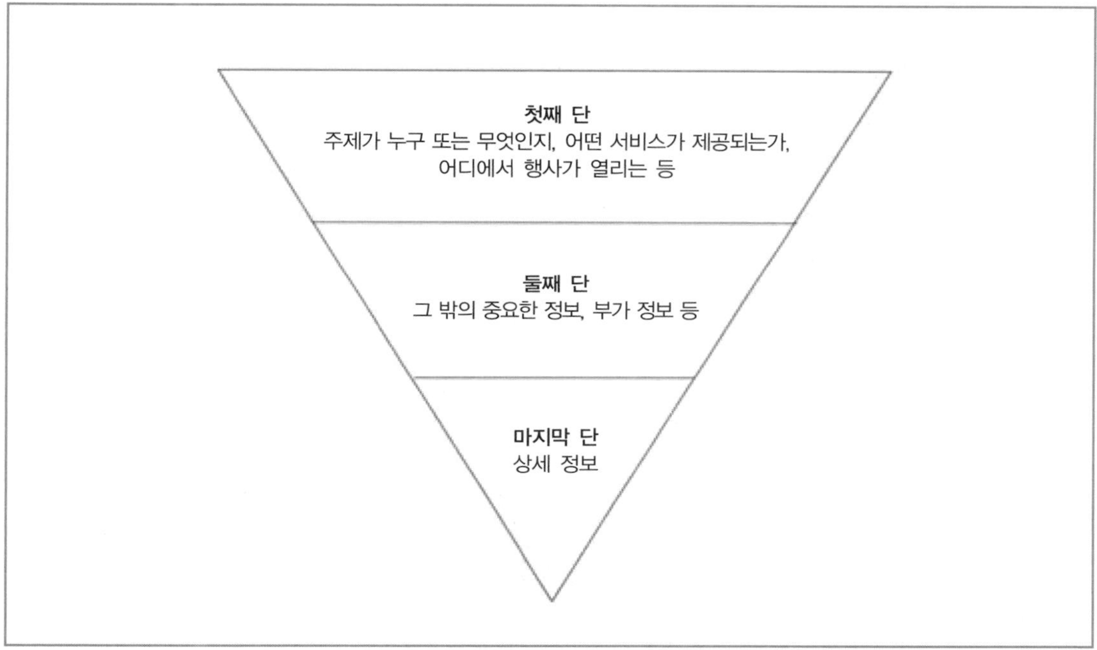


**[그림 V-2-67] 정보의 역 피라미드**

• 망 그리드

개략적인 그리드를 갖고 작업하면 배치할 때 선택안이 줄어들겠지만, 일관성이 생기고 실험의 여지도 남겨 놓기 때문에 역설적으로 디자인이 쉬워진다. 망 그리드는 수평선과 수직선의 연속이 개체를 배치하는 지침이 돼 일관성 있고 정확하게 개체를 배치할 수 있다.

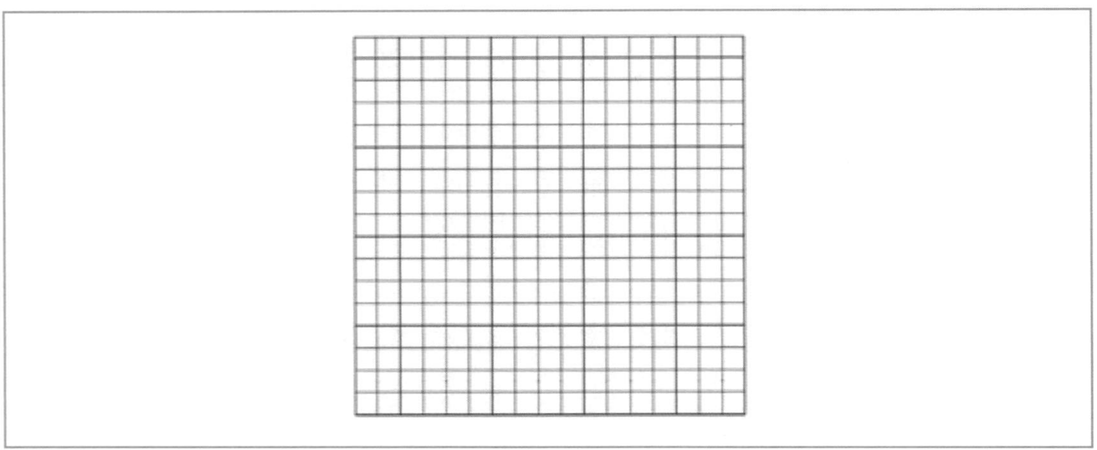

[그림 V-2-68] 망 그리드

• 3등분 법칙

이 법칙은 이미지 구도와 레이아웃의 지침으로 한 개의 화면에 3×3 그리드를 포개 그리드 선이 교차하는 곳을 적극적 핫스팟으로 삼아 역동적인 결과를 만들 수 있다. 3등분 법칙에 따라 요소를 배치하면 디자인에 비례 간격을 끌어들여 미학적으로 만족스러운 균형이 잡힌다. [그림 V-2-69]에 보이는 점들이 핫스팟으로, 한 핫스팟에 항목들이 규칙적으로 떨어지지는 않아도 핵심 요소를 그 가까이에 배치하면 구성에 역동성을 더할 수 있다.

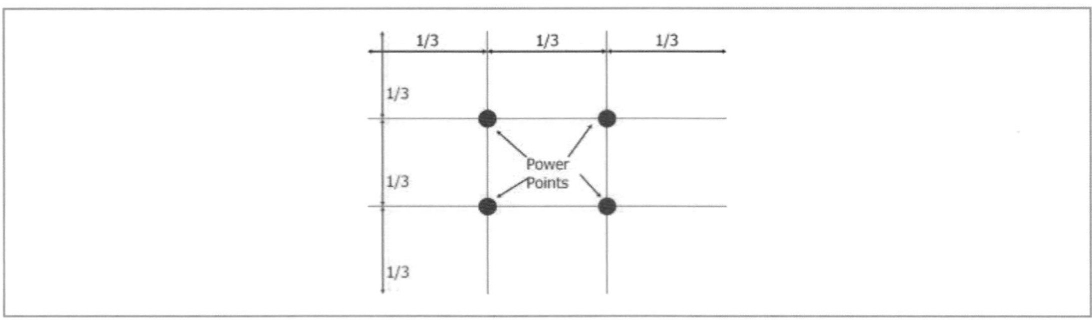


[그림 V-2-69] 3등분의 법칙

### ③ 아이소타이프

아이소타이프(ISOTYPE, International System of Typographic Picture Education)는 많은 양의 데이터를 쉽게 지각할 수 있도록 도와주는 시각표현 방법이다. 1930년대에서 40년대 사회학자이자 철학자 오토 노이라트(O. Neurath), 교육학자 마리 라이데마이스터(M. Reidemeister)와 미술가 게르트 아른츠(G. Arntz)를 중심으로 개발된 시각언어체계다. 국제적인 그림 언어 체계로, 갖가지 지식을 조직적으로 시각화했다. 즉 정보, 자료, 개념, 의미 등을 나타내기 위해 문자와 숫자 대신 상징적 도형이나 정해진 기호를 조합해 시각적이고 직접적으로 나타내는 방식이다. 아이소타이프를 제창한 오스트리아 학자 오토 노이라트는 교육을 목적으로 특정 단어나 문장을 간략화한 도형으로 제작해 국제적으로 통용할 수 있는 소통 수단으로 삼으려 했다. 이를 위해 2000개 이상의 기호를 수록한 시각 사전과 기호 문법을 만들었고, 이는 1930년대에 널리 보급됐다. 그러나 아이소타이프는 단순히 우리 눈에 익숙한 픽토그램을 뜻하는 것은 아니다. 아이소타이프는 우선 통계 그래픽의 역사에 그 뿌리를 둔다. 그러므로 아이소타이프에서는 하나의 기호가 일정 수량을 대표한다는 점이 중요하다. 또한 아이소타이프는 그림, 다이어그램, 지도 등 각종 시각적 수단을 통해 정보를 소통해 온 인류의 전통에 기대고 있다. 따라서 아이소타이프 도표의 기호들은 시공간을 초월해 읽혀야 한다. 게르트 아른츠 웹 아카이브(www.gerdarntz.org)에서 4000개 이상의 아이소타이프를 검색해 볼 수 있다.

출처: https://www.pinterest.com/pin/418412621601375275/

**[그림 V-2-70] 전쟁시 사망, 부상, 귀향했던 군인들의 데이터를 보여주는 아이소타이프**

이와 같은 그림 문법체계는 1960년부터 활동한 미국 디자이너 리처드 솔 워먼(Richard Saul Wurman)에 의해 뚜렷하게 표현되기 시작했다. 그는 '이해를 결정하는 것은 사물 그 자체가 아니라 우리가 사물과 함께 연상하는 의미나 패턴'이라고 말하며, 이미지를 활용해 정보를 명확하게 전달하는 방식을 선보였다. 이후 아이소타이프은 그래프를 표현하는 수단으로도 자주 활용되고 있으며, 최근 들어 아이콘 등으로 발전하고 있다. 아이소타이프 등 그림 문법체계는 정보 디자인을 하는 데 많이 활용하고 있으며, 시각화 단위의 모듈로서 중요한 표현 수단이기도 하다. '동물은 얼마나 오래 사는가?'의 정보 디자인을 보면, 각 동물을 하나의 그림 문법체계로 만들어서 명확하게 정보를 전달하고 있다.

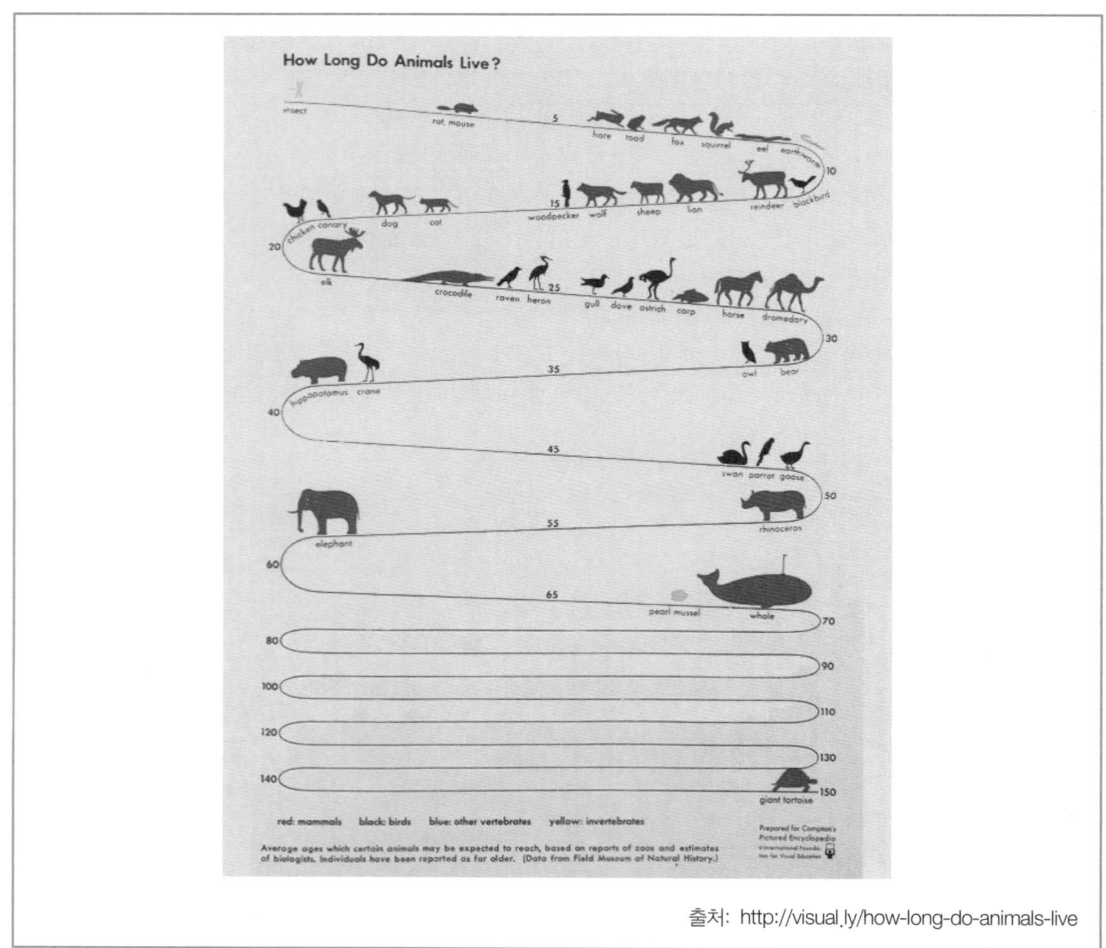


출처: http://visual.ly/how-long-do-animals-live

**[그림 V-2-71] 동물은 얼마나 오래 사는가?**

## 다. 인터랙션

빅데이터의 시각화를 위해서는 대량의 데이터를 정보로서 의미 있고(meaningful) 이해할 수 있으며(undestandable), 유용한(usable) 기술과 방법으로서 인터랙션이 많이 이용된다. 또한 시각화 툴 자체가 인터랙션 형태로 이뤄진 경우가 많으며 이러한 빅데이터 시각화에서의 인터랙션은 사용자 스스로 정보를 필터링하고 탐색하는 과정에서 인사이트 확보 기회를 제공한다.

디지털 미디어의 정보 디자인은 인터페이스와 인터랙션의 문제와 연계되며, 이러한 분리할 수 없는 관계가 설정된다. 특히 정보 디자인에서 디지털 미디어의 인터페이스와 인터랙션은 상호 의존적이다. 대부분의 인터랙션 위에 구현된 정보 디자인은 비선형적 구조다. 비선형적 구조는 정보 제시 순서가 고정돼 있지 않고 사용자가 정보에 임의로 접근하고 선택적으로 탐색할 수 있다. 비선형적 구조는 정보 전달과정에서 시간 제약이 없으므로 사용자의 정보 이용이 능동적이며, 비교적 자세하게 탐색하므로 정보의 전달효과 또한 높다. 정보 메시지도 다양하게 조직화할 수 있으며, 디지털 미디어의 상호작용 특성으로 정보의 폭과 깊이를 사용자가 통제할 수 있다. 비선형적 구조에서는 정보를 찾아갈 수 있도록 도와주는 내비게이션과 정보와 수용자의 대화방식을 결정하는 인터랙션 개념 적용이 중요하다. 벤 슈나이더만은 정보 시각화 원칙으로 "개요를 제시하는 것이 가장 처음이며, 확대해 선별하는 것이 그 다음이고, 필요한 부분만 상술하는 것이 마지막"이라고 말한다. 인터랙션에서도 마찬가지로 이 원칙이 적용된다. 제일 중요한 숫자나 가장 의미 있는 요점을 먼저 제시하고, 그 다음에는 사용자들이 스스로 정보를 캐고 탐구해 패턴을 파악하고 이해하도록 유도하는 것이 필요하다.

디지털 환경에서 정보 전달을 위한 인터랙션은 사용자에게 데이터와 정보를 단순히 전달하는 것이 아니라, 정보 사용자의 행동이나 조작에 따른 반응, 감각의 확장, 정보 시각화의 변화 등으로 정보와 정보 사용자 간의 관계를 확장하고 심화하는 것이다. 정보를 둘러싸고 생성된 인터랙션은 정보 사용자에게 인상에 남는 다른 모습을 보여주는 것이며, 정보에 대한 흥미성을 높이고 궁극적으로 정보에 대한 새로운 경험을 제공한다. 인터랙션은 사용자 참여를 유도해 적극적으로 정보에 접근하게 하며, 흥미를 유발해 정보에 대한 관여도를 높이는 역할을 한다.

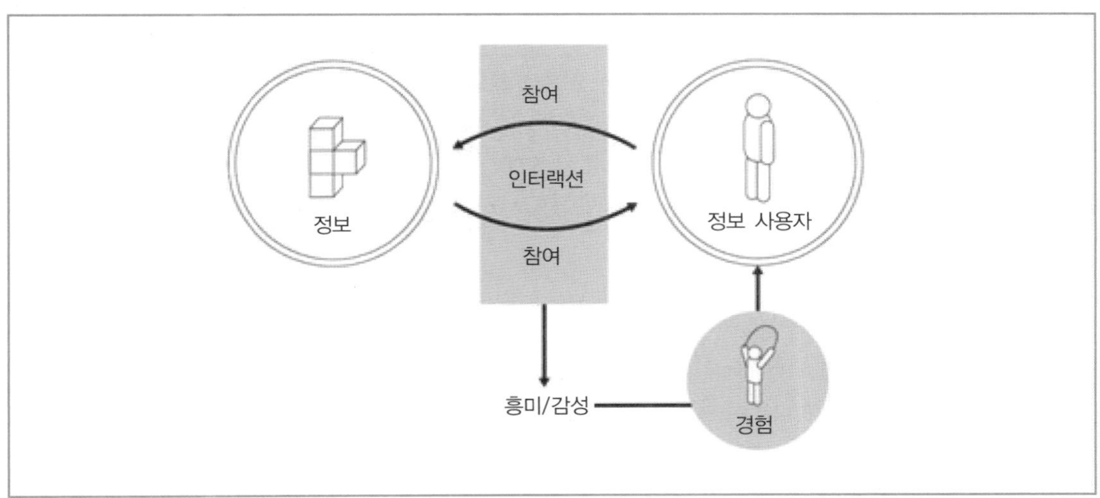


**[그림 V-2-72] 정보와 사용자 사이에서 인터랙션과 경험 창출**

그래픽 형태로 흥미롭게 구성한 인터랙티브한 시각화 결과물은 사용자에게 세부 사항까지 탐험하도록 유도한다. 인터랙션이 가미된 정보 디자인은 인쇄물이나 이미지 형태의 정적인 인포그래픽이나 모션인포그래픽보다 사용자 경험을 더 쉽게 한다. 몇 가지의 예를 통해 인터랙티브 시각화 결과물의 특성을 설명한다.

### ① 강조하고 디테일을 보여주는 방식

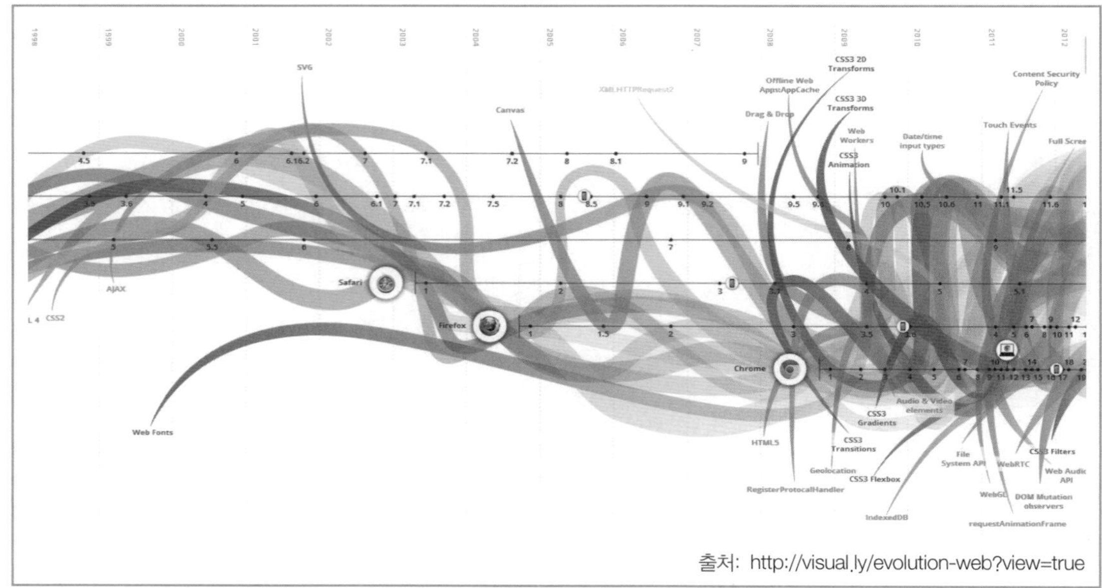


출처: http://visual.ly/evolution-web?view=true

[그림 V-2-73] 웹의 진화

‘웹의 진화(Evolution of the Web)’라는 시각화 프로젝트는 하이라이트 방식의 강조를 이용해 사용자의 적극적 개입을 유도한다. 색상이 들어간 곡선들은 다른 브라우저에서 적용되는 기능과 마찬가지로 사용자의 마우스 움직임에 반응하며 강조된다.

### ② 사용자가 콘텐츠를 선택하는 방식

인터랙티브 시각화의 장점 중 하나는 콘텐츠 보는 방식을 사용자가 결정할 수 있다는 것이다. 사용자는 데이터 변환 컨트롤을 이용해 다른 구조의 비슷한 데이터세트를 불러오는 템플릿 위에 자신이 필요한 데이터만을 취사선택해 볼 수 있다. 이러한 방식의 인터랙티브 시각화는 비교 가능한 통계 그래프보다 더 많은 데이터세트를 관찰할 수 있도록 한다.

그 예로 ‘당신과 같은 가구는 얼마나 있는가?(How Many Households Are Like Yours?)’에서 사용자는 가족구성원을 더하거나 빼면서 기본 가구타입을 선택할 수 있다. 변경되면, 즉각적으로 반영되는 시각화된 정보가 보여진다. 이러한 인터랙션은 수많은 가구타입 데이터를 한꺼번에 보지 않아도 많은 다른 종류의 가구 타입의 데이터를 보는 것을 가능하게 한다. 다른 가족 구성원의 그래픽 표현이 잘돼 있어서 이러한 선택을 가능하게 한다.

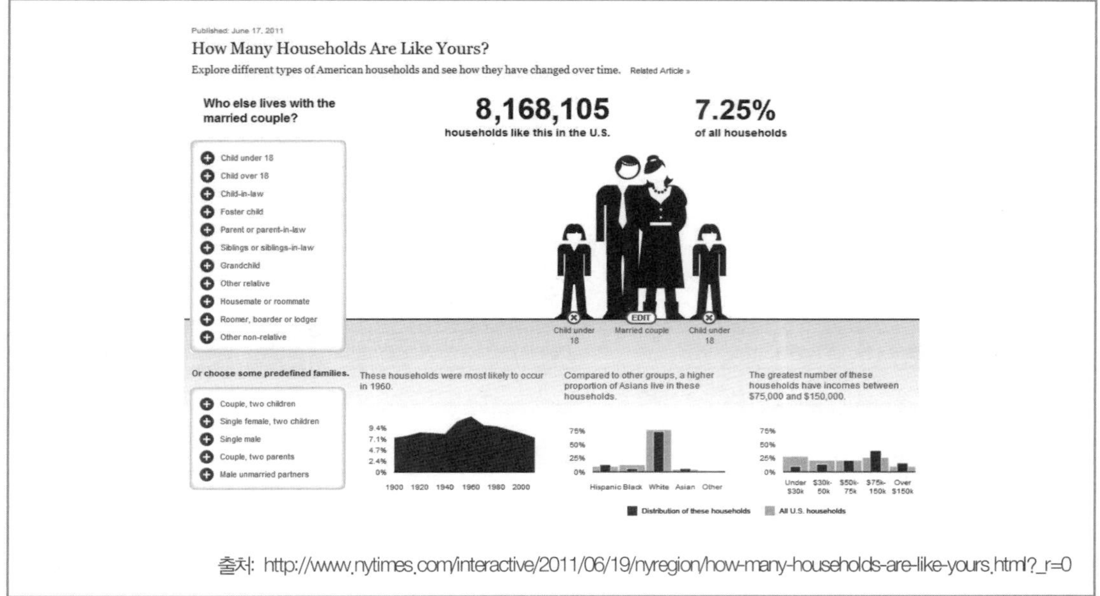


출처: http://www.nytimes.com/interactive/2011/06/19/nyregion/how-many-households-are-like-yours.html?_r=0

[그림 V-2-74] 당신과 같은 가구의 형태는 얼마나 있나?

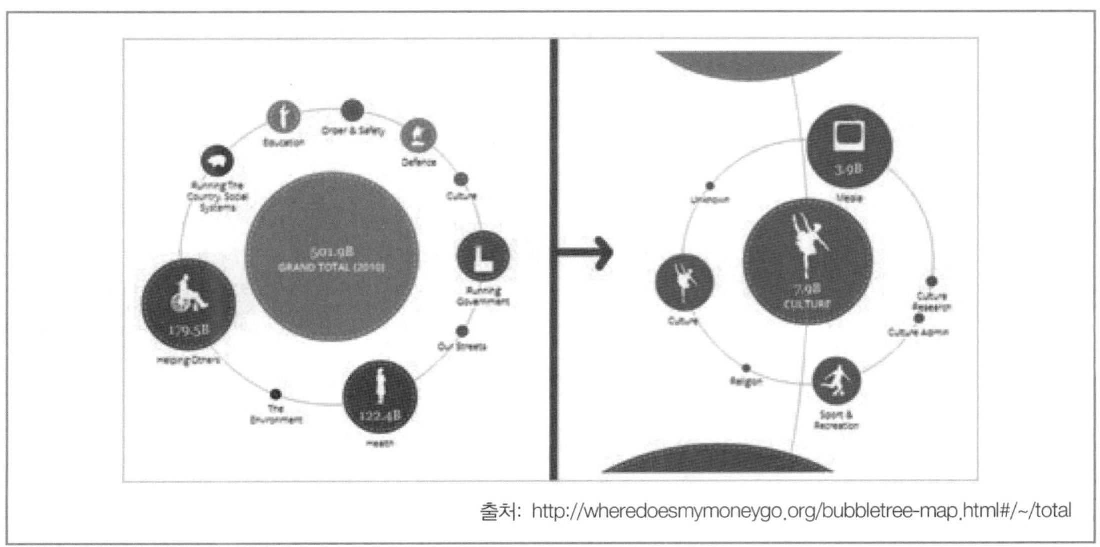


출처: http://wheredoesmymoneygo.org/bubbletree-map.html#/~/total

[그림 V-2-75] 내 돈은 어디로 가는가?

각각의 지출 카테고리를 보여주는 '내 돈은 어디로 가는가?(Where Does My Money Go?)'의 인터랙티브 시각화 프로젝트는 위계적인 원 모양의 드릴다운 내비게이션 버블로 구성됐다. 사용자가 아이, 형제자매, 부모 지출 카테고리 버블을 선택하면 내비게이션 요소는 선택된 버블로 확대된다. 버블 크기는 지출 규모다.

### ③ 여러 가지 방법으로 데이터 보여주기

단일 그래픽 표현은 전형적으로 한 번에 특정 방법으로 몇 차원만을 보여줄 수 있다. 예를 들면, 지도는 지리적 위치와 시간 흐름의 타임라인을 강조한다. 지도에서의 축소/확대 기능인 팬앤줌(pan and zoon)과 같은 인터랙션은 잘 알려진 표현방법이다. 다중 기준 부분을 복합하고 조정해, 사용자는 같은 시간에 데이터 세트의 다른 면을 볼 수 있다.

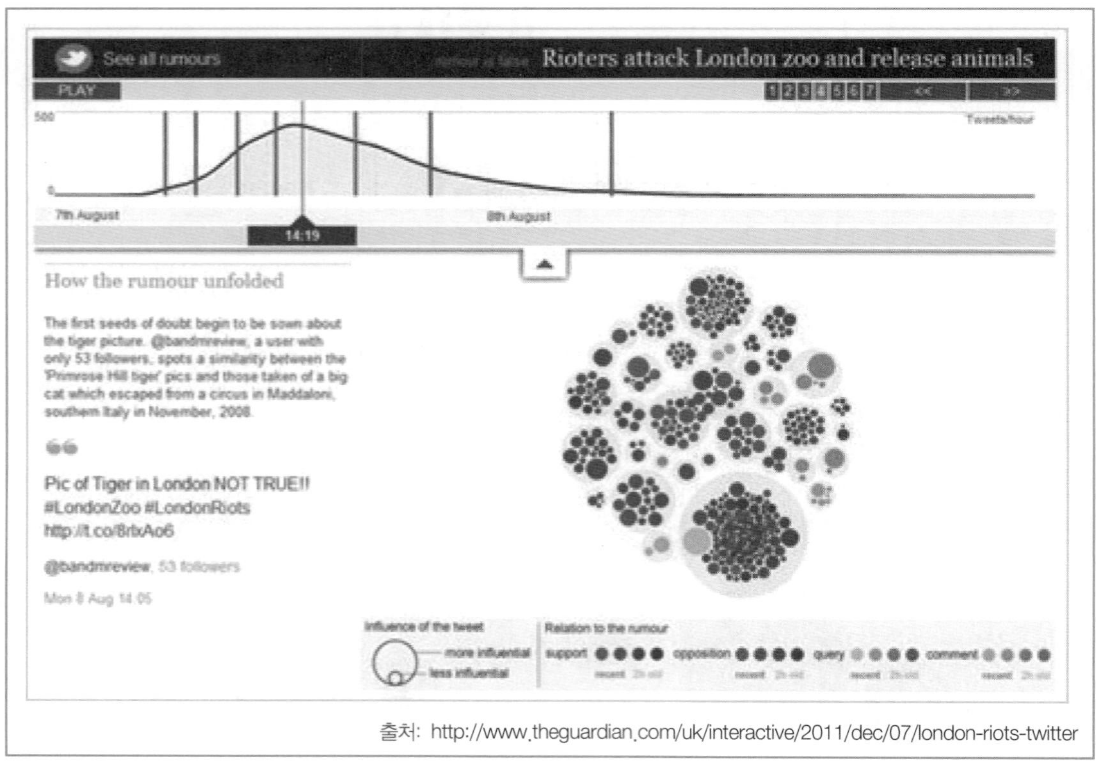


출처: http://www.theguardian.com/uk/interactive/2011/dec/07/london-riots-twitter

[그림 V-2-76] 트위터에서 소문이 어떻게 퍼지나

「가디언」은 선보인 트위터에서 소문이 어떻게 퍼지나(The How Riot Rumours Spread on Twitter) 시각화는 버블차트의 콘텐츠를 조정하기 위해 선그래프를 이용한다. 선그래프는 소문과 관계된 시간당 트위트들과 중요한 이벤트들을 강조해 보여준다. 버블차트는 다른 트위트들도 보여주는데, 이 트위트와 관련된 정보다. 사용자는 애니메이션으로 시각화를 실행할 수 있고, 직접 인터랙션해볼 수도 있다. 선그래프와 버블차트 사이의 상호작용은 사용자들을 시간 흐름에 따라 흥미로운 곳으로 탐험할 수 있게 한다.

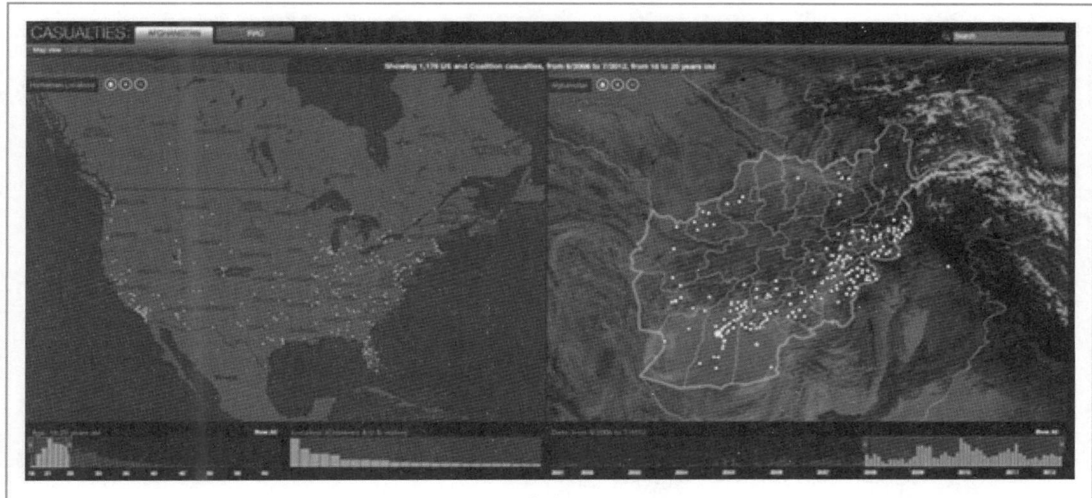


출처: http://edition.cnn.com/SPECIALS/war.casualties/index.html

**[그림 V-2-77] CNN의 홈어웨이**

CNN의 홈앤어웨이(Home and Away) 시각화 프로젝트는 화면 하단의 다중 조절 막대그래프를 사용해 나이, 지역, 날짜를 필터링한 정보를 맵 위에 보여준다.

### ④ 사용자 지정으로 시각 맵핑 변화

멀티 조정 시각화(Multiple coordinated visualizations)는 각각의 시각화가 있는 작은 화면 공간이라는 제약을 벗어나 동일 시간대에 데이터의 다양한 관점을 보여준다. 사용자가 시각화 유형을 지정할 수 있도록 시각 데이터 재매핑을 지원하며, 시각화 크기를 극대화하도록 한다.

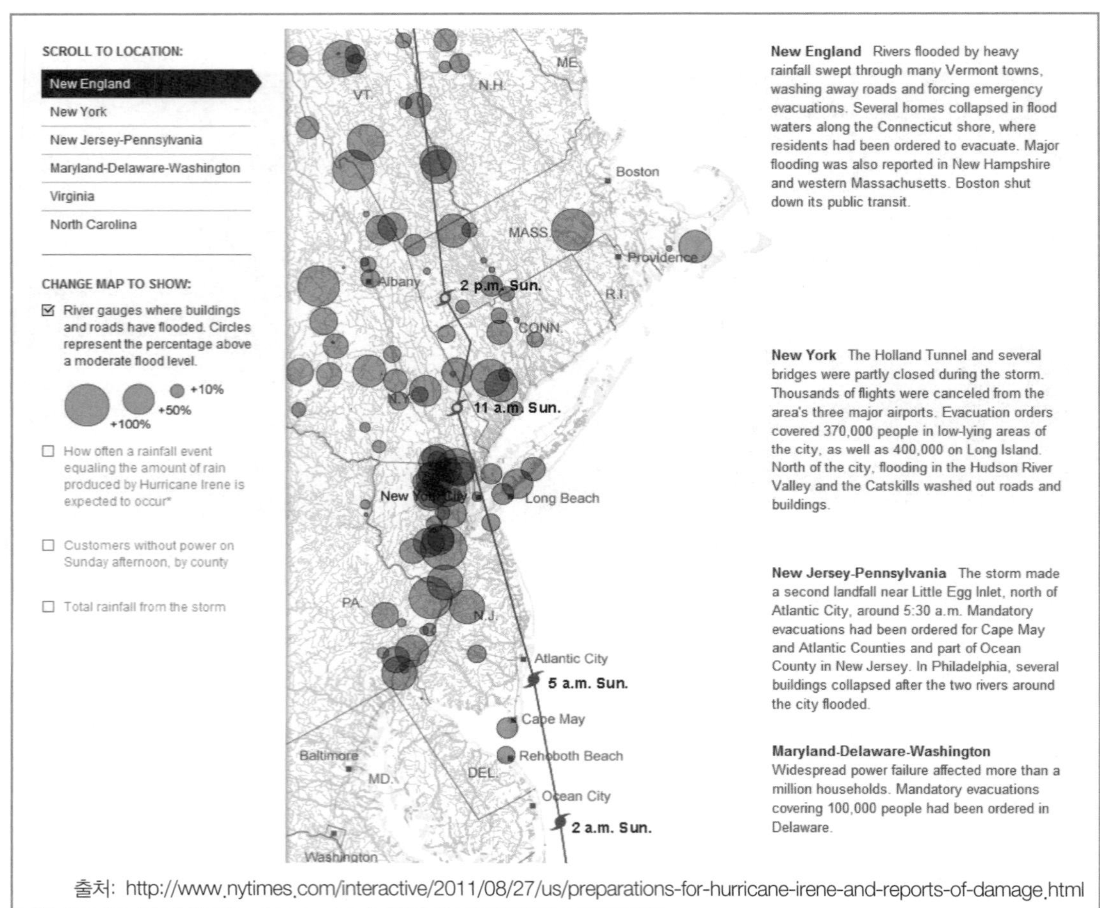


출처: http://www.nytimes.com/interactive/2011/08/27/us/preparations-for-hurricane-irene-and-reports-of-damage.html

**[그림 V-2-78] 「뉴욕타임즈」의 허리케인 아이린에 따른 홍수·정전·폭우와 피해**

「뉴욕타임즈」의 허리케인 아이린에 따른 홍수·정전·폭우와 피해(The Flooding, Power Failures, Rainfall and Damage from Hurrican Irene)라는 인터랙티브 시각화는 사용자가 설정할 수 있는 4개의 다른 맵을 제공한다. 사용자가 다른 설정을 선택할 때, 데이터가 맵 위의 시각 레이어를 프로젝션하는 방식으로 나타난다. 허리케인의 경로를 포함한 지도와 그 이후의 스토리는 일정한 프레임에 참고자료로 제공된다.

### ⑤ 사용자의 관점과 의견이 반영되는 형태

인터랙션 시각화의 가장 매력적인 부분은 사용자의 관점과 의견이 반영될 수 있도록 한다는 데 있다. 사용자의 주관적 관점과 데이터 표현을 혼합하는 시각화는 주제를 표현하는 사용자 반응 프로세스의 가장 중요한 부분이다.

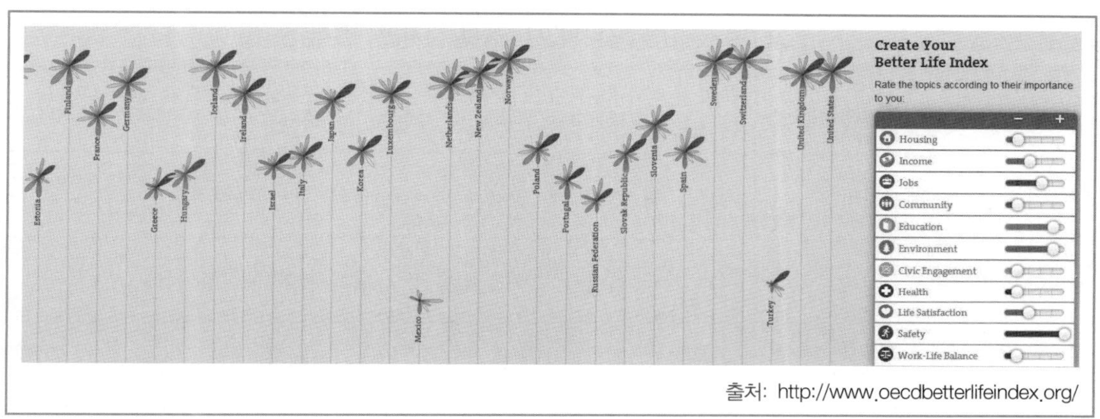


출처: http://www.oecdbetterlifeindex.org/

[그림 V-2-79] OECD의 더 나은 삶 지수

OECD의 더 나은 삶 지수(OECD Better Life Index) 시각화는 국제협력개발기구(OECD), 모리츠 스테파너(Moritz Stefaner), 크리에이티브 컨설팅사 라우레이프(Raurief)가 개발한 것으로 꽃잎 모양의 메타포를 이용해 삶의 질 조사 결과를 보여준다. 각 국가를 나타내는 꽃은 11개의 꽃잎으로 구성돼 있다. 각 꽃잎은 주거환경, 보시, 가구별 소득 같은 OECD에서 수집한 개별 항목을 나타낸다. 나라의 꽃이 높게 있으면 해당 국가의 웰빙 예측치가 높은 것을 의미한다. 또한 이 시각화는 인터랙티브 버전으로 거주, 삶의 만족도, 교육 등의 다른 주제의 중요 비율을 사용자가 설정하도록 한다. 각 주제 측정은 사용자가 생각하는 주관적인 지표에 의해 결정된다. 개인적으로 중요하게 생각하는 것은 다른 통계 그룹과 비교돼 결과치를 소셜 미디어를 통해 공유할 수 있다.

## 라. 시각 정보 디자인 7원칙

위의 정보 구조화, 정보 시각화, 정보 시각표현을 거쳐 최종적으로 시각화가 완성된다고 할 수 있다. 이러한 시각화를 효율적으로 하기 위해 에드워드 터프티(Edward Tufte)는 다음과 같은 시각정보 디자인 7원칙을 제시한다.

[표 V-2-5] 터프티의 시각정보 디자인 7원칙

| | |
|---|---|
| 1. 시각적 비교를 강화하라 | 연과된 변수와 트렌드를 비교할 수 있는 도구를 제공해야 한다. 정보는 비교를 통해 사용자에게 더욱 가치가 올라간다. |
| 2. 인과관계를 제시하라 | 정보를 디자인할 때 원인과 결과를 명쾌하게 제시하라. |
| 3. 다중변수를 표시하라 | 여러 개의 연관된 변수를 활용해 정보를 표현하는 데이터도 있다. |
| 4. 텍스트, 그래픽, 데이터를 한 화면에 조화롭게 배치하라 | 라벨과 범례가 도표에 녹아 있는 다이어그램이 더욱 효과적이다. |
| 5. 콘텐츠의 질과 연관성, 진실성을 분명히 하라 | 보여주려는 정보가 과연 사용자가 특정 목적을 달성하는 데 도움이 되는지를 고민하라. |
| 6. 시간순이 아닌 공간순으로 나열하라 | 시간보다는 공간에 따라 나열할 때 사용자의 이해가 쉬워진다. |
| 7. 정량적 자료의 정량성을 제거하지 마라 | 트렌드를 나타내기 위해 정량적 자료를 그래프나 도표로 표현할 수 있다. 정량적인 정보를 한 눈에 파악할 수 있기 때문이다. |

에드워드 터프트는 '훌륭한 시각 디자인은 시각적으로 표현된 명쾌한 생각'이라고 말했다. 보는 이의 인지적인 과업과 디자인 원칙을 깊이 이해해야 훌륭한 시각화 작업을 할 수 있다.

# 제4절 빅데이터와 시각화 디자인

## 1. 빅데이터와 시각화 이슈

앞서 언급한 바와 같이 국내 상황은 빅데이터의 시각화에 대해 아직 방향이 정립되지 않은 상태다. 시각화라 할 때 현재 국내 기업에서는 하나의 새로운 마케팅 수단으로, 언론매체나 정보 플랫폼 사업자들은 새로운 정보 콘텐츠로 인터랙티브 형태가 아닌 2D 형태의 인포그래픽을 제공하는 경우가 대부분이다. [그림 V-2-80] 국내 인포그래픽의 이용 현황을 보면 대부분의 인포그래픽도 뉴스 미디어에서 노출되는 형태이며, 기업 및 서비스의 온라인 PR 등에서 인포그래픽이 사용되고 있다. 빅데이터가 정작 이용될 수 있는 통계 사이트와 DB 사이트에서 활용은 상대적으로 저조한 실정이다.

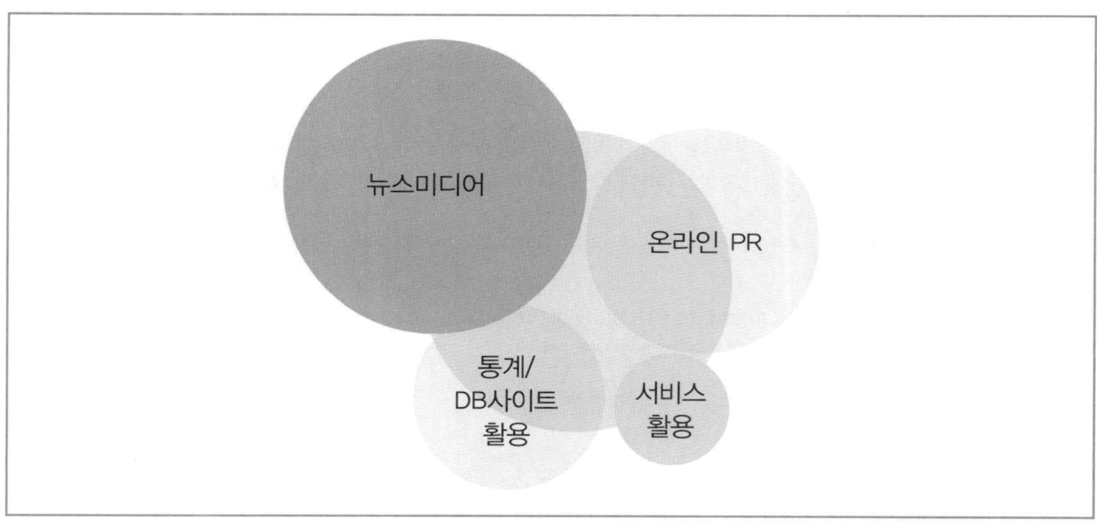


[그림 V-2-80] 국내 인포그래픽의 이용 현황

[그림 V-2-81]은 「디지틀조선」의 인포그래픽 사이트다. 디지틀조선의 인포그래픽은 국내 뉴스 미디어의 대표적인 사례로 2D 이미지 위주의 인포그래픽을 제공한다. 대부분의 인포그래픽은 기사 텍스트에 보조적인 역할을 할 뿐, 인포그래픽만의 특성을 살린 것은 찾아보기 어렵다.

[그림 V-2-81] 디지틀조선

반면 「뉴욕타임즈」의 시각화 서비스는 다양한 인터랙션의 형태를 띄고 있으며, 다양한 각도에서 탐색·분석해 놓은 이 시각화 결과물 자체만으로도 하나의 훌륭한 정보 서비스가 되고 있다.

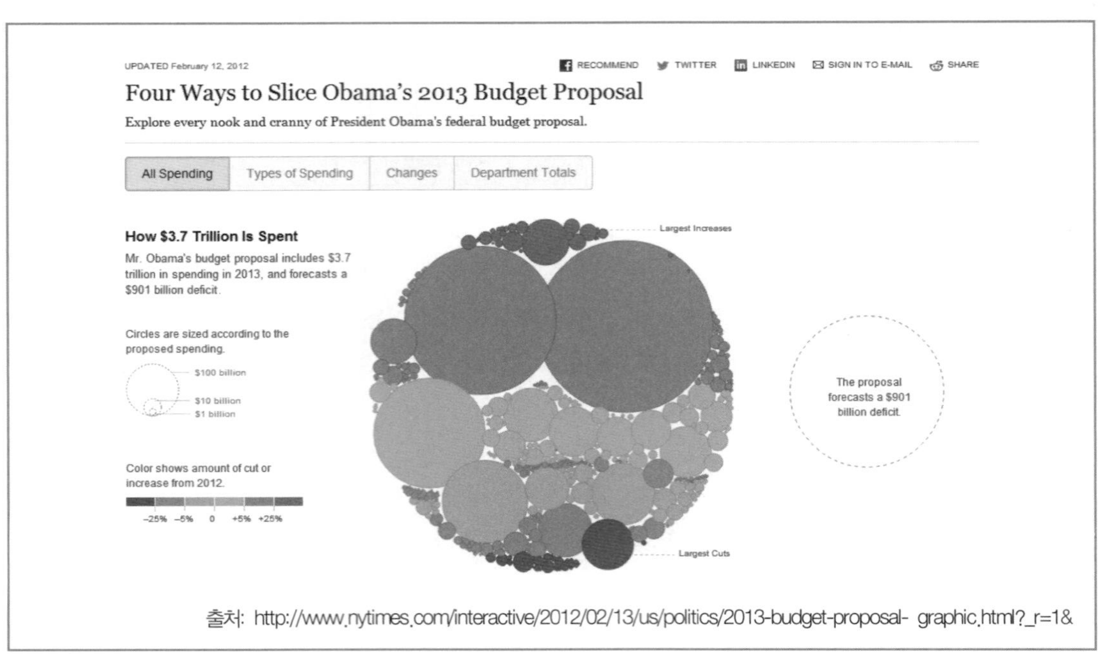

출처: http://www.nytimes.com/interactive/2012/02/13/us/politics/2013-budget-proposal- graphic.html?_r=1&

[그림 V-2-82] 뉴욕타임즈의 시각화 서비스

조선일보의 인포그래픽스와 뉴욕타임즈의 인터랙티브 기사를 비교해 보자. 조선일보의 시각화 결과물은 기사의 주장을 시각적으로 보조하는, 의도된 메시지를 전달하려는 성격이 강한 반면, 뉴욕타임즈의 시각화 결과물은 독자 스스로에게 데이터를 탐험하게 해 패턴을 찾고 결론을 얻도록 하는 객관성을 특징으로 한다.

빅데이터의 시각화는 인포그래픽처럼 이미 의도된 메시지를 전달하기 위한 스토리텔링이라기보다는 데이터 또는 정보를 탐험할 수 있는 기회를 사용자에게 주는 형태로 개발돼야 한다. 데이터 시각화 또는 정보 시각화의 측면에서 빅데이터를 다뤄야 하며, 2D 이미지 형태보다는 인터랙션 형태의 결과물로 제공되는 것이 적합하다고 할 수 있다.

삼성전자 기업 블로그인 삼성투머로우(samsungtomorrow.com)에서도 인포그래픽을 제공하는데, 여기서는 삼성전자 기업 또는 제품과 관련된 정보를 인포그래픽으로 발표하고 있다.

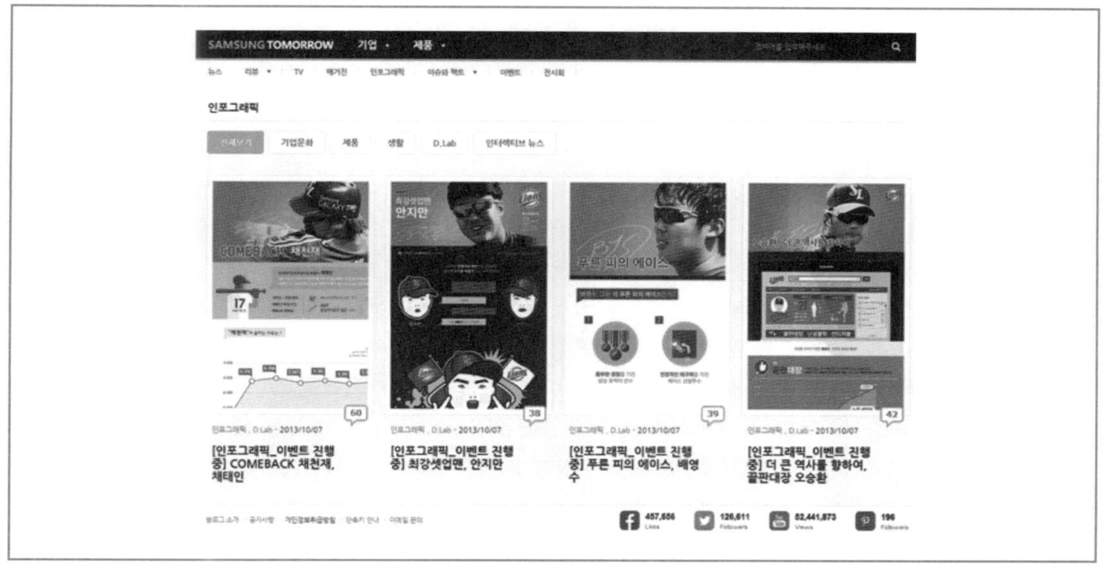


[그림 V-2-83] 삼성투머로우

이 팀의 작업과정은 어떠한 내용을 내보낼 것인가에 대한 기획서를 작성 후 이를 그래픽적으로 시각화하는 작업에 치중하고 있다. 데이터 분석을 통해 메시지를 전달하고자 하는 측면보다는 기획 의도에 따라 인포그래픽 작업이 이뤄지고 있는 셈이다. 삼성투머로우가 기업의 홍보 측면에서 인포그래픽을 의도적으로 발표하고 있기 때문에 사용자가 특정 기업의 서비스나 제품과 연결해 해석하기가 쉽지 않고, 일관성 측면에서도 PR 효과가 떨어지는 결과를 보이고 있다.

이와는 달리 GE에서는 데이터 시각화를 통해 자사의 서비스를 효율적으로 알리는 데이터 시각화(Data Visualization) 섹션을 자사 홈페이지를 통해 하고 있다. 이러한 시각화 결과물은 또한 'GE Show'를 통해 에피소드의 형태로도 제공된다. GE의 사업을 소개하는 에피소드에는 시각화 결과물 외에도 동영상, 사진 자료 등이 더해져 다각도 정보를 통해 사용자가 GE 서비스를 알 수 있도록 한다.

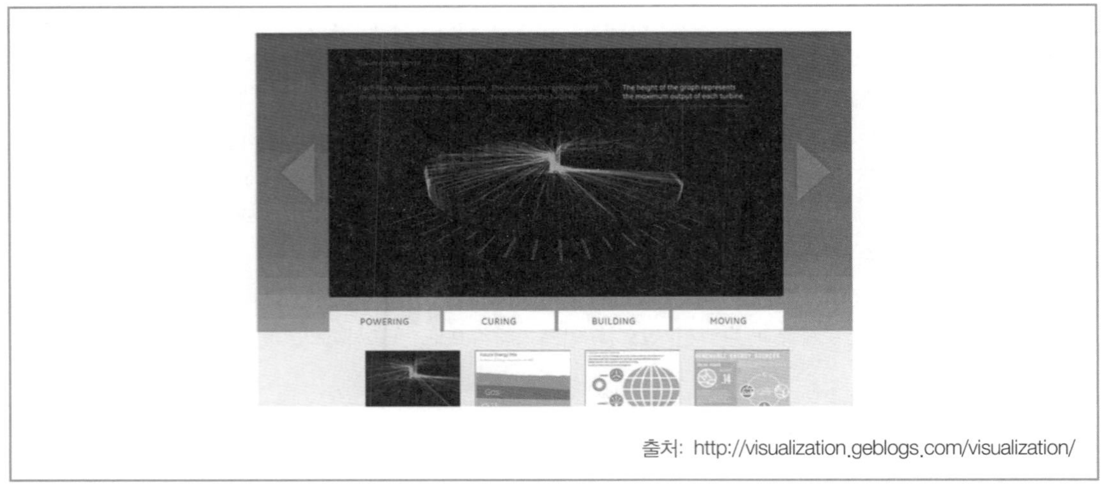


출처: http://visualization.geblogs.com/visualization/

[그림 V-2-84] GE의 데이터 시각화(Data Visualization)

「하버드 비즈니스 리뷰」를 따르면 전 세계적으로 발전시설, 신재생에너지, 헬스케어 등의 사업을 진행하는 GE(General Electric Company)는 다양한 이해관계자들에게 효과적으로 정보를 전달하고자 자료 시각화(Data Visualization)를 활용하고 있다고 한다. (2008년부터 글로벌 마케팅 부서(Global Marketing Communication)에서 연구를 진행해 왔다.) 최초 작품은 2009년의 연령별, 인종별 죽음의 원인을 시각적으로 보여주는 것이었다. 첫 작품은 많은 지지와 환호를 끌어냈다. 현재까지 GE는 실시간 또는 정형/비정형 데이터로 이뤄진 빅데이터를 수집·분석해 시각화 자료로 제공하고 있다. [그림 V-2-84]의 데이터 시각화(Data Visualization) 사이트는 실시간으로 변하는 방대한 통계치를 담고 있어서 네티즌에게 도움을 주고 있다. 그림에서 나타는 시각화 결과물은 GE가 전 세계 1/4의 전력을 생산하고, 713개의 터빈이 지난 2주 동안 생산한 전력을 실시간으로 보여준다. GE는 이러한 작업을 위해 내부의 인력도 활용하지만, 벤 프라이를 비롯한 MIT대학 및 뉴욕타임즈 등의 전문가의 도움을 받는다. 전문가들의 다양한 시각을 통해 더 좋은 자료 시각화가 가능하기 때문이다. GE의 데이터 시각화 페이지는 실시간으로 반영되는 살아있는 정보를 제공하는 것은 물론, 사용자 참여를 유도하면서 복잡하게 표현된 정보를 축적해 단순하고 직관적으로 보여주고 있다. 이러한 자료 시각화는 너무 보여주는 것에 치중해 본래의 목적을 퇴색시킬 수도 있기 때문에 GE의 전문가는 '시각화 자료를 만들 때는 설명하려는 내용과 설명되는 매개체를 신중히 고려해야 한다'고 강조한다. GE의 시각화 결과물은 소비자에게 알리기 어려운 사업을 쉽게 이해시키는 효율적인 정보 전달 매체로서 역할과 함께 GE에 대한 소비자의 브랜드 신뢰도를 높이는 역할을 하고 있다.

그러나 대부분의 기업에서 빅데이터 시각화를 통해 기업 PR 이상의 것을 기대하고 있다. 기업에서 빅데이터 시각화를 통해 제공할 수 있는 것은 크게 내부적인 것과 외부적인 것으로 나눌 수 있다. 내부적으로는 방대한 정보를 하나의 인사이트로 도출할 수 있는 시각적 분석도구로 활용하는 것이다. 이를 위해 빅데이터를 이용한 정보 전달 및 상황 진단 프로세스 개발이 필요하다. 외부적으로는 빅데이터를 이용해 도출한 정보를 고객에게 제공하는 것이다. 그러나 아직 국내에는 이 두 가지를 제대로 제공하는 사례를 보기 어렵다.

## 2. 빅데이터와 시각화 디자인 사례

이후에 제시되는 결과물은 빅데이터를 이용해 시각화한 사례다. 빅데이터를 어떤 형태로 구현할 수 있는지를 보여주고자 한다. 2D, 모션 영상, 인터랙션의 출력 결과물이라는 세 가지 분류를 기준으로 빅데이터 시각화 디자인 사례를 소개한다. 여기에서는 분류에 따라 각각의 사례를 제시했지만, 빅데이터가 갖고 있는 방대한 데이터 양을 보여주기 위해 대부분 인터랙티브 웹을 사용했음을 알 수 있다.

**[표 V-2-6] 빅데이터 시각화 결과물에 따른 분류**

| | |
|---|---|
| **2D 이미지** | 인쇄물, 온라인 이미지 |
| **모션 영상** | 모션 인포그래픽, 데이터 시각화 동영상 |
| **인터랙티브** | 인터랙티브 웹, 인터랙티브 앱 |

### 가. 2D 이미지

2D 이미지 사례는 인쇄물과 온라인 이미지로 제공된다. 이는 빅데이터에서 추출한 많은 정보를 한정된 공간에 한 번에 보여주는 방식이다. 색상 및 정리된 그래픽 형태로 보여주며, 이것을 만들어내기 위해 시각화 툴과 프로그래밍 기술을 이용한다.

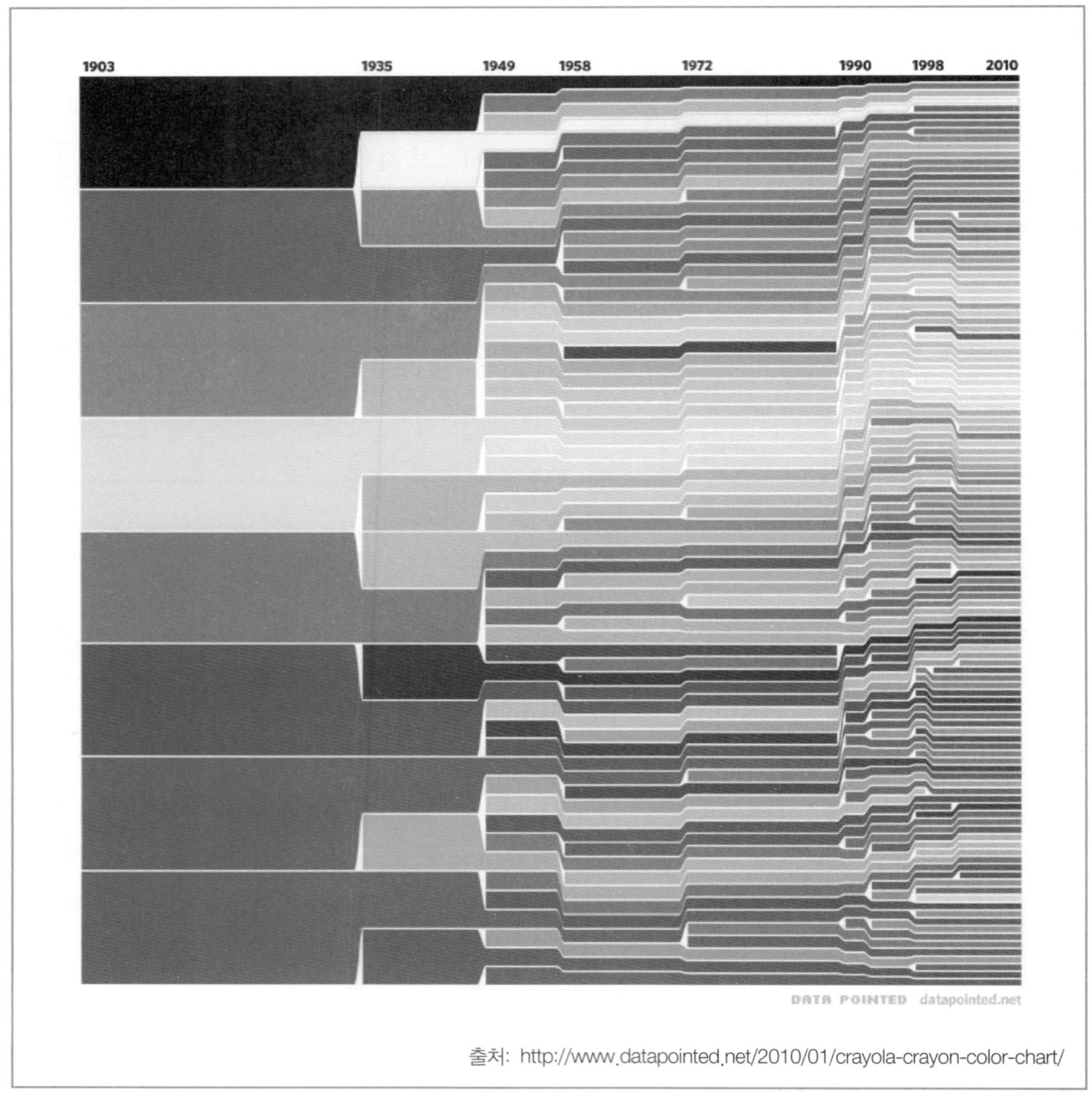


출처: http://www.datapointed.net/2010/01/crayola-crayon-color-chart/

[그림 V-2-85] 크레욜라 색상 차트(1903-2010)

위키피디아의 크레욜라 데이터로 지난 약 100년간의 색상변화를 시각화한 것이다. 스테판 폰 월리(Stephen Von Worley)가 만든 것으로 1903년에 크레욜라 상품명으로 처음 출시 됐을 때는 8색상만 있었지만, 새로운 색상이 속속 추가되면서 2010년에는 120가지 크레용 색상이 나왔다.

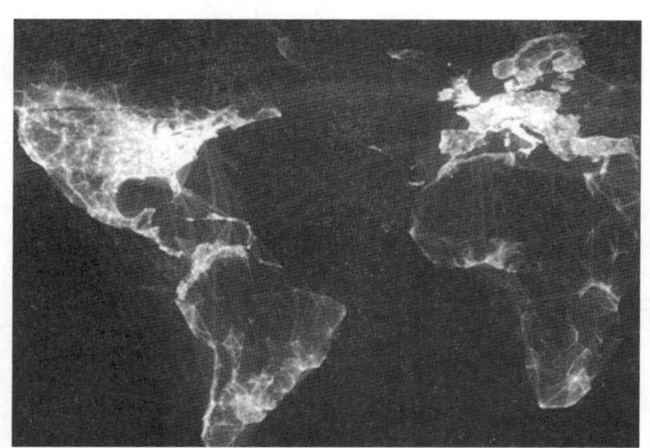

출처: http://sweb12.hciresearch.org/content/data-visualization-age-big-data

[그림 V-2-86] 페이스북의 인기

'페이스북의 인기'라는 시각화 작업에서는 데이터 테이블 대신, 페이스북 사용 패턴을 보여주는 시각적 이미지를 제시하고 있다. 빛의 강도는 페이스 북의 인기도를 나타낸다. 전 세계의 페이스북 사용현황을 한 번에 보여주는 빅픽처 역할을 한다.

## 나. 모션 영상

모션 영상에서는 데이터 시각화를 순차적으로 보여주는 영상 또는 자동 애니메니션을 제공하는 경우가 많다. 의도된 스토리에 따라 제공하는 모션 인포그래픽도 있다.

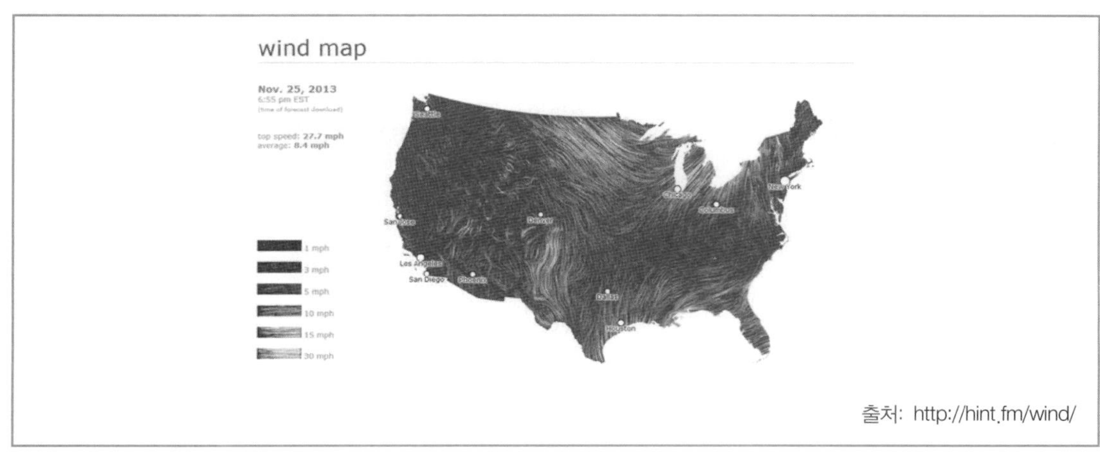


출처: http://hint.fm/wind/

[그림 V-2-87] 윈드 맵

'윈드 맵'은 미국 내 풍향 및 풍속 데이터를 받아 지도 위에 시각화한 프로젝트다. 비트맵 애니메이션이 아닌 프로그래밍 기법으로 실제로 바람이 부는 것처럼 표현했다. 사이트에 들어가면 자동으로 재생되며, 미국 지도 위에 풍속의 변화를 볼 수 있다. 미국 국립 디지털 예보 데이터베이스(National Digital Forecast Database)를 이용했다.

출처: http://www.nytimes.com/interactive/2012/08/05/sports/olympics/the-100-meter-dash-one-race-every-medalist-ever.html?_r=0

**[그림 V-2-88] 모든 메달리스트들이 한 경기에**

「뉴욕타임즈」는 1896년 그리스 아테네 올림픽부터 런던 올림픽에 이르기까지 모든 데이터를 이용해 100미터 육상, 수영, 장애물 넘기를 3D 모델로 구현했다. 우사인 볼트의 9.63초 100미터 육상경기와 그가 어떻게 빨리 먼저 나가는지, 과거의 육상경기 우승자들의 모습과 비교해 시각화한 동영상도 돋보인다. 아테네 올림픽의 최초 금메달 리스트인 토마스 버크가 볼트와 함께 결승선에 섰다면 18미터나 뒤쳐져 있음을 볼 수 있다. 이 동영상이 제공되는 사이트에서 여러 선수에 대한 정보와 데이터를 비교한 그래프 등을 볼 수 있다.

출처: http://www-03.ibm.com/ibm/history/ibm100/us/en/thinkexhibit/

**[그림 V-2-89] IBM사의 'THINK의 뉴욕' 설치 광경**

데이터 시각화가 사람들의 관점을 바꿔 세상을 이롭게 하는 데 쓰이기도 한다. IBM은 최근 창립 100주년을 기념해 뉴욕에서 THINK 전시회를 열고 40m 길이의 '데이터 전광판(Data Wall)'을 선보였다. 전시회장 주변의 각종 데이터, 예를 들면 브로드웨이의 교통상황에서부터 식수부족, 대기오염, 카드사고 현황 등에 이르기까지 뉴욕의 현재 삶을 실시간으로 시각화해 영상으로 보여준다. IBM은 이곳을 방문하는 사람들에게 주변에서 어떤 일이 일어나는지를 제대로 알려, 자신의 삶을 개선시킬 여지가 충분함을 깨닫게 하기 위한 목적으로 이 데이터 시각화를 기획했다.

### 다. 인터랙티브 애플리케이션

빅데이터 시각화 결과물은 인터랙티브 형태가 주류를 이룬다. 이를 제공하기 위해 인터넷에 인터랙티브 웹으로 구현하기도 하며, 태블릿PC용 인터랙티브 앱으로 구현하기도 한다. 또한 종종 전용 소프트웨어로 개발·배포되기도 한다. 인터랙티브 형태는 많은 양의 데이터세트나 정보를 다양한 레이어나 필터를 통해 사용자가 접근하도록 한다.

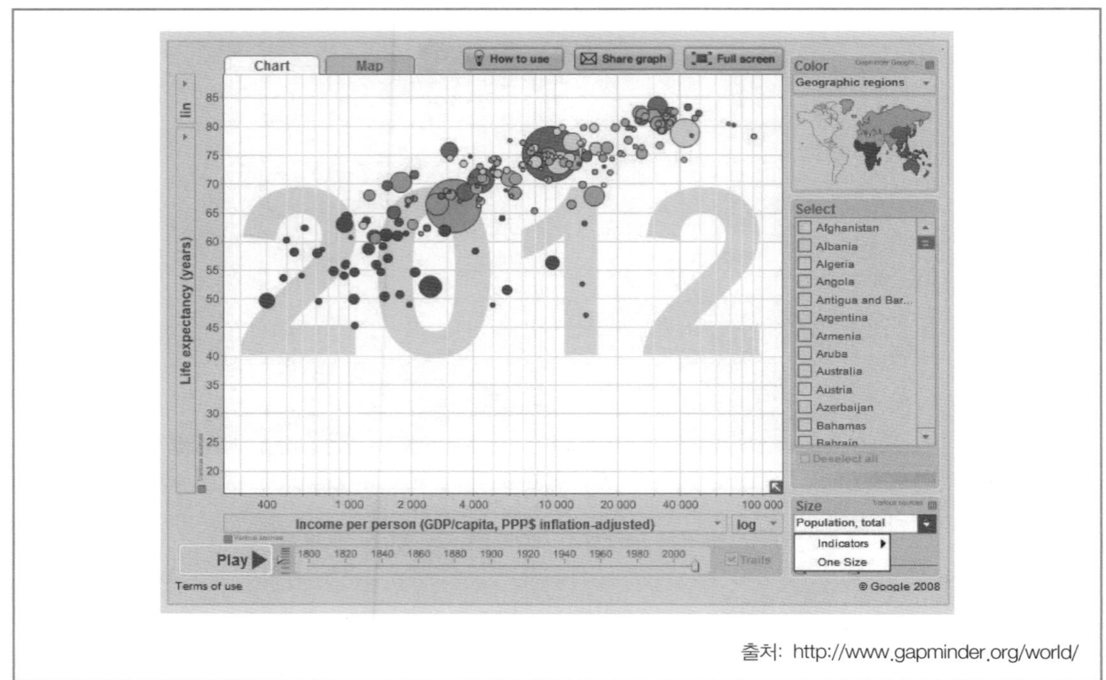


출처: http://www.gapminder.org/world/

**[그림 V-2-90] 갭 마인더**

갭 마인더(Gapminder)는 스웨덴의 비영리 통계 분석 서비스다. 유엔의 데이터를 바탕으로 인구 예측, 부의 이동 등에 관한 연구논문과 통계정보 등 엄청난 양의 빅데이터를 간결한 버블차트 기반의 타임라인 그래픽과 세계 지도 기반 시각화 형식으로 제공한다. 정치, 경제, 환경, 기술, 에너지, 인구 등 9개 카테고리별로 200개가 넘는 데이터세트가 등록돼 있다. 갭 마인더 웹 사이트에 등록된 데이터는 불러올 때 자동으로 최신 데이터로 업데이트되며, '저작자 표시' CCL 조건에 따라 누구나 자유롭게 쓸 수 있다. 나라들의 부와 건강(Wealth & Health of Nations)을 보여주는 [그림 V-2-90]의 오른쪽 하단의 'Size'에서 'Indicators'를 누르면 다양한 기준값들을 불러와 서로 비교해 볼 수 있다. 우측의 'Select'에서 나라들을 중복 선택해 비교해 볼 수 있다. 갭마인더는 인터랙티브 형태의 빅데이터 시각화 중에 가장 간결하면서도 사용자에게 효과적으로 정보를 전달하는 예 가운데 하나다.

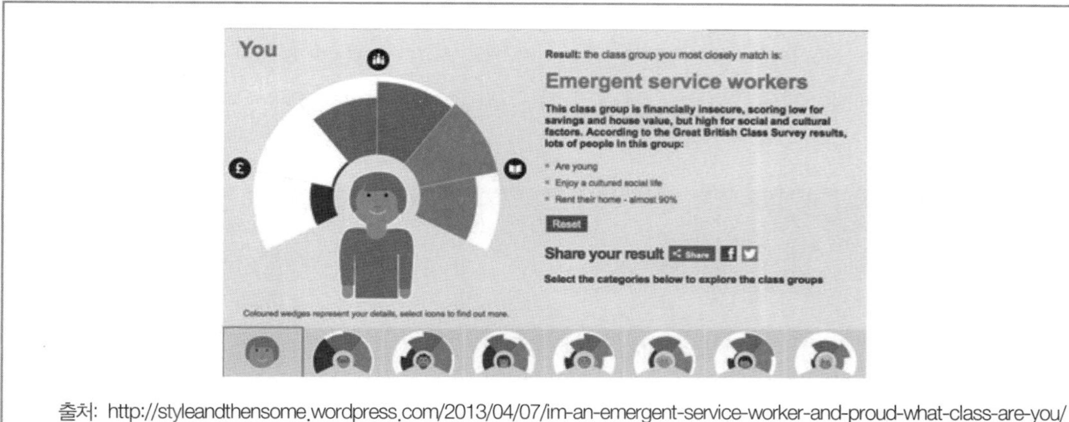


출처: http://styleandthensome.wordpress.com/2013/04/07/im-an-emergent-service-worker-and-proud-what-class-are-you/

[그림 V-2-91] Great British Class Survey 테스트 결과 화면

영국의 GBCS(Great British Class Survey)는 16만 명의 영국인들에게 설문조사를 한 후 21세기 영국의 새로운 계층을 7가지로 분류한 결과를 BBC의 웹 사이트에서 분류법에 따라 제공한다. 자신이 어느 계층에 속하는지를 알아볼 수 있다. 규모 있는 빅데이터의 분류 결과를 바탕으로 이뤄지는 테스크 과정에서 사용자는 질문을 클릭할 때마다 즉각적으로 변하는 인터랙티브 인포그래픽을 체험하게 된다. 자신의 어떤 성향이 특정 계층으로 분류는지를 바로 확인할 수 있다. 페이스북이나 트위터 같은 SNS로 결과를 공유해 대중의 평가를 유도해 향후 업데이트에 반영할 수 있는 흥미로운 인포그래픽이다(Great British Class Survey BBC 웹사이트: https://ssl.bbc.co.uk/labuk/experiments/class/).

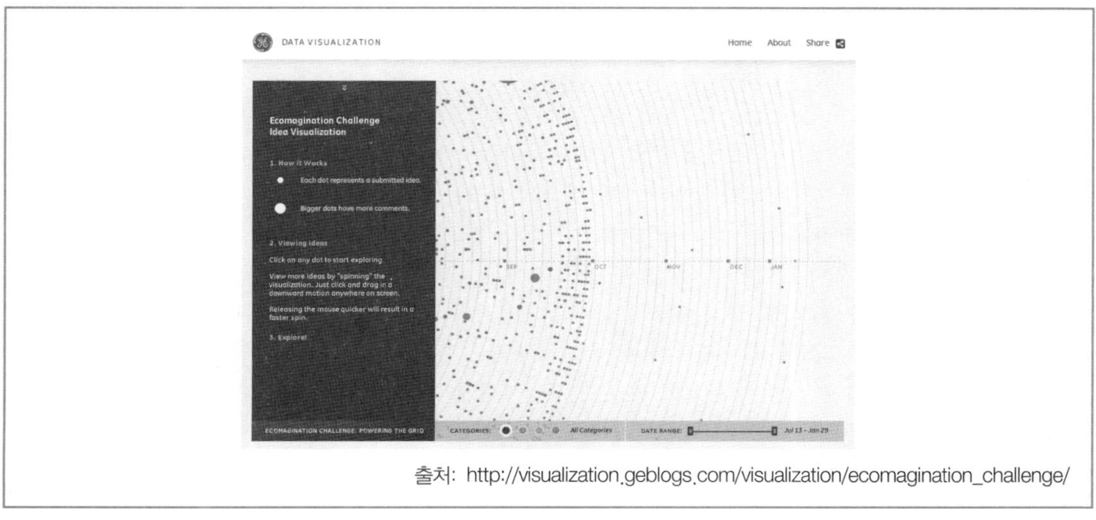


출처: http://visualization.geblogs.com/visualization/ecomagination_challenge/

[그림 V-2-92] GE의 에코매지네이션 아이디어 챌린지 시각화

전 세계에서 6만 5000명 이상의 유저들이 GE의 에코지메이션 챌린지(Ecomagination Challenge)에 로그온해 제출한 3500개 이상의 아이디어와 투표, 댓글을 시각화한 결과물이다. 방문자가 좋은 아이디어를 좀 더 쉽게 찾을 수 있도록, GE는 해당 사이트를 시각화해 보여주고 있다(http://challenge.ecomagination.com/ideas).

출처: http://visualize.yahoo.com/core/

**[그림 Ⅴ-2-93] 야후! 코어 웹사이트**

2012년 2월, 야후는 전 세계 사용자들의 관심 콘텐츠와 트래픽 등 이른바 '빅데이터'를 분석해 시각화해 보여주는 웹사이트인 '야후! C.O.R.E(코어) 데이터 시각화' 사이트를 개설했다. 야후의 데이터 시각화 사이트에 접속해보면 성별과 연령, 지역, 시간대를 선택할 수 있고 옵션에 따라 사람들이 어떤 기사에 가장 많은 관심을 갖는지를 볼 수 있다. 메인 화면을 돌아다니는 은하수의 별들을 클릭하면 미리 그 별에 배정된 기사가 뜨고 어떤 사람들이 주로 선호했는지, 그 기사에 관심을 갖는 사용자들의 유형을 파악할 수 있다. 야후는 사용자 서비스의 한 측면으로서 빅데이터 활용 사례를 보여주고 있다. 사용자의 웹로그를 분석해 얻은 자료을 도표나 그래프 등으로 볼 수 있기 때문에 자신과 비슷한 성향을 지닌 사용자들이 선호하는 기사를 한 눈에 확인할 수 있다. 이에 따라 수많은 기사들 중에서 자신이 읽고 싶은 기사를 선택하는 데 도움을 받을 수 있다. 또한 사용자는 야후의 빅데이터 서비스를 통해 자신의 행동방식과 기사 검색취향 등을 얘기하고 다른 사람들의 정보도 참고할 수 있게 된다. 이용자는 다른 이용자와 자신을 밀접하게 연관시켜 열린 의사소통을 체험하게 된다. 야후의 입장에서는 시각화 서비스를 활용해 흥미를 유발하고 여러 편의를 제공함으로써 고객들을 자사 웹페이지에 좀 더 머무르게 할 수 있다. 고객에게 연계성 높은 정보를 제공한다는 측면에서 일종의 CRM 역할을 하고 있다.

출처: http://www.trulia.com/real_estate/New_York-New_York/crime/

**[그림 V-2-94] 트룰리아: 뉴욕 범죄 히트맵**

지역 부동산 실시간 데이터 서비스를 제공하는 트룰리아(trulia.com)는 다양한 데이터를 복합 분석해 부동산 구매를 유도하는 서비스를 제공하고 있다. 트룰리아 닷컴의 장점은 주택관련 통계자료가 잘 정리돼 있다는 것이다. 트룰리아가 제공하는 통계자료 중 '가격 인하'된 자료가 많은 관심을 받고 있다. 시장에 나온 매물 가운데 가격을 한 차례 이상 인하한 매물을 인하 비율별로 분류해 사용자들이 검색할 수 있도록 한 시스템이다. 이를 테면 최초 가격보다 5%, 10%, 20%씩 떨어진 매물을 검색할 수 있다. 트룰리아는 다양한 소스로부터 데이터를 모아 온다. [그림 V-2-94]는 뉴욕의 범죄 발생 지역을 시각적으로 보여줌으로써 어느 지역이 치안이 안정적인지를 고려해 부동산 종합 가치를 판단하도록 한다. 그림에 표시된 범죄 데이터는 스팟크라임(SpotCrime.com)과 크라임리포트(CrimeReports.com)에서 갖고 온다. 트룰리아는 범죄 이 외에도 다양한 시각화 정보를 제공한다. 자연재해 데이터를 연방응급관리국(Federal Emergency Management Agency, FEMA), 국립 해양 및 기상 관리부(National Oceanic and Atmospheric Administration, NOAA), 미국 농림부(U.S. Department of Agriculture Forest Service)로부터 가져와 매시업 형태로 개발한다.

## 3. 빅데이터와 시각화 디자인의 방향

데이터의 단순한 나열보다 사진 한 장이 더 가치 있다는 말은 오늘날 경영 분석에서 자주 논의된다. 하지만 이 말처럼 빅데이터 시각화를 사진 한 장처럼 만들기는 거의 불가능하고 효율적이지도 않다. 따라서 빅데이터의 시각화도 그래픽 능력이 아닌, 전문 빅데이터 분석 능력과 동시에 시각화 능력, IT 기술 위에 서비스로 구현할 수 있는 능력을 선호하게 됐다. IT 전문 리서치 업체인 가트너는 2015년까지 빅데이터 관련 일자리가 440만 개로 늘어나고, 이들 가운데 대부분은 데이터 시각화와 같이 이전에는 요구되지 않았던 새로운 기술을 필요로 한다고 예측했다. 빅데이터 시장에서 시각화 논의가 뜨거움에도 데이터 시각화가 정확히 무엇이고, 그 주체는 정확히 누구이며, 이를 회사의 한 직무로 보는 경우도 많지 않다. 오히려 데이터 시각화를 다른 역할에 더해져 직원들이 갖춰야 하는 능력(a skill set)으로 보는 기업들도 많다.

시각화 전문가로서 첫 번째 단계는 개인의 능력을 통해 최신의 기술과 도구를 사용해 정보를 제시하고 분석하는 것이다. 예를 들어 엑셀이나 코그노스(Cognos)와 같은 도구를 사용하기보다는 데이터 분석가들은 사용하기 쉬운 타블로(Tableau)나 스폿파이어(Spotfire)를 선호한다. 하지만 일부 애플리케이션에 있어서는 이것만으로는 충분치 않다.

두 번째 단계는 데이터 시각화 기술이 아니라 비주얼 인식의 심리적인 부분을 아는 것으로, 특정 시각화 기술이 줄 수 있는 한계에 대해서도 충분히 이해해야 한다. 이 단계에서는 데이비드 맥캔들레스와 같이 문제나 주제에 대한 통찰력도 있으면서 정보수집, 마이닝, 프로그래밍, 시각화에 이르는 모든 것을 시각화 관점에서 풀어낼 수 있어야 함을 말한다. 데이터 시각화는 기업에서 과거에도 오랜 동안 필요성이 제기되는 스킬이었다. 데이터 시각화의 중요성을 깨닫는 기업이 늘고 있지만, 이들 가운데 대다수는 초점을 제대로 맞추지 못하고 있다. 대부분 빅데이터 시각화라하면 직무 상세에서는 코그노스로 차트를 어떻게 그리는지 등에 대한 기술적인 부분들에 대해 기재된 반면, 시각화의 주요 부분인 그래픽 디자인 전문성에 대한 언급은 없다.

빅데이터 시각화에서 중요한 것은 해당 데이터를 다루는 능력 말고도 궁극적으로는 정보 디자인의 의도와 방향이 목적과 어긋나지 않도록 하는 것이다. 정보 디자인을 위해서는 데이터의 범주 안에서 정보를 보고, 사용자를 위한 시각화 목적을 설정하고 이를 끝까지 고수해야 한다. 해당분야 통계 전문가는 자신의 관점에서 정보를 해석하고 보여주려는 경향이 강하다. 또한 시각화 툴이나 프로그래밍 과정에서 자칫 정보 수용자의 관점보다는 데이터 자체를 표현하는 경향도 종종 나타난다. 그럼에도 빅데이터 시각화에서는 정보형 메시지를 전달하는 데 적합한 데이터의 수집과 가공, 그래프 처리 과정이 연결·진행돼야 하고, 이에 대한 전문성이 단절되거나 결여되어서는 안 된다. 더불어 전문 데이터 마이닝과 이를 연결하는 툴을 시각화 도구와 연계해 활용하지 못한다면, 빅데이터 시각화의 가치를 창출하지 못하는 결과를 불러온다. 반대로 빅데이터의 특성을 살리지 못하거나 정보의 깊이를 보여주지 못하는 인포그래픽 위주의 정보 디자인만 보는 것도 문제가 된다. 노아 일린스키가 말하는 시각화의 아름다움에서 정보성(informative)이 결여된다면 효율성(efficient)과 참신성(novel)이 떨어지는 결과를 낳게 된다. 모든 디자인이 그러하듯 빅데이터에서도 정보를 볼 대상, 사용자가 어떠한 관점으로 그 정보를 볼 것인지에 대한 분명한 예측과 목표가 세워져야 한다. 이 전제에 걸맞게 데이터 수집과 가공을 거쳐 시각 표현이 진행돼야 성공적인 빅데이터 시각화를 할 수 있다.

# 장 요약

### 제1절 시각화의 정의

데이터 시각화 정의를 위하여 데이터, 정보, 지식, 지혜를 어떻게 시각적 이해를 하고 있으며 이를 위한 시각화 형태가 어떠하여야 하는지를 시각 이해의 위계를 통하여 이해하고, 데이터 시각화(data Visualization), 정보 시각화(information Visualization), 정보디자인(information design), 인포그래픽(infographics)의 정의를 통하여 데이터 시각화와 빅데이터 시각화의 범위를 명확히 할 수 있다.

### 제2절 시각화 프로세스

정보디자인 및 인포그래픽의 일반적인 7단계에 걸친시각화 프로세스를 통하여 시각화 프로세스를 이해한다. 이후 시각화에서도 데이터 시각화에 특화된 프로세스를 정보 구조화, 정보 시각화, 정보 시각표현의 3단계로 진행 될 수 있음을 제시한다.

### 제3절 시각화 방법

정보 구조화에서는 시각화를 위한 데이터 및 정보를 분류, 조직화, 재배열하는 기본 원리를 익히고, 정보 시각화 단계에서는 데이터 분석툴에서 함께 제공하는 시각화도구인 그래프 스타일의 원리와 쓰임새를 배운다. 시각화의 최종 완성을 하기 위해 그래프 결과물에 기초 조형 원리, 그리드, 타이포그래피, 색상 등을 적용하는 정보 시각 표현 및 인터렉션 구현 방법 순으로 시각화 방법을 체계적으로 익힌다.

### 제4절 빅데이터와 시각화 디자인

빅데이터 관점에서의 데이터 시각화에 대한 해외와 국내의 시각화 현주소를 조명하고, 데이터 시각화 결과물에 따른 2D 이미지, 모션영상, 인터렉티브로 나누어 시각화 결과물사례를 제시하여 활용 가능성을 구체적으로 제시한다. 또한, 향후 빅데이터 시장에서의 시각화 방향에 대한 견해도 제시한다.

# 연습문제

**문제 1. 다음 설명 중 틀리는 것은 무엇인가?**

① 데이터는 정보를 만들기 위한 원자재와 같은 것이다.
② 정보는 생산자와 사용자의 관점에 구애 받지 않고 같게 전달될 수 있으며, 형태와 형식을 갖고 있다.
③ 지식은 다른 영역의 정보가 자기 조직화해 획득할 수 있다.
④ 지혜는 자기 내면화한 지식으로 명시적인 언어로 상대방에게 전달하기 어렵다.

**문제 2. 다음 설명 중 일반적인 시각화 프로세스로 적절한 것은?**

① 시각접근 방법 결정하기 - 와이어프레임 그리기 - 데이터 수집과 읽기 - 내러티브 찾기 - 문제 정의하기- 계층구조 만들기 - 포맷 선택하기 - 정제와 테스트
② 데이터 수집과 읽기 - 내러티브 찾기 - 문제 정의하기- 계층구조 만들기 - 와이어프레임 그리기 - 포맷 선택하기 - 시각접근 방법 결정하기 - 정제와 테스트
③ 포맷 선택하기 - 와이어프레임 그리기 - 정제와 테스트 - 데이터 수집과 읽기 - 내러티브 찾기 - 문제 정의하기- 계층구조 만들기 - 시각접근 방법 결정하기
④ 문제 정의하기- 와이어프레임 그리기 - 시각접근 방법 결정하기 - 데이터 수집과 읽기 - 내러티브 찾기 - 계층구조 만들기 - 포맷 선택하기 - 정제와 테스트

**문제 3. 리처드 솔 워먼이 제시한 정보를 조직화하는 LATCH 에 해당하지 않는 것은 무엇인가?**

① Category
② Location
③ Hour
④ Alphabet

**문제 4. 다음의 그래프가 속하는 네이선 야우의 정보 시각화 방법의 종류는 어느 것인가?**

출처: http://newsmap.jp/

① 공간 시각화
② 관계 시각화
③ 시간 시각화
④ 분포 시각화

**문제 5. 정보 시각 표현을 위한 자크 베르탱의 그래픽 7요소가 아닌 것은?**

① 기울기
② 그리드
③ 명도
④ 모양

**문제 6. 에드워드 터프티가 제시한 시각 정보 디자인 7원칙에 해당하지 않는 것은 무엇인가?**

① 공간 순이 아닌 시간 순으로 나열하라.
② 콘텐츠의 질과 연관성, 진실성을 분명히 하라
③ 텍스트, 그래픽, 데이터를 한 화면에 조화롭게 배치하라
④ 원인과 결과를 명쾌하게 제시하라.

## 학습목표

- 데이터 시각화 구현에 대한 개념 이해
- 다양한 데이터 시각화 도구 및 기법의 특징 이해
- R을 활용한 시각화 구현에 대한 이해
- 데이터에 대한 이해를 기반으로 한 효과적인 시각화 이해
- ggplo2 패키지에 대한 이해
- shiny 패키지에 대한 이해
- D3.js를 활용한 시각화 구현에 대한 이해
- 시간, 분포, 관계, 비교, 공간적 관점의 시각화 구현에 대한 이해

# 제3장

# 시각화 구현

### 장 소개

본 장에서는 다양한 시각화 구현 방법을 소개하고, 각 방법에 해당하는 시각화 도구, 특징, 및 선택 시 고려할 사항을 다룬다. 이를 통해 시각화 구현이 필요한 프로젝트의 성격에 따라 적절한 시각화 방법 및 도구 선택에 도움이 될 것으로 기대된다. 또한 시각화 구현을 위해 필요한 기본적인 개념에 대한 이해를 돕기 위해 R이라는 오픈소스 분석 플랫폼의 시각적 분석 기능을 활용한 시각화 구현에 대한 다양한 예제와 D3.js라는 시각화 라이브러리 기반의 시각화 직접 구현에 대한 다양한 예제를 보여 준다.

# 제1절 시각화 구현 개요

데이터 분석 결과를 활용할 때 시각화는 매우 중요한 역할을 한다. 정형 데이터와 비정형 데이터를 아우르는 빅데이터에서는 분석이 중요하기 때문에 시각화에 대한 요구사항도 더욱 다양해 지고 있다. 단순히 데이터 분석 결과만을 제시하는 것이 아니라, 때로는 분석된 결과를 중심으로 연결된 다양한 정보를 탐색·조회하기 위한 UX 관점의 구현에 대한 요구가 강조되고 있다.

시각화 방법은 크게 전문 시각화 플랫폼 혹은 시각적 분석 플랫폼을 이용하는 방법, 시각화 전문 그래픽 라이브러리를 통해 직접 개발하는 방법, 데이터 표현을 위한 디자인을 강화해 인포그래픽으로 표현하는 방법 등 다양하다.

전문 시각화 플랫폼 혹은 시각적 분석 플랫폼은 주로 비즈니스 인텔리전스(Business Intelligence) 분야에서 활용된다. 이 플랫폼은 다차원적 데이터 분석 결과를 시각화하고, 그 결과를 보고서로 생성하는 기능 등을 지원한다. 대표적인 제품으로 IBM의 코그노스 인사이트(Cognos Insight)와 인포메이션 빌더스(Information Builders), 마이크로소프트의 파워피벗(PowerPivot)과 파워뷰(PowerView), 마이크로스트레터지의 비주얼 인사이트(Visual Insight), 오라클 비즈니스 인텔리전스 엔터프라이즈 에디션(Oracle Business Intelligence Enterprise Edition:OBIEE), 클릭테크(QlikTech)의 클릭뷰(QliKView), SAP의 비주얼 인텔리전스(Visual intelligence), SAS의 SAS 엔터프라이즈 비즈니스 인텔리전스(SAS Enterprise Business Intelligence), 타블로(Tableau), 팁코 스폿파이어 애널리틱스(Tibco Spotfire Analytics) 등을 들 수 있다. 기존의 비즈니스 인텔리전스 플랫폼들이 주로 데이터 분석, 마이닝 등의 기법을 통해 일정한 방식의 결과 리포트를 생성하기 위해 시각화 기술을 활용했다면, 전문 시각화 플랫폼은 사용자가 다양한 관점에서 인사이트를 얻을 수 있도록 '지식 시각화' 관점에서 데이터 시각화 기능을 지원한다고 볼 수 있다.

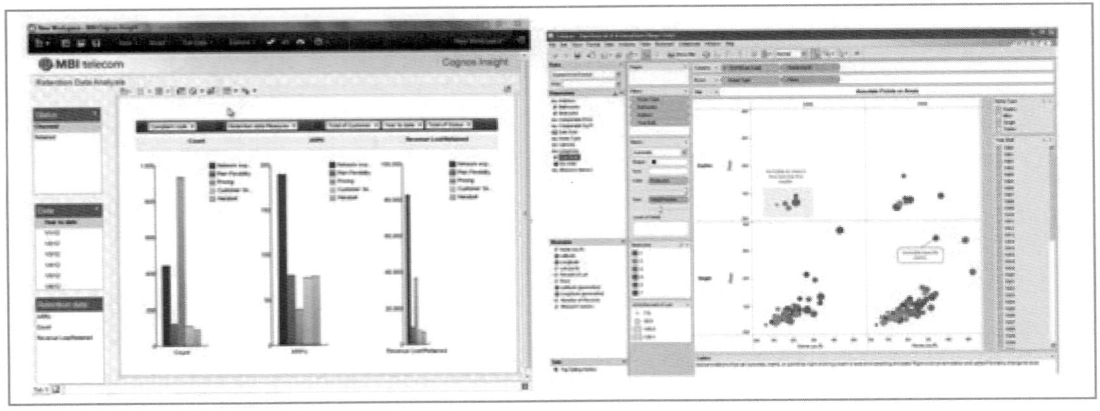


[그림 V-3-1] IBM Cognos Insight(좌)와 Tableau(우)의 인터페이스

시각화 기술이 점차 다양한 연구 및 서비스에서 활용됨에 따라 시각화 기술에 대한 요구사항이 점점 늘어나고 있다. 이러한 시각화 기술은 주로 소스를 모두 공개하는 프로젝트 또는 라이브러리 형태로 배포되고 있다. 특히 최근에는 모바일 기기들에 탑재된 웹 브라우저의 성능이 크게 향상됨에 따라 자바스크립트, HTML5 기반의 시각화 기술이 각광받고 있다. 대표적인 시각화 라이브러리로 D3.js를 들 수 있다. D3.js는 다양한 차트 시각화를 지원하는 자바스크립트 기반 프로젝트인 Protovis 개발팀이 기존 프로젝트를 중단하고 HTML, SVG(Scalable Vector Graphics), CSS(Cascading Style Sheets) 등을 지원할 수 있도록 확장한 시각화 패키지다. 매우 다양한 형태의 시각화를 지원하기 때문에 사용자가 커스터마이징해 사용하기에 편리하다. 또한 유명한 자바스크립트 라이브러리인 jQuery 기반 또는 플러그인으로 개발된 시각화 프로젝트들로는 jQueryVisualize, Flot, jqPlot 등이 있다. 일반적으로 웹 사이트에서 jQuery를 사용하기 때문에, 이 프로젝트들은 기존 웹 사이트에서 사용할 수 있으므로 개발 편의성 측면에서 장점이 있다.

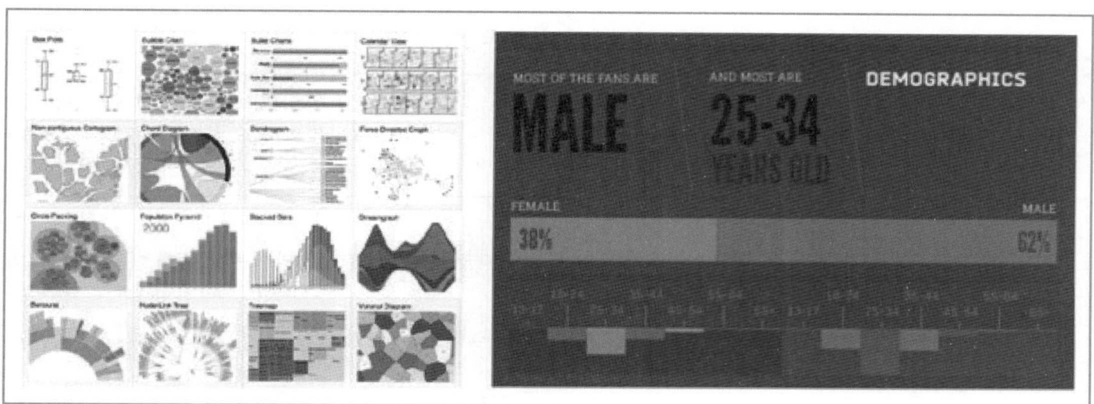


**[그림 V-3-2] D3.js(좌)와 Visual.ly(우)를 활용한 시각화 예시**

Visual.ly, Visualize Free 등은 사전에 제작된 템플릿을 기반으로 인포그래픽을 생성하는 도구를 지원한다. 예를 들어 로그인한 사용자 또는 페이지와 관계된 활동, 관계정보 등을 인포그래픽 결과물로 변환해 준다.

[표 V-3-1] 대표적인 시각화 방법

| 분류 | 도구 리스트 | 적용 방법 |
|---|---|---|
| 시각화 플랫폼 | Cognos Insight, Information Builders, PowerPivot, PowerView, Visual Insight, QliKView, Visual intelligence, SAS Enterprise Business Intelligence, Tableau, Tibco Spotfire Analytics, R, WolframAlpha, Better World Flux, Dipity, Many Eyes, Excel, CartoDB, Weka, Gephi | 플랫폼의 설치·구축 필요, 플랫폼에서 제공하는 기능·명령어를 실행해 시각화 |
| 시각화 라이브러리 | Flot, Rapha l, Modest Maps, Leaflet, Timeline, Exhibit, jQuery Visualize, jqPlot, D3.js, JavaScript InfoVis Toolkit, jpGraph, Highcharts, Google Charts, Crossfilter, Tangle, Polymaps, OpenLayers, Kartograph, Processing, NodeBox | 라이브러리 설치 필요, 라이브러리가 제공하는 API로 코드 작성해 시각화 |
| 인포그래픽스 | iCharts, Visualize Free, Visual.ly | 웹서비스 형태로 제공되며 회원가입 필요, 제공되는 템플릿으로 인포그래픽스 구현 |

본 장에서는 시각화 플랫폼을 이용한 시각화 구현 방법으로서 R과 시각화 라이브러리를 이용한 시각화 구현 방법으로서 D3.js에 대해 알아보도록 한다.

# 제2절 분석 도구를 이용한 시각화 구현: R

대용량·비정형 데이터 처리에 따라 기존보다 시각화의 중요성이 더욱 커졌다. 단순 통계값을 떠나 데이터의 전체 구조를 이해하고 파악하는 데 시각화만큼 좋은 수단이 없다. 특히 R의 다양한 시각화 기능은 기타 상업용 패키지의 수준을 뛰어넘어 다양한 분석도구들과 연동해 웹에 배포 가능한 인터랙티브하고 뛰어난 기능을 제공한다.

R의 가장 큰 장점은 대용량 데이터를 어렵게 추출·재가공해 엑셀로 처리할 필요가 없다는 것이다. 이런 일은 매우 반복적으로 자주 발생하기 때문에 엑셀을 거치지 않고 분석 서버에서 직접 처리하고 보고서로 가져갈 수 있는 기능을 파악해두면 좋다. 또한 시각화는 분석 결과를 전달하고 설득할 때 딱딱한 숫자와 문자보다 이해하고 받아들이기 좋다.

데이터에 대해 어느 정도 이해됐다면, 쉽고 재미있는 내용을 우선 알아본 다음 좀 더 깊은 내용으로 들어가겠다. 데이터를 입수했는데 읽지도 못한다면 재미가 없지 않을까. 우선 ggplot2를 이용한 간단한 시각화 방법부터 알아보자. 우선 사용하려는 데이터는 ChickWeight다. 먼저 데이터를 살펴보자.

```
> data(ChickWeight)
> head(ChickWeight)
  weight Time Chick Diet
1     42    0     1    1
2     51    2     1    1
3     59    4     1    1
4     64    6     1    1
5     76    8     1    1
6     93   10     1    1
> dim(ChickWeight)
[1] 578   4
```

위에서 변수(variable)는 weight, Time, Chick, Diet 이렇게 네 가지로 구성됐다. 관측치(Observation)는 총 578개임을 알 수 있다.

```
> colnames(ChickWeight)
[1] "weight" "Time"   "Chick"  "Diet"
```

colnames 명령어로 변수가 네 가지인 것을 확인했다. 데이터에 대한 설명은 [그림 V-3-3]처럼 R help에서도 찾아볼 수 있다.

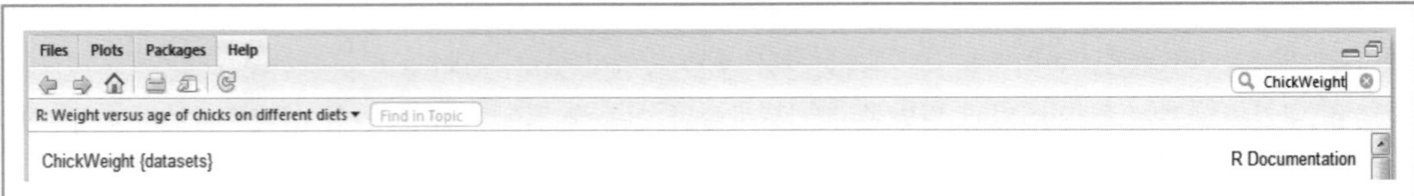


[그림 V-3-3] R help

help 창에서 원하는 데이터를 검색하면 해당 데이터에 대한 정보가 다음과 같이 나온다.

```
Weight versus age of chicks on different diets

Description
The ChickWeight data frame has 578 rows and 4 columns from an experiment on the effect of diet on
early growth of chicks.

Usage
ChickWeight

Format
An object of class c("nfnGroupedData", "nfGroupedData", "groupedData", "data.frame") containing
the following columns:
weight : a numeric vector giving the body weight of the chick (gm).
Time : a numeric vector giving the number of days since birth when the measurement was made.
Chick : an ordered factor with levels 18 < ... < 48 giving a unique identifier for the chick. The
ordering of the levels groups chicks on the same diet together and orders them according to their
final weight (lightest to heaviest) within diet.
Diet : a factor with levels 1, ..., 4 indicating which experimental diet the chick received.
```

위는 R help의 ChickWeight에 대한 설명으로, 데이터 변수에 대해 소개하고 있다. ChickWeight 데이터는 닭에게 주는 먹이가 성장에 미치는 영향을 소개하고 있다.

# 1. 그래프 작성

## 가. XY 그래프

가장 단순한 그래프로 데이터세트를 명시한 후, 일반적인 XY 그래프에 축에 관한 내용과 color와 legend를 설정한 내용이다. 일단 전체적인 내용을 파악할 수 있지만, 수많은 데이터가 있을 때에는 그 의미를 파악하기 어렵다.

ggplot2 패키지[66]로 그래프를 작성해보자.

```
> install.packages("ggplot2")
Installing package into ot2") di
(as alling package into o
trying URL 'http://cran.rstudio.com/bin/windows/contrib/3.0/ggplot2_0.9.3.1.zip'
Content type 'application/zip' length 2656676 bytes (2.5 Mb)
opened URL
downloaded 2.5 Mb

package ed 2.5 Mbsuccessfully unpacked and MD5 sums checked

The downloaded binary packages are in
        C:\Users\E\AppData\Local\Temp\Rtmp0mt1RT\downloaded_packages

> library(ggplot2)
```

ggplot2 패키지를 설치한 다음, 다음과 같이 ChickWeight 데이터를 연다.

```
> data(ChickWeight)
> head(ChickWeight)
  weight Time Chick Diet
1     42    0     1    1
2     51    2     1    1
3     59    4     1    1
4     64    6     1    1
5     76    8     1    1
6     93   10     1    1
```

66) http://cran.r-project.org/web/packages/ggplot2/ggplot2.pdf

다음은 ChickWeight 데이터를 이용해 효율적으로 시각화하는 방법을 알아보자.

```
> ggplot(ChickWeight, aes(x=Time, y=weight, colour=Diet, group=Chick)) + geom_line()
```

위는 ggplot 함수 옵션에 대한 스크립트다. ChickWeight 데이터를 넣고 x축은 Time 변수, y축은 weight 변수로, 그래프 라인색은 Diet로 각각 지정한다.

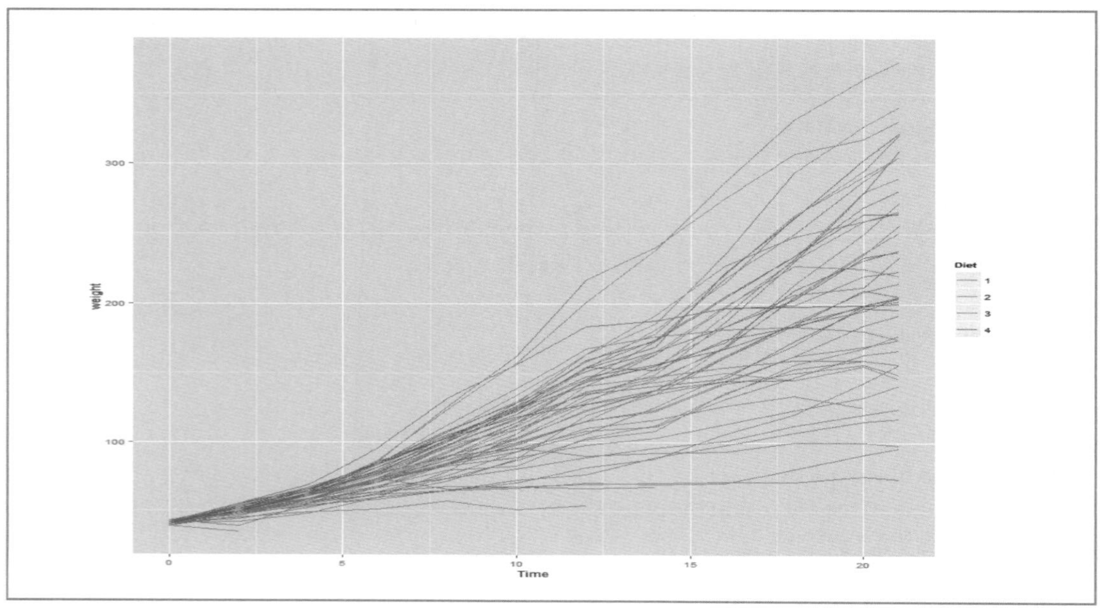


[그림 V-3-4] ChickWeight 데이터 그래프

[그림 V-3-4]의 결과 값을 보면 먹이별로 체중 변화를 보여주지만, 어느 먹이(diet)가 효율적인지는 알기는 어렵다. 위 경우처럼 적절하지 않은 시각화는 데이터의 통찰(insight)을 줄 수 없으므로 다른 방법으로 그래프를 그려보자.

```
> ggplot(ChickWeight, aes(x=Time, y=weight, colour=Diet)) +
        geom_point(alpha=.3) + geom_smooth(alpha=.2, size=1)
```

[그림 V-3-5]는 [그림 V-3-4] 그래프를 개선한 것으로, 먹이에 따라 scatter plot을 geom_point로 투명도와 사이즈를 지정해 표시하고, geom_smooth로 배경 색상의 투명도와 평균값 선의 굵기를 조정했다. 이렇게 보면 먹이 유형에 따라 어떻게 평균이 다르게 변화하는지 쉽게 파악할 수 있다.

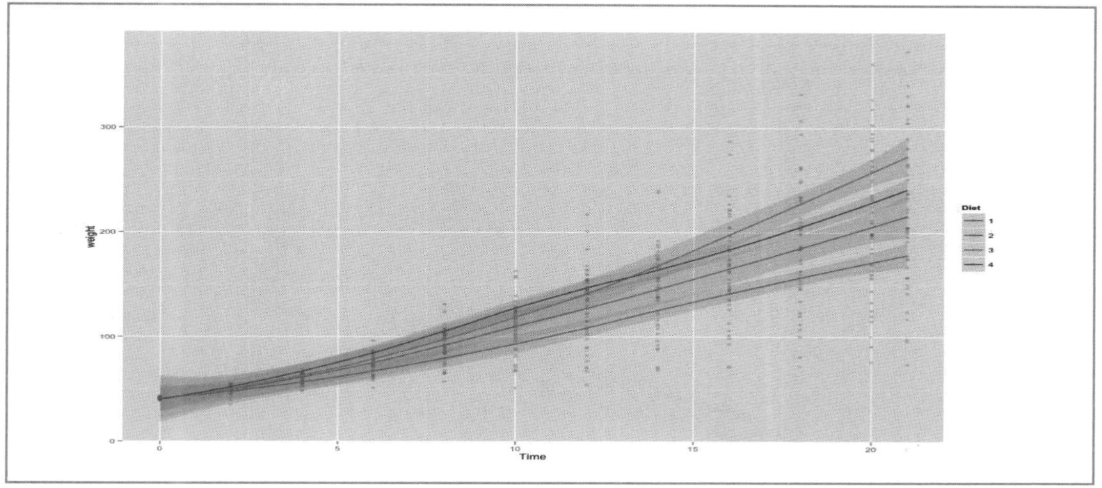


[그림 V-3-5] 포인트 그래프와 스무스 그래프

[그림 V-3-5]는 포인트 그래프(point graph)와 스무스 그래프(smooth graph)를 동시에 표현해 [그림 V-3-4]보다 훨씬 분명하게 데이터를 보여준다. 어느 먹이가 더 효율적인지 한눈에 파악할 수 있다. 먼저 포인트 그래프를 보자. 포인트 그래프는 [그림 V-3-6]처럼 점으로 이뤄졌다. 다음 명령어로 포인트 그래프를 그릴 수 있다.

```
> h<-ggplot(ChickWeight, aes(x=Time, y=weight, colour=Diet))
> h+geom_point(alpha=.3)
```

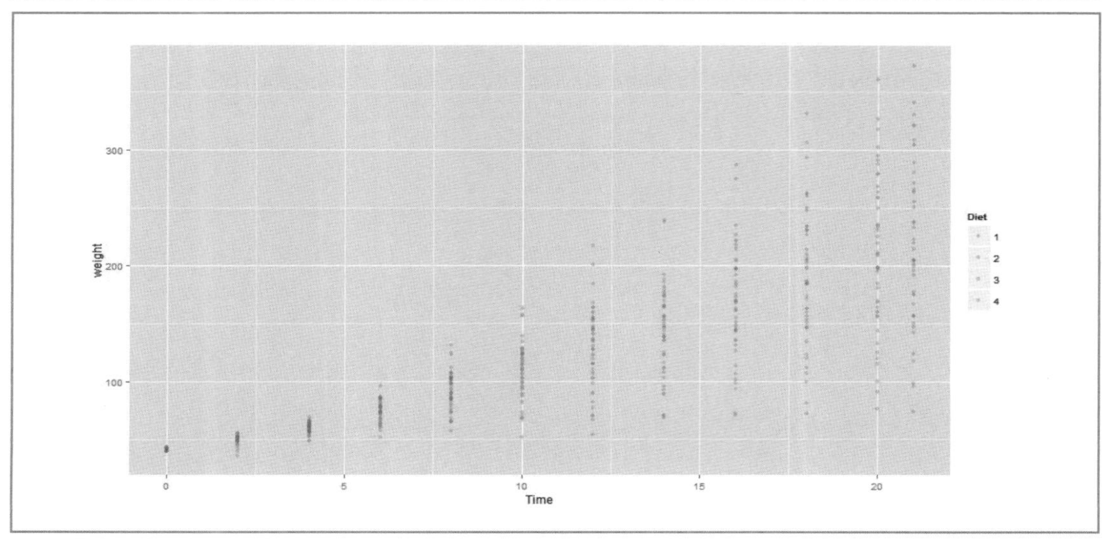


[그림 V-3-6] 포인트 그래프

이어서 스무스 그래프를 알아보자.

```
h<-ggplot(ChickWeight, aes(x=Time, y=weight, colour=Diet)) + h+geom_smooth(alpha=.4, size=3)
```

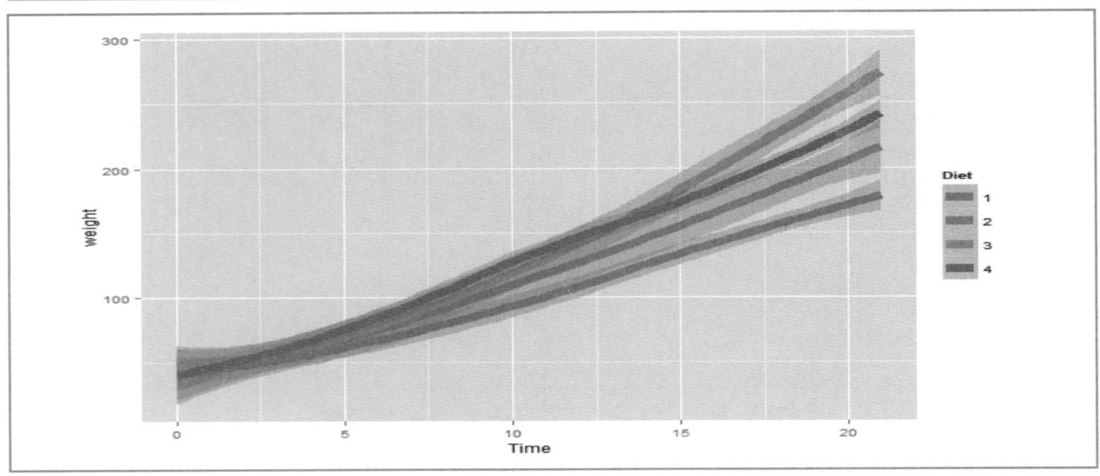


[그림 V-3-7] 스무스 그래프

위와 같이 옵션을 변경해보면 그래프가 바뀌는 것을 보면, 이해하기 쉬울 것이다.

## 나. 히스토그램

이번에는 Time이 21인 경우에 먹이에 따라 weight 분포를 구분해 보여주는 것이다. weight가 어느 구간에 걸쳐 있는지, 분포 차이가 있는지를 파악할 수 있다.

```
ggplot(subset(ChickWeight, Time==21), aes(x=weight, colour=Diet)) + geom_density()
```

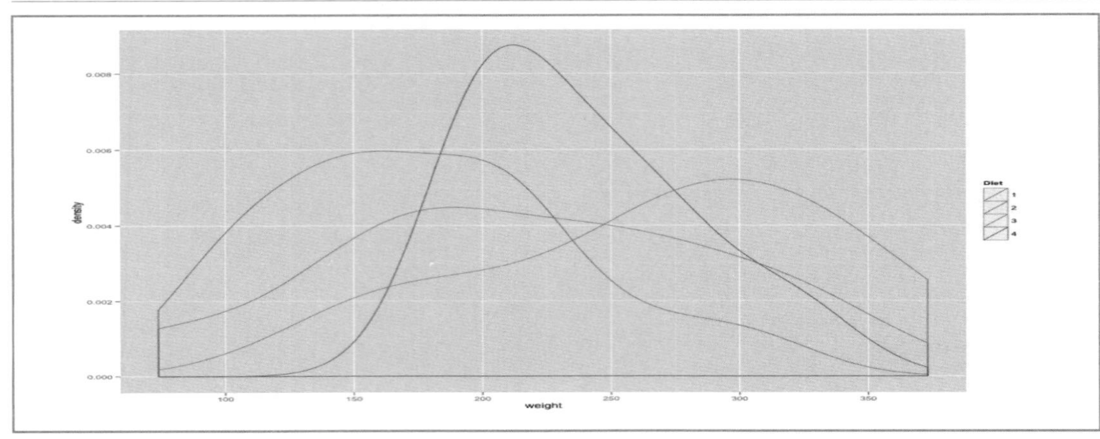

[그림 V-3-8] 질량함수 그래프

[그림 V-3-8]은 특정 시간대의 먹이별 무게를 나타낸 것이다. 그림에서 'time이 21일 때까지 닭을 기른다면, 닭의 무게가 전체적으로 가장 무겁게 나온 3번 먹이 투여 방법이 가장 효율적일 것'이라는 결론을 낼 수 있다.

분포가 연속적인 값이고 선으로 돼 있어서 내용을 파악하기 어렵거나 분류 유형이 많을 경우, 다음과 같이 히스토그램(Histogram)을 이용할 수 있다.

```
ggplot(subset(ChickWeight, Time==21), aes(x=weight, fill=Diet)) +
geom_histogram(colour="black", binwidth=50) +facet_grid(Diet ~ .)
```

위에서 binwidth는 구간의 weight 간격을 50으로 한다는 뜻이다.

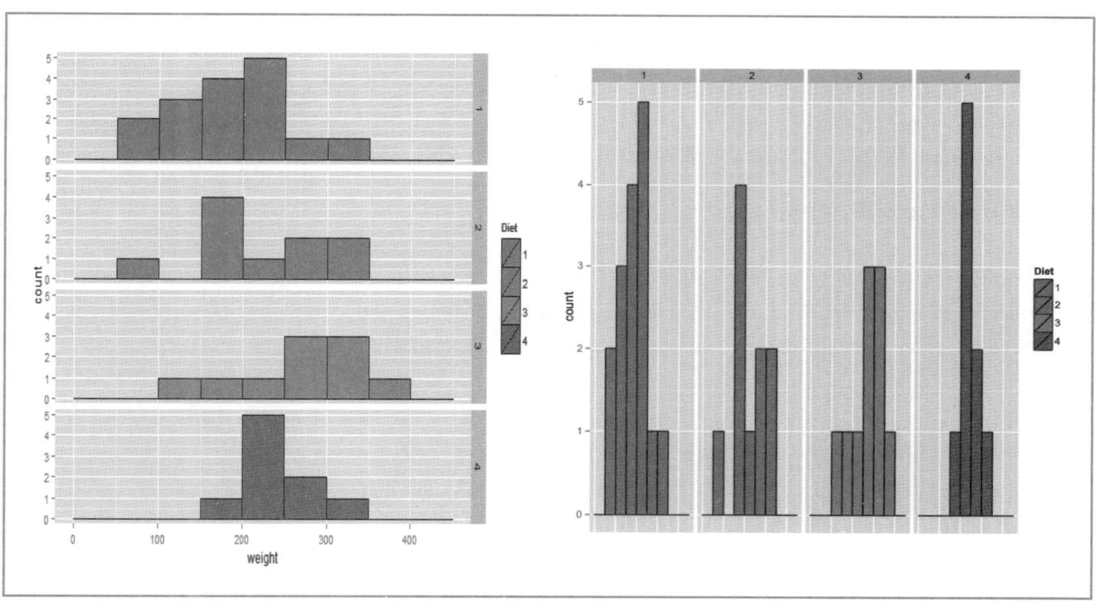


[그림 V-3-9] ChickWeight의 히스토그램 가로(좌)와 세로(우)

facet_grid(Diet~.)로 지정하면 그래프가 [그림 V-3-9]처럼 가로로 나온 것을 볼 수 있다. 이를 세로로 바꿔주려면 facet_grid(.~Diet)로 지정하면 된다.

위의 [그림 V-3-8] 밀도(density) 그래프보다 [그림 V-3-9] 히스토그램이 먹이 투여별 무게 차이를 더 분명하게 보여준다. 이처럼 한 데이터를 두고 어떠한 방법으로 시각화하느냐에 따라 데이터에 대한 통찰력 부여에서 차이가 커질 수 있다.

## 다. 포인트 그래프

포인트 그래프는 가장 간단하게 데이터를 정적으로 보여준다. 이를 좀 더 응용해 유형별로 색상을 다르게 하여 특성을 파악할 수 있다. 이번에는 앞에서 사용한 ChickWeight에서 벗어나 mtcars 데이터를 이용해 다양한 그래프를 그려보자.

```
> data(mtcars)
> head(mtcars)
                   mpg cyl disp  hp drat    wt  qsec vs am gear carb
Mazda RX4         21.0   6  160 110 3.90 2.620 16.46  0  1    4    4
Mazda RX4 Wag     21.0   6  160 110 3.90 2.875 17.02  0  1    4    4
Datsun 710        22.8   4  108  93 3.85 2.320 18.61  1  1    4    1
Hornet 4 Drive    21.4   6  258 110 3.08 3.215 19.44  1  0    3    1
Hornet Sportabout 18.7   8  360 175 3.15 3.440 17.02  0  0    3    2
Valiant           18.1   6  225 105 2.76 3.460 20.22  1  0    3    1
```

위는 mtcars 데이터다. R help를 통해 데이터의 특성을 알아보자.

```
Motor Trend Car Road Tests

Description
The data was extracted from the 1974 Motor Trend US magazine, and comprises fuel consumption and
10 aspects of automobile design and performance for 32 automobiles (1973 - 74 models).

Usage
mtcars

Format
A data frame with 32 observations on 11 variables.

[, 1]    mpg     Miles/(US) gallon
[, 2]    cyl     Number of cylinders
[, 3]    disp    Displacement (cu.in.)
[, 4]    hp      Gross horsepower
[, 5]    drat    Rear axle ratio
[, 6]    wt      Weight (lb/1000)
[, 7]    qsec    1/4 mile time
[, 8]    vs      V/S
[, 9]    am      Transmission (0 = automatic, 1 = manual)
[,10]    gear    Number of forward gears
[,11]    carb    Number of carburetors
```

위는 mtcars 데이터에 대한 설명으로, 자동차 테스트에 관한 데이터임을 알 수 있다.

```
p <- qplot(wt, mpg, colour = hp, data = mtcars)
p + coord_cartesian(ylim = c(0, 40))
p + scale_colour_continuous(breaks = c(100, 300))
p + guides(colour = "colourbar")
```

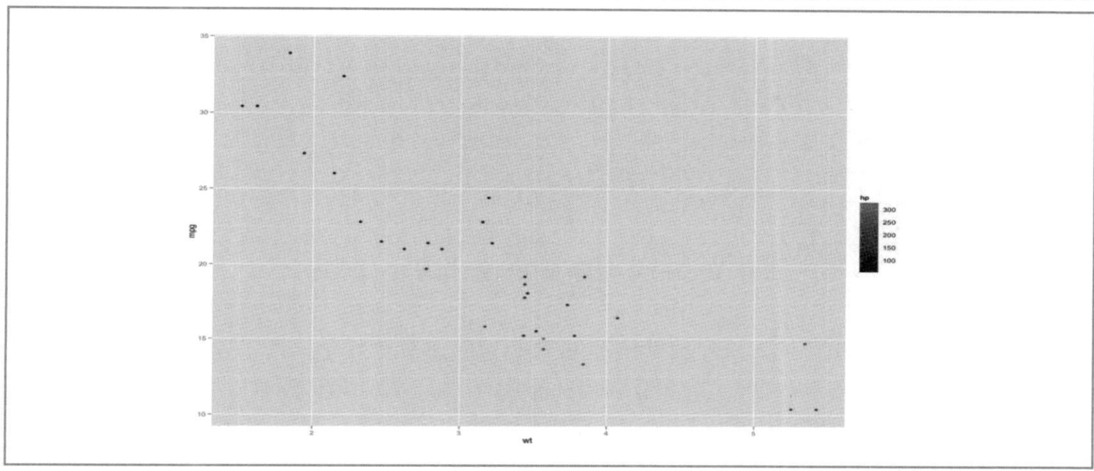

[그림 V-3-10] qplot 명령어를 이용한 그래프

ylim은 y축의 범위를 지정해 주는 옵션이고, scale_colour_continuous(breaks = c(100, 300))는 hp의 범위를 100에서 300사이로 지정한 옵션이다.

만약 일정 데이터만을 이용해 기존 그래프에 그리고 싶다면 간단하게 치환할 수 있다. 예를 들어 데이터 건수가 너무 많으면, 복잡성만 올라갈 뿐 내용 파악이 불가능한 경우까지 있다. 이런 경우 포인트 크기를 조정하는 방법도 있지만, 제한적일 수 있기 때문에 데이터 건수를 랜덤하게 추출하거나 특정 건수만 보는 방법을 적용할 수 있다. 여기서는 가장 부하가 낮지만 조금 위험한, 데이터 앞부분의 10건을 가져오는 방식을 이용했다. 이 방법은 많은 양의 데이터 가운데 앞부분 10건만 추출해 나타냄으로써 컴퓨터 작업 부하를 줄일 수 있지만, 자칫 데이터의 일부분만 가져와 편중된 결과값을 도출하는 경우가 발생할 수 있으므로 주의해야 한다.

```
m <- mtcars[1:10, ]
p %+% m
```

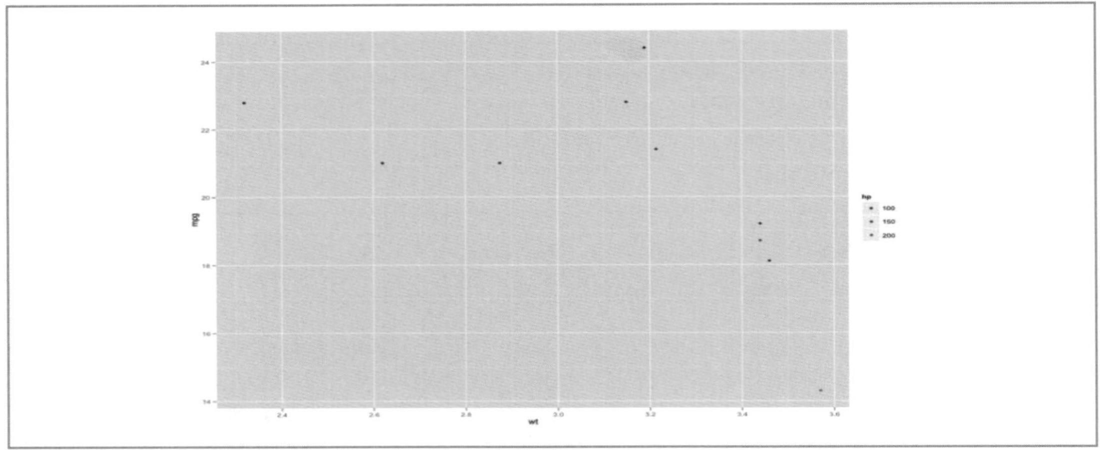

[그림 V-3-11] 치환 데이터를 이용한 그래프

mtcars를 10개만 가져온 뒤 m으로 설정했다. 이렇게 만든 m을 앞에서 그린 그래프 p에 설정해준다. [그림 V-3-11]은 데이터에서 앞부분 10건만 가져와 mtcars 데이터를 그린 것이다. 이는 무게(weight)별 연비(miles/gallon)다. [그림 V-3-11]를 보면 무게별 연비 차이가 별로 없는 것으로 보인다.

### 라. 막대그래프

막대그래프((Bar Graph)는 엑셀 등 기타 여러 프로그램에서 그릴 수도 있다. 하지만 R로 그리면 다양한 옵션으로 보다 보기 좋게 원하는 그래프를 그릴 수 있다. 막대그래프 작성은 다음 2줄이면 완료된다. Cyl(데이터에서 실린더의 개수를 나타낸 변수)처럼 치수(dimension)로 처리할 수 있는 변수는 인수(factor)로 전환해 유형화한다.

```
c <- ggplot(mtcars, aes(factor(cyl)))
c + geom_bar()
```

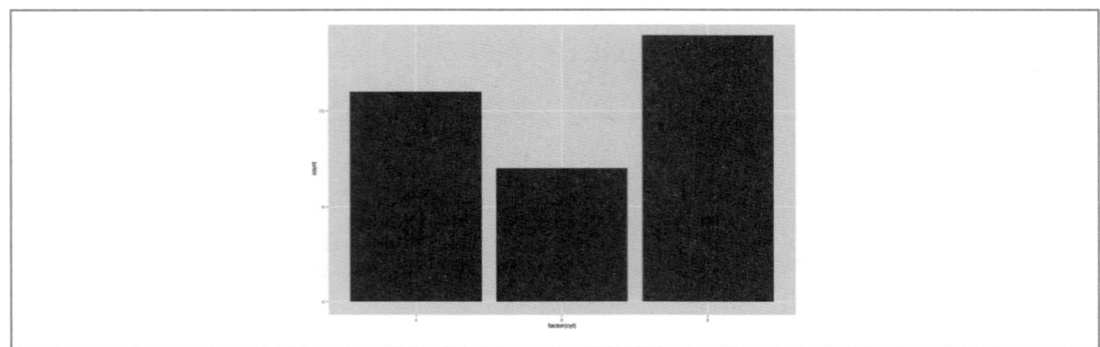

[그림 V-3-12] 막대그래프로 표현한 mtcars 데이터

[그림 V-3-12]는 막대그래프를 그린 결과다. 이어서 다양한 옵션을 적용하는 방법을 알아보자. 내부 색상을 바꾸고 싶으면 다음과 같이 fill을 이용한다.

```
c + geom_bar(fill = "red")
```

테두리 색상은 colour로 지정하면 된다.

```
c + geom_bar(colour = "red")
```

위의 두 옵션을 조합해 다음과 같이 두 가지를 지정할 수 있다.

```
c + geom_bar(fill = "white", colour = "red")
```

다음과 같이 fill 옵션을 변수로 지정할 수 있다.

```
k <- ggplot(mtcars, aes(factor(cyl), fill = factor(vs)))
k + geom_bar()
```

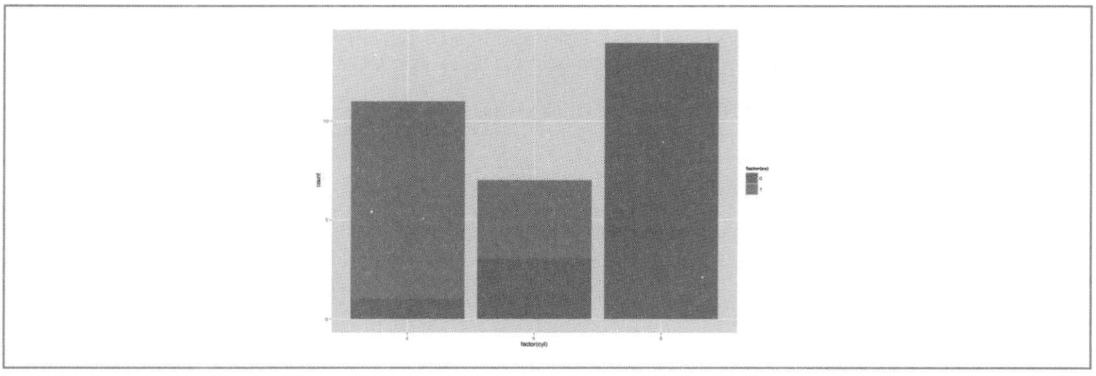

**[그림 V-3-13] fill 옵션을 적용한 막대그래프**

[그림 V-3-14]처럼 히스토그램 형식으로 표시한 후에 연속형 count를 색상으로 표시할 수도 있다.

```
m <- ggplot(movies, aes(x = rating))
m + geom_histogram()
m + geom_histogram(aes(fill = ..count..))
```

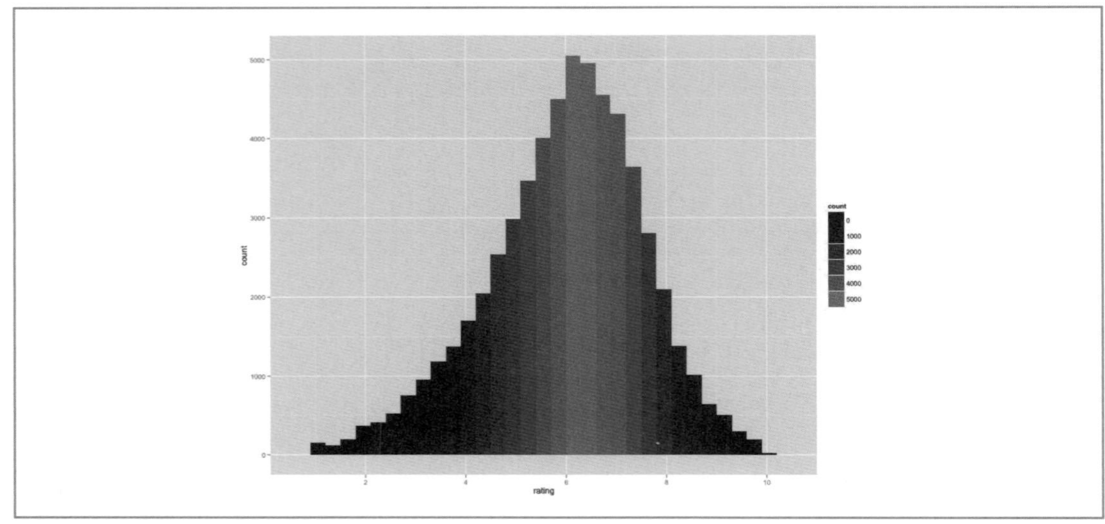

[그림 V-3-14] count 옵션을 적용한 히스토그램

## 마. 선그래프

선그래프(Line Graph)는 시간의 흐름에 따른 등락을 보기 쉽기 때문에 주로 시계열 지표에서 많이 쓰인다. R에 내장된 시계열 데이터를 이용해 선그래프를 그려보자.

```
> data(economics)
> head(economics)
        date   pce    pop psavert uempmed unemploy
1 1967-06-30 507.8 198712     9.8     4.5     2944
2 1967-07-31 510.9 198911     9.8     4.7     2945
3 1967-08-31 516.7 199113     9.0     4.6     2958
4 1967-09-30 513.3 199311     9.8     4.9     3143
5 1967-10-31 518.5 199498     9.7     4.7     3066
6 1967-11-30 526.2 199657     9.4     4.8     3018
```

미국 경제상황에 대한 시계열 데이터로 접근해 보자. 이 정보는 6개 변수로 구성된 478건의 데이터다. date는 월별로 정보를 수집한 시점, psavert는 개인 저축률, pce는 개인 소비지출, unemploy는 실업자수(1000단위), unempmed 실업기간 중앙값(주 단위), pop은 총인구(1000단위)다 .

[그림 Ⅴ-3-15]는 다음과 같이 x축과 y축을 지정한 선그래프다.

```
b <- ggplot(economics, aes(x = date, y = unemploy))
b + geom_line()
```

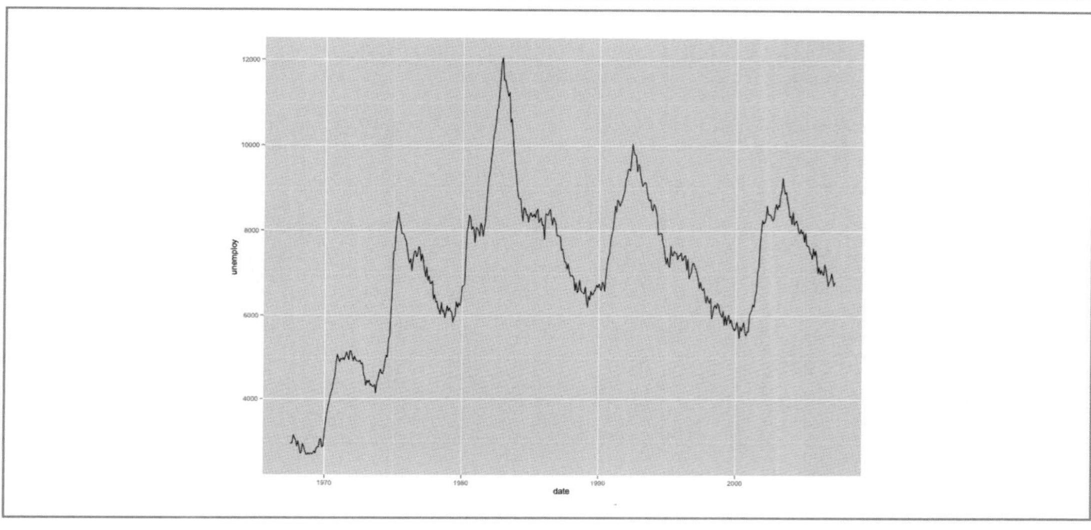


**[그림 Ⅴ-3-15] 선그래프**

선그래프에 라인의 색상을 지정할 수 있다.

```
b <- ggplot(economics, aes(x = date, y = unemploy))
b + geom_line(colour="red")
```

size 옵션으로 선의 굵기도 조절할 수 있다.

```
b <- ggplot(economics, aes(x = date, y = unemploy))
b + geom_line(colour="red",size=3)
```

linetype 옵션으로 선의 종류도 선택할 수 있다.

```
b <- ggplot(economics, aes(x = date, y = unemploy))
b + geom_line(linetype=2)
```

다음은 다양한 라인 타입이다.

```
> b + geom_line(linetype=1)  # --- ①
> b + geom_line(linetype=2)  # --- ②
> b + geom_line(linetype=3)  # --- ③
> b + geom_line(linetype=4)  # --- ④
```

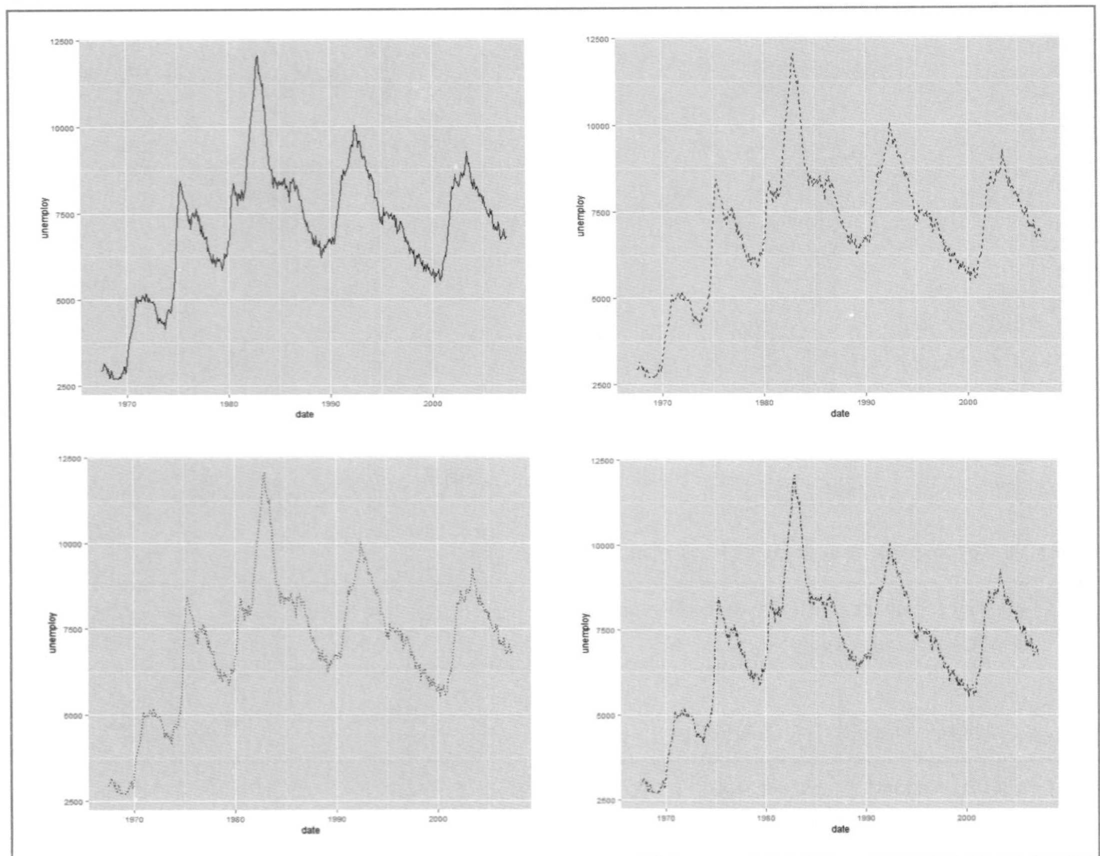


[그림 V-3-16] ggplot 예제 ①의 linetype=1을 적용한 결과(왼쪽 상단),
예제 ②의 linetype=2를 적용한 결과(오른쪽 상단),
예제 ③의 linetype=3을 적용한 결과(왼쪽 하단),
예제 ④의 linetype=4를 적용한 결과(오른쪽 하단)

### 바. 효과주기

대용량 데이터를 그래프로 볼 때 알파값을 이용해 투명도를 조절해 실제 어디에 값이 많이 분포하는지를 쉽게 파악할 수 있다. 다음에서 rnorm은 평균이 0이고 표준 편차가 1인 정규분포를 따르는 난수를 5000개 생성한다는 의미다. 각각 x와 y에 5000개를 데이터 프레임 형식으로 df라는 이름으로 만든다.

```
df <- data.frame(x = rnorm(5000), y = rnorm(5000))
```

[그림 V-3-17]은 앞서 만든 df 데이터로 x를 x축으로, y를 y축으로 지정한 후 포인트 그래프로 그린 것이다.

```
h  <- ggplot(df, aes(x,y))
h + geom_point()
```

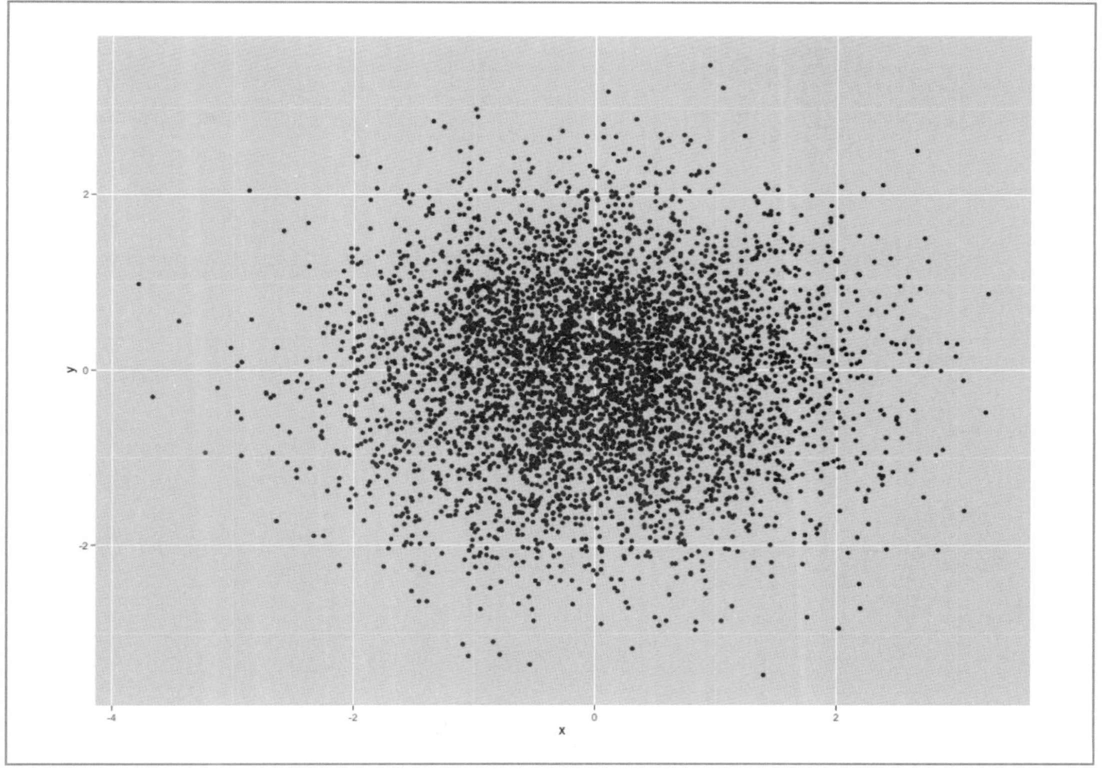


[그림 V-3-17] 포인트 그래프

[그림 Ⅴ-3-18]의 왼쪽 그림을 보면, 투명도가 낮은 경우 중앙에 집중됐다는 것은 알겠으나 명확하게 구분이 안 된다(옵션 ①). 반면 오른쪽 그림처럼 alpha를 0.1 수준으로 지정하면 명확하게 들어난다(옵션 ②).

```
h + geom_point(alpha = 0.5)    # --- ①
h + geom_point(alpha = 1/10)   # --- ②
```

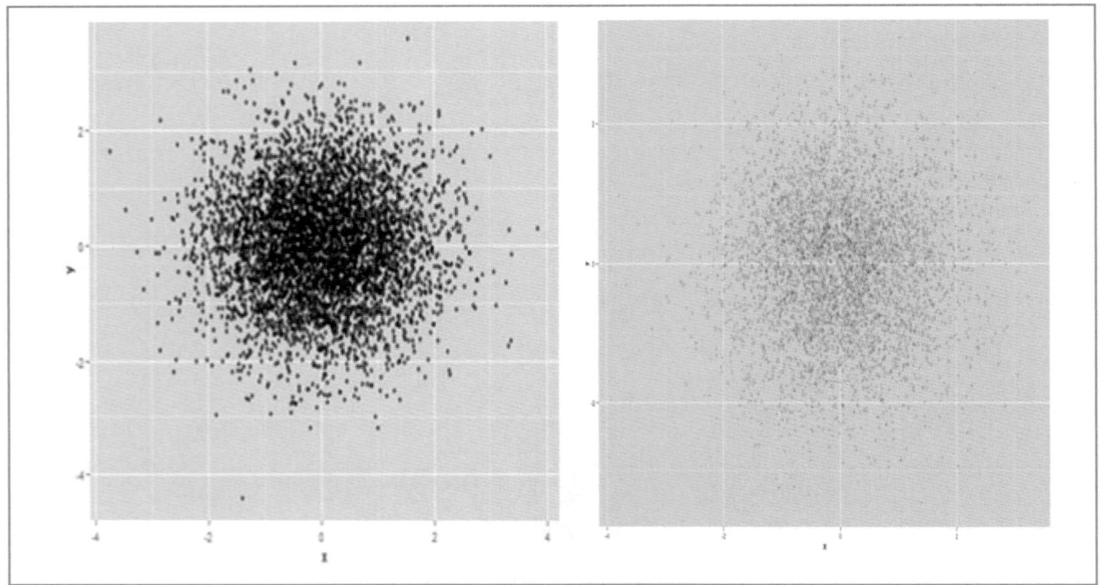

[그림 Ⅴ-3-18] 투명도 옵션으로 명확화

[그림 V-3-19]처럼 포인트에 색을 할당할 수 있다.

```
p <- ggplot(mtcars, aes(wt, mpg))
p + geom_point(size = 4)
p + geom_point(aes(colour = factor(cyl)), size = 4)
```

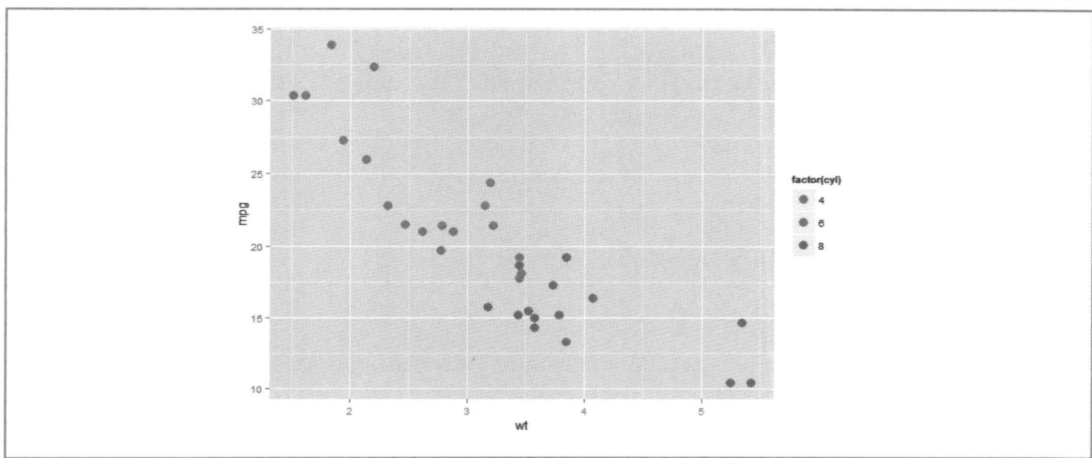


[그림 V-3-19] 색을 지정한 포인트 그래프

colour 대신 shape를 사용하면 [그림 V-3-20]처럼 흑백으로 출력하더라도 보기 쉽다.

```
p + geom_point(aes(shape = factor(cyl)), size = 4)
```

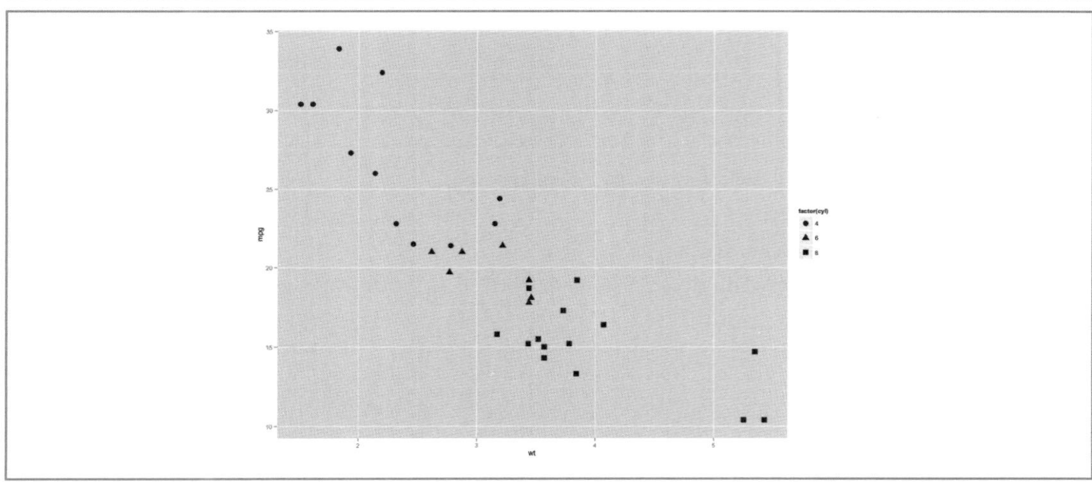

[그림 V-3-20] 포인트에 모양을 지정한 포인트 그래프

reshape2, plyr 패키지는 데이터를 다양한 구조로 가공하는 도구다. 데이터 마트를 만드는 데 필요한 모든 기능은 여기에 있다고 생각하면 된다. 뒤에서 소개할 melt 함수를 사용하기 위해 reshape2 패키지를 다음과 같이 설치한다.

```
> install.packages("reshape2")
Installing package into 'C:/Users/203-21/Documents/R/win-library/3.0'
(as 'lib' is unspecified)
trying URL 'http://cran.rstudio.com/bin/windows/contrib/3.0/reshape2_1.2.2.zip'
Content type 'application/zip' length 59901 bytes (58 Kb)
opened URL
downloaded 58 Kb

package 'reshape2' successfully unpacked and MD5 sums checked

The downloaded binary packages are in
          C:\Users\203-21\AppData\Local\Temp\RtmpkpcCIb\downloaded_packages
> library(reshape2)
```

colwise를 사용하기 위해 plyr 패키지를 다음과 같이 설치한다.

```
> install.packages("plyr")
Installing package into 'C:/Users/203-21/Documents/R/win-library/3.0'
(as 'lib' is unspecified)
trying URL 'http://cran.rstudio.com/bin/windows/contrib/3.0/plyr_1.8.zip'
Content type 'application/zip' length 739778 bytes (722 Kb)
opened URL
downloaded 722 Kb

package 'plyr' successfully unpacked and MD5 sums checked

The downloaded binary packages are in
          C:\Users\203-21\AppData\Local\Temp\RtmpQNCSIP\downloaded_packages
> library(plyr)
```

rescale01은 각 변수 값을 해당 변수 유형의 최솟값과의 차이를 범위(range) 크기에 대한 비율값으로 만드는 내용으로, 상대적 값을 만들어 표준화 해준다.

```
rescale01 <- function(x) (x - min(x)) / diff(range(x))
ec_scaled <- data.frame(
  date = economics$date,
  colwise(rescale01)(economics[, -(1:2)]))
ecm <- melt(ec_scaled, id = "date")
```

이렇게 가공한 것을 일자와 변수 유형, 변수 값이라는 3개 컬럼(column)의 데이터로 변환해 다양한 라인의 그래프로 한 번에 보여주도록 작성한다(그림 V-3-21).

```
f <- ggplot(ecm, aes(date, value))
f + geom_line(aes(linetype = variable))
```

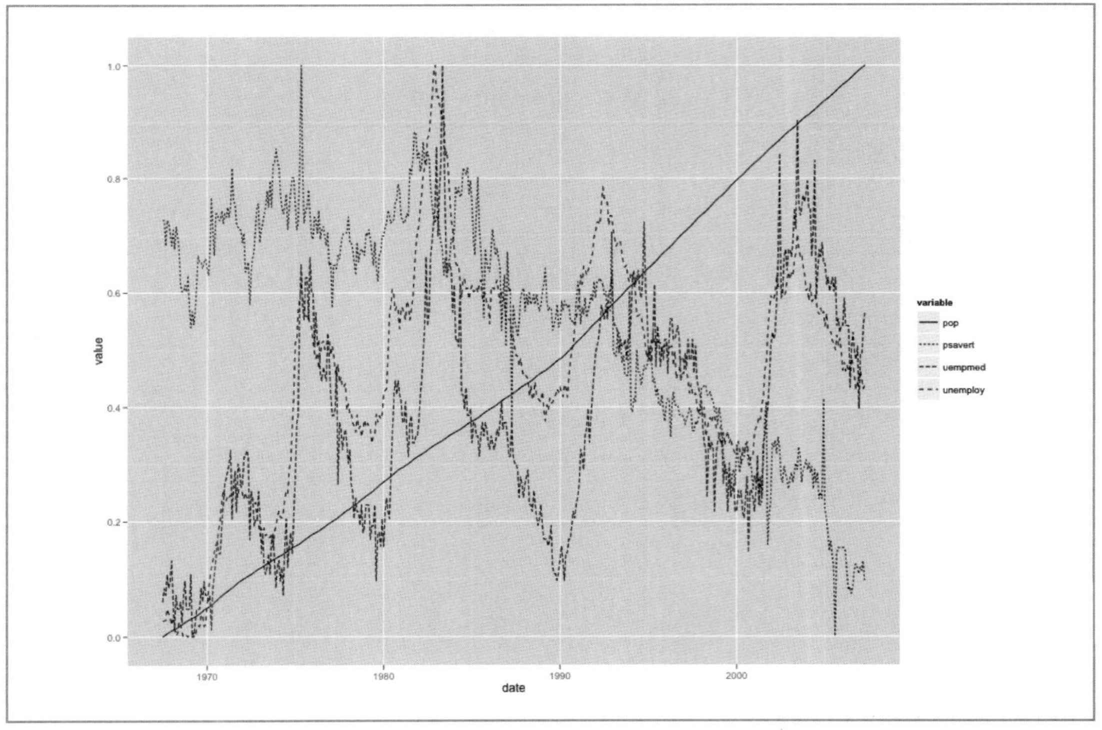


[그림 V-3-21] melt로 만든 데이터를 나타낸 그래프

이번에는 diamonds 데이터를 이용하겠다.

```
> data(diamonds)
> head(diamonds)
  carat       cut color clarity depth table price    x    y    z
1  0.23     Ideal     E     SI2  61.5    55   326 3.95 3.98 2.43
2  0.21   Premium     E     SI1  59.8    61   326 3.89 3.84 2.31
3  0.23      Good     E     VS1  56.9    65   327 4.05 4.07 2.31
4  0.29   Premium     I     VS2  62.4    58   334 4.20 4.23 2.63
5  0.31      Good     J     SI2  63.3    58   335 4.34 4.35 2.75
6  0.24 Very Good     J    VVS2  62.8    57   336 3.94 3.96 2.48
```

54,000건의 자료, 10개 변수로 구성돼 있다. price는 $로 표시된 데이터고, carat는 다이아몬드의 무게, cut은 cut의 품질, colour는 J에서 D까지의 값으로 D가 최상품이다. clearity는 다이아몬드의 투명도로 I1에서 IF까지 값이 있는데 IF가 최상이다. [표 V-3-2]는 clearity에 대한 설명이다.

[표 V-3-2] clearity 변수

| 등급 | 설명 |
|---|---|
| I1 | 육안으로 볼 수 있는 내·외부 결함이 있는 제품 |
| SI1 | 두드러진 내부 결함과 외부 결함이 있는 다이아몬드 |
| SI2 | 두드러진 내부 결함과 외부 결함이 있는 다이아몬드이나 SI1보단 적은 경우 |
| VS1 | 다소 쉽게 볼 수 있는 내포물이 있는 경우 |
| VS2 | 다소 쉽게 볼 수 있는 내포물이 있는 경우이나 VS1보다 더 적게 함유 |
| VVS1 | 육안으로 볼 수 없는 내포물이 있는 경우 |
| VVS2 | 육안으로 볼 수 없는 내포물이 있는 경우이나 VS1보다 더 적게 함유 |
| IF | 아주 미세한 외부 결함만 있는 다이아몬드 |

x, y, z는 크기를 표시하는 mm 정보이고, z는 깊이다. table은 다이아몬드 꼭지의 폭과 제일 넓은 곳의 거리다. [그림 V-3-22]는 캐럿(carat)에 따른 질량을 그래프화할 때 히스토그램 형식으로 커트(cut)에 따라 측면을 분리한 결과다. 히스토그램으로 커트 등급별로 캐럿을 나타냈다.

```
k <- ggplot(diamonds, aes(carat, ..density..)) + geom_histogram(binwidth = 0.2)
k + facet_grid(. ~ cut)
```

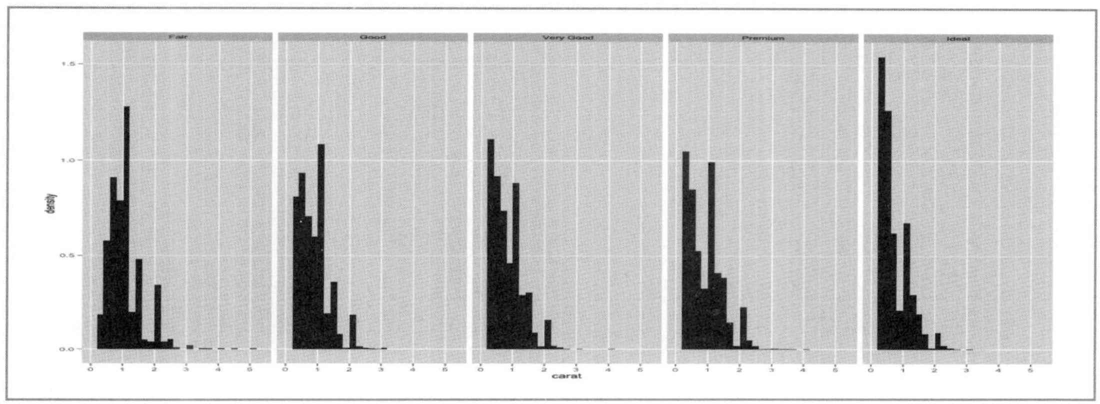


[그림 V-3-22] diamonds 데이터 그래프 1

[그림 V-3-23]은 같은 diamonds 데이터를 이용해 만든 막대그래프다.

```
w <- ggplot(diamonds, aes(clarity, fill = cut))
w + geom_bar()
w + geom_bar(aes(order = desc(cut)))
```

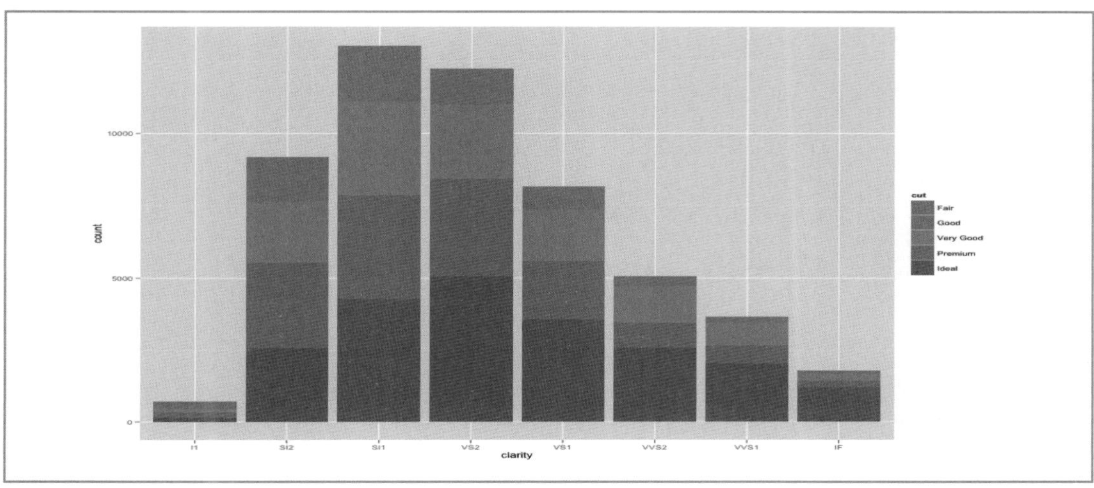


[그림 V-3-23] diamonds 데이터 그래프 2

선그래프를 그릴 때 선 스타일에 대한 옵션을 설정하는 방식이다.

```
df <- data.frame(x = 1:10 , y = 1:10)
f <- ggplot(df, aes(x = x, y = y))
f + geom_line(linetype = 2)
f + geom_line(linetype = "dotdash")
```

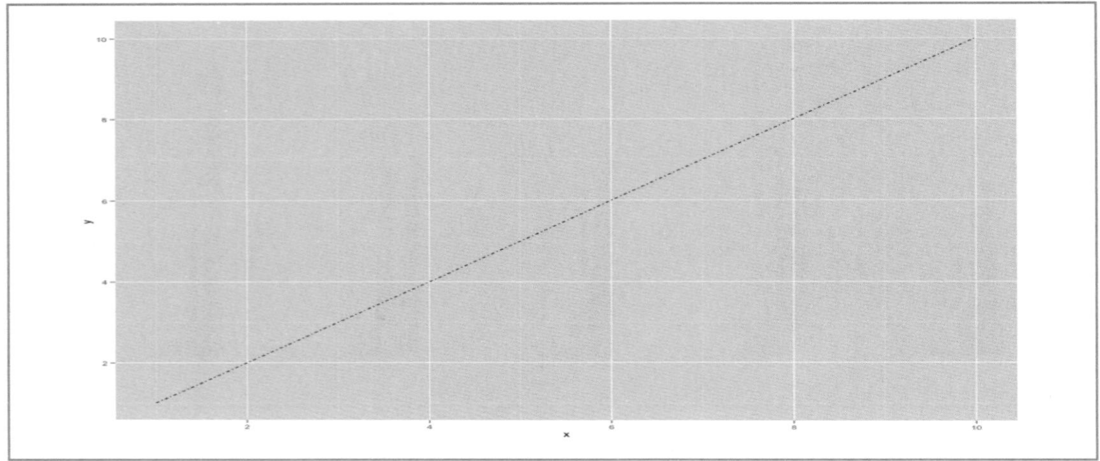

[그림 V-3-24] 선 옵션을 지정한 그래프

포인트 그래프에서 점의 크기를 qsec별로 다르게 표현할 수 있다(그림 V-3-25).

```
p <- ggplot(mtcars, aes(wt, mpg))
p + geom_point(size = 4)
p + geom_point(aes(size = qsec))
```

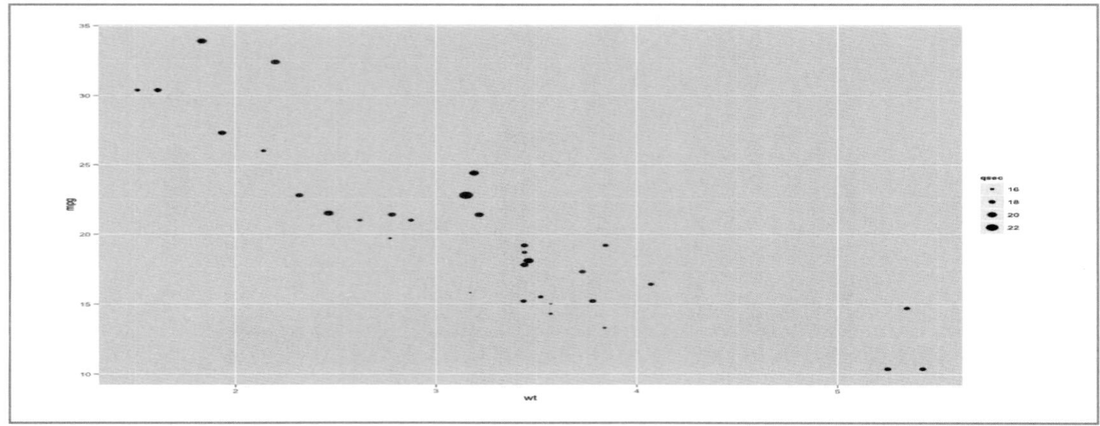

[그림 V-3-25] 점 크기를 설정한 포인트 그래프

[그림 V-3-26]처럼 포인트 그래프에 임의의 선을 넣을 수 있다. 더불어 포인트 모양을 숫자나 문자로 지정할 수도 있다. 또 다른 옵션으로서 작은 점을 나타내는 "."과 없애는 NA가 있다.

```
p + geom_point(size = 2.5) + geom_hline(yintercept = 25, size = 3.5)
```

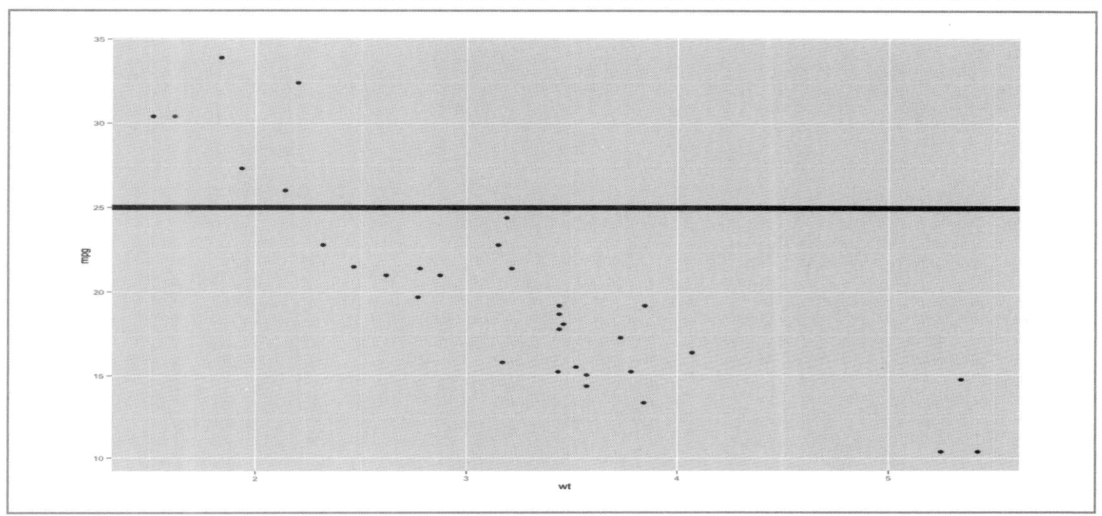


**[그림 V-3-26] 임의의 선 하나를 그어준 그래프**

[그림 V-3-27]은 포인트 그래프에 별다른 옵션을 주지 않은 결과다.

```
p + geom_point()
```

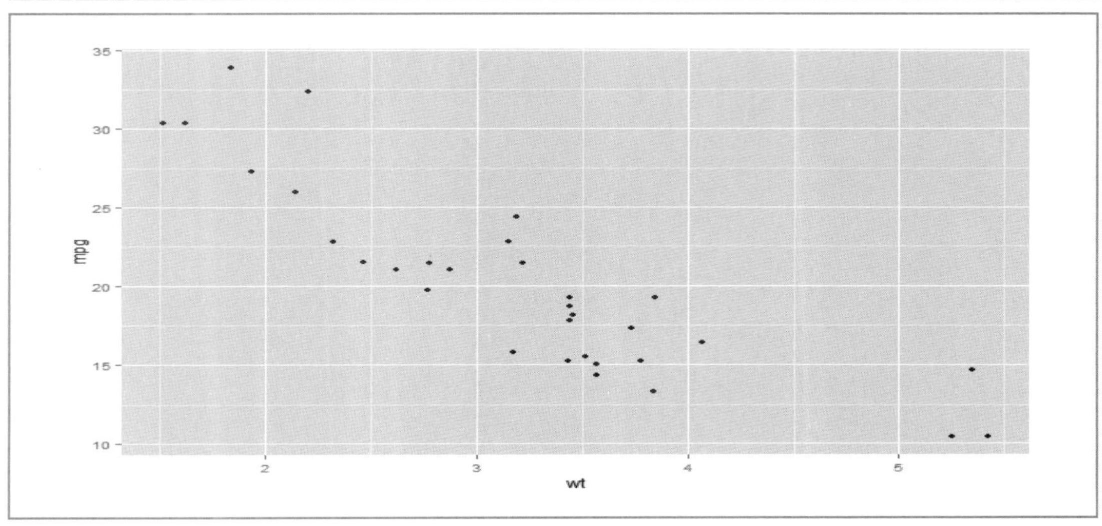


**[그림 V-3-27] 옵션을 지정하지 않은 포인트 그래프**

[그림 V-3-28]은 5번 모형으로 그린 포인트 그래프다.

```
p + geom_point(shape = 5)
```

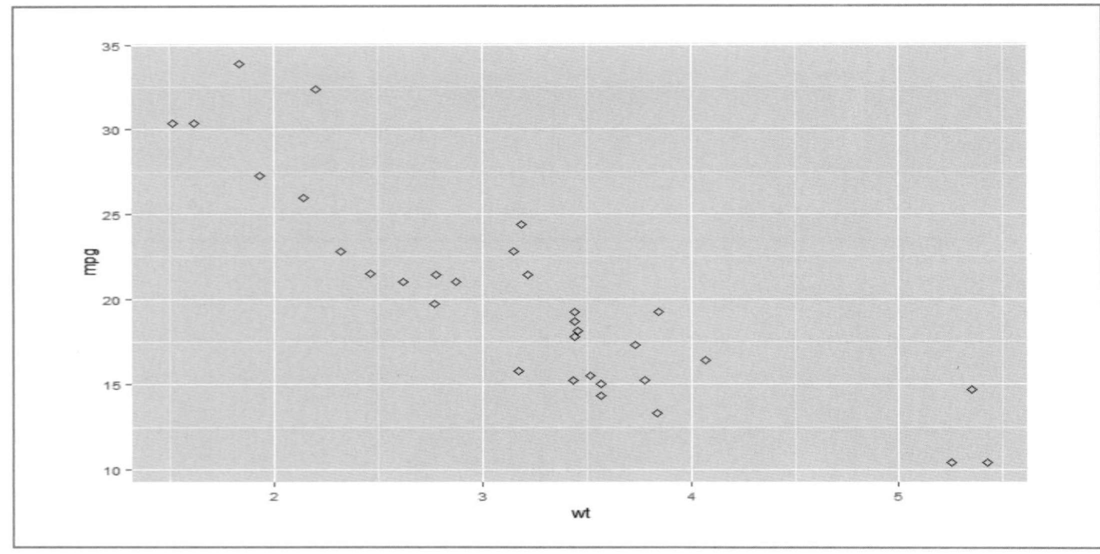


**[그림 V-3-28] 모양 옵션을 지정한 포인트 그래프 1**

[그림 V-3-29]는 모양을 k로, 사이즈를 3으로 지정한 포인트 그래프다.

```
p + geom_point(shape = "k", size = 3)
```

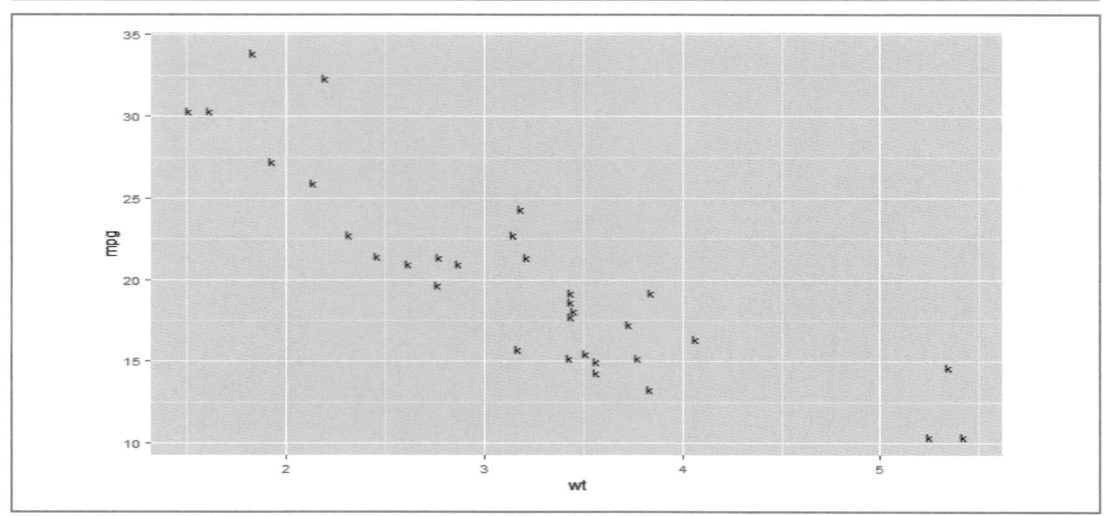


**[그림 V-3-29] 모양 옵션을 지정한 포인트 그래프 2**

[그림 Ⅴ-3-30]은 온점으로 표현한 포인트 그래프다.

```
p + geom_point(shape = ".")
```

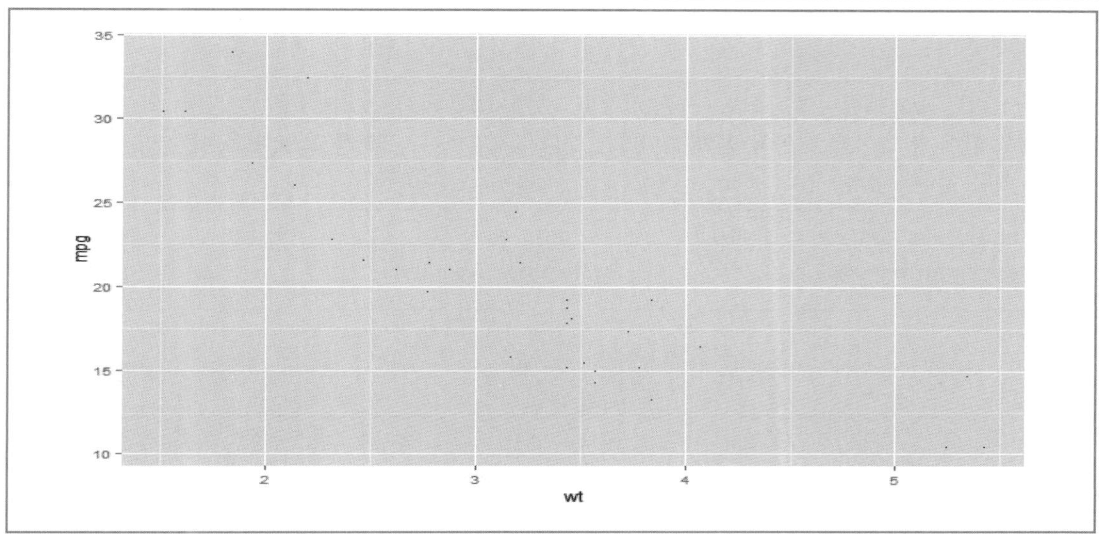


[그림 Ⅴ-3-30] 모양 옵션을 지정한 포인트 그래프 3

[그림 Ⅴ-3-31]은 모양 옵션을 NA로 지정했기 때문에 아무것도 나타나지 않는다.

```
p + geom_point(shape = NA)
```

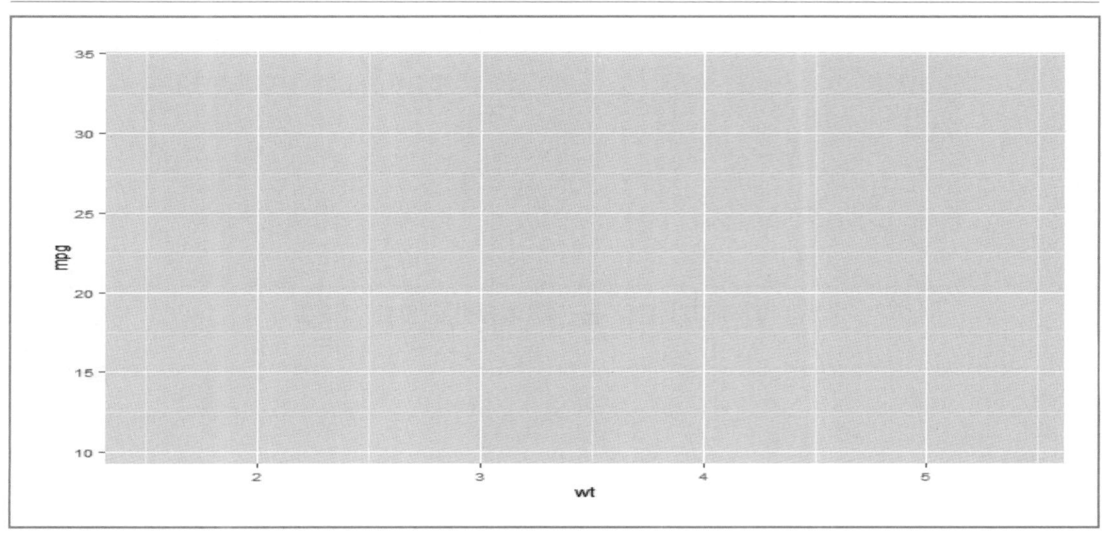


[그림 Ⅴ-3-31] 모양 옵션을 지정한 포인트 그래프 4

다음은 25가지 유형의 셰이프를 이용해 그래프를 보여주는 방법이다. x의 범위를 1~5, y를 1~25, z를 1~25로 지정해 데이터 프레임 형식으로 만든 다음, df2로 저장한다.

```
df2 <- data.frame(x = 1:5 , y = 1:25, z = 1:25)
```

위에서 만든 df2 데이터에 x축과 y축을 지정하고, 셰이프를 z로 지정해 1번 모양부터 25번 모양까지 한 그래프 안에 총 25개의 모양의 점이 들어가게 했다. [그림 V-3-32]를 보면 서로 다른 25개의 모형이 그려진 것을 볼 수 있다.

```
s <- ggplot(df2, aes(x = x, y = y))
s + geom_point(aes(shape = z), size = 4) + scale_shape_identity()
```

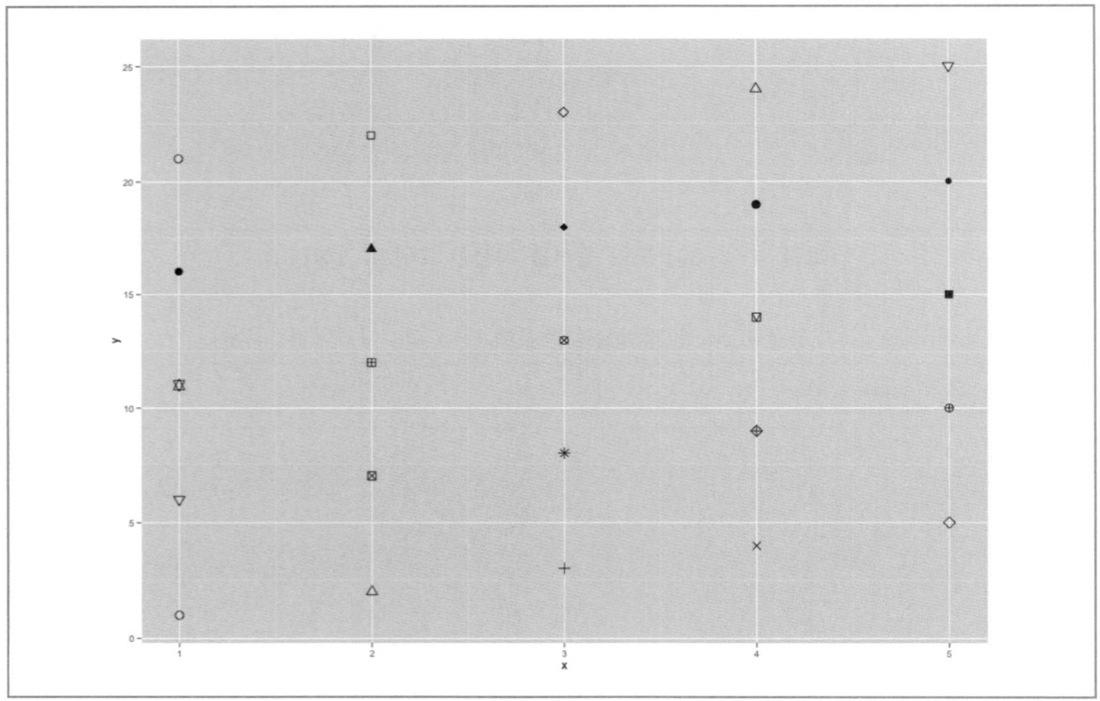


**[그림 V-3-32] 모양 옵션을 지정한 포인트 그래프 5**

cut 정보를 이용해 다이아몬드 가격을 예측하는 선형 모델링을 수행해 값의 범위를 point range 그래프로 표현할 수 있다. 아래 스크립트에서 dmod와 cut이 price에 미치는 영향을 선형 모델링한 것이다.

```
dmod <- lm(price ~ cut, data = diamonds)
cuts <- data.frame(cut = unique(diamonds$cut), predict(dmod, data.frame(cut =
  unique(diamonds$cut)), se = TRUE)[c("fit", "se.fit")])
```

[그림 V-3-33]은 앞의 선형 모델링을 pointrange 그래프로 표현한 결과다.

```
se <- ggplot(cuts, aes(x = cut, y = fit, ymin = fit - se.fit,
      ymax = fit + se.fit, colour = cut))
se + geom_pointrange()
```

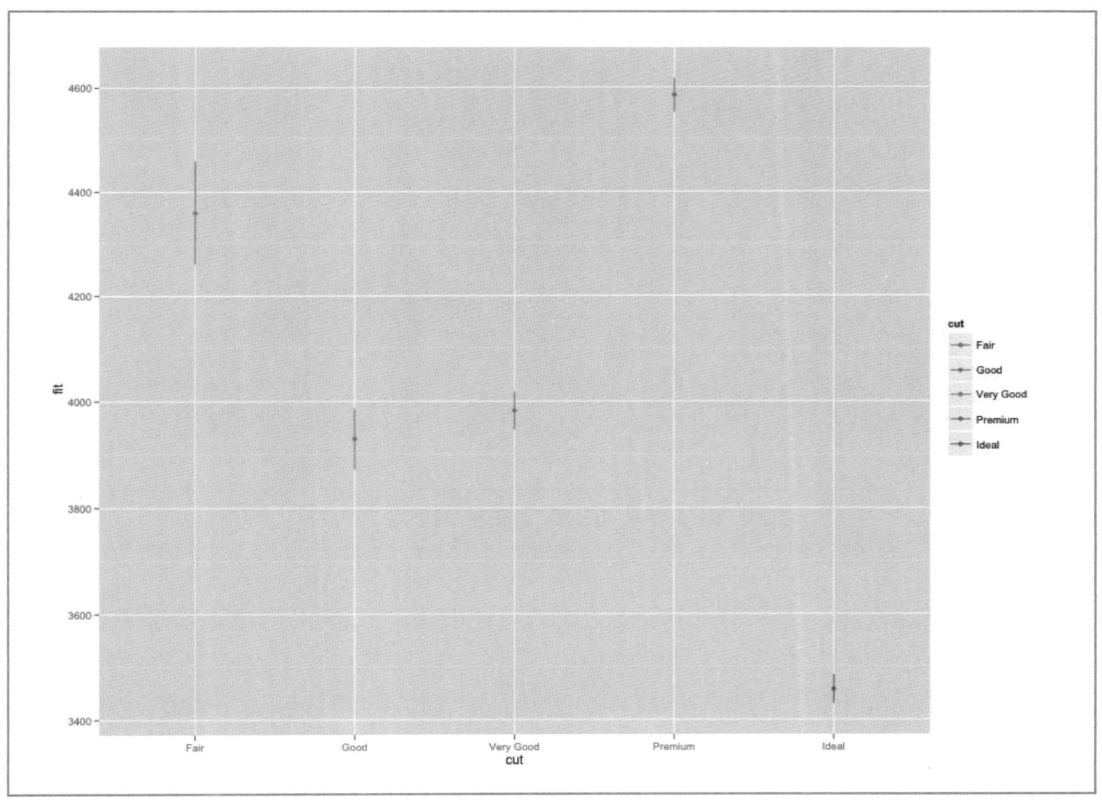


[그림 V-3-33] 선형 모델링을 적용한 그래프

자동차에 대한 그래프를 그리고 강조할 특정 영역을 박스로 표현해 보자(그림 V-3-34). 박스를 보여주기 위해서는 xmin과 xmax로 x 축에 범위를 지정한 후, 역시 y축에 ymin과 ymax로 범위를 지정해 줘야 한다.

```
p <- ggplot(mtcars, aes(wt, mpg)) + geom_point()
p + annotate("rect", xmin = 2, xmax = 3.5, ymin = 2, ymax = 25, fill = "dark grey",
alpha = .5)
```

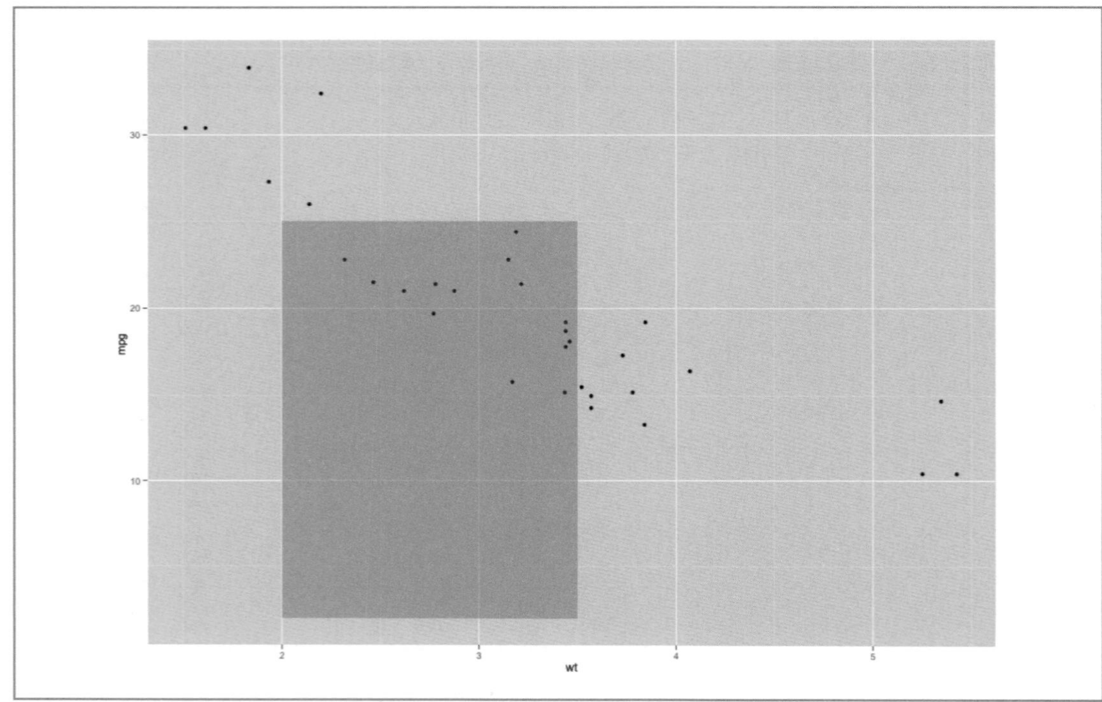


[그림 V-3-34] 박스로 강조한 포인트 그래프

[그림 V-3-35]는 qplot과 스무스 그래프를 다음과 같이 동시에 표현한 결과다.

```
p <- qplot(disp, wt, data=mtcars) + geom_smooth()
```

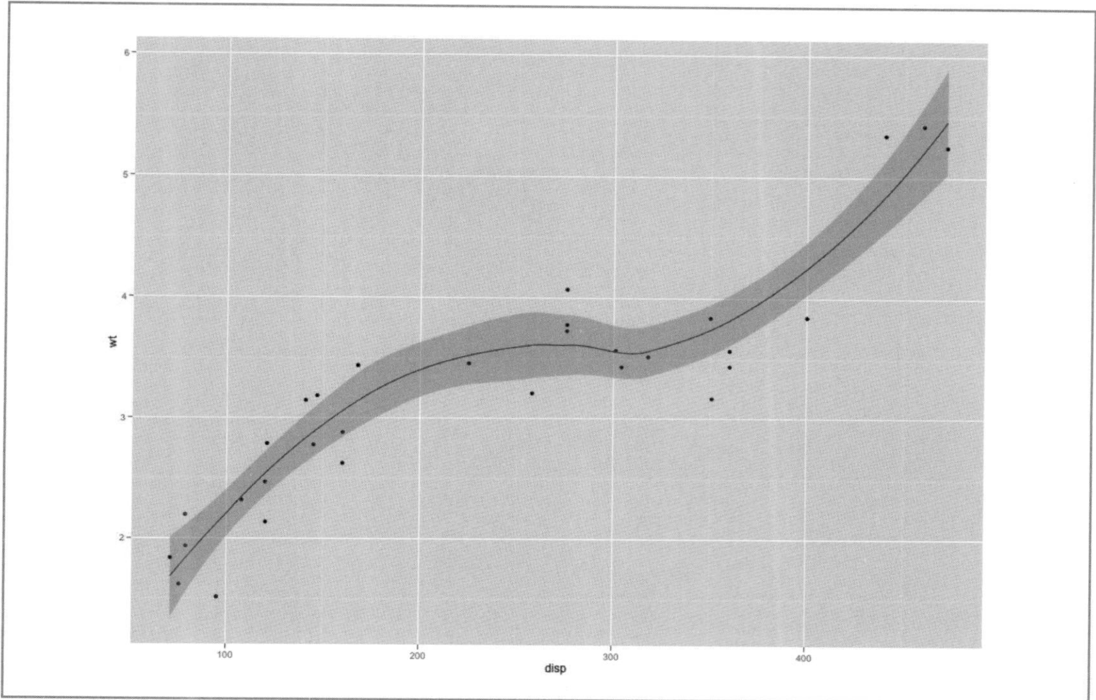


[그림 V-3-35] qplot과 스무스 그래프를 동시에 표현

limits로 범위를 지정해 원하는 부분만 그래프를 그릴 수 있다(그림 Ⅴ-3-36).

```
p + scale_x_continuous(limits = c(325, 500))
```

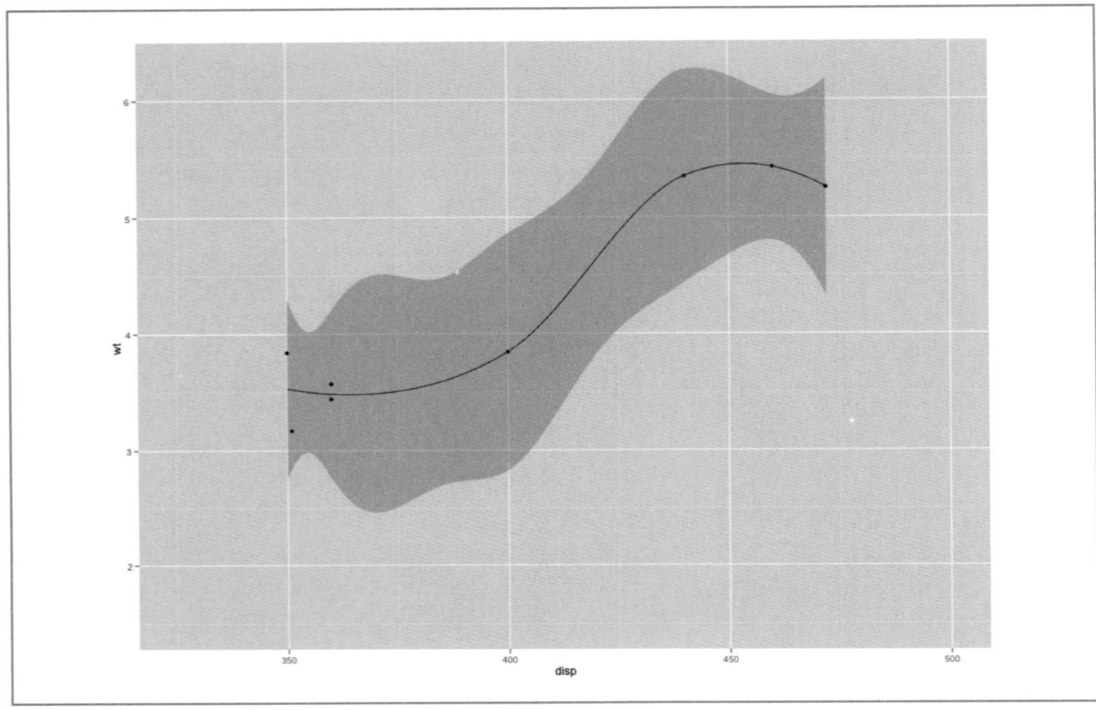


[그림 Ⅴ-3-36] x축의 범위를 지정한 그래프

다음과 같이 확대해보자.

```
d <- ggplot(diamonds, aes(carat, price))
d + stat_bin2d(bins = 25, colour="grey50")
```

위의 스크립트를 다음과 같이 응용할 수 있다.

```
d + scale_x_continuous(limits = c(0, 2))
```

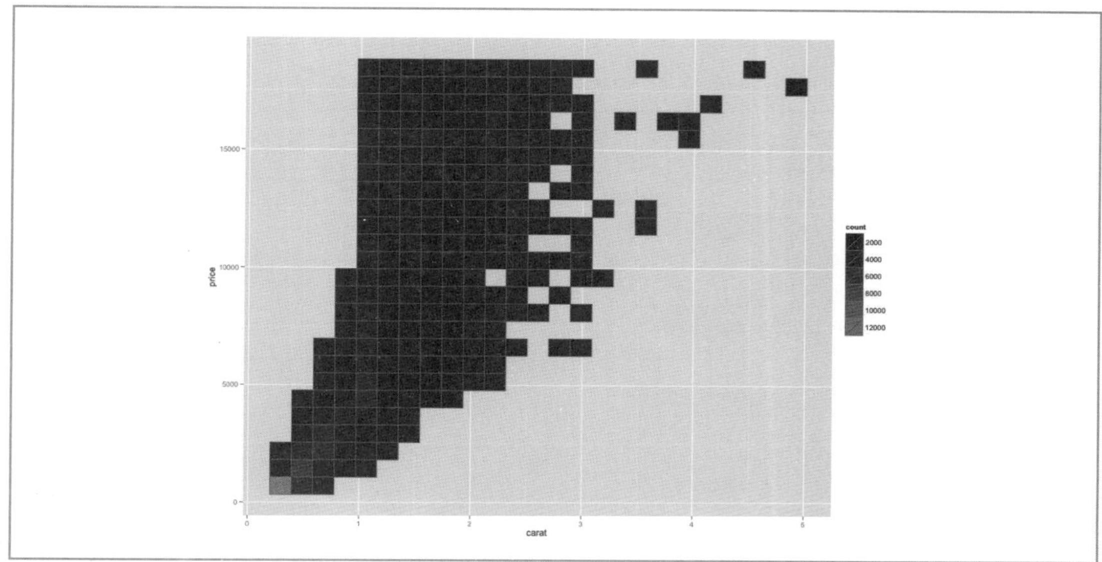


[그림 V-3-37] bin을 25로 지정한 그래프

다음은 boxplot이다. [그림 V-3-38]의 가운데 가로 선은 중앙값, 아래 선은 1사분위 수, 상단 선은 4사분위 수다. 세로 선 위의 점은 데이터의 이상값으로 측정된 부분이다.

```
qplot(cut, price, data=diamonds, geom="boxplot")
```

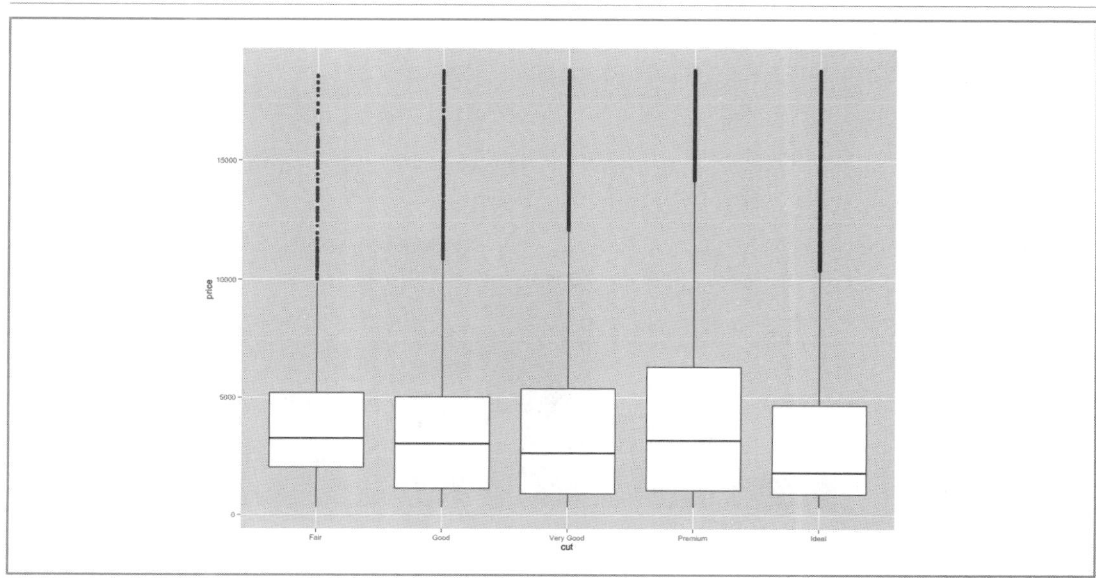


[그림 V-3-38] diamonds 데이터를 이용한 박스그래프

위의 boxplot을 [그림 V-3-39]처럼 가로로 눕혀 그릴 수 있다.

```
last_plot() + coord_flip()
```

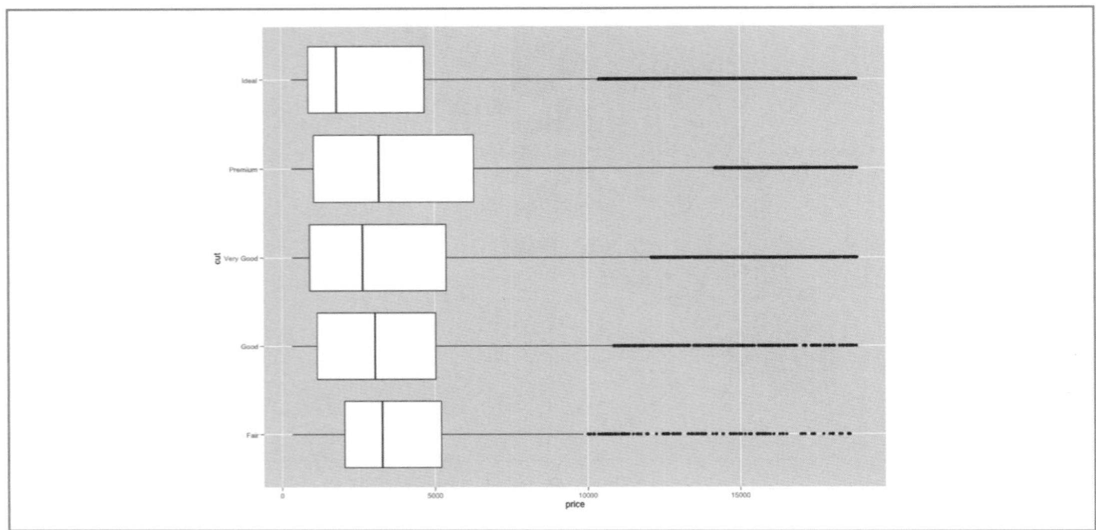


[그림 V-3-39] 가로로 눕힌 박스그래프

qplot을 적용한 그래프를 알아보자.

```
qplot(cut, data=diamonds, geom="bar")
```

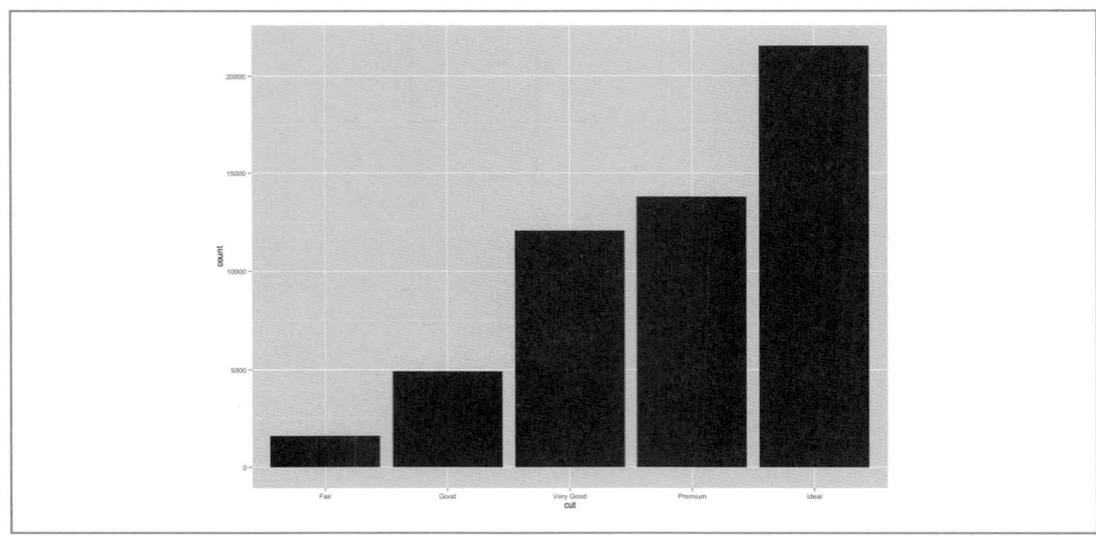


[그림 V-3-40] qplot 함수를 이용한 막대그래프

책에 나온 옵션 외에도 다양한 qplot 옵션을 찾아 적용해 보자.

```
h <- c
h                                      #-------- ①

h + coord_flip()                       # ------- ②

h + coord_flip() +  scale_x_reverse()  # ------- ③
```

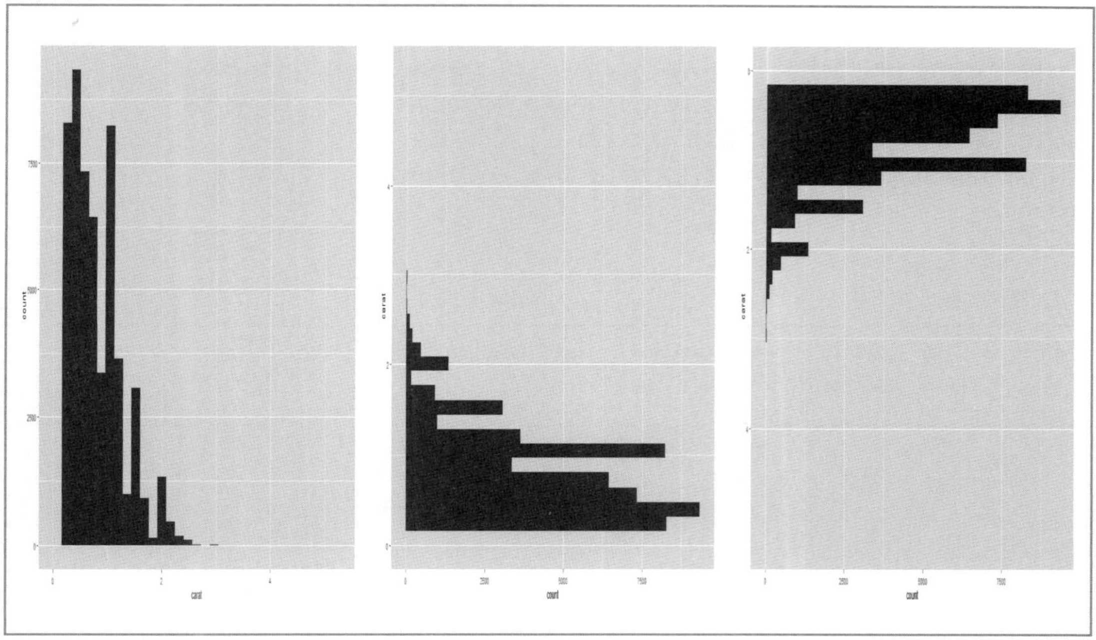

[그림 V-3-41] qplot 옵션 ①을 적용한 그래프(왼쪽),
옵션 ②를 적용한 그래프(가운데),
옵션 ③을 적용한 그래프(오른쪽)

## 사. 다축(Multiple Axis)

보고서를 쓰다보면 가끔 마이크로소프트 '엑셀'에서처럼 2중축, 3중축을 사용하고 싶을 때가 있다.

다음은 3중축 그래프를 그리는 과정이다. 다음의 과정을 보고 프로그램과 그래프의 변화를 비교해보고 프로그램을 이해하자.

```
multiple y axis in plot.R
```

아래 그래프에서 사용할 데이터다. 다음과 같이 직접 입력해 사용하면 된다.

```
time<-seq(7000,3400,-200)
pop<-c(200,400,450,500,300,100,400,700,830,1200,400,350,200,700,370,800,200,100,120)
grp<-c(2,5,8,3,2,2,4,7,9,4,4,2,2,7,5,12,5,4,4)
med<-c(1.2,1.3,1.2,0.9,2.1,1.4,2.9,3.4,2.1,1.1,1.2,1.5,1.2,0.9,0.5,3.3,2.2,1.1,1.2)
par(mar=c(5, 12, 4, 4) + 0.1)
```

1. 첫 번째 그래프를 먼저 그려준다. 아직 축을 지정하지 않은 상태다.

```
plot(time, pop, axes=F, ylim=c(0,max(pop)), xlab="", ylab="",type="l",col="black",
main="",xlim=c(7000,3400))
```

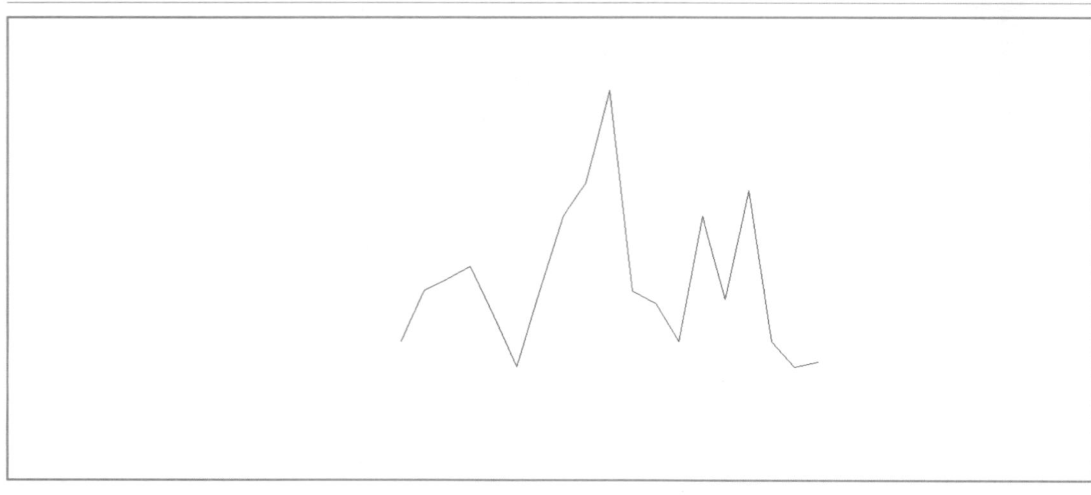

[그림 V-3-42] 3중축 그래프 1

2. 그래프에 점을 찍어 주었다.

```
points(time,pop,pch=20,col="black") --------①
```

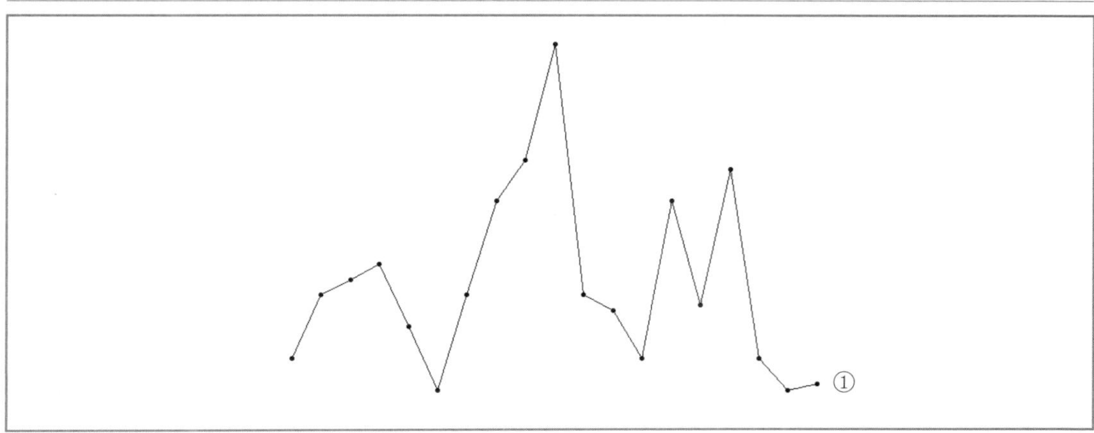


[그림 V-3-43] 3중축 그래프 2

3. 그래프의 y축을 그려주었다.

```
axis(2, ylim=c(0,max(pop)),col="black",lwd=2)
```

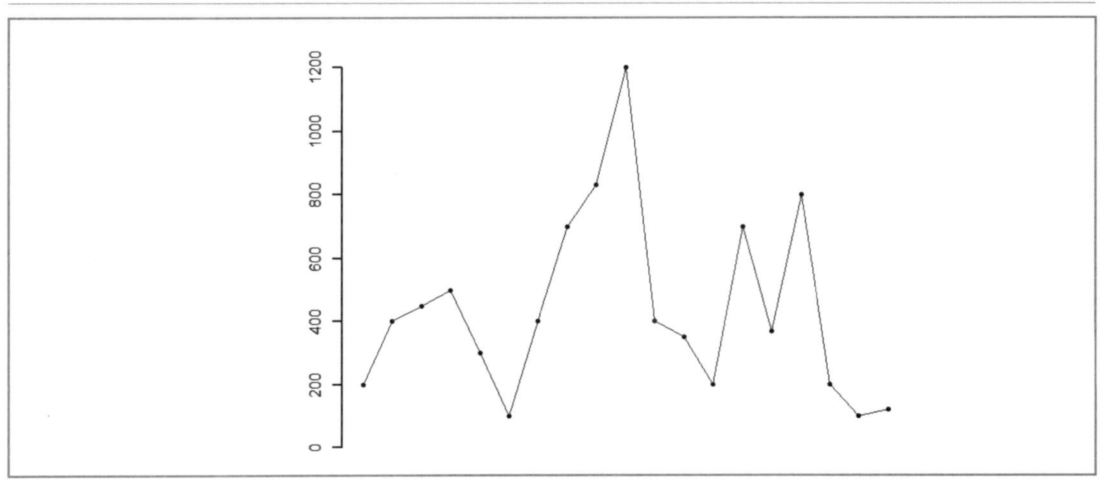


[그림 V-3-44] 3중축 그래프 3

4. y축에 이름을 붙여주었다.

```
mtext(2,text="Population",line=2)
```

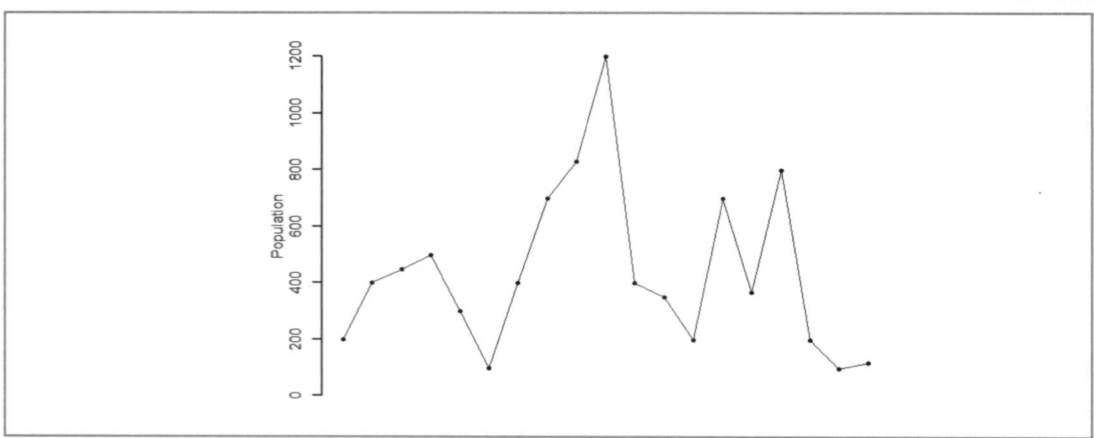


[그림 V-3-45] 3중축 그래프 4

5. 두 번째 그래프를 그려주었다.

```
par(new=T)
plot(time, med, axes=F, ylim=c(0,max(med)), xlab="", ylab="",
     type="l",lty=2, main="",xlim=c(7000,3400),lwd=2)
```

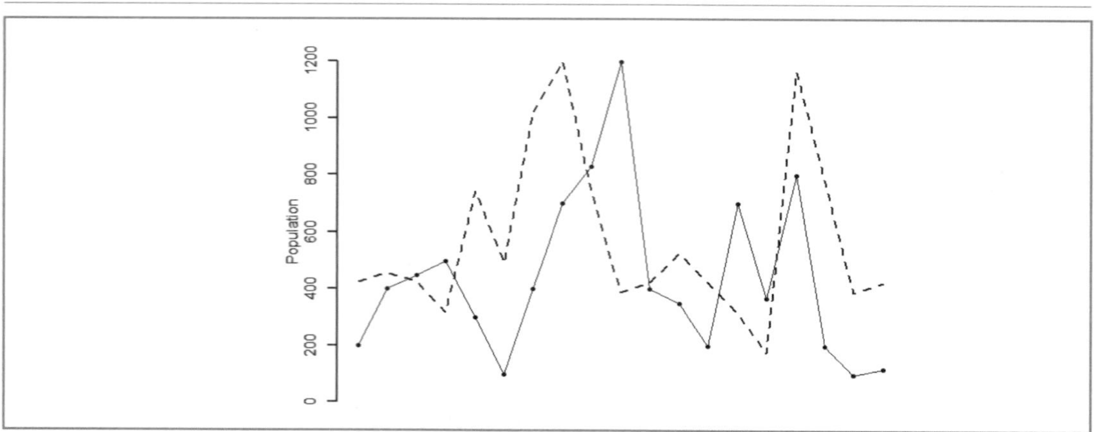


[그림 V-3-46] 3중축 그래프 5

6. 두 번째 그래프에 y축을 그려주었다.

```
axis(2, ylim=c(0,max(med)),lwd=2,line=3.5)
```

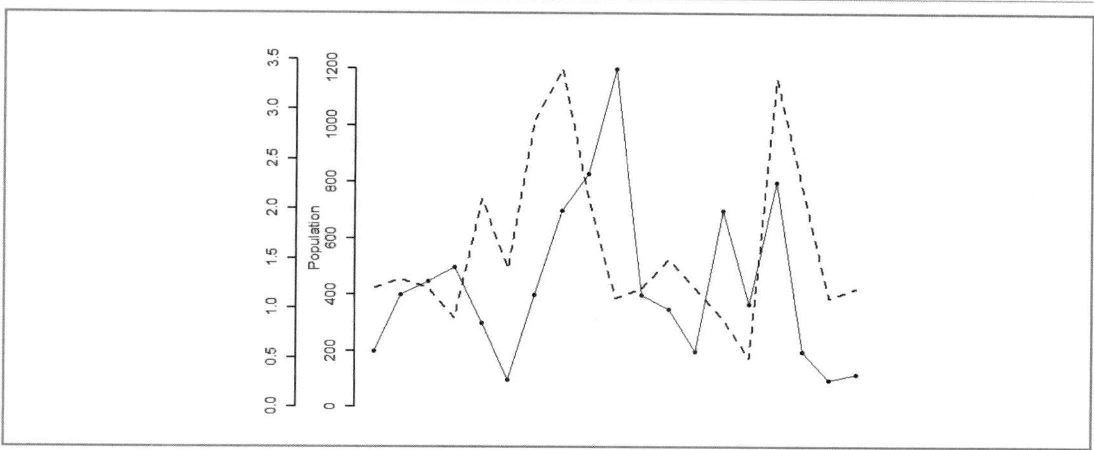


[그림 V-3-47] 3중축 그래프 6

7. 두 번째 그래프에 점을 찍어주었다.

```
points(time, med,pch=20)
```

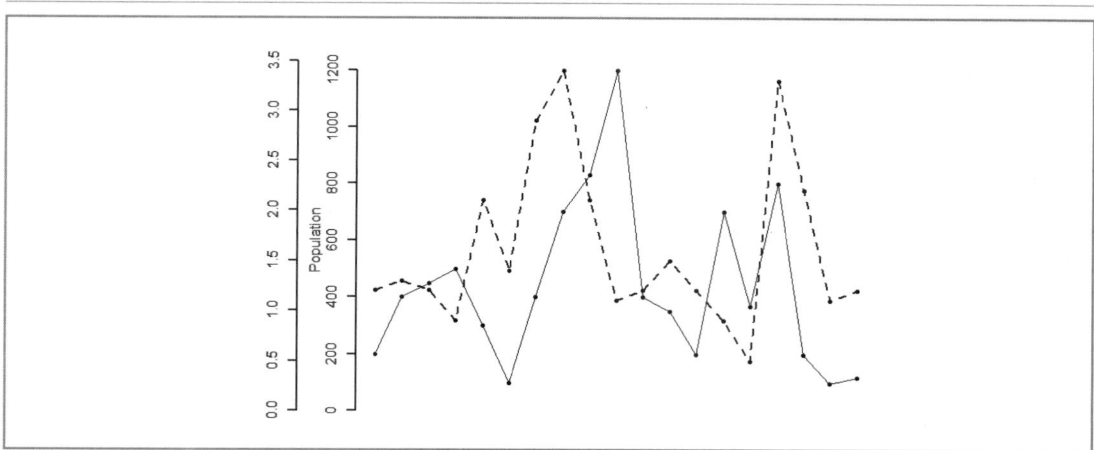


[그림 V-3-48] 3중축 그래프 7

8. 두 번째 그래프의 y축에 이름을 붙여주었다.

```
mtext(2,text="Median Group Size",line=5.5)
```

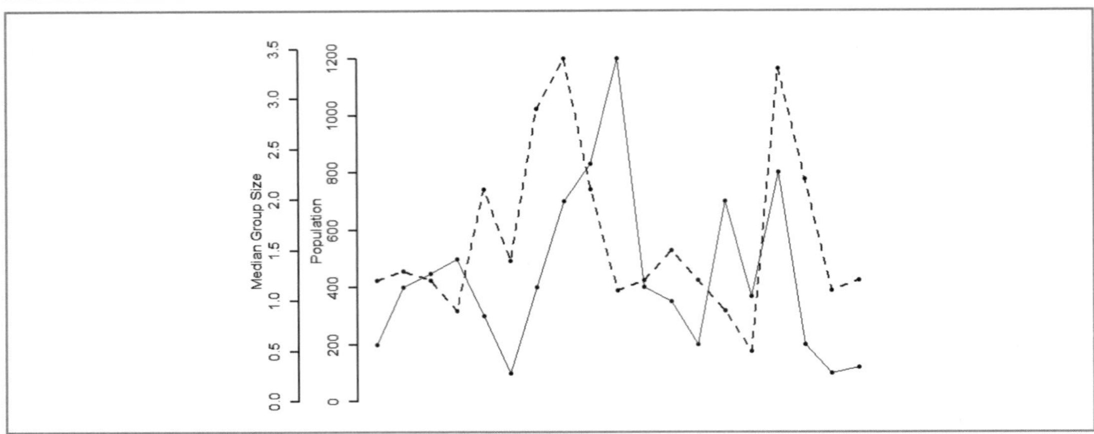


[그림 V-3-49] 3중축 그래프 8

9. 세 번째 그래프를 그려주었다.

```
par(new=T)
plot(time, grp, axes=F, ylim=c(0,max(grp)), xlab="", ylab="",
     type="l",lty=3, main="",xlim=c(7000,3400),lwd=2)
```

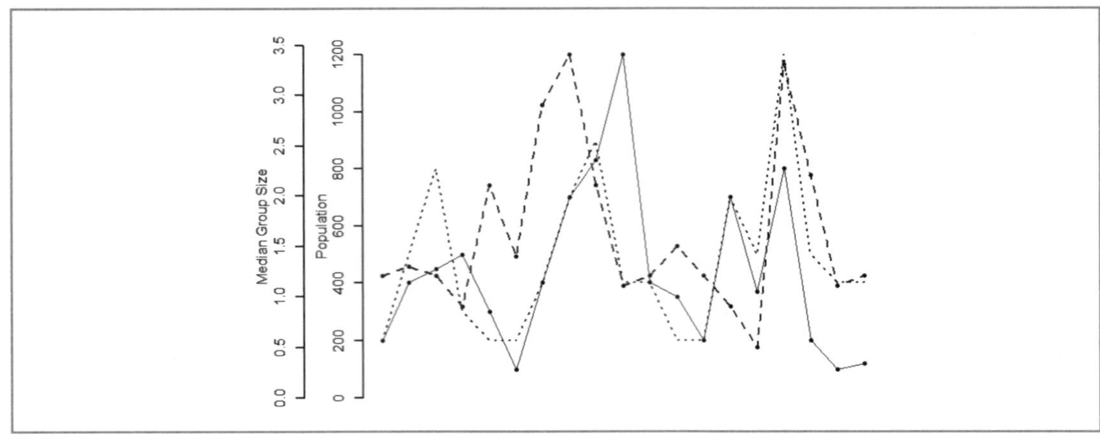


[그림 V-3-50] 3중축 그래프 9

10. 세 번째 그래프에 y축을 그려주었다.

```
axis(2, ylim=c(0,max(grp)),lwd=2,line=7)
```

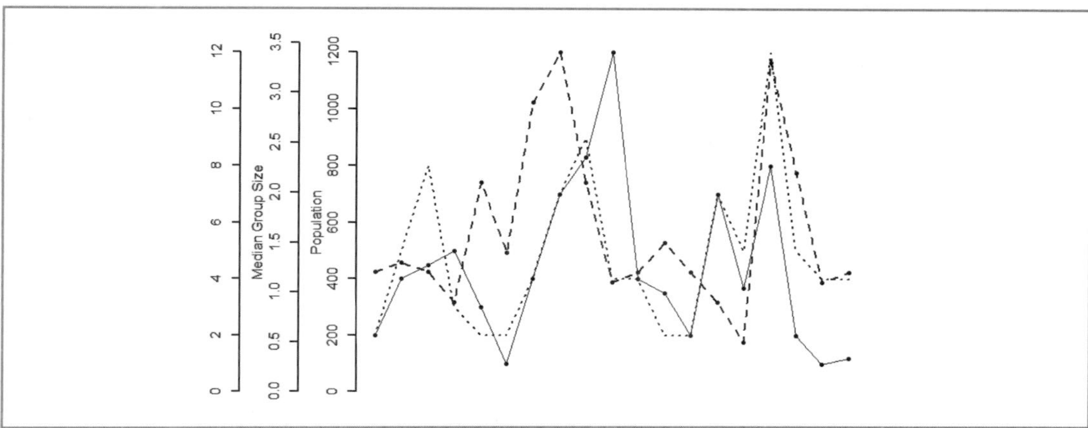


[그림 V-3-51] 3중축 그래프 10

11. 세 번째 그래프에 점을 찍어주고, y축에 이름을 붙여주었다.

```
points(time, grp,pch=20)
mtext(2,text="Number of Groups",line=9)
```

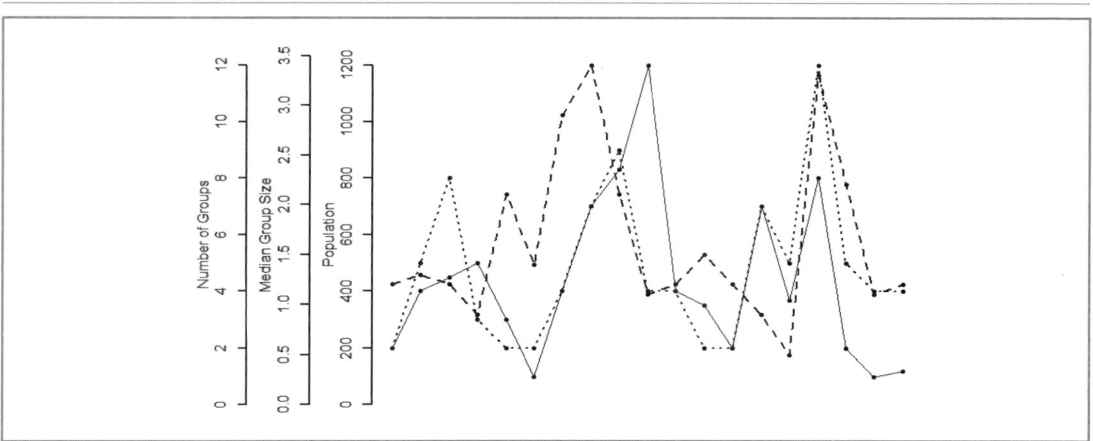


[그림 V-3-52] 3중축 그래프 11

12. x축을 만든 후 이름을 붙여 주었다.

```
axis(1,pretty(range(time),10))
mtext("cal BP",side=1,col="black",line=2)
```

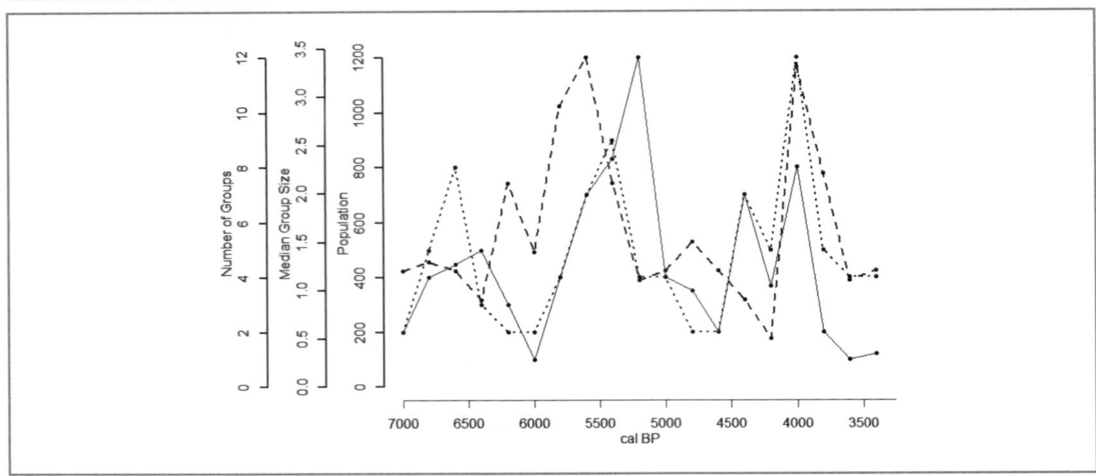


[그림 V-3-53] 3중축 그래프 12

13. 라인별로 설명을 붙여 좀 더 이해하기 쉽게 그래프를 만들었다.

```
legend(x=7000,y=12,legend=c("Population","Median Group Size","Number of Groups"), lty=c(1,2,3))
```

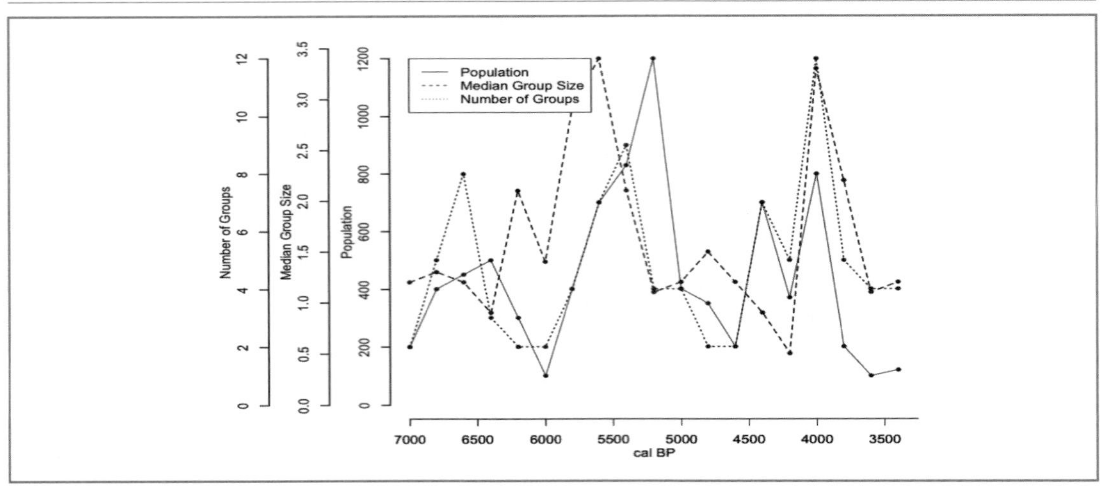


[그림 V-3-54] 3중축 그래프 13

## 아. 그 외 다양한 그래프

aplpack 패키지를 이용하여 그래프를 여러 가지 방법으로 표현해보자.

```
> install.packages("aplpack")
Installing package(s) into ")법으로 표현해보자. Files/R/R-2.15.3/libraryt
(as alling package(s) int
URL 'http://cran.rstudio.com/bin/windows/contrib/2.15/
aplpack_1.2.9.zip'를 시도하고 있습니다
Content type 'application/zip' length 3151342 bytes (3.0 Mb)
열린 URL
downloaded 3.0 Mb

package ed 3.0 Mb successfully unpacked and MD5 sums checked

The downloaded binary packages are in
         C:\Users\boyeng\AppData\Local\Temp\Rtmpsth1gV\downloaded_packages
> library(aplpack)
```

### 1) 줄기잎 그림

다음은 22명의 1학기 중간고사 수학성적 데이터다. 줄기잎 그림을 그려보자.

```
> score <- c(1,2,3,4,10,2,30,42,31,50,80,76,90,87,21,43,65,76,32,12,34,54)
> score
 [1]  1  2  3  4 10  2 30 42 31 50 80 76 90 87 21 43 65 76 32 12 34 54
> stem.leaf(score)
1 | 2: represents 12
 leaf unit: 1
            n: 22
   5    0 | 12234
   7    1 | 02
   8    2 | 1
  (4)   3 | 0124
  10    4 | 23
   8    5 | 04
   6    6 | 5
   5    7 | 66
   3    8 | 07
   1    9 | 0
```

### 2) 얼굴 그림

WorldPhones 데이터를 이용해보자.

```
> WorldPhones
     N.Amer Europe Asia S.Amer Oceania Africa Mid.Amer
1951  45939  21574 2876   1815    1646     89      555
1956  60423  29990 4708   2568    2366   1411      733
1957  64721  32510 5230   2695    2526   1546      773
1958  68484  35218 6662   2845    2691   1663      836
1959  71799  37598 6856   3000    2868   1769      911
1960  76036  40341 8220   3145    3054   1905     1008
1961  79831  43173 9053   3338    3224   2005     1076
```

R help를 통해 WorldPhones이 어떤 데이터인지 설명을 보자.

```
? WorldPhones
```

```
The World's Telephones

Description
The number of telephones in various regions of the world (in thousands).
Usage
WorldPhones
Format
A matrix with 7 rows and 8 columns. The columns of the matrix give the figures for a given
region, and the rows the figures for a year.
The regions are: North America, Europe, Asia, South America, Oceania, Africa, Central America.
The years are: 1951, 1956, 1957, 1958, 1959, 1960, 1961.
Source
AT&T (1961) The World's Telephones.
```

국가별·연도별 전화기 숫자를 나타낸 데이터임을 알 수 있다. faces(WorldPhones)라는 명령을 내리면, 다음과 같은 데이터와 함께 연도별 변화를 얼굴 크기로 보여주는 윈도우 창이 뜬다.

```
> faces(WorldPhones)
effect of variables:
 modified item       Var
 "height of face   " "N.Amer"
 "width of face    " "Europe"
 "structure of face" "Asia"
 "height of mouth  " "S.Amer"
 "width of mouth   " "Oceania"
 "smiling          " "Africa"
 "height of eyes   " "Mid.Amer"
 "width of eyes    " "N.Amer"
 "height of hair   " "Europe"
 "width of hair   "  "Asia"
 "style of hair   "  "S.Amer"
 "height of nose  "  "Oceania"
 "width of nose   "  "Africa"
 "width of ear    "  "Mid.Amer"
 "height of ear   "  "N.Amer"
```

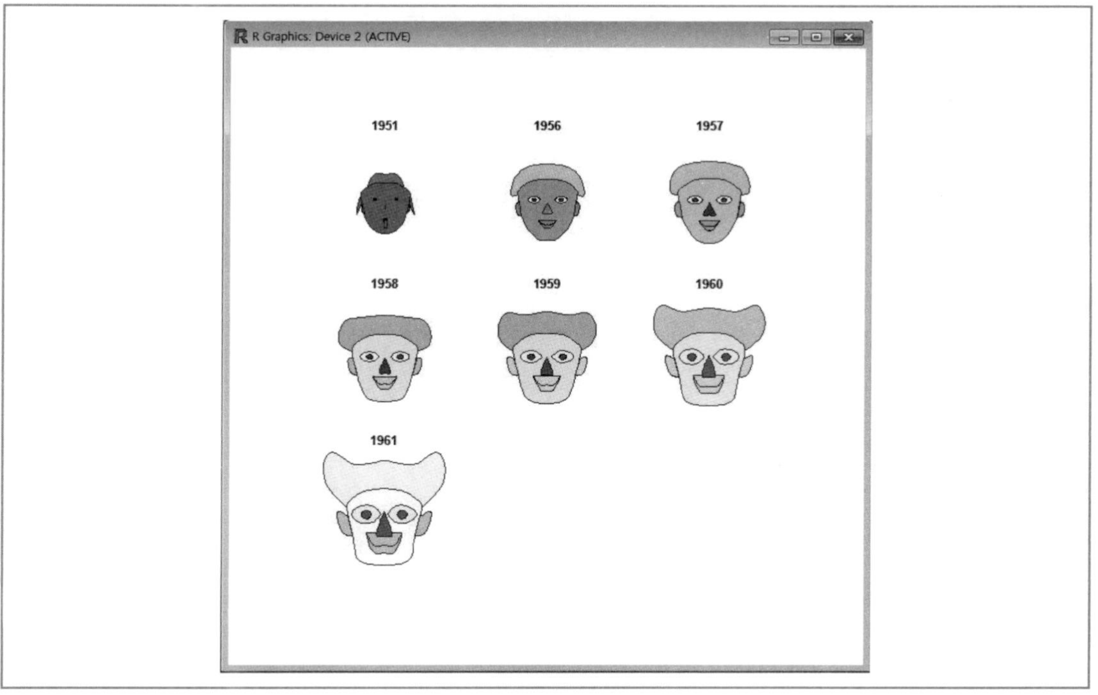

### 3) 별 그림

```
> stars(WorldPhones)
```

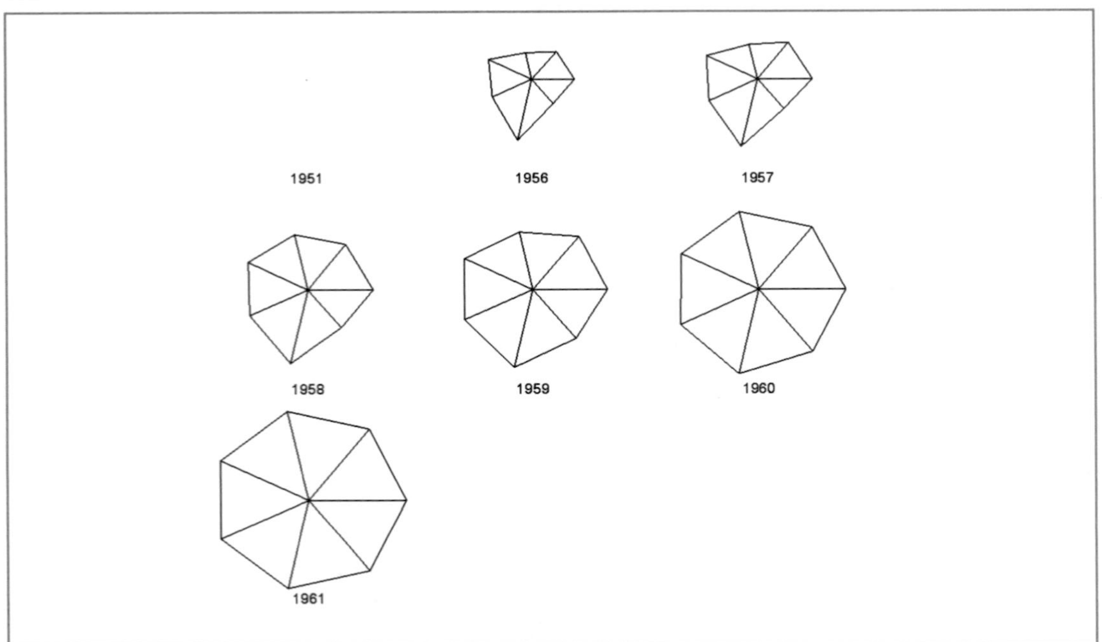

# 2. 공간분석(Spatial Analysis)

## 가. 구글 비즈

구글 비즈(Google Vis)[67]는 구글에서 지원하는 다양한 그래프다. R 그래프보다 보기 좋고, 움직이는 그래프도 그릴 수 있다.

구글 비즈를 실행하기 위해서 googlevis 패키지를 설치한 후 library를 통해 불러 온다.

```
> install.packages("googleVis")
Installing package into 'C:/Users/203-21/Documents/R/win-library/3.0 '
(as 'lib '  is unspecified)
trying URL 'http://cran.rstudio.com/bin/windows/contrib/3.0/googleVis_0.4.7.zip'
Content type 'application/zip' length 1089091 bytes (1.0 Mb)
opened URL
downloaded 1.0 Mb

package 'googleVis '  successfully unpacked and MD5 sums checked

The downloaded binary packages are in
        C:\Users\203-21\AppData\Local\Temp\RtmpcFUMT5\downloaded_packages
> library(googleVis)

Welcome to googleVis version 0.4.7

Please read the Google API Terms of Use
before you use the package:
https://developers.google.com/terms/
Note, the plot method of googleVis will by default use
the standard browser to display its output.

See the googleVis package vignette for more details.

To suppress the this message use:
suppressPackageStartupMessages(library(googleVis))
```

67) http://cran.r-project.org/web/packages/googleVis/googleVis.pdf

Fruits 데이터 안에 연도, 과일 종류, 위치, 매출액, 비용, 이익, 일자와 관련된 데이터가 있다.

```
> data(Fruits)
> head(Fruits)
    Fruit Year Location Sales Expenses Profit       Date
1  Apples 2008     West    98       78     20 2008-12-31
2  Apples 2009     West   111       79     32 2009-12-31
3  Apples 2010     West    89       76     13 2010-12-31
4 Oranges 2008     East    96       81     15 2008-12-31
5 Bananas 2008     East    85       76      9 2008-12-31
6 Oranges 2009     East    93       80     13 2009-12-31
```

그래프 축과 관련된 시간과 id 변수를 지정한 후 plot으로 그래프를 그려주면, 웹 브라우저가 열리면서 그래프가 생성되고 인터랙티브하게 작동한다. [그림 V-3-55]는 웹 브라우저에 뜬 그래프를 캡처한 것이다. 프로그램을 직접 실행해보면 데이터의 움직임 등을 확인할 수 있다.

```
> M1 <- gvisMotionChart(Fruits, idvar="Fruit", timevar="Year")
> plot(M1)
```

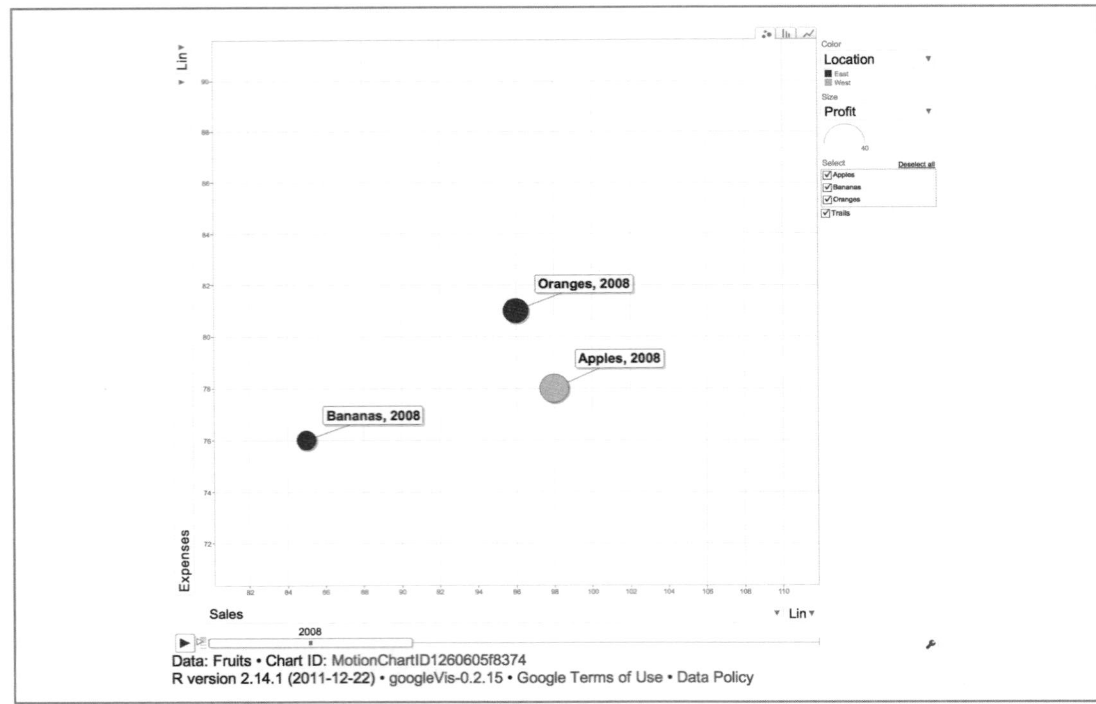


[그림 V-3-55] 구글 비즈를 이용한 모션차트

다음의 gvisGeoChart 값으로 지도와 그 위에 데이터를 표시할 수 있다. 그러나 아직 한국의 상세 지역 표시 방법은 찾지 못했다. 함수로 데이터·위치·색상·크기를 지정하고, 일부 내용은 옵션으로 지정한다.

```
gvisGeoChart(data, locationvar = "", colorvar="", sizevar="",hovervar="", options = list(), chartid)
```

| Continent | Sub-Continent | Countries |
|---|---|---|
| 002 - Africa | 015 - Northern Africa | DZ, EG, EH, LY, MA, SD, TN |
| | 011 - Western Africa | BF, BJ, CI, CV, GH, GM, GN, GW, LR, ML, MR, NE, NG, SH, SL, SN, TG |
| | 017 - Middle Africa | AO, CD, ZR, CF, CG, CM, GA, GQ, ST, TD |
| | 014 - Eastern Africa | BI, DJ, ER, ET, KE, KM, MG, MU, MW, MZ, RE, RW, SC, SO, TZ, UG, YT, ZM, ZW |
| | 018 - Southern Africa | BW, LS, NA, SZ, ZA |
| 150 - Europe | 154 - Northern Europe | GG, JE, AX, DK, EE, FI, FO, GB, IE, IM, IS, LT, LV, NO, SE, SJ |
| | 155 - Western Europe | AT, BE, CH, DE, DD, FR, FX, LI, LU, MC, NL |
| | 151 - Eastern Europe | BG, BY, CZ, HU, MD, PL, RO, RU, SU, SK, UA |
| | 039 - Southern Europe | AD, AL, BA, ES, GI, GR, HR, IT, ME, MK, MT, CS, RS, PT, SI, SM, VA, YU |
| 019 - Americas | 021 - Northern America | BM, CA, GL, PM, US |
| | 029 - Caribbean | AG, AI, AN, AW, BB, BL, BS, CU, DM, DO, GD, GP, HT, JM, KN, KY, LC, MF, MQ, MS, PR, TC, TT, VC, VG, VI |
| | 013 - Central America | BZ, CR, GT, HN, MX, NI, PA, SV |
| | 005 - South America | AR, BO, BR, CL, CO, EC, FK, GF, GY, PE, PY, SR, UY, VE |
| 142 - Asia | 143 - Central Asia | TM, TJ, KG, KZ, UZ |
| | 030 - Eastern Asia | CN, HK, JP, KP, KR, MN, MO, TW |
| | 034 - Southern Asia | AF, BD, BT, IN, IR, LK, MV, NP, PK |
| | 035 - South-Eastern Asia | BN, ID, KH, LA, MM, BU, MY, PH, SG, TH, TL, TP, VN |
| | 145 - Western Asia | AE, AM, AZ, BH, CY, GE, IL, IQ, JO, KW, LB, OM, PS, QA, SA, NT, SY, TR, YE, YD |
| 009 - Oceania | 053 - Australia and New Zealand | AU, NF, NZ |
| | 054 - Melanesia | FJ, NC, PG, SB, VU |
| | 057 - Micronesia | FM, GU, KI, MH, MP, NR, PW |
| | 061 - Polynesia | AS, CK, NU, PF, PN, TK, TO, TV, WF, WS |

[그림 V-3-56] 국가별 옵션코드

Exports 데이터는 국가별 수출에 따른 수익과 온라인 유무를 나타낸 것이다. 이를 gvisGeoChart로 그려보자. 전 세계 지도에 국가별 수출 수익 크기를 색상으로 구분해보자.

```
> data(Exports)
> head(Exports)
        Country Profit Online
1       Germany      3   TRUE
2        Brazil      4  FALSE
3 United States      5   TRUE
4        France      4   TRUE
5       Hungary      3  FALSE
6         India      2   TRUE
```

```
> G1 <- gvisGeoChart(Exports, locationvar='Country', colorvar='Profit')
plot(G1)
```

[그림 V-3-57] 구글 지오차트를 이용한 그래프 1

유럽 지역으로 한정해 그래프를 그려보자. 유럽(150) 국가의 지도만 나타나고 수익 정도가 표현되도록 region 값으로 지정했다.

```
G2 <- gvisGeoChart(Exports, "Country", "Profit", options=list(region="150"))
plot(G2)
```

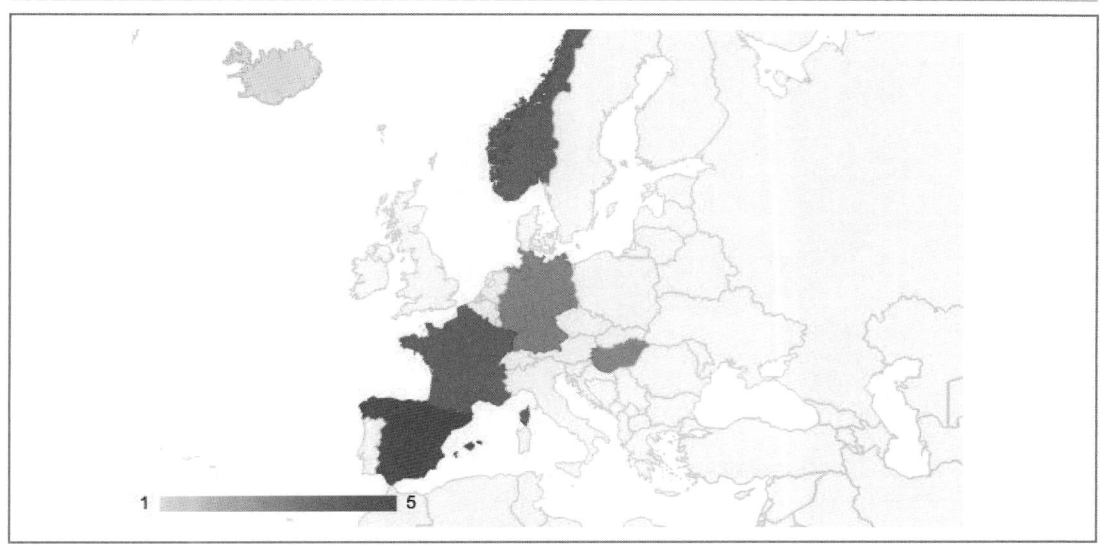


[그림 V-3-58] 구글 지오차트를 이용한 그래프 2

다음은 state.name과 state.x77 데이터를 데이터 프레임 형식으로 묶어 states라고 저장한 것이다. 아래의 데이터를 갖고 문맹률을 보여주는 그래프를 그려보자.

```
> require(datasets)
> states <- data.frame(state.name, state.x77)
> head(states)
            state.name Population Income Illiteracy Life.Exp Murder HS.Grad Frost   Area
Alabama        Alabama       3615   3624        2.1    69.05   15.1    41.3    20  50708
Alaska          Alaska        365   6315        1.5    69.31   11.3    66.7   152 566432
Arizona        Arizona       2212   4530        1.8    70.55    7.8    58.1    15 113417
Arkansas      Arkansas       2110   3378        1.9    70.66   10.1    39.9    65  51945
California California      21198   5114        1.1    71.71   10.3    62.6    20 156361
Colorado      Colorado       2541   4884        0.7    72.06    6.8    63.9   166 103766
```

미국의 주별 문맹률 정보가 나타나도록 option에 표시 방식과 해상도 수준을 지정한다.

```
G3 <- gvisGeoChart(states, "state.name", "Illiteracy", options=list(region="US",
displayMode="regions", resolution="provinces",width=600, height=400))
plot(G3)
```

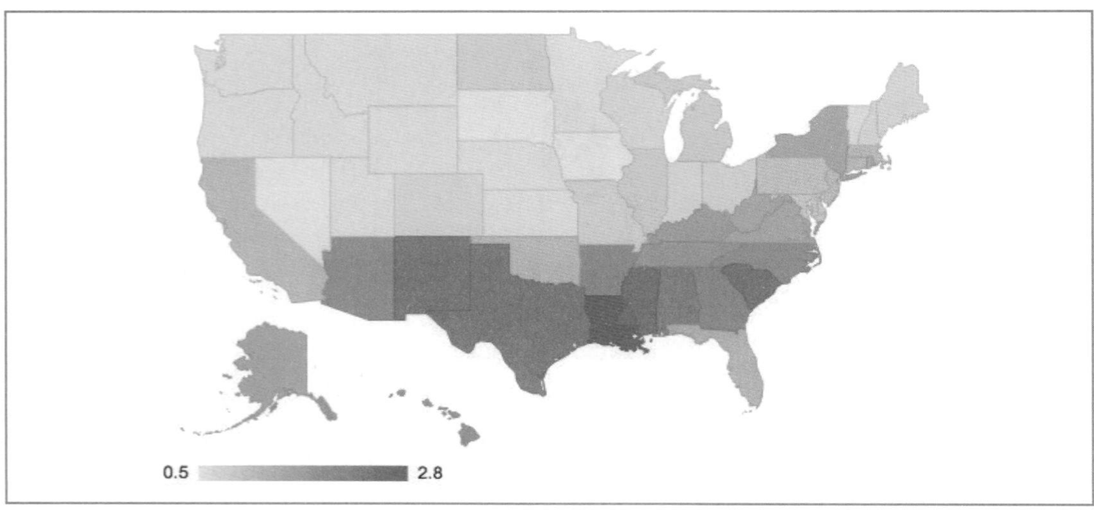


[그림 V-3-59] 구글 지오차트를 이용한 그래프 3

CityPopularity는 도시별 인구 데이터다. 이를 marker 효과를 줘서 그려보자.

```
## Markers Example
## A marker style map renders bubble-shaped markers at specified
## locations with the color and size that you specify.

> data(CityPopularity)
> head(CityPopularity)
         City Popularity
1    New York        200
2      Boston        300
3       Miami        400
4     Chicago        500
5 Los Angeles        600
6     Houston        700
```

colorAxis에 묶여(binning) 해당 도시에 적합한 색상이 나타나도록 매핑해 도시별 인구 정보를 보여줄 수 있다.

```
G4 <- gvisGeoChart(CityPopularity, locationvar='City', colorvar='Popularity',options=list(region='US',
     height=350,displayMode='markers',colorAxis="{values:[200,400,600,800],
     colors:[\'red', \'pink\', \'orange',\'green']}"))
plot(G4)
```

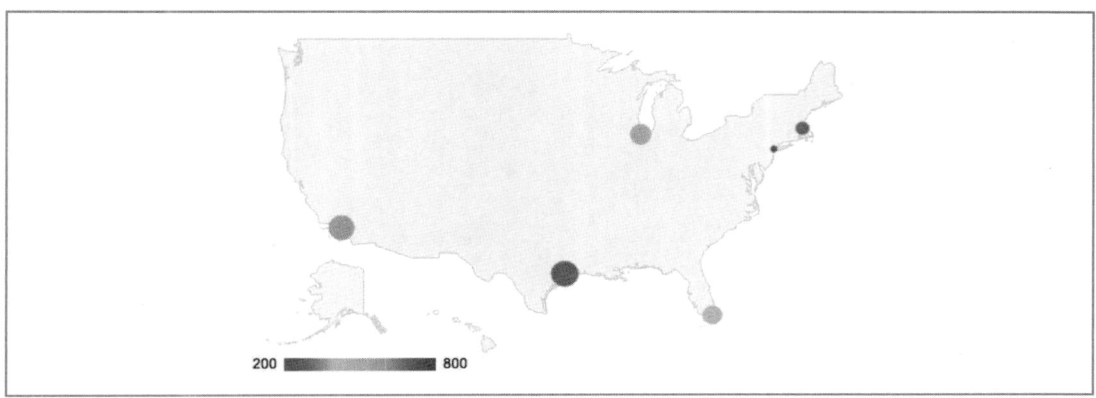


[그림 V-3-60] 구글 지오차트를 이용한 그래프 4

Andrew 데이터에는 허리케인과 관련된 위치와 속도 정보가 들어 있다. 허리케인 경로에 따른 위치별 속도를 다음과 같이 색상으로 표시할 수 있다.

```
G5 <- gvisGeoChart(Andrew, "LatLong", colorvar='Speed_kt',options=list(region="US"))
plot(G5)
```

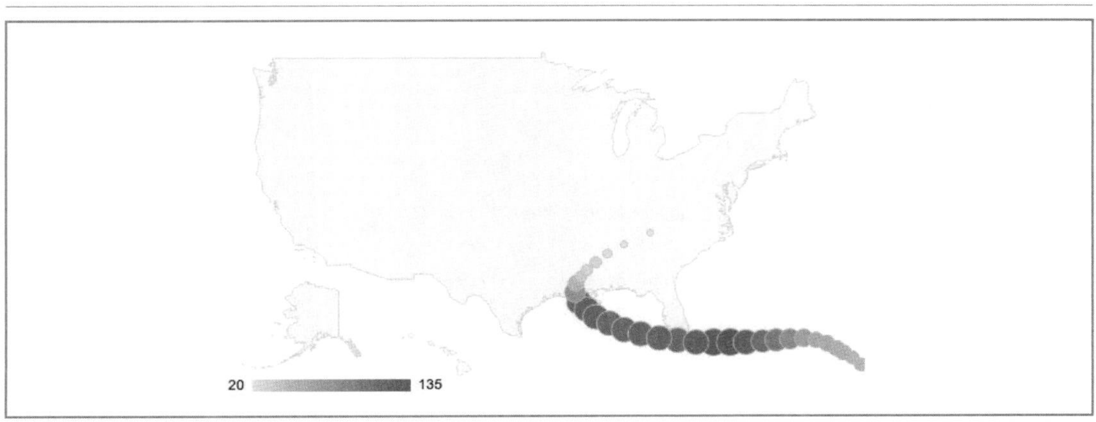


[그림 V-3-61] 구글 지오차트를 이용한 그래프 5

속도를 원의 크기별로 다르게 표시할 수 있다.

```
G6 <- gvisGeoChart(Andrew, "LatLong", sizevar='Speed_kt',
colorvar="Pressure_mb", options=list(region="US"))
plot(G6)
```

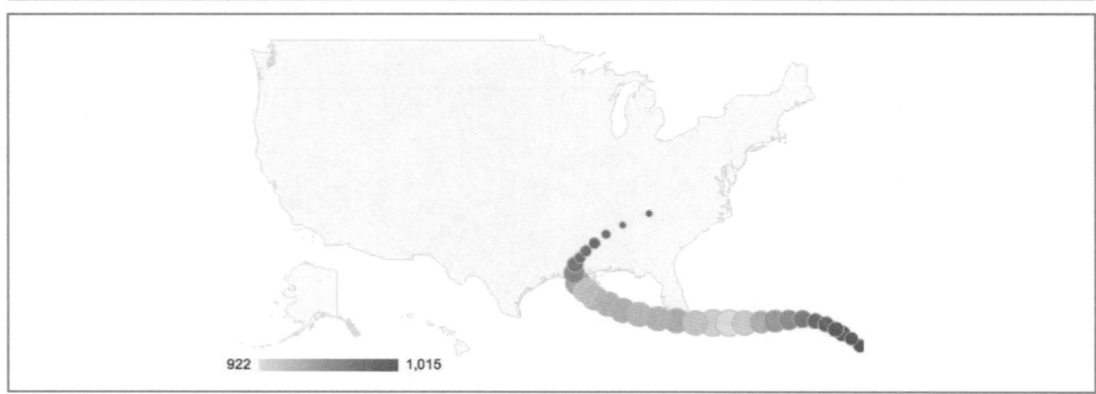


[그림 Ⅴ-3-62] 구글 지오차트를 이용한 그래프 6

Quakes는 지진 데이터다.

```
## Create lat:long values and plot a map of Oceania
## Set background colour to light-blue
> require(stats)
> data(quakes)
> head(quakes)
     lat   long depth mag stations
1 -20.42 181.62   562 4.8       41
2 -20.62 181.03   650 4.2       15
3 -26.00 184.10    42 5.4       43
4 -17.97 181.66   626 4.1       19
5 -20.42 181.96   649 4.0       11
6 -19.68 184.31   195 4.0       12
> quakes$latlong<-paste(quakes$lat, quakes$long, sep=":")
> head(quakes$latlong)
[1] "-20.42:181.62" "-20.62:181.03" "-26:184.1"     "-17.97:181.66" "-20.42:181.96" "-19.68:184.31"
```

[그림 V-3-63]은 지진관련 내용을 깊이와 진도 정보로 표시한 것이다.

```
G7 <- gvisGeoChart(quakes, "latlong", "depth", "mag",options=list(displayMode="Markers",
region="009",colorAxis="{colors:['red', 'grey']}",backgroundColor="lightblue"))
plot(G7)
```

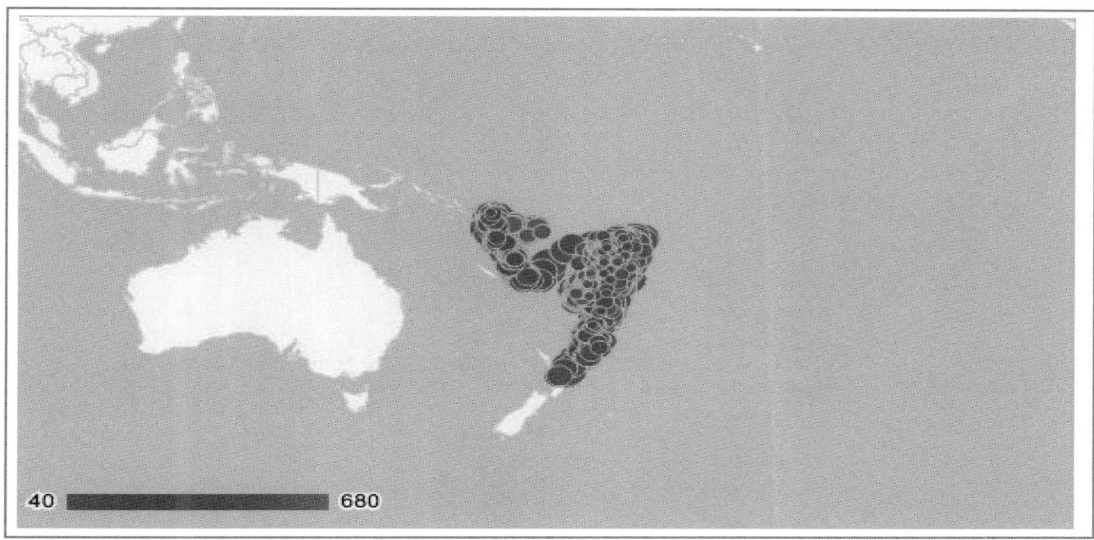


[그림 V-3-63] 구글 지오차트를 이용한 그래프 7

다음은 위키피디아 국가별 신용등급 정보의 세 번째 테이블에 있는 데이터를 읽어 들여 지도에 표시한 것이다. [그림 V-3-64] 왼쪽 상단의 'S&P'를 누르면 그래프를 편집할 수 있다.

```
## Not run:
# Plot S&P countries' credit rating sourced from Wikipedia
# Use the hovervar to show the rating
library(XML)
url <- "http://en.wikipedia.org/wiki/List_of_countries_by_credit_rating"
x <- readHTMLTable(readLines(url), which=3)
levels(x$Rating) <- substring(levels(x$Rating), 4,  nchar(levels(x$Rating)))
x$Ranking <- x$Rating
levels(x$Ranking) <- nlevels(x$Rating):1
x$Ranking <- as.character(x$Ranking)
x$Rating <- paste(x$Country, x$Rating, sep=": ")
#### Create a geo chart
```

```
G8 <- gvisGeoChart(x, "Country", "Ranking", hovervar="Rating",options=list(gvis.editor="S&P",
      colorAxis="{colors:['#91BFDB', '#FC8D59']}"))
plot(G8)
```

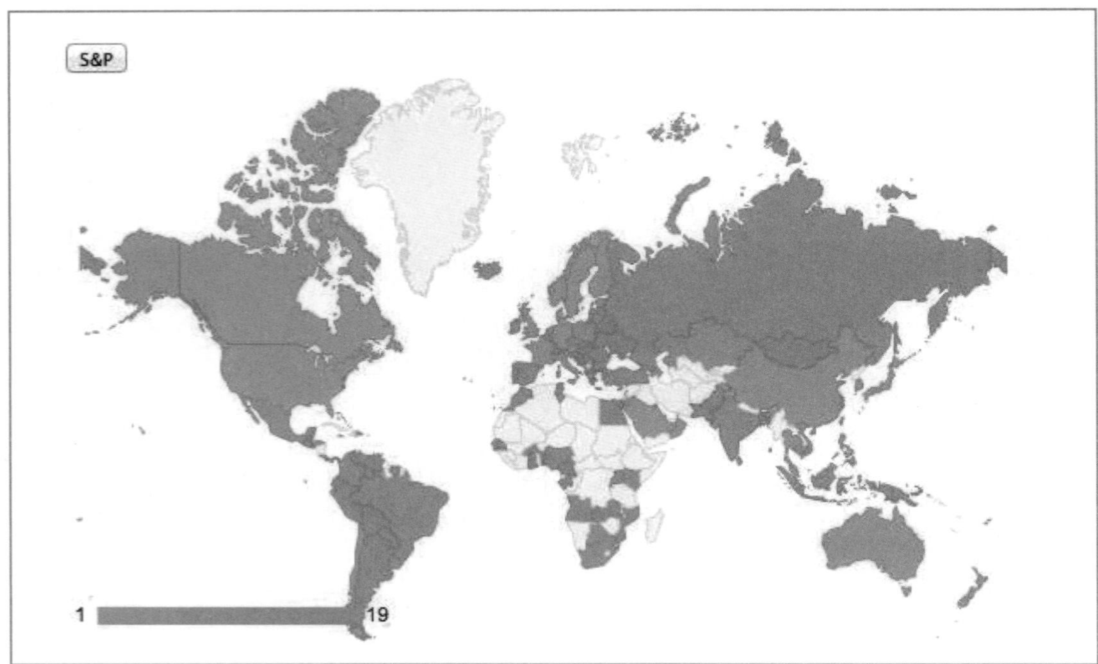


[그림 V-3-64] 구글 지오차트를 이용한 그래프 8

최근 30일간 진도 4.0 이상의 지진발생 정보 사이트에서 얻은 데이터를 그래프로 표현해보자. 실행 시점마다 데이터가 다름을 주의해야 한다.

```
## Plot world wide earth quakes of the last 30 days with magnitude >= 4.0
library(XML)
## Get earthquake data of the last 30 days
eq <- read.csv("http://earthquake.usgs.gov/earthquakes/feed/v0.1/summary/2.5_week.csv")
eq$loc=paste(eq$Latitude, eq$Longitude, sep=":")
```

```
DateTime,Latitude,Longitude,Depth,Magnitude,MagType,NbStations,Gap,Distance,RMS,Source,EventID,Version
2013-11-13T03:57:41.000+00:00,51.407,-178.713,4.0,6.1,Ml,,,,1.14,ak,ak10844151,1384316811669
2013-11-12T23:40:30.400+00:00,37.657,-122.497,10.6,2.8,Md,,126,0.0,0.09,nc,nc72106531,1384316599348
2013-11-12T23:35:50.700+00:00,37.777,-121.941,7.8,2.9,Ml,,54,0.1,0.10,nc,nc72106516,1384316709962
2013-11-12T23:04:01.210+00:00,35.404,-96.690,5.0,3.2,mb_lg,,68,0.1,0.41,us,usb000kwie,1384313809767
2013-11-12T21:36:01.790+00:00,17.134,-85.063,10.0,4.3,mb,,53,3.7,1.24,us,usb000kwg8,1384293829391
2013-11-12T21:14:54.400+00:00,39.207,-111.888,1.4,2.6,Ml,,90,0.3,0.24,uu,uu60044447,1384292355495
2013-11-12T20:00:19.690+00:00,-7.097,156.240,64.7,5.1,mb,,73,4.3,1.13,us,usb000kwcw,1384315380173
2013-11-12T18:16:48.000+00:00,63.079,-150.930,134.1,4.7,Ml,20,58,0.5,0.21,ak,ak10843612,1384285657795
2013-11-12T18:09:29.090+00:00,38.939,23.064,17.8,5.1,mb,,33,0.6,1.22,us,usb000kw9p,1384293915918
2013-11-12T16:30:28.980+00:00,37.688,68.062,12.8,4.9,mb,,56,1.3,1.03,us,usb000kw7q,1384302824960
2013-11-12T15:59:45.730+00:00,31.756,-40.528,16.9,5.1,mb,,70,21.1,0.56,us,usb000kw7a,1384300948671
2013-11-12T15:58:36.370+00:00,-6.030,146.333,114.8,4.9,mb,,62,3.5,0.85,us,usb000kw77,1384300865062
2013-11-12T13:39:52.490+00:00,-52.319,17.034,15.0,4.7,mb,,92,20.1,0.39,us,usb000kw64,1384292550557
2013-11-12T11:36:03.740+00:00,41.708,139.405,186.3,4.7,mb,,93,2.8,0.86,us,usb000kw53,1384285115672
2013-11-12T10:41:05.600+00:00,31.840,-40.479,10.0,4.9,mb,,46,22.1,0.68,us,usb000kw4q,1384281817878
2013-11-12T10:26:30.000+00:00,59.802,-153.065,99.7,2.7,Ml,36,180,0.2,0.67,ak,ak10843483,1384252482616
```

```
G9 <- gvisGeoChart(eq, "loc", "Depth", "Magnitude",
      options=list(displayMode="Markers", colorAxis="{colors:['purple', 'red', 'orange',
      'grey']}",backgroundColor="lightblue"), chartid="EQ")
plot(G9)
## End(Not run)
```

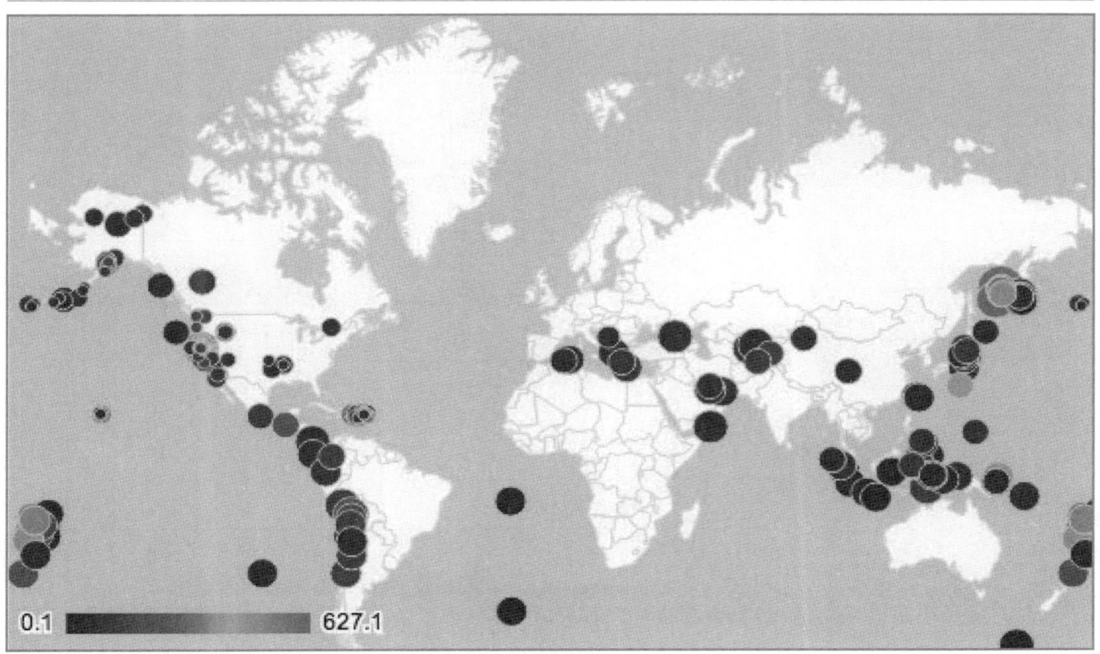


[그림 V-3-65] 구글 지오차트를 이용한 그래프 9

## 나. 샤이니

샤이니(shiny) 서버를 설치해 서버와 클라이언트에 적합한 R 스크립트를 저장한 후 R로 분석 결과를 퍼블리싱하는 방법에 대해 알아보자. 샤이니 패키지는 웹 프로그래밍 지식이 전혀 없더라도 인터렉티브한 웹 그래픽을 만들 수 있는 환경을 제공한다. 샤이니로 인터랙티브하게 데이터를 분석해 결과를 직접 볼 수 있다. 여기서는 샤이니 개념을 이해하는 차원에서 예제 실행 결과만 보자. 자세한 부분은 뒤에서 다루겠다.

```
> options(repos=c(RStudio='http://rstudio.org/_packages', getOption('repos')))
> install.packages('shiny')
> library(shiny)
> runExample("01_hello")
> runExample("02_text")
> runExample("03_reactivity")
```

http://glimmer.rstudio.com/winston/stocks/를 실행하면 [그림 V-3-66]과 같은 동적 그래프가 웹과 연동돼 사용할 수 있다.

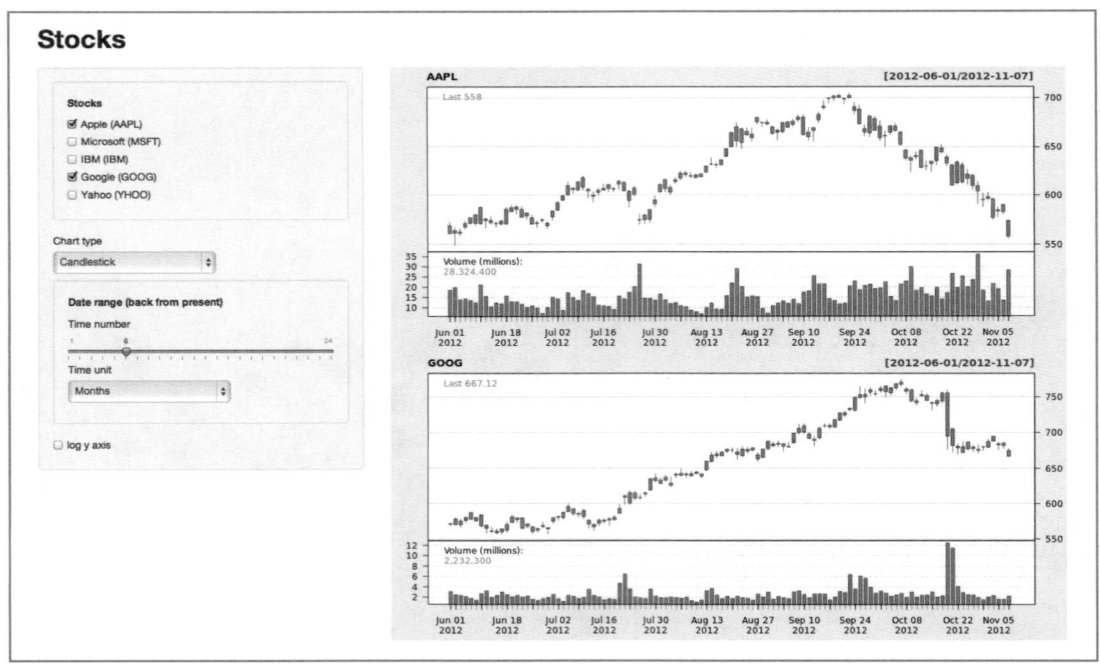


[그림 V-3-66] 샤이니를 이용한 그래프

### 다. 모자이크 플롯

모자이크 플롯(Mosaic plot)[68]은 복수의 categorical variable 분포 파악에 도움이 되는 시각화 방법이다. 제한적인 특징이 있지만 EDA(exploratory data analysis)를 하는 과정에서 두 변수의 구조적 특성을 파악하는 데 도움이 된다. 무엇보다도 핵심 내용을 간단명료하게 전달할 수 있다.

예제 데이터로 데이터세트 패키지의 'Titanic'을 이용하겠다. 이 데이터는 테이블 형식으로 요약돼 있다. vcd package를 이용해 vcd(visualize categorical data)의 다양한 기능을 알아보자. 우선 vcd 패키지를 설치한다.

```
> install.packages("vcd")
Installing package into 'C:/Users/203-21/Documents/R/win-library/3.0'
(as 'lib' is unspecified)
trying URL 'http://cran.rstudio.com/bin/windows/contrib/3.0/vcd_1.3-1.zip'
Content type 'application/zip' length 1103927 bytes (1.1 Mb)
opened URL
downloaded 1.1 Mb

package 'vcd' successfully unpacked and MD5 sums checked

The downloaded binary packages are in
        C:\Users\203-21\AppData\Local\Temp\RtmpcFUMT5\downloaded_packages
> library(vcd)
Loading required package: grid
> library(datasets)
```

이어서 Titanic 데이터를 읽어온다.

```
data(Titanic)
str(Titanic)
 table [1:4, 1:2, 1:2, 1:2] 0 0 35 0 0 0 17 0 118 154 ...
 - attr(*, "dimnames")=List of 4
  ..$ Class   : chr [1:4] "1st" "2nd" "3rd" "Crew"
  ..$ Sex     : chr [1:2] "Male" "Female"
  ..$ Age     : chr [1:2] "Child" "Adult"
  ..$ Survived: chr [1:2] "No" "Yes"
```

68) http://cran.r-project.org/web/packages/vcd/vcd.pdf

```
mosaic(Titanic)
```

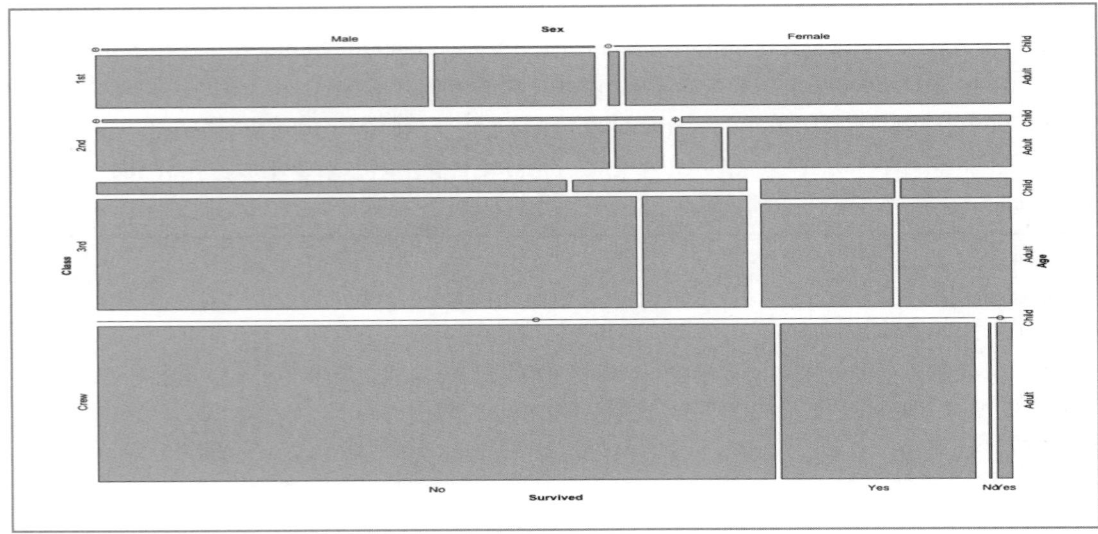


[그림 V-3-67] 모자이크그래프 1

[그림 V-3-67]를 보면 1등석 여성 승객의 생존율이 상대적으로 높음을 알 수 있다. 그런데 이를 명확히 파악하기 힘들다. 다음과 같은 방법으로 표시하면 유의한 집단을 확실히 파악할 수 있다.

```
mosaic(Titanic, shade=TRUE,legend=TRUE)
```

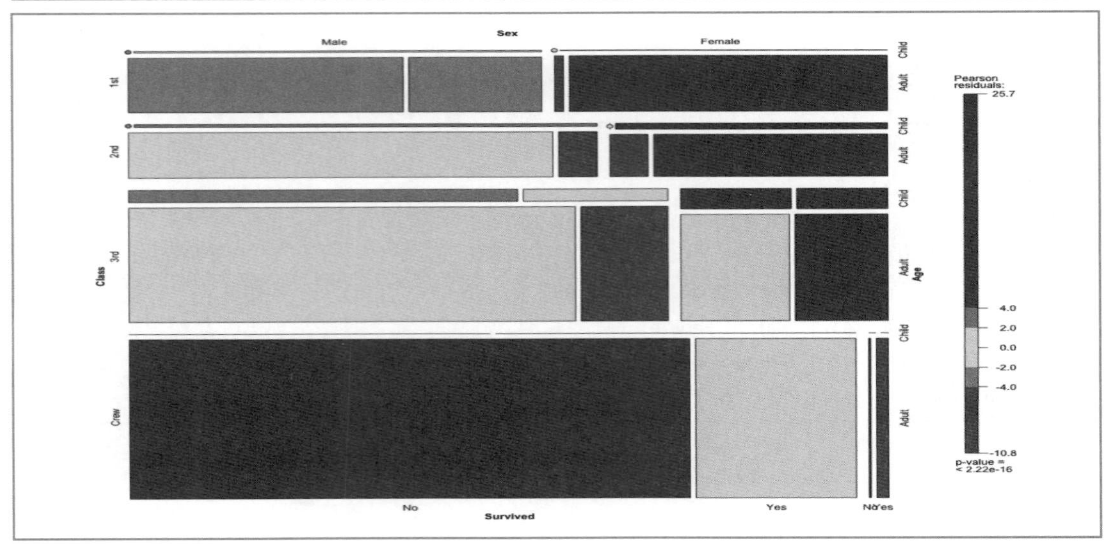


[그림 V-3-68] 모자이크그래프 2

```
mosaic(HairEyeColor, shade=TRUE, legend=TRUE)
```

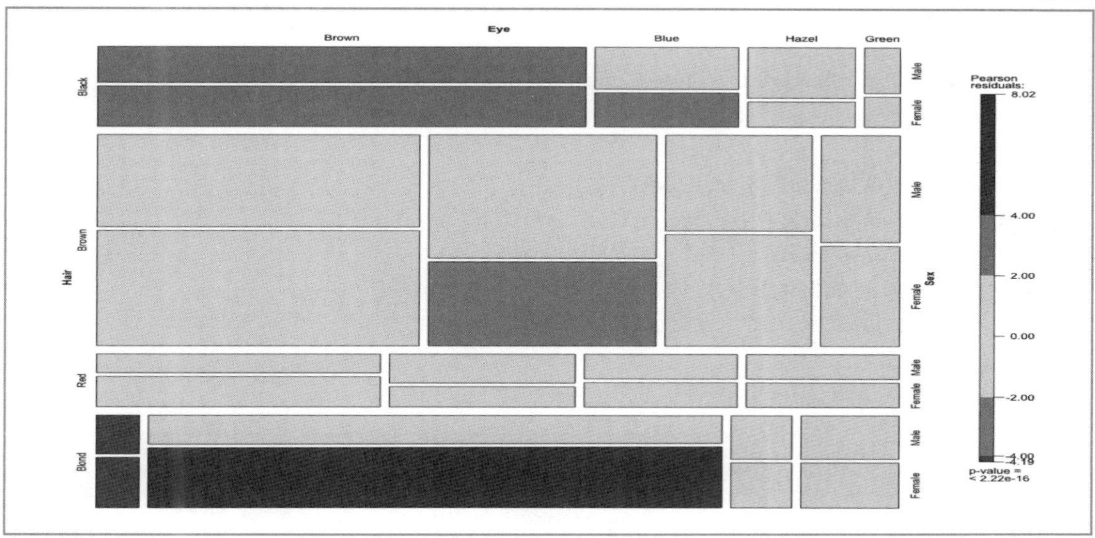


[그림 V-3-69] 모자이크그래프 3

만약 특정 집단의 정보가 궁금하다면 다음과 같이 색상을 지정해 알아볼 수 있다.

```
strucplot(Titanic, pop = FALSE)
grid.edit("rect:Class=1st,Sex=Male,Age=Adult,Survived=Yes",gp = gpar(fill = "red"))
```

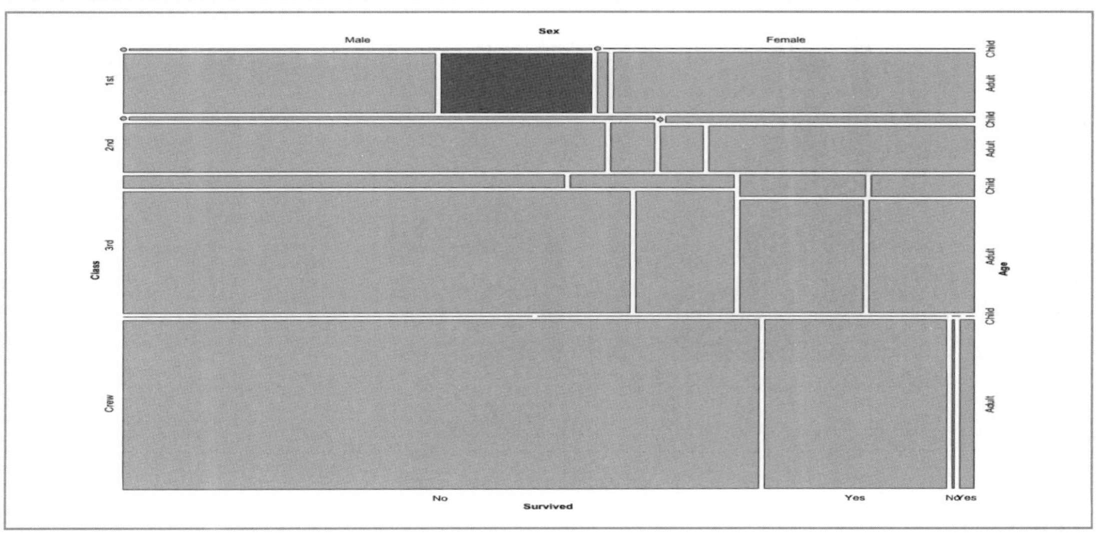


[그림 V-3-70] 모자이크그래프 4

참고로 좀 더 상세한 그래프를 그리기 위해서는 ggplot을, 간단한 그래프를 그리는 데는 qplot을 이용한다.

```
library(ggplot2)

filepath<-"http://dl.dropbox.com/u/1648032/ggplot2_tutorial_dataset.txt"
myData<-read.table(file=url(filepath),header=T,sep="\t")
str(myData)
'data.frame':   218 obs. of  4 variables:
 $ Tribe: Factor w/ 8 levels "Aepycerotini",..: 1 1 1 1 1 1 1 1 1 1 ...
 $ Hab  : Factor w/ 4 levels "F","H","L","O": 3 3 3 3 3 3 3 3 3 3 ...
 $ BM   : num  56.2 56.2 56.2 56.2 56.2 ...
 $ var1 : num  36.5 40.9 37 36.2 36.6 37.7 37.3 39 37.7 35.3 ...

qplot(data=myData,x=BM,main="Histogram of BodyMass")
```

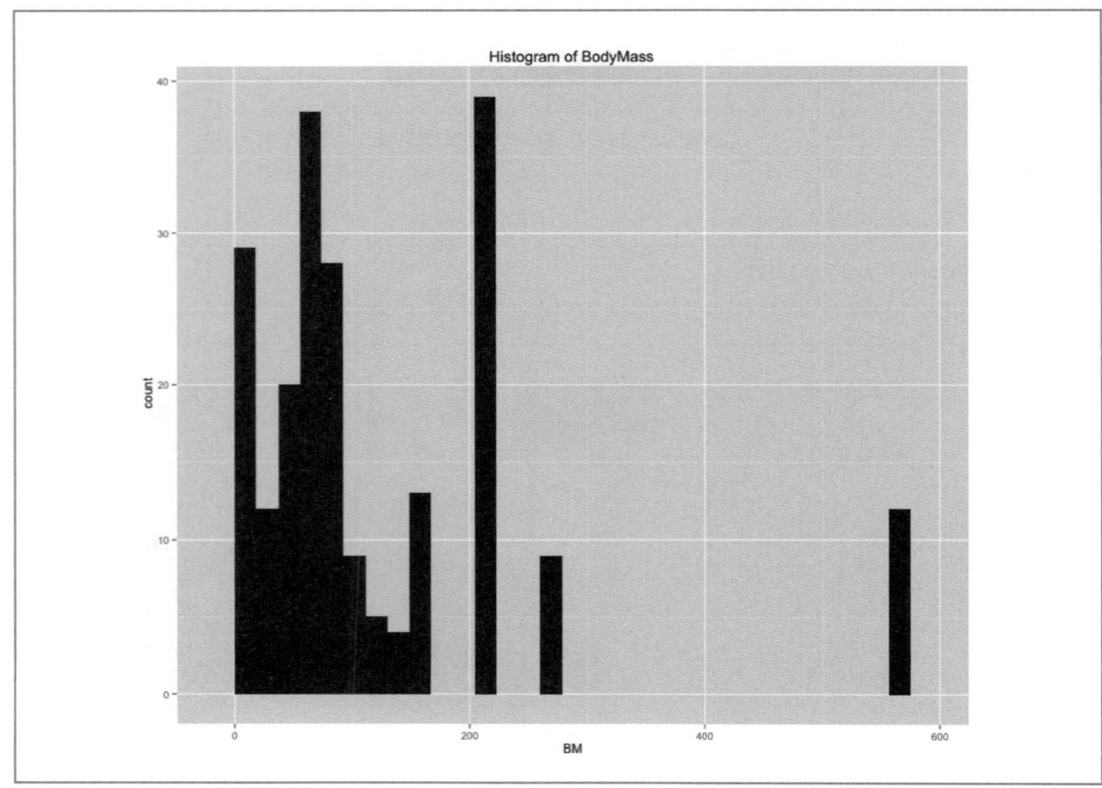


[그림 V-3-71] 모자이크그래프 5

```
qplot(data=myData,x=BM,y=var1,log="xy",color=Tribe)
```

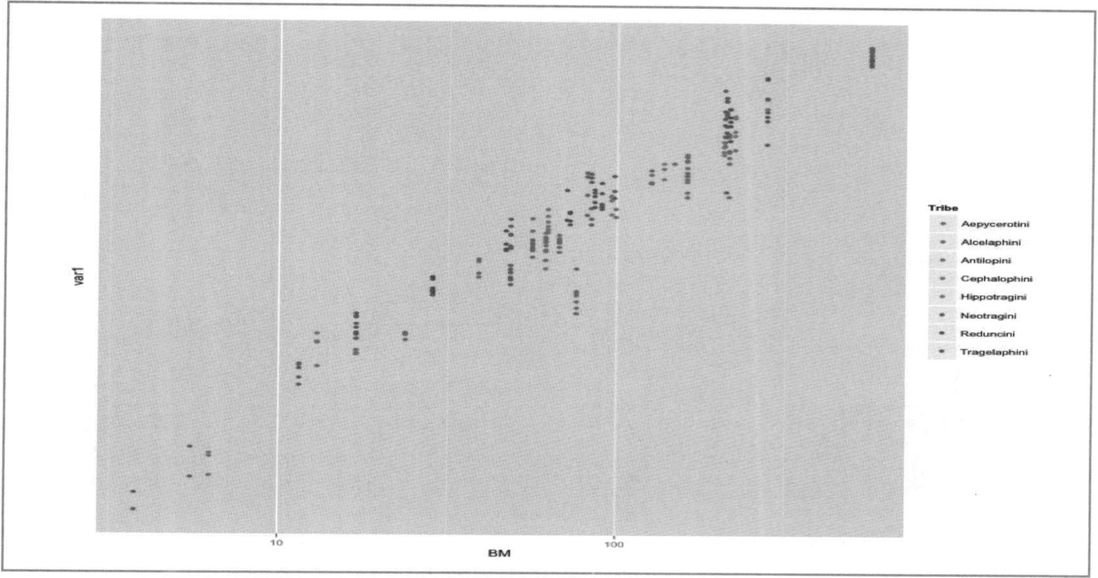


[그림 V-3-72] qplot을 이용한 그래프 1

```
qplot(data=myData,x=Hab,y=var1)
```

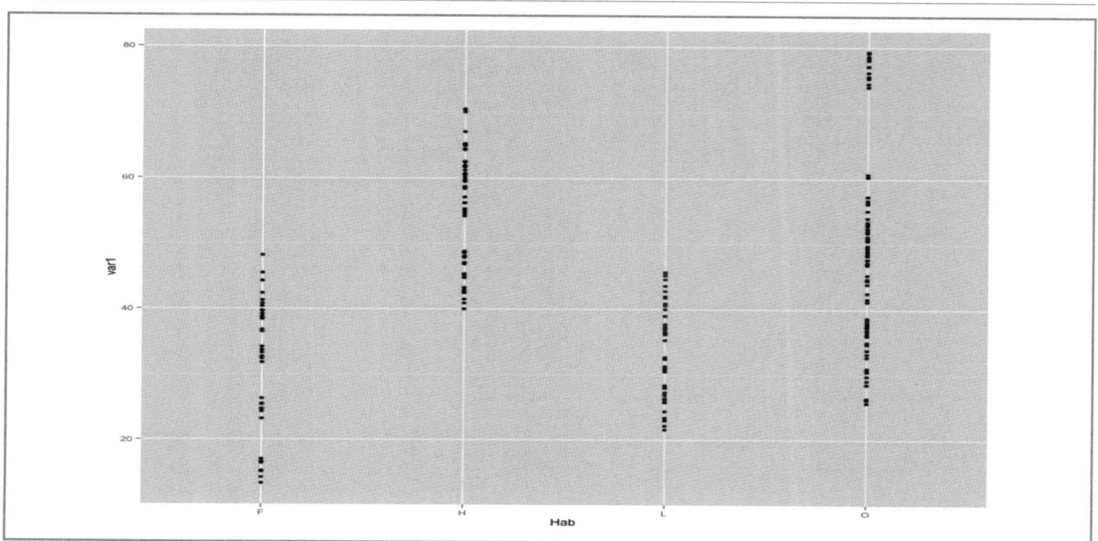


[그림 V-3-73] qplot을 이용한 그래프 2

```
qplot(data=myData,x=Hab,y=var1,geom="boxplot")
```

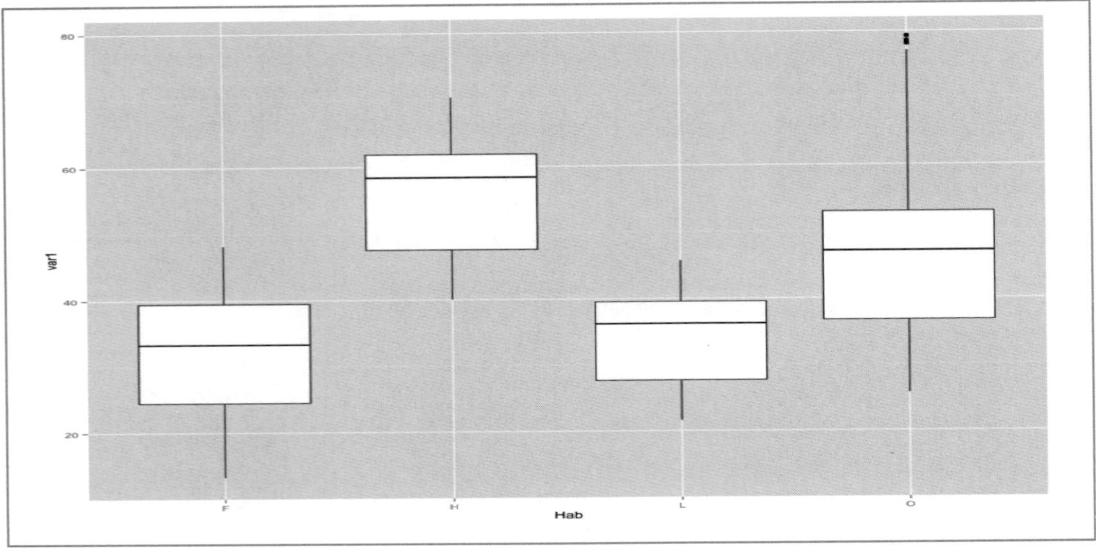


[그림 V-3-74] qplot을 이용한 그래프 3

```
qplot(data=myData,x=BM,y=var1,log="xy",color=Tribe,facets = Hab~Tribe)
```

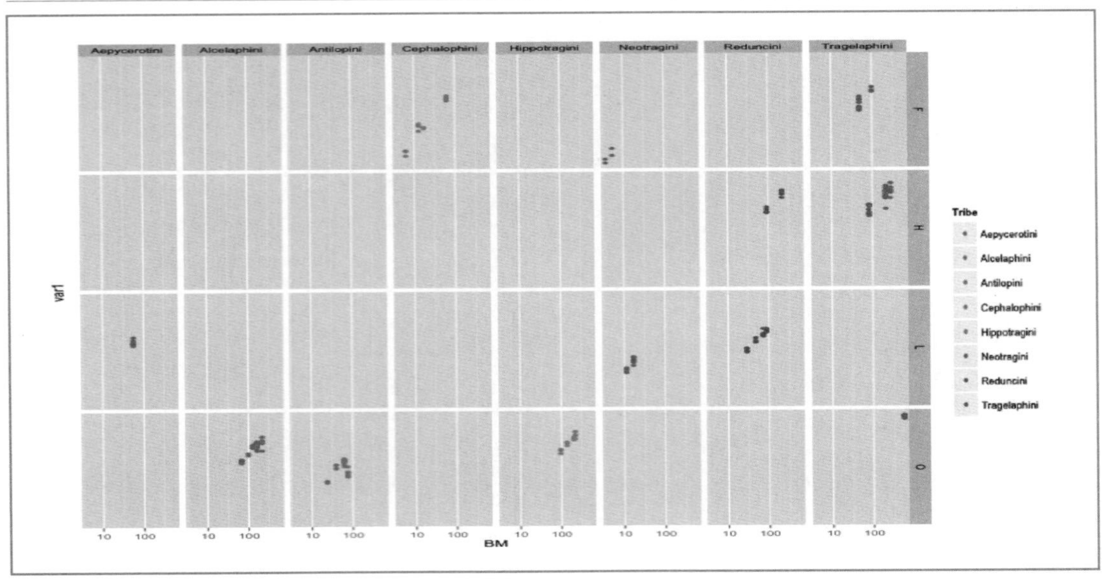


[그림 V-3-75] qplot을 이용한 그래프 4

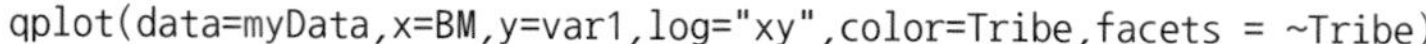

```
qplot(data=myData,x=BM,y=var1,log="xy",color=Tribe,facets = ~Tribe)
```

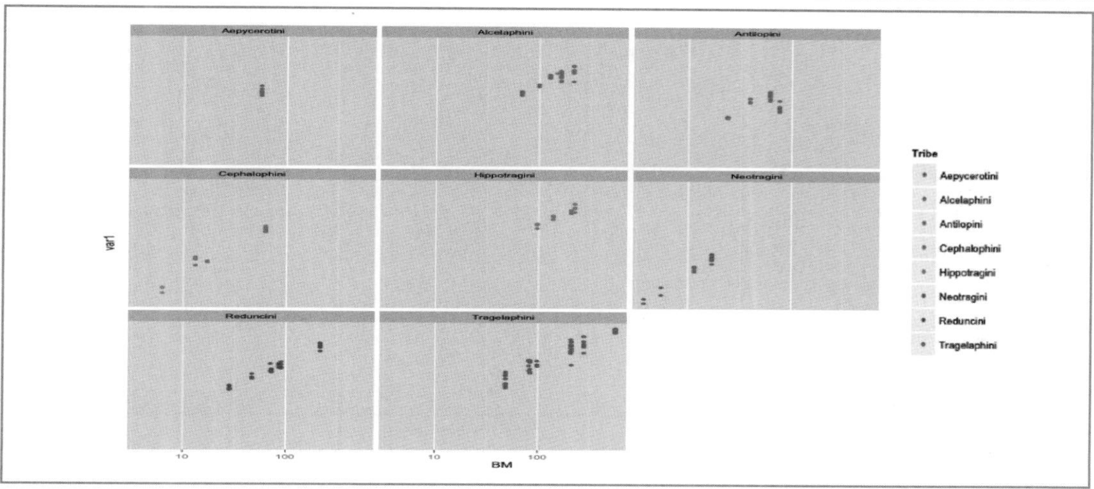


[그림 V-3-76] qplot을 이용한 그래프 5

```
myGG<-qplot(data=myData,x=BM,y=var1,color=Tribe,facets=~Tribe)
myGG<- myGG + stat_smooth(method="lm")
myGG

ggsave("LIBMFacetsWithTrend.jpg")
```

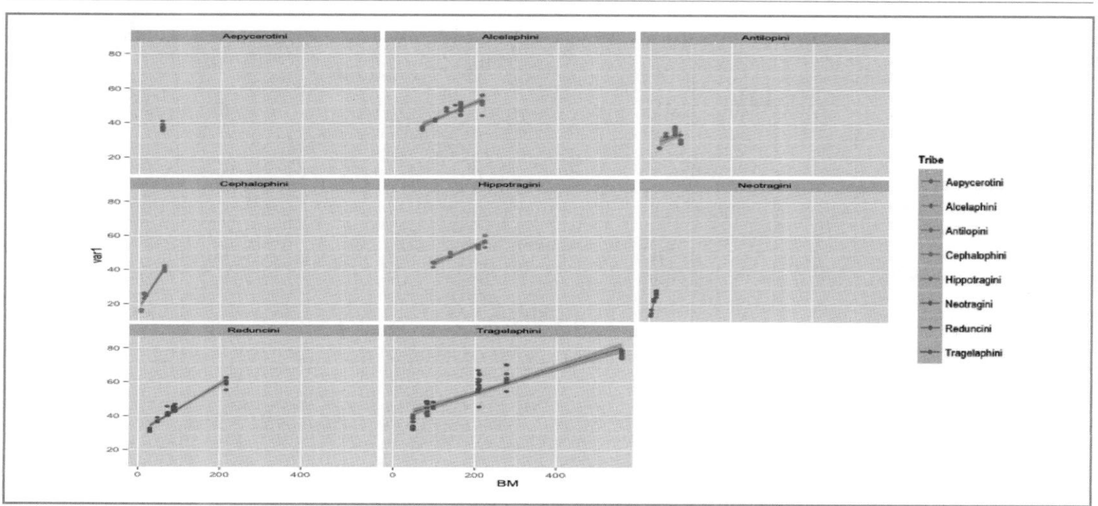


[그림 V-3-77] qplot을 이용한 그래프 6

# 3. 샤이니 기본 사용법

```
## Syntax
shinyServer(func)
shinyUI(ui, path = "/")
headerPanel(title, windowTitle = title)
sidebarPanel(....)
mainPanel(....)
```

## 가. 샤이니의 기본 구성

[예제 V-3-1] 샤이니 패키지 설치와 실행

```
> install.packages("shiny")
> library(shiny)
> runExample("01_hello")
```

샤이니의 기본 구조를 알아보기 위해 R studio에서 [예제 V-3-1] 코드를 실행해보자. 웹 브라우저 창이 열리고 [그림 V-3-78]과 같은 화면이 뜬다.

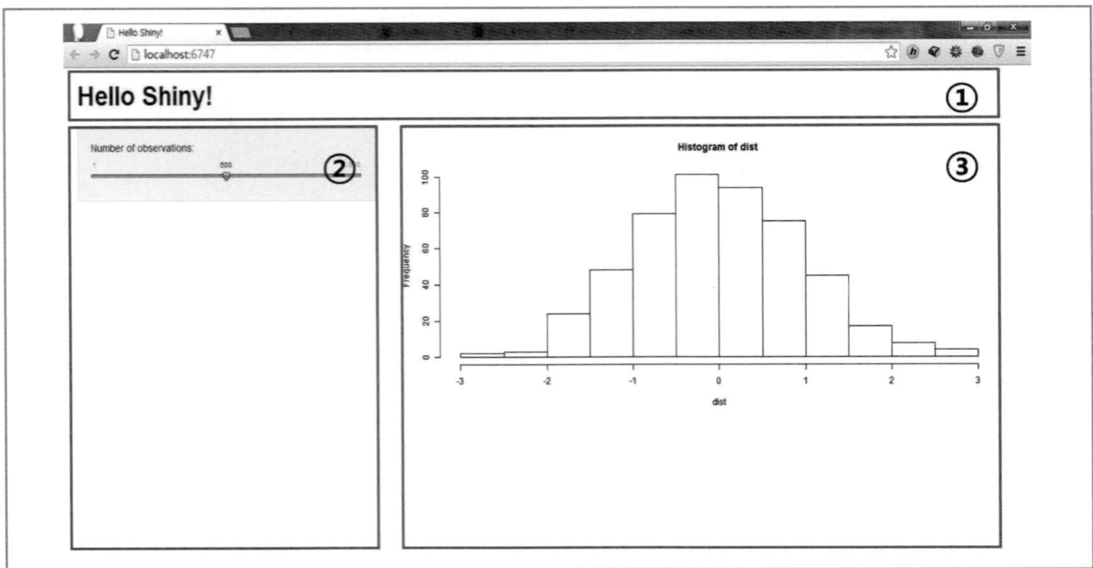


[그림 V-3-78] hello_shiny

[그림 V-3-78] 은 기본적인 샤이니 화면이다. html을 공부한 적이 있다면 이해하기 쉽지만 처음 접하는 초보자에겐 다소 생소한 내용일 수 있다. 따라서 초보자를 기준으로 기초부터 설명한다. 기본적인 html 페이지는 향후 코딩 유지보수가 쉽도록 header, body, footer 구조를 갖고 있다. 샤이니의 구조도 비슷하다.

이 장에서는 튜토리얼에서 제공하는 기본적인 샤이니만 다룬다. 기본적인 구조를 이해하면 다른 부분 역시 응용할 수 있다.

① headerPanel: 기본적인 제목과 주제가 들어가는 곳이다.
② sidebarPanel: mainPanel에서 다룰 수 있는 컴포넌트들이 들어간다. html 페이지에서 field, button, combo, select box 등이 들어가 mainPanel을 유동적으로 컨트롤할 수 있다.
③ mainPanel: 실질적으로 보여지는 부분이다.

### 나. ui.R과 server.R code

샤이니 코드는 크게 ui.R과 server.R 두 가지로 나뉜다. 샤이니를 실행하기 위해서는 ui.R과 server.R 파일이 동일 디렉터리 안에 있어야 한다. ui.R에서 화면 구성과 component class[69]들을 설정할 수 있다. 반면 server.R은 실제적으로 R에서 구동시킨 코드들이 들어가고, 각각의 id 값을 설정해 ui.R에 input과 output 값으로 작동한다.

[그림 V-3-78] hello_shiny는 다음과 같은 코드로 실행할 수 있다.

[예제 V-3-2] hello_shiny(ui.R)

```
library(shiny)

shinyUI(pageWithSidebar(  # ----------①

  headerPanel("Hello shiny!"), # -----②

  sidebarPanel(
    sliderInput("obs",     # ----------③
                "Number of observations: ",
                min = 1,
                max = 1000,
                value = 500)),

  mainPanel(  # ----------④
    plotOutput("distPlot"))
  ))
```

69) component class: 샤이니에서 제공하는 기본 컴포넌트. input과 output 생성 시 지정해주는 id 값으로 다양한 컴포넌트가 있다. 더 많은 컴포넌트를 보고 싶다면 튜터리얼을 이용하자.

위 코드를 살펴보면, ui.R은 shinyUI()로 시작함을 알 수 있다(①). 그 아래 headerPanel, sidebarPanel, mainPanel이 있고, 그 안에 컴포넌트의 Input과 output 요소들이 각각 들어간다.

②의 headerPanel은 보여주려는 부분의 타이틀이다.

③ sidebarPanel의 sliderInput을 보면 가장 앞에 있는 있der는 지정할 수 있는 input의 id다. 나중에 서버(server) 부분에서 "input$obs"를 이용해 변수를 만든다. 이어서 나오는 "Number of observations: 는는 컴포넌트로 쓰여질 텍스트다. "input$obs"를 컴포넌트로 나타낼 때 그 안의 값은 1부터 1000까지이며, 기본 값은 500이다.

④의 mainPanel은 distPlot이라는 이름을 갖는 plot을 보여준다. plot을 output으로 보여주고 싶을 땐 plotOutput이라는 함수를 이용한다.

[예제 Ⅴ-3-3] hello_shiny(server.R)

```
library(shiny)

shinyServer(function(input, output){

  output$distPlot <- renderPlot({

    dist <- rnorm(input$obs)
    hist(dist)
  })
})
```

server.R은 shinyServer()로 시작하고 input과 output에 대한 함수를 만들어준다. ui.R에서 그려준 sliderInput 객체 안의 input$obs에 noraml distribution의 ramdom 값들을 dist라는 변수 안에 넣어준다. 이렇게 만들어진 변수는 R에서 제공하는 hist라는 함수로 보여지게 된다.

최종적으로 server에서는 ui.R에서 지정한 plotOutput("distPlot")에서 distPlot이라는 이름을 갖는 Plot을 output 값으로 보내어 renderPlot을 출력한다.

## 다. 시작과 종료

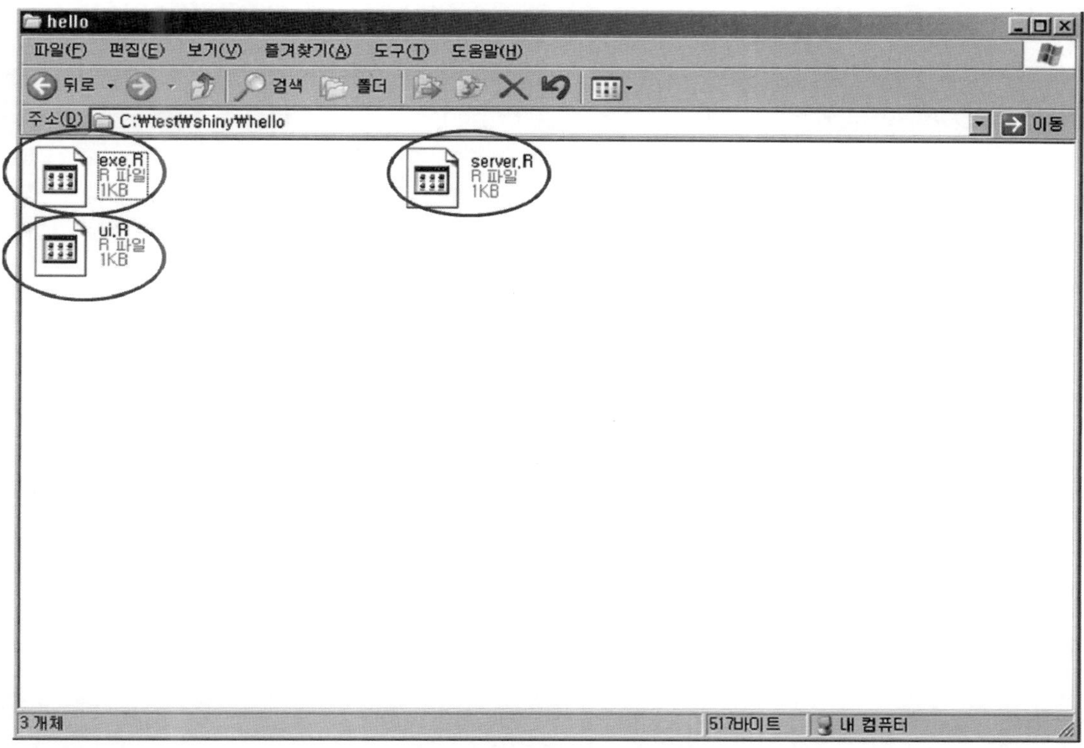


[그림 Ⅴ-3-79] hello 폴더

하나의 R 파일에서 직접 실행하는 방법도 있지만, 일반적으로 ui.R과 server.R을 만들어 사용한다. 필자는 c:/test/shiny로 디렉터리를 만들고 각각의 ui.R과 server.R 파일을 내용에 맞는 폴더에 넣어 관리했다[그림 Ⅴ-3-79].

이때 ui.R과 server.R은 항상 동일 폴더 안에 있어야 한다. ui.R과 server.R이 들어 있는 폴더로 working directory를 지정한 후 runApp()을 실행하면 된다.

[예제 Ⅴ-3-4] hello_shiny(exe.R)

```
library(shiny)
setwd("C:/test/shiny/hello")
runApp()
```

샤이니는 R server에서 브라우저와 별도로 운영되기 때문에 브라우저 종료 후 반드시 세션을 끝내줘야 한다.

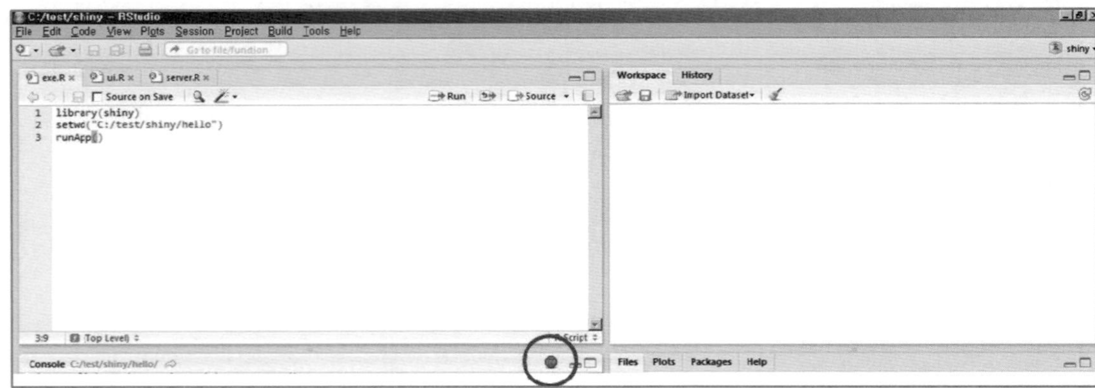


[그림 V-3-80] 세션 종료

[그림 V-3-80] R studio 인터페이스 중간에 빨간 정지 버튼이 있다. R studio에서는 'esc' 키를 누르거나 빨간 동그라미를 눌러주면 실행중인 세션이 종료된다.

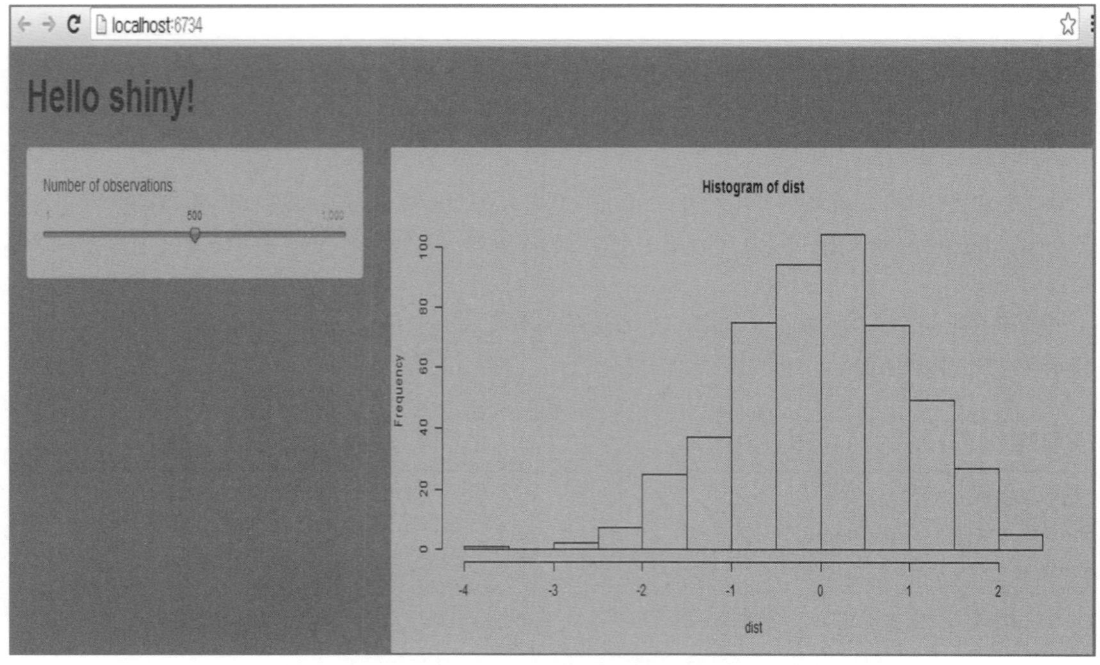


[그림 V-3-81] 세션이 종료된 후 웹 브라우저의 모습

[그림 Ⅴ-3-81]은 세션이 끊긴 후 웹 브라우저의 모습이다.

**Input과 Output**

```
# Syntax
selectInput(inputId, label, choices, selected = NULL, multiple = FALSE)
checkboxInput(inputId, label, value = FALSE)
reactive(x , env = parent.frame(), quoted = FALSE, label = NULL)
```

샤이니에서 input과 output은 중요하다. ui.R과 server.R에서 input과 output으로 id들을 만들고 그 안에 설정된 데이터나 그래프 등을 주고받는다.

[예제 Ⅴ-3-5] ui.R (input_output)

```
library(shiny)

shinyUI(pageWithSidebar(

  headerPanel("Miles Per Gallon"),

  sidebarPanel(
    selectInput("variable", "Variable: ",
                list("Cylinders" = "cyl",
                     "Transmission" = "am",
                     "Gears" = "gear")),

    checkboxInput("outliers", "Show outliers", FALSE)
    ),

  mainPanel()
  ))
```

적절한 시각화를 하려면, 어떤 형식으로 보여주면 좋을지를 미리 생각해보고 코드를 짜야 한다. [예제 Ⅴ-3-5] ui.R (input_output)은 mainPanel에 아무것도 넣지 않아서 sidebarPanel에 select combo box와 check box를 만들어 줬지만 [그림 Ⅴ-3-82]처럼 아무 변화도 없다.

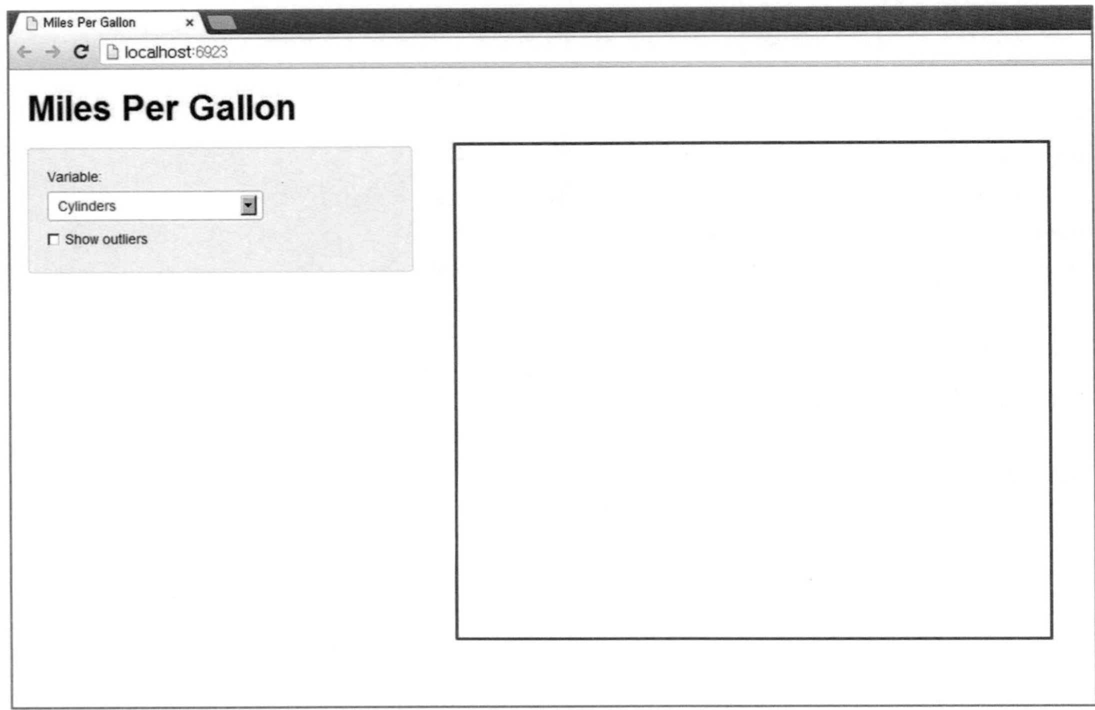


[그림 V-3-82] input_output mainPanel_1

다음과 같이 server.R을 작성해보자. shinyServer 앞에 dataset를 만든 후 변수명을 정해준다. 이후 변하는 dataset에 따라 reactive한 부분들을 그려준다.

[예제 V-3-6] server.R(input_output)

```
library(shiny)
library(datasets)

mpgData <- mtcars
mpgData$am <- factor(mpgData$am, labels = c("Automatic", "Manual"))

shinyServer(function(input, output){

  formulaText <- reactive({
    paste("mpg ~", input$variable)
  })
```

```
    output$caption <- renderText({
    formulaText()
  })

  output$mpgPlot <- renderPlot({
    boxplot(as.formula(formulaText()),
            data = mpgData,
            outline = input$outliers)
  })
})
```

이제 [예제 Ⅴ-3-7]과 같이 ui.R 코드의 mainPanel에 텍스트와 플롯을 넣어보자. 세션을 종료하고 재실행하면 server.R에서 작성했던 renderText와 renderPlot이 mainPanel에 나타난다. 세션을 반드시 종료한 후 재실행해야 한다. 왜냐하면 서버가 R studio에서 실행될 때 이미 갖고 있던 값들로 화면에 보여주기 때문에 server.R이나 ui.R이 바뀌면 세션을 종료한 후 다시 연결하자.

[예제 Ⅴ-3-7] ui.R 수정(input_output)

```
  mainPanel(
   h3(textOutput("caption")),

   plotOutput("mpgPlot")
   )
 ))
```

체크박스인 'show outliers'를 선택하면, mainPanel의 box plot에 outlier가 나타난다. 이미 server.R 파일에서 output 값으로 outline = input$outliers라는 옵션으로 outlier 속성을 지정했고, input 값으로 ui.R 파일에서 checkboxInput에 "outliers"라는 id 값을 미리 설정했기에 좀 더 동적인 그래프로 바뀌었음을 알 수 있다.

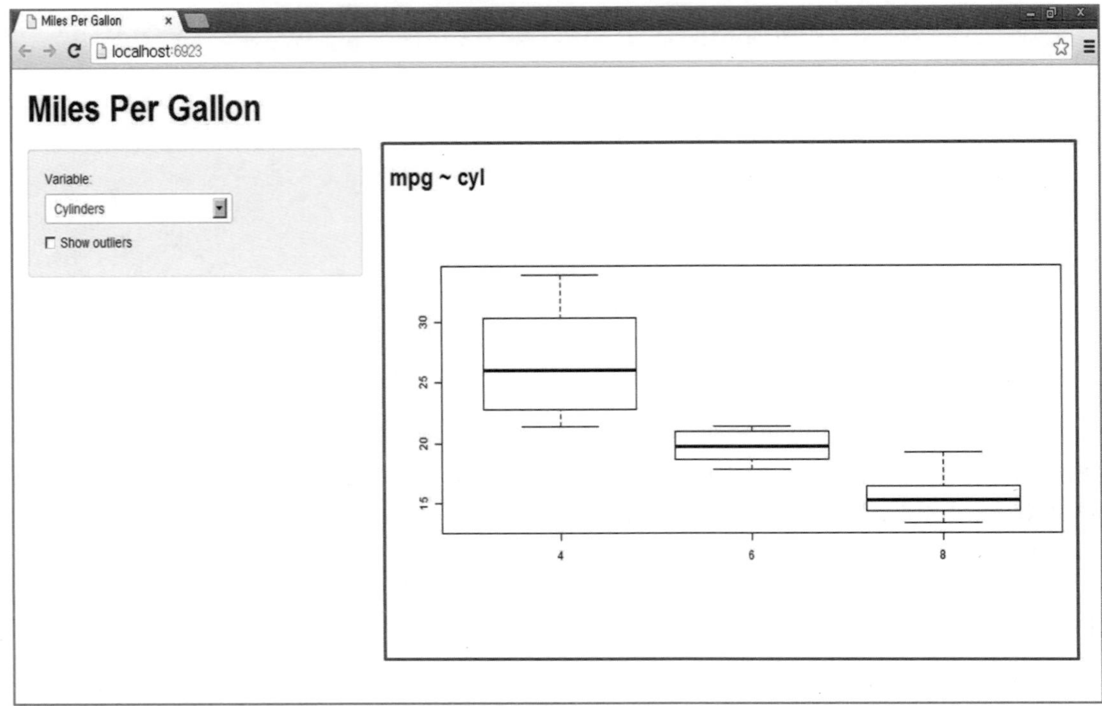


[그림 V-3-83] input_output mainPanel_2

**Slider**

```
# Syntax
sliderInput(inputId, label, min, max, value, step = NULL, round = FALSE,
            format = "#,##0.####", locale = "us", ticks = TURE, animate = FALSE)
tableOutput(outputId)
renderTable(expr, ..., env = parent.frame(), quoted = FALSE, func = NULL)
```

샤이니는 html 기반의 다양한 컴포넌트들을 제공한다. 특히 슬라이드바(slidebar)는 내부 속성값에 따라 그 모습이 달라진다. 우선 슬라이드바의 inputId를 지정하고 label, min, max, 기본 값인 value, bar의 단위인 step, 데이터 형식인 format을 각각 지정한다. 이어서 슬라이드바 안의 눈금표시 여부에 따라 ticks를 T/F 값으로 지정하고, 슬라이드바의 움직임에 따라 animate 값을 T/F로 지정한다.

[예제 V-3-8]에 나오는 가장 단순한 형태의 슬라이드바는 맨 처음 나오는 sliderInput의 "integer"다(①). 특정한 구간을 나누지 않고 0부터 1000까지 슬라이드바를 그려주고 기본 값을 500으로 설정했다. ②의 "range"처럼 특정 구간을 선택할 때에는 기본 값에 range 구간을 잡아준다. 또한 ③의 "format"처럼 숫자 모양을 특정 포맷으로 만들 수 있다. 이때 속성 값인 format을 단위와 #, 마지막 숫자로 넣어주면

된다. locale은 국가별로 지정할 수 있는데 우리나라는 “kr”이다. “animation”은 슬라이드바가 자동으로 움직일 수 있게 해준다. 이때 animate의 옵션으로 구간과 반복 여부를 결정할 수 있다.

[예제 Ⅴ-3-8] ui.R(Slider)

```
library(shiny)

shinyUI(pageWithSidebar(
  headerPanel("Sliders"),

  sidebarPanel(

    sliderInput("integer", "Integer: ", # --------------①
                min=0, max=1000, value=500),

    sliderInput("decimal", "Decimal: ",
                min=0, max=1, value=.5, step=.1),

    sliderInput("range", "Range: ",     # --------------②
                min=1, max=1000, value=c(200, 500)),

    sliderInput("format", "Custom Format: ", # ---------③
                min=0, max=10000, value=0, step=2500,
                format="$#,##0", locale="us", animate=TRUE),

    sliderInput("animation", "Looping Animation: ", 1, 2000, 1, step=10,
                animate=animationOptions(interval=300, loop=T))
    ),

  mainPanel(

    tableOutput("values")

    )
  ))
```

샤이니에서 동적으로 움직이는 부분은 reactive 함수다. [예제 Ⅴ-3-8] 코드는 mainPanel 부분에 넣을 테이블을 data.frame으로 만들어 슬라이드바 값에 따라 변할 수 있도록 했다. 테이블의 변수 명과 값·속성을 지정한 다음, character 형태로 ui.R에서 지정해놨던 integer, decimal, range, format, animation 값을 넣어주었다. output$vlaues는 최종적으로 테이블을 그리는 형태로, renderTable 함수를 이용해 sliderValue의 변하는 값들을 mainPanel 값에 적용할 수 있게 만들었다.

[예제 Ⅴ-3-8] server.R(Slider)

```
library(shiny)

shinyServer(function(input, output){

  sliderValues <- reactive({

     data.frame(
      Name = c("Integer",
               "Decimal",
               "Range",
               "Custom Format",
               "Animation"),
      Value = as.character(c(input$integer,
                             input$decimal,
                             paste(input$range, collapse=' '),
                             input$format,
                             input$animation)),
      stringsAsFactors=FALSE)
  })

  output$values <- renderTable({
    sliderValues()
  })
})
```

runApp()으로 [예제 Ⅴ-3-8]을 실행하면 [그림 Ⅴ-3-81]과 같은 화면이 나온다. sidebarPanel에서 sildebar를 변경해 보고 mainPanel의 Table이 동적으로 변하는지를 살펴보자.

[그림 V-3-84] Sliders

**Tabsets**

```
# Syntax
tabsetPanel(..., id = NULL, selected = NULL)
tabPanel(title, ..., value = NULL)
radioButtons(inputid, label, choices, selected = NULL)
```

Tabsets로 한 화면에 탭(Tab)을 만들어 탭별로 다른 그래프나 테이블을 보여줄 수 있다. [예제 V-3-9]의 sidebarPanel에 정규 분포·유니폼 분포·로그노말 분포·지수 분포를 선택할 수 있는 라디오버튼을 만든 다음, 선택한 분포 안의 랜덤 값 개수를 sliderInput으로 설정했다.

tabPanel은 tabsetPanel 안에 쓰이고, tabsetPanel은 tabPanel이 각각 독립적이도록 만들어준다. 따라서 tabsetPanel 안에 들어가는 탭마다 Plot, Summary, Table이 나타날 수 있다.

[예제 V-3-9] ui.R(Tabsets)

```
library(shiny)

shinyUI(pageWithSidebar(

  headerPanel("Tabsets"),

  sidebarPanel(
    radioButtons("dist", "Distribution type: ",
                 list("Normal" = "norm",
                      "Uniform" = "unif",
                      "Log-normal" = "lnorm",
                      "Exponential" = "exp")),
    br(),

    sliderInput("n",
                "Number of observations: ",
                value = 500,
                min = 1,
                max= 1000)),

  mainPanel(
    tabsetPanel(
      tabPanel("Plot", plotOutput("plot")),
      tabPanel("Summary", verbatimTextOutput("summary")),
      tabPanel("Table", tableOutput("table"))
      )
    )
  ))
```

[예제 V-3-10] server.R의 reactive 부분을 살펴보자. 이는 정규 분포, 유니폼 분포, 로그노말 분포, 지수 분포를 랩덤하게 생성해주는 함수다. dist라는 변수에 switch를 이용해 만든다. ui.R에서 받아온 n값을 적용해 n개수만큼 랜덤하게 만들어 dist라는 id를 설정해 input 값에 적용한다.

기본 rnorm 문법은 rnorm(n, mean=0, sd=1)이다. 따라서 안에 들어갈 값은 n값으로, ui.R에서 받아온 input 값이 들어간다. 최종 값은 data라는 함수가 된다. 이를 이용해 histgram이나 summary, table 등을 그려준다.

[예제 Ⅴ-3-10] server.R(Tabsets)

```
library(shiny)

shinyServer(function(input, output){

  data <- reactive({
    dist <- switch(input$dist,
                   norm = rnorm,
                   unif = runif,
                   lnorm = rlnorm,
                   exp = rexp,
                   rnorm)

    dist(input$n)
  })

  output$plot <- renderPlot({
    dist <- input$dist
    n <- input$n

    hist(data(),
         main=paste('r', dist, '(', n, ')', sep=''))
  })

  output$summary <- renderPrint({
    summary(data())
  })

  output$table <- renderTable({
    data.frame(x=data())
  })

})
```

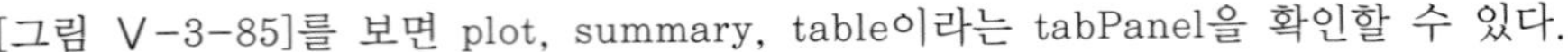

[그림 V-3-85]를 보면 plot, summary, table이라는 tabPanel을 확인할 수 있다.

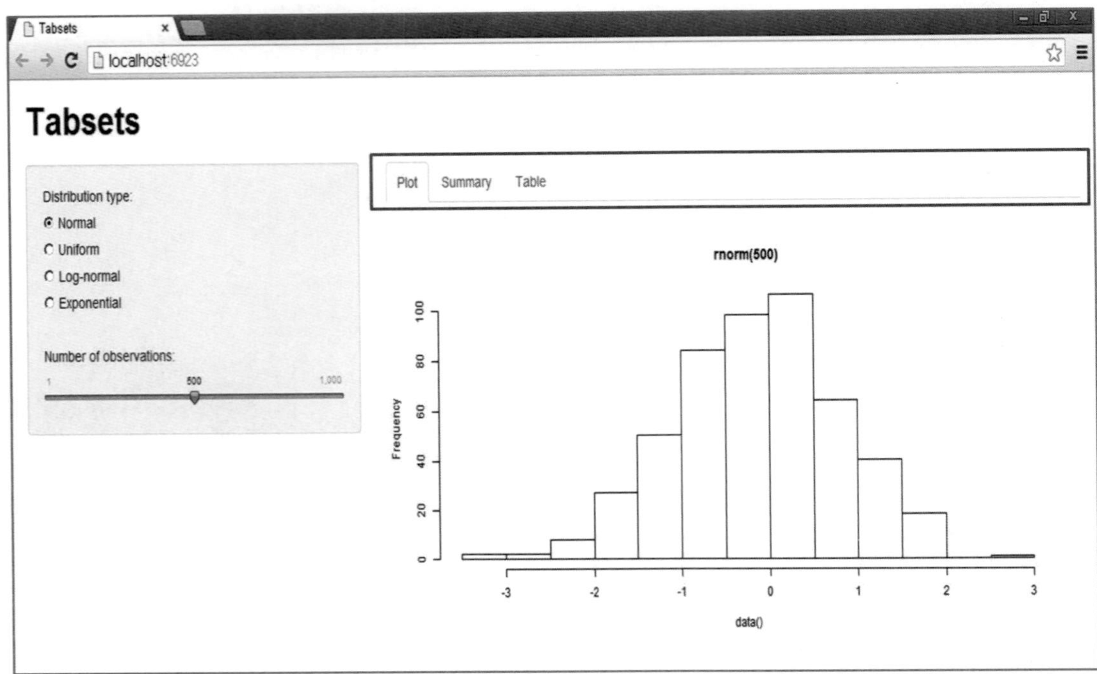


[그림 V-3-85] Tabsets

**dataTable**

```
# Syntax
checkboxGroupInput(inputId, label, choices, seleted = NULL)
helpText(...)
tabsetPanel(..., id = NULL, selected = NULL)
tabPanel(title, ...., value = NULL)
renderDataTable(expr, options = NULL, searchDelay = 500, env = parent.frame(),
                     quoted = FALSE)
```

dataTable은 http://datatables.net에서 내놓은 자바스크립트를 사용한다. 앞에서는 ui.R과 server.R을 나눠왔지만, [예제 V-3-11]처럼 굳이 나누지 않고 한 번에 코딩할 수 있다. 그러나 코드의 관리나 시안성을 위해 나누는 것을 추천한다. [예제 V-3-11]은 단순한 dataTable을 그려주는 코드로 mtcars table을 웹 브라우저에서 보여준다. 페이지당 보여주는 로우 개수를 정할 수 있고, 특정 레콛를 검색(search)해 찾을 수 있으며, 변수마다 오름차순/내림차순으로 정렬도 가능하다.

[예제 Ⅴ-3-11] data_table.R(dataTable)

```
library(shiny)

runApp(list(
  ui = basicPage(
    h2('The mtcars data'),
    dataTableOutput('mytable')
  ),

  server = function(input, output) {
    output$mytable = renderDataTable({
      mtcars
    })
  }
))
```

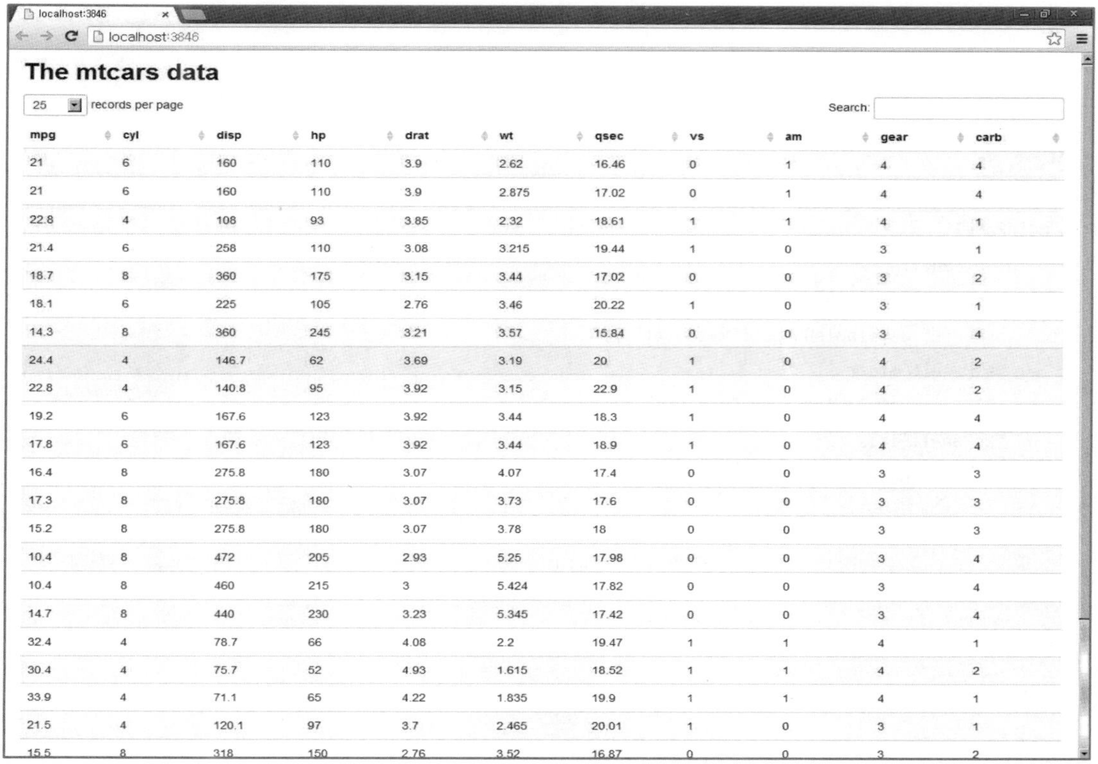

localhost:3846

localhost:3846

## The mtcars data

25 records per page

Search:

| mpg | cyl | disp | hp | drat | wt | qsec | vs | am | gear | carb |
|---|---|---|---|---|---|---|---|---|---|---|
| 21 | 6 | 160 | 110 | 3.9 | 2.62 | 16.46 | 0 | 1 | 4 | 4 |
| 21 | 6 | 160 | 110 | 3.9 | 2.875 | 17.02 | 0 | 1 | 4 | 4 |
| 22.8 | 4 | 108 | 93 | 3.85 | 2.32 | 18.61 | 1 | 1 | 4 | 1 |
| 21.4 | 6 | 258 | 110 | 3.08 | 3.215 | 19.44 | 1 | 0 | 3 | 1 |
| 18.7 | 8 | 360 | 175 | 3.15 | 3.44 | 17.02 | 0 | 0 | 3 | 2 |
| 18.1 | 6 | 225 | 105 | 2.76 | 3.46 | 20.22 | 1 | 0 | 3 | 1 |
| 14.3 | 8 | 360 | 245 | 3.21 | 3.57 | 15.84 | 0 | 0 | 3 | 4 |
| 24.4 | 4 | 146.7 | 62 | 3.69 | 3.19 | 20 | 1 | 0 | 4 | 2 |
| 22.8 | 4 | 140.8 | 95 | 3.92 | 3.15 | 22.9 | 1 | 0 | 4 | 2 |
| 19.2 | 6 | 167.6 | 123 | 3.92 | 3.44 | 18.3 | 1 | 0 | 4 | 4 |
| 17.8 | 6 | 167.6 | 123 | 3.92 | 3.44 | 18.9 | 1 | 0 | 4 | 4 |
| 16.4 | 8 | 275.8 | 180 | 3.07 | 4.07 | 17.4 | 0 | 0 | 3 | 3 |
| 17.3 | 8 | 275.8 | 180 | 3.07 | 3.73 | 17.6 | 0 | 0 | 3 | 3 |
| 15.2 | 8 | 275.8 | 180 | 3.07 | 3.78 | 18 | 0 | 0 | 3 | 3 |
| 10.4 | 8 | 472 | 205 | 2.93 | 5.25 | 17.98 | 0 | 0 | 3 | 4 |
| 10.4 | 8 | 460 | 215 | 3 | 5.424 | 17.82 | 0 | 0 | 3 | 4 |
| 14.7 | 8 | 440 | 230 | 3.23 | 5.345 | 17.42 | 0 | 0 | 3 | 4 |
| 32.4 | 4 | 78.7 | 66 | 4.08 | 2.2 | 19.47 | 1 | 1 | 4 | 1 |
| 30.4 | 4 | 75.7 | 52 | 4.93 | 1.615 | 18.52 | 1 | 1 | 4 | 2 |
| 33.9 | 4 | 71.1 | 65 | 4.22 | 1.835 | 19.9 | 1 | 1 | 4 | 1 |
| 21.5 | 4 | 120.1 | 97 | 3.7 | 2.465 | 20.01 | 1 | 0 | 3 | 1 |
| 15.5 | 8 | 318 | 150 | 2.76 | 3.52 | 16.87 | 0 | 0 | 3 | 2 |

[그림 Ⅴ-3-86] dataTable_1

체크박스를 만드는 함수는 checkboxInput과 checkboxGroupInput이 있다. chekboxInput은 하나의 체크박스만 생성해 한 값만 보여준다. 하지만 [예제 V-3-12]처럼 checkboxGroupInput은 list처럼 다이아몬드 데이터 속성 값을 하나의 그룹으로 엮어 [그림 V-3-87]처럼 보여준다. 맨 마지막 selected는 기본 값으로 '모든 속성 값'을 보여준다.

[예제 V-3-12] ui.R(dataTable)

```
library(shiny)
library(ggplot2)

shinyUI(pageWithSidebar(
  headerPanel('Examples of DataTables'),

  sidebarPanel(
    checkboxGroupInput('show_vars', 'Columns in diamonds to show:', names(diamonds),
                       selected = names(diamonds)),
    helpText('For the diamonds data, we can select variables to show in the table;
             for the mtcars example, we use bSortClasses = TRUE so that sorted
             columns are colored since they have special CSS classes attached;
             for the iris data, we customize the length menu so we can display 5
             rows per page.')
  ),

  mainPanel(
    tabsetPanel(
      tabPanel('diamonds',
               dataTableOutput("mytable1")),
      tabPanel('mtcars',
               dataTableOutput("mytable2")),
      tabPanel('iris',
               dataTableOutput("mytable3"))
    )
  )
))
```

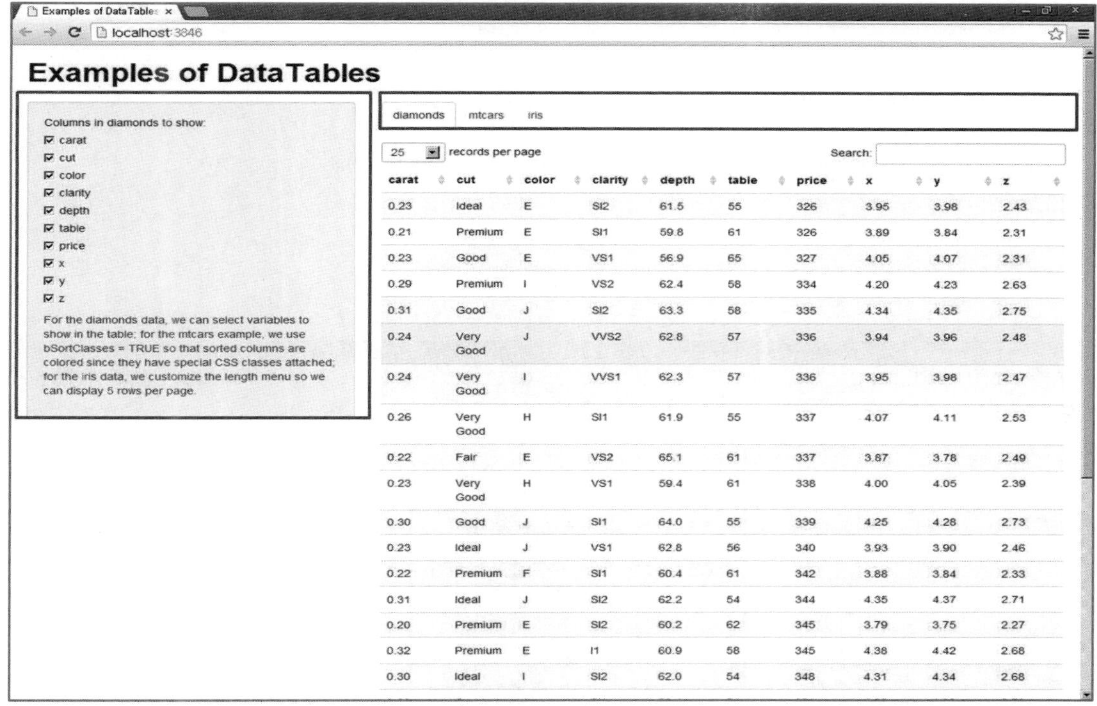


[그림 V-3-87] dataTable_2

[예제 V-3-13] server.R의 옵션을 살펴보자. mytable2에서는 bSortClasses라는 옵션을 지정했는데, [그림 V-3-88]처럼 값을 소팅했을 때 컬럼 값이 선택돼 나타난다.

[예제 V-3-13] server.R(dataTable)

```
library(shiny)

shinyServer(function(input, output) {

  output$mytable1 = renderDataTable({
    library(ggplot2)
    diamonds[, input$show_vars, drop = FALSE]
  })

  output$mytable2 = renderDataTable({
    mtcars
```

```
  }, options = list(bSortClasses = TRUE))

  output$mytable3 = renderDataTable({
    iris
  }, options = list(aLengthMenu = c(5, 30, 50), iDisplayLength = 5))

})
```

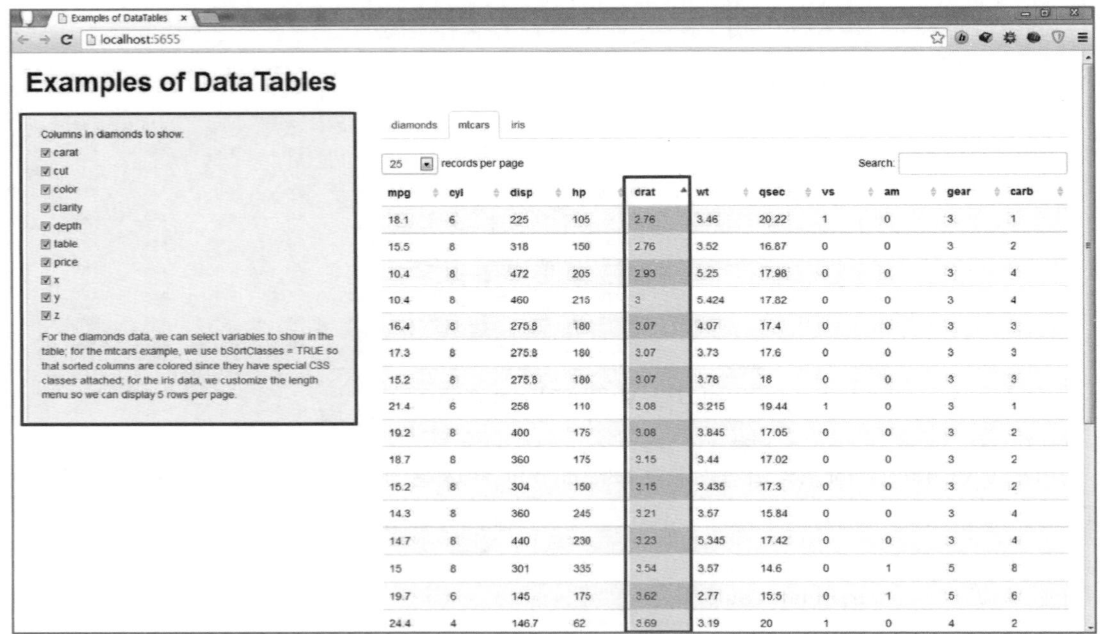


| mpg | cyl | disp | hp | drat | wt | qsec | vs | am | gear | carb |
|---|---|---|---|---|---|---|---|---|---|---|
| 18.1 | 6 | 225 | 105 | 2.76 | 3.46 | 20.22 | 1 | 0 | 3 | 1 |
| 15.5 | 8 | 318 | 150 | 2.76 | 3.52 | 16.87 | 0 | 0 | 3 | 2 |
| 10.4 | 8 | 472 | 205 | 2.93 | 5.25 | 17.98 | 0 | 0 | 3 | 4 |
| 10.4 | 8 | 460 | 215 | 3 | 5.424 | 17.82 | 0 | 0 | 3 | 4 |
| 16.4 | 8 | 275.8 | 180 | 3.07 | 4.07 | 17.4 | 0 | 0 | 3 | 3 |
| 17.3 | 8 | 275.8 | 180 | 3.07 | 3.73 | 17.6 | 0 | 0 | 3 | 3 |
| 15.2 | 8 | 275.8 | 180 | 3.07 | 3.78 | 18 | 0 | 0 | 3 | 3 |
| 21.4 | 6 | 258 | 110 | 3.08 | 3.215 | 19.44 | 1 | 0 | 3 | 1 |
| 19.2 | 8 | 400 | 175 | 3.08 | 3.845 | 17.05 | 0 | 0 | 3 | 2 |
| 18.7 | 8 | 360 | 175 | 3.15 | 3.44 | 17.02 | 0 | 0 | 3 | 2 |
| 15.2 | 8 | 304 | 150 | 3.15 | 3.435 | 17.3 | 0 | 0 | 3 | 2 |
| 14.3 | 8 | 360 | 245 | 3.21 | 3.57 | 15.84 | 0 | 0 | 3 | 4 |
| 14.7 | 8 | 440 | 230 | 3.23 | 5.345 | 17.42 | 0 | 0 | 3 | 4 |
| 15 | 8 | 301 | 335 | 3.54 | 3.57 | 14.6 | 0 | 1 | 5 | 8 |
| 19.7 | 6 | 145 | 175 | 3.62 | 2.77 | 15.5 | 0 | 1 | 5 | 6 |
| 24.4 | 4 | 146.7 | 62 | 3.69 | 3.19 | 20 | 1 | 0 | 4 | 2 |

[그림 Ⅴ-3-88] dataTable_bsorting

[예제 Ⅴ-3-13]의 mytable3에서 aLengthMenu 값으로 records per page에 레코드 개수를 몇 개씩 보여줄 것인지 고를 수 있는 selectBox를 생성할 수 있다. 값을 고정적으로 5개, 30개, 50개로 설정했다. 따라서 iris data 값은 5개, 30개 50개 레코드를 한 화면에 보여줄 수 있다. 마지막으로 iDisplyLength는 처음 보여주는 레코드 개수다. [예제 Ⅴ-3-13]에서는 5개로 설정했으므로 [그림 Ⅴ-3-89]에서 한 페이지에 5개 값이 나타났다.

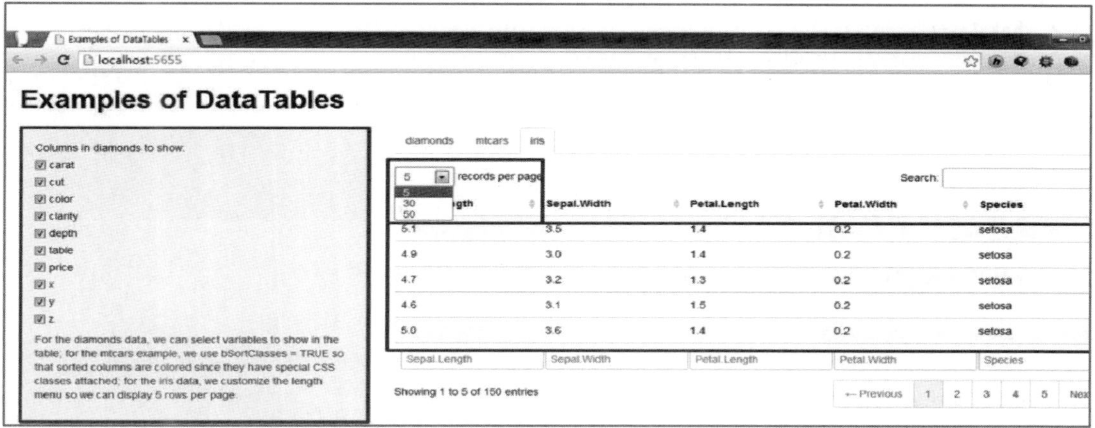

[그림 V-3-89] dataTable_aLengthMenu and iDisplayLength

**MoreWiget**

```
# Syntax
verbatimTextOutput(outputId)
renderPrint(expr, env = parent.frame(), quoted = FALSE, func = NULL)
```

[예제 V-3-14]의 helpText는 보조 설명이나 특별한 팁 등을 덧붙일 때 사용한다. 가끔 mainPanel의 h4()처럼 html 테그가 들어가는데 br이나 h1 같은 기본 태그도 잘 사용된다. 보통 태그를 사용할 때 리스트를 만들어 사용하기도 한다. 이때에는 tagliList()로 사용할 태그 목록을 정해준다. verbatimTextOutput은 R 콘솔 창에서 잘 정리된 summary가 나오는 것을 mainPanel에 옮겨준다. textOutput이라는 함수를 사용하면 나오는 값들이 한 줄에 그대로 옮겨지므로 화면이 흐트러진다.

[예제 V-3-14] ui.R(more_widgets)

```
library(shiny)

shinyUI(pageWithSidebar(
  headerPanel("More Widgets"),

  sidebarPanel(
    selectInput("dataset", "Choose a dataset: ",
                choices = c("rock", "pressure", "cars")),
        numericInput("obs", "Number of observations to view: ", 10),
```

```
    helpText("Note: While the data view will show only the specified",
             "number of observations, the summary will still be based",
             "on the full dataset."),

    submitButton("Updata View")
    ),

  mainPanel(
    h4("Summary"),
    verbatimTextOutput("summary"),

    h4("Observations"),
    tableOutput("view"))
  ))
```

dataset을 input할 때 reactive 부분에 function을 만들어주고 보여주길 원하는 Plot, Table, Print, text들은 renderPlot, renderTalbe, renderText, renderPrint로 붙여주며 안의 dataset이나 input값은 reactive에 정해놓은 function 이름을 사용한다. [예제 Ⅴ-3-15]에서는 datasetInput을 사용하였다.

[예제 Ⅴ-3-15] server.R (more_widget)

```
library(shiny)
library(datasets)

shinyServer(function(input, output){

  datasetInput <- reactive({
    switch(input$dataset,
           "rock" = rock,
           "pressure" = pressure,
           "cars" = cars)
  })

  output$summary <- renderPrint({
    dataset <- datasetInput()
    summary(dataset)
  })

  output$view <- renderTable({
    head(datasetInput(), n = input$obs)
  })
})
```

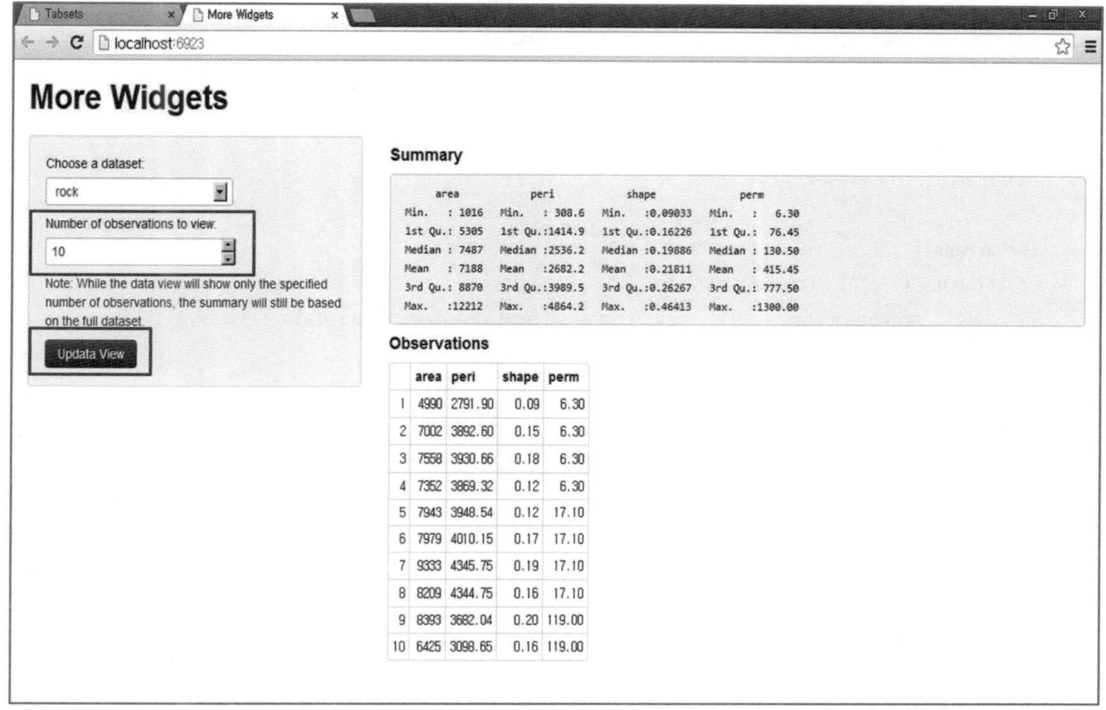

[그림 V-3-90] more_widgets

[그림 V-3-90]는 runApp()으로 실행했을 때 나오는 화면이다. dataset를 선택하고 update view 버튼을 클릭하면 해당 dataset의 summary와 table이 나온다. table 개수는 number of observations to view의 숫자로 변경할 수 있다.

**uploading_File**

```
# Syntax
fileInput(inputId, label, multiple = FALSE, accept = NULL)
```

샤이니로 애플리케이션을 만들면, 웹에서 데이터를 불러오고 받을 수 있다. [예제 V-3-15]는 csv 파일을 웹으로 불러와 테이블로 표현한 것이다. sidebarPanel의 fileInput 함수를 이용해 csv 파일을 불러오는 버튼을 만든다. 이때 read.csv 속성에 들어가는 header, sep, quote를 radiobutton과 checkbox로 선택할 수 있다. 설정된 파일은 mainPanel에 테이블 형태로 나타난다.

[예제 V-3-16] ui.R(uploading_files)

```
library(shiny)

shinyUI(pageWithSidebar(
  headerPanel("CSV Viewer"),

  sidebarPanel(
    fileInput('file1', 'Choose CSV File',
              accept=c('text/csv', 'text/comma-separated-values,text/plain', '.csv')),
  tags$hr(),
  checkboxInput('header', 'Header', TRUE),
  radioButtons('sep', 'Separator',
               c(Comma=',',
                 Semicolon=';',
                 Tab='\t'),
               'Comma'),
  radioButtons('quote', 'Quote',
               c(None='',
                 'Double Quote' = '"',
                 'Single Quote' = "'"),
               'Double Quote')
  ),

        mainPanel(
          tableOutput('contents')
  )
))
```

서버 측에서 구동되는 문장도 간단하다. ui.R에서 가져온 파일 경로와 header, separator, quote를 read.csv로 읽어주고 renderTable을 이용 그려주면 된다.

[예제 V-3-17] server.R(uploading_files)

```
shinyServer(function(input, output) {
  output$contents <- renderTable({
    inFile <- input$file1

    if(is.null(inFile))
      return(NULL)

    read.csv(inFile$datapath, header=input$header, sep=input$sep, quote=input$quote)
  })
})
```

uploading_files를 실행한 결과가 [그림 V-3-91]이다. fileInput에서 파일을 선택하고 불러올 수 있는 버튼을 만들어준다. 파일 선택을 눌렀을 때 파일 위치를 찾을 수 있는 창이 뜬다. header, separator, quote는 파일의 형식에 따라 선택할 수 있다.

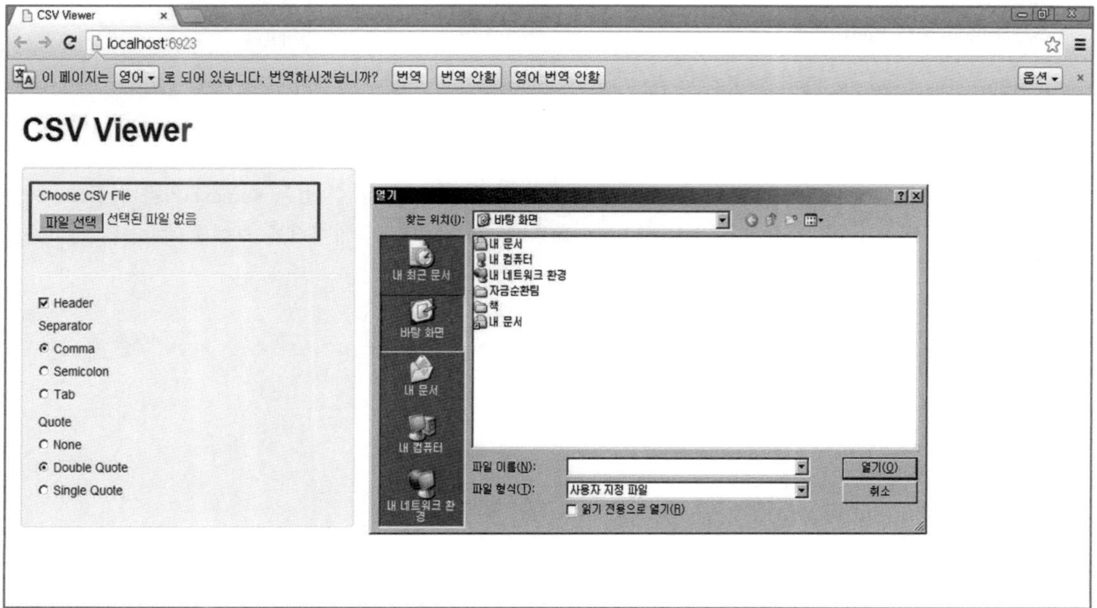


[그림 V-3-91] uploading_files

**downloading files**

```
# Syntax
downloadButton(outputId, label = "Download", class = NULL)
downloadHandler(filename, content, contentType = NA)
```

구현 테이블에서 dataset를 받는 것은 어렵지 않게 만들 수 있다. 그런 역할을 하는 것이 바로 [예제 Ⅴ-3-18]의 downloadButton이다. 샤이니에서는 submit과 download 버튼을 제공한다. ui.R에서는 downloadButton을 만들어주고, server.R에서는 downloadHandler를 통해 원하는 파일을 저장한다.

[예제 Ⅴ-3-18] ui.R(downloading_files)

```
library(shiny)

shinyUI(pageWithSidebar(
  headerPanel('Download Example'),
  sidebarPanel(
    selectInput("dataset", "Choose a dataset: ",
                choices = c("rock", "pressure", "cars")),
    downloadButton('downloadData', 'Download')),
  mainPanel(
    tableOutput('table')
    )
  ))
```

[예제 Ⅴ-3-18]의 ui.R 파일에서 sidebarPanel의 dataset를 선택할 수 있는 selectbox를 만들고, 이를 저장할 수 있는 downloadButton을 생성했다. mainPanel에서 선택된 데이터를 보여줄 수 있는 테이블을 만들었다.

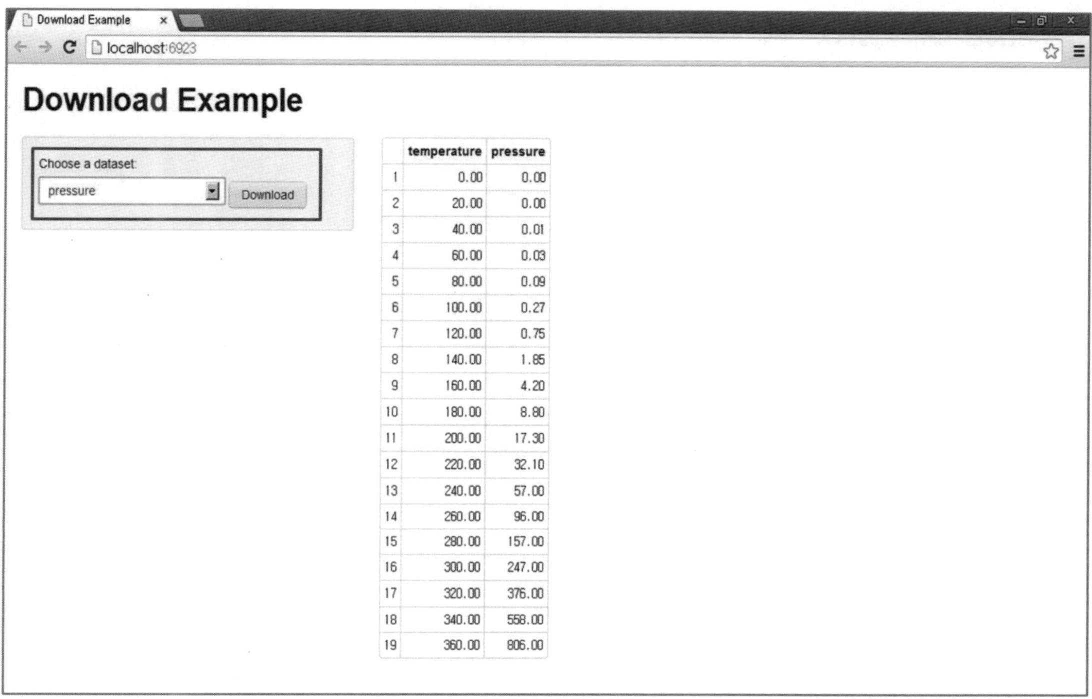


| | temperature | pressure |
|---|---|---|
| 1 | 0.00 | 0.00 |
| 2 | 20.00 | 0.00 |
| 3 | 40.00 | 0.01 |
| 4 | 60.00 | 0.03 |
| 5 | 80.00 | 0.09 |
| 6 | 100.00 | 0.27 |
| 7 | 120.00 | 0.75 |
| 8 | 140.00 | 1.85 |
| 9 | 160.00 | 4.20 |
| 10 | 180.00 | 8.80 |
| 11 | 200.00 | 17.30 |
| 12 | 220.00 | 32.10 |
| 13 | 240.00 | 57.00 |
| 14 | 260.00 | 96.00 |
| 15 | 280.00 | 157.00 |
| 16 | 300.00 | 247.00 |
| 17 | 320.00 | 376.00 |
| 18 | 340.00 | 558.00 |
| 19 | 360.00 | 806.00 |

[그림 Ⅴ-3-92] Downloading_files

[예제 Ⅴ-3-19] server.R에서는 rock, pressure, cars의 dataset를 datasetInput 함수로 설정하고 이를 renderTable로 보여준다. downloadHandler는 datasetInput에서 선택된 dataset를 write.csv 함수를 이용해 저장한다. 이때 filename 속성 값에서 csv나 txt 형식을 지정할 수 있다.

[예제 Ⅴ-3-19] server.R (downloading_files)

```
shinyServer(function(input, output){
  datasetInput <- reactive({
    switch(input$dataset,
           "rock" = rock,
           "pressure" = pressure,
           "cars" = cars)
  })

  output$table <- renderTable({
    datasetInput()
  })
```

```
  output$downloadData <- downloadHandler(
   filename = function() {
     paste(input$dataset, '.csv', sep='')
   },
   content = function(file){
     write.csv(datasetInput(), file)
   })
})
```

**HTML_ui**

샤이니로만 애플리케이션을 만들 수 있지만 html 태그가 더 편하다면 이것으로 페이지를 만들어도 무방하다. 하지만 안에 들어갈 plot, summary, table 같은 것은 동적으로 적용하기 위해 server.R을 만들어줘야 한다. 기본 파일은 index.html로 지정하고, www이라는 폴더 이름에 만들어준다.

[예제 V-3-20] server.R(HTML_ui)

```
library(shiny)

shinyServer(function(input, output){
  data <- reactive({
    dist <- switch(input$dist,
                   norm = rnorm,
                   unif = runif,
                   lnorm = rlnorm,
                   exp = rexp,
                   rnorm)

    dist(input$n)
  })

  output$plot <- renderPlot({
    dist <- input$dist
    n <- input$n

    hist(data(),
         main=paste('r', dist, '(', n, ')', sep=''))
  })
```

```
  output$summary <- renderPrint({
    summary(data())
  })

  output$table <- renderTable({
    data.frame(x=data())
  })
})
```

[그림 Ⅴ-3-93]은 HTML_UI을 실행한 결과다. html에서 sidebarPanel와 mainPanel을 나누지 않아 mainPanel에서 볼 수 있었던 summary, histogram, table이 동시에 보인다.

[예제 Ⅴ-3-21] index.html(HTML_ui)

```
<html>

<head>
   <script src="shared/jquery.js" type="text/javascript"></script>
   <script src="shared/shiny.js" type="text/javascript"></script>
   <link rel="stylesheet" type="text/css" href="shared/shiny.css"/>
</head>

<body>
   <h1>HTML UI</h1>

   <p>
       <label>Distribution type:</label><br />
       <select name="dist">
         <option value="norm">Normal</option>
         <option value="unif">Uniform</option>
         <option value="lnorm">Log-normal</option>
        <option value="exp">Exponential</option>
      </select>
  </p>

  <p>
      <label>Number of observations:</label><br />
      <input type="number" name="n" value="500" min="1" max="1000" />
  </p>
```

```
    <pre id="summary" class="shiny-text-output"></pre>

    <div id="plot" class="shiny-plot-output"
         style="width: 100%; height: 400px"></div>

     <div id="table" class="shiny-html-output"></div>
  </body>

  </html>
```

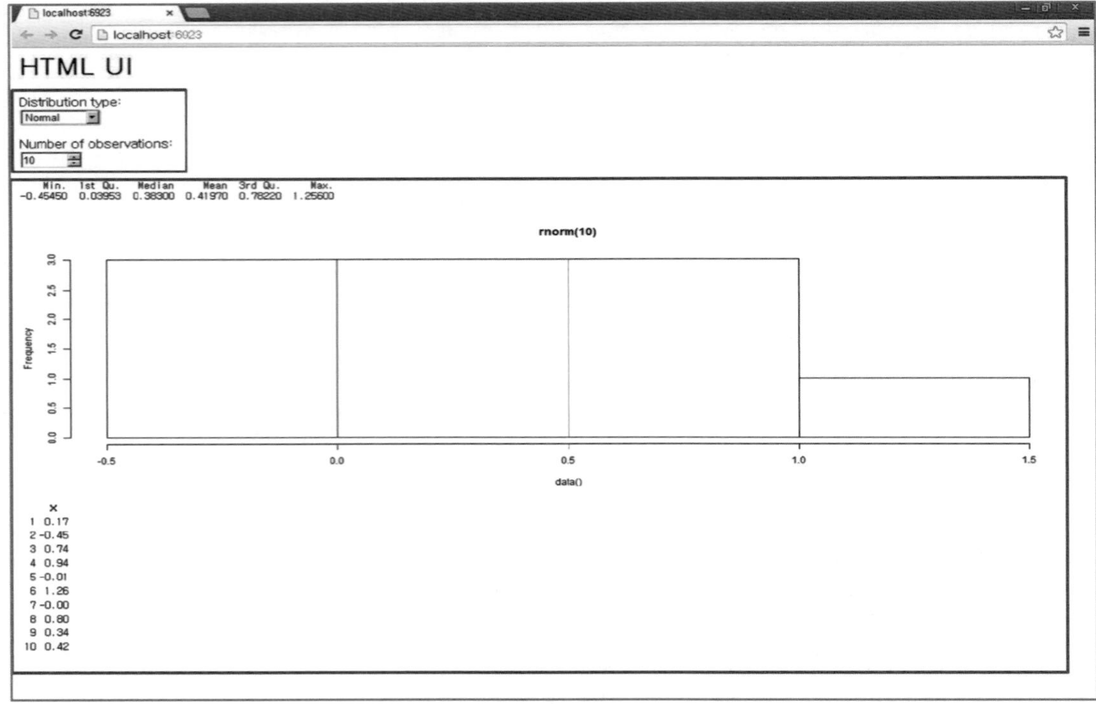


[그림 V-3-93] HTML_UI

# 제3절 라이브러리 기반의 시각화 구현: D3.js

D3.js는 자바스크립트 기반의 데이터 시각화 라이브러리로 HTML5, SVG(Scalable Vector Graphic), CSS(cascading style sheets)로 데이터 시각화를 한다. D3.js를 활용하면 웹 페이지 또는 웹 애플리케이션에서 다양한 시각화 기법을 활용할 수 있다. D3.js는 파이어폭스, 크롬(크로미엄), 사파리(WebKit), 오페라, IE9에서 테스트돼 해당 브라우저들을 사용하는 한 동일한 코드에 대해 일관적인 결과를 얻을 수 있다.

**[그림 V-3-94] D3.js를 활용한 시각화 구현 절차**

D3.js 라이브러리로 시각화하는 일반적인 절차는 데이터 획득, 데이터 파싱, 데이터 필터링, 데이터 표현, 상호작용 추가 순이다. 가장 먼저 시각화할 대상 데이터를 획득한다. 데이터는 로컬에 저장된 파일일 수도 있고, 데이터베이스에 있을 수도 있으며, 때로는 웹에 공개돼 있을 수도 있다. 어떠한 데이터를 시각화할 것인지 결정해 해당 데이터를 확보한다.

획득한 데이터는 파싱해야 한다. 데이터는 CSV, XML, JSON 등의 형식으로 제공될 수 있다. D3.js에서는 다양한 데이터 형식을 파싱할 수 있는 API를 제공한다. 획득한 데이터의 형식에 따라 적절한 파서를 이용하면 된다.

데이터 필터링은 획득한 데이터 중 표현에 필요하지 않은 데이터를 제거하는 절차를 말한다. D3.js에서는 데이터를 표현하기 전에 데이터를 선택하는 과정이 있는데, 이때 표현할 데이터를 명시적으로 추가/제거할 수 있다.

데이터 표현은 차트나 지도 등 실제로 사용자에게 보여줄 시각적 요소를 생성하고, 데이터를 이 요소에 매핑하는 단계다. 이 단계에서 가장 중요한 사항은 매핑의 스케일(scale)이다. D3.js에서는 시각적 요소에 데이터를 직접 입력하는 대신, scale이라는 객체로 데이터와 시각적 요소 간의 관계를 정의한다. 이는 고정적인 시각화 구현에서는 필요하지 않지만, 한 번의 구현으로 다양한 화면의 크기에서 동작해야 하는 시각화에서는 매우 유용하다. D3.js는 scale 객체를 통해 스마트폰, 태블릿, 데스크톱 등 다양한 크기의 화면에 동일한 차트나 지도를 그려줄 수 있을 뿐 아니라, 사용자와 상호작용을 통해 화면이 동적으로 변경되더라도 차트나 지도가 깨지지 않는 장점이 있다. 상호작용 추가 단계는 D3.js 기반의 차트나 지도가 사용자의 마우스 클릭, 키보드 입력 등을 인지·처리할 수 있도록 해주는 단계다. 차트의 특정 구간을 선택하면 더욱 상세하게 보여준다거나, 지도의 지역을 선택하면 해당 지역을 포커싱해 하위 지역을 보여주는 등의 상호작용이 여기에 해당한다. D3.js를 사용해 시각화를 구현하는 일반적인 절차는 위와 같으며, 특별한 경우 외에는 이 틀에서 벗어나지 않는다.

또한 D3.js로 시각화하기 위해서는 HTML, 자바스크립트, CSS를 알아야 한다. D3.js의 모든 시각화 요소들은 HTML 문서의 SVG 객체로 표현되며, 자바스크립트를 통해 이 객체를 생성·조작할 수 있다. 또한 CSS를 통해 객체의 레이아웃과 속성을 변경해 디자인적 요소를 조작할 수 있다.

D3.js의 최신 버전은 http://d3js.org/d3.v3.zip에서 내려받을 수 있다. 이 파일을 압축 해제하면, d3.v3.js/ d3.v3.min.js/ 라이선스 파일을 확인할 수 있다. d3.v3.js 파일은 D3.js의 핵심 라이브러리에 해당하며, d3.v3.min.js는 동일한 내용을 담고 있는 압축된 버전으로 실제로 용량이 더 작은 것을 확인할 수 있다. 주로 시각화 개발 시에는 전자를 사용하고, 배포 시에는 후자를 사용한다.

D3.js의 최신 버전을 바로 연결하고 싶으면, 개발 중인 HTML 파일에 다음 코드를 적용하면 된다.

```
<script src="http://d3js.org/d3.v3.min.js"></script>
```

## 1. 막대 차트로 시간 시각화 구현

D3를 활용해 시각화를 구현하기 위해서는 HTML5의 SVG 객체가 필요하다. SVG는 화면의 해상도와 독립적이며, 이벤트 핸들링을 지원해 사용자와의 상호작용이 필요한 시각화 구현에 적합하다. 다음은 막대 차트를 구현하기 위해 하나의 SVG 객체를 만들고, 그 높이와 너비를 각각 200과 500으로 지정한 코드다.

```
var width = 500;
var height = 200;
var svg = d3.select("#chart")
          .append("svg")
          .attr('width', width)
          .attr('height', height);
```

막대 차트로 시각화하기 위한 데이터를 준비한다. D3에서는 기본적으로 JSON 배열 형태의 데이터를 입력 데이터로 사용할 수 있다. 다음과 같이 배열 형태의 정수 데이터를 준비했다.

```
var dataset = [ 5, 10, 13, 19, 21, 25, 22, 18, 15, 13, 11, 12, 15, 20, 18, 17, 16, 18, 23, 25 ];
```

입력 데이터를 막대 차트로 출력하기 위해서는 스케일(scale)이 필요하다. 스케일이란 입력 데이터 값과 막대 크기 사이의 관계를 정의한 것이다. D3에서는 다양한 스케일을 제공하지만, 여기에서는 선형(linear) 스케일을 사용한다. 가령 막대 차트의 높이가 100이고, 데이터가 0에서 100까지의 범위를 가진다면 데이터와 막대의 높이는 1:1 비율이 된다. 데이터의 값이 50이면 막대의 높이 또한 50이 된다. 하지만 막대 차트의 높이가 50이라면, 값이 50인 데이터의 막대 높이는 25가 돼야 한다. 이것을 스케일이라고 하며, domain(도메인)과 range(레인지)를 결정하는 것으로 정의될 수도 있다.

여기에서는 두 개의 스케일을 정의하고 있다. 첫 번째는 y축으로 매핑하기 위한 스케일로 데이터의 값과 막대 높이 사이의 관계를 정의한다. 이는 domain을 0~25(데이터의 최댓값)으로 정의하고, range를 180~0 (높이-여백)으로 정의했다. 두 번째는 x축으로 매핑하기 위한 스케일로, 데이터의 개수와 막대의 위치 사이의 관계를 정의한다. 이는 domain을 0~20(데이터 개수)으로 정의하고, range를 20~500으로 정의했다.

```
var padding = 20;
var y = d3.scale.linear()
          .domain([0, d3.max(dataset)])
          .range([height-padding,0])
var x = d3.scale.linear()
          .domain([0, dataset.length])
          .range([padding, width])
```

다음은 차트에 막대를 추가하는 코드다. 막대는 사각형을 의미하는 rect 객체를 사용했다. 입력 데이터의 모든 요소에 대해 rect 객체를 생성한 후 x, y, width, height, 색상을 지정했다. x, y 값은 사각형의 x, y축에서의 위치를 의미한다. width와 height는 사각형의 너비와 높이를 의미한다. x, y 값은 위에서 정의한 scale 객체를 통해 결정된다. width 값은 scale과 관계 없이 데이터의 개수를 막대 차트 너비로 나눈 값으로 할당했으며, height 값은 y scale로 계산했다.

```
svg.selectAll('rect')
          .data(dataset)
          .enter()
          .append('rect')
          .attr('x', function (d, i) {
                    return x(i);
          })
          .attr('y', function(d) {
                    return y(d);
          })
          .attr('width', function (d,i) {
                    return parseInt(( width-padding )/ dataset.length) - 1;
          })
          .attr('height', function (d) {
                    return height-y(d)-padding;
          })
          .attr('fill', 'blue');
```

막대 차트의 막대 상단에 데이터 값을 나타내기 위한 레이블 추가 방법은 다음과 같다. 레이블은 text 객체를 사용해 추가할 수 있다. 입력 데이터의 모든 요소들에 대해 text 객체를 생성한 후 text 값과 위치를 지정한다. 여기에서도 앞서 정의한 x, y scale은 용이하게 활용되고 있다.

```
svg.selectAll('text')
        .data(dataset)
        .enter()
        .append('text')
        .text(function(d) {
                return d;
        })
        .attr('x', function(d, i) {
                return parseInt(x(i)) + 1;
        })
        .attr('y', function(d) {
                return y(d)+10;
        })
        .attr('font-size','10px')
        .attr('fill', 'white')
```

마지막으로 차트에 x축, y축을 추가하는 코드는 다음과 같다. D3는 axis라는 객체를 제공한다. axis는 다른 요소들과 마찬가지로 scale의 영향을 받는다. 여기에서는 x, y축에 대해서 scale을 적용한 axis를 만들고, axis를 SVG 객체에 추가했다.

```
var xAxis = d3.svg.axis()
        .scale(x)
        .orient('bottom');
var yAxis = d3.svg.axis()
        .scale(y)
        .ticks(5)
        .orient('left');
svg.append('g')
        .attr('class', 'axis')
        .attr('transform', "translate(0,"+ (height-padding)+")")
        .call(xAxis);
svg.append('g')
        .attr('class', 'axis')
        .attr('transform', "translate("+padding+",0)")
        .call(yAxis);
```

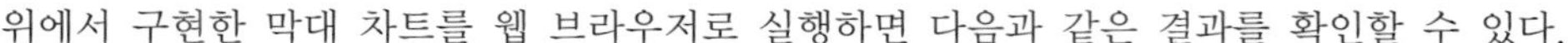

위에서 구현한 막대 차트를 웹 브라우저로 실행하면 다음과 같은 결과를 확인할 수 있다.

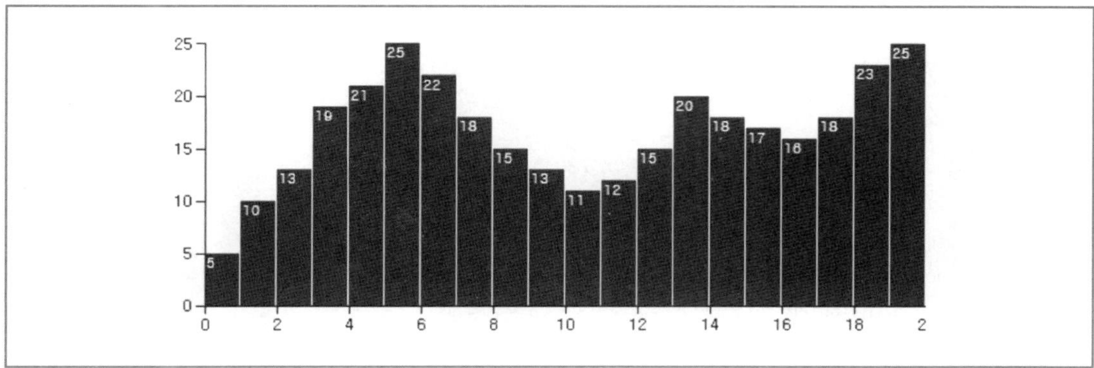


**[그림 V-3-95] 막대 차트 예제 실행 결과**

위에서 설명한 전체 코드는 다음과 같다.

```
<!DOCTYPE html>
<meta charset="utf-8">
<style>
.axis path,
.axis line {
        fill: none;
        stroke: black;
        shape-rendering: crispEdges;
}

.axis text {
        font-family: sans-serif;
        font-size: 11px;
}
</style>
<script src="http://d3js.org/d3.v3.min.js"></script>
<div id="chart"></div>
<script type="text/javascript">
var width = 500;
var height = 200;
var svg = d3.select("#chart")
        .append("svg")
        .attr('width', width)
```

```
          .attr('height', height);

var dataset = [ 5, 10, 13, 19, 21, 25, 22, 18, 15, 13,
          11, 12, 15, 20, 18, 17, 16, 18, 23, 25 ];

var padding = 20;

var y = d3.scale.linear()
          .domain([0, d3.max(dataset)])
          .range([height-padding,0])

var x = d3.scale.linear()
          .domain([0, dataset.length])
          .range([padding, width])

svg.selectAll('rect')
          .data(dataset)
          .enter()
          .append('rect')
          .attr('x', function (d, i) {
                    return x(i);
          })
          .attr('y', function(d) {
                    return y(d);
          })
          .attr('width', function (d,i) {
                    return parseInt(( width-padding )/ dataset.length) - 1;
          })
          .attr('height', function (d) {
                    return height-y(d)-padding;
          })
          .attr('fill', 'blue');

svg.selectAll('text')
          .data(dataset)
          .enter()
          .append('text')
          .text(function(d) {
                    return d;
```

```
          })
          .attr('x', function(d, i) {
                    return parseInt(x(i)) + 1;
          })
          .attr('y', function(d) {
                    return y(d)+10;
          })
          .attr('font-size','10px')
          .attr('fill', 'white')

var xAxis = d3.svg.axis()
          .scale(x)
          .orient('bottom');

var yAxis = d3.svg.axis()
          .scale(y)
          .ticks(5)
          .orient('left');

svg.append('g')
          .attr('class', 'axis')
          .attr('transform', "translate(0,"+ (height-padding)+")")
          .call(xAxis);

svg.append('g')
          .attr('class', 'axis')
          .attr('transform', "translate("+padding+",0)")
          .call(yAxis);

</script>
```

## 2. 파이 차트로 분포 시각화 구현

다음은 파이 차트를 구현하기 위해 하나의 SVG 객체를 만들고, 그 높이와 너비를 각각 400으로 지정하는 코드다. 파이 차트로 시각화하기 위한 데이터를 다음과 같이 준비한다.

```
var dataset = [10, 40, 80];
var svg = d3.select("#chart")
          .append("svg")
          .attr("width", 400)
          .attr("height", 400);
```

SVG 객체에 group을 추가하고 상단과 좌측으로부터 각 200씩 이동시켰다.

```
var group = svg.append("g")
          .attr("transform", "translate(200, 200)");
```

다음은 파이 차트를 그리기 위해 arc의 모양을 결정하는 객체를 생성하는 코드다. 차트의 안쪽 호의 반지름 길이를 결정하는 innerRadius 값과 바깥쪽 호의 반지름의 길이를 결정하는 outerRadius 값을 정의해야 한다. 여기에서는 각각 100과 200으로 지정했다.

```
var arc = d3.svg.arc()
    .innerRadius(100)
    .outerRadius(200);
```

D3는 시각화를 수월하게 구현할 수 있도록 layout을 제공한다. 여기에서는 pie layout을 사용하는데, 먼저 arc를 그리기 위한 group을 생성한다.

```
var pie = d3.layout.pie()
          .value(function(d) { return d; });
var arcs = group.selectAll(".arc")
          .data(pie(dataset))
          .enter()
          .append("g")
          .attr("class", "arc");
```

색상을 빨강, 주황, 파랑 순으로 순차적으로 생성하는 스케일을 정의하고 arc에 연결한다. arc를 그리기 위한 path를 생성하고, 색상을 지정한다.

```
var color = d3.scale.ordinal()
        .range(["red", "orange", "blue"]);
arcs.append("path")
        .attr("d", arc)
        .attr("fill", function (d) { return color(d.data); });
```

다음은 arc의 내부에 레이블을 삽입하는 코드에 해당한다. text 객체를 생성하고, arc의 중앙으로 위치를 변경한다.

```
arcs.append("text")
        .attr("transform", function(d) { return "translate(" + arc.centroid(d) + ")"; })
        .attr("text-anchor", "middle")
        .attr("text-size", "10px")
        .text(function(d) { return d.data});
```

위에서 구현한 막대 차트를 웹 브라우저로 실행하면 다음과 같은 결과를 확인할 수 있다.

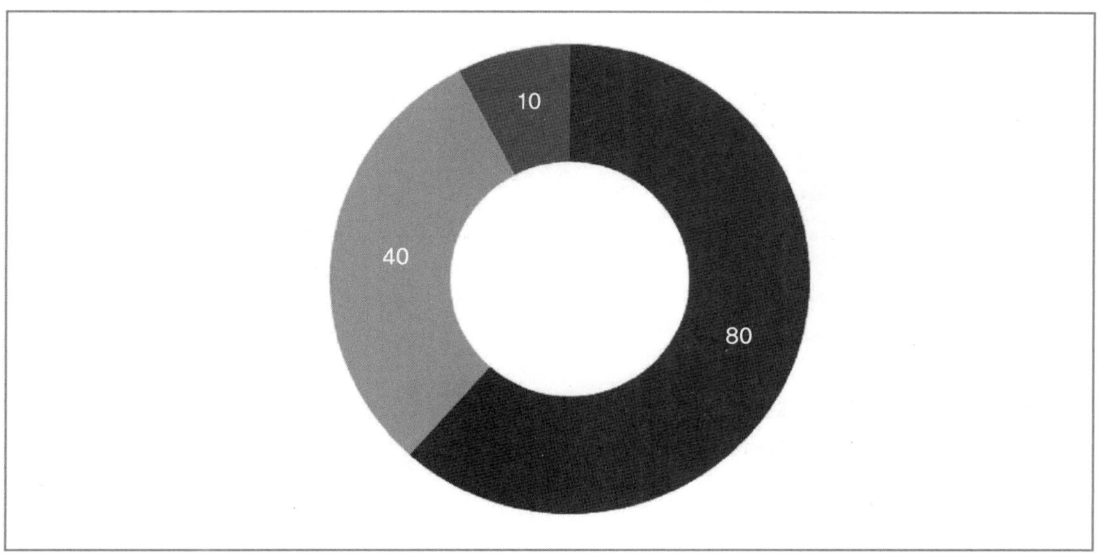


**[그림 V-3-96] 파이 차트 예제 실행 결과**

위에서 설명한 코드에 대한 전체 코드는 다음과 같다.

```
<!DOCTYPE html>
<meta charset="utf-8">
<script src="http://d3js.org/d3.v3.min.js"></script>
<div id="chart"></div>
<script type="text/javascript">
var dataset = [10, 40, 80];

var svg = d3.select("#chart")
          .append("svg")
          .attr("width", 400)
          .attr("height", 400);

var group = svg.append("g")
          .attr("transform", "translate(200, 200)");

var arc = d3.svg.arc()
          .innerRadius(100)
          .outerRadius(200);

var pie = d3.layout.pie()
          .value(function(d) {
                    return d;
          });

var arcs = group.selectAll(".arc")
          .data(pie(dataset))
          .enter()
          .append("g")
          .attr("class", "arc");

var color = d3.scale.ordinal()
          .range(["red", "orange", "blue"]);

arcs.append("path")
          .attr("d", arc)
          .attr("fill", function (d) {
                    return color(d.data);
```

```
        });

arcs.append("text")
        .attr("transform", function(d) {
                return "translate(" + arc.centroid(d) + ")";
        })
        .attr("text-anchor", "middle")
        .attr("text-size", "10px")
        .text(function(d) {
                return d.data;
        });

</script>
```

## 3. 스캐터 플롯으로 관계 시각화 구현

다음은 데이터 간의 관계를 시각화하기 위해 자주 사용하는 스캐터 플롯 구현 예제다. 여기에서는 하나의 SVG 객체를 만들고, 화면상의 여백을 고려해 높이와 너비를 지정했다. 또한 여백을 고려해 왼쪽과 위쪽으로 각각 여백만큼 SVG 객체를 이동시켰다.

```
var margin = {top: 20, right: 20, bottom: 30, left: 40},
          width = 960 - margin.left - margin.right,
          height = 500 - margin.top - margin.bottom;

var svg = d3.select("body").append("svg")
          .attr("width", width + margin.left + margin.right)
          .attr("height", height + margin.top + margin.bottom)
          .append("g")
          .attr("transform", "translate(" + margin.left + "," + margin.top + ")");
```

x, y 축을 위한 linear scale을 생성하고, 각각 range를 0~900, 450으로 지정했다. 이번 예제에서는 scale의 domain은 뒤에서 지정한다. 또한 10개의 색상 카테고리로 순차로 scale된 color 객체를 생성한다.

```
var x = d3.scale.linear()
          .range([0, width]);

var y = d3.scale.linear()
          .range([height, 0]);

var color = d3.scale.category10();
```

다음은 위에서 생성한 scale을 사용해 x축과 y축을 생성하는 코드다. x축은 하단으로, y축은 왼쪽 정렬로 지정했다.

```
var xAxis = d3.svg.axis()
          .scale(x)
          .orient("bottom");

var yAxis = d3.svg.axis()
          .scale(y)
          .orient("left");
```

스캐터 플롯을 표현하기 위해 지금까지 사용한 단순한 숫자 배열 형태의 데이터가 아닌, 객체의 배열을 준비했다. 각 객체들은 x값, y값, class값을 가지게 되며, x값은 x축의 값, y값은 y축의 값, class 값은 스캐터 플롯의 점 색상으로 표현될 것이다.

```
var data = [
        {y: 5.1, x: 3.5, class: "class1"},
        {y: 4.9, x: 3.3, class: "class1"},
        {y: 5.2, x: 3.7, class: "class1"},
        {y: 4.6, x: 3.4, class: "class2"},
        {y: 5.0, x: 3.7, class: "class2"}
        ];
```

다음은 extent라는 함수를 통해 x scale과 y scale의 domain을 지정하는 코드다. extent는 배열의 최솟값과 최댓값을 찾아 반환하는 함수다. 이를 활용하면 scale의 domain을 최솟값과 최댓값으로 지정하기 용이하다. 또한 nice 함수를 활용해 domain을 보기 좋은 숫자로 반올림해 확장한다.

```
x.domain(d3.extent(data, function(d) { return d.x; })).nice();
y.domain(d3.extent(data, function(d) { return d.y; })).nice();
```

여기에서는 모든 데이터의 객체에 대해 원을 표현하기 위한 circle 객체를 생성한다. 원의 반지름을 3.5로 지정하고, 원 중심점의 x 좌표 값과 y 좌표 값을 데이터로부터 지정했다. 또한 앞서 정의한 color객체를 통해 원의 색상을 지정한다.

```
svg.selectAll(".dot")
        .data(data)
        .enter().append("circle")
        .attr("class", "dot")
        .attr("r", 3.5)
        .attr("cx", function(d) { return x(d.x); })
        .attr("cy", function(d) { return y(d.y); })
        .style("fill", function(d) { return color(d.class); });
```

다음은 x축과 y축을 그리는 코드다. 각각 아래쪽과 왼쪽 정렬을 하고, 축 표현 값을 설명하기 위한 레이블을 붙였다.

```
svg.append("g")
        .attr("class", "x axis")
        .attr("transform", "translate(0," + height + ")")
        .call(xAxis)
        .append("text")
        .attr("class", "label")
        .attr("x", width)
        .attr("y", -6)
        .style("text-anchor", "end")
        .text("Sepal Width (cm)");


svg.append("g")
        .attr("class", "y axis")
        .call(yAxis)
        .append("text")
        .attr("class", "label")
        .attr("transform", "rotate(-90)")
        .attr("y", 6)
        .attr("dy", ".71em")
        .style("text-anchor", "end")
        .text("Sepal Length (cm)")
```

마지막으로 group을 생성하고, 원으로 표현된 데이터 객체의 class 값이 어떤 색상으로 표현됐는지 보여주기 위해 class 값과 해당 색상으로 칠한 사각형을 모든 class에 표현했다.

```
var legend = svg.selectAll(".legend")
        .data(color.domain())
        .enter().append("g")
        .attr("class", "legend")
        .attr("transform", function(d, i) { return "translate(0," + i * 20 + ")"; });

legend.append("rect")
        .attr("x", width - 18)
        .attr("width", 18)
        .attr("height", 18)
```

```
        .style("fill", color);

legend.append("text")
        .attr("x", width - 24)
        .attr("y", 9)
        .attr("dy", ".35em")
        .style("text-anchor", "end")
        .text(function(d) { return d; });
```

위에서 구현한 스캐터 플롯을 웹 브라우저로 실행하면 다음과 같은 결과를 확인할 수 있다.

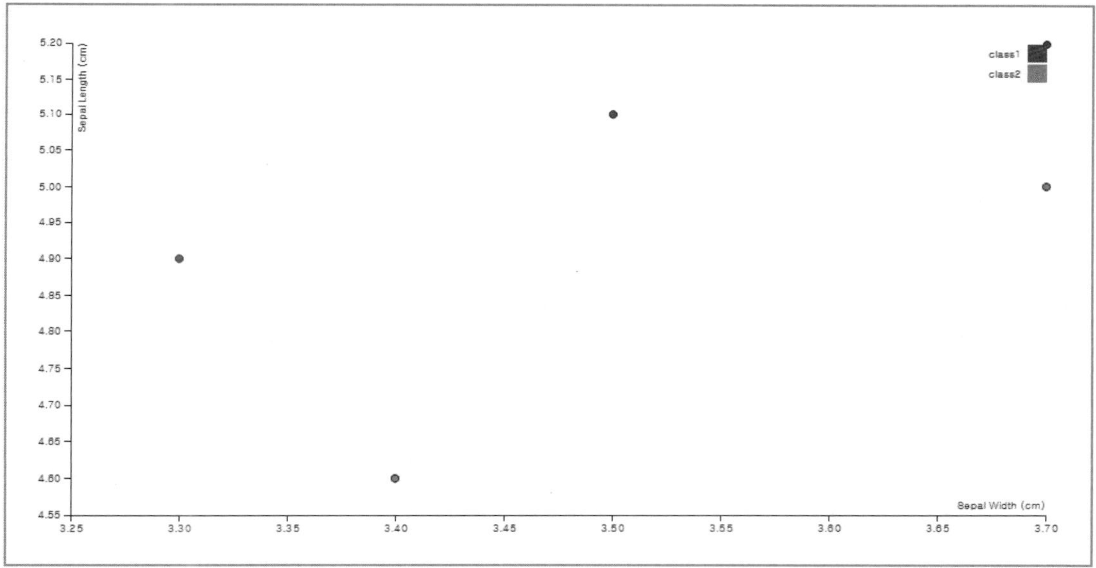


**[그림 V-3-97] 스캐터 플롯 예제를 웹 브라우저에서 실행한 결과**

위에서 설명한 코드에 대한 전체 코드는 다음과 같다.

```
<!DOCTYPE html>
<meta charset="utf-8">
<style>
```

```
body {
        font: 10px sans-serif;
}

.axis path,
.axis line {
        fill: none;
        stroke: #000;
        shape-rendering: crispEdges;
}

.dot {
        stroke: #000;
}

</style>
<body>
<script src="d3.min.js"></script>
<script>

var margin = {top: 20, right: 20, bottom: 30, left: 40},
        width = 960 - margin.left - margin.right,
        height = 500 - margin.top - margin.bottom;

var svg = d3.select("body").append("svg")
        .attr("width", width + margin.left + margin.right)
        .attr("height", height + margin.top + margin.bottom)
        .append("g")
        .attr("transform", "translate(" + margin.left + "," + margin.top + ")");

var x = d3.scale.linear()
        .range([0, width]);

var y = d3.scale.linear()
        .range([height, 0]);

var color = d3.scale.category10();
```

```
var xAxis = d3.svg.axis()
          .scale(x)
          .orient("bottom");

var yAxis = d3.svg.axis()
          .scale(y)
          .orient("left");

var data = [
          {y: 5.1, x: 3.5, class: "class1"},
          {y: 4.9, x: 3.3, class: "class1"},
          {y: 5.2, x: 3.7, class: "class1"},
          {y: 4.6, x: 3.4, class: "class2"},
          {y: 5.0, x: 3.7, class: "class2"}
          ];

x.domain(d3.extent(data, function(d) { return d.x; })).nice();
y.domain(d3.extent(data, function(d) { return d.y; })).nice();

svg.selectAll(".dot")
          .data(data)
          .enter().append("circle")
          .attr("class", "dot")
          .attr("r", 3.5)
          .attr("cx", function(d) { return x(d.x); })
          .attr("cy", function(d) { return y(d.y); })
          .style("fill", function(d) { return color(d.class); });

svg.append("g")
          .attr("class", "x axis")
          .attr("transform", "translate(0," + height + ")")
          .call(xAxis)
          .append("text")
          .attr("class", "label")
          .attr("x", width)
          .attr("y", -6)
          .style("text-anchor", "end")
          .text("Sepal Width (cm)");
```

```
svg.append("g")
        .attr("class", "y axis")
        .call(yAxis)
        .append("text")
        .attr("class", "label")
        .attr("transform", "rotate(-90)")
        .attr("y", 6)
        .attr("dy", ".71em")
        .style("text-anchor", "end")
        .text("Sepal Length (cm)")

var legend = svg.selectAll(".legend")
        .data(color.domain())
        .enter().append("g")
        .attr("class", "legend")
        .attr("transform", function(d, i) { return "translate(0," + i * 20 + ")"; });

legend.append("rect")
        .attr("x", width - 18)
        .attr("width", 18)
        .attr("height", 18)
        .style("fill", color);

legend.append("text")
        .attr("x", width - 24)
        .attr("y", 9)
        .attr("dy", ".35em")
        .style("text-anchor", "end")
        .text(function(d) { return d; });
</script>
```

# 4. 히트맵으로 비교 시각화 구현

히트맵은 색상의 차이를 통해 데이터를 표현한다. 이번 예제에서는 2차원 배열 데이터를 준비했다. 지면 제한상 데이터를 정의한 코드는 생략했다.

```
var width = 960,
        height = 500;

var dx = data[0].length,
        dy = data.length;
```

다음은 linear scale을 통해 색상을 표현하기 위한 scale을 정의하는 코드다. 보통 linear scale의 domain과 range에는 최솟값과 최댓값이 입력되지만, 다선형 scale을 위해서는 두 개 이상의 값을 지정할 수 있다. 다선형 scale은 연속적인 domain과 range를 분할해 여러 개의 불연속 linear scale을 표현한다. 다음 95~115까지의 입력 값은 #0a0~#6c0(밝은 연두색~진한 연두색)으로 표현되며, 155~175까지의 입력 값은 #eb4~#eb9(황토색~살색)으로 표현된다.

```
var color = d3.scale.linear()
        .domain([95, 115, 135, 155, 175, 195])
        .range(["#0a0", "#6c0", "#ee0", "#eb4", "#eb9", "#fff"]);
```

히트맵을 구현하기 위해서는 canvas 객체가 필요하다. 너비와 높이는 각각 데이터의 길이만큼 지정했다. 마지막으로 drawImage라는 함수를 통해 canvas에 준비한 이미지를 출력했다. 이 함수는 아래에서 정의하고 있다. 지금까지의 예제에서 사용한 SVG 객체와 canvas 객체는 모두 시각화를 구현하기 위해 사용되지만, 큰 차이점을 갖고 있기 때문에 구현할 시각화에 맞게 잘 선택해야 한다. SVG 객체는 화면에 출력할 모든 정보를 객체 자체에 담고 있으며, 사용자의 상호작용을 처리하는 event handler를 연결할 수 있다. 그 때문에 사용자의 행위에 따라 필요한 객체만 화면에 다시 그려야 할 상황에 유리하다. canvas는 한 번 화면에 그린 것을 저장하고 있지 않는다. 즉, 화면을 변경해야 하는 상황이 오는 경우 그 영역을 다시 그려야 하는 번거로움이 있다. 반면 수많은 객체들을 화면에 그려야 하는 경우 SVG는 모든 정보를 객체로 저장하고 있기 때문에 성능의 문제가 발생할 수 있지만, canvas는 비교적 유리한 점이 있다.

```
d3.select("body").append("canvas")
        .attr("width", dx)
        .attr("height", dy)
        .style("width", width + "px")
        .style("height", height + "px")
        .call(drawImage);
```

다음은 drawImage 함수를 구현한 코드다. canvas의 사이즈와 동일한 사이즈의 빈 이미지를 생성하고, 앞서 정의한 color scale을 통해 데이터 값을 색상으로 변환해 이미지를 그렸다.

```
function drawImage(canvas) {
        var context = canvas.node().getContext("2d"),
                image = context.createImageData(dx, dy);

        for (var y = 0, p = -1; y < dy; ++y) {
                for (var x = 0; x < dx; ++x) {
                        var c = d3.rgb(color(data[y][x]));
                        image.data[++p] = c.r;
                        image.data[++p] = c.g;
                        image.data[++p] = c.b;
                        image.data[++p] = 255;
                }
        }

        context.putImageData(image, 0, 0);
}
```

다음은 x축과 y축을 생성하는 코드다. x축과 y축을 위한 scale을 각각 지정하고, 이를 이용해 각 축을 생성했다. x축은 ticks 함수를 활용해 눈금 크기를 20으로 지정했다. 각각 위쪽과 오른쪽 정렬을 했다.

```
var x = d3.scale.linear()
        .domain([0, dx])
        .range([0, width]);

var y = d3.scale.linear()
        .domain([0, dy])
        .range([height, 0]);

var xAxis = d3.svg.axis()
        .scale(x)
        .orient("top")
        .ticks(20);

var yAxis = d3.svg.axis()
        .scale(y)
        .orient("right");
```

x축과 y축을 그리기 위해서는 SVG 객체가 필요하다. canvas와 크기가 동일한 SVG 객체를 생성하고 x축과 y축을 그렸다. 이때 removeZero함수로 x축과 y축을 0이 아닌 다음 tick부터 그리도록 했다.

```
var svg = d3.select("body").append("svg")
        .attr("width", width)
        .attr("height", height);

svg.append("g")
        .attr("class", "x axis")
        .attr("transform", "translate(0," + height + ")")
        .call(xAxis)
        .call(removeZero);

svg.append("g")
        .attr("class", "y axis")
        .call(yAxis)
        .call(removeZero);
```

removeZero 함수로 축에서 값이 0인 데이터를 삭제하도록 기능을 구현했다.

```
function removeZero(axis) {
        axis.selectAll("g").filter(function(d) { return !d; }).remove();
}
```

위에서 구현한 히트맵 웹 브라우저로 실행하면 다음과 같은 결과를 확인할 수 있다.

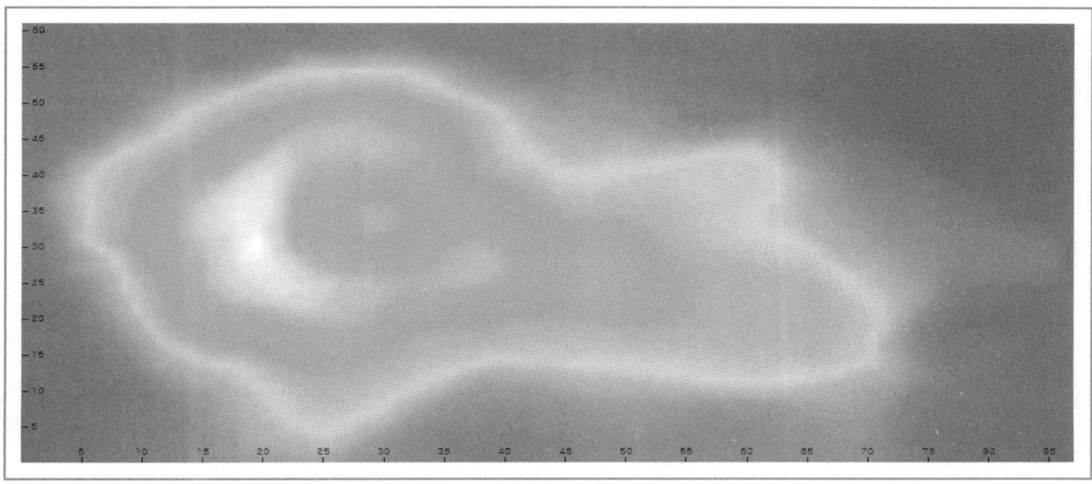


[그림 V-3-98] 히트맵 예제 실행 결과

위에서 설명한 전체 코드는 다음과 같다.

```
<!DOCTYPE html>
<meta charset="utf-8">
<style>

body {
	position: relative;
}

svg,
canvas {
	position: absolute;
}

.axis text {
	font: 10px sans-serif;
}

.axis path,
.axis line {
	fill: none;
	stroke: #000;
	shape-rendering: crispEdges;
}

.axis path {
	display: none;
}

</style>
<body>
<script src="http://d3js.org/d3.v3.min.js"></script>
<script src="heatmap.json"></script>
<script>

var width = 960, height = 500;
```

```
var dx = data[0].length,
          dy = data.length;

var color = d3.scale.linear()
          .domain([95, 115, 135, 155, 175, 195])
          .range(["#0a0", "#6c0", "#ee0", "#eb4", "#eb9", "#fff"]);

d3.select("body").append("canvas")
          .attr("width", dx)
          .attr("height", dy)
          .style("width", width + "px")
          .style("height", height + "px")
          .call(drawImage);

var x = d3.scale.linear()
          .domain([0, dx])
          .range([0, width]);

var y = d3.scale.linear()
          .domain([0, dy])
          .range([height, 0]);

var xAxis = d3.svg.axis()
          .scale(x)
          .orient("top")
          .ticks(20);

var yAxis = d3.svg.axis()
          .scale(y)
          .orient("right");

var svg = d3.select("body").append("svg")
          .attr("width", width)
          .attr("height", height);

svg.append("g")
          .attr("class", "x axis")
          .attr("transform", "translate(0," + height + ")")
          .call(xAxis)
```

```
        .call(removeZero);

svg.append("g")
        .attr("class", "y axis")
        .call(yAxis)
        .call(removeZero);

function drawImage(canvas) {
        var context = canvas.node().getContext("2d"),
                image = context.createImageData(dx, dy);

        for (var y = 0, p = -1; y < dy; ++y) {
                for (var x = 0; x < dx; ++x) {
                        var c = d3.rgb(color(data[y][x]));
                        image.data[++p] = c.r;
                        image.data[++p] = c.g;
                        image.data[++p] = c.b;
                        image.data[++p] = 255;
                }
        }

        context.putImageData(image, 0, 0);
}

function removeZero(axis) {
        axis.selectAll("g").filter(function(d) { return !d; }).remove();
}

</script>
```

# 5. 지도로 공간 시각화 구현

이번에는 한국의 주요 시와 도를 표현하는 지도를 구현한 예제다. 이를 위해 다음과 같은 값들을 선언했다.

```
var width = 700,
          height = 700,
          scale = 5500,
          x = -11900,
          y = 4050;
```

지리 좌표를 픽셀로 투영하기 위한 방법 가운데 하나인 mercator projection객체를 생성하고, path 객체로 지리적 도형을 시각적으로 표현하는 코드다.

```
var projection = d3.geo.mercator()
          .scale(scale)
          .translate([x, y]);

var path = d3.geo.path()
          .projection(projection);
```

먼저 지도를 그리기 위한 SVG 객체를 생성하고 시와 도를 표현하기 위한 states라는 group을 다음과 같이 추가했다.

```
var svg = d3.select("body").append("svg")
          .attr("width", width)
          .attr("height", height)
          .attr('id', 'map');

var states = svg.append("g")
          .attr("id", "states");

states.append("rect")
          .attr("class", "background")
          .attr("width", width)
          .attr("height", height);
```

앞서 생성한 states group에 시와 도를 그리기 위한 좌표 정보를 데이터로 입력하고, 위에서 정의한 path 객체를 할당했다. path 객체를 통해 입력된 좌표 정보를 픽셀로 변환해 화면 상에 도형을 그리게 된다. 여기에서 입력되는 data.features라는 데이터는 미리 준비된 대한민국의 시, 도 경계선의 좌표 정보다. 지면 사정상 데이터 코드는 생략했다.

```
states.selectAll("path")
          .data(data.features)
          .enter().append("path")
          .attr("class", "state")
          .attr("d", path)
          .attr("id", function(d) { return 'path-'+d.id; });
```

마지막으로 출력된 각 시와 도의 도형 위에 시 또는 도의 명칭을 출력하는 코드다. 시, 도별로 text 객체를 생성하고 path 객체의 centroid 함수를 통해 도형 중앙에 text를 위치하도록 했다. 또한 경기도와 서울시는 도형의 중심이 겹치기 때문에 경기도(id=8)는 30만큼 아래에 출력하게 했다.

```
var labels = states.selectAll("text")
          .data(data.features)
          .enter().append("text")
          .attr("class", "state-text")
          .attr("transform", function(d) {
                    if (d.id == 8) {
                              var arr = path.centroid(d);
                              arr[1] += 30;
                              return "translate(" + arr + ")";
                    } else {
                              return "translate(" + path.centroid(d) + ")";
                    }
          })
          .attr("id", function(d) { return 'label-'+d.id; })
          .attr('text-anchor', 'middle')
          .attr("dy", ".35em")
          .text(function(d) { return d.properties.Name; });
```

위에서 구현한 지도를 웹 브라우저로 실행하면 다음과 같은 결과를 확인할 수 있다.

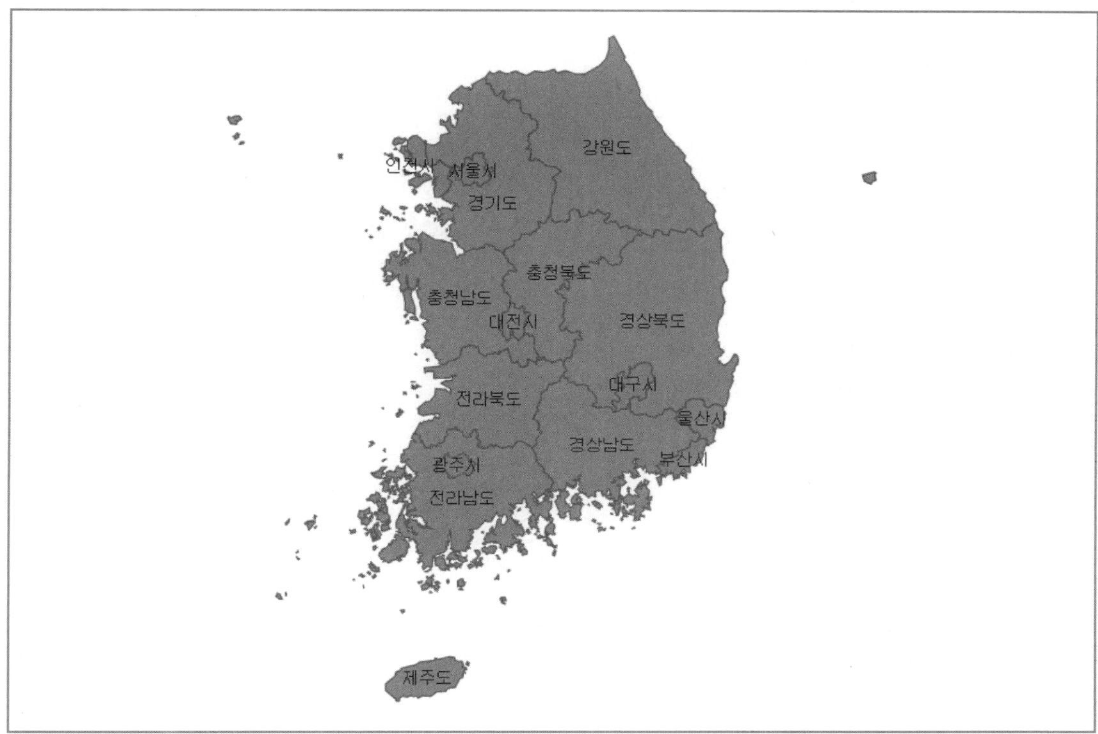


**[그림 V-3-99] 지도 예제 실행 결과**

위에서 설명한 전체 코드는 다음과 같다.

```
<!DOCTYPE html>
<meta charset="utf-8">
<style>

.background {
        fill: none;
        pointer-events: all;
}

.state-text {
        fill: #444;
}
```

```
.state {
          fill: #aaa;
          stroke: #888;
          stroke-width: 1.5px;
          stroke-linejoin: round;
          stroke-linecap: round;
          pointer-events: none;
}

</style>
<body>
<script src="http://d3js.org/d3.v3.min.js"></script>
<script src="http://d3js.org/topojson.v1.min.js"></script>
<script src="map.json"></script>
<script>

var width = 700,
          height = 700,
          scale = 5500,
          x = -11900,
          y = 4050;

var projection = d3.geo.mercator()
          .scale(scale)
          .translate([x, y]);

var path = d3.geo.path()
          .projection(projection);

var svg = d3.select("body").append("svg")
          .attr("width", width)
          .attr("height", height)
          .attr('id', 'map');

var states = svg.append("g")
          .attr("id", "states");

states.append("rect")
          .attr("class", "background")
```

```
          .attr("width", width)
          .attr("height", height);

states.selectAll("path")
          .data(data.features)
          .enter().append("path")
          .attr("class", "state")
          .attr("d", path)
          .attr("id", function(d) { return 'path-'+d.id; });

var labels = states.selectAll("text")
          .data(data.features)
          .enter().append("text")
          .attr("class", "state-text")
          .attr("transform", function(d) {
                    if (d.id == 8) {
                              var arr = path.centroid(d);
                              arr[1] += 30;
                              return "translate(" + arr + ")";
                    } else {
                              return "translate(" + path.centroid(d) + ")";
                    }
          })
          .attr("id", function(d) { return 'label-'+d.id; })
          .attr('text-anchor', 'middle')
          .attr("dy", ".35em")
          .text(function(d) { return d.properties.Name; });

</script>
</body>
```

참고 1

### 프로세싱 언어와 Processing.js 프로젝트

'프로세싱(Processing)'은 이미지, 애니메이션, 사용자 상호작용을 프로그래밍하기 위한 오픈소스 프로그래밍 언어이자 개발환경이다. 시각화 구현을 위한 프로그래밍의 기초뿐 아니라, 고급 시각화 작업을 할 수 있도록 개발됐다. 프로세싱은 자바 언어를 기반으로 하며, 프로세싱에서 만들어진 모든 프로그램은(스케치라고도 함) 최종적으로 자바 애플릿이 된다.

프로세싱이 처음 설계됐을 당시에는 자바가 웹 클라이언트 환경의 대표가 될 것으로 예상됐지만, 현재는 자바스크립트가 그 역할을 하고 있다. 이에 2008년부터 jQuery의 창시자 중 한명인 John Resig은 자바스크립트에서 '프로세싱'을 사용할 수 있도록 Processing.js라는 프로젝트를 시작했다. Processing.js는 HTML의 CANVAS를 활용해 프로세싱으로 작성된 코드를 자바스크립트로 변환하고, 모든 정보를 CANVAS로 랜더링하는 방식으로 동작한다.

다음은 프로세싱으로 올림픽 링을 그리는 코드다. 먼저 가로 500, 세로 300 크기의 스케치를 생성하고, 배경색을 흰색으로 설정했다.

```
size(500,300);
background(255,255,255);
```

기본으로 설정된 선의 두께보다 두꺼운 선으로 원을 그리기 위해 선의 두께를 5로 설정하고, 향후 생성할 도형의 색상은 채우지 않게 설정했다. 다음으로 파란색, 검은색, 빨간색, 노란색, 그리고 초록색 순으로 선의 색상을 바꿔가며 가로, 세로 50의 원을 그렸다.

```
strokeWeight(5);
noFill();
 stroke(0,0,255); //blue ring
ellipse(190,100,50,50);

stroke(0,0,0); //black ring
ellipse(250,100,50,50);

stroke(255,0,0); //red ring
ellipse(310,100,50,50);

stroke(255,255,0); //yellow ring
ellipse(220,120,50,50);

stroke(0,255,0); //green ring
ellipse(280,120,50,50);
```

**참고 2**

### Tableau, 실시간 시각화 시대 선언

Tableau는 마이크로소프트 데이터 소스(엑셀, 액세스, SQL 서버), MySQL, 오라클, 하이피리언 에스베이스(Hyperion EssBase), IBM OLAP 서버, 구분자로 된 텍스트 파일 등 다양한 사용자의 데이터로부터 실시간으로 크로스 테이블을 시각적으로 보여준다. Tableau는 매우 큰 데이터베이스 테이블에서도 매우 빠르게 그래프를 생성해낸다. 애널리스트에게 트랜드와 관계를 시각적으로 보여줄 수 있는 능력을 제공하며, 데이터에 숨은 정보들도 쉽게 이용할 수 있게 해준다. Tableau는 비주얼 쿼리 언어인 VizQLTM을 개발해 사용자가 데이터베이스와 상호작용하면서 그래픽/시각적인 결과를 얻을 수 있도록 했다.

Tableau를 실행한 후 데이터 소스에 연결하면, Tableau가 자동으로 데이터 소스의 필드들을 demension 이나 measure로 분할한다. 필드들을 Shelves에 끌어다 두는 것으로 분석할 수 있다. 이는 매우 직관적이며, 분석에 빠르게 적용할 수 있다. 이를 통해 크로스탭과 피벗테이블을 빠르게 생성할 수 있다. 아래 그림은 두 데이터 소스의 두 테이블 간에 조인으로 피벗 테이블을 생성한 예시다.

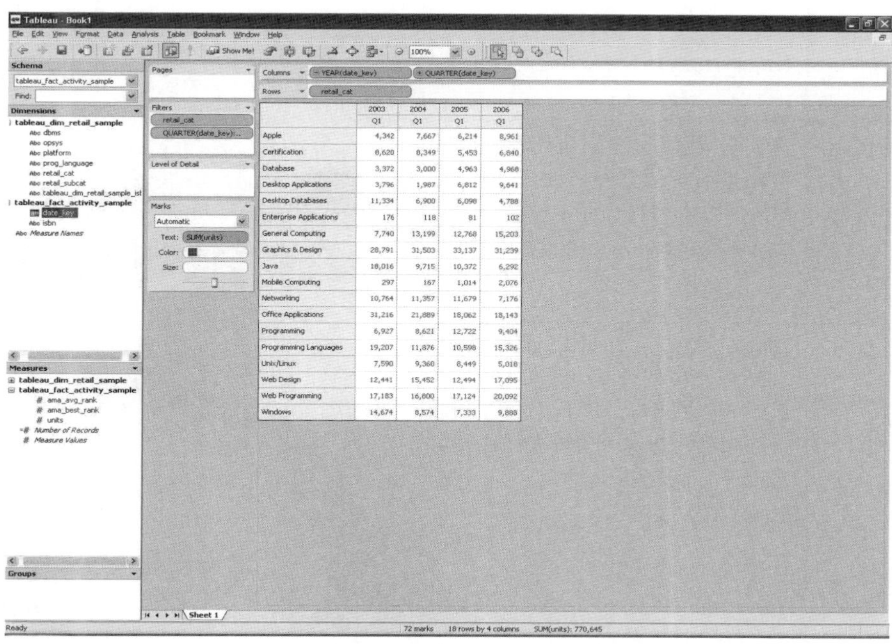

| | 2003 | 2004 | 2005 | 2006 |
|---|---|---|---|---|
| | Q1 | Q1 | Q1 | Q1 |
| Apple | 4,342 | 7,667 | 6,214 | 8,961 |
| Certification | 8,620 | 8,349 | 5,453 | 6,840 |
| Database | 3,372 | 3,000 | 4,963 | 4,968 |
| Desktop Applications | 3,796 | 1,987 | 6,812 | 9,641 |
| Desktop Databases | 11,334 | 6,900 | 6,098 | 4,788 |
| Enterprise Applications | 176 | 118 | 81 | 102 |
| General Computing | 7,740 | 13,199 | 12,768 | 15,203 |
| Graphics & Design | 28,791 | 31,503 | 33,137 | 31,239 |
| Java | 18,016 | 9,715 | 10,372 | 6,292 |
| Mobile Computing | 297 | 167 | 1,014 | 2,076 |
| Networking | 10,764 | 11,357 | 11,679 | 7,176 |
| Office Applications | 31,216 | 21,889 | 18,062 | 18,143 |
| Programming | 6,927 | 8,621 | 12,722 | 9,404 |
| Programming Languages | 19,207 | 11,876 | 10,598 | 15,326 |
| Unix/Linux | 7,590 | 9,360 | 8,449 | 5,018 |
| Web Design | 12,441 | 15,452 | 12,494 | 17,095 |
| Web Programming | 17,183 | 16,800 | 17,124 | 20,092 |
| Windows | 14,674 | 8,574 | 7,333 | 9,888 |

**[그림 1] 피벗 테이블**

대부분의 BI(Business Intelligence) 도구들은 크로스탭과 피벗테이블 생성 기능을 제공하지만, Tableau를 사용하면 단 몇 번의 클릭만으로 가능하다. 단순히 데이터 소스를 지정하고, 필드를 선택하는 것만으로 피벗테이블을 생성해 데이터를 분석할 수 있다.

참고 3

## 다양한 시각화 도구

시각화의 중요성이 강조되면서 각종 시각화 라이브러리와 오프소스 프로젝트들이 나오고 있다. 이에 다음과 같이 대표적인 것 중심으로 정리했다.

| 이름 | 설명 | 스크린샷 |
| --- | --- | --- |
| Better World Flux | 연도·국가별 빈곤, 기아, 물부족 등의 다양한 통계 데이터를 제공하고, 간단한 조작을 통해 이들에 대한 추이를 시각화하는 기능을 제공하는 서비스.<br>http://www.betterworldflux.com | 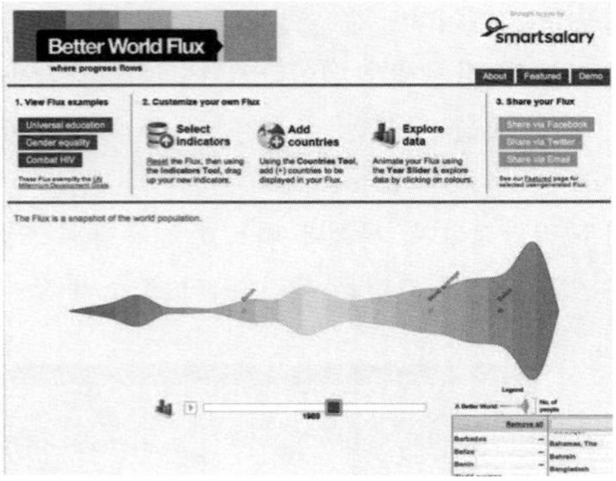 |
| Crossfilter | 그래프, 차트 등 인터랙티브한 시각화를 쉽게 구현할 수 있는 자바스크립트 라이브러리<br>http://square.github.io/crossfilter/ | 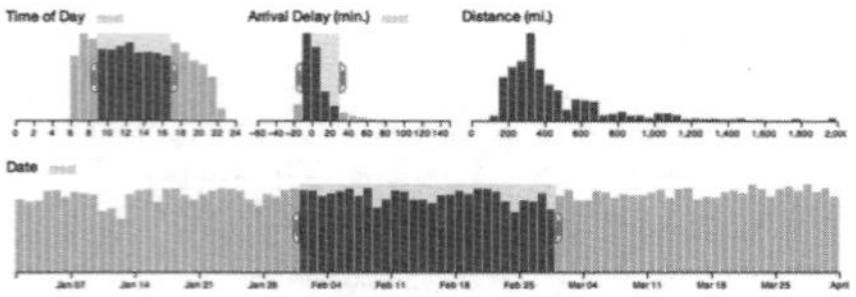 |
| D3.js | 그래프, 차트 등 인터랙티브한 시각화를 쉽게 구현할 수 있는 자바스크립트 라이브러리. D3.js를 기반으로 하는 다양한 고급 시각화 라이브러리가 많이 개발됐다.<br>http://d3js.org/ | 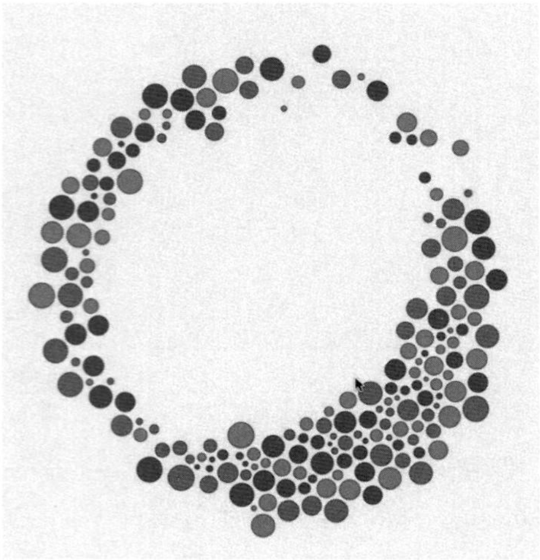 |

| 이름 | 설명 | 스크린샷 |
|---|---|---|
| Dipity | 인터랙티브한 타임라인 구현을 지원하는 서비스. 입력 데이터를 업로드하고, 설정을 통해 손쉽게 타임라인을 구현할 수 있다.<br>http://www.dipity.com/ | 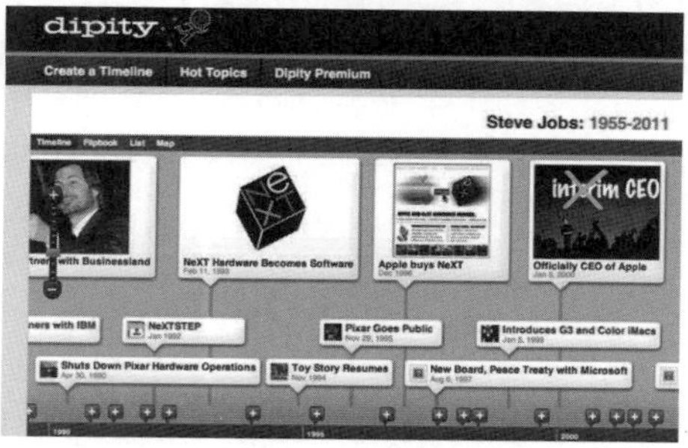 |
| Exhibit | MIT에서 개발한 시각화 라이브러리로 지도, 타임라인 등 다양하고 인터랙티브한 시각화 구현에 용이하다.<br>http://www.simile-widgets.org/exhibit/ | 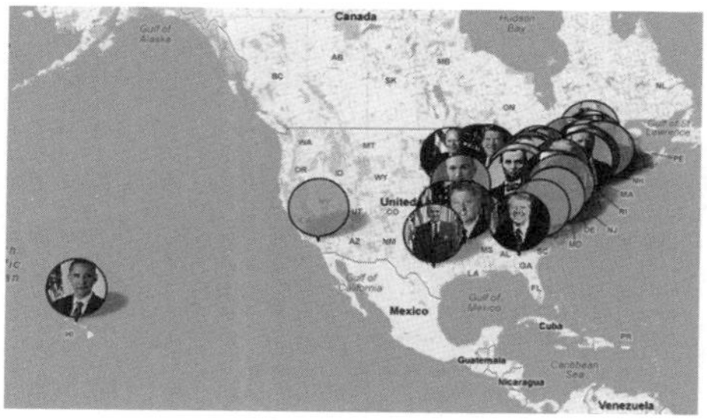 |
| Flot | 다양한 플롯을 쉽게 구현하기 위한 자바스크립트 라이브러리. jQuery를 기반으로 개발됐기 때문에 jQuery를 사용할 줄 아는 사용자라면 쉽게 배울 수 있다.<br>http://www.flotcharts.org/ | 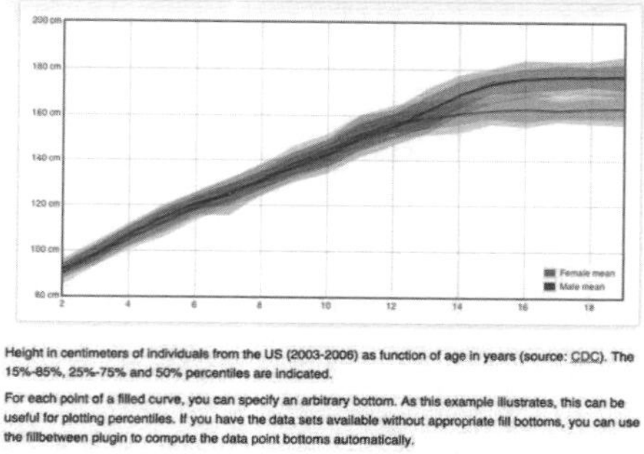 |
| Gephi | 네트워크 형태의 데이터를 시각화할 때 유용한 도구다. 다양한 입력 데이터 형식을 처리할 수 있는 플러그인이 제공되며, 그래프 시각화 알고리즘들이 구현돼 있다.<br>http://gephi.org/ | 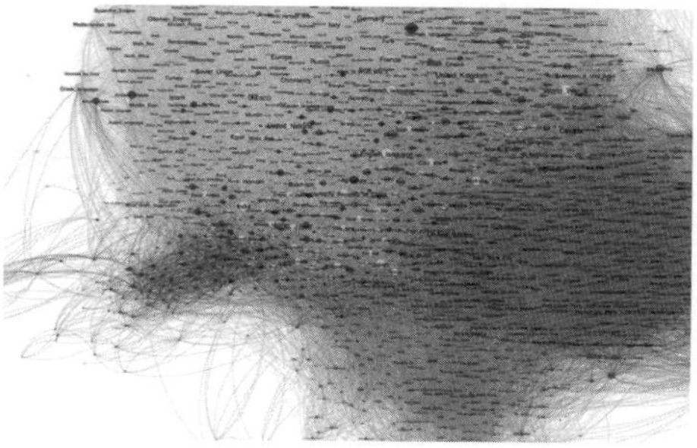 |

| 이름 | 설명 | 스크린샷 |
|---|---|---|
| Google Charts | 구글에서 제공하는 그래프, 차트 등 인터랙티브한 시각화를 쉽게 구현할 수 있는 자바스크립트 라이브러리.<br>https://developers.google.com/chart/ | 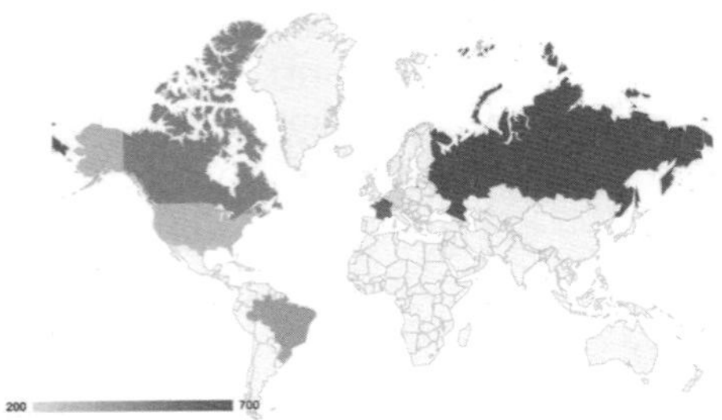 |
| Highcharts | 다양한 차트를 쉽게 구현하기 위해 특화한 자바스크립트 라이브러리.<br>http://www.highcharts.com/ | 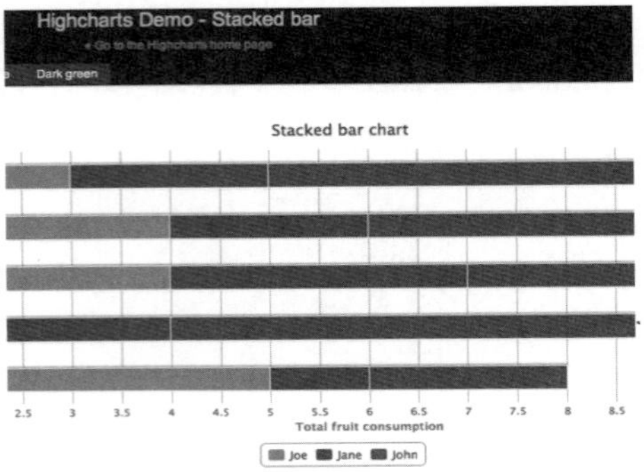 |
| iCharts | 인터랙티브한 차트 구현을 지원하는 서비스. 입력 데이터를 업로드하거나 구글 드라이브 등 외부에서 연결해 다양한 차트를 쉽게 구현할 수 있다.<br>http://www.icharts.net/ | 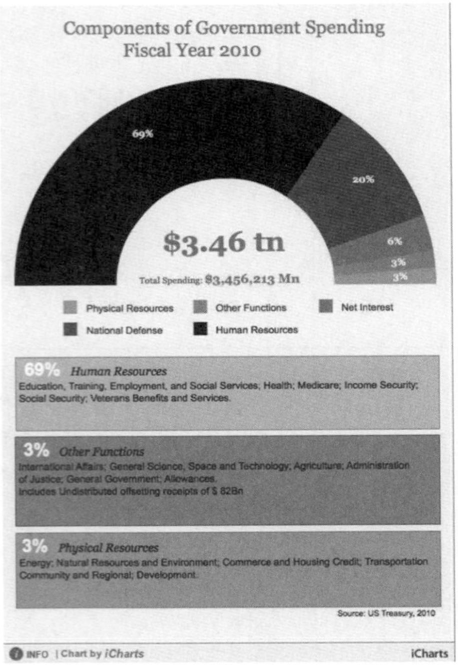 |

| 이름 | 설명 | 스크린샷 |
|---|---|---|
| JavaScript InfoVis Toolkit | 그래프, 차트 등 인터랙티브한 시각화를 쉽게 구현할 수 있는 자바스크립트 라이브러리.<br>모듈화가 잘돼 있어, 사용자가 필요 이상의 라이브러리를 다운로드 받을 필요가 없는 특징이 있다.<br>http://philogb.github.io/jit/ | 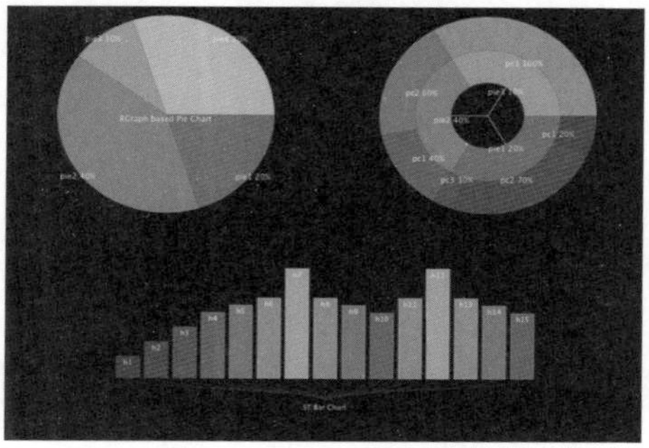 |
| jpGraph | 서버 사이드에서 차트나 그래프를 구현할 수 있는 PHP 기반 시각화 라이브러리.<br>서버 측에서 생성된 모든 차트나 그래프는 이미지 형태로 저장돼 클라이언트(웹 브라우저)로 전송된다.<br>http://jpgraph.net/ | 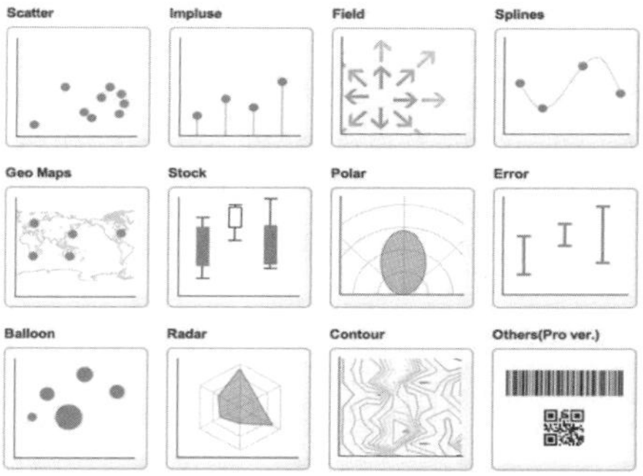 |
| jQuery Visualize | 그래프, 차트 등 인터랙티브한 시각화를 쉽게 구현할 수 있는 자바스크립트 라이브러리. jQuery를 기반으로 개발됐기 때문에 jQuery를 사용할 줄 아는 사용자라면 쉽게 배울 수 있다.<br>https://github.com/filamentgroup/jQuery-Visualize | 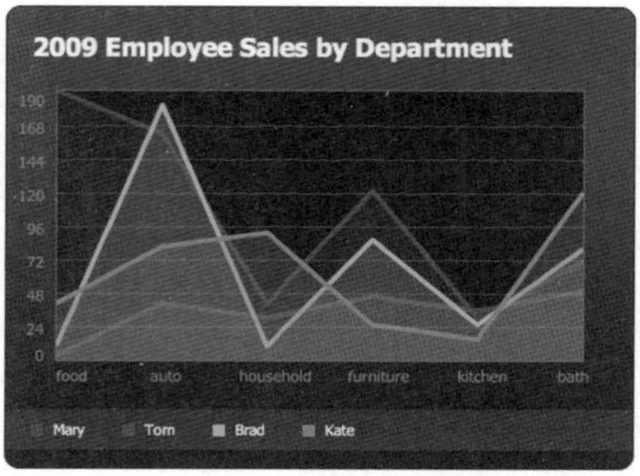 |
| Kartograph | 인터랙티브한 지도 기반의 시각화 구현 라이브러리. 서버 사이드에서는 파이썬 기반의 지도 데이터 생성을 위한 라이브러리를 제공하며, 클라이언트 사이드에서는 자바스크립트 기반의 인터랙티브한 지도 작성을 위한 라이브러리를 제공한다.<br>http://kartograph.org/ |  |

| 이름 | 설명 | 스크린샷 |
|---|---|---|
| Modest Maps | 인터랙티브한 지도 기반의 시각화 구현을 위한 라이브러리. 자바스크립트, 파이썬, 프로세싱, PHP, 액션스크립트3, C++ 등 다양한 언어에 대한 API를 제공한다. http://modestmaps.com/ | 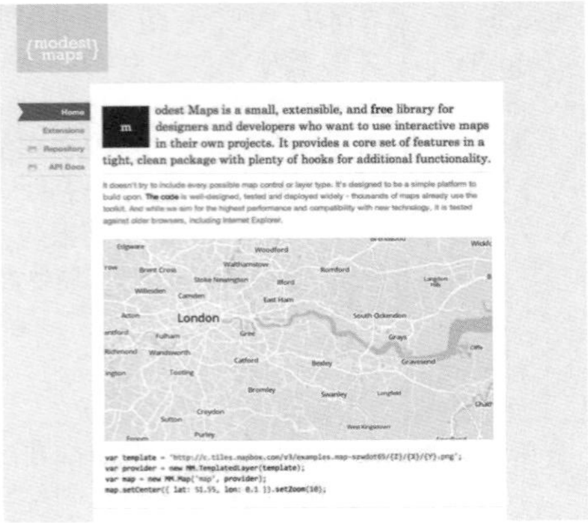 |
| Polymaps | 인터랙티브한 지도 기반의 시각화 구현을 위한 자바스크립트 라이브러리. http://polymaps.org/ | 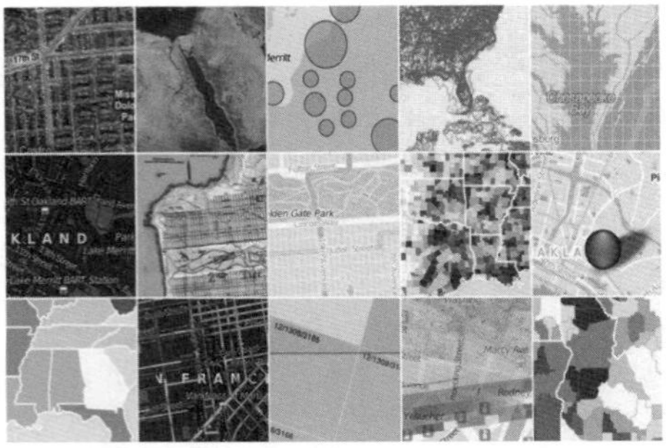 |
| Processing | 정보 시각화를 위해 특별히 고안된 언어. 시각화를 위한 다양한 API를 제공하며, 최종적으로 자바 코드, 오브젝티브 C 코드, 또는 자바스크립트로 변환돼 다양한 환경에서 동작될 수 있다. http://processing.org/ | 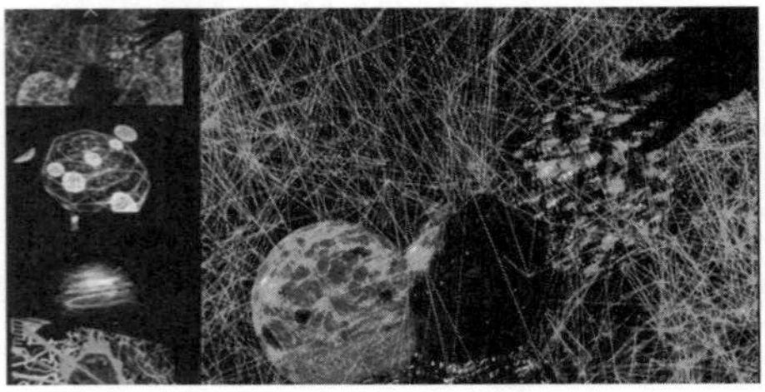 |
| R | 시각화 도구보다는 통계 패키지로 더 잘 알려져 있는 도구. 단순한 명령어들을 통해 다양한 그래프, 차트를 그릴 수 있을 뿐 아니라, 다양한 통계 수식들을 통해 데이터를 분석할 수 있다. http://www.r-project.org/ | 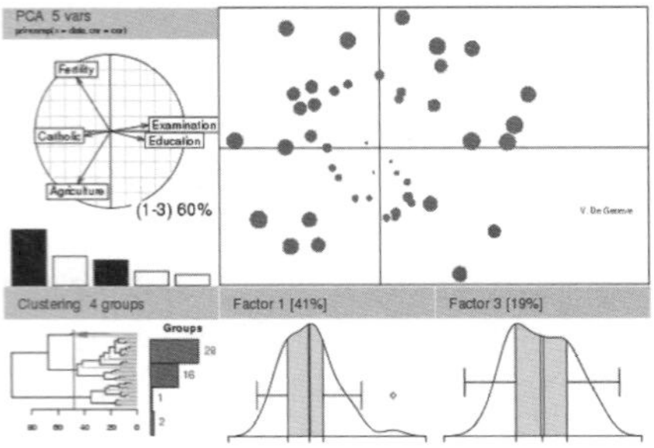 |

| 이름 | 설명 | 스크린샷 |
|---|---|---|
| Rapha l | 그래프, 차트 등 인터랙티브한 시각화를 쉽게 구현할 수 있는 자바스크립트 라이브러리. 애니메이션 기능이 화려하고, 구현하기가 쉽다. http://raphaeljs.com/ |  |
| Tableau | 드래그 앤 드롭 방식으로 데이터를 손쉽게 분석하고, 단지 몇 번의 클릭으로 데이터를 시각화할 수 있는 플랫폼. 플랫폼을 스탠드얼론, 클라이언스/서버, 클라우드 서비스 등 다양한 형태로 구축할 수 있다. http://www.tableausoftware.com/ko-kr | 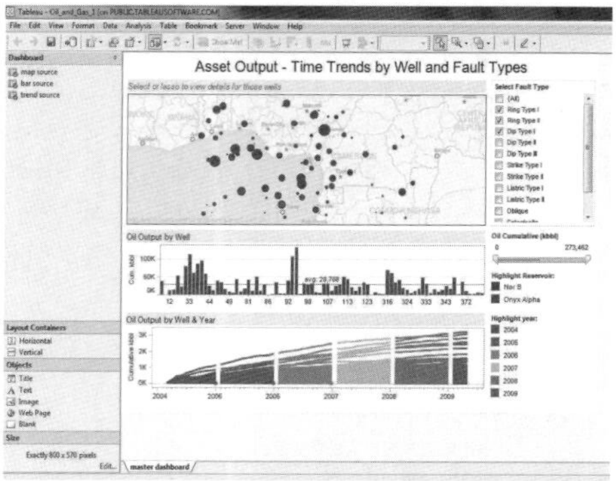 |
| Tangle | 인터랙티브한 그래프를 쉽게 구현할 수 있는 자바스크립트 라이브러리. 그래프와 함께 수식을 표현하기에 유용하다는 특징이 있다. http://worrydream.com/Tangle/ | 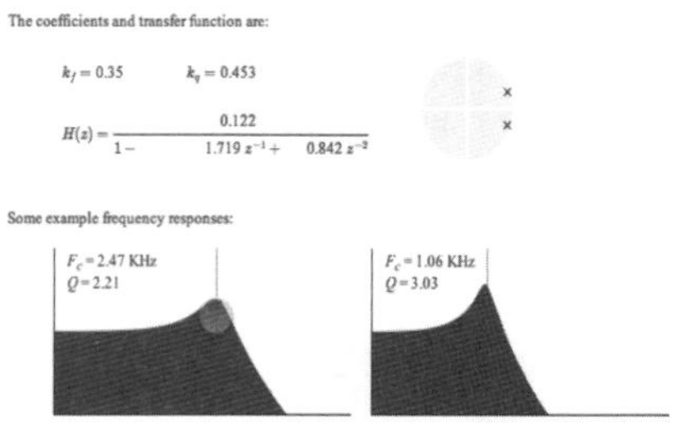 |
| Timeline | 인터랙티브한 타임라인 구현을 지원하는 HTML, 자바스크립트 기반의 위젯 라이브러리로 타임라인을 손쉽게 구현할 수 있다. http://www.simile-widgets.org/timeline/ | 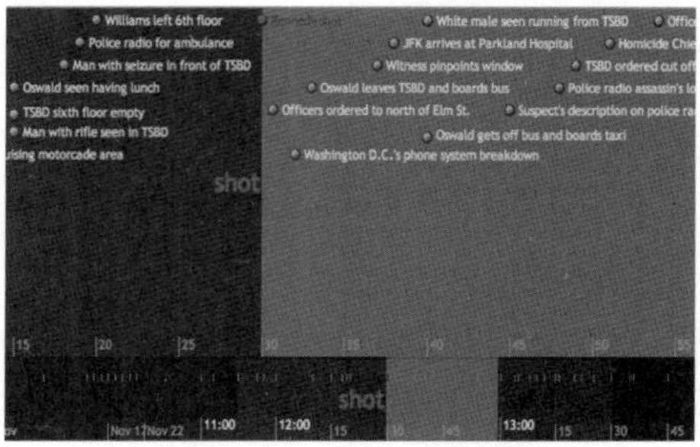 |

| 이름 | 설명 | 스크린샷 |
|---|---|---|
| Visual.ly | 인터랙티브한 차트 구현을 지원하는 서비스. 입력 데이터를 업로드 하거나 '구글 드라이브' 등 외부 데이터와 연결해 다양한 차트를 쉽게 구현할 수 있다.<br>http://create.visual.ly/ | 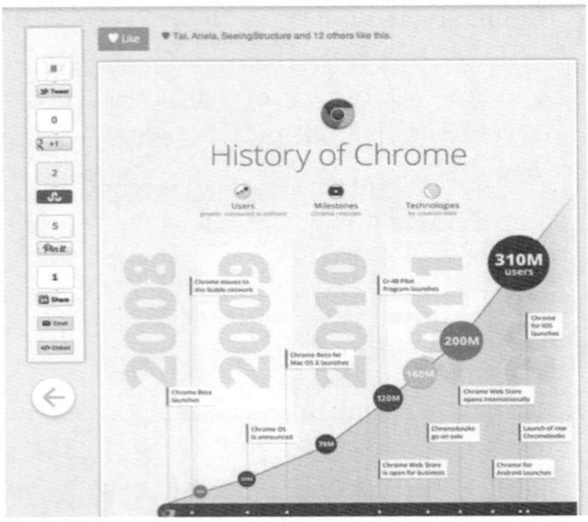 |
| Visualize Free | 인터랙티브한 차트 구현을 지원하는 서비스. 입력 데이터를 업로드하거나 구글 드라이브 등 외부에서 연결해 다양한 차트를 쉽게 구현할 수 있다.<br>http://visualizefree.com/ | 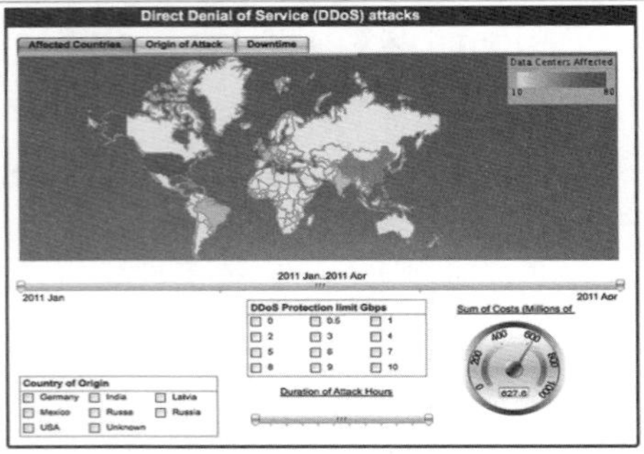 |
| Weka | 시각화보다 데이터 마이닝에 치중한 도구. 분류 또는 군집 등 다수의 데이터 마이닝 알고리즘을 갖고 있으며, 그 결과에 대한 간단한 시각화를 제공한다.<br>http://www.cs.waikato.ac.nz/ml/weka/ | 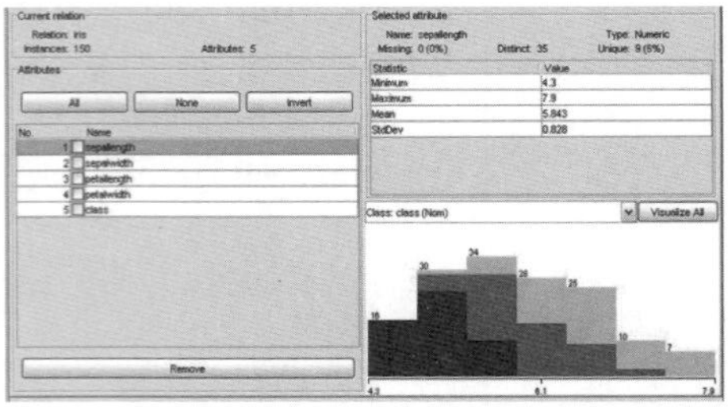 |
| Wolfram Alpha | 특별한 설정·구현 없이 수학적 질문(수식)에 대한 답을 그래프 형태로 시각화하는 기능을 제공하는 서비스. 시각화 도구보다는 상식적인 질문 또는 수학적 질문에 대한 답을 제공하는 서비스다.<br>http://www.wolframalpha.com/ | 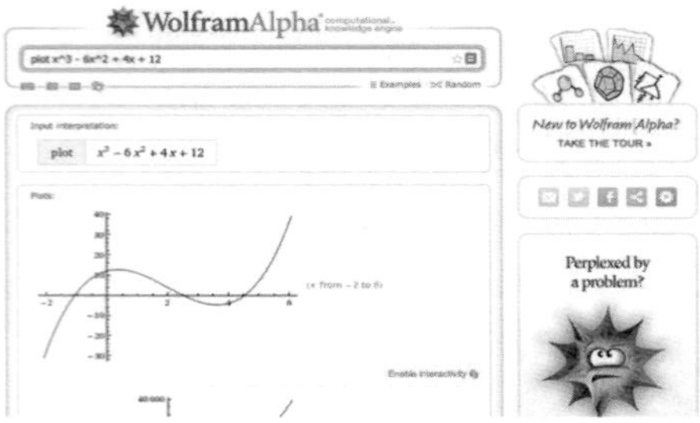 |

# 장 요약

### 제1절 시각화 구현 개요

시각화 플랫폼 기반 시각화 구현 방법, 라이브러리 기반 시각화 구현 방법, 그리고 템플릿 기반 시각화 구현 방법 등 시각화 구현을 위한 다양한 접근 방법을 설명한다. 비즈니스 인텔리전스 분야에서 주로 활용되는 시각화 플랫폼은 다차원적 데이터 분석 결과를 시각화 하고, 그 결과를 보고서로 생성하기에 적합하다. 데이터 시각화를 포함한 제품 또는 서비스 개발에는 라이브러리 기반의 시각화 구현이 용이하며, 인포그래픽스와 같이 복합적인 데이터 시각화를 구현하는 경우 템플릿 기반의 구현 방법이 수월하다.

### 제2절 분석 도구를 이용한 시각화 구현: R

데이터를 효과적으로 시각화 함으로써 단순 통계값을 리포트로 요약정보를 보는 것 보다 효율적으로 통찰력을 얻을 수 있다. ggplot2패키지를 이용하면 다양한 타입의 그래프를 서버 상에서 직접 처리하고, 위경도 정보와 결합하여 공간분석을 수행하면서, 이를 배포할 수 있는 shiny를 이용하는 방법이 있다.

### 제3절 라이브러리 기반의 시각화 구현: D3.js

D3.js는 HTML5 기술을 활용하여 직접적으로 시각화를 구현할 수 있는 자바스크립트 기반의 라이브러리이며 웹 페이지 또는 웹 어플리케이션에 다양한 시각화 기법을 적용할 수 있다. D3.js 기반 시각화 구현을 위한 통상적인 절차인 데이터 획득, 파싱, 필터링, 표현, 상호작용 추가 등의 절차를 소개한다. 또한 막대 차트, 파이 차트, 스캐터 플롯, 히트맵, 그리고 지도를 구현하는 예제를 통해 D3.js를 활용한 다양한 관점의 시각화 방안을 설명한다.

# 연습문제

**문제 1. 관계 시각화 구현에 적합한 차트는?**

① 바차트
② 파이차트
③ 스캐터플롯
④ 히트맵

**문제 2. 데이터를 시각화 하는 이유는 무엇인가?**

① 전체적인 데이터의 insight를 얻기 위해 한다.
② 분석결과의 정확도를 확인하기 위해 한다.
③ 데이터 가공을 쉽게 하기 위해 한다.
④ 데이터를 엑셀로 보내기 위해 한다.

**문제 3. 시각화에 쓰이는 패키지는 무엇인가?**

① ggplot2
② gplot
③ graph2
④ ggraph2

**문제 4. 그래프의 x축과 y축을 지정하는 함수는?**

① aes
② eas
③ ax
④ xy

**문제 5. 데이터가 분류유형이 많은 경우 이용하는 그래프는 무엇인가?**

① 선그래프
② 원그래프
③ 히스토그램
④ 점그래프

**문제 6. 그래프의 내부 색상을 바꿔주는 옵션은 무엇인가?**

① color
② fill
③ fillcol
④ colfill

**문제 7. 다음 프로그램의 그래프의 caret종류는 어디에 표시되는가?**

```
k <- ggplot(diamonds, aes(carat, ..density..)) + geom_histogram(binwidth = 0.2)
k + facet_grid(. ~ cut)
```

① 위
② 아래
③ 좌
④ 우

**문제 8. D3.js에서 scale 입력 값의 범위를 지정하는 함수는?**

① range()
② linear()
③ scale()
④ domain()

**문제 9. D3.js에서 축의 눈금 단위를 지정하는 함수는?**

① axis()
② orient()
③ ticks()
④ call()

**문제 10. 다음 중 시각화 라이브러리에 속하지 않는 것은?**

① Gephi
② jqPlot
③ D3.js
④ Flot

**문제 11. 다음 중 D3.js의 특징이 아닌 것은?**

① 항상 SVG 객체를 기반으로 동작한다.
② 오페라 브라우저에서 동작한다.
③ 오픈소스 프로젝트로 무료로 사용할 수 있다.
④ CSS를 활용하면 차트의 스타일을 지정할 수 있다.

**문제 12. D3.js에서 시각화 요소의 위치를 변경하는 속성은?**

① transform
② class
③ arc
④ data

**문제 13. 다음 중 히트맵을 활용하기에 적합한 시각화는?**

① 시간 시각화
② 분포 시각화
③ 비교 시각화
④ 관계 시각화

# Exercise

R에 내장된 Orange 데이터를 활용해 다음을 수행한다.

라인그래프를 그리시오.
얼굴 그림을 그리시오.
별 그림을 그리시오.

다음과 같은 데이터를 활용해 x축은 age로, y축은 circumference 변수로 라인그래프를 그리시오. 이때 라인그래프의 색은 Tree 변수로 지정한다.

```
> Orange
   Tree  age circumference
1     2  118            30
2     2  484            58
3     2  664            87
4     2 1004           115
5     2 1231           120
6     2 1372           142
7     2 1582           145
8     4  118            33
9     4  484            69
10    4  664           111
11    4 1004           156
12    4 1231           172
13    4 1372           203
14    4 1582           203
15    1  118            30
16    1  484            51
17    1  664            75
18    1 1004           108
19    1 1231           115
20    1 1372           139
21    1 1582           140
22    5  118            32
```

```
23     5  484          62
24     5  664         112
25     5 1004         167
26     5 1231         179
27     5 1372         209
28     5 1582         214
29     3  118          30
30     3  484          49
31     3  664          81
32     3 1004         125
33     3 1231         142
34     3 1372         174
35     3 1582         177
```

```
> ggplot(Orange, aes(x=age, y=circumference, colour=Tree)) +
```

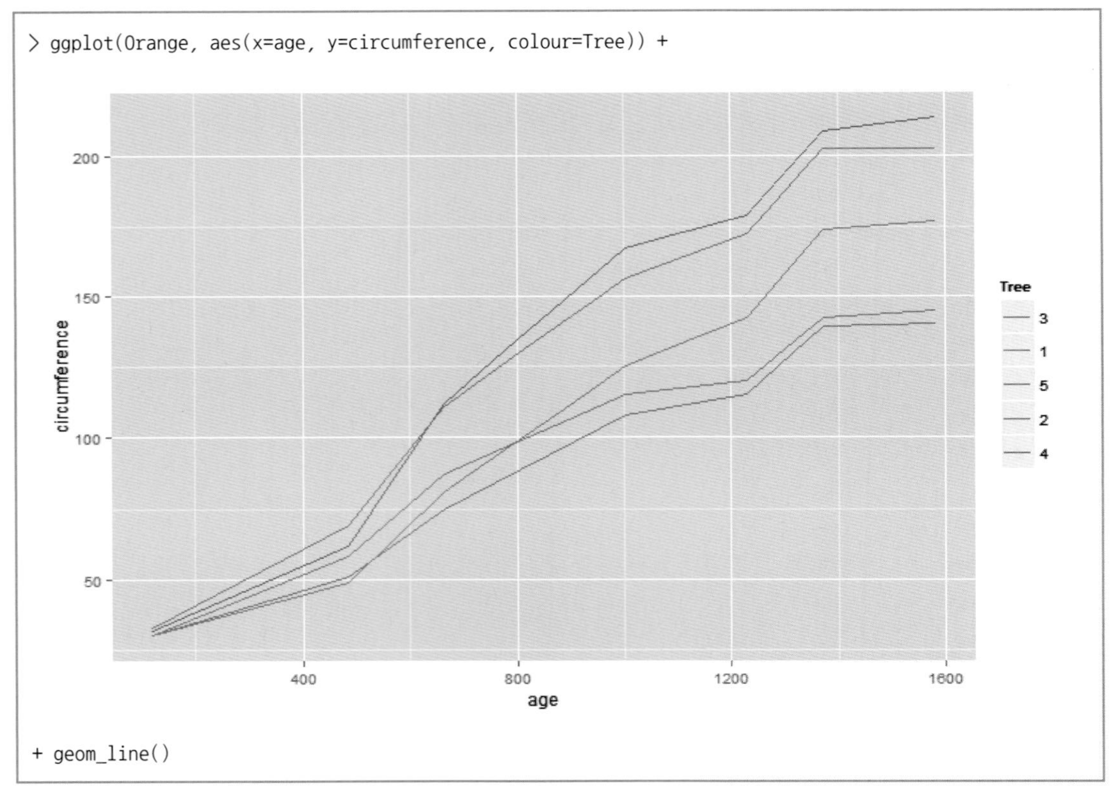


```
+ geom_line()
```

[그림 1] orange데이터를 이용한 라인그래프

얼굴 그림을 그리시오.

```
> str(Orange)
Classes 'nfnGroupedData', 'nfGroupedData', 'groupedData' and 'data.frame':	35 obs.
of  3 variables:
 $ Tree         : Ord.factor w/ 5 levels "3"<"1"<"5"<"2"<..: 2 2 2 2 2 2 2 4 4 4 ...
 $ age          : num  118 484 664 1004 1231 ...
 $ circumference: num  30 58 87 115 120 142 145 33 69 111 ...
 - attr(*, "formula")=Class 'formula' length 3 circumference ~ age | Tree
  .. ..- attr(*, ".Environment")=<environment: R_EmptyEnv>
 - attr(*, "labels")=List of 2
  ..$ x: chr "Time since December 31, 1968"
  ..$ y: chr "Trunk circumference"
 - attr(*, "units")=List of 2
  ..$ x: chr "(days)"
  ..$ y: chr "(mm)"
> Orange$Tree <- as.numeric(Orange$Tree)
> str(Orange)
Classes 'nfnGroupedData', 'nfGroupedData', 'groupedData' and 'data.frame':35 obs. of  3 variables:
 $ Tree         : num  2 2 2 2 2 2 2 4 4 4 ...
 $ age          : num  118 484 664 1004 1231 ...
 $ circumference: num  30 58 87 115 120 142 145 33 69 111 ...
 - attr(*, "formula")=Class 'formula' length 3 circumference ~ age | Tree
  .. ..- attr(*, ".Environment")=<environment: R_EmptyEnv>
 - attr(*, "labels")=List of 2
  ..$ x: chr "Time since December 31, 1968"
  ..$ y: chr "Trunk circumference"
 - attr(*, "units")=List of 2
  ..$ x: chr "(days)"
  ..$ y: chr "(mm)"
```

얼굴 그림과 별 그림을 그리기 위해 Tree 변수를 숫자화하였다.

```
> faces(Orange)
effect of variables:
 modified item       Var
 "height of face   " "Tree"
 "width of face    " "age"
 "structure of face" "circumference"
 "height of mouth  " "Tree"
 "width of mouth   " "age"
 "smiling          " "circumference"
 "height of eyes   " "Tree"
 "width of eyes    " "age"
 "height of hair   " "circumference"
 "width of hair   "  "Tree"
 "style of hair   "  "age"
 "height of nose  "  "circumference"
 "width of nose   "  "Tree"
 "width of ear    "  "age"
 "height of ear   "  "circumference"
```

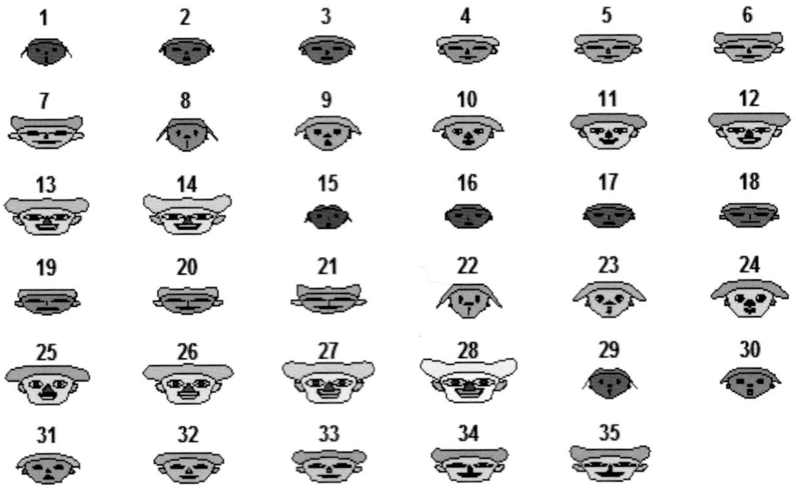

1 2 3 4 5 6 7 8 9 10 11 12 13 14 15 16 17 18 19 20 21 22 23 24 25 26 27 28 29 30 31 32 33 34 35

[그림 2] orange 데이터를 이용한 얼굴그래프

별 그림을 그리시오.

```
> stars(Orange)
```

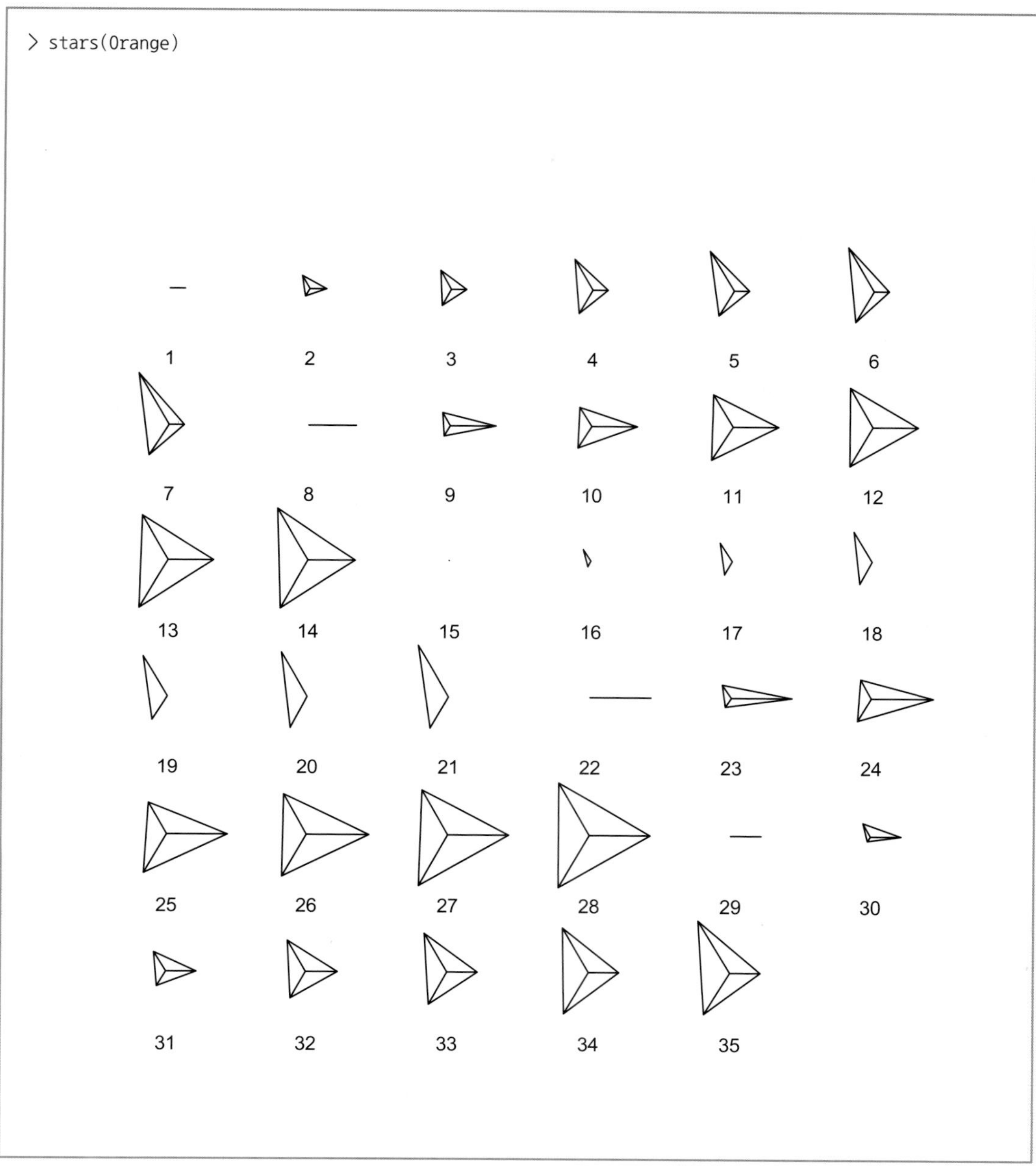


[그림 3] orange데이터를 이용한 별 그래프

ADP
Professional · Semi-Professional

# 부록 A

## 컬러 그림 발췌(5과목)

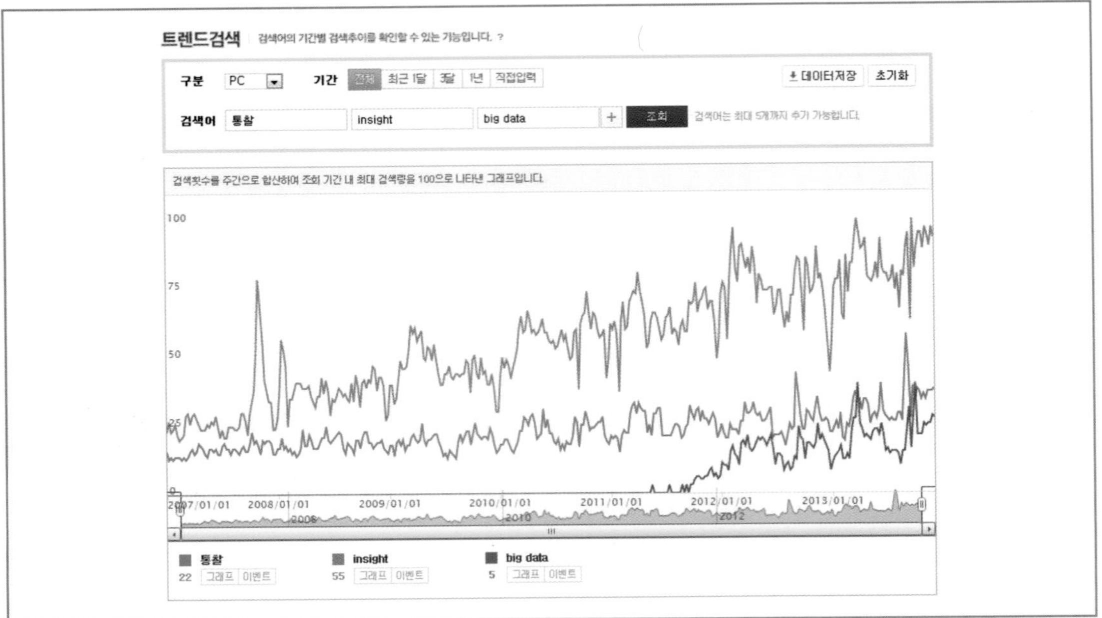


[그림 V-1-1] 세 단어에 대한 네이버 트렌드검색 결과 그래프

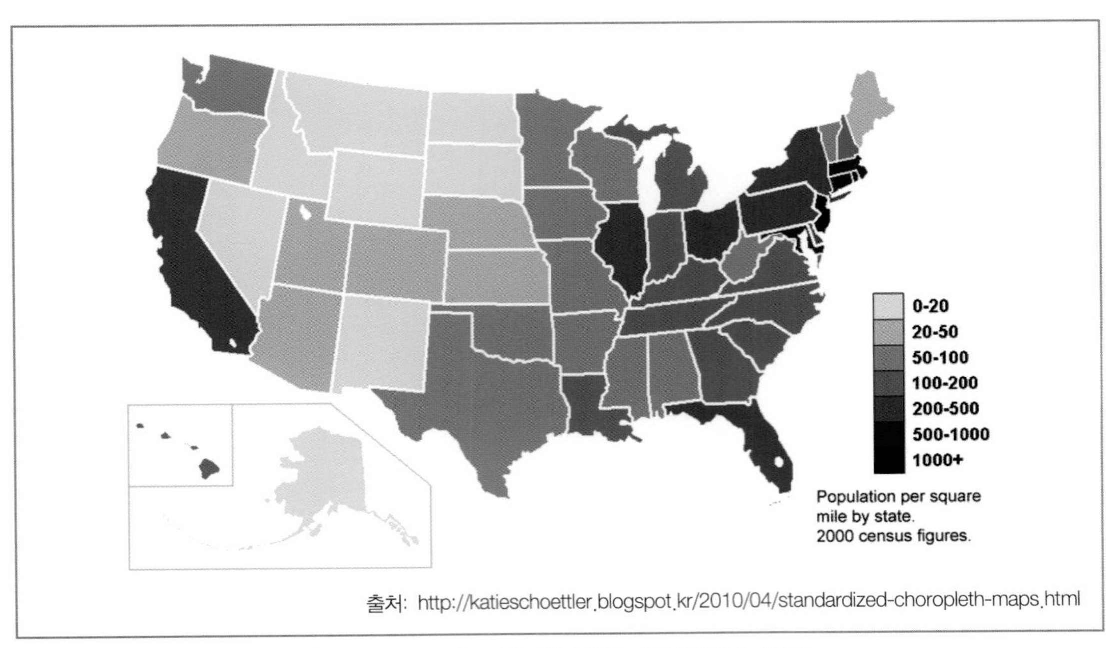


출처: http://katieschoettler.blogspot.kr/2010/04/standardized-choropleth-maps.html

[그림 V-1-7] 미국 인구밀도 코로플레스 지도

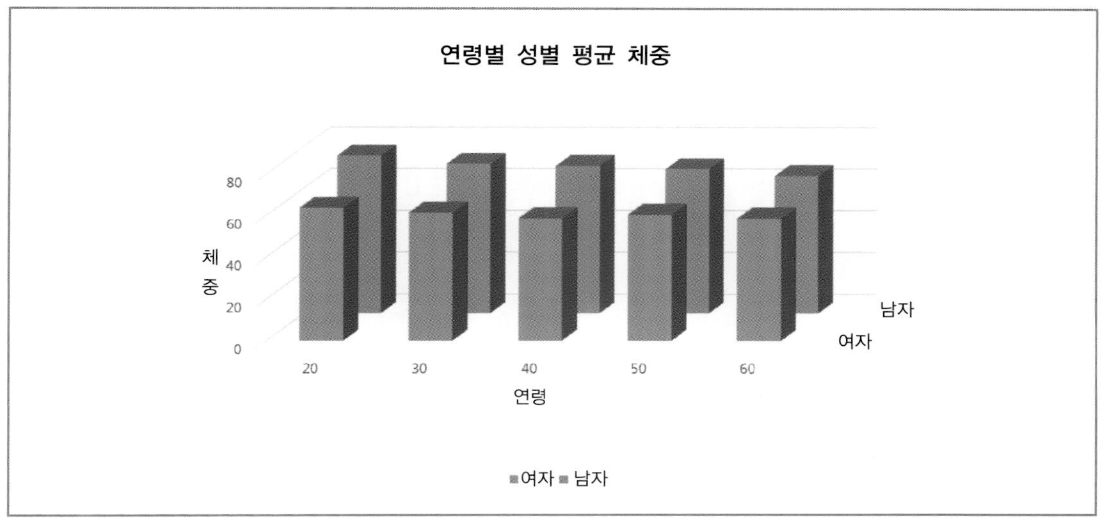


[그림 V-1-11] 차원 2개로 된 측정값 데이터를 시각화한 그래프의 예

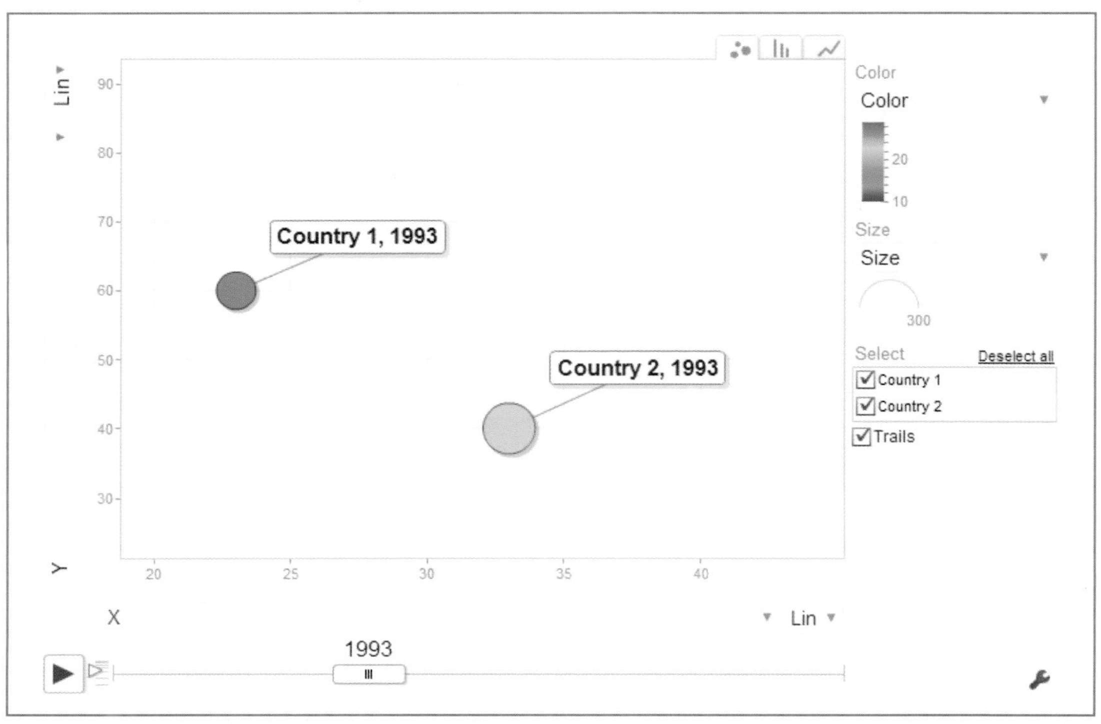


[그림 V-1-12] 구글 스프레드시트에서 제공하는 모션 차트 사례

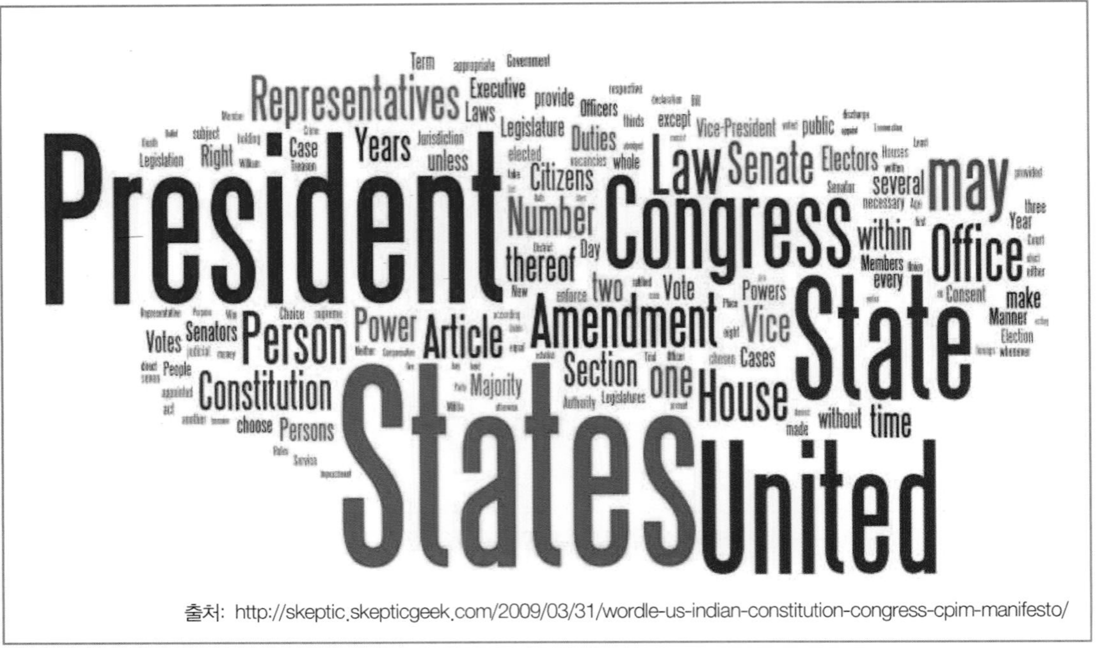


출처: http://skeptic.skepticgeek.com/2009/03/31/wordle-us-indian-constitution-congress-cpim-manifesto/

[그림 V-1-13] 미국 헌법에 있는 단어들을 워들로 표현

[그림 V-1-16] 지역별 호텔 상품 분포를 나타낸 코로플레스 지도

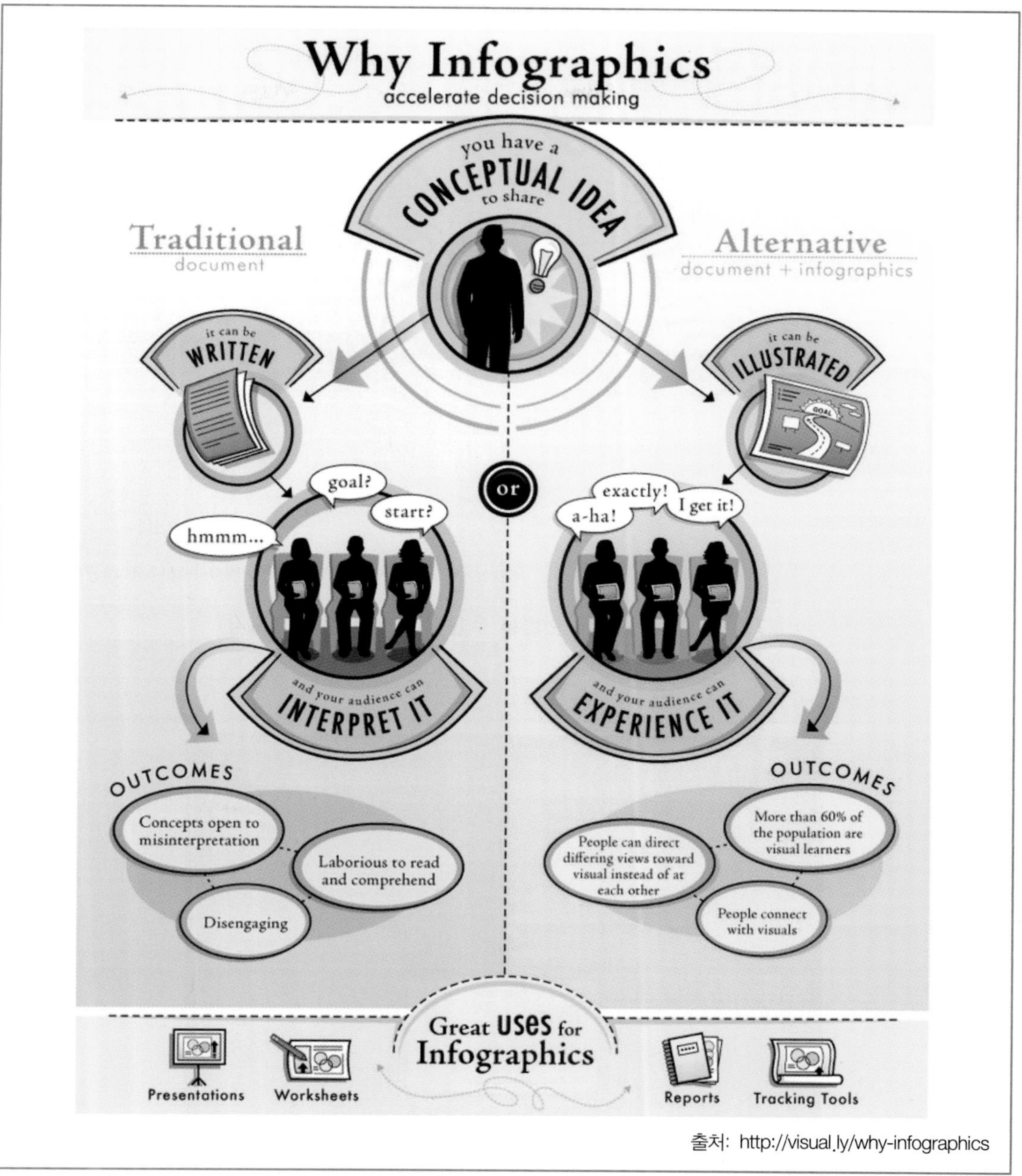


출처: http://visual.ly/why-infographics

[그림 V-1-20] 추상적인 콘셉트를 시각화해 직관적으로 보여주는 인포그래픽

출처: http://spencespace.blogspot.kr/2012_05_01_archive.html

[그림 V-1-21] 미국 헌법을 워들로 표현한 인포그래픽

출처: http://statehealthstats.americashealthrankings.org/

[그림 V-1-23] 미국의 건강 지표 사이트

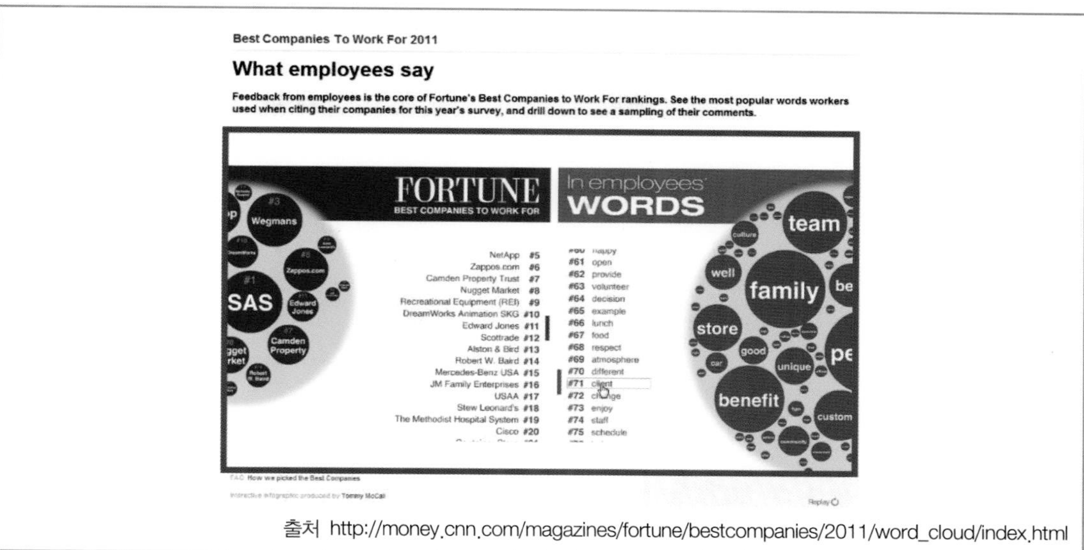


출처 http://money.cnn.com/magazines/fortune/bestcompanies/2011/word_cloud/index.html

[그림 V-1-24] What employees say

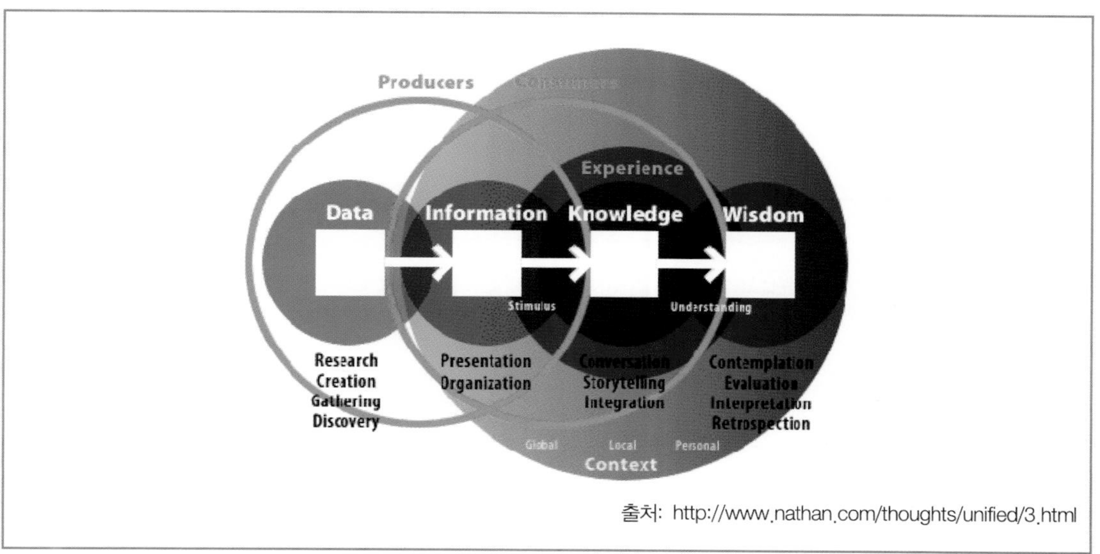


출처: http://www.nathan.com/thoughts/unified/3.html

[그림 V-2-2] 정보 인터랙션 디자인

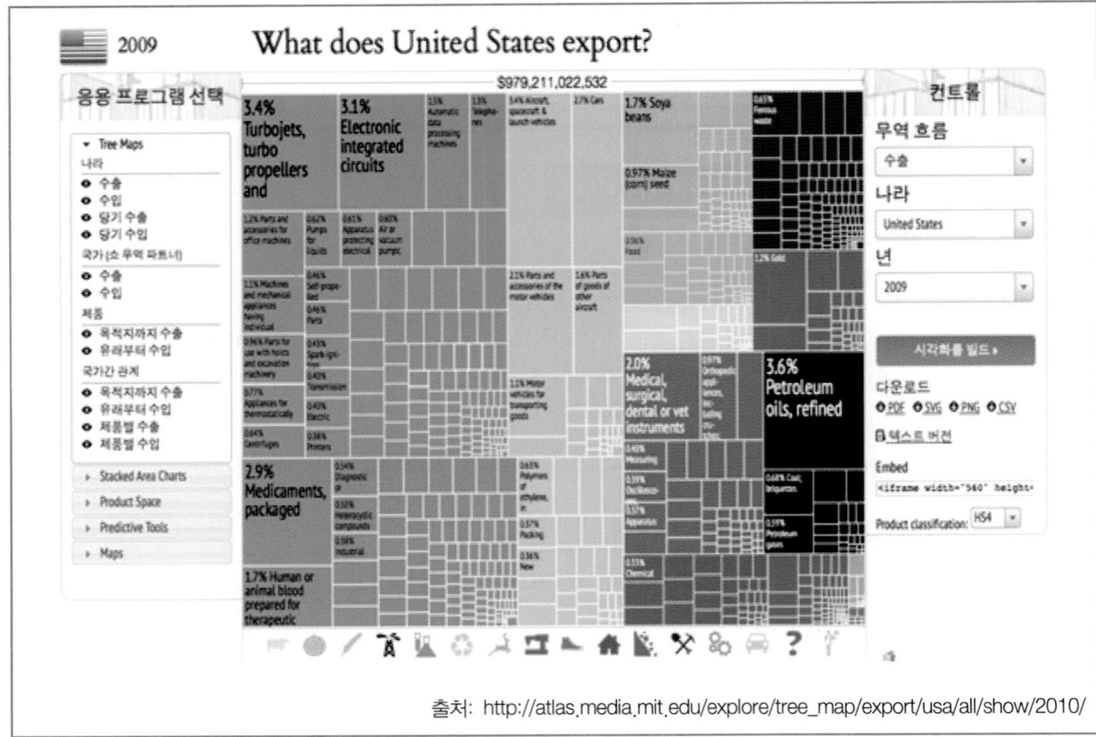


출처: http://atlas.media.mit.edu/explore/tree_map/export/usa/all/show/2010/

[그림 V-2-4] 트리맵: 경제 복잡성의 전망대

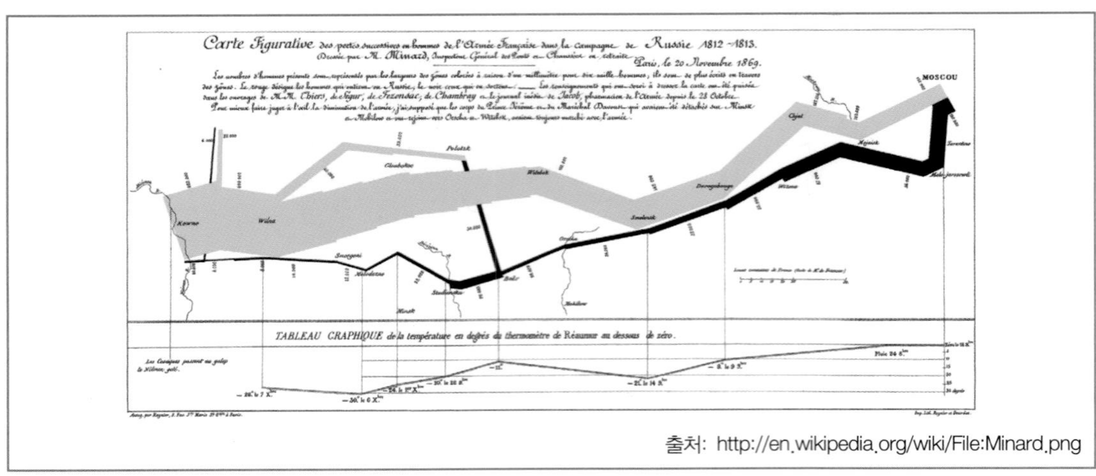


출처: http://en.wikipedia.org/wiki/File:Minard.png

[그림 V-2-6] 나폴레옹 행군의 1861년 다이어그램

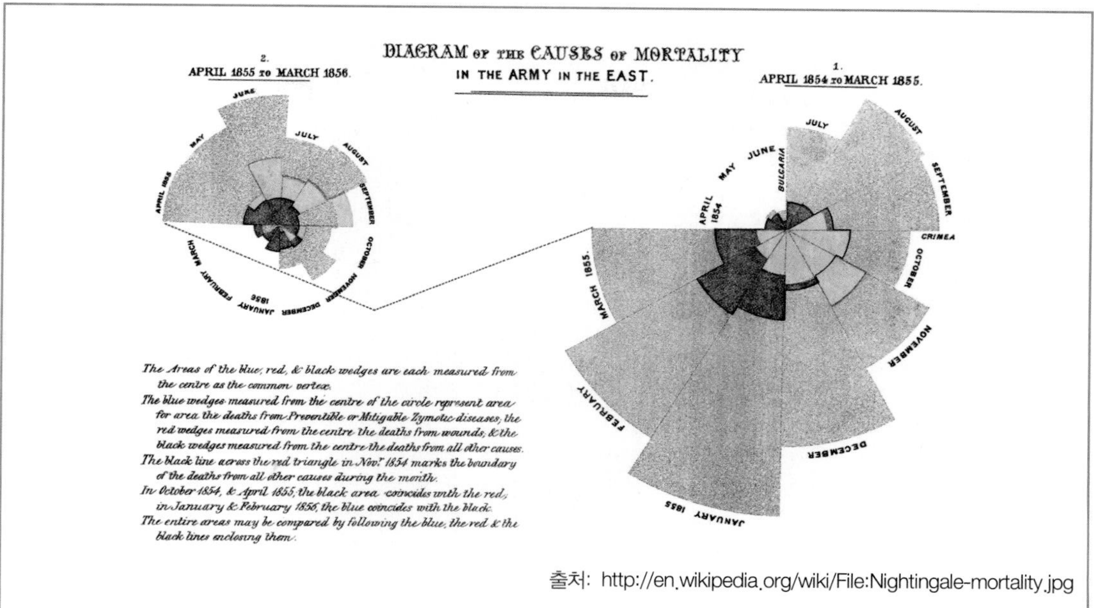


출처: http://en.wikipedia.org/wiki/File:Nightingale-mortality.jpg

[그림 V-2-7] 나이팅게일의 폴라 지역 다이어그램

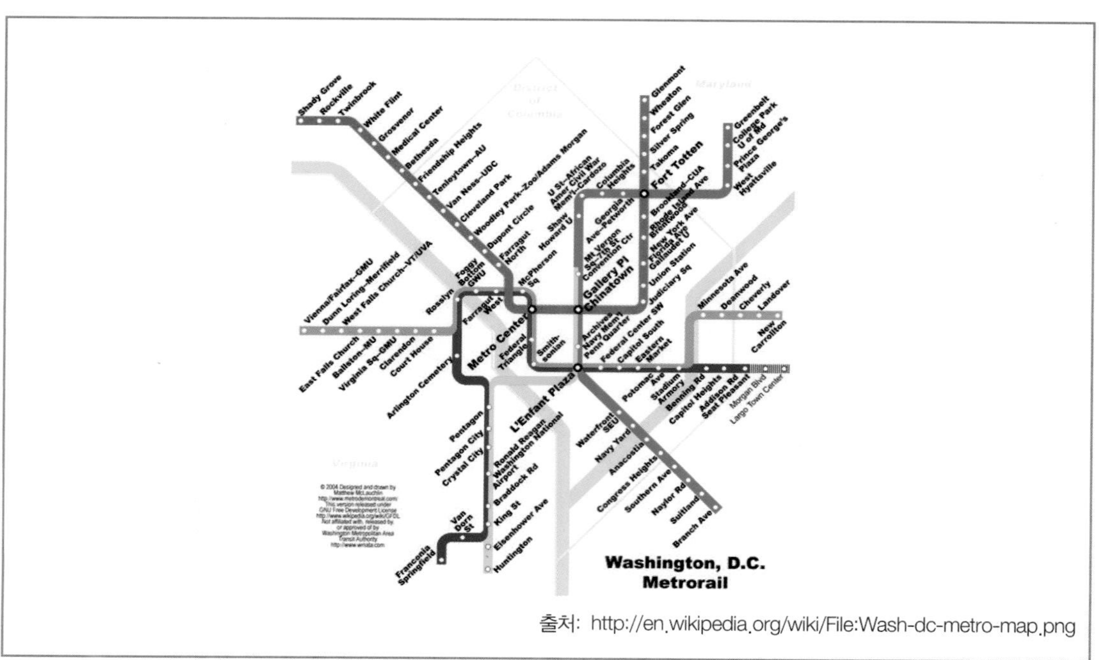


출처: http://en.wikipedia.org/wiki/File:Wash-dc-metro-map.png

[그림 V-2-8] 워싱턴 지하철 지도

출처: http://flowingdata.com/2010/12/09/picturing-social-order/

[그림 V-2-9] 순위: 1516년부터 2009년까지 사회 순서 가시화

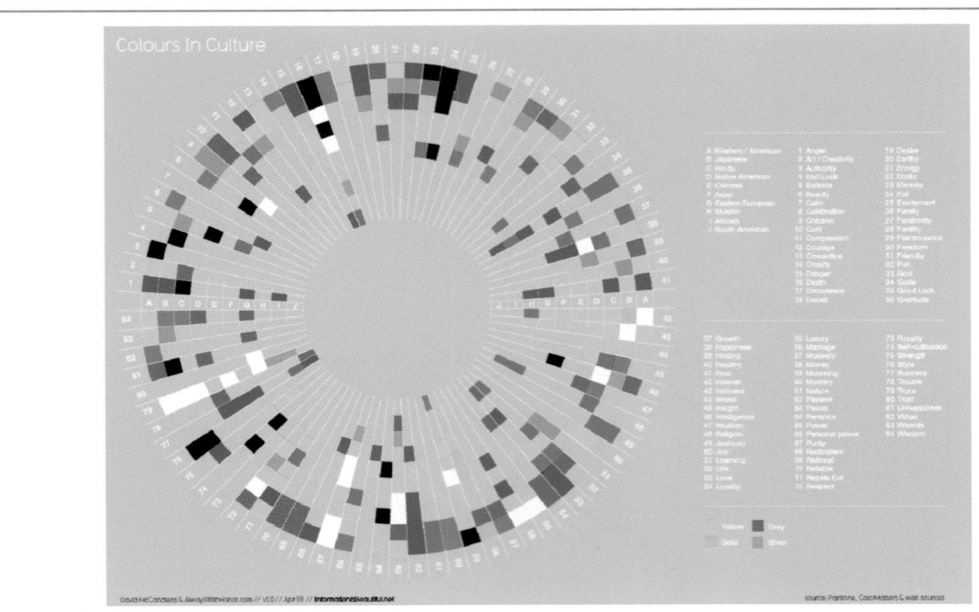


출처: http://www.informationisbeautiful.net/visualizations/colours-in-cultures/

[그림 V-2-12] 맥캔들레스의 문화에 따른 색상

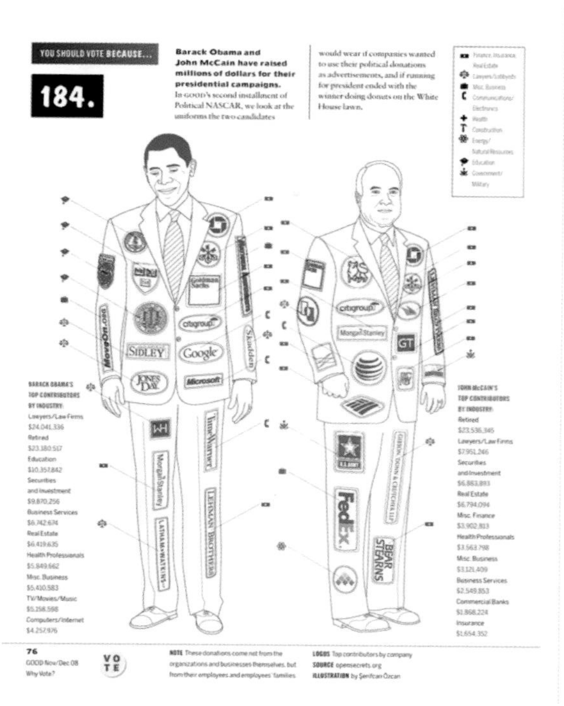

YOU SHOULD VOTE BECAUSE...

**184.**

**Barack Obama and John McCain have raised millions of dollars for their presidential campaigns.** In GOOD's second installment of Political NASCAR, we look at the uniforms the two candidates would wear if companies wanted to use their political donations as advertisements, and if running for president ended with the winner doing donuts on the White House lawn.

Finance, Insurance, Real Estate
Lawyers/Lobbyists
Misc. Business
Communications/Electronics
Health
Construction
Energy/Natural Resources
Education
Government/Military

BARACK OBAMA'S TOP CONTRIBUTORS BY INDUSTRY:
Lawyers/Law Firms $24,041,336
Retired $23,180,517
Education $10,357,842
Securities and Investment $9,870,256
Business Services $6,742,674
Real Estate $6,419,635
Health Professionals $5,849,662
Misc. Business $5,410,583
TV/Movies/Music $5,158,588
Computers/Internet $4,257,976

JOHN McCAIN'S TOP CONTRIBUTORS BY INDUSTRY:
Retired $23,536,345
Lawyers/Law Firms $7,951,246
Securities and Investment $6,883,893
Real Estate $6,794,096
Misc. Finance $3,902,813
Health Professionals $3,563,798
Misc. Business $3,121,409
Business Services $2,549,853
Commercial Banks $1,868,224
Insurance $1,654,352

76
GOOD Nov/Dec 08
Why Vote?

VOTE

NOTE These donations come not from the organizations and businesses themselves, but from their employees and employees' families

LOGOS Top contributors by company
SOURCE opensecrets.org
ILLUSTRATION by Şerifcan Özcan

출처: http://www.fastcompany.com/1275415/years-best-magazine-design

[그림 V-2-15] 스콧 스토웰의 굿 잡지를 위한 일러스트

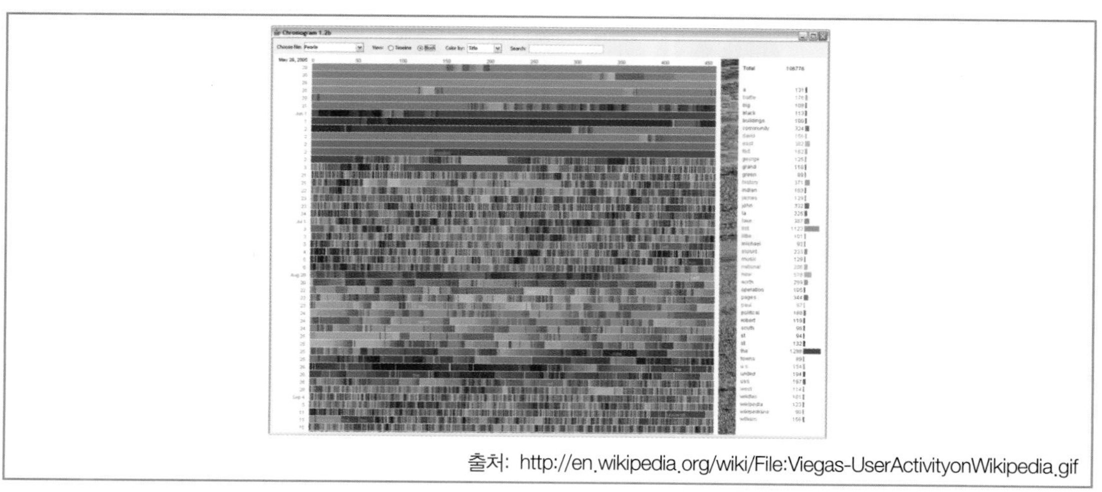

출처: http://en.wikipedia.org/wiki/File:Viegas-UserActivityonWikipedia.gif

[그림 V-2-22] 그림 단어들의 바차트

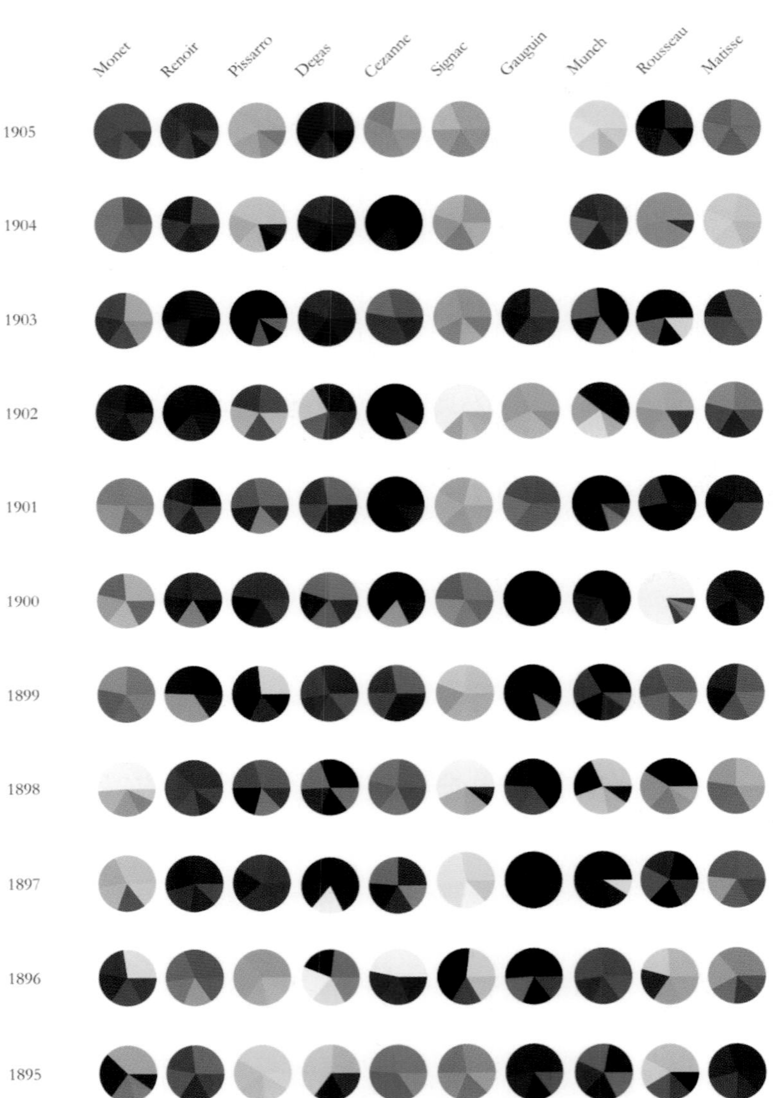


출처: http://visual.ly/10-artists-10-years-color-palettes

[그림 V-2-26] 그림 10명의 아티스트, 10년

출처: http://newsmap.jp/

[그림 V-2-29] 뉴스맵

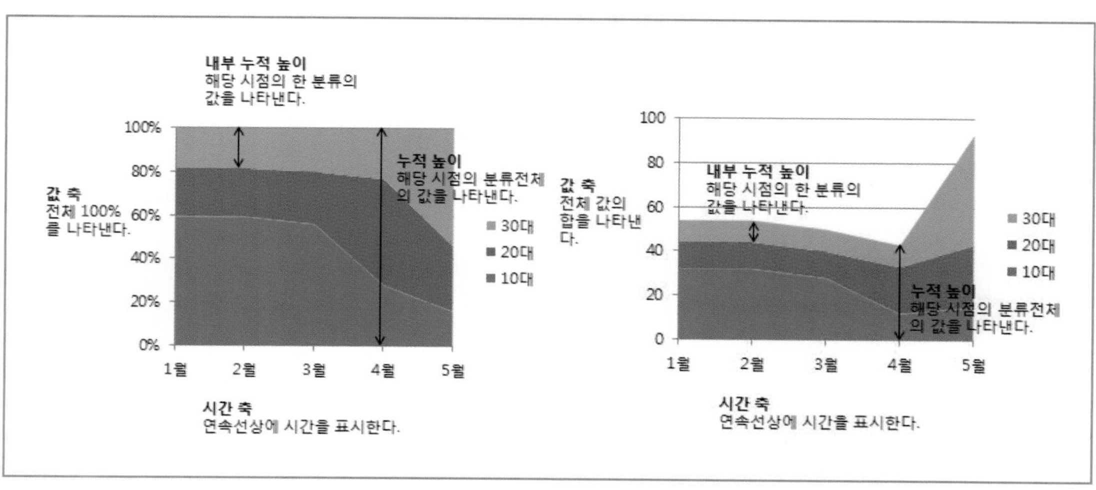


[그림 V-2-30] 누적 연속그래프의 예

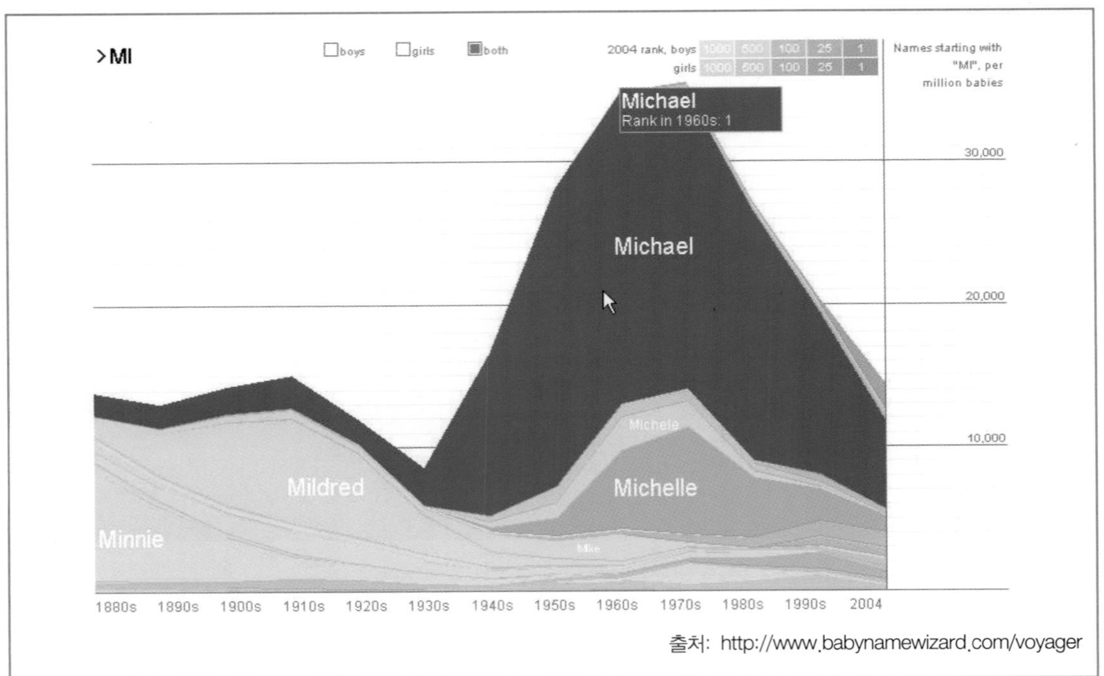


출처: http://www.babynamewizard.com/voyager

[그림 V-2-31] 네임보이저

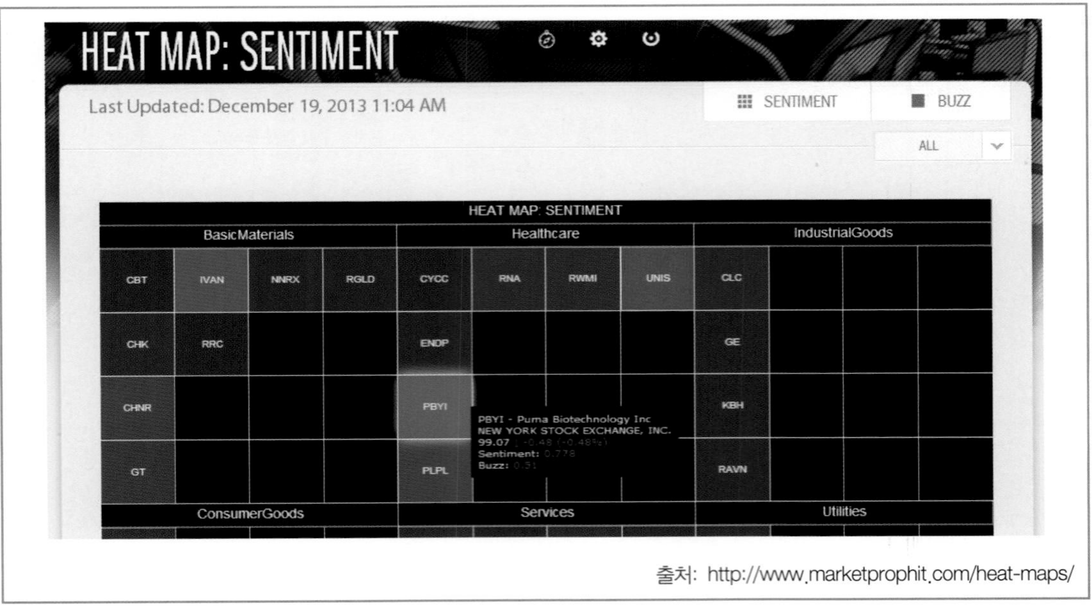


출처: http://www.marketprophit.com/heat-maps/

[그림 V-2-37] 마켓프로핏: 감정 히트맵

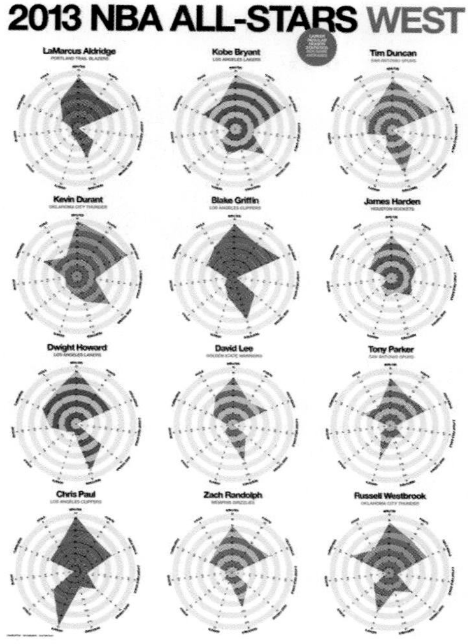

2013 NBA ALL-STARS WEST

LaMarcus Aldridge · Kobe Bryant · Tim Duncan

Kevin Durant · Blake Griffin · James Harden

Dwight Howard · David Lee · Tony Parker

Chris Paul · Zach Randolph · Russell Westbrook

출처: http://ramimo.com/2013-NBA-All-Stars

[그림 V-2-41] 2013 NBA 올스타 서부지역

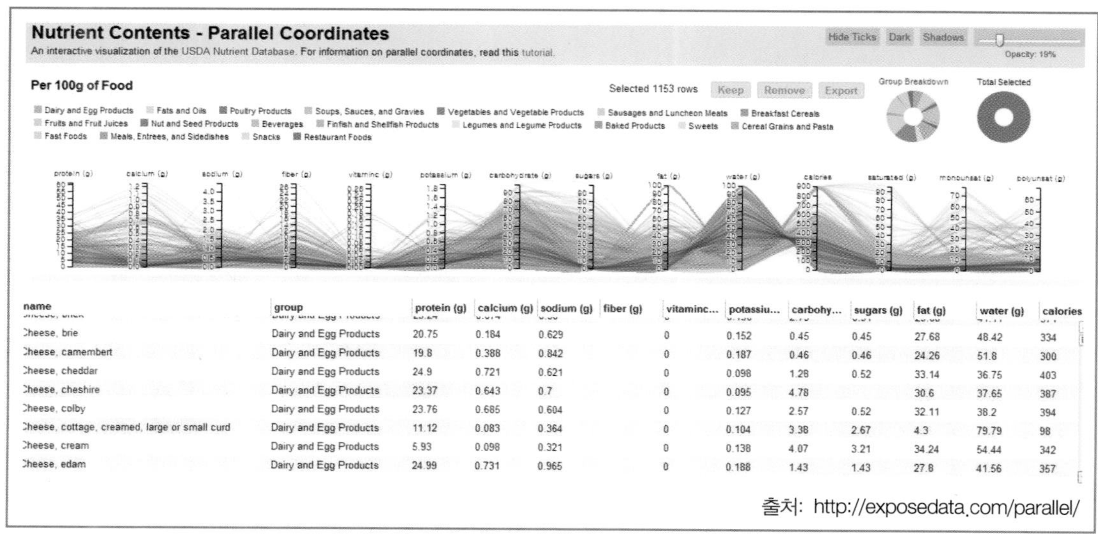


| name | group | protein (g) | calcium (g) | sodium (g) | fiber (g) | vitaminc... | potassiu... | carbohy... | sugars (g) | fat (g) | water (g) | calories |
|---|---|---|---|---|---|---|---|---|---|---|---|---|
| Cheese, brie | Dairy and Egg Products | 20.75 | 0.184 | 0.629 | | 0 | 0.152 | 0.45 | 0.45 | 27.68 | 48.42 | 334 |
| Cheese, camembert | Dairy and Egg Products | 19.8 | 0.388 | 0.842 | | 0 | 0.187 | 0.46 | 0.46 | 24.26 | 51.8 | 300 |
| Cheese, cheddar | Dairy and Egg Products | 24.9 | 0.721 | 0.621 | | 0 | 0.098 | 1.28 | 0.52 | 33.14 | 36.75 | 403 |
| Cheese, cheshire | Dairy and Egg Products | 23.37 | 0.643 | 0.7 | | 0 | 0.095 | 4.78 | | 30.6 | 37.65 | 387 |
| Cheese, colby | Dairy and Egg Products | 23.76 | 0.685 | 0.604 | | 0 | 0.127 | 2.57 | 0.52 | 32.11 | 38.2 | 394 |
| Cheese, cottage, creamed, large or small curd | Dairy and Egg Products | 11.12 | 0.083 | 0.364 | | 0 | 0.104 | 3.38 | 2.67 | 4.3 | 79.79 | 98 |
| Cheese, cream | Dairy and Egg Products | 5.93 | 0.098 | 0.321 | | 0 | 0.138 | 4.07 | 3.21 | 34.24 | 54.44 | 342 |
| Cheese, edam | Dairy and Egg Products | 24.99 | 0.731 | 0.965 | | 0 | 0.188 | 1.43 | 1.43 | 27.8 | 41.56 | 357 |

출처: http://exposedata.com/parallel/

[그림 V-2-43] 카이 창의 영양소 콘텐츠 – 평행좌표계

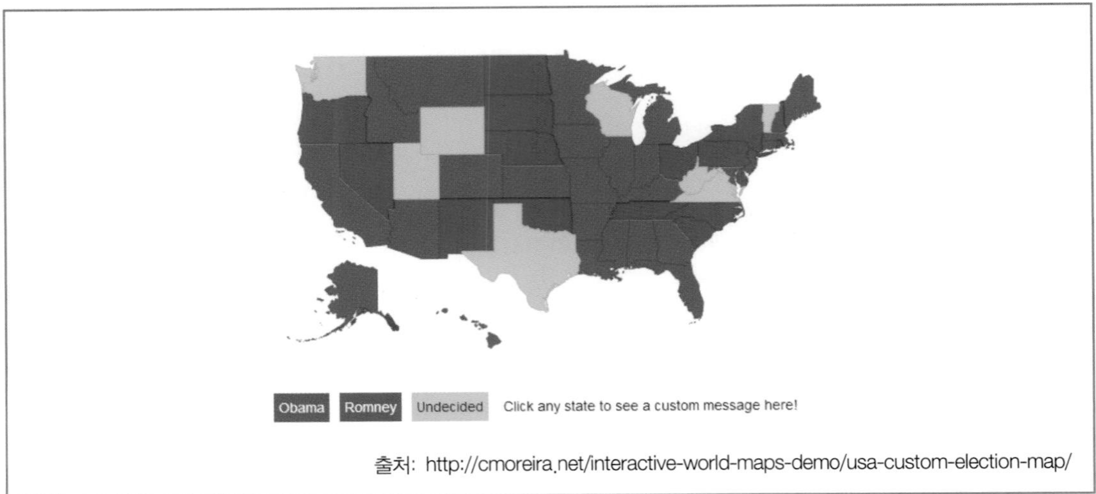


출처: http://cmoreira.net/interactive-world-maps-demo/usa-custom-election-map/

[그림 V-2-46] 인터랙티브 미국 선거 지도

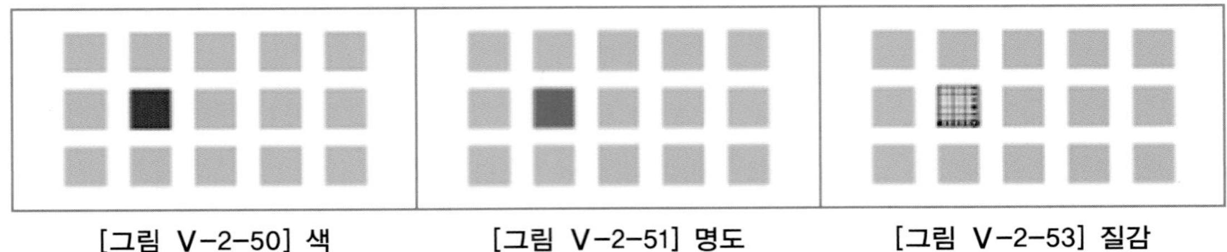

[그림 V-2-50] 색 [그림 V-2-51] 명도 [그림 V-2-53] 질감

SD 산돌고딕 Neo
SD 산돌고딕 Neo
SD 산돌고딕 Neo
SD 산돌고딕 Neo
SD 산돌고딕 Neo

[그림 V-2-59] 색채

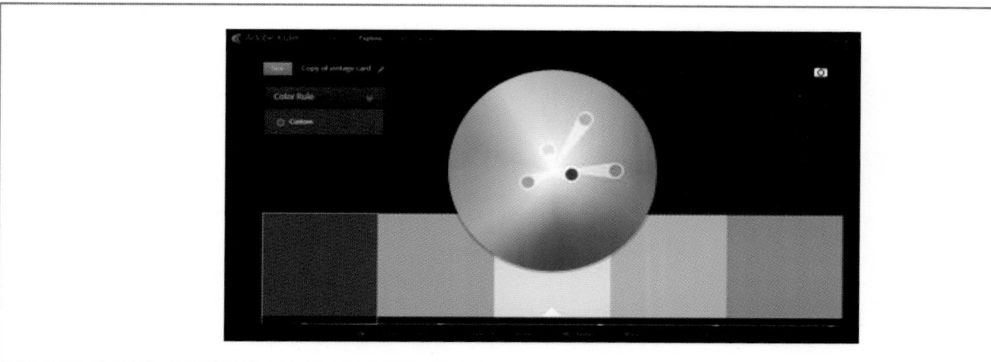


[그림 V-2-61] 어도비 쿨러

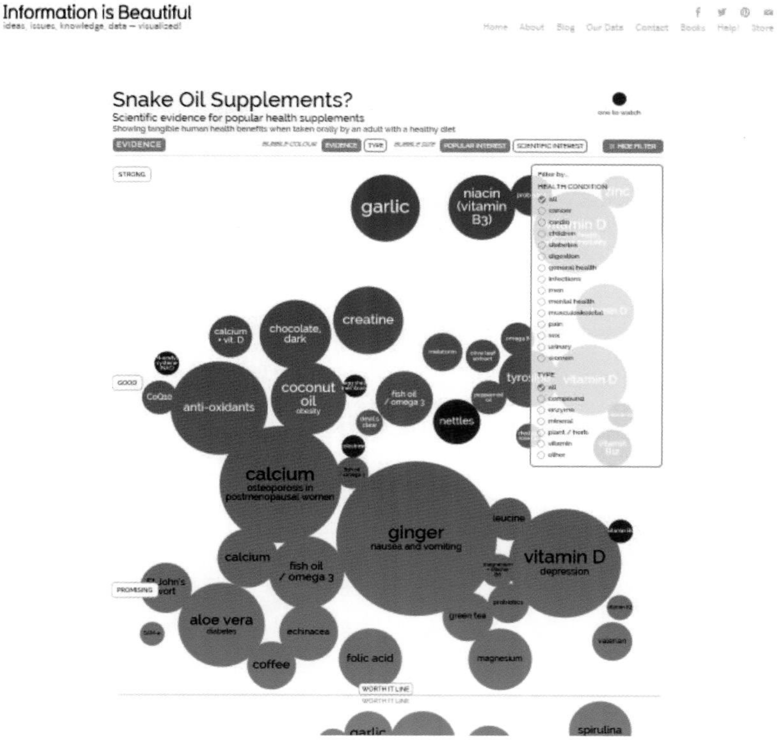

출처: http://www.informationisbeautiful.net/play/snake-oil-supplements/

[그림 V-2-62] 스네이크 오일

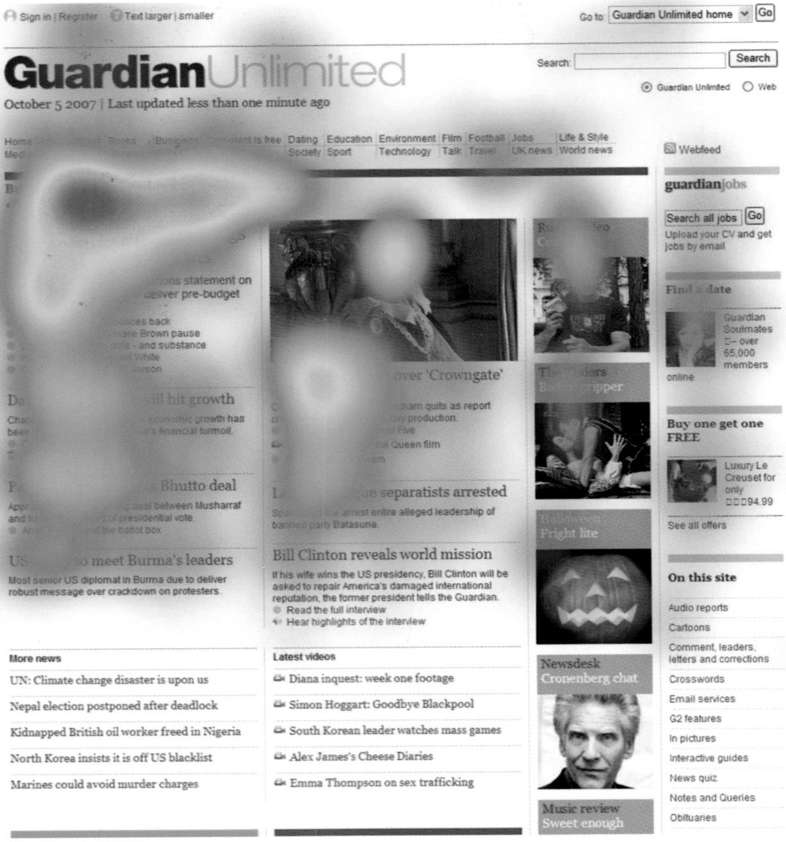

출처: http://wel.cs.manchester.ac.uk/studies/saswat/ticker.php

[그림 V-2-63] 웹 페이지 영역에서 마우스 클릭 수를 적외선 열지도로 표현한 예시

[그림 V-2-64] 색체 사용과 인지의 예

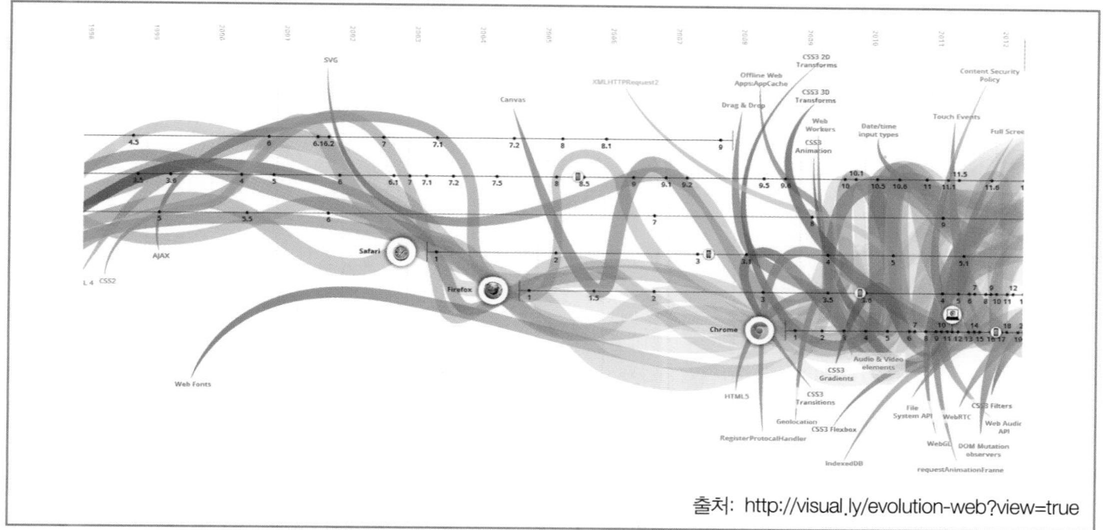


출처: http://visual.ly/evolution-web?view=true

[그림 V-2-73] 웹의 진화

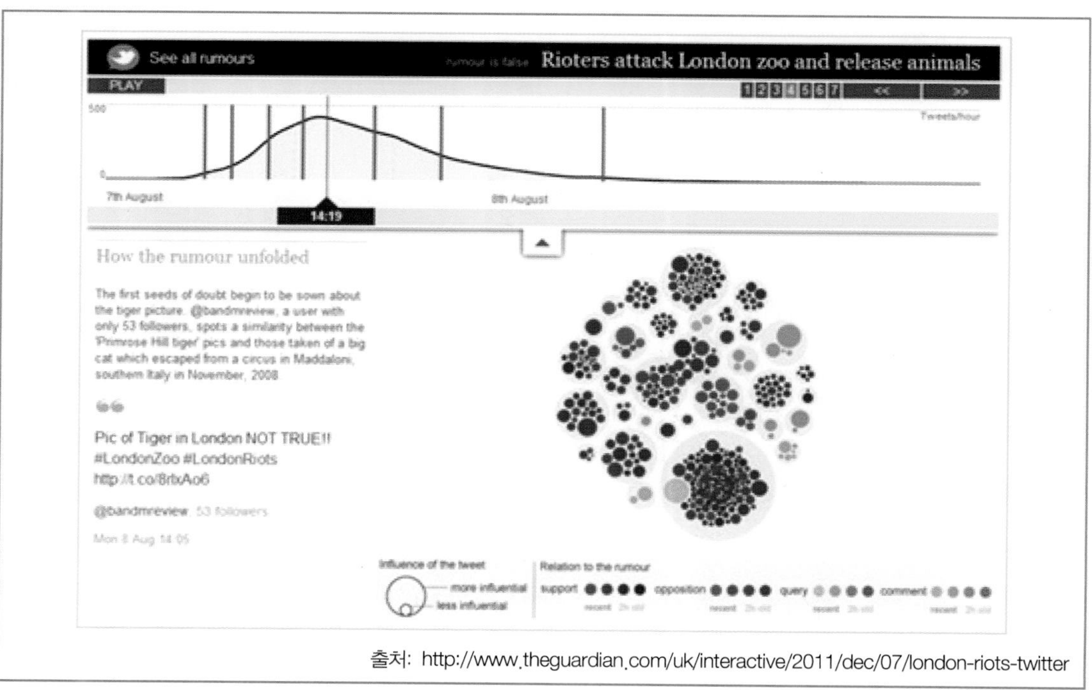


출처: http://www.theguardian.com/uk/interactive/2011/dec/07/london-riots-twitter

[그림 V-2-76] 트위터에서 소문이 어떻게 퍼지나

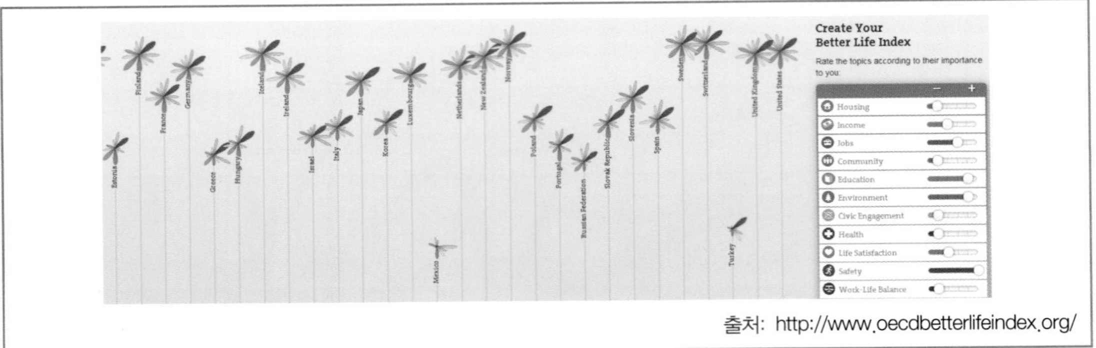


출처: http://www.oecdbetterlifeindex.org/

[그림 V-2-79] OECD의 더 나은 삶 지수

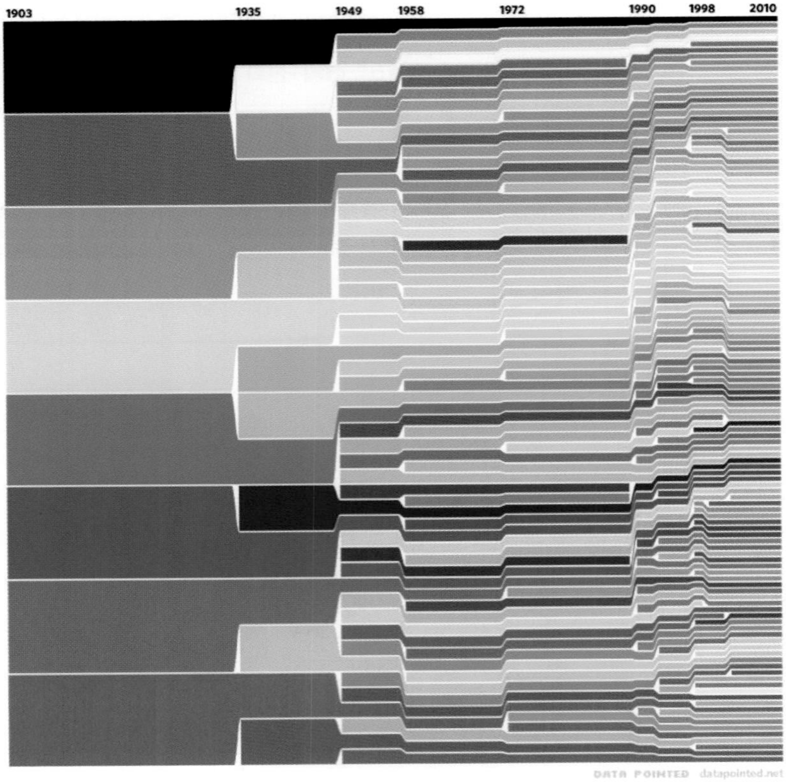

1903 1935 1949 1958 1972 1990 1998 2010

DATA POINTED datapointed.net

출처: http://www.datapointed.net/2010/01/crayola-crayon-color-chart/

[그림 V-2-85] 크레욜라 색상 차트(1903-2010)

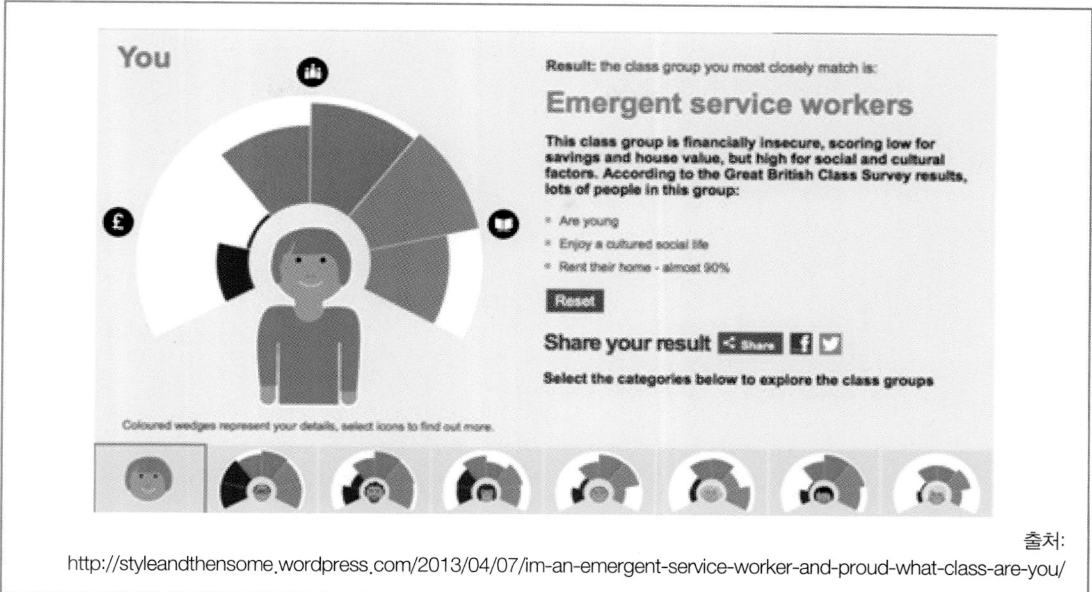


출처: http://styleandthensome.wordpress.com/2013/04/07/im-an-emergent-service-worker-and-proud-what-class-are-you/

[그림 V-2-91] Great British Class Survey 테스트 결과 화면

출처: http://www.trulia.com/real_estate/New_York-New_York/crime/

[그림 V-2-94] 트룰리아: 뉴욕 범죄 히트맵

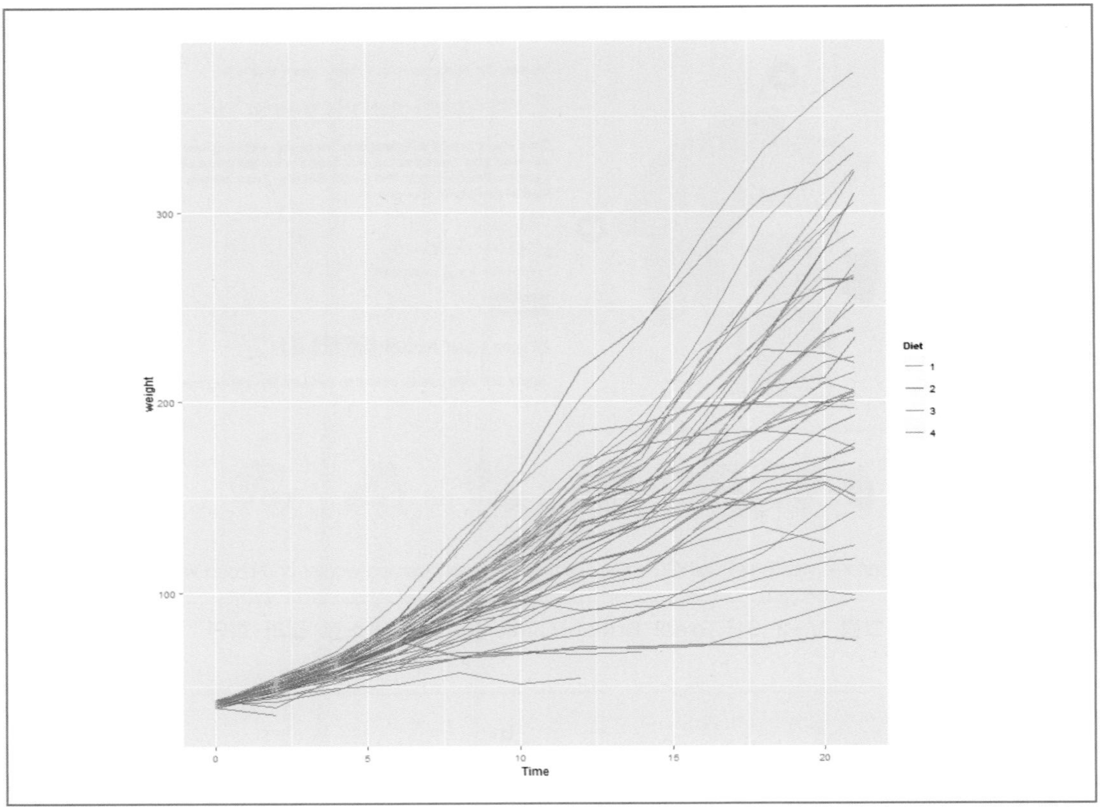

[그림 V-3-4] ChickWeight 데이터 그래프

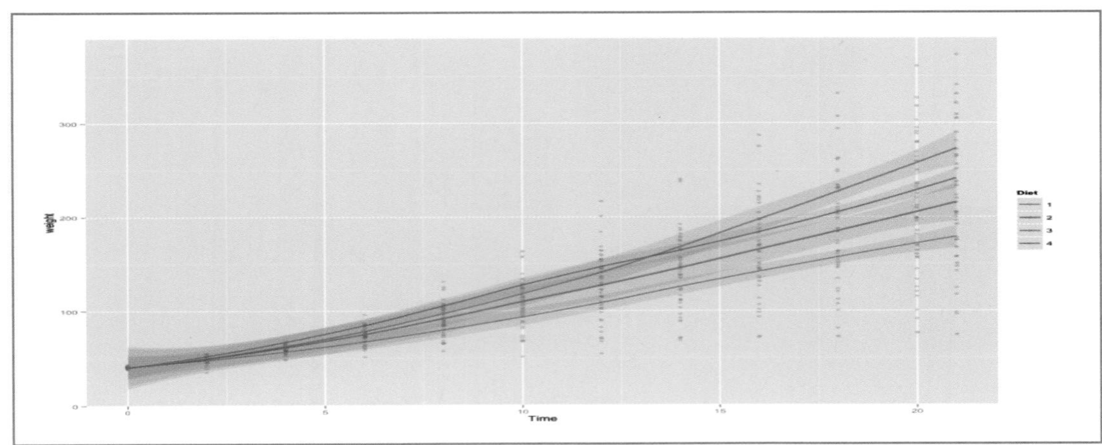


[그림 V-3-5] 포인트 그래프와 스무스 그래프

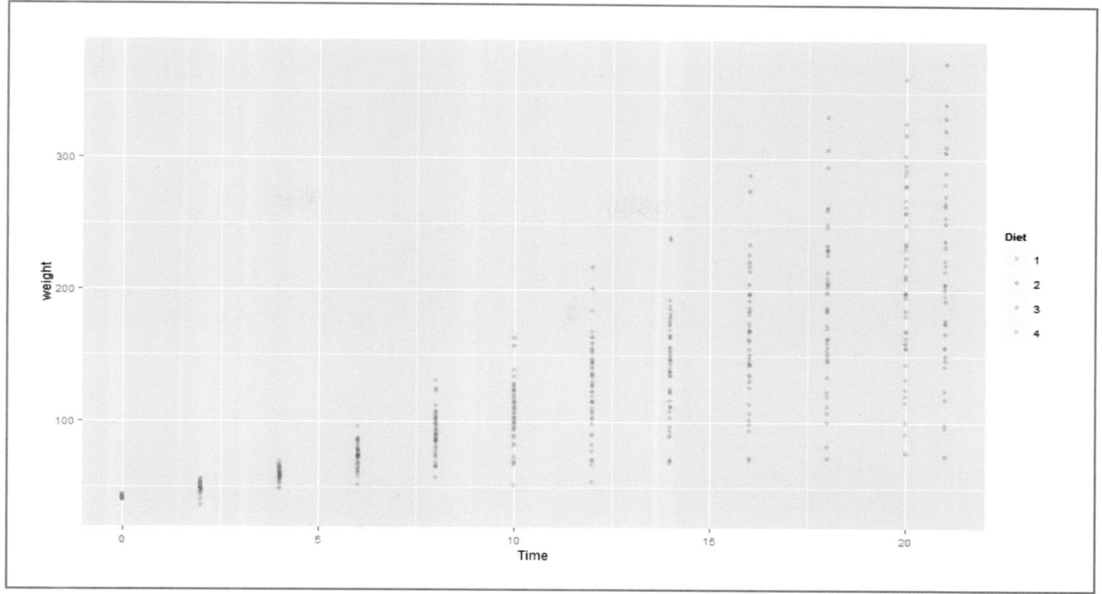


[그림 V-3-6] 포인트 그래프

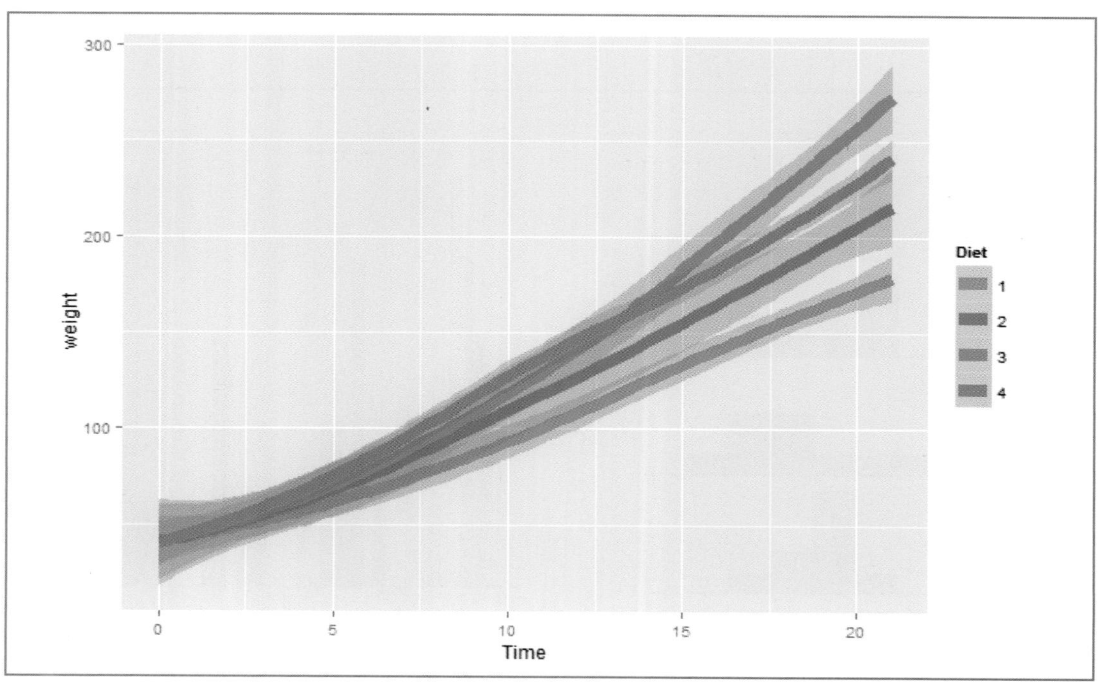


[그림 V-3-7] 스무스 그래프

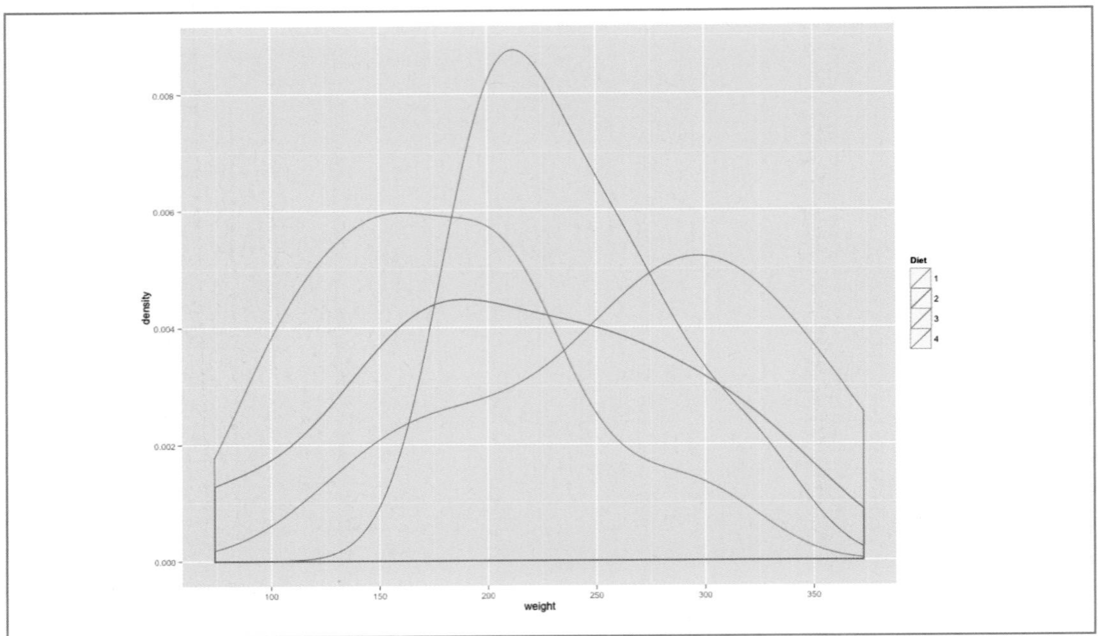


[그림 V-3-8] 질량함수 그래프

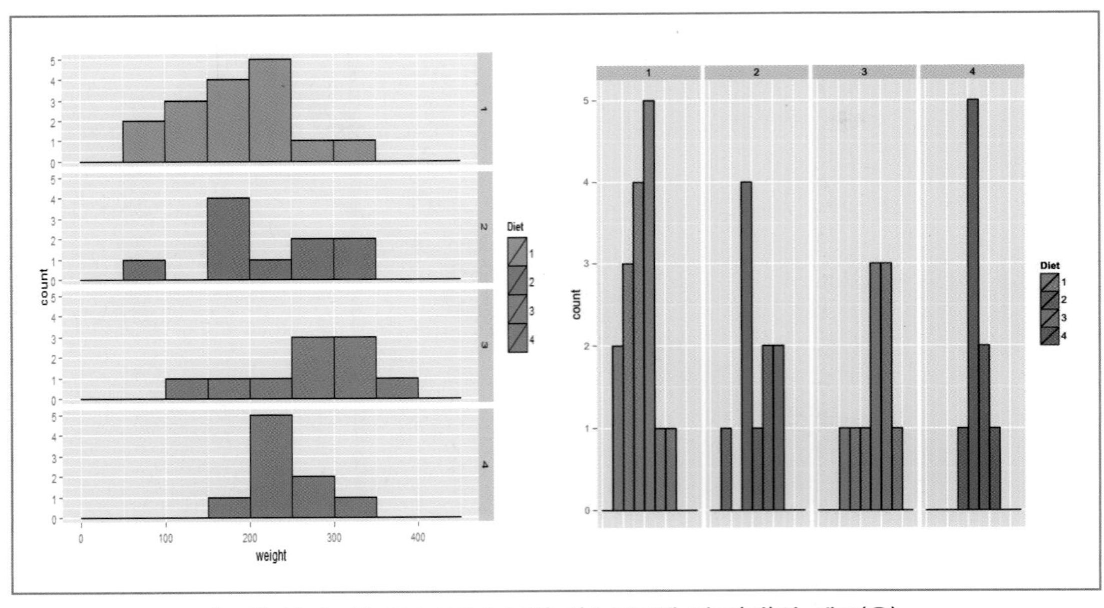


[그림 V-3-9] ChickWeight의 히스토그램 가로(좌)와 세로(우)

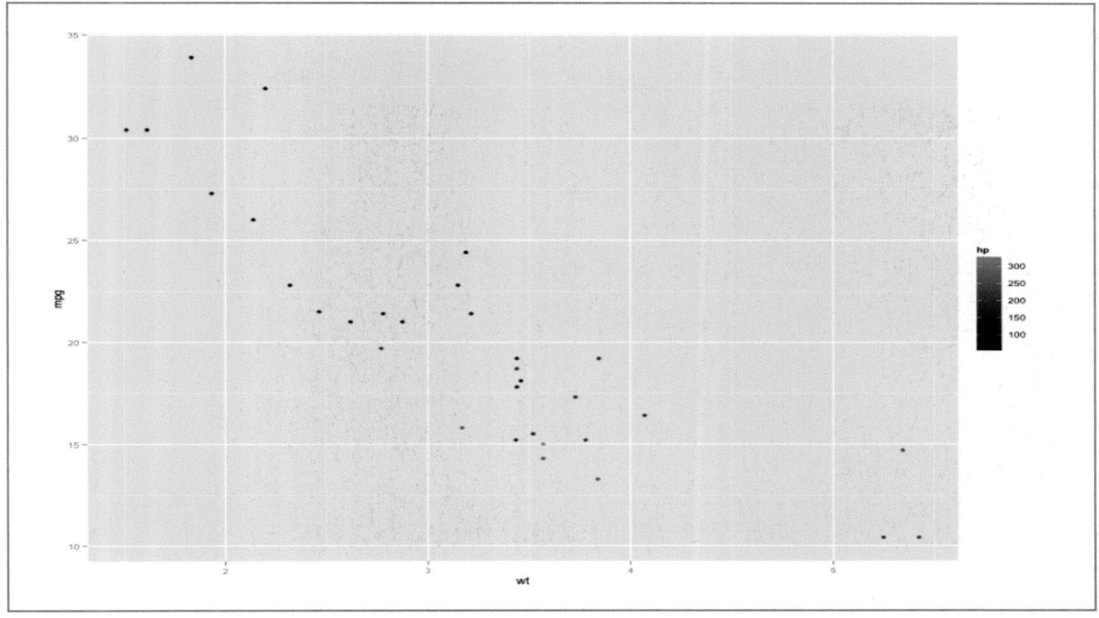


[그림 V-3-10] qplot 명령어를 이용한 그래프

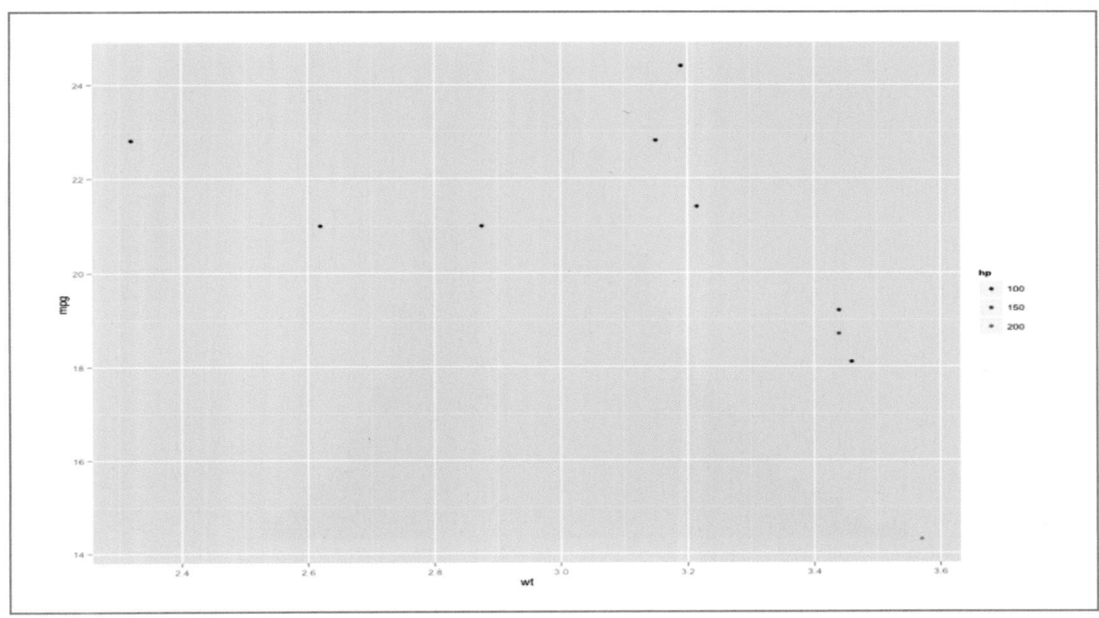


[그림 V-3-11] 치환 데이터를 이용한 그래프

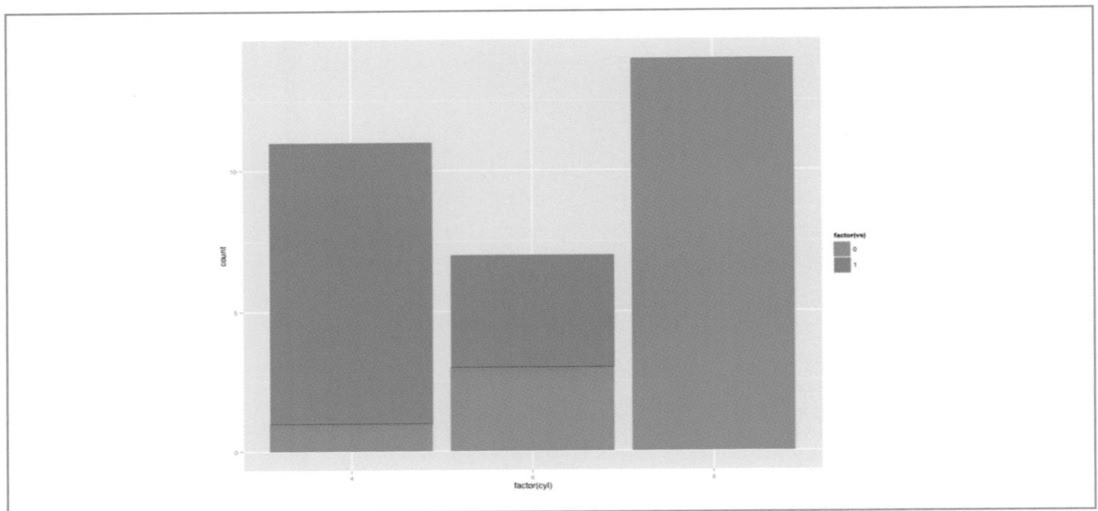


[그림 V-3-13] fill 옵션을 적용한 막대그래프

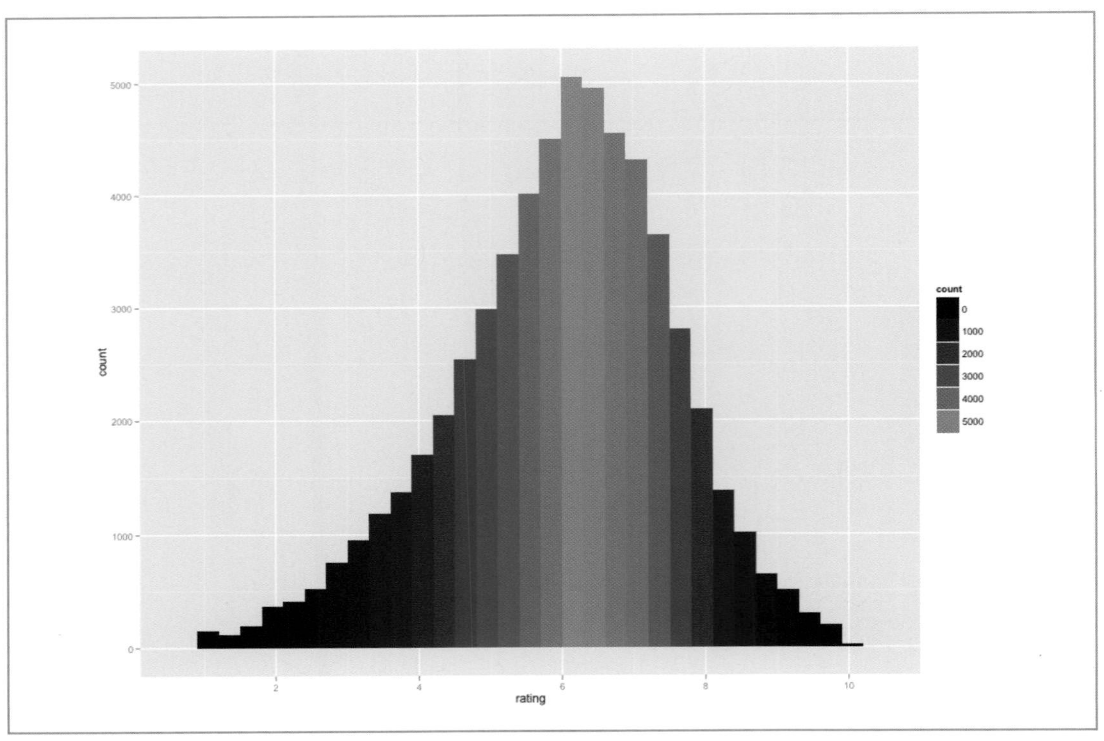


[그림 V-3-14] count 옵션을 적용한 히스토그램

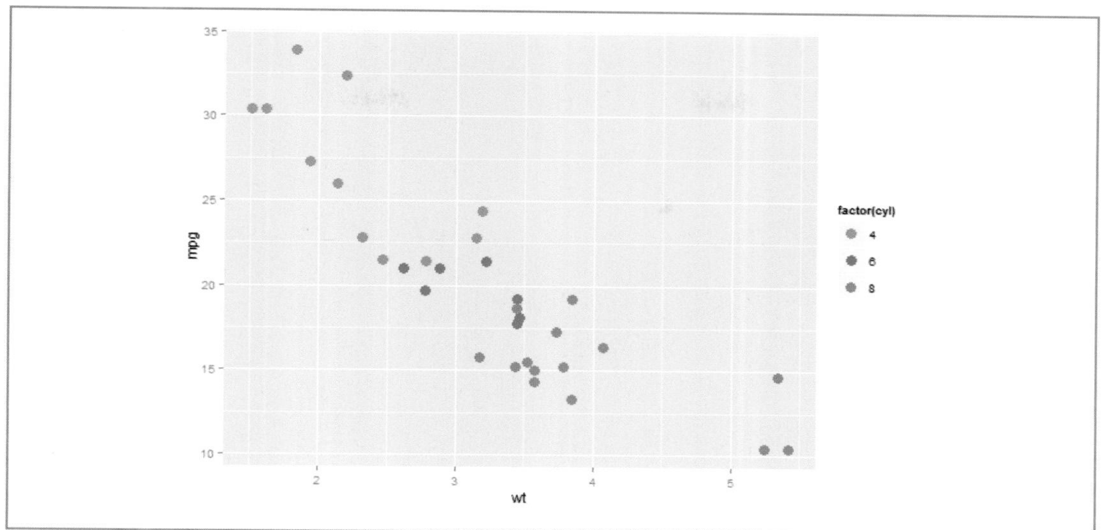


[그림 V-3-19] 색을 지정한 포인트 그래프

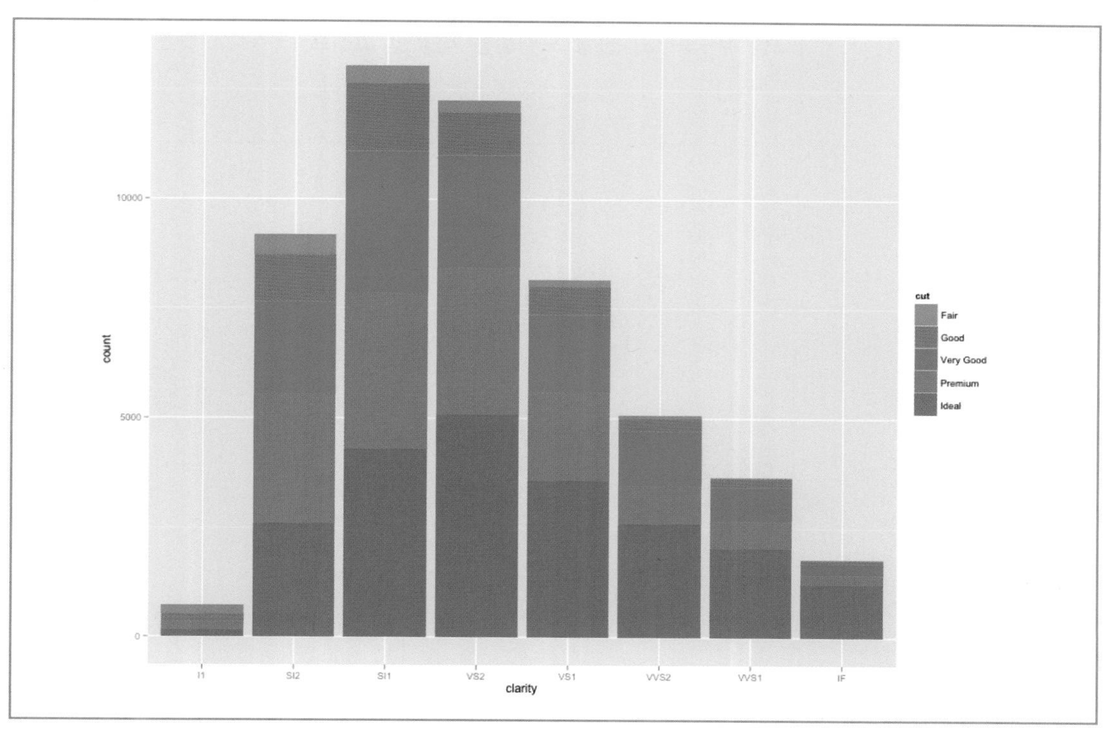


[그림 V-3-23] diamonds 데이터 그래프 2

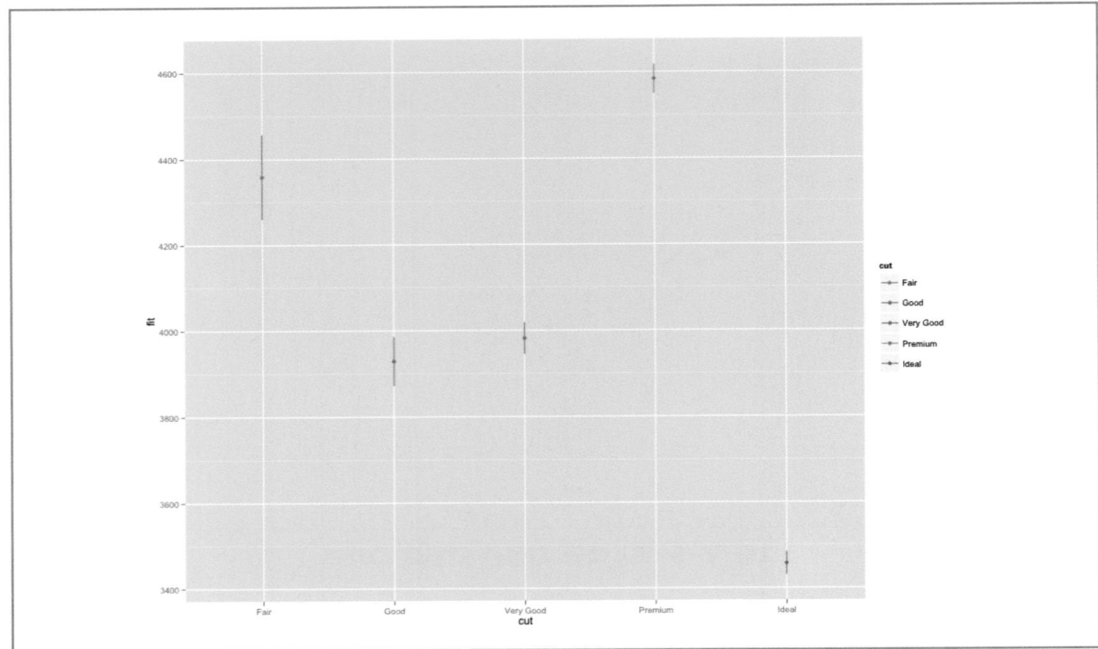


[그림 V-3-33] 선형 모델링을 적용한 그래프

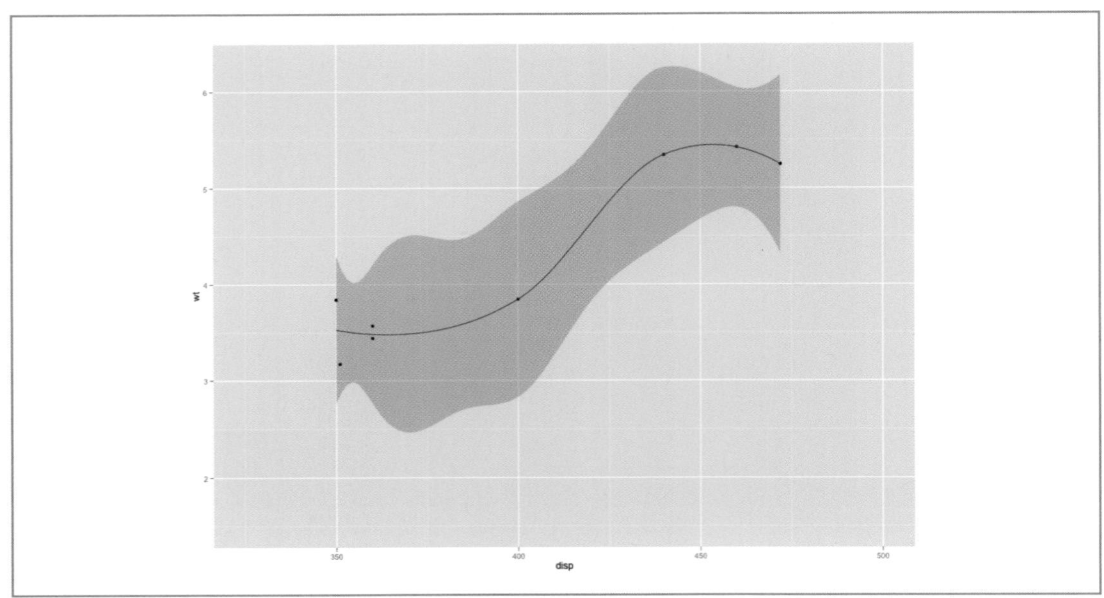


[그림 V-3-36] x축의 범위를 지정한 그래프

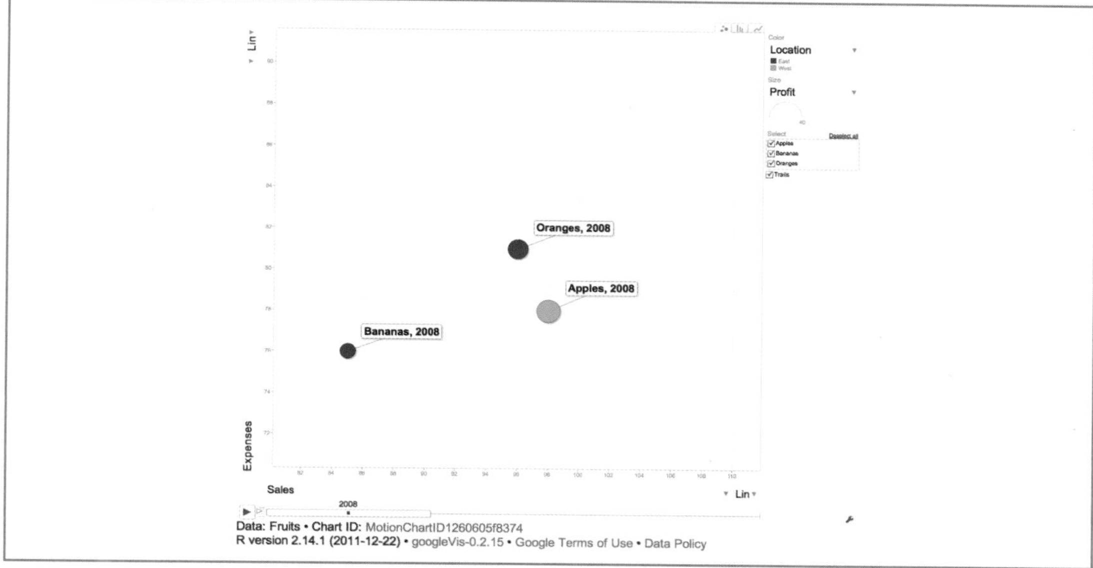


[그림 V-3-55] 구글 비즈를 이용한 모션차트

[그림 V-3-57] 구글 지오차트를 이용한 그래프 1

[그림 V-3-58] 구글 지오차트를 이용한 그래프 2

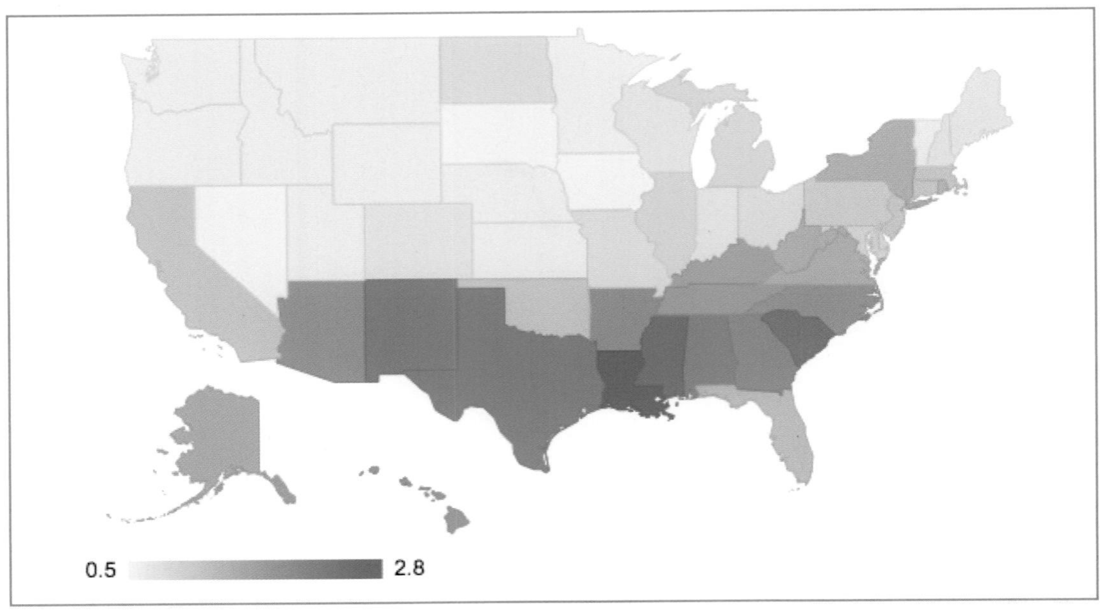


[그림 V-3-59] 구글 지오차트를 이용한 그래프 3

[그림 V-3-60] 구글 지오차트를 이용한 그래프 4

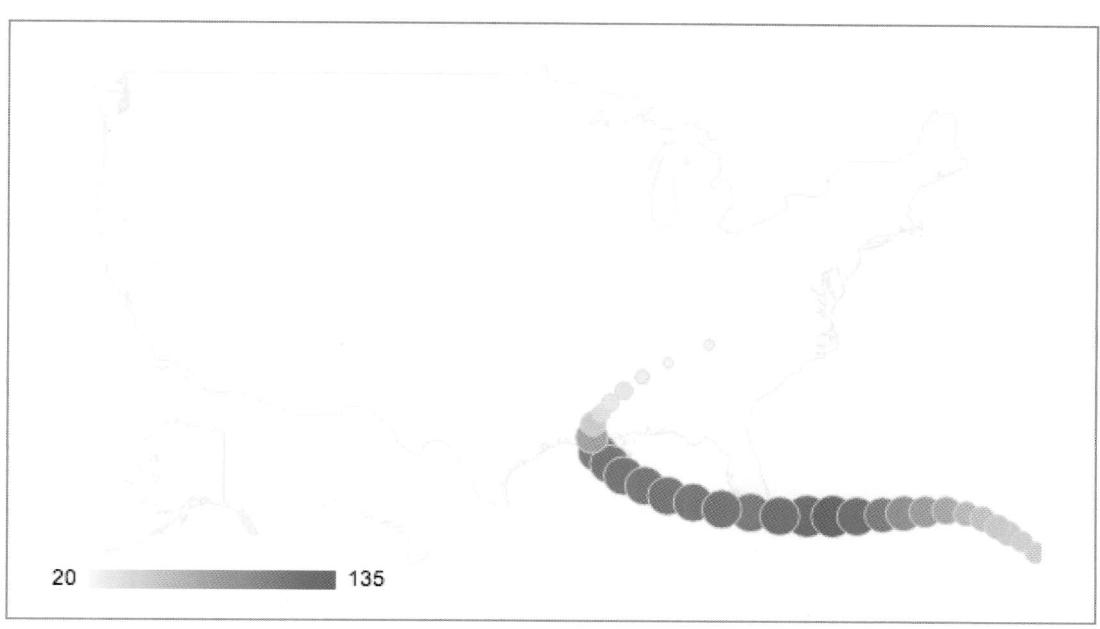


[그림 V-3-61] 구글 지오차트를 이용한 그래프 5

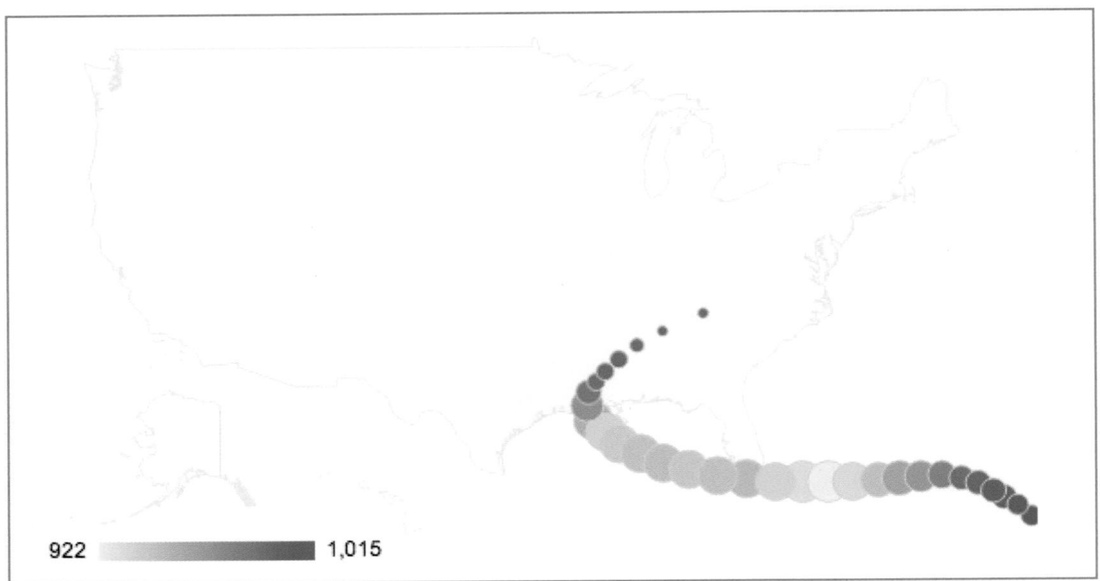


[그림 V-3-62] 구글 지오차트를 이용한 그래프 6

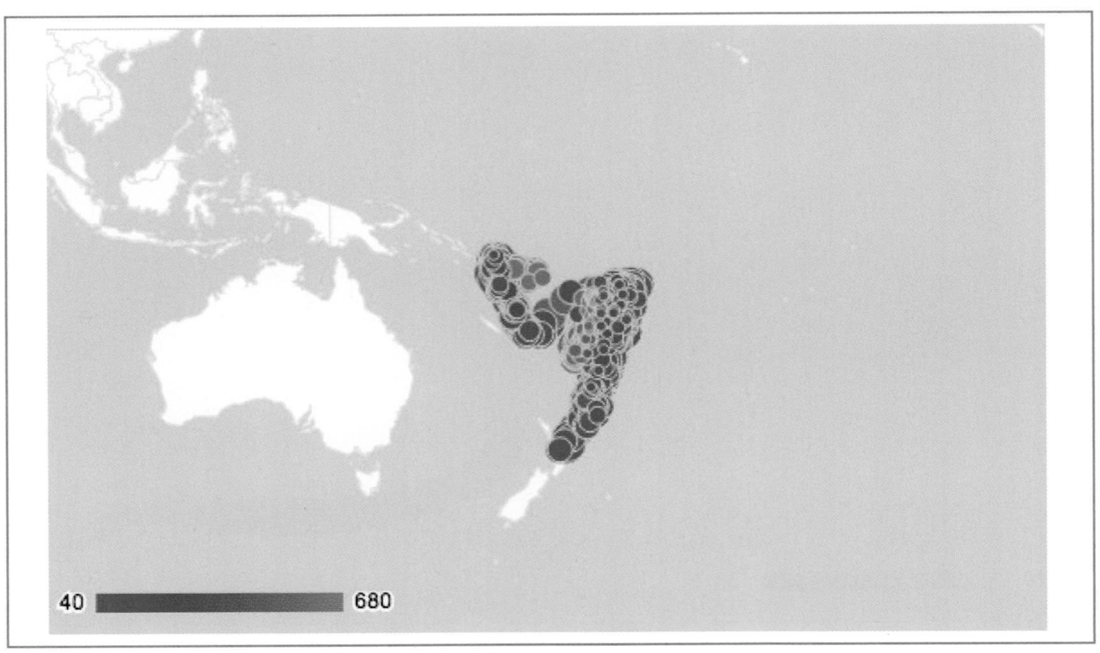


[그림 V-3-63] 구글 지오차트를 이용한 그래프 7

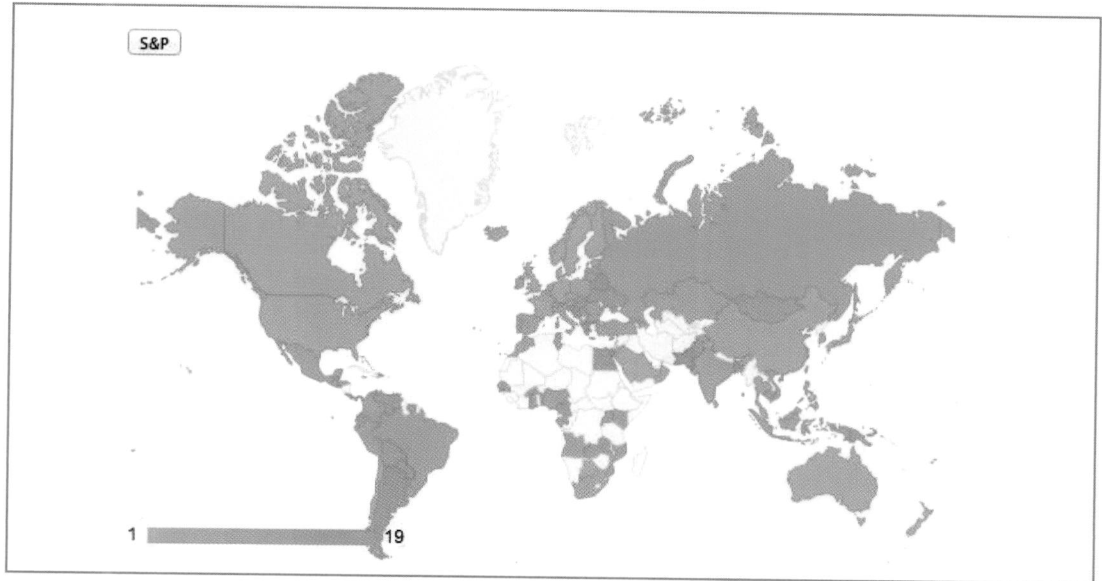


[그림 V-3-64] 구글 지오차트를 이용한 그래프 8

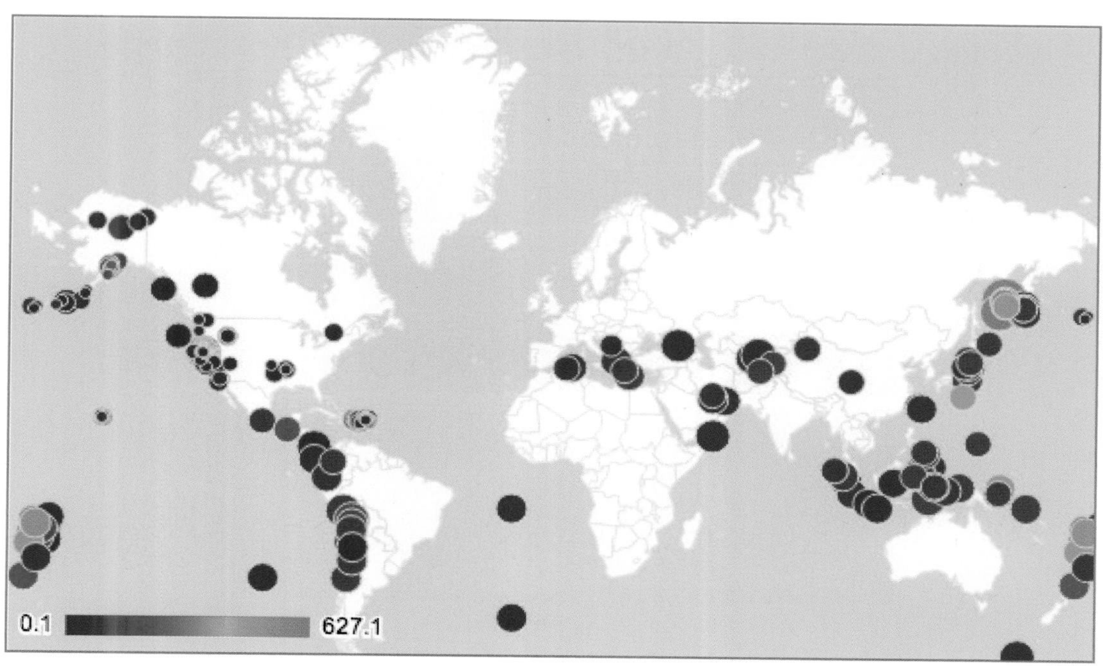


[그림 V-3-65] 구글 지오차트를 이용한 그래프 9

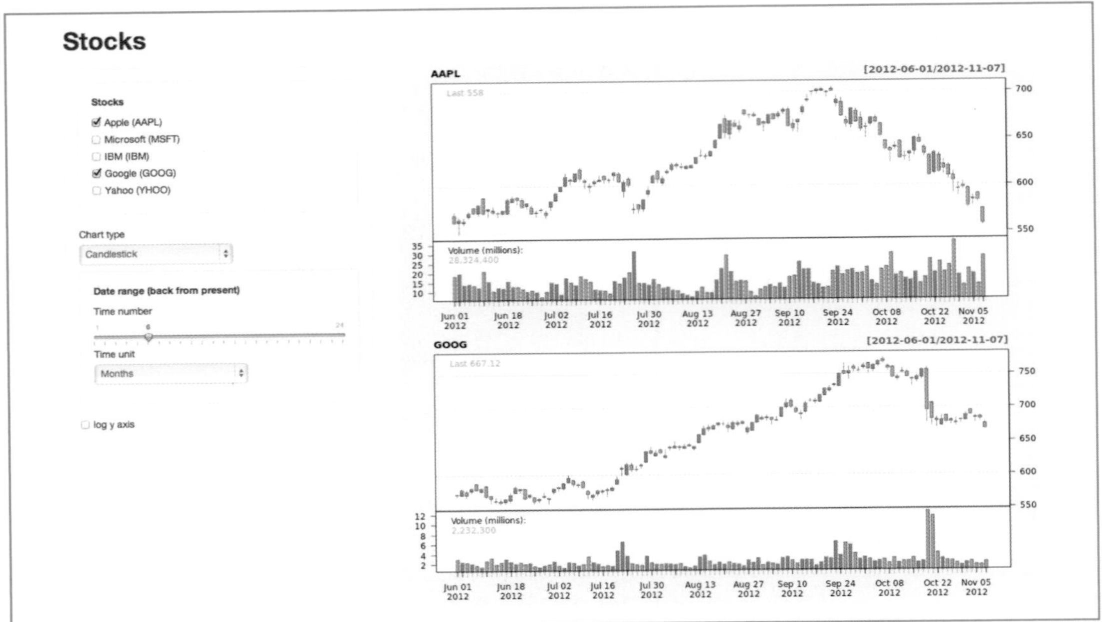


[그림 V-3-66] 샤이니를 이용한 그래프

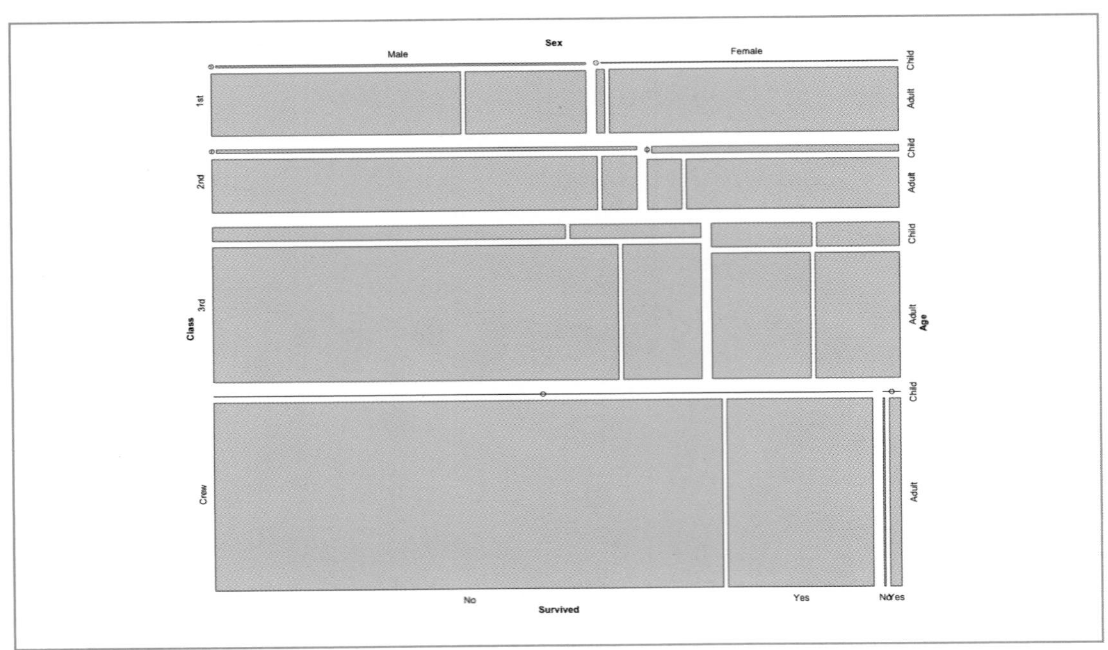


[그림 V-3-67] 모자이크그래프 1

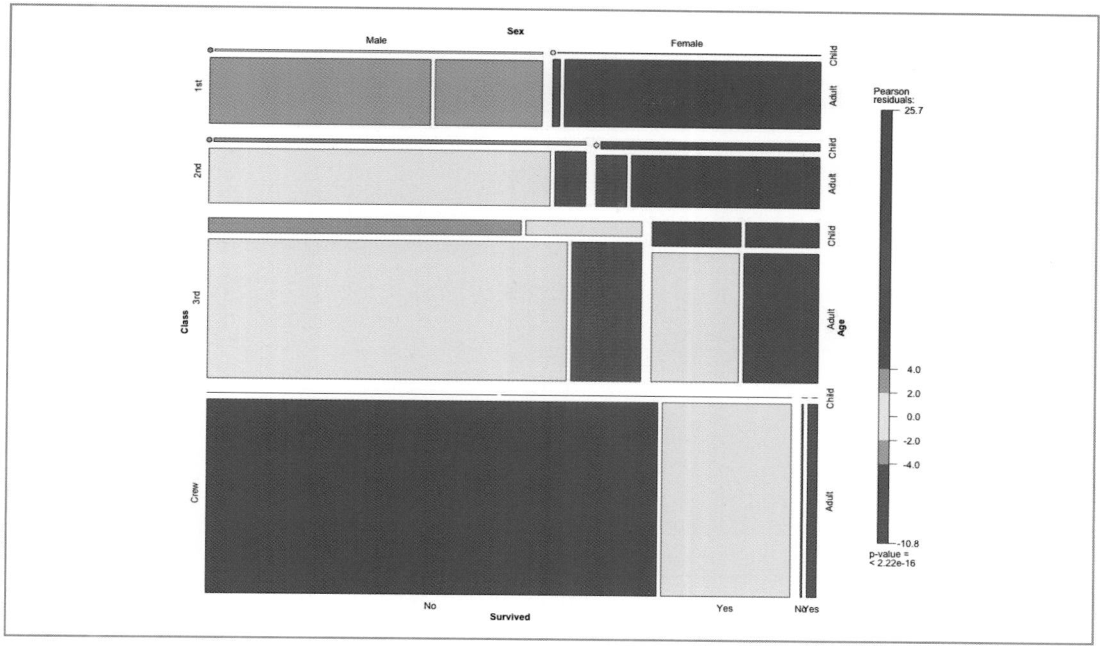


[그림 V-3-68] 모자이크그래프 2

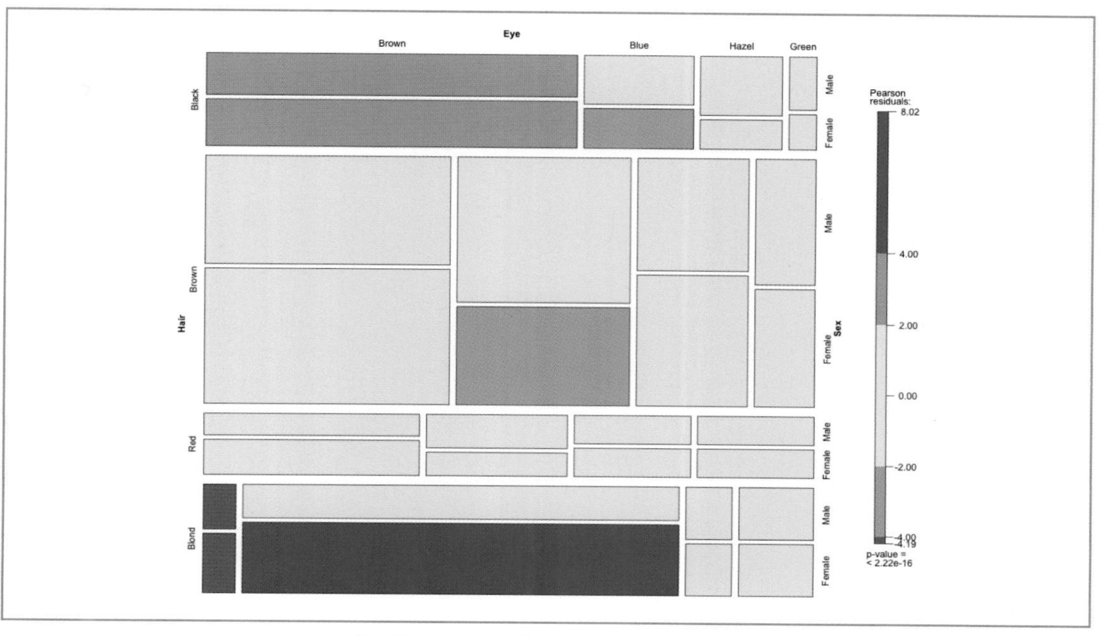


[그림 V-3-69] 모자이크그래프 3

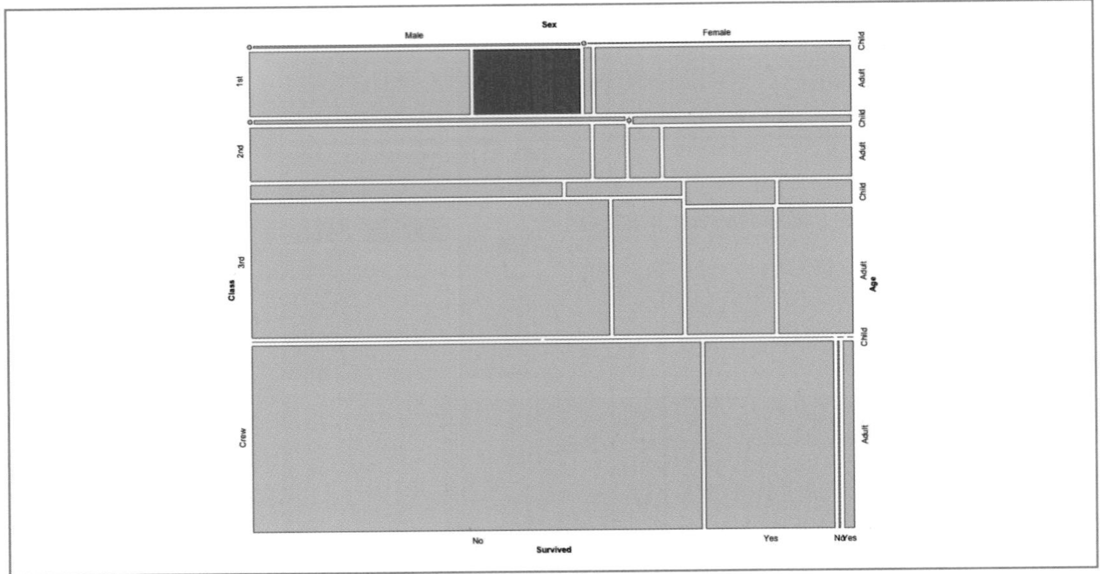


[그림 V-3-70] 모자이크그래프 4

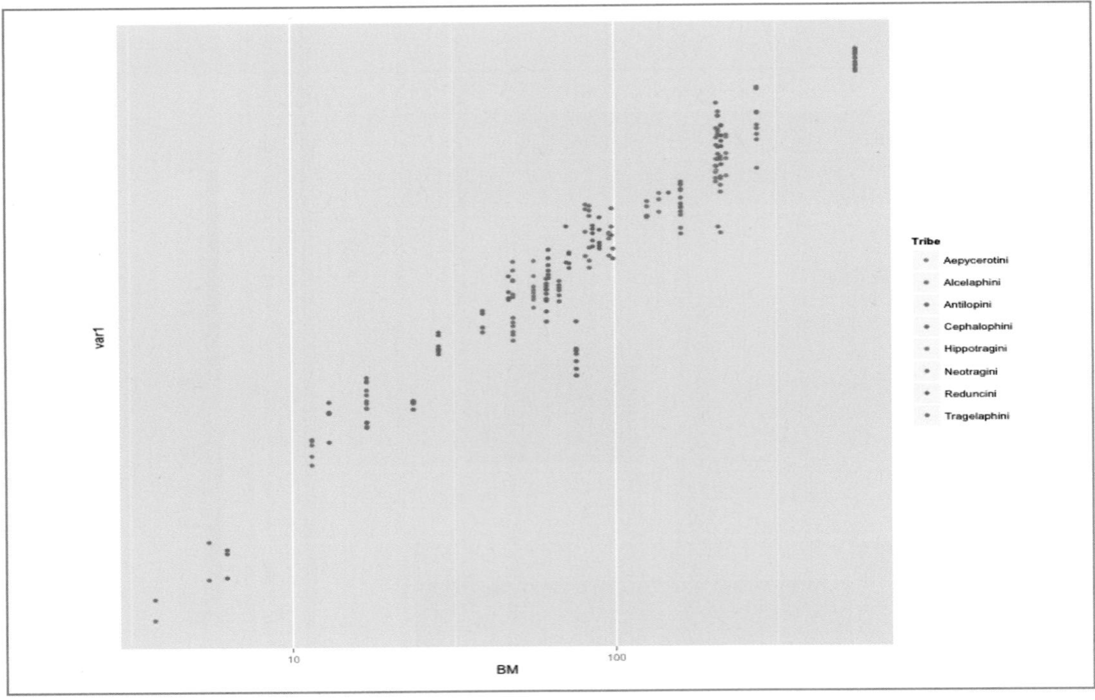


[그림 V-3-72] qplot을 이용한 그래프 1

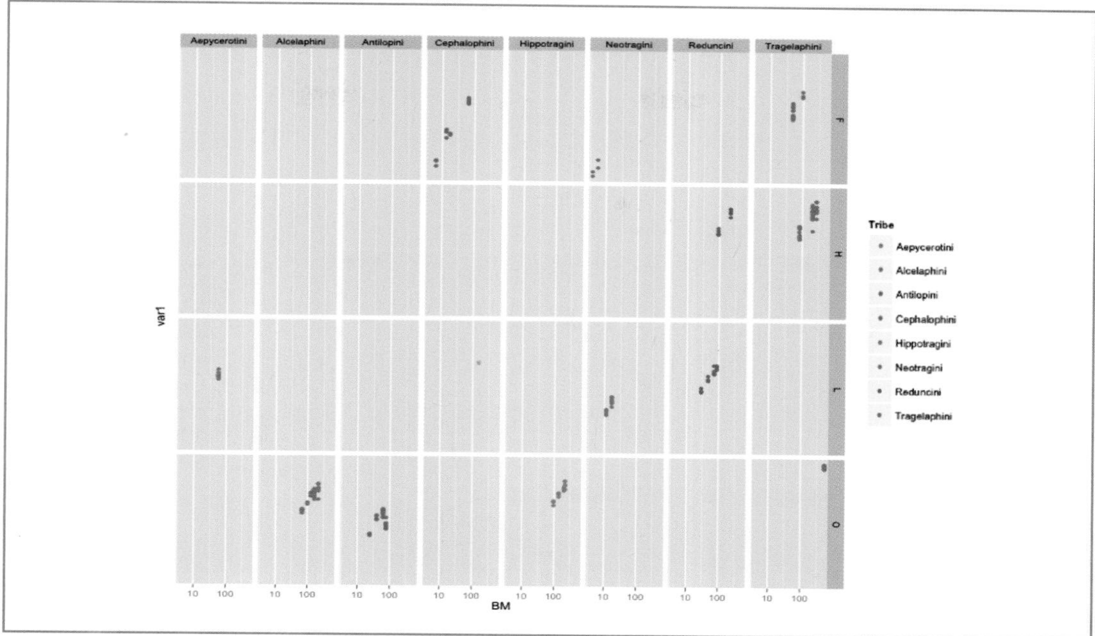


[그림 V-3-75] qplot을 이용한 그래프 4

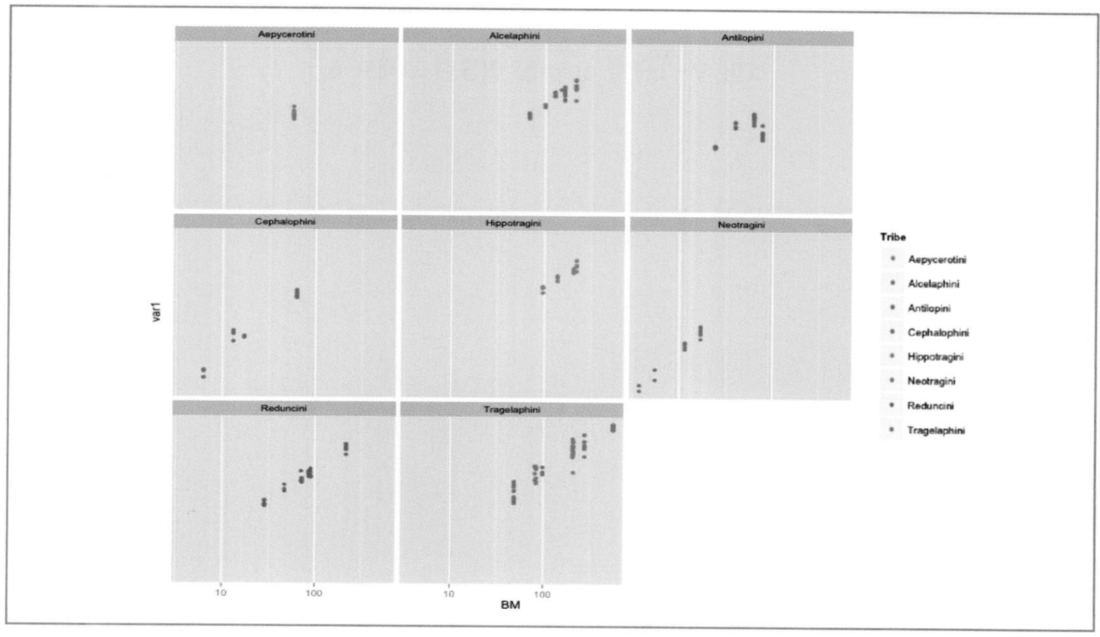


[그림 V-3-76] qplot을 이용한 그래프 5

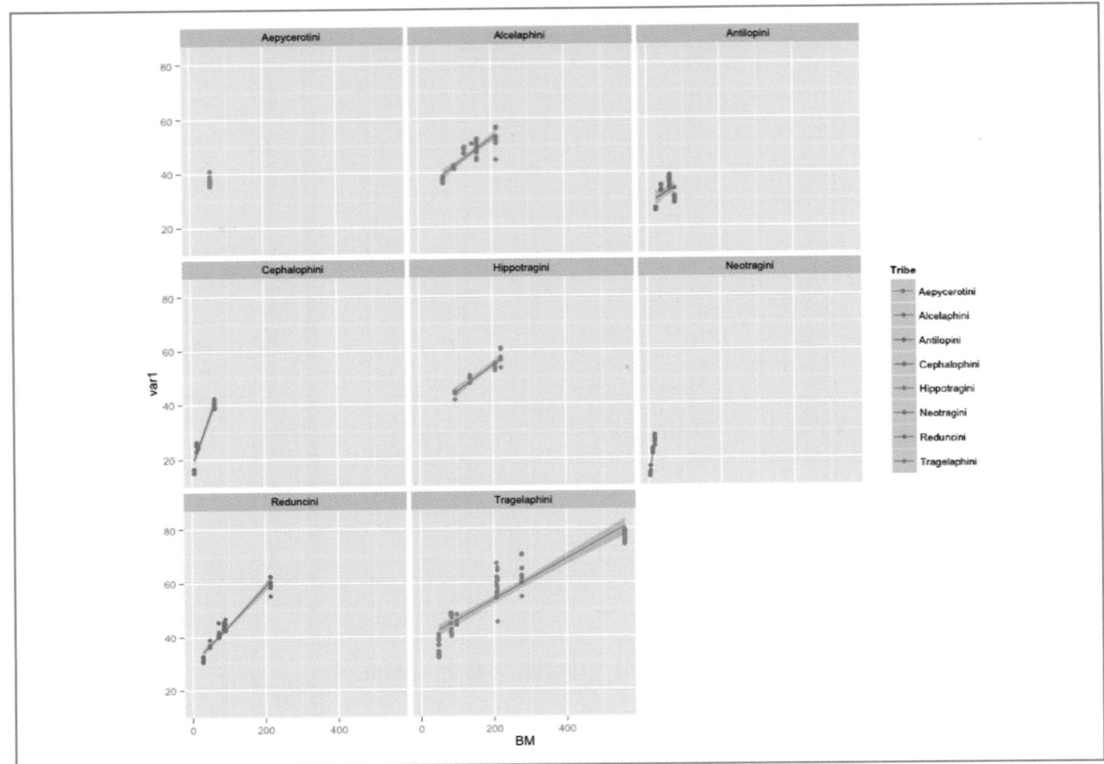


[그림 V-3-77] qplot을 이용한 그래프 6

ADP
Professional · Semi-Professional

# 부록 B

## 연습문제 정답 및 해설

# 과목 Ⅰ. 데이터 이해

## 제1장 데이터의 이해

1. ②

해설 : 데이터는 그 형태에 따라 언어·문자 등으로 기술되는 정성적 데이터와 수치·기호·도형으로 표시되는 정량적 데이터로 구분된다.

2. ④

해설 : 데이터(Data)는 존재형식을 불문하고 타 데이터와의 상관관계가 없는 가공하기 전의 순수한 수치나 기호를 의미한다고 할 수 있다.

3. ④

해설 : 데이터베이스는 변화되는 데이터이다. 데이터베이스가 저장하는 내용은 곧 데이터베이스의 한 상태를 나타낸다. 다만, 이 상태는 새로운 데이터의 삽입, 기존 데이터의 삭제, 갱신으로 항상 변화하면서도 항상 현재의 정확한 데이터를 유지해야 한다.

4. ②, ③

해설 : 정보 이용 측면에서는 이용자의 정보 요구에 따라 다양한 정보를 신속하게 획득할 수 있고 원하는 정보를 정확하고 경제적으로 찾아낼 수 있다는 특성을 지닌다. 정보 관리 측면에서는 정보를 일정한 질서와 구조에 따라 정리·저장하고 검색·관리할 수 있도록 하여 정보를 체계적으로 축적하고 새로운 내용의 추가나 갱신이 용이하다.

## 제2장 데이터의 가치와 미래

1. ④

해설 : 기업에게 빅데이터는 혁신, 경쟁력 제고, 생산성 향상의 근간이 된다. 정부에게 빅데이터는 환경 탐색, 상황 분석, 미래 대응 수단을 제공한다.

2. ③

해설 : 빅데이터가 만들어내는 본질적인 변화 중에서, 새로운 발견법으로 상대적으로 더 큰 비중을 얻어 가는 것은 상관관계이다. 인과관계는 이론에 기초를 둔 방법으로서 빅데이터 이전 시대에 더 중시되었던 발견법이었다.

3. ②

해설 : 디지털 기술의 발전, 하드 드라이브의 가격, SNS의 확산 등이 모두 결합되어 빅데이터 시대가 도래한 것은 올바른 진술이다. 그러나 그 중에서도 거대한 규모의 데이터 처리 비용을 해결해 준 것은 클라우드 컴퓨팅 기술의 분산 병렬 처리 기술이었다.

4. ④

해설 : 어떤 변인들 간에 주목할 만한 상관관계가 있는 지를 찾아내는 방법으로서 계산대에 있는 데이터를 활용하여 개발된 기법이 바로 '연관 규칙 학습'이다. 이 기법을 활용하면 상관 관계가 높은 상품을 함께 진열함으로써 매출을 증가시킬 수 있다.

5. ①

해설 : 구글은 수천만 권의 책을 디지털화 한 후 이 데이터베이스를 검색할 수 있는 서비스를 Ngram Viewer라는 이름으로 제공하고 있다. 이 서비스를 이용하면 특정 단어나, 구문 등이 역사적으로 어떤 변화를 보이며 활용되어 왔는지를 알 수 있다. 따라서 이 서비스가 제공하는 빅데이터의 기능은 보고자 하는 어휘가 특정 시대에 어느 정도의 빈도로 활용되었는지를 돋보기로 보는 것과 같은 기능을 제공한다고 할 수 있다.

## 제3장 데이터 사이언스와 전략 인사이트 도출

**1. ①Analytics, ②IT(Data Management), ③비즈니스 분석**

해설 : 데이터 사이언스는 BI(Businvess Intelligence), BA(Business Analytics) 등과 혼용되어 사용되며 상당히 포괄적인 의미를 담고 있다. 데이터 사이언스는 데이터 처리와 관련된 IT 영역들(signal processing, computer programming, data engineering, data warehousing, and high performance computing 등), 분석적 영역들(mathematics, probability models, machine learning, statistics, pattern recognition and learning, uncertainty modeling 등), 그리고 비즈니스 컨설팅의 영역들(communication, presentation, storytelling, visualization 등)을 포괄하고 있다.

**2. ①빅데이터에 대한 이론적 지식(관련 기법에 대한 이해와 방법론 습득) ②분석 기술에 대한 숙련(최적의 분석 설계 및 노하우 축적) ③통찰력 있는 분석(창의적 사고, 호기심, 논리적 비판) ④설득력 있는 전달(스토리텔링, 시각화) ⑤다분야간 협력(커뮤니케이션)**

해설 : 우리는 데이터 분석가라고 하면 흔히 두꺼운 안경을 쓴 사감선생이 수학이나 통계적 지식을 늘어놓을 거라고 상상하는 데 익숙하다. 이는 우리의 기존 생각이 데이터 사이언스를 얼마나 편협하고 한쪽 측면에서만 바라보고 있었는지 다시 돌아보게 만든다. 실제 기존의 많은 빅데이터 논의들을 돌아보면 우리의 빅데이터 환경에서 일하는 데이터 사이언티스트들은 주로 데이터 처리나 분석 기술과 관련된

하드 스킬(hard skill)만을 요구 받고 있는 것처럼 보인다. 하지만 이러한 하드 스킬은 훌륭한 데이트 사이언티스트가 갖추어야 하는 능력의 일부이다. 나머지 필요한 역량은 통찰력 있는 분석, 설득력 있는 전달, 협력 등 소프트 스킬(soft skill)이다.

3. ①

해설 : 현단계에서 빅데이터 과제의 주된 걸림돌은 다른 무엇보다도 분석적 방법과 성과에 대한 이해 부족이다.

4. ③

해설 : 일차적인 분석이 기존 성과를 유지하고 업계를 따라잡기 위해 필요한 것이 무엇인지 알아내는 데 집중한다. 이러한 방식을 통해서는 시장을 리딩할 수 없다.

5. ②

해설 : 모든 분석은 가정에 근거한다. 그리고 분석에는 반드시 인간의 해석이 개입하기 마련이다. 훌륭한 데이터 사이언티스트는 모델의 능력에 대해 항상 의구심을 가지고, 가정들과 현실의 불일치에 대해 끊임없이 고찰하고, 분석 모델이 예측할 수 없는 위험을 살피기 위해 큰 그림을 그리고 분석을 경험과 세상에 대한 통찰력과 함께 활용하는 것을 잊지 말아야 한다.

# 과목 Ⅱ. 데이터 처리 기술 이해

## 제1장 데이터 처리 프로세스

1. ①

해설 : "Extract-Transformation-Load"가 ETL의 주요 처리 단계이다.

2. ③

해설 : ODS는 Operational Data Store의 약자로서, 운영 데이터를 데이터 웨어하우스에 적재하기 전 Staging 단계의 데이터 저장소이며, 이 곳에서 데이터 정제 등의 작업이 이루어 진다.

3. ④

해설 : 데이터 웨어하우스는 Fact Table과 정규화되지 않은 Dimension Table로 구성되는 Star Schema를 기본으로 하며, Dimension Table을 정규화하는 경우 이를 Snow Flake Schema라 지칭한다.

4. ①

해설 : 데이터 웨어하우스의 일반적 특징은 다음과 같다.
주제 중심: 특정한 비즈니스 주제들을 중심으로 구성된다.
영속성: 데이터 웨어하우스에 일단 저장된 데이터는 영구 보관을 원칙으로 한다.
통합성: Fact Table을 중심으로 다양한 관점의 Dimension Table들이 통합된다.
시계열성: 지속적으로 발생하는 데이터들이 시계열적으로 저장된다.

5. ③

해설 : CDC는 일괄(Batch) 작업 기반 대용량 정형 데이터 처리가 목적인 ETL과 달리 실시간/근접-실시간 데이터 전송/동기화를 목적으로 한다.

6. ④

해설 : EAI는 중심에 EAI Hub(메시징 엔진 등)를 중심으로 다수의 정보시스템들이 데이터 연계를 위하여 EAI Adaptor를 통하여 연결되어 있는 구조를 가진다.

7. ②

해설 : 스프레드쉬트는 데이터베이스 테이블과 유사한 형태로 고정된 필드에 저장되며 각 데이터 항목은 다수의 필드로 구성되는 레코드(데이터베이스 튜플) 형식을 지니며 따라서 데이터베이스에의 적재가 용이하다. 비정형 데이터로 분류하기에 적당치 않다.

## 제2장 데이터 처리 기술

1. ④

해설 : 하둡은 저가의 x86서버들로 구성하여 구성하며, 안전성과 확장성을 위해서 데이터를 저장할 때 3개의 복사본을 만들어서 중복 저장하는 시스템이다.

2. ③

해설 : 에이치베이스(HBase), 빅테이블, 심플디비는 모두 NoSQL 솔루션이거나, NoSQL을 이용한 서비스이다.

3. ③

해설 : 맵리듀스 작업은 맵과 리듀스 2단계로 이루어진다. 사용자는 맵과 리듀스 2개의 함수만 작성하면, 처리하는 데 많은 시간이 소요되는 대용량 분석 작업도 간단하게 수행할 수 있다.

4. ③

해설 : 기존의 하둡 맵리듀스 프로그램을 수행하려면, 맵과 리듀스 함수를 사용자가 직접 코딩을 해야 했지만, 하이브를 이용하면, 코딩하지 않고 친숙한 SQL 언어로 맵리듀스 작업을 수행 할 수 있다.

5. ②

해설 : 임팔라는 기존 하둡과 하이브의 처리 속도를 실시간 수준으로 개선한 기술이며, 데이터웨어하우징 및 분석 용도로 사용할 수 있다.

6. ④

해설 : 완전가상화(Full Virtualization)는 CPU뿐만 아니라 메모리, 네트워크 장치 등 모든 자원을 하이퍼바이저가 직접 제어·관리하기 때문에 어떤 운영체제라도 수정하지 않고 설치할 수 있다.

# 과목 Ⅲ. 데이터 분석 기획

## 제1장 데이터 분석 기획의 이해

1. ②

해설 : 데이터 분석을 통한 가치 발굴에서 필요한 요소는 분석의 근간을 이루는 데이터(Data), 분석을 수행하는 분석 모델(Analytics Model), 이를 활용하여 데이터 분석을 수행하고 결과를 전달하는 분석가(Analyst)가 있으며, 이러한 기본 요소를 잘 활용할 때 가치(Value) 창출이 가능하다.

2. ① : **분석 과제**

② : **분석 마스터플랜**

해설 : 분석 기획의 단기적 의도는 현 상황의 문제점(Pain Point)을 데이터 분석을 통하여 해결하기 위한 수단으로써 과제를 발굴하고 수행하여 목적하는 결과를 얻기 위한 것이지만, 중장기적으로는 조직의 미래 가치를 높이기 위한 거버넌스와 데이터 분석 마스터플랜(Master Plan)을 수립하기 위하여 수행된다.

3. ④

해설 : 빅데이터 분석은 데이터를 다루는 특성 때문에 IT 기술 및 분석 기법에 치우치는 경향이 있으나 이를 포함하여 문제 도메인에 대한 전문적인 지식, 수학/통계학적인 수리적 지식, 프로그래밍을 포함한 정보기술, 그리고 혁신적 사고 및 입체적인 시각 등의 개인역량이 종합적으로 필요하다.

4. ①

해설 : 분석 모델을 가동중인 운영시스템에 적용하기 위해서는 모델에 대한 상세한 알고리즘 설명서 작성이 필요하다. 알고리즘 설명서는 시스템 구현 단계에서 필수적인 입력자료이므로 필요에 따라 의사코드(Pseudocode) 수준의 상세한 작성이 필요하다.

5. ①

해설 : 분석 주제 유형은 분석 대상(What) 및 분석 방법(How)에 따라 4가지로 나뉜다. 분석 대상을 알고 있고 그 해결 방법도 이해하고 있다면 현 문제의 개선을 넘어 최적화(Optimization)의 형태로 데이터 분석과제가 수행되고, 방법을 알지 못한 경우에서는 솔루션(Solution)을 찾는 방식으로 분석과제를 수행한다. 그런데 분석대상이 분명하지 않지만 분석 방법은 알고 있으면 인사이트(Insight)를 도출하는 방향으로, 방법또한 알지 못한하면 발견(Discovery)를 통하여 분석 대상 자체를 새롭게 도출해야 한다.

**6. ① : 하향식 접근 방식(Top Down Approach)**

**② : 상향식 접근 방식(Bottom Up Approach)**

해설 : 분석 과제는 다양한 문제를 데이터 분석 문제로 변환한 후 이해관계자들이 이해하고 프로젝트로 수행할 수 있는 과제정의서 형태로 도출된다. 이러한 분석과제를 도출하기 위해서는 문제가 주어지고 이에 대한 해법을 찾기 위한 과정이 체계적이고 단계적으로 수행되는 하향식 접근 방식(Top Down Approach)과 데이터를 기반으로 문제의 재정의 및 해결방안을 탐색하고 이를 지속적으로 개선하는 상향식 접근 방식(Bottom Up Approach)이 있다

7. ①

해설 : 분석과제 발굴시 비스니스 모델 캔버스를 이용하여 조직 내외부의 환경을 포괄적으로 탐색하게 되는데 업무(Operation), 제품(Product), 고객(Customer), 규제와 감사(Regulation & Audit), 지원 인프라(IT & HR)의 5가지 관점에서 과제 발굴을 시도할 수 있다.

**8. 답안예시: "설비의 장애를 이끄는 신호를 감지하여 설비 장애 요인으로 식별하고, 장애 발생 시점 및 가능성을 예측" (이와 같이 데이터, 인자, 결과에 대한 예측이 표현되는 형식 필요)**

해설 : 과제의 발굴은 문제 탐색을 통하여 무엇을(What) 어떠한 목적으로(Why) 수행해야 하는 지를 찾고 목적 달성을 위하여 필요한 데이터 및 기법(How)로 변환하는 과정이 필요하다. 예를 들어 '고객 이탈 증대'라는 비즈니스 문제를 찾았다면 이를 데이터의 문제로, 즉 '고객의 이탈에 영향을 미치는 요인을 식별하고 이탈 가능성을 예측'하는 문제로 변환할 수 있어야 한다.

**9. ① : 폭포수(Waterfall)**

**② : 애자일(Agile)**

10. ②

해설 : 데이터 분석 과제도 일반적인 프로젝트 관리 영역인 통합관리, 이해관계자관리, 범위관리, 자원관리, 시간관리, 원가관리, 리스크관리, 품질관리, 조달관리, 의사소통관리를 포함한다. 이러한 관리 주제중 이해관계자관리는 과제에 참여하고 있는 다양한 주체들(스폰서, 고객, 데이터전문가, 분석전문가, 시스템전문가 등)을 식별하고 관리하기 위한 영역이다.

## 제2장 분석 마스터 플랜

1. ④

해설 : 빅데이터의 특징을 데이터의 크기(Volume), 다양성(Variety), 속도(Velocity)의 3V로 설명하고 이를 통하여 새로운 가치(Value)를 창출하는 4V로 정의한다. 이러한 특성을 ROI관점에서 살펴보면 크기, 다양성, 속도는 투자비용(Investment)의 요소로 투자결과를 활용하거나 실행을 통하여 얻게되는 비즈니스 효과(Return)를 가치(Value)로 나누어 설명할 수 있다.

2. ③

해설 : 분석과제의 우선순위를 선정할 때 시급성과 난이도를 기준으로 4분면(Quadrant)을 작성하여, 현재 시급하고 과제의 난이도가 높지 않은 과제를 가장 먼저 추진함으로써 조기에 목적하는 성과를 얻을 수 있다. 또한 전략적 중요도가 현 시점에는 낮지만 중장기적으로는 경영에 미치는 영향도가 높고 상대적으로 과제해결의 난이도가 높은 것은 다른 과제들에 비하여 늦게 추진하는 것이 합리적이다. 그러나 이런한 과제 선택 기준은 조직의 비즈니스 전략에 부합되도록 조정될 수 있다.

3. ③

해설 : 마스터 플랜 수립 시점에서 데이터 분석의 지속적인 적용과 확산을 위한 거버넌스 체계는 분석 기획 및 관리를 수행하는 조직(Organization), 과제 기획 및 운영 프로세스(Proecess), 분석 관련 시스템(System), 데이터(Data), 분석 관련 교육 및 마인드 육성 체계(Human Resource)로 구성된다.

4. ④

해설 : 데이터 거버넌스란 전사 차원의 모든 데이터에 대하여 정책 및 지침, 표준화, 운영조직 및 책임 등의 표준화된 관리체계를 수립하고 운영을 위한 프레임워크 및 저장소를 구축하는 것을 말한다. 이러한 거버넌스의 구성요소인 원칙(Principle), 조직(Organization), 프로세스(Process)가 유기적인 조합을 통하여 데이터를 비즈니스 목적에 부합하고 최적의 정보 서비스를 제공할 수 있도록 효과적으로 관리되어야 한다.

5. ③

해설 : 분석성숙도 모델은 분석을 시작하여 환경과 시스템을 구축하는 도입단계, 분석 결과를 실제 업무에 적용하는 활용단계, 전사 차원에서 분석을 관리하고 공유하는 확산단계, 분석을 진화시켜서 혁신 및 성과 향상에 기여하는 최적화단계로 구분할 수 있다. 특히 확산단계는 전사 차원의 성과를 실시간으로 분석하고 분석 COE가 구성되어 있으며 데이터 사이언티스트가 확보되고 전사차원으로 분석과제의 성과를 충분히 공유하고 있는 단계이다.

6. ①

해설 : 데이터 분석을 위한 조직구성은 조직내 별도의 독립적인 분석 전담조직을 구성하고 모든 분석업무를 전담하는 '집중형 조직'과 별도의 분석 조직을 구성하지는 않고 해당 업무부서에서 직접 분석을 수행하는 '기능 중심 조직'과 분석 전문가를 현업부서에 배치하여 분산형태로 조직을 운영하는 '분산된 조직'으로 나눌 수 있다.

# 과목 Ⅳ. 데이터 분석

## 제1장 R 기초와 데이터 마트

1. ③
   해설 : S-Plust, R, SAS는 모두 통계분석에 특화된 프로그램이다.

2. ②
   해설 : R을 서버에서 사용 가능하지만 설치과정이 필요하다.

3. ①
   해설 : R studio는 널리 쓰이는 R 통합개발환경이다.

4. ②
   해설 : 논리연산자는 FALSE와 같이 전체를 대문자로 표기하거나 F와 같이 첫 글자만을 대문자로 입력해야 한다.

5. ②
   해설 : %*%는 행렬의 곱, *는 각 요소별 곱을 나타낸다.

6. ④
   해설 : mydat[,2]는 2열 전체를 가져오는 명령으로 [1] kia hyundai kia toyota lexus 가 출력된다.

7. ②
   해설 : for 문은 괄호 안에서 지정된 벡터에 따라 반복변수가 변화하지만 while문은 괄호 안의 조건이 만족되어 있는 동안 구문을 반복하며 반복변수는 구문 내에서 변화시켜 주어야 한다.

8. ④
   해설 : else문 없이 if만으로 구문 작성이 가능하다.

9. ③
   해설 : 함수는 데이터의 형식이 아니다.

10. ②
    해설 : for 문의 반복변수는 in 이후에 오는 벡터 안의 값을 순서대로 가진다.

11. ①

해설 : paste 함수는 문지열을 붙일 때 sep= " " 의 큰 따옴표 안에 들어있는 문자를 구분자로 사용한다.

12. ②

해설 : as.logical 함수는 0이 아닌 수를 인수로 받을 때 TRUE를 출력한다.

13. ④

해설 : reshape 패키지는 자료의 구조를 유연하게 재구성하게 하는 함수들을 제공한다.

14. ③

해설 : data.table은 테이블에 key값을 지정할 수 있다.

## 제2장 통계 분석

1. ②

해설 : summary명령어를 이용하면 각 변수에대한 기초통계량을 볼 수 있다.

2. ①

해설 : head를 이용하면 header를 비롯한 데이터가 보이는데 기본값은 6개이다.

3. ①

해설 : 평균을 구해주는 함수는 mean이고, 데이터의 컬럼을 선택해 줄때에는 $표시를 사용해서 '데이터명 $변수명'으로 준다.

4. ④

해설 : 영향을 주는 변수의 유무는 알 수 없다.

5. ③

해설 : 단계적 변수선택법에는 전진선택법, 후진선택법, 단계별방법이 있다.

6. ④

해설 : ARIMA 모형은 기본적으로 비정상 시계열 모형이기 때문에 차분이나 변환을 통해 AR모형, MA모형, ARMA모형으로 정상화할 수 있다.

7. ②

해설 : 시계열에 영향을 주는 일반적인 요인을 시계열에서 분리해 분석하는 방법인 분해 시계열에서 시계열을 구성하는 요소는 추세요인, 계절요인, 순환요인, 불규칙요인이다.

## 제3장 정형 데이터 마이닝

1. ④

해설 : 로지스틱회귀모형은 반응변수가 범주형인 경우에 적용되는 회귀분석 모형으로 설명변수의 값이 주어질 때 각 범주에 속할 추정확률을 기준치에 따라 분류하는 목적으로 사용될 수 있다.

2. ①

해설 : 의사결정나무분석에서 분류 기준의 선택에 사용되는 기준은 이산형 목표변수인 경우에는 카이제곱 통계량, 지니지수, 엔트로피지수를 사용하며, 연속형 목표변수인 경우 ANOVA F-검정통계량의 p-값과 분산감소량을 사용한다.

3. ①

해설 : 역전파(back-propagation) 알고리즘은 인공신경망 모형에의 학습과정에서 가중치를 갱신하는데 사용되는 대표적인 알고리즘이다.

4. ③

해설 : 다층신경망은 인공신경망모형 중 여러개의 은닉층(hidden layer)을 가지는 신경망 모형을 의미한다.

5. ②

해설 : 이익도표는 목표 범주에 속하는 개체들이 각 등급에 얼마나 분포하고 있는지를 나타내는 값으로 과적합화 문제를 해결하기 위한 방법과는 무관하다.

6. ③

해설 : 향상도는 랜덤 모델과 비교하여 해당 모델의 성과가 얼마나 향상되었는지를 각 등급별로 파악하는 평가 지표로 오분류표가 아닌 이익도표를 이용하여 계산할 수 있다.

7. ②

해설 : 고객세분화의 첫단계로 이질적인 모집단을 동질성을 지닌 그룹별로 세분화하는 군집 분석을 수행하는데 nnet()은 신경망 모형의 적합에 이용되는 함수이다.

8. ②

해설 : EM알고리즘은 임의의 파라미터 값을 정한 뒤에 기대치를 계산하고 이를 이용하여 파라미터를 추정하는 과정을 가능도(likehood)가 최대일 때까지 반복하여 파라미터 추정값을 도출한다.

9. ①

해설 : 해킹을 당하는 컴퓨터는 군집 분석의 대표적인 활용분야인 이상치 탐색으로 발견함에 따라 군집 분석 기법 중 하나인 혼합분포 군집이 적절하다.

10. ①

해설 : 계층적 군집은 별도의 반응변수가 요구되지 않는 비지도학습(unsupervised learning) 기법이다.

11. ③

해설 : 자기조직화지도(SOM; Self-organizing maps)는 비지도신경망으로 지도의 형태로 형상화하는 군집 분석 알고리즘이다.

12. ②

해설 : 오분류표는 분류 분석 모형의 평가를 위해 사용되는 도표이다.

## 제4장 비정형 데이터 마이닝

1. ④

해설 : 각 언어별 문화와 특성이 다르기 때문에 텍스트 마이닝 시 언어 특성을 고려해야 한다.

2. ①

해설 : 텍스트 마이닝은 해당언어에 대한 깊은 이해와 지식이 없으면 분석이 어렵다.

3. ④

해설 : 긍정사전과 부정사전은 각 분야별로 해당 단어의 어감이 다르기 때문에 각 분야별로 만드는 것이 좋다.

4. ②

해설 : influencer는 자신이 속한 커뮤니티와 다른 커뮤니티 모두에서 연결이 높은 사람을 뜻한다.

5. ④

해설 : 다음번 이탈할 고객을 예측하는 분석은 prediction이다.

# 과목 Ⅴ. 데이터 시각화

## 제1장 시각화 인사이트 프로세스

1. ③

해설 : 맥캔들레스의 시각적 이해의 위계도에서 지식은 단편적인 정보들을 조직화할 때 발생하며, 이 조직화 작업을 결국 사람이 하기 때문에 이 때부터 인간의 경험이 본격적으로 개입된다.

2. ①, ③

해설 : 통찰을 얻기 위해서는 내부와 외부 및 그 사이를 연결하는 고리 즉, 세 가지에 대한 관찰(삼찰)을 해야 한다. 수치 분석에서도 빠르고 효과적인 처리를 위해 추세선과 같은 그래프를 종종 이용한다.

3. ④

해설 : 텍스트 데이터의 경우 원천적으로 계층형 구조를 만들 수 없는 것은 아니다. 즉, 긍정/부정에 따라 구분을 짓고 그 안에서 일정 기준을 만들어 계층 구조를 뽑아내거나, 어원에 따라서 하이퍼볼릭맵과 같은 계층 구조 기반의 결과물을 만들어볼 수도 있다. 하지만, 이런 작업을 위해서는 복잡한 처리 과정과 사전 카테고리 전제가 필요하며, 다른 세 가지 데이터들은 스프레드시트의 간단한 함수와 기능만으로도 계층구조를 만들 수 있는 시간, 공간 데이터이다.

4. ②

해설 : 로그 데이터는 명세화의 기본 대상이지 데이터형, 클래스, 메소드와 같이 명세화를 할 때 반드시 고려해야 하는 개념이 아니다.

5. ③, ④

해설 : 워들(Wordle)은 텍스트 데이터를 처리하는 시각화 기법이다. vlookup 함수는 이용하기에 따라서 공간 데이터의 계층 구조를 만들얼 때 간접적으로 활용할 수는 있지만 범용성 도구이기 때문에 직접적인 관계는 없다.

6. ②

해설 : 모션차트는 시간의 흐름에 따라 각 시각별 상태의 변화를 동적으로 보여주는데, 이 상태가 2차원 내지는 3차원 공간상에 주로 표현되기 때문에 시간에 따른 다차원 데이터의 변화를 직관적으로 보기에 최적이다.

7. ①, ④

해설 : 상관 분석은 독립적으로 움직이는 두 변수들 간의 상관관계의 강도를 추출할 때 사용하며, 판별분석은 종속적으로 움직이는 두 개 이상의 변수들 간의 선형/비선형 인과관계의 형태와 강도를 추출할 때 사용한다.

8. ②, ④

해설 : 빅데이터 시대가 되면서 일부 표본이 아닌 전체 모수 데이터에 대한 분석과 모델링이 중요해지고 있다. 지표는 여러 기본 변인의 집합으로 구성이 되기 때문에 모델에 많이 넣으면 당연히 설명력이 수치상으로 증가하지만 중복되어 과대평가된 설명력이지 유의미한 향상이 아니다.

9. ③

해설 : 다른 세 개는 통찰을 내부적으로 활용하는 관점에서의 방법이지만 스토리텔링 콘텐츠 제작은 외부(자기 자신이 아닌)에 대해 설명과 설득을 하는 관점에서의 활용 방법이다.

10. ④

해설 : 실시간으로 복잡한 분석을 하는 것은 빅데이터 환경에서 결코 쉽지 않다. 실시간 분석에 대한 필요성과 관계에 대한 복잡한 분석을 더군다나 실시간으로 해야 하는 필요성에 대해서 명확하게 사전 검토해야만 하며, 그 결과에 따라 분석 방향을 설정해야만 한다.

## 제2장 시각화 디자인

1. ②

해설 : 정보는 전체적인 맥락(global context)이 반드시 존재하며 이에 따라 사용의 주체나 상황에 따라 정조의 의미와 가치가 다르기 때문에 정보는 생산자와 사용자의 관점에 따라 다르게 전달된다.

2. ②

해설 : 시각화 프로세스에서 중요한 것은 데이터를 분석하는 과정을 거쳐 문제를 정의한 후에 와이어 프레임 및 시각접근방법을 결정하고 구현한다는 것입니다. 와이어 프레임이나 시각접근방법을 결정하고 데이터를 수집하거나 분석하여 문제를 정의하게 되면 결정된 시각 표현에 구애를 받아 객관적인 시각화를 구현하기 어렵습니다.

3. ③

해설 : Hour 는 해당하지 않으며, 리처드 솔 워먼의 LATCH는 위치(Location), 알파벳(Alphabet), 시간(Time), 카테고리(Category), 위계(Hierarchy)의 약자이다.

4. ④

해설 : 제시된 그림은 마르코스 웨스캄피가 개발한 뉴스맵(Newsmap)으로 트리맵을 이용한 대표적인 사례이므로 분포 시각화에 속한다.

5. ②

해설 : 자크 베르탱의 그래픽 7요소는 위치, 크기, 모양, 색, 명도, 기울기, 질감으로 그리드는 해당하지 않는다.

6. ①

해설 : 에드워드 터프티가 제시한 시각 정보 디자인 7원칙에서 시간순이 아닌 공간순으로 나열하라고 하였다. 왜냐하면 시간보다는 공간에 따라 나열할 때 사용자의 이해가 쉬워지기 때문이다.

## 제3장 시각화 구현

1. ③

해설 : 스캐터 플롯은 가로축과 세로축의 변수 값에 대응하는 점을 좌표에 배치하므로. 두 값의 상관관계를 확인하기에 적합하다.

2. ①

해설 : 데이터를 시각화함으로써 데이터의 전체적인 분포와 성격에 대해 한눈에 알기 쉬워 insight를 얻기에 좋다.

3. ①

해설 : 시각화 해주는 패키지에는 ggplot2가 있다.

4. ①

해설 : 그래프의 축을 지정해주는 함수는 aes이다.

5. ③

해설 : 분류 유형의 데이터의 경우 히스토그램을 통해 시각화를 해주면 보다 효과적이다. 따라서 분류 유형 데이터의 경우 히스토그램을 통해 가장 많이 나타낸다.

6. ②

해설 : 그래프 내부의 색상을 바꿔주는 옵션은 fill옵션이다.

7. ①

해설 : fadet_grid의 설정을 (.~cut)로 지정해주면 caret의 종류는 위에 표시된다.

8. ④

해설 : D3.js에서 scale의 입력 값의 범위를 지정하는 함수는 domain()이며, 출력 값의 범위를 지정하는 함수는 range() 함수이다.

9. ③

해설 : D3.js에서 축의 눈금 단위를 지정하는 함수는 ticks() 함수이다. ticks(5)와 같이 호출하면 눈금의 간격이 5로 지정된다.

10. ①

해설 : Gephi는 네트워크 형태의 데이터 시각화를 위한 시각화 플랫폼이다.

11. ①

해설 : D3.js 기반의 시각화는 대부분 SVG 객체를 기반으로 동작하지만, 히트맵 구현과 같이 Canvas 객체를 활용하는 경우도 있다.

12. ①

해설 : D3.js의 transform() 함수는 시각화 요소의 위치 또는 방향을 변경하는 역할을 한다.

13. ③

해설 : 히트맵은 색상으로 표현할 수 있는 다양한 정보를 분석 대상이 되는 이미지 위에 열 분포 형태로 시각화 하는 방법이다. 이미지 위에 표현된 색상의 비교를 통해 영역 간의 비교가 용이하다.

ADP
Professional · Semi-Professional

# 부록 C

## 찾아보기

ㄱ



ㄴ



ㄷ

**ㅊ**



**ㅋ**



**ㅌ**



**ㅍ**

## K



## L



## M



## N



## O



## P

Q



R



S



T



V

## W



## X

# 참고문헌


교육과학기술부 등 (2012). *스마트 국가 구현을 위한 빅데이터 마스터플랜(안).*

김세헌 (2006). *경영과학개론*. 영지문화사.

김세헌 (2009). *현대경영과학*. 무역경영사.

김영철, 박근태, 이상민, 김홍연, 김영균 (2007) *클러스터 파일 시스템 기술 동향*. 전자통신동향분석 제22권 제6호.

김우철 등 (2009). *현대통계학(제4개정판)*. 서울: 영지문화사.

김우현 (2008). *Coord: 대규모 계산을 위한 분산 해쉬 스페이스*. NHN Conference, Technical Report, NHN, http://dev.naver.com/projects/coord/download/downloading?file_id=370.

김재련 (2004). *컴퓨터시뮬레이션이란*. 법문사.

김재희 (2010). 자유아카데미.

나종화 (2016). *R 시각화와 통계자료분석 Ⅰ - R 기초 및 시각화 분석*. 자유아카데미.

나종화 (2016). *R 시각화와 통계자료분석 Ⅱ - 기초 통계 분석 및 데이터 처리*. 자유아카데미.

남수현, 노규성 (2015). *효과적인 빅데이터분석 기획 접근법에 대한 융합적 고찰.*

로저 마틴 (2009). *디자인 씽킹 The Design of Business*. 웅진 윙스.

루카치 (2007). *소설의 이론*. 문예출판사.

류승완, 이석준, 최고봉, 오동옥 (2008). *가상화 기술의 동향과 전망*. 정보통신연구진흥원 주간기술동향 1342호.

문병주 (2007). *SaaS(Software as a Service) 동향*. IT부품정보 주간기술동향 통권 1306호.

문병주 (2007). *서버 가상화 기술 동향*. IT부품정보 주간기술동향 통권 1302호.

박창이, 김용대, 김진석, 송종우, 최호식 (2011). *R을 이용한 데이터 마이닝*. 교우사.

백승주 (2008). *Microsoft Hypervisor-Based Virtualization*. Microsoft.

백승주 (2008). *Microsoft Windows Server 2008 - Hyper-V 요약*. Microsoft.

빅토르 마이어 쇤버거, 케네스 쿠키어 (2013). *빅데이터가 만드는 세상*. 21세기북스.

서동진 (2014). *인문학 열풍을 곱씹어보아야 할 이유*. 서울보증.

송민정 (2012). *빅 데이터가 만드는 비즈니스 미래지도*. 한스미디어.

예스 피그누어, 알렉스 오스터왈더 (2011). *비즈니스 모델의 탄생*. 타임비즈.

이동한, 이성덕 (1993). *시뮬레이션 이론과 실제*. 교학사.

이상문 (2001). *신경영과학*. 형설출판사.

이영섭 (2003). *데이터 마이닝 Cookbook(역서) by Olivia Parr Rud*. 교우사.

이영섭 (2005). *데이터 마이닝 Cookbook-일반사례를 중심으로(역서) by Olivia Parr Rud*. 교우사.

이영섭, 이철희 (2015). *R을 활용한 통계 프로그래밍 입문(역서) by Braun and Murdoch*. 자유아카데미.

이용구 (1995). *통계학원론 개정판*. 율곡출판사.

이주현 (1992). *실용 프로젝트관리론*. 법영사.

이지영 (2013). *빅데이터 분석, 마법은 없다*. 블로터닷넷.

장남식 외 (2013). *데이터 마이닝*. 대청미디어.

전브라이언 (2013). *빅데이터에 대한 기대와 현실*. CIO Korea. [online] http://www.ciokorea.com/news/19211

전용준 (2014). *빅데이터 전망*. IT daily.

정용찬 (2012). *빅데이터*. 커뮤니케이션북스.

조완섭, 최상현, 나종화, 류관희, 김용채 (2015). *빅데이터 이해와 활용*. 충북대학교 출판부.

케이티경제경영연구소 (2011). *Big Data: 미래를 여는 비밀 열쇠*.

토마스 데이븐포트, 잔느 G. 해리스, 로버트 모리슨 (2011). *분석으로 경쟁하라*. 김소희(역). 21세기북스.

토마스 데이븐포트, 잔느 G. 해리스, 로버트 모리슨 (2011). *분석의 기술*. 김소희(역). 21세기북스.

하버드 비즈니스 리뷰 (2012). *Data Scientist: The sexist job of the 21st century*.

한국IBM 시스템테크놀로지그룹 (2007). *가상화 기술의 새로운 패러다임*. 한국경제신문.

한국기술표준원 (2013). *한국프로젝트관리 표준(KSA ISO 21500)*.

한국전자통신연구소 통신경영연구실 (1996). *통신경영과 수요예측방법론*.

한국정보사회진흥원 (2007). *2007 ASP/SaaS 백서*.

한국정보화진흥원 (2013). *빅데이터의 진화: 스마트 데이터*.

한국정보화진흥원 (2013). *새로운 미래를 여는 Big Data 시대*.

Amazon (2007). *Amazon SimpleDB Developer Guide*.

Amazon (2008). *Amazon Web Services*.

Amazon (2012). *Lot of Bits*. [online] http://aws.typepad.com/aws/2008/05/lots-of- bits.html.

Anderson, C. (2008). *The End of Theory: The Data Deluge Makes the Scientific Method Obsolete*. Wired Magazine.

Barbaro, M. and Zeller, T. Jr. (2006). A Face Is Exposed for AOL Searcher. No. 4417799. New York Times.

Barham, P., Dragovic, B., Fraser, K., Hand, S., Harris, T., Ho, A., Neugebauery, R., Pratt, I. and Wareld, A. (2003). *Xen and the Art of Virtualization*. SOSP' 03.

Breiman, L., Friedman, J. H., Olshen, R.A. and Stone, C. J. (1984). *Classification and Regression Trees*. Chapman & Hall.

Burden, R.L. and Faires, J.D. (1978). *Numerical Analysis, Prindel*. Weber & Schmidt.

Campbell, S. and Jeronimo, M. *An Introduction to Virtualization*. Intel.

CHANG, F., DEAN, J., GHEMAWAT, S., HSIEH, W., WALLACH, D., BURROWS, M., CHANDRA, T., FIKES, A. and GRUBER, R. (2006). *Bigtable: A Distributed Storage System for Structured Data*. InProc. of the 7th OSDI.

Chapman etc. (2008). *CRISP-DM 1.0.* [online] www.crisp-dm.org.

Cloudera (2000). *Introduction to Pig.* [online] http://www.cloudera.com/sites/default/files/IntroToPig.pdf.

Conway, D. (2010). *The Data Science Venn Diagram.* [online] drewconway.com.

DEAN, J. and GHEMAWAT, S. (2004). *MapReduce: Simplified data processing on large clusters.* In Proc. of the 6th OSDI.

Doherty, M. (2003). *Database Cluster for e-Science.* EPSRCSept.

Dumler, M. (2008). *Microsoft SQL Server 2008 Product Overview.* Microsoft.

Economist. (2010). *Data, data everywhere.* [online] http://www.economist.com/node/15557443.

Everitt, B. and Hothorn, T. (2011). *An introduction to applied multivariate analysis with R.* Springer Science & Business Media.

Fayyad (1996). *Advances in knowledge discovery and data mining.* AAAI Press.

Fayyad (1996). *Data mining and knowledge discovery.* IEEE.

Firmex.com. (2013). *Big Data Techniques That Create Business Value.*

GHEMAWAT, S., GOBIOFF, H. and LEUNG, S.-T. (2003). The *Google file system.* InProc. of the 19th ACMSOSPDec.

Google (2008). *Google App Engine.* [online] http://code.google.com/appengine.

*Google Ngram Viewer.* [online] http://books.google.com/ngrams.

GSMA & Machine Research (2011). *2020 connected devices overview.*

Hastie, T., Tibshirani, R. and Friedman, J. (2001). *The Elements of Statistical Learning.* New York: springer.

Hinchcliffe, D. (2008). *Comparing Amazon's and Google's Platform-as-a-Service (PaaS) Offerings.* [online] http://blogs.zdnet.com/Hinchcliffe/?p=166.

Hinchcliffe, D. (2008). *The Next Evolution in Web Apps: Platform-as-a-Service(PaaS).* Bungee Labs. [online] http://dev.mysql.com/doc/ refman/6.0/en/mysql-cluster-limitations.html.

Isard, M., Budiu, M., Yu, Y., Birrell, A. and Fetterly, D. (2007). *Dyrad: Distributed Data-Parallel Programs from Sequential Building Blocks.* Lisbon, Portugal: European Conference on Computer Systems (EuroSys).

IT 2.0 (2008). *Virtual Infrastructure products: features comparison.* [online] http://www.it20.info/misc/virtualizationscomparison.htm.

James, G., Witten, D., Hastie, T. and Tibshirani, R. (2013). *An introduction to statistical learning (Vol. 112).* New York: springer.

*KVM-Kernel-based Virtualization Machine White paper.* QUMRANET.

Laney, D. (2012). *To Facebook: You're worth $80.95.* Wall Street Journal.

Law, A.M. and Kelton, W.D. (1991). *Simulation Modeling & Analysis.* McGraw-Hill.

Machina Research (2012). *M2M Global Forecast & Analysis.*

Marr, B. (2013). *Why Big Data Will Change the World.* [online] http://goo.gl/S30FxE.

McKinsey (2011). *Big Data: The next frontier for innovation, competition, and productivity.*

Mkomo. (2009). *A History of Storage Cost.* [online] http://www.mkomo.com/cost-per-gigabyte.

Morgan, B. (2008) *Virtualization.* [online]
http://www.windowsecurity.com/whitepapers/Virtualization.html.

Nakajima, J. (2007). *Hybrid Virtualization – The Next Generation of XenLinux.* Xen Conference Japan.

Oracle (2008). *Known Limitations of MySQL Cluster.*

Park, J. *Platform As A Service.* ThinkFree.

Peglar, R. *Storage Virtualization I What, Why, Where and How?.* Storage Networking Industry Association.

Pike, R, Dorward, S, Griesemer, R and Quinlan, S. *Interpreting Data: Parallel Analysis with Sawzall.* Scientific Programming Journal Special Issue on Grids and Worldwide Computing Programming Models and Infrastructure.

Project Management Institute (2013). *A Guide to the Project Management Body of Knowledge(PMBOK② Guide)—FifthEdition.*

Robert, V. Hogg and Allen, T. Craig (1995). *Introduction to Mathematical Statistics.* 5th edition, Prentice-Hall.

Salesforce (2008). *Product Tour: Salesforce for Google Apps.* [online]
http://www.salesforce.com/products/google/apps/tour/.

Sheehan, M. (2008). *Understanding Grid Computing vs Cloud Computing vs Utility Computing.* [online] http://websphere.sys-con.com/read/584958.htm.

Scism, L. and Maemont, M. (2010). *Insurers Test Data Profiles to Identify Risky Clients.* Wall Street [1] Journal. [online]
http://online.wsj.com/news/articles/SB10001424052748704648604575620750998072986.

Singel, R. (2009). *Netflix Spilled your Brokeback Mountain Secret, Lawsuit Claims.* [online]
http://www.wired.com/threatlevel/ 2009/12/netflix-privacy-lawsuit/.

Soltesz, S., Potzl, H., Fiuczynski, M., Bavier, A. and Peterson, L. *Container-based Operating System Virtualization:A Scalable, High-performance Alternative to Hypervisors.* PrincetonUniversity.

Soror, A.A., Aboulnaga, A. and Salem, K. (2007). *Database Virtualization: A New Frontier for Database Tuning and Physical Design.* 2007 IEEE 23rd International Conference.

Tan, P-N., Steinbach, M. and Kumar, V. (2006). *Introduction to Data Mining.* Pearson Education, Inc.

Thomas, H., Dyche, J (2013). *Big Company and Big Data.* SAS.

Torgo, L. (2011). *Data Mining with R.* CRC Press.

VMware (2007) *A Performance Comparison of Hypervisors.*

VMware (2008). *A brief architecture overview of VMware ESX, XEN and MS Viridian*. [online] http://it20.info/blogs/main/archive/2007/06/17/25.aspx.

VMware. *Consolidating Web Applications Using VMware Infrastructure*.

VMware. *The Architecture of VMware ESX Server 3i*.

VMware. *Understanding Full Virtualization, Para Virtualization, and Hardware Assist*.

Wehrens, R. and Buydens, L. (2007). *Self- and Super-organizing Maps in R: The kohonen Package*. Journal of Statistical Software. Nijmegen: American Statistical Association.

Wikipedia (2008). *wikinvest-EMC*. [online] http://www.salesforce.com/platform/it-success/roi-for-it.

Wikipedia *Big Data*. [online] http://en.wikipedia.org/wiki/Big_data.

WMware (2007). *What's New with VMware Virtual Infrastructure*.

Xen (2008). *Xen Architecture Overview*.

Xen. *A Performance Comparison of Commercial Hypervisors*.

Xen. *Xen: Enterprise Grade Open Source Virtualization AXen White Paper V06012006*.

Zhao, Y. (2011). *R and Data Mining: Examples and Case Studies*. Academic Press.

Zhao, Y. (2012). *R and Data Mining: Examples and Case Studies*. Academic Press, Elsevier.

Zhao, Y. and Cen Y. (2013). *Data Mining Applications with R*. Academic Press, Elsevier.

## ◈ 총괄위원

| | |
|---|---|
| 이윤준 교수 | KAIST |
| 조남재 교수 | 한양대학교 |
| 나연묵 교수 | 단국대학교 |
| 손삼수 대표 | 웨어밸리 |
| 조일묵 상무 | 삼성SDS |
| 박용익 부문장 | LG CNS |
| 이원석 상무 | SK C&C |

## ◈ 감수위원

| | |
|---|---|
| 조성준 교수 | 서울대학교 |
| 최대우 교수 | 한국외국어대학교 |
| 허순영 교수 | KAIST |
| 조윤호 교수 | 국민대학교 |
| 정여진 교수 | 국민대학교 |

## ◈ 집필진

| | |
|---|---|
| 이미영 교수 | 건국대학교 |
| 이영섭 교수 | 동국대학교 |
| 이재용 교수 | 서울대학교 |
| 최대우 교수 | 한국외국어대학교 |
| 나종화 교수 | 충북대학교 |
| 김태성 교수 | 충북대학교 |
| 이지선 교수 | 숙명여자대학교 |
| 최일영 박사 | 경희대학교 |
| 문현실 박사 | 경희대학교 |
| 이성춘 박사 | KT경제경영연구소 |
| 노세경 팀장 | KCB |
| 심탁길 대표 | 스냅데이터 |
| 송주영 과장 | 쿠팡 |

| | |
|---|---|
| 김도현 대표 | 베가스 |
| 김준기 부사장 | 베가스 |
| 윤석용 대표컨설턴트 | 베가스 |
| 김찬수 이사 | 투이컨설팅 |
| 정소영 수석 | 투이컨설팅 |
| 조형진 수석 | 투이컨설팅 |
| 최광선 본부장 | 솔트룩스 |
| 고영혁 대표 | Gonnector |
| 김경태 대표 | The ECG |
| 김영기 수석 | 싸이버로지텍 |
| | |
| | |
| | |

The Guide for Advanced Data Analytics Professional

# 데이터 분석 전문가 가이드

**개정판**

2014년 2월 14일 초판 발행
2016년 6월 30일 개정판 발행
2021년 3월 15일 개정판 9쇄 발행

**발행처** | 한국데이터산업진흥원
우)04513
서울특별시 중구 세종대로9길 42 부영빌딩 8층
전화) 02-3708-5300 팩스) 02-318-5040
www.kdata.or.kr

**인 쇄** | (사)한국장애인상생복지회
우)08591
서울시 금천구 가산디지털1로 대륭테크노타운 13차 B102, B103호
전화) 02-2644-2911

**가 격** | 50,000원

ISBN 978-89-88474-83-9